D1882819

A COMPREHENSIVE SCIENTIFIC DICTIONARY

(English-Hindi)

बृहत् वैज्ञानिक शब्दकोश

(अंग्रेज़ी-हिन्दी)

A COMPREHENSIVE SCIENTIFIC DICTIONARY

(English-Hindi)

बृहत् वैज्ञानिक शब्दकोश

(अंग्रेज़ी-हिन्दी)

Dr. Satya Prakash Pathak
M.Sc. (Zoology), Ph.D., LL.B.
Former Principal Scientist
Indian Institute of Toxicology Research, Lucknow
(Council of Scientific and Industrial Research, India)

डॉ. सत्य प्रकाश पाठक
एम.एस सी. (जन्तु विज्ञान), पी एच.डी., एल एल.बी.
पूर्व प्रधान वैज्ञानिक
भारतीय विषविज्ञान अनुसन्धान संस्थान, लखनऊ
(वैज्ञानिक तथा औद्योगिक अनुसन्धान परिषद्, भारत)

©Author

All rights are reserved. No part of this work may be reproduced, stored, adapted or transmitted in any form by any means such as electronic, mechanical, photocopying, micro-filming, recording, translatings in any launguage or otherwise, without the prior written permission of the copyright owner and the publisher. The book is sold subject to the condition that it shall not, by way of trade or otherwise, be lent, resold, hired out or otherwise circulated without the publisher's prior written consent, in any form of binding or cover other than that in which it is published.

The views and opinions expressed in this book are author's own and the facts reported by him have been verified to the possible extent and the publishers are not in any way liable for the same.

First Published, 2020

Published by

Kalpaz Publications
C-30, Satyawati Nagar,
Delhi – 110052
E-mail: kalpaz@hotmail.com
Ph.: 9212142040

Printed at: G. Print Process, Delhi

Cataloging in Publication Data—DK
Courtesy: D.K. Agencies (P) Ltd. <docinfo@dkagencies.com>

Pathak, Satya Prakash, author.
A comprehensive scientific dictionary / Satya Prakash Pathak.
pages cm
English and Hindi.
ISBN: 9789351281191 (HB)

1. Science—Dictionaries. 2. English language—Dictionaries—Hindi. I. Title.

DDC 503 23

प्रस्तावना

मातृभाषा ही किसी व्यक्ति के स्वतन्त्र एवं मौलिक चिन्तन तथा अभिव्यक्ति का सरलतम प्राकृतिक माध्यम होती है। इसलिए किसी विषय का ज्ञान या विज्ञान जन-सामान्य को उनकी ही मातृभाषा में अधिकतम ग्राह्य होता है। यह सर्वविदित है कि आधुनिक वैज्ञानिक शब्दावली व परिभाषा का मुख्य स्रोत अंग्रेज़ी (ब्रिटिश/अमेरिकी), लैटिन ग्रीक और कुछ अन्य यूरोपीय भाषाएँ है। विज्ञान के विभिन्न क्षेत्रों में निरन्तर विकास के साथ अंग्रेज़ी भाषा में नित नये वैज्ञानिक शब्दों की रचना होती रहती है, ऐसी स्थिति में अभिव्यक्ति की अन्य प्रचलित भाषाओं में भी नये शब्दों की रचना द्वारा समानान्तर विकास की आवश्यकता है। अतएव, विज्ञान के क्षेत्र में विकासशील अंग्रेज़ी भाषा के साथ-साथ हिन्दी या अन्य भाषा का विकास, अभिवृद्धि, व आधुनिकीकरण आवश्यक है, जिसके अन्तर्गत मुख्य रूप से सन्तुलित तथा समन्वित शब्द-अंगीकरण, शब्द-आदान, शब्दानुकूलन एवं शब्द-नवनिर्माण से उस भाषा के शब्द-भण्डार में अभिवृद्धि होती है। अतः हिन्दी भाषा के आधुनिकीकरण एवं विकास के क्रम में विज्ञान का हिन्दी भाषा के माध्यम से शिक्षण, पठन-पाठन, लेखन, अनुसन्धान एवं प्रचार-प्रसार यथासम्भव सुगम तथा बोधगम्य बनाने हेतु यह बृहत् शब्दकोश तैयार किया गया है। इसे वर्षों के अथक परिश्रम से 50,000 से भी अधिक वैज्ञानिक अंग्रेज़ी शब्दों के हिन्दी में अर्थ, आवश्यकतानुसार व्याख्या के साथ प्रस्तुत किया गया है ताकि हिन्दी भाषा और भी समृद्ध हो।

चूँकि किसी शब्द का अर्थ या व्याख्या उसकी आत्मा होती है, इसलिए प्रस्तुत शब्दकोश में वैज्ञानिक अंग्रेज़ी शब्दों के हिन्दी में यथासम्भव सरल, सटीक, मौलिक तथा प्रामाणिक अर्थ एवं आवश्यकतानुसर संक्षिप्त व्याख्या देने का प्रयास किया गया है। इस विश्वकोश में विभिन्न वैज्ञानिक विषयों के सामान्य प्रचलित तथा प्राप्त नवीनतम शब्दों के सरल हिन्दी शब्दार्थों का चयन, गढ़न, व्याख्या एवं संकलन अनेक राष्ट्रीय एवं अन्तर्राष्ट्रीय प्रामाणिक वैज्ञानिक शब्दकोशों की सहायता से किया गया है। इस शब्दकोश में प्रचलित वैज्ञानिक शब्दों के साथ-साथ सहायक व अनुषंगी शब्दों का समावेश तथा क्लिष्ट हिन्दी शब्दार्थों के यथासम्भव कम प्रयोग का भी प्रयास किया गया है। वैज्ञानिक शब्दों के एक से अधिक हिन्दी शब्दार्थों को उनके सटीकता के क्रम में देने का प्रयत्न किया गया है। परन्तु रासायनिक तत्वों व यौगिकों एवं जन्तुओं व वनस्पतियों के अन्तर्राष्ट्रीय वैज्ञानिक नामों तथा औद्योगिक व यान्त्रिक शब्दावलियों को देवनागरी में लिप्यान्तरित कर उनकी मात्र यथोचित शाब्दिक व्याख्या की गयी है। इस शब्दकोश में दिये गये हिन्दी शब्दों की वर्तनी की यथासम्भव शुद्धता की पुष्टि हेतु प्रामाणिक संस्कृत-हिन्दी शब्दकोश भी प्रयुक्त किया गया है।

मुझे विश्वास है कि यह बृहत् वैज्ञानिक शब्दकोश विज्ञान के उच्च शिक्षण, पठन-पाठन, अनुसन्धान, लेखन तथा प्रचार-प्रसार हेतु अत्यन्त उपयोगी सिद्ध होगी। इस विश्वकोश को पूरा करने में परिवार के सदस्यों, वरिष्ठ सहयोगियों एवं शुभचिन्तकों से प्राप्त प्रत्यक्ष/परोक्ष सहयोग के प्रति आभार व्यक्त करता हूँ। अन्त में पाठकों, विशेषकर विज्ञान के शिक्षकों व विद्यार्थियों, शोधकर्ताओं, वैज्ञानिकों एवं प्रौद्योगिकीविदों से अनुरोध है कि इस वैज्ञानिक शब्दकोश के भावी विकास, अभिवृद्धि व उत्कृष्टता हेतु अपनी सृजनात्मक समीक्षाओं, विचारों एवं सुझावों से अवगत करायें, जिससे विज्ञान तथा हिन्दी भाषा के मध्य और सुदृढ़ समन्वय स्थापित हो सके।

सत्य प्रकाश पाठक

जुलाई, 20, 2019
538क/1207 त्रिवेणीनगर-II
सीतापुर रोड, लखनऊ-226020

A

A-, An- (prefix)	अ-, अन, -हीन, रहित
Aard-vark (*Orycteropus afer,* a medium-sized nocturnal burrowing mammal of order Tubulidentata)	भू-सूकर (दक्षिणी अमेरिका का एक सूअर जैसा चींटी व दीमक खाने वाला वन्य स्तनधारी)
Aard-wolf (*Proteles cristata,* a small insectivorous burrowing mammal of family Hyaenidae)	भू-वृक, चित्र-वृक (दक्षिण-पूर्वी अफ्रीका का एक भेड़िया प्रजातीय छोटा वन्य स्तनधारी)
Ab- (prefix)	अप-, अव-
Abaculus	चित्र-खर्परी, चित्तीदार
Abaiser, Ivory black	गजदन्त कालिमा
Abacus	शीर्ष-फलक, गिनतारा
Abapical	अपशीर्षी
Abarticular	अपसन्धिक, सन्धियोजी
Abarticulation	सन्धियोग, सन्धियोजन
Abasement	अधोगति, अधःपातन, नीचे गिराना/गिरना
Abasia	कुगामिता, चलन-अक्षमता, अचलनीयता
Abatement, Abating	कमी, घटाना, उपशमन
Abater, Abator	उपशामक
Abattoir, Slaughter house	बूचड़ख़ाना, कीलघर पशुवधशाला
Abaxial	अपाक्ष
Abculture	अपसंवर्धन, अपसंवर्ध
Abdomen	उदर, जठर
Abdominal	उदरीय, जठरीय
Abdominalgia, Celialgia, Colic	उदरशूल, पेटदर्द
Abdominoscope	उदरेक्ष, उदरदर्शी
Abdominoscopy	उदरेक्षण, उदरदर्शन
Abdominous	तुन्दिल, तोंदीला, लम्बोदर
Abducent, Abductor	अपवर्तक, अपचालक, अपहर्ता, अपवर्तनी
Abduction	अपावर्तन, अपचालन, अपहरण
Abeam	आड़े
Abed	शय्यास्थ, शय्या पर, शय्यासीन
Abele	श्वेतक
Abembryonic	अपभ्रौणिक, अपभ्रूणीय
Abenteric	आन्त्रबाह्य
Aberrant	विपथी, विपथगामी, उत्क्रामक
Aberration, Aberrance	विपथगमन, विपथन, अपसरण, उत्क्रमण
Abeyance, Abeyancy	प्रसुप्तावस्था, प्रसुप्तता, आस्थगन
Abeyant	प्रसुप्त, आस्थगित
Abhorrent	बीभत्स, घृणाकारी
Abidance	अवस्थिति, वास
Abigeus	पशुस्तेन
Ab initio	आदितः, आरम्भ से
Abiogenesis, Abiogeny	अजैवोत्पत्ति, अजीवजनन, अजैवजनन
Abiogenetic	अजैवजनिक, अजीवजनी
Abiogenic, Abiogenous	अजीवजन्य
Abiological	अजैविक
Abiosis	अजीवता, निर्जीवता
Abiotic	अजैव, अजैविक, निर्जीव, जीवेतर
Abirritant	अवोत्तेजक, अवोद्दीपक, प्रदाहहर, सन्तापहर
Abirritation	अवोद्दीपन, उत्तेजना ह्रास
Abjection	अपक्षेपण, निकृषण, अधोगमन, उत्साहहीनता
Abjoint	अपसन्धि
Abjunction	अपयोजन
Ablactation, Weaning	स्तन्य-त्याजन, दूध-छुड़ाई
Ablast	अकोरक
Ablastemic	अरोही
Ablastic	अकोरकी
Ablation	नष्ट करना, अपक्षरण, नाशन, अपवर्तन, अंशोच्छेदन
Ablative	पृथक्कारी, अपक्षरणशील, अपवर्ती, अपकर्तनी
Ablator	अपक्षरक, अपकर्तक
Ablatron	अपकर्तन, अपादान
Ablaze	जलता हुआ, प्रज्वलित
Able bodied	हृष्ट-पुष्ट, हट्टा-कट्टा
Able minded	बुद्धिमान, मेधावी
Ablepharia, Ablephary	वर्त्महीनता, नेत्रच्छदहीनता, पलकहीनता
Ablepsia	दृष्टिहीनता, अन्धता
Abloom	पुष्पित, खिला हुआ
Abluent	प्रक्षालक, अपमार्जक, शोधक (तरल)
Ablution	प्रक्षालन, अपमार्जन, संक्षालन, उपस्पर्शन

English	Hindi
Abmasum, Abomasum	रोमन्थक (जुगाली करने वाले पशु का चतुर्थ आमाशय/ जठर का चौथा भाग)
Abmasitis, Abomasitis	रोमन्थक शोथ (एक पशु रोग)
Abnegation	अस्वीकरण, आत्मत्याग
Abnegative	अस्वीकरणशील, आत्मत्यागी
Abnerval, Abneural, Adneural	उपचेत, अभिचेत, अपतन्त्रिकीय
Abnormal	असामान्य, अपसामान्य, अप्रसामान्य, अप्रसम
Abnormality	असामान्यता, अपसामान्यता
Abnormity	अनियमितता, अतिविरूपता
Aboil	उबलता या खौलता हुआ
Aboral	अपमुखीय, विमुख
Aborient, Abortifacient	भ्रूणघ्न, गर्भस्रावकारी
Aboriginal, Aborigines	आदिम, आदिवासी (जाति), देशज प्रजाति (जन्तु व पौधे)
Abort	गर्भस्राव होना, निष्फल/व्यर्थ होना
Aborticidal	भ्रूणनाशक, भ्रूणघाती, भ्रूणघ्नी
Aborticide	भ्रूणनाशी, भ्रूणघातक, भ्रूणघ्न
Abortion	गर्भपात, उत्प्रसव, गर्भस्राव, पूर्वपात, अकाल प्रसूत, अवर्धन
Abortionist	गर्भपातक
Abortive	गर्भपाती, गर्भस्रावी, गर्भच्युत, पूर्वपाती, अवर्धी, भ्रूणघ्नी
Abortus	पतित भ्रूण, च्युतगर्भ
Abouchment	बृहत्या-संगम
Abounding	प्रचुर, समृद्ध, आप्लावी
Abradant	अपघर्षक
Abrade	खुरचना, घिसना
Abranchial, Abranchian, Abranchiate	अक्लोमीय, अक्लोमी (जन्तु)
Abraser	अपघर्षक
Abrasiometer	अपघर्षणमापी
Abrasion, Abrading	अपघर्षण, खुरचाई, घिसाई
Abrasive	अपघर्षी
Abraum (a red soil with pigment of ferric oxide)	गेरू, गवेरुक
Abraum salt (a mixed deposit of salts, found in association of rock salt)	गेरुवा नमक, गैरिक लवण
Abraxis	अपयुग्मकता
Abreast	पंक्तिबद्ध, के बराबर
Abridge	संक्षिप्त करना, घटाना, कम करना
Abridged	संक्षिप्त, घटा हुआ
Abridgement	संक्षेपण, न्यूनन, ह्रास, घटाव
Abroach	खुला, सक्रिय, गतिशील
Abrogate, Abrogation	रद्द करना, निराकरण, निष्प्रभावन, निरसन, उत्सादन
Abrogative	उत्सादी, निरसी, निराकरणशील
Abrogator	उत्सादक, निरसक, निरसित्र
Abscess	फोड़ा, विद्रधि, व्रण
Abscise	अपच्छेदन करना, काटकर अलग करना
Absciss	अपच्छेदी, अपच्छेद-
Abscissa	भुजा, भुज
Abscissed	अपच्छेदित, वियोजित, विगलित, उत्पाटित
Abscission	अपच्छेदन, वियोजन, विगलन, उत्पाटन
Absence of mind, Absent mindedness	मानसिक भ्रम, अचेतन, निश्चेतना, अमनस्कता, अन्यमनस्कता
Absinth (a strong green liquer, flavoured with worm wood, *Artemisia absinthium*), Absinthe, Absinthium	कृमिद्रु, अफ़सन्तीन, चिरायता
Absolute	निरपेक्ष, परम, विशुद्धपूर्ण
Absolute zero	परम शून्य
Absolute unit	निरपेक्ष इकाई
Absolution	अपमोचन
Absolutism	निरपेक्षता, निरंकुशता
Absolutory, Absolvatory	अपमोची
Absolvent, Absolver	अपमोचक
Absonant	असंगत, असंवादी, बेसुरा, कर्कश
Absorb, Absorption	सोखना, अवशोषण, प्रचूषण, अवचूषण
Absorbability	अवशोष्यता, प्रचूष्यता
Absorbable	अवशोष्य, प्रचूष्य
Absorbance (optical density of any liquid measured by colorimeter or spectro-photometer)	अवशोषांक (किसी द्रव की एक विशेष तरंगदैर्ध्य के प्रकाशपुञ्ज को अवशोषित करने की क्षमता)

English	Hindi
Absorbed	प्रचूषित, अवचूषित, अवशोषित, तल्लीन, विलीन
Absorbefacient	प्रचूषी, अवशोषी
Absorbency, Absorptivity	अवशोषकता, अवशोषिता
Absorbent, Absorber	प्रचूषक, अवशोषक, अवचूषक
Absorptive, Absorbing	अवशोषी, अवचूषी, अन्तर्लयी
Abstaining	परिवर्जी, संयमी, परहेज़ी
Absterge	धोकर साफ करना
Abstergent, Abstersive	परिशोधक, अपमार्जक, अपमार्जी
Abstersion	परिशोधन, अपमार्जन
Abstinence, Abstinency	परिवर्जन, पथ्य, संयम, परहेज़
Abstinent, Abstemious	संयमी, मिताहारी, मद्यत्यागी
Abstract	संक्षिप्त, निष्कर्ष, कल्पना, सारांश, निराकार, निरपेक्ष
Abstract number	कोरा अंक
Abstraction	अपकर्षण, पृथक्करण, कल्पना
Abstriction	अपाकुञ्चन
Abterminal	अपावसानिक
Abtraction	अपाकर्षण, निकालना
Abundance	बहुतायत, प्रचुरता, बहुलता
Abura	हरिपुष्प, हरा फूल
Abutment	आधार, अन्त्याधार, अनुतट, प्रतिस्पर्श, भारावलम्ब
Abutment tooth	आधार दाँत
Abysm	गह्वर, नितल, अथाह
Abysmal, Abyssal	गह्वरीय, नितलीय, वितलीय, अगाध, अतल
Abyss	वितल, रसातल
Abyssobenthic	अगाध नितली, विनितलस्थ
Abyssopelagic	अगाध तलप्लावी, विनितल-वेलापवर्ती, अतलवेलापवर्ती
Abzyme	विकिण्वक, अपविकर
Acacia (*Acacia catechu,* a thorny tree of family Fabaceae)	बबूल, खैर (पेड़ की छाल से कत्था बनाते हैं)
Acai berry (a drupe type edible juicy medicinal fruit of *Euterpe oleracea*, an estuarine palm tree of family Arecaceae)	काला करौंदा (एक औषधीय पौष्टिक कछारी खट्टी बेर)
Acalcerosis	चूर्णाल्पता, कैल्सियम अभाव
Acalcicosis	अल्पकैल्सियम-ग्राहिता
Acaleph, Acalephe	आन्तर्गुही
Acalyculates	अबहिःकोश
Acampsia	अनम्यता, सन्धिकाठिन्य (हड्डी के जोड़ों का कड़ापन)
Acanaceous	शिताग्री
Acantha, Acanthus, Acanthae/ Acanthi (pl.)	काँटा, कण्टक, कण्ट, शूल
Acanthocarpous	कण्टफलीय
Acanthaceous	कण्टकी, कँटीला
Acanthocyte, Spur cell	कण्टकोशिका, कण्टकोशा
Acanthocytosis	कण्टकोशता
Acanthodean, Acanthodian	पक्षानुकण्टीय, पक्षानुकण्टकीय
Acanthoid	शूलाभ, कण्टवत्, कण्टाकार
Acanthology	शल्यविज्ञान
Acanthoma	शल्यार्बुद, कण्टार्बुद (जन्तु)
Acanthopod	शल्यपाद, कण्टपाद
Acanthosis (thickening of skin)	शल्यस्तर वृद्धि, झुनझनाहट
Acanthosis nigrans	काला मस्सा
Acanthous	कण्टकी, शल्ययुत्, कण्टकमय
Acapnia	अप्रजद्वेरक्तता (रक्त में कार्बन डाई-ऑक्साइड का अभाव)
Acapsular	असम्पुटिकीय, अप्रावर
Acardia	अहृत्ता, हृदयहीनता, हृदयाभाव
Acardiac	अहृद्यी, अहृद्, हृदयरहित
Acaricidal, Acaricide	वरुथिनाशक, वरुथिनाशी, कुटकी व किलनीमार
Acaridomatium	वरुथिवास
Acariform, Acaroid	वरुथिवत्, वरुथिरूपी, कुटकी व किलनी जैसा
Acarocecidium	वरुथि-स्फोट
Acarology	वरुथिविज्ञान, वारुथिकी
Acarotoxic	वरुथिविषालु
Acarpic, Acarpous	अफलीय, अफलद, फलहीन
Acarpotropic	अफलक्षेपी
Acarpy	अनण्डपता, अफलदता
Acataleptic	अबोधगम्य, अज्ञेय, अनिश्चित
Acatalepsia, Acatalepsy	दुर्बल मनस्कता, अज्ञेयता, निदान संशय, अबोधगम्यता
Acathisia, Akathisia	व्यग्रता (मनोचिकित्सा जनित)

Term	Hindi
Acaudal, Acaudate	अपुच्छ, अपुच्छी, पुच्छहीन (जन्तु)
Acaulescent, Acauline, Acaulose, Acaulous	अस्कन्धी, तनाहीन, अक्षहीन, हीनाक्षी, अल्पस्तम्भी
Accelerando	उत्तरोत्तर त्वरित
Accelerate	त्वरित करना, गति बढ़ाना
Acceleration	त्वरण, गतिवर्द्धन
Accelerative	गतिवर्धी, त्वरणकारी
Accelerator, Accelerant	त्वरित्र (यन्त्र), त्वरक, द्रुतकर
Accelerometer	त्वरणमापी
Accendible	दाह्य
Accentuation	प्रवर्धन, स्वरांकन (हृदय आदि का), उद्व्यञ्जन, बलाघात, प्रबलन
Accentuator	उद्व्यञ्जक, स्वरोच्चारक, प्रबलक, बलाघातक
Acceptability	स्वीकार्यता, ग्राह्यता, प्रतिग्राह्यता
Acceptable	स्वीकार्य, ग्राह्य, प्रतिग्राह्य
Acceptable daily intake (ADI)	स्वीकार्य दैनिक अन्तर्ग्रहण
Acceptor	ग्राही, स्वीकारक
Accessibility	अभिगम्यता, प्राप्यता, सुगमता, अवाप्यता
Accessible	सुगम, अभिगम्य, प्राप्य प्रभाव्य, अवाप्य
Accessorius	उपपेशी
Accessory	सहायक, अनुषंगी, गौण
Accessory gland	उपग्रन्थि, सहायक ग्रन्थि
Accessory sex organ	लैंगिक उपांग, सहायक जननांग
Accidie, Acedia (a Latin word for negligence)	निष्क्रियता, निराशा, उपेक्षा
Acclimated, Acclimatised, Acclimatized	दशानुकूलित, पर्यनुकूलित, परिस्थिति अनुकूल होना /करना
Acclimation, Acclimatization	परिस्थित्यानुकूलन, पर्यनुकूलन, दशानुकूलन
Acclimate, Acclimatise, Acclimatize	दशानुकूलित करना
Acclinal	अभिप्रवणी
Acclivity	प्रावण्य, उत्प्रावण्य, चढ़ाई
Acclivous, Acclivitous	उत्प्रवणी, चढ़ने वाला, चढ़ावदार
Accoil	संकुण्डल, संकुण्डलित होना/बनाना

Term	Hindi
Accolent	प्रतिवेशी, समीपवासी
Accolle	ग्रीवा-परिवेष्टी, ग्रीवा-स्पर्शी, पार्श्वानुपार्श्व (अगल-बगल)
Accordance, Accordancy	संरूपता, ऐक्य, अनुवर्तिता, संगति
Accouche	प्रसावन, बच्चा पैदा कराना
Accouchement	प्रसव, प्रसूति, शिशुजन्म, सौरी
Accreditation	प्रत्यायन, अधिस्वीकृति
Accredited	प्रत्यायित, अधिस्वीकृत
Accrescent, Accretive, Accretionary	उत्तरवर्धी, अभिवर्धी, सहवर्धी
Accrete	बढ़ना, अभिवर्धित, सहवर्धित
Accretion	अभिवृद्धि, सहवृद्धि, उपचय
Accrose	सूच्याकार
Accrual	प्रोद्भवन, सम्भूति, उपार्जन
Accrued	उपार्जित, प्रोद्भूत, उपचित
Accumbent	मूलाभिमुखी, शयित, प्रतिस्थित, प्रतिवलित
Accumulability	सञ्चेयता, सञ्चयनीयता
Accumulable	सञ्चेय, सञ्चयनीय
Accumulate	सञ्चित होना, सञ्चय करना
Accumulation	सञ्चयन, सञ्चय
Accumulative	सञ्चयी, सञ्चयनशील
Accumulator	सञ्चायक, सञ्चयित्र (यन्त्र)
Accuracy	यथार्थता, परिशुद्धता, विशुद्धता
Accurate	यथार्थ, परिशुद्ध, विशुद्ध
Acedia, Accidie	निष्क्रियता, आलस्य, निराशा
Acediospore, Aeciospore	चषाबीजाणु
Acelia, Acelomate, Acoelous, Acoelomate	अदेहगुहीय, अगुहीय, अनवतलीय
Acelleratus	सूचिकल्प
Acellular	अकोशिकीय, अकोशी, कोशाहीन, अकोश-
Acenesthesia, Acoenesthesia	कायिक अचेतना, दैहिक संवेदनहीनता
Acentric	अकेन्द्री, विकेन्द्रित
Acentrous	अमूल (कशेरुका)
Aceology, Acology, Therapeutics	चिकित्साविज्ञान
Acephal, Acephalic, Acephalous, Acephalus	अशिरस्क, अशीर्षी, शिरोहीन, नेतृत्वहीन

English	Hindi
Acephalia, Acephalism, Acephaly	शिरोहीनता, अशीर्षता अशिरस्कता
Acephalo-brachia	शिरो-बाहुहीनता
Acephalo-cardia	शिरो-हृदयहीनता
Acer	तुष, सूची, शूल, उग्र, तीक्ष्ण
Acerb	कडुवा, शुक्त (खट्टा), कषाय
Acerbate	शुक्त करना, कडुवा/खट्टा बनाना
Acerbic	कडुवा, तीखा, खट्टा
Acerbity, Acesence	कडुवाहट, खटास, शुक्तता, उग्रता
Aceride, Acerotous	सिक्थहीन, मोमरहित
Acerifolius	कुट्टिमदारूपर्णी, कुट्टिमद्रुपर्णी
Acerola cherry, Barbados cherry (*Malpighia emarginata,* a tropical tree of family Malpighiaceae with edible fruit nutritious sweet tangy cherry like drupe type)	असरोला चेरी, वेस्ट इण्डियन चेरी
Acerolous	सूत्रोबर्ह, गद्दीनुमा कवकसूत्र
Acerose, Acerous	सूचीमय, सूच्याकार, अशृंगिक, तुषीय
Acervate	प्रगुच्छित, सम्पुञ्जित, समूहित
Acervulus	बीजाणुपात्र, प्रगुच्छक
Acescence, Acescency	खटास, शुक्तता
Acescent	चूक खट्टा, शुक्त
Acetabular	उलूखिक, उलूखलीय
Acetabuliform	उलूखलरूपी, शरावाकार
Acetabulum	श्रोणि उलूखल, चषक
Acetate, Acetous	शुक्तीय, चूक खट्टा
Acetated	शुक्तित, खट्टा बनाया हुआ
Acetic	शुक्तिक
Acetic acid	शुक्तिकाम्ल, शुक्तिक अम्ल
Acetification	शुक्तीकरण
Acetify	शुक्त बनाना, चूक खट्टा/चुक्र होना
Acetolysis	शुक्तलयन, शुक्तांशन
Acetonaemia	शुक्तरक्तता
Acetone	शुक्ता, एसीटोन
Acetum, Vinegar	सिरका
Acetylation	शुक्तलन
Achalasia	पेशी अशिथिलन
Ache, Pain	पीड़ा, शूल, दर्द
Acheilia	ओष्ठहीनता
Acheilous, Achelous	ओष्ठहीन
Acheiria	हस्तहीनता
Acheirous	हस्तहीन
Achene, Achenium	एकबीज स्फोटी, चर्मल फल (एक सरल सूखा फल)
Achenodium, Cremocarp	युग्मवेश्म
Achlamydeous	अपरिदलीय, अपरिदली
Achlamydy	अपरिदलता
Achlorihydria	अनीरजोद्गता
Achloro-phyllaceous, Achlorophyllous, Achloric	पर्णहरिमहीन, अहरितकीय, शादहीन
Achloropsia, Achloroblepsia	हरितान्धता, हरितवर्णान्धता
Acholia	पित्तहीनता
Acholic, Acholous	पित्तहीन
Acholuria	अपित्तमेह, अपित्तमूत्रता
Acholuric	अपित्तमेही, अपित्तीय
Achondroplasia (a short-limbed dwarfism due to lack of cartilage formation)	उपास्थिभवनहीनता, बालास्थिक्षय, उपास्थि-अविकसन
Achordata (a subdivision of kingdom Animalia including animals without notochord)	अपृष्ठवंशी, अमेरुवंशी, अमेरुदण्डी, अपृष्ठदण्डी (एक प्राणि उपखण्ड)
Achordate, Non-chordate (animals under subdivision Achordata)	अमेरुदण्डी (जन्तु)
Achroacyte, Lymphocyte	अवर्णकोशा, लसीकोशा
Achroacytosis, Lymphocytosis	अवर्णकोशता, लसीकोशता, अवर्णकोशाधिक्य, लसीकोशाधिक्य
Achroma, Achromia	रञ्जकहीनता, रंगाहीनता, अरञ्जकता
Achromatic, Achroous	अवर्णी, निवर्णी, रञ्जकहीन वर्णान्ध, वर्णहीन
Achromatin	अरञ्ज्या, अनभिवर्णि
Achromatism, Achropsia, Colour blindness	अवर्णता, वर्णान्धता, (विशिष्ट) रंगभेद अक्षमता

Achromatization	निर्वर्णन, रज्जक विहीनन
Achromatize	निर्वर्ण करना/होना
Achromatope	सर्ववर्णान्ध, वर्णान्ध
Achromatopsia	सर्ववर्णान्धता, वर्णान्धता
Achromatosis, Achromatoderma	अवर्णता, अरंगरुजता (एक चर्म विकार)
Achromaturia	निर्वर्णमेह, अवर्णमूत्रता
Achronic	एककालिक, अदीर्घकालिक
Achy	शूलप्रद, पीड़ादायी, दर्दीला
Acicular, Acicularis, Aciculiform	सूच्याकार, सूचीरूपी, सूचीसम
Aciculate, Aciculous	सूचिकामय, सूचीयुत, सूचिकीय
Aciculated	सूचिकित
Aciculum, Acicula (pl.)	सूचिका, शूक
Acid, Acidium	अम्ल, तेज़ाब
Acidaemia	अम्ल-रक्तता, रक्ताम्लता
Acid-fast	अम्ल-स्थिर, अम्लधाव्य
Acidic	अम्लीय, आम्लिक, आम्ल
Acidiferous	अम्लयुक्त, अम्लमय
Acidific, Acidifier, Acidiant, Acidifiant, Acidificant	अम्लकर, आम्लक
Acidification	अम्लीकरण, अम्लीभवन, आम्लन
Acidify, Acidulate	आम्ल बनाना, अम्लीय होना/करना
Acidifying	अम्लकारी
Acidimeter	अम्लमापी
Acidimetric	अम्लमितीय, अम्लमापिक
Acidimetry	अम्लमिति
Acidity, Acidosis	अम्लता, अम्लीयता, अम्लपित्त
Acid mordant	अम्ल-स्थापक, अम्ल रंग-स्थापक
Acidness	अम्लत्व
Acid number, Acid value	अम्लांक, अम्ल-अर्हा
Acidogen, Acid producer	अम्लजन, आम्लकर अम्लोत्पादक
Acidogenic, Acidogenous	अम्लजनित, अम्लजनी, अम्लोत्पादी
Acidolysis	अम्ललयन, अम्लांशन अम्लविघटन
Acidophil, Acidophile, Acidophilic, Acidophilous	अम्लरागी, अम्लरञ्जी
Acidophobia	अम्लभीति, अम्ल का डर/भय
Acidophobic	अम्लभीरु
Acidosis	अम्लरक्तता, रक्ताम्लता
Acidotus (*Acidotus* sp., an insect of beetle family Brentidae)	शूलाग्री, एक भृंग/गुबरैला
Acid proof, Acid resistant, Acid tolerant	अम्लरोधी, अम्लसह
Acid rain	अम्लीय वर्षा
Acid red	अम्लारक्त (एक संश्लेषित रासायनिक लाल रञ्जक)
Acid test	कठिन परीक्षा, अग्नि परीक्षा, कसौटी
Acidulate	अम्लकायन करना, स्तोकाम्ल करना
Acidulation	अम्लकायन, स्तोकाम्लन
Acidulous	अम्लवत्, स्तोकाम्लीय
Aciduric	अतिअम्लसह
Acid value, Acid number	अम्लमान, अम्ल-अर्हा, अम्लांक
Acierate, Acieration	तीखा बनाना, तीक्ष्णकरण
Aciliate, Aciliated, Non-ciliate, Non-ciliated	अपक्ष्माभी
Aciform	सूच्याकार
Acinar	कोष्ठकी
Aciniform	द्राक्षा गुच्छाकार
Acinus, Acini (pl.)	सीमान्तपुटी, रसभरी, कोष्ठक, गुच्छकोष्ठक, गर्ताणु, दलिका, अष्ठिलक, वायुकोष्ठक
Ackee, Akee, Achee apple (a pear-shaped edible fleshy fruit of *Blighia/Cupania sapida,* a tropical evergreen tree of soap-berry family Sapindaceae with poisonous fruit and seed)	शदफल, अकी (जमायका देश का राष्ट्रीय फल)
Acladium	अशाखवृन्त
Acline	अनति, जो झुका न हो
Aclinic	अनत
Acme	पराकाष्ठा, उत्कृष्ट, चरमबिन्दु
Acne	पिटिका, मुँहासा (एक त्वचा विकार)

Acnestis	पश्चस्कन्ध, पृष्ठस्कन्ध (कन्धे के पीछे पीठ का भाग)
Acnodal	पृथक् बिन्दुक वक्रीय (गणित)
Acnode	पृथक् बिन्दुक वक्र (गणित)
Acock	तिरछा, तिर्यक
Acoelomata (a subdivision of kingdom Animalia including animals without coelome or body cavity)	अदेहगुही (एक प्राणि उपखण्ड)
Acoelomate, Acoelomatous, Acoelous	अदेहगुहीय, देहगुहाहीन
Acognosia, Acognosy	उपचारविज्ञान, औपचारिकी, नैदानिकी
Acology, Aceology	निदानविज्ञान, चिकित्साविज्ञान
Acolous, Apodal, Apodous	अपादीय, पादरहित
Aconate	प्रविषीय
Aconic, Aconitic	प्रवैषिक, प्रविषिक
Aconitine	प्रविषि
Aconite, Monk's hood, Wolf's bane (*Aconitum* sp., a flowering plant of family Ranunculaceae)	वत्सनाभ, बच्छनाभ (एक विषैला व औषधीय पुष्पी पौधे की सूखी जड़)
Acoria, Akoria	अपरितृप्तता
Acorn	बाँजफल, बञ्जुफल, पिटिका
Acorn squash (*Cucurbita pepo* var. *turbinata,* a cultivated flowering climber herb of family Cucurbitaceae, with big edible berry like pepotype fruits)	कद्दू (विविध रूपों में पकाकर खाया जाने वाला एक बड़ा फल)
Acorn worm (*Balanoglossus* sp., a marine hemi-chordate worm of family Ptychoderidae, an evolutionary link between non-chordates and chordates), Enteropneusta	बलूत कीड़ा
Acospore	सशूक बीज, सशूकबीजाणु
Acotyledon	अबीजपत्र
Acotyledonous	अबीजपत्री, अबीजपिण्डकी
Acoumeter	श्रव्यतामापी
Acouplement	युग्मन, जोड़ा बनाना
Acoustic	ध्वनिक, ध्वनि सम्बन्धी
Acoustic nerve	श्रवण तन्त्रिका
Acoustic -phonetics	भौतिक स्वरविज्ञान
Acoustico-phobia	ध्वनिभीति, श्रुतभीति
Acousticophobic	ध्वनिभीरु, श्रुतभीरु
Acoustics	ध्वानिकी, ध्वनिविज्ञान, श्रवणीयता (भवन की)
Acoustimeter	विकिरण-आवृत्तिमापी
Acquirable	प्राप्य, प्रापणीय
Acquired immune deficiency syndrome (AIDS)	अर्जित प्रतिरक्षाभाव संलक्षण (एक विषाणुजन्य रोग), एड्स
Acrania	अकरोटिता, करोटिहीनता
Acranial, Acraniate	अकरोटीय, करोटिहीन, अकपाली
Acranthous	अग्रपुष्पी
Acratia	दुर्बलता, अशक्तता
Acre	एकड़ (भू-क्षेत्रफल की एक इकाई = 4046.9 वर्ग मीटर)
Acrid	कटु, तिक्त, कड़ुवा, तीखा, तीक्ष्ण, उग्र
Acridine	उग्री, तीक्ष्ण
Acridity, Acrimony	उग्रता, तीक्ष्णता, कटुता, कटुतिक्तता
Acrimonious	कड़ुवा, कटु, तीक्ष्ण, उग्र
Acro- (prefix)	अग्र-, शिखर, दूरस्थ
Acrobat	कलाबाज़
Acrobatics	कलाबाज़ी, शारीरिक करतब
Acroblast	शुक्राग्रकोरक
Acrobryous	अग्ररोही
Acrocarp	अक्षान्तफल, अग्रफल
Acrocarpic, Acrocarpous	अक्षान्तफलीय, अग्रफलीय
Acrocentric	अग्रकेन्द्री, अग्रबिन्दुक
Acrocinesia, Acrokinesia	अतिचलन, अतिचलनीयता
Acroconidium	अग्रकणी
Acrocoracoid	अग्र-उरोंस्यावर्ध
Acrocyanosis	अग्रश्यामता, शाखाश्यामता
Acrodont	अग्रदन्ती, हनुस्थ, कूटदन्ती
Acrodrome, Acrodromous	अग्राभिगामी
Acrodynia	अग्रपीड़ा
Acrogamy	अग्रयुग्मन
Acrogen, Acrogenic, Acrogenous	अग्रवर्धी, अग्रजात

Acrogynous अग्रयोनिक, अग्रजायांगी
Acrogyny अग्रजायांगिता
Acromastitis चूचुकशोथ, स्तनाग्रशोथ
Acromegaly अग्रातिकायता, अग्राधिवृद्धि
Acromial उत्फलकाग्री, अंसकूटीय
Acromialspine असंप्राचीरक
Acromion अंसकूट, उत्फलकाग्र
Acronematic अग्रसूत्री, अग्रसूत्रीय
Acropachia, Acropachy स्थूलाग्रता
Acropetal अग्राभिसारी
Acrophobia, Altiphobia उत्तुंगताभीति, ऊँचाई से भय
Acrophobic, Altiphobic उत्तुंगताभीरु
Acropleuro-genous अग्रपार्श्वजनित
Acroscopic अग्रोन्मुखी, अग्राभिमुखी
Acrosome अग्रपिण्डक, अग्रकाय, शुक्राग्र
Acrospore अग्रबीजाणु
Acrosporous अग्रबीजाण्वीय
Acrothermal अधितापीय, अधितापजीवी
Acrotic अस्पन्दी
Acrotism स्पन्दनहीनता, अस्पन्दता
Acrotrophism अग्रपोषिता
Acrylic (a synthetic plastic, fiber, fabric or paint made from polymethyl acrylic acid) एक्रीलिक
Actification कर्मण्यन
Actifier कर्मण्यक
Actigraph, Actiwatch (an electronic device with sensor for clinical momtoring of activity profile during sleep and circadian rhythms for a week) कर्मांकनी, गतिविधिलेखी हरकतघड़ी, ऐक्टीग्राफ
Actigraphy (clinical monitoring of activity profile during sleep and circadian rhythms for a week by using Actigraph) कर्मांकन, गतिविधिलेखन
Actinal, Oral मुखीय
Actinic विकिरणशील, प्रकाशरसोक्रियाशील
Actinides (a group of 15 radioactive elements from At. No. 89-103 in 'f' block and ninth period of periodic table) विकिरणी (तत्व), रेडियो-धर्मी तत्व
Actinism विकिरणशीलता, प्रकाशरसोसक्रियता
Actinobacillus (a pathogenic bacterium) किरणदण्डाणु, अरदण्डाणु
Actinobiology, Radiobiology विकिरण जीवविज्ञान
Actinocarpic Actinocarpous अरफलीय
Actinochemistry विकिरण-रसायनशास्त्र
Actinoform किरणरूपी, किरणवत्
Actinogen विकिरणजन, विकिरणोत्पादक
Actinogenic, Actinogenous विकिरणजनी, विकिरणोत्पादी, विकिरणजनित
Actinometer विकिरणमापी, प्रकाश-रसोक्रियामापी
Actinomorphic अरसममितीय, त्रिज्या-सममितीय
Actinomorphy अरसममिति, त्रिज्या-सममिति
Actinomyces (*Actinomyces,* sp., a soil bacterium of order Actinomycetales with fungus like filaments) किरणकवक, अरकवक
Actinomycosis किरणकवकता, अरकवक संक्रमण
Actinostele अररम्भ, अरीय-रम्भ
Actinostome बाहुमुख
Actinothera-peutics विकिरणचिकित्सा विज्ञान, किरणचिकित्सा विज्ञान
Actinotherapy, Radiotherapy विकिरणचिकित्सा किरणोपचार
Actinotrichium तटरश्मि
Actinotrocha पक्ष्मार
Actinula अरडिम्भ, रश्मिका
Action, Acture, Actus क्रिया, व्यवहार, चेष्टा, गति
Action potential क्रिया विभव
Activate, Actify सक्रिय बनाना, गतिशील करना

Activated, Actified — सक्रियित, कर्मण्यित, चेष्टित
Activation, Activating — सक्रियण, गति देना, चेष्टन, गतिदायी
Activator — सक्रियक, गतिदायक, चेष्टक
Active — सक्रिय, क्रियाशील, चेष्ट
Active absorption — सक्रिय अवशोषण
Active transport — सक्रिय वहन, चेष्ट परिवहन
Activity — क्रियाशीलता, सक्रियता, क्रियाकलाप, चेष्टा
Actual — वास्तविक, यथाभूत, यथार्थ
Actuate — प्रेरित या प्रवृत्त करना, परिचालित करना
Actuation — प्रेरण, परिचालन, प्रवृत्तन
Actuator — प्रेरक, प्रवर्तक, गति देने वाला
Acuate — उत्तेजित, तीक्ष्ण, प्रचण्ड, कुशाग्र
Acuity, Acuteness — तीक्ष्णता, प्रचण्डता, निशिताग्रता
Aculea, Aculeus — दंश, डंक, कण्ट, शूल
Aculeate — दंशी, कण्टकीय, शूलवत्
Aculeiform — कण्टकाकार, कण्टकरूपी
Aculeotate — सकण्टिक, कण्टिकायुक्त
Acumen — बौद्धिक कुशाग्रता, चतुरता
Acuminate — लम्बाग्र, तीक्ष्णाग्र, सशिख, नुकीला
Acuminous — तीक्ष्ण बुद्धिवाला
Acupression, Acupressure — सूची-निपीडन
Acupuncture — सूचीवेधन, सुई चुभन (एक चिकित्सा पद्धति)
Acus — सूची, सुई, सूचिका, सूचीवत्
Acute — तीक्ष्ण, प्रचण्ड, अतिपाती, न्यून, निशिताग्र
Acute angle (<90°) — न्यूनकोण
Acute encephalitis syndrome (AES, a water related mosquito *Culex* sp. bite borne viral disease caused by *Flavivirus*), Japanese encephalitis — दिमाग़ी बुख़ार, मस्तिष्क ज्वर
Acute infection — अतिपाती संक्रमण
Acute vision — तीक्ष्ण दृष्टि
Acuteness, Acuity — तीक्ष्णता, प्रचण्डता, निशिताग्रता
Acutifida — अतिदर
Acutilobus — अति पालिक, तीक्ष्ण पालि
Acyanoblepsia, Acyoblepsia — नीलान्धता, श्यामान्धता
Acyclic — अचक्रीय, चक्रहीन
Acyl-, Acylo- (prefix) — अम्रल-
Acylation — अम्रलन, अम्रल-प्रवेशन
Acylogen — अम्रलजन
Adactylism, Ectrodactyly — अंगुलिहीनता अनांगुलिता
Adactylous — अंगुलिहीन
Adamantine — वज्रसार, हीरक सम, हीरे जैसा
Adamantinoma, Ameloblastoma — आकाचार्बुद, अस्थ्यार्बुद
Adanal — अधिगुदीय, अधिगुद-
Adapid — शिखि मर्कट (एक लुप्तप्राय वानर)
Adaptability — अनुकूलनीयता, अनुकूल्यता, अनुयोज्यता
Adaptable — अनुकूलनीय, अनुयोज्य, अनुकूल्य
Adaptation — अनुकूलन, अनुयोजन
Adapter, Adaptor — अनुकूलक, अनुकूलित्र, उपायोजक
Adaptive — अनुकूली, उपायोजी
Adaptive enzyme — अनुकूली विकर
Adaptogen — अनुकूलजन
Adaptogenic — अनुकूलजनिक, अनुकूलजनी
Adaxial — अभ्यक्ष
Adder, Viper — विषधर, विषैला साँप
Addict — व्यसन/लत लगना, आदी/आसक्त होना
Addiction — व्यसन, लत, आसक्ति
Addictive — व्यसनकारी, आसक्तिशील
Additive — योगज, संयोगात्मक
Addled, Putrified — सड़ाया हुआ, पूयित
Addlement, Putrification — सड़न, पूति, पूयन, पूयभवन
Adducent — अभिवर्तक, अभिवर्ती
Adduct — अभिवर्तित करना
Adduction — उपचालन, अभिवर्तन
Adductor — उपचालक, अभिवर्तक, अभिवर्तनी (पेशी)
Adelomorphic, Adelomorphous — गुप्ताकृतिक, गुप्ताकारी, गुप्तरूपी
Adelophycean — गुप्ताप्यक
Adelospondylous — गुप्तकीकस
Adelphogamy — जनकसन्तति युग्मन, पाञ्चाली विवाह
Adelphotaxia, Adelphotaxis, Adelphotaxy — संघानुचलन
Adelphous — संघी, संयुक्त, अंशुसंलग्न

Ademption	विखण्डन
Adenalgia, Adenodynia	ग्रन्थिशूल
Adenasthenia	ग्रन्थि-दौर्बल्य
Adenectomy	ग्रन्थिकर्तन, ग्रन्थि निष्कासन
Adeniform	ग्रन्थिरूप, ग्रन्थ्याकार
Adenitis	ग्रन्थिशोथ, ग्रन्थि प्रदाह
Adenoblast	ग्रन्थिकोरक
Adenocalyx	ग्रन्थिल बाह्यदल पुञ्ज
Adenocarcinoma	ग्रन्थि कर्कार्बुद
Adenocyte	ग्रन्थिकोशिका
Adenogenesis, Adenogeny	ग्रन्थि-उत्पत्ति, ग्रन्थि-जनन
Adenohypophysis, Anterior pituitary	पीयूषाग्र प्रवर्ध
Adenoid, Adenoidal	ग्रन्थ्याभ, ग्रन्थिवत्, लसीकाभ
Adenoids	कण्ठग्रन्थि, ग्रसनी-वाताय, कण्ठशूल
Adenology	ग्रन्थिविज्ञान, ग्रान्थिकी
Adeno-lymphangitis	ग्रन्थि लसीका वाहिनी शोथ
Adenoma	ग्रन्थि अर्बुद, ग्रन्थ्यार्बुद, ग्रन्थिपेश्यर्बुद
Adenomalacia	ग्रन्थिमृदुता, ग्रन्थिक्षय
Adenomatosis	बहुग्रन्थि अर्बुद
Adenomatous	ग्रन्थ्यर्बुदीय
Adenomyoma, Adenomyosis	ग्रन्थि-पेशी अर्बुद
Adenopathy	ग्रन्थि विकृति, ग्रन्थि रोग
Adenophore	ग्रन्थिधर
Adenosis	ग्रन्थिता, ग्रन्थिलता
Adenotrophic	ग्रन्थि प्रभावी
Adenous, Adenose	ग्रन्थिल, ग्रन्थिमान, ग्रन्थिमय
Adenovirus	ग्रन्थि विषाणु
Adequacy	पर्याप्तता, यथेष्टता
Adequate	पर्याप्त, यथेष्ट
Adhatoda, Malabar nut (*Adhatoda vasica/ Justicia adhatoda,* a flowering medicinal Asian shrub of family Acanthaceae)	वासक (पर्ण) आडूसा, रूसा
Adherence	अनुषक्ति, लगाव, अवलम्बन
Adherent	अनुषक्त, संलागी, अभिलग्न
Adhesion	आसञ्जन, आसञ्जनी, चिपकाव
Adhesive	आसञ्जी, चिपचिपा
Adhibit	प्रयोग में लाना, लगाना
Adiabatic	रुद्धोष्म, समोष, स्थिरोष्म
Adiabatical	समोषीय, रुद्धोष्मीय, स्थिरोष्मीय
Adichogamy	अभिन्नकाल पक्वता
Adietetic	अनाहारी, अपोषी, पोषकहीन
Ad infinitum	निरवधि, अनन्त तक
Ad interim	अन्तः कालीन, अल्पकालीन, अस्थायी
Adipocere	शवसिक्थ
Adipocyte	वसाकोशिका
Adipogen	वसाजन, वसाकर
Adipogenic, Adipogenous	वसाजनिक, वसोत्पादी, वसाकारी
Adipoleucocyte	वसाश्वेताणु
Adipolysis	वसालयन, वसा विघटन, वसांशन
Adipose, Adipic	वसामय, वसीय, वपा, स्थूल
Adiposis, Adiposity, Obesity	मोटापा, वसामयता, स्थूलता, मेदुरता
Adipsia, Adipsy	तृष्णाभाव, प्यास न लगना
Aditus	द्वार, प्रवेश छिद्र
Adjacency	निकटता, संलग्नता
Adjacent, Adjoining	संलग्न, निकटवर्ती
Adjustment	संयोजन, समायोजन, समञ्जन
Adjuster	संयोजक, समायोजक, समञ्जक
Adjutage	टोंटी
Adjutant	सहायक, सहयोगी
Adjutant (bird)	चमरघेंघ (पक्षी)
Adjuvant	सहवर्धी, सहौषधि, सहकारक गुणवर्धक, अधिप्रतिरक्षक
Adjuvantic	अधिप्रतिरक्षी, गुणवर्धी
Adjuvanticity	अधिप्रतिरक्षिता, गुणवर्धिता
Ad lib, Ad libitum	स्वेच्छया, यथेच्छ, जी भर, इच्छानुसार
Admeasurement	अनुभाजन, आवण्टन, हिस्से लगाना/करना
Admissibility	ग्राह्यता, स्वीकार्यता, प्रति ग्राह्यता
Admissible	ग्राह्य, स्वीकार्य, प्रतिग्राह्य
Admix, Admixture	मिलाना, अधिमिश्रण, सम्मिश्रण
Adnate	संलग्न, अभिलग्न
Adnation	अभिलग्नन, लग्नता, संलग्नन
Ad nauseam	घृणास्पद होने तक, उबकाई आने तक
Adneural	अपतन्त्रिकीय, अपचेत, अपस्नाविक
Adnexa	उपांग, लग्नांश, लग्नांग

Adnexectomy लग्नांग विच्छेदन, निष्कासन
Adnexed आलग्न
Adnexitis लग्नांग शोथ
Adnexogenesis, Andexogeny लग्नांग जनन, लग्नांगोत्पत्ति
Adobe धूप में सुखायी ईंट, कच्ची ईंट
Adolescence (a child of age 13-19 year with puberty), Teenager किशोरावस्था, तरुणावस्था, वयसन्धि
Adolescent (a stage of puberty with physical changes and transformation from childhood to adult) तरुण, युवा, किशोर
Adoral अभिमुखी, मुखसमीपी, मुखनिकट
Adpressed अभिपीडित
Adradial अभ्यरी, अनुमध्यारीय
Adradius अभ्यर, अनुमध्यार
Adrectal अधिमलाशयी
Adrenal अधिवृक्क, उपवृक्क
Adrenalectomy अधिवृक्कोच्छेदन, उपवृक्क निष्कासन
Adrenaline अधिवृक्की, उपवृक्की
Adrenalitis अधिवृक्कशोथ
Adrenalopathy, Adrenopathy अधिवृक्कविकृति, उपवृक्कविकार
Adrenalotropic, Adrenotropic अधिवृक्कोद्दीपक
Adreno-cortical अधिवृक्क-वल्कुटीय
Adreno-genital अधिवृक्कजननीय
Adreno-medullary अधिवृक्क-मज्जीय
Adrenomegaly अधिवृक्कवर्धन
Adrenotoxin अधिवृक्काविष, उपवृक्कविषि
Adrift बहता हुआ (इधर-उधर)
Adsere अधिक्रमक
Adsorb अधिशोषण करना, अधिचूषण करना
Adsorbate अधिशोष्य, अधिचूष्य
Adsorbent, Adsorptive अधिशोषी, अधिचूषी
Adsorber अधिशोषक, अधिचूषक
Adsorption अधिशोषण, अधिचूषण
Adstriction कोष्ठबद्धता, दृढ़ता से पकड़ना, जकड़ना
Adult (a sexually mature organism or human being of above 18 years age, considered as major) वयस्क, प्रौढ़, बालिग़
Adulterant, Adulterator अपमिश्रक, हीनमिश्रक
Adulterate अपमिश्रित करना, मिलावट करना
Adulterated, अपमिश्रित, मिलावटी,
Adulterine जारज, व्यभिचारजनित
Adulteration अपमिश्रण, मिलावट
Adulthood (a stage of sexual maturity of an organism or human being of above 18 years age) प्रौढ़ता, वयस्कता
Adulticidal, Adulticide प्रौढ़नाशक, प्रौढ़घ्न, वयस्कनाशी, प्रौढ़हन्ता
Adultness प्रौढ़ता, वयस्कता
Adultomorphism प्रौढ़रूपता
Adumbral छायादार
Adumbrate, Adumbration प्रतिबिम्ब बनाना, छाया डालना, परछाई डालना, प्रतिबिम्बन, आच्छादन, रूपरेखण
Adumbrated आच्छादित, प्रतिबिम्बित
Aduncate, Aduncous, Adurol आनत, अंकुशवक्र
Adust जला हुआ, झुलसा हुआ, उदास
Adustous, Fuliginous धूमिल, धूम्री, धूम्रीय, धुआँ जैसा
Advanced अग्रवर्ती, प्रगत, उन्नत, विकसित
Advancing प्रगामी
Advection अभिवहन
Advective अभिवाही
Adventitia परिमा
Adventitious अपस्थानिक, आकस्मिक, आगन्तुक
Adventitious root अपस्थानिक मूल, झकड़ा जड़
Adverse प्रतिकूल, प्रतिमुख, विरुद्ध
Adversity प्रतिकूलता, प्रतिमुखता, विरुद्धता
Adynamandry स्वपराग बन्ध्यता
Adynamia पेशीक्षीणता, अतिपेशी दौर्बल्य, निष्क्रियता, अगतिकता
Adynamic दुर्बल, निर्बल, शिथिल, सुस्त, अगतिक

English	Hindi
Adynamogyny	जायांग बन्ध्यता
Adytum	गर्भगृह
Adz, Adze	बसूला (कुल्हाड़ी जैसा)
Adzuki bean, Azuki bean, Red cowpea (*Vigna angularis,* a flowering annual vine of legume family Fabaceae, fruits and seeds are edible and of cuisine use)	लालफली, लालमूँग
Aecidium, Aecidia (pl.), Aecium, Aecia (pl.)	उद्स्फोट, फफोला
Aegithognathous	चटकहनु
Aelophilous, Anemophilous	वातकीर्ण
Aeneous	ताम्रवर्णी
Aeneolithic	ताम्रपाषाणीय, ताम्रपाषाण
Aeolian	वातज, वातोढ़, वायूढ़
Aeolipile	वाष्पशक्तिमापी
Aeolotropic	विषमदिक्, असावर्तिक
Aeon, Eon, Epic	कल्प, युग
Aequihymeniferous	समान कलावर
Aequilate	समपृथु
Aequinoctial	नियतकालिक
Aequivenius	समशिरायुक्त
Aerate, Aerify	हवा देना
Aerated	वातित
Aerating, Aeration, Aerification, Airing	वातन, वायु सञ्चारण
Aerator	वातक, वातित्र (यन्त्र)
Aerenchyma	वायूतक
Aerial, Aerius, Aeriform	विद्युत-ग्राहक, वायव्य, हवाई, आकाशीय
Aerial root	वायव्य मूल, हवाई जड़
Aerie, Aery	ऊँचाई पर बना घोंसला
Aerifaction, Air drying	वातशुष्कन, हवा से सुखाना
Aeriferous	वायुवाही
Aeroallergen	वातप्रत्युर्ज
Aerobatic	हवाई करतब सम्बन्धी
Aerobatics	हवाई करतब
Aerobe (organisms living in air with oxygen),	वायुजीव, वातजीव,
Aerobiont	वातपेक्ष, जारकजीव
Aerobic	वायुजीवी, वातपेक्षी, जारकजीवी, वायुवीय, वायव्य

English	Hindi
Aerobic respiration	वातश्वसन, जारकश्वसन
Aerobiology	वायुजैविकी, वातजीवविज्ञान
Aerobiosis	वायुजीविता, वातापेक्ष जीवन
Aerocyst	वातपुटी, वातकोष्ठ, वायुकोष
Aerodontalgia	वातुंगदन्तशूल
Aerodontology, Aerodontics,	वातुंगदन्तिकी
Aerodontia	वातुंगदन्त्यता
Aerodrome	हवाई अड्डा, विमान-क्षेत्र
Aerodynamic	वायुगतिक
Aerodynamics	वायुगतिकी
Aerogel	वातिश्लिष, वातिश्लिषक
Aerogen	वातजन, वायुजन
Aerogenic	वातजनिक, वायुजनी, वातज
Aerolite	उल्काश्म
Aerology	वायुविज्ञान, वातिकी
Aeromancy	जलवायु की भविष्यवाणी
Aerometer	वायुमापी
Aerometric	वायुमितीय, वायुमापीय
Aerometry	वायुमिति, वायुमापन
Aeromorphosis	वातकायान्तरण, वायुरूपान्तरण
Aeronautical	वैमानिक, विमान सम्बन्धी
Aeronautics	वैमानिकी, विमानशास्त्र
Aeronomy	वायविकी
Aeropalynology	वायुपरागाणु विज्ञान
Aerophil, Aerophile, Aerophilic, Aerophilous	वातरागी, वायुस्नेही
Aerophobia	वातभीति, हवा से भय
Aerophobic	वातभीरु, हवा से डरने वाला
Aerophyte	वातोद्भिद्
Aeroplane, Aircraft, Airship	विमान, वायुयान, हवाई जहाज़
Aeroplankter, Aeroplankton (pl.)	वातप्लवक
Aeroponics	वायुसंवर्धन विज्ञान, वायुसंवर्धिकी
Aerosol (suspended fine air borne particles in atmosphere)	वायुविलय, वातिलयन, वायुधुन्ध
Aerospace	वान्तरिक्ष, वायु-आकाश
Aerosphere, Atmosphere	वायुमण्डल, वातावरण
Aerostatics	वायुस्थैतिकी, वातस्थैतिकी
Aerotaxis	वातानुचलन
Aerotolerant	वातसह, वायुरोधी

English	Hindi
Aerotropic	वातानुवर्ती
Aerotropism, Aerotropy	वातानुवर्तन, वातानुवर्तिता
Aeruginous	नीलहरि
Aesthesia	संवेदिता, संवेदनशीलता
Aesthete	सौन्दर्य संवेदी, दृशी, रसज्ञ
Aesthetic, Esthetical	सौन्दर्यपरक, सौन्दर्यबोधी
Aether, Ether	ईथर
Aestival, Estival	ग्रीष्मकालीन, ग्रैष्म, ग्रीष्मीय
Aestivate	ग्रीष्मनिष्क्रिय होना, दलविन्यासी
Aestivation	ग्रीष्मनिष्क्रियता, ग्रीष्मनिष्क्रियण ग्रीष्मस्वपन, दलविन्यास
Aeterio, Etaerio, Aggregate fruit	समूह-फल, पुञ्जफल
Aetiology, Etiology	हैतुकी, हेतुविज्ञान, कारणविज्ञान
Affectation, Affectedness	प्रभावन, कृत्रिमता, प्रभाविता
Affected	प्रभावित, कृत्रिम
Affection	अनुराग, स्नेह, मनोभाव, भाव
Affective	भावात्मक
Affective syndrome	मानसिक संलक्षण
Afferent, Advehent	अभिवाही
Affine	सजातीय, तत्वशोधन करना
Affined	सजातिमय, तत्वशोधित, संयुक्त
Affinity	सहज सम्बन्ध, बन्धुता
Affixed	सम्बद्ध, अधिस्थित, चिपका या लगा हुआ
Affixure	संयोजन
Afflatus	उत्प्रेरणा
Afflicted	आक्रान्त, पीड़ित
Affluence	प्रवाह, प्रचुरता, अन्तर्वाह, समृद्धि
Affluent	प्रवाही, प्रचुर, सहायक नदी
Afflux	प्रवाह, अभिवहन, वाहोत्थान
Affluxed	प्रवाहित, अभिवाहित
Afforest, Afforestation	वन लगाना, वन रोपना, वनरोपण
Afforestment	वनीकरण
Affricate	स्पर्श संघर्ष
Affusion	अभिसिञ्चन
Afibrillar	अतन्तुकीय
Afire	जलता हुआ, उत्तेजित
Aflame	ज्वलन्त, प्रदीप्त, प्रज्वलित
Aflatoxicosis	अफ्लाविषता, अफ्लाविषरुग्णता

English	Hindi
Aflatoxin (A+fla+toxin, a mycotoxin from *Aspergillus flavus*, a fungus of family Trichocomaceae)	अफ्लाविष (एक कवकाविष), अफ्लाटॉक्सिन
Afloat	आप्लावित, तैरता हुआ
Afoliate	अपर्णी, पत्तीहीन
African elephant (*Loxodonta* sp., a huge herbivorous land mammal of family Elephantidae, with proboscis and 5-8 ft. long tusks)	
After birth, Placenta	आँवल, खेड़ी, जेर
After damp	विस्फोटज गैस
After effect	पश्चप्रभाव, अनुप्रभाव
After growth	पश्चवृद्धि, द्वितीयोत्पत्ति
Agacant	उत्तेजक, मोहक, प्रलोभक
Agalactosis, Agalactia	अदुग्धता, दुग्धहीनता
Agalactous	अदुग्धस्रावी, अदुग्धी, अल्पदुग्धस्रावी
Agama (*Agama* sp., a long tailed Old World reptile of lizard group of family Agamidae, with wide variety of colour, native to south Africa), Agamus (female)	तृणगोधिका (एक प्राचीन कीटभक्षी अफ्रीकी छिपकली/गिरगिट)
Agamete	अयुग्मक
Agamic, Agamous	अयुग्मनी, अलिंगी, अनिषेकी, अयुग्मी
Agamogenesis, Agamogeny	अलिंगीजनन, अयुग्म जनन
Agamoid	तृणगोधिकाभ
Agamospermy	अनिषेक बीजता
Agamy	अयुग्मन, अयुग्मिता
Agar medium	घास्य संवर्धांश
Agar, Agar-agar (a gelatin, polymer of galactose from red algae *Gelidium* sp.)	घास्य (समुद्री शैवाल से प्राप्त एक भोज्य व संवर्धन माध्यम हेतु पदार्थ)
Agaric	छत्रक, कुकुरमुत्ता (कवक)
Agaricaceous	छत्रकीय
Agaricoid	छत्रकाभ

Agaricole, Agaricolous	छत्रकवासी
Agate (a gem)	पाल्यश्म, गोमेद, अक़ीक (एक पत्थर)
Agave, Century plant (*Agave* sp., a perennial tropical succulent xerophyte of family Asparagaceae with rosette, flowers once and then dies)	रामबाँस, वनकुमारी
Age	आयु, जीवनावधि, काल, युग
Age factor	वयकारक
Age group	वयोवर्ग, आयुवर्ग
Ageing, Aging	जरण, वयन, आयुकरण, काल प्रभावन
Agenesis	अजनन
Agglomeration	पुञ्जन, समूहन, सम्पीडन, संकुलन
Agglomerate	पुञ्जित होना, सम्पीडित, संकुलित
Agglutinate	अभिश्लेषित, प्रसमूहित करना/होना
Agglutinated	अभिश्लिष्ट, प्रसमूहित
Agglutination	प्रसमूहन, अभिश्लेषण, आश्लेषण, चिपकाव
Agglutinative	अभिश्लेषी, प्रसमूही, आश्लेषी, आश्लेषणशील
Agglutinator	अभिश्लेषित्र, आश्लेषक, प्रसमूहक
Agglutinogen	अभिश्लेषजन, प्रसमूहजन
Agglutinogenic	अभिश्लेषजनिक, प्रसमूहजनिक
Agglutinoid	अभिश्लेषाभ, आश्लेषमाभ, प्रसमूहाभ
Aggrandize	अधिवृद्धि करना/होना
Aggrandization	तलोच्चयन, उच्चयन, विवर्धन
Aggravate, Aggravation	अपवृद्धि करना, उत्तेजित करना, बढ़ाना, अपवर्धन, प्रकोपन
Aggregate	समुच्चित करना, समुच्चय, समष्टि, समस्त, पुञ्ज, रोड़ी
Aggregate impact	समुच्चित संघट्ट, कुल प्रभाव
Aggregation	समुच्चयन, समूहन, पुञ्जन
Aggregative	समूही, पुञ्जनशील
Aggressive,	आक्रामी, आक्रामक,
Aggressor	उद्दण्ड
Agile	सक्रिय, फुर्तीला
Agility	सक्रियता, स्फुर्ति
Agitate	हिलाना, उत्तेजित करना, क्षुब्ध करना
Agitation	प्रक्षोभन, विलोड़न, आन्दोलन
Agitator	विलोड़क, दोलित्र(यन्त्र), प्रक्षोभक, आन्दोलनकारी
Agleam, Aglitter	चमकता हुआ, चमचम
Aglet	घुण्डी
Aglomerular, Aglomerulose, Aglomerulous	अकेशिकागुच्छीय, केशिकागुच्छहीन
Aglow	प्रदीप्त, दीप्त
Aglyphous	असीती, खाँचाहीन
Agmarking	'एगमार्क' लगाना, कृष्यंकन
Agnail	गलका, पैर के नाखून की उखड़ी खाल, पैर की अंगुली का गोखरू
Agnate	सपिण्ड, पितृबन्धु, सगोत्र, सदृश
Agnathous	अहनु, अहन्वी, जबड़ाहीन
Agnation	सपिण्डता, सगोत्रभवन
Agnosia	संवेदनहीनता
Agnostozoic	अज्ञातजीवी, अज्ञेयजीवी
Agoing	गतिमान, प्रचलित, चलायमान
Agonic	शून्य दिक्पाती, अकोणीय
Agonist	प्रचालक
Agonize	तड़पना (पीड़ा से), पीड़ा देकर तड़पाना, पीड़ा देना
Agonodism	अजननांगता
Agony	व्यथा, घोरपीड़ा, प्राणपीड़ा, मृत्यु-तुल्य पीड़ा, यातना
Agoraphobia	विवृत स्थानभीति, खुली जगह पर जाने का भय
Agoraphobic	विवृत स्थान भीरु
Agranulocyte	अकणकोशिका, कणहीनकोशा
Agranulocytosis	कणहीनकोशिकता, कणिकाकोशाहीनता
Agrarian	कृषीय, कृषिक, भूमि सम्बन्धी
Agravic	गुरुत्वहीन (स्थान/अवस्था)
Agrestal	वन्य, कृष्य, भूपादप
Agrestic	कृषि सम्बन्धी, ग्रामीण
Agricultural	कृषीय, कृषि, कृषि सम्बन्धी,
Agriculture	कृषि, खेती, कृषिविज्ञान, कृषिकर्म
Agriculturist	कृषिविज्ञ, कृषिविज्ञानी
Agro- (prefix)	कृषि सम्बन्धी, कृषि-
Agrobiology	कृषि-जैविकी
Agro-meteorology	कृषि मौसम विज्ञान
Agroclimatic	कृषि-जलवायवीय
Agro-ecology	कृषि-पारिस्थितिकी

Agro-forestry कृषि-वानिकी
Agromyzid, Leaf miner fly क्षेत्र-चूष (एक मक्खी)
Agronomics, Agronomy, Agrology सस्यविज्ञान, कृषिविज्ञान, क्षैत्रिकी
Agronomist क्षैत्रिकीविज्ञ, सस्यविज्ञानी
Agrostic दूबीय, मुड़ी घास
Agrostography घासों का वैज्ञानिक वर्णन
Agrostologic, Agrostological घास वैज्ञानिक
Agrostologist घासविज्ञ, घासविद्
Agrostology घासविज्ञान
Agrotechnology कृषि-प्रौद्योगिकी
Agrotype कृषिप्ररूप, सस्यप्ररूप
Aground भूग्रस्त, भूमिगत, जमीन में धँसा हुआ
Agrypnode निद्राहर
Agrypnotic अनिद्रालु
Ague शीतज्वर, जूड़ी-ज्वर, शीत-ताप
Ahypnosis, Ahypnia, Insomnia अनिद्रा (रोग), निद्राहीनता
Aianthous सदापुष्पी
Aigicolous तटवासी
Aigrette कलगी, बालों या परों का गुच्छा, बगुला (एक जलीय पक्षी)
Ail बीमार होना, क्लेश, कष्ट
Aileron सहपक्ष
Ailment बीमारी, रोग, व्याधि
Air (a varying mixture of oxygen, nitrogen, organic/inorganic gases/fumes with particulate materials and moisture) वात, वायु, हवा (पृथ्वी के वायुमण्डल निर्माण तथा श्वसन के लिए एक पारदर्शी आवश्यक पदार्थ)
Air bath वात-तापन, वायु-ऊष्मन
Air bladder, Air reservoir वाताशय
Air born वायुजात, वातज, वायु से पैदा
Air borne वायुजन्य, वातजनित, वायु-वाहित, वातानीत, वातोढ़
Air breather, Air breathing वायु-श्वासी
Air bubble वायु बुद्बुद, हवा का बुलबुला
Air cavity वायु कूप, वातगुहा
Air chamber वायु-वेश्म, वातकोष्ठ
Air cock हवा टोंटी
Aircondition, Airconditioning वातानुकूलन, वातावस्थापन, वातानुकूलित करना
Airconditioned वातानुकूलित, वातावस्थापित
Airconditioner (invented by American engineer Willis Carrier in 1902 A.D.) वातानुकूलित्र, वातानुकूलक
Air cooling वायुशीतन, वातशीतलन
Air craft वायु वाहन, वायुयान, विमान
Air dry, Air drying हवा में सुखाना, वात-शुष्कन
Air gas (a gaseous mixture of CO_2, H_2 and N_2 produced by passing air over hot coke) वायु वात, हवा गैस (हवा और गैसोलीन का दहनशील मिश्रण)
Airing वातन, वायु सञ्चारण, हवा देना
Air insufflation वायुभरण
Air mass वायु संहति
Airometer वायुमापी
Air pollution वायु-प्रदूषण
Air proof, Airtight वायुरोधी, वायुरुद्ध, वाताप्रवेश
Air pump वायूदञ्च
Air quality index वायु गुणवत्ता सूचकांक
Air sac वात-स्यून, वायुकोश
Air sickness आकाशीय रोग
Airway(s) वायुमार्ग (वायु परिवहन या श्वसन हेतु)
Aitch bone पुट्ठे की हड्डी
Aitiomorphosis बाह्यहेतुक कायान्तरण/विकास
Ajar अधखुला
Akaryocyte अकेन्द्रककोशा
Akaryocytosis अकेन्द्रककोशता
Akaryote, Acaryote अनाभिकी (जीव)
Akaryotic, Acaryotic अनाभिकीय, केन्द्रकहीन
Akin रक्त सम्बन्धी, सगा, समान प्रकृति का
Akinesia अचलता, गतिक्रमहीनता, गति-अक्षमता
Akita अकीता (एक जापानी बड़ा कुत्ता)
Akinesis अगतिक्रम
Akinete विश्रामिका, निश्चेष्ट बीजाणु, अगतिक
Ala पक्ष, पक्षक
Alabaster (a translucent stone of white gypsum and calcite) सिलखड़ी, भासाचूर्ण, दूधिया सफ़ेद पत्थर

Alacrity उत्साह, शीघ्रता, प्रसन्नता
Alalia अवाकृता, आवाज़ बन्द होना
Alar पंखीय, पंख सम्बन्धी
Alary, Alate, Alatus सपक्ष, सपक्षक, पंखदार
Alb श्वेतोत्तरीय
Alba, Albino, Albus रञ्जकहीन (जन्तु), सफ़ेद, विवर्ण, श्वेत
Albatross (a web footed endangered largest sea bird of family Diomedeidae) बोझ, रुकावट, रोड़ा, अल्बेट्रास (एक बड़ा लम्बी उड़ानेवाला समुद्री पक्षी जिसके पंखों का फैलाव 3.5 मीटर तक है)
Albedo श्विति, धवलता (पृथ्वी पर सौर विकिरण का परावर्तन अनुपात)
Albescent श्वेतप्राय, रंगहीन, श्वेतायमान
Albidus श्वेताभ
Albinism रञ्जकहीनता, श्वेतता, विवर्णता, सफ़ेदी
Albino mouse (*Mus musculus*, a small mammal of order Rodentia with white fur and pink eyes, used as laboratory animal), Albino mice (pl.) श्वेतमूषिका, सफ़ेद चुहिया
Albino rat (*Rattus norvegicus*, a mammal of order Rodentia with white fur and pink eyes, used as laboratory animal) श्वेत मूषक, श्वेतमूष, सफ़ेद चूहा
Albumen, Albumin श्वेतक, श्विति, सफ़ेदी
Albuminoid श्वित्याभ
Albuminolysis श्वितिलयन, श्वेतकांशन
Albuminometry श्वितिमिति
Albuminorrhea श्वितिस्राव, श्वेतकस्राव
Albuminosis श्वित्याधिक्य, अतिश्वितिता
Albuminuria श्वेतकमेह, श्वेतकमूत्रता, श्वितिमेह
Alburnum, Sap wood दारु, रसकाष्ठ
Alcaptonuria, Alkaptonuria कृष्णमेह, एल्कैप्टनमूत्रता
Alchemic, Alchemical रसविधिक, रसविद्यीय
Alchemist रसविद्, रसायनशास्त्री, कीमियागर
Alchemize, Alchemization रस वेधना, रसवेधन
Alchemy रसविद्या, कीमिया, रसायनविज्ञान
Alcogel मद्य-श्लिष
Alcogen मद्य-जन
Alcohol मद्य, मद्यसार, ऐल्कोहल
Alcoholic मादक, मद्यसारिक, मदात्ययी ऐल्कोहलीय
Alcoholic beverage मदिरा, शराब, मादक सुरा
Alcoholicity मादकता, मद्यसारिकता
Alcoholism मदात्यय, मद्य-व्यसनिता
Alcoholization, Alcoholize मद्यसारण, मदिरायण, मदिरामय बनाना
Alcoholmeter मद्यमापी, मदिरामापी
Alcoholomania, Dipsomania मद्यासक्ति, मदिरातृष्णा, मद्य-व्यसन
Alcoholomaniac, Dipsomaniac मद्यासक्त, मद्यव्यसनी
Alcohol poisoning मद्यविषायण, सुरा-विषायण
Alcoholuria मद्यमेह, मदिरामूत्रता
Alcoholysis मद्यलयन, मद्यांशन, मदिरा विघटन
Alcoholytic मद्यलयी, मद्यांशिक
Alcove वाहिका, कोष्ठिका
Ale, Beer जौ की शराब, यव मदिरा, बियर
Alecithal अपीतकीय, पीतकहीन, अपीतकी
Alee अनुवात
Alegar खट्टी शराब, सिरका
Alembic पूर्वकालीन भभका (धातु का)
Alethal अप्राणहर, अघातक
Aleukia, Aleukocytosis अश्वेताणुता
Aleuriospore चोलबीजाणु
Aleurone (a Greek word for flour, protein granules in endosperm of plants, seeds and cereal grains) समिताया
Aleuronic समितायिक
Aleuroplast, Proteinoplast समिताय लवक, प्रोटीन लवक
Alevin, Yolk sac larva पीतक डिम्भ
Alexia, Blindness अन्धता
Alexin शरीर में रोगाणुनाशक तत्व
Alfalfa (*Medicago sativa*, a perennial flowering गरारी, रिजका, लसुन घास

pasture leguminous herb of family Fabaceae, cultivated as protein-rich forage for animals), Lucerne	
Alga, Algae (pl.)	शैवाल, शैवल, काई, सेवार
Algal, Algous	शैवालीय, शैवालयुक्त, शैवाल सम्बन्धी, शैवाल-
Algal genus index (AGI - a water pollution index based on occurrence of pollution tolerent algal genus)	शैवाल जाति सूचकांक
Algebra	बीजगणित
Algebraic, Algebraical	बीजगणितीय, बीजीय
Algesia	पीड़ानुभूति
Algesic	पीड़ाकारी, पीड़ादायी
Algesiogenic, Algogenic	पीड़ाजनक, पीड़ाजनित, पीड़ाजन्य
Algesireceptor	पीड़ा संवेदांग, पीड़ाग्राही
Algesthesia, Algesthesis	पीड़ाग्राह्यता
Algicidal, Algicide	शैवालनाशी, शैवालनाशक, शैवालघ्न
Algicole, Algicolous	शैवालवासी, आप्यकजीवी
Algid	ठण्डा, शीतल
Algidity	ठण्डक, शीतलता, जूड़ी
Alginate	शैवालजन्य, आप्यकीय
Algology, Phycology	शैवालविज्ञान, शैवालिकी, आप्यकी
Algorism	दशमलव प्रणाली, प्रतीक गणित
Algorithm	कलन विधि, प्राचीन अंकगणित
Algosol	निक्ष-लयन, निक्ष-विलय
Algous, Algal	शैवालमय, शैवालीय
Alien	परग्रही, भिन्नप्राणी, बदलना
Alienate, Alienation	अन्य संक्रमित करना, विराग, मनमुटाव, पागलपन, अन्य संक्रमण, हस्तान्तरण
Alienist, Allenist	विधिक मनोचिकित्सक, उन्माद विशेषज्ञ
Aliferous	सपक्ष, पंखदार, पंखवाला
Aliform	पक्षरूप, पंखाकार, पंखारूपी
Alight	अवतरण, नीचे उतरना, प्रज्वलित
Alignment, Alinement	पंक्तिबद्धता, पंक्तिबन्धन

Aliment, Alimental, Alimentary	आहार, भोजन, पोषण, अन्नपचन
Alimentary canal	षोषणनाल, आहारनाल, अन्ननाल
Alimentation	भरण पोषण, सम्भरण
Alimentology	पोषणविज्ञान, पौषिकी
Aliped	पक्षपदीय
Aliphatic (organic compounds consist of hydrogen and carbon with chained structure)	स्नैहिक, वसीय
Aliquant	अपूर्णभाजक, शेषभाजक
Aliquot	अशेषभाजक, पूर्णभाजक
Alive	जीवित, ज़िन्दा, सजीव
Alisphenoid (bone)	जतुकपक्षाभ, जतुकपक्षास्थि
Alkalaemia	क्षाररक्तता, रक्तक्षारता
Alkalescence, Alkalescency	क्षारीयता
Alkalescent	क्षारीय, क्षारत्, क्षारीभू
Alkali	क्षार, खार, सज्जी
Alkalify, Alkalification, Alkalizing, Alkalization	क्षारीय करना, क्षारीकरण, क्षारभवन
Alkali metal	क्षार धातु, क्षारक धातु
Alkalimetry	क्षारमिति
Alkaline	क्षारीय, खारा, क्षारयुक्त
Alkalinity	क्षारीयता
Alkalinuria, Alkuria	क्षारमेह, क्षारमूत्रता
Alkali proof, Alkali resistant, Alkali tolerant	क्षार सह, क्षाररोधी, क्षारसहिष्णु
Alkaloid	क्षाराभ, क्षारवत्, क्षारोद
Alkalosis	अतिक्षारता, क्षारण
Alkanet	रतनजोत, मेहँदीया रंगवाला पौधा
Alkaptonuria, Phenol poisoning	कृष्ण मेह, संयोजी ऊतक नीलवर्णता
Alkylated	क्षारलित
Alkylation	क्षारलन
Allantoic	उपनालिक, उपनालीय
Allantoin	उपनालि
Allantois (a membranous sac of embryo)	उपनाल, अपरपोषिका
Allegretto	अवद्रुत
Allegro	द्रुत
Allele, Allelic,	युग्मगुण, भिन्नयुग्म,
Allelomorph	युग्मविकल्पी
Allelopathy	युग्मगुण विकारी

English	Hindi
Allelozyme	युग्मविकर
Allenist, Alienist	न्यायालयी मनोरोग चिकित्सक
Allergen	प्रत्युर्जन
Allergenic	प्रत्यूर्जनी, प्रत्यूर्जनित
Allergic	प्रत्यूर्जताग्रस्त, प्रत्यूजता रोगी
Allergy	प्रत्यूर्जता, अधिहृषता
Alleviate,	कम करना, सह्य बनाना,
Alleviation	अभाव, आराम
Alleviated	उपशमित
Alleviator	उपशामक
Alliaceous	लहसुन/प्याज सी गन्ध वाला
Allied	सम्बद्ध, सहबद्ध, समवर्गी
Alligation	प्रमिश्रण, मिश्रण, सहबन्धन
Alligator (*Alligator* sp., a freshwater semi-aquatic reptile of family Alligatoridae)	घड़ियाल, नक्र (एक मांसाहारी विशालकाय मृदुजलीय सरीसृप)
Allision	अभिघट्टन
Allo- (prefix)	अपर-, अन्य, इतर
Allobiosis	अपरजीविता, अपरजीवन
Allocarpy	परनिषेकफलता
Allocation	नियतन, आवण्टन, विनिधान
Allochromatic	अपरवर्णी
Allochrous	वर्ण परिवर्तनी
Allochthonous	अपरस्थानिक
Allogamous	परनिषेची
Allogamy, Geitonogamy, Xenogamy	परनिषेचन, परयुग्मन
Allogenic, Allothrogenic	अन्यत्रजनी, अन्यत्रजात, अन्यत्रजनिक
Allogenic factor, Biotic factor	अन्यत्रजात कारक, जैव कारक
Allograft	अपरोंप, विषमजात-रोप
Allografting	अपरोंपण
Allo-immune	विषमोन्मुक्त, विषम-प्रतिरक्षित
Alloisomer	अपरसमावयव, अपरसभाज
Alloisomeric	अपरसमावयवी, अपरसभाजी
Alloisomerism	अपरसमावयवता, अपरसभाजता
Allometric	सापेक्षमितीय, अपरमितीय
Allometry	सापेक्षमिति, अपरमिति
Allopathy	विषमचिकित्सा, आधुनिक चिकित्सा
Allopatric	विस्थानिक, भिन्नदेशीय
Alloplasm	उपद्रव्य, उपघटन
Allopolyploid, Alloploid	अपरबहुगुणित, परबहुगुणित
Allopolyploidy, Alloploidy	अपरबहुगुणिता, पर बहुगुणिता
Allosome, Heterosome	लिंगसूत्र, विषमजात-गुणसूत्र
Allosperm	परनिषेक भ्रूण
Allosteric	अपरत्रिविमी
Allosyndesis	अपरयुग्मानुबन्ध
Allotransplant	इतररोपण, इतरस्थानान्तरण
Allotriomorphic	अस्वरूपी
Allotrope	अपररूप, अपरवर्त, अपरूप
Allotropic(al), Allotropous	अपरवर्ती, अपररूपी, अपरूपी
Allotropism, Allotropy	अपररूपता, अपरवर्तिता, अपरवर्तन, अपरूपता
Allotype (allelic forms of immunoglobulin gene)	अपप्ररूप, भिन्नप्ररूप, विषमप्ररूप
Alloxuraemia (presence of alloxan, a purine base in blood)	प्यूरीन-रक्तता
Alloxuria (presence of allaxan, a purine base in urine)	प्यूरीन-मेह, प्यूरीन-मूत्रता
Alloy	मिश्रधातु, मिश्रातु, धातुमिश्रण
Allozyme	अपरविकर, विषमवंशी किण्वक
Allusion	संकेत, इशारा
Allusive	सांकेतिक
Alluvial	जलोढ़
Alluvion, Alluvium	जलोढ़क, जलोढ़ मृदा, कछार
Almandine	लाल पत्थर (एक अल्यूमीनियम व लोहामय खनिज)
Almond (*Prunus dulcis,* a perennial tree of family Rosaceae, with edible seed used for oil, milk and liquor)	बादाम (एक पौष्टिक फल/मेवा), वाताम

English	Hindi
Aloe (*Aloe* sp., a flowering xerophyte of family Xantho-rrhoeaceae with rosette stem and succulent leaves)	घृत कुमारी, ग्वार पाठा, अगरु (एक औषधीय पौधा)
Alopecia, Acomia	अरोमता, रोमहीनता, गञ्जापन
Alp	पर्वतशिखर, ऊँचा पहाड़, पहाड़ी चरागाह
Alpaca (*Vicugna pacos,* a mammal of family Camelidae, native to south America, domesticated for wool)	ऊर्णावल, ऊनदार ऊँट, एक दक्षिण अमेरिकी बड़े ऊनों वाला ऊँट
Alpen glow	हिम-विभा
Alpestris	उच्च तलीय
Alpha (A, α, 1st letter of Greek alphabet)	अल्फा (युनानी वर्णमाला का पहला अक्षर)
Alpha state (half sleep condition)	अर्धनिद्रा, तन्द्रा-अवस्था
Alpine	उच्च पर्वतीय, हिमाद्रि-वनवासी
Alsocolous	
Altazimuth	दिगंशमापी, उद्दिगंशक
Alterant, Alterator	परिवर्तक, परिवर्तनकारी
Alteration	परिवर्तन, रूपान्तरण, क्रमान्तरण
Alterative	परिवर्तनशील, आपरिवर्ती, परिवर्तक
Alternando	एकान्तर अनुपात
Alternant	एकान्तरक
Alternate	एकान्तर, विकल्प
Alternating current (AC)	प्रत्यावर्ती धारा (विद्युत की)
Alternation	प्रत्यावर्तन, एकान्तरण
Alternative, Alternating	विकल्पी, वैकल्पिक, प्रत्यावर्ती
Alternator	प्रत्यावर्तक, प्रत्यावर्तित्र, आवर्तित्र
Altimeter	तुंगतामापी, उच्छायमापी
Altimetry	तुंगतामिति, उच्छायमिति
Altiscope	तुंगतादर्शी
Altiscopy	तुंगतादर्शन, तुंगतावीक्षण
Altisonant	उच्चनिनादी, अधिक ध्वनि का
Altitude	तुंगता, ऊँचाई, उच्चता, शीर्षलम्ब, उन्नतांश
Altivalent	उच्च-उड्डयी, ऊँचा उड़ने वाला
Alto	मध्य मेघ, (7-20 हज़ार फ़ीट की ऊँचाई पर), उच्चतम पुरूष स्वर
Alto-cumulus	मध्य कपासी (बादल)
Alto-stratus	मध्य स्तरी (बादल)
Altricial	सुपोष्य
Altrix, Altrices (pl.)	पूर्वकालिक चूज़ा
Alula, Alulae (pl.), Ala spuria	मिथ्या पक्ष
Alum, Alumen (a crystalline form of potassium aluminium sulfate)	फिटकरी, स्फटिकी
Alumina (a white crystalline aluminium oxide)	स्फटीजा, स्फटिक मिट्टी
Aluminate,	फिटकरी बनाना,
Alumination	स्फटिकीयन
Aluminiferous	स्फटिकीमय, फिटकरीयुक्त
Aluminosis	फुप्फुस स्फटी धूलिमयता, फुप्फुस-अल्यूमीनियम धूलिता
Aluminium (a silvery metallic mineral element with symbol Al)	स्फटी, अल्यूमीनियम
Aluminosity	स्फाट्यता
Aluminothermic	स्फटी-तापीय
Aluminothermics	स्फटी-तापिकी
Aluminothermy	स्फटी-तापन, स्फटी-तापता
Aluminous, Aluminose	स्फाट्य, फिटकरीवत्
Alunite	स्फटिकाश्म, फिटकरी-पत्थर
Alutaceous	चर्मीय, चर्माभ, चमड़े जैसा
Alveary	कर्णविवर, उद्योग संग्रह
Alveate	पोला बनाना, खोखला करना
Alveoalgia, Alveolalgia	कोष्ठकशूल
Alveola	गर्त, गड्ढा, कोष्ठक, कूपिका
Alveolar, Alveolate	कोष्ठकीय, वायुकोशीय, कूपिकीय, वर्त्स्य, जीभ को ऊपरी दाँत से लगाकर उच्चरित 'त' वर्गीय अक्षरों वाला
Alveolitis	कोष्ठक शोथ, कूपिका प्रदाह
Alveolus, Alveoli (pl.)	वायुकोष्ठक, कूपिका, दन्त-गर्तक, दन्तकोटर, वातकोष्ठ
Alveus, Alvei (pl.)	खाँच, द्रोणी

Alvine	तुन्द, तोंद, पेट सम्बन्धी
Alzheimer's disease (a form of dementia named after German psychiatrist Alois Alzheimer in 1906 A.D.)	अल्ज़ायमर रोग (मनोभ्रंश जैसा एक मनोरोग तन्त्रिका रोग)
Amalgam	संरस, संलय, सम्मिश्रण, पारदमिश्र
Amalgamate	पारदमिश्र बनाना, विलीन करना, घुलमिल जाना, समामेलित करना
Amalgamation	संरसन, सम्मिश्रण, पारदमिश्रण, समामेलन
Amalgamator	संरसित्र, सम्मिश्रित्र (यन्त्र), एकीकृतक
Amanitotoxin, Amanitin	छत्र-कवकाविष
Amanous	अहस्तीय
Amaranth, Pig weed (*Amaranthus,* sp., an edible annual herb of family Amaranthaceae)	मरसा, चौलाई, जंगली चौलाई (एक भोज्य पौष्टिक शाक)
Amaranthine, Amaranthous	जाम्बुवर्णी, बैंगनी, सदाबहार, अम्लान
Amaranth seed	रामदाना (एक पौष्टिक खाद्यान्न)
Amarine	कटुकी
Amaroid	कटुसार, कटूवाभ
Amastia	अस्तनता, स्तनहीनता
Amathocolous	धूलिवासी, बालूकावासी
Amathophobia	धूलिभीति
Amathophopic	धूलिभीरु
Amative	कामुक, कामी
Amaurosis	काच, तन्त्रिकान्धता, दृष्टिहीनता
Ambagious	वक्र, हेर-फेर, टेंढ़ा-मेंढ़ा
Ambarella, Hog apple, Jew plume, Umbra fruit (*Spondias dulcis,* a flowering deciduous tropical tree of family Anacardiaceae, with edible sour drupe type small fruits)	अम्बार (एक खट्टा फल जिसकी चटनी व अचार बनाते हैं), अमरा, अमड़ा
Amber	प्रपीतारक्त, तृणमणि, राल
Amberite	अधूमविस्फोटक, धूमहीन-विस्फोटक
Ambi- (prefix)	उभय-, द्वि-
Ambidextrous	उभयहस्त निपुण, सव्यसाची
Ambience	परिवेश, वातावरण, आस-पास
Ambient	परिवेशी, आसपास का
Ambient air	परिवेशी वायु
Ambilateral	उभयपार्श्ववर्ती, दोनों बगल
Ambiopia, Diplopia	द्विदृष्टि, दो दिखना
Ambipharynx	परिग्रसनी
Ambipolar	उभयध्रुवीय, द्विध्रुवी
Ambisexual, Ambosexual, Bisexual, Monoecious, Hermaphrodite	उभयलिंगी, द्विलिंगी
Ambit, Ambitus	बाहरी किनारा, परिधि, घेरा
Ambivalence, Ambivalency	विसंयुजता, उभयभाविता, द्वैधवृत्ति
Ambivalent	विसंयुज, उभयभावी,
Ambiversion	उमयमुखता
Ambivert	उभयवर्ती, उभयमुखी
Amble	चहलक़दमी, आराम से चलना
Ambly-(prefix)	मन्द, क्षीण, अल्प-
Amblyacusis, Amblyakusis	श्रवणमन्दता, बहरापन
Amblychromatic	क्षीणवर्णी, मन्द रञ्जकी
Amblyopia	दृष्टिमन्दता, मन्ददृष्टि
Ambrette, Musk mallow (*Abelmoschus moschatus*), a flowering aromatic medicinal herb of family Malvaceae, seed oil is use as musk)	मुश्कदाना
Ambrosial	स्वादिष्ट, अतिसुगन्धित, नैसर्गिक
Ambulacral	वीथि, चरणार
Ambulance	रोगीयान, अस्पताली गाड़ी
Ambulate	चलना
Ambulation, Scald	सञ्चलन, चलन, गमन
Ambulatory, Ambulant	भ्रमणशील, गतिमान, चल, सञ्चारी, अस्थिर
Ambulatory typhoid	चल आन्त्रिक ज्वर
Ambustion	फफोला
Ameiosis (a type of cell division)	निर्अर्धसूत्रण, निर्अर्धसूत्री विभाजन
Amelia, Apodia, Ectromelia	अपादता, पादहीनता
Ameliorable	सुधार्य

Ameliorant सुधारक
Amelioration सुधार, उत्कर्षण, सुधारण
Ameliorative उत्कर्षक, सुधारक, सुधारात्मक
Ameloblast आकाच-कोरक (दन्त इनैमेल बनाने वाली कोशिका)
Ameloblastoma आकाच-कोरकार्बुद
Amelogenesis, Enamelogeny आकाचजनन, आकाचभवन
Amelification आकाचीकरण
Amenia, Amenorrhea, Amenorrhoea, Menostaxis अनार्तव, रुद्धार्तव, मासिक स्रावरहित मासिकधर्म बन्द होना
Amensalism विषम-सहजीविता
Ament दुर्बलबुद्धि वाला, क्षीणमनस्क, अमनस्क
Amentaceous निलम्ब शूकीय
Amentia बुद्धि-दुर्बलता, अमनस्कता
Amentum, Catkin नतकणिश, निलम्ब-शूक
Ameraucana (an American breed of domestic chicken developed from Araucana chickens of Chile laying blue shelled eggs) अमेरौकाना मुर्ग़ा/मुर्ग़ी (एक चिली नस्ल के मुर्ग़े से पैदा अमेरिकी नस्ल की नीले अण्डे देने वाली पालतू मुर्ग़ी)
Ameristic अखण्डभाजिक, अभज्य
Amerospore, Ameroconidium, Ameroconidia (pl.) एककोश बीजाणु, एक कोशकणी
Ametabolic, Ametabolous अरूपान्तरणी, अचयापचयी अपरिवर्तनीय
Ametabolism अचयापचय, अकायान्तरण, अरूपान्तरण
Amethyst जामुनी रंग, जम्बुमणि
Ametoeous एकपोषी
Ametria गर्भाशयहीनता (एक जन्मजात विकृति)
Ametropia विषमदृष्टि, कुनाभिता
Amianthosis, Asbestosis फुप्फुस-अदहधूलिमयता, फुप्फुस-अदहधूलिता
Amictic अमिश्र, हिमावृत
Amidexter, Ambidextrous दुहत्था, दोनों हाथ से काम करने वाला
Amination तिक्तीयन
Amino acid (a biomolecule constitutes proteins) तिक्ताम्ल, अमीनी अम्ल

Amine (an esssential biomolecule) तिक्ती
Aminogen तिक्तीजन
Aminolysis तिक्त्यंशन, तिक्तीलयन
Aminosis अतितिक्तीता, अत्यामीनता
Aminuria, Aminosuria तिक्ती-मेह, तिक्ती-मूत्रता
Amitosis (a type of division for cell proliferation without mitosis) असूत्री विभाजन (कोशिका का)
Ammeter विद्युत धारामापी, वाहिमापी
Ammochaete सिकता शूक
Ammonia (a gaseous chemical NH_3) तिक्तातिं, अमोनिया
Ammoniacal तिक्तातिय, अमोनियामय
Ammoniated तिक्तातित, अमोनियाकृत
Ammoniemia तिक्तातिरक्तता, अमोनियारक्तता
Ammonification, Ammonization तिक्तातियन, अमोनियाकरण तिक्तातिकरण,
Ammonify अमोनियामय बनाना
Ammonite (a fossil of extinct cephalopod molluscs with coiled shell), Ammonoid अमानशृंगाश्म, शृंगाश्मण (एक जीवाश्म)
Ammoniuria तिक्तातिमेह, अमोनियामूत्रता
Ammonotelic तिक्तोत्सर्जी, अमोनियोत्सर्जी
Ammunition गोला बारूद, आयुध सामग्री, युद्धोपकरण
Amnesia स्मृतिलोप, स्मृतिभ्रंश, विस्मरण
Amniocardiac उल्बहृदयी, उल्बहृद्
Amniocentesis गर्भगुणाकलन, भ्रूणलिंग-निर्धारण, भ्रूणविकृति निर्धारण, भ्रूणावलोकन
Amnio-embryonic उल्बभ्रूणीय
Amniogenesis, Amniogeny उल्बजनन
Amnioma उल्बार्बुद
Amnion (an innermost membrane of embryo) उल्व, उल्ब (एक भ्रूणावरण)
Amnionitis उल्बशोथ

Amniorrhea उल्बस्राव
Amniote उल्बी (जन्तु)
Amniotic उल्बी, उल्ब-
Amnocolous नदी तटवासी
Amoeba, Ameba (derived from a Greek word amoibe means change, *Amoeba* sp., a protozoan of class Tubulinea), Amoebae (pl.) अमीबा (एककोशीय सूक्ष्म जलीय आद्यजीव), कामरूपी
Amoebiasis अमीबता, कामरूपता (आँत का एक अमीबीय संक्रमण)
Amoebic अमीबीय, अमीबी, कामरूपी
Amoebicidal, अमीबानाशक, अमीबाघ्नी,
Amoebicide अमीबानाशी, अमीबाघ्न
Amoebiform, अमीबाकार, अमीबावत्
Amoeboid अमीबाभ, कामरूप्याभ
Amoebocyte अमीबाणु, अमीबी-कोशिका
Amoebula अमीबिका, कामरूपिका
Amok, Amuck विक्षिप्त, उन्मत्त
Amorous कामुक, प्रणयी, श्रृंगारात्मक
Amorphic, Amorphous नीरूप, रवाहीन, अस्फटी, अनियतरूपी, अमणिभ
Amorphism नीरूपता, अस्फटिता, अमणिभता
Ampelid लता
Amperage विद्युतधारा तीव्रता
Ampere द्युवहि, एम्पीयर (विद्युत-धारा तीव्रता की एक इकाई)
Amperometer धारामापी
Amperometric धारामितीय, धारामापिक
Amperometry धारामिति, धारामापन
Amperostatic धारास्थैतिक
Ampherotoky उभयजनन (नर तथा मादा दोनों सन्तति पैदा करना)
Amphi- (a Greek word for on both sides- prefix) उभय-
Amphiarthrosis युग्मसन्धि, अल्पचल सन्धि
Amphiaster युग्मतारक
Amphibia (a class of phylum Chordata) उभयचर प्राणि (कशेरुकी चतुष्पद)
Amphibian, Amphibious (living in water as well as on land) उभयचर, जलस्थलचर, उभयवासी, उभयरोही
Amphibious plane जलथली विमान (जल व थल दोनों से सञ्चालित होने वाला विमान)
Amphiblastula द्विधाभित्ति
Amphicarpic उभयफलीय
Amphicoelous उभयगुहीय, उभयगर्ती, उभयावतली (कशेरुका)
Amphicone उभयशंकु
Amphicribal मध्यदारुक
Amphid, Amphidial द्विक
Amphidiploid उभयद्विगुणित
Amphidiploidy उभयद्विगुणिता
Amphigameous, Amphigamous उभयसंगमनी, अज्ञात जननांगी, गुप्त जननांगी
Amphigastrium अधरपत्र
Amphigenesis, Amphigeny युग्मजनन
Amphigenic, Amphigenous परिरोही, ग्रैवेयक
Amphigraphic द्विपक्वी, दो बार पकने वाला फल
Amphimixis उभयमिश्रण, संसेचन
Amphioxus उभयतस्तीक्ष्ण, प्रासिका
Amphipathic, Amphiphiatic उभयसंवेदी
Amphiphile, Amphophilic, Amphophilous उभयस्नेही, उभयरञ्ज्य, उभयरागी
Amphiphloic उभयाधोवाहिक, उभयतःपोषवाही
Amphiphobia उभयभीति
Amphiphobic उभयभीरु
Amphiplatyan उभयगर्ती
Amphipneustic उभयश्वासी
Amphipod उभयपद, उभयपाद
Amphisbaena दुमुँहा साँप
Amphistomatous, Amphistomous, दुमुँहा, उभयमुखीय
Amphiteric, Amphoteric उभयधर्मी, अम्ल व क्षार गुणयुक्त
Amphithecium, Amphithecia (pl.) उदास्तर, बाह्यस्तर
Amphitrichous उभयकशाभी (दोनों सिरों पर कशाभ वाले जीव/जीवाणु)
Amphitropic उभयानुवर्ती
Amphitropism, Amphitropy उभयानुवर्तन, उभयानुवर्तिता
Amphitropous अनुप्रस्थावर्ती
Amphora दुहत्था सुराही
Amphoric रिक्त, रिक्तकूपीय

English	Hindi
Ample	विस्तृत, प्रचुर, पर्याप्त
Amplexicaul	स्तम्भालिंगी
Amplexus (false Copulation)	आलिंगन, आभासी मैथुन
Ampliative	प्रसारी, विस्तारी
Amplication	विवर्धन
Amplification, Ampliation	प्रवर्धन, वर्धन, विस्तारण, उपवृंहण
Amplifier, Amplifying	प्रवर्धक, वर्धक, विपुलक, प्रवर्धी
Amplitude	विस्तीर्णता, प्रचुरता, आयाम
Amply	प्रचुर मात्रा में
Ampoule, Ampule	सम्पुटक
Ampulator	अंगच्छेदक, अंगभेदित्र (यन्त्र)
Ampulla, Ampullae (pl.)	तुम्बिका, कलशिका, आकन्दिका
Ampullate, Ampulliform	तुम्बिकामय, तुम्बिकारूपी, तुम्बिकाकार, तुम्बिकावत्
Ampullitis	तुम्बिका शोथ
Amputate, Amputation	अंगच्छेदित करना, अंगनिष्कासन, अंगच्छेदन, छिन्नांगन
Amputated,	अंगच्छेदित, छिन्नांग, कटे
Amputee	अंगवाला
Amyelencephalous	अमस्तिष्कपुच्छी, मस्तिष्कपुच्छहीन
Amyelia	मेरुरज्जुहीनता
Amyelic, Amyelous, Amyelonic	मेरुरज्जुहीन, अमेरुरज्जी
Amygdala	प्रमस्तिष्क खण्ड (मस्तिष्क में प्रेरणा व भावनात्मक व्यवहार हेतु बादाम के आकार की एक तन्त्रिकीय संरचना)
Amygdaliform	बादामरूपी, वातामाकार, तुण्डाकार
Amygdalitis, Tonsillitis	गलतुण्डिका शोथ
Amygdaloid	वातामाभ, वातामकी (शैल)
Amyl, Amylo- (prefix)	माँड, मण्ड-
Amylaceous	मण्डमय, माँड़युक्त
Amylaemia, Amylemia,	अतिमण्ड रक्तता
Amylan	मण्डिन्य
Amylodyspepsia	मण्डापचन, मण्डकुपचन
Amylogenesis, Amylogeny	मण्डजनन, मण्डभवन
Amyloid	मण्डाभ, माँड़वत्

English	Hindi
Amyloidosis (a disease caused by production and deposition of amyloid fibrils in certain organs)	मण्डाभता
Amylolysis (conversion of starch into sugar by action of acids or enzymes like amylase)	मण्डापघटन, मण्डलयन, मण्डांशन
Amylome	मण्डोति
Amylon, Maltose	यव्यधु
Amyloplast	मण्डलवक
Amylosis	मण्डक्षय, मण्डविषाक्तता
Amylosynthesis	मण्ड संश्लेषण
Amylum, Starch	मण्ड, माँड़, स्टार्च
Amyluria, Amylosuria	मण्डमेह, मण्डमूत्रता
Amynodont	उद्दन्त गण्डक
Amyoplasia	क्षीणपेशीविकसन, पेशी-अविकसन
Amyotrophic	पेशीशोषी, पेशीक्षयी
Amyotrophic lateral sclerosis	पेशीशोषी पार्श्व काठिन्य (एक स्नायुपेशीय रोग)
Amyotrophy	पेशीक्षीणता, पेशीक्षय
Amytal	मण्डुल
Amyxia	अश्लेष्मता, श्लेष्महीनता
Anabatic	आरोही
Anabiont	मृतसञ्जीव जात, चिरफलद
Anabiosis	मृतसञ्जीविता, चिरफलन
Anabiotic	मृतसञ्जीवी, मृतसञ्जीव समूही
Anabolergy	चयोर्जा (चय + ऊर्जा)
Anabolic	उपचयी, चयी
Anabolism	उपचय, चय
Anabranch	प्रत्यागत धारा (नदी की)
Anabury	गुमटा (घोड़ों व बैलों की टाँग व काँख का एक रोग), गाँठ (पौधों के जड़ का एक रोग)
Anacathortic	कफनिष्कासक, वमनकारी
Anacholia	अपित्तता, अल्प-पित्तस्राव
Anachronic, Anachronous	कालदोष सम्बन्धी
Anachronism	कालदोष, कालभ्रम
Anacidity	अनाम्लता, अम्लहीनता
Anaclastic, Refractive	प्रत्यावर्ती, अपवर्तनिक, अपवर्ती
Anaclisis, Bed sore	शय्याव्रण

Anaconda, Water boa (*Eunectes* sp., a large non-venomous freshwater reptile of snake family Boidae)	एनाकोण्डा (दक्षिणी अमेरिकी जलीय विशाल अजगर)
Anacrogynous	अनग्रजायांगी, अनग्रयोनिक
Anacrogyny	अनग्रजायांगिता, अनग्रयोनिता
Anadipsia	अतितृष्णा
Anadromic,	समुद्रापगामी, उर्ध्वगामी
Anadromous	उद्धावी, अग्रोन्मुखी, उद्गामी
Anadromy	समुद्रापगामिता, उद्गामिता
Anaemia, Anemia	रक्ताल्पता, रुधिराभाव, अल्परक्तता
Anaemic, Anemic	रक्ताल्पी, अल्परक्तीय
Anaerobe	अवातजीव, अवायुजीव, वातनिरपेक्ष
Anaerobic	अवायवीय, अवातजीवी, अवायव्य, वातनिरपेक्षी, अजारक
Anaerobiosis	अवातजीविता, अवायुजीवन वातनिरपेक्षजीविता
Anaerogenic	अवातजनिक, अवातज
Anaerophyte	अवातोद्भिद्
Anaerosis	अवातता, निर्वातता, वातहीनता, वायुशून्यता
Anaesthesia, Anesthesia	निश्चेतना, निश्चेतनता, चेतनशून्यता, संवेदनहीनता
Anaesthesiologist	निश्चेतनविज्ञानी
Anaesthesiology	निश्चतेनविज्ञान
Anaesthetic, Anesthetic	संवेदनाहारी, निश्चेतक
Anaesthetization, Anesthetization	निश्चेतन, संवेदनाहरण, चेतनशून्यन
Anaesthetize, Anesthetise	निश्चेत करना, संवेदनाहीन बनाना
Anal aperture, Anus	गुदछिद्र, गुदा, मलद्वार
Anal canal (terminal part of large intestine between rectum and anus)	गुदीय नाल
Analeptic	पुष्टिकर, बल्यक, सञ्जीवक, व्यवसादक
Analgesia	निवेदना, पीड़ा-असंवेदिता, व्यथाभाव
Analgesic, Analgetic	वेदनाहर, पीड़ाहारी
Analog, Analogue	समधर्मी, अनुरूप, तुल्यरूप, सदृशरूप, समवृत्ति
Analogous	सदृश, तुल्यरूपी, अनुरूपी, समवृत्त
Analogy	समाकारिकी, सादृश्यता, समवृत्तिता
Analyse, Analyze	विश्लेषण करना
Analyser, Analyzer	विश्लेषक, विश्लेषित्र (यन्त्र)
Analysis of variance (ANOVA)	प्रसरण-विश्लेषण
Analysis, Analyses (pl.)	विश्लेषण
Analyst	विश्लेषणकर्ता, विश्लेषक
Analyte	विश्लेष
Analytic(al)	विश्लेषी, वैश्लेषिक
Analytical balance	वैश्लेषिक तुला
Analytico-synthetic	विश्लेष-संश्लेषात्मक
Analytics	वैश्लेषिकी, विश्लेषण विज्ञान
Anamnesia, Anamnesis	अनुस्मृति, प्रतिस्मरण, पूर्वस्मृति, अनुस्मरण
Anamnestic	अनुस्मरणीय, प्रतिस्मरणीय, पूर्ववृत्तीय
Anamniote	उल्बीहीन, अनुल्बी (प्राणि)
Anamniotic	अनुल्बीय
Anamorphism, Anamorphosis	प्रकायान्तरण, जटिल कायान्तरण
Anamorphic, Anamorphous	प्रकायान्तरिक, विकृतांगी, विकृत अंग वाला,
Anamorphosis	प्रकायान्तरण, विकृतदृष्टि
Anandrous	अपुंकेसरी, परागकेशरहीन
Ananthus	अपुष्पी
Anaphase (a stage of cell division)	पश्चावस्था, उपान्तर रूप, भाजनोत्तर अवस्था
Anaphoresis	ऋणविद्युत सञ्चलन, उद्गति
Anaphrodisiac	कामशमक
Anaphylactic	तीव्रग्राही, प्रत्यधिक्रियाकारी
Anaphy-lactotoxin, Anaphylatoxin, Anaphylotoxin	प्रत्यधिक्रियाविष
Anaphylaxis	तीव्रग्रहण, प्रत्यधिक्रिया
Anaphyte, Internode	लघुखण्ड, पर्वान्तर (तना)
Anaplasia	कोशिका-प्रारूपता, विपर्ययण, पूर्वफलन, आद्य-विकसन
Anaplastic	अविकसी, पुनर्घटी
Anaplasty	पुनर्घट्यता

Anaplerosis क्षतिपूर्ति
Anaplerotic पूर्तिकारी, भरणकारी, क्षतिपूरक
Anapleuritic उपरिपार्श्वकाशी
Anapnea प्रतिश्वसन, पुनर्श्वसन
Anapolysis अमोचन
Anapolytic अमोचनी
Anapophysis पश्चवर्ध, पश्चयोजि प्रवर्ध
Anapsid (skull) अछिद्र (करोटि)
Anasarca देहशोथ, त्वकोतिमिलन, सर्वांगशोफ
Anastasis पुनर्स्वस्थता, स्वास्थ्यलाभ, पुष्टता
Anastigmatic अनबिन्दुकी
Anastigmatism अनबिन्दुकता
Anastomose, Anastomosing जालबन्धी, शाखामेली, शाखामिलनी
Anastomosis संशाखन, ऊतकसन्धि, शाखाजाल, शाखामिलन, योजन, जालबन्धन, अन्तर्मिलन
Anastrophe व्युत्क्रम
Anatine हंसानुवंश, बत्तकवंशी
Anatomical शारीरीय, शारीर-
Anatomist शारीरविज्ञानी, शरीर रचनाविज्ञ
Anatomy (a branch of medical science dealing with structure of internal body organs), Anatomism शारीर विज्ञान, शरीर-रचनाविज्ञान, शारीरिकी व्यवच्छेदन, चीर-फाड़
Anatoxin (Toxoid) प्रत्याविष (आविषाभ, विषाभ)
Anatrepsis ऊर्ध्वगति
Anatreptic अधोवर्ती, उलटने वाला
Anatripsis, Massage अभ्यञ्जन, मालिश
Anatriptic अभ्यंगी, मालिश सम्बन्धी
Anatropia उदावर्त दृष्टि, उदावर्ताक्षि
Anatropous उदावर्ती, प्रतीप
Ancestor पूर्वज, पुरखा, पूर्व-पुरुष
Ancestral पूर्वजीय, पैतृक
Ancestry वंश परम्परा, वंशक्रम
Anchiroid, Anciroid, Ankyroid अंकुशाभ, अंकुशवत्
Anchor लांगल, लंगर, निबन्धक, स्थिरक
Anchoret, Anchorite एकान्तवासी
Anchoring संलागी, निबन्धन

Anchovy (a small marine flavourful forage fish of family Engraulidae) एंकोवी (एक छोटी स्वादिष्ट नमकीन चारा मछली)
Anchylose, Ankylose दृढ़ बनाना, जोड़ना, कठोर बनाना
Anchylosis, Ankylosis अस्थिसमेकन, सन्धिकाठिन्य, सन्धिग्रह
Ancillary सहायक, अनुषंगी, गौण, उप-
Ancinal, Anconeal, Anconeous पक्षपृष्ठक, कफोणिक
Ancipital, Ancipitous द्विकोरीय, द्वित, द्विधारीय
Ancistroid मत्स्यांकुशाभ, अंकुशवत्, अंकुशाभ
Ancistrus, Ancistrous अंकुशक, अंकुशयुक्त, मत्स्यांकुशी
Ancocolous खड्डवासी
Ancon, Elbow कुहनी, कफोणि
Anconitis कफोणिशोथ, कुहनीशोथ
Ancylostoma, Hook worm (*Ancylostoma* sp., a gastro-intestinal parasitic nematode of man and other mammals, of family Ancylostomatidae) अंकुशमुख, (एक परजीवी सूत्रकृमि)
Ancylostomiasis, Ankylostomiasis अंकुशमुखता (अंकुशमुख परजीवी ग्रसन)
Andante मध्यविलम्बित, मन्दगतिक
Andiron अंगाराधान
Androconium, Androconia (pl.) पुंगन्धशल्क
Androcyte पुंकोशिका
Androecium, Androecia (pl.) पुमंग, पुंकेसर
Androgamete पुंयुग्मक
Androgen पुंजन, पुंस्कारी
Androgenesis, Androgeny पुंजनन, पुंस्करण
Androgenic, Androgenous पुंजनक, पुंसव
Androgonium, Androgonia (pl.) पुंधानी
Androgynoid पुंजायांगाभ (पुरुष जैसे स्त्री जननांग
Androgynophore, Gynandrophore पुंजायांगधर

Androgynous Hermaphrodite	पुंजायांगी, उभयलिंगी, द्विलिंगी
Android (a device, working like a man)	यन्त्रपुरूष, नराभ, पुमंगाभ
Andrology	पुंसशास्त्र, पुमंगविज्ञान, पुमंगिकी
Andromimetic	पुमंगानुकारी, पुंसवनकारी
Andromonoecius	पुंउभयलिंगी
Andromorphous	नराकृतिक, पुरुषरूपी
Andropause	पुंसनिवृत (पुरुषों में)
Andropetalous	दलाभ पुंकेसरी
Androphagous	नरभक्षी
Androphagy, Andropophagy	पुंभक्षण, नरभक्षिता
Androphore	पुमंगधर
Androphyll	पुंबीजाणुपर्ण
Androplasm	पुंयुग्मक द्रव्य
Androsome	पुंसूत्र
Andro-sporangium, Androsporangia (pl.)	पुंबीजाणुधानी, वामनपुंसवधानी, लघु-पुंधानी
Androspore	पुंबीजाणु, वामन-पुंसव
Androtype	पुंप्ररूप
Anecdysis	रुद्ध त्वक्मोचन
Anechoic	अप्रतिध्वनिक
Anecteria	शुण्डिका हीनता
Anecteric	शुण्डिकाहीन
Anejaculation	अस्खलन, स्खलनहीनता
Anelasticity	अप्रत्यास्थता, विषम-प्रत्यास्थता
Anemia, Anaemia	अल्परक्तता, रक्ताल्पता
Anemic, Anaemic	अल्परक्तीय, रक्ताल्पी
Anemochoric, Anemochorous	वायुप्रकीर्णी
Anemochory	वायुप्रकीर्णता, वातापकीर्णता
Anemoen-tomophily	वायु-कीट परागण
Anemograph	वायुवेगलेखी
Anemology	वायुविज्ञान, वातिकी
Anemometer	वायुवेगमापी, वातमापी
Anemopathy	वातिक-विकृति, वायु जनित विकार
Anemophilic, Anemophilous	वायुपरागित, वातपरागी
Anemophily	वातपरागिता, वायुपरागण
Anemophobia	वातभीति
Anemophobic	वायुभीरु, वातभीत
Anemophyte	वातपरागित पादप
Anemoplankter Anemoplankton (pl.)	वातोढ़प्लवक
Anemospore	वातोढ़बीजाणु
Anemotaxis	वातानुचलन
Anemotropic, Anemotropous	वातानुवर्ती
Anemotropism, Anemotropy	वातानुवर्तन, वातानुवर्तिता
Anencephalic, Anencephalous	अशीर्षी, अशिरस्क, सिरहीन
Anenploid	कुगुणित
Anenploidy	कुगुणिता
Anenteric, Anenterous	अनान्त्रिक, अनान्त्रीय, आँतहीन
Anenzymia	अविकरता, अप्रकिण्वता
Anephric	अवृक्की, अवृक्किक, वृक्कहीन
Anepisternum	प्राधिधरक
Anergia, Anergy	अप्रतिरक्षिता, अप्रतिकारिता
Aneroid	निर्द्रव, अनीर
Aneroid barometer	निर्द्रव वायुदाबमापी
Anerythropoesis	रक्ताणु अनुत्पादन
Anesthesia, Anaesthesia	निश्चेतना, निश्चेतनता, चेतनशून्यता, संवेदनहीनता
Anestrum, Anesrus	निर्मदचक्र, अन्तराली मदचक्र
Anethol	सौंफ का तेल
Aneugamy	असुयुग्मन
Aneuploid	असुगुणित, विषमगुणित, असमगुणित
Aneuploidy	असुगुणिता, विषमगुणन, असमगुणिता
Aneurine, Aneuritic	अतन्त्रिकाशोथी, अचेताशोथज
Aneurism, Aneurysm	धमनीविस्फार, उत्स्फार, विस्फारण, अपवृद्धि
Aneurose	अल्पशिरीय
Anfractuous	तरंगित, लहरदार, जटिल
Anfractuosity	जटिलता, लहरियापन, तरंगितता, टेढ़ा-मेढ़ापन
Angel fish (a fresh water/ marine aquarium fish)	परी मछली
Angel shark (*Squatina* sp., a marine harmless cartilaginous flat-bodied bottom fish of family Squatinidae with broad pectoral fins)	देवदूत ग्राह, परी हाँगर

Angel's trumpet (*Brugmansia* sp., a poisonous flowering medicinal shrub of family Solanaceae wih pendulous flowers) धतूरा प्रजाति का एक विषैला पौधा
Anger रोष, क्रोध, गुस्सा दिलाना
Angialgia, Angiodynia वाहिनीशूल
Angiitis, Angioitis वाहिनी शोथ, वाहिका प्रदाह
Angina, Angon कण्ठशूल, गलार्ति, तान्ति
Angina pectoris हृत्शूल, उरस्तान्ति
Angio-(prefix) वाहिनी-, संवृत्त, आवृत
Angioasthenia वाहिनी शैथिल्य, वाहिनीक्षीणता
Angioblast वाहिनी कोरक
Angiocarpic, Angiocarpous आवृतफलीय, संवृतकलावर
Angiogenesis, Angiogeny वाहिकाजनन, आवृतजनन
Angiography वाहिकाचित्रण
Angioid वाहिनी-सदृश, वाहिन्याभ
Angiology वाहिकाविज्ञान, वाहिनिकी
Angiolysis, Angiolyses (pl.) वाहिन्यंशन, वाहिकालयन,
Angioma वाहिन्यर्बुद
Angiomegaly वाहिनी-अधिवृद्धि, वाहिन्यधिवृद्धि
Angioneurosis वाहिनी-चेतारुजा
Angioneurotic वाहिनी-चेतारुजीय
Angiopathology वाहिनी-रोगविज्ञान
Angioplasty वाहिनी सुघटन, वाहिनीशोधन
Angiosclerosis वाहिनीकाठिन्य
Angioscope (a fiber-optical catheter to visualize interior of blood vessel) वाहिनीदर्शी, वाहिकादर्शी
Angioscopy वाहिकादर्शन, वाहिनीवीक्षण
Angiosperm (a division of vascular plants with flower and seed enclosed in fruit) आवृतबीजी, संवृतबीजी, (एक पुष्पी पादप वर्ग)
Angiostenosis वाहिनीकुञ्चन
Angiotelectasis वाहिनीस्फारण
Angiotensin वाहिकासंकुचक
Angle, Angulus, Anguli (pl.) कोण, कोना, दृष्टिकोण, पक्ष
Angle, Angling बंशी से मछली पकड़ना
Angler fish (a marine teleost fish of order Lophiiformes with large mouth and attached worm like filament to lure prey) बंशी मछली, काँटेबाज़ मछली
Angora (cat, goat, rabbit) अंगोरा बिल्ली/बकरी/खरगोश (लम्बे रेशमी बाल वाले)
Ångström (Å, a letter of Swedish alphabet and a unit of size and length, named after Swedish physicist Anders Jonas Ångström, 1814-1874 A.D.) आंग्स्ट्राम (दूरी, लम्बाई व आकार की एक इकाई $= 1\times10^{-10}$ मीटर)
Anguiform सर्पाकार
Anguilliform सर्पमीनरूपी, सर्पमीनाकार
Anguine, Serpentine सर्पिल, सर्पवत्
Anguish व्यथा, पीड़ा, वेदना,
Angular, Angulosus कोणीय, कोणिक
Angular velocity कोणीय वेग
Angularity कोणीयता, कोणिकता, कोणकारिता
Angularity factor कोणकारक घटक
Angularity number कोणिक संख्या
Angulate सकोण
Angustate अंगुलिरूप, संकीर्ण
Angustifolius संकीर्णपत्री
Anharmonic असन्नादी, अप्रसंवादी
Anhedonia सुखानुभूतिहीनता
Anhedral अफलकी, अननीकीय
Anhedron अफलक, अननीक
Anhelation, Dyspnea श्वास-संकोच, दुःश्वसन, हाँफना, कष्टश्वसन
Anhidrosis, Anidrosis अल्पस्वेदन, क्षीणस्वेदन, पसीना कम या न होना
Anhidrotic स्वेदरोधी, अल्पस्वेदी
Anholocyclic अपूर्णचक्री, पूर्णचक्रहीन
Anhydration, Dehydration निर्जलीकरण, निर्जलन, निर्जलीभवन, सुखाना
Anhydremia अजलरक्तता, रक्तनिर्जलता
Anhydrobiose अजलजीवी, निर्जलजीवी
Anhydrous, Anhydro-(prefix) निर्जल, अजल, जलहीन

Anidean, Anidous	अल्पक्षणिक, अरूपी
Anideus	निरूपी (भ्रूण)
Anil	नील, नील का पौधा व रंग
Aniline	नीलिन, नीला, बिनीली (रसायन)
Anilinism, Anilism	बिनीलिता (रोग), बिनीली विषालुता एनीलीन विषाक्ता
Anility	बुढ़ापा, वृद्धावस्था, जरावय
Animal	जन्तु, प्राणि, पशु, जानवर
Animalcule	जन्तुक, लघुप्राणी, सूक्ष्म जन्तु
Animal husbandry	पशुपालन
Animalia (a kingdom of multicellular or metazoic eukaryotic organisms)	जन्तु, प्राणि (एक जगत या सृष्टि)
Animalism, Animality	पाश्विकता, पशुता
Animate, Animated	सजीव, सक्रिय, चेतन, जीवित, जीवन्त, अनुप्राणित
Animation	अनुप्राणन, जीवन्तकरण
Animative	जीवनशील, जीवन्तकारी
Animism	जीववाद, जीवत्वारोपण
Anion	ऋणायन, उदयन
Anion exchange	ऋणायन-विनियम, उदयन आदान-प्रदान
Anionic	ऋणायनी, उदयनी
Aniridia	अपरितारकता
Anischuria	मूत्रस्तम्भहीनता, मूत्रधारण-अक्षमता
Anise, Aniseed (*Pimpinella anisum*, of flowering annual medicinal herb of family Apiaceae mature seeds are of culinary use)	सौंफ (एक औषधीय मसाला)
Anisette	सौंफिया (सौंफ की शराब या अर्क)
Anismus (a chronic constipation due to failure of anal sphincter or pubo-rectalis muscle)	गुसंकुच
Aniso- (prefix)	असम-
Anisochromasia	असमवर्णता
Anisocyte	असमकोशिका, असमकोशा
Anisocytosis	असमकोशिकता, असमकोशता
Anisodactylism, Anisodactyly	असमांगुलिता
Anisogamete	असमयुग्मक
Anisogamous	असमयुग्मी
Anisogamy	असमयुग्मन, असमयुग्मिता
Anisogynous	असमजायांगी
Anisoikonia, Anisoiconia	असमबिम्ब दृष्टि
Anisomastia	असमस्तनता
Anisomeric	असमभाजिक, असभाजिक
Anisometric	असममितीय, असमितीय
Anisometropia	असनाभिता (एक दृष्टिदोष), असमनाभिता
Anisometry	असममिति, असमिति
Anisomorphic, Anisomorphous	असमरूपी
Anisomyopia	असम-अल्पदृष्टि
Anisonucleosis	असमनाभिकता
Anisophoria	असमदृकाक्षता
Anisophyllous	असमपत्री, असमपर्णी
Anisophylly	असमपर्णता, असमपत्रता
Anisopia	असमदृष्टि
Anisospore	असमबीजाणु
Anisosporic, Anisosporous	असमबीजाण्वीय
Anisospory	असमबीजाणुता, असमवर्तिता,
Anisotonic	असमपरासरी, असमसान्द्री
Anisotrope	असमवर्त, विषमदिश
Anisotropic	असमवर्तिक, विषमदैशिक
Anisotropism, Anisotropy	असमवर्तिकता, विषमदैशिकता
Ankle	गुल्फ, चरणपर्व, टखना
Ankle bone	घुटिकास्थि
Ankle joint	गुल्फ सन्धि
Ankylodactyly, Syndactyly	युक्तांगुलिता
Ankylo-glossia	बद्ध जिह्वा, अचलजिह्वा
Ankylosis, Anchylosis	सन्धिस्थैर्य, सन्धिकाठिन्य, सन्धिग्रह, अस्थिसमेकन, सन्धिसायुज्य
Anneal	तापानुशीतित करना, मृदु करना, अभितापित करना, तपाना
Annealing	तापानुशीतलन, अभितापन
Annectant	संयोजक, संलग्नक, संयोजी
Annelet, Annelus	वलय सन्धिक
Annelid, (animals belonging to phylum Annelida)	वलयीकृमि
Annelida (a phylum of aquatic/terrestrial ringed worms)	वलयीकृमि (एक प्राणि संघ)

Annex	संलग्न करना, मिलाना, लगाना
Annexation, Annexing	संलग्नन, संयोजन
Annihilate, Annihilation	विलुप्त करना, उच्छिन्न करना, विलोपन
Annual	एक वर्षजीवी, वार्षिक, सालाना
Annual ring (indicates life of tree)	वार्षिक वलय (वृक्ष के तनों में)
Annuary, Annuity	वार्षिकी
Annul, Annulment	रद्द करना, अमान्यकरण, अभिशून्यन, निष्प्रभावन
Annular	वलयाकार
Annularity	वलयिता
Annulate, Annulose	छल्लेदार, वलय युक्त
Annulated	वलयित
Annule	वलय, वलयांश, छल्ला
Annulet, Annulus, Annuli (pl.), Ancellus	वलयिका, क्षुद्र वलय, छोटा छल्ला
Annuloid	वलयाभ
Anode	धनाग्र, उद्द्वार
Anoderm	अचर्म
Anodic	धनाग्री, धनोदी
Anodic oxidation	धनोदी ऑक्सीकरण
Anodize, Anodizing, Anodization	धनाग्री बनाना, धनाग्रण, धनोदन, उद्द्वारीकरण, धनाग्रीकरण
Anodyne	वेदनाहर, पीड़ानाशक, व्यथाहर
Anoint	लेप लगाना, तेल मलना, राज्याभिषेक करना
Anointing, Anoinment	लेपन, तेल मर्दन, स्नेहन, राज्याभिषेक
Anole (*Anolis* sp., a small arboreal insectivorous tropical reptile of lizard group under family Dactyloidae with ability to change colour)	अनोले (एक अमेरिकी गिरगिट)
Anomalistic year	परिवर्ष
Anomalous	असंगत, अनियन्त्रित, अनियमित, विचाली, कोणान्तर
Anomaly	असंगति, अनियमितता, विचाल

Anomer	विषमावयव,
Anomodont	चित्रदन्ती
Anonychia	अनखरता, नखरहीनता
Anonymous	अनाम, अनामक, नामरहित
Anopia	अनेत्रता, नेत्रहीनता
Anoplasty	गुदघटन, गुदीय सन्धान
Ano-proctoscope	गुद-मलाशयदर्शी
Ano-proctoscopy	गुद-मलाशयदर्शन
Anorchid, Anorchous	अवृषणी, वृषणहीन
Anorchism, Anorchia, Anorchidism	गुप्तवृषण रोग, अवृषणता
Anorectal	गुदमलाशयी
Anorectic	अरुचिकर, क्षुधाहीन, अरुचिकारी
Anorectitis	गुदमलाशय शोथ
Anorectum	गुद-मलाशय
Anorexia, Anorexy	अरुचि, क्षुधाहीनता, अक्षुधा, क्षुधाभाव, क्षुधालोप
Anorexiant	क्षुधाशामक, क्षुधाहर
Anorexigenic	क्षुधाभावजनित, अक्षुधाजनी
Anoscope	गुदादर्शी
Anoscopy	गुदादर्शन, गुदावीक्षण
Anosmatic, Anosmic	अघ्राणीय
Anosmia	अघ्राणता, घ्राणहीनता, गन्ध-अग्राह्यता
Anosteoplasia	अस्थि-अविकसन
Anotia	अकर्णता, कर्णहीनता
Anoxemia, Anoxaemia	अल्पॉक्सीजन-रक्तता, रुधिर-ऑक्सीजनक्षीणता
Anoxia	अनॉक्सिता, ऑक्सीक्षीणता
Anoxomer	अनॉक्सीकर
Ansate, Ansiform	पाशाकार, फन्दारूपी, छल्लानुमा
Anserine	हंसवंशी, हंसवत्, हंस सम्बन्धी
Antacid	प्रत्यम्ल, अम्लहर, अम्लरोधी
Antacidity	प्रत्यम्लता, अम्लरोधिता
Antacorium, Antacoria (pl.)	शृंगसन्धिकला
Antagonism	प्रतिरोधता, प्रतिवाद
Antagonist, Antagonistic	प्रतिरोधी, प्रतिद्वन्दी, विरोधात्मक
Antalgic	शूलनाशी, पीड़ाहर
Antalkali	प्रतिक्षार, क्षारहर, क्षारापकर्षक
Antanalgesia	वेदना सुग्राहिता, अतिपीड़ा-संवेदना

Antaphrodisiac	कामनाशक
Antarctic	दक्षिण ध्रुवीय, दक्षिण-ध्रुवप्रदेशीय, प्रति-उत्तरध्रुवीय
Antarthritic	सन्धिशोथहर, गठियारोधी
Antasthmatic	दमानाशी, दमारोधी
Ante- (prefix)	पूर्व-, अग्र-, पहले
Anteater	चींटीख़ोर (जन्तु)
Antebrachial	अग्रबाहुक, प्रबाहुक
Antebrachium	अग्रबाहु, प्रबाहु
Antecedence	पूर्ववर्तिता, पश्चगमन
Antecedent	पूर्ववर्ती, पूर्वगामी, प्राग्भावी
Antecibum, Pre-prandial	भोजनपूर्व
Anteclypeus	अग्रकवचक
Antecostal	पूर्वपर्शुकी
Antecoxa	अग्रकक्षांग
Antedate	कालपूर्व, अग्रतिथि
Antediluvian	प्राक्जल प्लावन, प्राक्प्रलय, प्रलयपूर्व, प्रति प्रलयकारी
Antefebrile, Antepyretic	पूर्वज्वरी
Antegrade	अग्रगामी
Antelope, Black buck (an eutherian wild bovine mammal of order Artiodactyla)	बारहसिंघा, कुरंग, काला हिरन, कृष्ण मृग (एक समखुरी वन्य शाकाहारी स्तनधारी)
Antelucom	सूर्योदयपूर्व
Antemeridian	पूर्वाह्निक
Antemeridiem (A.M.)	पूर्वाह्न (दोपहर से पहले)
Ante-mortem	मृत्युपूर्व
Antenatal, Antepartum	जन्मपूर्व, प्राक्प्रसव, प्रसवपूर्व
Antenna	श्रृंगिका, स्पर्शश्रृंगिका, स्पृशिका, प्रातन्तु, विद्युत-तरंग ग्राही श्रृंगिका
Antennary	स्पर्शसूत्र
Antennule	स्पर्शसूत्रक
Antenuptial	विवाहपूर्व
Antependium	पूर्वावरण, वेदी मुख
Antepenult, Antepenultimate	उपान्त्यपूर्व, उपधापूर्व
Anteprandial, Antecibum	रात्रिभोजपूर्व, भोजनपूर्व
Anteprostate	पूर्वपुरस्थ (ग्रन्थि)
Anteriad, Anteriorly	अग्रवर्ती, अग्राभिमुख
Anterior	अग्र, अग्रवर्ती, पूर्ववर्ती
Anteriority	पूर्वत्व, अग्रता, पहल
Antero-dorsal	अग्रपृष्ठ
Anterograde,	अग्रगामी, प्रगामी,
Antegrade	अग्रवाही
Antero-inferior	अग्रावर
Antero-interior	अग्रान्तरिक
Antero-lateral	अग्रपार्श्व, अग्र-पार्श्विक
Antero-medial	अग्रमध्य
Antero-ventral	अग्राधर
Anteversion	पूरोवर्तन, अग्रनति
Anthelion	प्रतिसूर्य, बिम्बसूर्य, ज्योतिचक्र (आकाशीय दृश्य)
Anthelminatic, Anthelmenthic	कृमिहर, प्रतिकृमि, कृमिनाशी
Anther, Pollen sac	परागकोश, परागाशय, परागपुट
Antheridiophore	पुंधानीधर
Antheridium, Antheridia (pl.)	पुंधानी, पुंजन्युधानी
Antheriferous	परागकेशरधर
Antheroblast	पुंमातृकोशिका
Antherophore	परागाशयधर
Antherozoid	पुंमणु, पुंयुग्मक, चलपुंजन्यु
Anthesis	पुष्पनकाल, परागोद्भव, प्रफुल्लन
Ant-hill	बामी, बाँबी (चींटी/दीमक का मिट्टी का घर)
Anthobian	पुष्पभक्षी
Anthocyanine	पुष्पश्यामि
Anthoid	पुष्पाभ, पुष्पवत्
Anthophilous	पुष्परागी
Anthological	पुष्पसञ्चय सम्बन्धी
Anthologize	पुष्पगुच्छवत् बनाना या बनना
Anthology	पुष्प संग्रह विज्ञान, पुष्प साञ्चयिकी, चयनिका, संग्रह
Anthophore	दलवृन्त
Anthos, Flower	पुष्प, फूल
Anthotaxy, Inflorescence	पुष्प-विन्यास, पुष्पक्रम
Anthotropism, Anthotropy	पुष्पगति
Anthozoa (a class of phylum Cnidaria), Corals	पुष्प-जन्तु, प्रवाल, मूँगा
Anthracia	प्रार्बुदता, छिद्रार्बुदता
Anthracic	प्रार्बुदीय
Anthracine	विक्षाभी
Anthracinose	श्यामव्रण, विक्षाभ
Anthracite	पत्थर का कोयला
Anthracoid	प्रार्बुदाभ, छिद्रार्बुदवत्
Anthracometer	प्रजद्धेमापी (कार्बन डाई ऑक्साइड मापी)
Anthra-cyanine	विक्ष-श्यामी

Anthrax (an acute bacterial infection in cattle caused by *Bacillus anthracis,* a bacterium of family Bacillaceae) पुष्पराग, कालस्फोट, प्लीहाज्वर, प्रार्बुद, ग्रन्थिरोग (फेफड़े, आँत व त्वचा का)
Anthropo- (a Greek word anthropos for man - prefix) मानव-, नृ-, पुरुष-
Anthropocentric मानवकेन्द्री
Anthropochorous मानवानुसरणी
Anthropogenesis मानवोद्भव, नृजनन
Anthropogenic, Anthropogenetic, Anthropogenous मानवजन्य, मानवजनित, नृजनिक, मानवोद्भवी
Anthropogeography मानव-भूगोल
Anthropoid पुरुषाभ, मानवाभ, मानवरूपी, मानवकल्प, नृरूप
Anthropological मानवशास्त्रीय
Anthropologist मानवविज्ञानी, मानवशास्त्री
Anthropology मानवविज्ञान, मानवशास्त्र, नृविज्ञान
Anthropometric मानवमितीय
Anthropometry मानवमिति
Anthropomorphic मानवतारोपी
Anthropomorphism मानवतारोप
Anthropomorphosis मानवरूपान्तरण, मानवीकरण
Anthropomorphous मानवाकार
Anthroponosis मानवरुजता, मानवजन्यरोग
Anthropopathy मानवभावारोप
Anthropophagous मानवभक्षी
Anthropophagy मानवभक्षण
Anthropophilic, Anthropophilous मानवरागी, मानवप्रेमी, मानवस्नेही
Anti- (prefix) प्रति-, रोधी
Antiabortion गर्भपातरोधी
Antiaditis, Tonsillitis गलतुण्डिशोथ, गलांकुरशोथ
Antiageing, Antiaging प्रतिकाल प्रभावन, प्रतिवयन
Antialgal, Antiphycotic प्रतिशैवालीय, शैवालरोधी
Antiallergic प्रति-प्रत्यूर्जीय, प्रत्यूर्जतारोधी, प्रति-प्रत्यूर्जिक
Antiamebic, Antiamoebic अमीबीनाशी, अमीबारोधी, प्रत्यमीबी, प्रतिअमीबी, प्रतिकामरूपी
Antiantibody प्रतिपिण्डरोधक, प्रतिपिण्डप्रतिकर
Antiantidote प्रतिविषहर, प्रतिविषनाशक
Antiarrhythmic अलयरोधी, प्रत्यलयकारी
Antiaxial प्रति-अक्षीय, प्रत्यक्षीय
Antibacterial प्रतिजीवाण्विक, जीवाणुरोधी
Antiballastic प्रतिप्रक्षेपी
Antibioma प्रतिजीवार्बुद
Antibiont प्रतिजीवजात, अहितसहजीव
Antibiosis प्रतिजीविता, अहितसहजीविता
Antibiotic (an agent able to kill or inhibit growth and survival of micro-organisms), प्रतिजैविक (पदार्थ), प्रतिजीवी
Antibiotics (pl.) प्रतिजैविकी (विज्ञान)
Antibody प्रतिपिण्ड, प्रतिरक्षी, प्रतिकाय
Antibonding प्रत्याबन्धन, आबन्धनरोधी
Antical अपाधार, अपाक्ष
Anticalculous प्रत्यश्मरी
Anticancer, Antioncotic कर्करोगरोधी, कैन्सर विरोधी, कैन्सररोधी
Anticarcinogen प्रतिकर्करोगजन, प्रतिकैन्सरकारी, प्रतियमार्बुदजन
Anticardium, Navel नाभि, ढोंढ़ी
Anti-catalyst प्रति-उत्प्रेरक, प्रत्युत्प्रेरक
Anticholinergic प्रतिकोलीनोत्पादी
Anticlimax प्रतिकाष्ठा, अपकर्ष
Anticlinal, Anticlinic लम्बस्थ, अपनतिक, उल्टा झुका
Anticlockwise वामावर्त (घड़ी की सुई के घूमने की उल्टी दिशा)
Anticoagulant प्रतिस्कन्दक, स्कन्दरोधी
Anticoagulation प्रतिस्कन्दन, प्रत्यातञ्चन
Anticodon प्रति-प्रकूट
Anticonvulsant आक्षेपरोधी, प्रत्याक्षेपी
Anticorrosive प्रतिसंक्षारी, संक्षारणरोधी
Anticous अग्रस्थ
Anti-cyclone प्रतिचक्रवात
Antidepressant प्रत्यवसादी, अवसादरोधी, प्रतिशमक, शमकरोधी, मनोन्नायक
Antidiabetic प्रतिमधुमेही, मधुमेहरोधी
Antidiarrhoeal प्रत्यतिसारी, प्रवाहिकारोधी
Antidiuretic प्रतिमूत्रल, प्रतिमूत्रकारी
Antidote प्रतिकारी, प्रतिविष
Antidromous प्रतिमुख
Antiemetic प्रतिवमनी, वमनरोधी, अवमनकारी

Antienzyme प्रतिविकर, प्रतिकिण्वक, प्रतिप्रकिण्व
Antiepileptic प्रत्यपस्मारी
Antifading विवर्णरोधी, प्रतिविवर्णी
Antifebrile, Antipyretic प्रतिज्वरीय, ज्वरहर, ज्वररोधी, प्रतिज्वरीय
Antifeedant प्रतिपालक
Antifertility प्रतिनिषेच्यता
Antifertilizin प्रतिनिषेचनी
Antiflake पपड़ीरोधी, प्रतिशल्क
Antiflatulent प्रत्युदरवात, उदरवातरोधी
Antifouling प्रतिदूषक, गन्दगीरोधी
Antifreeze प्रतिहिम, हिमरोधी
Antifriction घर्षणरोधी
Antifrost पालारोधी, तुषाररोधी
Antifungal, Antimycotic प्रतिकवकीय, फफूँदरोधी
Antigen प्रतिजन
Antigenic प्रतिजनी
Antigenophil, Antigentophil प्रतिजनरागी, प्रतिजनप्रिय
Antigenicity, Immunogenicity प्रतिजनिता, प्रतिजनत्व, प्रतिरक्षा जनित
Antiglare, Glare proof चौंधसह, चमकरोधी
Anti-gonadotrophic प्रतिजनदपोषी
Antihaemolytic, Antihemolytic प्रतिरक्तलयी, रक्तलयनरोधी
Antihae-morrhagic प्रतिरक्तस्त्रावी, रक्तस्रावरोधी
Anti-helical प्रति सर्पिल
Anti-helix प्रति सर्पिला
Antihormonal प्रत्यन्तःस्रावी, अन्तःस्रावरोधी,
Antihy-pertensive अतितनावरोधी, प्रतिरक्तदाबकारी
Antihypnotic प्रतिसम्मोही, अनिद्राकारी
Anti-immune प्रतिरक्षारोधी
Anti-infectious प्रतिसंक्रामी, प्रतिसंक्रामक, संक्रमणरोधी
Anti-inflammatory प्रतिशोथकारी
Anti-kenotoxin प्रतिश्रमाविष
Antiknock अपस्फोटरोधी, प्रतिस्फोट, प्रत्याघात
Antilarval, Larvicidal डिम्भरोधी, डिम्भनाशी
Anti-lithic प्रत्यश्मरी, अश्मरीरोधी
Antilogarithm प्रति लघुणक, प्रतिलघु
Antilogy परस्पर विरोधी, व्याहति, वितर्क
Antilysis प्रतिलयन, प्रत्यांशन, विघटनरोधी
Antimalarial, Antipaludian प्रतिशीतज्वरीय, मलेरियारोधी
Antimesenteric प्रति-मध्यान्त्री
Antimetabolite प्रत्युपापचयज
Antimicrobial, Antimicrobic प्रतिसूक्ष्मजीवी, जीवाणुरोधी
Antimony, Stibium (a metalloid element with symbol Sb) अञ्जन, सुरमा, एन्टीमनी
Anti-Mullerian hormone, Mullerian inhibiting hormone (a hormone produced by ovarian follicle, its level in blood is used as fertility test, named after a German physiologist Johannes Peter Muller, 1801-1858 A.D.) प्रतिमुलेरियन अन्तःस्राव, मुलेरियनरोधी अन्तःस्राव
Antimuscarinic (inhibiting effect of a biotoxin muscarine) मसकराइनरोधी, मसकराइन निष्प्रभावी
Antimutagen प्रत्युत्परिवर्तजन
Antimutagenic प्रत्युत्परिवर्तजनी
Antimyeloma मज्जार्बुदरोधी
Antineuritic प्रतितन्त्रिकाशोथी
Antineuritis प्रतितन्त्रिकाशोथ
Antineurotoxin प्रतितन्त्रिकाविष, तन्त्रिकाविषनाशी
Antinode (a point of maximum displacement in a periodic system) प्रस्पन्द (भौतिकी में)
Antioncogenic प्रत्यर्बुदजनी, अर्बुदरोधी
Antioxidant प्रत्यॉक्सीकारक, प्रतिजारक, जारकरोधी, अनॉक्सीकारक
Antiparallel असमानान्तर
Antiparalytic प्रतिपक्षाघाती, पक्षाघातरोधी
Antiparasitic प्रतिपरजीवी, परजीवरोधी
Antiparticle प्रतिकण
Antipathetic, Antipathic विरुद्ध, विपरीत स्वभाव का, भिन्नप्रभावी
Antipathogenic प्रतिरोगकारी, रोगाणुरोधी
Antipathy अनिच्छा, घृणा, विरोधी प्रकृति
Antiperspirant प्रतिस्वेदी, स्वेदनशामक

Antipode उलटा, प्रतिविन्यासी
Antipodean, विपरीत, प्रतिव्यासान्त,
Antipodal प्रतिमुख, प्रतिध्रुवस्था
Antipodes प्रतिधुव
Antipollution प्रदुषणरोधी, प्रतिप्रदूषण
Antiprotozoal, प्रत्याद्यजीवीय,
Antiprotozoic आद्यजीवनाशी
Antiprurient प्रतिकामुक, कामुकतारोधी
Antipruritius, कण्डूनाशी, कण्डूरोधी,
Antipsoric खाजनाशी, खुजलीहर
Antipsychotic मनोरोगरोधी, मनोरोगहारी
Antiputrefactive, प्रतिपूयकारी, अपूतिक,
Antipyogenic पूतिरोधी
Antipyretic, प्रतिज्वरीय, ज्वररोधी,
Antifebrific ज्वरान्तक, ज्वरहर
Antirachitic सूखारोधी, सूखानाशी
Antiretroviral प्रति-पश्चविषण्विक, प्रतिगामी-विषाणुरोधी
Antirheumatic आमवातरोधी
Antisaluresis अल्पलवणमेह, लवणमेहरोधी, क्षीणलवणमूत्रण
Antiscalant प्रतिशल्ककर, शल्करोधी
Antiscorbutic स्कर्वीनाशक, रक्तपित्तहर (औषधि)
Antiseborreic त्वकस्नेहरोधी
Antisecretory प्रतिस्रावी, स्रावरोधी
Antisense प्रत्यर्थ, प्रतिसंवेदना
Antisepsis पूतिरोध, प्रतिपूयता
Antiseptic, प्रतिपूतीय, पूयरोधी
Antiseptics (pl.) रोगाणुरोधी
Antiserum प्रतिलसी
Anti-snore खर्राटारोधी
Antispasmodic प्रत्युद्वेष्टी, उद्वेष्टरोधी, संकुचरोधी, प्रतिसंकुची
Antisterility प्रतिबन्ध्यता, बन्ध्यतारोधी
Antisubstance प्रतिद्रव्य
Antitargus प्रतिकर्णतुंगक
Antisudoral, अस्वेदकारी, स्वेदरोधी,
Antisudofic स्वदेनाशक
Antithesis वैषम्य, वैधर्म्य, विषमता, वैपरीत्य
Antithetic विषम, विधर्मी, विपरीत
Antithrombotic, प्रतिस्कन्दी, स्कन्दरोधी,
Anticoagulating स्कन्दनाशी
Antithyroid प्रतिगल, प्रत्यवटु
Antithyrotoxic प्रत्यवटुविषी
Antithyrotropic प्रत्यवटुस्रावी, अवटुस्रावरोधी, अवटु-उद्दीप्तिरोधी
Antitoxic प्रतिविषी, विषहारी
Antitoxigen प्रतिविषजन, प्रतिविषकर

Antitoxin प्रतिजीवविष, प्रत्याविष, प्रतिविषि, आविषरोधी
Antitoxinogen प्रत्याविषजन
Antitubercular, प्रतियक्ष्मी,
Antituberculotic, तपेदिकरोधी,
Antituberculous प्रतिक्षयी
Antitubercular therapy (ATT) यक्ष्माशामक चिकित्सा, तपेदिकरोधी उपचार
Antitumor प्रत्यर्बुद, अर्बुदरोधी
Antitumorgenic प्रत्यर्बुदजनी
Antitype प्रतिरूप
Anti-venene, प्रतिदंशविष
Antivene, Anti-venin
Antivenom प्रतिजीविष, दंशविषहर
Antiviral, प्रतिविषाण्विक,
Antivirotic विषाणुरोधी
Antivitamin प्रतिजीवति
Antivitaminosis प्रतिजीवतिता
Antixenic बाह्यपदार्थरोधी, बाह्यपदार्थप्रतिकारी
Antizyme प्रतिकिण्वक, प्रतिविकर
Antizymic, प्रतिकिण्वकी, प्रतिविकरी
Antizymotic
Antler (an extended growth of skull of male deers, which is not true bone) शृंगशाखा, शृंगाभ, मृगशृंग
Antritis कोटरशोथ, गुहाशोथ
Antroscope अग्रोन्मुखदर्शी
Antroscopy अग्रोन्मुखदर्शन, अग्रोन्मुखवीक्षण
Antrose अग्रमुखी
Antrum, कोटर (आमाशय का
Antra (pl.) निचला भाग), गुहा
Anuclear, अनाभिकीय,
Anucleate केन्द्रकरहित, अकेन्द्रकी
Anuria, Anuresis अमेह, अमूत्रता
Anus, Anal aperture गुदा, गुदछिद्र, मलद्वार
Anusitis गुदशोथ, गुदा प्रदाह
Anvil निहाई (लोहारी का एक समान)
Anxiety दुश्चिन्ता, व्याकुलता, व्यग्रता
Anxiolytic चिन्ताहारी, व्याकुलतानाशी
Aorta, Aortae (pl.) महाधमनी
Aortal, Aortic महाधमनीय, महाधमनी-
Aortectomy महाधमनी-विच्छेदन/निष्कासन
Aortic valve महाधमनी कपाट

Aortitis	महाधमनीशोथ
Aorto-femoral	महाधमनी-जंघीय
Aortography	महाधमन्यालेखन
Aorto-iliac	महाधमनी-श्रेणिफलकीय
Apalogamic	अयुक्तकेन्द्रकी
Aparalytic	अपक्षाघातिक, पक्षाघातसह
Aparaxia	चेष्टा-अक्षमता, मनःशक्ति क्षय
Apathetic	निरुत्साही, विरक्त
Apathy	जड़ता, उत्साहहीनता, उदासीनता, भावशून्यता
Ape, Hominoid (a tailless catarrhine primate mammal of super-family Homonoidea)	कपि (बिना पूँछ का बन्दर)
Aperient, Aperitire Purgative	अपरेचक, विरेचक, अपरेची
Aperiodic	अनावर्ती, अनियमित
Aperitis	अपरेचन
Apertura, Aperture	छिद्र, रन्ध्र, द्वारक, व्यास
Aperture of mirror	दर्पण-व्यास
Apery	कपिशाला, कपिगृह
Apesthectic	असंवेदी
Apetaloid	अदलाभ
Apetalous, Apetalose	दलहीन, दलरहति, अदलीय
Apetrous	अपाषाणीय, शैलहीन, शिलारहित
Apex	शिखर, शीर्ष, शिखाग्र
Aphacia, Aphakia	अवीक्षता, वीक्षहीनता
Aphalia	अशिश्नता, शिश्नहीनता
Aphasia, Aphemia	वाक्हीनता, वाचाधात, वाग्विकृति
Aphasiology	वाग्वैकृतिकी, वाचाघातविज्ञान
Aphelion	सूर्योच्च (किसी ग्रह की सूर्य से अधिकतम दूरी)
Apheliotropic, Apheliotropous	असूर्यावर्ती, सूर्यापवर्ती
Aphleiotropism, Apheliotropy	असूर्यावर्तन, सूर्यापवर्तन
Aphicidal, Aphicide	द्रुयूकानाशक, द्रुयूकाध्नी, माँहूनाशी, द्रुयूकाध्न
Aphid, Aphis (a hemipteran sap-sucking pest insect as plant lice of super family Aphidoidea)	माँहू, द्रुयूका (एक पीड़क कीट)
Aphodous	अपमार्ग
Aphonia, Aphony	वाक्स्तम्भ, वाग्लोप, स्वरहानि, मूकता
Aphoristic	सूत्ररूप
Aphotaxis	प्रकाशापचलन
Aphotic	अप्रकाशी, प्रकाशहीन, प्रकाशवर्जी
Aphrodisia	कामोद्दीप्ति, कामोत्तेजना
Aphrodisiac	वाजीकर, कामोद्दीपक (औषधि)
Aphtha, Aphthae (pl.)	मुखव्रण, मुँह का छाला
Aphthosis	मुखव्रणता, मुँह में छाला पड़ना
Aphthous	मुखव्रणीय, मुखक्षतीय
Aphylaxis	अरोधक्षमता
Aphyllous	अपर्णी, पर्णहीन, पर्णरहित
Apiary	मधुमक्षिशाला, मधुवाटिका मधुमक्खीघर
Apical, Apicillary, Apicilar	शीर्षस्थ, अग्रस्थ
Apico-, Apic- (prefix)	अग्र-
Apicula	अग्रक, तीक्ष्णाग्रिका
Apiculate	तीक्ष्णाग्री, अग्रकयुक्त
Apiculated	अग्रकित
Apicule, Apiculus	शीर्षाग्र, तीक्ष्णाग्र
Apiculiform	शीर्षाग्ररूपी, शीर्षाग्राकार
Apiculture	मधुमक्खीपालन, मधुमक्षिकासंवर्धन
Apileate	अछत्र, छत्रहीन
Apiology, Melissology	मधुमक्षिका विज्ञान
Apiotherapy, Melissotherapy	मधुमक्षिका-चिकित्सा
Apisination	मधुमक्षिकादंश विषायण
Apitoxin, Bee venom	मधुमक्षिकाविष, मधुमक्खी दंशविष
Aplacental	अपराहीन (जन्तु)
Aplanatic	विपथी, वृत्तपथीय
Aplanatism	गोलविपथता, वृतपथता
Aplanetism	चलबीजाणुहीनता
Aplanogamete	अचलयुग्मक
Aplano-sporangium	अचलबीजाणुधानी
Aplanospore	अचलबीजाणु, अचलजन्यु
Aplasia	वृद्धिहीनता, अवर्धिता, अवर्धन, अफलन
Aplasmic	अजीवद्रव्यी, प्रसहीन, अप्रसी

Aplastic	अवर्धी, असुघट्य, अफलनी
Aplastic anaemia	अवर्धी रक्ताल्पता
Apneumia	अफुप्फुसता, फुप्फुसहीनता
Apneusis	अश्वास-रन्ध्रता
Apneustic	अरन्ध्री, अश्वास-रन्ध्री
Apnoea, Apnea, Apnola	रुद्धश्वसन, श्वासरोधन, श्वासावरोध
Apo-(prefix)	अप-, अ-
Apo-aconite	अप्रविषि
Apoandrous	अपुमंगी, अपुंजनी
Apobiotic	अपजैविक
Apoblast	बन्ध्यांकुर, लोपिका (जन्तु)
Apocalypse	पूर्ण विनाश, अन्तर्भास, भविष्य सूचना
Apocalyptic	पूर्णविनाशी, अन्तर्भासी, भविष्यसूचक
Apocarpous	वियुक्ताण्डपी
Apocatharsis	अपरेचकता, अविरेचकता
Apocentric	अपकेन्द्री, अपाद्यरूपिक
Apochlorosis	अहरितता
Apochromat, Achromat	अपवर्णी, अवर्णी
Apochromatic, Achromatic	अपवर्णिक, अवर्णिक
Apocrine cell (a cell, contributes part of their protoplasm to secretion)	अपस्रावी कोशिका
Apocrine gland (sweat gland)	अपस्रावी ग्रन्थि
Apocryphal	गुह्यलेखीय, कूट-पुस्तकीय, अप्रामाणिक
Apod	अपाद
Apodal, Apodial, Apodous	अपादीय, पादहीन
Apodeme	आन्तरवर्ध, अन्तःप्रवर्ध
Apodemal, Apodematal	आन्तरप्रवर्धी
Apodia	अपादता, पादहीनता
Apoenzyme, Apoferment	अपकिण्वक, अपविकर, अपप्रकिण्व
Apogamic, Apogamous	अजन्यु, अपयुग्मी
Apogamy	अपयुग्मन
Apogean	भूमि-उच्चीय
Apogee	भूमि-उच्च, अपभू, शिरोबिन्दु, द्राघिमा, पराकाष्ठा
Apogenesis, Apogeny	अपजनन, अपप्रजनन
Apogeotropic	अभूम्यावर्ती, भूम्यपवर्ती
Apogeotropism,	अभूम्यावर्तिता, भूम्यपवर्तन
Apogeotropy	(भूमि के विपरीत जाना)
Apogynous	अपजायांगी, अस्त्रीजनी
Apogyny	अपजायांगता, अस्त्रीजनत्व, जायांगबन्ध्यता
Apolar	अध्रुवी, ध्रुवहीन
Apolegamy	चयनयुग्मन
Apolipoprotein	अपवसा-प्रोटीन
Apolysis	अपखण्डन, अपविघटन
Apomictic, Asexual	असंगजननिक, अपसंसेची
Apomixis	असंगजनन, अपसंसेचन
Apomorph	अपरूप, अपाकृति
Aponeurology	पृथुलाविज्ञान
Aponeurosis, Aponeuroses (pl.)	पृथुला, कण्डराकला, कलावितान
Aponeurositis	पृथुलाशोथ, कण्डराकला प्रदाह
Aponeurotic	पृथुलीय
Aponia	विश्रान्तिता
Apophysis, Apophyses (pl.)	अपवर्ध, अपसूत्र, अधःस्फीतिका
Apoplasmodium, Apoplasmodia (pl.)	अप्रसक
Apoplasmodial	अप्रसकीय
Apoplast	अपघट्य
Apoplectic	रक्ताघाती
Apoplexy, Epilepsy	रक्ताघात, मूर्छा, मूर्च्छा, मिर्गी, अपस्मार
Apoptosis, (a programmed cell death)	कोशिकाक्षय, कोशामृत्यु
Apopyle	अपछिद्र
Aporexia	अपरुचि
Aporinosis	पोषाल्पता, कुपोषण पोषाभावजन्य रोग,
Aporogamy	द्वारेतर प्रवेश
Aporose, Aporous	अछिद्री, अरन्ध्री
Aposematic	अपसूचक
Aposepalous	पृथक बाह्यदलीय
Aposia, Adipsia	तृष्णालोप, तृष्णाहीनता, प्यास न लगना
Apospore	अपबीजाणु
Aposporous	अपबीजाण्वीय, अबीजाण्विक
Apospory	अपबीजाणुता
Apothanasia	चिरजीविता, दीर्घजीवन
Apothecary	भैषजिक, औषधि विक्रय
Apothecium, Apothecia (pl.)	विवृतकाय
Apothem, Apotheme	अपनिक्षेप, क्वाथ की सतह पर जमाव
Apothesine	अपवेदनी

Term	Hindi
Apotracheal	अपवाहिकीय
Apotropous	अपवक्री
Apotype	अपरूप, अप्ररूप
Apozem, Apozema	क्वाथ, काढ़ा
Apparatus	उपकरण, साधित्र, उपस्कर
Apparent	आभासी, दृष्ट
Append	जोड़ना, लगाना, संलग्न करना
Appendage	संलग्नक, संलग्न वस्तु
Appendectomy	उण्डुक पुच्छोच्छेदन, उपांग निष्कासन, अन्धान्त्रपुच्छोच्छेदन
Appendicitis	अन्धान्त्र पुच्छशोथ, उण्डुकपुच्छशोथ
Appendicle, Appendicula, Appendiculae (pl.)	उपांगिका
Appendicular	उपांगीय, उपांगी
Appendix, Appendage	उपांग, परिशिष्ट, उण्डुकपुच्छ, अन्धान्त्रपुच्छ, परिशेषिका
Appetite	क्षुधा, भूख, बुभुक्षा
Appetize, Appetization	बुभुक्षित करना, भूख जगाना, बुभुक्षण
Appetizer	क्षुधाउद्दीपक, बुभुक्षवर्धक
Appetizing, Appetitive	बुभुक्षकारी, क्षुधावर्धी
Apple (*Malus* sp., a small deciduous tree of family Rosaceae with edible pome type fruit)	सेब एक (पुष्पी वृक्ष एवं पौष्टिक व अतिविकसित भोज्य पुष्पासन से घिरा स्वादिष्ट फल)
Apple coal	मृदु कोयला, कच्चा कोयला
Apple gourd, Indian round gourd, Indian baby pumpkin (*Praecitrullus fistulosus/Citrullus vulgaris,* a tropical annual climber herb of family Cucurbitaceae with edible raw cooked fruit as vegetable)	टिण्डा (एक फल जिसकी सब्ज़ी बनती है)
Apple jack	एक तीव्र मादक पेय
Apple snail (*Pila* sp., an amphibious, a freshwater gastropod molluscs of family Ampullariidae with operculum and apple like shell)	घोंघा, सेब घोंघा

Term	Hindi
Appliance	युक्ति, साधन, उपकरण
Application	अनुप्रयोग, आवेदन
Applicator,	अनुप्रयोजित्र, लागक
Applicant	अनुप्रयोजक, आवेदक
Applied	प्रयुक्त, अनुप्रयुक्त, व्यावहारिक, प्रायोगिक
Apportion	प्रभाजन, बाँटना
Apposition	स्तराधान, अंशदर्श, अभिस्थापन, सहस्थापन
Appressed	संलग्न, अनुलग्न
Appropriable	विनियोज्य
Appropriate	समुचित, उपयुक्त
Approximate	सन्निकट, समीपवर्ती, लगभग
Approximation	सन्निकटन, समीपन
Appui	अवलम्ब
Appurtenance	अन्योन्य प्रभाविता, उपांग, आनुषंगिकता, उपकरण, अनुलग्नक, साज-सामान
Appurtenant	आनुषंगिक, अनुलग्नी, सम्बद्ध
Apraxia	चलाघात
Apressed	अभिपीडित
Apricot (*Prunus* sp., a perennial flowering tree of family Rosaceae with drupe type delicious stone fruit)	ख़ूबानी (फल), ज़रदालू
Apriority	पूर्वता
Apron	फलक, पेटबन्द, ऊपरी लबादा
Apse	अर्धवृतकक्ष
Apsidal	अर्धवृत्ताकार
Apsis	अर्धवृत्तकार झरोखा, स्तब्धिका, नीचोच्च बिन्दु, गजपृष्ठ
Apsychia	मूर्च्छा, मूर्छा, निश्चेतना
Aptamer	उपयुक्तावयव
Apteral, Apterous	अपक्ष, अपक्षीय, पंखहीन
Apterygote, Apterygotous	अपक्षी, पंखरहित
Aptitude	अभियोग्यता, अभिक्षमता, सहजयोग्यता

English	Hindi
Apulmonism	अल्पफुप्फुसता, क्षीणफुप्फुस विकसन
Apyetous, Apyogenous, Apyous	अपूतिक, अपूयकारी
Apyretic, Afebrile	अज्वरीय
Apyrogenic, Apyrogenous	अज्वरकारी, अज्वरजनी
Apyrexia, Apyrexy	अज्वरता, ज्वरमुक्ति, बुख़ार उतरना
Aqua- (prefix)	जल-, वारि-
Aquaculture, Aquiculture	जलसंवर्धन, जलजीवपालन, जलकृषि
Aquaeductous, Aqueduct, Aqueductus	जलमार्ग (कृत्रिम), जलसंक्रम, जलप्रणाल, नाली, मोरी
Aquafuge	जलरोधी (स्तर), जलपलायित जलवर्जित
Aquanant	पनडुब्बी
Aquamarine	हरितनील, हरिताभ, बेरूज
Aqua regia (a Latin word for 'royal water')	अम्लराज (शोरे के अम्ल व नमक के अम्ल का 1:3 का मिश्रण)
Aquarial, Aquarian	जलजीवालयिक
Aquarium Aquaria (pl.)	जलजीवालय, जलचरशाला, जलजीवशाला
Aquasol	जलविलय, वारिलयन
Aquatic, Aquaticus	जलीय, जलवासी, जलचर, जल-
Aquatics	जलक्रीड़ा
Aquatint	जस्ता/ताम्र पत्र पर छपाई हेतु उत्कीर्णन
Aqueous	जलीय, जलजात
Aqueous humor	जलीय द्रव, नेत्रोद, तेजोजल
Aquiclud	मितजलभृत
Aquicolous	जलवासी
Aquifer (an underground layer of water bearing permeable rock)	जलभृत, जलभर, जलदायी स्तर
Aquiferous	जलमय, जलभृतीय
Aquifolius, Ilicifolius	तिग्पर्णी, शूलपर्णी
Aquiform	जलरूप, जलवत्,
Aquiline	गरुड़वत्, गरुड़वंशी, गरुड़ की चोंच सा मुड़ा हुआ
Aquiparous	जलस्रावी (ग्रन्थि)
Aquiver	कम्पित, कम्पायमान
Aquosity, Humidity	आर्द्रता, नमी, सीलन

English	Hindi
Arable	कृष्य, कृषि योग्य (भूमि)
Arachnid	लूतावंशी, मकड़ीवंशी
Arachnidology, Arachnology, Araneology	लूताविज्ञान, लौतिकी, अष्टपादिकी (मकड़ी का अध्ययन)
Arachnism	लूताविषता
Arachnoid	लूताभ, मकड़ीवत्, जालतानिकावत्
Arachnoiditis, Arachnitis	जालतानिका शोथ, जालतानिका प्रदाह
Arachnoid mater	जालतानिका (मस्तिष्क के तीन आवरणों में से एक)
Aralkylated	सौक्षारलित
Araneiform	लूताकार, मकड़ीरूपी
Araneous, Araneose	लूताजालवत्, मकड़जाल जैसा
Araucana (a breed of domestic chicken from Araucania region of Chile lays blue shelled egg)	अरौकाना मुर्ग़ा/मुर्ग़ी (एक चिली नस्ल की नीले अण्डे देने वाला पालतू मुर्ग़ी
Arbitrary	अस्थिर, नियमेतर, स्वैच्छिक, मनमाना
Arbor, Arbour	वृक्ष, कुञ्ज, लतागृह
Arboraceous, Arborescent, Arboresque	शाखी, वृक्षवत्, वृक्षसम
Arboral, Arboreal, Arborous, Arborical, Arboreous	वृक्षीय, वृक्ष-प्रकृति, वृक्षवासी, वृक्ष-
Arborescence	शाखिता, वृक्षरूपता
Arborescent organ (an accessory respiratory organ of cat fish)	वृक्षसमांग (विडाल मछलियों का एक अतिरिक्त श्वसनांग)
Arboret	वृक्षक, क्षुप, झाड़ी
Arboretum	वृक्षोद्यान, वृक्षसमूह
Arboricoline	वृक्षरोही
Arboriculture	वृक्षसंवर्धन
Arborization	प्रशाखीभवन
Arboroid	वृक्षाभ, लतावत्
Arbour, Arbor	कुञ्ज, लतामण्डप
Arbovirus	सन्धिपाद वाहितविषाणु (संवाविषाणु)
Arbuscular	तृणबदरीय, तृणबदरमय
Arc, Arch	वृत्तांश, वृत्तखण्ड, चाप, मेहराब
Arcade, Arch way	तोरणिका, छत्ता, तोरणपथ
Archaebacterium, Archaebacteria (pl.)	आद्यजीवाणु

Archaeocyte	आद्यकोशा, आदिकोशिका
Archaeological	पुरातत्वीय, पुरातात्त्विक
Archaeologist	पुरातत्व विज्ञानी, पुरातत्वविज्ञ
Archaeology	पुरातत्त्वविज्ञान, पुरातत्त्व
Archaeozoic, Archeozoic, Archiozoic	आद्यजीवी, आदिजीवीय
Archaetypal, Archetypical	आद्य प्ररूपीय
Archaetype, Archetype	आद्यप्ररूप, मूलरूप
Archaic	आद्य, आदि, पुरातन
Arched	चापित, चापरूप, चाप-
Archegone, Archegonium, Archegonia (pl.)	आदियोनि, स्त्रीधानी
Archentron	आद्यान्त्र
Archer	धनु, धनुर्धर
Archery	धनुर्विद्या, तीरन्दाज़ी
Archicarp	पूर्वफलकाय
Archicerebrum	आदिमस्तिष्क
Archicleistogamy	स्थायि-संवृत्तपुष्पता
Archicoele	आदिगुहा
Archinephric	आदिवृक्कीय, आदिवृक्क-
Archipallium	गन्ध-प्रावार
Archipelago	द्वीप समूह, गणद्वीप, द्वीपबहुल समुद्र, द्वीप मण्डल
Archipterygium	आद्यपक्ष
Architrave	प्रस्तरपाद
Archoplasm	तर्कुद्रव्य, तर्कुकर
Arcicentrous	चाप कीकसकाय, चाप कशेरुककाय
Arciform	चापाकार, चापरूप,
Arc lamp	चाप दीप
Arc light	चाप-प्रकाश
Arctic	उत्तर ध्रुवीय, उत्तर ध्रुवप्रदेश
Arctoid	भल्लूकाभ, भालूवत्, ऋक्ष जैसा
Arcuale, Arcuala (pl.)	कीकसजन, कशेरुकजन
Arcuate, Arcuated	चापाकर, चापी, चापवक्री, चापवक्रित
Arculate	चापमय
Arculus	चापिका
Arcus	चापक
Ardella	विवृत कायक
Ardent	उष्ण, प्रदीप्त, ज्वलनशील, प्रचण्ड, उत्साही
Ardour	उत्ताप, गर्मी, उत्साह
Area	क्षेत्र, क्षेत्रफल (लम्बाई × चौड़ाई)
Are (a unit for measurement of land area)	एयर (=100 वर्ग मीटर या 0.0247 एकड़)
Areal	क्षेत्रीय
Areca nut, Betel nut (a seed of *Areca catechu*, a tree of palm family Arecaceae with alkaloids as stimulant)	सुपारी, पूगफल (पान के साथ टुकड़ा करके खाया जाने वाला फल)
Areflexia	अप्रतिवर्तिता
Areflexic	अप्रतिवर्ती
Arenaceous, Arenose	बालूमय, रेणुमय, रेतीला, बलुहा
Arenarious, Arenicolous	बालूवासी, सिकतावासी
Arenoid	बालुकाभ, बालूवत्
Arenosity	बालुकीयता, सैकतता,
Areole, Areola, Areolae (pl.)	सूक्ष्म अन्तराल, क्षेत्रिका, चन्दोवा, मण्डल, स्तनाग्र वलय, शिरान्तराल गर्तिका
Areolar, Areolate, Areolated	अन्तराली, अन्तरालयुक्त, वलयित, अन्तरालित
Areolation	अन्तरालन, वलयन
Arescent	शुष्कोन्मुख
Arete	वीक्ष्णकटक, उत्कर्ष
Argan (*Argania spinosa* a desert tree of family Sapotaceae, an essential medicinal oil is extracted from its seeds)	अरगन, अर्गन (एक फलदार औषधीय वृक्ष)
Argasid (a soft tick of family Argasidae, occurs underside of animal body)	मृदु-वरूथी, नरम किलनी
Argent, Argentum, Silver (a metallic element with symbol Ag, used for coin, ornament and good conductor of electricity and heat)	रजत, चाँदी, रौप्य
Argenteous, Argenteus, Argentiferous	चाँदीयुक्त, रजतमय
Argentic, Argentous, Argentine, Silvery, Argentoid	रजतीय, रुपहला, राजत, रजताभ, चाँदीवत्

Argil — मृत्तिका, चिकनी मिट्टी
Argillaceous — मृत्तिकायुक्त, मिट्टीदार, मृण्मय, मृद्गन्धीय
Argon (derived from Greek word for lazy, a colourless, odourless, noble inert gaseous element with symbol Ar) — मन्दाति, आर्गन
Argosy — जलयान
Argyraemia, Argyremia — रजतरक्तता, रक्तरजताधिक्य
Argyria, Argyry Argyrism — रजत चर्मश्यामता
Argyriasis, Argyrosis — रजतविषाक्तता
Arid — शुष्क, सूखा, नीरस
Aridisol (a Latin word for desert soil) — मरु-मृदा, शुष्क मृदा
Aridness, Aridity — शुष्कता, सूखापन, नीरसता
Aril, Arillus — बीजचोल, अधिचोल
Ariliform — अधिचोलरूपी
Arillary — अधिचोलीय, अधिचोलमय
Arillate, Arilled — अधिचोलमय, अधिचोलित
Arillode — आभासी-अधिचोल, कूट-अधिचोल
Arista — सीकुर, शूक (कड़ा बाल)
Aristate — सीकुरमय, शूकीय (कड़े बाल वाला)
Aristogenics, Eugenics — अभिजात-जननिकी, सुजननिकी
Arithmetic — अंकगणित, गणन
Arithmetic average/mean — अंकगणितीय औसत योगात्मक माध्य
Arithmetical — अंकगणितीय, समानान्तर
Arithmetical mean — समानान्तर माध्य
Arithmetical progression — समानान्तर श्रेणी
Arithmetician — अंकगणितज्ञ
Arithmometer — गुणित्र
Ark — पोत, नाव, मञ्जूषा, सन्दूक
Arm, Arms (pl.) — भुजा, बाहु, टुकड़ी, शाखिका, शस्त्रयुक्त करना
Armadillo (*Dasypus* sp., a wild tailed medium sized New World placental mammal of family Dasypodidae, armoured with bony dermal plates) — वर्मी, आर्माडिलो
Armature — संवाहकी, सन्नाह, कवच, धात्र, पञ्जर, ढाँचा
Armed — सबाहु, भुजामय, सशस्त्र, सायुध
Armeniaceous — अक्षोटवर्णी (अखरोट के रंग का)
Armilla — वलयक, वलय झल्लरी
Armillary, Armillate — वलयिक, छल्लेदार
Armillated — वलयित
Arming — सज्जीकरण
Armlet — उपशाखा, बाजूबन्द
Armlet of sea — समुद्र-उपशाखा
Armour — कवच, त्राण, बख्तर
Armoured — वलयो, कवचित, बख्तरबन्द
Armour piercing — कवच भेदी
Armour plate — चद्दर
Armoury, Armory — शस्त्रागार, आयुधशाला, हथियार घर
Arm pit — काँख, बगल, कक्ष
Arm pit hair — कक्ष रोम, काँख के बाल
Arms — भुजाएँ, हत्थे, अस्त्र-शस्त्र
Arm span — भुज विस्तार
Arnica (*Arnica* sp., a medicinal herb of sunflower family Asteraceae) — गिरि ताम्रकूट (पहाड़ी तम्बाकू)
Aroma — सुगन्ध, खुशबू, सुरभि, सुवास
Aromatic (cyclic organic compounds consist of hydrogen and carbon with ringed chemical structure), Aromatics (pl.) — सगन्ध, सुगन्धित, सौरभ
Aromaticity (stability of benzene and other unsaturated ringed compounds) — सगन्धता, सौरभता
Aromatization — सगन्धन, सुरभीकरण, सुगन्धीकरण
Aromatizer — सगन्धक, सुगन्धकर, सुरभीकर, सगन्धित्र, सुरभित्र

Aromorphosis	ऋजु रूपोद्भवन
Aromorphic, Aromorphous	ऋजुरूपोदीय
Arousal	उत्तेजना, जागृति, प्रोत्तेजन
Arouse	उत्तेजित करना, जगाना, सचेत करना
Arow	पंक्तिबद्ध
Arrack	ताड़ी (खजूर के तने से प्राप्त एक मादक रस)
Array	व्यूह, अनुविन्यास
Arrayed	अनुविन्यस्त, व्यूहित
Arrect	सचेत, कान खड़े करना/होना
Arrector	ऊर्ध्वक, उत्थापक, प्रोन्नतक
Arrested growth	बद्धवृद्धि, अवरुद्ध वृद्धि
Arrhenotokous	पुंजनी (नर सन्तति ही पैदा करने वाले)
Arrhenotoky	पुंजनन (नर सन्तति ही पैदा होना)
Arrhizous	मूलहीन, जड़रहित, अमूलीय
Arrhythmia	अलयता, तालहीनता, अतालता
Arrhythmic	अलयी, अलयकारी
Arris	उत्कोण, तीखी कोर
Arrow	बाण, शर, तीर
Arrow leaf	बाण पत्र (तीर जैसी पत्ती)
Arrow shaped, Sagittate	बाणाकार
Arrow worm	शरकृमि
Arrowroot	अरारोट, शिशुमूल, तिखुर
Arse, Bum	नितम्ब, चूतड़
Arsenal	शस्त्रागार, आयुधशाला
Arsenic (a toxic mineral element with symbol As)	संखिया, नेपाली, आर्सेनिक
Arsenicalism, Arsenism	संखियापन, नैपालिकता, आर्सेनिकता
Arsenicals	संखियामय रसायन
Arsenication, Arsenization	संखिया व्यापन, आर्सेनिकीकरण
Arsenic ore	हरताल (संखिया का अयस्क)
Arsenicosis	संखियारुग्णता, संखिया, विषाक्तता,
Arsenic toxicity, Arsenic poisoning	आर्सेनिक विषालुता, संखिया विषायण
Arsenolysis	संखियांशन, आर्सेनिक विघटन
Arsenotherapy	संखिया चिकित्सा, आर्सेनिकोपचार
Arteralgia	धमनीशूल
Arterial, Arterious	धमनीय
Arteriole, Arteriola	धमनिका
Arterictasis,	धमनीस्फारण
Arterictasia, Arteriodilation	धमनीस्फारिता
Arteriogenesis, Arteriogeny	धमनी उद्भव, धमनी-उत्पत्ति, धमनी-निर्माण
Arteriography	धमन्यांकन, धमनीचित्रण
Arteriolar	धमनिकीय
Arteriolith	धमन्याश्म
Arteriolithic	धमन्याश्मग्रस्त
Arteriolitis	धमनिकाशोथ
Arteriology	धमनीविज्ञान, धामनिकी
Arteriolo-sclerosis	धमनिका जारठ्य, धमनिका-काठिन्य
Arteriomalacia, Arteriomalacosis	धमनीमृदुलता
Arteriomyo-matosis	धमनीपेशीस्थूलता
Arterionecrosis	धमनीक्षय, धमनीक्षरण
Arteriopathy	धमनीविकृति, धमनी रोग
Arteriorrhexis	धमनीविदीर्णता
Arteriosclerosis, Atherosclerosis	धमनीजारठ्य, धमनीदृढ़न, धमनीकाठिन्य, वसाकाठिन्य
Arterioscope	धमनीदर्शी
Arterioscopy	धमनीदर्शन, धमनीवीक्षण
Arteriostenosis	धमनीसंकीर्णता
Arteriosteosis	धमनी-अस्थिभवन
Arteriotomy	धमनी-विच्छेदन, धमनीतक्षण, धमन्योच्छेदन
Arterio-venous	धमनी-शिरीय
Arteritis	धमनीशोथ, धमनी प्रदाह
Artery	धमनी (हृदय से अंग को रक्त पहुँचाने वाली नलिका)
Artesian	उत्स्रुत, उत्पीड, पातालतोड़
Artesian well	उत्स्रुतकूप उत्पीड-कूप, पातालतोड़ कूआँ
Arthral, Arthrous, Jointed	सन्धीय, सन्धित, सन्धिमय, संहित, सन्धि-
Arthralgia, Arthrodynia	सन्धिशूल, जोड़दर्द
Arthrifuge	सन्धिशूलशमक (औषधि)
Arthritis	सन्धिशोथ, गठिया
Arthro-, Arthr- (prefix)	सन्धि-
Arthrobranch	सन्धिक्लोमी (झींगा वर्ग के जन्तु)
Arthrobranchia	सन्धिक्लोम (एक सन्धिपाद जन्तु समूह)
Arthrocyte	सन्ध्यणु

English	Hindi
Arthrodactylous	सन्ध्यंगुलिक
Arthrodium, Arthrodia (pl.)	प्रसरसन्धि, प्रसार-सन्धि
Arthrodial joint, Gliding joint	विसर्पी सन्धि
Arthrogastran	सन्धिउदरीय (बिच्छू जैसे जन्तु)
Arthrogenic, Arthrogenous	सन्धिजनक, सन्धिबीजाणुजनी
Arthrogenesis, Arthrogeny	सन्धिनिर्माण, सन्धिजनन, सन्धिबीजाणुजनन
Arthrokinesis	सन्धिगति
Arthrokinetic	सन्धिगतिक
Arthrology, Syndesmology	सन्धिविज्ञान, सान्धिकी
Arthron, Arthrosis, Joint	सन्धि, जोड़, गाँठ
Arthropathic	सन्धिवैकृतिक, सन्धिविकारी
Arthropathology	सन्धिविकृतिविज्ञान, सन्धि वैकृतिकी
Arthropathy, Arthronosis	सन्धिविकृति, सन्धि रोग सन्धिविकार
Arthrophyma	सन्धि-आशूनता, जोड़ सूजन
Arthropod	सन्धिपाद (प्राणि)
Arthropoda (a phylum of joint-legged non-chordate animals)	सन्धिपाद (कीट-पतंगा, मकड़ी, बिच्छू, झींगा, केकड़ा आदि का एक जन्तु संघ)
Arthropodology	सन्धिपादविज्ञान
Arthropterous	संहित-पक्षीय
Arthoroscope (a device to see abnormalities inside the joint)	सन्धिदर्शी
Arthroscopy	सन्धिदर्शन, सन्धिवीक्षण
Arthrosis	सन्धिसंलग्नन, सन्धिसंलग्नता
Arthrospore	सन्धिबीजाणु
Arthrosteitis	सन्ध्यस्थिशोथ
Arthrostenosis	सन्धिसंकीर्णता
Arthrosterigma	सन्धिकर्णावृन्त
Arthrostome	सन्धिमुख
Arthrozoan	सन्धिजीव
Arthrozoic	सन्धिजीवीय
Artichoke (*Cynara cardun-culus* var. *scolymus*, a perennial thistle plant of family Asteraceae with edible flower bud)	हाथीचक (एक कँटीला पौधा)
Articular	सन्धि, सन्धायी, सन्धायक
Articular bone	सन्धिका, सन्ध्यस्थि
Articular membrane, Arthrodial membrane	सन्धिकला
Articulate	सन्धियुक्त, सान्धिल, सवाक्
Articulated	सन्धित, उच्चरित
Articulating	संघायी, संलग्नी
Articulation, Articulatio, Syntaxis	सन्धि, संलग्नन, सन्धियोजन, उच्चारण
Articulorum	सन्धिष्ठ
Artifact	शिल्पकृति, मानवकृति
Artifice	युक्ति, कूट-युक्ति, साधन
Artificial	बनावटी, कृत्रिम, नक़ली, अस्वाभाविक
Artificial intelligence, Artificial intelligency	कृत्रिम बुद्धिमत्ता, कूट-बौद्धिकता
Articificer	कारीगर, मिस्त्री, शिल्पी, आविष्कारक
Artillery	तोपख़ाना
Artiodactylous	संघांगुलिक, समांगुलिक
Arugula, Rocket salad (*Eruca sativa*, a flowering annual herb of family Brassicaceae with edible pod, seed and green leaves as salad and vegetable)	फुदी, गार्गीर, अर्गला
Arum (*Arum* sp., a toxic perennial flowering ornamental rhizomatous herb of family Araceae)	अरवी, घुइया
Arvensis (a Latin word)	द्योतक क्षेत्र
Arytenoid	दर्विकाभ (उपस्थि), चमचावत्, कड़छी रूपी
Arytenoiditis	दर्विकाभ उपास्थिशोथ
Asafetida, Asafoetida (a dried latex from root of *Ferula assafoetida* of family Apiaceae)	हींग, हिंगु (एक सगन्ध औषधीय रसोई का उपयोगी शुष्क क्षीर)

Term	Hindi
Asbestiform, Asbestine	अदहरूप, अदहीय, एस्बेस्टस जैसा
Asbestos (a silicate fibrous mineral)	अदह, अदहिज, एस्बेस्टस
Asbestosis	अदहधूलमयता, फुप्फुस अदहधूलिता
Ascariasis, Ascaridiasis, Ascaridosis (an infestation of a gut parasitic round worm *Ascaris lumbricoides* of phylum Aschelminthes)	गोलकृमिग्रसता, वर्तुलकृमिग्रसता, पेट में केंचुए होना
Ascend, Ascent	आरोहण, चढ़ना, उद्रोहण
Ascendable	आरोह्य, आरोहणीय
Ascendance, Ascendancy	आरोह, उद्रोह, चढ़ाई
Ascendant, Ascending, Assurgent	आरोही, ऊपर उठने वाला, उदीयमान, उद्रोही, प्रबल, प्रभावी
Ascending, Ascension	ऊपर उठना, आरोही, आरोहण, उद्रोहण
Ascent	आरोह, आरोहण, चढ़ाव
Ascent of sap	रसारोहण
Aschelminthology, Nematology	गोलकृमिविज्ञान, सूत्र कृमि-विज्ञान, वर्तुलकृमिविज्ञान
Ascidial leaf	दृतिका पर्ण
Ascidian	जलोद्गारी
Ascidiate,	दृतिकामय
Ascidicolous	जलोद्गरवासी
Ascidiform	दृतिकारूपी, घटरूपी
Ascidium, Ascidia (pl.)	दृतिका, घटपर्णी, घटरूपांग, जलोद्गर
Asciferous, Ascigerous	धानीमय, धानीधर
Ascites	जलोदर
Asclepiad, Milk weed	क्षीरपादप
Ascocarp	धानीकाय
Ascoconidium, Ascoconidia (pl.)	धानीकणी
Ascogenic, Ascogenous	धानीजनिक, धानीजनी, धानीजनक
Ascophorous	धानीधारी
Ascogonidium, Ascogonidia (pl.)	धानीकणी
Ascomycetes, Sac fungus (a spore shooter fungi)	धानी कवक
Ascon	छिद्रिक, जाल कलश
Ascospore	धानीबीजाणु
Ascostome	धानीरन्ध्र
Ascula	छिद्रिका
Ascus, Asci (pl.)	धानी
Ascyphus, Ascyphi (pl.)	अचषवर्ध
Asecretory	अस्रावी
Aseity	स्वयंभूति, स्वयंसत्
Asepsis	अपूतिता, अपौतिकता, अपूयन
Aseptate	अपटीय, अविदलित
Aseptic	अपूतिक, अपूतित, अपूयिक
Asesmic	अभूकम्पी
Asexual	अलैंगिक, अलिंगी, अकामुक
Asexuality	अलैंगिकता, अकामुकता
Asexualization	बन्ध्यकरण, अलिंगीभवन
Ash	राख, भस्म, प्रभुर्ज, राख बनाना
Ash can	अंगू (एक वृक्ष), राखदान
Ashen, Ashy	भस्मी, धूसर, विवर्ण, भस्मवत्, भस्मवर्ण, राखयुक्त
Ash gourd, Wax gourd, White gourd, Winter melon (*Benincasa hispida,* an annual creeper herb of family Cucurbitaceae)	पेठा कद्दू, राख लौकी, खबहा
Ashore	तट पर, तटवर्ती
Asinine	गर्दभवंशी, गधे से सम्बन्धित, मूर्ख, बुद्धू
Aslant	तिरछा, तिर्यक, आड़ा, ढालू
Askew	टेढ़ा, वक्र, तिरछा
Asleep	निद्रा में, सोते हुए
Aslope	ढलुआँ, ढालू
Asoma	अकायिक (अल्पविकसित भ्रूण)
Asp	विषैला साँप, चलपर्ण
Asparagus (*Asparagus officinalis,* a flowering perennial cultivated medicinal herb of family Asparagaceae with edible fleshy green stem, used as spring vegetable)	शतावर, शतावरी, नागद्रोण (एक औषधीय भोज्य पौधा)
Aspen	कम्पित, कम्पायमान (वृक्ष)
Asperate, Asperatus, Asperous	रूक्ष, रूखा, खुरदुरा, असमतल

Term	Hindi
Aspergill, Aspergillum	अभिसिञ्चनी
Aspergillo-toxicosis	एस्परिजिलस (एक फफूँद) विषरुग्णता
Asperitas/ Asperitus cloud	तरंगी मेघ, लहरिया बादल
Asperity	रूक्षता, खुरदुरापन, कठोरता
Aspermia, Aspermatism	शुक्राणुहीनता, अशुक्राणुता वीर्यस्खलन-अक्षमता
Aspermous	शुक्राणुहीन, अबीजी
Asphalt	डामर, डामर बिछाना
Aspheric(al)	अगोलीय
Asphodel	भृंगार बीज
Asphyxia, Asphyxiation	श्वासावरोध, रुद्धश्वसन, दम घुटना
Asphyxiant	श्वासरोधक, स्पन्दरोधक, नाड़ीरोधक, दम घोंटू
Aspic	मांस या मछली का मुरब्बा
Aspirate	उच्छ्वास, साँस लेना, चूसना
Aspiration	चूषण, श्वसन, महाप्राणता, महत्वाकांक्षा
Aspirator	चूषित्र
Asplenia, Alienia	अप्लीहता, प्लीहाहीनता
Asporogenic, Asporogenous	अबीजाणुजनी, बीजाणुरहित
Asporous, Aposporous	अबीजाण्वीय
Ass, Donkey (*Equus africanus asinus,* a domestic/ wild herbivorous mammal of horse family Equidae)	गधा/गधी, गदहा/गदही, गर्दभ
Assagai, Assegai	भाला, बर्छा
Assay	परख, परीक्षण, आमापन
Assayer	पारखी, परीक्षक, आमापक
Assemble	समवेत होना, संग्रह करना
Assemblage	एकत्रीकरण, जमाव, संयोजन
Assembly	सभा, समाहार, समुच्चय
Assess	निर्धारित करना, मूल्यांकित करना
Assessment	मूल्यांकन, निर्धारण, नियतन
Assibilate, Assibilation	ऊष्म-उच्चारण करना, ऊष्मीकरण
Assident	बहुव्यापी
Assimilable	समावेश्य, स्वांगीकरणीय
Assimilate	आत्मसात् करना, स्वांगीकृत करना, समावेश करना
Assimilation	स्वांगीकरण, समावेशन, आत्मसात्करण
Assimilative, Assimilatory	स्वांगीकारक, परिपाचक, समीकारी, समावेशी
Association	संयोजन, संघ, संगुणन, सहवास, साहचर्य-
Associative	सहचारी
Associativity	सहचारिता
Associes	सहसंघक
Assonance	श्रुतिसाम्य, श्रुतिसमता, स्वरसाम्य
Assonant	श्रुतिसम, समस्वर
Assorted	वर्गीकृत, प्रकीर्ण
Assortment	अपव्यूहन, वर्गीकरण
Assuage	शमन करना, शान्त करना
Assuagement	प्रशमन, शान्ति
Assurgent	उदीयमान, वक्रारोही
Astacology (study of crayfish)	चिंगटविज्ञान
Astasia	अनूर्ध्वस्थता, ऊर्ध्वस्थ-हीनता
Astatic	अस्थैतिक, अस्थापी, अस्थिर
Aster, Astral	तारा, तारक तन्तु
Asterism	तारापुञ्ज, तारकच्छटा
Asterixis	अस्थिरता, बाहुकम्पन
Asternia	उरोस्थिहीनता
Asterogenesis, Asterogeny	सुन्नता, स्पर्शेन्द्रिक जड़ता
Asteroid, Astroid	तारकाभ, ग्रहिका, क्षुद्रग्रह
Asterosclereid	तारादृढ़क
Astero-spondylous	ताराकशेरुक
Asthenia	दौर्बल्य, दुर्बलता, शिथिलता
Asthenic	दुर्बल, शिथिल, कमज़ोर
Asthenobiosis	क्षीणजीविता
Asthenophobia	दुर्बलताभीति
Asthenophobic	दुर्बलताभीरु
Asthenopia	नेत्र भ्रान्ति, क्षीणदृष्टि
Asthenospermia	मन्दशुक्राणुता, शुक्रदौर्बल्य
Asthenoshpere (a zone of upper mantle of earth)	क्षीणमण्डल, दुर्बलन मण्डल
Asthenozoo-spermia	अचल शुक्राणुता, क्षीणचल शुक्राणुता
Asthma (an inflammatory respiratory chronic disease)	दमा, श्वास रोग
Asthmatic	दमाग्रस्त, दमापीड़ित
Asthmatoid, Asthmoid	दमावत्, दमाभ, दमा सदृश
Asthmogenic, Asthmogenous	दमाजनक, दमाजनित
Astigmat, Astigmatic	अबिन्दुक, निर्बिन्दुक (दृष्टि रोगी)

Astigmatism	अबिन्दुकता, निर्बिन्दुकता, दृष्टि वैषम्य (एक नेत्र रोग)
Astir	उत्तेजित, जगा हुआ, गतिमान
Astomatous, Astomous	अमुखी, मुखहीन
Astomia	अमुखता, मुखहीनता
Astragal	हारिका, छल्ला, घुटिकास्थीय
Astragalus	अनुगुल्फास्थि, घुटिकास्थि
Astral	तारक, तारा, नक्षत्रीय
Astral body	तारककाय, तारकपिण्ड, सूक्ष्म शरीर
Astral ray	तारक तन्तु
Astriction	संकुचन
Astrictive	संकुचनशील, संकुचनकारी
Astride	प्रगतजंघ, जाँघें दोनों ओर फैलाकर बैठना
Astringency	संकोचकता, स्तम्भकता
Astringent	स्तम्भक (औषधि), अरेचक, आकुञ्चक, संकोचक, कषाय, बन्धनकारी
Astringent taste	कषाय स्वाद
Astro-chemistry	तारा-रसायन
Astrocyte	तारक कोशिका, तारकाणु
Astroglia (non-nervous cell in brain and spinal cord)	तारक श्लेष (मस्तिष्क व मेरुरज्जु में)
Astroid, Asteroid	तारकाभ, ग्रहिका, क्षुद्रग्रह
Astrological	ज्योतिषीय, ज्योतिष सम्बन्धी
Astrologist	ज्योतिषविज्ञानी, ज्योतिषी
Astrology	ज्योतिष, ज्योतिष विज्ञान
Astrometer	नक्षत्र प्रकाशमापी
Astrometric	खगोलमितीय
Astrometry	खगोलमिति, खगोलशास्त्र
Astronaut	अन्तरिक्ष यात्री
Astronautic(al)	अन्तरिक्ष यात्रा सम्बन्धी
Astronautics	अन्तरिक्षयानिकी, अन्तरिक्ष यात्राविज्ञान
Astronomer	खगोलवेत्ता, खगोलज्ञ
Astronomic(al)	खगोली, खगोलीय
Astronomist	खगोलविज्ञानी, खगोलवैज्ञानिक
Astronomy	गणित-ज्योतिष, खगोल-विज्ञान, खागोलिकी
Astro-physics	खगोल-भौतिकी, तारा-भौतिकी
Astrose	तारावत्, तारकमय
Astyphia, Astysia	अस्तम्भनीयता, स्तम्भन-अक्षमता
Asymbiotic	असहजीवी
Asymmetric, Asymmetrical	असममितीय, विषम, असंयमित
Asymmetry	असममिति, विषमता, असंयमितता
Asymphytous	असमेकित, पृथक
Asymptomatic	अलाक्षणिक
Asymptote	अनन्तस्पर्शी
Asymptotic	उपगामी, अनन्तस्पर्शीय
Asynapsis	असूत्रयुग्मन
Asynaptic	अयुग्मानुबन्धी
Asynchronous	अतुल्यकालिक, असमक्रमिक
Asyngamy	अयुग्मक संलयन, असमुद्राह, असंलयन
Asyntaxia	असमविकसन, अपूर्णविकसन (भ्रूण का)
Asystole	असंकुचन
Atactostele	कीर्णरम्भ, विकीर्णरम्भ
Ataraxia	प्रशान्तता, सामरस्य, शम, पूर्ण विरक्ति
Ataraxic	प्रशान्त, शामक, पूर्ण विरक्त
Atavism	पूर्वजता, सान्तराल, पूर्वज प्रत्यावर्तिता, कुलागत रोग
Ataxia, Ataxy	गतिभ्रम, गतिभ्रंश, गतिविभ्रम, अनन्वय
Ataxic	गतिभ्रामी, गतिभ्रंशी, अनन्वित
Ataxymeter	गतिभ्रंशमापी
Atelectatic	अवातिक, पिचके हुए (फेफड़े)
Atelectasis, Atelectases (pl.)	अवातिकता, भ्रूण-फुप्फुस वातहीनता, अवातता (फेफड़े का श्वसन के समय पिचकाव), श्वास रुद्धता
Ateleiosis	वामनता, बौनापन
Atelen-, Atelo- (prefix)	अपूर्ण, अल्प, हीन, रहित
Atelencephalia, Ateloencephaly	अल्पविकसित शीर्षता, क्षीणशीर्षता
Athermal, Athermic	अनूष्मीय, अतापीय
Atheroma	करम्भार्बुद, वसार्बुद, वसाकाठिन्य
Atheromatous	करम्भार्बुदीय, वसाकाठिन्यक
Atherosclerosis, Arteriosclerosis	करम्भजारठ्य धमनी काठिन्य
Athirst	प्यासा, तृषित
Athlete	व्यायामी, पहलवान
Athletics	व्यायाम, पहलवानी
Athrob	धड़कता हुआ
Athwart	अनुप्रस्थ, तिरछा, विपरीत, आरपार
Atlanto-axial	शीर्षधर-अक्षीय
Atlantoid	शीर्षधरवत्
Atlanto-occipital	शीर्षधरानुकपाल

English	Hindi
Atlas (first vertebra of vertebral column)	शीर्षधर, शिरोधर (कशेरुका), भूमानचित्रावली, पृथ्वी को कन्धों पर पकड़े बैठा एक काल्पनिक बलिष्ठ पुरुष
Atmo- (a Greek word atmos means vapour-prefix)	वात-, वायु-
Atmogenic	वातजनी, वायुजनित, वातजन्य
Atmology	वातविज्ञान, वाष्पविज्ञान
Atmolysis	वातलयन, वाष्पांशन, वायुविघटन
Atmometer	वातमापी, वाष्पनमापी
Atmophile, Atmophilic, Atmophilous	वातरागी, वाष्पस्नेही
Atmosphere (a layer of gases around a planet)	वायुमण्डल, वातावरण, परिमण्डल
Atmospheric(al)	वायुमण्डलीय
Atmospherics	वायुवैद्युत क्षोभ
Atoll	प्रवाल (मूँगा) द्वीप, प्रवाल वलयभित्ति
Atom (a smallest unit of any element or it's isotope)	परमाणु
Atom bomb	परमाणु प्रस्फोट, परमाणु बम
Atomic	परमाण्वीय, परमाण्विक, परमाणु-
Atomic energy	परमाणु ऊर्जा
Atomicity	परमाण्विकता, परमाण्वीयता
Atomic mass	परमाणु संहति
Atomic number	परमाणु संख्या (कुल प्रोटॉन संख्या)
Atomic physics	परमाणु भौतिकी
Atomic pile, Atomic reactor	परमाणु भट्ठी
Atomic weight	परमाणु भार (कुल प्रोटॉन व न्यूट्रॉन संख्या)
Atomism, Atomic theory	परमाणुवाद, परमाणु सिद्धान्त
Atomistics	परमाण्विकी
Atomization	परमाणुकरण, सीकरण, कणीकरण
Atomize	कणित करना, परमाणु में बदलना
Atomizer	कणित्र (यन्त्र), कणक पिचकारी, सीकरवर्षी
Atomy	बौना, ठठरी, अस्थिपञ्जर
Atonal, Atonic	निराघात, अतान, बलाघात-शून्य
Atony	शक्तिहीनता, बलाघातशून्यता
Atopic(al)	अस्थानिक, अनुद्दीपक
Atoxic	अविषाक्त, अविषालु
Atoxigenic	अविषजनी, विष-अनुत्पादी
Atrabilious	विषादग्रस्त, विषण्ण
Atractoid	तर्कुरूपी
Atramentous	मसिकाल, कालास्याह
Atremble	कम्पित, कम्पायमान
Atresia	अछिद्रता, अविवरता, जीर्णता
Atret-, Atreto- (prefix)	अरन्ध्र-, अछिद्र
Atretocephalous	अरन्ध्रशीर्षी
Atretostomia	अरन्ध्रमुखता
Atretostomous	अरन्ध्रमुखी
Atrial	परिकोष्ठीय
Atriate, Atrichous	अलोमी, अशूकी, गञ्जा
Atrichia, Atrichosis	अकेशता, केशहीनता, गञ्जापन
Atriomegaly	अलिन्दवृद्धि
Atriopore	अलिन्द रन्ध्र
Atrioventricular, Auriculo-ventricular	अलिन्द-निलयी
Atrium, Atria (pl.)	उत्कोष्ठ, अलिन्द, परिकोष्ठ, प्रांगण
Atrocha	अवलय
Atrochal	अवलयी, अवर्तुल
Atrophia, Atrophy	क्षीणता, अपक्षय, अपुष्टि, शोष
Atrophic	क्षीण, दुर्बल
Atropine (an anticholinergic drug)	बर्हिती, एट्रोपिन
Atropinism, Atropism	अतिबर्हितिता, बर्हितीविषालुता, एट्रोपिनविषाक्तता
Atrous, Black	काला, कृष्ण
Atrovirent	असितहरि, कृष्णहरि, काला हरा
Attache	सहचारी, अटैची
Attachment	संलग्नता, आसक्ति, संयोजन
Attenuate	पतला करना, कमज़ोर करना, टुकड़े करना, तनु करना
Attenuation	तनुकरण, क्षीणन, प्रतनुकरण
Attenuator	तनुकारी, क्षीणकर, प्रतनुकारक
Attenuatus	प्रतनु, तनु, पतला
Attosecond	भूरि-पल (सेकेण्ड का 10^{-18}वाँ अंश)

Attophysics भूरि-भौतिकी
Attractant प्रलोभक, आर्कषक
Attraction आर्कषण, खिंचाव
Attrited घर्षित, घिसा हुआ
Attrition सन्निघर्षण, छीजना, थकान, कमज़ोरी
Atypia व्यतिक्रमहीनता
Atypical अप्ररूपी, अपरूपी, असामान्य
Aubergine बैंगनी रंग
Auburn कपिश, रक्तपीत, सुनहरा भूरा
Aucourant सुविज्ञ, अद्यतन
Audacious निर्भीक, ढीठ, साहसी
Audibility श्रव्यता, श्रुतिक्षमता, श्रवणीयता
Audible श्रव्य, श्रुतिक्षम, श्रवणीय, कर्णगोचर, सुनाई देनेवाला
Audio- (prefix) श्रव्य-, श्रवण-
Audio-frequency श्रव्यावृत्ति
Audiogenic श्रवणजनी, श्रवणकारी
Audiology श्रवणविज्ञान, श्रव्यकी
Audiometer श्रव्यतामापी
Audiometry श्रवणमापन, श्रव्यतामापन
Audiovisual श्रव्य-दृश्य, दृश्य-श्रव्य
Audition श्रवणपरीक्षा, स्वरपरीक्षण
Auditory श्रवणशील, सुनने वाली
Auditory nerve कर्ण तन्त्रिका
Augean गन्दा, मलिन
Augend, Connector योजक, जोड़ने वाला
Auger बरमा (छेद करने का उपकरण)
Augment, Augmentation बढ़ाना, आवर्धन, संवर्धन
Augmented संवर्धित
Aulodont अचूड़दन्ती, कोटरदन्ती
Aulophyte कोटरपादप, अचूड़पादप, गुहोद्भिद्, कोटरोद्भिद्
Aura प्रभामण्डल, गौरव, परिमल पूर्वाभास
Aural श्रव्य, श्रवणिक, श्रुत, कर्णज
Aureate सुनहरा, स्वर्णिम
Aureole, Auricula, Auricule, Auricules (pl.) स्पर्श वलय, आभा मण्डल
Auric स्वर्णिक, स्वर्ण्य
Auricle, Auricula कर्णपालि, कर्ण पल्लव बाहरी कान, अलिन्द (हृदय का ऊपरी भाग)
Auricular कर्णिक, कर्ण सम्बन्धी, आलिन्दी, आलिन्दीय
Auricular artery कर्ण-धमनी
Auricular muscle कर्णपेशी
Auriculate, सकर्ण, अलिन्दमय
Auriculoid कर्णाभ, कर्णवत्
Auriculo-temporal कर्ण-पटलीय
Auriferous, स्वर्णमय, स्वर्णोत्पादी
Aurous स्वर्णीय
Auriform कर्णाकार, पालिरूप, कनखोदनी
Aurigenous, स्वर्णिम, पीतवर्णी, सुनहरा
Auriginous पीला, पाण्डुर
Auriscope, Otoscope कर्णदर्शी
Auriscopy, Otoscopy कर्णदर्शन, कर्णवीक्षण
Auris, Ear कर्ण, कान
Aurist, Otologist कर्णचिकित्सक, श्रवणविज्ञ
Aurora सूर्योदय की लालिमा, उषा
Aurora australis दक्षिण ध्रुवीय-ज्योति
Aurora borealis उत्तर ध्रुवीय-ज्योति
Aurotherapy, Chrysotherapy स्वर्ण चिकित्सा
Aurum, Gold (a metallic element with symbol Au) स्वर्ण, सोना (एक बहुपयोगी मूल्यवान खनिज धातु)
Auscultation श्रवणन, सुनना, परिश्रवण, श्रवणनिदान
Austral, Southern दक्षिणी
Autarcesis, Autoallergy, Autoimmunity स्वप्रतिरक्षण, प्राकृतिक प्रतिरक्षण
Autecic एकपोषद परजीवी
Autecology, Autoecology स्वपारिस्थितिकी
Autemesia स्व-वमन
Authentic प्रामाणिक, विश्वसनीय
Authenticity प्रामाणिकता, विश्वसनीयता
Autism स्वलीनता, आत्मानुचिन्तन आत्मविमोह (एक मनोरोग)
Autistic स्वलीन, आत्मविमोही, आत्मविमोहग्रस्त, आत्मानुचिन्तक (मनोरोगी)
Auto-, Self- (prefix) स्व-, आत्म-, स्वतः-
Autoagglu-tination स्वरक्त समूहन
Autoanalyzer स्वविश्लेषक, स्वविश्लेषित्र (यन्त्र)
Autoantibody स्वप्रतिपिण्ड, स्वप्रतिरक्षी
Autoantigen स्वप्रतिजन
Autoantitoxin स्वप्रत्याविष, स्वप्रतिविषि
Autobacte-riophage स्वजात जीवाणुभक्षी

Autobiotic	स्वजैविक
Autocarpy	स्वनिषेचफलन
Autocatalyser, Autocatalyzer	आत्मोत्प्रेरक, स्वोत्प्रेरक
Autocatalysis	स्वोत्प्रेरण
Autocatalytic	आत्मोत्प्रेरक, आत्मोत्प्रेरणशील, स्वोत्प्रेरणात्मक
Autocephalous	स्वाधीन, स्वतन्त्र
Autochory	स्वप्रकीर्णन, स्वप्रकीर्णता
Autochthon, Autochthonous	स्वस्थानिक, देशज, देशीय
Autoclasis	स्वरक्षण, आत्मरक्षण
Autoclavable	निपीडताप्य, निपीडतापनीय
Autoclave	स्वपाश, भापसहपात्र, निपीडतापक, निपीडतापित करना
Autoclaved	निपीडतापित
Autoclaving	निपीडतापन
Autocoid	स्वपरिवाही, आत्मपरिवाही
Autocrine	स्वस्रावी
Autocytolysis	कोशास्वलयन
Autodigestion	आत्मपाचन, स्वपाचन
Autoecious	स्वाश्रयी
Autoeroticism, Masterbation	स्वरति, हस्थमैथुन
Autofluorescence	स्वप्रतिदीप्ति
Autoflourescent	स्वप्रतिदीप्त
Autogamy, Autofertilization	स्वयुग्मन, स्वनिषेचन
Autogenesis,	स्वजनन, आत्मोत्पत्ति
Autogeny	स्वतःजनन
Autogenic, Autogenous	स्वगत, स्वजनिक, स्वजनित, स्वजन्य
Autograft	स्वरोप, स्वजातरोप
Autografting, Autoplasty	स्वरोपण, स्वजातरोपण, स्वघटन
Autohaemolysis	स्वरक्तलयन, आत्मरक्ताशंन
Autoimmune	आत्मप्रतिरक्षी, स्वप्रतिरक्षी, स्वप्रतिरोधी, स्वरोगक्षम
Autoimmunity	आत्मप्रतिरक्षा, स्वप्रतिरक्षा
Autoimmuni-zation	स्वप्रतिरक्षण, आत्मप्रतिरक्षण
Autoinfection	स्वसंक्रमण, आत्मसंक्रमण
Autokinesis	स्वयं-गति, आत्मगतिक्रम
Autokinetic	स्वतःगामी, स्वगतिक
Autologous	स्वजात
Autolysate	स्वलयनज, आत्मपाचित
Autolysis	आत्मलयन, स्वविलय
Automat, Automatic(ally)	स्वचालित, स्वतःचलित, स्वचल, अविवेचित, यन्त्रवत्
Automate	यन्त्र से काम करना
Automated teller machine (ATM)	स्वचालित गणक यन्त्र
Automation	स्वचालन, स्वचालित यन्त्रप्रयोग
Automatisation, Automatization	स्वचलीकरण, यन्त्रप्रयोग
Automatism	स्वचालितता, स्वचलता, अन्तःप्रेरणावाद, यन्त्रवाद
Automaton, Automata (pl.)	स्वयंक्रिय, स्वक्रिया, स्वचालित यन्त्र, यन्त्रवत् (प्राणी)
Automixis, Autogamy	स्वयुग्मन
Automobile, Motor vehicle	स्वचालित (वाहन), मोटरगाड़ी
Automorphism	स्वरूपता
Automutagen	स्वोत्परिवर्तजन
Autonomous	स्वायत्त, स्वशासित
Auto-oxidation	स्वॉक्सीकरण, स्वतःजारण, स्वतःऑक्सीभवन
Autophagous	स्वभक्षी
Autophagy (a physiological process of destruction of cells in body)	स्वभक्षण
Autophyte, Autotrophic plant	स्वपोषी पादप
Autoplast	स्वपोषलवक
Autoploid	स्वगुणित
Autoploidy	स्वगुणिता
Autopolyploid	स्वबहुगुणित
Autopolyploidy	स्वबहुगुणिता
Autopsy	शव-परीक्षा, मृतोति परीक्षण
Autoradiography	स्वविकिरणी चित्रण
Autoradiogram	स्वविकिरणी चित्र
Autosensiti-zation, Isosensitization	स्वसंवेदन, आत्मसंवेदन
Autosomal	स्वजात गुणसूत्री, अलिंगसूत्री, कायसूत्री
Autosome	स्वजात गुणसूत्र, अलिंगसूत्र, कायसूत्र
Autospore	जनकाभ बीजाणु
Autosynapsis,	स्वसंयुग्मन,
Autosyndesis	स्वयुग्मानुबन्ध
Autotetraploid	स्वचतुर्गुणित
Autotetraploidy	स्वचतुर्गुणिता
Autotomy (self detachment of any organ e.g. tail of lizard)	स्वांगोच्छेदन, स्वविच्छेदन

Term	Hindi
Autotoxaemia	स्वविषरक्तता, स्वरक्तविषाक्तता
Autotoxic	स्वविषालु
Autotoxicosis	स्वविषता, स्वविषरुग्णता
Autotoxin	स्वविषि, स्वाविष, आत्माविष
Autotransplant	स्व-प्रतिरोप
Autotroph, Autotrophic	स्वपोषित, स्वपोषी, स्वपोषक आत्मपोषी
Autotrophy	स्वपोषण, आत्मपुष्टता
Autotropism, Autotropy	आत्मानुवर्तन, स्वानुवर्तन, स्वानुवर्तिता
Autumn (a season of shedding of leaves during September to November)	शरद् (ऋतु), शरत्काल, पतझड़
Autumnal	शरत्कालीन, शारदीय, शारद
Auxanology, Auxology	वृद्धिविज्ञान, वर्धिकी
Auxanometer	वृद्धिमापी
Auxesis	वृद्धि, वर्धन
Auxetic	आकृतिवर्धी, अन्तर्वर्धी, वर्धी
Auxiliary	सहायक, उपशाखा, गौण, पूरक
Auximone	वर्धिका
Auxin	वर्धनकि
Auxology	जैवविकासिकी
Auxospore	प्रबलबीजाणु
Auxotroph	वर्धपोष, पूतपोष
Auxotrophic	वर्धपोषी
Auxotrophism, Auxotrophy	वर्धपोषिता, पूतपोषिता
Auxotype	वर्धरूप
Avalanche	हिमस्खलन, हिमधाव, अवधाव, फुहार
Avascular	असंवहनी
Avenue	वृक्षवीथिका, मार्ग, पथ
Average	औसत, सामान्य, माध्य
Averaging	माध्य परिकलन, मध्यकलन
Aversion	विरुचि, विमुखता, अपवर्तन
Avert	खाली करना, विमुख, फेरना
Aves (a class of subphylum Vertebrata)	पक्षि वर्ग (चिड़ियों का वर्ग)
Avian (derived from Latin word 'avis' means birds)	पक्षि (पक्षी वर्ग), पक्षी सम्बन्धी
Avian flu, Bird influenza	पक्षि-प्रतिश्याय, पक्षी शीत ज्वर
Aviary	दरबा, पक्षी-गृह, पक्षी विहार
Aviate, Aviation	विमान चलाना, विमानन, विमानचालन
Aviator, Pilot	विमान चालक
Aviculture	पक्षी-पालन, पक्षी संवर्धन
Avidity	उत्कण्ठा, लिप्सा, लालच
Avirulent	असांघातिक, अनुग्र, प्रशान्त
Avocado, Butter fruit (*Persea americana,* a flowering tree of family Lauraceae, native to south central Mexico, with large berry type edible nutritious single seeded fruit)	माखन फल, रुचिरा, एवाकैडो
Avoidance	परिहार, बचाव, परिवर्जन
Avoirdupois	अतिस्थूलता, अधिक मोटापा
Avitaminosis, Vitamin deficiency	जीवतिहीनता, जीवति-अभाव
Avulsed	विदारित, अपदारित, उखड़ा हुआ
Avulsion	विदारण, अपदारण, भू-अपरदन, उखड़ना
Awash	प्लावित, बहता हुआ
Aweather	प्रतिवात
Aweigh	उठाया हुआ
Awhirl	चक्कर लगाता हुआ, घूमता हुआ
Awl	सूआ, सूजा, सुतारी
Awl-shaped	सूआरूपी, सूजाकार, सूच्यग्री
Awn	शूक, सीकुर, तूड़
Awry	गड़बड़, तिरछा, टेंढ़ा, वक्र
Axenic	असन्दूषित, अमिश्रित, अनागन्तुक
Axial	अक्षीय
Axil	अक्ष
Axile	अक्षवर्ती
Axilla, Arm pit	बगल, काँख, कक्ष
Axillary	कक्षवर्ती, कक्षस्थ, कक्षीय
Axillary bud	कक्षस्थ कलिका, कक्षीय कली
Axiom	स्वयंसिद्ध, प्रमाण, सिद्धान्त, सूक्ति
Axiomatic	स्वतःसिद्ध
Axion, Neutron	क्लीवाणु (परमाणु के नाभिक में एक आवेशहीन कण)
Axis (2nd cervical vertebra), Epistropheus	अक्ष, धुरी, कल्पित रेखा, द्वितीय ग्रीवा कशेरुका

Axle	धुरा, धुरी
Axle tree	धुरा दण्ड
Axle wood	धाव, धौरी, बाकेली
Axocoel	अक्षगुहा
Axogamy	अक्षयुग्मन, अक्षयुग्मिता
Axoid	अक्षाभ
Axolotl, Mexican salamander, Walking fish (*Ambystoma mexicanum,* a carnivorous endangered urodelan amphibian of family Ambystomatidae, with external gills and regeneratable limbs)	एक्सोलॉटल, पादचारी मछली, चलन्तू मछली
Axon	तन्त्रिकाक्ष, अक्षतन्तु, पृष्ठाक्ष
Axoneme	अक्षसूत्र, कोशिकाक्ष, पित्र्यक्ष
Axonopathy	अक्षविकृति, अक्षतन्तुविकार, अक्षरोग, तन्त्रिकाक्षविकृति
Axoplasm	अक्षद्रव्य, तन्त्रिकाद्रव्य
Axopodium, Axopodia (pl.)	अक्षपाद
Axostyle	अक्षदण्ड
Azalea	पुष्पीपादप, फूलदार पौधा
Azeotropic	स्थिर क्वाथी
Azimuth	दिगंश, दिशाकोण, क्षितिज चाप
Azimuthal	दिगंशी, दिशाकोणीय
Azofication (non-symbiotic fixation of atmospheric nitrogen in soil by bacteria)	नाइट्रोजन यौगिकीकरण
Azoic	अप्राणिक, जन्तुहीन, जीवहीन, प्राग्जैविक
Azoic age	प्राग्जैविक युग
Azometer, Azotometer	नत्रजनमापी, नाइट्रोजनमापी
Azoospermia	अशुक्राणुता
Azotaemia	नत्रजनरक्तता, नाइट्रोजन रक्तता
Azoturia	नत्रजनमेह, नाइट्रोजनमूत्रता, यूरियामेह
Azure	नभोनील, आसमानी नीला
Azurophile, Azurophilic, Azurophilous	नीलरागी
Azygospore, Parthenospore	अनिषेकबीजाणु, अयुग्मबीजाणु
Azygous, Azygos	अयुग्मी, अयुक्त, अयुग्म
Azymic	अविकरी, अकिण्वकी, अप्रकिण्वी

B

Babble	तुतलाहट, बड़बड़ाहट
Babe, Baby, Bairn	दुधमुँहा बच्चा, शिशु
Babesiasis (a tick-borne disease of cattle, dogs, horses, pigs and sheep)	रक्तजीवता, रक्तजीवरुजा
Baboon (*Papio* sp., an Old World monkey and wild eutherian mammal of order Primates)	श्व-वानर (कुत्ते जैसे चेहरे की एक बन्दर प्रजाति)
Babyhood, Infancy	शैशवकाल, बाल्यावस्था
Bacca (a berry type fruit)	बेर, बदरी (एक फल व कँटीला वृक्ष)
Baccate, Bacciform, Bacctus	सरस, बदरीरूपी, बेररूपी, बेराकार, बेर सदृश
Baccy	तम्बाकू
Bachelorhood	कौमार्य, स्नातक अवधि
Bacillaemia, Bacillemia (presence of bacilli bacteria in blood)	दण्डाणुरक्तता, रक्तदण्डाणुता
Bacillar, Bacillariform, Bacilliform	दण्डवत्, दण्डाकार
Bacillary	दण्डाण्वीय, दण्डाणुज, दण्डजीवाण्वीय
Bacillicidal, Bacillicide	दण्डाणुनाशक, दण्डाणुघ्नी, दण्डाणुनाशी, दण्डाणुघ्न
Bacilligenic, Bacillogenic	दण्डाणुजनी, दण्डाणुजनक, दण्डाणुजनित
Bacilliparous	दण्डाणुज, दण्डाणु-सृट्
Bacillosis	दण्डाणुता, दण्डाणु संक्रमण, दण्डाणुरुजा
Bacilluria (presence of bacilli bacteria in urine)	दण्डाणुमेह
Bacillus, Bacilli (pl.)	दण्डाणु (दण्डाकार जीवाणु)

English	Hindi
Bacillus Calmette-Guérin, Bacille de Calmette et Guérin (BCG) - a vaccine to immunize against tubercle bacillus (TB)	बी. सी. जी. (अल्बर्ट कैल्मेट एवं कैमिल ग्युरिन द्वारा फ्रांस में वर्ष 1908 ई. में विकसित एक तपेदिक निरोधी टीका)
Backache	पीठदर्द, पृष्ठशूल
Back bone	रीढ़, मेरुदण्ड, अवलम्ब
Back cross	प्रतीप संकर
Back fill	पृष्ठभरण
Backfire	प्रतिज्वलन, प्रतिविस्फोट
Backflow	प्रतिवाह, पश्चप्रवाह
Back-formation	पश्चरचन, प्रत्यावर्ती रचना
Background	पृष्ठभूमि, भूमिका
Back lash	पिच्छट, पुछल्ला, प्रतिक्षेप
Back reaction	पश्च प्रतिक्रिया
Back side	नितम्ब, चूतड़, पिछवाड़ा
Back sight	पश्चावलोकन
Backstroke	पश्चप्रहार, प्रत्याघात
Back up	पश्चवहन, समर्थन देना, उत्साह बढ़ाना
Backward	पश्चगामी, उल्टा, पिछड़ा
Backwash, Backwashing	पश्चप्रवाह, पश्चगति, प्रतिधावन
Back water	पश्चजल, अप्रवाही जल
Back woods	अरण्य, कान्तार, वन्य, जंगली
Bacon	नमकीन सूकर मांस
Bacon weed, Pig weed (*Chenopodium album,* a weedy annual herb of family Amaranthaceae leaves are nutritive and edible as vegetable)	बथुआ (एक अपतृण शाक)
Bacteriaemia, Baceteriemia	जीवाणुरक्तता
Bacterial	जीवाण्विक, जीवाण्वीय
Bacterialtoxin, Bacterio-toxin	जीवाणु-आविष, शाकाणुविषि
Bactericidal,	जीवाणुनाशक, जीवाणुघ्नी,
Bactericide	जीवाणुनाशी, जीवाणुघ्न
Bacteriogenic	जीवाणुजनिक, जीवाणुजनी
Bacteriogenicity	जीवाणुजनिता
Bacteriological	जीवाणुवैज्ञानिक, जीवाण्वीय
Bacteriologist	जीवाणुविज्ञानी, जीवाणु वैज्ञानिक, जीवाणुविज्ञ
Bacteriology	जीवाणुविज्ञान
Bacteriolysis	जीवाणुलयन, जीवाण्वंशन
Bacteriophage (a virus, feeds on bacterial cells)	जीवाणुभोजी, जीवाणुविभोजी
Bacteriosis	जीवाणुरोग, जीवाणुरुजता
Bacteriostasis	जीवाणुरुद्धता
Bacteriostat	जीवाणुस्थाप, जीवाणुरोध
Bacteriostatic	जीवाणुरोधी, जीवाणुस्थापी
Bacteriotherapy (curing with probiotics)	जीवाणुचिकित्सा (लाभप्रद जीवाणुओं के उपयोग से उपचार)
Bacteriotoxic	जीवाणु-विषालु, जीवाणु-विषाक्त
Bacteriotoxicity	जीवाणु-विषालुता, जीवाणु-विषाक्तता
Bacterio-toxin, Bacterial toxin	जीवाणु-आविष, शाकाणुविषि
Bacteriotropic	जीवाणुवर्ती
Bacterium (a microscopic unicellular prokaryotic organism under kingdom Monera, a fungus of class Schizomycetes), Bacteria (pl.)	जीवाणु, शाकाणु (एककोशीय कवक जैसा जीव)
Bacteriuria (presence of bacteria in urine)	जीवाणुमेह, जीवाणुमूत्रता
Bacteroid	जीवाण्वाभ, जीवाणुवत्
Bactrian camel (*Camelus bactrianus,* an even-toed ungulate mammal of family Camelidae with two humps and smaller body, native to Bactria or Bactrima region of cold desert in Asia)	बैक्ट्रियाई ऊँट (एक दो कूबड़ वाला छोटा ऊँट)
Bactrosporous	दण्डबीजाणु
Baculiform	दण्डाकार
Baculine	दण्डात्मक, दण्डीय
Baculum, Bacula (pl.)	शिश्नास्थि, दण्ड
Bad conductor	कुचालक, कुसंवाहक
Badger (a short legged, tailed omnivorous wild burrowing mammal of family Mustelidae)	बिज्जू, खिजलाना

Baffle क्षुब्ध करना, बाधिका, व्यारोध
Baft मोटा सूती कपड़ा
Bagasse इक्षुधूल, खोई (गन्ने की पेराई के बाद अवशेष)
Bagassosis फुफ्फुस इक्षुधूलिमयता, फुफ्फुस इक्षुधूलिता
Baggy फूला हुआ
Bag net डोल जाल
Bairn शिशु, छोटा बच्चा
Bait प्रलोभन, विलोभक, चारा
Bake, Baking सेंकना, पकाना, सिंकाई, आपाक
Baker अपूपकार, रोटी सेंकने वाला, नानबाई
Baking powder आपाकचूर्ण, पाकचूर्ण
Baking soda (sodium bicarbonate) खाने वाला सोडा (जल में घुलनशील एक रसायन)
Balance तुला, तराजू, सन्तुलन, सामञ्जस्य, प्रतिभार, सन्तुलित करना, शेष
Balanced सन्तुलित
Balancer सन्तुलक, सन्तोलक
Balancing सन्तोलन, सन्तोली
Balance wheel सन्तोलक पहिया/चक्र
Balantitis शिश्नमुण्डशोथ
Balanoposthitis शिश्नमुण्डच्छद शोथ
Balanorrhea शिश्नमुण्डस्राव
Balanus शिश्नमुण्ड, भगांकुर
Bald केशहीन, गञ्जा, अनावृत, सज्जारहित
Baldachin वितान
Bald land वृक्षहीन भूमि
Baldness, Alopecia केशहीनता, गञ्जापन
Bale गाँठ, गट्ठा
Baleen तिमिश्रृंगास्थि, तिम्यस्थि (ह्वेल की हड्डी)
Baleen whale, Blue whale (*Balaenoptera musculus,* a largest marine mammal of infra order Cetacea and family Balaenopteridae) तिम्यस्थीय ह्वेल, नीली ह्वेल (एक विशालतम स्तनधारी समुद्री जन्तु)
Baleful हानिकर, कष्टप्रद
Baler प्रवाहक
Balk, Baulk रुकावट, बाधा, शहतीर
Ball गेंद, कन्दुक, गोलिका, गोली
Ball & socket joint कन्दुक-खल्लिका सन्धि, उलूखल सन्धि
Ballast स्थिरक/पूरक भार, सम्भालक, कंकड़
Ballast-lamp धारा-स्थिरक दीप
Ballast water स्थिरक जल (जलयानों में)
Ball bearing (a bearing containing small metal balls) गोलिकाधार
Ball cock गोला-टोंटी
Ballistic प्राक्षेपिक, अस्त्रक्षेपी
Ballistic missile प्रक्षेपास्त्र
Ballonet छोटा गुब्बारा, गुब्बारक
Balloon वागोल, गुब्बारा, हवा भरकर फुलाना
Ballooning गुब्बारण, वायुस्फायन
Balm, Balsam (aromatic resin of certain plants) मरहम, मलहम, धूपियास (सगन्ध औषधीय राल)
Balmy सुगन्धित पीड़ाहारी
Balneal स्नान सम्बन्धी, स्नान
Balneology स्नान चिकित्साविज्ञान
Balsam, Garden balsam (*Impatiens balsamina,* a flowering annual medicinal garden plant of family Balsaminaceae, native to south Asia) मरहम, गुलमेंहदी, मोखा (वृक्ष)
Balsamic स्निग्ध, चिकना
Balsamic vinegar चिकना सिरका
Baluster लघुस्तम्भ, जंगले का डण्डा
Bamboo (a perennial evergreen, longest grass of subfamily Bambosoideae) बाँस, वेणु (हरे खोखले तने वाला बहुवर्षी बहु-उपयोगी वृक्ष)
Bamboo rat (*Rhizomys* sp., a bamboo eating rodent mammal of family Spalacidae with 25-50 cm body length, a natural host of pathogenic mold *Penicillium* sp. and agricultural pest rodent) वेणु मुषक (एक रात्रिचर, मन्थर, मूषक प्रजातीय स्तनधारी)

Banana (derived from Arabic word banan means finger, *Musa* sp., a large flowering herb of family Musaceae, plant produces once a cluster of edible berry type fruits) — केला, कदली (एक भोज्य फल)
Band, Bandage — पट्टी, धारी, बन्ध, पट्टी बाँधना
Banded — वलयित, पट्टित, रेखित
Banderol — उद्भृत पट्टिका, उभरी पट्टी, झण्डी, जंगला
Bandicoot (a small farm marsupial mammal of Australia) — घूस, घूँस (खेत का बड़ा चूहा)
Banding — पट्टबन्धन
Bandlet — पट्टिका
Bandoline — केशश्लिष, बाल चिपकाने की गोंद
Baneberry (*Actaea* sp., a flowering subtropical perennial plant of family Ranunculaceae with red/white cardio-toxic berry type fruits) — विषबेर
Baneful — दुःखदायी, घातक, विषैला
Bang — धमाका, छोटे खड़े बाल
Bangle — चूड़ी, कंगन, कँड़ा
Bangle shaped — चूड़ीरूपी
Banian, Banyan (*Ficus benghalensis*, a large epiphytic tree of fig family Moraceae) — बरगद, वट (वृक्ष)
Baobab (*Adansonia digitata,* a long-lived pachycaul tree of family Malvaceae, native to African desert) — परिजात वृक्ष
Barbados cherry, Acerola cherry (*Mulpighina emarginata,* a tropical tree of family Malpighiaceae with edible nutritive sweet tangy cherry like drupe type fruit) — बार्बेडोस ⁄असरोला चेरी
Bar — दण्डिका, रोध, शलाका, धारी, सिल, मद्यशाला, न्यायालय
Barb — काँटा, दंश, पिच्छक, काँटा लगाना
Barbate, Barbatous — शूकी, कूर्चकी
Barbecue — मांस भूनने की सींक, भुना मांस, सींक पर भूनना
Barbed — नोंकदार, कँटीला
Barbel — स्पर्शक, स्पर्शप्रवर्ध
Barberry, Berberry (*Berberis* sp., a flowering shurb of family Berberidaceae with berry type edible medicinal fruits) — झरबेरी, दारुहल्दी
Barbet (a short tailed, big headed tropical non-migratory omnivorous bird of family Capitonidae with varying size and colourful plumage) — कुटरू वसन्ता, वसन्ता गौरी (एक चिड़िया)
Barbigerous — काँटेदार, काँटों से ढका
Barbitalism, Barbitone toxicity — अतिकोलुसता, कोलुस विषाक्तता
Bar code (an optical, machine readable, representation of data about the object, carrying bar code) — रेखिका कूट, छड़कूट
Barbone (a bacterial infection of *Pasteurella* sp. in domestic buffalo) — उग्र पशुज्वर
Barbula, Barbulae (pl.) — दृढ़रोम, बाल, केशगुच्छ
Barbule Barbules (pl.) — पिच्छिका, पक्ष्मिका
Bare, Nude, Uncovered — अनावृत्त, अनाच्छादित, नग्न, वृक्षहीन (भूमि)
Bariatrics — स्थूलोपचारिकी (मोटापा का उपचार)
Baric — वायुमण्डलदाब सम्बन्धी, बेरियम का

English	Hindi
Baricity	सापेक्ष वायुमण्डल भार
Barilla	पादप-विक्षार
Barish	अधखुली, अर्धावृत्त
Baritosis (pneumoconiosis caused by inhaling powdered barium sulfate/oxide)	फुप्फुस हर्यातु धूलिता, फुप्फुस बेरियम धूलिमयता
Barium (a metallic element with symbol Ba)	हर्यातु, बेरियम (एक धातु)
Bark	छाल, छिलका, वल्क, भौंकना
Barked	छालदार, छीला हुआ
Barley (*Hordeum vulgare*, an annual cereal crop herb of family Poaceae)	यव, जौ (अनाज)
Barley water	यवजल, जौ का पानी
Barm (a foam or scum on top of liquid)	फेन, झाग, मद्यफेन, ख़मीर
Bar magnet	दण्ड-चुम्बक
Barmy	फेनिल, झागदार, ख़मीर जैसा
Barnacle (a marine sessile crustacean of infraclass Ciriipedia)	खण्डावर (एक समुद्री झींगा), नाकचिमटी, सीप सी मछली, (कुछ प्रजातियाँ खायी जाती हैं)
Bane	विष, विनाश, शाप
Barnyard, Cockspur grass (*Echinochloa* sp., a flowering monocot weed herb of grass family Poaceae)	समाघास
Baro-(a Greek word baros means weight-prefix)	भार, भार जनित दाब
Baroclinic	दाब प्रवणिक
Barogram	वायुदाबालेख
Barograph	वायुदाबालेखी, वातपीडालेखी
Barometer	वायुदाबमापी
Barophile, Barophilic, Barophilous	वायुदाबरागी, वातदाबस्नेही
Baroreceptor	वायुदाब संवेदांग, वायुदाबग्राही
Baroscope	वायुदाबदर्शी
Baroscopy	वायुदाबवीक्षण
Barosensitive	वायुदाब संवेदी
Barotaxis, Barotaxy	वायुदाबानुचलन
Barotropism, Barotropy	वायुदाबानुवर्तन, वातपीडानुवर्तिता
Barr body (sex chromatin mass in cell nuclei)	बार पिण्ड (कनाडा के मूरे एल. बार द्वारा वर्ष 1908 ई. में अन्वेषित एक नाभिकीय पिण्ड)
Barrel	पीपा, ढोल, नाल
Barrel-shaped	पीपारूपी, ढोलाकार, नालवत्
Barren	बन्ध्य, अनुर्वर, अनुत्पादी, अफली, ऊसर, अयस्कहीन
Barret	टोपी
Barrier	अवरोध, उपरोध, रोधिका, व्यवधान
Barrier reef	अवरोधक प्रवाल गिरि, अवशेषी प्रवाल भित्ति, परातट-प्रवाल शैल
Barrow	बधिया सूअर, ठेला
Baruria	सान्द्रमूत्रता
Barysphere	भारिमण्डल, गुरुमण्डल
Basal, Basic, Basilar	आधारीय, आधारिक, मूलभूत, आधार-, समाक्षारीय, क्षारीय
Basal body, Basal granule, Blepharoplast, Kinetosome	आधार पिण्ड, आधार कणिका
Basal cell	आधारी कोशिका, आधार कोशा
Basal metabolic rate (BMR)	आधारिक चयापचयी दर (एक स्वास्थ्य प्राचल)
Basaloma, Basilomma, Basal cell carcinoma	आधार कोशार्बुद
Basalt	असिताश्म, भूरी आग्नेय चट्टान
Basaltic	असिताश्मिक
Basan	भेंड़ की खाल (ज़िल्दसाज़ी हेतु)
Bascule bridge	उत्तोलक से उठने वाला पुल
Base pair	क्षारक युग्म
Base, Basis	क्षार, समाक्षार, तला, आधार, आधारक
Base born	हीनजाति, जारज, दोग़ला
Baseline	आधारभूत, आधाररेखा
Basement	आधार, तहख़ाना
Basement, membrane, Basilemma	आधारकला

English	Hindi
Baseosis, Alkalosis	क्षारता
Bash	फोड़ना, प्रहार करना, प्रहार
Basibranchial	आधारक्लोमी (जन्तु)
Basicity	क्षारकता, क्षारीयता
Basics	आधारिक भाग, मूल अवधारणा
Basidiocarp	प्रकणीफल
Basidiocarpic	प्रकणीफलीय
Basidiomycetes (a class of macrofungus like mushrooms with basidiospores)	प्रकणीकवक
Basidiospore	प्रकणीबीजाणु
Basidium, Basidia (pl.)	प्रकणीधर
Basidorsal	आधार-पृष्ठ, अग्रोतर
Basihyal	द्विताधार
Basil (*Ocimum basilicum*, a culinary aromatic medicinal shrub of mint family Lamiaceae), Great basil	काली तुलसी, भेंड़ की कमायी खाल (मेषचर्म)
Basilar	आधारीय, आधार-
Basilaris, Basifixed	आधारलग्न
Basilic	अन्तर्बाहु, प्रोन्नत
Basilisk, Jesus lizard (*Basiliscus* sp., a big carnivorous poisonous reptile of lizard group under family Cory-tophanidae, with ability to run on water surface)	बेसीलिस्क (एक पानी पर चलने वाली दक्षिण अमेरिकी गिरगिट)
Basilomma, Basaloma	आधार कोशार्बुद
Basil seed, Tukmaria seed, Faluda seed, Sabja	तुतमलंगा (काली तुलसी के भोज्य औषधीय बीज)
Basin	द्रोणी, प्याला, पात्र, नदक्षेत्र, थाला, जलकुण्ड
Basinet	शिरस्त्राण, टोप
Basipetal	तलाभिसारी, (जड़ की ओर बढ़ने वाला), आधाराभिवर्धी
Basipterygium	आधारपक्षक
Basipterygoid	आधार-त्रिवेणी
Basis	आधार, मूलाधार
Basisphenoid	जतुकाधार
Basitemporal	शंखकाधार
Basiventral	अग्राधर
Bask	गर्माना, छुपाना, पनपनाना, धूप सेंकना
Basocyte	क्षारककोशा
Bason	सिकुड़ना, छोटा होना
Basophil, Basophile, Basophilic, Basophilous	क्षारकरञ्जी, क्षारकरागी, क्षारकस्नेही
Bass	बास (एक समुद्री मछली), मन्द्र स्वर (संगीत में)
Basset	उभार, टीला
Bast	भीतरी छाल, मूँज, रेशा चटाई
Baste	तागना, टाँकना, पीटना, चुपड़ना (घी/मक्खन)
Bat (a flying nocturnal eutherian mammal of order Chiroptera)	चमगादड़, गादुर, बल्ला (क्रिकेट का)
Batch	टोली, जत्था, खेप, वर्ग
Bate	रोकना, कम करना, क्षारीय घोल, क्षारीय घोल में रखना
Bat fish (a marine predatory fish of family Orcocephalidae with a fishing pole having tipped bait for prey)	चमगादड़ मछली, जतुमीन, बाग़ड़ी
Bath	स्नान, कुण्ड, ऊष्मक
Bathe	नहाना, नहलाना, स्नान करना/कराना
Bathetic	अवपाती, भावुक
Bathic	गहनीय, गहराई सम्बन्धी
Bathmotropism, Bathmotropy	सोपानानुवर्तन, सोपानानुवर्तिता
Bathochromic	गभीरवर्णी, गहनवर्णी
Bathometer, Bathymeter	गहनतामापी, जलगभीरतामापी
Bathomism	वर्धनशक्ति
Bathomorphic	दीर्घरूपी
Bathophobia	गहनताभीति, गहराई का भय
Bathophobic	गहनताभीरु
Bathos	अपकर्ष, अकाण्डपात, गिरावट
Bathyal	गभीर, गहन (समुद्री)
Bathycardia	अगाधहृद्‌ता

Bathometer	गहनतामापी, गभीरतामापी
Bathymetric	गभीरतामितीय, गहनतामापीय
Bathymetry	गभीरतामिति, गहनतामिति
Bathypelagic	गहन वेलापवर्ती
Bathysphere	अगाधमण्डल, क्रोड़मण्डल, समुद्र निमज्जी गोला
Batoreometer	स्थूलान्तरमापी (मोटाई का सूक्ष्म अन्तर नापने का एक यन्त्र)
Batrachology	मण्डूकविज्ञान (मेंढक वर्गीय जन्तुओं का अध्ययन)
Batter	तोड़ना, पीटना, फेंटना, पतला घोल
Battering ram	लपसी, लपटा, भित्ति पातक
Battery	समूह, सञ्चेत श्रेणी, तोपख़ाना
Battery of test	परीक्षण समूह
Bay	खाड़ी, कुक्षि, आरक्त बभ्रु (लाल भूरा)
Bayberry (*Myrica* sp. a small tree or shrub of family Myricaceae, fruits are used for alcoholic beverages)	काफल, बेबेरी
Bay leaf (aromatic leaves of *Cinnamomum tamala*, a shrub of family Lauraceae), Malabathrum	तेजपत्ता, तेजपात (एक औषधीय व रसोई उपयोगी वनस्पति)
Bayonet	अग्रशूल
Bayou	नदीशाखा, झीलशाखा
Bdellium (a resin from *Commiphora wightii*, a shrub of family Burseraceae)	गुग्गुल (एक औषधीय राल)
Bdellometer	रक्त खींचने की पिचकारी
Beach	समुद्रतट, बालुतट, पुलिन
Beach comber	तटीय कबाड़ी/छनक्कड़
Beacon, Clue light	संकेतदीप, संकेतप्रकाश
Bead	मनका, गुरिया, गुटिका, दाने पिरोना
Beaded	मणिकामय, मनकेदार
Beading	मनकों की सज्जा, मनके लगाना
Beagle	शिकारी कुत्ता, गुप्तचर
Beak	चोंच, चञ्चु
Beaker (a laboratory glassware)	चञ्चुक, चषक, चञ्चुकी
Beam	दण्ड, धरन, पुञ्ज
Beam compass	दण्ड-परकार
Beamful	चमकदार, प्रकाशवान
Beam of light	प्रकाशपुञ्ज, प्रकाशदण्ड
Beam scale	दण्ड-तुला
Beamster	चमड़ा कमाने वाला
Beam wind	आड़ी हवा
Bean (a leguminous plant of family Fabaceae with edible pods and seeds)	सेम, बोड़ा (एक सब्ज़ी)
Bean curd	सोया दही
Bear	भालू, रीछ, ऋक्ष, वहन करना
Beard	दाढ़ी, कूर्चक, अनाज/घास की बाल
Bearded	कूर्चित, कूर्चिल, दाढ़ी वाला
Bearing (supports and turns around to reduce the friction between moving joints)	वहन, धारक आधार (एक यान्त्रिक अवयव)
Beast	चौपाया, पशु, चतुष्पद
Beat	आघात, धड़कन, स्पन्दन, पीटना, हराना, संकर
Beaten rice, Rice flake	चूरा (चावल का)
Beatific, Beatifical	आनन्द दायक, सुखकारी
Beating	ताड़ना, पिटाई, आपाती, विस्पन्दी, स्पन्दन
Beautician	शृंगारवेत्ता, सौन्दर्यवर्धक
Beaver (*Castor* sp., a large nocturnal rodent of family Castoridae)	मुखरक्षी, उद्बिलाव (एक जलीय स्तनधारी)
Becalm	शान्त करना, स्थिर करना
Becloud	धुँधलाना, अस्पष्ट करना, धुँधलापन
Bed	संस्तर, शय्या, क्यारी, पर्यंक
Bedable	धब्बे डालना
Bedaub, Besmear	पोतना, लीपना, रंग चढ़ाना
Bedazzle	चौंधियाना
Bed bug (*Cimex lectularius*, an ectoparasitic wingless insect of family Cimicidae)	खटमल (एक रक्तचूषक बाह्यपरजीवी कीट)

Bedding संस्तरण, तल्प, शय्या, बिछौना
Bedeguar गुलाब के पौधे का गाल रोग
Bedew भिगोना, तर करना, सराबोर होना
Bedim धुँधला या अँधेरा करना, मलिन बनाना
Bedlam पागलख़ाना
Bedlamite पागल
Bed-pan शय्या मल-पात्र, शय्या-शौचनी
Bed ridden शय्यारूढ़, शय्याशायी
Bed rock संस्तर चट्टान, तलशैल
Bed sore शय्याव्रण, खटघाव
Bed wetting शय्या मूत्रण
Bee, Honeybee (*Apis.*sp., a dipteran polymorphic eusocial arthropod of class Insecta) मधुमक्खी, मधुमक्षिका (शहद व मोम बनाने वाला एक सामाजिक कीट)
Beech nut बीच फल
Beeline सरल रेखा, सीधी रेखा
Bee hive मधुछत्र, मधुमक्खी का छत्ता
Bee keeper मधुमक्खी पालक
Beef गोमांस
Beef extract गोमांस सत्त, गोमांस निष्कर्ष
Beef steak गोमांसखण्ड, बोटी
Beer यविरा (जौ की शराब)
Beesting (cow's colostrum) गो-पेउस (गाय का पहला दूध)
Bee's wax मधुमोम, मदन, मधुकरसिक्थ, मैन
Beet, Beet root, Sugar beet (*Beta vulgaris*, a crop vegetable herb of family Amaranthaceae with edible bulbous modified napiform tap root) चुकन्दर (एक कुम्भीरूप शर्करायुक्त गहरे लाल रंग का भोज्य मूल)
Beetle (an insect of order Coleoptera with sheathed wings) भृंग, गुबरैला, मुंगरा (यन्त्र)
Beetling प्रलम्बी, बाहर निकला या लटकता हुआ
Beeturia (urine with beet pigment) चुकन्दर-मूत्रता (चुकन्दर अधिक खाने से)
Befog कोहरा छाना
Befoul दूषित करना, गन्दा करना
Befuddle अचेत करना (नशे से)
Beget प्रजनन करना, उत्पन्न करना
Begetter जनक/जननी, उत्पादक
Begird लपेटना, घेरना, पेटी बाँधना
Begma, Bex, Phlegm कफ, बलग़म
Begotten प्रजात, उत्पन्न
Begrime, Besmirch मैला करना, गन्दा करना, काला करना
Behaviour व्यवहार
Behavioural toxicology व्यावहारिक विषविज्ञान, आचरणगत विषविज्ञान
Behaviourism व्यावहारिकता, व्यवहारवाद
Behead सिर काटना
Beheading शिरश्छेदन
Behemoth विशालकाय पशु
Belch डकार, डकारना, धुआँ या आग उगलना
Belemnite (drived from Greek word belemnon means dart or bullet, extinct cephalopod molluscs of order Belemnitida) शलयाश्र
Belleric/Bastard myrobalan a medicinal fruit of *Terminalia bellirica,* a tree of family Combretaceae) बहर्रा, बहेड़ा, विभीतकी (एक औषधीय फल)
Belladonna कण्टालिका, मकोय, अंगूर-शेफा (पौधा), बेलाडोना (औषधि)
Bell jar परिच्छादक
Bellied तुन्दीला, तोंदवाला
Bell metal (an alloy) घण्टा धातु, कांस्य, काँसा
Bellows धौंकनी
Bell pepper, Sweet pepper, Capsicum (*Capsicum annuum,* a flowering cultivated plant of family Solanaceae with large bell-shaped edible fruit of culinary use) शिमला मिर्च, पहाड़ी मिर्च, (सब्ज़ी व सलाद के रूप में उपयोगी हरे, पील व लाल रंग का फल)
Bell-shaped घण्टीरूपी, घण्टीनुमा, घण्टाकार
Belly तुन्द, तोंद, उदर
Bellyful भरपेट
Belmn, Dart प्रवर्ध

English	Hindi
Belmnoid	प्रवर्धाभ
Belonoid	सूच्याभ, सूच्याकार
Belt	कटिबन्ध, मेखला, पेटी, पट्टक, पट्टी
Belting	मेखलन, पट्टन
Beluga, Sea canary, White whale (*Delphinapterus leucas*, an arctic cetacean mammal of family Monodontidae)	सिततिमि, सफ़ेद ह्वेल (एक समुद्री स्तनधारी)
Belute	मिट्टी या कीचड़ से पोतना
Bemuse	स्तब्ध, हतबुद्धि, मदहोश करना
Ben	पर्वत शिखर
Bench mark	प्रस्तर चिह्न, तलचिह्न कसौटी
Bend	मोड़, नति, झुकना, मोड़ना
Bending	बंकन, मोड़, नमन, झुकाव
Benign, Benignant	सौम्य, मृदु, सुसाध्य, सुदम्य
Benignity	सौम्यता, मृदुलता, सुदम्यता
Benioff zone	क्षेपण मण्डल (एक भूगर्भीय क्षेत्र)
Benthal, Benthic, Benthonic	नितली, नितलवासी, नितलस्थ
Benthos	नितल जीवसमूह
Benumb	सुन्न करना, अशक्त या शक्तिहीन करना
Benzoin (a whitish crystalline aromatic compound with camphor odour)	लोहबान
Berberry, Barberry (*Berberis* sp., a deciduous medicinal evergreen shrub of family Berberidaceae)	दारु हल्दी, झरबेरी
Berg	पिण्ड, शैलखण्ड, पर्वत
Bergamot (*Citrus bergamia,* a small free of citrus family Rutaceae)	बर्गामोट (इटली के बर्गामो प्रान्त का एक सन्तरे व नींबू प्रजातीय फल/वृक्ष)
Berg schrund	हिमदर
Beriberi (a thiamine/ vitamin B1 deficiency disease)	पाण्डुरोग, जलन्धर, बेरीबेरी (रोग)
Berm	पटरी
Berry (a type of fruit with fleshy and juicy mesocarp)	सरस फल, बदरी, बदर
Berseem, Berseem clover (*Trifolium alexandrinum,* an annual flowering cultivated herb of family Fabaceae, used as nutritious fodder for increasing milk production of cattle)	बरसीम घास, तिपतिया घास
Berserk	उन्मत्त
Beryl (a gem)	वैदूर्य, वैदूर्य मणि, हरित मणि, नीलम, फिरोज़ा, लहसुनिया
Beryllium (a rare metallic element with symbol Be)	विदूर, फिरोज़ा, बेरीलियम
Berylloid	वैदूर्याभ, फिरोज़ा जैसा
Beslobber	लार टपकाना, लार सहित चूमना
Besmear	पोतना, चुपड़ना, लेपना
Besmirch, Begrime	मैला करना, धुँधला करना, कलंकित करना
Besnoitiasis, Besnoitiosis, Globidiosis (a disease caused by apicomplexan protozoa *Besnoitia* sp.)	खौरा (एक पशु चर्मरोग)
Besomiform	कूर्चकरूप
Besot	अचेत या हतबुद्धि करना, मूर्ख बनाना
Bespatter	छीटें डालना, धब्बे डालना
Besprent	छिड़काव करना, बिन्दीदार
Besprinkle	छिड़कना
Bessember, Cast iron	ढलवाँ लोहा
Bestial	पाश्विक
Bestiality	पशुता, पाश्विकता, पशुगमन
Bestrew	छितराना (किसी पर)
Beta (β, ϐ, 2nd letter of Greek alphabet)	बीटा (यूनानी वर्णमाला का दूसरा अक्षर)
Betel (a vine leaf of *Piper betle* a berb of family Piperaceae, used as chewing stimulant)	ताम्बलू, पान

Betel nut, Areca nut (a seed of *Areca catechu*, a tree of palm family Arecaceae, with alkaloid as stimulant)	सुपारी, पूग फल
Betel vine	पान की बेल/लता, ताम्बूल वल्लरी
Betony	छिन्नाण्ड पर्णी
Betulicala	भुर्जरोही (कवक)
Bevel, Bevil	प्रवणता, प्रवणकोण, कटाव, प्रवणपार्श्व, पंख, गुनिया
Beverage	पेय
Bevy	पशु/पक्षी का झुण्ड या टोली
Bexia, Alastrim	खसरा, छोटी चेचक
Bezel	तिरछी धार, तिरछी फलिका
Bezoar, Bezoar stone (a compact mass of indigestible materials formed in stomach of ruminants and other animals)	ज़हरमोहरा/विषहर (पुराना अर्थ), पथरी, गुच्छ, बड़ी गाँठ, रेशा कन्दुक
Bharat stage (BS-standard, an Indian emission standard for internal combustion and ignition engines in vehicles)	भारत स्टेज मानक
Bi- (prefix)	द्वि-, द्वय, उभय
Bialar	द्विपक्षी, दो पंख वाला
Biangular	द्विकोणीय
Biauricular	द्विकर्णी
Biaxial	द्विअक्षीय, द्वयक्षीय
Bib, Bibation	पीना, सोखना, चूसना, गतिया, गाँती
Bibber	पियक्कड़, शराबी, मद्यप
Bibcock	टोंटी
Bibliology	ग्रन्थविज्ञान
Bibliometrics	सन्दर्भग्रन्थ सूचीविज्ञान
Bibliometry	ग्रन्थमिति
Bibliotherapy	ग्रन्थ चिकित्सा (पुस्तक पठन-पाठन द्वारा रोगों का मानसिक उपचार)
Bibulous	मद्यप, शोषक, चूषी, शराबी
Bicapitate	द्विमुण्डीय, द्विमुण्डिकीय
Bicapsular	द्विपुटीय, द्विसम्पुटीय
Bicarpellary	द्विअण्डपी, द्वयण्डपी
Bice	पीतनील या हरा वर्णक/रंग द्रव्य
Bicellular	द्विकोशिकीय, द्विकोष्ठीय
Bicentric	द्विकेन्द्री
Bicephalous, Bicipital, Dicephalous	द्विशिरस्क, द्विशीर्षी, द्विसिरीय
Biceps	द्विशिर-पेशी, द्विशीर्ष
Biciliate	द्विपक्ष्मी
Bicollateral	द्विसम्पार्श्विक, द्विपार्श्ववर्ती, द्विभिन्नशाखीय
Biconcave	उभयावतल
Biconvex	उभयोत्तल
Bicorn, Bicornate, Bicornis, Bicornous, Bicornuate	द्विशृंगी, द्विशाखी, द्विप्रवर्ती, द्विप्रवर्धी
Bicoudate	द्विकोणीय
Bicro, Nano (one billionth $=10^{-9}$)	अरबांश
Bicrural	द्विप्रवर्धी
Bicursal	द्विमार्गी, दोराही
Bicuspid, Bicuspidal, Bicuspidate, Bicupis	द्वयग्री, द्विकपर्दी, द्विवलनी
Bicyclic	द्विचक्रीय, द्विचक्री
Bidactylism, Bidactyly	द्वयंगुलिता
Bident, Bidentate	द्विदन्ती, द्विशूल
Bidimensional (2D)	द्विविमी, द्विआयामी, द्विघाती
Bidirectional	द्विदिशी
Bidiscoid, Bidiscoidal	द्विचक्राभ, द्विचक्रिकाभ, द्विचक्राभी
Biduous	द्विदिवसीय
Biennial	द्विवार्षिक, द्विवर्षजीवी
Bifacial	द्विपृष्ठीय
Bifarious	द्विपंक्तिक, प्रतिमुखी (भौतिकी में)
Bifid, Bifidus, Biramous	द्विशाखी, द्विदर
Bifiliar	द्विसूत्री, द्वयतन्त्वी
Biflagellate	द्विकशाभी, द्विकशाभिक
Bifocal	द्विनाभीय, द्विकेन्द्री, द्विसंगमी
Bifoliate, Biphyllous	द्विपर्णी
Biform	द्विरूपी, द्विरूप
Bifunctional	द्विक्रियात्मक
Bifurcate	द्विभाजित, दो फाँक करना
Bifurcation	द्विभाजन, द्विशाखन, द्विशाखा

Bigamous	द्वियुग्मी, द्विविवाही
Bigamy	द्वियुग्मन, द्विविवाह
Bigeminal	जुड़वाँ, यमल, यमज
Bigenital	द्विजातीय
Bight	समुद्र तट का दाँता, खाड़ी का घूमाव, फन्दा
Bigonial	द्विकोणिक
Bigorexia (imaginary muscular dysmorphia)	पेशी-दौर्बल्याभास, आभासी पेशी वैकल्य
Biguttate	द्विबिन्दुक
Biguttulate, Biguttulatus	द्विगोलिक
Bilabial	द्विओष्ठीय, उभयोष्ठ्य
Bilamellar, Bilamellate, Bilaminar	द्विस्तरीय, द्विस्तरी, द्विपटली
Bilamelled, Bilayered	द्विपटलित, दुपर्ती, द्विस्तरित
Bilateral	द्विपार्श्विक, द्विपक्षीय, दुतरफ़ा
Bilberry (*Vaccinium myrtillus,* a low growing shrub of family Ericaceae with nutritive black berry type fruit)	नीलबदरी, नीली बेर
Bile	पित्त (यकृत से उत्पन्न एक वसा पाचक रस)
Bile duct, Choledoch	पित्त वाहिनी
Bile salt	पित्त लवण
Bilge	उभाड़, पेंदा, फूलना
Bilge water	तुन्दजल, नितलजल, गन्दा पानी
Biliary, Bilious	पैत्तिक, पित्तज, पित्तदोषग्रस्त, पित्तातुर
Biliary colic	पित्त शूल
Biliary enteric	पित्त प्रणाल-आन्त्रीय
Biliary peritonitis	पित्तीय उदरावरणशोथ
Biliation, Bilifaction	पित्तीयन, पित्तस्रवण, पित्तकरण
Biligen	पित्तजन, पित्तकर, पित्तोत्पादक
Biligenesis, Biligeny, Cholepoiesis	पित्तोत्पादन, पित्तजनन, पित्तोत्पत्ति
Biligenic, Biligenetic, Biligenous, Cholipoietic	पित्तजनिक, पित्तकारी, पित्तोत्पादी
Bilinear	द्विरेखीय, उभयवंशी
Bilious	पित्तविकारी, चिड़चिड़ा
Biliousness	पैत्तिकता, चिड़चिड़ापन, पित्तातुरता
Bilirubin (a redish yellow pigment produced after haem break down)	रक्तिम पित्त वर्णक, बिलिरूबिन
Bilirubinaemia	बिलिरूबिनरक्तता, पित्तवर्णकरक्तता
Bilirubinuria	बिलिरूबिनमूत्रता, पित्तवर्णकमेह, बिलिरूबिनमेह
Bill	चोंच, प्राप्यक (बिल)
Billion ($1X10^9$)	एक अरब
Billow	तरंग, हिलोर लेना, तरंगशील, तरंगायमान
Billy, Billowing	देगची, केतली, लाठी
Billy goat, He-goat	बकरा (नर)
Bilobate, Bilobus, Bilobed	द्विपालि, द्विपालिक
Bilocular, Bilocularis	द्विगह्वर, द्विकोष्ठक
Biloculation	द्विगह्वरण, द्विकोष्ठकन
Biloma	पित्तसञ्चय, पित्तार्बुद
Bilophodont	द्विप्रस्थदन्ती
Biluria	पित्तमेह, पित्तमूत्रता
Bimanual	उभयहस्तीय
Bimerous	द्विअवयवी, द्विवयी
Bimetallic	द्विधात्विक, द्विधातुमान
Bimetallism	द्विधात्विकता, द्विधातु सिद्धान्त
Bin	धानी, कोष्ठ, ख़ाना
Binary	द्वि, युग्म, द्विकर्मी, द्वयंगी
Binary fission	द्विखण्डन, द्विविभाजन
Binasal	द्विनासीय, द्विनासिकीय
Binate	द्विपत्रकी, युग्मित
Binaural	द्विकर्णी (उभयश्रवणी) द्विपथी
Bind	बाँधना, जकड़ना
Binder	बन्धक, बाँधने वाला, ज़िल्दसाज़
Binding	बन्धन, बाध्यकारी बन्धनकारी, स्तम्भक, ज़िल्दसाज़ी
Bind weed (a perennial rhizomatous herb of family Convolvulaceae with trumpet shaped flowers)	हिरनपग (एक जंगली विषैला अपतृण)
Bine, Vine	बेल, लता, वल्लरी

Binnacle	कुतुबनुमा का अचुम्बकीय आधार
Binocular	द्विनेत्री (एक प्रकाशिकदर्शी यन्त्र)
Binoculars	दूरबीन
Binomial	द्विसंज्ञक, द्विनाम, द्विपद
Binturong, Bear cat (*Arctictis binturong*, a wild arboreal civet like mammal of family Viverridae, native to south-east Asia)	बिनतुरंग, ऋक्षविडाल
Binuclear	द्विकेन्द्रकी, द्विनाभिकीय
Binucleate	द्विनाभिकयुक्त
Bio- (prefix)	जैव-, जैविक-
Bioaccumulation	जैवसञ्चयन
Bioactivation	जैवसक्रियण
Bioactive	जैवसक्रिय
Bioaeration	जैवसमीरण, जैव-वातन
Bioaerosol (suspended particles of biological origin in atmosphere)	जैविक वातविलय, जैवजन्य वायुधुन्ध
Bioagent	जैवकारक
Bio-alcohol, Bio-ethanol	जैव-मद्यसार, जैव-एल्कोहल
Bioassay	जैव परीक्षण, जैव-आमापन
Bioavailability	जैवप्राप्यता, जैवोपलब्धता
Bioavailable	जैवप्राप्य, जैवोपलब्ध
Biocapacity	जैवक्षमता, जैव सामर्थ्य
Biocarving	जैवोत्कीर्णन, जैवनक़्क़ाशी (पेड़-पौधों को आर्कषक व उत्कृष्ट बनाने के लिए बीज, खाद, कलम आदि का परिष्करण)
Biocatalysis	जैवोत्प्रेरण
Biocatalyst	जैवोत्प्रेरक
Biocellate	द्विनेत्रचिह्नित
Biocenosis, Biocoenosis	जैवप्रतिजीविता
Biochemical	जैवरासायनिक, जैवरसायन
Biochemical oxygen demand (BOD)	जैवरासायनिक ऑक्सीजन माँग (जल का एक गुणवत्ता प्राचल)
Biochemistry	जैवरसायन विज्ञान, जैव रसायन शास्त्र
Biociation	जैव-सहवास
Biocidal, Biocide	जीवनाशी, जीवनाशक, जीवघ्न
Biocidality, Biocidity	जैवनाशिता, जैवघ्नता
Bioclimate	जैवजलवायु, जीव-जलवायु
Bioclimatics, Bioclimatology	जैवजलवायविकी, जैवजलवायुविज्ञान
Biocoenology	जैव-वासिकी
Biocolloid, Biocolloidal	जैवकलिल, जैवकलिलीय
Biocompatibility	जैव-संगतता, जैवानुरूपता
Biocompatable	जैवसंगत, जैवानुरूप
Bioconcentration	जैवसान्द्रण, जैवसंकेन्द्रण, जैवसघनन
Biocondensation	जैक्संधनन, जैविक घनीकरण
Biocontrol, Biological control	जैवनियन्त्रण, जैविक सञ्चालन
Bioconversion	जैवान्तरण
Biocybernetics	जैवसन्तान्त्रिकी
Biodegradability	जैवविघट्यता
Biodegradable	जैव-विघट्य
Biodegradation	जैव-विघटन
Biodensity	जैवसघनता, जैवघनत्व
Biodiesel (a fuel produced from biological source)	जैवडीज़ल (जैविक स्रोत से प्राप्त डीज़ल जैसा ईन्धन)
Biodialysis	जैवापोहन
Biodiversity	जैवविविधता, जैवभिन्नता
Biodynamic farming	जैवगतिक (ग्रह-स्थिति व स्वजनित जैविक संसाधनों पर आधारित) कृषि
Biodynamics	जैवगतिकी, जैवगतिविज्ञान
Bioecology	जैवपारिस्थितिकी
Bioefficacy	जैवप्रभावोत्पादकता
Bioefficiency	जैवक्षमता, जैवदक्षता
Bioelectricity	जैव-विद्युत
Bioelectronic medicine (a bio-degradable cordless electronic device to regenerate nerves by electric vibration)	जैव-विद्यदण्विक औषधि
Bioelectronics (application of electronics to biology and medicine)	जैव-विद्युदण्विकी, जैव-इलेक्ट्रानिकी
Bioelimination	जैव-निष्कासन, जैविक विलोपन
Bioenergetics	जैवोर्जिकी
Bioenergy	जैवोर्जा
Bioengineering	जैवाभियन्त्रण, जैवाभियान्त्रिकी
Bioequivalent	जैवतुल्य, जैवसमकक्ष, जैवतुल्यमान

Bioevaluation जैवमूल्यांकन, जैवमानांकन
Bio-ethanol, Bio-alcohol जैव-मद्यसार
Bioethical जैव-नैतिक, जैव-आचारीय
Bioethics जैव-नीतिशास्त्र, जैवाचारिकी
Bioevolution, Organic evolution जैव-विकास
Biofeedback जैवपुनर्भरण, जैवप्रतिपुष्टि
Bio-fertilizer जैव उर्वरक, जैविक खाद
Biofortification (to increase nutritive value of cereals, fruits, fodder or vegetables by genetic modification) जैवपुष्टीकरण (खाद्यान्नों, फलों, सब्ज़ियों व पशु चारे की पौष्टिकता जैविक विधि से बढ़ाना)
Biofortified जैवपुष्ट, जैवपुष्टीकृत
Biofuel जैव ईन्धन, जैविक ईन्धन
Biogas (a mixture of 65% methane, 32% carbondioxide, 1.5% hydrogen sulfide and 1.5% moisture) जैविक वात, बायोगैस (जैविक पदार्थों को बन्द में बिना हवा के सड़ने से पैदा एक उपयोगी गैस)
Biogen, Biogenic जीवजन, जीवजनी, जीवोत्पादी
Biogenesis, Biogeny जीवजनन, जीवात् जनन, जीवोत्पत्ति
Biogenetic जैव-आनुवंशिक, जैवानुवंशिक, जैवजननिक, जाति-आवर्ती
Biogenetics जैवानुवंशिकी, जैव-आनुवंशिकी, जैव-जननिकी
Bio-geochemical जैव-भू-रासायनिक
Biogeographic, Biogeographical जैव-भौगोलिक
Biogeography जैव-भूगोल
Bioglass जैवकाँच
Biognosis जैवान्वेषण
Biohazard जैवापद, जैवसंकट
Biohazardous जैवापदीय, जैव संकटकारी
Bioherbicide जैविकशाकनाशी, जैवशाकघ्न
Biohydraulic जैव-द्रवचालित, जैव-चलजलीय
Bioillustration जैव-चित्रण, जैविक-निदर्शन
Bioindicator, Biomarker जैवसंकेतक, जैवचिह्नक, जैवसूचक
Bioinformatics जैव-सूचनाविज्ञान
Bio-inoculant(s) (nitrogen-fixing microbes essential for fertility of soil) जैवसंरोपक
Bio-inspiration जैवप्रेरण
Bioinspired जैव-प्रेरित
Biokinetic जैवगतिक, जैवोत्प्रेरण
Biokinetics जैवबलगतिकी
Biolith जीवजाश्म
Biologic, Biological जैव, जैविक, जीव सम्बन्धी
Biological clock जैवघड़ी
Biologicals जैव-पदार्थ, जैविक पदार्थ
Biologist जीवविज्ञानी, जीववैज्ञानिक
Biology जैविकी, जीवविज्ञान
Bioluminescence जैवसन्दीप्ति
Bioluminescent जैवसन्दीप्त
Biomagnification जैवावर्धन, जैव-आवर्धन
Biomagnified जैवावर्धित, जैव-आवर्धित
Biomapping जैव-मानचित्रण
Biomass जैवमात्रा, जैवसंहति, जीवभार
Biomaterial, Biosubstance जैवसामग्री, जैविक-पदार्थ, जीवज-पदार्थ
Biome (a community of plants and animals with common characteristics in an ecological region) जीवसमुदाय, जैवसमूह, जीवोम
Biomechanical जैव-यान्त्रिक
Biomechanics जैव-यान्त्रिकी
Biomedical जैव-चिकित्सीय, जैवभेषजीय
Biomedicine जैविक-औषधि, जैवभेषज
Biomembrane जीवकला, जैवझिल्ली
Biometal जैविक-धातु, जैवधातु
Biometric जैवमितीय, जैवमापीय
Biometry, Biometrics जैवमिति, जैवमापिकी
Biomimetics जैवानुकारिकी
Biomimic जैवानुकारी, जीव-नक़लची
Bio-mix (mixed biofertilizrer) मिश्रित जैव-उर्वरक, मिश्र जैविक खाद
Biomodal जैवरूपात्मक
Blomodification जैवरूपान्तरण
Biomodulation जैवप्रतिरूपण
Biomolecule जैवाणु, जीवद्रव्याणु
Biomonitoring जैवानुश्रवण, जैवानुवीक्षण
Bionatural जैवप्राकृतिक
Bionature जैवप्रकृति
Bion जीव, जीवांश, जीवित पदार्थ
Bionic जैवप्रेरित, जीवसम, जैवनिक
Bionics जैवनिकी, जैवकायिकी

Bionic technology	जैवप्रेरित प्रौद्योगिकी, जीवसम प्रौद्योगिकी
Bionomics, Bionomy	जैव-वासिकी, जीव-पारिस्थितिकी
Biont (a discrete unit of living things)	जीवजात
Biontic	जीवजातीय
Bio-osmosis	जैव-परासरण
Biopatch (a hydrophilic foam dressing with antiseptic chlor-hexidine gluconate or silicon non-needled flexible patch to deliver exact amount of biomolecules in tissues)	जैव-महरमपट्टी, जैविक-फाहा चकती/पैबन्द
Biopesticide	जैव-पीड़कनाशी, जैवपीड़कघ्न
Biophagism, Biophagy	जैवभक्षिता, जैवभक्षण
Biophage, Biophagous	जैवभक्षी, जीव-भोजी
Biopharma-ceutical	जैव-भेषजीय
Biophilic, Biophilous	जीवरागी, जीवस्नेही
Biophylaxis	जैवस्वाविषरक्षी
Biophysics	जीव-भौतिकी, जैवभौतिक विज्ञान
Biopic	जीवनचित्र, जीवनी चलचित्र
Biopics	जीवनचित्रण, जीवनी चित्रांकन
Biopiracy	जैवचौर्यण, जैवचोरी, जैवदस्युता
Bioplasia	जैवघट्यता
Bioplasm	जैवद्रव्य
Biopoiesis	जैवोत्पत्ति, जीव-सृजन, जीवोत्पादन
Biopollutant	जैवप्रदूषक
Biopollution	जैवप्रदूषण
Biopolymer	जैवबहुलक
Biopotential	जैवविभवी, जैवशक्य
Bioproduct	जैवोत्पाद, जीवज-पदार्थ, जीवोत्पाद
Bioprospecting	जैवप्रत्याशा, जैविक पूर्वेक्षण
Bioprotective	जैवरक्षी
Biopsy	जीवेक्षा, जीवोति परीक्षा
Bioreclamation	जैविक सुधार, जैव सुधार
Bioregulation	जैव नियमन
Bioremediation	जैवोपचार, जैविक निदान
Biorhythm	जैवसामञ्जस्य, जैविक लय

Biosafety	जैविक-सुरक्षा, जैवसुरक्षा
Bioscience, Biology	जैवविज्ञान, जीवविज्ञान
Bioreactor (a device for tissue or biochemical culture at large scale)	जैव संवर्धक
Bioscope	चलचित्रदर्शी
Bioscopy	चलचित्र दर्शन
Biose (a monosaccharide sugar with two carbon atoms e.g. glyceraldehyde)	द्विधु
Biosemeiotics, Biosemiotics	जैवलक्षण विज्ञान
Biosensor	जैवसंवेदक, जैव-सुग्राहक
Bioseston	जैवसम्प्लवक
Biosics, Biosis	जीविता, जीवन
Biosimilar	जैवसम (औषधि), समरूप जैविक भेषज (मूलभेषज के समान गुणयुक्त)
Biosorption	जैवशोषण
Biosorbent	जैवशोषक
Biosphere	जीवमण्डल, जैवमण्डल
Biostatical	जैवस्थैतिक
Biostatics	जैवस्थैतिकी
Biostatistics	जैवसांख्यिकी, जीव-सांख्यिकी
Biostratigraphic	जैवस्तृत
Biosurfactant	जैवपृष्ठसक्रियक
Biosynthesis	जैवसंश्लेषण
Biosynthetic	जैवसंश्लेषी
Biosynthesized	जैवसंश्लेषित, जैव-संश्लिष्ट
Biosystematics	जैव-वर्गिकी
Biota (total plants and animals in a geographical region or time period)	जीवसमूह
Biotaxis, Biotaxy	जीवानुचलन
Biotaxonomy	जैववर्गिकी, जैव-वर्गीकरण
Biote	जीव, जैव पदार्थ
Biotechnological	जैवप्रौद्योगिकीय
Biotechnology, Biotech	जैवप्रौद्योगिकी
Biotech park (an area with biotechnological facilities for academic, agricultural and industrial progress)	जैव प्रौद्योगिकी उद्यान, जैव प्रौद्योगिकी स्थल

English	Hindi
Bio-telekinesis (ability to influence by some one directly to living beings)	जैव-दूरस्थ प्रभाव
Bioterrorism	जैवातंकवाद
Biotic	जीव समूही
Biotics	जैविकी
Bio-toilet (a toilet in which faeces is bio-degraded by anaerobic bacteria into water and gas)	जैव-शौचालय
Biotope	जीवक्षेत्र, जैवावासक
Biotoxic	जीविषी, जैवविषालु
Biotoxicant	जीविष, जैवविष, जैविक विष
Biotoxication	जीविषायण, जैवविषायण
Biotoxicology	जीवविषविज्ञान
Biotoxin, Vivotoxin	जैवाविष, जीवविषि, जीविषि
Biotrans-formation	जैवरूपान्तरण
Biotreatment, Biotherapy	जैवोपचार, जैविक-चिकित्सा
Bioturbation	जैवमिश्रण
Biotype	जीवप्ररूप, जैवप्ररूप
Biovarian	द्वि-अण्डाशयी, द्वयण्डाशयी
Biovariant	जैव परिर्वत, जैव रूपान्तरी
Biovular, Binovular, Dizygotic (twins)	द्वि-अण्डीय, द्वयण्डीय, द्वयण्डज
Biowealth	जैवसम्पदा
Biozone (a biostratigraphic unit)	जीवनावधि
Biparasite	द्विपरजीवी, परजीवोपजीवी
Biparental	द्विजनकीय
Biparous	युग्मसन्ततीय (दो बच्चे जनने वाली)
Bipartient	द्विभाजी
Bipartisan,	द्विदलीय, द्विभाजित,
Bipartite, Bipartitus	द्विखण्डी, द्विपक्षी
Bipartition	द्विभाजन
Bipectinate	द्विकंकती
Biped, Bipedal	द्विपाद, द्विपदी, द्विपदचारी
Biphasic	द्विचरणीय, द्विचरणिक, द्विकलायुक्त

English	Hindi
Bipinnate	द्विपिच्छकीय, द्विपक्षवत्
Biplane	दिपंखी विमान
Bipolar, Dipolar	द्विध्रुवीय, द्विध्रुवी
Bipolarity	द्विध्रुवता
Bipotential	द्विविभवी
Bipunctate, Bipunctatus	द्विबिन्दुमय, द्विलाञ्छित
Bipyramidal	द्विस्तूपीय
Biquadratic	द्विवर्गात्मक, चतुर्घाती
Biracial	द्विजातीय
Biradial	द्वयर
Biradical	द्विमूलक
Birch (*Betula* sp., a thin leafed deciduous hardwood tree of family Betulaceae, with thin papery bark)	भूर्ज, भोजपत्र, सनौबर, सण्टी
Bird flu, Avian influenza	पक्षि-प्रतिश्याय, पक्षि शीतज्वर
Birdie, Chick	पक्षीशाव, चूज़ा
Bird pox, Avian pox	पक्षिआतशक, पक्षि चेचक
Bird seed	चुग्गा, चुगने का दाना
Birefringence	द्वि-अपवर्तन, द्वयपवर्तिता
Birefringent, Birefractive	द्वि-अपवर्ती, द्वयपवर्ती
Bireme	द्विवलनौका, द्विपतवारी नौका
Birth control	जन्मनिग्रह, सन्तति नियमन
Birth mark	जन्म चिह्न, न्यच्छ
Birth rate	जन्म दर
Bisect	समद्विभाजित करना, आधा करना
Bisection	द्विभाजन, अर्धन, समद्विभाजन
Bisector	द्विभाजक, अर्धक, समद्विभाजक
Biseptate	द्विपटीय
Biserial, Biseriate	द्विश्रेणिक, द्विपंक्तिक
Bisetose, Bisetous	द्विशूकी
Bisexual, Monoecious, Hermaphrodite	द्विलिंगी, उभयलिंगी, द्विलैंगिक
Bisexuality, Hermaphroditism	द्विलिंगता, द्विलिंगीयता, उभयलिंगता, द्विलैंगिकता
Bismuth (a metallic element with symbol Bi)	भिदातु, बिस्मथ (एक धातु)

Bison (*Bison* sp., a large buffalo like herbivorous wild mammal of family Bovidae) — अरना (जंगली भैंसा), गवल

Bistoury — क्षुरिका (शल्यक्रिया हेतु एक पतली छूरी

Bistratal, Bistratose — द्विस्तरीय

Bisulcate — द्विखाँची, दुनाली

Bisymmetrical — द्विसममितीय

Bisymmetry — द्विसममिति

Bitch — कुतिया, घृणित स्त्री

Bite — दंश, काट, दाँत से काटना

Biting — आदंश, दंशन, दाँत से काटना, डसना

Bitter — कटु, कड़ुवा, तिक्त

Bitter gourd, Bitter melon (*Momordica charantia,* an edible medicinal vegetable climber herb of family Cucurbitaceae) — करेला (कच्चे फल की सब्ज़ी बनाकर खाते हैं)

Bittern — ज्योत्सना वक (एक बगुला प्रजातीय पक्षी)

Bitter wort, Yellow gentian (*Gentiana lutea,* a perennial medicinal European flowering herb of family Gentianaceae) — दुग्धतिक्ता

Bitumen, Bitumin (a black viscous residue after petroleum distillation) — जतुक, शिलाजीत, राल, डामर

Bituminization — जतुकीयन, राल बनाना

Bituminoid — जतुक्याभ, रालवत्, शिलाजीत सदृश

Bituminosis — फुप्फुस जतुकधूलिता, फुप्फुस रालधूलिमयता

Bituminous — जतुकीय, रालयुक्त, शिलाजीतमय

Biuncinate — द्विभित्तिक

Bivalent — द्विसंयोजक, द्विसंयोजी, द्विसंयुज

Bivalve (molluscs like clams, mussels, oysters and scallops of class Pelecypoda or Bivalvia) — द्विकपाट, द्विकपाटी (जलीय जन्तु जैसे सीपी आदि)

Bivalved, Bivalvular — द्विकपाटी, द्विपुटी

Bivariant — द्विचर, द्विचलराशि, द्विपरिवर्त

Bivariate — द्विचर

Biventricular — द्विनिलयी

Bivitelline — द्विपीतकीय, द्विपीतकी

Bivulvarity — द्विभगता

Black — कृष्ण, काला, अन्धकार

Black alkali soil — कृष्ण क्षार मृदा, काली खारी मिट्टी

Black bean, Black turtle bean (a black edible seed of climber or crop herb of family Fabaceae) — काली सेम, काली उरद

Black berry (*Rubus* sp., a perennial shrub of family Rosaceae) — कृष्ण बदरी, काली अञ्ची, झरबेरी (एक भोज्य फल)

Black bird — कस्तूरा, श्यामा (एक पक्षी)

Black body — कृष्णिका, कृष्ण काय

Black cardamom (*Amomum* sp., a plant of ginger family Zingiberaceae, with aromatic fruit and seeds of culinary use) — काली इलायची, बड़ी इलायची

Black currant (*Ribes nigrum,* an woody shrub of family Grossulariaceae with edible piquant black tasty sweet fruits) — काली किशमिश

Black eyed bean, Goat pea (*Vigna ungiculata*, a flowering annual climber herb of bean family Fabaceae, with edible legume type friuts and seeds) — चावली, लोबिया

Black fowl, Black chicken (*Gallus gallus domesticus,* an Indian breed of fowl of family Phasianidae with black muscles containg melanin) — कलिमसि, कड़क नाथ मुर्ग़ा (मध्य प्रदेश के आदिवासी क्षेत्रों की एक मुर्ग़ा प्रजाति)

Black garlic (prepared by keeping garlic at 60-77°C for 14-40 days) — काला लहसुन

Black head — काला मस्सा (एक त्वचा विकार)

Blackish — काला सा, श्यामल, साँवला, धुँधला

Black light — अदृश्य प्रकाश

Black/Chebulic myrobalan (*Terminalia chebula,* a tree of family Combretaceae with medicinal fruit) — हर्र, हर्रा, हरितकी (एक औषधीय फल)

Black nightshade (*Solanum nigrum,* a wild perennial medicinal shrub of family Solanaceae with edible small black or red berry type clustered fruits) — मकोय (काली/लाल युक्त झाड़ी)

Black cumin (seeds of *Nigella sativa,* a flowering annual herb of family Ranunculaceae) — कलौंजी (एक बीज मसाला)

Black out — तमावरण, रोशनी-गुल, अचेतना

Black pepper (*Piper nigrum,* a flowering vine of family Piperaceae, mature dry seeds are of culinary use as spice) — काली मिर्च (एक औषधीय मसाला)

Black plum (*Syzygium cumini,* a perennial tree of family Myrtaceae) — जाम्बु फल, जामुन (एक औषधीय भोज्य मधुमेह उपचारी फल जिसके रस से सिरका भी बनता है)

Black salt (a black brown volcanic mineral salt of sodium chloride with sodium sulfate/ sulfide, ferric sulfide and hydrogen sulfide with pungent smell) — काला नमक (एक प्राकृतिक काला कत्थई रंग का औषधीय खाद्य लवण),

Blacksmith, Iron smith — लोहार (लोहे के उपकरण बनाने वाला)

Black water — मलजल, मलयुक्त निस्सारित जल

Black water fever — कालमेह (एक मूत्ररोग)

Black wheat, Coloured wheat (a genetically engineered wheat variety with anthrocyanin pigments developed by National Agro-food Biotechnology Institute Mohali, Punjab, India) — काला गेहूँ (काला, नीला व जामुनी रंग की एक गेहूँ प्रजाति जो अपेक्षाकृत अधिक पौष्टिक तथा गंभीर रोगों जैसे कैंसर, मधुमेह, मोटापा व हृदय रोग में लाभप्रद है)

Black worm (*Lumbriculus* sp., a fresh water detritivorous pigmented oligochacte annelid of family Lumbriculidae, able to regenerate in to new individual when separated from rest of body) — कृष्ण कृमि, काला केंचुआ

Black turmeric, Black zedoary (*Curcuma caesia,* a perennial medicinal herb of family Zingiberaceae with bluish black rhizome) — काली हल्दी (एक औषधीय पौधा), नर कचूर, कृष्णकेदार

Bladder — मूत्राशय, थैली, वस्ति

Blade — फलक, पटल, पत्ती (घास की) धार

Blain — फफोला, छाला, फोड़ा

Blanch — वर्णहीन, पीला/सफ़ेद होना, (त्वचा दबाने पर), विवर्ण करना

Blancmange बादाम युक्त दूध की बर्फी
Bland मृदु, नरम, सौम्य, उपशामक
Blank रिक्त, ख़ाली, कोरा, निरंक
Blanket कम्बल, स्थूल आवरण, व्यापक
Blasé परितृप्त, अतितृप्त
Blast वात्याप्रकोप, उत्स्फोट, विस्फोट, धमाका
Blastema प्रमुकुल, कोरक कोशापुञ्ज, भ्रूणकोष, प्रांकुर, कवाप्य सूकाय
Blasteniospore युग्बीजाणु
Blast furnace धमनभट्ठी, वातभट्ठी, विस्फोटक भट्ठी
Blastic उत्स्फोटी, उत्स्फुटनशील
Blasticity उत्स्फोटिता, उत्स्फुटनशीलता
Blastid, Blastide अण्ड नाभिक, गर्भाणु नाभिक, निषिताण्ड नाभिक
Blasting धमाका करना, उत्स्फुटन
Blastocoel कोरकगुहा, युकगुहा
Blastocyst कोरकपुटी, युकपुटी
Blastocyte कोरककोशा, युककोशा
Blastocytoma कोरक कोशार्बुद
Blastoderm कोरकस्तर, युकस्तर, कोरकत्वचा, बीजजनन स्तर
Blasto-disc कोरकचक्र, कोरकबिम्ब
Blastogenesis, Blostogeny कोरकजनन, कोरकोत्पत्ति
Blastogenic, Blastogenous कोरकजनी, कोरकजनक
Blastokinesis कोरकचलन, भ्रूणगति
Blastokinetic भ्रूणगतिक
Blastolysis कोरकलयन, युक्तांशन
Blastoma कोरकार्बुद, भ्रूणार्बुद
Blastomere कोरकखण्ड, युक्ताखण्ड
Blastomogenic, Blastomogenous कोरकार्बुदजनी, भ्रूणार्बुदजनक
Blastomyces (a budding fungus of class Blastomycetes) मुकुल कवक
Blastomycosis मुकुल कवकता
Blastopore कोरक छिद्र
Blastospore मुकुल बीजाणु
Blastozooid मुकुल सञ्जीव
Blastula, Blastosphere, Blastule कोरकपिण्ड, एकभित्तिका
Blaze तेल लगाकर नरम करना, प्रज्वलित करना, लपट, पेड़ पर पथसूचक लगाना
Bleach, Blench, Decolourize विरञ्जित करना, रंग उड़ाना
Bleaching विरञ्जन, निरञ्जन
Bleaching powder (calcium hypochlorite Ca $(ClO)_2$, a compund of lime and calcium chloride) विरञ्जक चूर्ण
Bleak विवर्ण, पीला, रूक्ष, रूखा, ठण्डा, फीका, उजाड़, बञ्जर
Blear धुँधला, दृष्टि मन्द करना, धुँधला करना
Bleat काँपती आवाज़, मिमियाना
Bleb फफोला, बुलबुला (शीशे/बर्फ़ में)
Bleed रक्त निकलना/निकालना, रक्तस्राव होना
Bleeding, Haemorrhage निःस्रवण, रक्तस्राव, स्रावी, रक्तस्रवण, रस स्रवण
Bleep, Blip संकेत ध्वनि
Blematogen कलास्तर
Blemish धब्बा, दाग़, त्रुटि, कलंक
Blend मिलाना, सम्मिश्रित करना
Blender मिश्रक
Blenna, Mucus श्लेष्मा
Blennadenitis श्लेष्मग्रन्थि शोथ
Blennogenic, Blennogenous श्लेष्माकारी, श्लेष्माजनी
Blennoid श्लेष्माभ
Blennorrhagia, Blennorrhage, Gonorrhoea श्लेष्मास्राव
Blennuria श्लेष्मा-मेह, श्लेष्मा-मूत्रता
Blent सम्मिश्रित
Blepharitis नेत्रपलकशोथ
Blepharoncous नेत्रपलकार्बुदीय
Blepsopathia, Blepsopathy नेत्र तनाव (एक दृष्टि विकृति)
Blet अधपके फल की सड़ाँध
Blight चित्ती, अंगमारी (एक पादप रोग), शीर्णता, विनाश
Blimps छोटा वायुयान
Blind अन्धा, नेत्रहीन
Blind gut, Caecum, Caeca (pl.) अन्धान्त्र
Blindness अन्धापन, अन्धता
Blind snake, Scolecophian snake (a small non-venomous vestigial eyed burrowing snake of super-family Typhlopoidea) अन्धा साँप, अन्धसर्प

English	Hindi
Blind worm, Slow worm (*Anguis fragilis,* a burrowing limbless, small eyed reptile of lizard family Anguidae)	सूक्ष्मनेत्र गोधिका
Blink, Blinking	पलक झपकना, झपकी, निमेषण, टिमटिमाहट
Blinker	संकेत प्रकाश, झपकती रोशनी
Blip	यान्त्रिक लघुध्वनि, प्रतिबिम्ब (रडार पर)
Blister	उद्स्फोट, छाला, फफोला, उद्वर्त
Blister beetle (a beetle insect of family Meloidae, produces defensive secretion cantharidin causing blister on skin)	व्रण भृंग, फफोला भृंग
Blister gas (a poisonous cytotoxic gas causes irritation in eyes, respiratory tract and blisters on skin)	व्रण-गैस
Blizzard	हिमवात, बर्फ़ीला तूफान
Bloat	आशून, फूलना/फुलाना, धुआँना
Bloating	आफुल्लन, सूजन
Blob	द्रव गोलिका, धब्बा, छींटा
Block	खण्ड, साँचा, गुटका
Blockage, Blockade	रुकावट, समावरोध,
Blocker	निरोधक, अवरोधक
Blocking	अवरोधन, रोधन
Blond, Blonded (with low level of dark pigments eumelanin)	गोरी (त्वचा), सुनहरा रंग (बालों का)
Blood (a liquid tissue circulated to supply oxygen and essential biomaterials to tissues in body)	रक्त, रुधिर, लहू, ख़ून
Blood bank	रक्तकोष, रुधिरनिधि
Blood borne	रक्तवाहित, रुधिर प्रसारित
Blood brain barrier	रक्त मस्तिष्क रोध
Blood clam (*Tegillarca granosa,* a big marine bivalved edible mollusc of class Pelecypoda with high food value due to haemoglobin containing soft tissues)	ख़ूनी सीपी, लाल सीपी, रक्त बड़ी सीपी
Blood clot	रक्तस्कन्द, ख़ून का थक्का
Blood corpuscle	रक्तकणिका, रुधिराणु
Blood count, Blood counting	रक्तकणिका संख्या, रुधिराणु गिनना, रुधिराणु गणना
Blood gas (oxygen and carbon di-oxide level indicating acidity or pH value of blood)	रुधिर वाति, रक्त गैस
Blood group	रक्त समूह, रुधिर वर्ग
Blood line	शुद्ध वंशक्रम
Blood picture	रक्त अवयव विवरण
Blood poisoning	रक्त विषायण
Blood plasma	रक्त प्ररस, प्लाविका
Blood pressure	रुधिरदाब, रक्तचाप
Blood rain	आरक्त वर्षा (रेगिस्तानी लाल बालूमय वर्षा)
Blood red	आरक्त, रक्तवर्णी
Blood sinusoid	रक्तपात्रक
Blood stain	रक्तदाग़, ख़ून का धब्बा
Blood stained	रक्त रञ्जित
Blood stone (a mimeral aggregate of silica-SiO_2, speckled with blood coloured spot), Heliotrope, Blood jasper	रक्त प्रस्तर
Blood sucker	रक्त चूषक, रुधिर चूषी
Blood sugar	रुधिर शर्करा
Blood test	रक्त परीक्षण, ख़ून की जाँच
Blood transfusion	रक्ताधान, रक्त पर्याधान
Blood vessel	रक्तवाहिनी, रुधिरनलिका
Blood worm (a marine polychaete *Glycera* sp., an annelid of family Glyceridae and pond water larva of	रक्तकृमि, लाल कीड़ा (काईरोनॉमस लार्वा में बृहत्गुणसूत्र होता है)

English	Hindi
Chironomus sp., a mosquito like samll non-biting fly, with gaint chromosome containing haemoglobin)	
Bloody	रक्तिम, रक्ताक्त, रक्तरञ्जित, ख़ूनी
Blood wood, Log wood (*Haematoxylum campechianum,* a flowering medicinal timber tree of legume family Fabaceae, a dye haematoxylin for histological staining and plant extract, a pH indicator, is obtained from it)	पतंग (एक अमेरिकी बबूल, जिससे कपड़े व क़ाग़ज को रंगने का लाल रंग मिलता है)
Bloom	फुल्लिका, अरुणिमा, पुष्प, नवयौवन, फूल खिलना
Blooming	पुष्पविकसन, पुष्पपुञ्जन, पुष्पित, पुष्पी
Blossom	मञ्जरी, पुष्पपुञ्ज, बौर, कलिका
Blot	धब्बा, दाग़, सोखना, स्याही सुखाना
Blotch	छाला, व्रण, दाग़, धब्बा
Blotting	चूषण, शोषण, सोखता
Blotting paper	चूषपत्र, मसीचूषपत्र, सोखता काग़ज़
Blow, Blowing	आघात, प्रहार, वातप्रवाह, वाती, फूँकना, धमन, आघाती
Blower	धौंकनी, ध्मात्र, ध्माता, आध्माता
Blow fish, Puffer fish, Globe fish (a marine/estuarine fish of family Tetraodontidae with lethal tetrodontoxin)	फुल्लमीन (एक विषालु मछली)
Blow fly (a metallic bluish green dipteran insect of family Calliphoridae, develops maggot larvae from their eggs)	मांस मक्खी
Blow gun	तुफँग
Blow hole	वायुछिद्र
Blow lamp	धमनदीप
Blown glass	फुलाया काँच, फुल्लकाच
Blow pipe, Blow tube	धमननाड, धमननली, धौंकनी, फुँकनी
Blow up	विस्फोट
Blowy	वातल, तूफ़ानी
Blubber	चर्बी, तिमिवसा (ह्वेल की चर्बी), रुदन, सूजना
Blue	नील, नीला, विवर्ण
Blue baby disease, Methemo-globinaemia (a disease in babies due to excess intake of nitrate in water/milk)	नील शिशुरोगी
Blue berry bead, Utrasun bead (kernel of fruit of *Elaeocarpus ganitrus,* an evergreen tree of family Elaeocarpaceae)	रुद्राक्ष (बेर जैसे फल की गिरी, एक 2000 फीट ऊँचाई पर उगने वाला कटिबन्धीय वृक्ष)
Blue bird	नीलमी (एक पक्षी)
Blue black	नीलश्याम, नीलकृष्ण
Blue bull, Nylghau (*Boselaphus tragocamelus,* a herbivorous largest Asian antelope of family Bovidae)	नीलगाय
Blue-green alga, Cyanobacterium (an aquatic photo-trophic nitrogen fixing bacterium under kingdom Monera or an algae of class Cyanophyceae, with blue-green pigment, cyanophycin)	नीलहरित शैवाल
Blue litmus paper	नीला शेवल पत्र
Blue mussel (*Mytilus edulis,* a marine bivalved edible mollusc of family Mytilidae)	नीली सीपी

English	Hindi
Blue print	नीलमुद्र, रूपरेखा
Blue rock pigeon	कबूतर (एक पालतू व वन्य पक्षी)
Blue vitriol (a blue crystalline salt of copper sulfate)	तूतिया, नीला थोथा
Bluish, Blueish	आनील, नीला सा, नीलाभ
Bluish green	हर्यानील, हर्यातिनील
Bluish red	रक्तानील, रक्तातिनील
Blunge	मिट्टी गूँधना, गारा बनाना
Blunt	कुण्ठित, कुन्द, कुण्ठ
Blur	धब्बा, धुँधला करना, विकृत करना
Blurred	धुँधला, अस्पष्ट, मलिन
Boa (*Boa* sp., a large nonvenomous wild reptile of snake family Boidae)	बड़ा अजगर, परों का गुलूबन्द
Boar	वाराह, वनसूकर, जंगली सुअर, बड़ैल
Board	फलक, पटरा, तख़्ता, भोजन, मण्डल, परिषद्, चढ़ना
Boat-shaped	नौकाकार, नावरूपी, किश्ती जैसी
Bob	मुण्ड, लटकन, गोलक, डूबना-उतराना
Bobbin	फिरकी, अटेरन, परेता (धागा लपेटने की चर्खी)
Bobbing	उतराना, डोलना, हिचकोला
Bob cat, Wild cat	जंगली बिल्ली
Bob tailed	दुम-कटा
Bodily, Physical, Somatic	शारीरिक, भौतिक, दैहिक, शरीरी
Bodkin	सूजा, सूआ, सुतारी
Body	शरीर, देह, तन, पिण्ड, शव, काय, काया, निकाय, संस्था
Body burden	शारीरिक बोझ
Body cavity, Coelome	देहगुहा
Body fluid	शारीरिक द्रव, देह द्रव
Body lotion	देह लेप, काया अवनेग
Body louse (*Pediculus humanus corporis,* a wingless small phthirapteran insect of family Pediculidae, an ectoparasite on human body), Body lice (pl.)	चीलर, देह यूका
Body surface	काय तल, देह सतह
Body temperature	देह ताप, शारीरिक तापमान
Body weight,	देह भार, शारीरिक बोझ
Boffin	वैज्ञानिक, प्रौद्योगिकीविज्ञ
Bog	दलदल, कीचड़
Boil	उबलना, उबालना, खौलना, स्फोट, फुंसी, फोड़ा
Boiler	क्वथित्र, देग़, भभका
Boiling	क्वथन, क्वाथी, खौलना, खौलाना, उबलना, उबालना
Boiling point (a temperature at which vapour pressure of a liquid becomes equal or more than atmospheric pressure)	क्वथनांक (उबलने का तापमान)
Bok choy, Pok choi, Chinese cabbage (*Brassica rapa chinensis,*a nutritious Asian herb of family Brassicaceae with edible green leaves and white stalk as vegetable and salad)	चीनी पत्तागोभी, चीनिया पत्तागोभी
Boldo (*Peumus boldus,* a tree of family Monimiaceae, leaves with camphor like aroma and a toxic alkaloid boldine used as folk medicine)	डोड़ा, बोल्डो (चिली देश का एक औषधीय पेड़)
Bole	धड़/तना (पेंड़ का), वृक्षस्कन्ध
Boletic	आशुक्षयिक
Bolide	उल्का
Boll	कपास के बीजकोष, डोड़ा, कन्दुकी, गाँठ, सूजन
Boll weevil (*Anthonomus grandis,* a cotton beetle insect of order Coleoptera)	गोलक घुन, कपास के फल का कीड़ा
Boll worm (a larva of *Helicoverpa armigera,* a lepido-pteran pest moth of family Noctuoidae, destroying cotton bolls)	डोड़ा कीड़ा, (कपास) बीजकोष कृमि, कपास की फल कीड़ा

Bolometer तेजमापी, विकिरणमापी, हृद्स्पन्दमापी
Bolt अर्गली, काबला, सिटकनी, छलांग, तड़ित्/वज्रपात (बिजली की चमक)
Bolt and shackle joint अर्गली-निगड़ सन्धि, शृंखला-सन्धि
Bolus निवाला, कौर, ग्रास पिण्ड
Bomb प्रस्फोट, गोला, बम
Bombard गोलाबारी करना, बमबारी करना, बम डालना
Bombarding, Bombardment गोलाबारी, बमबारी
Bomb cyclone, Bombogenesis (a meteorological explosive phenomenon with formation of storm after fast fall of atmospheric pressure) प्रस्फोटी चक्रवात, प्रचण्ड चक्रवातन
Bomber बमवर्षक (विमान सैनिक)
Bomb proof गोलासह, बमरोधी
Bombycine, Bombycinous, Silky कौशेयवत्, रेशमी, कौश
Bond आबन्ध, बन्ध, बन्धपत्र
Bonding बन्धन, आबन्धन, आबन्धी
Bonduc nut, Fever nut (*Caesalpinia bonduc,* a large spiny shrub of sub-family Caesalpinioideae, seeds yield oil of cosmetic and medicinal use) करञ्जी, कण्टकरञ्ज, लता-करञ्ज, कुबेराक्षी
Bone (a hard tissue) हड्डी, अस्थि (एक दृढ़ ऊतक जिससे कंकाल बनता है)
Bone ash अस्थिभस्म, हड्डी की राख
Bone broth, Bone soup (soup of bones of chicken and beef etc. with vegetables of choice) हड्डी का शोरबा, अस्थि-यूष
Bone cancer, Osteoma हड्डी का कैंसर, अस्थ्यबुर्द
Bone char, Bone charcoal अस्थ्यंगार, हड्डी का कोयला
Bone dry बिल्कुल सूखा
Bonelet, Ossicle अस्थिका, छोटी हड्डी
Bone marrow अस्थि मज्जा
Bone meal हड्डी का चूरा
Bone-set, Bonneset (*Eupatorium* sp., a flowering medicinal plant of family Asteraceae) बोनसेट (एक होमियोपैथिक औषधि वाला पौधा)
Bone TB (Tubercle bacilli infection in bone) अस्थि क्षय रोग, अस्थियक्ष्मा, अस्थि तपेदिक
Bone tumour अस्थ्यर्बुद
Bonnet head shark (*Sphyrna tiburo,* a small marine family Sphyrnidae, sexual dimorphism in shape of head Shovel head shark टोपी शीर्षी ग्राह, बेलचाशीर्षी ग्राह
Bonny हृष्ट-पुष्ट, कमनीय, सुन्दर
Bonobo, Pygmy chimpanzee (*Pan paniscus*, an endangered great ape of central African forest, omnivorous primate mammal of family Hominidae) बौना वनमानुष, छोटा चिम्पैञ्जी
Bonsai, Dwarf tree वामन वृक्ष
Bony अस्थिल, हड्डीयुक्त
Bony fish, Teleost fishes of class Osteichthyes with bony skeleton) अस्थि-मत्स्य, अस्थिलमीन
Booby *Sula* sp., a large swimming sea bird of family Sulidae) मूर्ख, बुद्धिहीन, अनाड़ी, एक सुला (नुकीली चोंच वाली बड़ी सीधी समुंद्री बतख़)
Book gill पुस्त-क्लोम
Book lung पुस्त-फुप्फुस
Booklet पुस्तिका, छोटी किताब
Boom सहसा वृद्धि, अधिवृद्धि, पालदण्ड, उद्गर्जन, उठान, धमाका
Boost, Boosting उठाना, बढ़ाना, सहारा देना, अनुवर्धन
Booster वर्धक, अनुवर्धक, अभिवर्धक
Bootylicious (sexually attractive specially with curvaceous buttock) यौनाकर्षक (विशेषकर सुडौल नितम्बी)
Boozer, Boozy अति शराबी, मद्यप

Boracic	सोहागामय
Borax (a white mineral salt of sodium borate)	सोहागा, टंकण
Borborygmi	पेट में ज़ोर-ज़ोर की आवाज़
Border, Boundary	सीमान्त, किनारा, चौहद्दी, परिसीमा
Border line	सीमा रेखा, सीमा निकट
Bordered	परिसीमित
Bore	छिद्र, नली, अभ्यन्तर, व्यास, परिवेध, छेद करना, उबाना
Boreal	उदीच्य, उत्तरी
Bore hole	वेधन छिद्र
Borer	छेदक, वेधक (कीट)
Bore well	वेध कूप, छिद्र कूप
Boring	वेधन, परिवेधन, छिद्रण, सञ्छिद्रण, उबाऊ
Borism, Boron toxicity	बोरिक विषालुता, बोरॉन विषाक्ता
Born	उत्पन्न, जन्मजात
Borne (suffix)	ले जाया गया, वाहित
Boron (a semi-metallic element with symbol B)	टांकण, बोरॉन
Bort	हीरक कण, हीरकचूर्ण, हीरकधूलि
Boscage, Boskage, Bosket	वृक्षसमूह, झुरमुट, कुञ्ज, उपवन, वनभूमि
Bosky	झाड़ीदार, कुञ्जित
Bosset	छोटी गाँठ, उभार
Bot	जठर-डिम्भ
Botan-, Botano- (a Greek word botane means grass, fodder or to feed)	वनस्पति, उद्भिद्
Botanic, Botanical	वानस्पतिक, औद्भिदीय, औद्भिद्-
Botanical garden	वनस्पति-उद्यान
Botanist	वनस्पतिज्ञ, वनस्पतिविज्ञानी, वनस्पतिवैज्ञानिक, औद्भिद्विज्ञ
Botany	वनस्पतिविज्ञान, वानस्पतिकी, उद्भिज्जविज्ञान
Botch	फोड़ा, पैबन्द, कच्चा/ खराब काम
Bot fly (a dipteran hairy insect of family Osteridae, produces larval-maggots, endoparasites of mammals)	तुन्द मक्खी, हरी मक्खी
Bothridium, Bothridia (pl.)	चूषकपत्र, गर्तधानी
Bothrium, Bothria (pl.)	चूषकांग, गर्तचूषिका
Botox therapy (injection of botulinum toxin-A, Botox, to treat muscular spasm and wrinkles on face)	गुलमाविषोपचार, बोटॉक्स चिकित्सा
Botryoid, Botryoidal	गुच्छाकार, द्राक्षाभ (ऊति)
Botryomycoma	द्राक्षार्बुदीय संक्रमण
Botryomycosis (a bacterial infection in man and other domestic mammals with grape like granules)	द्राक्षरोगाणुता (जन्तुओं में)
Botryomycotic	द्राक्ष कवकार्तिक
Botrytis blight, Gray mold (a plant disease cansed by fungus *Botrytis cinerea*)	द्राक्षकवक अंगमारी (एक पादप रोग)
Bottle	शीशी, बोतल
Bottle brush (*Callistemon* sp., a flowering small garden tree of family Myrtaceae)	चील (एक सजावटी फूलदार पेंड़), बोतल ब्रश,
Bottle gourd (*Lagenaria siceraria*, a medicinal annual creeper herb of family Cucurbitaceae)	लौकी (कच्ची हरी बोतल के आकार का फल जिसकी सब्ज़ी व रस प्रयुक्त होता है)
Bottle green	बोतली हरा (रंग)
Bottling	कूपीभरण, बोतल भराई
Botuliniform	गुलमाकार, तश्तरीनुमा
Botulinum toxin (Botox, a neurotoxic biotoxin produced by a pathogenic bacterium *Clostridium botulinum*)	गुलमा-आविष, गुलमाविषि, बॉटूलिनम-आविष
Botulism	गुलमाविषाक्तता, बाटुलस जीवाणुज विषाक्तता
Bough, Branch	शाखा, डाल
Bougie	वर्ति, शलाका, मोमबत्ती

Bouillabaisse	मछली/समुद्री जन्तुओं से बना पकवान
Bouillon, (a French word for soup)	गोमांस का शोरबा, रसा, झोल
Boulder	गोलाश्म, शिलाखण्ड
Boundary	परिसीमा, चोहद्दी, मर्यादा
Bouquet	पुष्पगुच्छ, मदिरा की गन्ध
Bourn	छोटा झरना, सरिता, सीमा, लक्ष्य
Bout	दौरा (रोग), बलपरीक्षा, बारी
Bovine	गोवंशी, गव्य, मन्दबुद्धि, गो-
Bovis (a sub species of mite)	गव्यी
Bovril	गोमांस का अर्क, मांस सत्व
Bow	धनु, धनुष, चाप, गज, झुकना
Bowel	आँत, अन्त्र, आन्त्र, अँतड़ी
Bower	कुञ्ज, लतामण्डप
Bowline	फन्देदार कसी गाँठ
Bow string	प्रत्यञ्चा, धनुष की डोरी
Boyhood	बाल्य, बालपन, लड़कपन
Boyish	बालकोचित, लड़कों जैसा
Brace	अवलम्ब, पट्टी, जोड़ा, हाथ-बरमा
Bracelet	कंगन, कंकण, वलय
Bracer	बन्ध, मणिबन्ध, त्राण, बलवर्धनी (औषधि)
Brachalgia	प्रगण्डशूल, बाहुपीड़ा
Brachen, Fern	पर्णांग, फर्न
Brachial	प्रगण्डीय, प्रगण्ड-, बाहु-
Brachial artery	बाहुधमनी
Brachial plexus	बाहुप्रतान, उद्‌बाहुप्रतान
Brachiate	शाखायुग्मी
Brachiform	प्रगण्डाकार, बाहुरूपी
Brachiocyrtosis	बाहुविकृति
Brachiopod	बाहुपाद
Brachium	प्रगण्ड, बाहुक, उद्‌बाहु
Brachycephalic,	लघुशिरस्की,
Brachycephalous	लघुशिरस्क, लघुशीर्षी
Brachycheilia	लघु-ओष्ठता
Brachydactyly	लघु-अंगुलिता, लघ्वांगुलिता
Brachydont	लघुदन्ती
Brachygnathous	लघुहन्वी
Brachymeiosis	लघुअर्धसूत्रण, लघुअर्धसूत्री कोशिका विभाजन
Brachyphalangy	लघु-अंगुलास्थिता
Brachytherapy (radiotherapy with radioactive source, positioned in or close to target organ/tissue)	लघु अन्तराल (विकिरण) चिकित्सा, सन्निकट (विकिरण) चिकित्सा
Bracing	स्फूर्तिकारक
Bracket	कोष्ठक, बन्धनी, टेक
Brackish	खारा, अरुचिकर
Brackish water, Brine, Briny water	खारा जल (समुद्री जल से कम खारा जल)
Bract	तनुपत्र, निपत्र, सहपत्र
Bracteate, Bracteatus	तनुपत्री, निपत्री, सहपत्री
Bracteole, Bractlet	तनुपत्रक, सहपत्रक, निपत्रक, सहपत्रिका
Brad	चपटी कील, बिरञ्जी, सुम्बा
Bradawl	सुम्बी, सूजा, बरमा
Bradism, Induced sleep	प्रेरित निद्रा
Bradycardia	हृत्मन्दता, मन्दहृत्स्पन्दता
Bradykinesis, Bradykinesia	मन्दगति, मन्दचलन
Bradykinetic	मन्दगतिक
Bradyodont	मन्द दन्ती
Bradypepsia	मन्द पचन
Bradyphagia	मन्दभक्षिता, मन्दभोजिता
Bradytrophic	मन्दपोषी, मन्दचयापचयी
Bradyuria	मन्दमूत्रता, मन्दमेह
Brae	ढालू किनारा, प्रवण शैल
Brahma kamal (*Saussurea obvallata,* a small perennial flowering medicinal mountainous plant of family Asteraceae, a state flower of Uttarakhand, India, grows at an altitude of 3000-4800 meters in Himalayan range)	ब्रह्म कमल
Braid	चुन्नट डालना, वेणी गूथना, गोट लगाना
Braided	गुम्फित, कुल्यागुम्फित
Brain	मस्तिष्क, दिमाग़
Brain axis	मस्तिष्काक्ष
Brain fever	मस्तिष्क ज्वर, दिमाग़ी बुख़ार
Brain stem	मस्तिष्क स्तम्भ
Brain tumour	मस्तिष्कार्बुद
Brain washing	मस्तिष्क अनुपालन, सम्मोहन
Braird	कोपल, अंकुर, अंकुर निकलना
Braise	भाप से पकाना, दम देना
Brake	रोधक, रोक, झाड़ी, कंघी (यन्त्र)
Bramble, Brier, Blackberry bush	जंगली कँटीली झाड़ी, झरबेरी, गोखरू

Bran	भूसी, धान्यतुष, चोकर
Bran bread	चोकर की रोटी
Branch	शाखा, डाल
Branched	शाखित
Branchiae,	क्लोम, क्लोम-
Branchiate,	क्लोमी, सक्लोम, क्लोमयुक्त
-branch (suffix)	(जन्तु)
Branchic, Branchial	क्लोमीय
Branching	शाखन, शाखी, शाखाविन्यास
Branchiogenic	क्लोमजनी, क्लोमजनक
Branchioma	क्लोमाबुर्द
Branchlet, Twig	शाखिका, डाली, टहनी
Brand	मार्का, छाप, दाग़ना, चित्ती
Branded	मार्कादार, दाग़दार, छापयुक्त
Branding	दाग़ना, छाप लगाना, दाग़ लगाना
Brandish	घुमाना, भाँजना
Brandy (grape/fruit liquor with 35-60% ethyl alcohol)	द्राक्षासव (अंगूर से बना एक मादक पेय)
Brash	टुकड़े, छर्रे, छाँट, ढीठ, भुरभुरा
Brass (an alloy of copper and zinc)	पीतल, पित्तल, तूर्य या तुरही, उद्धतता
Brassard	भुजकवच, भुजबन्ध
Brassage	ढलाई
Brassiere, Bra	स्तनिका, चोली, अँगिया
Brat	शिशु, छोटा बच्चा
Brawn	पेशीय, बाहुबल, शूकर मांस का व्यञ्जन
Braxy	मेषज्वर (भेंड़ का बुख़ार)
Bray	रेंकना
Braze	पीतल चढ़ाना, पीतल का टाँका लगाना
Brazed	पित्तलित, पीतलमय
Brazen	पीतल का, निर्लज्ज
Brazier	पीतल का ठठेरा, अँगीठी, घनपेटी
Brazil nut (an edible seed of *Bertholletia excelsa,* a tree of family Lecythi-daceae, native to south America)	त्रिकोणफल, ब्राज़ील का बादाम
Brazing	पित्तलन, पीतल लगाना/चढ़ाना
Bread	रोटी
Breadth	चौड़ाई, विस्तार, उदारता
Break	तोड़ना, टूटना, भंग करना
Breakability	भञ्ज्यता, भंगुरता
Breakable	भञ्ज्य, भञ्जनीय, भंगुर
Breakage, Breaking	टूट-फूट, टूटना, भञ्जन
Break down	विभञ्जन, स्वास्थ्यभंग, विकार, ढहाना
Breaker	भञ्जक, भञ्जित्र, त्रोटक
Break water	पनकट दीवार, तरंगरोध
Break wind	पवनरोध
Bream (*Abramis brama, a* marine fresh water edible flat sport fish of family Cyprinidae, native to Europe)	खारा पानी, ब्रीम (एक प्रकार की भोज्य मछली)
Breast	छाती, वक्षस्थल, स्तन
Breast bone	उरोस्थि, छाती की हड्डी
Breast cancer	वक्ष कर्करोग, छाती का कैंसर, स्तन कैंसर
Breast feed, Breast feeding	छाती का दूध पिलाना, स्तनपान
Breast plate	वक्ष कवच, उरस्त्राण, पेशबन्द, सीनाबन्द
Breath	श्वास, साँस, दम
Breathalyser	मद्यश्वासमापक
Breathe	साँस लेना, विश्राम करना, जीवित रहना
Breathing	श्वसन
Breathless	साँस फूलना, हाँफता हुआ, निर्जीव, स्तब्ध
Breccia	संकोणाश्म
Breech	नालपृष्ठ, कच्छा, चूतड़
Breeching	पुश्तंग
Breed	प्रजाति, अभिजाति, नस्ल, प्रसाव, जनना
Breeding	प्रजनन, प्रसावन, सौजन्य
Breeze	समीर, अंगार
Bregma, Sinciput	अग्रकरोटि, अग्रकपाल, पृष्ठललाट
Brephotrophic	भ्रूणपोषी
Brevetoxin (a biotoxin of *Karenia brevis,* a marine swimming dinoflagellate alga of class Dinophyceae)	ब्रीवीविषि (एक शैवालीय जीवाविष)
Brevicollis	लघुग्रीवी
Breviductor	लघु अभिवर्तक (पेशी)
Breviflexor	लघु आकुञ्चक (पेशी)

Breviped लघुपदी (पक्षी), छोटे पैर वाला
Breviscapus लघुवृन्ती
Brevity अल्पता, संक्षिप्तता
Brew निक्वाथ, शराब बनाना
Brewage यवासुत, किण्वासव
Brewer प्रकिण्वक, उत्क्षोभक, शराबोत्पादक
Brewery यवासवनी, निसवनी, मद्यनिर्माणशाला
Brewing यवासवन, निसवन, किण्वासवन, मद्यकरण
Briar, Brier कँटीली झाड़ी
Briary, Briery काँटेदार, कँटीली झाड़ीदार
Brick ईंट, इष्टिका, आइसक्रीम या डबल रोटी का साबुत गुटका
Brick-dust सुर्ख़ी, खोरा
Brick field ईंट बनाने का क्षेत्र, ईंट भट्ठा क्षेत्र
Brick kiln ईंट का भट्ठा
Brick red इष्टिकारक्त, ईंटिहा लाल (रंग)
Brick work ईंट की चिनाई, ईंट से बनी संरचना, राजगीरी
Bridge सेतु, पुल
Bridging सेतु बन्धन, सेतुबन्धी
Brier, Briar कँटीली झाड़ी
Briery, Briary कँटीली, झाड़ीदार
Brig द्विकूपक
Bright, Brilliant दीप्त, प्रतिभावान, चमकीला, भासुर
Bright's disease (named after British physician Richard Bright, 1796-1881 A.D.), Nephritis ब्राइट रोग (वृक्कशोथ)
Brill (*Scophthalmus rhombus,* a marine flat fish of family Scophthalmidae) ब्रिल (एक समुद्री भोज्य मछली)
Brilliance, Brilliancy चमक, दीप्ति, प्रभा
Brilliant देदीप्यमान, चमकीला, प्रतिभाशाली
Brilliantine भासुरी, केश तैल
Brim ऊपरी किनारा, मुँह
Brim stone, Sulphur, Sulfur गन्धकाश्म, गन्धक
Brincle (brine+icicle) समुद्री हिमलम्ब (समुद्र की सतह से बर्फ़ की लटकती संरचना)
Brindled चित्तीदार, चितकबरा, कुर्बरित
Brine लवणोद, लवणजल, समुद्राम्बु, खारा पानी
Brining लवणोदन
Brinish, Briny नमकीन, अतिखारा
Brinjal, Egg plant (a berry type edible cultivated vegetable fruit of *Solanum melongena,* a crop shrub of family Solanaceae) बैंगन, भाटा (एक सब्ज़ी फल)
Brink तट, किनारा, हिचकना
Briny खारा, नमकीन
Briquette सम्पीडित खण्ड, इष्टिका (ईंट), कोयले के चूरे से बनी ईंट
Brisk, Brisky सक्रिय, त्वरित, चुस्ती
Brisket अधर-वक्ष, पशुवक्ष, वक्षमांस, पसली
Bristle दृढ़लोम, शूक, कड़ा बाल
Bristle worm (a marine annelid of class Polychaeta with segmented body) शूककृमि, कड़े बालों वाला कीड़ा
British thermal unit (BTU, a unit of heat required to raise temperature of one pound water by 1° Fahrenheit) ब्रिटिश तापीय इकाई
Brittle भंगुर, भुरभुरा, भिदुर
Brittleness भंगुरता, भिदुरता
Broad चौड़ा, विस्तृत, व्यापक
Broadcast, Broadcasting प्रसारित करना, फैलाना, प्रसारण
Broad-side-on position निरक्षीय स्थिति
Broad spectrum विस्तृत वर्णक्रम, विस्तृत रंगावलि, बृहत् प्रक्रम
Broccoli (*Brassica oleracea,* an edible green cauliflower like plant of mustard family Brassicaceae) हरी फूलगोभी, ब्रोकली (पौष्टिक भोज्य तना)
Brocket मृग (दो साल का)

Broil	भुनना, पकाना, गर्मी, झगड़ा
Broiler	पकाने/भुनने योग्य कबाबी मुर्ग़ा
Bromatherapy, Bromatotherapy	आहार चिकित्सा
Bromatology	आहारविज्ञान, आहारिकी
Bromatotoxin	आहाराविष, आहारविषि
Bromide	दुराघ्रेय, पिष्टोक्ति, ब्रोमाइड
Brominate, Brominize	दुराघ्रीयुक्त बनाना, ब्रोमीनमय होना
Bromination Brominization	दुराघ्रीकरण, ब्रोमीनीकरण
Bromine (a gaseous element of halogen group with symbol Br)	दुराघ्री, दुराघ्र, ब्रोमीन
Brominism, Bromism, Bromomania	दुराघ्रीविषाक्तता, ब्रोमीनता, ब्रोमीनविषालुता
Bronchial	श्वसनी
Bronchiectasis, Bronchodilation	श्वसनीस्फारण
Bronchitis	श्वासनलीशोथ, श्वसनीप्रदाह
Bronchiole, Bronchiolus	श्वासनलिका, श्वसनिका
Bronchiolitis	श्वसनिकाशोथ
Bronchium, Bronchia (pl.)	लघुश्वासनली
Broncho-candidiasis, Broncho-oidiosis	श्वसनी कैन्डिडा (एक कवक) संक्रमण
Broncho-dilator	श्वासनली विस्फारक
Bronchoedema	श्वासनली शोफ
Bronchogenic	श्वसन जनित, फुप्फुसीय
Bronchography	श्वासनली चित्रण
Broncholith	श्वासनलिकाश्म
Bronchology	श्वसनीविज्ञान, श्वसनिकी
Bronchopathy	श्वसनीविकार, श्वसनी का रोग
Bronchopleural	श्वसनी फुप्फुसीय, श्वास प्रणाल-वक्षगुहीय
Broncho-pneumonia	श्वासनली-फुप्फुसशोथ
Bronchorrhagia, Bronchostaxis	श्वसनी रक्तस्राव
Bronchorrhea	श्वसनीस्राव
Bronchoscope	श्वासनलीदर्शी, फुप्फुसनालेक्षा
Bronchoscopy	श्वासनली दर्शन, फुप्फुस नालेक्षण
Bronchus, Bronchi (pl.)	श्वासनली, श्वास प्रणाल, फुप्फुसनाल
Bronco	एक जंगली घोड़ा
Bronze (an alloy of copper and tin)	कॉस्य, काँसा (ताँबा व राँगा का मिश्रधातु)
Bronzing	कॉस्यन, कॉस्य-रूपण
Brood	अण्डशावक, भ्रूणाण्ड, समजात घोसला, सन्तान समूह, बच्चे
Broody	बहुप्रसवी, अधिक अण्डे/बच्चे देने वाली
Brook	नाला, सहना, निर्वाह करना
Brooklet	छोटी नदी, सोता
Broth	शोरबा, क्वाथ, यूष, काढ़ा
Brow	भौं, भौंह, भृकुटी, भ्रू
Brown, Brunneus	भूरा (रंग), बभ्रु, कपिश
Brownish, Brunneolus	आबभ्रु, भूरा सा
Browse, Browsing	चरना, पढ़ना, कल्ला, पल्लव, चारण
Brucellosis (Brucella infection)	अपिगोलाणुता, अपिगोलाणु (ब्रूसेला, एक जीवाणु) संक्रमण
Bruin, Bear	रीछ, ऋक्ष, भालू
Bruise	चोट, खरोंच, गुमटा, आघात, संक्लिष्ट होना
Bruising	त्वचा का चोट से नीला पड़ना
Brumal, Brumous	शीतकालीन, जाड़े का, कुहरेदार
Brume	कुहरा, धुन्ध
Brunet, Brunette	श्यामला, पिंगल, भूरा
Brunnescent	बभ्रुभावी, भूरा होने वाला
Brunneous, Brown	असित बभ्रु, गहरा भूरा
Brunt	आघात, आवेग, समाघात, धक्का
Brush	कूर्च, कूँची, तूलिका, कूँची से साफ करना
Brush border cell	कूर्च सीमान्त कोशिका
Brush wood	झाड़, झंखाड़
Brussels sprout (*Brassica oleracea*, a cultivated annual herb of family Brassicaceae as edible leafy bud)	छोटी पत्तागोभी, चोकी गोभी
Bruxomania	दन्तपेषण, दाँत पीसने की आदत
Bruxomaniac	दन्तपेषी, दाँत पीसने वाला
Bryology (study of bryophytes, derived from Greek word bryon means moss)	हरितविज्ञान, हरितिकी

English	Hindi
Bryony (*Bryonia* sp., a medicinal climber of gourd family Cucurbitaceae)	लता (एक बहुवर्षी पुष्पी पौधे की बेल)
Bryophyta (a division of green non-flowering plants like mosses, liver-worts and hornworts)	हरितोद्भिज्ज
Bryophyte (plants of division Bryophyta)	हरितोद्भिद्
Bryozoa, Polyzoa, Moss animals (a phylum of aquatic sessile or colonial animals)	हरितजीव
Bt brinjal (a transgenic vaviety of brinjal, developed by inserting a crystal protein gene from a soil bacterium *Bacillus thuringiensis* to make the plant resistant to borer and other pest insects)	बी. टी. बैंगन
Bt cotton (a genetically modified cotton plant by inserting genes from a soil bacterium *Bacillus thuringiensis* encoded for production of insecticidal protein as toxin to make plant resistant to boll worms and other insects)	बी टी कपास
Bubbler	बुद्बुदक, बुद्बुदित्र
Bubble	बुलबुला, बुद्बुद, पाँच दिन का मानव भ्रूण
Bubbling	बुद्बुदाहट, बुद्बुदन
Bubo	ग्रन्थि, गिल्टी, गण्ड, लसीकीय फोड़ा
Bubonic	ग्रन्थिल, गिल्टीदार, ग्रन्थि सम्बन्धी
Bubonic plague	गण्ड महामारी, ग्रन्थि महामारी
Bubonocele (an inguinal hernia)	ऊरुमूल का हार्निया, वंक्षण-नालीय हार्निया
Buccal, Buccalis	मुखीय, कपोलीय, मुख-,
Buccinator	कपोल सम्पीडनी (पेशी)
Bucco-nasal	मुखनासीय, मुखनासा-
Bucco-pharyngeal	मुखग्रसनीय, मुखग्रसनी-
Buccula	दूसरी ठुड्ढी
Buck	नर जन्तु जैसे खरगोश, चूहा या हिरन
Bucket	बाल्टी, डोल
Bucket auger	बरमी
Buck thorn (*Rhamnus* sp., a wild deciduous flowering medicinal shrub/small tree of family Rhamnaceae with red/black berry like drupe type fruits used to make dyes)	झरबेरी (एक जंगली पौधा)
Buck tooth	उभरा दाँत
Buck wheat (*Fagopyrum esculentum,* a crop herb of family Polygonaceae with edible grain like seed as flour)	कूट्टू, फाफरा (एक भोज्य कूट-अन्न)
Buckle	आकुञ्चक, बकसुआ, सन्धर
Buckling	आकुञ्चन, विरूपण, बुद्बुदी सतह
Bucolic cereal	मोटा अनाज
Bud	कली, कलिका, मुकुल, फुरहरी
Budding	मुकुलन, कलिकायन, कुड्मन, पौधों में आँख बाँधना
Budgerigar, Budgie (*Melopsittacus undulatus,* a wild/ pet parakeet, a bird of parrot family Psittaculidae)	काक तुआ (एक लम्बी पूँछ का दाना चुगने वाला छोटा रंग बिरंगा तोता)
Buff	पाण्डु (रंग), प्रपीत रक्तक
Buffalo (*Bubalus* sp., a ruminant mammal of family Bovidae)	भैंस/भैंसा, महिष (एक उपयोगी कृषि, दूध व मांस हेतु पालतू पशु)

Buffer	अन्तर्वर्ती, अन्तर्रोधी, प्रतिरोधी
Buffer cell	अन्तर्वर्ती कोशा
Buffered	प्रतिरोधित, अन्तर्वर्तित
Buffering	प्रतिरोधन, प्रतिरोधी, उभयप्रतिरोधी, अन्तर्वर्तन
Bug (insects of order Hemiptera)	मत्कुण, कीटाणु, सनकी
Buggery	अप्राकृतिक मैथुन
Bug house	पागलख़ाना
Buiatrics	गो-चिकित्सा, पशु उपचार, पशुचिकित्सा
Build	बनाना, निर्माण करना
Built-in	सन्निहित, आभ्यन्तरिक, अन्तरनिर्मित
Bulb	कन्द, शल्क कन्द, विद्युत बल्ब
Bulbiferous	सकन्द
Bulbiform, Bulboid	कन्दाकार, कन्दवत्, कन्दाभ
Bulbil	प्रकलिका, कन्दक, प्रकन्द, पत्रकलिका
Bulbillate	प्रकन्दिक, प्रकन्दी
Bulbo-urethral gland	कन्द मूत्रमार्गीय ग्रन्थि
Bulbous, Bulbus	कन्दीय, कन्दी
Bulge, Bulginess	सूजन, उदुब्ज, उभार
Bulging	उदुब्जन, सूजन, सूजनकारी
Bulimea, Bulimia, Bulimy	क्षुधातिशयता, भस्मक (रोग), क्षुधाधिक्य
Bulk	राशि, अम्बार, स्थूल, प्रपुञ्ज
Bulk density	स्थूल घनत्व
Bulking	स्थूलन, पुञ्जन, बृहद्न
Bulking factor	स्थूलन गुणक
Bulky	स्थूल, बृहत्, भारी
Bulky colour	प्रगाढ़ वर्ण, गाढ़ा रंग
Bull (*Bos taurus*, adult uncastrated male mammal of family Bovidae)	वृष, साँड़ (जननक्षम बछड़ा), वृषभ
Bulla, Bullae (pl.)	बरी, फफोला, छाला, फुंसी
Bullate	फुंसीदार, फफोलेदार
Bullet	बन्दूक या पिस्तौल की गोली
Bullet headed	गोल सिरे वाला/वाली
Bullet proof	गोलीसह
Bullet train	तीव्रगति वाली रेलगाड़ी
Bull frog (a large aggressive frog)	बड़ा मोटा मेंढक, पुंगवाभ मण्डूक
Bullion	बहुमूल्य धातु (सोना-चाँदी आदि)
Bullock (*Bos taurus,* an adult castrated male mammal of family Bovidae), Steer, Ox, Oxen (pl.)	बैल (बधिया बछड़ा)
Bull's eye	गवाक्ष
Bully	भयभीत करना, सताना, घौंस देना
Bulrush	नरकुल, नरकट
Bum, Buttock	नितम्ब, चूतड़
Bumble bee (*Bombus* sp., a social hymenopteran insect of family Apidae)	भौंरा, भ्रमर, बड़ी मक्खी
Bumble bee bat (*Craseonycteris thronglonyai,* a smallest endangered bat of family Craseonycteridae, native to Thailand and Myammar)	भौंरा चमगादड़, भौंरा गादुर
Bump	टकराना, धक्का देना, धक्का
Bun	पावरोटी, गुलगुला, जूड़ा
Bunch	गुच्छ, गट्ठर, समूह
Bund	बाँध, पुश्ता, बन्द
Bundle	पुलिन्दा, पुञ्ज, पूल
Bung	मध्यछिद्र, बोतल की लम्बी डाट, पिधाय
Bunion (deformity in jonit of toe with foot)	टखने की सूजन, गोखरू
Bunk	शायिका
Bunker	तहख़ाना, कोयला-कोठरी, गड्ढा, बंकर
Bunodont	वर्तुलदन्ती
Bunoid	वर्तुलाभ
Bunolophodont	वर्तुलशीर्षदन्ती
Bunt	बण्टुआ, कृष्णिका
Bunting	पथरचिरटा (एक चिड़िया), ध्वजपट
Buoy	प्लव, उत्प्लव, उत्प्लवन, उतराना
Buoyancy	उत्प्लविता, उत्प्लवित्व, उत्प्लावकता, उत्फुल्लता
Buoyant	उत्प्लावक, उत्प्लावी, प्लावी, उत्प्लवक्षम, उत्फुल्ल, प्रफुल्ल
Buoyancy meter	उत्प्लवितामापी

Buphthalmia	नेत्रवर्धिता, नेत्रवृद्धि
Bur, Burr	कण्डपिनाक्ष, खाँचा, सान पत्थर, चीमड़, घरघराना
Burble	बुदबुदाना
Burdock	कँटीला बीजकोष
Burette (a laboratory glassware for titration)	द्रवमि, मापन नलिका
Burgee	छोटा कोयला
Burgeon	मुकुलित/पल्लवित होना, कोपल फूटना
Burgonet	शिरस्त्राण
Burial	शवाधान, दफ़न
Burin	तक्षणी
Burk	गला घोटकर मारना, दबाना
Burl	गाँठ, गण्ठु, गाँठ निकालना
Burly	गँठीला, हृष्ट-पुष्ट, स्थूलकाय
Burn	जलाना, जलना, चुनचुनाना
Burner	दाहक
Burning	दहन, दाही, ज्वलन, ज्वलन्त
Burning glass	आतशी शीशा
Burnish	चमकीली सतह, घोटकर चमकाना, झलकाना
Burnisher	घोटनी, ओटनी
Burnous, Burnouse	लबादा, चोंग़ा
Burns, Burn injury	दग्धव्रण, दग्धाघात
Burnt	दग्ध, जलाया, जलाया हुआ
Burr, Bur	कण्टवेष्ट, कँटीला बीजकोष, झाँवा, सान पत्थर, धुँधला प्रकाशमण्डल, घबराहट
Burrow	बिल, भूमिगत गुहा
Burrowing	बिल खनन, बिल खनक, आखनक, खनकी
Bursa	स्यून, श्लेषपुटी, प्रपुटी, स्नेहपुटी
Bursicle	स्यूनिका
Bursiculate	स्यूनिकामय
Bursiformis	स्यूनरूपी
Bursitis	श्लेषपुटी शोथ, स्यूनशोथ
Burst	प्रस्फोट, फटना, विदर
Bursula	पुटिका, लघुपुटी, छोटी थैली
Bury	खोदकर गाड़ना, दफ़नाना
Bush	झाड़ी, गुच्छ, अस्तर, क्षुप, जंगल, छल्ला
Bushing	छल्ला लगाना/डालना
Bush meat	जंगली जन्तुओं का मांस
Bushy	झाड़ीदार, गुच्छेदार, क्षुपी
Bust	आवक्ष, ऊपरी अर्धांश, स्त्री की छाती, तलबिन्दु, क्षतिग्रस्त
Butchery	पशुवधशाला, बूचड़ख़ाना, कसाईगीरी
Butt	मुण्ड, कुन्दा, नितम्ब, ठूँठ, टक्कर
Butt joint	सपाट या टक्कर जोड़
Butter	मक्खन, माखन, नवनीत
Butter fly (an insect of order Lepidoptera with coloured wings and fluttering flight)	तितली (रंगबिरंगे पंख वाला एक कीट)
Butter fly pea, Blue pea (*Clitoria ternatea,* a flowering medicinal perennial herb of family Fabaceae)	गोकर्ण, अपराजिता, योनि पुष्प, कोयला
Butter milk	छाछ, मट्ठा, मही
Butter yellow (a fat soluble food adulterant dye p-dimethyl amino -azobenzene)	मक्खनपीत (सरसों के तेल का एक कैन्सरकारी रासायनिक अपमिश्र)
Butterine	कृत्रिम मक्खन,
Butter nut	अमेरिकी अखरोट
Buttery	मक्खनी, मक्खनवत्, मक्खनदार, मक्खनगृह
Buttock, Bum	नितम्ब, चूतड़
Button	घुण्डी, कलिका, कुड्म, बटन
Button hole	काज, सम्बिल, बटन फँसाने का छेद
Button mushroom (*Agaricus bisporus,* a cultivated edible basidiomycete fungus of family Agaricaceae)	खुम्बी (एक भोज्य कवक)
Buttress	वपु, पुश्ता, पुष्ट करना, सहारा
Buttress root (trunk supporting roots of tropical rainforest tress, extending above ground)	पुश्ता जड़
Butyrate,	घृतित करना, घृतमय बनाना
Butyration	घी बनाना, घृतण
Butyrometer	घृतमापी
Buxom	हृष्ट-पुष्ट, मोटा-ताज़ा, प्रसन्नचित्त

Buzzard (white eyed)	टीसा, श्वेताक्षी, गिद्ध, बाज़
Buzzer	भाप सीटी, गुञ्जक
Byproduct	उपजात, उपोत्पाद, उपसृष्ट
Bypass	उपमार्ग, उपनिकास, बाह्यपक्ष
Byre	गोशाला
Byssaceous	तन्त्वीय, तन्तुमय, तन्तुनिर्मित
Byssoid	तन्त्वाभ
Byssal, Byssus	प्रक्षुभा, क्षुभातूल, छालटी (एक प्रकार का कपड़ा) सूत्रगुच्छ, लागांशु
Byssine, Byssinus	तूलमय, रुईदार प्रक्षौभ
Byssinosis (pneumoconiosis caused by inhaling cotton dust)	फुप्फुस तूल धूलिता, फुप्फुस रुई धूलिमयता

C

Cabbage (*Brassica oleracea* var. *capitata*, a cruciferous vegetable herb of family Brassicaceae)	बन्दगोभी, पत्तागोभी, करमकल्ला (एक बड़ी शीर्ष सघन पर्ण कलिका सब्ज़ी के लिए)
Cable	विद्युत या सन्देश वाहक तार, समुद्री तार, रस्सा
Cable length	समुद्री मील का दसवाँ भाग
Cabochon	गोलाकार रत्न
Caboodle	समूह, ढेर
Cacaerometer	वायु प्रदूषणमापी
Cacaine	कपिश-बभ्रु, चाकलेटी भूरा
Cacao	कोको (एक वृक्ष जिसके बीज से चाकलेट व कोको बनाते हैं)
Cacation, Defaecation, Defecation, Diachoresis, Laxation	मलत्याग, मलोत्सर्जन
Cachalot	वसा-तिमि, मोमी-तिमि, स्पर्मह्वेल
Cachectic	विकृत, दुर्बल
Cachet	सम्पुटिका, पुटक, पुटी, दवा भरने की शीशी, सत्यापन, चिह्न (मोहर)
Cachexia, Cachexy	विकृति, दुर्बलता, अंगक्षीणता
Cachou, Catechu	कत्था, खैर, खादिर
Cackle	कुड़कुड़ाना, कड़कड़ाना
Cacoethic	कुपोषी, अस्वस्थ, रुग्ण
Cacogastric	अजीर्णीय, बदहज़मी सम्बन्धी
Cacogenesis	कुजनन, कूत्पत्ति
Cacophonic, Cacophonous	कर्कश, दुःश्रवी, बेसुरा
Cacophony (jarring or discordant mixed sound)	कुस्वरता, कर्णकटुता, श्रुतिकटुत्व
Cacotrophism, Malnutrition	कुपोषण
Cactus, Cacti (pl.) (spiny xerophytic plants of family Cactaceae)	कण्टाल, नागफनी, सेंहुड़
Cadaver, Corpes	शव, लाश
Cadaveric, Cadaverous	शविक, मरियल, विवर्ण
Cadaverine	शवी, शव सम्बन्धी
Cadmiosis	फुप्फुस मृज्यातुधूलिता, फुप्फुस कैडमियम धूलिमयता
Cadmium (a metallic toxic element with symbol Cd)	मृज्यातु, अरगजी, कैडमियम (एक खनिज धातु)
Cadophore	मुकुलधर
Caducity	जराजीर्णता, नश्वरता
Caducous	पातुक, आशुपाती, क्षणभंगुर, नश्वर
Caecal, Caecus	अन्धनालीय, उण्डुकीय, अन्धान्त्रीय
Caecilian/Blind worm (a burrowing amphibian of order Gymnophiona)	अचक्षु/अन्धकृमि (एक उभयचर)
Caecitas, Blindness	अन्धता
Caecitis, Cecitis	अन्धान्त्रशोथ
Caecum, Cecum, Caeca, Ceca (pl.), Blind intestine	अन्धनाल, उण्डुक, अन्धान्त्र
Caecostomy, Cecostomy	अन्धान्त्रछेदन
Caeoma	चषा
Caeomoid	चषाभ

English	Hindi
Caeruleus, Caeruleous	नभोवर्णी, नभोनील, आसमानी नीला
Caesarean operation (a surgery to deliver babies, named after Roman dictator Julius Caesar on 12-13 July 100 B.C.)	सीजेरीय विधि से प्रसव हेतु शल्यक्रिया
Caespitose	गुच्छित, दर्भिल
Caffein, Caffeina	कापेयि, कापेयी, कैफ़ीन
Caffeinism	अतिकापेयीता,
Caffein toxicity	कापेयीविषाक्तता कैफ़ीनविषालुता
Cage	पिञ्जरा, कटघरा, उत्थापक
Cage bird	पिञ्जरे का पक्षी
Cageling	पिञ्जरे या कटघरे में बन्द जन्तुशावक
Cainophobia, Kainophobia, Kainolophobia	नवभीति, नवोद्‌भीति
Cainophobic, Kainophobic	नवभीरु, नवोद्‌भीरु
Cainozoic, Cenozoic, Coenozoic	नवजीवी, नूतनजीवी
Cake	बट्टी, टिकिया, अपूप
Calabash	कद्दू, कद्दूलता, तुमड़ी
Calabash tree (*Crescentia cujeta,* a tropical flowering dicot tree of family Bignoniaceae, with big round hard runded poisonous medicinal fruits)	विलायती बेल
Calamine (an anti-itching zinc mineral salt)	विवचि
Calamistrum	पदकंकत
Calamitous	दुःखद, अनर्थकर, दुःखपूर्ण
Calamity	आपद, विपत्ति, संकट
Calamoid	वेत्राभ
Calamus	वेत्र, पत्रनाडी, पिच्छवृन्त
Calando	उत्तरोत्तर विलम्बित
Calathiform	चषकाकार, चषकरूपी
Calcaneal	प्रगुल्फास्थीय
Calcanean, Calcaneus	प्रगुल्फास्थि
Calcaneal spur	प्रगुल्फास्थि कण्ट
Calcaneitis	प्रगुल्फशोथ
Calcaneum, Calcanea (pl.) (heel bone)	गुल्फास्थि, पार्ष्णिका, प्रगुल्फास्थि
Calcaneus foot	प्रगुल्फास्थि पदी, एड़ी पर चलने वाले का पैर
Calcaneodynia, Calcanodynia	प्रगुल्फशूल
Calcar	शुण्डिका
Calcarate, Calcaratus	शुण्डिकामय
Calcareous, Calic, Calcareo - (prefix)	चूर्णीय, चूनायुक्त, चूनेदार
Calceiform, Calceolate	पादुकाकार, उपानद्‌रूप, जूतारूपी
Calcellate	जालकमय
Calceous	श्वेत, चूर्णवत्, चूना सदृश
Calcicole	चूर्णकरोही, चूर्णकवासी, चूने पर उगने वाला पौधा
Calciferous	निस्तापी, चूनायुक्त, चूर्णसृज, चूर्णमय, चूर्णभृत
Calcification	चूर्णियन, कैल्सीकरण
Calcified	निश्चूर्णित, निस्तापित, कैल्सीकृत, चूर्णीकृत
Calcify	कैल्सियमयुक्त करना, चूने का पत्थर बनाना
Calcination	निश्चूर्णन, निस्तापन
Calcine, Calcinize	चूर्ण बनाना/होना, भस्म करना
Calcined, Calcinised, Calcinized	निश्चूर्णित, निस्तापित, भस्मित
Calcinosis	चूर्णनिक्षेपता, चूने का जमाव
Calciokinesis	चूर्णविचलन, चूर्णगति
Calciokinetic	चूर्णगतिक
Calcipenia	चूर्णाल्पता, चूर्णाभाव
Calcipexis, Calcipexy	चूर्णस्थापन
Calciphile, Calciphilic, Calciphilous	चूर्णरागी, चूर्णरोही (पौधा)
Calciphobic, Calciphobous	चूर्णवर्जी (पौधा)
Calcium (a mineral element with symbol Ca)	चूर्णातु, चूना, चूर्ण, कैल्सियम (हड्डी बनने के लिए एक आवश्यक तत्व)
Calciuria	चूर्णमेह, कैल्सियममूत्रता
Calcivorous, Calciphagous	चूर्णभक्षी, चूना भक्षी, चूर्णभोजी

English	Hindi
Calculate	हिसाब लगाना, गणना करना
Calculated	परिकलित, गणित, सुविचारित
Calculation	परिकलन, गणना, हिसाब
Calculator	गणक, परिकलित्र, गणित्र
Calculiform	गुटिकारूपी, कंकड़ाकार, अश्मरीवत्
Calculogenesis, Calculogeny	अश्मरी उद्भव, अश्मरीजनन, पथरी बनना
Calculosis, Lithiasis	अश्मरिता, पथरी पड़ना
Calculous	अश्मरिक, पथरीदार, पथरीग्रस्त
Calculus, Calculi (pl.)	अश्मरी, पथरी, उपल, कलन (गणित)
Caldera	ज्वालामुख-कुण्ड
Calefacient, Calefactory	ऊष्मजन, उष्णताजनक, तापक, तापानुभूतिक, ऊष्मोत्पादक (औषधि)
Calefaction, Warming	गर्माना, तापन, उष्णन, तापोत्सर्जन, ऊष्मन
Calf, Calves (pl.)	पिण्डली, वत्स/वत्सा (बछड़ा/बछिया)
Calgation, Caligo	क्षीणदृष्टि
Caliber, Calibre	अधिव्यास, व्यास, मानसिक क्षमता
Caliberator, Calibrator	अंकशोधक, अंशांकित्र
Calibrate	अंशांकित करना, व्यास मापना, अंकशोधन करना
Calibration	अंकशोधन, अंशांकन, व्यासमापन
Calicle	कटोरी, कटोरीनुमा अंग
Calico	छींट (एक प्रकार का कपड़ा)
Calid	गर्म, जलता हुआ
Caliper, Calipper, Calliper	व्यासमापी, परकार
Calix	पुटक, चषा, गुहा, प्यालीनुमा अंग
Calk	कीलक, नाल, नाल ठोंकना
Calligraphy	सुलेखन, कलात्मक/चित्रात्मक लिखाई
Callisthenics	स्त्रियों का सौन्दर्य व बलवर्धक हलका व्यायाम
Callose, Callous	दृढ़त्वची, घट्ठादार, किणधु, किणमय, सख़्त मोटा
Callosity	दृढ़त्वक्ता, घट्ठापन, किणता
Callow	पंखहीन, बेपर, अपरिपक्व
Callus, Calli (pl.)	नवप्ररोह, कोपल, मांसग्रन्थि, घट्ठा, किण
Callus ulcer	कठोरव्रण, घट्ठा घाव
Calm, Calms	शान्त, निश्चल, अक्षुब्ध

English	Hindi
Calmative	शामक, प्रशान्तक
Calomel	रसकपूर (रेचक औषधि)
Calor	ऊष्मा, उष्णता
Caloreceptor	ताप संवेदांग
Calorescence	तापदीप्ति, अवरक्तदीप्ति
Calorescent	तापदीप्त, अवरक्तदीप्त
Calori- (prefix)	उष-
Caloric	उषिक, उषिकीय
Caloricity	उषवत्ता, उषिकता
Calorie, Calory	उष, ऊष्मांक
Calorifacient	उषप्रद, ऊष्मादायी
Calorific	ऊष्मीय
Calorification	ओषण
Calorify	ऊष्मा देना, उष प्रदान करना
Calorigenic	उषजनी
Calorimeter	उषमापी, ऊष्मांकमापी
Calorimetry	उषमिति, ऊष्मामिति
Calotropis, (*Calotropis* sp., a flowering poisonous shrub of family Apocynaceae), Milk weed, Crown flower	आक, मदार, अर्क
Calotte	टोपिका, टोपी
Caltrop (*Tribulus terristris*, an annual noxious weed plant of family Zygophyllaceae)	गोखरू (एक दुर्दम्य औषधीय कण्टकी फल वाला तृण पादप)
Calumet	हुक्का
Calvarium, Calvaria (pl.)	मस्तिष्क-छदास्थि
Calve, Calving	वत्सजनन, बछड़े जनना, ब्याना, हिमपात
Calx (calcium oxide)	भस्मक, खनिज भस्म, चूना, छोटा पत्थर, एड़ी
Calyceal stone	पुष्पीय अश्मरी, पुष्पाश्मरी (वृक्क में)
Calyciferous	कलीयुक्त
Calyculate	चषकाभ
Calyculus	सहपत्र चषिका, आलवालिका
Calymma, Kalymma	श्लेष द्रव, श्लिषिरस
Calypter, Calyptra	मूलगोप, अधिवेष्ट
Calypterate, Calyptrate	प्रावर वेष्टित, अधिवेष्टित, अधिवेष्टयुक्त
Calyptriform	अधिवेष्टरूपी
Calyptrogen	मूलगोपजन

English	Hindi
Calyx, Calices (pl.)	बाह्यदल पुञ्ज, आलवाल, पुष्प (वृक्क में) पुष्पकोश, कर्णिका
Calzone (Italian pizza with vegetables)	गुझिया (एक प्रकार का पिज़्ज़ा)
Camber	आकुब्जन, वर्तुल उभार देना
Cambium, Cambia (pl.)	एधा (तने का एक पादप ऊतक)
Camel (*Camelus* sp., a large long necked humped desert mammal of family Camelidae)	ऊँट, उष्ट्र (एक पालतू मरुस्थलीय भारवाहक/सवारी पशु)
Camelopard, Giraffe (*Giraffa camelopardalis,* a long necked even-toed ungulate ruminant mammal of family Giraffidae)	ज़राफ़ा, ज़िराफ़ (एक शाकाहारी सबसे ऊँचा वन्य स्तनधारी प्राणी)
Camera	रूपित्र, कैमरा
Camomile (a herb of family Asteraceae, used to make medicinal infusion), Chamomile	सिमोज्जवला, बबूना (एक सूरजमुखी कुल का कपूरगन्धी औषधीय पौधा)
Camouflage	निगोपन, छद्मावरण, छल
Camouflet	विस्फोट विवर
Campanula	घण्टापुष्प
Campanulate, Campaniform, Campanaceous, Campanuliform	घण्टीदार, घण्टीवत्, घण्टाकार
Campanuline	घण्टिकी
Campestral	क्षैत्रिक, क्षेत्रज, क्षेत्ररोही (पौधा), क्षेत्रीय
Camphoid	कर्पूराभ, कपूर जैसा
Camphor (an aromatic white crystalline extract from *Cinnamomum camphora,* a tree of family Lauraceae)	कर्पूर, कपूर (दक्षिण पूर्वी एशियाई देशों का एक उपयोगी औषधीय वृक्ष)
Camphor oil	कर्पूर तैल, कपूर तेल
Camphorate, Camphorize, Camphoration	कपूरयुक्त करना, कर्पूरित करना, कर्पूरण, कर्पूर-साधन, कर्पूर व्यापन
Camphorated	कर्पूरित, कर्पूर व्याप्त
Camphoric	कर्पूरिक
Campilognathia	वक्रहनुता (टेंढ़ा जबड़ा)
Campimeter	दृश्यक्षेत्रमापी
Campimetric	दृश्यक्षेत्रमितीय
Campimetry	दृश्यक्षेत्रमिति
Camptodactylia, Camptodactyly	वक्रांगुलिता, नतांगुलिता
Campylotropous	वक्रावर्ती, वक्रानुवर्ती
Can	वपनी, डिब्बा, सकना (समर्थ)
Canal	नहर, कुल्या, नाल
Canalicular, Canaliculate	कुल्यावत्, खाँचयुक्त, नालाकार
Canaliculus, Canaliculi (pl.)	सूक्ष्मनलिका, कुल्यिका
Canalization	कुल्याकरण, नालन
Canary	पीतारक्त, कनारी (एक छोटी पीली चिड़िया)
Canaster	तम्बाकू की सूखी पत्ती का चूर्ण
Cancellation	निरसन, विलोपन, अपवर्तन
Cancellous, Cancellus, Cancellate	जालिकामय, जालीदार, सरन्ध्र, छिद्रिल, सुषिर
Cancellous bone	सुषिर अस्थि
Cancer	कर्क (राशि), कर्कटार्बुद, यमार्बुद
Canceremia	रक्तार्बुद
Cancericidal, Cancerocide	अर्बुदनाशक, अर्बुदघ्न कैंसरनाशी, अर्बुदघ्नी
Cancerigenic, Cancerogenous	अबुर्दजनिक, कैंसरोत्पादी
Cancerization	अर्बुदन, कैंसरभवन, कैंसरकरण
Cancerology, Cancrology, Oncology	अर्बुदविज्ञान, अर्बुदिकी, कैंसरविज्ञान, कर्क रोग विज्ञान
Cancerous, Cancrine	अर्बुदीय, कर्कवंशी, कैंसरयुक्त
Cancer wart	अबुर्दान्तिक
Cancriform	कर्करूपी, अर्बुदाकार
Cancroid	कर्काभ, कर्कटाभ, कैंसरवत्
Cancrum, Cancra (pl.) (a rapidly spreading ulcer)	कर्कव्रण (तेजी से फैलने वाला घाव)
Cancrum oris	मुखकोथ (मुँह का कैंसरीय फोड़ा)
Candela (cd, a unit of luminosity)	कैन्डेला (ज्योतिर्मयता की एक इकाई)
Candelabrum	दीपाधार, दीपवृक्ष, झाड़
Candescense (glow with heat)	दीप्तोष्णता, उष्णदीप्ति

Candescent (derived from a Latin word candere means to shine)	दीप्तोष्ण, उष्णदीप्त
Candicans, Candicant	उज्ज्वल
Candida bezoar	कैन्डिडा कन्दुक (आमाशय में बना एक कवक गुच्छ)
Candidemia	कैन्डिडा (एक कवक) रक्तता
Candidiasis, Candidosis (an infection of *Candida* sp., an yeast of class Saccharomycetes)	कैन्डिडा संक्रमण, कैन्डिडता
Candied	चाशनी में लपेटा या पागा हुआ
Candituft, Candytuft	चिपिट गुच्छ
Candle	वर्ति, वर्तिका, मोमबत्ती, सिक्थवर्ति
Candle power (a unit of light intensity = 0.981Candela)	वर्ति-शक्ति
Candy	मिसरी, पागना, खाण्डक, सितोपल
Cane (*Arundo* sp., and *Arundinaria* sp., a perennial grass of family Poaceae with flexible long woody stem)	बेंत, बेंत बुनना, बेंत लगाना/ मारना
Canescent	भस्मवर्णी, सितरोमी, जीर्णवर्णी
Cane sugar	इक्षुशर्करा, गन्ने की चीनी
Cangue	काठ, काष्ठबन्ध
Canid	श्वान (कुत्ता) वर्गीय सर्वभक्षी जन्तु
Canine	श्वान (कुत्ता) वंशी
Canine tooth	श्वदन्त, कुकुरदाँत, रदनक
Canister	कनस्तर (टिन का डिब्बा), अल्परास, प्रक्षेपणास्त्र
Canker (a fungal infectious disease of plants)	नासूर, वल्कव्रण, कीटरोग घाव
Canna (*Canna* sp., a flowering rhizomatous garden plant of family Cannaceae)	कैना, देवकली, सर्वजया (फूल)

Cannabic	भाँग सम्बन्धी
Cannabism	भाँग विषाक्तता
Canned	वपनीयित, डिब्बाबन्द
Cannibal	नरभक्षी, मानवभक्षी
Cannibalism	नरभक्षिता, मानवभक्षण
Cannibalize, Cannibalization	मशीन के पुराने पूर्जो का उपयोग करना
Cannikin	डोलची, छोटी बाल्टी
Canning	वपनीयन, वपनीभरण, डिब्बाबन्दी
Cannon	तोप, पिण्डली
Cannon ball (*Xylocarpus* sp., a coastal mangrove medicinal tree of family Meliaceae, with useful capsule type fruits)	तोपगोला, परुषफल, समुद्रफल, रूक्षफल
Cannon ball tree (*Couroupita guianensis*, a deciduous medicinal tree of family Lecythidaceae, native to rain forests of central and south America)	नागलिंग
Cannon bone	नालास्थि, नली
Cannula, Canula	लघुनलिका, शोषनाल, सूजा
Cannular	नलिकाकार, नालीय
Canola, Rapeseed (*Brassica napus,* a flowering annual cultivated herb of family Brassicaceae, seeds are used for edible oil and biodiesel)	सफ़ेद सरसो, राई
Canonical	प्रामाणिक, आप्त, प्रनियमानुकूल
Canopy	वितान, छत्र, छतरी, चँदोवा
Canorous	श्रुतिमधुर
Cant	प्रवणतल, झुकाव, तिर्यकता
Cantaloupe (*Cucumis melo* var. *cantalupensis,* a flowering annual cultivated creeper of family Cucurbitaceae, with edible ripe big fruit), Rock melon	विलायती ख़रबूज़ा (कद्दूकुल का एक सुगन्धित भोज्य फल)

Cant angle तिर्यक कोण
Cantharides हरिभृंग्य
Cantharidin, Cantharidinum हरिभृंग
Cantharidism हरिभृंगविषाक्तता, हरिभृंग्यता
Cantherelloid भृंगारकाभ
Cantherellus भृंगारक
Canthoplasty कोणसन्धान
Canthus, Canthi (pl.) अपांग, नेत्रकोण, अक्षिकोणक, आँख का भीतरी कोर
Cantilever भुजोत्तोलक, बाहुधारक, प्रास
Cantle टुकड़ा, पिछाड़ी
Canvas किरमिच, पाल, चित्रपट
Caoutchoue कुचुक, प्रघृषि, कच्चा रबर
Cap टोपी, छद, आच्छाद, शीर्ष
Capability सामर्थ्य, क्षमता
Capacious विस्तृत, विशाल, फैला हुआ
Capacitor सन्धारित्र
Capacity, Capacitance क्षमता, धारिता
Caper (*Capparis spinosa*, a perennial spiny flowering medicinal shrub of family Capparaceae with edible flower buds called as capers) उछाल, कूद-फाँद, करील (एक झाड़ी/फूल)
Capicitate, Capacitation सक्षम बनाना, धारण, सन्धारण
Capillaritis केशिकाशोथ
Capillarity केशिकत्व, केशालता
Capillary केशिका, केशिकीय, केशाल, केशिका-
Capillate, Capillaceous केशयुक्त, रोममय, रोमी
Capillitium, Capillitia (pl.) सूत्रपाश
Capital मुण्ड, राजधानी, पूँजी
Capitate समुण्ड, समुण्डिका, मुण्डाकार
Capitatum, Magnum महामणि (कलाई की बड़ी हड्डी)
Capitellate समुण्डक, मुण्डकमय
Capitellum, Capitella (pl.) मुण्डिका
Capitiform मुण्डरूप
Capitular मुण्डीय, मुण्ड-
Capituliform मुण्डकरूपी, मुण्डकाकार
Capitulum (inflorescence of plants of family Compositae), Capitula (pl.) मुण्डक
Capnoid, Capnoidic धूम्रवर्णी, कार्बन डाई-ऑक्साइड जैसा
Capnometer धूम्रमापी, प्रांद्विजामापी, कार्बन डाईऑक्साइडमापी
Capnophilic, Capnophilous धूम्ररागी, प्रांद्विजारागी, कार्बन डाईआम्क्साइडस्नेही
Capon बन्ध्य कुक्कुट, बधिया मुर्गा
Capped मुण्डाच्छादित, टोपीयुक्त
Capping मुण्डाच्छादन, टोपी पहनना, टोपन
Capreolate प्रतानवत्
Caprice मौज, तरंग, सनक
Capricous मौजी, सनकी, चञ्चल
Capricousness चञ्चलता, सनकीपन
Caprification कृत्रिम परागसेचन
Capri fig जंगली अञ्जीर
Caprin नारिकेलि
Caprine अज (बकरा) वंशी, अजरूपी
Capriole उछाल (घोड़े की), कुलाँच
Capsicum, Bell pepper शिमला मिर्च, पहाड़ी मिर्च
Capsid विषाणुचोल, कवच
Capsitis वीक्षसम्पुटीशोथ
Capsize पलट जाना, उलटना, औंध जाना
Capsomere कवचखण्ड, विषाणु चोलांश
Capsular सम्पुटीय
Capsulate सम्पुटमय,
Capsulated सम्पुटित
Capsule सम्पुट, प्रावर, बीजकोष
Capsuling सम्पुटन, प्रावरण
Capsulitis सम्पुटीशोथ
Captaculum, Captacula (pl.) प्रस्पर्शक
Caption अनुशीर्षक
Captivity अभिग्रहीतता, बन्धन, गिरफ़्त, क़ैद, बन्दी-स्थिति
Capture अभिग्रहण, प्रग्रहण, बन्दीकरण
Captured अभिग्रहीत, गिरफ़्तार
Caput medusa, Caput medusae (pl.) छत्रक शीर्ष
Caputmortuum तलछट
Capybara (*Hydrochoerus hydrochaeris*, a largest slender कैपीबारा (दक्षिणी अमेरिका का सुअर के आकार का चूहे जैसा एक जंगली स्तनधारी)

leaf eater amphibious rodent of family Caviidae with slightly webbed feet and vestigial tail)	
Caracal (*Caracal caracal,* a wild nocturnal carnivorous endangered mammal of cat family Felidae)	स्याहगोश, कैराकेल
Carambola, Star fruit (*Averrhoa carambola,* a tropical evergreen tree of family Oxalidaceae)	कमरख (एक खट्टा ऑक्ज़ेलिक अम्ल युक्त फल)
Caramel	दग्ध शर्करा, जली चीनी
Caramelize, Caramelization	दग्धाना, जलाना (हल्का भूरा होने तक)
Carapace	पृष्ठवर्म, बाहरी कड़ा खोल
Carat, Karat (pure gold is of 28 carat)	कैरेट (स्वर्ण के शुद्धता की एक इकाई)
Caraway (*Carum carvi,* a biennial flowering herb of family Apiaceae with achene type fruits seeds of culinary and medicinal use), Persian cumin	काला जीरा, स्याह जीरा (एक बीज मसाला)
Carbohaemia, Carbohemia	प्रांद्विजारक्तता, कार्बन डाई ऑक्साइड रक्तता
Carbohydrate, Carb	प्रांगोदीय, कार्बोज
Carbohydraturia	प्रांगोदीयमूत्रता
Carbolic acid	प्रांगवाम्ल, कार्बोलिक अम्ल
Carbolism (carbolic acid or phenol poisoning)	प्रांगवविषालुता, फिनॉलविषाक्तता
Carboluria	प्रांगवमेह, फिनॉलमूत्रता
Carbon (derived from Latin word carbo means coal, an element constitutes all organic compounds with two isotopes and symbol C)	कार्बन, शुद्ध कोयला, प्रांगार
Carbon arc	कार्बन चाप
Carbon capture and storage (a technology to capture CO_2 emitted by a unit and condensed for storage)	कार्बन प्रग्रहण एवं भण्डारण
Carbon credit (an incentive as loan for completing target in reducing CO_2 as green house gas emitted per person or industrial unit)	कार्बन ह्रास ऋण, कार्बन कटौती पर उधार
Carbon dioxide (CO_2)	प्रांगारद्विजारेय (प्रांद्विजा), कार्बन डाई-ऑक्साइड
Carbon extraction (a technique to remove CO_2 from atmosphere for controlling climate change)	कार्बन निष्कर्षण (वातावरण से कार्बन डाई-ऑक्साइड व अन्य हरित गैसों को निकालकर उपयोगी पदार्थ में बदलने की विधि)
Carbon index (a criterion for emission level of CO_2 and green house gasses causing climate change)	कार्बन-उत्सर्जन सूचकांक
Carbon paper (a copying paper coated with carbon on one side)	मसीपत्र (कार्बन लेपित काग़ज़)
Carbon sink	कार्बन-कुण्ड (CO_2 प्रयुक्त करने वाला थल व जलीय हरित क्षेत्र)
Carbonaceous	कार्बनमय, कार्बनीय, प्रांगारमय
Carbonation	प्रांगारीयण, कार्बनायण
Carboniferous	कार्बनी, कार्बनयुक्त
Carbonification	प्रांगारीभवन, कार्बनीभवन
Carbonigenous	प्रांगारजनी, कार्बनजनक
Carbonization	प्रांगारण, कार्बनीकरण
Carbon tax	कार्बन कर (कार्बन उत्सर्जन पर अर्थदण्ड)
Carbonuria	प्रांगारमेह, कार्बनमूत्रता
Carborundum	सान पत्थर, करण्ड
Carboxylation	प्रांगजारलन, कार्बोक्सिलीकरण

English	Hindi
Carboy	कुप्पी, कराबा, परिघ
Carbs, Carb food (edible carbohydrates or carbohydrate rich food)	शर्करा, खाद्य शर्करा, कार्बोज, शर्करा भोजन
Carbuncle, Carbunculus, Carbunculi (pl.)	छिद्रार्बुद, व्रण, फोड़ा, लाल, अदीठ, माणिक्य, मानिक (रत्न)
Carcass	पशुशव, जानवर की लाश
Carcerulus	चतुरादिवेश्म (फल)
Carcinogen	यमार्बुदजन, कैंसरकारी
Carcinogenesis	यमार्बुदजनन, कैंसरोत्पत्ति
Carcinogenic, Carcinogenous	यमार्बुदजनिक, कैंसरजनी
Carcinogenicity	यमार्बुदजनिता कैंसरोत्पादकता
Carcinology, Carcinomatology	कर्कविज्ञान, यमार्बुदविज्ञान, अध्यर्बुदविज्ञान, कर्कटविज्ञान
Carcinolysis	अर्बुदकोशालयन
Carcinolytic	अर्बुदकोशालयी
Carcinoma, Carcinomata (pl.)	अध्यर्बुद, कर्कटार्बुद, नासूर
Carcinomatoid	अध्यर्बुदाभ
Carcinomatosis, Carcinosis, Epitheliomatosis	अध्यर्बुदता
Carcinomatous	अध्यर्बुदीय
Carcinomelcosis	व्रणाध्यर्बुदता
Card	पत्रक, पत्ता, पत्र, धुनना (रुई को)
Cardamom (*Elettaria* sp., and *Amomum* sp., a perennial herb of ginger family Zingiberaceae, with aromatic seeds in green/black pods of culinary use), Cardamon, Cardamum	इलायची (एक औषधीय मसाला)
Cardi, Cardio	हृदय, हृद्-
Cardia	हृत्ता, हृदयता, हृदयमयता
Cardiac (a Greek word kardia means heart or upper orifice of stomach connecting to oesophagus)	हृदीय, हृदय, हृद्, हार्दिक, जठरागमी, हृदौषधि, हृदय सम्बन्धी

English	Hindi
Cardiac arrest	हृदयाघात, हार्दिक विराम
Cardiac failure	हृद्पात
Cardialgia	हृद्दाह, हृद्शूल
Cardiant	हृदोत्प्रेरक
Cardiectasis	हृद्स्फारण
Cardiform	कंकतरूपी, कंकताकार
Cardinal	प्रमुख, कुब्ज़ा, लोहित, आधारभूत
Cardinal point	दिग्बिन्दु
Carding	पिञ्जन, धुनाई (रुई की)
Cardio-accelerator	हृद्त्वरक
Cardioactive	हृद्सक्रिय
Cardioangiology, Cardiovasology	हृद्वाहिनी विज्ञान, हृद्वाहिनिकी
Cardioblast	हृद्कोरक, हृद्घट
Cardiodynamic	हृद्गतिक
Cardiodynamics	हृद्गतिकी
Cardiogenic, Cardiogenous	हृदजनी, हृद्जनित, हृदयजनक
Cardiogram	हृदयालेख, हृदयचित्र
Cardiograph	हृदयालेखी
Cardioid	हृद्रूप, हृदयाभ, हृदयवत्
Cardiokinetic	हृद्बलगतिक
Cardiokinetics	हृद्बलगतिकी
Cardiology	हृद्विज्ञान, हृदयविज्ञान
Cardiomalacia	हृद्पेशीमृदुलता
Cardiomegaly	हृद्वर्धिता
Cardiomelanosis	हृद्श्यामता
Cardiometric	हृद्मितीय
Cardiometry	हृद्मिति
Cardiac monitoring	हार्दिक प्रबोधन
Cardiomotility	हृदयविचलन
Cardiomyography	हृत्पेशीलेखन, हृत्पेशीचित्रण
Cardiomyoliposis	हृद्पेशी वसासञ्चय
Cardiomyopathy	हृद्पेशी विकृति, हृद्पेशीरोग
Cardionecrosis	हृद्पेशीक्षय, हृद्क्षय
Cardiopathology	हृदयरोगविज्ञान
Cardiopathy	हृद्रोग, हृदयरोग
Cardiopulmonary	हृद्फुप्फुस
Cardio-stable	हृद्-अपरिवर्त्य, हृद-स्थिर
Cardiotachometer	हृद्स्पन्दनमापी
Cardiotherapy	हृदयचिकित्सा
Cardiothoracic	हृद्वक्षीय, हृद्वक्ष-
Cardiothyro-toxicosis	हृदयाधिवटु-विषरुग्णता, अध्यावटु-हृद्विषजन्य रोग
Cardiotoxic	हृद्विषालु, हृद्विषाक्त
Cardiotoxicity	हृद्विषालुता, हृद्विषाक्तता
Cardiovalvular	हृद्कपाटीय
Cardiovascular	हृद्वाहिकीय, हृद्संवहनी

Carditis	हृद्शोथ
Caribou, Reindeer (*Rangifer tarandus,* a wild herbivorous mammal of deer family Cervidae native to arctic and mountainous region)	कारिबू (एक पर्वतीय मृग)
Caries	क्षरण, अस्थिक्षरण, गलन
Caries of teeth, Dental caries	दन्तक्षरण, दन्तांशन
Carina	नौतल, कूटिका, निधरण
Carinal canal	दारु-कुल्या
Carinate	नौतली, कूटिकीय
Cariniferous	निधरणांग
Cariogenesis	क्षरण
Cariogenic, Cariogenous	क्षयकारी
Cariosity	क्षरणशीलता
Cariostatic	क्षरणस्थिरक, क्षरणस्थापी
Carious	क्षयित, क्षरणग्रस्त, क्षयमान
Carling	बन्धन कड़ी
Carminative	वातहर
Carmine	शोण, रक्तिम, कीटशोणी, ख़ूनी लाल, किरमिजी, कृमि राग
Carnal	दैहिक, शारीरिक, ऐहिक, भौतिक, वैषयिक, कायज
Carnality	कामुकता, विषयासक्ति
Carnassial	विदारी, भेदक (दन्त)
Carnation	गुलाबी (रंग), कार्नेशन
Carneous, Carnose, Carnosus	मांसल, गूदेदार
Carnification	क्रव्यण, मांसलीकरण
Carnify	मांस में बदलना, गूदेदार बनना
Carnivorous	मांसभक्षी, मांसाहारी, क्रव्याद
Carnosin (an antiglycating and antiageing dipeptide β-alanine-L-histidine)	क्रव्यसार (पेशी, हृदय व मस्तिष्क में पाया जाने वाला एक जैव रसायन)
Carnosinemia	क्रव्यसाररक्तता, कार्नोसिनरक्तता
Carnosine	क्रव्यसारी
Carnosinuria	क्रव्यसारमेह, कार्नोसिनमूत्रता
Carnulose	आमांसल

Carom, Ajowan caraway (*Trachyspermum ammi,* an annual crop herb of family Apiaceae, fruits/ seeds are of medicinal and culinary use)	अजवाइन (एक औषधि व मसाला)
Carotid	ग्रैवी, ग्रीवीय, ग्रैविक, ग्रीवा-
Carotid artery	ग्रीवा-धमनी
Carotid body	ग्रीवा-काय
Carotid sheath	ग्रैविक वेष्टन
Carotene, Carrotene	गर्जरैण्य
Carotin, Carrotin	गर्जरि
Carp	शफरी (मछली), शफर, फल, प्रसु, छिद्रान्वेषण
Carpal	मणिबन्धीय, मणिक, अरास्थि
Carpal tunnel syndrome (a painful condition of wrist due to excess use of computer mouse and key board)	हथेली, कलाई व अँगुलियों का पीड़ायुक्त संलक्षण
Carpel	अण्डप, गर्भकेशर, स्त्रीकेशर
Carpellary	अण्डपी
Carpet	गलीचा, दरी, कालीन
Carpet python, Diamond python (*Morelia spilota,* a large semi-arboreal snake of family Pythonidae, native to America and Indonesian islands)	कालीन अजगर
Carpid	अण्डपक
Carpocephalum	फलन्धर
Carpogonial	फलयोनिक, फलयोनि-
Carpogonium, Carpogonia (pl.)	फलयोनि, अण्डधि
Carpologist	फलविज्ञानी
Carpology	फलविज्ञान, फलरचनाविज्ञान
Carpomania	फलोन्माद
Carpomaniac	फलोन्मादी
Carpometacarpous	मणिबन्ध शलाका
Carpophore	अण्डपधर, प्रावरवृन्त
Carpos	पञ्चम पादक
Carposperm	निषिक्ताण्ड
Carposporangium, Carposporongia (pl.)	फलबीजाणुधानी

English	Hindi
Carpospore	फलबीजाणु, प्रावरबीजाणु
Carpotropism, Carpotropy	फलानुवर्तिता, फलानुवर्तन
Carpus	मणिबन्ध, कलाई की हड्डी
Carqueja (*Baccharis* sp., a flowering shrub of family Asteraceae, native to south America)	भटकटैया (एक औषधीय पौधा)
Carr	दलदल
Carrier	वाहक, संवाहक, धारक
Carrion	पूतिमांस, सड़ा मांस, सड़ा हुआ
Carrion flower/ plant (plant with flowers smelling like rotten dead animal or flesh)	सड़ा फूल/पौधा
Carrot (*Daucus carota,* a herb of family Apiaceae) with β - carotene in root)	गाजर, गर्जर (नारंगी व लाल बैंगनी रूपान्तरित भोज्य शंकुरूपी मूसला जड़)
Carrot grass, Congress grass (*Parthenium hysterophorus,* a flowering noxious weed of family Asteraceae, causes respiratory allergy, contact dermatitis and mutagenicity)	गाजर घास, कांग्रेस घास, चटक चाँदनी (एक झाड़ीनुमा बड़ा दुर्दम्य हानिकारक पौधा)
Carrying angle	वाहक कोण
Cartilage	उपास्थि, कास्थि, कुरकुरी
Cartilaginous	उपास्थीय, उपास्थिमय
Cartilaginous fish (fish of class Chondrichthyes with cartilaginous skeleton)	उपास्थि मीन
Cartilaginification, Chondrification	उपास्थिभवन
Cartilaginiform, Cartilaginoid	उपास्थिरूपी, उपास्थिसदृश, उपास्थिवत्
Cartography	मानचित्रण, मानचित्रकारी, नक़्शानवीसी
Carton	गत्ते का डिब्बा
Cartridge	कारतूस
Caruncle, Caruncula	मासांकुर, अग्रचोल, गलचर्म, शृंगिका, चञ्चुशृंग, बीज-चोलक
Carve, Carving	आकार में काटना, नक़्क़ाशी, तक्षण
Caryolysis, Karyolysis	केन्द्रकलयन, नाभिकांशन
Caryopsis, Caryopses (pl.) (a dry simple type of fruit)	घासफल, संचोलभित्ति (गेहूँ, धान, जौ, मक्का आदि के दाने)
Cascade, Cascading	क्रमप्रपात, सोपानी जलप्रपात, प्रपातन
Case	आवरण, धानी, दशा, मामला, घटना, रोगी
Caseation	किलाटीकरण, पनीरी गलन
Case history	व्यक्तिवृत्त
Casement	चौखटा, आवरण, फरमा
Case study	घटनावृत/व्यक्तिवृत का अध्ययन
Casein	छेना (एक दुग्ध उत्पाद)
Caseous	किलाटी, पनीरीय, दधिवत्
Cash crop	नक़दी फसल
Cashew (nut) (*Anacardium occidentale,* a tropical evergreen tree of family Anacardiaceae, with edible seed)	काजू (मेवा)
Casing	वेष्टन, आवरणी, आवरक भित्ति, धानी
Casket	पीपा
Cask	मञ्जूषा, बक्सिया, शवपेटिका
Casque	शिरस्त्राण
Casserole	पतीली, हाँडी, बटलोई
Cassation, Annulment	अभिशून्यन, मनसूख़ी विलोपन, अपील
Cassava, Mandioca (*Manihat esculenta* an annaul woody shrub of spurge family Euphorbiaceae with starchy tuberous root, a source of tapioca sago)	कसावा, मण्डिका (एक शकरकन्द जैसी जड़ वाला पौधा, जिससे साबूदाना बनाते हैं)
Cassowary (*Casuarius* sp., a flightless bird of family Casuariidae with horny crest, native to New Guinea and Australia)	कसोवरी (शतुमुर्ग़ व एमू से छोटा उष्णकटिबन्धी सर्वभक्षी वन्य पक्षी)

Cast	क्षेपण, निक्षेप, फेंकना, ढालना, डालना
Cast iron (iron with 2.1-4.0 % carbon)	सञ्चायस, ढँलवा लोहा
Cast skin	निर्मोक
Castable	ढालने योग्य, सञ्चकनीय
Castaneous	न्यवरक्तपीत, सिंघाड़े के रंग का
Caste	जाति, वर्ण
Castellated Castellatus	कंगूरेदार, दाँतेदार
Caster	नमकदानी, चीनीदानी
Caster sugar	पिसी सफ़ेद चीनी
Casting	सञ्चकन, क्षिप्ति, पात्र निर्धारण, निर्णायक, संवयन
Castings	पुरीष (केंचुए का मल)
Castor (*Ricinus communis,* a flowering small tree of family Euphorbiaceae), Beaver (*Castor* sp.)	एरण्ड, अरण्डी, रेड़ी (बीजों से औषधीय तेल निकालते हैं), छोटा पहिया, उद्बिलाव
Castor oil	एरण्ड तैल, रेड़ी का तेल
Castrate, Castration	बधिया करना, नपुंसक बनाना, अण्डाकर्षण, बन्ध्यीकरण, नपुंसन
Casu marzu	कासू मार्जू (भेड़ के दूध से बना इटेलियन पनीर)
Cat (*Felis* sp., a wild/domesticated small carnivorous mammal of family Felidae)	बिल्ली, विडाल, मार्जार
Catabiosis	अपजीविता, अधोजीविता
Catabolic	अपचयी
Catabolism	अपचय
Catabolite	अपचयज
Catachresis	अप्रयोग
Cataclysm	महाप्रलय, जलप्रलय, विभीषिका
Catadont, Catodont	अधोदन्ती
Catadromous	समुद्रप्रवासी, अधोगामी समुद्राभिगामी (मृदुजल से खारे जल में जाना)
Catagenesis, Catageny	जैविक प्रतिक्रमण
Catagmatic	अस्थिपूरक
Catalepsy	मूर्च्छा, मिर्गी, अपस्मार, पेशी-प्रतिष्टम्भ, स्तम्भ, स्तब्धि
Cataleptic	अपस्मारी, धनुस्तम्भी
Catalogue	अनुसूची, सूचीपत्र, सारिणी
Catalysis, Catalyses (pl.)	उत्प्रेरण, आवेजन, परिवर्तन
Catalyst, Catalyzer	उत्प्रेरक, आवेजक, परिवर्तक
Catalytic	उत्प्रेरकी, उत्प्रेरणात्मक
Catalytic converter	उत्प्रेरक सम्परिवर्तक
Catalyze	उत्प्रेरित करना, आवेजित करना
Catamenia, Menstruation	आर्तव, ऋतुस्राव
Catamorphic, Catamorphous	सरलान्तरी
Catamorphism, Katamorphism	सरलान्तरण
Catamount (*Puma concolor,* a large wild crepuscular carnivorous mammal of cat family Felidae, native to north America), Cougar	अमेरिकी बिलाव या तेंदुआ
Catanation	शृंखलन
Catanoid	शृंखलाभ
Cataphoresis	धनकण सञ्चलन, निगति
Cataphylaxis	रोग प्रतिरक्षण
Cataphyll	अधःपत्र, अधोपत्र, अपपर्ण
Cataphyllous	अधोपर्णी, अपपर्णी
Cataplasia, Cataplasis	कोशिकता ह्रास
Cataplasm	अपवृद्धि, उपनाह, पुलटिस
Catapult	अस्त्र अवक्षेपी, शिलाप्रक्षेपक, गुलेल
Cataract	मोतियाबिन्दु (एक नेत्ररोग), जलप्रपात
Catarrh	नज़ला, जुकाम, पीनस
Catarrhal	नज़ला सम्बन्धी, पैनस
Catarrhal fever	पीनस ज्वर, जुकामी बुख़ार
Catastrophe	अनर्थ, विपत्ति, महासंकट
Catastrophical intensity	आपाती तीव्रता, प्रलय तीव्रता
Catathecium Catathecia (pl.)	अधोवृत
Catatonic	मिर्गीग्रस्त, अपस्मार पीड़ित
Catatropia, Catotropia	अधोदृष्टि
Catch crop	अन्तर्वर्ती फसल, ज़ायद फसल

Term	Hindi
Catchment	जलग्रह, जलग्रहण, आवाह
Catechu, Cachou, Gambier (tannin/brown dye from bark of *Acacia catechu Senegalia catechu,* a tree of family Leguminosae)	खैर (चमड़ा कमाने के लिए), खदिर, कत्था (पान के साथ खाने के लिए)
Categorisation	प्रवर्गीकरण
Category	श्रेणी, प्रवर्ग, कोटि
Catena	शृंखला, कड़ी
Catenary	माला, मालारूपी, रज्जुवक्र
Catenate	शृंखलाबद्ध, शृंखला में बाँधना
Catenation	शृंखलन, शृंखलाबन्धन
Catenoid, Catenulate	शृंखलावत्, मालाभ
Caterpillar (larva of insects of order Lepidoptera including butter flies and moths)	इल्ली, सूँड़ी, चक्रपट्टी
Cat fish (a food fish of order Siluriformes with barbles like whiskers of cat and venomous sting on pectoral fins)	विडाल मत्स्य, अशल्कमीन
Cat gut	ताँत, रोदा
Catharsis	विरेचन, दस्त, भावोन्नयन, रेचन
Cathartic	विरेची, दस्तावर, विरेचक
Catheresis	दुर्बलता (औषधिजन्य)
Catherine wheel	अतिशबाज़ी वाली चर्खी
Catheter	नाल-शलाका, लचीली नलिका, प्रसारक
Catheterize	लचीली नली (कैथेटर)
Catheterization	लगाना, नलिकायन, नालन
Cathetometer	ऊर्ध्वतलमापी, ऊर्ध्वतामापी
Cathode (a negative electrode emitting electrons)	ऋणाग्र, निद्वार
Cation (an ion with positive electric charge)	धनायन
Cationic	धनायनी, धनायनिक
Catkin, Amentum (a cylindrical slim type of inflorescence)	मञ्जरी (शहतूत के फूल), विलम्ब-शूक
Catling, Kitten	विडाल शावक, बिल्ली के बच्चे
Catodont, Catadont	अधोदन्ती
Catoptric	प्रतिबिम्बीय, परावर्ती
Catoptrics	परावर्तन विज्ञान, परावर्तिकी
Cat's eye (a stone and retro-reflective safety device on roads)	लहसुनिया (पत्थर), पक्की सड़क पर अँधेरे में चमकने वाले संकेतक
Cattle	पशु, ढोर, मवेशी, गोरू
Cattle plague	पशुप्लेग, पोंकनी
Caudal	पुच्छीय, पौच्छ, पुच्छ-
Caudate	पुच्छिल, सपुच्छी, पुच्छी (जन्तु)
Caudex	स्तम्भ
Caudicle	सूत्रिका
Caudula	पुच्छक
Caul, Cowl	शीर्षावरण, शिरोवेष्टन, झिल्ली, जरायु
Cauldron	कड़ाहा, हण्डा
Caulescence	स्तम्भवर्धन
Caulescent	दृश्यस्तम्भी, स्तम्भमान, तनादार
Caulicole, Caulicolous	स्तम्भरोही (पौधा)
Cauliflorous	स्तम्भपुष्पी
Cauliflower (*Brassica oleracea,* an annual flowering herb of family Brassicaceae edible as vegetable after cooking)	फूलगोभी (एक भोज्य पुष्पगुच्छ वाला शाक)
Cauligenous	स्तम्भभृत, स्तम्भजनी
Cauline	स्तम्भिक, स्तम्भीय
Caulocystidium, Caulocystidia (pl.)	छत्र वृन्त कोष्ठिका
Caulome	प्रस्तरम्भ
Causal factor, Causative factor	हेतुक कारक, कारण (रोग/घटना का)
Caustic, Caustical	दह, प्रदाही, क्षारक
Causticity	दहत्व, प्रदाहिता, क्षारकता
Caustize, Causticization, Caustify, Caustification	दहन करना, दहकरण
Cauterant	प्रदाहक, दाहक, दाही
Cauterise, Cauterize	दागना (गर्म लोहे से), मांस जलाना, कठोर बनाना
Cautery, Cauterization	मांसदाह, मांसदहन, दागना, मांस दग्धाना, दाहन, प्रदाहन

English	Hindi
Cava, Vena cava	महाशिरा
Cavation	खनन, खुदाई
Cave, Cavern, Caverna	गुफा, गुहा, खोह, विवर
Cavernosal nerve	छिद्रिल तन्त्रिका
Cavernous	सुषिर, छिद्रित, विवरमय
Caviar, Caviare (salted eggs of sturgeon fish)	नमकीन किया मछली का अण्डा, लवणित मत्स्याण्ड
Cavitation	गुहिकायन, कोटरन
Cavity, Cavum	गुहा, गुहिका, कोटर, गर्त
Cavography	महाशिरालेखन
Caw	काँव-काँव करना
Cay	प्रवाली, मूँगे की चट्टान
Cayenne pepper, Cow horn pepper	तेज़ लालमिर्च
Cayman, Caiman (a fresh water alligatoroid crocodilian amphibious reptile of sub-family Caimaninae)	मकर (एक प्रकार का मगरमच्छ)
Cease, Ceasing	रुक जाना, निवर्तन, विराम, पर्यवसान
Cebola, Cebolla (a Portuguese and Spanish word for onion bulb)	प्याज कन्द
Cecidium, Cecidia (pl.)	पिटिका
Cecity	अन्धता, दृष्टिहीनता, अदृश्यता
Cecostomy, Caecostomy	अन्धान्त्रछेदन
Cedar (*Cedrus* sp., a coniferous alpine tree of family Pinaceae)	देवदारु, देवदार (एक पर्वतीय वृक्ष)
Cedar wood oil	देवदारु तैल
Cedrium	दारुतैल
Ceiling	अन्तश्छद, भीतरी छत, उच्चतमांक, सीमांत
Ceilometer (a device to measure height of cloud base)	मेघतलमापी
Celadon, Willow green	काही (रंग)
Celanese	कृत्रिम रेशम
Celatene blue	शुक्तल-कोशाधु नील
Celeriac (a thickened edible aromatic root of celery)	अजमोदा (जड़)
Celerity	शीघ्रता, तेज़ी, त्वरित गति
Celery (*Apium graveolens*, a marsh land plant of family Apiaceae with aromatic petiole and root)	प्रयवानी, अजमोद, अजवाइन
Celeste, Celestial	खगोलीय, आकाशीय, दिव्य
Celestial body	खगोलीय पिण्ड, खपिण्ड
Celialgia, Celiodynia, Abdominalgia, Colic	उदरशूल
Celibacy	ब्रह्मचर्य
Celibate, Bachelor, Unmarried	कुँवारी/कुँवारा, अविवाहित, ब्रह्मचारी
Celioma, Celioncus, Celiophyma, Celiothelioma, Mesothelioma	उदरार्बुद
Celiomyositis	उदरपेशीशोथ
Celioscope	उदरदर्शी
Celioscopy	उदरदर्शन, उदरवीक्षण
Cell (a unit structure of all living organisms)	कोशिका, कोशा, प्रकोष्ठ, कोष्ठिका
Cella	गर्भगृह
Cell biology	कोशिकाजीवविज्ञान, कोशाजैविकी
Cell culture	कोशिका संवर्ध, कोशासंवर्धन
Cell cycle	कोशिका चक्र
Cell differentiation	कोशिका विभेदन
Cell division	कोशिका विभाजन
Celled	कोष्ठित, कोशित, कोशावान्
Cell junction	कोशिका सन्धि, कोशासंगम
Cell line	कोशिका जीवपुञ्ज, कोशा स्तर, कोशिका पर्त
Cell membrane	कोशिका कला, कोशा झिल्ली
Cell organelle, Cellorganelles (pl.), Organoid	कोशा अंगक, कोशिका अंगिका

Cellophane काचाभ काग़ज़, चिकना काग़ज़, अमरी
Cell sap कोशा रस, कोशिका तरल
Cellular कोशिकीय, कोशीय, कोष्ठात्मक
Cellule लघुकोशिका
Cellulite (subcutaneous deposition of fat causing dimpling of skin, especially women's hip, buttocks and thighs) अधश्त्वचीय वसानिक्षेप
Cellulitis लघुकोशिकाशोथ, संयोजक प्रदाह
Celluloid (a thermoplastic composed of nitrocellulose and camphor) कोशाध्वाभ, काष्ठकर्पूर, कचकड़ा, जिन कपास
Cellulose (a polysaccharide in plant cell wall) कोशाधु
Cellulosic (a plastic made from cellulose) कोशाध्विक
Cellulosity कोशाधुता
Cellulotoxic लघुकोशिकाविषालु
Cellulotoxicity लघुकोशाविषाक्तता, लघुकोशिकाविषालुता
Cellulous लघुकोशिकीय
Cell wall (occurs only in plant cells) कोशिका भित्ति, कोशाभित्ति
Celsius (°C, a temperature scale named after Swedish astronomer Anders Celsius 1701-1744 A.D.) सेल्सियस (वर्ष 1948 ई. से सेन्टीग्रेड के स्थान पर प्रयुक्त तापमान का एक पैमाना)
Cement श्लेष, वज्रचूर्ण, संयोजित करना
Cementation संयोजन, संश्लेषण, जुड़ाई
Cementitious mixture संयोजी मिश्र, सीमेण्टी मिश्रण
Cementum (a calcified substance covering root of tooth) दन्तवज्र, दन्त सीमेन्ट
Cenogenesis, Cenogeny नवोत्पत्ति, अभिनवजनन
Cenosis, Coenosis जीवमण्डल, बहुप्रमुखक
Cenospecies नवप्रजाति, नूतन जाति
Cenotoxin, Kenotoxin क्लान्ति आविष, श्रमाविष
Cenotype नवप्ररूप
Cenozoic, Coenozoic, Cainozoic नवजीवी, नूतनजीवी, नूतनकल्प (एक कालखण्ड)
Cense धूप देना, धुआँ से सुगन्धित करना
Censer समुच्छल, धूपदानी
Centaur किन्नर
Center, Centre केन्द्र, मध्य, कमरबन्द
Centered, Centralized केन्द्रित
Centering, Centring केन्द्रण, ढूला, केन्द्र में लाना
Center of gravity गुरुत्वकेन्द्र
Centi- (prefix) शतांश, शत-
Centigrade (°C) शतांशिक, सेन्टीग्रेड (तापमान का एक पुराना पैमाना)
Centinarian शतजीवी, शतायु
Centipede (a terristrial arthropod of class Chilopoda with segmented body and paired walking legs) कनखजूरा (एक थलचर सन्धिपाद जन्तु)
Centiplicate, Centuple शतगुणित, सौगुना
Central केन्द्रीय, केन्द्रस्थ
Centralize, Centralization केन्द्रित करना, केन्द्रीकरण
Centralized, Centered केन्द्रित
Central nervous system (CNS) केन्द्रीय तन्त्रिका तन्त्र
Centrebit बरमा, छेदक, वेधक
Centric (al) केन्द्रस्थ, केन्द्रीय, परिकेन्द्री
Centriciput, Mid head मध्यशीर्ष
Centricity केन्द्रीयता, केन्द्रस्थता
Centrifugal अपकेन्द्रीय, अपशीर्षी, केन्द्रापग
Centrifugal force अपकेन्द्री बल
Centrifugation, Centrifuging अपकेन्द्रण, मन्थन, मथना
Centrifuge अपकेन्द्रित करना, अपकेन्द्रित्र, मथित्र
Centrifuged अपकेन्द्रित, मथित
Centrilecithal केन्द्रपीतकी, केन्द्रपीती
Centriole केन्द्रिका, तारक केन्द्र

Centripetal	अभिकेन्द्री, अग्राभिसारी, केन्द्राभिग
Centrode	केन्द्रपथ
Centrodont	तीक्ष्णदन्ती
Centroid	केन्द्रक, प्रकेन्द्र, परिकेन्द्र
Centromere	सूत्र केन्द्र, ग्रीवा-प्रदेश, तर्कु-युज
Centroplasm	तारकद्रव्य
Centrosome	तारककाय, तारा केन्द्र
Centrosphere	केन्द्रावरण
Centrum	आन्तरांग, कशेरुकाय, केन्द्रक
Centuple, Centuplicate	शतगुण, सौगुना
Century plant (*Agave* sp., a perennial tropical succulent xerophyte of family Asparagaceae, with rosette, flowers once then die)	रामबाँस, वनकुमारी, ग्वारपाठा
Cepaceous	पलाण्डुवत्, प्याज जैसा
Cepaeform	पलाण्डुरूप, प्याजरूपी
Cephal-(prefix), Head	सिर, शिर, मुण्ड, शीर्ष-
Cephalalgia, Cephalalgy	शीर्षशूल, सिरदर्द
Cephalic, Cephalous	शीर्षी, शिरस्क, शिरस्य, मानसिक, शीर्ष-
Cephalia,	कपालवृद्धि,
Cephalism, Cephaly	कपालरूपता, शिरस्कता
Cephalochordata (a subphylum of phylum Chordata)	शीर्षमेरुदण्डी (एक जन्तु उपसंघ)
Cephalochordate (animals under subphylum Cephalochordata with notochord in head region)	शीर्ष मेरुदण्डी (प्राणी)
Cephalocyst	शीर्षकोष, शीर्षपुटी
Cephalodium, Cephalodia (pl.)	शीर्ष-अपवर्ध, शीर्षापवर्ध
Cephalodont	शीर्षदन्ती, शीर्षदन्त
Cephalograph	शीर्षालिखी
Cephaloma	शीर्षार्बुद
Cephalomegaly	शीर्षवर्धिता, शीर्षवृद्धि
Cephalomere	शीर्षखण्ड
Cephalometer	कपालमापी (सिर नापने का यन्त्र)
Cephalometric	कपालमापिक, कपालमितीय
Cephalometrics, Cephalometry	कपालमिति, कपालास्थि मापन
Cephalon	शीर्ष, सिर, कपाल, मुण्ड
Cephalont	शीर्षजीव
Cephalophore	बीजाणुगोलधर, बीगोलधर
Cephalophorous	शीर्षधर, सशीर्षी, शीर्षवान
Cephaloplegia	शीर्षाघात
Cephalopod (octopus, squid, cuttlefish, marine molluscs of class Cephalopoda)	शीर्षपाद (एक जलीय घोंघा प्रजाति)
Cephalopoda (a class under phylum Mollusca)	शीर्षपाद (घोंघा प्रजातीय जन्तुओं का वर्ग)
Cephalosome	शीर्षकाय
Cephalosporium, Cephalosporia (pl.)	बीजाणुगोल
Cephalotheca	शीर्षप्रावरक
Cephalothorax	शिरोवक्ष
Cephalotrichous	शीर्षकशाभी, शिखरकशाभी (एक जीवाणु)
Ceraceous	मोम जैसा, सिक्थवत्
Ceramic	मृत्तिका, चीनी मिट्टी
Ceramics	मृत्तिकाशिल्प, मृत्कला
Ceraplastics	सिक्थ-घटन, मोम-घटन
Cerate, Cerated	मोमलेपित, मोमाच्छादित, सिक्थित
Ceratoid	शृंगवत्, शृंगाभ, शृंगिक
Ceratotrichia	शृंगरश्मि
Cercal	लूमी, पुच्छिकीय
Cercaria, Cercariae (pl) (a larva of blood fluke *Schistosoma* sp., a trematode of phylum Platyhelminthes with intermediate host *Bulimus truncatus*, a fresh water snail)	पुच्छडिम्भ
Cercaricidal	पुच्छडिम्भनाशक,
Cercaricide	पुच्छडिम्भनाशी
Cercidium, Cercidia (pl.)	कवकजालिका
Cercus, Cerci (pl.)	लूम, पुच्छिका
Cere	मृदु, मेदुर, मोम झिल्ली
Cereal	अन्न, धान्य, अनाज

Cerebellal निमस्तिष्कीय, निमस्तिष्क-
Cerebellitis निमस्तिष्कशोथ
Cerebellum, Cerebella (pl.) अनुमस्तिष्क, निमस्तिष्क
Cerebral प्रमस्तिष्कीय, प्रमस्तिष्क-, मस्तिष्क-
Cerebralgia प्रमस्तिष्कशूल, मस्तिष्कशूल
Cerebral palsy प्रमस्तिष्क दौर्बल्य, प्रमस्तिष्क संस्तम्भता
Cerebration प्रमस्तिष्क-क्रिया, अचेतन-मनःक्रिया
Cerebriform, Cerebroid प्रमस्तिष्करूपी, प्रमस्तिष्काभ
Cerebritis प्रमस्तिष्कशोथ
Cerebrology प्रमस्तिष्कविज्ञान
Cerebroma प्रमस्तिष्कार्बुद
Cerebropathy, Cerebrosis प्रमस्तिष्कविकार
Cerebro-spinal प्रमस्तिष्क-मेरु
Cerebrum प्रमस्तिष्क
Cerecloth मोमजामा
Ceriferous सिक्थजन, मोमोत्पादी
Cerinus, Wax सिक्थ, मोम
Cerinous, Waxy सिक्थी, सिक्थवर्णी, मोमी
Cerise हल्का लाल रंग, धूमलकी
Cernuous अवनत
Cerography सिक्थोत्कीर्णन, मोम पर नक़्क़ाशी
Ceroid सिक्थाभ, मोमवत्
Ceroma सिक्थाबुर्द
Ceroplastic मोमी, मोम की बनी हुई
Ceroplastics, Ceroplasty सिक्थ-घटन, मोम-घटन
Cerotine सिक्थकी
Certitude निश्चितता
Cerulean आसमानी, गहरा नीला
Cerumen, Ear wax कर्णमोम, कर्णमल, कर्णगूथ, कर्ण सिक्थ
Ceruse सफ़ेदा
Cervical ग्रैव, ग्रैविक, ग्रीवीय, ग्रीवा सम्बन्धी, गर्दन या गर्भाशय का
Cervical cancer ग्रीवा (गर्भाशय) कैंसर
Cervicalgia, Cervicodynia ग्रीवा शूल, गर्दन का दर्द
Cervicalos गर्भाशय ग्रीवा मुख
Cervicitis ग्रीवा (गर्भाशय) शोथ
Cervico-facial ग्रीवा-आननी
Cervico-thoracic ग्रीवा-वक्षीय
Cervics, Cervix ग्रीवा, गर्भाशय ग्रीवा
Cervine मृगवंशी, मृगीय, हिरन सदृश
Cespitose गुच्छिल, दर्मिल
Cessation अवसान, विराम, निवृत्ति
Cesspit, Cesspool, Septic tank मलजल कुण्ड (भूमिगत)
Cesticidal, Cesticide अनान्त्रकृमिनाशक, अनान्त्रकृमिनाशी
Cestiform मेखलाकार, पट्टकृमिरूपी
Cestoda (a class of flat-worms of phylum Platyhelminthes) अनान्त्रकृमि, पट्टकृमि (एक परजीवी वर्ग)
Cestode (flatworms of class Cestoda) पट्टकृमि, अनान्त्र कृमि (एक परजीवी)
Cestoid अनान्त्रकृमिवत्, मेखलाभ
Cestodiasis अनान्त्रकृमिता, पट्टकृमिता, अनान्त्रकृमिग्रसन
Cestodology अनान्त्रकृमिविज्ञान, पट्टकृमिविज्ञान
Cetacea (an order of class Mammalia) तिमिगण
Cetacean (large aquatic mammals like whales, dolphins and porpoises of order Cetacea) तिमिगणीय (जलीय विशाल स्तनधारी जन्तु)
Cetology (study of cetaceans) तिमिविज्ञान
Chadacryst, Xenocryst अन्तःस्फोट
Chaeta, Chaetae (pl.), Seta, Setae (pl.), शूक, दृढ़रोम
Chaetopod शूकपाद (जन्तु)
Chaetotaxy रोमक्रम
Chafe घृषव्रण (घर्षण से हुआ घाव)
Chaff तुष, भूसी, चोकर
Chain शृंखला, जञ्जीर, बेड़ी डालना
Chain reaction शृंखला अभिक्रिया/प्रतिक्रिया
Chain smoker अनवरत धूम्रपायी
Chainlet लघुशृंखला, छोटी जञ्जीर
Chain-mail छल्लों से बना कवच
Chakvad (*Cassia tora,* a medicinal herb of sub-family Caesalpinioideae used as substitute of coffee), Ring worm plant चकवड़ (एक भोज्य शाक)
Chalasia पेशी शिथिलता

Chalastrogastrous	अवृन्तोदरी
Chalaza	निभाग, श्वेतक रज्जु, कुन्तलिका
Chalazogamy	निभागयुग्मन, निभागोद्वाह
Chalcedony (a cryptocrystalline form of silica)	सिक्थ स्फटिक
Chalcid	भुजतन्तु
Chalcitis, Chalkitis (derived from Greek word chalcos means copper and ore also)	ताम्रनिक्षेप (आँख, फेफड़े व अन्य अंग में ताँबे का जमाव)
Chalcogen (elements forming ores, particularly of copper)	अयस्कजन, ताम्रायस्कजन, ताम्रजन
Chalcolithic age, Bronze age	ताम्रपाषाण युग
Chalcophilic, Chalcophilous Chalcophile, (affinity for copper sulphide ore)	गन्धकेयरागी, गन्धकेयस्नेही, अयस्करागी
Chalcosis	फुप्फुस ताम्रधूलिता, फुप्फुस ताम्रधूलिमयता
Chalice	चषक, पानपात्र, कटोरा
Chalice cell, Goblet cell	चषककोशा, प्यालाकोशिका
Chalicosis	फुप्फुस शैलधूलिता, फुप्फुस पाषाणधूलिमयता
Chalk	खड़िया, खटी, चाक
Chalkosis	फुप्फुस खड़िया धूलिता, फुप्फुस खटी धूलिमयता
Chalk syndrome	खड़ियाजन्य रोग संलक्षण
Chalky	खटीवत्, खड़ियामय
Chamber	वेश्म, कोष्ठ, कक्षिका, कक्ष
Chamecephaly, Chamecranism	लघुशीर्षता, लघुकपालता
Chameleon, Chamaeleon (a colour changing reptile as garden lizard of family Chamaeleonidae)	गिरगिट, बहुरूपी, अस्थिर
Chamfer	अवसीता, नाली, खाँचा, पख, तिरछा किनारा
Chamfered	अवसीतित, अवकोणित
Chamois (*Rupicapra* sp., an alpine goat antelope of family Bovidae, native to Europe)	साँभर, साँभर चर्म
Champ	चबाना, चर्वण करना
Chancre	रतिजव्रण, उपदंशीव्रण, रतिव्रण (एक रतिज रोग)
Chancroid	रतिव्रणाभ, रतिजव्रणक
Chandelier	दीपाधार, दीपवृक्ष, झाड़
Change	परिवर्तन, बदलाव, खुदरा, रेज़गारी
Channel	प्रणाल, जलमार्ग, मार्ग, सरणी
Channel flow	वाहिका प्रवाह
Chanterelle	भोज्य कवक, वाद्ययन्त्र का सबसे ऊँचा तार
Chanticleer	मुर्ग़, मुरगा, कुक्कुट
Chap	चमड़ी चिटकना, निचला जबड़ा, छोकरा
Chaparral	झाड़ी वन
Char, Charring	कोयला, अंगार जलाकर कोयला बनाना, झुलसाना, अंगारण, रक्तोदर
Character, Characteristics	चरित्र, लक्षण, कथापात्र, विशिष्टता
Characteristic	अभिलाक्षणिक, लाक्षणिक
Characterization	लक्षणवर्णन, चरित्रचित्रण अभिलक्षणन,
Charcoal	कोयला, अंगार, काष्ठ कोयला
Chard, Swiss chard (*Beta vulgaris,* a biennial/perennial herb of family Amaranthaceae, boiled leaves are edible as spinach beet)	रस पालक
Char dust	अंगार-धूलि, कोयले की धूल
Charge	आवेश, आवेशित या प्रभारित करना, प्रभार, आरोप
Charged	आवेशित, आरोपित, प्रभारित
Charger	आवेशित्र, प्रभारक, युद्धाश्व
Charlatan	कूटचिकित्सक, नीमहकीम
Charnel house	शवास्थिशाला, अस्थिगृह
Chart	सञ्चित्र, सारणी
Chartaceous	काग़ज़ी, काग़ज़रूपी
Chase, Chasing	नक़्क़ाशी करना, खाँचा, अनुधावन, उत्कीर्णन
Chasm, Chasmus	दरार, गह्वर, गह्वरी, विवर
Chasmo-cleistogamy	उन्मील-निमील परागण
Chasmogamous	उन्मील परागणी

Chassis न्याधार, चौकी
Chatter चहक, चहकना, चहचहाहट
Chauffer आतिशदान, अँगीठी
Chaya, Tree of Spinach (*Cnidoscolus aconitifolius,* a large fast growing leafy shrub of family Euphorbiaceae, cooked leaves are edible but raw leaves are toxic due to hydracyanic acid) छायावृक्ष
Cheat meal (a one time or weekly meal with < 250 calories) वञ्चक आहार
Check dam रोधक बाँध
Checker जालचित्ति, परीक्षक, शतरञ्ज, शंकालु (मनोरोगी)
Cheek गाल, कपोल, धृष्टता
Cheek bone, Zygoma गण्डास्थि
Cheek pouch कपोल-धानी
Cheek tooth कपोलदन्त, चौभड़ दाँत, दाढ़
Cheep, Chirp चींचीं करना, चींचीं की आवाज
Cheese दधिक, पनीर (एक दुग्ध उत्पाद)
Cheilitis, Chilitis ओष्ठशोथ
Cheilosis, Chilosis ओष्ठविदरता, होंठ फटना,
Cheiralgia हस्तशूल, हाँथ का दर्द
Chela कीला, सन्दंश, नखर
Chelate नखरी, सन्दंशिक, कीलाभ, कुलीर
Chelation कुलीरन, नखरीयण
Chelator सन्दंशक, कुलीरक, नखरक
Chelicera ग्राहिका
Cheliform पञ्जाकार
Cheliocarcinoma ओष्ठाध्यबुर्द, ओंठ का कैंसर
Cheliped नखरपाद
Chelonian कश्यपीय/कच्छपी, कछुआवंशी, कश्यप/कच्छप जन्तु
Chem-,Chemo-, Chemi-, Chemico-(prefix) रासाय-, रसायन-, रसाय-, रसो-
Chemiatry, Iatrachemistry भेषज-रासायनिकी
Chemiautotroph रसायनी-स्वपोषी
Chemical रसद्रव्य, रासायनिक, रसायन
Chemical balance रासायनिक तुला
Chemical oxygen demand (COD) रासायनिक ऑक्सीजन माँग (एक जल गुणवत्ता प्राचल)
Chemical reaction रासायनिक प्रतिक्रिया
Chemicking रसोपचरण
Chemico-biological रसायजैविक, रसायजीववैज्ञानिक
Chemico-physical रसायभौतिक
Chemiosmotic रसायपरासरणी, रसायासृतीय
Chemist रसायनज्ञ, रसायज्ञ
Chemistry (a scientific study of composition, properties and reactions of materials) रसायनविज्ञान, रसायनशास्त्र रासायनिकी
Chemoadsorption रसायाधिचूषण
Chemo-antigen रसो-प्रतिजन
Chemo-autotroph रसो-स्वपोषी
Chemo-biotic रसो-जैविक
Chemo-carcinogenesis रसायाबुर्दजनन
Chemodynamic रसायन गतिक
Chemodynamics रसायन-गतिकी
Chemocline रसायनप्रवण
Chemogenomics रसायप्रपित्रैकिकी, रसोवंशानुक्रमिकी
Chemohetero-troph(ic) रसायनीपरापोषी, रासायनिकविषमपोषी
Chemoimmunity रासायनिक प्रतिरक्षा
Chemokinesis रसोप्रेरण
Chemokinetic रसोप्रेरक
Chemolipolysis रासायनिक वसालयन, रसोवसांशन
Chemolithotroph(ic) रसाश्मपोषी
Chemolu-minescence रसोसन्दीप्ति
Chemometric रसायनमितीय, रसायनमापीय
Chemometrics रसायनमापिकी
Chemometry रसायनमिति
Chemomorphosis रासायनिक रूपान्तरण
Chemonastic रसायनानुकुञ्चनी
Chemo-prophylaxis रासायनिक रोग निरोधन
Chemoprophylactic रासायनिक रोग विरोधी, रसाय-व्याधि निरोधक
Chemo-psychiatry रासायनिक मनश्चिकित्सा

English	Hindi
Chemo-radiation	रसायनी-विकिरण
Chemoreceptor	रसोग्राही, रासायनिक संवेदांग
Chemo-resistance	रसोसहिष्णुता, रसायन-प्रतिरोध
Chemoresistant	रसोसह्य, रसोसहिष्णु, रसायनप्रतिरोधी
Chemosensory	रसोसंवेदी
Chemosis	नेत्र श्लेष्मला शोफ, अर्जुन रोग (नेत्र का)
Chemosorption	रासायनिक-शोषण, रसायशोषण
Chemosphere	रसायनमण्डल, रसायावरण
Chemostat(ic)	रसोस्थापी, रसायनस्थापी
Chemosterilant, Chemo-sterilizer	रसोनिष्कीटक, रसोबन्ध्यक
Chemosteri-lization	रसोनिष्कीटन, रसोबन्ध्याकरण
Chemosynthesis	रसायसंश्लेषण
Chemosynthetic	रसायसंश्लेषी
Chemotactic	रसायानुचलनी
Chemotaxis	रसायनानुचलन
Chemo-taxonomy	रसायनवर्गिकी, रसोवर्गीकरण
Chemo-therapeutic	रसोचिकित्सीय, रसायनोपचारी
Chemotherapeutics	रसायनचिकित्सा विज्ञान
Chemotherapy	रसायन चिकित्सा, रसोपचार
Chemo-transmitter	रसोप्रेषित्र, रसोप्रेषक
Chemotroph	रसोपोषी, रसायपोषी
Chemotrophic	रसायनपोषित, रसोपोषित
Chemotropic	रसायानुवर्ती
Chemotropism, Chemotropy	रसायानुवर्तन, रसायानुवर्तिता
Chemotype	रसायप्ररूप, रसायनप्ररूप
Chequer	चारख़ानेदार करना, रंग-बिरंगा करना
Chequered	चारख़ानेदार, कर्बुरित, कर्बुर, चितकबरा
Cherry (a drupe type edible fleshy stone fruit of *Prunus avium,* a plant of family Rosaceae)	प्रबदर (वृक्ष/फल), ओलजी
Cherry blossom	प्रबदर पुष्प पुञ्ज, प्रबदर पुष्पणकाल
Cherry red	बदरी-रक्त, प्रबदर-रक्त, अधिरक्तपीत (गाढ़ा लाल पीला)
Chersophyte	बञ्जरोद्भिद्, ऊसरीय पादप
Chest	छाती, वक्षस्थल, वक्ष, तिजोरी
Chestnut	लाल भूरा घोड़ा, आरूणि, लाल भूरा, फलारूणि, कपिश
Cheville	फ़ीता, पादपूरक
Chevron	द्विवेणी, V आकार का
Chevron bone	द्विवेण्यस्थि
Chevrotain, Mouse deer (a wild ungulate smallest mammal of family Tragulidae with 7-16 kg body weight)	छोटा कस्तूरी मृग, पिसूरी
Chew, Chaw, Chewing	चबाना, चर्वण
Chi (*X*, *x*, 22nd letter of Greek alphabet, expresses susceptibility per unit volume)	काई (यूनानी वर्णमाला का 22वाँ अक्षर)
Chia (*Salvia hispanica,* a plant of mint family Lamiaceae)	सब्ज़, सब्ज़ा बीज (एक पौष्टिक आहारपूरक)
Chiaroscuro	प्रकाश-छाया चित्रण
Chiasma, Chiasmata (pl.)	व्यत्यासिका, व्यत्यास, स्वास्तिक
Chiasmatypism, Chiasmatypy	व्यत्यासिता
Chiasmus	व्यतिक्रम
Chiastobasidium	स्वास्तिक प्रकणीधर
Chibol, Spring onion	सागा प्याज (हरी पत्तीदार प्याज)
Chick, Chicken	कुक्कुटशाव, पक्षीशाव, चिड़िया का बच्चा, चूज़ा
Chicken pox, Varicella	चेचक (छोटी माता)
Chickling, Chickling vetch	मटरी, खेसारी, लघुमसूरिका
Chickpea, Gram (*Cicer* sp., a leguminous crop herb of family Fabaceae)	चना, (एक खाद्यान्न व दलहन)
Chick weed, Star weed (*Stellaria media,* an annual temperate herb of family Caryophyllaceae used as vegetable and poultry feed)	बुचबुच

English	Hindi
Chicory (*Cichorium intybus*, a perennial flowering herb of danelion family Asteraceae, leaves are used as salad and forage for livestock)	चिकरी, कासनी (एक पौधा जिसकी जड़ से कॉफ़ी जैसा पेय बनाते हैं)
Chigoe flea (*Tunga penetrans*, a parasitic siphonapteran insect causes tungiasis in man and other mammals)	पिस्सू (एक रोगवाहक परजीवी)
Chikungunya (a female mosquito, *Aedes aegypti*, bite borne fever due to infection of Alfa virus)	चिकनगुनिया (एक प्रकार का बुख़ार)
Chilarium, Chilaria (pl.)	मुखोपांगक
Chilblain	शीतविपादिका, ठण्डक की बिवाई
Child (a young human being below the age of puberty i.e. 18 years and is considered as minor), Children (pl.)	बालक/बालिका, किशोर/किशोरी, नाबालिग
Childhood (a stage between infancy and adulthood)	बाल्यावस्था, बचपन
Chili, Chilli (*Capsicum* sp., a herb of family Solanaceae)	मिर्च (लाल/हरे रंग का एक तीखा भोज्य फल वाला शाक)
Chill	अभिशीत करना, द्रुतशीतल बनाना
Chilled	अतिशीतित, अभिशीतित, बहुत ठण्डा
Chiller	शीतित्र, अभिशीतक, अभिशीतित्र, बहुत ठण्डा करने की मशीन
Chilling	अभिशीतन, द्रुतशीतलन, ठिठुरन
Chilly	शीत, सर्द, ठण्डी
Chimaera (*Chimaera* sp., a cartilaginous marine shark of order Chimaeriformes), Ghost shark, Rat fish, Rabbit fish	चित्रोति, मिश्रोतक, कायमेरा (एक शार्क मछली)
Chime	घण्टनाद, घण्टे की आवाज़
Chimeric, Chimerical	असंगत, निर्मूल, कपोल-कल्पित
Chimney	धूममार्ग, चिमनी, धुवाँरा, धुआँकश
Chimpanzee (*Pan* sp., a primate of family Hominidae)	वनमानुष (एक कपि गण का वन्य स्तनधारी)
Chin	ठुड्डी, चिबुक
Chinablepsia	हिमान्धता
China clay, Kaolin (a hydrated aluminium silicate $Al_2O_3.2SiO_2.2H_2O$ named after Kao-ling hill in China)	चीनी मिट्टी, प्रमृदा
China rose, Shoe flower (*Hibiscus* sp., a flowering shrub of mallow family Malvaceae)	गुड़हल, जपाकुसुम
Chinch, Bug	खटमल, कीटाणु
Chinchilla	कोमल भूरी खाल, एक दक्षिणी अमेरिकी गिलहरी
Chine	घाटी, पर्वत चोटी, खड्ड, पीठ का मांस, मेरुदण्ड
Chink	पतला प्रकाशपुञ्ज, विदर, खनकना, खनखनाहट, दरार
Chip	खण्ड, अपखण्ड, चिप्पड़, चिप्टी
Chiplet	खण्डक, छोटी चिप्पड़
Chipmunk (*Tamias* sp., a small striped omnivorous arboreal rodent of squirrel family Sciuridae)	छोटी गिलहरी (उत्तरी अमेरिका की)
Chipping	अपखण्डन
Chiral	हस्तरूप, हस्तबिम्ब

Chirality	इंगिता, हस्तबिम्बता, हस्तरूपता
Chirapsia	हाथ से मालिश
Chirarthritis, Cheirarthritis	हस्तसन्धिवात, हाथ की गठिया
Chiratin	चिरतिक्ति
Chirology	हस्तांगुलि संकेत विज्ञान
Chiropodist	पाद चिकित्सक
Chiropody	पाद चिकित्सा
Chiroptera (an order of class Mammalia with flying adaptation)	उड़नशील स्तनधारीगण (चमगादड़ आदि)
Chirp, Cheep	चीं-चीं या चें-चें करना
Chirr	झंकार, झंकारना
Chirrup	चहचहाहट
Chirurgery	हस्त शल्यचिकित्सा
Chisel	छेनी, रुखानी, टंक
Chiseling	छेनी से काटना, तक्षण, टंकन
Chitin (a tough nitrogenous polysaccharide)	कठिनि, कायटिन
Chitinization	कठिनियन, कायटिनीभवन
Chitinogenic, Chitinogenous	कठिनिजनी, कायटिनजनित, कायटिनजनक
Chitinoid	कठिन्याभ, कायटिनवत्
Chitinous	कठिनीय, कायटिनमय
Chittin	सुअर की अँतड़ी (भोजन के रूप में)
Chitterling	पशु की अँतड़ी (भोजन के रूप में)
Chive	सुकन्द, छोटी गाँठ, जड़ी बूटी
Chlamydospore	कञ्चुकबीजाणु
Chlamydozoan	कुञ्चकजीव
Chledocolous	अपशिष्टवासी, कूड़ावासी
Chledophilic, Chledophilous	अपशिष्टरागी, कूड़ारागी
Chloraemia, Chloremia	पीतरक्तता, हरितरोग अधिनीरजरक्तता
Chlorenchyma	हरित ऊतक
Chloride	नीरजेय, क्लोराइड (क्लोरीन का एक क्षार मूलक)
Chloriduria, Chloruria	नीरजेयमेह, क्लोराइडमूत्रता
Chlorinate, Chlorination	क्लोरीनयुक्त करना, क्लोरीन मिलाना, नीरजन, क्लोरीनीकरण
Chlorinated	क्लोरीनीकृत, नीरजित
Chlorinator	नीरजक, नीरजित्र (यन्त्र), क्लोरीनित्र
Chlorine (a gaseous element of halogen group with symbol Cl)	नीरज, क्लोरीन
Chloritoid	हरितिजाभ
Chloroanemia	हरितरक्तता
Chlorogen, Chloragogen	रेणुपीत, पीतजन
Chloroma	हरितार्बुद
Chloronema	हरित-तन्तु
Chloropenia, Hypochloremia	नीरजरक्ताल्पता, न्यूनक्लोरीनरक्तता क्लोरीनरक्ताल्पता,
Chloropexia	नीरजस्थिरण, क्लोरीनस्थिरण
Chloroplast, Chloroplastid	पर्णहरिताणु, हरितलवक, हरितकणक
Chlorophyceae (a class of green algae)	हरित शैवाल वर्ग
Chlorophyllous	पर्णहरिमयुक्त
Chlorophyll	पर्णहरिम, हरितक, पर्णहरित, पर्णशाद
Chloropsia, Chloropia	हरितदृष्टि (एक दृष्टि दोष)
Chloropsis	हरितिमा, हरेवा
Chlorosis	हरिमहीनता, हरितरोग, पीतिमा
Chlorosome	हरितकाय
Chlorotic	हरिमहीन
Choana, Internal naris	अन्तःनासाद्वार
Choanocyte	कीपकोशिका, ग्रीवाकोशिका
Choanoid	कीपाभ, निवापवत्
Choanosome	ग्रीवा-कोशास्तर
Chock	गुटका, ठूँसकर भरना
Chocolaty, Chocolate brown	चॉकलेटी भूरा
Chocolicious	चॉकलेटी स्वाद वाली (मिठाई)
Choke, Choking	दम घुटना, गला दबाना, अवरोधन, श्वासावरोध, चोक लगाना
Choke berry (small apple or pear-shaped fruit of *Aronia* sp., a deciduous wild shrub of family Rosaceae, growing in damp thickets)	चोकबेरी (काली, बैंगनी या लाल रंग की एक अमेरिकी औषधीय पौष्टिक कड़वी बेर)

English	Hindi
Choke cherry, Bitter cherry (a drupe type clustered fruit of *Prunus virginiana*, a large perennial shrub of family Rosaceae, native to north America)	चोकचेरी, कटुबदरी (एक लाल व काले रंग की औषधीय खट्टा तीखा जामुन)
Choke coil	प्रतिबन्धी कुण्डली
Cholangio-carcinoma	पित्त प्रणालार्बुद
Cholangio-hepatic	पित्त प्रणाल-यकृतीय
Cholangiole	पित्तवाहिनिका
Cholangitis	पित्तवाहिनीशोथ, पित्तप्रणाल प्रदाह
Cholanopoiesis	पित्ताम्लोत्पात्ति
Cholanopoietic	पित्ताम्लोत्पादी
Cholecyst, Gall bladder	पित्ताशय
Cholecystectomy	पित्ताशयोच्छेदन, पित्ताशय निष्कासन
Cholecystitis	पित्ताशयशोथ
Cholecysto-hepatic	पित्ताशय-यकृतीय
Cholecystotomy	पित्ताशय छेदन
Choledoch	पित्तवाहिनी
Choledochal	पित्तवाहिनीय, पित्तवाहिनी-
Choledochitis	संयुक्त पित्तवाहिनीशोथ
Choledocho-lithiasis	पित्तवाहिनीय अश्मरिता
Cholegenic, Cholegenous	पित्तजनी, पित्तजनिक, पित्तोत्पादी
Cholelith, Gall stone	पित्ताश्म, पित्ताश्मरी, पित्ताशय की पथरी
Cholelithiasis	पित्ताश्मता, पित्ताश्मरिता
Cholepoiesis	पित्तोत्पत्ति
Cholepoietic	पित्तोत्पादी
Choler	पित्त, क्रोध
Cholera (a water/food borne infectious disease caused by a bacterium *Vibrio cholerae*)	विषूचिका, विषूची, हैज़ा (एक जल/भोजन जन्य घातक आन्त्र संक्रमण)
Choleragen	विषूचिकाजन, विषूचीकारी
Choleric	पित्तप्रकृति, पित्तीय, क्रोधी, पित्तज
Cholerine	विषूचिकीय
Cholerization	हैज़ा उत्पन्न करना, विषूचिकायण
Choleroid, Choleriform	विषूचिकाभ, विषूचीवत्, हैज़ा जैसा
Cholestasis	पित्त का जमाव/ठहराव, पित्त स्थगन, पित्त स्थिरता
Cholestatic	स्थिरपित्तीय, जमा पित्तीय
Cholesterol	पैत्तव
Cholesterolemia	पैत्तवरक्तता, कोलेस्ट्रोलरक्तता
Cholesteroluria	पैत्तवमेह, कोलेस्ट्रालमूत्रता
Cholesterosis	पैत्तवाधिक्य, पैत्तवता, कोलेस्ट्रालता, कोलेस्ट्रालाधिक्य
Choleuria, Choluria	पित्तमेह, पित्तमूत्रता
Cholic, Cholate	पित्तिक, पित्तीय
Cholinergic,	पित्त्याधिक्य, पित्तीजनी,
Cholinogenic,	एसिटिल कोलीनजनी,
Cholinoreactive	एसिटिल कोलीनजनक
Chologeric	पित्तज, पित्तजनी
Chondrichthyes (a class of cartilaginous fish)	उपास्थिमीन वर्ग
Chondrification	उपास्थिकरण
Chondriology, Chondrology	उपास्थिविज्ञान, कास्थिविज्ञान, उपास्थिकी
Chondritis	उपास्थिशोथ
Chondroblast	उपास्थिकोरक
Chondrocyte	उपास्थिकोशा, कास्थिकोशा
Chondrodynia, Chondralgia	उपास्थिशूल
Chondro-dystrophy	उपास्थि-कुपोषण
Chondrodysplasia	उपास्थि-दुर्विकास
Chondrogenesis, Chondrogeny	उपास्थिभवन, उपास्थिजनन
Chondrogenic,	उपास्थिजनी, उपास्थिजन्य
Chondrogenetic,	उपास्थिजनित,
Chondrogenous	उपास्थिजनक
Chondroid	उपास्थिवत्, कास्थ्याभ
Chondrolysis	उपास्थिलयन, उपास्थ्यंशन
Chondroma	उपास्थ्यर्बुद, कास्थ्यर्बुद
Chondromalacia	उपास्थिमृदुता
Chondromatous	उपास्थीय, कास्थिक
Chondropathia, Chondropathy	उपास्थि विकार, उपास्थि रोग
Chondrophyte	उपास्थिप्रवर्ध
Chondroplasia	उपास्थिघटन, उपस्थिविकसन
Chondroplast	उपास्थिघट
Chondrosphere	उपास्थ्यावरण, वर्तुलसूत्रकणिका
Chondrotomy	उपास्थि विच्छेदन, कास्थितक्षण
Chondrotrophic	उपास्थिवर्धी
Chop, Chopping	संकर्तन, काटना, कर्तन

English	Hindi
Chopper	छूरा, छूरी, काटने वाला
Chord, Cord	जीवा, रज्जु, डोरी, संघात, चापकर्ण
Chordata (a phylum of kingdom Animalia)	पृष्ठदण्डी, पृष्ठवंशी, मेरुवंशी, (एक प्राणि संघ)
Chordate (animals of phylum Chordata with notochord)	पृष्ठवंशी, मेरुवंशी, पृष्ठदण्डी
Chordee	रज्जुका
Chorditis	रज्जुशोथ, तन्तुशोथ
Chordoid	पृष्ठरज्जुवत्
Chorea	अंगचलन, अंगनर्तन
Chorio-allantoic	जरायु-अपरापोषिका
Chorioblastosis	जरायु अतिवर्धता
Choriocarcinoma, Chorioepithelioma, Chorioma	जरायु-अध्यर्बुद
Chorion (an outer membrane around a tetrapod embryo)	जरायु, गर्भवेष्ट
Chorioptic mange (a skin infestation of *Chorioptes* sp., a parasitic mite in cattle)	खाज, खुजली
Choriphyllic, Choriphyllous	पृथक्पर्णी
Chorisis	अंग वियोजन
Chorography	स्थूलाकृतिविज्ञान, क्षेत्रवर्णनी-भूगोल
Choroid	रञ्जितपटल (नेत्र में), रक्तक
Choroiditis	रक्तकशोथ
Choroidopathy	रक्तकविकार
Chorology, Biogeography	जीवभूविस्तार, जैवभूगोल, जीववितरणविज्ञान
Chowder	गाढ़ा शोरबा
Chrestic	यन्त्र प्रयोगविद्, यन्त्रप्रयोक्ता
Chrism	अभ्यंग, विलेपन
Chroma-, Chromo- (prefix)	रंग, वर्ण-, रञ्ज
Chromacity	वर्णकता
Chromate	वर्णमय, क्रोमेट (क्रोमियम क्षार मूलक)
Chromatic	वर्णिक, वर्णी, वर्ण सम्बन्धी
Chromatics, Chromatology	वर्णविज्ञान, वर्णिकी
Chromatid, Chromanema, Chromanemata (pl.)	अर्धगुणसूत्र
Chromatin, Chromoplasm	रञ्ज्या, अभिवर्णी
Chromatocyte	वर्णकोशा, वर्णकोशिका
Chromatocytosis	वर्णकोशता, वर्णकोशिकता
Chromatodysopia	वर्णकुदृष्टि
Chromatogram	वर्णालेख
Chromatograph	वर्णचित्र, वर्णालेखी
Chromatography	वर्णालेखन, वर्णचित्रण
Chromatolysis, Chromolysis, Chromatinolysis	वर्णलयन, रञ्ज्यालयन, रञ्जकांशन, वर्णापघटन
Chromatophile, Chromatophilic, Chromatophilous	वर्णरागी, रञ्जकरागी
Chromatophore	वर्णधर
Chromatoplast, Chromoplast	वर्णलवक
Chromatopsia, Chromopsia	वर्ण दृष्टि दोष, विकृतवर्णदृष्टि
Chromatosis, Pigmentation	रञ्जकता, वर्णकता
Chromatotaxis	वर्णानुचलन
Chromaturia	वर्णमेह, रञ्जकमूत्रता
Chrome	वर्ण, बसन्ती, वर्णक, जंगरोधी पर्त चढ़ाने वाली चमकदार रूपहली धातु
Chrome black	वर्णक काला (क्रेमियम आधारित एक काला पेण्ट)
Chrome plating, Chromium plating (a technique of electroplating a thin layer of chromium on metal or plastic)	वर्णातु लेपन, क्रोम विद्युत लेपन
Chromic	वर्णी, वर्णिक, बासन्तिक
Chromic acid	वर्णिक अम्ल, क्रोमिक अम्ल
Chromidium, Chromidia (pl.)	वर्णधानी, वर्णकणिका
Chromiole	रञ्ज्यिका
Chromium (a metallic toxic element with symbol Cr)	वर्णातु, क्रोमियम (एक विषाक्त कैंसरकारी भारी धातु)
Chromoblast	वर्णकोरक
Chromocentre	वर्णिकेन्द्र
Chromogen	वर्णजन, वर्णोत्पादक
Chromogenic, Chromogenous	वर्णजनित, वर्णजनी, वर्णोत्पादी
Chromogenesis, Chromogeny	वर्णजनन, वर्णोत्पादन, वर्णोत्पत्ति
Chromomere	वर्णखण्ड, वर्णकणिक

English	Hindi
Chromometer, Colorimeter	वर्णमापी
Chromomycosis	वर्णकवकता (कवक संक्रमणजन्य एक वर्णीय चर्मरोग)
Chromonema, Chromonemata (pl.)	वर्णसूत्र
Chromoneme	पित्र्याक्ष, पितृसूत्राक्ष
Chromophil,	वर्णरागी, अभिरञ्ज्य, गहरी
Chromophile	रंगाई वाला
Chromophorous	वर्णभृत, वर्णधारी
Chromo-phototherapy	वर्णप्रकाश चिकित्सा, वर्णप्रकाशोपचार
Chromoscope	वर्णदृष्टिमापी, वर्णदर्शी
Chromoscopy	वर्णदर्शन, वर्णदृष्टिमापन
Chromosome	गुणसूत्र
Chromosphere	वर्णमण्डल
Chromotherapy, Colour therapy	वर्णचिकित्सा, वर्णोपचार
Chromotoxic	वर्णविषालु, वर्णविषाक्त
Chromotoxicity	वर्णविषालुता, वर्णविषाक्तता
Chromotrope	वर्णानुवर्त
Chromotropic, Chromotropous	वर्णानुवर्तिक, वर्णानुवर्ती
Chromotropism Chromotropy	वर्णकानुवर्तन, वर्णानुवर्तिता
Chronic	दीर्घकालिक, जीर्ण, चिरकालीन
Chronobiology	कालक्रम जैविकी, कालजैविकी
Chronocity	चिरकालिकता, जीर्णता, दीर्घकालिकता
Chronograph	कालक्रमालेखी
Chronological	कालक्रमिक, तैथिक, आनुतिथ
Chronology	कालक्रमविज्ञान, तैथिकी, कालानुक्रम
Chronometer, Clock, Watch	कालमापी, घड़ी
Chronometric	कालमितीय, कालमापीय
Chronometrics,	कालमापिकी, कालमापन,
Chronometry	कालमिति
Chronoscope	कालदर्शी, अवधिदर्शी
Chronotropism,	कालक्रमानुवर्तन,
Chronotropy	कालक्रमानुवर्तिता
Chro-olepoid	पीतशल्कावृत
Chrotoplast	त्वक्कोशा, चर्मकोशा
Chrysalid	कीटकोषीय
Chrysalis, Pupa	कीटकोष (कीट की एक अविकसित अवस्था)
Chrysanthe, Mum, Chrysanthemum (*Chrysanthemum* sp., a perennial flowering pot/garden plant of family Asteraceae)	गुलदाउदी, चन्द्रमल्लिका (एक फूल)
Chrysellous	हेमवर्णी
Chrysiasis, Chrysosis	स्वर्णनिक्षेपता
Chrysoderma	पीतचर्म
Chrysogen	हेमजन
Chrysogonidium, Chrysogonidia (pl.)	पीतकणी
Chrysolite	हरितमणि (चन्द्रकान्त मणि)
Chrysoprase, Topaz,	पुखराज (एक रत्न)
Chrysotile	तन्तुसर्पिज (एक खनिज)
Chub (a European ray-finned game fish of family Cyprinidae)	चब (एक मृदुजलीय छोटी भोज्य मछली)
Chubby	मांसल, मोटा-ताजा
Chum	मछली फँसाने का चारा
Chump	मांस का टुकड़ा, लकड़ी का कुन्दा, मूर्ख, मदोन्मत्त होना
Chunk	खण्ड, टुकड़ा
Chunky	तगड़ा, गठीला
Churn, Churning	मथना, बिलोना, मन्थन, विलोड़न
Churned	मथित, विलोड़ित
Churned up	उन्मथित
Churn-staff	मथानी
Chute	नलका, जलप्रपात, ढालू प्रणाल
Chylaceous	पयोलसमय, पयोलसी
Chylemia	पयोलसरक्तता
Chyle	पायस, पयोलस, वसा-लसीका
Chylifaction,	पयोलसन,
Chylification	पयोलसीकरण
Chylify	पयोलस बनाना
Chyloid,	पयोलसाभ,
Chyliform	पयोलसवत्
Chylocele	पयोलसवृषण, पायसवृषण
Chylology	पयोलसिकी
Chylolymphatic	पायसलसीकीय
Chylomicron	पयोबिन्दुक, पयोसूक्ष्माणु, सूक्ष्मपयोलस, पायस सूक्ष्म कण
Chylophyllous	सरसपर्णी, पायसपत्री
Chylosis	पयोलसता, पायसता
Chylo-thorax	पायस-वक्षता
Chylous	पायसीय
Chylous ascites	पायसी जलोदर
Chyluria	पयोलसमेह, पायसमूत्रता

English	Hindi
Chyme	अम्लान्न, अम्लित गोर्द, आँव, आम, अर्ध-पचित तरल आहार
Chymous	अम्लान्नीय, आमीय
Cibarian, Cibarious	आहारीय
Ciborium	छतरी, परमप्रसाद पात्र
Cicada, Cicadae (pl.) (an insect of order Hemiptera), Cigala	रइयाँ, झींगुर, शलभ, चिश्चिर
Cicatricule	पीतक चन्द्रिका (अण्डे की ज़र्दी पर गोल सफ़ेद धब्बा)
Cicatrice, Cicatrix	क्षतचिह्न, क्षतांक, किणक, पर्णदाग़, व्रणचिह्न, घाव का दाग़
Cicatrize	पपड़ी पड़ना, घाव भरना, दाग़ डालना
Cider, Cyder	सेब की शराब
Cigar	चुरुट, सिगार
Cigarette	धूम्रवर्तिका, सिगरेट
Cilantro (a Spanish word for green leafy coriander)	हरी धनिया, हरी पत्तीदार धनिया
Ciliary	पक्ष्माभिकी, रोमक
Ciliary body	वलिकाय
Ciliary ganglion	चक्षुष प्रगण्ड
Ciliary movement	पक्ष्मगति, पक्ष्मस्पन्द
Ciliary muscle	वलिकाय-पेशी
Ciliate, Ciliated	पक्ष्माभ, पक्ष्माभी, पक्ष्मल, रोमिल
Ciliatulate	आपक्ष्मल
Cilice (a covering made of Cilician goat's hair)	रोमच्छद
Ciliform	पक्ष्माकार, पक्ष्मरूपी
Ciliograde	पक्ष्मगामी
Ciliola	लघुपक्ष्माभ
Ciliotoxic	पक्ष्मविषालु
Ciliotoxicity	पक्ष्मविषालुता
Cilium, Cilia (pl.)	पक्ष्म, पक्ष्माभिका, रोमिका, रोमक, लोमक, बरौनी
Cillosis	पक्ष्म-स्पन्द (ऊपरी पलक फड़कना)
Cinchona (*Cinchona* sp., a medicinal tree of family Rubiaceae)	विताप, सिन्कोना (वृक्ष की छाल से मलेरियारोधी औषधि कुनेन बनती है)
Cinchonism	अतिवितापता, विताप विषाक्तता
Cincture	कटिबन्ध, मेखला, पेटी
Cinder, Ash	भस्म, राख, अंगार, अवस्कर
Cineangiography	वाहिनी चलचित्रण
Cinema	चलचित्र, सिनेमा
Cinematographics	चलचित्र कला, चलचित्रिकी
Cinematography, Kinematography	चलचित्रांकन, चलचित्रण, छायांकन
Cineraceous, Cineritious, Cinerous, Cinereosus	धूसरवर्णी, भस्मवर्णी, राख जैसा
Cinerarium	अस्थिभस्म कक्ष, शव
Cineraria (pl.)	भस्मालय
Cingulate	मेखलित, मेखला लगाना, परीत
Cingulum, Cingula (pl.)	प्रमेखला, मेखला, कमरबन्द
Cinnabar (a sulfide salt of mercury)	ईंगुर, हिंगुल (एक रक्तवर्णी पारद लवण खनिज
Cinnabaric, Cinnabarine	रक्तवर्णी, हैंगुल
Cinnamon (inner bark of *Cinnamomum verum,* a tree of family Lauraceae, native to Sri Lanka)	दारुसिता, दालचीनी (दालचीनी के पेंड़ का छिलका मसाले के रूप में)
Cinology, Kinesiology	अंगगतिकी
Cinque	पञ्जा, पञ्च
Cinque foil	पञ्चपर्ण, पञ्चदल
Cionitis, Uvulitis	अलिजिह्वाशोथ
Cipher, Cypher, Zero	शून्य, नगण्य
Circadian	जीवचक्रीय, दैनिक चक्रीय
Circadian rhythm	जीवचक्रीय आवर्तन
Circinalis, Circinate, Circinotropous	कुण्डलाकार, कुण्डलित, घोंघवलित, अग्रवलित, कुण्डलानुवर्ती
Circle	वृत्त, परिधि, मण्डल, क्षेत्र
Circlet, Circellus	वृत्तिका, मण्डलिका, वलय, शिरोबन्ध, मुद्रिका
Circuit	परिपथ, परिक्रमा, घेरा
Circuitous	चक्करदार, पेंचदार, घुमावदार, परिक्रामी, परिपथीय, चक्राकार
Circuitry	परिपथिकी, परिपथ तन्त्र
Circular, Circulus	वृत्तीय, परिपत्र, वर्तुल, गोल

Circularity	वर्तुलता, गोलापन, गोलाई
Circulate	परिसञ्चारित होना, परिचालित होना
Circulating, Circulatory	परिवाही, परिसञ्चारी, प्रचल, परिचालनशील
Circulation	प्रचलन, परिचालन, परिसञ्चारण, चक्रण
Circulus, Circular	वर्तुल, गोल, वृत्तीय, परिपत्र
Circum-(prefix)	परि-, चारों ओर
Circumambient, Circumambulatory	परिव्राजी
Circumambulate,	परिक्रमा करना,
Circumambulation	परिव्रजन, परिभ्रमण
Circumanal	परिगुदीय, परिगुद
Circumaxial	पर्यक्षी, वर्तुल
Circumcentre	परिकेन्द्र
Circumcinct	परिमेखलित
Circumcircle	परिवृत्त
Circumcision	ख़तना, परिकर्तन, शिश्नाग्र-त्वक्विच्छेदन
Circumcrescent	परिउत्वर्धी
Circumduction	वर्तुलाक्षीचलन, पर्यावर्तन
Circumference	परिधि, परिवेश, दायरा
Circumflex,	सम्मिलित, चापरूपी,
Circumflexus	परिवेष्टक, स्वरित
Circumflexion	परिवेष्टन
Circumfluence	परिप्रवाह, परित्प्लावन
Circumfluent	परिप्रवाही, परिउत्प्लावी, चारों ओर बहने वाला
Circumfluouse	जलावृत्त, जल से घिरा हुआ
Circumfuse	चारों ओर बिखेरना, उड़ेलना
Circumfused	परिवेष्टित, परिप्लवित
Circumfusion	परिवेष्टन, परिप्लवन, आवृत्तन
Circumgyration	परिभ्रमण, परिक्रमा
Circumhorizontal	परिक्षैतिज
Circumjacent	पर्यवस्थ, उपान्तिक, परिवर्ती
Circumlental	परिवीक्षीय
Circumlunar	परिचान्द्र (चन्द्रमा की परिक्रमा करनेवाला)
Circumlittoral	तटवर्ती
Circumnavigation	परिनौचालन
Circumnutation	शिखाचक्रण
Circumoral	परिमुखीय, परिमुखी, परिमुख-
Circumorbital	पर्यक्षि, परिकक्षीय
Circum-pharyngeal	परिग्रसनीय
Circumpolar	परिध्रुवीय, परिध्रुवी
Circumradius	परित्रिज्या
Circumscription	परिसीमन, घेरा, परिलेख
Circumscissile	परिस्फोटी
Circumsolar	परिसौर (सूर्य की परिक्रमा करने वाला)
Circumstantial	परिस्थितिजन्य, पारिस्थितिक
Circumvallate	परिकोटीय, खाई के घेरना, प्राकार
Circumvallation	प्राकारावरण
Circumvent,	बच निकलना, परिहार,
Circumvention	निवारण, निरोध, प्रवञ्चना
Circumvoluted	परिवलित
Circumvolution	घूर्णन, घुमाव, आवर्तन, कुण्डलन, परिवलन
Circus	क्रीड़ा मण्डप, अखाड़ा, चौक
Cirque	कटोरीनुमा घाटी
Cirral	कुरलीय
Cirrate, Cirrhate, Cirrhatus, Curled	अलकित, घुँघराले
Cirrhigenic,	सञ्जनीजनी,
Cirrhogenous	सञ्जनीउत्पादी
Cirrhosis	सूत्रण (रोग), ऊतकवृद्धि
Cirrhus, Cirrhi (pl.)	सञ्जनी, सञ्जनिका
Cirriped	मोटे कवच का जन्तु
Cirro-cumulus	पक्षाभ-कपासी (मेघ)
Cirro-stratus	पक्षाभ-स्तरी (मेघ)
Cirrous,	सतन्तु, प्रतन्तुमय,
Cirrose	सञ्जनीभूत
Cirrus, Cirri (pl.)	रोमगुच्छ, कुरल, रोमक,
Tendril	शिखी, प्रतान, प्रतन्तु
Cirrus cloud	पक्षाभ-मेघ, हल्का सफ़ेद बादल (20-40 हज़ार फ़ीट ऊँचाई पर)
Cirrus fibratus intortus	पक्षाभ तन्त्वी व्यावर्तित ऐंठा हुआ मेघ
Cirrus intortus	पक्षाभ व्यावर्तित (ऐंठा हुआ) मेघ
Cirrus sac	शिश्नक-स्यून
Cirrus spissatus intortus	पक्षाभ सघन व्यावर्तित (ऐंठा हुआ) मेघ
Cirsoid	शूनावत्
Cis-	अवार-, सम (स्थिति), समपक्ष
Cis-lunar	पृथ्वी और चन्द्रमा के मध्य का
Cistern	कुण्ड, टंकी, कुण्डिका, हौज़, जलधानी, जलाशय
Cisterna,	चपटी थैली/नलिका,
Cisternae (pl.)	धानी, रिक्तिका
Cisterna chyli	पायस कुण्डिका

Cis-trans	आर-पार, समपक्ष-विपक्ष, पारावार
Cistron	समपितृक, समकूटांश
Citation	प्रोद्धरण, उपनय, हवाला, उल्लेख
Citation index	उल्लेखसूची, उद्धृतांक
Citrated	निम्बूकायित
Citreous, Citrine	निम्बूवर्ण, निम्बूकवर्णी
Citric, Citrus	निम्बूक, निम्बू-वंशी, निम्बूक-
Citric acid, Acidum citrucum	निम्बूकाम्ल, सायट्रिक अम्ल
Citriform, Citriformis	निम्बूरूपी
Citrine, Citreous	निम्बूवर्ण, निम्बूकवर्णी
Citrobacter	निम्बूजीवाणु
Citron	गलगल (नीम्बू), बिजौरा, तुरज्ज
Citromyces (a mould), Citromycetes (a fermenter fungus)	निम्बूक कवक, निम्बू कवक
Citronella grass, (*Cymbopogon nardus,* a mosquito repelling grass of family Poaceae, stem and leaves are with citrus aroma), Lemon grass	गञ्जनी, नीम्बू घास (पत्ती व तने से सिन्ट्रेला तेल आसवित करते हैं)
Citruria	निम्बूकमेह, सिट्रेटमूत्रता
Citrus	निम्बूक (प्रजाति/कुल), निम्बूवंशी, सुपीत(रंग)
City tree (a mobile natural biological air filter built of moss in tank in block shaped thick wall of 4×2×2.2 meter)	नगर वृक्ष, शहरी पेड़
Civet (a cat like carnivorous wild mammal of family Viverridae, with smelling secretion from perineal glands)	गन्धबिलाव, मुश्कबिलाव (कस्तूरी जैसी गन्ध वाले पदार्थ युक्त एक स्तनधारी)
Clad, Cladding	पर्त लगाना, संरोपण, आवृतन
Clade	कुल, वंश, घराना, शाखा, पहनना
Cladocera	शाखाशृंग
Cladogenesis	वंशशाखन
Cladogenous	शाखाभृत, शाखा पर जन्मा
Cladoptosis	शाखापात
Cladosiphonic	शाखावकाशी, शाखाविनाली
Clair	अतीन्द्रिय, सूक्ष्म, परोक्ष
Clair audience	अतीन्द्रियश्रवण, परोक्षश्रवण
Clair voyance	अतीन्द्रियदृष्टि, परोक्षदर्शन
Clairvoyant	अवीन्द्रियदर्शी, परोक्षदर्शी
Clam, Clamming	सीपी, सीपी पकड़ना
Clammy	चिपचिपा, गीला
Clamp	सन्धर, सिकञ्जा, भारी कदम, बन्ध
Clamp cell	योजीकोशिका, सन्धर कोशा
Clamped	सन्धृत, ऐंठा हुआ
Clam worm, Pile worm (*Alitta succinea,* a marine annelid of family Nereididae)	सीपी कृमि
Clan	गोत्र, कुल, वंश, कबीला
Clandestine	गुप्त, प्रच्छन्न
Clang, Clangour	घनघनाना, टनटनाना, गूँजना
Clangourous	टनटनाने वाला
Clank, Clink	झञ्झनाना, झञ्झनाहट
Clap, Clapping	थप्पड़, ताली बजाना, आहनन
Clapper	आहनक, दण्डक, लोलक, लटकन
Claret	गहरा लाल रंग (शराब का)
Clarification	विमलीकरण, स्पष्टीकरण
Clarifier	निर्मलकारी, स्पष्टीकारक
Clarify	स्पष्ट करना, निर्मल करना
Clarity	स्पष्टता, विमलता
Clasp	आलिंगन, पकड़, बक्सुआ
Clasper	आलिंगक, समालग्नक
Clasping root	श्लिष्ट मूल, समालग्न मूल
Class	वर्ग, कक्षा, संवर्ग, श्रेणी
Classic, Classical	शास्त्रीय, चिरप्रतिष्ठित, प्रामाणिक, वरेण्य, श्रेण्य
Classification	वर्गीकरण, वर्गविभाजन
Classify	वर्गीकृत करना, वर्ग विभाजित करना
Clastic	खण्डमय, खण्डशील
Clastogenesis, Clastogeny	भञ्जजनन, भञ्जोत्पत्ति, दलजनन
Clastomatocyte	खण्डिकोशा
Clathrate	जालाकार, जाल जैसा, जालमय
Clatter	खड़खड़ाहट, खड़खड़ाना
Claudication	पंगु बनाना, लँगड़ा करना
Claustrophobia	संवृत्तिभीति, अकेलेपन का भय

Claustrophobic संवृतिभीरु
Clavate, Claviform, Clavillose, Clavoid, Clavatous मुद्गराकार, गदारूपी, गदाभ, गदावत्
Clavicle, Collar bone जत्रुक, अक्षक, हँसली
Clavicular, Cleidal, Clidal जत्रुकीय, अक्षकीय
Clavis कुञ्जी (कवक)
Clavula, Clavule मुद्गरिका, गदिका
Clavulate, Clavulatus आगदाकार
Clavus गदारुक
Claw पञ्जा, नख, नखर, चंगुल
Clawed नखरी, नखरित, नखरयुक्त
Claw foot नखपाद
Claw hammer जम्बूरा, पञ्जा हथौड़ा
Clay, Clay soil चिकनी मिट्टी, मृतिका
Clayed, Clayey मृण्मय, मृत्सदृश, मटियार
Clay more खाँड़ा (एक दुहत्थी तलवार)
Clay ware, Earthen ware मृद्भाण्ड, मिट्टी के बर्तन
Clean, Cleanse स्वच्छ, परिशुद्ध, साफ करना
Cleaner, Cleanser शोधित्र, मार्जक, परिमार्जक, साफ करने वाला
Cleaning, Cleansing परिमार्जन, मार्जन, धावन, स्वच्छीकरण, सफाई
Cleanliness स्वच्छता, सफाई
Cleat पच्चर, फन्नी
Cleavability भाज्यता, दार्यता, विदारणीयता, विदार्यता
Cleavable भाज्य, दार्य, विदारणीय, विदार्य
Cleavage विदारण, दरार, भाजन, विदलन, स्तन मध्यान्तर
Cleave विदरित करना, फटना, चिरना, विदलित होना
Cleaved विदीर्ण, विदरित, विदलित, चिरा हुआ
Cleaver विदारणी, विदारक
Cleft दीर्ण, दरार, फटन, विदर, विदलित, संसित
Cleft palate दीर्ण तालु, विदरित तालु
Cleg घुड़मक्खी, चालाक व्यक्ति
Cleidoic चूर्णकवची, सकोश, कोष्ठित, आवेष्टित
Cleistocarpic आवृत्तफली, संवृतकाय, अपिधान, निद्वरिसम्पुटी
Cleistogamic अनुन्मील्य परागणी
Cleistogamy निमीलित परागण, अनुन्मील्य परागण
Cleistogene संवृतपुष्पी, स्वयंपरागी
Cleistothecium, Cleistothecia (pl.) संवृतकाय
Cleithrum जत्रुकाभ
Clem भूखा रहना, भूखा रखना
Clemency मृदुता, क्षमा, दया, नम्रता
Clement मृदु, नम्र, मन्द
Clench, Clinch कसकर पकड़ना, पक्का करना, ज़ोर से बन्द करना
Clepsydra जलघड़ी
Cleptobiosis, Kleptobiosis चौर्यजीविता
Cleptoparasitism, Kleptoparasitism चौर्यपरजीविता, दस्यु परजीविता
Clew, Clue लच्छी, अन्टी, लपेटकर गोला बनाना
Click, Clicking खटका, चटखनी, टकटकाना
Click beetle (a coleopteran insect of family Elateridae), Elater धनकुट्टी
Cliff खड़ी चट्टान
Climacteric क्रान्तिक, परिवर्तकाल, रजोनिवृतकाल
Climactic चरमोत्कर्षी, चरम
Climate, Clime जलवायु
Climatic जलवायवीय, जलवायु सम्बन्धी
Climatology जलवायुविज्ञान
Climato-therapeutics जलवायुचिकित्सा विज्ञान
Climatotherapy जलवायु चिकित्सा
Climax चरमोत्कर्ष, पराकाष्ठा, परम, चरमावस्था
Climber आरोही (पौधा), आरोहक
Climbing fish (*Anabas* sp. and other fresh water perches of family Anabantidae) कवई (एक रेंगने वाली मछली), आरोही मीन
Clime, Climate जलवायु, भूक्षेत्र, भूखण्ड
Clinarthrosis शायीसन्धि, नति सन्धि
Clinch लिपटना, कसना, जकड़ना, कील मोड़ना, कील, पेंच
Cline प्रवणता, नति
Cling चिपके रहना, पकड़ना, लिपटना
Clinging चिपका हुआ, दूसरे पर आश्रित या लिपटा हुआ
Clinic प्रवणिक, निदानगृह, निदानिका, चिकित्सागृह
Clinical नैदानिक, निदान सम्बन्धी

Clinical thermometer ज्वरमापी
Clinical trial चिकित्सीय परीक्षण
Clinician चिकित्सक, विरूजाविज्ञ
Clink झनझनाना, झंकार, जेल
Clinker कोयले की राख, झाँवाँ, खञ्जड़ ईंट, ज्वालामुखी का लावा
Clinodactylism, Clinodactyly प्रवणांगुलिता
Clinohedral प्रवणानीकीय, नतफलकीय
Clinohedron प्रवणानीक, नतफलक
Clinoid शय्याभ
Clinoid process शय्याभ प्रवर्ध
Clinometer नतिमापी, प्रवणतामापी, ढालमापी
Clinostatic प्रवणस्थैतिक, शयानस्थैतिक
Clinotherapy, Bed rest शयनोपचार, शय्या विश्राम (उपचार हेतु)
Clip चुटकी, तेज़ गति, त्वरित आघात, भेंड़ का ऊन
Clipper कर्तक, कर्तनी, क़तर्नी
Clitellar gland प्रमेखला-ग्रन्थि
Clitellum प्रमेखला, पर्याणिका
Clitalla (pl.)
Clitoridectomy भगांकुरोच्छेदन, भगांकुर निष्कासन
Clitoris भगांकुर, भग-शिश्न, भगशेफ
Clivosus, Clivus ढालू, ढलान, पहाड़ी, गिरि
Cloaca, (a common exit for faeces, urine and semen), Cloacae (pl.) अवस्कर, मोरी, उच्चार
Cloacal अवस्करी, अवस्कर-
Cloacitis अवस्करशोथ
Cloak आवरण, लबादा, ढकना
Clock बड़ी घड़ी, दीवारघड़ी, समयदर्शिका
Clocking अण्डे सेना
Clockwise दक्षिणावर्त (घड़ी की सुई घूमने की दिशा में)
Clod लोष्ट, ढेला, मिट्टी का लौंदा
Clody ढेलेदार, लोष्टवत्
Clog उपारोध, बाधा, रुकावट
Cloggy बाधाप्रद, लसलसा, गँठीला
Clone (a group of organisms or cells descended from a single cell) एकपुञ्जक, एकपूर्वजक, सन्तति, कृतक, अमिथुनक
Clonic, Clonus (alternate contraction and relaxation of muscles) प्रचण्ड, उग्र, अवमोटन, ऐंठन
Clonicity प्रचण्डता, उग्रता
Clonorchiasis (an infestation of liver fluke *Clonorchis sinensis*, a parasitic trematode of phylum Platyhelminthes) क्लोनॉरकिस (पर्ण कृमि) ग्रसन
Closed बन्द, निषिद्ध, अवर्धी, संवृत
Closet धानी, पात्र, ग्राहिका, कोष्ठ
Closing, Closure संवरक, समापन, ढाँपन, सन्निकटन
Close up सन्निकट चित्र, समीप दृश्य, नज़दीक होना
Clot, Coagulum थक्का, स्कन्द, आतञ्च
Clotting, Coagulation स्कन्दन, आतञ्चन
Cloud (an aerosol of visible mass of water droplets) मेघ, बादल, अभ्र
Cloudy बदलीमय, मेघाभ, धूमिल, मेघाच्छादित
Clough खड्ढ, गहरी सँकरी घाटी
Clove (aromatic flower buds of *Syzygium aromaticum*, a tree of family Myrtaceae) फाँक, कली, लौंग
Cloven, Cleaved विदीर्ण, वियुक्त, फटा हुआ, दीर्ण, विदलित
Cloven hoofed दीर्णशफ, खुरफटा, फटे खुर का
Clover (*Trifolium* sp., a herbaceous fodder plant of family Fabaceae) तिपतिया/तिनपतिया घास
Cloy अघाना, तृप्त, स्वादहीनता
Club मुद्गर, संयोजन, मिलाना
Club foot, Clubbed foot मुड़ा या टेंढ़ा पैर, पाँव फिरा
Club moss (vascular pteridophytic plants of division Lycophyta) गदापर्णांग, मुद्गर-काई
Club root गदा-मूल, मुद्गर मूल
Clubbed संयोजित, परस्पर मिला हुआ
Clubbing पीटना, मोटा होना, संयोजित होना
Cluck कुटकुट, कुटकुटाना

English	Hindi
Clump	पिण्ड, झुरमुट, पुञ्ज, गुल्म, गुच्छ
Clumped	पुञ्जित, गुच्छित, पिण्डित
Clumping,	सम्पुञ्जन, गुच्छन, पुञ्जन
Clustering, Cluster	गुच्छा, झुण्ड, गुच्छ, पुञ्ज
Cluster bean (*Cyamopsis tetragonoloba,* an annual legume crop of family Fabaceae with edible green pod and source of guar gum)	ग्वार, गुआर फली, घुर्थी, वाह-वाह की फली
Cluster fig (*Ficus racemosa,* a medicinal tree of family Moraceae, with edible fruit, a syconium of drupelets), Wild fig sycamore	गूलर (एक भोज्य औषधीय फल व वृक्ष), उडुम्बर, उदुम्बर
Clustering	गुच्छन, पुञ्जन
Cluster of differentiation (CD)	विभेदन गुच्छ
Clutch	ग्राभ, पञ्जा, घोंसले में अण्डे, जकड़न, पकड़, चंगुल, अण्डे का झोल
Clypeo-frontal	मुखपालि-ललाट
Clypeus	वर्म, मुखपालि, वर्मिका, कवचक
Clyster, Enema	गुदवस्ति, वस्तिद्रव, गुदा से पेट में द्रव चढ़ाना
Cnemial, Tibial	जंघीय, जंघा सम्बन्धी
Cnemis, Tibia	अन्तर्जंघिका
Cnemitis	अन्तर्जंघिका शोथ, जंघाशोथ
Cnida	दंशांग
Cnidaria (a sub-phylum of phylum Coelentrata)	दंशीजन्तु (समुद्री जन्तु जैसे जेलीफिश आदि का एक उपसंघ)
Cnidarian (animals of sub-phylum Cnidaria)	दंशीजन्तु
Cnidoblast	दंशकोरक, दंशघट
Cnidocil	दंशोद्‌गामी
Cnidocyte	दंशकोशा, दंशकोशिका
Cnidocytosis	दंशकोशता
Cnidology	दंशविज्ञान, दंशिकी
Coacervate, Coacervation	सहपुञ्जित, संराशियित करना, सहपुञ्जन, संगुच्छन
Coaction,	आपसी सम्बन्ध,
Coercion	अवपीडन, बलप्रयोग
Coadjuster, Coadjutor	सहायक, सहयोगी
Coadnate	समभिलग्न
Coadunate	समेकित, संयुक्त, मिलाना
Coadunation, Coadunition	सम्मिश्रण, संगठन
Coagulability	आतञ्च्यता, स्कन्दनीयता
Coagulable	स्कन्दनीय, आतञ्च्य
Coagulant, Coagulator	स्कन्दक, जामन, आतञ्चक
Coagulate	स्कन्दित होना, जमना
Coagulating,	आतञ्ची, स्कन्दी,
Coagulative	स्कन्दकारी, स्कन्दनशील
Coagulation	स्कन्दन, जमाव, आतञ्चन
Coagulopathy	स्कन्दनविकार
Coagulum, Coagula (pl.), Clot	स्कन्द, थक्का, जमावट
Coal, Coke (a solid fossil fuel and natural mineral)	कोयला, न्यंगार, अंगार
Coalesce	संरोहित होना, सम्मिलित होना, एक होना
Coalescence,	सम्मिलन, एकीभाव,
Coalition	समाचयन, संलयन, संरोहण, सहमिलन
Coalescent	समाचयी, संरोही
Coal field	कोयला क्षेत्र, कोयलामय क्षेत्र
Coal mine, Colliery	कोयलाखान, कोयले की खान
Coal seam	कोयला संस्तर
Coal tar	अलकतरा, कोलतार
Coarctation	निकुञ्चन, निसंकुचन (वाहिनी/धमनी का एक रक्त रोग)
Coarse	मोटा, स्थूल, बड़ा
Coast, Sea shore	समुद्रतट, वेलाभूमि
Coastal	समुद्रतटीय, तटीय, तटवर्ती
Coasting	तटानुगमन
Coat, Coating	लेप, पर्त, विलेप, आवरण, विलेपन
Coated	आवृत्त, लेपित, विलेपित
Coati, Coatimundi, Hog-nosed coon diurnal mammal of racoon family Procyonidae, native to south and central America)	कोयटी (एक बिल्ली के आकार का लम्बी पूँछ व नाक वाला स्तनधारी)

Co-axial, Coaxal,	समाक्षी (गणित), समाक्ष
Cob	नर हंस, गोल टुकड़ा, डला खुकड़ी (मक्के/बाज़रे की)
Cobble	कंकड़, गिट्टी बिछाना, जूते की मरम्मत
Cob of Corn, Ear of Maize	मक्के का भुट्टा
Cobra (*Naja* sp., a poisonous reptile of snake family Elapidae with hood)	नाग, फणी सर्प
Cobriform	नागरूप, फनरूप
Cobweb	तन्तुजाल, वाग्जाल, मकड़जाल
Coca, Cocaine, Coke (a strong stimulant, benzoylmethyl-ecgonine, obtained from leaves of coca plant *Erythroxylum coca* of family Erythroxylaceae)	प्रचेतनी, कोका, कोकीन, कोक
Cocarcinogen	सहार्बुदजन, अर्बुदजन प्रेरक
Coccidium, Coccidia (pl.)	बदराणु
Coccineous, Coccineus	लोहित, रक्तिम, लाल
Coccoid	गोलाभ, गोलाणु, गोलाणुवत्
Coccolith (calcium carbonate plates formed by single celled algae)	गुल्याश्म
Coccolithophore (a unicellular algal phytoplankton)	गुल्याश्मधर (एक प्लावी एककोशीय शैवाल)
Cocculus	काकमारी
Coccus (derived from a Greek word kokkos means berry, used for spherical shaped bacterium), Cocci (pl.)	गोलाणु, फलांशक
Coccygleal, Coccygian	अनुत्रिक, गुदास्थिक
Coccyx, Tail bone	अनुत्रिकास्थि, पुच्छावशेष
Cochineal (dried female insect *Dactylopius coccus,* used as a laboratory dye)	किरमिज, कृमिज (मृतकीटों से बना एक प्रयोगशाला रञ्जक)
Cochlea	कर्णावर्त, शंख, फलीकुण्डल, कम्बु
Cochlear duct	कम्बु नाल, कम्बु-प्रणाल
Cochlear joint	शंख सन्धि
Cochleariform	स्त्रुवाकार, शंखाकार, कम्बुरूपी
Cochleate, Cochleatus	शंखवलित, शंखमय
Cock (*Gallus* sp., a male fowl of order Galliformes)	कुक्कुट, मुरगा, नरपक्षी, नल की टोंटी, भूसे का शंक्वाकार ढेर, तराजू का काँटा
Cockade	तुर्रा, कलगी
Cockatoo (a parrot like bird of family Cacatuoidea)	किंकिरात, काकातुआ (बहुरंगी कलगीदार तोता)
Cockchafer	भृंग (कीट), भौंरा, भ्रमर
Cockle	हृदय शुक्ति, शंख, झुर्री, सिकुड़ना, गेगला (एक पादप रोग)
Cocklebur	छोटा धतूरा
Cockroach (*Periplaneta americana,* a nocturnal winged pest insect of family Blattidae), Roach	तिलचट्टा (एक घरेलू कीट)
Cockspur	काँटा, कण्ट
Cocktail	युक्तिरा, मद्यमिश्र, मिश्रित मदिरा
Coco (a spanish word for skull, *Cocos nucifera* a tree of palm family Arecaceae in coastal areas, a drupe type oily edible fruit of coco), Coconut	नारियल, नारिकेल
Cocoa (an alkaloid theobromine from seeds of *Theobroma cacao,* a tree of family Malvaceae/ Sterculiaceae)	कोको (एक अमादक पेय)
Cocoon (a pupal casing during insect life cycle or egg capsule of earthworm)	कृमिकोष, कोष, कोया, केंचुआ का अण्डकोष

Cocopeat (a soil mixture of coconut fiber/dust for high water retention, aeration and antifungal activity for plants) जटा पाँस (नारियल फल के रेशे व रेशा चूरे को दबाकर सड़ायी खाद)
Coction उबालना, पकाना, पक्वन
Coctoantigen पक्व प्रतिजन, ऊष्मित प्रतिजन
Cod, Cod fish (*Gadus* sp., a marine fish of family Gadidae) स्नेहमीन, कॉड मछली (कॉड यकृत तैल एक आहार पूरक)
Coddle पानी में धीरे-धीरे पकाना, सहलाना
Code, Codify कूटसंकेत, संहिता, संहिताबद्ध करना
Codeclination ध्रुवीय दूरी
Coded, Codified कूटसंकेतयुक्त, संहिताबद्ध, संहिताकृत
Codeine (an alkaloid) अफीम सत्त्व, कोडीन (एक क्षाराभ)
Codex प्राचीन पाण्डुलिपि
Coding, Codification संकेती, संकेतन, कूटलेखन
Codling स्नेहमीन अंगुलिका, कॉड मछली का बच्चा, कच्चा सेब
Codogen कूटजन
Codominance सहप्रमुखता, सहप्रभाविता
Codon प्रकूट
Coefficient गुणांक, गुणक
Coelacanth जीवित जीवाश्म
Coelentrata (a phylum of aquatic metazoans with coelentron or gastrovascular cavity) आन्त्रगुही (एक बहुकोशीय जलीय जन्तु संघ)
Coelentrate (aquatic animals of phylum Coelentrata) आन्त्रगुही, आन्तरगुही, (हाइड्रा, मूँगा, जेलीफिश, समुद्र फूल आदि)
Coelentron, Gastrovascular cavity आन्तरगुहा, गुहान्त्र
Coeliac उदरगुहीय
Coeliac disease (an intestinal autoimmune disorder caused by reaction to gluten of wheat in food), Celiac disease उदररोग
Coeloblastula गुहाकोरक पिण्ड
Coelomata (a phylum of kindom Animalia including animals with coelome or body cavity) देहगुही (एक प्राणि संघ)
Coelomate देहगुही (प्राणी)
Coelome, Body cavity देहगुहा, प्रगुहा
Coelomic, Celomic देहगुहीय
Coelomocyte प्रगुहाणु
Coelothelium, Mesothelium गुहाकला, मध्यकला
Coenanthium (a type of inflorescence with flat receptacle slightly upward curved), Coenanthia (pl.) कलशिका (बरगद, पीपल, पाकड़ आदि का पुष्प विन्यास)
Coenenchyma संस्कन्ध (ऊतक)
Coenobium, Coenobia (pl.) सञ्जीवधानी, सहजीवधानी
Coenocyte संकोशिका, बहुनाभिकीय कोशा
Coenocytosis संकोशता, संकोशिकता
Coenogamete संयुग्मक, बहुकेन्द्रकी युग्मक
Coenogenesis, Cogenesis सहजातता
Coenosarc समूति
Coenozoic, Cenozoic, Cainozoic नवजीवी, नूतनजीवी
Coenzyme सहविकर, विकरोत्प्रेरक, सहकिण्वक
Coequal सहतुल्य, समान
Coessential सहतात्विक
Co-existence सह-अस्तित्व, सहभाव, सहवर्तन
Coextensive सहविस्तारी
Cofactor सहकारक, सहखण्ड
Coffee (*Coffea* sp., a shrub of family Rubiaceae) कहवा (भुने बीज के चूरे का एक उत्तेजक पेय), काफ़ी
Cog दाँता, दन्त
Cogency प्रबलता, अकाट्यता

Cogent प्रबल, अकाट्य
Cogged दन्ती, दाँतेदार, दाँतमय
Cognate सजातीय, समगोत्रीय, बन्धु
Cognation सजातीयता, बन्धुत्व
Cognition संज्ञान, ज्ञान, प्रज्ञान, बोध
Cognitive संज्ञानात्मक, बोधात्मक
Cognizable, Cognoscible संज्ञेय, ज्ञेय, अवेक्षणीय
Cognizance संज्ञान, ज्ञान, परिज्ञान, अवेक्षा, अवगत
Cognizant संज्ञाता, प्रज्ञाता
Cog wheel दाँतेदार पहिया
Cohabit, Cohabitation सहवास करना, सहवास
Cohabitant सहवासी
Coherence संसक्ति, सुसंगति, संसञ्जता
Coherens, Coherent संसक्त, सम्बद्ध, सुसंगत
Cohere चिपकाना, सम्बद्ध करना
Cohesion संसञ्जन, संलाग, संसक्ति, सम्बन्धन
Cohesive संसञ्जी, संसञ्जक, संलागी, संलागशील, संसक्तिशील
Cohesivity, Cohesiveness संसञ्जकता, संलागशीलता, चिपकाव
Cohort प्रसमूह, सहग्रस्त, सहरुग्ण गोत्र, सहगण, अनुगण
Coiffeur केशप्रसाधक
Coiffure केशविन्यास, केश सज्जा शैली
Coiine विषैला क्षाराभ, विषाक्त उपक्षार (विषगर्जरि पौधे का)
Coil कुण्डली, लच्छा, पिण्डी
Coiled कुण्डलित
Coin सिक्का, टंक, सिक्का ढालना, शब्द गढ़ना
Coinage सिक्का ढलाई, शब्द निर्माण, मुद्रा सृष्टि
Coincide मेल खाना, एक समय पड़ना
Coincidence सम्पात, सम्पतन, संयोग
Coincident सम्पाती
Coinstantaneous, Coeval समक्षणिक, समवयस्क, संकालिक, समसामयिक
Coir (dry fibers from outer most layer of mature coconut fruit) नारियल-जटा, नारियल-रेशा
Coital मैथुनिक, सम्भोग सम्बन्धी
Coition, Coitus मैथुन
Coitophobia, Genophobia, Erotophobia मैथुनभीति, सम्भोगभीति
Coke, Coal कोक, कोयला, न्यंगार, कोयले में बदलना
Col ग्रीवा, घाटी
Colander, Cullender छलनी, झरना
Colatitude सहाक्षांश, कोटि अक्षांश पूरक
Colatorium, Colatoria (pl.) Filter निस्यन्दक, छानक, छन्ना, छन्नी
Colature, Filtrate निस्यन्द, छनित
Cold प्रतिश्याय, शीतल, ठण्डा, तटस्थ, जुकाम
Cold abscess शीत-व्रण, ठण्डा फोड़ा
Cold bite, Chill bite शीतदंश, शीतक्षत
Cold blooded, Poikilothermic अनियततापी, असमतापी, निर्दयी
Cold room शीत कक्ष
Cold store शीतगृह, शीतभण्डार
Cold storage शीतभण्डारण
Cold working शीतरूपण
Cold-worked metal शीत-रूपित धातु
Colectomy, Coloctomy बृहदान्त्रोच्छेदन (बृहदान्त्र निष्कासन)
Coleoptera (an order of phylum Arthropoda) चतुष्पंखी (गुबरैला), वर्मपंखी
Coleoptile प्रांकुर चोल, भ्रूणाग्र चोल
Coleorhiza मूलांकुर चोल, भ्रूणमूल चोल
Cole seed वन्य कपि शाक, तोरिया (एक सब्ज़ी)
Cole wort, Cabbage करम कल्ला, बन्दगोभी, पत्तागोभी
Coley, Saithe, Pollock (*Pollachius* sp., a large marine cod like fish of family Gadidae) समुद्री कोल मछली
Colic उदरशूल, पेटदर्द
Colicinogen कोलिसिनजन, कोलिसिनोत्पादी
Coliform (a group of bacillar colon bacteria of family Enterobacteriaceae) उदरजीवाणु, कोलिजीवाणु (जल में एक सन्दूषण सूचक जीवाणु समूह)
Coligen उदरजन
Coligenoid उदरजनाभ
Coliphage उदर जीवाणु भोजी (विषाणु)
Colitis, Colonitis बृहदान्त्रशोथ, बृहदान्त्र प्रदाह
Colitoxemia रक्तकोलि जीवाणु विषाक्तता
Colitoxicosis उदर जीवाणु विषरुग्णता

Collagen (a fibrous hard glycoprotein in bones, cartilages, tendons and other connective tissues yielding gelatin on boiling) श्लेषजन, कोलेजन
Collagenation श्लेषजनभवन, कोलेजनभवन
Collapse निपात, विसफलता, सिमटना, पिचकना, ढहना, शक्तिपात
Collapsibility निपात्यता
Collapsible निपात्य, सिमटने/पिचकने वाला
Collar अक्षक, वलयसज्जा, मूलसन्धि, कण्ठी, ग्रीवा, ग्रैवेय, कण्ठधरणी
Collar bone, Clavicle अक्षक (अस्थि), हँसली, जत्रुक
Collards, Collard greens (edible loose leafy herb of family Brassicaceae) करम साग, खुला पत्तागोभी, सलाद पत्ता
Collared, Collaritus ग्रैवेयित, ग्रैवेय
Collar-stud द्विघुण्डी
Collate परितुलन/मिलान करना, समानुक्रमित करना, मिलाना
Collateral शाखिक, सहपार्श्वी, सहवर्ती, सम्पार्श्विक, सगोत्र, आनुषंगिक
Collation सन्तुलन, परितुलन, अल्पाहार
Collectanea संकलन
Collecting tube संग्राही नलिका
Collection संग्रहण, समाहरण, एकत्रीकरण
Collective संग्राही, सामूहिक
Collector संग्राहक, संग्रहकर्त्ता, जिलाधीश
Collenchyme श्लेषोतक, स्थूलकोण ऊतक
Collencyte, Collenocyte श्लेषकोशिका, योजिकोशिका, श्लेषाणु
Colliculate, Colliculosus कूटिकामय
Colliculus, Colliculi (pl.) कूटिका, उभार, सूजन
Collide टक्कर खाना, संघट्टन होना
Collier, Coal miner कोयला खनक, कोयलाखान मज़दूर
Colliery, Coal mine कोयले की खान
Colligative अणुसंख्य
Collimate, दूरबीन मिलाना, सन्धान
Collimation परिसीमन, समान्तरण
Collimator समान्तरित्र
Collinear संरेख, एकरेखस्थ, एकरैखिक
Collinearity संरेखता
Collision संघट्टन, टक्कर, समाघात
Collocate विन्यस्त करना, लगाना
Collocation सहसम्बन्ध, संस्थिति, अन्वित विन्यास
Colloid कलिल, श्लेषाभ, लसदार
Colloidal कलिलीय, श्लेषाभीय
Colloidality कलिलीयता, श्लेषाभीयता
Colloidopexia, Colloidopexy कलिलस्थिरण
Collop मांसल भाग, मांस का टुकड़ा
Collotoxism शुक्ति विषाक्तता
Collum मूलसन्धि
Collutorium, Mouth wash मुखधावक, मुख प्रक्षालक
Colluvial soil समूढ़ मृदा
Collyrium नेत्रबिन्दु, काजल, सुरमा, अञ्जन
Collywobbles पेटदर्द, उदरशूल
Colocynth, Bitter cucumber (*Citrullus colocynthis,* a medicinal climber of family Cucurbitaceae) विरेचक फल (छोटा कड़ुवा तरबूज), गवाक्षी, इन्द्रवारुणी, इन्द्रायण
Colo-cutaneous बृहदान्त्र-त्वचीय
Colo-enteritis बृहत्-क्षुद्रान्त्र शोथ, आन्त्र-शोथ
Colon, Large intestive बृहदान्त्र, बड़ी आँत, अर्धविराम
Colonial मण्डलीय, मण्डल-
Colonic-diverticulitis बृहदान्त्रीय-अन्धकुल्याशोथ
Colonid निवही, उपनिवेशी
Colonizatio, Colonization उपनिवेश, उपनिवेशन
Colonnade स्तम्भावली, स्तम्भश्रेणी
Colonorrhea, Colorrhea बृहदान्त्रस्राव, बृहदान्त्र अतिसार
Colonoscope, Coloscope (a device to visualize inner linning of large intestine) बृहदान्त्रदर्शी
Colonoscopy, Coloscopy बृहदान्त्र दर्शन, बृहदान्त्र अन्तरीक्षा

Colony	उपनिवेश, बस्ती, निवह, मण्डल
Colony forming unit (c.f.u.)	निवह निर्मात्री एकक (जीवाणु गणना की इकाई)
Colophon	पुष्पिका
Colophony, Rosin (obtained from distillation of pine oil)	धूनक, राल, गन्धराल
Colo-proctology	बृहत्-पश्चान्त्रिकी, बृहदान्त्र-गुदविज्ञान
Color, Colour	रंग, वर्ण, सुर्ख़ी, रंगना
Colorific, Colourific	रंगोत्पादक, वर्णजनक, वर्णिक
Colorifics, Colourifics	रञ्जिकी, वर्णिकी, रंगविज्ञान
Colorimeter, Chromometer	वर्णमापी
Colorimetric	वर्णमितीय, वर्णमापीय
Colorimetrics, Colorimetry	वर्णमापिकी, वर्णमिति
Colorless, Colourless	रंगहीन, वर्णहीन, पारदर्शी
Colossal	बृहत्काय, विशाल, दीर्घकाय, पर्वताकार
Colostomy	बृहदान्त्र छेदन
Colostrum	नवदुग्ध, खीस, पेयुष
Colotomy	बृहदान्त्रच्छेदन, बृहदान्त्रसम्मिलन
Colour blindness	वर्णान्धता, रंग भेद-अक्षम दृष्टि
Colour index	वर्णांक, वर्ण सूची, वर्ण सूचकांक
Colouration, Coloration	रञ्जन, रंगाई, रंगना
Colouratus, Coloured, Colored, Coloureus	रंगीन, रञ्जित, वर्णी, अगौर (साँवला)
Colo-vesical	बृहदान्त्र-मूत्राशयी
Colpate	विदरकी
Colpitis, Vaginitis	योनिशोथ
Colpodynia, Colpalgia	योनिशूल
Colpohyperplasia	योनि अतिवर्धता
Colpoid	विदरकाभ
Colpomycosis	योनि कवकता
Colporate	छिद्रक विदरकी (लम्बे व गोल छेद वाले परागगण)
Colposcope (an optical magnifying instrument for visual examination of vagina and cervix for abnormal tissues and cancerous cells)	योनिभित्तिदर्शी
Colposcopy	योनिभित्ति दर्शन
Colposuspension	योनि-निलम्बन
Colporrhagia, Colporrhea	योनिरक्तस्राव, योनिस्राव
Colpoxerosis	योनिशुष्कता
Colpus	विदरक
Colt	नर अश्व शावक, बछेड़ा
Colubrine	सर्पिल, सर्परूप, सर्पीय
Columbine (*Aquilegia* sp., a perennial flowering herb of butter cup family Ranunculaceae)	कपोतवंशी, पेडुकी (एक पक्षी), गुलकबूतर (एक पुष्पी पौधा)
Columella	स्तम्भिका (एक पादप ऊतक)
Columella auris	कर्ण स्तम्भिका
Columella nasi	नासा स्तम्भिका (मध्यपट)
Column, Columna	खम्भा, स्तम्भ, तन्त्रिकापूल, स्कन्भ
Columnal muscle, Columnar muscle	स्तम्भिका पेशी, स्तम्भ पेशी
Columnar	स्तम्भाकार, स्तम्भी
Colure	उन्मण्डल (एक खगोलीय संरचना)
Colza (*Brassica napus,* a cultivated herb of mustard family Brassicaceae, oil from seed is used as lubricant), Rapessed	वन्य कपिशाक, सफ़ेद सरसो
Coma	रोमसंगुच्छ, पादपशिखा, निश्चेतना, सम्मूर्च्छा
Comate, Comatus	केशी, रोमयुक्त
Comatose	निश्चेत, निद्रातुर, सम्मूर्च्छित
Comatula	पत्र-तारक
Comatulid	पत्रतारकी
Comb	कंघा, कंघा करना, कंकत, कलगी, छान डालना, हाँका लगाना, धुनकना, छत्ता
Combat	समाघात, संघर्ष करना
Combatant	संयोद्धा, लड़ाकू
Combinable	संघर्षी, संयोज्य
Combinant	संयोगी, संयोजक

Combination संयोजन, समुच्चय, संयोग, संयुक्ति
Combinative संयोजी, संयोगात्मक, समुच्चयकारी
Combine जुड़ना, मिलाना, सम्मिलित/सम्मिश्रित करना/होना
Combined संयुक्त, सम्मिलित, जुड़ा हुआ
Combing कंकतन, निकाल बाहर करना, हाँका लगाना
Comburent दह, दाहोपकर, दहत्
Combust जलाना, दहन करना
Combustibility दाह्यता, दहनीयता
Combustible दाह्य, दहनीय
Combustion दहन, ज्वलन, जारण
Combusting, Combustive दहनकारी, दहनशील
Comestible खाद्य, भोज्य पदार्थ, खाने योग्य
Comet धूमकेतु, पुच्छलतारा
Cometabolism सहजैवविघटन, सहचयापचय
Comet assay धूमकेतु-परीक्षण
Comfit मिष्टान्न, मिठाई (मेवों की),
Comfrey, Comphrey (*Symphytum* sp., a perennial medicinal herb of family Boraginaceae) कम्फ्री (बाग़वानी में इस पौधे का प्रयोग उर्वरता बढ़ाने में जैविक खाद्य के सक्रियण हेतु करते हैं)
Commensal सहभोजी
Commensalism सहभोजिता
Commensurable, Commensurate सम्मेय, समपरिमाण, आनुपातिक, अनुरूप
Commercial वाणिज्यिक, व्यापारिक
Commingle मिश्रित करना, मिलाना, एकीभूत होना/करना
Comminute चूर्ण बनाना, बुकनी बनाना, चूरा करना
Comminuted fracture विखण्डित अस्थिभंग
Comminution चूर्णन, विखण्डन
Commissure, Commissura, Commissurae (pl.) सन्धायी, परियोजी, सन्धिरेखा, मिलनस्थल, तन्तुबन्ध, संयोजिका
Commix सम्मिश्रित करना, साथ मिलाना
Commixture सम्मिश्रण
Common, Communis सामान्य, सामूहिक, साझा उभयनिष्ठ
Common bile duct पित्तवाहिनी
Common factor समापवर्तक, सामान्य कारक
Common gender उभयलिंग, द्विलिंगी
Common fruit fly (*Drosophila melanogaster,* a dipteran pest insect of family Drosophilidae, used as model organism for biological research) सामान्य फलमक्षिका
Common ion effect समायन प्रभाव
Common multiple सार्वगुणज, समापवर्त्य
Commove उत्तेजित करना, हिला देना
Communicability संक्राम्यता, सञ्चरणीयता
Communicable सञ्चरणीय, सञ्चारी, संक्राम्य
Communicate सञ्चारित करना, सम्प्रेषित करना, संसूचित करना
Communication सञ्चार, सम्प्रेषण, क्रमविनियम
Community समुदाय, सम्प्रदाय, सामुदायिक
Commutation रूपान्तरण, लघुकरण, विनिमय, परिवर्तन, रियायत दिक्परिवर्तन, प्रतिनिधान
Commutator दिक्परिवर्तक
Comose रोमिल, लोमयुक्त, गुच्छकेशी, रोयेंदार
Compact, Compactus सघन, संहत, दृढ़, समझौता
Compact fluorescent lamp (CFL) सघन प्रतिदीप्त दीप
Compaction घनन, दृढ़न, संघनन
Companding सम्पीड-प्रसारण
Companion सहचर, साथी, सखी
Companion cell सखी कोशिका
Comparative तुलनात्मक, सापेक्ष, आपेक्षिक
Comparability तुलनीयता, तुल्यता
Comparable तुलनीय, तुल्य
Comparator तुलनित्र, तुलनाकारी, तुल्यक
Compartment प्रखण्ड, उपखण्ड, खण्ड, कक्ष
Compartmentalization प्रखण्डन, प्रखण्डीकरण
Compartmentalize प्रखण्डित करना
Compass दिक्सूचक, कुतुबनुमा, दिक्घड़ी
Compass saw गोलकाट आरी
Compatability संगतता, अनुकूलता, सुसंगतता, संयोज्यता
Compatable संगत, अनुकूल, संयोज्य
Compendium संक्षेप, सारांश, सार-संग्रह

Complementary पूरक, सम्पूरक, कोटिपूरक
Complementary angle पूरक कोण (जो किसी कोण से मिलकर समकोण बनाये)
Completion समापन, सम्पूर्णन, समाप्ति, निष्पत्ति
Completive, Completory सम्पूरक, पूरक
Complex जटिल, संकुल, संसृष्टि, पेंचीदा
Complexion मुखराग, वर्ण, रूप-रंग
Complexity जटिलता, पेंचीदगी, उलझन
Complexus तन्तुजाल
Compliance अनुवृत्ति, अनुपालन
Complicated जटिल, पेंचीदा
Complication, Complicacy पेंचीदगी, उलझन, संवलन, जटिलता
Complin(e) पूरिका
Component अंगभूत, अवयव, घटक, पुर्ज़ा
Compose संघटित करना, संगीत रचना अक्षर-योजन करना
Composite संलिष्ट, संयुक्त, मिश्र, संग्रथित
Composite tool बहूपयोगी औज़ार
Composition संघटन, संविरचना, बनावट, सम्मिश्रण
Compos mentis (a Latin word for sound minded) स्वस्थचित्त, स्थिरमनः, प्रकृतिस्थ
Compost कूड़ा खाद, जैविक खाद, सम्मिश्रण
Compote चाशनी में परिरक्षित फल, मुरब्बा
Compound संयुक्त, यौगिक, विवृत, संयुत, प्रांगण
Compounded संयोजित
Compound eye संयुक्त नेत्र (कीटों व झींगों में)
Compounder सम्मिश्रक, संयोजक, औषधियोजक
Compound fracture विवृत अस्थिभंग
Compound microscope (with two converging lenses, the objective and eyepiece) संयुक्त सूक्ष्मदर्शी
Comprehensive व्यापक, विशद, बृहत्, विचक्षण
Compress सम्पीडित करना, संकुचित करना
Compressed सम्पीडित, संकुचित
Compressed natural gas (CNG, a mixture of 95% methane, 3.2% ethane, 1.0% nitrogen and rest is CO_2) सम्पीडित प्राकृतिक वात (स्वचालित वाहनों में वैकल्पिक ईन्धन के रूप में प्रयुक्त)
Compressibility सम्पीड्यता, सम्पीडनीयता
Compressible सम्पीड्य, सम्पीडनीय
Compression सम्पीडन, दबाव
Compressor सम्पीडित्र, सम्पीडनी, सम्पीडक
Compressor nasi नासा सम्पीडनी
Compulsive बाध्यकारी, विवशकारी
Computation अभिकलन, संगणना, परिकलन
Computational संगणनात्मक, परिकलनात्मक, अभिकलनात्मक
Compute संगणना करना, परिकलन करना
Computed अभिकलित, परिकलित, संगणित
Computed tomographic (CT) scanning अभिकलित बिम्बलेखी सूक्ष्मवीक्षण
Computer संगणक, अभिकलित्र, परिकलित्र
Computerised axial tomography (CAT) अभिकलित अक्षीय संरचना चित्रण
Computer vision syndrome (various eye problems caused by excess starring at computer screen) संगणक दृष्टि संलक्षण
Conation संकल्प, संकल्प-शक्ति
Conatus प्रवृत्ति, प्रयत्न
Conarium, Pineal gland/body तृतीय नेत्र ग्रन्थि
Concatenate, श्रृंखला मिलाना, सरेखीश्रृंखलन, श्रेणीबद्ध,
Concatenation रेखी श्रृंखलन, श्रृंखलाक्रमण
Concave नतोदर, अवतल, मेहराब, न्यूब्ज
Concavity अवतलता, नतोदरता, न्यूब्जता
Concavo-concave उभयावतल
Concavo-convex अवतलोत्तल
Conceal संगुप्त करना, गुप्त रखना, छुपाना
Concealed संगुप्त, गुप्त, प्रच्छन्न

Concealment संगोपन, प्रच्छादन
Conceivable, Conceptive गर्भधारणीय, मनोगम्य कल्पनीय
Conceive गर्भधारण करना, कल्पना करना
Concentrate संकेन्द्रित करना, सार, सान्द्र
Concentrated संकेन्द्रित, सान्द्रित, गाढ़ा
Concentration संकेन्द्रण, सान्द्रता, सान्द्रण
Concentrator सान्द्रक, संकेन्द्रक
Concentre, Concenter संकेन्द्र, संकेन्द्रित करना, अभिमुख होना
Concentric संकेन्द्री
Conceptacle निधानी (शैवाल की जननांगधारी गुहा)
Conception संकल्पना, अवधारणा, गर्भधारण
Conch (marine large shelled gastropod molluscs with spire and siphonal canal) शंख, कम्बु
Concha शुक्तिका, कम्बुक
Conchate, Conchiferous शंखमय, शंखधारी
Conchoid, Conchoidal शंखवत्, शंखाभ
Conchoidal factor शंखाभ भिन्न
Conchology शंखविज्ञान, शांखिकी
Concoct मिलाकर पकाना, काढ़ा बनाना, मनगढ़न्त होना
Concoction सम्पक्वन, सम्पचन, क्वथन, कूटरचन
Concolor, Concolour, Monochrome समवर्ण, एकवर्ण
Concolorous, Concolourous, Monochromatic समवर्णी, एकवर्णी
Concomiance सामञ्जस्य, सुसंगति, अनुरूपता
Concomitance सहवर्तन, सहगामिता, सहवर्तिता
Concomitant सहवर्ती, सहगामी
Concordance सुसंगति, संवादिता, समरसता
Concordant संवादी, समरस, सुस्वर
Concourse संगम, सम्मिलन
Concrescence समाकर्षण, सहप्ररोहण, सहरोहण, मूर्तीकरण
Concrete संघा, प्रत्यक्ष, साकार, यथार्थ
Concrete mixture संघा-मिश्रण, कंक्रीट-मिश्रण
Concreted, Concretionary संग्रन्थित, संघित, संघनित
Concretion संघनन, संग्रन्थन
Concupiscence अतिकामुकता, उग्रवासना
Concupiscent अतिकामातुर, अति कामुक
Concurrence संगमन, समापात, सम्मिलन
Concurrent समवर्ती, संगामी, समकालीन
Concussion विक्षोभ, संघट्टन, आघात
Concyclic एकवृत्तीय, एकचक्रीय
Condemned cell काल कोठरी (गहन कारागार)
Condensable संघनीय
Condensate संघनी
Condensation, Condensing संघनन, द्रवण, घनीकरण, संक्षेपण, संग्राही
Condense संघनित करना/होना, घनीभूत होना
Condensed संघनित
Condense lens संग्राही ताल
Condenser संघनित्र, संधारित्र (विद्युत), द्रवणित्र, संग्राहक
Condensity संघनता
Condiment मसाला, छौंक, बघार
Condition दशा, स्थिति, शर्त
Conditioned अनुकूलित, प्रतिबन्धित, उपाधीयित, सशर्त
Conditioned stimulus उपाधीयित उद्दीपक
Conditioning अनुकूलन, दशानुकूलन, उपाधीयन
Condom टोपी / खोली (रबर की), शिश्नावेष्ट (गर्भनिरोधक)
Condor (*Vulture gryphus*, a largest flying bird of family Cathartidae, native to Andes mountain in south America), Andean condor गिद्ध, गीध (दक्षिणी अमेरिका का एक पक्षी)
Conduce सहायक होना, प्रेरित करना
Conducive सहायक, प्रेरक
Conduct सञ्चालित करना, आचरण
Conductance, Conductivity चालकता, चालकत्व, संवाहनशीलता
Conductibility सञ्चालनीयता, चालनीयता
Conductible सञ्चालनीय, चालनीय, प्रवाह-योग्य, प्रवाह्य
Conducting, Conductive संवाही, चालनशील
Conduction संवाहन, चालन, सञ्चालन

Conductor चालक, सञ्चालक, संवाहक, परिचालक
Conduit वाहिका, वाहकनली, सन्नाल, नाली
Conduplicate संवलित, लम्बाई में दुहरा
Condyle सन्धिकन्द, अस्थिकन्द, मुण्डिका, स्थूलक
Condyloid कन्दाभ, सन्धिकन्दाभ, मुण्डिकाभ
Condyloid joint अण्डगुहा सन्धि, कन्दाभ सन्धि
Cone, Conus शंकु, शंक्वाकार वस्तु, शंकु फल, दृष्टिशंकु (नेत्र के मूर्तिपटल में एक प्रकार की कोशिका)
Cone snail (*Conus* sp., a predatory venomous sea snail, a gastropod mollusc of family Conidae) शंकु घोंघा
Confection मीठा पकवान, मुरब्बा, मिष्टान्न
Confectionary मिष्टान्नशाला, मिष्टान्नगृह
Confectionery मिष्टान्न कला, मिष्टान्न सामग्री
Conference परामर्श, सम्मेलन, सम्मन्त्रणा
Conferoid, Conferous हरिरोमाभ, हरिरोमी
Confertus संकुल, सघन, संलग्नी
Configuration संरूपण, विन्यास, समाकृति, अनुन्यास
Confined संसीमित, परिसीमित
Confinement प्रतिबन्ध, परिरोध, परिसीमा, प्रसूति, प्रसव, प्रसवावस्था
Confirm पुष्टि करना, सुदृढ़ करना
Confirmation पुष्टि, सुदृढ़न, पुष्टीकरण
Confirmatory पुष्टिकारी, स्थायीकारी
Confirmed पुष्ट, सुदृढ़, पुष्टीकृत, सुदृढ़ित
Conflagration अवदाह, अग्निकाण्ड
Conflate, Conflation मिलाना, सम्मिश्रण, संयोजन, धातुओं को एक साथ गलाना
Confluence, Conflux सम्प्रवाह, संगम, सम्मिलन
Confluent संगामी, सम्प्रवाही
Confocal सन्नाभीय, सन्नाभि-,
Conform अनुरूप करना, समरूप होना
Conformable अनुवर्ती, सदृश, अनुरूप, संगत समविन्यास्य
Conformance, Conformity समविन्यास, समरूपता, सादृश्यता, अनुरूपता
Conformation अनुरूपण, अनुकूल रचना, समविन्यास
Confound अस्तव्यस्त, हतबुद्धि, समाकुलन
Confraternity भ्रातृसंघ, बिरादरी
Congeal जमना, जमाना, गाढ़ा/संघनित करना
Congelation, Congealment संश्लिषकन, संघनन, जमावट, जमाव
Congener, Congenerous, Congeneric समवंशी, सजातीय/सवर्गीय
Congenial अयस्कानुकूल, अनुकूल
Congenic, Congenetic सजातीय, समानुवंशिक
Congenital, Congenitus जन्मजात, सहज, जन्मगत
Conger (*Conger* sp., a largest eel of family Congridae), Congrid eel एक समुद्री सबसे बड़ी तीन मीटर तक लम्बी सर्पमीन
Congeries ढेर, जमाव, राशि, समूह
Congest संकुलित करना, द्रव से भरा जाना
Congested संकुलित, घना, भीड़ भरा
Congesting, Congestive संकुलनशील, संकुलनकारी
Congestion संकुलन
Conglobate, Conglobated सम्पिण्ड, गोला बनाना, संगोलित, सम्पिडित
Conglobation संगोलन, सम्पिण्डन
Conglomerate, Conglomerated पिण्डीभूत होना, संगोलिकित, सम्पिण्डित, संगुच्छित,
Conglomeration संगुच्छन, सम्पिण्डन
Conglutinate चिपकना, चिपकाना
Conglutination संश्लिषण, चिपकाव
Conglutinative संश्लिष्ट, चिपचिपा
Congregate जमा होना, एकत्र होना
Congregation जमाव, एकत्रण, समूहन
Congress, Congression सम्मिलन, सम्मेलन, मैथुन
Congruence, Congruency, Congruity सर्वांगसमता, एकरसता, सुसंगति, समशेषता (गणित में)
Congruent, Congruous सर्वसम, सुसंगत, अनुरूप, समशेष, समानुरूप, उपयुक्त
Conic, Conical, Coniform शांकव, शंक्वाकार, शंकुरूपी

English	Hindi
Conicoid, Conoid	शांकवज, शंक्वाभ, शंकुभ,
Conoidal	शंक्वाभी
Conics	शंकु-गणित, शांकविकी
Conidial	कणीय, कणीजन
Conidiole	लघुकणी
Conidiophore	कणीधर
Conidiospore	कणीबीजाणु
Conidium, Conidia (pl.)	कणी
Conifer	शंकुधर (वन), शंकुवृक्ष
Coniferous	शंकुधारी (वृक्ष)
Coniform root (a modified conical tap root like carrot)	शंकुरूपी जड़
Coniology	वातधूलिविज्ञान, धूलिविज्ञान
Coniometer	धूलिमापी
Coniosis	धूलिता, धूलिमयता, धूलिग्रसन
Conjecturable	अनुमेय
Conjecture	अनुमान
Conjoin	संयुक्त होना/करना
Conjoint, Combined	संयुक्त, सामूहिक, सहस्थ
Conjugant	संयुग्मक
Conjugate, Pair	युग्म, क्रिया/धातुरूप बनाना, संयुग्मित होना
Conjugated	संयुग्मित, अनुबद्ध, सम्बद्ध
Conjugation	संयुग्मन, क्रिया/धातुरूप (व्याकरण में)
Conjugative, Conjugating	संयुग्मी, संयुग्मनशील
Conjunctiva	नेत्र श्लेषमला, युजा
Conjunctive	समुच्चय बोधक, संयोजी
Conjunctivitis	नेत्र श्लेष्मला शोथ
Conjuncture	स्थिति, संकर-काल
Conjunctus	संयुत
Conjunction	संयोजन, संसर्ग, संगम
Conk	सिर पर प्रहार करना
Connascence, Connascency	सहोत्पत्ति, सहजातता
Connascent	संजात, सहजात, सहोद्भूत
Connate, Connatal, Connatural	सहज, सहजात, नैसर्गिक, संयुक्त, सहजातीय
Connation	सहसंयोजन, संयुक्तीकरण
Connect	जोड़ना, मिलाना, संयोजित करना
Connected	संयोजित, योजित, सम्बद्ध, संलग्न, जुड़ा हुआ
Connection	सम्बन्धन, संयोजन, संलग्नन
Connective, Connecting	संयोजी, योजी, संयोजनशील, संयोजनकारी
Connective tissue	संयोजी ऊतक
Connectivity	संयुक्तता, संयोजिता, युजता
Connector	संयोजित्र, संयोजक, अनुयोजक, सम्बन्धक
Connivent	अग्रस्पर्शी, अभिसंवल
Connote	लक्ष्य का संकेत करना
Connubial	दाम्पत्य, वैवाहिक
Conocarp, Aeterio, Etaerio	पुञ्जफल, समूहफल (एक फल प्रकार)
Conodont	शंकुदन्ती, शंकुदन्त
Conoid, Conoidal	शंकुभ, शंक्वाभ, शंक्वाभी
Consanguine, Consanguineous	समरक्ती, सगोत्री, समरक्त एकज, समोद्भव, समवंशी
Consanguinity	समरक्तता, सगोत्रता, रक्त सम्बन्ध
Conscience	चेतना, विवेक
Conscious	सचेत, सजग, चैतन्य
Consciousness	चेतना, संज्ञा, होश, चैतन्यता
Consectaneous	स्वाभाविक, परिणामिक
Consectary, Corollary	उपनिगमन, निष्कर्ष अनुसिद्धान्त, उपप्रमेय
Consecutive	क्रमगत, क्रमिक, निरन्तर, अनुगामी
Consenescence	जराजीर्णता
Consenescent	जराजीर्ण
Consensual	सहमति-जन्य
Consensual reflex	सहवेदी प्रतिवर्त
Consentaneous	अनुरूप, उपयुक्त, संगत, एकमत
Consentience	समभाव, संचेतना, समनुभूति
Consequent, Consequential	परिणामी, अनुवर्ती, संगत
Conservancy	मलवहन, मल-सफाई, स्वच्छता
Conservation	संरक्षण, परिरक्षण, सन्धारण
Conservative	संरक्षी
Conservator	संरक्षक, अभिरक्षक
Conservatory, Conservatoire, Conservatorium	संरक्षणशाला, सुरक्षागृह, वनस्पति रक्षागृह, संगीत-शिक्षालय
Conserve	संरक्षित करना, सुरक्षित रखना
Consilience	समापतन, मतैक्य
Consilient	सम्पाती, समनुरूप
Consistence, Consistency	सघनता, संगति, गाढ़ापन, तत्वपूर्णता
Consistent	स्थिर, अविरोधी, संगत, तत्वपूर्ण
Consociate	सहयोगी, समायुक्त, समायोजित करना
Consociation	संघात, समायोजन, सहयोग

Consolidate घनीभूत होना, समेकित करना
Consolidated सम्पिण्डित, समाहित, समेकित
Consolidation समेकन, सम्पिण्डन, चकबन्दी
Consolidometer सम्पिण्डनमापी
Consolute संविलेय
Consomme मांस का शोरबा
Consonance समस्वरता, सन्नादिता, संगति, अनुरूपता
Consonant समस्वर, सन्नादी, अनुरूप, संगत, व्यञ्जन (वर्ण)
Consort सहजीव (पति/पत्नी), स्वरसंगति
Consortism सहजीविता
Consortium, Consortia (pl.) संघ, सहजीवन, संकाय
Conspecific समवंशी, एकजातिक
Conspergent पृथक्कारी (चूर्ण), प्रकीर्णी
Conspersus प्रकीर्णिक, संसेचकी
Constancy स्थिरता, एकनिष्ठा, अविचलता
Constant स्थिर, अविरत, एकनिष्ठ, स्थिरांक, नियत, नियतांक
Constellation नक्षत्र बनाना, तारामण्डल, नक्षत्र, अलंकरण, समूह
Consternation भयाकुलता, आतंक, विस्मय, घबराहट
Constipate क़ब्ज़ करना, मलावरोध होना
Constipation क़ब्ज़, मलावरोध, कोष्ठबद्धता
Constituent रचक, संघटक, संविधायी
Constitute रचना/संघटित करना
Constitution संविधान, रचना, संघटन
Constitutive संघटक, मूलभूत
Constrained निबाधित, संरुद्ध
Constraint निरोध, प्रतिरोध, व्यवरोध, निबाध, संरोध, प्रतिबन्ध
Constricted संकुचित, संकीर्ण
Constrict, Constriction सिकोड़ना, संकीर्णन, उपसंकोच, समाकर्ष, आकोचन, दबाव
Constrictive, Constrictor संकोची, संकोचक, आकोचक, संकीर्णक (पेशी), अजगर
Constringe संकुचित या समाकर्षित करना
Constringent संकोचक, समाकर्षक
Construct, Construction बनाना, रचना, निर्माण
Constructive रचनात्मक, प्रलक्षित
Consumable(s) उपभोग्य, उपभोज्य (वस्तुएँ)
Consumer उपभोक्ता
Consummation समापन, निष्पत्ति, समाप्ति
Consumption उपयोग, खपत, व्यय
Consumptive patient क्षय रोगी
Contabesence क्षय, नाश, पराग अनुत्पादन
Contabescent नाशवान, वलिकुञ्चित, क्षीयमाण, परागहीन
Contact संस्पर्श, सम्पर्क, संयोग
Contact lens सम्पर्क ताल, संस्पर्श वीक्ष
Contactor मेलक, स्पर्शक
Contact poison संस्पर्शविष, स्पर्शमारकविष
Contagion, Contagium संक्रमण, संसर्ग, छूत, छुतहा रोग, स्पर्श-सञ्चार
Contagiosity संक्रामकता, संसर्गता, स्पर्शसञ्चारिता
Contagious छुतहा, संक्रामी, स्पर्शसञ्चारी
Contained अन्तर्विष्ट, नियन्त्रित
Container पात्र, धारक, आधान
Containment संरोधन, समावेशन, अन्तर्वेशन
Contaminant, Contaminative, Contaminator सन्दूषक, सन्दूषणकारी
Contaminatable सन्दूष्य, सन्दूषणीय
Contaminatability सन्दूष्यता, सन्दूषणीयता
Contaminate सन्दूषित करना/होना, दूषित होना
Contaminated सन्दूषित, दूषित, संसर्गित
Contamination सन्दूषण, दूषण, संसर्ग विकार
Contematose आकण्टित
Contemporary समकालीन, समवयस्क
Contents अन्तर्वस्तु, विषयसूची
Conterminal, Conterminous संलग्न, एकसीम
Contexture तानाबाना, बनावट, कपड़ा
Contiguity समीप्य, संस्पर्शिता, सानिध्य, संलग्नता
Contiguous संस्पर्शी, सन्निहित, समीपस्थ
Continence स्वनियन्त्रण, आत्मसंयम, इन्द्रियनिग्रह, स्वैच्छिकता
Continent महाद्वीप, स्वनियन्त्रक, संयमी
Continental महाद्वीपीय
Contingence, Contingency प्रासंगिकता सम्भाव्यता, आपात, आकस्मिकता, अप्रत्याशितता
Contingent सम्भाव्य, आपातिक, प्रासंगिक, आनुषंगिक, अप्रत्याशित
Continuance, Continuation सातत्य, अनुवृत्ति, अनुवर्तन, अविच्छेदन
Continued सतत, निरन्तर, अविच्छेदित
Continuing अनवरत, अविरामी, सतत

Continuity, Continuum — सातत्य, अनवरतता निरन्तरता, नैरन्तर्य
Continuous — निरन्तर, अविरत, लगातार
Contline — अन्तराल, रज्जु-अन्तराल
Contort, Convulse — ऐंठना, मरोड़ना, विकृत करना
Contorted, Twisted — ऐंठा हुआ, कुञ्चित, व्यावर्तित
Contortion — मरोड़, ऐंठन, विरूपण, व्यावर्तन
Contour — परिरेखा, संरूप, समोच्च रेखा
Contouring — संरूपण, परिरेखन
Contour map — समोच्च रेखी मानचित्र
Contour ploughing — समोच्च रेखीय जुताई
Contra-(prefix) — प्रति-, विरुद्ध, विपरीत
Contraception — गर्भ निरोध, गर्भ निरोधन
Contraceptive — गर्भ निरोधक, गर्भ निरोधी
Contract — संकुचित या संक्षिप्त करना, संविदा, ठेका, अनुबन्ध
Contractor — संकुचक, संकुचित्र, ठेकेदार
Contractibility Contractility — संकोच्यता, संकुचनीयता
Contractible, Contractile — संकोच्य, संकोचनीय, संकुचनीय
Contracting, Contractive — आकुञ्ची, संकुचनशील, संकुचनकारी
Contraction — संकुचन, आकुञ्चन, संक्षेपण, सिकुड़न, सिकुड़ना, संकोचन
Contradiction, Contracture — खण्डन, विरोध, असंगति, प्रतिवाद
Contradictory, Contrariant, Contrary — प्रतिकूल, परस्पर विरोधी, व्याघाती, विरुद्ध
Contrail — धूम्ररेखा, धुएँ की लकीर
Contralateral — विषमपार्श्वी, विषम पार्श्व-
Contraposition — प्रतिस्थिति
Contraption — युक्ति, विलक्षण उपकरण, अनूठा यन्त्र
Contrariant, Contrary — प्रतिकूल
Contrariety — प्रतिकूलता, विपरीतता, वैषम्य
Contrast — विषम, विपरीत, व्यतिरेक विपर्यास, विभेदक
Contrastimulant, Sedative — प्रशान्तक, शामक, शमक
Contravalence, Contravalency — विसंयुजता, विसंयोजकता
Contravariant — प्रतिचल, प्रतिभिन्न
Contravention — उल्लंघन, प्रतिकूलन
Contrectation — प्रणय, सम्भोगपूर्व क्रीड़ा
Contrivance — आविष्करण, कल्पना, युक्ति, साधन
Control — यथास्थ, नियन्त्रण
Control group — नियन्त्रक समूह
Controlled — नियन्त्रित
Controller — नियन्त्रक, नियन्त्रित्र (यन्त्र)
Contuse, Contusion, Bruise — चोट से नीला पड़ना, नील, घृष्टव्रण (रगड़ से पड़ा छाला), गूमड़, चूर्णन, कुटाई, अन्तःक्षति
Conus, Cone — शंकु
Convalesce — स्वास्थ्य लाभ करना, स्वस्थ होना
Convalescence — स्वास्थ्य लाभ, उपशमन, उल्लास
Convalescent — स्वास्थ्योन्मुखी, उपशमनी, स्वास्थ्य लाभार्थी
Convection — संवहन, प्रसंवहन, न्यूद्वहन
Convectional, Convective — संवहनी, प्रसंवाही, न्यूद्वहनशील
Convector — संवहक, प्रसंवाहक
Conventional — परम्परागत, पारम्परिक, रूढ़िगत
Converge — अभिसारी होना, एक बिन्दु पर मिलना
Convergence, Convergency — केन्द्राभिमुखता, अभिसरण, अभिबिन्दुता, उपसरण, उपसार
Convergent, Converging — अभिसारी, उपसारी, अभिबिन्दुक, केन्द्राभिमुखी
Converse — प्रतिलोम, विलोम, वार्तालाप करना, सम्परिवर्तित करना
Conversion — परिवर्तन, रूपान्तरण, सम्परिवर्तन
Converter — रूपान्तरित्र, परिवर्तित्र, सम्परिवर्तक
Convertibilty — सम्परिवर्त्यता, परिवर्तनीयता
Convertible — सम्परिवर्त्य, परिवर्तनीय
Convex — उत्तल, उन्नतोदर, अवमुख, उदुब्ज
Convexity — उत्तलता, उन्नतोदरता, उदुब्जता, अवमुखता
Convexo-concave — उत्तलावतल
Convexo-convex — उत्तलोत्तल, उभयोत्तल
Conveyer — वाहित्र, वाहक, सम्प्रेषित्र
Conveyer belt — वाहक पट्टा
Convolute — संवलित/परिवलित करना, ऐंठना
Convoluted — संवलित, परिवलित
Convolution, Convolve — संवलन, कुण्डलन, ऐंठन, परिवलन

Convolvulus	संवलित (एक प्रकार का पुष्प-विन्यास)
Convolvulus, Bind weed, Morning glory (*Convolvulus* sp., a flowering creeper of family Convolvulaceae)	हरिणपदी, शंखपुष्पी (पौधा)
Convulse	मरोड़ना, झटकना, आलोड़ित करना
Convulsibility	आक्षेप्यता, आलोड़नीयता
Convulsible	आक्षेप्य, आलोड़नीय
Convulsion	आलोड़न, ऐंठन, मरोड़, झटका, आक्षेप
Convulsant, Convulsive	आक्षेपकर, ऐंठनकर, आलोड़ी, आक्षेपी, आक्षेपात्मक
Convulsiveness	आक्षेपतात्मकता
Cookery	पाकशास्त्र, पाककला
Cooking gas	रसोई गैस
Cooking medium	पाक-माध्यम (पकाने के लिए तेल या अन्य सामग्री)
Cooking method	पाकविधि
Cool, Cold	शीतल, ठण्डा करना, ठण्डा, शान्त
Coolant, Cooler	शीतलक, शीतक, शीतित्र
Cooling	शीतलन, उपशमन
Cooling system	शीतलन प्रणाली
Coomb	घाटी
Coope	दरबा, कटघरा, मुर्ग़ा ढकने की टोकरी
Co-optation	सहयोजन
Co-ordinate	निर्देशांक, समन्वित/समकक्ष बनाना, उप-सहसंयोजी, मिलकर काम करना
Co-ordinate geometry	निर्देशांक ज्यामिति
Co-ordination	समन्वयन, तालमेल, सामञ्जस्य, आसञ्जन
Coordination formula	आसञ्जन सूत्र
Coordinator	समन्वयक, समायोजक
Cootie, Body louse	चीलर (शरीर का जुँआ)
Cop	अण्टी, कुकड़ी, शिखर
Copal (an aromatic tree resin)	रालमिश्रण, धूप, समुद्यास
Copal tree	धूना, धूप का पेड़
Copepod (animals of sub-class Copepoda)	अरित्रपाद (एक जलीय जन्तु)
Copepoda (a sub-class of aquatic crustacean arthropods)	अरित्रपाद (एक जन्तु उपवर्ग)
Copier	प्रतिलिपित्र (यन्त्र), प्रतिलिपिक
Copiopia	क्लान्ति दृष्टि, श्रान्ति दृष्टि
Copious	प्रचुर, विपुल, अत्यधिक
Coplanar	समतलीय, समतल-
Copolymer	सहबहुलक
Copolymeri-sation	सहबहुलीकरण
Copper (a metallic element with symbol Cu)	ताँबा, ताम्र (एक ताप व विद्युत सुचालक भारी धातु)
Copper smith	ताम्रकार, ठठेरा
Coppery	ताम्रमय, ताम्रवर्ण, ताम्रस्वाद वाला, ताम्रवत्
Coppice	स्थूलयन, स्थूण, कर्तन, झाड़ी, गुल्म वन, स्थूल-प्ररोह, स्थूलांकुरण
Coprocolous,	विष्ठावासी, शमलवासी
Coprolite	विष्ठाश्म
Coprology, Seatology	शमलविज्ञान, सकृत्विज्ञान, विष्ठाविज्ञान, अश्लीलता
Coprophagous, Koprophagous	विष्ठाभोजी, मलभक्षी, शमलभक्षी
Coprophagy	विष्ठाभोजिता, शमलभक्षण
Coprophile, Coprophilic, Coprophilous	विष्ठारागी, शमलरागी, मलस्नेही
Coprophilia	विष्ठानुरक्ति
Coprozoic, Coprobiose, Coprobiont	शमलजन्तु, सकृज्जीवी, विष्ठाजीवजात
Copse	झाड़ी
Copula	संयोजक, मैथुन-बन्धनी, सेतुक, सम्बन्ध
Copulant	मिथुनी
Copulate	मैथुन या सहवास करना
Copulation, Coition, Coitus, Cohabitation	मैथुन, संयुग्मन, सहवास
Copulative	संयोगात्मक, संयुग्मनकारी, मैथुनी
Copulatory	मैथुनी, मैथुन-
Copulatory pad	मैथुन गद्दी
Copulatory sac	मैथुन-स्यून
Coraco-brachialis	उरोंस्या-बाहु (पेशी)
Coracoid, Coraco-(prefix)	अंसतुण्ड, तुण्ड, उरोंस्या-

Coral (an invertebrate of class Anthozoa of sub-phylum Cnidaria)	प्रवाल (एक जन्तु, औषधि व रत्न), मूँगा (एक कठोर कंकालीय समुद्री जन्तु)
Coral reef	प्रवाल भित्ति, मूँगे की दीवार
Corallid, Coralloid, Coralliform	प्रवाली, प्रवालवत्, प्रवालाभ, प्रवालाकार
Coralline	प्रवाली, प्रवालिका, प्रवाल-
Corallite	प्रवालाश्म
Corallum	प्रवालक, सम्प्रवालक
Coral tree	मदार, दौलढक
Corbean	काला हरा, काही रंग
Cord	डोरी, मेरुरज्जु, रज्जु
Cordate, Cordatus, Cordiform, Cordiformis	हृदयाकार, हृद्रूपी, हृदयवत्
Cordifolius	हृद्पर्ण, हृद्पर्णी, हृद्पत्री
Cordillera	पर्वतश्रेणी
Cordite	धूमरहित विस्फोटक
Cordless	बेतार, रज्जुहीन
Cordon	घेरा, डोरी, पट्टी, फ़ीता, कंगूरा, संक्रमण सीमा (शरीर में)
Cordon bleu (a French word means blue ribbon)	उत्कृष्ट पाकविद्या, पनीर लिपटा/भरा मांस का पकौड़ा
Cordovan	अजचर्म, बकरी का चमड़ा
Core	बीजकोष, आन्तरक, क्रोड़, केन्द्रबिन्दु
Corectasis, Corediasis	पुतलीस्फारण (एक नेत्रविकार)
Coremium	मार्जनीकाय, शिथिल मूल
Coriaceous	चर्मल, चर्मिल, चीमड़, चमड़ावत्
Coriander (*Coriandrum sativum*, an annual aromatic cuisine herb of family Apiaceae)	धनिया, धान्यक (एक सगन्ध पौधा व बीज का मसाले के रूप में प्रयुक्त)
Corianth	रोहित, लाल
Corium, Derma	चर्म, अन्तस्त्वचा, अधस्त्वचा
Cork	काग, डाट, त्वक्ष, कॉर्क,
Cork borer	कागछेदक
Cork screw	काग पेंच, कार्क पेंच
Cork tree, Cork oak (*Quercus suber,* an evergreen oak tree of family Fagaceae, cork is produced from bark)	आकाश नीम, कॉर्क का पेड़
Corm	घनकन्द (एक रूपान्तरित भूमिगत तना)
Cormidium, Cormidia (pl.)	व्यष्टि गुच्छ, सन्निवेश
Cormophyte	स्कन्धोद्भिद्
Cormorant	खाऊ, जलकौआ, समुद्री चील
Corn	धान्य, अनाज, मक्का, गोखरू, घट्ठा
Corn cob	मक्के का भुट्टा या उसकी खुखड़ी/गुल्ली
Corn earworm (a larva of *Helicoverpa zea,* a lepidopteran pest moth of family Noctuidae destroying ear of corn and other crops)	भूट्टे का कीड़ा, मकई का कीड़ा
Cornea	नेत्रपटल, श्वेत पटल, स्वच्छा
Corneal reflex	स्वच्छा-प्रतिबिम्ब, स्वच्छा-प्रतिवर्त
Corned	नमकीन जल में संरक्षित गोमांस
Corneo-scleral	स्वच्छा-शुक्ला (नेत्र में)
Corneous, Cornuted	शृंगीय, शृंग्य, सींगदार, शृंगित
Corner	कोना, कोण
Cornet	अस्थिस्तर
Corn fiber (polymerized dextrose sugar of corn, processed into natural textile fiber)	मर्कट तन्तु, मकई का रेशा
Corn flower (*Centaurea cyanus*, an ornamental annual plant of family Asteraceae)	नील कूपी फूल
Cornice	कपोत, कँगनी, छजनी
Cornicle	शृंगिका, छोटी सींग, जलकाक
Corniculate	शृंगी, शृंगयुक्त, शृंगि-
Corniferous	शाणाश्मयुक्त, कँकरीला
Corn meal	अन्नाहार, अनाजी खाना
Cornoid	शृंग्याभ, किरैटिन जैसा
Cornu	शृंग, सींग
Cornu copia	परिपूर्ण शृंग
Cornued	शृंगित, शृंगी
Corny	घट्ठेदार, धान्यमय, दानेदार

Corolla (a whorl of petals in flower)	दलपुञ्ज (एक पुष्पांग)
Corollar, Corolline	दलीय, दलपुञ्जीय
Corollary	उपप्रमेय, उपसिद्धान्त, उपसाध्य, उपविगमन
Corollet	दलक
Corona (a whorl of tepals between petal and stamen of a flower), Coronae (pl.)	परिदलपुञ्ज, परिवलय, कंगनी का अंग, मुकुट, प्रभामण्डल
Coronal	शिरोबन्ध, किरीट, माला
Coronal sulcus	किरीटी परिखा
Coronary	वलयी, परिमण्डली, चक्रीय, किरीटीय, ह्रद्रोहिणी, हार्दिक, कुकुदास्थि, हृद्-
Coronary artery	वलयधमनी, हृद्धमनी
Coronet, Coronula, Coronule	मुकुटिका, किरीटिका, शिरोबन्ध
Coronoid	चञ्चुभ, चञ्चुवत्
Corpora-, Corpus-(prefix)	पिण्ड, काय-
Corpora amylacea	मण्डीय काय, मण्डकाय
Corpora cavernosa	छिद्रित काय
Corporal, Corporeal	शारीरिक, शारीरीय, दैहिक, कायिक, मूर्त
Corporiety, Corps	शारीरिकता, भौतिकता, अनीकिनी (प्रशिक्षित सैन्य दल), समूह, दल
Corporality	देहत्व, द्रव्य
Corpse, Corse	शव, लाश, मृत शरीर
Corpulence	मोटापा, मांसलता, स्थूलता
Corpulent	मांसल, मोटा, स्थूलकाय
Corpus	लेख संग्रह, पिण्ड, काय
Corpuscle	देहाणु, कणिका, लवाणु
Corpuscular	कणिकीय, देहाण्वीय
Corpus spongiosum, Corpora spongiosum	स्पञ्जी स्तम्भ (शिश्न में)
Corrasion	अपघर्षण, समपघर्षण
Corrective measures	सुधारकारी उपाय, दोषनिवारक युक्ति
Correlate	सहसम्बन्ध बनाना, सहसम्बद्ध होना
Correlation	सहसम्बन्ध, परस्पर सम्बन्ध
Correlation co-efficient	सहसम्बन्ध गुणांक
Correlative	सहसम्बन्धी, सापेक्ष, समवाय
Correspond	तदनुरूप होना, मेल खाना, पत्र व्यवहार करना, सदृश होना, संगत

Corresponding	संगती, संवादी, तत्सम्बद्ध, अनुरूप, पत्रव्यवहारी
Corrie	पर्वतीय गह्वर, पहाड़ी गुहा
Corrigent	शोधक, परिष्कारक
Corroborant	शक्तिवर्धक, सम्पोषक, सम्पुष्टिकर्ता,
Corroboration	सम्पोषण, सम्पुष्टि,
Corroborate	सम्पुष्ट या पक्का करना
Corroborating,	सम्पोषी, सम्पुष्टिकारी,
Corroborative	सम्पोषणशील
Corrode	संक्षारित करना, जंग लगना
Corrosion	संक्षारण, जंग, क्षय
Corroding,	संक्षारक, क्षयकारी, संक्षारी,
Corrosive	संक्षारणशील
Corrosivity	संक्षारकता
Corrugator	वलीयक
Corrugate	झुर्री, लहरदार, नालीदार बनाना
Corrugated	वलीयित, नालीदार
Corrugated paper	नालीदार काग़ज़/गत्ता
Corrugation	वलीयन
Corrupt	विकृत, दूषित, क्षत, भ्रष्ट
Corselet, Corslet	उरस्त्राण, वक्षस्त्राण
Corten steel, Wheathering steel (a corrasion-resistant steel alloy from its original manufacturer COR-TEN, America)	कॉर्टन इस्पात, अपक्षय इस्पात
Cortex, Cortices (pl.)	वल्कुट, बाह्यक, प्रान्तस्था
Cortical	वल्कुटीय, वल्कलीय, प्रान्तस्था-
Corticate	सवल्क, वल्कुटमय
Corticole, Corticolous	वल्कुटवासी, वल्करोही
Cortico-steroid	वल्कल-सान्द्राभ, वल्कुट-सान्द्राभ
Corticotherapy	वल्कल-सान्द्राभ चिकित्सा, कॉर्टिकोस्टीरॉयड-चिकित्सा
Corticotrophic	वल्कुट प्रभावी
Cortina	अन्तःपट
Cortinate	झालरदार, अन्तःपटयुक्त
Corundum	करण्ड, कुरुविन्द (खनिज)
Coruscant	चमकीला, दमकदार
Coruscate,	चमकाना, दमकाना,
Coruscation	चमक, दमक
Corvid (birds like crow and raven of family Corvidae)	काकवंशी (कौआ कुल के पक्षी)
Corvine	काकीय, कौआ सम्बन्धी

Corymb समशिख, चिपिटक
Corymbose, Corymbiform समशिखाकार (एक प्रकार का पुष्पविन्यास)
Coryphodont क्षुरीय दन्त, क्षुरदन्ती
Coryza पीनस, नज़ला, प्रतिश्याय
Cos, Cosine कोज्या, कोटिज्या
Cosec, Cosecant व्युज्या, व्युत्क्रमज्या
Cosensitize सहसंवेदी बनाना/करना
Cosmeceutical(s) कान्तिद्रव्य, अंगराग, अंगरागीय
Cosmetic कान्तिवर्धी, अंगरागीय
Cosmetician प्रसाधक, सौन्दर्य-प्रसाधक
Cosmetics सौन्दर्य-प्रसाधन सामग्री अंगराग, कान्तिद्रव्य
Cosmic अन्तरिक्षीय, ब्रह्माण्डीय
Cosmic ray ब्रह्माण्ड-रश्मि, अन्तरिक्ष-किरण
Cosmid कोज्या-सूत्रांश
Cosmine दशनी, दन्ती, दाँत सम्बन्धी
Cosmogony, Cosmogeny ब्रह्माण्डोत्पत्ति
Cosmoid दशनाभ, दन्तवत्
Cosmology ब्रह्माण्डविज्ञान, ब्रह्माण्डिकी
Cosmopolitan विश्वनागरिक, विश्वव्यापी, सर्वदेशीय
Cosmorama विश्व दृश्यावली
Cosmos ब्रह्माण्ड, अन्तरिक्ष
Costa, Costae (pl.) पर्शुका, शिरा, प्रनाडी
Costal, Costate पशुकीय, पर्शुकी, शिरीय, पर्शुका युक्त
Costatus प्रनाडीक
Costiform पर्शुकारूपी, पर्शुकाकार
Costive क़ब्ज़कर, बद्धकोष्ठी, अनिच्छुक, कृपण
Costus कुष्ठिका
Cot, Cotangent कोटित्रिज्या, कोटिस्पर्श रेखा
Cote पशुशाला, बाड़ा, भेड़ख़ाना
Cotidal समज्वार, सहज्वार
Cottage cheese (fresh cheese of low calorie with high protein and other nutrients) घर में बनी ताजी पनीर
Cottage industry कुटीर उद्योग
Cotter फन्नी, कच्चड़, कच्चर
Cotton (cellulose fibres from mature dry fruit of *Gossypium* sp., a shrub of family Malvaceae) कपास, सूती, कपसि
Cotton pox, Alastrim मृदुचेचक, मन्द चेचक
Cotton seed बिनौला
Co-twin सह-यमज
Cotyledon बीजपत्र, स्तबक
Cotyledonous बीजपत्री
Cotyliform चषाकार, शरावाकार, कटोरीरूपी
Cotylocercous चषकपुच्छी
Cotyloid bone चषकास्थि, कंसास्थि, कटोरिकास्थि
Cotype सहरूप, सहप्ररूप
Couchant उकडू बैठना
Couch grass, Devil's grass (*Cynodon dactylon/ Elymus repens/ Vilfa stellata,* a small flowering fragile tropical perennial medicinal shrub of family Poaceae, spread on ground, grazed by cattle) दूब, दूर्वा
Cougar (*Puma concolor,* a large wild crepuscular carnivorous mammal of cat family Felidae, native to north America), Catamount अमेरिकी बिलाव या तेंदुआ, तीस से पचास वर्ष की स्त्री जो अपने से कम आयु के पुरुष से रोमांस की इच्छुक हो
Cough खाँसना, खाँसी, कासश्लेष्मा
Cough mixture कास मिश्रण
Coughing कासन, खाँसना
Coulee, Coulie लावा की धारा, खड्ड
Couloir खड्ड, मार्ग
Coulomb (C, a unit of electrical charge, named after French physicist Charles Augustin de Coulomb, 1736-1806 A.D.) कूलम्ब (विद्युतावेश की एक इकाई)
Courgette (*Cucurbita pepo* sub sp. *pepo*., a flowering annual cultivated creeper तोरी, छप्पन कद्दू (एक लम्बी प्रजाति का कद्दू)

English	Hindi
herb of family Cucurbitaceae with small edible fruit as vegetable), Zucchini	
Count, Counting	संख्या, गिनना, गणना
Countenance	मुखाकृति, मुखमण्डल, मुखड़ा, समर्थन, सम्प्रत्यय, अनुमोदन
Counter	गणक, गणित्र, विपरीत, फलक, प्रति-
Counteract	प्रतिकार करना, व्यर्थ/ प्रभावहीन कर देना
Counteraction	प्रतिकार्य, प्रतिविधान, निराकरण
Counteractive, Counter agent	प्रतिकारी, प्रतिकारक
Counter balance	प्रतिभार, प्रतितुलन, प्रति-सन्तुलन, सन्तुलित करना
Counter condition	विपरीत स्थिति
Counter-current	प्रतिवाह, प्रतिप्रवाह, प्रतिधारा
Counter exception	प्रतिप्रसव
Counter irritant	प्रतिक्षोभक
Counter mark	प्रतिचिह्न
Counter part	प्रतिवस्तु, प्रतिपक्ष, पूरक
Counter poison	प्रतिविष
Counter stain	प्रतिरञ्ज्य
Counter weight	प्रतितोलक भार, प्रतिभार
Countless	अगणित, अनगिनत, असंख्य
Country sugar	देसी खाँड़
Couple	युग्म, युगल, दम्पति, जोड़ना, मिथुन, बलयुग्म
Coupled	युग्मित, मिथुनित, संलग्न
Coupling	युग्मन, मिथुनन, संयोजन, संलग्न
Course	प्रक्रिया, मार्ग, पाठ्यक्रम
Coursed	स्तरित, प्रक्रियायुक्त
Courser	नुकरी (एक चिड़िया)
Courtship	अनुरञ्जन, प्रणय निवेदन
Courtyard	प्रांगण, आँगन
Couture	वस्त्र निर्माण
Covalence, Covalency	सहसंयोजकता, सहसंयुजता
Covalent	सहसंयोजक, सहसंयोजी
Covariant	सहचर, सहपरिवर्ती
Covariation	सह-विचरण
Covarience	सहप्रसरण
Cove	छोटी खाड़ी, छायादार दर्रा, गह्वर, कुण्ड, लघु निवेशिका

English	Hindi
Cover slip, Cover glass	आवरण पट्टिका, आवरण खण्ड, आच्छादी काँच
Covering	ढकना, आवरण, आच्छादन, ढक्कन, आवरक, आच्छादी, प्रावरण
Covert	अवच्छद, प्रच्छन्न, गुप्त, देहपिच्छ, पिच्छिका, पशुशाला
Covey	विहंग वृन्द, चिड़ियों का झुण्ड
Cow (*Bos taurus*, a female domesticated big mammal of family Bovidae)	गाय, गो (दूध, मांस, चमड़ा व कृषि के लिए उपयोगी पशु)
Cowdung	गोबर, गोवंशी पशु का मल
Cowdung cake	ओपला, कण्डी, कण्डा
Cow hage, Cowitch	केवाँच, कौंच, कोंछ
Cow heel, Cow hoof	गो खुर
Cow lude, Cow hide	गो चर्म
Cowl, cowling	शिरोवेष्टन, टोपी, ढाँपी, ढक्कन
Cow pea (*Vigna unguiculata*, a vegetable plant of legume family Fabaceae), Black eyed pea	लोबिया (एक फलीदार सब्ज़ी)
Cow pox	गो-चेचक, गो-मसूरिका
Cowrie, Cowry (a shell of marine gastropod mollusc of family Cypraeidae)	कौड़ी, कपर्दिका (एक जलीय जन्तु का प्यालीनुमा कवच)
Cow shed	गोशाला
Coxa	कक्षांग, श्रोणि, नितम्ब, कूल्हा
Coxal	कक्षांगी, श्रोणिक, नितम्बीय सन्धीय, कक्ष-
Coxal gland	कक्षग्रन्थि
Coxalgia, Coxodynia	श्रोणि शूल, कूल्हा का दर्द
Coyote (*Canis latrans*, a medium sized omnivorous wild mammal of family Canidae)	भेड़िया (एक उत्तरी अमेरिकी वन्य स्तनधारी)

Crab (an aquatic decapod of class Crustacea under phylum Arthropoda) — कर्कट (कर्क), केकड़ा

Crab apple, Wild apple (*Malus* sp., a temperate small deciduous tree of family Rosaceae with edible pome type globose sour fruit with malic acid) — जंगली सेब

Cracid bird (bird of pheasant family Cracidae) — तीतर कुल का पक्षी

Crack — चिटकना, फूटना, दरार

Cracker — पटाख़ा, पतला बिस्कुट

Cracking — भञ्जन, विपटन, अपदलन

Crackle, Creak, Cripitation — चटचटाना, चरचराहट, चरचराना

Crackly — चटचटा

Crackmeter (a device to measure movement across cracks on surface and joints) — विदरमापी, भञ्जतामापी

Cracks of heel — विपादिका (एड़ी की बिवाँई)

Cradle — पालना, हिन्डोला

Craft — शिल्प, कौशल, जल/वायुयान

Crag — निकला भाग, गला, कूटक, शृंग, खड़ी चट्टान

Cragy — चट्टानी, पथरीला

Crake (a low flight, wetland wading bird of family Rallidae) — सस्य कुक्कुटी (टिटहरी/ पनमुर्ग़ी आदि)

Cram — ठूँसना, बहुत भरना

Cramp, Crick — ऐंठन, निरोध, मरोड़, अपतान

Cramped — अपतत, ऐंठा हुआ, टेंढ़ा-मेंढ़ा

Crampon — कँटिया, हुकनुमा काँटा

Cranberry (*Vaccinium* sp., a flowering perennial cuisine and medicinal shrub of dogbane family Ericaceae with berry type edible sour fruit) — करौंदा (एक खट्टा भोज्य अमेरिकी फल)

Cranberry bean, Borlotti bean (*Phaseolus vulgaris*, a flowering annual climber herb of family Fabaceae, with edible fruits and seeds) — लाल इटेलियन सेम

Crane (a shallow water carnivorous bird of family Gruidae) — सारस, बक, बगुला, क्रौंच, क्रेन(यन्त्र)

Cranesbill (*Geranium* sp., a flowering temperate ornamental and medicinal herb of family Geraniaceae) — कशायमूल, अधिरक्तापीत

Cranial — कपालीय, कपाली, कर्परी

Cranial bone — कर्परास्थि, कपालास्थि

Cranial nerve — कपाल तन्त्रिका

Craniate — कपाली, सकपाल (जन्तु समूह)

Cranio-facial — कपाल-आननी

Craniography — कपालचित्रण

Craniology, Phrenology — कपालविज्ञान, कापालिकी, करोटिकी

Craniomalacia, Craniotabes — कपालमृदुलता

Cranioplasty — करोटिघटन, कपाल निर्माण

Craniostenosis — कपाल संकीर्णता

Craniosynostosis — कपाल संयोजन

Craniotomy — कपालछेदन, करोटितक्षण

Cranitis — कपालशोथ

Cranium — करोटि, कपाल, खोपड़ी, कर्पर

Crank — अराल, कूर्पर, वक्राक्ष, वक्रोक्ति, कुहनी जैसा मोड़ना/मुड़ना, सनक

Crankle — टेंढ़ा-मेंढ़ा चलना, मरोड़ना, मरोड़, ऐंठन, झुकाव

Crannied — छिद्रित, दरारदार, रन्ध्री

Cranny — छिद्र, रन्ध्र, दरार

Craped, Crisped, Crimped — चूर्णित, खस्ता, भंग, भञ्जित

Crapulence — अत्याहार, अफरा, अतिमद्यपानजन्य रोग, पियक्कड़पन से उत्पन्न रोग

Crapulent, Crapulous — अत्याहारी, अतिभोजी, मद्यप, शराबी, पियक्कड़, अतिमद्यप

Crash diet (low-calorie diet for short period to lose body weight) — अल्पुषाहार (अल्प-उष-, आहार), कम भोजन करना

Crass बुद्धू, मूर्ख, स्थूल
Crassitude, Crassness बुद्धूपन, स्थूलता
Crassus सघन, घना
Crate खाँचेदार टोकरी, पेटी, पञ्जर
Crater ज्वालामुख, यष्टिका, कटोरा
Crateriform कटोराकार, चषकरूपी
Craticular नवकपाटीय, नवकपाट-
Craunology, Crenology खनिजजल विज्ञान स्रोतजल विज्ञान
Craunotherapeutics, Crenotherapeutics खनिज जल चिकित्सा विज्ञान स्रोत जल चिकित्सा विज्ञान
Craunotherapy, Crenotherapy खनिजजलचिकित्सा, स्रोतजल चिकित्सा, मृदोद्चिकित्सा
Craw गल थैली
Crawl रेंगना, कीड़ों से ढका होना
Cray fish, Craw fish (a small fresh water loboster like decapod crustacean of class Malacostraca under phylum Arthropoda) चिंगट, झींगा, कर्क मछली
Crayon (a waxed colouring stick) चित्रांकनी, कार्बन वर्तिका
Cream मक्खन, मलाई, सर्वश्रेष्ठ अंश
Creamery नवनीतगृह, मक्खनशाला, मलाईघर
Creaming, Skimming स्निग्धन, मलाई निकालना/उतारना
Cream of lime चूने का माँड़
Creamy मलाईदार, मक्खनी, सर्वोत्तम, सम्पन्न
Crease भञ्जरेखा, चुन्नट, तह का निशान
Creatoxin, Creotoxin, Kreotoxin मांसाविष, मांस-विषि
Creatotoxism, Creotoxism, Kreotoxism मांसविषता
Creature जीव, प्राणी, सृष्टि जीव
Creek सँकरी खाड़ी, निवेशिका छोटी नदी, सोता
Creep, Creeping रेंगना, विसर्पण
Creeper (plants with weak stem, grow along surface) विसर्पी लता
Creepmeter (a device to measure geological movements) भू-सर्पणमापी
Cremaster निलम्बि-पेशी
Cremate, Cremation भस्म करना, शव जलाना, दाहसंस्कार, अन्त्येष्टि
Cremator शवदाहित्र, शवदाहक, शव दाहकर्ता
Crematorium शवदाहगृह
Crematory अन्त्येष्टि-स्थल, श्मशान
Crème (a cookery cream with 35-45% butter fat) रसोई मक्खन
Cremocarp युग्मवेश्म फल
Crena दरार, खाँच
Crenate, Crenulate कुण्ठदन्ती, गोलच्छिन्न, दन्तुर
Crenation, Crenulation दन्तुरण, दन्दानन, शंकुकन, शंक्वन
Crenature दन्दाना
Crenocyte, Echinocyte कण्टकोशा (विरूपित रक्ताणु)
Crenocytosis, Echinocytosis कण्टकोशता (रक्ताणु विरूपण)
Creodont क्रव्यदन्ती, मांसाहारीदन्त
Creophagia, Creophagism, Creophagy मांसभक्षिता, मांसभोजिता
Crepitate, Crepitation चटकाना, चटचटाहट, चरचराना, सरसराहट
Crepitus कड़कड़ा, खड़खड़ाने वाला
Crepuscular (organisms active in twilight, dawn and dusk) गोधूलि, धुँधला, सान्ध्य, सान्ध्यचर, धुँधले में निकलने वाले
Crescendo अनुवर्ध, अनुवर्धी, उत्कर्ष, आरोह, आरोही (स्वर)
Crescent अर्द्धचन्द्र, बालचन्द्र, वर्धमान, नवचन्द्राकार, चापाकार
Crescentic बालकेन्दु, अर्धेन्दु, अर्धचान्द्र
Crescograph वृद्धिलेखी (पौधे की वृद्धि अंकित करने का उपकरण)
Cress (*Lepidium sativum*, a fast growing edible herb of family Brassicaceae) चन्द्रशूर, चनसुर (एक भोज्य शाक)
Crest शिखा, शिखर, शृंग, शीर्ष, मुर्ग़कलगी, किरीट, शिरस्त्राण

English	Hindi
Cretaceous	खड़ियामय, खटीय, खटीमय
Cretaceous period	खटी कल्प
Cretin	जड़ वामन, मूढ़ विकृत, विकलांग मूर्ख
Cretinism	जड़ विकृति, विकृति मूढ़ता, जड़ विकलांगता, अवटुवामनता
Crevasse	हिमविदर, बर्फ़दरार
Crevice	विदरिका, विदर, दरार, छिद्र
Cribate, Cribiform, Cribose	चालनी, चालनीरूप, सुषिर छिद्रित
Cribble	बड़े छेद की छन्नी, छिद्र
Cribbled	छिद्रित, बूँदेदार
Cribiform cell, Sieve cell	चालनीरूपी कोशा, सुषिर कोशा, चालनी कोशा
Crick	पेशीशूल, ऐंठन/अकड़न (गर्दन में), झिल्लीक
Cricket (an orthopteran insect of family Grylloidea)	झींगुर, झिल्लीक, टिड्डा, क्रिकेट (एक प्रकार का खेल)
Cricoid	मुद्रिकाभ, वर्तुल-, वलयाकार
Crico-pharyngeal	वर्तुल-ग्रसनीय, मुद्रिका-ग्रसनी-
Crico-thyroid	मुद्रिका गल, वर्तुल-वटु
Criminology	अपराध विज्ञान
Crimp	घूघर (रोग), उर्मिलता, तरंगिलता, लहरदार बनाना
Crimping iron	सँड़सी
Crimson	रक्तिम, लोहित, कृमिज, गहरा लाल
Cringe	सिकुड़ जाना, दबवाना
Crinite, Crinited	रोमयुक्त, केशमय, रोमिल
Crinkle	व्याकुञ्चन, वलिका, शिकन
Crinoid	पंखवत् भुजाओं वाले समुद्री जन्तु, कुमुदिनी सदृश
Cripple	पंगु, लँगड़ा-लूला, अपंग
Crisp, Crispy	भंगुर, भुरभुरा, कुरकुरा,
Crispate	कुञ्चित, सिकुड़ा हुआ, लहरिया
Crispation, Crispatura	तरंगन, पेशीकम्पन, कुञ्चन, सिकुड़न, आकुञ्चन
Crispus, Curled	कुञ्चित, आकुञ्चित
Criss-cross	आड़ा-तिरछा, टेढ़ी-मेंढ़ी
Crista, Cristae (pl.)	शिखर, कूट, किरीट
Cristate	किरीटी, शिखरधारी, कलगीदार
Criterion, Criteria (pl.)	मापदण्ड, मानदण्ड, कसौटी, निकष
Critical	आलोचनात्मक, समीक्षात्मक, क्रान्तिक
Critical angle	क्रान्तिक कोण
Critter	पशु, पालतू जानवर
Croak	रूखी कर्कश आवाज (मेंढक/कौए जैसी)
Croceate, Croceous	कुम्कुमी, केसरिया
Croceoform	कुम्कुमरूपी, केसरिया जैसा
Crochet	सम्पाशी
Crock	मृद्भाण्ड, मिट्टी/चीनी मिट्टी के पकाये बर्तन
Crockery	मिट्टी/चीनी मिट्टी के पकाये बर्तनों का निर्माण, मृद्भाण्ड उद्योग
Crocking	घर्षण स्थिरण, घर्षण मन्दता
Crocodile (a large semi-aquatic carnivorous reptile of family Crocodylidae)	मकर, घड़ियाल
Crocodile shark (*Pseudocarcharias kamoharai,* a tropical water mackerel shark of family Pseudocarchariidae found in Brazil and Australia)	मकर ग्राह
Crocus, Saffron (*Crocus sativus,* a cultivated flowering plant of family Iridaceae, crimson vivid stigma and styles of blue idoured flower is used as saffron thread as spice)	कुम्कुम, केसर (एक पौधा जिसके नीले फूलों के पुंकेसर से भोज्य व पेय पदार्थों को सुगन्धित तथा केसरिया रंग देते हैं)
Cro-magnon man (extinct arly man of Palaeolithic period, their skeletal fossils were first found in caves of Cro-magnon, France)	क्रोमैग्नॉन मानव (34000-36000 वर्ष पूर्व का पुरा-प्रस्तर युगीन मानव)
Crook	कँटिया, मोड़, मुड़ना, मोड़ना
Crooked	वक्र, कुटिल, मुड़ा, झुका
Crooked tube	वक्र नली
Croon	गुनगुनाना, गुनगुनाहट, मिस्की
Crop	सस्य, फसल, अन्नपुट
Crop-eared	कनकटा
Cropped	सस्यगत

English	Hindi
Crop-rotation	सस्यावर्तन, फसल-चक्र
Cross	पार, संकर, अनुप्रस्थ, तिर्यक्, निष्प्रभावनकारी
Cross breed	संकर, दोग़ली नस्ल
Cross breeding	संकरण
Cross-bridge	सेतु-बन्ध
Cross-eyed, Squint eyed	भेंगा, ऐंचा-ताना
Cross fertilization	परनिषेचन
Crossing	पारण, चौराहा, संकरण, व्यत्यसन
Cross over	परोपगमन, विनिमय, विनिमयज
Cross pollination	पर-परागण
Cross reference	प्रतिसन्दर्भ, प्रतिनिर्देश, अन्तःनिदेश
Cross-section	अनुप्रस्थ काट, तिर्यक परिच्छेद
Cross-ventilation	सम्मुख संवातन
Cross wind	तिरछी हवा
Crotch	ऊरु-सन्धि, द्विशाखी कोण
Crotchet	सनक, कँटिया, सलाई, क्रोशिया
Croton (*Croton sp.*, a tree of spurge family Euphorbiaceae)	जयपाल, जमालगोटा
Croton oil (a medicinal oil from croton seeds)	जयपाल तैल, जमालगोटे का तेल
Croup, Laryngo-tracheobronchitis	कण्ठशोथ, दमा, सुखण्डी, पुट्ठा
Croupy	कण्ठशोथी, सुखण्डीग्रस्त
Crow (*Corvus* sp., a medium sized scavenger bird of family Corvidae)	कौआ, काक (एक सर्वाहारी पक्षी), खर्राटा, हर्षध्वनि, मुर्गे की बाँग
Crowberry (*Empetrum nigrum* a flowering perennial medicinal shrub of family Ericaceae with edible drupe type juicy sour berry fruits)	काक बदरी, झड़बेरी
Crow bill	चिमटी, काकचञ्चु
Crowd, Crowding	भीड़ करना, भीड़, संकुल, जनसमूह, संकुलन, सघनन,
Crowded	संकुलित, भीड़ युक्त, सघनित
Crow foot	पञ्जा, काकपदी (एक पौधा)
Crow's foot	आँखों के पास कौवे के पञ्जे के चिह्न जैसी झुर्री
Cruciate, Cruciform	स्वास्तिकरूपी, क्रूसाकार, शूलीरूप, क्रासवत्
Crucible	घरिया, कुल्हिया, घड़िया, मूषा
Crucifer, Cruciferous (plants of family Cruciferae/ Brassicaceae)	क्रूसरूप पुष्पधारी (सरसों या गोभी कुल के पौधे)
Crude	कच्चा, अपक्व, अनगढ़, अपरिष्कृत
Cruentus	रक्तिम, ख़ून जैसा लाल
Cruet	कुप्पी, नमकदानी, मिर्चदानी, सिरका/अचार की शीशी
Cruise	समुद्री पर्यटन, पोत विहार
Cruise missile	पोत प्रक्षेपणास्त्र
Cruiser	युद्ध पोत
Crumb	टुकड़ा, किनका, कण, अवचूर्ण
Crumble	विशीर्ण होना, चूरा-चूरा होना, आटा, घी व चीनी मिश्रित भोजन
Crumbling	चूर्णन, विशीर्णन
Crummy	स्थूल, रुग्ण, जीर्ण, अवचूर्ण
Crumple	मरोड़ना, मिचोड़ना, गुमचियाना, चुन्नट डालना
Crumpled	चुन्नटदार, अतिवलित, सिलवटदार, शिकनदार
Crunch	कुचलना, चरमराना, तड़तड़ाना, कड़कड़ाना
Crunching	तड़तड़ाहट, कड़कड़ाहट
Crunchy	चुरमुरा, कुरकुरा
Crupper	दुमची (घोड़े की), पुट्ठा
Crural, Cruro- (prefix)	पादीय, जंघीय, जघन, टाँग सम्बन्धी, ऊरु-
Crural nerve	ऊरु-तन्त्रिका, जंघा-तन्त्रिका
Cruralis	ऊरु महापेशी
Crus, Crura (pl.)	पाद, टाँग (घुटना और एड़ी के बीच का भाग), जंघा, ऊरु, उरु
Cruse	मृद्पात्र, तेल/शराब की हाँडी
Crush	पेरना, दलना, तोड़ना, चूरा करना
Crusher	दलित्र, पेराई की मशीन, कोल्हू
Crushing	सन्दलन, दलन, पीडन, त्रोटन, तुड़ाई, पेराई
Crushing strength	सन्दलन सामर्थ्य, दलन क्षमता
Crust	पर्पटी, पपड़ी, पटल

Crustacea (a class of phylum Arthropoda) पर्पटीय (जन्तु वर्ग)
Crustacean पर्पटीय जन्तु, झींगा वर्गीय (जलचर)
Crustaceous, Crustate, Crustose, Crusty पर्पटीय, पपड़ीदार
Crustosus पर्पट्याच्छादी
Crutch ऊरु-सन्धि, बैशाखी
Crux त्रिशंकु, स्वास्तिक, शूली
Cry-, Cryo-, Crymo-(prefix) हिम-, अतिशीत-, निम्नताप
Cryalgesia शीतजन्य पीड़ा
Cryobiology हिमजीवविज्ञान, हिमजैविकी
Cryodesiccation, Freeze drying, Lyophilisation हिम-शुष्कन
Cryo-electron microscope, Electron cryomicroscope हिम-सूक्ष्मदर्शी
Cryogen हिमजन (निम्नतापकारी पदार्थ)
Cryogenic हिमजनी, निम्नतापकारी, हिमकारी
Cryogenics प्रशीतनी, हिमजनिकी
Cryogeny प्रशीतन, हिमभवन
Cryolipolysis (a non-surgical process to destroy fat cells by cooling) शीतवसालयन
Cryolite (a mineral, sodium hexa-fluoro-aluminate, $Na_3 AlF_6$) हिमाश्म
Cryolysis हिमापघटन, हिमलयन, हिमांशन
Cryometer प्रशीतमापी
Cryonics प्रशीतनी, हिमानिकी
Cryophorous श्यान कन्द
Cryophyte हिमपादप, हिमवनस्पति
Cryoplankton (pl.) हिमप्लवक
Cryoplasty शीत सन्धान, शीतघटन (बन्द सिकुड़ी धमनी को प्रशीतन द्वारा खोलना)
Cryoprecipi-tation प्रशीत-अवक्षेपण, हिमावक्षेपण
Cryopreser-vation हिमपरिरक्षण, निम्नताप-परिरक्षण
Cryoscope हिमांकमापी
Cryoscopic हिमांकमितीय, हिमांकमापीय
Cryoscopy हिमांकमिति, हिमांकमापन
Cryospasm शीतवलन
Cryosphere हिम-मण्डल, हिमावरण
Cryostat निम्नताप स्थापी
Cryosurgery प्रशीत-शल्यक्रिया, शीत-शल्यक्रिया
Cryotherapy शीत-चिकित्सा, प्रशीतोपचार
Crypt, Crypta, Cryptae (pl.) गुहिका, कूपिका, ग्रन्थि-नलिका
Cryptic गोपक, गूढ़, गुप्त
Crypticity गूढ़ता, गुप्तता
Cryptobenthos (animals on sea bed hidden in rock crevices and cracks) गुह्यनितलजीव समूह
Cryptobiosis गुह्यजीविता, गूढ़जीविता
Cryptoblast गूढ़कोरक, गुह्यकोरक
Crypto-conservation गूढ़ संरक्षण, गुह्यरक्षण
Cryptogam (a category of non-flowering plants) अपुष्पी व बीजहीन (पादप)
Cryptogenic गूढ़ उद्‌भवी, गुह्यजन
Cryptogram कूटलेख, गूढ़लेख, गुप्त सन्देश
Cryptophyte गूढ़पादप, गुप्तपादप
Cryptopreser-vation गुप्तपरिरक्षण
Cryptorchidism, Cryptorchidy, Anorchidism गुप्तवृषणरोग, गुप्तवृषणता, वृषण गूह्यता
Cryptotoxic कूटविषाक्त
Cryptotoxicity कूटविषाक्तता
Cryptozoic गूढ़जीवी, गुह्यजीवी
Crystal स्फटिक, मणिभ, केलास, रवा
Crystalliform, Crystalloid स्फटिकाकार, मणिभाकार, स्फटिकाभ, नेत्रवीक्ष
Crystalligerous, Crystalliferous मणिभयुक्त, केलासभृत्, स्फटिकभर
Crystalline, Crystallic मणिभीय, केलासीय, रवेदार, स्फटिकीय
Crystallization मणिभीकरण, रवाकरण, स्फटिकन, केलासन
Crystallize मणिभ बनाना, रवा/ रवेदार बनाना
Crystallogenesis, Crystallogeny स्फटिकजनन, मणिभजनन, केलासभवन
Crystallography मणिभालेखन, केलासचित्रण
Crystallogram मणिभालेख, स्फटिकचित्र
Crystalloiditis नेत्रवीक्षशोथ
Crystalluria मणिभमेह, स्फटिकमूत्रता

Crystal water स्फटिक जल, केलासजल
Cteinophyte मारकपादप
Ctenidium, Ctenidia (pl.) कंकतक्लोम
Cteniform कंकताकार, कंघारूपी
Ctenodont कंकतदन्ती
Ctenoid, Ctenoidal कंकताभ, कंघा जैसा, कंघा जैसे दाँत वाली मछली
Ctenoid scale कंकताभ शल्क
Ctenophora (a subphylum of phylum Coelentrata) कंकतधर (कंघाधारी समुद्री जन्तु जैसे कंकती जेली आदि का समूह)
Ctetology उपार्जिकी, अर्जित लक्षण विज्ञान
Ctetosome, Accessary chromosome प्राप्तसूत्र, अर्जितकाय, सहगुणसूत्र
Cub शावक (मांसाहारी स्तनधारियों के बच्चे)
Cubage, Cubature घनधारिता, घनफल, घनपरिकलन
Cube घन, त्रिघात, घनखण्ड, घनपिण्ड
Cubelet घनक, घनखण्डक, घनपिण्डी
Cube module घनाकृति मापांक
Cube root (e.g. 2 is cube root of 8) घनमूल (गणित में)
Cubic घनीय, त्रिघाती, त्रिविमी
Cubical, Cubiform घनवत्, घनाकार
Cubicle घनकक्ष, घनकोष्ठ, कक्षक
Cubit अग्रबाहु, हाथ (लगभग 20 इञ्च लम्बाई की एक माप)
Cubital, Cubitalis अन्तः प्रकोष्ठिका, अग्रहस्त, अग्रबाहुक (कुहनी व हथेली के बीच का भाग)
Cubitus घनकोष्ठ, प्रकोष्ठ
Cuboid, Cuboidal घनाभ, घनष्ठि, लम्बकोणिक
Cuboid bone घनास्थि
Cuckoo (*Cuculus canorus,* a wild medium sized omnivorous song bird of family Cuculidae) कोयल, कोयली, कोकिला
Cucullate, Cuculliform फणदार, फणाकार, फणरूप
Cucumber (*Cucumis sativus,* an annual climber herb of family Cucurbitaceae) खीरा (एक कच्चा भोज्य शाक फल)
Cucurbit (any plant/fruit of family Cucurbitaceae) कुष्माण्ड, कद्दू कुल का पौधा/फल
Cud जुगाल, पागुर, जुगाली करना
Cuddle छाती या गले से लगाना, लिपटना
Cud weed (a perennial flowering medicinal herb of family Asteraceae) सफ़ेद तेजपात, रोमन्थक तृण
Cue light, Beacon संकेत दीप
Cuff मणिबन्ध, कलाई, तमाचा, कफ़ (आस्तीन की मोहरी)
Cuirass उरकवच, वक्षस्राण, सदरी
Cuisine, Cooking system रसोई या पाकक्रिया सम्बन्धी, पाक प्रणाली
Culdoscope जायांगदर्शी, स्त्री अन्तः जननांगदर्शी
Culdoscopy स्त्रीजननांगदर्शन, स्त्रीअन्तःजननांग वीक्षण, जायांगदर्शन
Culicide, Culicicide क्यूलेक्स मच्छरनाशी
Culinary खाद्य, रसोई, पाक्य, पाक-
Cullender छलनी, छिद्रित पात्र
Cullet त्रोट, तोड़ा हुआ, टूटा-फूटा काँच
Culm सन्धिस्तम्भ, घास/पौधे का तना, कोयले की गर्द
Culmen चञ्चुकोटि
Culmicole, Culmicolous स्तम्भरोही (घास)
Culmination पराकाष्ठा, पराकोटि, उपरिगमन
Cultivability कृष्यता, कृषियोग्यता
Cultivable कृष्य, कृषियोग्य, खेती लायक
Cultivar संवर्धभेद, कृषिप्रकार, जोत प्रजाति
Cultivate खेती करना, कृषि करना, जोताई करना
Cultivation खेती, जोताई, परिष्कार, कृषि
Cultivator एक यन्त्र-चालित बहुफलकी हल, कृषक
Cultrate, Cultiform नुकीला, नोंकदार, तीक्ष्ण
Culturable संवर्ध्य, संवर्धनीय
Culture संवर्धन, संवर्ध, संस्कृति
Culture medium संवर्धन माध्यम

Culvert पुलिया, छोटा पुल
Cumin, Cummin (mature seeds of *Cuminum cyminum,* a flowering herb of parsley family Apiaceae, of medicinal and cuisine inportance) जीरा (एक मसाला)
Cumulate सञ्चित, एकत्र करना, ढेर लगाना
Cumulation सञ्चयन, प्रसञ्चयन
Cumulative सञ्चयी, सञ्चयनशील
Cumulo-nimbus कपासी वर्षा मेघ, काली घटा, काले घने बादल
Cumulo-stratus कपासी-स्तरी मेघ
Cumulus मेघपुञ्ज, सञ्चय, ढेर, पुञ्ज
Cumulus cloud, Cumuliform cloud कपासी मेघ, कपासी बादल
Cumulus oophorus अण्डधर पुञ्ज
Cuneate, Cuneatous, Cuneiform शंकुलिप्याकार, फन्नीरूपी, बाणाकार, कीलाकार, पच्चड़ जैसा
Cunnus, Vulva स्त्रीबाह्य जननांग, भग
Cup प्याली, कटोरी, चषक, जयपात्र, दुःखद अनुभव
Cupel खर्पर, खपरैल
Cupelation खर्परण
Cupid कामुक, विलासी, कामदेव
Cupidity अतितृष्णा, कामुकता, अर्थलिप्सा
Cupola गुम्बद, छतरी, गुम्बद भट्ठी
Cupreous ताम्रीय, ताम्रवर्णी, ताँबा सम्बन्धी
Cupric (trivalent basic radical) ताम्रिक
Cupriferous ताम्रमय
Cuprite ताम्री
Cuprous (bivalent basic radical) ताम्रस
Cupula द्रावणी, गुम्बदरूप, उल्टा चषकरूप, छतरीनुमा
Cupular, Cup-shaped चषकाकार, प्यालीरूप
Cupule चषिका, प्यालिका, छोटी प्याली
Curable साध्य, चिकित्स्य, उपचार्य
Curacao ठर्रा, सन्तरे या महुआ की शराब
Curare बाण विषायण
Curassow (a large pheasant-like tropical endangered bird of family Cracidae) कुरासाव (एक दक्षिणी अमेरिकी बड़ा तीतर जैसा पक्षी)
Curative, Curatory आरोग्यकारी, निरोगकारी, रोगहर
Curator संग्रहपाल, संग्रहाध्यक्ष
Curb नियन्त्रित करना, चक्का, बजर-हड्डी (घोड़ों का एक रोग)
Curcuma, Turmeric (*Curcuma longa,* a perennial herb of ginger family Zingiberaceae, with rhizomatous stem containing medicinal ingredient 'curcumin') हरिद्रा, हल्दी
Curd (a fermeted form of milk) दही, दधि (दूध जमा कर बना)
Curdle दही जमाना, थक्का बनाना
Cure उपचार करना, चिकित्सा, इलाज करना
Cureless, Uncurable असाध्य, लाइलाज, चिकित्साहीन, उपचारहीन
Curet, Curette आखुरी, खुरचनी, खुरचकर निकालना
Curettage खुरचाई, खुरचन, निघर्षण
Curie (Ci, named after French physicist couple Mr. Pierre Curie, 1859-1906, A.D. and Mrs. Marie Curie, 1867-1934 A.D.) क्यूरी (रेडियो धर्मिता की एक इकाई)
Curing इलाज, पकाई, तराई, संसाधन
Curling तरंगन, कुञ्चन, कुन्तलन, कुण्डलन, घुँघराले बनाना
Curl अलक, चुन्नट, बालों का छल्ला
Curlew गुलिन्दा, जलरक (एक जलीय पक्षी)
Curly घुँघराले, छल्लेदार, भंगिमत
Currant, Raisin किशमिश, मुनक्का
Current धारा, अद्यतन, प्रवाह, वाह
Current meter धारामापी, प्रवाहमापी
Currier चर्मकार, चमड़ा पकाने वाला

Curry	कढ़ी, सालन, शोरबा
Curry comb	खरहरा (घोड़ों के त्वचा की सफाई के लिए)
Curry leaf, Curry tree (*Murraya/Bergera/ Chalcas koenigii*, a small evergreen tree of family Rutaceae with aromatic leaves of cuisine use)	कढ़ी पत्ता, मीठी नीम
Cursive	प्रवाही, सरपट, घसीटू
Cursor	प्रसंकेतक, धावक, सरकनी
Cursorial	धावी, थलचर, थलचारी
Cursory	सतही, सरकहा, सरसरी
Curvaceous	सुडौल, गोल मटोल, कमनीय
Curvature	वक्रता, झुकाव, गोलाई, मोड़, नति
Curve	वक्र, वक्र-रेखा, मोड़, घुमाव
Curved, Curvated	वक्रित, टेंढ़ा, मुड़ा हुआ, घुमावदार
Curvidentate	वक्रदन्ती, टेंढ़े दाँत वाला
Curvifoliate	वक्रपर्णी, टेंढ़ी पत्ती वाला
Curviform	वक्राकार
Curvilinear	वक्ररेखीय
Curving	वक्रण, नमन
Curvirostral	वक्रचञ्चुकी, टेंढ़ी चोंच वाला
Cusec (a volumetric unit of liquid flow)	क्यूसेक (घनफीट प्रति सेकेण्ड)
Cushion	तल्प, उपधानी, गद्दी, गद्दा
Cusp	खराग्र, शंक्वाग्र, उभयाग्र, दन्ताग्र, दल, खादिर, नोंक, शीर्ष
Cuspate	सिरा अग्रवर्धी
Cuspated	अग्रवर्धित
Cuspid, Cuspidal,	नुकीला, रदनक,
Cuspidate, Cuspis	श्वदन्ती, उभयाग्री, शिताग्री
Cuspidor	थूकदान, उगालदान
Custard	फिरनी (एक पकवान)
Custard apple (an aeterio type fruit of berries of *Annona reticulata,* a tree of family Annonaceae)	शरीफ़ा (फल), सीताफल
Cutaneous	त्वचीय, चर्मीय
Cutch, Catechu (a dried bark extract of *Acacia catechu,* a tree of family Fabaceae)	खैर, कत्था, खदिर (मुख्यतः पान पर लेप लगाकर खाते हैं)
Cuticle	उपत्वचा, उपचर्म
Cuticolor	त्वचूवर्ण
Cutification, Cutinization	उत्स्तरीयण, त्वचूभवन, क्यूटिन निर्माण
Cutify	त्वचाच्छादित करना, चमड़े या खाल से ढकना
Cutin	उत्स्तरि
Cutis	चर्म, त्वचू, त्वचा
Cutlery	कर्तरिका (रसोई के कर्तन उपकरण जैसे छूरी, काँटा, चम्मच आदि)
Cutlet	आलूचाप, पका मांस (पशु के गर्दन का)
Cut-off	व्यवच्छेदन, सम्बन्ध-विच्छेद, संस्तब्ध, विगलक, बन्द करना
Cutter	कर्तनी, कर्तक, चाकू, छूरी
Cutting	कृन्तन, कर्तन, कटाई, कतरन
Cuttle	लपेटना, पर्त डालना, तह करना
Cuttle fish (*Sepia* sp., a mollusc of class Cephalopoda with internal shell of cuttle bone)	समुद्रफेनी (एक समुद्री जन्तु)
Cut water	पनकट, तालियामार
Cut worm	सुण्डी, इल्ली
Cuvette	द्रोणिका
Cyan-blue	नीलहरित,
Cyanemia	श्यामरक्तता
Cyaneous	नीला, आसमानी नीला, श्यामल
Cyanidation	श्यामेयन, सायनायडीकरण
Cyanide	श्यामेय, सायनाइड
Cyanobacterium, Cyanobacteria (pl.), Cyanophyta, Blue green algae (an aquatic phototrophic bacterium under kingdom Monera, with a blue-green pigment cyanophycin)	श्यामजीवाणु, श्यामाणु, नीलहरित शैवाल (नाइट्रोजन स्थिरक)

English	Hindi
Cyanophyceae (a class of blue green algae)	नीलहरित शैवाल वर्ग
Cyanogen	श्यामजन
Cyanometer	नीलिमामापी
Cyanophage	श्यामभोजी
Cyanopia, Cyanopsia	श्यामाक्षिता, श्यामनेत्रता
Cyanoplast	श्यामलवक, नीलहरित लवक
Cyanose	श्यामल, नीलाभ, नीलवर्णी
Cyanosis, Cyanopathy	नीलिमा, श्यामता, नीलाभता, नीलवर्णता (रोग)
Cyanotype (a photographic process for cyan-blue printing discovered in 1842 A.D. by John Herschel)	नीलहरिमुद्र, स्याहछाप
Cyathiform	प्यालाकार, चषकरूप, चषाकार
Cyathium, Cyathia (pl.)	कटोरिया, चषक (एक प्रकार पुष्पविन्यास
Cyathozooid	चषकजीवक, आदिसञ्जीव
Cybataxis	त्रिविम अणुरचना
Cyber, Cyber- (prefix)	सन्तन्त्र
Cybernetic	सन्तान्त्रिक
Cybernetics	सन्तान्त्रिकी
Cybrid	प्रसकमिश्र, जीवद्रव्यकसंकर, कोसंकर
Cycad (plants of family Cycadaceae), Sago palm	विकंगु ताल
Cyclamen (*Cyclamen* sp., a perennial flowering ornamental house plant of family Primulaceae with depressed rounded corm), Rabbit's ear plant	सिक्लामेन
Cycle	चक्र, आवर्तन, साइकिल
Cyclic, Cyclical	चक्रिक, चक्रीय, आवर्ती
Cyclitis	पक्ष्माभकायशोथ
Cyclize, Cyclization	पहिये जैसा घूमना, चक्रण
Cyclo- (prefix)	चक्र-, चक्री-
Cycloduction	पश्चाग्र चक्रण (नेत्र का)
Cycloid	वृत्ताभ, चक्राभ, चक्रज
Cyclometer	परिक्रमणमापी, चक्कामापी चक्रमापी, चापमापी
Cyclone	चक्रवात, बवण्डर
Cyclonic	चक्रवातीय, बवण्डरी, तूफ़ानी
Cyclophoria	चक्र विवर्तिष
Cycloplegia	वल्याघात
Cyclorama	वृत्ताकार दृश्यपटल
Cyclorrhaphous	चक्रविदारी
Cyclosis	चक्रगति, जीवद्रव्य भ्रमण
Cyclospermous	सर्पिल भ्रूणी
Cyclostome	चक्रीमुख, चक्रमुख
Cyclostomous	चक्रमुखी
Cyclostyle	चक्रलेखी, चक्रलेखित्र
Cyclosystem	चक्रतन्त्र
Cyclotherapy	चक्रचिकित्सा, पहिया/ साइकिल द्वारा चिकित्सा
Cyclotomic	वृत्तभाजिक
Cyclotron	द्वितांणुत्वर
Cyclotrophic	चक्रगतिक
Cycloversion	चक्रान्तरण
Cyclozoonosis	चक्रप्राणिता, चक्रप्राणिरुजता
Cyemology, Embryology	भ्रौणिकी, भ्रूणविज्ञान
Cyesiology	गर्भविज्ञान
Cyesis, Pregnancy	गर्भ
Cyetic	गर्भीय, गर्भमय, गर्भिणी
Cygneous	हंसग्रीवीय, हंसवत्
Cygnet	हंसशावक
Cygnus, Swan (*Cygnus* sp., an aquatic swimming bird of duck family Anatidae)	हंस (एक जलीय पक्षी)
Cylinder	रम्भ, बेलन
Cylindrical, Cylindraceous	बेलनाकार, रम्भाकार, बेलनीय
Cyma	कमल (एक पुष्प)
Cymbaeform, Cymbiform	नौकाकार, नौकारूप
Cymbifolius	नौपर्णी, नौपत्री
Cymbocephalic, Cymbocephalous	नौशीर्षी, नौशिरस्क नावरूपी सिर वाला
Cymbocephalism, Cymbocephaly	नौशीर्षता, नौशिरस्कता
Cyme	ससीमाक्ष, बहुवर्ध्यक्ष
Cymograph, Kymograph	द्युतरंगचित्र, द्युतरंगलेख
Cymose (a type of inflorescence)	ससीमाक्षी, बहुवर्ध्यक्षीय
Cyniatrics	श्वानरोग चिकित्सा, विज्ञान, श्वानरोग उपचारिकी

Cynipid (a wasp type hymenopteran insect produces gall on oaks and other plants)	स्फोट-पतंग (एक बर्र प्रजातीय कीट)
Cynocephalous	श्व-कपाली, कुकुरमुँहा
Cynodont	श्वदन्ती, कुकुरदन्त
Cynosure	लघुसप्तर्षि, ध्रुवतारा, आकर्षण केन्द्र, मार्गदर्शक
Cyphella	निगर्तिका
Cypher, Cipher, Zero	शून्य
Cypridology, Venereology	रतिरोगविज्ञान, रतिजविज्ञान रतिजिकी
Cyprinid (fish of family Cyprinoidae including carps, barbs and minnows)	शफरी मछली
Cyprinoid (a large group of teleost scaly fishes including carps, suckers and loaches)	शफराभ (मछली)
Cypsella (a type of fruit of plants of family Compositae)	रोमचूड़ा फल
Cyrtoid	कुब्जाभ, कूबड़वत्, वक्री
Cyrtometer	वक्षमापी, सीना नापने का यन्त्र
Cyrtosis	कुब्जता, अस्थिवक्रता
Cyst	पुटी, रस कोष्ठ, कृमिकोष
Cystadeno-carcinoma	पुटीग्रन्थि-अध्यर्बुद
Cystadenoma	पुटीग्रन्थ्यार्बुद, कोषग्रन्थि-अर्बुद
Cystadeno-sarcoma	पुटीग्रन्थि-मांसार्बुद
Cystalgia, Cystodynia	मूत्राशयशूल, मूत्राशय पीड़ा
Cystatrophia	आशयक्षीणता (मूत्राशय शिथिलता)
Cystelcosis	आशयव्रणता (मूत्राशय में घाव)
Cystectomy	मूत्राशयोच्छेदन, मूत्राशय निष्कासन
Cystenchyma	कोष्ठोति, कोष्ठ-ऊतक
Cystic	पुटीय, पित्ताशयी, कोष्ठीय
Cysticercosis (a tissue infection of cysticercus larvae)	कोष्ठडिम्भ संक्रमण
Cysticercus (a larva of pork tapeworm *Taenia solium*)	कोष्ठडिम्भ, आशय पट्टडिम्भ
Cysticolsus	पुटीवासी
Cystidiole	बन्ध्यवृन्त
Cystidium, Cystidia (pl.)	कोष्ठिका
Cystiferous, Cystigerous	कोष्ठयुक्त, पुटीमय, कोष्ठधारी
Cystiform, Cystoid, Cystose	कोष्ठाकार, कोष्ठाभ, पुटीवत्
Cystinuria (presence of cystine, an amino acid in urine)	सिस्टीनमेह, सिस्टीनमूत्रता (मूत्र में सिस्टीन, एक अमीनो अम्ल, का आना)
Cystitis	वस्तिशोथ, मूत्राशयशोथ
Cystocarp	कोष्ठफल
Cystodynia, Cystalgia	मूत्राशयशूल, मूत्राशयवेदना
Cystogenesis, Cystogeny	पुटीभवन, कोष्ठजनन
Cystogenous, Cystogenic	पुटीजनक, पुटीजनित, कोष्ठजनी
Cystography	मूत्राशयालेखन
Cystolith	कोष्ठाश्म, मूत्राशयाश्मरी
Cystolithiasis	मूत्राशयाश्मरिता, मूत्राशय-पथरी
Cystoma	पुटीय-अर्बुद, कोष्ठार्बुद
Cystoplasty	मूत्राशय सन्धान, मूत्राशय घटन
Cystoplegia	आशयाघात, मूत्राशय पर आघात
Cystorrhagia	आशयस्राव (मूत्राशय में रक्तस्राव)
Cystoscope	मूत्राशयदर्शी
Cystoscopy	मूत्राशयवीक्षण, मूत्राशय दर्शन, मूत्राशय दर्शिकी
Cystostomy	मूत्राशय-आस्थछेदन
Cysto-urethro-graphy	मूत्राशय-मूत्रमार्गालेखन
Cystozooid	पुटीजीवक
Cythemolysis, Haemolysis	रक्तलयन, रुधिरांशन
Cyto- (prefix)	कोशिका-, कोशा-
Cytoblast	कोशाकोरक, कोशाघट
Cytochemical	कोशिका रसायन
Cytochemistry	कोशिकारसायन विज्ञान

Cytochrome कोशावर्ण
Cytocidal, कोशाहन्ता, कोशाघ्नी,
Cytocide कोशानाशी, कोशिकानाशी
Cytoclasis कोशाघुलन
Cytocyst कोशिकापुटी
Cytode कोशावत्, अनाभीयकोशा जीवद्रव्य
Cytoderm बाह्यकोशाकला
Cytodesma कोशाबन्ध
Cytogamy कोशायुग्मन
Cytogenesis, कोशिकोत्पादन,
Cytogeny कोशाजनन
Cytogenetic कोशिकानुवंशिक, कोशानुवंशिक
Cytogenetics कोशानुवंशिकी, कोशाजननविज्ञान
Cytogenic, कोशाजनी, कोशाजनित
Cytogenous कोशिकोत्पादी
Cytogerontology कोशाजराविज्ञान
Cytoid कोशाभ, कोशिकावत्
Cytokine (a protein secreted by certain cells to regulate immunity) कोशाप्रस्राव (प्रतिरक्षण नियामक एक प्रोट्रीन का स्राव)
Cytokinesis कोशिकाद्रव्य विभाजन
Cytology कोशिकाविज्ञान, कौशिकी
Cytolymph, Hyaloplasm कोशालसीकाद्रव्य
Cytolysate कोशालयनज, कोशांशनज
Cytolysis कोशांशन, कोशिकालयन, कोशापघटन
Cytolytic कोशांशिक, कोशालयनकारी
Cytomembrane, Cytolemma कोशिकाद्रव्य कला
Cytomere कोशिकाखण्ड, कोशावयव
Cytometric कोशामितीय
Cytometry कोशामिति
Cytomorphosis कोशिकारूपान्तरण, कोशारूपान्तरण
Cyton कोशाकाय
Cytopathic कोशिकाविकारी
Cytopathogenic कोशिकारोगजनक, कोशारोगजनी
Cytopatho-genicity कोशिकारोगजनिता
Cytopathy कोशिकारोग, कोशाविकार
Cytopenia कोशाल्पता, रक्तकोशाल्पता
Cytopenic कोशाल्पीय, कोशाल्पता ग्रस्त
Cytopharynx कोशिका ग्रसनी
Cytophotometer कोशा-प्रकाशमापी
Cytophysiology कोशिका-क्रियाविज्ञान
Cytoplasm कोशिकाद्रव्य, कोशिकाप्ररस
Cytoplast कोशिका द्रव्यक, कोशालवक
Cytoproct कोशिकामलाशय
Cytopyge कोशिकागुद, कोशागुद
Cytoskeleton कोशिका पञ्जर, कोशाकंकाल
Cytosis कोशिकता, कोशाधिक्य, कोशानिर्गमन
Cytosol कोशिकाविलय, कोशाद्रव्य
Cytosome कोशिकाकाय, कोशाकाय
Cytostome कोशिकामुख, कोशामुख
Cytotaxis कोशानुचलन
Cytotherapy कोशाचिकित्सा, कोशिकोपचार
Cytotoxic कोशिका विषालु, कोशाविषाक्त
Cytotoxicity कोशिका विषालुता, कोशाविषाक्तता
Cytotoxicosis कोशाविषरुग्णता
Cytotoxin कोशिकाविष, कोशाविषि
Cytotrophoblast कोशापोषकोरक, कोशिका पोषघट
Cytotropism, कोशानुवर्तन, कोशिकानुवर्तिता
Cytotropy
Cytotype (an organism or a species with chromosomal factor different to another) कोशाप्ररूप, कोशिका प्ररूप
Cytozoan कोशाजन्तु, कोशिकाजीव
Cytozoic कोशिकाजीवी, कोशाजीवी
Cytozoon, कोशाद्यपरजीव (कोशिका में
Cytozoa (pl.) रहने वाले परजीवी आद्यजीव)
Cytozyme कोशा-किण्वक, कोशिकाविकर
Cyturia (presence of unusual number of any type of cells in urine) कोशिकामेह, कोशामूत्रता

D

Dab थपकी, मुलायम चीज से थपथपाना
Dabble भिगोना, तर करना, पानी छीटना
Dacryoadenitis अश्रुग्रन्थिशोथ
Dacryocystilis अश्रुधानशोथ, अश्रुधानप्रदाह
Dacryocyte, Tear drop cell, Tailed red cell अश्रुबिन्दु रक्ताणु, अश्रुबिन्दुरूपी रक्ताणु
Dacryocytosis अश्रुबिन्दु रक्ताणुता (एक रक्त विकार)

English	Hindi
Dacryoid	अश्रुवत्, अश्वाभ
Dactylic, Dactylous	आंगुलीय, आंगुलिक, भगण सम्बन्धी (काव्य में)
Dactylitis	अंगुलिशोथ
Dactylograph, Finger print	अंगुलिमुद्र, अंगुलिछाप
Dactylography, Finger printing	अंगुलिचिह्नालेखन, अंगुलिमुद्रण
Dactyloid, Dactylose	अंगुल्याभ, अंगुल्याकार, अंगुलिवत्
Dactylology	अंगुलिसंकेतभाषा
Dactylopodite, Dactylus	अन्तपादक, अंगुलिखण्ड
Dactylopore	मण्डलरक्षि रन्ध्र
Dactylozooid	मण्डलरक्षी, अंगुलिजीवक
Daffodil (*Narcissus poeticus*, a bulbous flowering plant of family Amaryllidaceae)	नर्गिस (फूल)
Daftness	बावलापन, मूर्खता
Dagger	छूरा, कटार
Dainty	रुचिकर, कोमल, स्वादिष्ट (भोजन)
Daiquiri, Daiquiris (pl.)	मिश्रित मदिरा
Dairy, Dairy farm	दुग्धशाला, दुग्ध उत्पादन केन्द्र
Dairy farming	दुग्ध उत्पादन
Dale	घाटी, उपव्यका
Dalton (u or Da, a unit of atomic mass suggested by British scientist John Dalton in 1803 A.D.)	पुञ्जाणु, डाल्टन (परमाणु भार की एक इकाई)
Daltonism, Colour blindness	वर्णान्धता, लाल व हरे रंग में भेद न कर पाना
Dam	बाँध बनाना, बाँध, बन्द, मादा
Damed	अवरुद्ध
Dam instrumentation	बाँध मापयन्त्रण
Damage	क्षति, हानि, टूट-फूट, नुक़सान, क्षतिमूल्य
Damage control	क्षति नियन्त्रण
Damaged	अपहत, क्षतिग्रस्त, टूटा-फूटा
Dammer	राल, गोंद (चीड़ आदि का)
Damnification	क्षतिकरण
Damp	सीलन, नमी, अवमन्दित करना, आर्द्र बनाना
Damped	अवमन्दित, परिमन्दित, आर्द्रित
Damper	अवमन्दक, परिमन्दक
Damping	अवमन्दन, आर्द्रीकरण
Dampness	आर्द्रता, नमी
Damp proof	आर्द्रतारोधक, आर्द्रसह, सीलनरोधी, नमीरोधी
Damsel	किशोरी, युवती
Damson (*Prunus domestica insititia*, a plume tree of family Rosaceae with edible drupaceous fruit), Plume of Damascus	आलू बुख़ारा, आलूचा (एक स्वादिष्ट फल)
Dandelion (*Taraxacum* sp., a flowering medicinal herbaceous weed of family Asteraceae)	सिंहपर्णी, सिंहदन्ती, कुकरौंधा, कनफूल
Dandruff	रूसी, फ़ेहास
Dangle	झूलना, लटकना, ललचाना, पीछे-पीछे चलना
Dank	गीला, ठण्डा, भीगा, आर्द्र
Dap	डुबकी मारना, मछली पकड़ना
Daphne	फूलों वाली झाड़ी
Dapper	साफ़-सुधरा, फुर्तीला, गठा हुआ
Dapple	चितकबरा करना, धब्बे डालना
Dappled	चितकबरा, धब्बेदार
Dark	अँधेरा, अन्धकार, अदीप्त, गाढ़ा, गहरा, असित
Darkle	छिपे रहना
Darkling	अँधेरा, अँधेरे में
Darn, Darning	रफ़ू करना, रफ़ूगरी
Darnel	मोचनी (एक प्रकार की घास)
Dart	शर, शल्य, बर्छा
Dartoic, Dartoid	अमेदस्की, अमेदस्काभ
Dartos	अमेदस्क
Dartre	जुलपित्ती (एक चर्म रोग)
Dash	आघात, टक्कर, छींटा, स्फूर्ति
Dash board	उपकरण पटल
Dasymeter	घनत्वमापी
Data base	आँकड़ा आधार
Data collection	आँकड़ा सञ्चय, आँकड़ा संग्रह
Data processing	आँकड़ा संसाधन, आधार-सामग्री प्रक्रियण

Date, Date palm (*Phoenix dactylifera,* a perennial plant of palm family Arecaceae with sweet fruit and stem sap)	दिनांक, खजूर (वृक्ष), छुहारा
Dating	आयुनिर्धारण, कालांकन
Datum, Data (pl.)	आँकड़ा, उपान्त, न्यासदत्त, आधार-सामग्री
Datura, Jimson weed, Thorn apple (*Datura* sp., a herb of family Solanaceae with toxic alkaloid in seeds and leaves)	धतूरा (एक विषैले बीज व पत्ती वाला पौधा)
Daub	लेप, पोतना, लेपना, भद्दा चित्र
Dauby	चिपचिपा
Dauero-modification	लक्षण वंशान्तरण
Daughter cell	सन्ततिकोशा, दुहिताकोशिका, अनुजात कोशिका
Daughter cyst	दुहिता पुटी, दुहिता रसकोष्ठ
Daw, Crow	कौआ
Dawn	भोर, उदयकाल, उषाकाल
Day blindness	दिवान्धता, दिनौंधी
Day light	दिवालोक, दिन का प्रकाश, खुलेआम
Dazzle	चौंधियाना, चकाचौंध होना/करना
Dazzling	देदीप्यमान, जाज्वल्यमान, चमकदार
Deaccentuation	निष्प्रबलन
Deacidification	अनाम्लन, निरम्लीकरण, व्यम्लन
Deactivate, Deactivation	निष्क्रिय करना, निष्क्रियण, अक्रियण
Dead, Dead alive	मृत, निर्जीव, बन्द, पूर्णतया
Dead body	मृत शरीर, शव, लाश, लोथ
Dead centre	स्थिर केन्द्र
Deaden	अचेत होना, निर्जीव होना
Dead end	बन्द सिरा, अन्त (छोर)
Deadening effect	शामक प्रभाव
Dead line	सीमा रेखा
Dead lock	गतिरोध
Dead sea	मृत सागर
Dead spot	अवरुद्ध स्थल
Dead valley	शुष्क घाटी
Dead water	स्थिरक जल, निश्चल जल
Dead weight	अचल भार, कुलभार
Deadly	घातक, प्राणघातक, प्राणान्तक
Deaf	बधिर, बहिरा
Deafness	बहरापन, बधिरता
Dealkalization	विक्षारीकरण
Deallergization	विप्रत्यूर्जन
Deambulation	टहलना, चहलक़दमी, सैर
Deamination	विअमीनीकरण, अमीनहरण
Deaquation, Dehydration	निर्जलीकरण, निर्जलन
Dearsenification	विआर्सेनिकीकरण, आर्सेनिक विहीनन
Dearth	दुर्लभ्य, दुर्लभता, अकाल, अभाव, दुर्भिक्षिता
Dearticulation	सन्धि-विस्थापन, वियोजन
Deaspiration	अल्पप्राणन, अल्पप्राणीकरण
Death, Demise, Mortality	मृत्यु, मौत, देहान्त, मर्त्यता
Death blow	धतक प्रहार, जान लेवा वार
Death rate, Mortality rate	मृत्यु दर
Debacle	विध्वंसी जलधारा, धाराहिम भञ्जन, पानी का तोड़
Debark, Debarking	उतारना, उतरना
Debarkation	उतार
Debilitate, Debilitation	कमज़ोर करना, दुर्बलन, दुर्बलीकरण
Debilitated	दुर्बलित, दुर्बल
Debility	दुर्बलता, असक्तता, अक्षमता
Debone	हड्डी निकालना, हड्डी हटाना
Debridement	सफ़ाई, क्षत-शोधन, व्यर्थ अवयव हटाना
Debris	मलबा, कचरा, भग्नावशेष
Debug	कीटाणुरहित करना, दोष दूर करना (यन्त्र का), दोषमार्जन
Deca-(prefix)	दश-, दस
Decade, Decenium	दशक, दशाब्द
Decadence	अवनति, पतन, अवक्षय
Decadent, Declining	ह्रासोन्मुख, अपकर्षी, क्षीयमाण
Decagon	दशभुज
Decagram	डेकाग्राम (दस ग्राम भार की एक इकाई)
Decahedron	दशफलक
Decalcification	विकैल्सीकरण, विकैल्सीभवन, विचूर्णन
Decalcify	चूना निकलना (हड्डी से)
Decalescence	सहसा-ऊष्म चूषण
Decalescent	सहसा-ऊष्म चूषी
Decaliter	डेकालीटर (दस लीटर आयतन की एक इकाई)
Decalvant	रोम अपसारक

Term	Hindi
Decameter	डेका मीटर (दस मीटर लम्बाई/दूरी की एक इकाई)
Decandrous, Decandrus	दशपुंकेसरी, दशाशयी
Decant, Decanting, Decantation	निथारना, निथारण, निस्तारण, निकण्ठन
Decantate, Decanted	निथारित, निस्तारित, निकण्ठित
Decanter	निथरनी, निस्तारित्र, मीना
Decapitate, Decollate Decapitation, Decollation	सिर काटना, शीर्षोच्छेदन, शिरच्छेदन
Decapod	दशपाद जन्तु (जैसे केकड़ा)
Decapoda (an order of class Crustacea under phylum Arthropoda)	दशपाद (झींगा वर्गीय सन्धिपाद जन्तुओं का एक गण)
Decapsulation	असम्पुटन, विसम्पुटन
Decarbonation	विप्रजद्वेकरण, कार्बन डाई ऑक्साइड विहीनन
Decarbonisation	विकार्बनीकरण, विप्रांगारण
Decarbonize	कार्बन हटाना, विप्रांगारित करना
Decarboxylation	विकार्बाक्सिलीकरण
Decay	सड़ना, सड़न, अपक्षय, क्षीण होना
Decaying	अपक्षयी, क्षीयमाण, अपक्षयशील, सड़ने वाला
Decease, Death	मृत्यु, प्रमीति, मरना
Deceased, Dead	मृत, प्रमीत, दिवंगत
Decedent	मृतक, दिवंगत, मृत व्यक्ति
Decelerate	मन्द पड़ना, अवत्वरित होना
Deceleration	मन्दन, अवत्वरण
Decenium, Decade	दशाब्द, दशक
Decennary, Decennial	दाशकिक, दसवार्षिक
Decentralization, Decentration	विकेन्द्रीकरण, विकेन्द्रण
Decentralize	विकेन्द्रित होना/करना
Deceration	विसिक्थन, मोम हटाना
Dechlorination	विनीरजन, विक्लोरीनीकरण
Deci - (prefix)	दशमांश, दशांश
Decibel (dB/db)	डेसीबल (ध्वनि तीव्रता की एक इकाई)
Decidence	पर्णपतन, पतन, पतझड़
Decidua	पतनिका, अमरा
Deciduate	प्रपाती, अमरीय
Deciduous	पर्णपाती, पतझड़ी, पाती (दन्त)
Decigram	डेसी ग्राम (ग्राम का दसवाँ भाग)
Decile	दशमक

Term	Hindi
Deciliter	डेसी लीटर (लीटर का दसवाँ भाग)
Decimal	दशमलव, दशमिक
Decimal fraction	दशमलव भिन्न
Decimate, Decimation	दशमांश लेना, दशमांशन, दशांशन, संहार
Decimeter	डेसी मीटर (मीटर का दसवाँ भाग)
Decisive, Definitive	निश्चायक, निर्णायक, निश्चयात्मक, निर्णायात्मक
Declension	अवपात, ढलान, अवचयन, विचलन, व्यतिक्रम, अवनति
Declination	विचलन, विनमन, अस्वीकरण, दिक्पात
Decline	ह्रास, पतन, अपकर्ष, गिरावट
Declining	अपक्षयी, अपकर्षी
Declinometer (a device to measure magnetic declination)	दिक्पातमापी
Declivitous, Declivous	प्रपाती, अवरोही, अपप्रवणी, अधःप्रवणी, ढालू
Declivity	अवरोह, ढाल, अवप्रवणता
Decoct, Decoction	काढ़ा बनाना, क्वथन
Decoctive	क्वाथकारी, क्वथनशील
Decoctum	क्वाथ, काढ़ा
Decode	संकेत स्पष्ट करना, गूढ़ार्थ निकालना
Decoder	विसंकेतक, कूटवाचक
Decoding	विसंकेतन, कूटवाचन
Decollate, Decapitate	सिर काटना, सर्पिल-अशीर्षी (शंख जैसा)
Decollation, Decapitation	शिरच्छेदन, सिर काटना, छटाँई (पेंड़ की)
Decolourant, Decolouriser	विरञ्जक, विरञ्जित्र (यन्त्र)
Decolouration, Decolourization	विरञ्जन, विवर्णन, रंगविहीनन
Decolourise, Decolourize	रंगहीन करना/बनाना, विरञ्जित करना, रंग हटाना/उड़ाना
Decombustion	विजारण, विदहन
Decomplex	सजटिल, पुनर्मिश्रित
Decompose	अपघटित करना, वियोजित होना, गलना
Decomposer	अपघटक, वियोजित्र, विबन्धक
Decomposite, Decompound	बहुसंयुक्त, पुनरापघटित करना
Decomposition	अपघटन, वियोजन, सड़न, विबन्धन

Decompress, Decompression	विसम्पीडित करना, सम्पीडन से मुक्त करना, विसम्पीडन, विचापन
Deconcentration	विसंकेन्द्रण
Decongestant	विसंकुलक
Decongestion	विसंकुलन
Decontaminate	शुद्ध करना, विसन्दूषित करना, सन्दूषण मुक्त करना
Decontaminated	विसन्दूषित, सन्दूषणमुक्त
Decontamination	विसन्दूषण, शुद्धीकरण
Decorticate, Decortication	छिलका या छाल उतारना, छीलना, विवल्कन, निर्वल्कन
Decoy, Decoying	चारा डालना, फँसाना, प्रलोभन
Decreasing	ह्रासी, ह्रासवान, अपक्षयी
Decrement	न्यूनता, अपक्षय, ह्रास, घटाव, कमी
Decrepit	जर्जर, जीर्ण
Decrepitation	कड़कड़ाहट, गर्माने पर चटचटाना
Decrepitude	जराजीर्णता, क्षीणता, जर्जरता
Decrescent	अवरोही, जर्जर, क्षीयमाण, क्षयमान, क्षयी
Decrystallization	विस्फटिकन, विमणिभीकरण
Decrystallize	केलासविहीन बनाना/होना
Decubitus	शयनभंगी
Decuman	विशाल, पर्वताकार
Decumbent	शायी, उच्चाग्र शयान
Decuple	दस गुना, दशगुण
Decurrent	अधोवर्धी, अधोगामी, अधःप्रस्रावी
Decussate	चतुष्क, चरखड़ीदार
Decussation	व्यव्यसन
Deducement	कटौती, कमी
Deductibility	निगम्यता, विगम्यता, निगमनीयता
Deducible	विगम्य, निगम्य, विगमनीय
Deduct, Deduction	घटाना, व्यवकलन, विगमन
De-emphasis	विप्रबलन
Deep freeze	सुहिमित करना
Deep freezer	सुहिमित्र, गहन हिमित्र
Deer (a wild ruminant mammal of family Cervidae)	मृग, हरिण, हिरन
Deer pig, Babirusa (*Babyrousa* sp., a wild Indonesian mammal of swine family Suidae, with large upword curuved canine tusks)	हिरन सुअर, पाढ़ा
De-escalation	मन्दन, तीव्रता घटाना
De-excited	अनुत्तेजित
Deface	विरूपित करना, चेहरा बिगाड़ना, कुरूप बनाना
Defacement	विरूपण, कुरूपण
De facto	तथ्यतः, वस्तुतः, वास्तविक
Defaecate, Defecate	मल त्यागना, मैला हटाना
Defaecation, Defecation, Dejection, Egestion	मलत्याग, मलोत्सर्ग
Defaunate	जन्तुविहीन करना
Defaunation	जन्तुविहीनन, विप्राणीकरण
Defect	दोष, अवगुण
Defective	सदोष, दोषपूर्ण, दोषी
Defense, Defence	रक्षा, बचाव, प्रतिरक्षा
Defensive	रक्षात्मक, प्रतिरक्षात्मक
Deferens, Deferent	वाहिका, वाही, प्रवाही
Defervescence	ज्वरशमन, ज्वरह्रास
Defervescent	ज्वरशामक, ज्वरह्रासी
Defibrillation	वितन्तुकन
Defibrinated blood	वितन्त्वित रक्त
Defibrination	वितन्त्वन
Deficiency, Deficit	हीनता, अल्पता, अपूर्णता, कमी, अभाव, अपर्याप्तता
Deficiency disease	अभावजन्यरोग, अपूर्णतारोग, अपर्याप्ततारोग, न्यूनतारोग
Deficient	हीन, अपूर्ण, अपर्याप्त
Defile	दूषित करना, विकृत बनाना, कलुषित करना/होना
Defilement	दूषण, विकृति, कलुषता
Definite	निश्चित, सीमांकित
Definitude	निश्चितता
Definitive, Decisive	निश्चयात्मक, निर्णायक, निर्णयात्मक, निर्णयकारी
Deflagrability	उद्दाह्यता, उद्दहनीयता
Deflagrable	उद्दाह्य, उद्दहनीय
Deflagrate, Deflagration, Deflagrating	भभक कर जलना, लपट के साथ जलना, उद्दहन, प्रज्वलन
Deflate, Deflation	पिचकाना, हवा निकालना, अवस्फीति, व्ययवहन, अपदोहन
Deflect, Deflexion, Deflection, Deflocculation	मुड़ना, मोड़ना, विक्षेपण, मोड, विक्षेप, झुकाव, विचलन, विस्थापन, व्यपहन विऊर्णन, अवूर्णन, विलोष्टन
Deflorate	पुष्पहीन करना, विपुष्पित

English	Hindi
Defloration	पुष्पच्युति, विपुष्पन, योनिक्षति, कौमार्य भंग
Defluent	अधोवाही, नीचे बहने वाला
Defluoridation	तरस्वेयविहीनन, फ्लोराइड निष्कासन
Defluxion	अधःप्रवाह, रसाव
Defoliant	पर्णपाती, निष्पर्णी, अपक्व-पर्णपाती
Defoliate,	विपर्णन करना, पतझड़,
Defoliation	पर्णपतन, निष्पर्णन
Defoliator	विपर्णक, निष्पत्रक
Deforest, Disforest	वन काटना, वन हटाना, वन नष्ट करना
Deforestation,	वनोन्मूलन, वन कटान,
Disforestation	निर्वनीकरण
Deform,	विकृत करना, रूप
Deformation	बिगाड़ना, विरूपण
Deformability	विरूप्यता, विरूपणीयता
Deformable	विरूप्य, विरूपणीय
Deforming,	विरूपी, विरूपकारी,
Deformitive	विरूपणशील
Deformity	विरूपता, विकृति
Defrost,	पिघलना, वितुषारित
Defrosting	होना, अपहिमित करना, वितुषारण, अपहिमन
Defrosted	वितुषारित, अपहिमित
Defunct	निष्क्रिय, निश्चेष्ट, अप्रचलित
Defusion	विगलन
Degenerated	अपभ्रष्ट, बिगड़ा हुआ, अपह्रासित, अपकर्षित
Degenerative	ह्रासी, अपकर्षी
Degeneration,	अपह्रास, अपक्षय, जीर्णन,
Degeneracy	विपोषण, विह्रसन, विघटन
Degerm, Sterilize	निष्कीटित करना
Deglut	निगलना
Deglutibility	निगलनीयता, निगल्यता
Deglutible	निगलनीय, निगल्य
Deglutition,	निगरण, निगलन, ग्रसन
Degullitation	
Degradability	विघटनीयता, विघट्यता, अवक्रम्यता, अवक्रमणीयता
Degradable	विघटनीय, विघट्य, अवक्रमणीय, अवक्रम्य
Degradation	निम्नीकरण, पदावनति, अपचयन, तलावचन, व्याह्रास, विघटन, अवक्रमण
Degrade	विघटित करना, अवक्रमित होना
Degranulation	विकणीकरण
Degrease,	चिकनाई हटाना, विस्नेहन
Degreasing	
Degreaser	विस्नेहक

English	Hindi
Degree	अंश, उपाधि, तापांक, कोटि, घात
Degression	अवक्रमण, ह्रसन
Degressive	अवक्रामी, अवक्रमिक, ह्रासमान, ह्रासी
Degrowth	अववृद्धि, क्षरण, ह्रास
Degust,	स्वाद लेना, चखना,
Degustation	आस्वादन
Dehaematise,	रक्तविहीन करना
Dehematize	
Dehematization	रक्तविहीनन
Dehemoglo-binization	हीमोग्लोबिनविहीनन
Dehemoglobinize	हीमोग्लोबिनरहित करना
Dehisce	स्फुटित होना, चटकना
Dehiscence	स्फुटन
Dehiscent	स्फोटी
Dehisive	स्फुटनशील
Dehorn,	सींग हटाना, विश्रृंगण
Dehorning	
Dehortative	निवारक, निवर्तक
De-hull, De-hulling	छिलका उतारना, वितुषन, वितुषीकरण
Dehumidifier	निरार्द्रक, विक्लेदक, विक्लेदित्र (यन्त्र)
Dehusk	भूसी उतारना
Dehusking	तुषापनयन
Dehydrant	निर्जलकारी, विजलयिक
Dehydrate	निर्जल करना, निरार्द्र करना
Dehydrated	निर्जलित, निर्जल, निरार्द्रित
Dehydration	निर्जलीकरण, निरार्द्रीकरण, निर्जलन
Dehydrogenation	व्युद्जनन, विहाइड्रोजनीकरण
Dehydrolysis	विजलांशन
Dehypnotize	असम्मोहित करना, सम्मोहन दूर करना
Deice	बर्फ़ हटाना, बर्फ़ रहित करना
Deionisation	विआयनन, व्ययनन
Deject	उदास/निरुत्साहित करना
Dejecta, Faeces, Feces	विष्ठा, मल, टट्टी, गुह
Dejection	टट्टी करना, मलत्याग, विषण्णता, उदासी, मलोत्सर्ग
Dejectory	मलोत्सर्गी, रेचक, दस्तावर
Delamination	विस्तरण, विपटलन
Delayed	विलम्बित, देर से
Delectable	सुखद, आनन्ददायक
Delectation	आनन्द, सुख, प्रसन्नता
Delete	विलुप्त करना, गायब करना
Deleterious	विलोपी, क्षतिकर, घातक

Deletion मिटाना, उच्छेदन, विलोपन
Delible लोप्य, शोष्य, मिटनीय
Delicacy कोमलता, सुकुमारता, नम्रता
Delicate कोमल, सुकुमार, नम्र
Delicatessen स्वादिष्ट भोज्य पदार्थ
Delicious स्वादिष्ट, मनभावन, रुचिकर
Deli meat (cold cooked/cured sliced delicate meat) मुलायम मांस, नरम गोश्त
Delimit सीमा निर्धारित करना, परिसीमित/सीमांकित करना
Delimitation परिसीमन, सीमांकन, सीमानिर्धारण
Delineate रूपरेखा बनाना, रेखांकित करना, अंकित करना
Delineation रूपरेखांकन, रेखाचित्रण
Delipidation वसानिष्कर्षण, वसाविहीनन
Deliquesce प्रस्वेदित होना, पसीजना, द्रवित होना, पसीना आना
Deliquescence प्रस्वेदन
Deliquescent आर्द्रताग्राही, प्रस्वेदी, पसीजने वाला
Deliriant, Delirifacient सन्निपातकारी, उन्मादक्षम
Delirious उन्मत्त, प्रलापी, भ्रान्तचित्त, विक्षिप्त
Delirium, Deliration उन्माद, प्रलाप, मतिभ्रंश, सन्निपात
Delirium tremens कम्पोन्माद, संकल्प प्रलाप
Delisle (a temperature scale, named after French astronomer Joseph Nicolas Delisle in 1732 A.D., 150º D = 0º C) डेलिसिल (निम्न तापमान की एक इकाई)
Delitescence रोग विलोपन, रोगाणु उष्णन काल, अव्यक्त स्थिति
Delitescent अप्रत्यक्ष, अप्रकट, गुप्त
Deliver प्रसव कराना, बाँटना, सौंपना
Delivery प्रसव, प्रसूति, वितरण, प्रदान, भाषण-शैली
Dell, Valley वृक्षदार घाटी, दर्रा
Delocalisation अस्थानीकरण, विस्थानीकरण
Delocalised विस्थानित, अस्थानित
Delomorphic, Delomorphous स्पष्टाकृतिक
Delouse, Delousing जुएँ हटाना/निकालना, जूँ निष्कासन, यूकामोचन, सुरंग हटाना
Delta (Δ, δ, 4th letter of Greek alphabet) डेल्टा (युनानी वर्णमाला का चौथा अक्षर), त्रिकोण, त्रिकूट, नदी का मुहाना
Deltidium, Deltidia (pl.) त्रिकूटिका, त्रिकोणिका
Deltoid त्रिकूटाभ, त्रिकोणाकार, अन्तरारीय
Deltoid muscle अंसच्छद पेशी
Deluge जलमग्न करना, अतिवृष्टि, जलप्रलय
Delusion भ्रान्ति, भ्रम, मिथ्याभास, भ्रमाक्ति
Delusive, Delusory आभासी, विभ्रमकारी, भ्रान्तिकर
Delve खोदना, गड्ढा, झुर्री, खोज करना
Demagnetization विचुम्बकन
Demagnetize विचुम्बकित करना, चुम्बकत्व हटाना
Demarcate, Demarcation सीमांकित करना, सीमांकन, सीमानिर्धारण
Dematerialisation, Dematerialise भौतिक गुणनाशन, भौतिक गुणों से मुक्त करना
Demecology जनपारिस्थितिकी
Dement पागल बनाना, विक्षिप्त करना
Demented पागल, विक्षिप्त, उन्मत्त
Dementia पागलपन, मनोभ्रंश, मनोवैकल्य (एक मनोरोग)
Dementia praecox, Premature dementia खण्डित मनस्कता, मानसिक असन्तुलन, समयपूर्व मनोभ्रंश
Demerara, Brown sugar लाल चीनी, भूरीचीनी
Demerit, Defect, Draw back अवगुण, दोष, ख़ामी, अयोग्यता
Demersal निमज्जी, तलमज्जी, अधिनितली
Demerus अधोजलीय
Demethylation विमिथाइलीकरण, मिथाइलविहीनन
Demi- (prefix) आधा, गौण, सामि-, अर्ध-
Demibranch सामिक्लोम (जन्तु)
Demilitarization विसैन्यीकरण
Demilunar अर्धचन्द्राकार
Demilune अर्धचन्द्र
Demineralisation विखनिजीकरण, खनिजविहीनन
Demineralise खनिजहीन करना, खनिज हटाना

Demist	जमी भाप हटाकर साफ करना
Demobilization	निश्चलन, सैन्यवियोजन
Demobilize	विघटित करना
Demographic	जनांकिकीय, जनसांख्यिकीय
Demography	जनांकिकी, जनसांख्यिकी
Demology	जनविद्या (समुदायों के उद्‌गम एवं विकास का अध्ययन)
Demonstrate	प्रदर्शित करना, दिखाना
Demonstration	प्रदर्शन, निरूपण, निदर्शन
Demonstrator	प्रदर्शक, निदर्शक
Demulcent	शमक, शामक, शान्तिदायक, उपशामक
Demulsification	विपायसीकरण, वितैलोदीयन, विप्रनिलम्बन
Den	माँद, विवर, खोह, अड्डा
Denary	दशमिक, दस गुना
Denatality	जन्मदर ह्रास, जन्मदर पतन
Denaturalize, Denature	विप्रकृत करना, विकृत करना, विगुणन करना, गुण नष्ट करना
Denatured	विकृत, विगुणित, गुणनाशित
Denatured spirit	विकृत मद्यसार
Denaturant	विगुणक, निगुणक, विकृतिकारक, विकारक
Denaturation, Denaturization	विकृतीकरण, गुणनाशन, विगुणन
Dendriform	वृक्षाकार, वृक्षवत्, द्रुमरूपी
Dendrite	शाखिका, पार्श्वतन्तु, द्रुमिका, द्रुमाश्म
Dendritic	द्रुमिक, शाखादार
Dendrobranch	शाखिक्लोमी (जन्तु)
Dendro-chronology	वृक्षायुविज्ञान
Dendrocolous	द्रुमवासी, वृक्षवासी
Dendroid	वृक्षाभ, वृक्ष सदृश, वृक्षवत्
Dendrology, Dendrography	द्रुमविज्ञान, वृक्षविज्ञान
Dendron, Dentron	द्रुमवर्ध, शाखिका
Dene	रेतीला क्षेत्र
Denervation	वितन्त्रिकन, शिराविन्यास विहीनन
Dengue (a female mosquito *Aedes aegypti* bite borne viral fever caused by Flavivirus)	दण्डकज्वर, शूलास्थिज्वर, लंगड़ा बुख़ार, हड्डी तोड़ बुख़ार
Denigrate, Denigration	मलिन/अँधेरा करना, बदनाम करना
Denitrification	विभूयन, विनाइट्रीकरण
Denominator	हर (गणित का), सामान्य गुण
Denotative	सूचक, द्योतक, निर्देशी
De novo	नये सिरे से
Dense	घना, सघन
Densimeter, Densitometer	सघनतामापी, घनत्वमापी
Density	घनत्व, सघनता
Dent	छोटा गड्ढा, पिचक, खरोंच, खरोंचना
Dental, Dentary	दन्तीय, दाँत सम्बन्धी, दन्त्य
Dental floss	दन्त-लोमक (दाँतों के बीच सफाई करने का धागा)
Dentalgia	दन्तशूल, दाँतदर्द
Dental plaque, Tartar	दन्त मैल
Dentate, Dentigerous	दन्तुर, दन्तयुक्त, दन्तधारी, दाँतेदार
Dentation	दन्तुरण, दन्तुरता
Dentia	दन्तोद्‌भेदन, दाँत निकलना
Denticle	दन्तिका, दन्तक, छोटे दाँत
Denticulate, Denticulatus	दन्तिकायुक्त, लघुदन्तुर
Dentiform	दन्ताकार, दन्तरूपी
Dentifrice	दन्तमञ्जन
Dentilabial	दन्त्योष्ठ्य
Dentilingual	दन्तजिह्वीय
Dentimeter	दन्तमापी
Dentin	दन्तास्थि, दन्तुधातु
Dentine	दन्ती, दन्तीय
Dentinoblast, Odontoblast	दन्तास्थिकोरक
Dentinoid	दन्तास्थिवत्, दन्तधातु जैसा
Dentinoma, Dentinomas/ Dentinomata (pl.) (an odontogenic tumor containing tubular dentin)	दन्तास्थ्यर्बुद
Dentiparous	दन्तज
Dentist	दन्तचिकित्सक
Dentistry, Dentology, Dontics	दन्तचिकित्सा विज्ञान, दन्तविज्ञान, दन्तिकी
Dentition	दन्तविन्यास
Dentoid	दन्ताभ, दन्तवत्
Denture	दन्तावली, कृत्रिम दन्तावली, नक़ली दाँत, बत्तीसी
Denudation	निरावरण, अनाच्छादन

Denude	उघाड़ना, नंगा/निर्वस्त्र करना, अनाच्छादित करना/होना
Deodorant	गन्धनाशक, गन्धहर
Deodorize, Deodorization	गन्ध हटाना/मिटाना, निर्गन्धीकरण
Deoxidation	अनॉक्सीकृत, व्यपचयन
Deoxidize	अनॉक्सीकरण करना
Deoxy-ribose (a pentose sugar, a monosaccharide with five carbon atoms without oxygen)	विऑक्सी किंकरालधु
Deoxy-ribose nucleic acid (DNA-a biomolecule in cell and it's nucleus responsible for genetic properties of organism)	विऑक्सी-किंकरालधु नाभिकाम्ल (विना)
Deoxyvira (a sub-phylum of DNA viruses under phylum Vira and kingdom Monera)	विऑक्सी-किंकराल विषाणु (एक उपसंघ)
Deozonization	विओजोनीकरण प्रजारकापनयन
Depasture	चरना, चराना
Depict, Depiction	चित्रित करना, चित्रण, वर्णन
Depigmentation	विरञ्जकीभवन, विरञ्जकन, विरञ्जकीकरण
Depilate	लोम नष्ट करना, रोम हटाना/उखाड़ना
Depilating, Depilatory	विरोमी, रोमहर, लोमनाशी, लोमशातक
Depilation	विरोमन, लोमनाशन, लोमशातन
Deplasmolysis	जीवद्रव्य-विकुञ्चन
Deplete, Deplenish	कम करना, ख़ाली करना, रिक्त करना
Depletion	ह्रास, रिक्तीकरण, अवक्षय
Depletion curve	अवक्षय वक्र
Deplume, Deplumation	पंख उखाड़ना, पंखविहीनन
Depolarization	विध्रुवण, निध्रुवण
Depolarize	विध्रुवित करना, ध्रुव से दूर करना
Depolymerisation	विबहुलीकरण, बहुलकविहीनन, विबहुलकन
Depopulation	निर्जनीकरण, जनह्रास
Deportation	निर्वासन, देश निकाला

Deposable	निष्कासनीय
Deposit	निक्षेप, निक्षिप्त होना, जमा करना
Deposition	निक्षेपण, जमाव, पदच्युति
Depot	कोठार, आगार, डिपो
Depreciation	अवमूल्यन, अवमान, अपकर्ष
Deprementia	अवसादी विक्षिप्तिता
Depressed	अवसादित, अवनमित, दबा/दबाया हुआ, उदास
Depression	अवसाद, अवनमन, विषाद, दबाव
Depressor, Depressant, Depressive	अवसादक, अवसादी, विषादी, अवनमनी, सक्रियता कम करने वाला, प्रावसादक, शमक
Depressor septi	नासापट अवनमनी
Deprivation	वञ्चन, वञ्चित रखना/करना
Deproteinization	विप्रोटीनीकरण, प्रोटीनविहीनन
Deproteinized	विप्रोटीनित
Deprotonated	धनाणुविहीनित, प्रोटॉनविहीनित
Deprotonation	धनाणुविहीनन, प्रोटॉनविहीनन
Depth	गहराई, गहनता, गम्भीरता
Depth charge	जलबम, जलगत बम
Depurant	शोधक, शुद्धकर्ता, शुद्धिकर
Depurate	शुद्ध करना, शोधन करना
Depuration	शोधन, पवित्रीकरण, शुद्धीकरण
Depurative	शोधनकारी, शोधनशील
Deracinate, Eradicate	जड़ से उखाड़ना, निर्मूल करना
Deracination, Eradication	उन्मूलन, निर्मूलन
Derail, Derailment	पटरी से उतरना, अवपथन
Deranged	अस्त-व्यस्त, विक्षिप्त
Deratization	मूषकनाशन, चूहे भगाना
Deresination	व्युद्यासन, रेजिन हटाना
Derivable	व्युत्पाद्य, मूल खोजने योग्य
Derivate, Derived	व्युत्पन्न निकाला हुआ
Derive, Derivation	व्युत्पन्न करना, अनुमान लगाना, व्युत्पत्ति, अवकलन
Derivative	व्युत्पन्न, अमौलिक, समजात
Derm	अन्तरत्वचा, त्वचा, चर्म
Dermal	चर्मीय, चर्मी, त्वचीय, त्वचा सम्बन्धी, त्वचिक
Dermalacia, Dermalaxia	चर्ममृदुलता
Dermalgia, Dermatalgia	चर्मवेदना, त्वक्शूल
Dermatitis, Dermitis	त्वचाशोथ, त्वक्शोथ, चर्मशोथ, चर्म प्रदाह

Dermatocyst चर्मकोष्ठ, त्वक्पुटी
Dermatocyte त्वक्कोशिका, चर्मकोशा, त्वचाणु
Dermatogen अधिस्तरजन, त्वचाजन
Dermatologist त्वचाविज्ञानी, त्वचाचिकित्सक
Dermatology त्वचाविज्ञान, त्वचाचिकित्सा-विज्ञान
Dermatome चर्मखण्डक
Dermatomycosis, Dermomycosis त्वचा कवकार्ति, चर्म कवकता
Dermatomyositis त्वक्पेशीशोथ, त्वक्पिशितार्ति
Dermatopathology चर्मरोगविज्ञान
Dermatophyte चर्मपादप, चर्मोद्भिद्
Dermatophytosis चर्मोद्भिदार्ति, चर्मपादपता
Dermatoplasty चर्मघटन, त्वचा सन्धान
Dermatosis, Dermatopathy त्वचाविकृति, त्वक्विकार, चर्मरोग
Dermatotherapy, Dermotherapy चर्मरोग चिकित्सा
Dermatotropic, Dermotropic त्वचाप्रभावी, त्वक्वासी
Dermatozoonosis चर्मप्राणिरुजता, त्वक्परजीवीजन्तुता
Dermenchysis, Hypodermic injection अधःचर्म अन्तःक्षेपण
Dermis, Derma त्वचा, चर्म, खाल
Dermogenesis त्वक्जनन
Dermoid चर्मभ, त्वचावत्, त्वचारूपी
Dermo-necrotic त्वक्-क्षयी
Dermo-pachy त्वक्स्थूलता
Deroofing विछादन
Derriere (a French word for buttock) चूतड़, पेंदा, पिछवाड़ा (नितम्ब का)
Derris पर्णलता-विष
Desaccharification विशर्करण, शर्कराविहीनन
Desalt, Desalinate, Desalinize खारे जल से नमक निकालना, जल का खारापन हटाना
Desalting, Desalination, Desalinization विलवणन, विलवणीकरण, लवणविहीनन
Desaturation विसन्तृप्तता
Descend उतरना, नीचे आना, अवरोहित होना
Descendant वंशज, सन्तान
Descending, Descent अवतरित होने वाला, अवरोही, वंशानुक्रामी
Descension पीढ़ी अवतरण, अवरोहण, उतार
Desecrate, Desecration दूषित करना, दूषण, अपवित्रीकरण
Desegregation विपृथक्करण
Desensitize असंवेदी बनाना, संवेदनहीन करना
Desensitization विसुग्राहीकरण, असंवेदीकरण
Desert मरुस्थल, मरु, रेगिस्तान, परित्याग करना
Deserted परित्यक्त, निर्जन, उजाड़
Desertification मरुस्थलन, मरुभवन, निर्जनीकरण
Desert lizard (a sand dwelling large venomous reptile of order Squamata) मरुगोधिका
Desiccant, Desiccative सुखाने वाला, शोषी, जलशोषक
Desiccator शोषित्र, निर्जलक
Desiccate, Desiccation सुखाना, शोषण, शुष्कन, निर्जलन
Desideratum इच्छित फल, वाञ्छित वस्तु
Design अभिकल्प, रूपरेखा बनाना
Designing आकल्पन, रूपांकन, अभिकल्पन
Desilting विगादन, विगादकारी, षड्यन्त्रकारी
Desilverization विरजतन, विरजतीकरण
Desilverize चाँदी हटाना (कच्ची धातु से)
Desinence समाप्ति, अवसान
Desirability वाञ्छनीयता
Desirable वाञ्छनीय, अभीष्ट, मनचाहा
Desired वाञ्छित
Desliming व्यवपंकन
Desmalgia बन्धकशूल
Desmid असैकजाप्य
Desmocyte बन्धाणु
Desmognathous बन्धहनु, युक्तहन्वी, युक्तहनु
Desmology आबन्धविज्ञान
Desmolysis आबन्धापघटन
Desmoneme बन्धसूत्र
Desmosome बन्धकाय, बन्धक
Desmotrope बन्धावर्त
Desmotropism, Desmotropy बन्धावर्तन, बन्धावर्तिता
Desolation निर्जनता, विनाश, विषाद

Desorption	विशोषण
Despiralization	विकुन्तलन
Despondence, Despondency	निराशा, अवसाद, विषाद, उदासी
Despondent	विषादग्रस्त, निराश, विषण्ण
Desquamate	छीलना, शल्क हटाना
Desquamation	विशल्कन, अपशल्कन
Dessert	भोजनोपरान्त मिष्टान्न
Destination	गन्तव्य, लक्ष्य
Destroy, Destruct	नष्ट करना, ध्वस्त करना
Destructibility	ध्वंस्यता, नाश्यता, भञ्जनीयता
Destructible	ध्वंस्य, नाश्य, भञ्जनीय
Destruction	विनाश, नाशन, भञ्जन, ध्वंस
Destructive	विनाशी, विध्वंसकारी,
Destructor	भञ्जक, ध्वंसक
Desudation	प्रस्वेदन, अम्हौरी घमौरी होना
Desudative, Desudatory	प्रस्वेदकारी
Desulfurization	गन्धकविहीनन, गन्धक निष्कासन
Desultory	विशृंखलित, अव्यवस्थित, अनियमित
Detach	असम्बद्ध करना, अलग करना
Detachment	अलगाव, पृथक्करण, अनासक्ति, वियोजन, विराग, असम्पृक्ति
Detection	संसूचन, पता लगाना, उपलम्भन
Detective, Detector	जासूस, संसूचक, पता लगाने वाला, उपलम्भक
Detent	कुत्ता (पहिये का रोक)
Detente	तनाव-शैथिल्य, उपशमन, नरमी
Detention	निरोध, अवरोधन, संरोध
Deterge	प्रक्षालन या अपमार्जन करना
Detergent	प्रक्षालक, अपमार्जक
Deteriorate	बिगड़ना, विकृत करना/होना, घटना/घटाना, अवनति/ह्रास होना
Deterioration	अवनति, ह्रास, विकृति
Determent, Deterance	निवारण, निषेध
Determinate, Determined	निर्धारित, निश्चित
Determinant	निर्धारक, निश्चयक
Determinative, Deterministic	निर्धारणशील, निश्चयात्मक
Determination	निर्धारण, निश्चय, दृढ़ संकल्प
Determine	ज्ञात करना, निर्धारित/निश्चित करना
Deterrent	निवारक, प्रतिरोधक, बाधक
Detersion	अपमार्जन, घाव साफ़ करना
Detersive	अपमार्जी, साफ़ करने वाला
Detonate	धमाका होना, प्रस्फोट होना
Detonating, Detonative	अधिस्फोटी, प्रस्फोटनशील
Detonation	अधिस्फोटन, प्रस्फोटन
Detonator	प्रस्फोटक, अधिस्फोटित्र
Detort,	ऐंठना, मरोड़ खोलना
Detortion	अव्यावर्तन, अपमोटन, विचक्रण
Detour	चक्कर, चक्करदार मार्ग
Detoxicant, Detoxifier	निराविषक, विषहर, विषनाशी, विषनिष्प्रभावी, विषनिष्क्रियक
Detoxicate, Detoxify	निराविष या निर्विष करना, विष का असर हटाना
Detoxication, Disintoxication, Detoxification	निर्विषीकरण, विषनिष्प्रभावन, निराविषीकरण, विषहरण, निर्विषायण, विषशमन
Detract	घटाना, कम करना, पीछे खींचना
Detraction	अपकर्षण, न्यूनन, निन्दा
Detriment	क्षति, अहित, हानि
Detrimental	अहितकर, हानिकारक, अपचायक
Detrition	घिसाई, घिसाव, घर्षण द्वारा क्षय
Detritivore, Detritivorous	अपरदाहारी, अपशिष्टभोजी मलबा खानेवाला
Detritus	मलबा, अपरद, अपशिष्ट, जैवावशेष, घर्षणावशेष
De trop (a French word)	प्रचुर, अत्यधिक
Detruncate	काटना, छाँटना
Detrusion	बहिःक्षेपण, निष्कासन
Detrusor	निष्कासक (पेशी), निस्सारिका
Detumescence	अवस्फीति, शोथशमन, शिश्नीय शिथिलता, सूजन घटना
Deutan, Deuterinopia	हरितान्धता
Deuterogenesis	अनुवर्धन, पश्चजनन
Deuteromycetes (a class of anamorphic, mitosporic imperfect fungi)	अपूर्ण कवक वर्ग
Deuteroplasm, Deutoplasm, Vitellus	पोषद्रव्य, रसान्न

Deuteropathy द्वितीय-विकृति
Deutocerebrum, Mesocerebrum (median lobe of insect brain) मध्यमस्तिष्क, मध्य प्रमस्तिष्क
Devaluation अवमूल्यन, विमूल्यन
Devascularization निर्वाहिनीकरण, नलिका विहीनन
Devascularize वाहिनीमुक्त करना, नलिका हटाना
Devastate विनाश या विध्वंस करना
Devastating सर्वनाशी, विध्वंसकारी, अतिप्रभावी
Develop विकसित करना/होना, बढ़ना, बढ़ाना
Developer विकासक, प्रस्फुटक, अभिवर्धक (रासायनिक घोल)
Development विकास, अभिवृद्धि, परिवर्धन, भ्रूणवृद्धि
Developmental विकासी, विकासात्मक, भ्रूणवर्धी
Deviant विचाली, विसामान्य, विपथी, नियमक्रम से भिन्न
Deviate विचलित होना, पथच्युत होना, व्यतिक्रम होना, विसामान्य होना
Deviated विचलित, व्यतिक्रमित
Deviation विचलन, अपसरण, व्यतिक्रम, विसामान्यता
Device युक्ति, उपाय, साधन, उपकरण, यन्त्र
Devil fish (*Mobula mobular*, an endangered giant marine fish of family Mobulidae) शृंग मीन, दैत्य मछली
Devil's cotton (*Abroma augusta/ augustum*, a flowering medicinal plant of family Malvaceae) उलट कम्बल (एक लाल फूल वाला उपयोगी पौधा)
Devious दूरवर्ती, चक्करदार, घुमावदार, कुटिल
Devisable अभिकल्प्य, कल्पनीय
Deviser आविष्कारक, अभिकल्पक
Devitalize ओजहीन या निर्जीव करना
Devitalization विओजन, निर्जीवन, अशक्तन
Devitrification विकाचन
Devitrify विकाचित करना
Devocalize गूँगा बनाना, स्वरहीन करना
Devolution अवक्रमण, न्यागमन, अन्तरण, हस्तान्तरण, प्रतीप विकास (मानसिक)
Devour निगलना, भक्षण, निमग्न या भस्म करना
Dew ओस
Dewatering विजलन, जलनिष्कासन, जलापचय
Dewaxing विसिक्थन, मोम हटाना/निकालना
Dew bean, Haricot bean मोठ, मटकी
Dew claw (a vestigial digit as thumb on foot not reaching ground, in many mammals, reptiles and birds) विजन-खुरी
Dew drop ओस की बूँद
Dew lap गलकम्बल, गाय व बैल के गले की लटकती खाल
Deworming कृमिविहीनन, कृमिनाशन
Dew point ओसांक
Dexter दक्षिण
Dextrad दक्षिणावर्ती, दक्षिणमुखी
Dextral, Dexter, Dextro- (prefix) दक्षिणावर्ती, दक्षिण-
Dextrogyration दक्षिण-घूर्णन
Dextro-isomer दक्षिण-ध्रुवण समावयवी
Dextrorotatory दक्षिण-ध्रुवण-घूर्णी
Dextrose द्राक्षाशर्करा, अंगूर की चीनी
Di- (prefix) द्वि, दु, दूना
Diabetes, Diabetes mellitus मधुमेह, प्रमेह (मूत्र में शर्करा आना)
Diabetes insipidus जलमेह
Diabetic मधुमेही, प्रमेहग्रस्त, मधुमेह-
Diabetogenic, Diabetogenetic, Diabetogenous मधुमेहजनी, प्रमेहकारी
Diabetology (a branch of medical science dealing with patho-physiology of diabetes) प्रमेह विज्ञान, प्रमेहिकी
Diabrotic संक्षारक, छिद्रक
Diacaustic अपवर्तनी, अपवर्तनी वक्र
Diachronic कालक्रमिक
Diacidic द्वि-अम्ली, द्वाम्लिक
Diactinic किरणस्थानान्तरी, सूर्य किरणों को स्थानान्तरित करने वाला

English	Hindi
Diad	द्विक
Diadelphous, Didelphic	द्विसंघी
Diaderm	द्वित्वकूस्तर
Diadromous	उभयत्रगामी, पंखाकार
Diadromy	उभयत्रगामिता
Diaeresis	विच्छेदन, स्वर-विच्छेद
Diageotropic	तिरोभूवर्ती
Diageotropism, Diageotropy	तिरोभूवर्तन, तिरोभूवर्तिता
Diagnosis	रोगनिदान, निदान
Diagnostic	निदानकारी, नैदानिक
Diagnostician	निदानकर्ता
Diagnostics	नैदानिकी, निदानशास्त्र, निदानविज्ञान
Diagonal	विकर्णी, विकर्ण, तिरछा
Diagram	आरेख, रेखाचित्र
Diagrammatic	आरेखीय, रेखाचित्रीय
Diagraph	आरेखित्र
Diagraphy	रेखा चित्रण, आरेखन
Diakinesis	अपगति, उपपरिणाह
Dial	घड़ी का अंकपट, अंक मिलाना, अंकानीक, घट्यानीक
Dialyse, Dialyze	अपोहित या व्याश्लेषित करना
Dialysed	अपोहित, व्याश्लेषित
Dialysis, Dialyses (pl.)	व्याश्लेषण, अपोहन, विलगन
Dialyser, Dialyzer	अपोहक, व्याश्लेषित्र, विलगक
Diamagnetic	प्रतिचुम्बकीय
Diamagnetism	प्रतिचुम्बकत्व
Diamantiferous	हीरकोत्पादी, हीराधारी
Diameter	व्यास
Diametric(al)	व्यासीय, व्यास सम्बन्धी
Diamond (a mined jewel, metastable allotroph of carbon from earth's crust)	हीरक, हीरा, समचतुर्भुज, विषमकोण
Diandria, Diandry	द्विपुमंगता, द्विपुंकेसरता
Diandrous	द्विपुंकेसरी, द्विपुमंगी
Dianectics	मनोकायिक चिकित्सा
Diapedesia, Diapedesis	कणिकापारण
Diaper	जालीदार चित्रण, शतरञ्जी, पोतड़ा, लंगोटी (शिशुओं की)
Diaphaneity	प्रकाशपारगम्यता, पारदृश्यता, पारदर्शिता

English	Hindi
Diaphanometer	पारदर्शितामापी, पारदृश्यतामापी
Diaphanous	पारदर्शी, पारदर्शक
Diaphemeter	स्पर्शग्राह्यतामापी
Diaphoretic	स्वेदकारी, प्रस्वेदक, प्रस्वेदी, पसीना लाने वाला
Diaphragm	तन्तुपट, पटल, मध्यच्छद, तनुपट, उरचीर, प्राचीर
Diaphragmatic	प्राचीरीय, तनुपटीय, उरचीर
Diaphysis	अस्थिवर्ध, अस्थिदण्ड
Diapophysis, Metapophysis	अनुवर्ध
Diapsid (skull)	चतुश्छिद्री (खोपड़ी)
Diapyetic	पूयजनक, पूतिकर, पूयताकारी
Diarrhea, Diarrhoea	अतिसार, प्रवाहिका, विरेचन, दस्त
Diarrheal disease	अतिसारी रोग
Diarrheagenic, Diarrheagenous	अतिसारजनी, विरेचक, दस्तावर
Diarthrosis, Movable joint	चलसन्धि
Diascope	पारेक्ष, पारदर्शी
Diascopy	पारेक्षण, पारदर्शन
Diaspore, Disseminule	परिवपाणु, वर्धिका
Diastema	दन्तावकाश
Diaster	द्वितारक
Diastole	हृद्स्फार, अनुशिथिलन
Diastolic	हृद्स्फारी, अनुशिथिलीय
Diastolic blood pressure	हृद्स्फारी रक्तचाप, अनुशिथिलन रक्तदाब
Diastolic pause	अनुशिथिलन विराम
Diastrophism	समुद्वर्तन, भूपृष्ठ निरूपण
Diathermancy	ऊष्मपारेषिता, ऊष्मपारेषण
Diathermanous	ऊष्मपारेषी
Diathermic	ऊष्मा-पार्य
Diathermy	ऊष्मापार्यता, ऊतितापन, विद्युत्तापन
Diathesis	पैतृक विकृति, पितृदोष प्रवृत्ति, अन्तरजात विकार
Diathetic	पितृदोषी, अन्तरजात विकारी
Diatom (a unicellular phytoplanktonic algae of family Bacillariophyceae with siliceous cellwall)	युक्ताप्य, सिन्धुपंक
Diatomaceous, Diatomite	युक्ताप्यमय, सिन्धुपंकी

Diatomic द्विपरमाण्विक, द्विपरमाणुक
Diatomous विकर्णेन्दर
Diatropism, Diatropy तिरोवर्तन, तिरोवर्तिता
Diazotization द्वि-अजीवातीयन, द्वयजीवातीयन
Diazotrophic द्वि-अजीवातपोषी, द्वयजीवातपोषी
Dibasic द्विक्षारकी, द्विक्षारीय, द्विपैठिक
Dibasicity द्विक्षारीयता, द्विपैठिकता
Dibble छिद्ररोपण, खोंसकर/भोंककर बोना/रोपना, चोभना
Dibbler छिद्रवपित्र, खोंसकर/भोंककर बोने वाला (उपकरण)
Diblastula द्विस्तरीय कोरक
Dicaryon, Dikaryon युग्मनाभिक, युग्मकेन्द्रक
Dicaryote, Dikaryote द्विकेन्द्रकी, द्विनाभिकी (कोशिका)
Dicaryotic, Dikaryotic द्विकेन्द्रकीय, युग्मनाभिकीय
Dicaryotisation, Dikaryotization द्विकेन्द्रकीयन, युग्मनाभिकीयन
Dicentric द्विकेन्द्रक-युजी, द्विकेन्द्री
Dicephalous, Bicapitate, Dicephalus, Bicephalus द्विशीर्षी, द्विशिरस्क, दो सिर वाला
Dichasial द्विशाखी
Dicheilia, Dechilia द्वि-ओष्ठता
Dichlamydeous द्विपरिपुष्पी, द्विपरिदलपुञ्जी
Dichogamy भिन्नकाल पक्वता, पृथक्पक्वता
Dichorionic द्विजरावीय
Dichotomous द्विभाजी, युग्मशाखित
Dichotomy विभाजन, युग्मशाखन, अर्धन
Dichromatic, Dichromous द्विवर्णी, द्विवर्णिक, द्विरञ्जनी
Dichromatism, Dichromatopsia द्विवर्णदृष्टि
Dichromism, Dichroism द्विवर्णता
Diclinic द्विप्रवणिक
Diclinism, Dicliny, Unisexuality एकांगता, एकलैंगिकता, एकजननांगता
Diclinous, Unisexual एकांगी, एकजननांगी, एकलिंगी
Dicondylic द्विकन्दीय
Dicotyledon द्विबीजपत्र
Dicotyledonous, Dicot द्विबीजपत्री
Dicrotic द्विस्पन्दी
Dicrotism, Dicroty द्विस्पन्दन, द्विस्पन्दिता
Dictaphone श्रुतभाष, श्रुतवाचक
Dictograph ध्वनिग्राहक
Dictyophyllous जालपर्णी, जालिकापत्री
Dictyosporangium, Dictyosporangia (pl.) पटीबीजाणुधानी जालबीजाणुधानी
Dictyospore जालिकाबीजाणु, जालबीजाणु
Dictyostele जालरम्भ
Didactyl, Didactylous द्वि-आंगुलिक, पृथगंगुलिक
Didder ठण्ड से काँपना
Didelphian, Didelphic, Didelphous द्विगर्भाशयिक, द्विजायांगी, द्विसंघी (पुंकेसर)
Didynamous द्विदीर्घी
Die मरना, मरण, पाँसा खेलना, मोहर का साँचा बनाना
Diecious, Dioecious, Unisexual एकलिंगी, पृथग्लिंगी
Diel (denoting a period of 24 hours) दिवानिश
Dielectric परावैद्युत, विद्युतकुचालक
Dielectric constant परावैद्युतांक
Diencephalon अग्रमस्तिष्क पश्च
Diesel (a fractional distillate of petroleum between 235-300°C used as fuel in diesel engine, named after German inventor Rudolf Diesel in 1892 A.D.) डीज़ल (एक खनिज द्रव ईधन जिससे आन्तरिक दहन इञ्जन चलाते हैं)
Diesinker ठप्पाकार
Diet आहार, मिताहार, खुराक, पथ्य, नियमित/नियन्त्रित आहार
Dietary आहारिक, आहारावलि आहारी, मिताहार सम्बन्धी
Diet chart आहार सञ्चित्र, आहार सारणी
Dietetic आहारीय, मिताहारीय
Dietetics आहारिकी, आहारविज्ञान, भोजनविज्ञान, मिताहारिकी

Diet food, Dietic food (any food or beverage consumed to reduce fat and for weightloss) भारह्रासी, आहार
Dietician आहारविद्, आहार विशेषज्ञ
Dieting आहार-नियमन, आहार-निग्रह, आहार-नियतन, भोजन संयम
Dietotoxic आहारविषालु, खाद्यविषाक्त
Dietotoxicity, Food poisoning आहारविषालुता, खाद्यविषाक्तता,भोज्य विषाक्तन
Diet plan आहार-व्यवस्था
Diet soda (a sugar free non-alcoholic beverage with sweetener and certain preservatives) एक मद्यरहित पेय
Differentia अन्तरीय, अवच्छेदक, विभेदकर
Differential भेदक, अन्तराश्रयी, अन्तरात्मक, अवकल, भेदात्मक, विभेदीय
Differential analysis विभेदी/भेदात्मक विश्लेषण
Differential calculus अवकलन (गणित), अन्तरक गणना, चलन-कलन
Differentiate भेद/अन्तर करना, अवकलन करना
Differentiated अन्तरित, विभेदित, अवकलित
Differentiation विभेदन, विभेदीकरण, अन्तरण, अवकलन
Difficile टेंढ़ा, वक्र
Diffluence परिवाह, तरल पदार्थ का बहाव
Diffluent तरल, परिवाही, चारों ओर बहता हुआ
Difform अनियमी, अनियमित
Diffract प्रकाश किरणों का इसके रंगों में विवर्तित होना, टुकड़े-टुकड़े होना
Diffraction व्याभंग, विवर्तन, वियोजन
Diffractometer विवर्तनमापी
Diffusate, Diffused विसृत, प्रसृत, विसरित
Diffuse फैलना, विसरित होना
Diffusibility विसर्ण्यता, विसरणीयता
Diffusible विसर्ण्य, विसरणीय
Diffusion विसरण, प्रसार, प्रसृति
Diffusive विसरणशील, विसारी
Diffusivity, Diffusiveness विसरणशीलता, विसारिता
Dig खोदना, गड्ढा करना
Digamete द्वियुग्मक
Digametic द्वियुग्मकी
Digamous द्विलिंगी, पुनर्विवाही
Digastric द्वितुन्दी, द्विमांसल (पेशी)
Digenesis द्विजनन, मैथुनजनन
Digenism, Digeny द्विजनिता, मैथुनप्रजननिकता
Digenetic द्विपोषदीय, द्विजननिक, द्विजनिक
Digenic / Sexual reproduction मैथुन-प्रजनन, लैंगिक-प्रजनन
Digest पचना, पचाना, क्रमबद्ध संक्षिप्त करना, सार-संग्रह, संक्षेपिका
Digester पाचक, पाचित्र (उपकरण)
Digestibility पचनीयता, पाच्यता
Digestible पचनीय, पाच्य
Digestion पाचन, पाचनशक्ति, क्रमबद्धता
Digestive पाचक, पाचनशील, पाची
Digger खनक, खनित्र
Digging, Ditching खुदाई, उत्खनन, खनन
Digit अंगुलिपर्व, अंक
Digital अंकीय, अंकदर्शी, अंगुलिपर्व सम्बन्धी
Digital computer अंकीय परिकलित्र
Digital dementia (a term for memory dysfunction, coined by a German neuroscientist Manfred Spitzer in 2012 A.D.) अंकीय स्मृतिभ्रंश (अंकीय/इन्टरनेट इलेक्ट्रानिक उपकरणों पर अतिनिर्भरता व उपयोग के कारण स्मृति का ह्रास)
Digital examination अंगुलि परीक्षण
Digital eye strain अंकीय नेत्र-तनाव (कम्प्यूटर व मोबाइल फोन के अधिक उपयोग से उत्पन्न एक नेत्र विकार)
Digitalis अंगुलक
Digital X-ray अंकीय क्ष-रश्मि
Digitate अंगुलिमय, अंगुलिशाखी
Digitation अंगुलन, अंगुलिशाखन
Digitiform अंगुल्याकार, अंगुलिरूपी
Digitigrade अंगुलिचारी (मेरुदण्डी जन्तु) पादाग्रचारी, अंगुष्ठचारी

Digitotoxicity, Digitalis toxicity (caused by foxglove plant *Digitalis* sp., used for cardiac diseases) हृद्पत्रीविषाक्तता, तिलपुष्पी विषालुता,
Digitotoxin, Digitoxin (a cardiac glycoside of medicinal use from foxglove plant) हृद्पत्री-आविष
Digonal विकर्ण, विकर्णी
Digonal, Digonous द्विकोणीय
Digoneutic द्विजननिक
Digraph द्वितल, द्विवर्ण, द्विग्राफ
Digression विचलन, विषयान्तरण
Dihaploid द्वि-अगुणित
Dihedral द्वितली, द्विफलक
Dihybrid द्विसंकर
Dihybridization द्विसंकरण
Dikaryote, Dicaryate द्विकेन्द्रकी, द्विनाभिकी (कोशिका)
Dikaryotic, Dicaryotic द्विनाभिकीय, द्विकेन्द्रकीय
Dike, Dyke बाँध, कुल्या, नहर
Dilacerate फाड़ डालना
Dilapidate जीर्ण-शीर्ण होना, छिन्न-भिन्न करना
Dilapidated नष्ट-भ्रष्ट, छिन्न-भिन्न, जीर्ण-शीर्ण
Dilapidation जीर्णन, विध्वंस, क्षय
Dilatability विस्तार्यता, स्फारणीयता
Dilatable विस्तार्य, स्फारणीय
Dilate फैलाना, विस्तृत करना, विस्फारित करना
Dilation, Dilatation विस्फारण, अभिस्तारण
Dilative अभिस्तारी, विस्फारणशील
Dilatometer विस्फारमापी, अभिस्तारमापी
Dilatometric अभिस्तारमितीय, विस्फार-मापीय
Dilatometry अभिस्तारमिति, विस्फारमिति
Dilator अभिस्तारक, विस्फारक, विस्फारिणी
Dilator nasi नासा स्फारणी
Dilatory विलम्बकारी, विस्फारी, दीर्घसूत्री
Dilatoriness विलम्बकारिता, दीर्घसूत्रता
Dilettante नीमहकीम, अल्पज्ञ, पल्लवग्राही
Dill (*Anethum graveolens* , a flowering annual vegetable herb of family Apiaceae) सोआ, शत-पुष्पिका (सौंफ प्रजाति का एक भोज्य शाक)
Diluent तनुकर, तनुकारी, मन्दक, विरलक
Dilute मन्द, पतला, तनु, विरल पतला/मन्द करना
Diluted तनुकृत, मन्दित, विरलित
Dilution तनुकरण, तनुता, मन्दन, विरलन, अवमिश्रण
Diluvial, Diluvian अप्लावी, प्लावनिक, प्रलयकारी
Diluvium बाढ़ से छूटी मिट्टी, बाढ़ सम्बन्धी, प्रलयावशेष
Dim धुँधला, मन्द, अस्पष्ट, धूसर, मद्धिम
Dimension विमा, आयाम, विस्तार, घात
Dimensional विमी, विमितीय, विमीय
Dimer द्वितय, द्वितयाणु, द्विभाज
Dimeric, Dimerous द्वितयी, द्वयवयवी, द्विखण्डी, द्विभागीय,
Dimerisation द्विभाजन
Dimetallic द्विधात्विक
Dimetric चतुष्कोण
Dimictic द्विकाल मिश्र
Dimidiate आधा करना, अर्धीकृत
Dimidiation अर्धीकरण, अर्धन
Diminish घटना, कम करना, क्षय होना
Diminishing, Diminutive ह्रासमान, क्षयमान ह्रासकारी, अल्पक, अल्पार्थी
Diminuendo अवरोह, अवरोही (स्वर)
Diminution ह्रास, क्षय, घटाव, कमी, अवनति
Dimmer मन्दक, दीप्तिमन्दक
Dimming मन्दन, दीप्तिमन्दन
Dimorphic, Dimorphous द्विरूपी, उभयरूपी, द्वि-आकृतिक, द्वयाकारीय
Dimorphism द्विरूपता, उभयरूपता
Dimple कपोलगर्त, चिबुक-कूप, गर्तिका, गड्ढा
Dimyaric, Dimyarian द्विपेशी, द्विपेशीय
Dine भोजन, रात्रिभोजन करना
Dineuric (nerve cell) द्वि-अक्षी (तन्त्रिकाकोशा)
Ding टनटनाना
Dingle वृक्षदार गहरी घाटी, जंगली दर्रा
Dingus अज्ञात नाम का कोई छोटा उपकरण

Dingy मैला, मलिन, ख़ाकी भूरा, उतरे रंग का
Dinner भोज, रात्रिभोज, रात का भोजन, दावत
Dinoflagellate घूर्ण कशाभी
Dinosaur (an extinct giant reptile) भीमसरट, डायनोसार
Dint गड्ढा, निशान (कठोर परिश्रम से), आघात, प्रहार करना,
Diode (an electronic device with cathode and anode to flow current in one direction) द्विद्वार, द्वयग्र
Dioecious, Diecious Unisexual एकलिंगाश्रयी, एकलिंगी, पृथग्लिंगी
Dioptric अपवर्तनी, भौजायनिक
Dioptrics अपवर्तिकी, भौजायनिकी
Diorthrosis वक्रांग चिकित्सा, हड्डी बैठाना
Dip-angle अभिनति-कोण
Diphasic द्वि-प्रावस्थीय
Dip-hole निमज्जन छिद्र
Diphtheria रोहिणी (गले का एक रोग)
Diphtheria, pertussis and tetanus-DPT, an acellular vaccine) रोहिणी, कुकुर खाँसी व धनुक बाई से बचाव हेतु जापान में वर्ष 1981 में विकसित एक टीका
Diphtheritis मांस सन्तानिका, प्रबलासा
Diphtherotoxin रोहिणीविषि, प्रबलाविष
Diphyceral समानपालि, समानपुच्छी
Diphygenetic द्विभ्रूणजनी
Diphylectic द्वि-उद्भवी
Diphyodont द्विबारदन्ती
Diplanetic द्विचली
Diplanetism द्विचलता
Diplastic द्विघट्यी
Diplegia द्विपार्श्वघात
Diplo- (prefix) द्वि-, युग्म-
Diplobiont द्विजीवजात, द्विजन, द्विपोषक
Diplobiontic द्विजीवी, द्विजनिक
Diploblastic द्विस्तरी, द्विस्तरीय
Diplocaryon, Diplokaryon द्विगुणकेन्द्रक युग्म (कोशिका)
Diplocephaly द्विशिरस्कता
Diplocoria (two pupils in iris of eye) द्विपुतलीता, द्वितारकता
Diplococcus, Diplococci (pl.) युग्मगोलाणु (एक जीवाणु प्रजाति)
Diplodocus द्विधरणी सरट (एक सरीसृप प्रजाति)
Diploid द्विगुणित, द्विगुण
Diploidization द्विगुणन
Diploidy द्विगुणिता
Diplonema द्वयंशु
Diplont द्विसूत्रक
Diplopia (appearing two images of an object) द्विदृष्टि
Diplotene द्विपट्ट, द्विसूत्र, द्वितन्तु
Diploteratology यमलविकृतिविज्ञान, युग्मवैकृतिकी
Diplozoon, Diplozoa (pl.) युग्मप्राणि, युग्मजन्तु
Dipnoan (lung fish of order Dipnoi, di+pnoe= two breathing) द्विश्वासी (फेफड़ा व क्लोम दोनों से युक्त मछली)
Dipolar, Bipolar द्विध्रुवी, द्विध्रुव-, युग्मध्रुवी
Dipole द्विध्रुव, युग्मध्रुव
Dipper (dim head light of motor vehicles) निमज्जक, गाहक (एक कप जैसा पात्र), मन्ददीप
Dipper bird (*Cinclus* sp., a small passerine bird of family Cinclidae, able to dive and swim under water) गोताख़ोर जलपाखी, रंगरेज़ चिड़िया
Dippy सनकी, पागल
Diprotodont द्वि-आद्यदन्ती
Dipsesis, Thirst प्यास, तृष्णा
Dipsomania मद्योन्माद, मद्यासक्ति
Dipsomaniac मद्योन्मादी, मद्यासक्त
Dipsosis अतितृष्णा
Diptera (an order of class Insecta of two winged flies) द्विपक्ष (द्विपंखी कीट गण)
Dipteral, Dipteran, Dipterous द्विपक्षी, दो पंख वाली मक्खी, मक्षि, द्विस्तम्भी
Dipterophilic, Dipteriphilous मक्खीपरागी, मक्षिपरागित
Diptych द्विफलक
Dire, Direful भीषण, दारुण, भयानक
Direct प्रत्यक्ष, सीधा, वंशागत, निदेश देना
Direct current (DC-a unidirectional flow of electric charge) दिष्ट धारा

Directive	निदेशात्मक, नैदेशिक, निदेश
Directly observed treat -ment for short-term (DOTS)	प्रत्यक्ष पर्यवेक्षित लघुकालीन उपचार (तपेदिक रोगी हेतु)
Directrix	सञ्चालिका, नियन्ता
Dirigibility	परिचालनीयता, नियन्त्रणीयता
Direct run-off	प्रत्यक्ष अपवाह
Dirigible	परिचालनीय, नियन्त्रणीय, सञ्चालनीय
Diriment	निरस्तकारी, शून्यकारी, रद्द करनेवाला
Dirt	मैल, गन्दगी, कीचड़
Dirty	मैला, गन्दा, कुत्सित
Disability, Disablement	विकलांगता, पंगुता, अंगहानि निर्योग्यता, अक्षमता, असमर्थता
Disable	पंगु बनाना, अपंग करना
Disabled	निर्योग्य, विकलांग, अक्षम, अपंग, दिव्यांग
Disaccharide	द्विशर्करैय
Disaffiliate, Disaffiliation	असम्बद्ध करना, असम्बद्धीकरण
Disafforestation	निर्वनीकरण
Disaggregation	असमुच्चयन, अपुञ्जन
Disannul	रद्द करना, हटाना, लोप करना
Disappear	लुप्त होना, अदृश्य होना
Disappearance	लोपन, अदर्शन
Disarray	क्रमभंग, अव्यवस्थित करना, विवस्त्र करना
Disarticulate	विसंहित करना, जोड़ से अलग करना
Disarticulation	असंलग्नन, विसंहितीकरण, सन्धिवियोजन
Disassemble, Dismantle	विखण्डित करना, वियोजित करना, उद्ध्वंस करना, पुर्जे-पुर्जे अलग करना
Disassimilation	निरात्मसातकरण, अवग्रहण
Disaster	संकट, आपदा, विपदा, विपत्ति, अनर्थ, विनाश
Disastrous	आपदकारी, अनर्थकारी, विनाशी
Disband, Disbandment	विघटित होना, भंग करना, विघटन
Disbar, Disbarment	विवर्जित करना, विवर्जन
Disbranch	शाखें काटना, विशाखित करना
Disbud, Disbudding	कली तोड़ना, कलिकाहीनन, विमुकुलन
Disc, Disk, Discus	चकली, चक्र, चक्का, मण्डल, बिम्ब, गोल चपटी आकृति

Discarnate, Discarnation	मांस से अलग करना, देहमुक्त, अशरीरी
Discard	छाँटना, रद्द करना, हटा देना
Discardment	रद्दी का ढेर बनाना
Discernibility	ज्ञेयता, इन्द्रियगोचरता
Discernible	ज्ञेय, इन्द्रियगोचर, अभिज्ञेय, पहचानने योग्य
Discerptibility	वियोज्यता, वियोजनीयता
Discerptible	वियोज्य, वियोजनीय
Discerption	वियोजन
Discharge	मुक्त करना, उत्मोचन, विस्राव, आस्राव, निरावेशित करना, निस्सरण
Discharged	मुक्त, उन्मुक्त, निरावेशित, निस्सारित
Disciform	चक्ररूपी, बिम्बाकार
Discing	चक्रण, बिम्बन
Disclimax	कृत्रिम-काष्ठा
Disclose	उद्घाटित या प्रकट करना, अनावृत करना, भेद खोलना
Disclosure, Disclosing	प्रकटन, उद्घाटन, अनावृतन
Discoblastula	बिम्बकोरक पिण्ड
Discocarp	विवृतकाय
Discoflorous	बिम्बपुष्पी
Discoid	चक्राभ, बिम्बाभ
Discoidal	चक्राभीय, बिम्बाभीय
Discolour, Decolor	रंग बिगड़ना या बिगाड़ना, रंग उड़ना/उड़ाना
Discolourisation, Decolorization	विरञ्जन, विवर्णन, वर्ण विहीनन
Discompose	क्रमभंग करना, अशान्त या व्याकुल करना, असंघटित करना, अस्त-व्यस्त करना
Discomposed	क्रमभंग, असंघटित, अस्त-व्यस्त
Discomycetes (a class of cup fungi)	बिम्ब कवक वर्ग
Disconformity	भिन्नता, असादृश्य
Disconnect	असम्बद्ध करना, अलग करना, वियोजित करना
Disconnection	वियोजन, असम्बद्धीकरण, अपयोजन, असंलग्नन
Discontiguous	असंलग्न, असम्बद्ध, अलग
Discontinuance, Discontinuity	विच्छेद, असान्तत्य, अन्तराल, सान्तरता
Discontinuous	विरत, असन्तत, विच्छिन्न
Discoplacenta	बिम्बापरा
Discordant	विसंगत, बेसुरा, बेमेल

English	Hindi
Discover	आविष्कार करना, खोजना, खुलासा या अनावृत करना
Discovered	अन्वेषित, आविष्कृत
Discovery	आविष्कार, खोज, खुलासा
Discrepancy	विसंगति, भिन्नता, अन्तर, असंलग्नता
Discrepant	असंगत, भिन्न
Discrete	पृथक्, असतत, विविक्त
Discretive, Disjunctive	विभेदी, वियोजी
Discriminant, Discriminatory	विभेदक, विभेदकारी, विविक्तकर
Discriminate,	भेद/अन्तर करना,
Discrimination	विभेदन, पक्षपात
Discursive	अप्रासंगिक, विशृंखल, असम्बद्ध
Discus, Disk, Disc	चक्र, चक्का, चकली, बिम्ब
Discutient	विलोपी, विलुप्तकारी
Disdrometer (a device to measure size and speed of rain drops)	वृष्टि बिन्दुमापी
Disease, Illness	बीमारी, रोग, रुग्णता, अस्वस्थता, व्याधि
Disease carrier, Vector	रोगवाहक, रोगसञ्चारी
Diseased	रोगी, रुग्ण, रोगग्रस्त, बीमार
Disembowel	आँतें निकालना, व्यान्त्रण
Disengage	ढीला करना, छुड़ाना, सम्पर्क तोड़ना, अलग करना
Disequilibrium	वैषम्यावस्था, असन्तुलन, वैषम्य
Disfeature, Disfigure	विरूपित करना, विकृत करना
Disfigurement	विरूपण, विकृति
Disforest, Deforest	वन काटना, निर्वनीकृत करना
Disforestation, Deforestation	निर्वनीकरण, वनोन्मूलन
Disgorge	उगलना, वमन करना, चुराई चीज लौटाना
Disgruntled	असन्तुष्ट, चिड़चिड़ा
Disgust	अरुचि, घृणा, विरुचि
Disgusting	अरुचिकर, घृणाप्रद, घृणित
Dish	तश्तरी, रकाबी, शरावक, पकवान (भोजन)
Dishabituate	आदत छुड़ाना, स्वभाव बदलना
Dishevel	अस्त-व्यस्त या उलट-पुलट करना
Dishorn	सींग हटाना, सींग काटना
Disimmunity	प्रतिरक्षाहीनता, अप्रतिरक्षिता

English	Hindi
Disinclination	अरुचि, अनिच्छा, अपवृत्ति
Disinfect, Disinfection	रोगाणुओं का नाश करना, रोगाणुमुक्त करना, रोगाणुनाशन, निस्संक्रमण
Disinfectant, Disinfector	रोगाणुनाशक, रोगाणुनाशी निस्संक्रामित्र, निस्संक्रामक
Disinfective	रोगाणुनाशी, विसंक्रामी
Disinfestant	परिनाशक, निर्यूषक, निर्ग्रसक
Disinfestation	परिनाशन, निर्यूषण, निर्ग्रसन
Disinflation	अवस्फीति, विस्फीति
Disinhibition	विसन्दमन, विनिरोधन
Disinsection, Disinsectization	कीटनाशन, निष्कीटन, कीट निष्कासन
Disintegrant, Disintegrator	वियोजक, विघटक, विघटित्र(यन्त्र)
Disintegrate	वियोजित या विघटित करना/होना, पृथक् करना
Disintegration	विच्छेदन, विघटन, वियोजन, विखण्डन
Disinter, Disinterment	भूमि खोदकर निकालना, उत्खनन
Disintoxicate, Detoxicate	विष हरना, जहर उतारना
Disintoxication, Detoxication	निर्विषायण, विषहरण
Disinvigorate	दुर्बल करना, अशक्त करना
Disjoin, Disjoint, Disjunct	असंलग्न करना, गाँठ खोल कर अलग करना, पृथक् करना, विसन्धित करना
Disjunction	वियोजन, पृथकन, असंयोजन
Disjunctive	वियोजी, असंयुक्त, पृथक्कारी
Disjunctor	वियोजक
Disk, Disc, Discus	चक्र, चक्का, मण्डल बिम्ब, कन्दगर्भ
Diskette	नम्यिका
Disk plough	तवेदार हल
Dislocate, Dislocation	प्रभ्रंश, स्थानच्युत करना, जोड़ उखाड़ना, विस्थापन
Dismal	अशक्त, क्षीण, विषादमय
Dismal science	निकृष्ट विज्ञान
Dismantle	उद्ध्वस्त करना, अस्त-व्यस्त करना
Dismask	मुखौटा उतारना, भ्रामक रूप हटाना
Dismember	अंगविच्छेद करना, विघटित या विभाजित करना
Dismemberment	अंगविच्छेदन, विभाजन, विघटन
Dismount	उतारना, उखाड़ना, पुर्जे खोलना
Dismutation	व्युत्परिवर्तन

Disomatic	द्विकायिक
Disorder	अनियमितता, अव्यवस्था, विकार, क्रमभंग, व्यतिक्रम, उत्पात
Disorientation	आत्मविस्मृति, दिक्भ्रान्ति, स्थितिभ्रान्ति, भ्रमावस्था, विमुखीकरण
Disoxidation, Deoxidation, Disoxygenation, Deoxydization	अनॉक्सीकरण, व्युपचयन, विजारण
Disparate	असमान, विषम, भिन्न, पृथक्
Disparity	असमता, असमानता, विषमता, भिन्नता
Dispart	पृथक् करना, विभक्त करना
Dispel	हटाना, छितराना, दूर करना
Dispensary, Dispensatory	औषधि वितरण कक्ष, औषधि कोश, औषधालय, दवाख़ाना
Dispense	बाँटना, प्रदान करना, वितरण करना
Dispenser	वितरणकर्ता, वितरक, वितरित्र
Dispersal, Dispersion	अपकीर्णन, विसर्जन, छितराव, परिक्षेपण, प्रकीर्णन, विक्षेपण
Disperse	छितराना, बिखेरना, बिखरना
Dispersed	प्रकीर्ण, परिक्षिप्त, बिखरा हुआ, विसर्जित, विक्षेपित
Dispersing, Dispersive	प्रकीर्णी, परिक्षेपी, विसर्जी, विक्षेपणशील, बिखरने वाला
Dispersing medium	प्रकीर्णन माध्यम, विसर्जन माध्यम
Displace	विस्थापित/स्थानान्तरित करना, हटाना
Displaceability	विस्थाप्यता, विस्थापनीयता
Displaceable	विस्थाप्य, विस्थापनीय
Displacement	विस्थापन, स्थानान्तरण, निरसन, उद्वासन, उपसरण
Display	प्रदर्शन, दिखाना, प्रदर्शित करना
Displayability	प्रदृश्यता, प्रदर्शनीयता
Displayable	प्रदृश्य, प्रदर्शनीय, दिखाने लायक
Display board, Display panel	प्रदर्शन पट्ट, प्रदर्शी फलक
Displant	वृक्षोन्मूलन, पेड़ हटाना
Displeasant, Displeasing	अप्रिय, अरुचिकर, अरुचिकारी
Displume	पंख हटाना, पंखहीन करना
Dispore	द्विबीजाणु
Disposability	प्रयोज्यता, निस्तारणीयता, निस्तार्यता
Disposable	प्रयोज्य, निस्तार्य, निस्तारणीय
Disposal	निस्तारण, समापन, निपटान
Dispose	निपटाना, निस्तारित करना
Disposed	निस्तारित, निर्वर्तित
Disproportion	व्यनुपात
Disproportional, Disproportionate	व्यनुपाती, व्यनुपातिक, अनुपातहीन
Disquiet, Disquietude	व्याकुलता, शान्तिभंग, चिन्ता
Disrelish	अरुचि, अस्वादिष्ट, घृणा करना
Disrepair	जीर्णावस्था, बेमरम्मती
Disroot, Eradicate	जड़ से उखाड़ना/ निकालना, निर्मूल करना
Disrupt	छिन्न-भिन्न करना, अस्त-व्यस्त करना
Disruption, Disrupture	भञ्जन, प्रविदारण, विघटन
Disruptive	विघटनकारी, प्रविदारी
Dissect, Dissection	विच्छेदित/चीरफाड़/ विरदित करना, विच्छेदन, विभाजन
Dissected	विच्छेदित, भाजित, विरदित
Disseminate, Dissemination	छितराना, बिखेरना, विकीर्णन, प्रकीर्णन, प्रसार, विप्रथन, परिवपन
Disseminated	छितरा हुआ, प्रकीर्ण, विकीर्ण
Dissepiment	अनुप्रस्थिका
Dissertation	शोधप्रबन्ध, शोधनिबन्ध
Dissever	पृथक्/विभाजित करना, काटकर अलग करना
Disseverment	पृथक्करण, विच्छेदन, विभाजन
Dissimilar	असमान, भिन्न, विषम
Dissimilarity	असमानता, भिन्नता, विषमता
Dissipate, Dissipation	छितराना, ऊष्मकरण, क्षय अनेकाग्रता, दुर्व्यसन
Dissociable	वियोज्य, विघट्य, विखण्डनीय
Dissociate	अलग होना, वियोजित करना
Dissociation	वियोजन, विखण्डन, विघटन
Dissociation curve	वियोजन वक्र
Dissociative, Dissociating	वियोजी, विखण्डी, विघटनशील
Dissolubility	विलेयता, घुलनीयता
Dissoluble	विलेय, घुलनीय
Dissolution	विलयन, प्रविलयन, द्रवण, विघटन, भंग
Dissolvability	घुलनीयता, प्रविलेयता
Dissolvable	घुलनीय, प्रविलेय, विलयनशील
Dissolve	घोलना, घुलना, समाप्त करना

Dissolved	घुलित, द्रवीभूत, विलीन, लुप्त
Dissolved oxygen (DO)	घुलित ऑक्सीजन (जल का एक गुणधर्म प्राचल)
Dissolvent, Solvent	घोलक, द्रावक, विलायक, प्रविलायक
Dissonance	असंवादिता, असन्नाद, विसंवाद, असंगति, कर्कशता
Dissonant	असंवादी, विसंवादी, असन्नादी, कर्कश
Dissymmetric(al)	विसममित, विसममितीय, विषम
Dissymmetry	विसममिति, विषमता
Distain	मैला करना, धब्बा डालना
Distal, Distant, Remote	दूर, दूरस्थ, दूरवर्ती, बाहरी सिरे पर
Distance	दूरी, अन्तर, फ़ासला
Distaste	स्वादहीन बनाना, अरुचि
Distasteful	स्वादहीन, अरुचिकर
Distemper	समाराग, अशान्ति, समारञ्जक, अस्वस्थता, श्वानरोग, असंयतता
Distend	फूलना, फुलाना, खींचकर बढ़ाना
Distended	फूला हुआ, स्फीत, उत्तनित
Distensibility	आध्मान्यता, फुल्लक्षमता
Distensible	फुल्य, प्रसार्य, आध्मान्य, फूलने/फुलाने योग्य, फुल्लक्षम
Distention, Distension	प्रसारण, फुलाव, आध्मान उत्तनन, स्फीति
Distill	आसवन करना
Distillate,	आस्रुत, आसव
Distillation, Distilling	आसवन
Distilled	आसुत, आसवित
Distillery	आसवनी, कलवरिया, शराब कारख़ाना
Distinct	भिन्न, अलग, सुस्पष्ट
Distoceptor, Distance receptor, Remote sensing	दूरसंवेदी, दूरस्थ ग्राही
Distort	विकृत करना, विरूपित होना, व्याकर्षित करना
Distorted	विकृत, विरूपित, व्याकर्षित, व्याकृष्ट, उद्विग्न
Distorting, Distortive	विरूपणकारी, विकारी, व्याकर्षणशील, व्याकर्षी
Distortion	विकृति, विरूपण, व्याकर्षण
Distracted	मनोविक्षिप्त, विचलित
Distraction	विमनस्कता, विकर्षण, घबराहट, चित्तविक्षेप
Distrait	अन्यमनस्क, अनमना
Distraught	विक्षिप्त, उद्विग्न, पागल, परेशान, चिन्तित
Distress	आपद, व्यथा, विपत्ति, संकट
Distressed	आपद्ग्रस्त, विपद्ग्रस्त, व्यथित
Distributary	वितरिका (जल), वितरक (नदी)
Distribute, Distribution	बाँटना, वितरित करना, वितरण
Disturbance	बाधा, अशान्ति, विक्षोभ
Disunion	विच्छेद, विखण्डन, फूट
Disunite	अलगाना, पृथक् करना
Disuse	अनुपयोग, अप्रचलन, प्रयोग में न लाना
Ditch	खाई, खात, खत्ता, खोदना
Ditching	खुदाई, खनन, उत्खनन
Dither	विक्षोभ, घबड़ाहट, थरथराहट
Diuresis	मूत्रलता, मूत्रता, मूत्रातिशयता
Diuretic	मूत्रवर्धक, मूत्रवर्धी, मूत्रल
Diurnal	दिवाचर, दिन में सक्रिय, दैनिक, दैनन्दिन, आह्निक
Diuturnal	चिरकालिक
Divalent, Bivalent	द्विसंयोजक, युग्मसंयुज
Divaricate	द्विदर, अत्यपसारी, अपतत, विशाखित
Divarication	विशाखन, अत्यपसरण
Divaricator	अत्यपसारक, उद्घाटक
Dive	गोता लगाना, डुबकी लगाना
Diver	गोताख़ोर, डुबकीबाज़, पनडुब्बा
Diverge	एक बिन्दु से कई दिशा में फैलना
Diverged	अपसृत, विचलित
Divergence, Divergency	अपसरण, विचलन, अन्तर, अपसारिता, अपबिन्दुता, अपसृति
Divergent, Diverging	अपसारी, विचाली, भिन्न
Divers, Diverse	विविध, विभिन्न, असमान
Diversification	विविधीकरण, विविधरूपण
Diversified	विभिन्नरूपित, विविधीकृत
Diversiform	नानाप्रकार, विविधाकार, विभिन्नरूपी
Diversion	विचलन, विपथन, दिक्परिवर्तन, व्यपवर्तन, विशाखन
Diversion structure	दिक्परिवर्ती संरचना
Diversity	भिन्नता, असमानता, विविधता, अनेकता
Diverticulum,	विपुटी, अन्धवर्ध, अन्धनाल,

Diverticula (pl.)	अन्धकुल्या, अन्धस्यून
Diverticulitis (inflammation of diverticulum in digestive tract)	विपुटी शोथ, विपुटी प्रदाह
Diverticulosis (condition of having diverticula or out pockets in colon wall that are not inflamed)	विपुटिता, अन्धस्यूनता अन्धकुल्या रोग
Diverting	अपवर्ती, अपवर्तक, दिक्परिवर्ती
Divider,	विभाजक, वितरक, विभेदक, परकार, विभाजनी
Dividing, Divisive	विभाजी, भाजकारी
Diving	निमज्जन, गोता, डुबकी
Divisibility	भाज्यता, विभाजनीयता
Divisible	भाज्य, विभाज्य, विभाजनीय
Division	विभाजन, विभाग, भाग, खण्ड
Divisor	भाजक, गुणक
Dizygotic	द्वि-युग्मजी, द्वि-अण्डज
Dizziness	घुमरी आना, चक्कर आना
Dock	पुच्छ-मूल, गोदी, नौकाघाट
Docrystalline	अधिस्फट्य
Doctor	चिकित्सक, भिषक, महाविज्ञ, विद्यावाचस्पति
Doctress, Lady doctor	महिला चिकित्सक
Doctrinal	सैद्धान्तिक, सिद्धान्त सम्बन्धी
Doctrine	सिद्धान्त, वाद, मत, शिक्षा
Documentation	प्रलेखन, प्रलेखीकरण, लेखनिर्देशन
Doddared, Doddered	विशाखित, शाखारहित, ठूँठ
Dodder, (*Cuscuta* sp., a parasitic medicinal plant of family Convolvulaceae), Hairweed	काँपना, डगमगाना, अमरबेल
Dodder laurel, Love vine (*Cassytha filiformis*, an obligate parasitic medicinal plant of family Lauraceae with aphrodisiac property)	आकाशबेल, अम्बरबेल (एक कामोत्तेजक औषधीय पौधा)
Doddery	कम्पायमान (बुढ़ापे से)
Doddle	लड़खड़ाना
Dodecadactylon, Duodenum	ग्रहणी (आमाशय के आगे बारह अंगुल आँत का भाग)
Dodecagon	द्वादशभुज, बारहभुजी आकृति
Dodecahedron	द्वादशफलक
Doe (a female deer)	मृगी, हिरनी, हरिणी
Dog (*Canis lupus familiaris,* a domestic/wild carnivorous mammal of family Canidae)	कुत्ता, कूकुर, श्वान
Dogbane (*Apocynum cannabinum,* a perennial flowering medicinal herb of family Apocynaceae)	बलालक, डिण्डिमी
Dog fish (*Scoliodon* sp., a marine cartilaginous shark of class Chondrichthyes)	आखेटि ग्राह
Dog heart worm (*Dirofilaria immitis,* a parasitic round worm of phylum Aschelminthes, causing fatal disease dirofilaria in dogs, cats, foxes, raccoons etc).	श्वान हृद्कृमि
Dioly	निपर्ण
Doited, Dotard	जराजीर्ण, सठियाया हुआ
Dolabrate, Dolabriform	परशुरूपी, फरसाकार
Doldrums	विषुव-प्रशान्त-मण्डल, उदासी, विषाद
Dolichocephalism, Dolichocephaly	दीर्घशीर्षता, अपृथुलम्ब शीर्षता
Dolichocephalous, Dolichocephalic	दीर्घशिरस्क, अपृथुलम्बशीर्षी, लम्बमुहाँ
Doliomorphic	मुक्तघटकीय, मुक्तबहुल
Dollop	घास का गुच्छा, लोंदा, ढेला
Dolor, Dolour	पीड़ा, शोक, दुःख
Doloriferous, Dolorific, Dolorous, Dolorogenic	पीड़ादायी, दुःखदायी, कष्टकारी, कष्टप्रद

Dolphin (*Delphinus* sp., a large aquatic cetacean mammal of family Delphinidae) — सूँस, माहीमाही, डाल्फिन (एक समुद्री व मृदुजलीय स्तनधारी)
Dolt — मन्द बुद्धि, मूर्ख
Domain — प्रक्षेत्र, प्रान्त, प्रभावक्षेत्र, क्षेत्र
Dome — कलश, छाद, वर्तुल, गुम्बद, गुम्बज, उभार
Dome shaped — गुम्बदाकार
Domestic — गृह्य, घरेलू, गृह सम्बन्धी, अन्तर्देशीय
Domesticate — पालतू बनाना, पालना
Domesticated — पाला हुआ, पालतू, पालित, गृह्यित
Domical — गुम्बदीय, गुम्बदाकार
Dominance — प्रबलता, प्रधानता, प्रभाविता, प्रमुखता
Dominant — प्रधान, प्रमुख, प्रबल, प्रभावी
Donee — आदानी, दानग्राही, आदाता
Donkey, Ass (*Equus africanus asinus,* a domestic/wild herbivorous mammal of horse family Equidae) — गधा, गदहा, गर्दभ
Donor, Donator — दानकर्ता, दाता, दानी
Dooms day clock (a symbolic clock face introduced in 1947 A.D. in University of Chicago, represents a countdown to possible global catastrophe) — सम्भावित भूमण्डलीय विध्वंस सूचक (एक कल्पित घड़ी)
Dope — गाढ़ा द्रव, रोग़न, वार्निश, मद्यौषधि, मादक बनाना
Dope-fiend — स्वापक-सेवी
Dohleganger — हमशक्ल, प्रतिरूप (किसी जीवित व्यक्ति का मृत हमशक्ल)
Dopping — अवमिश्रण
Dopy, Dopey, Dophy — मादक, नशीला, स्वापक, निद्राजनक
Dormancy — प्रसुप्ति, तन्द्रावस्था, निष्क्रियता
Dormant — प्रसुप्त, सुषुप्त, निष्क्रिय
Dormer — शयनकोष्ठ, शयनकोष्ठ वातायन
Dormitive — प्रसुप्तकारी (औषधि), निद्राकारी, स्वापक
Dormitory — सहशयनगृह, सहप्रांगण
Dormouse (a hibernating rodent mammal of family Gliridae), Dormice (pl.) — सोतू चूहा
Dormouse lemur, Mouse lemur (*Microcebus* sp., a small nocturnal omnivorous primate of family Cheirogaleidae, with 43-55 gm. body weight) — सोतू चूहा जैसा निशाकपि (मेडागास्कर का एक छोटा बन्दर)
Dorsal — पृष्ठीय, पृष्ठस्थ, अपाक्ष, पश्चजिह्वीय, पृष्ठ-,
Dorsal aorta — पृष्ठमहाधमनी
Dorsifixed — पृष्ठ-लग्न
Dorsiflexion — पृष्ठनमन, पृष्ठनति
Dorsolateral — पृष्ठ-पार्श्व
Dorsalis linguae — पृष्ठ जिह्वा
Dorsolumber — पृष्ठ-कटि
Dorsoventral — पृष्ठाधर, उत्तराधर
Dorsum — पृष्ठ, पीठ, ऊपरी तल, पश्चजिह्वा, विग्रहावरण, पहाड़ी का किनारा
Dose, Dosage — खुराक, मात्रा, निर्धारित मात्रा
Dose dependent — मात्रा आधारित, मात्रानुसार
Dose response — मात्रा अनुक्रिया
Dosimeter — मात्रामापी
Dosimetric — मात्रामितीय, मात्रामापीय
Dosimetry — मात्रामिति
Dosing — मात्रा निर्धारण, मात्रादान
Dosology, Posology — मात्राविज्ञान, मात्रिकी
Doss — झपकी
Dot — बिन्दी, बिन्दु, बिन्दु लगाना, बिन्दु का निशान
Dotage — मतिक्षीणता, सठियापन, जरातुरता, अतिस्नेह
Dotard, Doited — जराग्रस्त, जरातुर, जीर्ण, सठियाया हुआ व्यक्ति
Dote, Doting — सठियाना, मोहित होना
Doted — जरातुर, मोहित
Dotted — बिन्दुकित, बिन्दुचिह्नित
Dotty — मन्दबुद्धि, मूर्ख
Double, Duplex — दोगुना, दोहरा, युग्म, द्वैध, द्विधा-, द्वि-, द्वय्

Doublet, Duplet	द्विक, द्वियक, युग्मैक, युग्मक
Doubling	द्विगुणन, युग्मन
Douche, Douching	प्रसेक, प्रसेचक, नलधावन
Dough	गुँधा या सना आटा, लोई
Doughy	गुँधा, चिपचिपा, शिथिल, लोई सा
Dour	कठोर, दृढ़, सख़्त
Douse, Dowse	बुझाना, भिगोना, सराबोर करना
Dove (a bird of pigeon family Columbidae)	पण्डुक, पड़की, फाख़्ता
Dove tail	चूल बैठाना, खाँचे में डालना, डवचूल
Dove tail joint	डवचूल सन्धि
Dowel, Pivot	समाणि, गिट्टक, गुज्झा
Down	नीचे, अधोस्थिति, तलहट, टिब्बा, कोमलपिच्छ, रोंगटा
Down cast	उदास, अवनत, अधोमुख
Down stream	अधोधारा, अधःस्रोत, अनुप्रवाह
Down syndrome (a genetic disorder of children, first classified by British physician John Langdon Down in 1866 A.D.)	डाउन संलक्षण, डाउन सिन्ड्रोम (बच्चों में बौद्धिक व शारीरिक अक्षमता एवं अल्पविकास वाली एक आनुवंशिक विकृति)
Downthrow	अधःक्षेप
Downward	अधोमुख, अधोगामी, नीचे की ओर
Downy	नरम, गुदगुदा, नरम पंखों से भरा, मृदुरोमिल, रोमिल
Doze	ऊँघ, उनींद, झपकी
Dozen	दर्जन (बारह का समूह)
Doziness	उनींदापन
Drab	मटमैला, बादामी, नीरस
Drabble	कीचड़ से मलिन करना, छपछपाते हुए चलना
Draff	तलछट, गाद, धोवन
Draft	प्रारूप, प्रारूप बनाना
Drafting	प्रारूपण, पाण्डुलेखन
Drag, Draw	रोध, कर्ष, खींचना, घसीटना
Draggy	नीरस, अरुचिकर
Drag net, Draught net	संकर्ष जाल, महाजाल, खींचकर मछली पकड़ने का जाल
Dragon fruit, Pitahaya, Pitaya (*Hylocereus* sp., a xerophyte of family Cactaceae with large edible medicinal fruit)	अझदहा फल, नागफनी फल, ड्रेगन फल (एक दक्षिणी अमेरिकी भोज्य फल)
Drain	निकालना, उत्सारित करना, निष्कासित करना, नाली, अपवाहिका, मोरी, प्रणाल
Drainage	जलोत्सारण, अपवाह, विस्रवण
Drainage system	जलनिकास प्रणाली, अपवहन-तन्त्र
Drainage tube	अपवाह नलिका
Drain pipe	निकास नल
Drake	नर बत्तक
Dram	ड्राम (द्रव के भार की एक छोटी इकाई), घूँट
Drape	कपड़े से ढकना/सजाना
Drastic	प्रबल, उग्र, प्रचण्ड, कठोर
Draught	वात-प्रवाह, कर्षण, ढाँचा, शिकार, घूँट (तरल दवा की मात्रा)
Draught-net, Dragnet	संकर्षजाल, महाजाल
Drawback, Demerit	दोष, दुर्गण, अवगुण, अयोग्यता
Draw bridge	उठाऊ पुल
Draw down	जलावतलन
Drawing	आरेखण, आहरण, रेखाचित्र
Drawl	धीरे-धीरे बोलना
Dray	ठेला (गाड़ी), गिलहरी का घोसला
Dreaded, Dreadful	भयंकर, विकराल
Dream	स्वप्न, सपना, सपना देखना
Dredge, Dredging	तलछट निकालना, निकर्षण तलकर्षण, तलमार्जन, पंकोत्सरण, निष्कर्षण
Dredger	निष्कासक, निष्कर्षक, निष्कर्षित्र, झाम
Dreggy	तलछटी, मैला
Dregs (pl.)	तलछट, कीच, कूड़ा करकट, तुच्छभाग, उच्छिष्ट
Drench	भिगोना, दवा की खुराक, समाप्लावन, मूसलाधार वर्षा
Dressing	सज्जा, मरहम पट्टी, प्रसाधन
Dressing room	मरहम-पट्टी कक्ष, शृंगारकक्ष
Dressing table	शृंगार मेज
Dribble, Dribbling	टपकना, टपकाना, लार चुआना, टपकन, बिन्दुपातन
Dribblet	टपक, अल्पमात्रा, अल्पांश
Dried	शुष्कित, सुखाया हुआ

Drier	शुष्कक, शुष्कित्र (यन्त्र)
Drift,	अपवाह, मन्द प्रवाह,
Driftage	बहाव, अपवहन, अनुगमन
Drift clay/sand	अपोढ़ मृदा/बालू
Drift current	अपवाही धारा
Drift net	प्रवाही जाल
Drill, Drilling	छेदना, वेधना, वेधन, व्यायाम
Driller	बरमा, वेधक, वेधनी, वपित्र
Drink	पान करना, मदिरापान, पीना, शराब पीना, पेय, मदिरा
Drinkable, Potable	पीने योग्य, पेय
Drinking water	पेयजल, पीने का पानी
Drip, Dripping	चुआना, टपक, टपकन, च्यवन
Drippings	मांस रस, खाद्य तेल
Drivel	लार टपकना, बकवास, दुर्बल या मूर्ख बनाना
Driver	चालक, वाहन चालक
Driving	चालन
Driving current	परिचालक धारा
Driving force	प्रेरक बल
Driving mirror	चालन शीशा
Driving wheel	चालक चक्र
Drizzle	फुहार, बूँदा-बाँदी, फुहार पड़ना
Dromedary	साँड़नी, एककुद्
Dromograph	प्रवाहालेख (रक्त का)
Dromotropism, Dromotropy	प्रवाहानुवर्तन (स्नायु में), प्रवाहानुवर्तिता
Drone	पुंमधुप, नर मधुमक्खी, भिनभिनाहट, पृष्ठनाद, पराश्रित, चालकरहित विमान
Drool, Drooling	लार टपकाना, लार बहना, मूर्खतापूर्ण बात करना
Droop	झुकाव, लटकन, कुम्हलाना
Drop	बूँद, चुवाना, गिराना, पात, बिन्दु-दवा (बूँद-बूँद लेने वाली)
Droplet	बूँदकी (छोटी बूँद), बिन्दुक
Dropper	बिन्दुपाती, गिराने वाला
Dropping	बिन्दुपातन, पाती, पतन, पातन, च्यवन, टपकन
Dropping bottle	बिन्दुस्यन्दक, बिन्दुपाती बोतल
Droppings	लीद, लेंड़ी, बीट (पक्षी मल)
Dropple, Trickle	चुवन, च्यवन, बिन्दु प्रवाह
Dropsy (a disease)	जलोदर, जलशोफ, जलशोथ
Dropsic, Dropsical	जलोदरीय, जलोदरग्रस्त
Dross	छीजन, धातुमल, मैल, कूड़ा, कोयला चूर्ण
Drossy	मैला, धातुमल युक्त, अशुद्ध
Drought	सूखा पड़ना, अनावृष्टि, सूखा
Drought index	सूखा सूचकांक
Drove	यूथ, हाँके गये पशुओं का समूह, छेनी
Drown	जलमग्न करना, डूबना/डुबाना, भिगोना
Drowse	तन्द्रा, झपकी, ऊँघना
Drowsiness	निद्रालुता, तन्द्रालुता, उनींदापन
Drowsy	निद्रालु, तन्द्रालु, उनींदा
Drub, Drubbing	पीटना, ठोकना, पिटाई, ठुकाई
Druff	तलछट, धोवन, तलोंद, कूड़ा-करकट
Drug (derived from French word drogue means dry herb or chemical material)	औषधि, भेषज, स्वापक
Drug abuse, Drug addiction	स्वापक व्यसन, नशे की लत
Drug interaction	औषधि अन्योन्यक्रिया, औषधि पारस्परिक क्रिया
Drugget	गलीचा, कालीन, दरी
Druggist	भैषजिक, भेषजविज्ञ, औषधि-विक्रेता
Drum	कर्णपटह, पीपा, ढोल
Drum stick (*Moringa oleifera*, a medicinal flowering tree of family Moringaceae, with edible raw cooked as vegetable pods)	चोब, शोभाञ्जन, सहजन (एक भोज्य फल वाला वृक्ष)
Drunkard	पियक्कड़, मद्यप
Drunken	मदोन्मत्त, शराब पिये हुए
Drunkorexia (eating less to drink more)	मदिराक्षुधा, मद्यपान रुचि
Drupe, Stone fruit (an indehiscent fruit with fleshy mesocarp around stony endocarp)	अष्ठि फल, गुठलीदार फल
Drupelet (a small drupe fruit)	झरबेरी, अष्ठिलक, अष्ठिका, अष्ठिफलिका
Druse	मणिभ गुहिका, स्फटिक गुहा
Dry	शुष्क, नीरस, मद्यनिषिद्ध
Dry battery/cell	शुष्क बैटरी, निर्द्रव सेल

English	Hindi
Dry fruits	मेवा, मेवे (सूखे पौष्टिक स्वादिष्ट छोटे फल व गिरी)
Drying	शुष्कन, शुष्ककारी, सुख़ाना
Dry rot	शुष्क गलन/विघटन, शुष्कक्षय
Duad	युग्म
Duadal	युग्मी
Dual	दोहरा, द्विविध, द्विधा, द्वय, दुगुण, दुगुना
Dualism	दुहरापन, द्वयतात्मकता, द्वैतवाद
Dub	गन्दे पानी की तलैया, धक्का, चर्बी लगाना, कृत्रिम मक्खी लगाना, चलचित्र में ध्वनि डालना
Dubber	मशक, चमड़े की थैली/थैला
Dubbing	ध्वनि संयोजन, ध्वन्यारोपण, चमड़ा सिझाने की चर्बी या ग्रीस लगाना
Dubeity	सन्दिग्धता, अस्पष्टता, अनिश्चितता
Dubious	सन्दिग्ध, अस्पष्ट
Duck (a female swimming bird of family Anatidae)	मादा बत्तक/बतख़
Duckling	बतख़ का चूज़ा
Duck weed (*Lemna* sp., a small floating monocot freshwater plant of family Araceae with 2-3 leaves)	कारण्ड घास, कसपत
Duct, Ductus	वाहिनी, नलिका, प्रणाल
Ductile	तन्य, प्रतन्य, लचीला, लोचदार
Ductility	तन्यता, प्रतन्यता, प्रत्यता, लचीलापन
Ductless	नलिकाविहीन, वाहिनीहीन, अप्रणाल, निष्प्रभ
Ductography	प्रणालालेखन, वाहिनीचित्रण
Duct-orifice	प्रणाल मुख
Ductoscope	प्रणालदर्शी
Ductoscopy	प्रणालदर्शन, नलिकावीक्षण
Ductule	वाहिनिका, प्रणालिका
Ductulus, Ductuli (pl.)	लघुनलिका, लघुवाहिका, सूक्ष्म प्रणालिका
Duff	सना गीला आटा, लपसी, कोयले की धूल
Duffel, Duffle	मोटा ऊनी कपड़ा
Dug	गाय का थन, पशु चूचुक, खुदा हुआ
Dugong (*Dugong dugon*, a medium sized marine mammal of order Sirenia)	समुद्री गाय
Dug well	खनित कूप, खुदा हुआ कुआँ
Dulcify, Dulcification	कर्णप्रिय बनाना, मधुर वाणी
Dull	बुद्धू, मन्द, संवेदनहीन, कुण्ठित
Dullard	जड़मति, मन्दबुद्धि, मूर्ख
Dullness	मन्दता, संवेदनहीनता
Dumb	मूक, गूँगा, अवाक्
Dumb-bell	छोटा मुद्गर
Dumb cane (*Dieffenbachia* sp., a perennial evergreen poisonous house plant of family Araceae, with large ornamental toxic leaves), Leopard lily	डम्बकेन, डिफेन्बेकिया
Dumbness	गूँगापन, अवाक्ता, मौन
Dummy	पुतला, अनुकृति, कूटरचना
Dump, Dumping	ढेर बनाना, कूड़ा डालना, डालना, पाटना, सन्निक्षेपण, क्षेपण, राशिपातन
Dumpling	मालपुआ
Dun	धुँधला, धूसर
Dunce, Dunder headed	जड़मति, मूढ़मति, बुद्धू, मुर्ख
Dune	टिब्बा, टीला (रेत का), बालु-कूट
Dung	पशुमल, लीद, गोबर (गोवंश मल)
Dung beetle	गुबरैला (एक कीट)
Dung cake	उपला, कण्डा, कण्डी
Dunk	द्रव में डुबोकर खाना
Dung hill	घूरा, घूर
Dunous	क्षुपिल, झाड़ी वाला
Duodecimal, Dozenal	द्वादश, दर्जन (बारह) के हिसाब से बारहवाँ, दर्जनों में गिने हुए
Duodenal	ग्रहणीय, ग्रहणी सम्बन्धी
Duodenum, Duodena (pl.), Dodecadactylon	पक्वाशय, ग्रहणी (आमाशय के आगे बारह अंगुल की आँत)
Duodenitis	ग्रहणीशोथ, पक्वाशय प्रदाह
Duple	दुगुना, युग्म, जोड़ा, दोहरा
Duplet	युग्मक, यमक
Duplex	द्विस्तरी, द्वैध, द्विपक्षी, द्विपथी

Duplicate — द्विगुणित, अनुलिपि, द्वितीयक
Duplication — द्विगुणन, द्विवृत्ति, अनुलिपीकरण
Duplicator — द्विगुणक, द्विगुणित्र, अनुलिपित्र
Duplicity — द्विगुणता, द्वैधता, छल-कपट
Durability — टिकाऊपन, स्थिरता, स्थायित्व
Durable — टिकाऊ, स्थिर, चिरस्थायी
Duramater — दृढ़तानिका
Duramen — कठोर दारु (काष्ठ)
Duration — अवधि, कालावधि, स्थितिकाल
Durian (a spiky edible fruit of *Durio* sp., a tree of family Malvaceae) — नीलपनस (एक कँटीला भोज्य फल)
Duritis — दृढ़तानिका शोथ
Durometer — काठिन्यतामापी
Durum wheat, Pasta wheat, Macaroni wheat (*Triticum durum,* a crop herb of family Poaceae, a tetraploid species of wheat with hard, dark coloured gluten rich grain) — ड्यूरम गेहूँ (एक गेहूँ प्रजाति जिससे रोटी, पास्ता, मैकरोनी आदि बनाते हैं)
Dusk — सान्ध्य प्रकाश, झुटपुटा, विषाद, काली खाल वाला
Dusky — मटमैला, धुँधला, धूसर, विषादमय, धूमिल, साँवला
Dust — धूल, धूलि, धूल झाड़ना
Duster — झाड़न, धूलिकर, धूलित्र
Dust fall — धूलिपात
Dusting — धूलन, धूलिमार्जन, गर्द झाड़ना
Dust mite (*Dermatophagoides* sp., a small translucent bodied parasitic arthropod of family Phroglyphidae, found in association with dust causing asthama and allergies), House dust mite — धूल कुटकी, धूलि कीट
Dust proof — धूलरोधी, धूल-सह
Dust shield — धूलि-कवच, धूलरोक
Dust storm — धूलभरी आँधी
Dusty — धूलमय, धूल भरा, धूल-धूसरित, धूसर
Dwarf, Nano- (prefix) — बौना, नन्ही वस्तु, वामन
Dwarfism, Nanism — वामनता, बौनापन
Dwarf lantern shark (*Etmopterus perryi,* a smallest marine shark of family Etmopteridae) — वामन प्रदीप ग्राह (एक सबसे छोटी शार्क मछली)
Dwindle, Dwindling — सूखना, दुर्बल क्षीण होना, क्षीयमाण, ह्रासोन्मुख
Dyad, Duad — द्विक, द्विसंयोजक, युग्म, द्विसंयुज
Dyadic, Duadal — द्विकीय, युग्मी
Dye — रंगना, रञ्जित करना, रंग, रञ्जक
Dyeing — रञ्जन, रंगाई
Dyer — रञ्जक, रंगरेज़, रंगने वाला
Dying — मरण, मरना, मरणासन्न
Dyke, Dike — बाँध बनाना, तटबन्ध, नहर
Dynamic (derived from Greek word dynamis means force), Dynamical, Dynamics (pl.) — गतिशील, गतिक, परिवर्तनात्मक, गतिज, गत्यात्मक, प्रावैगिक
Dynamic material — गतिक सामग्री
Dynamics (a branch of mechanics dealing with forces that produces movement) — गतिविज्ञान, गतिकी, प्रावैगिकी
Dynamism — गतिकता, गतिवाद
Dynamite — प्रध्वंसक (एक विस्फोटक साधन)
Dynamo — विद्युतशक्ति, विद्युतजनित्र
Dynamometer — विद्युत शक्तिमापी
Dynatron, Meson — मध्याणु
Dyne — डायन (सेन्टीमीटर-ग्राम-सेकण्ड प्रणाली के अन्तर्गत बल की एक इकाई)
Dysemia — कुरक्तता
Dysaphia — सुन्नता
Dysarthrosis — कुसन्धि
Dysbiosis — कुजीविता
Dysbolism — कु-उपापचय, कूपापचय
Dyscaryosis, Dyskaryosis (nucleus of a cell with irregular chromatin) — कुनभिकता, अपकेन्द्रकता

Dyscrasia कुस्थैतिकता, कायिक विकार, दैहिक विकृति
Dysentery आमातिसार, पेंचिश
Dyserethesia, Dyserethism कु-उद्दीपन, कूद्दीपन
Dysesthesia कुसंवेदना
Dysfunction दुष्कर्मण, कार्य वैकल्य
Dysgenesis कुजनन
Dysgenic वंशापकर्षी, वंशापकारक, वंशनाशक
Dysgenics कुजननिकी
Dysgraphia कुलेखन, कुलेखिता
Dyshormonogenesis दुस्स्रावजनन, अन्तःस्राव-कुजनन
Dyskinesia दुर्गतिता, दुर्गतिक्रम
Dyskinetic दुर्गतिक
Dyslexia दुष्विद्वता (पढ़ने व सीखने में कठिनाई), दुष्अध्ययन
Dysmenorrhea कष्टार्तव, दुष्रजोस्राव
Dysmorphism, Dysmorphia कुरूपता, विषमकायिकता
Dysmorphic दुषाकारिक, कुरूपी, विषमकायिक
Dysneuria कुचेतना
Dysopia, Dysopsia कुदृष्टि
Dysorexia दुष्बुभुक्षा, कुरुचि, दुराहार-लालसा
Dysostosis कु-अस्थिभवन
Dysosteoplasia कु-अस्थिविकसन
Dyspepsia मन्दाग्नि, बदहज़मी, दुष्पचन, अपच, अजीर्ण
Dyspeptic मन्दाग्निक, अजीर्णग्रस्त
Dyspermia कुशुक्राणुता
Dysphagia, Dysphagy कष्ट-निगिरण, दुष्भक्षण, दुर्ग्रसन, दुर्निगिरण
Dysphasia दुराभिव्यक्ति (रोग)
Dysphotic अल्पप्रकाशी, मन्दप्रकाशी
Dysphrenia दुश्मनस्कता
Dysplasia कुविकसन
Dysplastic दुष्फलित, दुष्फलन
Dyspnea, Dyspnoea कष्टश्वास, दुःश्वसन
Dysreflexia दुष्प्रतिवर्तता
Dyssomnia दुर्निद्रा, कुनिद्रा
Dystocia कष्टप्रसव, कष्टजनन
Dystonia कुतानता
Dystrophia, Dystrophy पेशीदौर्बल्य, दुर्विकास, कुपोषण
Dystropy दुरानुभूति
Dysuria, Dysury मूत्रकृच्छ्र, कृच्छ्रमूत्रता, दुष्मूत्रता, मूत्रत्याग में कष्ट

E

Eagerness व्यग्रता, उत्सुकता, उत्कण्ठा
Eagle (a large hunting bird of family Accipitridae) गरुड़, गृध्र, महाश्येन (पक्षी), उकाब
Eagle eyed तीक्ष्ण दृष्टि, तीव्र दृष्टि, सुदूरदर्शी
Eagle ray (*Myliobatis aquila*, a marine cartilaginous fish of family Myliobatidae) गरुड़ मछली
Eaglet गृध्रशावक, छोटा गरुड़
Eagle wood अगर, अगरु, ऊद
Eagre ज्वारीय (बड़ी) लहर
Ear कर्ण, कान, श्रवणशक्ति
Earache, Otolgia कर्णशूल, कान का दर्द
Ear drop कर्ण बिन्दु (औषधि)
Ear lap, Ear lobe लोलकी, ललरी, कर्णपलि
Ear of maize, Cob of corn मक्के का भुट्टा
Ear phone आकर्णक
Ear shot श्रवण सीमा
Ear drum, Tympanum कर्णपटह, कान का पर्दा
Earth भू, भूमि, धरती, मिट्टी, पृथ्वी (सौरमण्डल का तीसरा नीला ग्रह), भूसम्पर्क, भूस्पर्श, भूयोजन करना/कराना (विद्युत का)
Earth born भूमिज, पार्थिव, मर्त्य
Earth bound भूबद्ध
Earthed भूयोजित
Earthen मृण्मय, मिट्टी का, पार्थिव
Earthenware, Clayware मृद्भाण्ड, मृदापात्र, मिट्टी के बर्तन
Earthing मृद्रोपण, मृच्छादन, भूस्पर्शन, भूयोजन, (विद्युत का)
Earth metal मृदाधातु, मृद्धातु
Earth quake, Earth tremor भूकम्प, भूस्पन्द, भूचाल
Earth quake-proof भूकम्पसह, भूचालरोधी
Earth's crust भूपर्पटी
Earth shine धरादीप्ति

Earth's magnetism भू-चुम्बकत्व
Earth work मिट्टी का काम, मृद्कर्म
Earth worm (annelid worm of class Oligochaeta in soil) केंचुआ, मृद्कृमि, भूकृमि
Earthy मृण्मय, मटियार
Ear wax, Cerumen कर्ण मोम, कर्णमल, कान का मैल
East पूर्व, पूरब, प्राची
Easterly, Eastern पूर्वी, पूरबी, प्राच्य
Easting पूर्वान्तर, पूर्व दिशा
Eastward पूर्व की ओर, पूर्वाभिमुख
East wind पुरवाई (हवा)
Eatable, Edible भोज्य, खाद्य (पदार्थ)
Ebb उतार, ह्रास, क्षीण होना
Ebb tide, Ebbing tide भाटा, उतार बेला
Ebiont आद्यजीव, आदिजीवजात
Ebonite, Vulcanite (a hard rubber, vulcanized with sulfur for prolong period) कुदारघृषि (एक गन्धक मिश्रित कठोर रबर), कचकड़ा
Ebony आबनूस, तेंदू, कुदार
Ebracteate अनिपत्री, निपत्रहीन
Ebriate मद्यमत्त, नशे में चूर
Ebriety मद्यमत्तता, नशा
Ebullient बुद्बुदकारी, बुद्बुदत्, उत्तेजित, उद्विग्न, खौलता हुआ
Ebullioscope क्वथनांकमापी
Ebullism, Ebulliency उत्क्वथन, उबाल, उद्विग्नता उत्तेजना, आवेग
Ebullition उत्क्वथन, उफान, उबलना
Eburnean गजदन्ती, हाथीदाँत जैसा
Ecardinate बिना कब्ज़े का, चूलरहित
Ecaudate, Acaudate अपुच्छी, पुच्छहीन (जन्तु)
Eccentric उत्केन्द्री, सनकी
Eccentricity उत्केन्द्रिता, सनक
Ecchymosis नीलता, स्याहपन
Eccoprotic विरेचनकारी, दस्तावर
Eccrine, Exocrine उत्स्रावी, बाह्यस्रावी
Eccrisis, Excretion उत्सर्जन, मलोत्सर्जन
Ecdemic परदेशी, विदेशी मूल का
Ecdysial निर्मोकीय
Ecdysis निर्मोचन, त्वक्पतन, केंचुली, त्वक्पातन, केंचुल छोड़ना
Ecdysone, Moulting hormone निर्मोचस्राव
Ecdysozoa (a superphylum of Protostome animals including arthropods and nematohelminths) निर्मोचीजन्तु (एक प्राणि अधिसंघ)
Ecesis आस्थापन (पौधों का नये स्थान पर उगना व पनपना)
Echard अप्राप्य जल, अप्रयोज्य जल
Echelon सीढ़ीनुमा व्यूहरचना, सोपानक, निःश्रेणि
Echidna (*Tachyglossus* sp., a spiny anteater, prototherian wild mammal of family Tachyglossidae) चींटीख़ोर साही (एक अण्डा देने वाला स्तनधारी)
Echidnotoxin, Echidnine पृदाकु-आविष, सर्पविष
Echinate, Echinoid कण्टकी, कण्टल, शूलाभ
Echinocyte (erythrocyte with spiny surface) कण्टकोशिका, शल्यकोशा
Echinoderm कण्टचर्म, शल्यचर्म, शल्यत्वचा
Echinodermata (a phylum of non-chordate animals with spiny skin) शल्यत्वचीय (अमेरूदण्डी जन्तुओं का एक संघ)
Echinodermate (marine spiny invertebrates of phylum Echinodermata) शल्यकन्दुक, समुद्री साही
Echinoids (sea urchins of class Echinoidea शल्य कन्दुक
Echinology शल्यकन्दुकविज्ञान
Echinopluteus शल्यडिम्भ
Echinulate लघुकण्टकी, आशल्यकित
Echinus तीक्ष्णवर्धी
Echo प्रतिध्वनि, अनुनाद, गूँज
Echo-cardiogram हृद्-प्रतिध्वन्यालेख
Echocardiograph हृद्-प्रतिध्वन्यालेखी
Echo-cardiography हृद्-प्रतिध्वन्यालेखन
Echofriendly प्रतिध्वनिसुहृद, अनुनादमैत्रेय
Echogenic, Echogenous प्रतिध्वनिकारी, प्रतिध्वनिजनी
Echogenicity प्रतिध्वनिजनकता
Echogram प्रतिध्वन्यालेख

Echoic	प्रतिध्वनिक
Echoism	प्रतिध्वनन, प्रतिध्वनिकता
Echolizer (an electronic device to echolize sound of musical instruments)	प्रतिध्वनित्र (यन्त्र)
Echolocation (to locate the position of any object by ultra-sonic emission by some animals and it's echo from that object)	प्रतिध्वनि स्थिति निर्धारण
Ecize, Colonizing	मण्डलन, समूह में रहने वाला, कालोनी बनाना
Eclampsia	गर्भक्षेप (गर्भावस्था में उच्च रक्तदाब जनित ऐंठन)
Eclectic	सारग्राही, सर्वोत्तमग्राही, चयनकारी, ग्रहणशील
Eclipse	ग्रहण (सूर्य, चन्द्र व पृथ्वी के मध्य एक खगोलीय घटना), अप्रभन, कान्तिवलय
Ecliptic	ग्रहणीय, कान्तिवलयी
Ecliptine (an alkaloid from leaves of *Eclipta* sp., a herb of family Asteraceae)	भृंगरजी (एक सूरजमुखी कुल के पौधे भृंगराज का सत्त)
Eclosion	विनिर्गमन, उत्क्रोशन
Ecobiology	पारिजीवविज्ञान
Ecobiotic	पारिजीवीय, पारिजैविक
Ecoclimate	पारिजलवायु, प्राणि/पादप समुदाय विशेष जलवायु
Ecoderm	पारिचर्म, पारित्वचा
Eco-farming	पारिस्थितिकीय कृषि
Ecoform, Ecotype	पारिप्ररूप, वासरूप
Ecofriendly	पारिमैत्रेय, पारिमित्रवत्, पारिसुहृद्, पारिहितैषी, परिस्थित्यनुकूल
Ecogenesis	पारिस्थितिक उत्पत्ति
Eco-geographical	पारि-भौगोलिक
Eco-geography	पारि-भूगोल
Ecological	पारिस्थितिक
Ecologist	पारिस्थितिकीविद्, परिस्थितिविज्ञानी
Ecology, Oecology	परिस्थितिविज्ञान, पारिस्थितिकी
Eco-mark, Eco-label (initiated by Bureau of Indian Standard in year 1991 with logo of 'earthen pot')	पारिचिह्न (उत्पाद का पारिहितैषी होने का प्रमाण)
Ecophenotype	पारिलक्षणप्ररूप
Ecophysiology	पारिकार्यिकी
Eco-preservation	परिस्थिति संरक्षण
Eco-restoration	परिस्थिति पुनरुद्धार
Ecospecies	पारिजाति, पारिस्थितिक जाति
Ecosphere	पारिमण्डल
Ecostate	पर्शुकाहीन, पसलीरहित
Ecosystem	पारितन्त्र, पारिस्थितिक तन्त्र
Ecotaxis	पर्यानुचलन, पारिभ्रमण, वासानुचलन
Eco-toilet (a composting toilet in which faeces is decomposed aerobically without water into compost as fertilizer for soil)	पारि-शौचालय, पारिहितैषी शौचालय
Ecotone	मध्यका, तनाव क्षेत्र
Ecotoxicology	पारिविषविज्ञान, पारिस्थितिक वैषिकी
Ecotropic	वासानुवर्ती
Ecotourism	पारि-पर्यटन
Ecotype, Ecoform	पारि-प्ररूप, वासरूप
Ecozone	पारिक्षेत्र
Ecstasia, Ecstasis, Ecstasy	आह्लाद, हर्षातिरेक, आनन्दातिरेक
Ecstatic	आह्लादी, हर्षातिरेकी, उन्मादी
Ectasis	विस्तारण
Ecto- (prefix)	बहिः-, बाह्य-
Ectocuneiform	बहिःस्फानरूप
Ectocyst	बाह्यकोष्ठ, बाह्यपुटी
Ectoderm	बहिःस्तर, बाह्यचर्म
Ectoenzyme	बाह्यविकर, बहिःकिण्वक
Ectoethmoid, Ectethmoid	बाह्य-तैतव, बहिःतैतव, बहिःझर्झरिकास्थि
Ectolecithal	बहिर्पीतकी
Ectoloph	बाह्यकूट
Ectomorph (a type of human body with lean and delicate built)	कृशकाय, छरहरा दुबला-पतला (शरीर)
Ectomorphic	बाह्यरूपी, कृशकायिक
Ectomy	उच्छेदन, उच्छेद, अंगविच्छेदन, निष्कासन

Term	Hindi
Ectomycorrhiza	बहिर्कवकमूल
Ectoparasite	बाह्यपरजीवी, बाह्यपराश्रयी
Ectoparasitism	बाह्यपरजीविता
Ectophagous	बाह्यभक्षी
Ectophloic	बाह्याधोवाहिकीय
Ectophyte	बहिर्पादप
Ectopia	अस्थानिकता
Ectopic	अस्थानिक, अस्थानी, विस्थानी, स्थानेतर, स्थानभ्रष्ट, बहिच्युत
Ectoplacental	बाह्य-अपरा, बाह्यनालीय
Ectoplasma	बाह्यद्रव्य, बहिर्द्रव्य, बहिःप्ररस, ज्योतिर्मय निर्गम
Ectopterygoid	बाह्यत्रिवेणी
Ectoskeleton, Exoskeleton	बाह्यकंकाल
Ectospore	बहिःबीजाणु
Ectosporium, Ectosporia (pl.), Exine	बाह्यकवच
Ectosymbiosis	बाह्यसहजीवन, बाह्यसहजीविता
Ectothermic, Exothermic	बाह्योष्मी, ऊष्माक्षेपी, ऊष्मोन्मोची
Ectotoxaemia, Ectotoxemia	बहिःरक्तविषाक्तता
Ectotoxin, Exotoxin	बाह्याविष, बहिर्विष
Ectotrophic	बाह्यवर्धी, बाह्यपोषी
Ectozoic, Ectozoal	बहिर्जैविक, बहिर्जीवी
Ectozoon, Ectozoa (pl.)	बहिर्जीव, बाह्यप्राणि
Ectrodactylism, Ectrodactyly	अंगुलिहीनता, अनंगुलिता
Ectrosis, Abortion	गर्भपात
Eczema	विचर्चिका, पामा, छाजन, खाज (एक चर्म रोग)
Edacious	पेटू, खाऊ
Edamame (a Japanese word for immature soyabean, *Glycine max,* a crop plant of legume family Fabaceae)	बाकला, हरा कच्चा सोयाबीन (एक पौष्टिक आहार पूरक)
Edaphic	मृदीय, मृदा सम्बन्धी
Edaphology (a study of influence of soil on plants and animals)	मृदाविज्ञान
Eddo, Eddoe (*Colocasia* sp., a herb of family Araceae with edible underground rhizomatous stem)	अरवी, घुइया (एक बहुवर्षी पुष्पी भूमिगत भोज्य तना वाला कृष्य पौधा)
Eddy	जलावर्त, भँवर, चक्रवात
Eddy current	भ्रमर-वाह, भँवर धारा
Edema, Oedema	शोफ, शोथ, त्वचाशोफ, जलशोथ
Edematigenous	शोथकारी, स्फायजनक
Edematous, Oedematous	उदरस्फीत, जलशोथीय
Edentulate, Edentate, Edentulous, Edentus	अदन्ती, दन्तहीन, बेदाँत
Edge	धार, कगार, छोर, किनारा
Edged, Edgy	तीक्ष्ण, पैना, व्यग्र, चिड़चिड़ा, धारदार
Edible, Edulis, Eatable	खाद्य, भोज्य, भक्ष्य (पदार्थ)
Educe	उत्पन्न करना, निकालना, अलग करना
Educibility	उन्नयन्यता, उत्कर्षणीयता, निष्कर्ष्यता
Educible	उन्नयन्य, उत्कर्षणीय, निष्कर्ष्य
Educt	उत्कर्षित द्रव्य, उन्नीत, निष्कर्ष
Eduction	निष्कर्षण, उत्कर्षण, उन्नयन, अनुमिति, अनुमान
Eductor	उत्कर्षक, उन्नायक, प्रवाष्पोन्नायक
Edulcorant	निरम्लक, प्रस्वेदक, पसीने लाने वाला
Edulcorate, Edulcoration	निरम्ल करना, विशुद्ध करना, नरम करना, पसीना आना, प्रस्वेदन, निरम्लन
Eel (an elongated teleost fish of order Anguilliformes)	सर्पमीन, बाम (एक समुद्री सर्पाकार मछली)
Eel worm, Thread worm	सूत्रकृमि (आलू की जड़ का एक कीड़ा)
Efface	रगड़कर मिटाना, पोंछना, भूला देना
Effacement	विलोपन, उल्लोपन
Effect	प्रभाव, परिणाम, फल, असर
Effectance	प्रभावपूर्णता
Effective	प्रभावशाली, प्रभावी, फलप्रद, परिणामी, असरदार
Effective dose	प्रभावी मात्रा

Effectiveness, Effectivity	प्रभाविता, प्रभावशीलता, सार्थकता, फलप्रदता
Effector	संवेदनाग्राही, कार्यकर, अपवाहक
Effectual	प्रभावोत्पादक, अचूक, अमोघ
Effeminate	स्त्रैण, पौरुषहीन, ज़नाना, मेहरा, ह्रासोन्मुख
Efferent	अपवाही, अग्रवाही
Effervesce	बुद्‌बुदाना, प्रफुल्लित होना
Effervescence	बुद्‌बुदाहट, बुद्‌बुदन, प्रबुद्‌बुदन
Effervescent, Effervescing	बुद्‌बुदकारी, बुद्‌बुदाने वाला, प्रबुद्‌बुदी
Effete	थका हुआ, जीर्ण, दुर्बल, क्षीण, अशक्त, जनन-अक्षम
Efficacious	प्रभावोत्पादी, अमोघ
Efficacy	प्रभावोत्पादकता, क्षमता
Efficiency	दक्षता, सामर्थ्य, कार्य-कुशलता, कौशल
Efficient	क्षम, समर्थ, दक्ष, कार्य-कुशल
Effloresce	प्रस्फुटित होना, पुष्पित होना, उत्फुल्लित होना, खिलना, लोना लगना
Efflorescence	उत्फुल्लन, पुष्पण, प्रफुल्लन, लोनी/लोना
Efflorescent	उत्फुल्ल, प्रफुल्ल, खिला हुआ, लोनिया
Effluence	निःस्रवण, निस्सरण, निःस्राव उत्प्रवाहण
Effluent	उत्प्रवाह, बर्हिवाह, अपगामी (नदी) बहिःप्रवाही, निःस्रावी
Effluvium	दुर्गन्ध, बहिःस्राव, उद्वाह, पूतिगन्ध
Efflux	बहिःस्रवण, बहिर्गमन, बहिर्वाह, व्यतिक्रम (समय का)
Effulge	चमकना, देदीप्यमान होना
Effulgence	दीप्ति, कान्ति, चमक, प्रभा
Effulgent	दीप्त, चमकदार, दीप्तिमान
Effuse	उड़ेलना, उगलना, बहाना, निवृत/अपसारित करना
Effused	अपसारित, निस्सारित
Effusiometer	निस्सरणमापी
Effusion	निस्सरण, बहाव, उत्स्यन्दन
Effusive	उत्स्यन्दी, निस्सारी, बहने वाला, उल्लसित
Efoliate	पत्रहीन करना, पत्ती हटाना
Eft (a juvenile stage of a lizard-like newt, an amphibian of family Salamandridae)	सरटिका
Egest, Egestion	बाहर निकालना, मल त्याग, मलोत्सर्ग, बहिःक्षेपण
Egg	अण्डा, अण्ड, डिम्ब
Egg cell, Ovum	अण्डकोशिका, अण्डाणु, डिम्बाणु
Egg cluster	अण्ड संहति, अण्डों का ढेर
Eggery	अण्डाघर, अण्डा देने का स्थान
Egg freez, Egg freezing (oocyte cryopreservation in liquid nitrogen at -70 to -200°C for *in vitro* fertilization in future)	अण्डाणु प्रशीतन
Eggnog	फेंटा हुआ अण्डा (दूध या शराब में मिलाकर बना एक पेय)
Egg shell	अण्डकवच, अण्डे का खोल
Eggy	अण्डमय, अण्डवत्, अण्डा सम्बन्धी
Eglantine (*Rosa rubiginosa*, a perennial wild plant of family Rosaceae)	जंगली गुलाब का पौधा (इसके फूल से इत्र बनाते हैं)
Ego libido	आत्ममुग्धता
Egomania	अहमुन्माद (एक मनोविकार)
Egomaniac	अहमुन्मादी (मनोरोगी)
Egress, Egression	निर्गमन, मोचन, निकास, बहिर्गमन
Egret (a wetland wading bird of family Ardeidae)	सफ़ेद बगुला
Eicosane, Icosane (an alkane or paraffin)	आइकोसेन
Eicosanoids, Arachidonic acid (a group of hormone, a polyunsaturated fatty acid Omega-6)	आइकोसेनाभ
Eidectic	विशद
Eider	बड़ी समुद्री बतख़
Eidograph	चित्रलेखी
Eidolon	छाया, प्रतिच्छाया, छायामूर्ति
Eidoptometry	दृश्यमापमिति
Eiloid	वर्तुलाभ, कुण्डलाभ
Eisel, Vinegar	सिरका
Eisodic, Afferent	अभिवाही
Ejaculate	शरीर से बाहर फेंकना
Ejaculation	स्खलन, उद्‌गिरण
Ejaculatory duct	स्खलन नाल

English	Hindi
Eject	निकाल फेंकना, निष्काषित करना
Ejection, Ejectment	उत्क्षेपण, निष्कासन
Ejector	उत्क्षेपक, निष्कासक
Elaborate	विस्तार करना, विस्तृत
Elaboration	विस्तरण, विवर्धन, परिष्करण
Elaeoblast	पोषघट, पोषकोरक
Elaeometer, Oleometer	तैलमापी
Elaiocyte, Eleocyte	वसाणु, तैलाणु, वसाकोशिका
Elaioplast, Eleoplast	वसालवक, वसाकोशा, तैलजन
Elan	उत्साह, ऊर्जा, आवेग
Eland (*Taurotragus oryx*, a wild herbivorous bull-like spiral horned antelope of family Bovidae)	ईलैण्ड (एक दक्षिणी अफ्रीकी बारहसिंघा)
Elan-vital	जीवनशक्ति, प्राणतत्व
Elapid (a venomous land or water snake of family Elapidae)	कृष्णसर्पी (काले विषधर साँप)
Elasmobranch (cartilaginous marine fishes of sub-class Elasmobranchii under class Chondrichthyes)	दलक्लोमी (उपास्थिमीन)
Elastic	प्रत्यास्थ, लचीला, सुनम्य
Elastic fatigue	प्रत्यास्थता श्रान्ति
Elasticity	प्रत्यास्थता, सुनम्यता, लचक
Elastography (an ultrasound magnetic resonance imaging technique to measure elasticity/fibrosis of soft tissue like liver, breast etc.)	प्रत्यास्थता चित्रण, प्रत्यास्थतालेखन
Elastoma	त्वकृतन्तुविकृति, तन्तुक्षति
Elastomer	प्रत्यास्थलक
Elastmerism	प्रत्यास्थलकता
Elastometric	प्रत्यास्थमितीय
Elastometry	प्रत्यास्थमिति
Elastoplast	प्रत्यास्थ पट्टी (लचीली चिपकने वाली मरहम पट्टी)
Elastosis	प्रत्यास्थ तन्तुलयन
Elater	उल्लासक, अंशुका, प्रकीर्णक, धनुकुट्टी (एक कीट)
Elaterium	उत्क्षीरक
Elaterophore	अंशुकाधर
Elatior	प्रोच्च
Elbow	कोहनी, कुहनी, मोड़, कफोणि
Elder, Elder berry (a berry type fruit of *Sambucus* sp., a flowering deciduous perennial shrub of family Adoxaceae in temperate or subtropical regions)	ज्येष्ठ, एल्डर वृक्ष/बेरी (काली, नीली या लाल रंग की एक औषधीय पौष्टिक खट्मिट्ठी जंगली बेर)
Elective	इष्ट, निर्वाचनशील, चयनात्मक
Electric, Electrical	विद्युतीय, वैद्युत-, विद्युत्-
Electrical conductivity, Electro-conductivity (EC)	विद्युत चालकता, वैद्युत-चालकता
Electric eel (*Electrophorus electricus*, a marine hunting bony fish of family Gymnotidae, with electric organs)	विद्युत सर्पमीन
Electric fish (any fish with electric organs generating electric field)	विद्युत मीन, बिजली मछली
Electric furnace	विद्युतभ्राष्ट, बिजली की भट्टी
Electricity	विद्युत, बिजली
Electricity meter (an electrical/ electronic measuring device for electricity consumption)	बिजली का मीटर, विद्युत-उपभोग मापी)
Electrification	विद्युतीकरण, विद्युतन
Electrified	विद्युतित, विद्युतीकृत, विद्युतमय, वैद्युन्मय
Electrify	विद्युतित करना, विद्युत प्रवाहित करना, बिजली लगाना
Electric ray, Ray fish (marine flattened cartilaginous bottom fish of order Torpediniformes with pectoral muscles as electric organ for defense)	झिनझिना, बिजली मछली (शिकार व रक्षा हेतु 08-220 वोल्ट की विद्युत तरंग छोड़ने वाली एक समुद्री मछली)

English	Hindi
Electro- (prefix)	वैद्युत-, विद्युत-
Electro-active	विद्युत-सक्रिय
Electrobiology	विद्युत जीवविज्ञान, विद्युतजैविकी
Electro-cardio-gram (ECG)	विद्युतहृद्स्पन्दालेख
Electro-cardio-graph (ECG)	विद्युतहृद्स्पन्दालेखी
Electrochemical	विद्युतरासायनिक, वैद्युत रसायन
Electrochemistry	वैद्युत-रसायन विज्ञान
Electro-coagulation	विद्युत-स्कन्दन
Electroconvulsive therapy (ECT)	विद्युत आक्षेपी चिकित्सा
Electrocute, Electrocution	बिजली से प्राणदण्ड देना, विद्युतमारण
Electrode	विद्युदग्र
Electrodiagnosis	वैद्युतनिदान
Electrodialysis	वैद्युत-अपोहन
Electrodynamic	वैद्युत-गतिक
Electrodynamics	वैद्युत-गतिकी
Electroextraction	वैद्युत-निष्कर्षण
Electroencephalo-gram (EEG)	प्रमस्तिष्क विद्युत आरेख
Electroencephalo-graph (EEG)	प्रमस्तिष्क विद्युल्लेखी
Electrofulguration	विद्युत-कौंध, विद्युत-दहन
Electrofusion	विद्युत-संलयन
Electro-gravimetry	वैद्युत-गुरुत्वमिति
Electro-hydraulic	विद्युत-द्रव चालित, विद्युततोयालिक
Electro-immuno -assay (EIA)	वैद्युत-प्रतिरक्षा परीक्षण
Electro-kinetic	वैद्युत-बलगतिक
Electro-kinetics	वैद्युत-बलगतिकी
Electrolysis	विद्युतापघटन, विद्युदंशन, विद्युद्विश्लेषण
Electrolyte	विद्युतापघट्य, विद्युद्विश्लेष्य
Electrolytic	विद्युल्लयी, विद्युतांशिक, विद्युद्विश्लेषी, विद्युतापघटनी
Electromagnet	विद्युतचुम्बक
Electromagnetic	विद्युतचुम्बकीय
Electromagnetism	विद्युतचुम्बकत्व
Electromechanical	विद्युतयान्त्रिक
Electromechanics	विद्युतयान्त्रिकी
Electrometallurgy	विद्युत-धातुकर्मविज्ञान
Electrometer	विद्युन्मापी
Electrometry	विद्युन्मिति
Electromicrograph	वैद्युतसूक्ष्म आलेखी
Electromotive	विद्युद्वाही, विद्युद्वाहक
Electromyograph (EMG)	विद्युतपेशी-आलेखी
Electromyography	विद्युतपेशी-आलेखन
Electron	विद्यदणु, इलेक्ट्रान
Electronegative	वैद्युतऋणी, ऋणविद्युती विद्युतऋणात्मक
Electronic	वैद्युदण्विक, वैद्युदण्वीय
Electronics	वैद्युदण्विकी, इलेक्ट्रानिकी
Electro-osmosis	विद्युत-आसृति, वैद्युत-परासरण
Electrophilic	विद्युतरागी
Electrophoresis	वैद्युत कण सञ्चलन
Electrophorous	विद्युद्धर
Electro-physiology (a study on electrical phenomenon associated with nerves and other bodily activities)	विद्युत-शरीर क्रिया विज्ञान
Electroplate	बिजली से कलई चढ़ाना
Electroplating	वैद्युतलेपन, वैद्युतरोपण
Electroporation	वैद्युतछिद्रण
Electropositive	धनविद्युती, वैद्युतधनी, विद्युतधनात्मक
Electroscope	विद्युद्दर्शी
Electroscopy	विद्युद्दर्शन, विद्युत्वीक्षण
Electrostatic	स्थिर-वैद्युत, विद्युत्-स्थैतिक
Electrosome, Mitochondria	सूत्रकणिका
Electro-stimulation	विद्युतोद्दीपन
Electrotaxis	वैद्युतानुचलन, विद्युतानुचलन
Electro-therapeutics	विद्युत चिकित्सा विज्ञान
Electrotherapy	विद्युतचिकित्सा, वैद्युतोपचार
Electrothermal, Electrothermic	विद्युत-तापीय, विद्युत-ऊष्मीय
Electrotonic, Electrotonus	वैद्युततानिक, विद्युत्तानी
Electrotropism, Electrotropy	विद्युदानुवर्तिता, विद्युदानुवर्तन
Electrotype	विद्युतरूप, विद्युद्मुद्रांक
Electrovalence, Electrovalency	विद्युद्संयुजता, वैद्युतसंयोजकता
Electrovalent	विद्युद्संयुज, वैद्युतसंयोजक
Electrum	सोने चाँदी की मिश्रधातु
Electuary	मध्वलेह, मधुमिश्रित-अवलेह (औषधि)
Element	तत्व, अवयव, अण्वंश, अवकल

Elemental, Elementary — प्रारम्भिक, तात्विक, आरम्भिक, मौलिक
Elemi (an oleoresin from *Canarium luzonicum*, a medicinal tree of family Burseraceae) — बिरोज़ा (मरहम में प्रयुक्त होने वाला एक चिपचिपा पदार्थ)
Eleomyenchysis — तैलपिशिक्षेपण
Eleoplast — तैललवक, तैलबिन्दुक
Elephant (*Elephas* sp., a huge herbivorous Asiatic land mammal of order Proboscidea with proboscis), Asian elephant — हाथी, गज, श्ली (नर हाथी में दो बड़े मोटे ऊपर घूमे दाँत होते हैं)
Elephant ear plant (*Colocosia* sp., a flowering tropical herb of family Araceae with edible tuberous stem or corm and large sagittate elephant ear shaped leaves), Eddoe, Eddo, Taro — अरवी
Elephant apple — कैथा, कपित्थ (एक औषधीय भोज्य फल)
Elephant creeper — समुद्रशोष
Elephant foot yam, White spot giant arum (*Amorphophallus* sp., a wild tropical edible medicinal tuber of family Araceae) — ज़िमीकन्द, सूरन
Elephantiasis, Lymphatic filariasis (a mosquito bite borne leg, arm and genitilia infestation of *Wuchereria bancrofti,* a parasitic nematode of phylum Nemathelminthes) — श्लीपद, फीलपाँव
Elephantine — गजवंशी, हाथी सम्बन्धी
Elephantoid — श्लीपदाभ, गजवत्
Elephant shrew, Jumping shrew (a small wild insectivorous mammal of family Macroscelidae, with long mobile snout, native to Africa) — सूँड़दार छछूँदर
Eleuthromorph — स्वतन्त्ररूप
Eleuthrophyllous — पृथक्‌पर्णी, मुक्तपत्री
Eleuthrozoa — अबद्धप्राणी, मुक्तप्राणी
Elevan — कठोर आग्नेय चट्टान
Elevate — ऊपर उठाना, उन्नति करना
Elevated — उत्थापित, उत्सेधित, उठा हुआ
Elevation — उत्थान, उत्सेध, उत्कर्ष, उन्नयन
Elevator — उत्थापक, उत्कर्षक
Elf, Dwarf — परी, बौना, वामन
Eliminant — निरसन फल, विलोपन फल
Eliminator — विलोपक, निरसक, निरसित्र
Eliminate, Elimination — निकाल देना, दूर करना, विलुप्त करना, विलोपन, बहिष्करण, निरसन
Elinguata — अजिह्वी, बिना जीभ का (प्राणी)
El-nino (a Spanish word for infant boy) — अल-नीनो (प्रशान्त महासागर के भूमध्य क्षेत्र में ताप परिवर्तन सम्बन्धी समुद्री घटना)
Elixation — उबालकर सत्व निकालना, सन्निष्कर्षण
Elixir — सन्निष्कर्ष, अमृत, अक्सीर, सब रोगों की अचूक दवा, परमौषधि, पारसमणि
Elk (*Cervus canadensis,* a large wild herbivorous mammal of deer family Cervidae), Wapiti — एल्क (एक बारहसिंघा प्रजाति), एक बड़ी बत्तक
Ellipse — दीर्घवृत्त, उपाण्ड
Ellipsoid — दीर्घवृताभ, दीर्घवृतज, उपाण्डवत्
Ellipsometer (a device to measure thickness of films and membranes) — मोटाई मापी
Elliptic, Elliptical — दीर्घवृत्तीय, दीर्घवृत्ताकार, उपाण्डीय
Ellipticity — दीर्घवृत्तीय
Elliptocyte — उपाण्ड रक्ताणु, दीर्घवृत्ताणु
Ellipocytosis — दीर्घवृत कोशामयता

Elm (*Ulmus* sp., a large deciduous flowering tree of family Ulmaceae) — चिराबेल (एक इमारती जंगली वृक्ष)
Elode — अतिस्वेदन
Elongate — लम्बा करना, लम्बा, दीर्घ
Elongated — दीर्घित, दीर्घीकृत, प्रलम्बित
Elongating — दीर्घभावी, लम्बा होने वाला
Elongation — विवर्धन, दीर्घीकरण, प्रसर कोण, प्रलम्बन, दैर्ध्यवृद्धि
Elongation index — प्रलम्बन सूचकांक, लम्बाई सूची
Elope, Elopment — सहपलायन (किसी के साथ भाग जाना)
Eluant — मार्जनद्रव, निक्षालक
Eluate — मार्जन, प्रोद्धाव
Eluation — मार्जन, निक्षालन, प्रोद्धावन
Elusion — भ्रम, बचाव, टालमटोल
Elusive, Elusory — भ्रामक, भ्रान्तिजनक, दुर्ग्राह्य
Elution, Elutriation — धावशोधन, प्रोद्धावन, धाववेचन
Elutor, Elutriator — धावपृथक्क, धावशोधक, प्रोद्धावक
Elutropic — विक्षालवर्ती
Eluvial — अवक्षाली
Eluviation — अवक्षालन
Eluvium — अपोढ़, अनूढ़, अवक्षाल
Elver — शिशु सर्पमीन, बाम का बच्चा
Elytorrhea — योनिस्राव
Elytrum, Elytron (wing case of beetles), Elytra (pl.) — पक्षावरण, पक्षवर्म, प्रवर्म, पंखखोल
Emaciate, Emaciation — मांस घटाना, क्षीण, कृश करना, घुलाना, कृशता, क्षीणता
Emaculate, Emaculation — धब्बा हटाना, निष्कलंकन
Emanate — उत्पन्न होना, निस्सृत होना, से निकलना, प्रकट होना
Emanation — प्रसर्जन, प्रसर्ग, निर्गमन, निस्सरण
Emarginate — गर्ती
Emasculate, Emasculation — बधिया करना, पुंस्त्वहरण, विपुंसन, बन्ध्यकरण, पराग निष्कासन, शुक्रनिष्क्रियण
Embalm — शवसंलेप, परिरक्षित करना
Embalmment — शवसंलेपन, शवसंरक्षण
Embank — बाँध बनाना, ऊँची मेंढ़ बनाना
Embankment — बाँध, बन्धा, तटबन्ध
Embed, Embedding — खाँचना, जड़ना, अन्तःस्थापित करना, अन्तः स्थापन
Embedded — अन्तर्निहित, व्याविष्ट, अन्तःस्थापित
Ember — अंगार, अंगारा
Ember colour — निरक्तापीत वर्ण
Embitter — कड़ुवा करना, तिक्त बनाना
Embitterment — कटुकरण, तिक्तन
Emblement — उपज, पैदावार
Emblic myrobalan (*Phyllanthus emblica/Emblica officinalis*, a flowering deciduous medicinal tree of family Phyllanthaceae) — आँवला (एक पौष्टिक औषधीय विटामिन सी से भरपूर फल), अम्लकी
Embodiment — मूर्तरूप, साकार
Embody — साकार करना, सम्मिलित करना
Embolic — अन्तर्वर्धी
Embolisation, Embolism, Emboly — पिण्डास्रोधन, सन्निवेशन, अन्तःडट्टन, अन्तःवृद्धि, अन्तःशल्यता, रक्तवाहिकारोधन
Embolus — पिण्डास्रोधी, अन्तःशल्य, रक्तस्रोतरोधी, रुधिरवाहिकावरोधी
Embonpoint — मोटापा, स्थूलता
Embossment — उत्कीर्णन, उभरी नक़्क़ाशी
Embouchure — मुहाना
Embowel — आँतें निकालना
Embowered — पौधों से घिरा हुआ
Embranchment — प्रशाखन, प्रशाखा
Embrittle — भुरभुरा बनाना
Embrocate, Embrocation — लेप करना, मालिश करना, मलना, लेपन, मालिश
Embroidery — कशीदाकारी, कढ़ाई
Embroil — उलझाना
Embroilment — उलझन
Embrown — भूरा करना
Embryo — भ्रूण, आरम्भक, अविकसित
Embryogenesis, Embryogeny — भ्रूणोत्पत्ति, भ्रूणोद्भव, भ्रूणजनन
Embryoid (non-zygotic embryo) — भ्रूणाभ, भ्रूणवत्
Embryoism, Embryonism — भ्रूणता
Embryology — भ्रूणविज्ञान, भ्रौणिकी

Embryoma भ्रूणार्बुद
Embryonate भ्रूणमय
Embryonic, Embryonal भ्रूणीय, भ्रौणिक, भ्रूण-, भ्रौण, अविकसित, प्रारम्भिक
Embryoniferous भ्रूणधर
Embryony भ्रूणिता
Embryopathology भ्रूणरोगविज्ञान
Embryopathy, Embryopathies (pl.) भ्रूणविकृति, भ्रूणरोग, भ्रूणविकार
Embryophyte भ्रूणोद्भिद्
Embryotomy भ्रूणोच्छेदन, गर्भोच्छेदन
Embryotoxic भ्रूणविषाक्त, गर्भविषालु
Embryotoxicity भ्रूणविषाक्तता
Embryotoxicology भ्रूणविषविज्ञान, भ्रूणवैषिकी
Embryotrophic भ्रूणपोषी
Emend, Amend, Emendate सुधारना, संशोधन करना
Emendation, Amendment सुधार, संशोधन
Emerald पन्ना (रत्न/रंग), मरकत
Emerge प्रकट होना, उभरना
Emergence आविर्भाव, उद्गमन, निर्गमन, आपातन
Emergent उद्गामी, आपाती, निर्गत
Emergent ray निर्गत किरण
Emerging प्रकटशील, आविर्भावी, उद्गामी
Emersion प्रकटन, उत्थान, उन्मीलन, उन्मज्जन
Emery paper, Sand paper रेगमाल
Emesis, Emesia वमन, उबकाई, उल्टी
Emetic वमनकारी, उल्टी लाने वाला
Emeticology, Emetology वमनविज्ञान
Emication स्फुरण, चिनगारी
Emiction, Urination मूत्रण, मूतना, पेशाब करना
Emigrant उत्प्रवासी
Emigrate उत्प्रवास करना
Emigration उत्प्रवास, उद्व्रजन
Eminence उत्सेध, उच्च स्थान, तुंगक कूट
Emission उद्गिरण, उत्सर्जन, उत्स्राव, निस्सरण, स्राव, स्वप्नदोष
Emissive उत्सारी, उत्स्रावी, उत्सर्जक
Emissivity, Emittance उद्गिरता, उत्सारिता, उत्सर्जिता
Emit विकीर्ण करना, उत्सर्जित करना, छोड़ना
Emitter विकीर्णक, उत्सर्जक
Emmenia, Menstruation ऋतुस्राव, रजोधर्म
Emmenagogue, Emmenagogs (an agent, promotes menstrual discharge by stimulating blood flow in pelvic area and uterus) आर्तवकारी (ऋतुस्राव बढ़ाने वाला)
Emmenology आर्तवविज्ञान
Emmetropia (eye with normal vision) समदृष्टि
Emollient मृदुकारी, प्रशामक (औषधि), त्वक्मृदुकारी, शमनकारी
Empathy परानुभूति, तदनुभूति, समानुभूति
Emotion भाव, आवेग, संवेग
Emotional भावप्रवण, भावुक, आवेगपूर्ण
Emotive भावोत्तेजक, संवेगात्मक, संवेगी
Emphemeral अल्पकालिक
Emphractic रोमकूपरोधी, रोमकूप बन्द करने वाला
Emphysema वातस्फीति, वायुकोशीय शोथ
Emphysematous वातस्फीतीय
Empirical प्रयोगसिद्ध, मूलानुपाती, अनुभूतिमूलक, अनुभवजन्य
Emplacement अभिस्थापन, अवस्थान, तोपमञ्च
Empoison, Intoxicate विषाक्त बनाना, विषैला करना, विष मिलाना
Empurple लाल बैंगनी करना
Empyema गुहा-पूयता, गुहा-पूति, अन्तःपूयता
Empyema thoracis वक्ष-पूयता
Empyreuma दाहगन्ध, तप्तगन्ध
Emu (*Dromaius novae-hollandiae,* a flightless bird of family Casuariidae) एमू (एक कुछ छोटा आस्ट्रेलियाई शुतुर्मुर्ग़वंशी पक्षी)
Emulation समानुकरण, प्रतिस्पर्धा
Emulgent बहाने वाला, शोधक, दूध निकालने वाला
Emulsibility, Emulsifiability प्रनिलम्ब्यता, प्रनिलम्बनीयता
Emulsible, Emulsifiable प्रनिलम्ब्य, प्रनिलम्बनीय
Emulsification पायसीकरण, प्रनिलम्बन
Emulsifier प्रनिलम्बक, पायसीकारक
Emulsify पायस बनाना, प्रनिलम्बित करना

Emulsion पायस, तैलोद, प्रनिलम्ब
Emulsive पायसशील, प्रनिलम्बकारी
Emulsoid पायसाभ, प्रनिलम्बाभ
Emunctory गलमूत्रवाही, उत्सर्जी, निस्सारक
Enamel आकाच, दन्तवल्क, तामचीनी, मीना
Enamelled आकाचित, दन्तवल्कित
Enamelling आकाचन, मीनाकारी
Enameloid आकाचाभ, तामचीनी जैसा
Enamel paint आकाच लेप
Enamel ware आकाच भाण्ड, तामचीनी पात्र/बर्तन
Enantiobiosis प्रतिजीविता
Enantiomorph, प्रत्यावयव, प्रतिबिम्बरूप,
Enantiomer प्रतिरूप
Enantiomorphism प्रतिबिम्बरूपता, प्रत्यावयवता, प्रतिरूपता
Enantiotropic प्रत्यावर्तिक, प्रत्यावर्ती
Enarthrosis उलूखल-सन्धि
Enate, Enation उज्जन, उद्वर्ध, बाहर निकला हुआ, उज्जनन, उद्वर्धन
Enaulophilous बालूरागी
En bloc सपिण्ड, सामूहिक रूप से
Encapsulate, Encapsulated सम्पुटयुक्त, सम्पुटित
Encapsulation सम्पुटन, परिसम्पुटीकरण, प्रावरण
Encase डिब्बाबन्द करना, घेरना, ढाँपना, ढकना
Encasement आवरण, डिब्बा
Encaustic दग्ध, जला हुआ जैसा
Enceinte (a French word) गर्भवती, परकोटा, संलग्नक
Encephalic, Encephalous प्रमस्तिष्कीय, मस्तिष्क सम्बन्धी
Encephalitis मस्तिष्कशोथ, मस्तिष्क ज्वर
Encephalocoele मस्तिष्कगुहा
Encephalogram प्रमस्तिष्कालेख
Encephalograph प्रमस्तिष्कालेखी
Encephalography प्रमस्तिष्कालेखन
Encephaloid मस्तिष्कोपम, मस्तिष्कवत्
Encephalology मस्तिष्कविज्ञान
Encephaloma मस्तिष्कार्बुद
Encephalomyelitis मस्तिष्क मेरुरज्जुशोथ
Encephalon, Brain मस्तिष्क, प्रमस्तिष्क
Encephalopathy मस्तिष्कविकृति, मस्तिष्क रोग, मस्तिष्कविकार
Encipher कूटलेखन, चिह्नित करना
Enchain शृंखलाबद्ध करना, जञ्जीर डालना
Enchilada मांस भरी रोटी
Enchondroma उपास्थि-अर्बुद, उपास्थ्यर्बुद
Enchyma ऊतिकर
Enchytracid, Pot worm (a small to medium sized detritivorous unpigmented earth worm like microdrile oligochaete annelid of family Enchytraeidea, used in classification and assessment of soil) सफ़ेद केंचुआ, गमले की मिट्टी का कीड़ा
Encircle, Encompass घेरा, परिवृत्त, घेरना, परिवेष्टित करना
Encirclement परिवेष्टन, घेराबन्दी
Enclave अन्तःक्षेत्र, परिक्षेत्र
Enclosed संलग्न, आबद्ध, बँधा हुआ
Encode कूटबद्ध करना
Encoded, Coded कूटबद्ध
Encoding, Coding कूटलेखन
Encopresis, Paradoxial diarrhea असंयत पुरीषता, अनैच्छिक मलोत्सर्ग (बच्चों का एक रोग)
Encrust, Incrust पपड़ी पड़ना/जमना, पपड़ी से ढकना
Encrustation पर्पटी-छादन, पर्पटीभवन
Encyst परिकोष्ठ, परिकोष्ठित होना
Encystation, Encystment पुटीकरण, पुटीभवन, परिकोष्ठन
Encysted पुटीबद्ध, परिपुटित, परिकोष्ठित
Endanger संकट में डालना, क्षति पहुँचाना
Endangered, Threatened संकटापन्न, आपदग्रस्त, क्षतिग्रस्त, ख़तरे में
Endarch मध्यादिदारुक
Endarterial, Endoarterial अन्तःधमनीय
End brain, Telencephalon अन्त्य-मस्तिष्क
End-bulb अन्त्य कन्द
Endectocide (an agent able to kill endo- as well as ecto-parasites) बाह्यभ्यन्तर परजीवनाशी, परजीवघ्न (पशुओं हेतु एक औषधि)
Endemic स्थानिकमारी, स्थानिक (रोग)
Endemicity, Endemism स्थानिकता, स्थानपरिमिति
Endemiology स्थानिकरोग विज्ञान
Endergonic ऊर्जाशोषी, ऊर्जाग्राही
Enderon अन्तःत्वचा, अन्तस्त्वचा

Endive (*Cichorium endivia*, a perennial Mexican herb of family Asteraceae with edible leaves, used as salad vegetable) विलायती कासनी, कासनी (एक प्रकार का साग)
Endo- (prefix) अन्तः-, अन्तर-, अन्तश्-,
Endobasidium, Endobasidia (pl.) अन्तःप्रकणीधर
Endobiosis अन्तर्जीविता, जीवान्तर्वास
Endobiotic अन्तर्जीवी, जीवान्तर्वासी
Endoblast, Entoblast अन्तःकोरक
Endobronchial अन्तः श्वास प्रणालीय
Endobronchium, Endobronchia (pl.), Entobronchium अन्तः श्वास प्रणाल, अन्तः श्वसनी
Endocarditis अन्तःहृद्स्तर शोथ, हृदन्तश्छद शोथ
Endocardium अन्तःहृद्स्तर, हृदन्तश्छद
Endocarp अन्तःफलभित्ति, अन्तःस्तर, अन्तश्छद
Endochiton अन्तरावर
Endochondral अन्तःकास्थीय
Endochrome अन्तर्वर्ण
Endoconidium, Endoconidia (pl.), Endogonidium, Endgonidia (pl.) अन्तःकणी
Endocranium अन्तःकर्पर, अन्तःकपाल
Endocrine, Ductless अन्तःस्रावी, अन्तर्सर्गी
Endocrine disruptures (EDs-chemicals disrupting structure and function of hormones) अन्तःस्रावी भञ्जक
Endocrine gland, Ductless gland अन्तःस्रावी ग्रन्थि, वाहिका विहीन ग्रन्थि
Endocrinology, Hormonology अन्तःस्रावविज्ञान, अन्तःस्राविकी
Endocuticle अन्तःउपचर्म
Endocyst अन्तःकोष्ठ, अन्तःपुटी
Endocyte, Entocyte, Phagocyte अन्तःकोशा, अन्तरग्राही-कोशा, भक्षाणु
Endocytosis अन्तःनिर्गमन
Endoderm, Endodermis, Entoderm अन्तस्त्वचा, अन्तश्चर्म, अन्तस्त्वक्स्तर
Endodontium, Dental pulp, Tooth pulp दन्त-गोर्द
Endoenzyme अन्तर्प्रकिण्व, अन्तर्विकर
Endogamy सगोत्री या सजातीय विवाह
Endogastric अन्तर्जठर
Endogen अन्तर्जन
Endogenetic, Endogenic, Endogenous अन्तःप्रवर्धी, आन्तर, अन्तर्जनी, अन्तर्जनित, अन्तरजनिक
Endogenesis, Endogeny अन्तर्जनन
Endogonium, Endogonia (pl.) अन्तःकणी
Endointoxication अन्तर्विषायण, अन्तर्मादकता
Endolithic अधिपाषाणीय
Endoluminal अन्तःअवकाशिकीय
Endolymph अन्तर्लसीका
Endometrioma गर्भकलार्बुद
Endometriosis अन्तःगर्भता
Endometritis गर्भकला-शोथ
Endometrium, Endometria (pl.) अन्तःस्तर (गर्भाशय का), गर्भकला
Endomitosis अन्तःसूत्रण, अन्तःसूत्रविभाजन
Endomixis अन्तर्घटन, अन्तःमिश्रण
Endomorph (a type of human body with bulk and fatty built) अन्तःरूप, स्थूलकाय, गोल-मटोल (शरीर)
Endomorphic अन्तःरूपी, अन्तःआकृतिक, स्थूल कायिक
Endomorphism अन्तःरूपान्तरण, अन्तःकायिकता
Endomyces अन्तर्बीजक (कवक)
Endomysium अन्तःपेशिका, अन्तःपेशीक
Endoneurium अन्तस्तन्त्रिका कला
End-on-position अग्राभिमुख-स्थिति, अभिमुख-स्थिति, अनुदैर्ध्य-स्थिति
Endonucleolus अन्तःकेन्द्रिका, अन्तःनाभिका
Endoparasite, Endoparasitic अन्तःपरजीवी
Endoperidium अन्तर्बीधावरण, अन्तर्बीजाणुधानी आवरण
Endophragm उरोन्तर्वर्ध
Endophthalmos, Endophthalmus नेत्रान्तर्संधी
Endophyte, Entophyte अन्तःपादप, अन्तरुद्भिद,
Endoplasm, Endosarc अन्तःप्रस, अन्तर्द्रव्य, अन्तःप्रद्रव्य
Endoplasmic अन्तःप्रद्रव्यी, अन्तःप्रसी
Endoplasmic reticulum अन्तर्द्रव्यजालिका, अन्तःप्रसजालिका

Endopleuritic	अन्तःपार्श्वशूलकारी
Endopodite	अन्तःउपांग, अन्तरुपांग
Endopolyploidy	अन्तःसूत्र बहुगुणन, अन्तर्सूत्र बहुगुणिता
Endoproct	अन्तर्गुदा
End organ	अन्तांग, अन्त्यांग, अन्तिम अंग
Endoscope	अन्तर्दर्शी, गुहान्तदर्शी
Endoscopic	गुहान्तर्दर्शीय, अन्तर्मुखी
Endoscopy	अन्तर्वीक्षण, अन्तःदर्शन
Endoskeleton	अन्तःकंकाल
Endosmosis	अन्तःपरासरण, अन्तरासृति
Endosome	अन्तःकाय
Endosperm	भ्रूणपोष
Endospore, Entospore	अन्तर्बीजाणु
Endosporium, Endosporia (pl.), Intine	अन्तःकवच
Endosteum	अन्तरस्थ
Endostyle	अधोग्रसनी खाँच, पूर्वगलग्रन्थि
Endosymbiont	अन्तःसहजीव
Endosymbiosis	अन्तःसहजीवन, अन्तःसहजीविता
Endothecium, Endothecia (pl.)	अन्तरास्तर
Endotheliocyte	अन्तश्छदकोशा
Endothelioma	अन्तश्छदार्बुद
Endotheliotoxin	अन्तश्छदाविष
Endothelium, Endothelia (pl.)	अन्तश्छद, अन्तःस्तर, अन्तःकला
Endotheloid	अन्तश्छदाभ
Endothermal, Endothermic, Endothermous	अन्तस्तापी, अन्तरोष्मी, ऊष्माशोषी, तापग्राही
Endothermy	अन्तस्तापन
Endothorax	उरोन्तःप्रवर्ध
Endothrix	अन्तःकेशक, अन्तःकेश कवक
Endotoxaemia, Endotoxemia	अन्तरविषरक्तता, अन्तःविषरक्तता
Endotoxic	अन्तःविषाक्त, अन्तर्विषालु
Endotoxin	अन्तराविष, अन्तःविषि
Endotoxoid	अन्तराविषाभ
Endotracheal	अन्तःश्वसनी
Endotrophic	अन्तर्वर्धी, परान्तपोषी
Endo-ultrasonography	अन्तर्दर्शी-पराध्वन्यालेखन
Endovascular	अन्तःवाहिनीय
Endozoic, Entozoic	अन्तःजन्तुक, अन्तर्जीवी
Endozoon, Endozoa (pl.), Entozoon, Entozoa (pl.)	अन्तःजन्तु, अन्तर्जीव
Endozyme	अन्तःप्रकिण्व, अन्तःविकर
End point	अन्त्यबिन्दु, विराम बिन्दु
End product	अन्त्योत्पाद, अन्त-सृष्ट
Endurable	सह्य, सहनीय
Endurance	सहनशीलता, सहिष्णुता, तितिक्षा
End ways, Endwise	अभिमुख, सटे हुए, लम्बाई में
Enema (a therapeutic deviced process to remove constipation)	वस्ति, गुदवस्ति, वस्तिकर्म, वस्तियन्त्र
Energetic	ऊर्जस्वी, ऊर्जावान्
Energetics	ऊर्जाविज्ञान, और्जिकी
Energization	ऊर्जायन, ऊर्जस्वन
Energy	ऊर्जा, ओज, ऊर्जस्विता, ओजस्विता
Energy drink (a carbonated beverage with sugar, taurine, amino acids, herbal extract, artificial flavor and colour)	ऊर्जादायी पेय, ऊर्जस्व पेय स्फूर्ति पेय
Enervate, Enervation	दुर्बल बनाना, दुर्बलीकरण, क्षीणन, अशक्तीकरण
Enervated Enervating,	दुर्बलित, निस्तेज, अशक्त, दुर्बल, क्षीण
Enervative	क्षीणकारी, दुर्बलकारी, अशक्तकारी, शक्तिह्रासी
Enfilade	लम्बाई में गोली चलाना, लम्बाक्ष फायर करना
Enflagellation	कशाभन
Enfeeble, Enfeeblement	दुर्बल बनाना, क्षीण करना, कमज़ोर होना, दुर्बलन, क्षीणन
Enfold	तहाना, परत लगाना
Engender	उत्पन्न करना, जन्म देना, पैदा करना
Engine	गन्त्र, यन्त्र, कल, इञ्जन
Engineer	अभियन्ता, गन्त्रकार
Engineered	अभियन्त्रित, गन्त्रित
Engineering	अभियन्त्रण, अभियान्त्रिकी
Engirdle	मेखलाबद्ध करना, पेटी से बाँधना
Englacial	हिमान्यन्त, अन्तर्हिमानी
Englobement, Phagocytosis	कोशाभक्षण, भक्षाणुता, भक्षकोशाणुता

Englut निगलना, भरना
Engorge लालच से खाना, भकोसना
Engorged, Distended, Turgid आस्फीत, स्यून, आशून
Engorgement रक्तसंकुलता, अतिपूरण, हड़प
Engraft कलम लगाना/बैठाना, आरोपित करना, रोपना
Engrail किनारा दाँतेदार बनाना
Engrain पक्का रंग देना, गहरा जड़ना
Engrave, Engraving उकेरना, उत्कीर्णन, नक़्क़ाशी
Engraved उत्कीर्ण, उकेरा/खुदा हुआ
Engulf निगलना, परिग्रहण करना
Enhance, Enhancement बढ़ना/बढ़ाना, बढ़ोत्तरी
Enhancer संवर्धक, जल्दी बढ़ाने वाला
Enhydrous सजल, जल की बूँदों से भरा
Enkindle प्रज्वलित करना, उत्तेजित करना, सुलगाना, उभाड़ना
Enlace लपेटना, आलिंगन करना
Enlarge बढ़ाना, परिवर्धित करना, विस्तृत करना
Enlarged परिवर्धित, विस्तृत, बढ़ा हुआ
Enlargement परिवर्धन, बृहदन, विस्तारण
Enlarger परिवर्धित्र, वर्धक (चित्र का)
Enlink जोड़ना, सम्पर्क करना
Enliven सजीव या अनुप्राणित करना, स्फूर्ति देना, उत्तेजित करना
Enmesh, Entrap जाल में फँसाना, उलझाना
Ennead नवक
Enneagon नवभुज
Enneahedron नवफलक
Ennui क्लान्ति, मानसिक थकान, उचाट, ऊब
Enode ग्रन्थिहीन, गाँठरहित
Enole एन्यव, इनोल
Enolization एन्यवन, इनोलीभवन, इनोलीकरण
Enology मद्यासविकी, मदिरा आसवनविज्ञान
Enorganic परिजैविक
Enormous बृहत्, विशाल, विस्तृत, विपुल
Enostosis, Bone island (a compact cortical bone, like tumor, in cancellous bone) अस्थ्यर्बुद
Enphytotic उद्‌भित्स्थानिक
Enriched अभिवृद्ध, समृद्ध, संवर्धित
Enrichment अभिवृद्धि, समृद्धि, संवर्धन
Enroot जड़ से जमना, मूल से बैठना
En route मार्ग में, रास्ते में
Ens सत्व, पदार्थ, सन्मात्र
Ensanguine रक्तरञ्जित करना, ख़ून से सानना, लहूलोहान करना
Ensanguined रक्तरञ्जित, लहूलोहान, ख़ून से सना
Ensheath, Ensheathing आवरण, पर्यावरण
Ensheathe आच्छादित करना, ढकना
Ensphere घेरना, मण्डलित करना
Enshroud छिपाना, दफ़नाना, ढकना
Ensiform खड्‌गाकार, असिरूप
Ensilage चारा संरक्षण, चारे का सुरक्षित भण्डारण
Ensile हरा चारा सुरक्षित रखना
Ensnare, Enmesh फँसाना
Ensuing अनुवर्ती, आगामी
Entablature स्तम्भोपरिरचना, प्रस्तर
Entangle, Entrammel फँसाना, रोकना, उलझाना, अटकाना
Entangled सम्पाशित, फँसा/उलझा हुआ
Entasis उत्तलता, स्तम्भ-उभार
Entelechy जैवप्रभाविकता, अन्तस्तत्व
Entellus, Common langur (*Presbytis/ Semnopithecus entellus,* a wild herbivorous arboreal eutherian primate mammal of Old World monkey of family Cercopithecidae) लंगूर, हनुमान लंगूर (एक लम्बी पूंछ, सफ़ेद बाल वाले चेहरे वाला वानर)
Entender कोमल बनाना, मृदु करना
Entepicondyle अन्तःउपरिसन्धिकन्द
Enteralgia आन्त्रशूल, आँतों का दर्द
Enteric आन्त्रीय, आन्त्र-
Enteric fever आन्त्रिक ज्वर, आन्त्र ज्वर, मोतीझरा
Enteritis आन्त्रशोथ
Enterocele आन्त्रवर्ध्म, आन्त्रीय हार्निया
Enterocoel आन्त्रगुहा
Enterocoelous आन्त्रगुहीय
Entero-colitis आन्त्र-बृहदान्त्र शोथ
Entero-cutaneous आन्त्र-त्वचीय
Enterocyte आन्त्रकोशा
Entero-cystoplasty आन्त्रीय-मूत्राशय सन्धान
Enterokinin आन्त्रप्रविकरि
Enterolite, Enterolith क्षुद्रान्त्राश्म, आन्त्राश्मरी, आँत की पथरी
Enterology आन्त्रविज्ञान, आन्त्रिकी
Enteron, Entrail आहार नाल, आन्त्र, अन्त्र
Enteronephric आन्त्रोत्सर्गी

Enteropathy	आन्त्रविकार, आन्त्र रोग
Enteroreceptor	आन्त्र संवेदांग, आन्त्रग्राही
Enterorrhagia	आन्त्ररक्तस्राव
Enteroscope	क्षुदान्त्र-अन्तरदर्शी
Enteroscopy	क्षुदान्त्र-अन्तरदर्शन
Enterosepsis	आन्त्रपूतिता, आँतों की सड़न
Enterostaxis	आन्त्र रक्तच्यवन
Enterostenosis	आन्त्रतनुता, अल्पान्त्रता
Enterotomy	आन्त्रच्छेदन, अन्त्रच्छेदन
Enterotoxaemia	आन्त्रविषरक्तता
Enterotoxication	आन्त्रविषायण
Enterotoxonosis, Enterotoxosis, Enterotoxicosis, (intoxication by enterotoxins through food poisoning)	आन्त्रविषरुग्णता, आन्त्रविषजन्य रोग
Enterotoxin	आन्त्राविष, आन्त्रविषि
Enterotoxino-genic	आन्त्राविषजनी, आन्त्राविषोत्पादी
Enterotoxino-genicity	आन्त्राविषोत्पादकता, आन्त्राविषजनिता
Enterotoxicity, Enterotoxism	आन्त्रविषाक्तता
Enterotropic	आन्त्रानुवर्ती
Enterozoon, Enterozoa (pl.)	आन्त्र-जीव, आन्त्र-प्राणी
Enthalpy	सकलतन्त्र ऊर्जा
Enthesopathy	सन्धि रोग, बन्धन विकार
Enthesophyte	बन्धनी द्रुम
Enthesis (site of muscle/ ligament attachment on bone)	सन्निवेश, ऊतक बन्धन, ऊतिसंयोजन, ऊतिसन्धि
Enthesitis	सन्धिशोथ, बन्धनशोथ
Enthralment, Enthralling	सम्मोहन, वशीकरण
Enthrill	भेदना, वेधना, छेद बनाना
Entobronchium, Entobronchia (pl.), Endobronchium	अन्तःश्वसनी
Entoconid	अधोन्तःशंकु
Entoconulid	अधोन्तःशंकुक
Entocyte, Endocyte	अन्तःकोशा, अन्तःकोशिका
Entomiasis, Insect infestation	कीटरुजा, कीटग्रसन
Entomic	कीट विषयक, कीड़ा सम्बन्धी
Entomogamy, Entomophily	कीटपरागण
Entomoid	कीटाभ, कीटवत्, कीड़े जैसा
Entomological	कीट वैज्ञानिक
Entomologist	कीटविज्ञानी, कीटविज्ञ
Entomology	कीटविज्ञान, कैटिकी
Entomophagous, Insectivorous	कीटभक्षी, कीड़ाभोजी
Entomophilous	कीट परागित
Entopic, Eutopic	सुस्थानिक
Entoplastron	अन्तःउदरवर्म
Entorganism	अन्तर्जीव
Entosis (a process of invading or engulfing a cell by another cell)	अन्तर्ग्रहण (एक कोशिका का दूसरी कोशिका द्वारा निगलन या उस पर आक्रमण)
Entospore, Endospore	अन्तर्बीजाणु
Entosporium, Endosporium, Intine	अन्तःकवच
Entozoic, Endoparasitic	अन्तर्जीवी, अन्तःपरजीवी
Entozoology	आन्तर्जैविकी, अन्तर्जन्तु विज्ञान
Entozoon (a parasitic worm in intestine), Entozoa (pl.)	अन्तर्जन्तु, अन्तर्प्राणि, आन्त्रपरजीवी
Entrails, Enteron, Intestine	आन्त्र, आँत, अन्त्र, अँतड़ी
Entrance	प्रवेश, प्रवेश द्वार, प्रवेश-मार्ग
Entrant, Entering	प्रवेशक, प्रवेशी, घुसने वाला
Entrap, Entropment,	जाल में फँसाना, पाशन,
Ensnare, Entrench,	खाँई खोदना, खाँई से
Entrenchment	घेरना, खाँईबन्दी
Entresol	दुछत्ती, परछत्ती, बिचला तल्ला
Entropy	उत्क्रममाप, तापान्तर
Entwine	गूथना, लपेटना, आलिंगन/ ग्रन्थित करना
Entwist	बटना, ऐंठना, मरोड़ना
Enucleate	गुठली निकालना, जड़ से हटाना, स्पष्ट करना
Enucleated	अकेन्द्रकित, अनाभित, नाभिकरहित
Enucleation	समूलोच्छेदन, विनाभीकरण, पूर्णोत्सारण
Enumerate	गिनना, गणना करना
Enumeration	गणना, प्रगणना, सम्भूति, परिगणना
Enumerator	प्रगणक, परिगणित्र (यन्त्र), गणनाकार
Enunciation	निरूपण, प्रतिपादन

Enuresis असंयत मूत्रता (सोते हुए पेशाब हो जाना), अनैच्छिक मूत्रता
Envapour वाष्प से ढकना या घेरना
Envelop, Enwrap ढकना, अवगुण्ठित करना, लपेटना
Envelope आवरण, लिफ़ाफ़ा
Envelopment अवगुण्ठन, आवृत्त, वेष्टन
Envenom जीविषालु करना, जीविषाक्त करना, विषैला बनाना
Envenomation जीविषायण, जीविषाक्तन
Environ, Encompass घेरना, लपेटना, पर्यावृत्त करना
Environment पर्यावरण
Environmental पर्यावरणीय, पर्यावरण सम्बन्धी, पर्यावरण-
Environmental biology पर्यावरणीय जीवविज्ञान
Environmental impact assessment (EIA) पर्यावरण प्रभाव आकलन
Environmental science पर्यावरण विज्ञान
Environmentalist पर्यावरणविज्ञ, पर्यावरणविद्, पर्यावरण रक्षक
Envision मनोचित्रण, पूर्वकल्पना करना
Enwomb गर्भ धारण करना, गड्ढे में छुपाना
Enzootic प्राणिस्थानिक, स्थानिकमारी, पशुस्थानिक
Enzygotic संयुग्मनज
Enzymatic, Enzymic विकरीय, प्रकिण्वी, किण्वकीय
Enzyme, Ferment किण्वक, प्रकिण्व, किण्व, विकर
Enzyme linked immunosorbent assay (ELISA) विकरलग्न प्रतिरक्षा शोषी आमापन (एलाइज़ा)
Enzymology, Enzymics प्रकिण्व विज्ञान, किण्वक विज्ञान, विकरिकी, किण्विकी
Enzymolysis विकरलयन, किण्वकांशन
Enzymopathy विकरविकृति, प्रकिण्व-अनियमितता, किण्वक दोष
Enzymopenia विकरशैथिल्य, प्रकिण्वक्षीणता
Enzymuria विकरमेह, प्रकिण्वमूत्रता
Eoan उषाकालीन
Eobiont प्रारम्भिक जीव, आदिजीव
Eocene आदिनूतन (युग)
Eocyte उषःकोशा, आदिकोशा
Eolithic आदिपाषाणीय, आदिपाषाण-
Eoman उषःमानव, आदिमानव
Eon, Aeon कल्प
Eonism स्त्रैणता, स्त्रियोचित व्यवहार
Eopaleozoic उषःपुराकल्पीय
Eophyte उषःपादप, आदिपादप
Eosinophil, Eosinocyte उषसिरञ्ज्य कोशा, उषसिकोशिका
Eosinophilia (increased number of eosinophils in blood) उषसिकोशाधिक्य (एक श्वास प्रभावी रक्त विकार)
Eozoic आदिजीवी, आदिजीविक, उषःप्राणिक, उषःकल्प
Eozoon, Eozoa (pl.) (a banded fossil structure found in Canada) उषःप्राणी, आदिजीव
Epact सौर-चन्द्रवर्षान्तर, वर्षारम्भ चन्द्रकला
Epaulet, Epaulette स्कन्धिका
Epaxial, Epiaxial अधि-अक्षीय, अध्यक्षीय, ऊर्ध्वाक्षीय, प्राक्षीय
Epazote सुगन्ध वस्तूका
Epeirogenesis, Epeirogeny स्थलजनन, द्वीपोद्भव, महाद्वीप निर्माण
Ependyme अधिकला
Ependymocyte अधिकला कोशा
Ependymoma अधिकलार्बुद
Ependymopathy अधिकला विकृति
Epenthesis ध्वनि सन्निवेश, मध्यागम
Epharmosis अभ्यनुकूलन
Ephebic, Adult तरुण, प्रौढ़
Ephedra (*Ephedra* sp., a gymnospermic shrub of family Ephedraceae, a drug Ephedine is obtained from it) अपत्रकी (एक औषधीय पौधा)
Ephemeron, Ephemera (pl.), Ephermid अल्पजीवी कीट, एकदिवसीय कीट समूह, एकदिनी कीड़ा
Ephemeral अल्पकालिक, क्षणिक, स्वल्पायु, एकाह-अल्पजीवी
Ephemeris, Ephemerides पञ्चांग, दैनिकी
Ephidrosis अभिस्वेद
Epi- (prefix) अधि-, अभि-, उपरि-, अपि-
Epiaxial, Epaxial अध्यक्षीय, अधि-अक्षीय
Epibasal उपरिक
Epibasidium, Epibasidia (pl.) अधिप्रकणीधर

Epibiota, Epibiont अधिजीव, अधिजीव समूह
Epibiotic, अधिजीवी,
Epibiontic अधिजीव समूही
Epiblast आद्यबहिर्जनस्तर, अधिकोरकबहिःस्तर
Epiblema मूलाभिस्तर, मूलीयत्वचा
Epibole, Epiboly अधिवृद्धि, अध्यारोहण
Epibolic अध्यारोही, अध्यावर्धी
Epibranchial उपरिक्लोमी (जन्तु)
Epicardium हृद्च्छद, हृदयावरण, बाह्यहृद्स्तर
Epicarp बाह्यफलभित्ति
Epicene उभयलिंग, उभयलिंगी
Epicentral अधिकेन्द्री, उत्केन्द्री
Epicentre (a point on earth's surface above the underground point of earth quake or explosion) अधिकेन्द्र, उत्केन्द्र, उपरिकेन्द्र
Epicerastic शान्तिदायक (औषधि)
Epichordal मेरूपरिक, मेरु-उपरिक
Epicolic अधिबृहदान्त्रीय
Epicondyl अधिस्थूलक, उपरिसन्धिकन्द
Epicoracoid उपरि-अंसतुण्ड
Epicotyl उपरिबीजपत्र
Epicranium शिरोपरिभित्ति, अधिकपालभित्ति
Epicure, Epicurean स्वादलोलुप, स्वाद पारखी, विलासी, चटोरा
Epicutaneous उपरिचर्मीय, अधित्वचीय
Epicuticle अधिउपचर्म, उपर्युप्चर्म
Epicycle अधिचक्र, उपरिचक्र
Epicyst अध्याशय, उपरिकोष्ठ, अधिपुटी
Epicystitis अध्याशयशोथ
Epicyte अधिकोशा, उपरिकोशिका
Epidemic व्यापकरोग, महामारी, जानपदिकरोग
Epidemicity रोगव्यापकता, जानपदिकता
Epidemiology महामारीविज्ञान, मरकविज्ञान, व्यापकरोगविज्ञान, जानपदिक रोगविज्ञान
Epidermal, Epidermic, Epidermous अधिचर्म, बहिर्त्वचीय
Epidermoid अधिचर्माभ, उपरित्वचावत्
Epidermolysis अधिचर्मांशन, उपरित्वचालयन
Epidermomycosis अधिचर्म-कवकता
Epidermotropic अधिचर्मानुवर्ती
Epidermotropism, अधिचर्मानुवर्तिता,
Epidermotropy अधिचर्मानुवर्तन
Epidiascope परिचित्रदर्शी
Epidiascopy परिचित्रदर्शन
Epididymis अधिवृषण, उपवृषण
Epididymitis अधिवृषणशोथ, उपवृषण प्रदाह
Epididymo-orchitis उपवृषण-वृषणशोथ
Epidural अधिदृढ़च्छदीय
Epifluorescence अधिप्रतिदीप्ति
Epigastric अधिजठरीय, उपरिजठर-
Epigastrium अधिजठर
Epigeal उपरिभूमिक, भूम्युपरिक
Epigean भूम्युपरि
Epigene अधिपृष्ठजन, अनुजात, पश्चजात
Epigenesis पश्चजनन
Epigenetic पश्चजातिक, अनुजातीय
Epigenetics अध्यानुवंशिकी
Epigenomics अधिवंशानुक्रमिकी
Epigeous उपरि-भूमि, धरातल से ऊपर
Epiglottis कण्ठच्छद, उपजिह्वा
Epigonal प्रजनोपरि
Epigraph पुरालेख, शिलालेख
Epigraphy पुरालेखविज्ञान, शिलालेखन
Epigynous उपरिजाय, जायंगोपरिक, अधिजायांगी
Epilation विरोमन, केशनाशन, रोयें हटाना
Epilepsy, Epilepsis मिरगी, अपस्मार
Epileptic अपस्मारी, मिरगीग्रस्त
Epileptiform अपस्मारवत्, मिरगी जैसा
Epileptoid अपस्माराभ
Epileptology अपस्मारविज्ञान, अपस्मारिकी
Epilimnion उपरिसरोस्तर
Epilose विरोमी, अरोमिल
Epimer, Epimeride अपिभाज
Epimeral अपिभाजीय
Epimere (lateral downfold of tergite) पार्श्वभञ्ज
Epimeric अपिभाजिक
Epimerisation अपिभाजन
Epimerite उपरिखण्ड
Epimeron (posterior part of pleuron of insects and crustaceans), Emimera (pl.) पार्श्वकखण्ड
Epimetamorphism, उपरिरूपान्तरण,
Epimorphosis अभिरूपान्तरण

Epimorphic, Epimorphous	अभिरूपी
Epimysium, Epimysia (pl.)	उपरिपेशीकला, परिपेशीक, परिपेशीतुन्दकला
Epinasty	अधोकुञ्चन, उपरिवृद्धि, अधोवक्रिम
Epinekton	अधितरणक
Epinephrine, Adrenaline	उपवृक्की, अधिवृक्कीय
Epineural	उपरिचेतास्थि, उपरिचैत-
Epineurium	चेतास्कन्धावरण
Epineuston	अधिपटलक (जल की सतह पर तैरते छोटे जीव)
Epiotic	उपरिकर्णिक, उपरिकर्णास्थि
Epipetalous	उपरिदलीय, दलबद्ध
Epipelagic	अधिवेलापवर्ती
Epipharyngeal	ग्रसन्युत्तर, अधिग्रसनीय
Epipharynx	अधिग्रसनी, उच्छद
Epiphenomenon	अनुघटना, गौणफल, उपोत्पाद
Epiphora	अत्यश्रुता, अधिक आँसू आना (एक नेत्र रोग)
Epiphragm	संवार
Epiphrenic	ऊर्ध्वमध्यच्छदीय
Epiphyseal	अस्थिशिरीय
Epiphysis, Pineal body, Pineal gland	अस्थिशिर, अधिवर्ध, तृतीय नेत्र ग्रन्थि
Epiphyte	अधिपादप, उपरिरोही
Epiplastron	उपर्युदरवर्म
Epipleural	उपरिपार्श्वास्थि
Epiploic	वपीय, उदरवर्ती
Epiploon, Epiploa (pl.) Great omentum	दीर्घवपा
Epipodium, Epipodia (pl.)	परिपाद
Epipterygoid (bone)	उपरित्रिवेणी
Epipubic	पुरोनितम्बोपरि
Episepalous	उपरिदलीय, निदलबद्ध
Episiotomy, Perineotomy	भगच्छेदन, योनिक्षत, मूलाधार विच्छेदन
Episome	अधिकाय
Epispadia	अधिछिद्रता
Epispastic	उद्वर्तकारी, फफोलाकारी, छालाजनी
Epispore, Episporium, Episporia (pl.)	बाह्यकवच
Epistasis	अध्यान्तरण, प्रबलता
Epistatic	अधिस्थैतिक, उपरिस्थैतिक
Epistaxis	नासारक्तस्राव, नासा फूटना, नकसीर
Episternum	अधि-उरोस्थि, पूर्वोरकास्थि
Epistomatous	उपरिमुखीय, मुखोपरिक
Epistome	उपरिमुख
Epistyle	प्रस्तरपाद
Epitheca	बहिःकपाट, उपरिप्रावर
Epithecium, Epithecia (pl.)	अध्यावरण
Epithelial	अधिच्छदीय
Epithelioma, Carcinoma	अधिच्छदार्बुद, अध्यार्बुद
Epitheliosis	अधिच्छद वृद्धि, अधिकलाभवन
Epitheliotropic	अधिच्छदानुवर्ती
Epithelium	अधिकला, अधिच्छद, उपकला
Epitheloid	अधिकलाभ, अधिच्छदाभ
Epithem	उद्स्रावी
Epitome	सार, निष्कर्ष, संक्षिप्त
Epitonic	अधितन्य, अतिश्रान्त
Epitope	अधिस्थानिक, उपरितलक, प्रतिजननिर्धारक, अध्यस्थ
Epitoxoid	अधिविषाभ, उपरि-आविषाभ
Epitrochlear	अधिचक्रक
Epivalve	उपरिकपाट
Epivertebral	अधिकशेरुक
Epizoology, Epizootiology	व्यापक पशु रोगविज्ञान, व्यापक प्राणि व्याधिकी
Epizoon, Epizoa (pl.)	पराश्रयी, अधिजन्तु, उपरिजीव
Epizoonosis	उपरिजीविता, उपरिजीवजन्य चर्मरोग, पशुमहामारी
Epizoonotology	उपरिजीवजन्य रोगविज्ञान
Epizootic, Epizoic	अधिजान्तव, उपरिजीवी, पराश्रयी
Epoch	युग, काल, युगान्तर
Epoikic	गृह्य (रोग), क्षेत्रीय
Epontic	अधिलग्नी
Epsom salt, Rock salt (named for a bitter saline spring at Epsom in Surrey, England, a natural mineral compound magnesium sulfate)	सेंधा नमक, जुलाबी नमक, एप्सम लवण (स्वास्थ्य, सौन्दर्य, बाग़बानी व घरेलू उपयोग का नमक)
Epulis, Epulides (pl.)	पप्पुट (मसूढ़े की गाँठ)
Epural	पुच्छपृष्ठ
Equability	तुल्यता, तुलनीयता
Equable	तुल्य, तुलनीय, समकरणीय
Equal	सम, समान, बराबर करना

Equality समता, समानता
Equalization, Equalize समकरण, समान करना
Equalizer समकारी, समकारित्र
Equanimity समचित्तता, समबुद्धि, धृति, धैर्य
Equanimous समचित्त, समबुद्धि, स्थितप्रज्ञ
Equate समीकृत करना, बराबर मानना
Equation समीकरण, समीकार, समता
Equator निरक्ष, विषुवत्, विषुवत्रेखा, भूमध्यरेखा
Equatorial निरक्षीय, भूमध्यरेखीय, विषुवतीय, भूमध्यवर्ती
Equi- (prefix) सम-, तुल्य-
Equiangle समकोण
Equiangular समकोणीय, समकोणिक
Equiaxed समाक्षी, सविम
Equidimensional समविमीय, समायामी
Equidistant समदूरस्थ, समदूरवर्ती
Equilateral समपार्श्व, समभुज
Equilibrant सन्तुलक, साम्यक
Equilibration साम्यन, समतोलन
Equilibrium साम्य, साम्यावस्था, सन्तुलन
Equimolar, Equimolecular समाण्वीय, अणुतुल्य, सम-अणुक
Equimultiple समापवर्तक, समापवर्त्य, समगुणज
Equine अश्वीय, आश्व, अश्ववंशी, घोड़े से सम्बन्धित, अश्व-
Equine encephalitis (a mosquito *Culex* sp., bite borne arboviral fatal disease of horses and man) अश्व मास्तिष्कशोथ, अश्वमस्तिष्क ज्वर, घोड़ों का दिमाग़ी बुख़ार
Equinoctial विषुवीय, विषुव सम्बन्धी
Equinox विषुव (शारदीय तथा वासंतिक), समरात्रि, समदिवारात्रिकाल
Equipage, Equipment उपकरण, उपस्कर, सज्जा-सामग्री
Equipollent समक्षम, समान, तुल्य (भार, बल, मान आदि में)
Equipoise समतोल, साम्यावस्था
Equiponderant समभार
Equipotent समक्षम, समप्रभावी/समशक्त (औषधि)
Equipotential समविभव, समक्षमता
Equipped उपस्करयुक्त, उपकरणमय, सुसज्जित
Equitoxic समविषाक्त, समविषालु
Equivalence, Equivalency समसंयोजकता, समानता
Equivalent समतुल्य, तुल्य, तुल्यांक, समसंयोजक
Equivalent weight तुल्यांक भार
Era महाकल्प, काल, युग
Eradiate, Eradiation विकीर्ण करना, विकिरण
Eradication उन्मूलन, मूलोच्छेदन
Eramous शाखारहित, अशाखी
Erase, Erasing मिटाना, लुप्त करना, विलोपन
Eraser विलोपक, अपमार्जक
Erasure उद्घर्षण, अपमार्जन
Erect, Erection खड़ा करना, उत्थापन
Erectile उत्थाप्य, उत्थानक्षम, हर्षोति
Erectility उत्थाप्यता, उत्थानक्षमता
Erecting, Erective उत्थापी, उच्छायी
Erector उत्थापक, उच्छयक
Eredosome रक्ताणुद्रव्य, रक्तकोशाप्रस
Eremite एकान्तवासी, सन्यासी
Eremophilic, Eremophilous मरुरागी
Eremophyte, Xerophyte मरुस्थली पादप, मरुपादप, मरुद्भिद्
Erg (derived from Greek word ergon means work, 1 erg=10^{-7} Joule) अर्ग (सेन्टीमीटर-ग्राम-सेकण्ड प्रणाली के अन्तर्गत कार्य/ऊर्जा की एक इकाई)
Ergastoplasm, Endoplasmic reticulum जालद्रव्य, अन्तर्द्रव्यजालिका
Ergasia श्रमक्षमता
Ergastic श्रमक्षम, चक्राण
Ergate मजदूर चींटी, श्रमिक पिपीलिका
Ergogenesis, Ergogeny श्रमजनन, श्रमभवन
Ergogenic, Ergogenous श्रमजनी, श्रमजनित
Ergograph कार्यक्षमतालेखी
Ergon श्रमाणु
Ergonomics श्रमदक्षता शास्त्र, नृकर्म विज्ञान
Ergophobia कार्यभीति, श्रमभीति
Ergophobic कार्यभीरु, श्रमभीरु
Ergosome, Polyribosome गदाककाय, गदाकपिण्ड

Ergot (*Claviceps purpurea*, a fungus of family Clavicipitaceae, affecting some grasses e.g. rye)	गदाक (एक कवक)
Ergotherapy	श्रम चिकित्सा
Ergotism	गदाक-दोष
Ergotoxicosis	गदाक-विषरुग्णता
Ergotoxin (an alkaloid of fungus Ergot)	गदाकाविष
Ericoid	क्षेप्यजाभ, क्षेप्यजवत्
Erigens	उत्थापकारी, उत्थापी
Erio- (prefix)	ऊर्ण-, तन्तु-
Eriochrome	ऊर्णवर्णक
Eriophyllous	ऊर्णपर्णी, तन्तुपत्री
Erethism	आंगिक उत्तेजना, असामान्य विक्षुब्धता
Erithetic	असामान्य क्षोभात्मक, अस्वाभाविक क्षोभ
Ermine, Stoat (*Mustela erminea*, a furry short tailed wild mammal of weasel family Mustelidae)	एर्माइन (एक रोयेंदार नेवला प्रजाति)
Erode	काटना, कटना, क्षरण होना
Erogenous	कामोत्तेजक, कामोद्दीपक, कामतृप्तिदायक
Erose, Eroded	अपक्षरित, अपरदित
Erosion	अपरदन, (भू)क्षरण, कटाव
Erosive	अपरदनकारी, (भू)क्षरणशील
Erotic	कामुक, कामोद्दीपक, रत्यात्मक, शृंगारिक
Eroticism	कामुकता, कामोद्दीप्ति
Erotogenesis, Erotogeny	कामोद्भव, कामोद्दीपन
Erotomania	कामोन्माद, अतिकामेच्छा
Erotomaniac	कामोन्मादी, अतिकामेच्छु
Erotophobia (fear of sex)	सहवासभीति, रतिभीति
Err	अशुद्ध होना, भूल करना
Errant	आप्लावी, यायावर, विपथगामी, पथभ्रष्ट, भ्रमणशील
Erratic	अनियमित, विस्थापित, अपोढ़, अनियत, अनिश्चित
Erratic rock	विस्थापित चट्टान
Erroneous	विभ्रान्त, भूलयुक्त, विभ्रमपूर्ण, त्रुटिपूर्ण
Error	त्रुटि, भूल, ग़लती
Erubescent	आरक्त, अरुण, लालिमायुक्त
Erubescence	आरक्तता, अरुणिमा, लालिमा
Eruciform	सूँड़ीरूपी, इल्लारूपी (डिम्भक), पदातिजातकरूपी
Eruct, Eructate	डकारना, विस्फोट होना
Eructation	डकार, विस्फोट
Erumpent, Erupting, Eruptive	उद्गामी, उद्भेदी, विस्फोटी, उत्स्फोटी, स्फुटनशील
Eruptibility	स्फुटनीयता, विस्फोट्यता
Eruptible	स्फुटनीय, विस्फोट्य
Eruption	उद्भेदन, विस्फोटन, उद्गार, फोड़ा
Erysipelas	दद्रु, दाद, विसर्प, अरुणचर्म
Erysipelotoxin	अरुणचर्माविष, दाद का आविष, दद्रुविषि
Erythema	त्वग्रक्तिमा, चर्मलालिमा, चमड़ी की लाली
Erythemogenic	त्वग्रक्तिमकारी
Erythrism	अतिरक्तता
Erythro-(prefix)	रक्त-, रुधिर-
Erythroblast	रक्ताणुकोरक
Erythroblastosis	रक्ताणुकोरकता
Erythrocyanosis	रक्त-श्यामता, लोहितश्यामता
Erythrocyte, Red blood corpuscle (RBC)	रक्ताणु, लोहित कोशिका (लाल रञ्जक-हीमोग्लोबिनमय), लाल रक्त कणिका
Erythrocyte sedimentation rate (ESR)	रक्ताणु अवसादन दर, रक्ताणु निक्षेपण दर
Erythrocytosis	रक्तकोशाधिक्यता, अतिरक्ताणुता
Erythroid (related to erythrocytes and their precursors)	रक्ताण्वीय, सकल रक्तावण्वीय
Erythrokinetic	रक्ताणुगतिक
Erythrokinetics	रक्ताणुगतिकी
Erythroleucoplakia	अरुण श्वेत मुखांगिता, रक्तश्वेत सिध्म
Erythromatous	रक्ताभ, रक्तिम
Erythrometric	रक्ताणुमितीय
Erythrometry, Erythrocytometry	रक्ताणुमिति
Erythron (erythrocytes and their precursors in bone morrow)	सकल मज्जा रक्ताणु
Erythrophage	रक्ताणुभक्षी

Erythro-phagocytosis रक्तभक्षकाणुता, रक्तभक्षाणुता
Erythrocyturia रक्ताणुमेह, रुधिराणुमूत्रता
Erythrophore रक्तलवक
Erythroplakia अरुण मुखांगिता, रक्तसिध्म
Erythroplasia रक्तफलन
Erythroplastid रुधिरलवक
Erythrophyll पर्णारुणिम, लोहितपर्ण
Erythropoiesis लोहितकोशिकाजनन, रक्ताणुजनन, रक्तकोशोत्पत्ति
Erythropsia, Erythropia अरुणदृष्टि, अरुणदर्शिता
Erythropyknosis रक्ताणुरूपान्तरण, रक्तकोशारूपान्तरण
Erythrorrhexis रक्तकोशाक्षत
Erythrose (a tetrose, monosaccharide sugar with four carbon atoms and an aldehyde group) आरक्तधु, अरुणधु
Erythrosis आरक्तता, लालिमा
Erythuria, Haematuria रक्तमेह, रुधिरमूत्रता
Escalation तीव्रीकरण, त्वरित वृद्धि
Escalator चलसोपान, यान्त्रिक सीढ़ी
Escalope, Escallope तला हुआ हड्डीरहित मांस का कतला
Escape निकास, पलायन, बचना
Escape velocity पलायन वेग
Escarp, Escarpment खड़ी ढलान, कगार
Eschar संक्षार प्रलेप
Escharotic संक्षारी, प्रदाही
Eschatology परलोक विद्या, मरणोत्तर-शास्त्र, युगान्तविज्ञान
Escribe बहिर्वृत्त खींचना
Escrow निलम्बलेख
Esculent, Esculentus खाद्य, भक्ष्य, भोज्य, खाने योग्य (पदार्थ)
Eseptate पटहीन, अपटीय
Eskimo एस्किमो (उत्तरी ध्रुव जैसे बर्फ़ीले क्षेत्र के निवासी)
Esophagiography ग्रासवाहिन्यालेखन
Esophagitis, Oesophagitis ग्रसिकाशोथ, ग्रासवाहिनी प्रदाह
Esophagous, Oesophagous ग्रसिका, ग्रासनली, ग्रासवाहिनी, भोजन-नलिका
Esophagoscope ग्रासवाहिनीदर्शी
Esophagoscopy ग्रासवाहिनी दर्शन
Esophagology, Oesophagology ग्रसिकाविज्ञान
Esophoria उपाविवर्तिषा
Esoteric गोपनीय, गुह्य, गूढ़
Esotropia उपाविवर्तिता, भेंगापन
Espacement अन्तरण
Espalier लता जाल, ज़ाफ़री
Espial आलक्षण, ईक्षण, दर्शन
Espirit सजीवता
Essence परिमल, सार, सुगन्ध, अर्क
Essential तात्विक, मूलभूत, मौलिक, अत्यावश्यक
Essential oil सगन्ध तैल, सुगन्धित तेल
Essential element अत्यावश्यक तत्व
Ester प्रलवण, ईस्टर
Esterization, Esterification प्रलवणन, प्रलवणीकरण, ईस्टरीभवन
Esterize, Esterify ईस्टर बनाना, प्रलवण निर्माण
Esthesia, Aesthasia अनुभूति, संवेदना, उद्दीपन संवेद, संवेदनशीलता
Esthesiology संवेदना विज्ञान
Esthetic, Esthetical सौन्दर्यात्मक
Estiferous उष्णताकारी, ऊष्माजनक
Estimate अनुमान लगाना, आँकना, कूतना
Estimated अनुमानित, आकलित
Estimation परिमापन, आकलन, प्राक्कलन, अनुमान
Estimator आकलक, अनुमानकर्ता
Estival, Estivial ग्रीष्मीय, ग्रीष्मकालीन
Estivation, Aestivation ग्रीष्मनिष्क्रियता, दलविन्यास (फूलों में)
Estrinization स्त्रीमदजन्य रूपान्तरण
Estrogen, Oestrogen स्त्रीमदजन
Estrus, Estrous, Estrum कामोन्माद, मदचक्र
Estuarine नदमुखी, ज्वारनदमुखी, नदसागरसंगमी
Estuarine water मुहाना जल, नदमुखीजल
Estuary नदीमुख, मुहाना, नदसागर संगम, वेलासंगम, ज्वारनदमुख
Esurience बुभुक्षा, भूख, लालच
Etaerio, Aeterio पुञ्जफल, समूहफल
et al (a Latin phrase et alia) और अन्य, आदि, वगैरह
Etch, Etching उत्कीर्ण करना, निक्षारण, उरेहना, रसोत्कीर्णन, अम्ललेखन
Etchant, Etcher निक्षारक, उत्कीर्णक
Etched निक्षारित, उत्कीर्णित

Eternal	शाश्वत, नित्य, निरन्तर
Eternity	अनन्तकालिता, शाश्वतता, नित्यता
Ether	दक्षु (एक रंगहीन द्रव)
Ethereal	ईथरीय, वायवीय, अतीन्द्रिय
Etherification	दक्षुकरण, ईथरीकरण
Etherify	दक्षु बनाना, ईथर बनाना
Ethic, Ethical	नैतिक, नीतिशास्त्रीय
Ethics	आचार शास्त्र, नीतिशास्त्र
Ethmoid bone	झर्झरिकास्थि
Ethnic, Ethnical	मानवजातीय, नृजातिविषयक, प्रजातीय, सजातिविषयक
Ethnicity	प्रजातीयता, जातीय आधार
Ethnics, Ethnology	मानवजाति विज्ञान, नृजातिविज्ञान
Ethnobiology	नृजातिजैविकी
Ethnobotany	मानव-वानस्पतिकी, नृजातिवनस्पतिविज्ञान
Ethnocosmetics	नृजाति-अंगराग
Ethnography	जातिवृत, जातिवर्णन, नृजातिचित्रण
Ethnomedical	नृजातिचिकित्सीय, मानवजाति औषधीय
Ethnomedicine	मानवजातीय-औषधि, नृजाति-औषधि
Ethnomycology	नृजाति कवकविज्ञान
Ethnophar-macology	नृजाति भेषजविज्ञान, लोकभेषज गुणविज्ञान, नृजाति भैषजिकी
Ethnothera-peutics	मानवजाति चिकित्साविज्ञान, नृजाति उपचारिकी
Ethology, Bionomics	आचारशास्त्र, जैववासिकी, जीव-पारिस्थितिकी
Ethos	जातीय गुण (स्वभाव, प्रकृति, संस्कार, चरित्र)
Ethyl	दक्षुल, ईथाइल, एथिल
Ethylation	दक्षुलन, ईथाइलीकरण
Etiolate, Etiolation	पीला होना, वर्णहीन होना, पाण्डुर होना, पाण्डुरण, विवर्णन, वर्णहीनन
Etiology, Aetiology	हेतुविज्ञान, हैतुकी, कारण-ज्ञान
Etiotropic	उपचारवर्ती
Etruscan shrew (*Suncus etruscus,* a smallest mammal of family Soricidae, with 4 cm. lenght and 1.8 gm body weight	इत्रुस्कैन छछूँदर (सबसे छोटा स्तनधारी
Etymological	व्युत्पत्तीय, व्युत्पत्तिमूलक, व्युत्पत्ति-विषयक
Etymologize	व्युत्पत्ति निकालना
Etymology	व्युत्पत्ति, निरुक्ति, निरुक्त
Eu- (prefix)	सु-, सत्य-, सरल-
Euangiotic	सुवाहिनिक
Eubacterium, Eubacteria (pl.)	सुजीवाणु, सत्यजीवाणु, सरलशाकाणु
Eubiosphere	सुजैवमण्डल
Eubiotic	सुजैविक, सुजीवीय
Eubiotics	सुजैविकी
Eucalyptus (*Eucalyptus* sp., a flowering timber tree of family Myrtaceae with aromatic medicinal oil)	गन्धसफ़ेदा, यूकैलिप्टस (वृक्ष), अनुकर्पूर, तैलपर्णी, नीलगिरी
Eucapnea, Eucapnia	सुप्रजद्विरक्तता (रक्त में कार्बन डाईऑक्साइड की पर्याप्तता)
Eucarpic	बहुफलिक, सुफलीय
Eucaryote, Eucaryotic, Eukaryote, Eukaryotic	सुकेन्द्रकी, सुनाभिकीय (सुस्पष्ट केन्द्रक/नाभिक युक्त कोशिका वाले जीव)
Euchromatin	सुरज्ज्या, स्वभिवर्णि
Euchromatopsia	सुवर्णदृष्टि
Euchrome	सुवर्णक
Eucoelomate	सुदेहगुहीय, सत्यदेहगुहीय
Eucone	सुशंकु
Euconjugate	सुसंयुग्मी, सत्यसंयुग्मी
Eudaemonia, Eudemonia	सुखशान्ति, आत्मप्रसाद
Eudiometer	वातिपरिमापी, वातिमापी, गैस आयतनमापी
Eudiometry	वातिपरिमामिति, वातमिति
Eudipsia	सुतृष्णा, पर्याप्त प्यास
Eugenic	सुजनिक, सुजननिक, सुजात
Eugenics	सुजननिकी, सौजनिकी, सुजात-विज्ञान, सृजनविज्ञान, सन्ततिविज्ञान
Eugenothenics	सुजनपरिवेशिकी, सौजनपरिवेशिकी
Euglena (*Euglena* sp., a single celled flagellate protozoon or alga of family Euglenaceae with chloroplast)	सुतारा, यूग्लीना (एक स्वयं-पोषी पर्णहरिम युक्त सूक्ष्म मृदुजलीय व समुद्री शैवाल)
Euglenoid	सुताराभ, यूग्लीनावत्
Euglycemia	सुमधुरक्तता
Eugonic	सुवर्धी

English	Hindi
Eukinesia, Eukinesis	सुगतिक्रम
Eukinetic	सुगतिक, सुगतिज
Eumorphism	सुरूपता
Eunuch	क्लीव, नपुंसक, हिजड़ा
Eunuchism	क्लीवता, नपुंसकता, हिजड़पन
Eunuchoid	क्लीवाभ, नपुंसकवत्, हिजड़ा जैसा
Eunuchoidism	क्लीवाभता, नपुंसकसदृशता
Eupepsia, Eupepsis	सुपाचन, सुपचन, सुपचता
Eupeptic	सुपाचक, सुपाच्य
Euphagia, Euphagy	सुभक्षिता, सुभक्षण
Euphenics	सूपचारिकी, सुवंशोपचारिकी
Euphonic	सुश्रव्य, श्रुतिमधुर, सुश्रवणीय
Euphonics	सुश्रव्यिकी
Euphony	सुश्रव्यता, सुस्वरता
Euphorbia, Spurge (*Euphorbia* sp., a perennial flowering plants of family Euphorbiaceae with poisonous milky latex)	दुद्धी, दुधिया, सेहुँड़ आदि
Euphoria, Euphory	उल्लासोन्माद, सुविवर्तिषा, कल्याण भावना, सुखबोध
Euphoric	सुखबोधी, उल्लासोन्मादी
Euphotic	सुप्रकाशित, सुप्रकाशी
Euplasia	सुघटन
Euploid	सुगुणित
Euploidy	सुगुणिता, सुगुणन, समगुणिता
Eupnea, Eupnoea	सुश्वसन
Euprostate	रेतःपाशी, सुपुरःस्थ
Eupyrene, Eupyrous	सुनाभिक, सुकेन्द्रकी
Eurhythmic(al)	लयबद्ध, लययुक्त, तालांगगतिक, सामंजस्यपूर्ण
Eurhythmics, Eurhythmy	लय व्यायाम, तालांगगतिकी संगीत संग चेष्टाक्रम
Euro (a European currency as well as emission exhaust standard for light motor vehicles)	यूरो (एक यूरोपीय मुद्रा व स्वचालित वाहन उत्स्राव मानक)
Eurycephalic, Eurycephalous	पृथुशिरस्क, पृथुशीर्षी
Eurychori	प्राधिकीर्ण
Euryhaline	पृथुलवणी
Euryphagous, Euryphagic	विविधाहारी
Euryphotic	प्राधिप्रकाशी
Eurythermic, Eurythermous, Eurythermal	पृथुतापीय, पृथु-ऊष्मिक, पृथु-ऊष्मीय
Eurytopic	पृथुस्थैतिक, अधिस्थितिशील
Eusocial	सुसामाजिक, सुसंघचारी
Eusporangium, Eusporangia (pl.)	बहुजधानी, सुबीजाणुधानी
Eustachian tube	कण्ठ-कर्णनलिका, ग्रसनी कर्णनाल
Eustatic	सुस्थैतिक, विश्व समुद्र तलीय स्थैतिक
Eusystole	सुप्रकुञ्चन
Eusystolic	सुप्रकुञ्ची, सुप्रकुञ्चीय
Eutectic	द्रवणक्रान्तिक, सुद्रवी, गलनक्रान्तिक
Eutectoid	सुद्रवणाभ
Euthanasia, Euthanasis	सुखमृत्यु (असाध्य रोगी की)
Euthenics	सुपरिवेशविज्ञान, सौपरिवेशिकी
Euthermic	उष्णतावर्धी, सुतापीय
Euthermophile	उष्णतारागी
Euthyneural, Euthyneurous	अवलिचेत, सरल-स्नाविक, ऋजुतन्त्रिकीय
Euthyroid	गलसम, सुअवटु
Eutrophic	सुपोषी, सुपोषणी
Eutrophication	सुपोषण
Evacuate, Vacate	ख़ाली करना, रिक्त कराना, अभिशून्य करना
Evacuant, Evacuating	रेचक (औषधि), अभिशून्यकारी, उत्सारी
Evacuation	रिक्तीकरण, अभिशून्यन
Evacuator	रिक्तक, शून्यक
Evagation	विपथन, परिभ्रमण, पदच्युति
Evaginated	बहिर्वलित, बहिःवर्तित, उद्वर्तित
Evagination, Eversion	बहिर्वलन, बहिर्वर्तन, उद्वर्तन
Evaluate	मूल्यांकन करना, मान निकालना
Evaluation	मूल्यांकन, मूल्यनिर्धारण, मानांकन
Evaluative	मूल्यात्मक, मानांकी
Evanesce	लुप्त होना, गायब होना
Evanescence	क्षणभंगुरता, क्षणिकजीविता
Evanescent	तिरोगामी, क्षणिकजीवी, क्षणभंगुर

English	Hindi
Evaporability, Volatility	वाष्पनीयता, वाष्पशीलता
Evaporable, Volatile	वाष्पनीय, वाष्पशील
Evaporate, Vaporize	वाष्पित होना/करना, वाष्पित कर सुखाना
Evaporated, Vaporized	वाष्पित, उद्वाष्पित
Evaporating, Evaporative	वाष्पनकारी, वाष्पणिक, वाष्पनशील
Evaporation, Vaporization	उद्वाष्पन, वाष्पन, वाष्पीकरण
Evaporator, Vaporizer	उद्वाष्पक, वाष्पक, वाष्पित्र (यन्त्र)
Evaporimeter	वाष्पनमापी
Evapo-transpiration	वाष्पोत्सर्जन, वाष्पन-उत्सर्जन
Evection	चन्द्रक्षोभ
Evening, Eventide	सन्ध्या, शाम, सन्ध्याकाल
Evening star	सान्ध्यतारा (शुक्र)
Evenomation	जीविषहरण, जीविष निष्क्रियण, दंशविष निष्कासन
Evenness	समता, एकरूपता, बराबरी
Even-toed	युग्मांगुलित
Everglade	दलदल भूखण्ड
Evergreen	सदाबहार, सदापर्णी, सदाहरित, नितहरा
Eversion, Evagination	बहिःवर्तन, उद्वर्तन
Evert	बहिर्वलित करना, बाहर की ओर उलटना, बहिर्नत करना
Everted	बहिर्वलित, उद्वृत्त, बहिर्नत
Evertor	बहिर्वर्तक, उद्वर्तक
Evident	प्रकट, सुस्पष्ट, प्रमाणित, व्यक्त
Evirate	बधिया करना, स्त्रैण बनाना
Eviscerate, Viscerate	आन्तरांग-क्षेप, उदरांग/आँत निकालना
Evocation	उत्प्रेरण
Evocator	उत्प्रेरक
Evolute	केन्द्रज, विकासज
Evolution	विकास, क्रम विकास, उद्भव, मूलक्रिया
Evolutionary	विकासात्मक, विकासमूलक, विकासीय
Evulsion	उद्ग्रहण, उत्कर्षण, उत्पाटन, उन्मूलन
Ewe	भेंड़ी (मादा भेंड़)
Ewer	मटका (चौड़े मुँह का बड़ा घड़ा)
Exacerbate, Exacerbation	कटु बनाना, उत्तेजन, चिढ़ाना, क्रोधोद्दीपन
Exact	सटीक, परिशुद्ध
Exactitude	यथातथ्य
Exaggerated	अतिशयवृद्धि, अतिरञ्जित
Examine, Examination	परीक्षा लेना, जाँचना, परखना परीक्षा, परीक्षण, जाँच
Exanimate	निर्जीव करना, निश्तेज, निश्चेत
Exanimation	निष्प्राणन, निश्चेतन, देहान्त
Exannulate	वलयहीन
Exanthema	स्फोटक (ज्वर)
Exanthropic (originating outside of human body)	मानवेतर
Exarch	बहिःरम्भ, राजपाल, बिशप
Exarticulation	असंलग्नन, सन्धिविच्छेदन
Exasperate	उत्तेजित या कुपित करना
Exasperation	उत्तेजन, क्रोध, प्रकोप, क्षोभ
Excalation	उत्थान
Excarnate, Excarnation	मांस हटाना, पेशीमोचन
Excavate	खोखला करना, खोदना, सन्दंशाकार
Excavated	उत्खनित, खुदा हुआ
Excavation	उत्खनन, खुदाई, गर्तन
Excavator	उत्खनक, उत्खनित्र (यन्त्र)
Excelsior	लकड़ी की छीलन, अपेक्षाकृत ऊँचा
Excentric, Excentrical	उत्केन्द्रीय, उत्केन्द्रक, सनकी
Excernent, Expulsive	निष्कासक, निष्कासी, बहिष्कारक
Exchange	विनियम, अदला-बदली, लेन-देन, आदान-प्रदान
Excide	काटकर अलग करना
Excipient (inactive substances like colouring agent, preservatives or fillers in any medicine)	अनुयान, अनुद्रव्य, प्रवासी, बन्धक, आपत्तिकारी
Excise	काटना, उत्पादशुल्क, आबकारी
Excised	कर्तित, उच्छेदित, कटा हुआ
Excision	उच्छेदन, कर्तन, कटाई
Excitability	उत्तेजनीयता, उद्दीप्यता
Excitable	उत्तेजनीय, उत्तेज्य, उद्दीप्य
Excitant	उत्तेजक, उद्दीपक, प्रोद्दीपक
Excitation	उत्तेजन, उद्दीपन, ऊर्जन
Excitative, Excitatory	उत्तेजनाकारी, आवेशी, प्रोद्दीपनशील
Excite	प्रोद्दीप्त करना, आवेशित करना, उत्तेजित/सक्रिय होना

Excited	उत्तेजित, सक्रिय, ऊर्जित, आवेशित, प्रोद्दीप्त, विक्षुब्ध
Excited state	आवेशित/सक्रिय अवस्था
Excitement	उत्तेजना, प्रोद्दीप्ति उद्दीप्ति, उद्वेग, आवेश
Exciting	उद्दीपक, उत्तेजक, प्रोद्दीपक
Exciton	उत्तेजाणु
Excitonutrient	प्रोद्दीप्ति पोषण, पोषण प्रोद्दीपन
Excitotoxicity	प्रोद्दीप्ति विषाक्तता
Exclave	बहिःक्षेत्र
Exclude	अपवर्जित करना, बाहर निकाल देना
Excluded	अपवर्जित, वर्जित, बहिष्कृत
Exclusion	बहिष्करण, निष्कासन, अपवर्जन
Exclusive	अपवर्जी, अनन्य, एकान्तिक
Exclusiveness	अपवर्जिता, अनन्यता
Excogitate	सोचकर निकालना, खोज निकालना, उपाय करना
Exconjugant	पूर्वसंयुग्मक
Excoriate	चमड़ी उतारना, भर्त्सना करना, छीलना
Excoriation	निस्त्वचन, चर्मविदारण, छिलन, निस्त्वचीकरण
Excorticate	वृक्ष की छाल छीलना
Excortication, Decortication	वल्कुट विहीनन
Excrescence	प्रवृद्धि, अपवृद्धि, अंकुरण
Excrescent	प्रवर्धी, अपवर्धी, अंकुरणशील
Excreta, Excrement	मलमूत्र, विष्ठा, बीट, लीद, उत्सर्ग, मलोत्सर्ग
Excrete	उत्सर्जित करना, मल त्यागना
Excretion	उत्सर्जन, मलोत्सर्जन, मलत्याग
Excretory	मलोत्सर्गी, उत्सर्जी, उत्सर्जनशील
Excruciate	पीड़ा देना, कष्ट देना
Excruciation	उत्पीड़न, यन्त्रणा
Excurrent	अपवाही, बहिर्वाही, बहिर्वर्धी
Exenteration	आन्त्र निष्कासन, उदरांग निष्कासन
Exercise	अभ्यास, परिश्रम, व्यायाम
Exergame (video games in form of exercise for physical fitness)	व्यायामी खेल, कसरती खेल
Exergonic, Exoergic	ऊर्जाक्षेपी, ऊर्जोन्मोची
Exergy (available energy)	लब्धोर्जा (उपलब्ध ऊर्जा)
Exert, Exertion	प्रयास करना, काम में लाना, चेष्टा, उद्योग
Exfoliate	पर्त उतारना, छिलना, पत्ती हटाना
Exfoliation	अपशल्कन, अपपर्णन, अपदलन, दाँत गिरना, छिलना
Exfoliative	अपपर्णी, अपशल्कनशील
Exhalation	उच्छ्वास, उच्छ्वसन, निःश्वसन, वाष्पोत्सर्जन
Exhale	श्वास छोड़ना, भाप छोड़ना
Exhaling, Exhalent	उच्छ्वासी, अपवाही, निःश्वासी, श्वास छोड़ने वाला
Exhaust	निश्लेषित करना, रेचन करना, थकाना, उत्स्रावित करना
Exhaust pump	रेचक पम्प
Exhaustibility	उत्सवणीयता, निर्वातनीयता
Exhaustible	निश्लेषणीय, निर्वातनीय, रेचनीय, उत्स्रवणीय, उत्स्राव्य
Exhaustion	निकास, निर्वातन, निश्लेषण, थकान, उत्स्रवण, परिश्रान्त
Exhaustive	व्यापक, विस्तीर्ण, सर्वांगीण, थकाऊ, उर्वरताहारी, निःशेष
Exhibit	प्रदर्शित करना, प्रदर्श, प्रदर्शनार्थ सामग्री
Exhilarant	आनन्ददायक, आह्लादक, उल्लासदायी
Exhumation	उत्खनन, शवोत्खनन
Exhume	खोदकर निकालना, प्रकाश में लाना, गड़े मुर्दे उखाड़ना
Exigible	आहरणीय, बलात् ग्राह्य, ग्रहणीय
Exigency	अत्यावश्यकता, अनिवार्यता
Exiguity	स्वल्पता
Exiguous	स्वल्प, लघु, अल्प
Exility	सूक्ष्मता
Exine, Extine	बाह्यचोल, बाह्यकवच
Existence	अस्तित्व, जीवन, वजूद
Exit	निकास, निर्गम (द्वार), बाहर जाना
Exite	बहिःपाल, बहिःरंग
Exitus	समापन, बहिष्करण, मृत्यु
Exoantigen	बाह्यप्रतिजन
Exobiology, Space biology	बाह्यजैविकी, अन्तरिक्ष जीवविज्ञान
Exobiosis	बहिर्जैवक्रिया
Exocarp	बाह्यफलभित्ति
Exoccipital	उत्पश्च-कपाल
Exochiton	बाह्यावर

Exocone बहिःशंकु
Exocrine बाह्यस्रावी, बहिर्स्रावी, वाहिकास्रावी, बाह्योत्सर्गी
Exocrine gland, Duct gland बाह्यस्रावी ग्रन्थि, वाहिकास्रावी ग्रन्थि
Exocuticle बाह्य-उपचर्म
Exocyclic बाह्य-चक्री
Exocytosis (a cytophysiological process to exclude the materials) बाह्य-निर्गमन, बहिःनिर्गमन
Exodermis बाह्यत्वचा, बहिःस्तर
Exodontia दन्तनिष्कासन, दन्तनिष्कर्षण
Exodus निष्क्रमण, निर्गमन, प्रस्थान
Exoenzyme बाह्यकिण्वक, बहिःविकर
Exoergic, Exergonic ऊर्जोन्मोची, ऊर्जोत्सर्जी
Exoerythrocyte बाह्यरक्ताणु, बहिःरक्तकोशा
Exogamy बहिर्विवाह, बाह्ययुग्मन, बहिर्युग्मन, विजातीय विवाह
Exogastric बहिःजठरीय, अग्रवक्र
Exogastrula, Extrogastrula अपस्यूतिभ्रूण
Exogastrulation, Extrogastrulation अपस्यूतिभ्रूणन
Exogene बहिर्जन
Exogenetic, Exogenic बहिर्जनिक, बहिर्जनी
Exogenous बहिर्जात, बहिर्जन्य
Exognosis बहिर्निदान
Exogynous बहिःजायांगी, बाह्याण्डपी
Exohormone, Ectohormone, Pheromone बहिःस्राव
Exo-intine बाह्यान्तर कवच, मध्यचोल
Exome बाह्यरोम
Exomphalos बहिर्नाभीयता (एक प्रकार का हर्निया)
Exon संकेतांश
Exonephric बाह्यवृक्कीय, बाह्योत्सर्जी
Exoparasite, Exoparasitic बाह्यपरजीवी
Exophoria अपविवर्तिषा
Exophthalmic, Exophthalmos नेत्रोत्सेधी, उदक्षिगोलीय
Exophthalmus नेत्रोत्सेध, उदक्षि-गोल
Exophyte बाह्यपादप
Exoplanet (a planet out of our solar system) बाह्यग्रह
Exopodite बहिरुपांग, बाह्योपांग
Exoproct, Ectoproct बहिर्गुदा, बाह्यगुदा
Exorbitance अत्यधिकता, असीमता, अतिशयता
Exorbitant अत्यधिक, असीम, अतिशय
Exoscopic बाह्याग्र
Exosepsis बाह्यपूतिता, बहिर्पूयता
Exoskeleton बाह्यकंकाल, बहिःकंकाल
Exosmosis बहिःपरासरण, बाह्यासृति
Exosphere (a part of thermosphere) बहिःमण्डल, आयनमण्डल
Exospore बाह्यबीजाणु, बहिर्बीजाणु
Exosporium, Exosporia (pl.) Exine बाह्यबीजचोल, बाह्यकवच
Exostosis (an outgrowth from bone covered with cartilage) अस्थिगण्डभवन
Exoteric बहिरंग, बाह्य, सामान्य, प्रचलित
Exothermic, Ectothermic ऊष्मोन्मोची, ऊष्मारेची, ऊष्माक्षेपी
Exotic अभ्यागत, विदेशज, अन्य स्थानिक, विदेशागत
Exotoxic बाह्यविषालु, बहिःविषाक्त
Exotoxin बाह्याविष, बहिःआविष
Expand फैलना, फैलाना, बढ़ना, विस्तृत करना/होना
Expandable विस्तार्य
Expander, Extensor विस्तारक, प्रसारक
Expansible प्रसार्य, प्रसरणीय
Expansive प्रसरणशील, प्रसारी
Expansion प्रसरण, प्रसार, विस्तारण
Expectancy प्रत्याशा, प्रत्याशिता, उपेक्षा
Expectorant कफनिस्तारक, कफोत्सारक
Expectorate खँखारना, खाँसकर कफ निकालना
Expectoration कफोत्सारण, कफनिस्सारण
Expedite शीघ्र निपटाना
Expedition खोज यात्रा, अभियान
Expel, Exsert, Extrude, Extrue निष्कासित करना, बाहर निकालना
Expellant निष्कासक
Experiment प्रयोग, प्रयोग करना
Experimental प्रायोगिक, प्रयोगात्मक, प्रयोगमूलक
Experimentation प्रयोगन, प्रयोग-कार्य
Experimenter प्रयोगकर्ता, प्रयोक्ता
Expiration समापन, निःश्वसन, उच्छ्वास

Expire निःश्वसन करना, साँस छोड़ना, मर जाना, समाप्त होना
Expiry अवसान, समाप्ति, देहान्त
Explant उत्रोपित करना, उत्रोप, कृत्रिम माध्यम में ऊतक रोपना
Explantation उत्रोपण
Expletive पूरक, अनुपूरक, पूरकशब्द
Explicate अवलित
Explode विस्फोट करना, उत्स्फोट होना
Exploration गवेषणा, अन्वेषण, समन्वेषण, खोज
Exploratory अन्वेषी, खोजी, समन्वेषणात्मक
Explore खोज करना, अन्वेषण करना
Explorer समन्वेषक, अन्वेषित्र (यन्त्र)
Explosion स्फोटन, विस्फोट, धमाका
Explosive विस्फोटक, उत्स्फोटी, स्फोटनशील
Exponent घातांक, चरघातांक, द्योतक, आख्याता
Export, Exportation बाहर भेजना, निर्यात,
Exportable निर्यात्य, बाहर भेजने योग्य
Expose खोलना, प्रकट करना, प्रभाव में डालना, उद्भासित करना
Exposition प्रतिपादन, प्रदर्शन, विगोपन, अभिव्यक्ति
Exposure उद्भासन, प्रभावन, अनावरण
Expression अभिव्यक्ति, मुखमुद्रा, व्यञ्जक
Expulsion निष्कासन, बहिष्करण, निर्वासन
Expulsive निष्कासी, बहिष्कारक, रेचक
Expunction उन्मार्जन, विलोपन
Expunge काट देना, मिटा देना, पोंछना, उन्मार्जित करना
Expurgate, Expurgation परिशोधित करना, छाँटना, मल हटाकर साफ करना, परिशोधन, परिष्करण
Expurgator परिशोधक, परिष्कारक, परिशोधित्र (यन्त्र)
Exquisite उत्कृष्ट, तीव्र, अतिसंवेदी
Exsanguinate रक्तहीन/क्षीणरक्त बनाना
Exsanguine, Exsanguinous रक्तहीन, क्षीणरक्ती
Exsanguinity रक्तहीनता, क्षीणरक्तता
Exscind विच्छेदित करना, काट कर अलग करना, छाँटना
Exsect काटना, विच्छेदित करना
Exsection, Excision कर्तन, उच्छेदन, विच्छेदन
Exsert बहिःक्षेपण, बाहर निकालना
Exserted बहिःक्षेपित, बाहर निकला हुआ
Exsiccate गिर कर सूखना, छान/अलग कर सुखाना, शुष्क बनाना
Exsiccation शुष्कन, उच्छोषण, मरुस्थलीकरण
Exsiccatus शुष्क, उच्छोषित
Exsiccosis शुष्कता, निर्जलता
Ex situ उत्थाने
Exsolution अपविलयन
Exsorption बाह्यशोषण
Extant वर्तमान, विद्यमान, प्रचलित
Extemporaneous, Extempore तात्कालिक, आशु
Extend, Expand विस्तृत करना, तानना, फैलाना/फैलना
Extendible विस्तार्य, विस्तार योग्य
Extensibility वितान्यता
Extensible, Extensile वितान्य
Extension विस्तार, तानन
Extensity प्रसार, व्याप्ति
Extensive विस्तृत, व्यापक, प्रसारणशील
Extensively drug resistance/resistant (XDR) व्यापक औषधि प्रतिरोध, विस्तृत औषधि प्रतिरोधिता, बृहत् औषधि प्रतिरोधी
Extensiveness, Extensivity विस्तीर्णता, व्यापकता, प्रसारणशीलता
Extensor वितानक (पेशी), प्रसारक
Extent सीमा, विस्तार, फैलाव
Extenuate, Extenute कम करना, घटाना, निर्बल करना
Extenuating, Extenuative न्यूनकारी, लघुकारी
Extenuation लघुकरण, न्यूनन, निर्बलन
Exterior, External बाहरी, बहिर्मुख, बाह्य, बहिः, भौतिक
Exterior angle बहिष्कोण
Exteriority बहिर्मुखता
Exteriorization बाह्यरूपण, बहिष्करण
Exteriorize मूर्त/बाह्य रूप देना, बाहर करना/रखना
Exterminate परिसमाप्त करना, समूलनाश करना
Extermination परिसमापन, मूलोच्छेदन, उन्मूलन
Exterminator उन्मूलक, परिसमापक
Extern, Externus बाहरी व्यक्ति, विदेशी, वैदेशिक
Externality बाह्यता, बहिर्मुखता, दृश्यजगत्
Externalize, Externalization मूर्त/बाह्य रूप देना, बाह्यरूपण
Externo-basal बाह्याधार, आधार-बाह्य

Externo-internal बाह्याभ्यन्तर
Exteroceptor बाह्यग्राही, बाह्यज्ञानेन्द्रिय, दूरसंवेदांग
Exterofective बाह्योद्दीपनशील, बाह्यप्रभावी
Extersion पोंछाई, रगड़ाई, घिसाई
Extinct लुप्त, विलुप्त, समाप्त, निर्वापित, बुझा हुआ
Extinction निर्वापन, विलोपन, परिमृत
Extinctive निर्वापक, समापक
Extinguish बुझाना, निर्वापित करना, शमन करना
Extinguisher शामक, निर्वापक, निर्वापित्र, बुझाने वाला
Extirpate, Extirpation उच्छेद करना, उखाड़ना, समूल नष्ट करना, उन्मूलन मूलोच्छेदन, उत्पाटन
Extirpator उन्मूलक, उत्पाटक
Extort, Extortion छीनना, खसोटना, तोड़-मरोड़, ऐंठन, अतिशय
Extra- (prefix) बाह्य, इतर, अतिरिक्त, अति-
Extracellular बाह्यकोशिकीय
Extrachromosomal गुणसूत्रेतर, अतिगुणसूत्री
Extract निचोड़ना, अर्क निकालना, निष्कर्ष, सत्व, सत्त, सार
Extractibility निष्कर्ष्यता, निष्कर्षणीयता
Extractable निष्कर्ष्य, निष्कर्षणीय
Extracting, Extractive निष्कर्षी, निष्कर्षणशील,
Extraction निष्कर्षण, कर्षण, निष्कासन
Extractor निष्कर्षक, निष्कर्षित्र (यन्त्र)
Extragenital जननांगेतर
Extra-hepatic बहिर्यकृतीय
Extramental मनोबाह्य
Extramural प्राकारबाह्य, काराबाह्य, बहिःशाल, भित्तिबाह्य
Extraneous बाहरी, बाह्य, असम्बद्ध, विषयेतर
Extraneural तन्त्रिकाबाह्य, बहिःतन्त्रिकीय
Extra neutral alcohol, Ethyl alcohol (a colourless alcohol with neutral taste and odour prepared from molasses, used in production of wine and pharmaceuticals) अतिरिक्त तटस्थ मद्यसार
Extranuclear केन्द्रकबाह्य, बाह्यकेन्द्रकी
Extraocular नेत्रेतर, अक्षिबाह्य
Extraordinary असाधारण, विलक्षण, अनूठा
Extraovular बीजाण्डबाह्य, बाह्यबीजाण्डीय
Extraperitoneal बहिःपर्युदर्या
Extraplacental अपराबाह्य, बाह्यनालीय
Extrapolation बहिर्निवेशन, बाह्यगणन
Extrapulmonary फुफ्फुसेतर
Extrarenal वृक्केतर
Extrasensory अतिसंवेदी, अतीन्द्रिय
Extraterrestrial बहिर्भूमण्डलीय, लोकेतर
Extrauterine गर्भाशयेतर, गर्भाशयबाह्य
Extravasate, Extravasation बोतल या बर्तन से तरल पदार्थ उड़ेलना, परिस्रवण, उत्सारण
Extravisual दृश्येतर
Extreme चरम, अधिकतम, उग्र, नितान्त, अत्यर्थ
Extremitas, Extremities दूरस्थ अंग या बिन्दु
Extremity पराकाष्ठा, परमसीमा, अग्रान्त, अन्तपद
Extremozyme अतिकिण्वक
Extricable विमोच्य, विमोचनीय,
Extricate, Extrication मुक्त करना, छुड़ाना, विमोचन, उद्धरण, त्राण
Extrinsic बहिर्जात, बाह्य, बाहरी
Extrorse बहिर्मुखी, बहिर्नत, बाह्योन्मुखी
Extroversion बहिर्वृत्ति, बहिर्मुखता
Extrovert, Extravert बहिर्मुख, बहिस्सारी, प्रकट करना
Extrude बलात् निकालना, बहिष्कृत करना
Extrusion बहिर्वेधन, निष्कासन, बहिष्करण
Extrusive निःस्रावी, उत्सारी, बहिर्वेधी
Extubation विनलिकायन, नलिकाहीनन
Exuberance प्राचुर्य, बाहुल्य, आधिक्य
Exuberant प्रचुर, समृद्ध, उर्वर, हरा भरा, प्रसन्न
Exudation निःस्रवण, प्रस्वेदन, रिसाव, निःस्राव, प्रस्वेद
Exudative निःस्रावी, स्रावी
Exude रिसना, टपकना, चूना
Exumbilicate उन्नाभित, उन्नाभिल
Exuviae निर्मोक, अवशेष, पशु के शरीर से झरने वाली झिल्ली, केंचुली (साँप की)
Exuviate, Exuviation केंचुल उतारना, निर्मोकन
Ex vivo उत्जीवे, बहिर्जीव, जीवेतर
Eye आँख, चक्षु, अक्षि, नेत्र
Eye ball नेत्र गोलक, अक्षि-गोल
Eye brow भौं, भौंह, भ्रू, भृकुटि

Eyed	सनेत्र, नेत्रयुक्त
Eye drop	नेत्र-बिन्दु (एक द्रव औषधि)
Eye glass	नेत्रताल, ऐनक, चश्मा
Eye lash	नेत्रपक्ष्म, बरौनी
Eye lens	अभिनेत्र ताल
Eyelet	अक्षिका, छल्ला, छिद्रिका, नेत्रिका
Eye lid	वर्त्म, पलक, नेत्रच्छद, नेत्रपटल
Eye piece	नेत्रिका, नेत्रवीक्ष, उपनेत्र
Eye shade	नेत्र रंगलेप
Eye sight	दृष्टि, दृष्टि शक्ति
Eye socket	अक्षिकूप, नेत्रकोटर, नेत्रगर्त
Eye sore	आँख का काँटा, घृणित वस्तु
Eye spot	दृक्-बिन्दु
Eye strain, Eye stress	नेत्र-आयास, नेत्र तनाव
Eye stroke	नेत्राघात
Eye tooth	अक्षिक दन्त
Eye wash	नेत्र प्रक्षालन, नेत्र धाव (द्रव)
Eyot, Ait, Holm (a piece of land in a river or lake)	नदी में छोटा द्वीप
Eyrie	गिद्ध आदि का ऊँचाई पर घोंसला

F

Fabaceous, Fabiform	सेमाभ, सेम फली जैसा, सेमरूपी
Fabella, Fabellae (pl.)	शिम्बिका, फली
Fabric	तान्तव, संविन्यास, वस्त्र, बनावट, ढाँचा
Fabricate, Fabrication	ढाँचा बनाना, निर्माण करना, गढ़ना, संविरचन, संविन्यसन
Fabricated	संविरचित, संविन्यसित
Fabricator	संविन्यासक, संविरचयिता, ढाँचाकार
Fabrics	तान्तविकी, वस्त्रशास्त्र, वस्त्र
Facade, Frontlet	मुहरा, गृहमुख, माथा
Face	आनन, मुख, चेहरा, फलक, अग्रभाग, सामना करना
Face angle	अनीक कोण
Face centered	अनीक केन्द्रित
Facet, Facette	पक्ष, फलिका, मुखिका, अनीक
Faceted	फलकित, फलिकायुक्त
Facial, Faceal	मुखीय, आननी, अनीक
Facial nerve	आननी-तन्त्रिका, मुखीय स्नायु
Faciation	समज, विरूपण
Facies	समजक, विरूपक, मुखाकृति
Facile	सुकर्ण्य, सुसाध्य, सुनम्य, सरल
Facilitate, Facilitation	सुसाध्य बनाना, सरल/सहज बनाना, सुकरण, सहजीकरण
Faciliated	सरलीकृत, सुकरणित
Facing	आवरण, पर्त, अग्रभाग, मुकाबला
Facio-maxillary	आनन-हन्विक
Facsimile	प्रतिकृति, अनुलिपि
Factitious	कृत्रिम, अस्वाभाविक, बनावटी
Factor	गुणक, कारक, घटक
Factorial	क्रमगुणित, बहूपादानीय
Factorise, Factorize	गुणनखण्ड करना
Factory	कारख़ाना, निर्माणी, निर्माणशाला
Facula	अतिभा (सूर्य पर चमकीली बिन्दु/धारी)
Facultative	वैकल्पिक, विकल्पी
Fad, Fadism	सनक, धुन, झक्क
Fad food (a diet for weight loss), Diet food	मोटापा घटाने वाला भोजन, मेदहर भोजन
Fadish	सनकी, धुनी, झक्की
Fade	विवर्ण होना, क्षीण
Faecal, Fecal	मलीय, विष्ठा या मल सम्बन्धी
Faecal fistula	मलस्रावी नालव्रण
Faeces, Feces	उच्छिष्ट, मल, विष्ठा, गूथ, गुह, तलछट
Faecolith, Fecolith	मलाश्म, मलाश्मरी
Fagapyrism	कुट्टकता, कुट्टकजन्य रोग
Fagot, Faggot	ईन्धन, लकड़ी का गट्ठर, समलिंगी, कृत्तक
Fagineus	चिक्कण वल्काभ
Fahrenheit (O°F=17.778°C, a temperature scale, proposed by Daniel Gabriel Fahrenheit in 1724 A.D.)	फारेनहाइट (ताप की एक इकाई)
Failure	अक्रियता, अपकर्मता, विफलता, लोप, ह्रास
Faineant	निष्क्रिय
Faint	मूर्च्छित, अशक्त, धुँधला, मन्द
Fairness	गोरापन, औचित्य, निष्पक्षता
Fair sex, Weaker sex	स्त्री जाति, नारी जाति, मातृजाति
Fairy green	अवपीत हरि

Fairy ring	हरिवलय, छत्रक-वृत्त
Fake	लपेटना, लच्छी, कुण्डली, अवास्तविक, बनावटी, नक़ली
Falcate, Falx, Falciform, Falcular	हँसियाकार, लवित्राकार, दात्ररूप
Falcon (*Falco* sp., a hunting bird of family Falconidae)	बाज़ (चोंच से शिकार मारने वाला पक्षी), श्येन
Fall	गिरना, झड़ना, पतन, अवनति, अवरोह, प्रपात, अधोगति
Fallacious	सदोष, भ्रामक, भ्रान्तिजनक, भ्रमपूर्ण
Fallibility	अविश्वसनीयता, भ्रामकता, दोषक्षमता
Fallible	अविश्वसनीय, भ्रामक, दोषक्षम
Falling	पतन, पाती, गिरना, स्खलन
Falling star	उल्का, टूटता तारा
Fallopian tube	डिम्बवाही नलिका
Fallow	रक्ताभ पीत, हल्का भूरा
Fallow land	परती(भूमि), अनुप्त भूमि
False	मिथ्या, आभासी, कूट
False daisy (*Eclipta prostata,* a medicinal flowering herb of sunflower family Asteraceae, known for growth and blackening of hairs)	भृंगराज, भँगरा (केशतैल में प्रयुक्त होने वाला एक केशवर्धक पौधा)
Falsies	गद्दीदार चोली
Falsification	कूटरचना, मिथ्याकरण, जालसाज़ी
Falter	विचलित होना, डगमगाना, हकलाना
Familial	पारिवारिक, परिवार सम्बन्धी
Famine	अकाल, दुर्भिक्ष, दुष्प्राप्यता
Famish	भूखों मरना/मारना, क्षुधाग्रस्त
Fancied	कल्पित, काल्पनिक
Fan coral, Sea fan (sessile colonial cnidarians of order Alcyonacea)	व्यजन-प्रवाल, पंख-मूँगा (एक समुद्री दंशी जन्तु)
Fang	सर्प विषदन्त, भेदक दन्त, दन्तमूल, लम्बा नुकीला दाँत
Fangle	नवीनता
Fantail (*Rhipidura* sp., a small insectivorous passerine bird of family Rhipiduridae)	चकदील (एक छोटी कीटभक्षी चिड़िया)
Farad (a unit of electricity capacitance)	फैरेड (विद्युत धारिता नापने की एक इकाई)
Faradic	अन्तःचलित (विद्युत), द्युप्ररोचित
Faradic current	द्युप्ररोचित वाह
Faradism	द्युप्ररोचता, फैराडेवाद
Faradization	द्युप्ररोचन
Faraday (F, an obsolete unit of electric charge, named after Michael Faraday)	फैराडे (विद्युतावेश की एक अप्रचलित इकाई)
Farash	स्वच्छक
Farcy	बेल, अश्वग्रन्थि (घोड़े में एक संक्रमण)
Farina	मण्ड, माँड़ी, पिसान, बुकनी, पराग, दलिया
Farinaceous	परागमय, मण्डयुक्त, माँड़ीवाला, मैदे/आटे का
Farinose, Farinosus	बुकनी छिड़का हुआ, चूर्णवृत
Farrago	मिश्रण, मिलाजुला, खिचड़ी
Farrier	अश्वचिकित्सक, घुड़नालबन्द
Farro, Emmer (*Triticum dicoccum,* a crop annual herb of family Poaceae with fiber rich edible wheat like grain)	फैरो (एक गेहूँ की प्रजाति)
Farrow	शूकरशावक समूह, सुअरों का जनना
Fart, Farting	अधोवायु, पाद, पेट की हवा छोड़ना, पादना
Fascia, Fasciae (pl.)	पट्टी, प्रावरणी, पिधानक, स्तर
Fascial	स्तरीय, प्रावरणीय
Fasciate	दुष्प्रथित करना, सम्पट्टित करना
Fasciated	सम्पट्टित, दुष्प्रथित, पुता हुआ
Fasciation	सम्पट्टन, दुष्प्रथन
Fascicle, Fascicule	पुलिन्दा, गुच्छा, स्तवक, संघात, पूल
Fascicled	गुच्छित, पूलित
Fascicular, Fasciculous	पुलिन्दीय, गुच्छीय, पूलीय
Fasciculation	पूलीकरण, कूर्चन, पूलिकायन
Fasciculus, Fasciculi (pl.)	पूलिका, गुच्छा, तन्तुपूल
Fascine	पूली, गट्ठा

Fasciola (*Fasciola* sp., a gut parasitic flatworm-fluke of class Trematoda in phylum Platyhelminthes)	स्नायु/पेशी पूल, फैसिओला (एक पर्णकृमि प्रजाति)
Fasciole (a band of minute tubercles)	पट्टी, पक्ष्म पट्टक
Fast	तेज़, द्रुत, उपवास, सुदृढ़, पक्का
Fasten	बाँधना, सुदृढ़ बनाना
Fastened	कसकर बँधा हुआ, सुबद्ध
Fastener	सुदृढ़क, बन्धक, कसकर बाँधने वाला
Fastening	बन्धन, कसन, जकड़न, सुदृढ़न
Fast food (food prepared in short time)	द्रुताहार, आशु भोजन
Fastidious	दुष्तोषणीय, दुर्ललित, तुनकमिज़ाज, अड़ियल
Fastigiate	कूर्चशाखित, समूजु, संशाखित, झुण्डाकार
Fasting	निराहार, उपवास, त्वरण
Fat	मोटा, वसा, मज्जा, मेद
Fatal	घातक, प्राणहर, विनाशक, सांघातिक
Fatality	सांघातिकता, भवितव्यता अपमृत्यु, मृत्यु संख्या, मर्त्यता
Fata mogana (an Italian word for mirage)	मरीचिका, मृगतृष्णा, मृगजल
Fat body	वसापिण्ड, वसाकाय
Fate	भाग्य, नियति
Fathom (1 Fathom = 6 Feet)	फैदम (समुद्री गहनता की एक इकाई), थहाना, थाह लेना
Fathometer	समुद्री गहनतामापी
Fathomless	अथाह, अगाध
Faticent	मुँह फैली दरार, विवर
Fatigue	थकान, श्रान्ति, क्लान्ति
Fatling	स्थूलशावक, मोटाया गया पशुशाव
Fatness	मोटापा, मोटाई, मोटापन
Fatty	वसीय, चरबीदार, स्नेहीय
Fatty acid	वसीय अम्ल
Fatuity	मूर्खता
Fatuous	मूर्ख, दुर्बल
Faucal, Faucial	कण्ठ्य, कण्ठीय, कण्ठ ध्वनि
Fauces	गलचाप, गलद्वार, गले का ऊपरी भाग
Faucet	टोंटी (पीपे की), नलिका, कबन्ध, विवरी
Faulty	सदोष, दोषी, दोषयुक्त
Fauna (a latin word for animals in a habitat), Faunas/ Faunae (pl.)	जन्तुसमूह, प्राणिसमूह, प्राणिजात
Faunule	लघुप्राणिजात
Fava bean, Lima bean, Butter bean	बाकला, सेमफली
Faveolus, Faveoli (pl.)	गर्तिका, कूपिका
Faviform	छत्ताकार
Favus	आदारुण
Fawn	मृगशावक, पीला भूरा, ख़ाकी
Feasibility	व्यवहार्यता, सम्भाव्यता, शक्यता
Feasible	व्यवहार्य, शक्य, साध्य, सम्भाव्य
Feather	पर, पंख, पिच्छ
Feathered	सपक्ष, पंखदार, परवाला
Feather edge	धारदार किनारा
Feathery	परदार, पंखवत्, पंख से ढका
Feature	लक्षण, अभिलक्षण, रूपक (लेख)
Febre, Fever	ज्वर, बुख़ार
Febricity	ज्वरता, ज्वर
Febricula	क्षीणज्वर, अल्पकालिक ज्वर, ज्वरांश, हरारत
Febrific, Febricant, Febrifacient, Febriferous	ज्वरकारी, ज्वरोत्पादक (कोई पदार्थ)
Febrifugal, Febrifuge, Febricide, Antipyretic	ज्वरनाशी, ज्वररोधी, ज्वरघ्नी, ज्वरहर, अपज्वरीय, प्रतिज्वरकारी (औषधि)
Febrile, Febris, Fevered, Feverish	ज्वरि, ज्वरमय, ज्वरग्रस्त, ज्वरार्त्त
Fecaluria, Faecaluria	मलमय मूत्रता, मलमेह
Fecoid, Fecaloid, Faecoid, Faecaloid	मलाभ, विष्ठावत्, मल जैसा
Fecolith, Faecolith	मलाश्म, मलाश्मरी
Fecula	तलछट, मैल, अवशेष, माँड़

Feculence	गन्दगी, मलिनता, बदबू
Feculent	मैला, गन्दा, मलिन, बदबूदार
Fecund	उर्वर, फलद, बहुप्रसवी, बहुप्रज
Fecundate	उर्वर बनाना, निषेचित करना
Fecundation	गर्भाधान, निषेचन, उर्वरीकरण
Fecundity	उर्वरता, बहुप्रजता, जननशक्ति, बहुफलता
Feeble	मन्द, तनु, क्षीण, दुर्बल, अशक्त, अस्पष्ट
Feebleness, Feebility	दुर्बलता, क्षीणता, मन्दता
Feed	भोजन, चारा, खाद्य, प्रदाय, प्राश, चारा देना, भरना, खिलाना, स्तनपान कराना
Feeder	सम्भरक, प्रदायक, प्राशक, खिलाने वाला
Feeding	प्राशन, भोजन, सम्भरण, अशन, भरण, स्तनपान
Feeler	स्पर्शक, स्पर्शेन्द्रिय, अभिमर्श
Feldspar, Felspar (a mineral with alumina and silica)	स्फतीय
Felicidal, Felicide	मार्जारनाशी, विडालहन्ता, बिल्ली की हत्या
Felicific	आनन्ददायी, प्रहर्षक
Felid, Feline	विडालवंशी, मार्जारीय, बिल्ली सम्बन्धी
Felidity, Felinity	विडालत्व, मार्जारीयता
Fell	पशु खाल, छाला, दारुण, गिराना, जंगली पहाड़ी भूमि
Fellatio	मुख-मैथुन, शिश्न-चूषण
Fellic	पित्तज, पित्त से प्राप्त
Fellifluous	पित्तवाही
Felling	पातन, काटकर गिराना, कटाई
Felon	नखव्रण, गलका (नाखून का मवाद भरा फोड़ा), महापराधी
Felt	नमदा, नमत, अनुभव किया
Felwort (*Swertia perennis*, a flowering medicianl wild herb of family Gentianaceae with bitter taste)	चिरायता, किरात, कुटकी, भूनीम
Female (♀), an animal or plant with ovum or female gamete for sexual reproduction)	मादा, स्त्री, नारी
Feminality, Femineity, Feminity	नारीत्व, नारीयता, स्त्रीत्व, स्त्रैणता, जनानापन
Feminine	स्त्रैण, स्त्रियोचित, स्त्रीलिंग, जनाना, जनख़ा
Feminize, Feminization	स्त्री बनाना, स्त्रीयण, स्त्रीकरण, नारीभवन
Femoral	ऊर्विकीय, औरव, ऊर्वास्थि, जाँघ सम्बन्धी, ऊरु-,
Femur, Femora (pl.)	ऊर्विका, ऊर्वास्थि
Fen	दलदल, कच्छभूमि
Fence, Fencing	बाड़ा, घेराबन्दी, तलवारबाज़ी
Fenestra, Fenestrae (pl.)	गवाक्ष, वातायन, झरोखा, सूक्ष्मछिद्र
Fenestrate, Fenestrated	गवाक्षयुक्त, गवाक्षित
Fenestration	वातायन विन्यास, गवाक्षण, गवाक्षीभवन
Fennel (*Foeniculum vulgare*, a flowering herb of celery/carrot family Apiaceae with umbelliform inflorescence)	सौंफ (एक औषधीय मसाला)
Fentanil, Fentanyl (a synthetic opoid drug)	फेन्टानिल (एक हेरोइन जैसी पीड़ाहर/निश्चेतक/मादक औषधि)
Fenugreek (*Trigonella foenum-graecum,* an annual crop herb of family Fabaceae with edible green plant as vegetable and ripen seeds as spice)	मेथी (एक पौष्टिक भोज्य औषधीय साग व मसाला)
Feracious	उर्वर, उपजाऊ
Feracity	उर्वरता, बहुफलता
Feral, Ferine, Wild	अनुवन्य, प्रवन्य, वन्य, जंगली
Ferial	वारीय, साधारण, सामान्य
Ferment	किण्व, ख़मीर, जामन, किण्वित/उत्तेजित होना या करना, ख़मीर उठना/उठाना
Fermentability	किण्वनीयता
Fermentable	किण्वनीय, किण्वन योग्य
Fermentation	ख़मीरण, ख़मीरीकरण, किण्वन, उत्तेजन, अन्तःक्षोभ
Fermentative	किण्वकारी, प्रकिण्वी, ख़मीरी

Fermented किण्वित, ख़मीरित, विक्षुब्ध
Fermenter, Fermentor किण्वक, ख़मीरकर
Fern (vascular cryptogams of class Filicinae under phylum Pteridophyta), Filix पर्णांग (एक पर्णांगोद्भिदीय पौधा), फर्न
Fernery, Fern house पर्णांगशाला, फर्नघर
Ferocious खुंखार, भयंकर, क्रूर
Ferocity उग्रता, भीषणता, क्रूरता
Ferox भीषण
Ferrate लौहीय, आयस, लौहमय लौहाम्ल लवण
Ferreous लौहमय, लौह, आयोमय, आयस
Ferret, Foumart, Pole cat (*Mustela putorius furo*, a cold habitat mammal of weasel family Mustelidae) गन्धबिलाव, ध्रुवीय बिल्ली (नेवले जैसा एक पालतू बदबूदार स्तनधारी)
Ferric (a trivalent basic radical of iron) लौहिक, लौहयुक्त, अयस्मय, आयस
Ferriferous लौहमय
Ferro-(prefix) लौह-
Ferro-alloy लौहमिश्रधातु
Ferro-cement लौह-सीमेन्ट, लौहमय सीमेन्ट
Ferro-concrete लौहमय कंक्रीट
Ferro-electric लौह-विधुतीय
Ferro-green लौह-हरि
Ferro-kinetic लौहगतिक
Ferro-kinetics लौह-बलगतिकी, लौहगतिक्रम
Ferro-magnetic लौह-चुम्बकीय, अयस्चौम्बिक
Ferromagnetism लौह-चुम्बकत्व, लौह-चुम्बकता, अयस्चुम्बकत्व
Ferroprint अयोमुद्र
Ferroprinting अयोमुद्रण
Ferroproduct लौहोत्पाद
Ferrous (a bivalent basic radical of iron) लौहीय, आयस
Ferruginous लोहित, लौहमय, अयसित
Ferrule लौह-वलय, लोहे का छल्ला
Ferrum, Iron (a mineral element with symbol Fe) लौह, लोहा, अयस्

Fertigation (irrigation with water containing fertilizers) उर्वरसिञ्चन, उर्वरकयुक्त सिंचाई
Fertile उर्वर, निषेच्य, बहुप्रज, संसेच्य, जननक्षम
Fertility उर्वरता, जननक्षमता, संसेच्यता, निषेच्यता
Fertility diet (a diet to boost fertility naturally in both genders) प्रजनन क्षमता वर्धी आहार, निषेचनवर्धी, भोजन
Fertilization निषेचन, गर्भाधान, संसेचन
Fertilize उर्वर करना, गर्भवती करना
Fertilizer उर्वरक, खाद, निषेचक
Fertilizin निषेचकी
Ferule बेंत, छड़ी
Fervency, Fervour उत्तप्तता, उत्सुकता, तीव्रता
Fervent उत्तप्त, सुलगता हुआ, उत्सुक
Fervescence, Fever ज्वर, बुख़ार
Fervescent ज्वरकारी
Fervid उत्तेजित, आवेशपूर्ण, प्रज्वलित
Fescue अवितृण, भूसा
Fester घाव पकना, पीब भर जाना
Festinant त्वरक, फुर्तीला, शीघ्रकारी
Fetal, Foetal भ्रूणीय, भ्रौणिक, भ्रूण सम्बन्धी
Fetation, Foetation भ्रूणन, गर्भविकास, भ्रूणविकसन, भ्रूणवृद्धि
Feticide, Foeticide, Foeticidal भ्रूणहत्या, भ्रूणघ्नी, भ्रूणनाशक, गर्भनाशी
Fetid, Foetid दुर्गन्धित, पूतगन्धी, बदबूदार
Fetidity, Foetidity दुर्गन्धता, बदबूपन
Fetlock टखना (घोड़े के टखनों के पीछे उभार व उस पर उगे बाल)
Fetlock joint (a joint between cannon bone and pastern of horses) टखना जोड़, टखना सन्धि
Fetology, Foetology, Embryology भ्रूणविज्ञान, गर्भविज्ञान, भ्रौणिकी
Fetometry, Foetometry गर्भमिति, भ्रूणमापिकी
Fetopathy, Foetopathies (pl.) गर्भविकार, भ्रूणरोग भ्रूणविकृति
Fetor दुर्गन्ध, बदबू
Fetotoxic, Foetotoxic, Embryotoxic गर्भविषालु, भ्रूणविषाक्त

Fetotoxicity Foetotoxicity Embryotoxicity गर्भविषालुता भ्रूणविषाक्तता
Fetus, Foetus भ्रूण, गर्भ
Fever बुख़ार, ज्वर, विक्षोभ
Feverish ज्वरवत्, ज्वरग्रस्त, हल्का बुख़ार, हरारत
Fever nut, Bonduc nut, Nicker seed (*Caesalpinia bonducella,* a leguminous flowering medicinal plant of sub-family Caesalpinioideae) कण्ट करञ्ज, कान्ति करञ्जा, लता करञ्जा
Feverous ज्वरग्रस्त, ज्वरीय
Fey मरणासन्न, अर्द्धविक्षिप्त (मनोरोगी)
Fiber optic तन्तु प्रकाशिक
Fiber optics तन्तु प्रकाशिकी
Fibratus तन्त्वी, रेशेदार
Fiber stone (various stones of different colours, shapes and sizes used to decorate dress materials by embroidery) कपड़े पर कढ़ाई के पत्थर
Fibre, Fiber तन्तु, रेशा, सूत्र, सूत
Fibreglass, Fiberglass तन्तुकाँच
Fibril तन्तुक, रेशक
Fibrillar, Fibrillary, Fibrillose तन्तुकीय, रेशकीय, रेशेदार
Fibrillate तन्तुकमय, तान्त्विक
Fibrillated तन्तुकित
Fibrillation तन्तुकन, तन्तुकभवन, विकम्पन, असमानपेशी संकुचन, फड़कन
Fibrillolysis तन्तुकलयन, तन्तुकांशन
Fibrin तन्त्वि, रक्त तन्तु
Fibrinogen तन्त्विजन
Fibrinolysis तन्त्विलयन
Fibrinous तन्त्वीय
Fibroadenoma तन्तु-ग्रन्थ्यर्बुद
Fibroblast तन्तुकोरक, तन्तुघट
Fibrocarcinoma तन्तु-अध्यार्बुद
Fibrocartilage तन्तु-उपास्थि
Fibrocyst तन्तुपुटी, तन्तुकोष्ठ
Fibrocyte तन्तुकोशिका, तन्त्वाणु
Fibrocytogenesis, Fibrocytogeny तन्तुकोशाजनन, तन्तुकोशोत्पादन
Fibrocytosis तन्तुकोशता
Fibroelastic, तन्तु-प्रत्यास्थ
Fibroelasticity, Fibroelastosis तन्तु-प्रत्यास्थता
Fibrogen तन्तुजन
Fibrogenic, Fibrogenous तन्तुजनी, तन्तुजनक
Fibrogenesis, Fibroplasia तन्तुजनन, तन्तुभवन, तन्त्वोत्पादन, तन्तु-विकसन
Fibroglia तन्तु-श्लेष
Fibroid तन्त्वाभ, तन्तुवत्, रेशे जैसा
Fibroma तन्त्वार्बुद
Fibromatous तन्त्वार्बुदीय
Fibromelanosis तन्तुश्यामता
Fibromucosa तन्तुश्लेष्म कला
Fibromyalgia तन्तु-पेशीशूल
Fibroplastic तन्तुघट्य
Fibrosis तन्तुता, रेशामयता, तन्त्वार्ति, तन्तुशोथ
Fibrotic, Fibrose, Fibrous तान्त्विक, तन्तुकारी, तन्त्वीय, तन्तुमय, रेशेदार
Fibula बहिर्जंघिका, अनुजंघास्थि, बकलस
Fibular अनुजंघास्थिक, बहिर्जंघिकीय
Fibulare अनुजंघास्थिका, बहिर्जंघास्थिका
Ficifolius अञ्जीरपर्णी, अञ्जीर जैसी पत्ती वाला
Fickle अस्थिर, चञ्चल, परिवर्तनशील
Fictile मृदुरूप्य, सुघट्य, सुनम्य, मृण्मय, मृतिका-
Fictious, Fictitious काल्पनिक, अवास्तविक, कृत्रिम, कूट
Fid पच्चड़, फिरनी, नुकीली गुल्ली
Field मैदान, खेत, क्षेत्र, कृषि/ रणभूमि
Field book (a mathematical method to calculate area of any field/ land piece with geometric shapes) क्षेत्रफल मापन, भूतलमापन, फील्डबुक
Field glass दूरबीन
Field magnet क्षेत्र चुम्बक
Fierce प्रचण्ड, उग्र, क्रोधित
Fiery आग्नेय, अग्निमय, उत्तप्त, प्रज्वलित, उत्तेजक, प्रचण्ड

Fig (a synconus type fruit of *Ficus carica*, a flowering tree of family Moraceae)	अञ्जीर (वृक्ष व भोज्य फल)
Figment	मानसिक आविष्कार, काल्पनिक तथ्य
Figuline	मृण्मय, मृतिका, मटियार, मृत्पात्र
Figuration	रूपकरण, रूपरेखा, आकार-प्रकार, लक्षण
Figurative	लाक्षणिक, चित्रात्मक, रूपकारी
Figure	चित्र, आकृति, संख्या, आकार
Figurine	मूर्तिका, लघु-मूर्ति
Filaceous	तन्तुल, सूत्रवत्
Filament, Filum, Filamentum	पुतन्तु, तन्तुक, सूत्र, केशर, सन्तन्तु, अंशु
Filamentation	तन्त्वन, सूत्रण, तन्तुभवन
Filamentous	तन्तुमय, तन्त्वी
Filar	तान्तव
Filaria, Elephantiasis (a mosquito bite borne leg infestation of *Wuchereria bancrofti,* a parasitic nematode of phylum Nemathelminthes)	श्लीपद, तनु सूत्रग्रसन, फीलपाँव, हाथी पाँव
Filarial	श्लीपदीय, सूत्राभ, तनुसूत्राभ, तान्तवीय
Filariasis (filaria disease, characterized by inflammation and infestation of filarial nematode in lymphatic system)	तनुसूत्र ग्रसता शोथ
Filaricidal, Filaricide	तनुसूत्रनाशी, तनुसूत्रघ्न, फाइलेरियाहर
Filariform, Filiform	तनुसूत्राकार, तन्तुरूप
Filature	सूत्रविन्यास, तन्तुक्रम, सूत्रण
File	रेती, सञ्चिका, नत्थी करना, कोयों से रेशम निकालना
Filer	रेतिया
Filial	सन्तानीय, सन्तति सम्बन्धी
Filiation	वंशागतत्व, सन्ततित्व वंशानुक्रमण, प्रशाखन
Filibranch (a type of gill formed of tubular filaments in mussels)	तन्तुक्लोमी (सीपी)

Filicoid	पर्णांगाभ, फर्नवत्
Filiform	तन्तुरूप
Filings	लौहचूर्ण, अयस्-चूर्ण, रेती से निकला चूर्ण
Filled	पूरित, भरा हुआ
Filler	पूरक, भरने वाला
Fillers therapy, Dermal fillers therapy (a non-surgical cosmetic treatment of wrinkles and creases on skin, specially of face, by injecting hyaluranic acid, a natural body substance, lost with ageing)	त्वचीयभराव चिकित्सा
Fillet	पट्टी, तसमा, कतला (मांस का)
Filling	पूरण, भरना, भरण, सम्भरण
Fill line	पूरणरेखा, भरणरेखा
Filly	बछेड़ी
Film	पर्त, झिल्ली, चलचित्र
Filmness	धुँधलापन
Filmot	भूरा पीला, सूखी पत्ती जैसा रंग
Filmsy	झिल्ली जैसा, मलमली
Filmy	पारदर्शी, धुँधला
Filoplume	तन्तुपत्र, सूत्रपंख, पतला लम्बा पंख
Filopodium, Filopodia (pl.)	सूत्रपाद
Filose	सूत्रमय, सूत्रवत्
Filoselle	मोटा कच्चा रेशम
Filter	छन्ना, पाव, निस्यन्दक, निस्यन्दित्र (यन्त्र), निस्यन्दन करना, छानना
Filter paper	निस्यन्दक पत्र, छन्ना काग़ज़
Filth, Filthiness	गन्दगी, अश्लीलता
Filthy	गन्दा, अश्लील
Filtrate	छनित, निस्यन्द
Filtration	पावन, निस्यन्दन, छनाई
Fimbria, Fringe, Fimbriatum, Lacinia	झल्लरिका, छोटी झालर
Fimbriate, Fimbricate	झल्लरिकायुक्त, झालरदार, झल्लरीमय
Fimbricated	झल्लरित
Fimicolous	शमलपुञ्जवासी, गोबर में रहने वाला
Fin	मीनपक्ष, मछली का पंख

Fin bream	रानी मछली
Finch (any passerine bird)	फुदकी, तूती (छोटी गौरय्या जैसी चिड़िया)
Finder	पानेवाला, बोधक, अन्वेषीदूरबीन
Finding	उपलब्धि, खोज परिणाम, शोध निष्कर्ष
Fine	सूक्ष्म, महीन, पतला, शुद्ध, उत्कृष्ट, अर्थ-दण्ड
Fin-foot	पक्ष-पाद, जालांगुलि
Finger	उँगली, अंगुलि, स्पर्श, छूना
Fingered	प्रांगुलित
Fingering	अंगुलिचालन
Fingerling	आंगुलिक, अंगुलिका (मछली के बच्चे)
Finger nail	नख, नखर, नाख़ून
Finger plate	कलुष रक्षिका
Finger print	अंगुलिप्रतिमुद्र, अंगुलिछाप
Finger stall	अंगुलिधानी
Finger-tip	अंगुलाग्र, अंगुलि-त्राण
Finial	शिखान्त, कलसी, स्तूपिका, कलश
Fining	विमलीकरण, निर्मलन
Finish, Finishing	समाप्त होना, परिष्कृत करना, समापन, परिष्करण
Finite	परिमित, ससीम, सीमित सीमाबद्ध, विधेय
Finitude, Finiteness	परिमितता, ससीमता, सीमाबद्ध, सीमितता
Finlet	पंखिका, पक्षिका, पक्षक
Fin-ray	मीनपक्ष-रश्मि (मछलियों में)
Fin-rot (a fish disease)	मीनपक्ष-क्षय, मीनपक्ष-सड़न, मीनपक्ष-गलन
Fin whale	नीलीतिमि (एक समुद्री जन्तु)
Fiord	दन्तुर तट, दो ऊँची चट्टानों के बीच लम्बा समुद्री भाग
Fir (*Abies* sp., a coniferous tree of family Pinaceae)	देवदारु (एक सदाबहार पर्वतीय वृक्ष), देवदार
Fire	अग्नि, आग, आग लगाना, गोली चलाना
Fire alarm	अग्नि संकेत, आग की चेतावनी
Fire arms	अग्नि-शस्त्र
Fireball	उल्का (जलता हुआ टूटा तारा)
Fire brick	अग्निसह ईंट, अग्नीष्टिका
Fire brigade	अग्निशमन दल, अग्निशामक दल
Fire extinguisher	अग्निशामक, अग्निशमित्र (यन्त्र)
Fire fly, Glow worm (a bioluminescent insect of family Lampyridae)	दीपमक्खी, जुगनू, खद्योत
Fire proof, Fire resistant, Pyro-tolerant	अग्निसह, अग्निरोधी
Fire stone, Flint stone	चकमक पत्थर, अनलाश्म
Fire water	शराब
Fire wood	जलौनी लकड़ी
Fire work	आतिशबाज़ी, अग्निक्रीड़ा
Firing	गोली चलना, गोलाबारी
Firkin	पीपा
Firmament	आकाश, नभमण्डल
Firmicutes (bacteria with hard surface)	दृढ़त्वकी (जीवाणु)
Firn	कणहिम
First-aid	प्राथमिक चिकित्सा, प्रथमोपचार
First-aid box	प्राथमिक उपचार पेटी
Firstling	मौसम का पहला फल
Firth	मुहाना, तंग खाड़ी
Fish, Pisces, Ichthyos (a gill bearing limbless cold blooded swimming craniate)	मछली, मत्स्य, मीन, मछली पकड़ना
Fisher, Fisherman	मछुवा, मछुवारा, मछेरा, धीवर, माहीगिर
Fishery	मत्स्य-उद्योग, मात्स्यिकी
Fish-farming, Fish rearing,	मत्स्य-पालन,
Fish culture	मत्स्य सम्वर्धन
Fish feed, Fish meal	मत्स्याहार, मछली का चारा
Fishing	मत्स्यन, मत्स्यग्रहण, मछली पकड़ना
Fishing cat (*Prionalurus viverrinus,* a medium-sized wild wetland nocturnal piscivorous south-east Asian mammal of family Felidae)	मत्स्य विडाल, मछुआ बिल्ली
Fish plate	रेल जोड़ पट्टी, फिश प्लेट

Fish pox, Carp-pox (a fin and skin infection in aquarium goldfish and other carps by cyprinid herpes virus as benign epidernial hyperplasia) मीन-मसूरिका, शफरी-चेचक
Fishy मत्स्यगन्धी, मछली सी गन्ध/स्वाद का, सन्दिग्ध
Fissile विखण्ड्य, विदल्य, अनुपाट्य
Fissility विखण्ड्यता, विदल्यता, अनुपाट्यता
Fission विखण्डन, विभञ्जन, विदलन
Fissionability विखण्डनीयता, विखण्ड्यता
Fissionable विखण्डनीय, विखण्ड्य
Fissiparous विखण्डनज, विदली
Fissiped विलग्नांगुल
Fissula लघुविदर, छोटी दरार
Fissural विदरीय
Fissuration विदरण
Fissuratus विदीर्णी, विदीर्ण
Fissure, Fissura, Fissurae (pl.) विदर, दरार, फटन
Fist मुष्टि, मुट्ठी, मुक्का
Fistula, Fistulae (pl.) संकीर्ण नलिका, नालक्षेप, नासूर, नालव्रण, भगन्दर
Fistular, Fistulate सुषिर, नालवत्, नालमय,
Fistulation, Fistulization नालन, नालकरण, नालभवन
Fistulectomy नालव्रणोच्छेदन, नालव्रण निष्कासन
Fistulography नालव्रणालेखन
Fistulose, Fistulous नासूर सम्बन्धी
Fistulotomy नालव्रणछेदन
Fit समुपयुक्त, उपयुक्त, स्वस्थ, मूर्च्छा, दौरा (मनोरोग)
Fitchew मार्जारिका
Fitness समुपयुक्तता, स्वस्थता, उपयुक्तता
Fitspiration (fit+inspiration) सुस्वास्थ्यप्रेरण
Fitting अन्वायुक्ति, अन्वायोजन
Fittings साज-सामग्री, उपस्कर
Fix जमाना, बैठाना, स्थिर करना
Fixability स्थिरणशक्यता, स्थिरणीयता, स्थैर्यता
Fixable स्थिरणशक्य, स्थिरणीय, स्थैर्य
Fixation, Fixing स्थिरण, दृष्टिवेधन, हत्वा-रक्षण, ऊति-स्थिरण, स्थायीकरण, स्थापन, निश्चयन, यौगिकीकरण
Fixative स्थायीकर, स्थिरक, स्थापक
Fixed स्थिर, बद्ध, नियत, लगा हुआ, हत्वा-रक्षित, स्थिरित, यौगिकीकृत
Fixed oil अवाष्पशील तैल
Fixity स्थिरता
Fixure स्थापक, स्थिरक
Fizz फुफकारना, सीत्कार करना
Flab मोटापा, अतिमांसलता, अतिरिक्त मांस
Flabbiness शिथिलता, थुलथुलापन, मृदुलता, दुर्बलता
Flabby श्लथ, थुलथुला, शिथिल, मृदुल, दुर्बल
Flabellate, Flabellatus, Flabelliform, Fan shaped पंखाकार, व्यजनाकार
Flabellation व्यजन शीतलन (पंखे से ठंडा करना)
Flabellum, Flabella (pl.) व्यजनिका, चँवर, पंखी
Flaccid श्लथ, शिथिल, क्षीण
Flaccidity श्लथता, क्षीणता, शिथिलता
Flagellar कशाभीय
Flagellate कशाभी, सकशाभ, कशांग(जीव)
Flagellation कशाभवन, कशाभन्यास, कशाघात
Flagellosis कशाभता
Flagellula कशाभिका, लघुकशाभ
Flagellum, Flagella (pl.) कशाभ, कशा, कोड़ा
Flageolet सेम, मुरली, अनुगुणित (स्वर)
Flag labelling पताकांकन, ध्वजांकन
Flagon सुराही, परिघ
Flagrancy घोरता, जघन्यता
Flagrant अतिघोर, जघन्य
Flag stone परिया, परियाश्म
Flail मूसल, मूसल से कूटना, लहराना
Flair जन्मजातप्रवृत्ति, सूक्ष्मदर्शिता
Flak वायुयानभेदी गोला, कटु आलोचना
Flake हिमशल्क, हिमतूल, पपड़ी, शल्कल, पत्रक, पृथुक
Flaky पपड़ीदार, शल्कलीय, पत्रकी

Flam	सनक, मानसिक तरंग, झूठी कहानी
Flambe	भोजन को शराब डालकर जलाना या तड़का देना, आग की लपट
Flamboyance, Flamboyancy	भड़क, भड़कीलापन, अत्यलंकार
Flamboyant	अत्यलंकृत, भड़कीला (रंग वाला)
Flame	लौ, लपट, ज्वाला, क्रोध
Flame of forest Sacred tree (*Butea* sp., a flowering medicinal tree of family Fabaceae, with red orange coloured flowers giving appearance of fire, colour in extracted from flowers)	पलाश, ढाक (एक औषधीय पुष्पी वृक्ष)
Flame photometer (a photoelectric device to measure ionic concentration of certain metals in an aqueous medium)	ज्वाला प्रकाशमापी
Flaming	प्रज्वलित, प्रदीप्त, भड़काऊ
Flamingo (*Phoenicopterus* sp., a wetland wading big bird of family Phoenicopteridae)	हंसावर, मराल (एक बकवंशी जलीय पक्षी)
Flammability	ज्वलनशीलता
Flammable	ज्वलनशील
Flange	कोर, पर्शुकाभिका, उत्तट, स्फार, उभारदार किनारा, झालर
Flanged	कोरदार, झालरदार
Flanging	स्फारण
Flank	पार्श्व, पहलू, कोख, बाजू
Flanking	पार्श्विक, बगली
Flannel	कोमला, कोमल ऊनी वस्त्र, ऊनी फ्लालेन कपड़ा
Flamelette	सूती फ्लालेन कपड़ा
Flap	थपथपाना, फड़फड़ाना, पल्लव, पल्ला, आवरक
Flare	संस्फुर, प्रदीप्ति, शृंग, हरा, धधकना, लपट (आग की)
Flash	दमक, क्षणदीप्ति, कौंध, कौंधना
Flash flood	आकस्मिक बाढ़
Flash light	कौंध बत्ती, क्षणदीप
Flash point	ज्वलनांक
Flask	सुराही, कूपी, परिघ
Flat, Flattened	कक्ष, सपाट, चिपिट, चपटा, समतल
Flat fish	पृथुमीन, चपटी मछली
Flat footed	सपाट तलवेदार
Flattening	चिपिटन, चिपिटता, चपटापन
Flatulence	उदरवायु, अपानवायु, वातस्फीति
Flatulent	वातस्फीत, उदरवाती, उदरवातग्रस्त
Flatus	उदरवायु, अपानवायु, मलाशयी वात
Flat worm, Fluke	चिपिट कृमि, पर्णकृमि
Flavescence	आपीतता
Flavescens, Flavescent	आपीत
Flavid	स्वर्णपीत, सुनहरा-पीला
Flavin, Flavine (a phytochemical as yellow pigment in plants)	पिंगी
Flavone	पिंगा, पुष्पापीत
Flavonoid	पिंगाभ, पुष्पापीताभ
Flavour, Flavor	सुवास, गन्ध
Flavourant, Flavouring agent	वासक, सुवासी, सुगन्धकर
Flavouring	सुवासन, सुरुचिकारी (पदार्थ)
Flaw	दोष, कमी, दरार
Flax	क्षुमा, पटसन, सन
Flaxen	पटसन जैसा, पीला भूरा
Flax seed, Lin seed (*Linum usitatissimum*, a cultivable herb of family Linaceae)	तीसी, अलसी (एक खाद्य तिलहन व रेशेदार फसली पौधा)
Flax weed	खूबकलाँ
Flay	चमड़ी उतारना, पीटना
Flea, Rat flea (*Xenopsylla cheopis*, a wingless ectoparastic siphonapteran vector insect of family Pulicidae)	पिस्सू, पिंशू (एक रक्तचूषक प्लेग वाहक चूहों का बाह्य परजीवी कीट)
Flea bane	नागदौन (एक पौधा)
Fleam, Surgical knife	शल्य क्षुरिका, नश्तर

Fleck	चित्ती, ददोरा, धब्बा, छोटा टुकड़ा
Flecked	चित्तीदार, ददोरामय
Fledge	पंख निकलना, पंखदार बनाना
Fledged	पक्षयुक्त, पंखदार
Fledgling	पक्षिशाव, चिड़िया का चूज़ा, अनुभवहीन
Fleece	कच्चा ऊन, ऊर्णावरण, भेंड़ का ऊन कतरना, ऊर्णालवन, लूटना
Fleecy	ऊर्णी, ऊनी, ऊनदार, ऊर्णावर्त्त
Fleet	द्रुतगामी, फुर्तीला, उथला, नौसेना बेड़ा, पोत समूह
Fleeting	क्षणिक, क्षणभंगुर, अनित्य
Flemish	अंग हिलाना या कँपाना
Flench, Flense	खाल उतारना, चर्मापनयन, मछली का पेट काटना
Flesh	मांस, गोश्त, देह, गूदा
Flesh coloured	मांसलवर्णी, गुलाबी
Fleshless	दुबला पतला, मांसहीन
Fleshy	मांसल, गूदेदार
Flex	विनत होना, मुड़ना, झुकाना, लचीला तार
Flexibility	आनम्यता, नम्यता, लचीलापन
Flexible	नम्य, लचीला, नमनीय, आनम्य
Flexile	चलनशील, चपल, बहुज्ञ
Flexility	चलनशीलता, चपलता, बहुज्ञता
Flexion, Flection	आकुञ्चन
Flexor	आकुञ्चनी (पेशी), आकोचक, आनमनी
Flexuous, Flexuose	घुमावदार, टेंढ़ा-मेंढ़ा
Flexura, Flexure	आकोच, आनमन, आनति, नमन, घुमाव, मोड़
Flick	झटका, प्रहार, विद्युत संकेत
Flicker, Flickering	ज्वालाकम्प, फड़फड़ाहट, टिमटिमाना
Flight	उड्डयन, उड़ान, उड़न्तुओं का समूह, खगवृन्द
Flight feather	उड्डयन-पिच्छ
Flightless	उड़ानरहित, उड्डयनहीन
Flighty	सनकी, अस्थिर, उड़ाका, उड्डयनशील, तेज़, चञ्चल
Flimsy	पतला, भंगुर, तुच्छ, सारहीन
Flinders	टुकड़े, खण्ड, चिपड़ियाँ
Fling	पटकना, तेज़ी से हिलाना, अचानक रखना
Flint	चकमक, कठोर, निर्दयी
Flint glass	स्फट-काँच, सीस-काँच
Flint stone, Fire stone	चकमक पत्थर, अनलाश्म
Flipper	पट्टिका, मीनपक्ष, हिलाने वाला अंग, तरणक पाद
Flit	उड़ जाना, फुदकना, तेज़ी से जाना
Flitch	टुकड़ों में काटना, नमक लगा सुअर के मांस का टुकड़ा
Flitter, Flittering	मड़राना, फड़फड़ाना, फड़फड़ाहट
Flitter mouse	चमगिदड़ी
Flix, Fur	पशुओं के मुलायम घने बाल
Float	प्लव, तरण्ड, तिरेंदा, उतराना
Floatage, Floatation	प्लवन, प्रवर्तन, प्रारम्भण
Floatant	उत्प्लावक, प्लवक, जल में उतराने वाली वस्तु
Floater	उत्प्लावक (नेत्र गोलक द्रव में एक विकृति)
Floating, Buoyant	प्लावी, प्लवमान, अस्थिर
Floating rib	प्लावी पसली, अयुत-पर्शु
Flocciform	ऊर्णरूपी
Floccose	रोमिल, ऊर्णाभी, गुच्छेदार
Flocculate, Flocculated	ऊर्णिकायित, लोष्टित
Flocculation	ऊर्णिकायन, ऊर्णन, लोष्टन
Flocculator	ऊर्णीकर, लोष्टकर, ऊर्णिकायक
Floccule	ऊर्णिका
Flocculence	ऊर्णिमता
Flocculent	ऊर्णिम, ऊर्णी, रोमिल
Flocculus	लच्छा, गुच्छा, निपालिक
Flock	झुण्ड, गुच्छा, जमा होना, रोम, ऊन, भूआ
Flocking	सम्पुञ्जन, समूहन, जमाव
Flocky	रोमी, ऊनी, गुच्छेदार
Floe (ice)	हिमप्लव, हिमवाह, प्लावी हिमखण्ड
Flood	बाढ़, आप्लाव, प्रचुरता
Flooding	आप्लावन, जलाप्लावन
Flood light	परिप्रदीप्ति, पूर प्रकाश
Flood mark	बाढ़ चिह्न
Flood tide	ज्वार, ज्वारीय बाढ़
Floorage	फर्शी क्षेत्रफल
Flooring	फर्श, फर्श निर्माण सामग्री
Flop, Flopping	झुक जाना, लटकना, गिर जाना
Floppy	ढीला, मुलायम, कमज़ोर

English	Hindi
Floppy disc	कम्प्यूटर में लगाने वाली एक विषय-सामग्री
Flora (a Latin word for plants in a habitat), Floras/ Florae (pl.)	उद्भिज्जात, पेंड़-पौधे, पादपजात, वनस्पति
Floral	वनस्पतीय, पुष्पीय, पादपीय, पुष्प-विषयक, पुष्प-,
Florescence	पुष्पविन्यास, पुष्पक्रम, पुष्पण
Florescent	पुष्पी, पुष्पणक्षम, पुष्पक्रमित
Floret	पुष्पक (संयुक्त पुष्प की एक इकाई)
Floribundus	पुष्पकर
Floriculture	पुष्पोत्पादन, पुष्प संवर्धन, पुष्पकृषि
Florid	रक्ताभ, लाल, भड़कीला, पुष्पित, पुष्पसज्जित
Floridus,	पुष्पबहुल, पुष्पी, फूलदार
Floriferous	पुष्पयुक्त, पुष्पधर
Floriform	पुष्परूपी, पुष्पाकार
Florist	पुष्पज्ञ, पुष्पविक्रेता
Floristic	पुष्प सम्बन्धी, पुष्पीय, पादपीय
Floristics (study of distribution and relationship of plant species over geographical areas)	पादपिकी, पादप अध्ययन
Floristry	पुष्प-व्यवसाय, फूलों का व्यापार
Floruit	जीवनकाल
Floss	लोमक, रोम, मक्का के हरे भुट्टे पर लगा मुलायम रेशा, दाँतों के बीच सफाई करने का धागा, रेशम के कोये का बाहरी रूखा भाग
Flossing	रेशे या धागे से दाँतों की बीच की सफाई
Flossy	रोमिल, लोमिक
Flounder	तड़फड़ाना, लड़खड़ाना, हकलाना, एक सपाट छोटी समुद्री मछली
Flour	आटा, अन्नचूर्ण, पिसान बनाना
Flourish	फलना-फूलना, विकसित होना, समृद्ध होना
Flour mill	आटा चक्की, आटा मिल
Flow	बहना, प्रवाह, बहाव
Flow chart	प्रवाह-सञ्चित्र, प्रवाह सारणी
Flow cytometer	प्रवाह कोशामापी
Flow meter	प्रवाहमापी
Flow metry	प्रवाहमापन, प्रवाहमिति
Flow rate	प्रवाह दर, बहाव गति
Flow through	निरन्तर प्रवाह, सतत प्रवाह
Flow tide, High tide	ज्वार (समुद्री ऊँची लहर)
Flow, Flowage	बहना, धारा, प्रवाह
Flowability	प्रवाह्यता
Flowable	प्रवाह्य, प्रवाह योग्य
Flower (a part of angio-spermic plants bearing reproductive organs)	पुष्प, फूल (पौधे का फल व बीज जनक भाग)
Flowering	पुष्पण, कुसुमन, पुष्पणशील, पुष्पी, फूल खिलना
Flower of sulfur (a yellow sublimed sulfur from volcanic brim stone deposits)	गन्धक पुष्प (चर्मरोग में प्रयोग होने वाला एक भू-रसायन)
Flower pecker	फुल चुही (एक चिड़िया)
Flower pot	गमला, फूलदान, गुलदान
Flowing	प्रवाही
Flu, Influenza (a viral infection)	शीतज्वर, प्रतिश्याय
Fluctulant, Fluctuating	परिवर्ती, अस्थिर, पिलपिला, तरंगी
Fluctuation	उच्चावचन, उतार-चढ़ाव, घटाव-बढ़ाव, तरंगण
Flue	चिमनी, धूम्रनाल, धुआँकश
Flue gas (hot gas exhausted after combustion of fossil fuel)	चिमनी गैस, नालधूम
Fluence, Fluency	प्रवाह, धारा प्रवाहिता
Fluent	प्रवाही, धारा प्रवाह, वाक्पटु
Fluey, Fluffy	रोमिल, रोयेंदार
Fluff	रोयाँ, रोम
Fluid	तरल, प्रवाही, अस्थिर, अनिश्चित
Fluidation	तरलन
Fluidics (a technology dealing with use of flowing liquid or gas)	तरलिकी
Fluidimeter	तरलतामापी
Fluidity	तरलता, प्रवाहिता

Fluke (endoparasitic flat worms of class Trematoda) पर्णकृमि, पुच्छपालि (ह्वेल की), पर्णाभ, फाल (काँटा)
Flume अवनलिका, प्रवाहिनी
Flumen धारा, जल प्रवाह
Fluoresce प्रतिदीप्त होना, प्रतिदीपन, भ्राशन
Fluorescence प्रतिदीप्ति, भ्राशा
Fluorescent प्रतिदीप्तिशील, प्रतिदीप्त
Fluoridated तरस्वेयित फ्लोराइडीकृत
Fluoridation, Fluoridization तरस्वेयन, फ्लोराइडीकरण
Fluoride (an acid radical of fluoride salt) तरस्वेय, फ्लोराइड
Fluorimeter प्रतिदीप्तिमापी
Fluorimetric प्रतिदीप्तिमितीय, प्रतिदीप्तिमापिक
Fluorimetry प्रतिदीप्तिमिति
Fluorination तरस्वन, तरस्वीयन, फ्लोरीनीकरण
Fluorine (a gaseous element of halogen group with symbol F) तरस्व, फ्लोरीन
Fluorochrome प्रतिदीप्तिवर्णक
Fluorogen अनुदीप्तकर, प्रतिदीप्तकर
Fluorosis (bone and teeth deformities due to toxicity of fluoride in excess) तरस्वेयता, फ्लोराइडता, फ्लोरोसिस (फ्लोराइड विषाक्तता)
Flurry हवा या बारिश का झोंका, हल्का हिमपात, घबराया हुआ
Flush, Flushing बहा देना, प्रवाही, स्वक्षालन सम्प्रवाहन, प्रधावन, उद्धावन
Flute, Fluting बाँसुरी, वेणु, नालीयुक्त बनाना
Fluted नालीयुक्त, नालीदार
Flutter फड़फड़ाना, स्पन्दित होना, सम्भ्रम, घबराना, स्फुरण
Fluvial नदीय, नदभूत, नदी सम्बन्धी
Fluvio-glacial नद-हिमानी
Flux सतत स्राव, अभिवाह, ज्वार, स्यन्द, गालक (मिलाया गया पदार्थ)
Fluxion अभिवाहन, स्यन्दन, स्रवण
Fly (a winged flying arthropod of class Insecta) उड़ना, उड़ाना, मक्खी, मक्षिका
Fly ash उड़न राख
Fly blown दाग़ी, दूषित, धब्बे वाला
Flying उड़ना, उड़नशील, उड्डयन
Flying fish (a marine fish of family Exocoetidae with wing like pectoral fins) उड्डयी मीन, उड़नमछली
Flying fox, Fruit bat (*Pteropus* sp., a nocturnal frugivorous flying mammal of order Chiroptera) चमगादड़, गादुर
Flying squirrel, Pteromyini (a wild arboreal mammal of squirrel family Sciuridae with long tail and patagium to glide) उड़न-गिलहरी, सूरजभगत
Fly over उपरिगामी (सेतु)
Fly wheel गति चक्र, गतिपालक चक्र
Foa, Foam झाग, फेन
Foal, Colt अश्वशावक, बछेड़ा, गधी/घोड़ी का बच्चा, घोड़ी का ब्याना
Foaming फेनायन, झागकरण
Foaming agent फेनकारक, झागकर
Focal नाभ्य, नाभीय, केन्द्रीय
Focal length नाभ्यान्तर, संगमान्तर, नाभीय दूरी
Focimeter नाभिमापी
Focimetric नाभिमितीय, नाभिमापिक
Focimetry, Focometry नाभिमिति
Focus, Foci (pl.) नाभि, संगम, केन्द्र
Focusing, Focalizing, Focalization केन्द्रित करना/होना, नाभीयन, संकेन्द्रण
Fodder चारा, पशु आहार
Foetal, Fetal भ्रूणीय, भ्रौणिक, गर्भ सम्बन्धी
Foeticidal, Foeticide Feticide भ्रूणघ्न, भ्रूणनाशी, गर्भनाशी
Foetid, Fetid बदबूदार, दुर्गन्धित
Foetotoxic, Fetotoxic, Embryotoxic गर्भविषालु, भ्रूणविषाक्त
Foetotoxicity, Fetotoxicity, Embryotoxicity भ्रूणविषाक्तता, गर्भविषालुता

English	Hindi
Fog	कोहरा, कुहासा, धुन्ध
Fogged, Foggy	कोहरेदार, धुन्ध भरा, धुँधला
Foible	निर्बलता, हीनता, कमी
Foil	पन्नी, पर्णी, पर्णिका, विफलता, हराना
Fold, Folding	भञ्ज, तह, तहियाना, गुना, मोड़, वलन, भञ्जन
Foliaceous, Folic	पर्णिल, पत्तीदार
Foliage	पर्णावलि, पर्णसमूह, पत्रगुच्छ
Foliar	पर्णीय
Foliate, Foliose, Foliated	पत्ती आना, पल्लवित, पर्णित
Foliation	पल्लवन, शल्कन, पर्णन, पत्रण
Folicolous	पर्णवासी, पत्रवासी
Folic soil	पर्णिल मृदा
Folioid	पर्णाभ, पत्राभ
Follicle	गर्त, कूप, पुटिका, पुटक, स्यून
Follicle stimulating hormone (FSH)	पुटकोत्तेजक अन्तःस्राव पुटकोद्दीपक अन्तःस्राव
Follicular	पुटकीय, पुटिकीय, गर्ती, कूपीय
Folliculoid	पुटिकाभ, स्यूनिकावत्
Folliculose	गर्तिकीय, कूपिकामय, स्यूनिकायुक्त
Folliculus, Folliculi (pl.)	गर्तिका, स्यूनिका, कूपिका
Follow up	अनुवर्ती, अनुवर्तन
Foment, Fomentation	सेंकना, प्रतितापन, सिंकाई
Fomes, Fomites (pl.)	इन्धूक, संक्रामी (वस्तु)
Fodant	चीनी का गाढ़ा घोल/चाशनी
Fonssa	हिंसारू
Font	(जल) कुण्ड, मुद्र वर्ग
Fontanel, Fontanelle, Fonticulus, Fonticuli (pl.)	शिशु करोटि, कलान्तराल
Fontina (cheese)	फोन्टिना पनीर (गाय के दूध से बना इटेलियन पनीर)
Food chain	खाद्य शृंखला
Food colour	खाद्य रंग
Food conduction	आहार चालन
Food grain, Cereal	खाद्यान्न, धान्य, अन्न, अनाज
Food poisoning, Food toxicity	खाद्य-विषायण, आहारजन्य विषाक्तता, भोजन विषालुता
Food processing	खाद्य प्रसंस्करण, भोजन प्रक्रमण
Food processor	खाद्य संसाधित्र, खाद्य प्रक्रमक
Food pyramid	आहारस्तूप, भोजन पिरामिड (भोज्य पदार्थों का गुणवत्ता व मात्रा अनुसार वर्गीकरण)
Food stuff, Food material	खाद्य सामग्री, खाद्य पदार्थ
Food technology	खाद्य प्रौद्योगिकी
Food value	खाद्यमान, भोज्य-अर्हा आहारीय महत्व
Foot, Feet (pl.)	पैर, पद, चरण, फुट (लम्बाई की एक इकाई)
Footage	फुटमान
Foot and mouth disease	खुरपका, खुरहा (एक पशु महामारी)
Foot candle	फुट कैन्डिल (एक वर्ग फुट सतह पर पड़ने वाली प्रकाश के तीव्रता की एक इकाई)
Foot drop	पादच्युत
Foot hill	पादगिरि, गिरिपीठ
Footing	पादपीठ, पादासन, स्थापना आधार
Foot print	पदचिह्न
Foot rest	पायदान
Foot rot	खुर गलन (एक पशु रोग)
Foot sore	पाद व्रण, पैर के छाले
Footwear	पदत्राण, पादुका, खड़ाऊँ, जूता, सैन्डल, चप्पल आदि
Forage	चारा, रातिब, रसद खोजना
Foramen, Foramina	रन्ध्र, रन्ध्रक, छिद्र
Foramen caecum	अन्ध छिद्र, उण्डुक रन्ध्र
Foramen ovale	अण्डाकार रन्ध्र
Foramen magnum	महारन्ध्र
Foraminated	रन्ध्रित
Foraminifera (a class of amoeboid protists)	रन्ध्रधारी (आद्यजीवों का एक वर्ग)
Foraminulate, Foraminulous	रन्ध्री, रन्ध्रमय
Forb (any flowering herbaceous plant)	पुष्पीशाक, फूलदार पौधा
Forbid	वर्जित, निषेध करना
Forbidden	वर्जित, निषिद्ध
Force (an action that alters motion and position of an object, it's units are newton under MKS system and dyne under CGS system)	बल, बाध्यता, आवेग, सुरक्षा बल

Force oscillation प्रणोदित दोलन
Forceps, Forcips चिमटी, सँड़सी, सन्दंश
Forcipate चिमटाकार, सन्दंशाकार
Forcite (a gelatin dynamite) एक विस्फोटक (सोडियम नाइट्रेट युक्त)
Fordone पूरा थका हुआ, पूर्ण क्लान्त
Fore arm अग्रबाहु, प्रबाहु, हाथ
Fore bear, Forefather(s) पूर्वज, पुरखा/पुरखे
Fore brain अग्रमस्तिष्क
Fore finger, Index finger तर्जनी
Fore foot अगला पैर
Fore gut अग्रान्त्र
Fore head ललाट, माथा, मस्तक
Foreign body बाह्य/विजातीय पदार्थ, असम्बद्ध वस्तु
Fore kidney, Pronephros अग्रवृक्क
Fore land अन्तरीप
Fore leg, अगली टाँग,
Fore limb अग्रपाद
Forenoon पूर्वाह्न (दोपहर से पहले)
Forensic अदालती, न्यायालयी, न्यायालयिक
Forensic science न्यायालयिक विज्ञान
Fore shore तटाग्र, अग्रतट
Fore-shortening क्षयवृद्धि
Fore-sight पूर्वज्ञान, पूर्वदृष्टि
Fore skin, Prepuce शिश्नाग्रच्छद
Forest वन, अरण्य, जंगल
Forestation वनीकरण, वनसंवर्धन
Forestry वानिकी, वनविद्या, वनविज्ञान
Fore taste पूर्वस्वाद, पूर्वज्ञान, पूर्वानुभव
Forge भट्ठी, लोहारख़ाना, तपाकर गढ़ना, जालसाज़ी
Fork दुशाख, काँटा
Forked द्विशाखित, विशाखित, द्विशाखी
Form आकृति, आकार, स्वरूप, बनाना
Format आरूप, बाह्यरूप, ग्रन्थाकार
Formation विरचन, निर्माण, समासंघ, रचना
Formative रचनात्मक, निर्माणकारी
Formative cell आकस्मिक कोशा
Formative period विकास-काल
Formication (sensation like crawling of ant below the skin) सिहरन, सुरसुरी (त्वचा के नीचे चींटी या कीड़ा रेंगने का आभास)
Formic चिड़चिड़ा, चींटी सम्बन्धी
Formic acid वभ्राम्ल, पिपीलिक अम्ल, फार्मिक अम्ल
Formless आकारहीन, रूपहीन, बेडौल
Formula सिद्धान्त, सूत्र, नुस्ख़ा
Formulate सूत्रित करना, सूत्र रचना, संरूपित/निरूपित करना
Formulation संरूपण, निरूपण, प्रतिपादन सूत्रीकरण, सूत्रण
Fornicate चापिकारूप, चापिकामय, व्यभिचार करना
Fornix (a fibrous arched band connecting cerebral lobes of brain) चापिका, तोरणिक
Forspent थका हुआ, क्लान्त, थकाना
Forte सबल, सबल गुण, पुष्ट
Fortified बलित, पुष्टीकृत, किलाबन्द
Fortified salt (common salt with added 1000 ppm ferrous sulphate-heptahydrate or fumarate and 50 ppm potassium iodide or iodate) पुष्टीकृत नमक (रक्ताल्पता व आयोडीन अभावजन्य रोगों से बचाव हेतु)
Fortis दृढ़, प्रबल, सशक्त
Fortitude वेदना सहिष्णुता, धृति, धैर्य, पीड़ा सहनशक्ति
Fortnight पक्ष, पखवारा
Fortuitous आकस्मिक, संयोगवश
Forward अग्रसारित करना, अग्र, अग्रवर्ती, अगला, उद्यत
Forworn थका हुआ, घिसा-पिटा
Forty wink झपकी
Fosmid निषेज्या, सूत्रांश
Fossa, (*Cryptoprocta ferox,* a cat like carnivorous wild mammal of family Eupleridae endemic to Madagascar), Fosse, Fossae(pl.) खात बिल्ली, खात, खाई, परिखा, कुल्या
Fossa ovalis अण्डाकार खात
Fosset खाति
Fossil जीवाश्म, अश्मीभूत जीव/जीवांश

Fossil fuel — जीवाश्म ईन्धन, खनिज ईन्धन
Fossiliferous — जीवाश्ममय
Fossil plant — अश्मीभूत-पादप
Fossilize, Fossilization — जीवाश्म बनना, जीवाश्मीभवन
Fossorial — बिलवासी, खननी, निखनक
Fossula, Fossulae (pl.) — खातिका
Fossulate — खातिकायुक्त, सखातिक
Foster — परपोषी, धात्रेय, पोष्य, सँजोना
Foster child — पोष्य बालक
Foul — दुर्गन्धयुक्त, घृणित, मलिन, नियमविरुद्ध (खेल में)
Foumart, Ferret, Pole cat (*Mustel putorius,* a wild dark brown carnivorous mammal of weasel family Mustelidae, with unpleasant odour) — ध्रुवीय बिल्ली, गन्धबिलाव (एक नेवला कुल की बदबूदार बिल्ली)
Found — पिघलाकर (धातु) ढालना, प्राप्त हुआ, पाया गया
Foundation — नींव, स्थापना, आधार
Founding — ढलाई (धातु की), ढालना
Foundry — ढलाईघर, सन्धानी, ढलाई ख़ाना, कुप्यशाला
Fount — स्रोत, उद्‌गम, झरना
Fountain — उत्स्रोत, फ़व्वारा, फुहारा
Fovea, Foveae (pl.) — गर्तिका, खात
Fovea centralis — मध्य गर्त
Foveate — सगर्त, गर्तमय, गर्ती
Foveation, Pitting — गर्तन, गर्तिकायन
Foveola, Foveolae (pl.) — गर्तिका, खान, खातक
Foveolar, Foveolate, Foveolatus — गर्तिक, सगर्तिक
Fowl (a domestic low flying land bird of order Galliformes) — कुक्कुट, मुरगा, मुर्ग़ा
Fowler — चिड़ीमार, बहेलिया
Fowl pest, Fowl plague, New castle disease (an acute fatal viral disease of fowls) — कुक्कुट पीड़क (एक विषाणुजन्य महामारी)
Fowl pox (a skin infection in fowls with lesions caused by *Avipoxvirus* of family Poxiviridae) — कुक्कुट चेचक (मुरगों का एक विषाणु संक्रमण)
Fox (*Vulpes* sp., a wild omnivorous mammal of dog family Canidae with bushy tail) — लोमड़ी, बदरंग होना, धोखा देना
Fox glove (*Digitalis purpurea,* a biennial medicinal flowering shrub of family Plantaginaceae, native to alpine areas of Europe, source of digoxin or digitalin a heart medicine) — तिलपुष्पी, हृत्पत्री
Foxing — भूरा पड़ना, भूरे धब्बे
Fox nut (edible roasted seed of *Euryale ferox,* a pond plant of lotus/ water lily family Nymphaeaceae) — मख़ाना, तालमख़ाना
Foxtail grass (*Alopecurus sp.,* a flowering annual or perennial weed of grass family Poaceae with fox tail like bushy spikes or spikelets) — बान्द्री
Foxy — लाल भूरा, धूर्त, मोहक स्त्री
Fractal — प्राकृतिक ज्यामिति
Fractile — विभञ्जनीय, भञ्ज्य, टूटने वाला
Fractility — विभञ्जनीयता, भञ्ज्यता
Fraction — खण्ड, भिन्न, अंश, भग्नांश, प्रभाज, विखण्डन, भञ्जन
Fractional — प्रभाजिक, प्रभाजी, आंशिक, भिन्नात्मक
Fractionate, Fractionalize — प्रभाजित करना/होना
Fractionation — प्रभाजन, आसवन, विखण्डन, संविभाजन
Fractionator — प्रभाजक

English	Hindi
Fracture	विभञ्जन, अस्थिभंग, टूटना, तोड़ना
Fraenum, Frenum	बन्ध
Fragile	भंगुर, नाजुक, भुरभुरा
Fragility	भंगुरता, नाजुकता, भुरभुरापन
Fragment	टुकड़ा, अंश, भाग, खण्ड
Fragmental, Fragmentary	अपूर्ण, आंशिक, खण्डीय, खण्डमय, असम्बद्ध
Fragmentation	अपखण्डन, विखण्डन
Fragrance	सुरभि, सुगन्ध, सुवास
Fragrant	सुगन्धित, सुरभियुक्त
Frail	भंगुर, कमज़ोर, थोड़ा कम
Fraility	भंगुरता, भञ्जनशीलता, कमज़ोरी
Frambesia, Yaws	न्यूपदंश
Frame	गठन करना, ढाँचा बनाना, चौखटा
Frame work	ढाँचा, सन्धार
Frangibility	क्षयशीलता, भंगुरता
Frangible	क्षयशील, भंगुर
Franken food (food from genetically modified plant/ animal)	आनुवंशिकीय रूपान्तरित भोजन (आनुवंशिक रूप से रूपान्तरित पौधे या जन्तु से प्राप्त भोजन)
Frankincense, Olibanum (an aromatic resin from *Boswellia* sp., a tree of family Burseraceae)	लोबान (एक सुगन्धित धूम्रकारी पदार्थ)
Frantic, Frenzied	उत्तेजित, उग्र, उन्मत्त, जंगली, व्यग्र, उच्छृंखल
Fraternal	भ्रातृवत्, भ्रातृक, भ्रात्रीय,
Fraternity	भ्रातृत्व, बन्धुता
Frazzil	भूमि पर या नदी के तल में जमी बर्फ़
Freak	विकृतांग जीव, लहर, विचित्र (व्यक्ति), विलक्षण, सनक
Freaked	विचित्र धब्बों वाला, धारीदार, चित्तीदार
Freckle, Lentigo	चकत्ता, चित्ती, ददोरा, झाँई
Freckled, Freckly	चकत्तेदार
Free living, Free form	मुक्तजीवी
Free radical (atoms or molecules with unpaired electrons in outer shell)	मुक्त मूलक
Free wheel	मुक्तचक्र
Freeze	हिमीभूत होना, बर्फ़ जमना
Freeze drying	हिम शुष्कन, शीत शुष्कन
Freezer	हिमित्र, हिमकर, प्रशीतक
Freezing	हिमीकरण, बर्फ़ जमना
Freezing mixture	हिममिश्रण, हिमकारी मिश्रण, श्यानमिश्र
Freezing point (a temperature at which a liquid solidifies under standard pressure)	हिमांक, जमाव बिन्दु
French chalk	सेलखड़ी, खड़िया मिट्टी
Frenulum, Frenula (pl.)	बन्धिका, भाँज (शिश्न की मुण्डच्छद का भाग)
Frenulum lingue	जिह्वा बन्धिका
Frenum, Fraenum	बन्ध
Frenzied, Frantic	अति उत्तेजित, उन्मत्त, पागल, सनकी
Frenzy	उन्माद, आवेश, पागलपन
Frequency	आवृत्ति, बारम्बारता, प्रायिकता
Frequency modulation (FM)	आवृत्ति-नियन्त्रण
Frequency modulator (FM)	आवृत्ति-नियन्त्रक
Frequent	बारम्बार, प्रायिक, तीव्र
Fresco	भित्तिचित्र, लेपचित्र
Freshet	बाढ़, छोटा साफ़ झरना
Fresh water	मृदु जल, अलवणीय जल
Fresh water form	मृदुजलीय आकृति/जीव
Fresh water shark (*Wallago attu,* a bony fresh water cat fish of family Siluridae with shark like appearance), Helicopter cat fish	मृदुजलीय ग्राह, मृदुजल हाँगर, पढ़िना, पहिना
Fret, Fretting	कुतरना, घिसकर हटाना, तक्षण, घर्षणक्षति
Fret saw	पतली आरी
Fret work	जाली का काम
Fretum	सँकरी नलिका
Friability	अवचूर्ण्यता, भुरभुरापन
Friable	अवचूर्ण्य, भुरभुरा, सुचूर्ण्य
Fricassee (a French word)	सिझाए मांस का टुकड़ा
Fricative	संघर्षी
Friction	संघर्षण, घर्षण, रगड़, कर्कश
Frictional	घर्षणी, संघर्षज, संघर्ष-
Fridge, Refrigerator	शीतपेटी, शीतित्र (यन्त्र)

Frieze	प्रस्तर-गल, चित्रवल्लरी
Frigate	पोत, जहाज़
Fright	त्रास, भय, डर
Frigid, Frigida	शीतल, निरुत्साही, उदासीन, शीत, शिथिलकामी, जमा हुआ
Frigidaire	प्रशीतक
Frigidity	शीतलता, उदासीनता, कामशैथिल्य
Frigidoreceptor	शीतसंवेदांग, शीतग्राही
Frigorific	शीतकर, कामशैथिल्यक
Frigotherapy	शीतचिकित्सा
Frill	झालर, मगजी, किनारा, लहरिया बनाना
Fringe	झल्लरी, झब्बा, उपान्त, किनारा
Fringed, Fringy	झब्बेदार, झल्लरीमय, झल्लरीवत्
Fringing reef	तटीय प्रवालभित्ति
Frisk, Frolic	उछलना, फुदकना, थिरकना, कल्लोल करना
Frisket	खँड़ाचा, पतला घेरेदार ढाँचा
Frisson	भयानुभूति, उत्तेजना की अनुभूति
Fritting	आगलन
Frivolous	तुच्छ, चञ्चल, क्षुद्र, हल्का
Friz(z)	घुँघरालापन, घुँघराले बनाना, छनछनाना
Frizzle	छल्ला, घुँघराला बनाना, भुनना/तलना, छनछनाना, चुरमुरा बनाना
Frizzly	घुँघुराले, कुञ्चित
Frog (an insectivorous tailless small cold blooded amphibian vertebrate animal of order Anura)	मेंढ़क, मण्डूक, घुण्डीदार डोरी, घोड़े की पुतली, स्तरभंग
Frog fish, Toadfish (a small stocky angler fish of family Antennariidae with frog like mouth)	मण्डूकमीन, मेढक मछली
Frond (a large divided palm like leaf)	पलाश, प्रपर्ण, पर्णांगपत्र, तालपत्र
Frondose	पलाशाभ, प्रपत्री, पर्णांगपत्री
Frons	भाल, ललाट
Front, Frontage	अग्र (भाग), सामना, मुख-दिशा, अगला, पुरः, पुरोभाग
Frontal, Frontis	अग्र, ललाट, ललाटिका, वाताग्र, पूर्वावरण
Frontal process	ललाटी-प्रवर्ध
Frontal bone	ललाटास्थि
Frontlet, Facade	मुहरा, माथा, गृह-मुख
Frontis piece	अग्रभाग, मुखचित्र, द्वारमुख-सज्जा
Frontogenesis, Frontogeny	सीमाग्रजनन
Front tooth	अग्रदन्त, राजदन्त
Frost, Frosting	पाला, जमी ओस, तुषारण
Frosted	तुषारित
Frost bite	हिमदंश, तुषाराघात, शीतक्षत
Frost proof	तुषारसह, पालासह
Frost smoke, Fog, Mist	कोहरा, कुहरा, कुहासा
Froth, Frothing	झाग, फेन, फेनक, झगियाना
Frothy	झागदार, फेनिल, असार
Frown	भ्रूभंग, भौंहे सिकोड़ना, त्योरी चढ़ाना
Frown lines	भ्रूभंग रेखाएँ (भौंहे सिकुड़ने पर चेहरे पर पड़ने वाली शिकन)
Frowst, Fug	उमस, गर्मी का दौर
Frowzy	दुर्गन्धी, विकृतगन्धी, फफूँददार, गन्दा
Frozen	हिमीभूत, जमा हुआ, जाम, अवरुद्ध
Fructiferous	फलदार, फलधर, फलधारी
Fructification, Fruiting, Fruitition	फलन, फल आना/लगना
Fructose, Levulose, Fruit sugar	फलशर्करा, फलधु
Fructosuria	फलधुमेह, फलधुमूत्रता
Fructuous	फलदार, फलद, फलयुक्त
Fructivorous, Frugivorous	फलभक्षी, फलभोजी, फलाहारी
Frugal technology	मितव्ययी प्रौद्योगिकी, सस्ती प्रौद्योगिकी, किफ़ायती तकनीक
Frugal therapy	अल्पव्ययी चिकित्सा, मिताहारी उपचार, किफ़ायती इलाज
Fruit (a part of flowering plants derived from specific tissues of flower)	फल (पेड़-पौधों के फूल में लैंगिक जनन से उत्पन्न भाग)
Fruit bat, Flying fox (a flying nocturnal frugivorous chiropteran mammal of family Pteropodidae)	गादुर (एक रात्रिचर उड़ने वाला फलभक्षी स्तनधारी), चमगादड़
Fruitage	फलावलि, फलन

Fruitarian फलाहारी, फलभोजी
Fruit fly (*Drosophila melanogaster,* a dipteran pest insect of family Drosophilidae, used as model for genetic and physiological research), Vinegar fly फलमक्षिका
Fruitless फलहीन, बन्ध्य, निष्फल
Fruitlet लघुफल
Fruit preservation फल संरक्षण
Fruity फलमय, फलवत्
Frumenty गेहूँ की खीर
Frustule संकपाट, दुनाली शंख, दो परदोंवाला बीज
Frustum स्तम्भ, स्थूण, शंकु, छिन्नक, तला
Frutescent, Fruticose, Frutise क्षुपिल, झाड़ीनुमा, झाड़ीदार
Frutex क्षुप, झाड़ी, गुल्म
Fruticolous क्षुपवासी
Fry तलना (तेल/घी में), मछली के बच्चे
Fubsy वसामय, चर्बीयुक्त, चर्बीदार
Fuddle मदोन्मत्तता, मदोन्मत्त करना
Fuel, Fueling, Fuelling ईन्धन, ईन्धन (तरल) लेना/डालना
Fuel gauge ईन्धन (द्रव) घड़ी, ईन्धनमापी
Fug उमस
Fugacious, Fugitive पलायनी, भगोड़ा, आशुपाती, क्षणभंगुर, क्षणिक, क्षणजीवी, आशुलोपी
Fugacity पलायनता, क्षणभंगुरता
Fuggy उमसदार
Fulcrum आलम्ब, आलम्बक (अस्थि)
Fulgent चमकदार, उज्ज्वल, दीप्तिमान
Fulgurate कौंधना, कड़कना
Fulguration द्युदाहन, विद्युत-दहन, कौंध
Fuliginous धूम्री, धुआँदार, धुआँसा
Fuller's earth (a clay used as absorbent and cleaning agent) मुल्तानी मिट्टी
Full moon पूर्ण चन्द्र, पूर्णिमा
Fulminant, Fulminating स्फूर्जक, स्फोटी, अतितीव्र, अकस्मात् बढ़ने वाला रोग
Fulmination स्फुर्जन, स्फुटन
Fulsome अत्यधिक घृणित, अरुचिकर
Fulvous रक्तपीत, गोधूमवर्णी, गेहुँवा, धूसर
Fulvus पिंग
Fumarole वाष्पमुख
Fumatory धूम्रीय, धुआँ सम्बन्धी
Fume धूम्र, वाष्प, धूम, धुआँ, भभक
Fumigant, Fumigator धूम्रक, धूमित्र (यन्त्र), धुआँदानी
Fumigate, Fumigation धुआँ देना, धूमित करना, प्रधूमन
Fuming धूमीकरण, धूमन, धूमायन
Fumous, Fumy धुआँसा, धूम्रमय, धुआँ जैसा
Function क्रिया, गतिविधि, प्रकार्य, कार्य, फलन, समारोह, उत्सव
Functional क्रियाशील, प्रकार्यकारी, कार्यात्मक, फलनक, क्रियागत, क्रियात्मक
Fundament मूल, नींव, चूतड़, गुदा
Fundamental मौलिक, मूल, आधारभूत
Fundus बुध्न (आमाशय का अग्र भाग), पीनक
Fungal कवकीय, फफूँदीय
Fungation कवकन, कवकीभवन
Fungibility प्रतिमोच्यता
Fungible प्रतिमोच्य, विनियम-साध्य, बदलने योग्य
Fungicidal, Fungicide फफूँदनाशक, कवकनाशी, कवकघ्न
Fungiform कवकरूपी, फफूँदरूपी
Fungistat, Fungistatic कवकरोधी, कवकस्थापी
Fungitoxic कवकविषालु, फफूँद-विषाक्त
Fungitoxicity कवक विषाक्तता, फफूँद विषालुता
Fungoid कवकाभ, फफूँद जैसा
Fungous कवकी, फफूँदवाला, फफूँदीय, क्षणभंगुर
Fungus (a eukaryotic heterotrophic organism of plant kingdom Fungi), Fungi (pl.) कवक, फफूँद, भुकड़ी
Funicle, Funiculus, Funiculi (pl.) रज्जुका, वृन्तिका, डोरी, बीजाण्ड-वृन्त, पर्यण्डवृन्त, वृषणरज्जु
Funicular रज्जुकीय, वृन्तिकीय
Funiculitis वृषणरज्जु शोध
Funiform, Funis रज्जुरूपी, डोरी/रस्सी जैसा
Funnel निवाप, कीप, धूम्रनलिका
Fur (soft long hairs on skin of some mammals) लोम, लोमचर्म, लोमवस्त्र

Furbish	माँज कर चमकाना, काम लायक बनाना
Furcate	अग्रभाजित, विशाखित, शाखाकार
Furcation	विशाखन, अग्रभाजन, शाखा
Furculum, Furcula (pl.)	द्विशूल, द्विशाखक
Furfur, Dandruff	रूसी
Furl	लपेटना, समेटना
Furlong (1/8 mile)	फ़र्लांग = 201 मीटर (दूरी की एक अप्रचलित इकाई)
Furnace	भट्ठी, भट्ठा, भ्राष्ट्र
Furnace oil (a liquid fuel for combustion in equipments)	भट्ठी तेल (भट्ठी, ब्यालर व इञ्जन में जलाने का तेल)
Furor, Furore	उन्माद, विक्षेप, प्रकोप, उत्तेजना
Furrow	कूँड़ (हल रेखा), खाँचा, झुर्री
Furrowed	खाँचित, खाँचेदार, झुर्रीदार
Furuncle, Furunculus, Furunculi (pl.)	फुंसी, फोड़ा, व्रण, छाला, फफोला
Furunculosis	व्रणरोग, (मछलियों में एक जीवाणु संक्रमण स्फोटता, स्फोटरुजा
Furze	कँटैली, भटकटैया (एक सदाबहार झाड़ी)
Fusariotoxicosis (vomiting due to toxicity of grain with toxin of filamentous fungus *Fusarium* sp. of family Nectriaceae)	तर्कुकवकाविषरुग्णता
Fuscous, Fuscuous	मलिन, बभ्रुल, भूरा, धुँधला
Fuscus	तर्कुकी, लघुतर्कु
Fuse	संगलक, गलाना, द्रवित करना, पलीता, फ्यूज़ (बिजली का)
Fuseau	तर्कुकणी
Fused	संगलित, संलग्न, संलयित, समेकित
Fusee	पलीता, तोड़ा
Fuselage	धड़ (विमान का)
Fusel oil	मद्यसार मिश्रण, विभिन्न अल्कोहल मिश्रण
Fuse wire	संगलक तार, फ्यूज़ तार
Fusibility	समेक्यता, संलयनीयता, गलनीयता
Fusible	समेक्य, संलयनीय, संगलनीय
Fusicellular, Fusocellular	तर्कुकोशीय
Fusiform, Fusoid	तर्कुरूपी, तर्क्वाकार तर्क्वाभ, तकुआनुमा
Fusing point	द्रवणांक, गलनांक, गलन बिन्दु
Fusion	संलयन, संगलन, सम्मिश्रण
Fusion cell	युत कोशा
Fustigate, Fustigation	पीटना, दण्डप्रहार
Fusty	फफूँद की गन्धवाला, कवकगन्धी, फफूँदियाहा
Fustiness	कवक गन्धिता
Fusulus	वयित्र
Futile	निष्फल, निरर्थक, व्यर्थ
Futility	निष्फलता, निरर्थकता, व्यर्थता
Futtock	गोल गूढ़ा
Futurism	भविष्यवाद
Futuristic	भविष्यवादी, भविष्यवादीय, भविष्यवाद सम्बन्धी
Futurity	भविष्यता, भाव्यता, भाविता, भवितव्यता
Fuzz	रोम, रोयाँ, उत्तन्त, तूलोर्ण
Fuzzy	रोयेंदार, धुँधला, अस्पष्ट

G

Gab	बड़बड़ाहट, बकवास
Gable	त्रिकोणिका, तिकोना
Gadfly, Horse fly (a large two winged blood sucking insect of family Tabanidae)	गोमक्षी, कुकरमाँछी, डाँस (घोड़ा आदि पशुओं को काटने वाली मक्खी)
Gadget	उपकरण, कोई छोटी मशीन
Gaff	वक्रांकुश, काँटेदार बर्छा, बल्लम
Gag	मुखबन्धनी, मुँह में कपड़ा ठूँसना
Gain	प्राप्ति, लब्धि, अर्जन
Gain factor	लब्धि गुणांक
Gait	गति, चाल
Gaiter	गुल्फत्राण (वस्त्र)
Galactic	आकाशगांगेय, तारामण्डलीय, क्षीरीय
Galactogenic, Galactogenous, Galactopoietic	दुग्धस्रावी, क्षीरोत्पादी

English	Hindi
Galactometer, Lactometer	दुग्धमापी
Galactophoric sinus	दुग्ध कोटर
Galactosaemia, Galactosemia (presence of excess galactose in blood)	अतिक्षीरधुरक्तता, गैलेक्टोज-रक्तता, रक्तगैलेक्टोजाधिक्य
Galactose	क्षीरधु, गैलेक्टोज
Galaxy	आकाशगंगा, मन्दाकिनी, छायापथ
Gale	प्रस्फोट, झञ्झावात, अन्धड़
Galea	उष्णीष, शिरस्त्राण
Galeate	शिरस्त्राणमय,
Galeatus, Galeatoid	शिरस्त्राणवत्, शिरस्त्राणाभ
Galena	सीसाभाश्म, सीसरूचा, साधारण कच्चा सीसा
Galenic, Galenical	औद्भिदीय, वनस्पति निर्मित
Galericulate	टोपधारी
Galingal, Galingale (*Cyperus sp.*, a monocot medicinal plant of family Cyperaceae with aromatic rhizome/root)	कुलञ्जन (एक सुगन्धित औषधीय जड़)
Gall	पित्त, कटुता, पिटिका, घाव, द्रुमस्फोट, वृक्षव्रण
Gall bladder, Cholecyst	पित्ताशय
Galleon	बड़ी नौका, पोत, जहाज़
Gallinaceous	विष्किरीय, कुक्कुटीय, मुर्गा/बटेर सम्बन्धी
Galli pot	मर्तबान, कुम्भिका
Gall nut	माजूफल
Gallon (=4.546 UK Litres and =3.785 US Liters)	गैलन (द्रव के आयतन की एक इकाई)
Galloon	फ़ीता
Gallop	वेग से दौड़ना, व्यावलान
Gall stone	पित्ताश्मरी, पित्ताश्म, पित्ताशय की पथरी
Galore	आधिक्य, प्रचुर मात्रा में
Galvanic	द्युरासायनिक, प्रेरक, उत्तेजक, विस्मयकारी
Galvanization	यशदलेपन, द्युरोपण, कुप्यायन
Galvanize	जस्ता चढ़ाना, यशदलेपन, द्युरोपित/कुप्यायित करना
Galvanometer	धारामापी
Galvanoscope	धारादर्शी
Galvanoscopy	धारादर्शिकी, धारादर्शन
Galvanotaxis, Galvanotaxy	द्युवाहक्रम, धाराक्रम
Gambade,	छलाँग, उछाल, कूद करना
Gambado, Gambole	कल्लोल, चौकड़ी, कुलाँच
Gambier, Catechu	खदिर, चमड़ा कमाने की खैर
Gamboge (a resin of an evergreen gamboge tree), Gambose, Galbanum, Comboge	गोंद (तमाल वृक्ष का), गहरा पीला रंग
Gamboge (*Garcinia* sp., an evergreen tree of family Clusiaceae, yellow resinous gum in tepped from bark)	तमाल (वृक्ष एवं फल)
Game meat	शिकारी मांस (शिकार किए हुए जन्तुओं का मांस)
Gambrel	वलभि, दुढालू
Gametangium, Gametangia (pl.)	युग्मकधानी
Gamete (a haploid cell as unit for sexual reproduction)	जन्यु, डिम्बाणु, युग्मक (एकगुणित लैंगिक जनन की एक कोशिकीय इकाई)
Gametic	युग्मकी, जान्यु
Gametic meiosis	युग्मकी अर्धसूत्री विभाजन, युग्मकी अर्धसूत्रण
Gametic number	युग्मकी सूत्रसंख्या
Gametocidal,	युग्मकनाशक, युग्मकघ्न,
Gametocide	युग्मकनाशी, जन्युनाशी
Gametocyst	युग्मकपुटी, जन्युकोष्ठ
Gametocyte	युग्मककोशा, जन्युकोशा युग्मकजनककोशा
Gametoecium, Gametoecia (pl.)	युग्मकांग, जन्यु-अंग
Gametogenesis, Gametogeny	युग्मकजनन, जन्युभवन
Gametogonium, Gametogonia (pl.)	युग्मक-योनि, जन्यु-योनि
Gametoid	युग्मकाभ, जन्युवत्
Gametophore	युग्मकधर, जन्युधर
Gametophyte	युग्मकोद्भिद्, जन्युजनक युग्मकजनक
Gametotropic	युग्मकानुवर्ती
Gametotropism, Gametotropy	युग्मकानुवर्तन, युग्मकानुवर्तिता

Gamine किशोरोचित व्यवहार वाली किशोरी
Gamma (Γ,γ, 3rd letter of Greek alphabet) गामा (युनानी वर्णमाला का तीसरा अक्षर)
Gamma ray गामा किरण, γ किरण
Gamma (γ ray) sensitive गामा विकिरणसुग्राही, γ किरणसंवेदी
Gammer वृद्धा, बुढ़िया
Gammon शूकर मांस, धोखा, निरर्थक
Gammy अपंग, लँगड़ा
Gamogenesis, Gamogeny लैंगिक जनन
Gamogony, Gametogony युग्मकजनन
Gamopetalous संयुक्तदली, युक्तदली
Gamosepalous युक्त-निदलीय
Gampsodactyly नखांगुलिता
Gander नर हंस, बुद्धू आदमी
Gangetic गांगेय, गंगाई (गंगा नदी का क्षेत्र)
Gangliform, Ganglioform गुच्छाकार, प्रगण्डवत्, गण्डकरूपी
Gangling लमटन्गा, लम्बी-पतली टाँग वाला
Gangliocyte प्रगण्डकोशा
Gangliocytoma प्रगण्डकोशार्बुद
Ganglioma प्रगण्डार्बुद, गण्डिकार्बुद
Ganglion, Ganglia (pl.) गुच्छिका, गण्डिका, गण्डक, प्रगण्ड, गुच्छ
Ganglionated प्रगण्डित, गुच्छित
Ganglionation प्रगण्डन, गुच्छन
Ganglionitis, Ganglitis प्रगण्डशोथ, गण्डिकाशोथ
Gangliopathy प्रगण्डविकृति, गुच्छिकाविकार
Gangliospore प्रगण्डबीजाणु
Gangrene कोथ, विगलन, अंग विगलन
Gangrenous विगलित
Gangue खनिजयुक्त मिट्टी, आधात्री
Ganoid आकाचाभ, आकाचक, चिकना, चमकदार
Ganoin, Ganoine आकाचकी (मछली में)
Gap अन्तराल, अन्तर, लुप्तांश, दरार
Gape जँभाई, मुँह बाना, टकटकी
Gapes जँभाई का दौरा, पक्षी रोग
Gaping अन्तरालन, अन्तराली, विस्फारण
Gar कुन्तिका, कुन्त, भाला, बर्छी
Garb कुञ्चुक, वेष, पोशाक
Garbage कचरा, कूड़ा, उच्छेष, आवर्जना
Garbanzo bean, White chickpea काबुली चना, सफ़ेद चना, छोला
Garble विकृत करना, बिगाड़ना
Garbled विकृत, भ्रामक, घिसा-पिटा
Garden बाग़, बगीचा, वाटिका, उपवन, बाड़ी
Garden balsam, Balsam (*Impatiens balsamina*, a flowering annual medicinal garden herb of family Balsaminaceae, native to south Asia) गुलमेंहदी
Gardenia (*Gardenia* sp., a flowering evergreen tropical shrub of coffee family Rubiaceae) पाफर, पापरा, पापरी
Gardening, Horticulture बाग़बानी, मालीगिरी
Garden lizard, Chameleon गिरगिट
Garfish, Sea needle (*Belone belone*, a pelagic food fish of family Belonidae) कुन्तमीन
Gargantuan विशालकाय, पेटू, खाऊ
Garget गलशोथ, थनशोथ, थनैला
Gargle गरारा, गरारा या कुल्ला करना
Gargoyle परनाला, व्यालमुख प्रणाल
Garish भड़कीले या चटकीले रंगों वाला
Garland माला पहनाना, फूलों की माला
Garlic (*Allium sativum*, a herb of family Amaryllidaceae with bulbous stem of culinary use) लहसुन (एक भूमिगत कन्दीय तना वाला पुष्पी भोज्य औषधीय फसली शाक)
Garment कपड़ा/वस्त्र, परिधान
Garner भण्डारगृह, अन्नभण्डार, एकत्र करना
Garnet निरक्त(वर्ण), रक्तमणि, लालमणि, तामड़ा

Garnish चमकाना, सजाना
Garnishment, Garniture सजावट (खाद्य सामग्री की), उपस्कर
Garotte, Garrotte गला घोटकर मारना
Garpike कुन्तशूल
Gas (one of the four fundamental states of material) वात, गैस, वाति
Gas burner वाति ज्वालक
Gas chromatography (GC) वातवर्ण चित्रण
Gas, Gassing वात, वातीयन, वाति-विषायण
Gaseous गैसीय, वातीय, वायव्य
Gaseous state गैसीय स्थिति, वातीय अवस्था
Gash गहरा लम्बा घाव
Gasification गैसीकरण, वातीयन
Gasify गैस बनाना, वातिभूत होना/करना
Gasket पाल की डोरी, गैस्केट
Gas-mask गैस-नक़ाब, वात-त्राण
Gasoline, Petrol (a derivative product of fractional distillation of crude petroleum) गैसोलिन, पेट्रोल
Gasometer वातिमापी, गैसमापी
Gasp हाँफना, मुँह से तेज़ साँस लेना
Gastral, Gastric जठरीय, आमाशयी
Gastral cell ग्रैवेयकोशा
Gastral cortex गुहा-बाह्यक
Gastrectomy जठरोच्छेदन, आमाशय निष्कासन
Gastric जठरीय, जठर, आमाशय-
Gastric juice जठर रस, आमाशय-रस
Gastric ulcer, Peptic ulcer (erosion of gastro-intestinal mucosal wall mainly by a bacterium *Helicobacter pylori*) जठर व्रण, आमाशय-व्रण
Gastritis जठर शोथ, उदरप्रदाह
Gastrocele जठरवर्ध्म, आमाशय का हार्निया
Gastrocentrous उत्तराधर केन्द्रकी (एक प्रकार की कशेरुका)
Gastrocnemius प्रजंघ, जंघापिण्डी, पिण्डली (घुटने के नीचे पीछे की मांसपेशी)
Gastrocoel जठरगुहा, कन्दुकगुहा (कशेरुका में)
Gastrocoelous जठरगुहीय, कन्दुकगुहीय (एक प्रकार की कशेरुका)
Gastrocolic जठरबृहदान्त्रीय, जठरबृहदान्त्र-
Gastrocolitis जठरबृहदान्त्र शोथ
Gastro-duodenal जठर ग्रहणीय, आमाशय-पक्वाशयी
Gastro-duodenoscope जठर-पक्वाशयदर्शी, आमाशय-ग्रहणीदर्शी
Gastro-duodenoscopy जठर-पक्वाशयदर्शन, आमाशय-ग्रहणीदर्शन
Gastroenteritis जठरान्त्रशोथ, संग्रहणी
Gastroenterology जठरान्त्रविज्ञान, जठरान्त्रिकी
Gastro-enteron, Gastro-intestine जठरान्त्र
Gastro-enterostomy आमाशय-मध्यान्त्र योजना
Gastro-esophageal जठर-ग्रासवाहिनीय
Gastro-hepatic जठर-याकृत, आमाशय-यकृतीय
Gastroid जठराभ, आमाशयवत्
Gastrointestinal, Gastroenteric जठरान्त्रीय, जठरान्त्र-सम्बन्धी, जठरान्त्र-
Gastrology जठरिकी, जठरविज्ञान, पाकविद्या
Gastromyces जठरकवक, आवृत्तकणी
Gastromycetes (a class of gastroid or 'stomuch' fungus) जठरकवक समूह
Gastromycosis जठरकवकता (आमाशय में कवक सक्रंमण)
Gastronomy सुआहारिकी, उत्तम आहारविज्ञान
Gastropathy जठरव्याधि, जठररोग, आमाशयिक विकार
Gastroplasty जठर-सन्धान, आमाशय घटन
Gastropod (a mollusc of class Gastropoda, a group of snails) उदरपाद, जठरपाद (घोंघा वर्गीय जन्तु)
Gartropoda (a class of molluscs comprising snails) जठरपाद (घोंघा प्रजाति का एक वर्ग)
Gastropore जठरिरन्ध्र
Gastrorrhea, Gastrorrhoea अतिजठरस्रवण
Gastroschisis (a birth defect with congenital fissure in abdominal wall through viscera protrude) जठरविदर

Gastroscope जठरदर्शी, आमाशयदर्शी
Gastroscopy जठरदर्शन, आमाशयवीक्षण
Gastrospore स्थूलभित्ति बीजाणु
Gastrostome जठर चूषक
Gastrostomy जठरछेदन, आमाशय छेदन
Gastrothoracic जठर-उर, जठरवक्षीय
Gastrotomy जठर विच्छेदन, आमाशय-विच्छेदन
Gastrotoxic उदरविषाक्त, जठरविषालु
Gastrotoxicity उदर विषाक्तता, जठर विषालुता
Gastrotrich जठरशूक
Gastrotropic जठरानुवर्ती
Gastrotropism, Gastrotropy जठरानुवर्तिता, जठरानुवर्तन
Gastrovascular जठरवाहिनीय
Gastrovolumetric analysis जठर-आयतनी विश्लेषण
Gastrozooid जठरसञ्जीव
Gastrula स्यूतिभ्रूण, कन्दुक (भ्रूण)
Gastrulation स्यूतिभ्रूणन, कन्दुकन (भ्रूण)
Gating द्वारन, कपाटन, परिसारण
Gauge प्रमापी, पैमाना, माप, आँकना, अनुमान करना
Gaunt कृशकाय, क्षीणांग, दुर्बल
Gauze जाली, पतला पारदर्शक कपड़ा, हल्का कोहरा
Gavel मुँगरी, लकड़ी की हथौड़ी
Gavial घड़ियाल
Gazella (*Gazella* sp., an antelope of family Bovidae) चिंकारा, कलपूँछ (एक ताम्रवर्णी हिरन)
Gear सन्भार, योक्त्र, दन्ति, चाल बढ़ाना
Gecko (a lizard family of infra-order Gekkota) गिको (गर्म जलवायु की एक छिपकली)
Geitonogamy, Allogamy, Xenogamy परयुग्मन, परनिषेचन
Geodetic ज्यामितीय
Gel श्लिषक, श्लिष, श्यान, अवलेह
Gelatin (a proteinaceous substance extracted from various animal organs and tissues) श्लेष, सरेस, जिलेटिन (मृत पशुओं के सींग, खुर हड्डी व संयोजी ऊतकों को उबालने से प्राप्त एक उपयोगी लसलसा पदार्थ)
Gelatine, Gelatinous श्लिषीय, श्लिषी, श्लेषी, लसदार
Gelatinization श्लेषीकरण
Gelation श्लिषकन, श्यानन, हिमायन, शीतपिण्डन, जेलीकरण
Geld, Emasculation पुंस्त्वहरण, बधिया करना, खस्सी करना, नपुंसक बनाना
Gelding बधिया घोड़ा व अन्य पशु
Gelid अतिठण्डा, बर्फ़ीला, हिमवत्
Gelidity शीतता, शीतलता
Geloid श्लिषाभ, श्लिषवत्
Gem, Gemmery रत्न, मणि, मूल्यवान पत्थर
Gemellus जुड़वा, यमल
Geminal संलग्नी, संयुग्मी
Geminate, Geminous युग्मित करना, दुगुना करना, द्वित्व करना/होना युग्मी, द्वित्वभूत
Gemination युग्मन, द्वित्वन, पुनरावृत्ति
Gemini मिथुन (राशि)
Geminiflorous युग्मपुष्पी
Gemma, Gemmae (pl.) कली, मुकुल, कुड्मली, कुड्मलाणु
Gemmate कलीदार, मुकुलमय, कली निकलना
Gemmation बाह्यमुकुलन, कुड्मलीयन
Gemmiparous मुकुलप्रसारी, मुकुलन द्वारा प्रसारित होने वाला
Gemmule मुकुलक, कुड्मिका
Gemology रत्नविज्ञान, रत्न-परीक्षण विज्ञान
Gemule अन्तःमुकुलक
Gender, Sex लिंग
Genderless निर्लिंगी
Gender gueer (Homosexual) लिंगविचित्र, समलिंगी
Gena, Genal कपोल
Gene (a biomolecular unit of heredity of all living forms) पितृक, वंशाणु, वंश, जीन
Genealogical वंशपरम्परागत, पारिवारिक
Genealogy, Geneology वंशवृक्ष, वंशक्रम, वंशावली, वंशपरम्परा
Genecology वासानुवंशिकी
Gene expression वंश अभिव्यक्ति
Gene pool वंशसंग्रह, जीनकोष, जीनराशि
Gene probe वंशाणु परीक्षण शलाका, पित्रैक-परखी
General सामान्य, जनरल (सेनापति)
General gas equation व्यापक वात समीकरण
Generalize, Generalization व्यापक बनाना, सार्वजनिक करना, व्यापकीकरण, सामान्यीकरण

Generant उत्पादक, उत्पादी, जनक
Generate पैदा करना, उत्पन्न करना, प्रजनन करना
Generated जनित, उत्पादित, उत्पन्न
Generation उत्पादन, उत्पत्ति, जनन, पीढ़ी, सन्तति
Generating, Generative जननकारी, उत्पादी, जननशील
Generating capacity उत्पादन क्षमता
Generator, Generatrix (a curve rotating about an axis to form a solid figure) जनित्र (यन्त्र), जनक, उत्पादक (कोई बिन्दु रेखा या तल जो विस्थापित होकर ज्यामितीय आकृतियाँ बनाये)
Generic, Generics (pl.) प्रजातीय, जातिगत, व्यापक, प्रजाति-, वंश, सामान्य
Generic medicine प्रजातिगत औषधि, ब्राण्डहीन दवा
Generic name वंश नाम, प्रजाति नाम
Generic type वंशप्ररूप
Gene sequence वंशानुक्रम
Genesis उत्पत्ति, जनन, सृजन
Genestatic बीजाणुजननरोधी
Gene suppression वंश-निरोधन, वंश दमन
Gene therapy आनुवंशिक चिकित्सा
Genetic आनुवंशिक, उत्पत्तिमूलक, जननिक
Genetic code आनुवंशिक कूट, आनुवंशिक संहिता, जननिक संकेत
Genetic engineering आनुवंशिक अभियन्त्रण
Genetically engineered microbe (GEM), Genetically modified organism (GMO-a transgenic organism/microbe with modified genetic material) आनुवंशिकीय अभियन्त्रित सूक्ष्मजीव, आनुवंशिकीय रूपान्तरित जीव
Geneticist आनुवंशिकीविज्ञ, जननविज्ञानी
Genetics आनुवंशिकी, पैत्रागतिकी आनुवंशिकविज्ञान, जननिकी, जननविज्ञान
Genetotrophic जननपोषी, वंशपोषी, पितृकपोषी
Genetrix, Genetrices (pl.) जननी, जनयित्री, माँ
Genial, Genian ठुड्ढी सम्बन्धी, हन्वी, वैवाहिक, प्रसन्नचित्त
Geniculate, Geniculatus जानुनत, जानुसन्धित, घुटने के जोड़ जैसा
Geniculum जानुसन्धि
Genioglossus हनुजिह्वीय
Geniohyoid हनुद्वित
Genital मैथुनांगीय, जननिक, जनन-
Genital mutilation (female circumsision), Clitoridectomy स्त्रीजननांगकर्तन, ज़नाना ख़तना, भगांकुरोच्छेदन
Genital organ, Genitalium, Genitalia (pl.) जननांग, जननेन्द्रिय
Genito-femoral जनन-जंघीय
Genito-infectious जननांग-संक्रामी (रतिज संक्रामी)
Genitor जनक, पिता
Genito-urinary जनन-मूत्रीय, जनन-मूत्र-
Genius सर्वबुद्धिमान, प्रतिभाशाली
Genocide, Genocidal जातिसंहार, जनसंहारी, नरघ्नी
Genoholotype वंशपूर्णप्ररूप
Genolectotype वंशचयनप्ररूप
Genome (a complete genetic material of a cell or organism) प्रपितृक, वंशानुक्रम, गुणसूत्रसमूह
Genomics (study of total genetic material of a cell or organism) प्रपितृकिकी, वंशानुक्रमिकी
Genoneme, Axoneme पित्र्याक्ष, पित्र्यसूत्राक्ष
Genotoxic वंशविषाक्त, पितृकविषालु
Genotoxicity वंशविषाक्तता, पितृकविषालुता
Genotoxin वंशविषि, पितृकाविष
Genotype वंशप्ररूप, वंशानुप्ररूप, समपितृक, आनुवंशिक संरचना
Genre जाति, प्रकार, विधा, शैली
Gentian (*Gentiana lutea,* a flowering medicinal plant of family Gentianaceae) कुटकी, किरात, भूनीम
Gentian voilet, Crystal voilet (an antiseptic tetramethyl dye used as histopathological stain and in Gram's staining of bacteria) किरात बैंगनी (त्वचा व मुख के कवक संक्रमण के उपचार तथा प्रयोगशाला में प्रयुक्त होता है)

Gentle मन्द, हल्का, सौम्य, कोमल, भद्र, कुलीन, सुजात
Genu जानुका
Genual जानुसन्धिक, घुटना सम्बन्धी
Genuflect, Genuflection जानुनति, घुटने टेककर बैठना, जानुनमन
Genuine प्रामाणिक, वास्तविक, उचित
Genus, Genera (pl.) वंश, जानुसन्धि
Geo- (a Greek word for earth or land-prefix) भू-, पृथ्वी
Geobiota, Geobiont भूजीव, थलचर समूह, भूजीवजात
Geobiose, Geobiotic भू-जीवीय, भूमिजीवीय, थलचारी
Geocarpy भूफलिता, भूफलन
Geocentric भूकेन्द्रिक, भूकेन्द्रीय
Geochemical भूरासायनिक, भू-रसायन
Geochemistry भू-रसायनविज्ञान
Geochronometric भूकालमितीय
Geochronometry भूकालमिति
Geo-climatic भूजलवायवीय
Geode ग्रन्थिगुहा, रन्ध्रग्रन्थिका, गुहाग्रन्थि
Geodesic, Geodetic भूगणितीय, अल्पान्तरीय
Geodesy भूगणित, भूतत्वविज्ञान, भूज्यामिति
Geoduck, Mud-duck, Elephant trunk clam, King clam (*Panopea generosa,* a largest burrowing marine edible clam of family Hiatellidae, native to west coast of north America) शुण्डसीपी
Geo-ecotype भूपारि-प्ररूप
Geognosy रचनाभौमिकी, भूरचनाविज्ञान
Geography (study of natural structures on the earth surface) भूगोल (पृथ्वी पर प्राकृतिक भौगोलिक संरचना का एक अध्ययन)
Geoid भूम्याभ, भूरूप, भूम्याकृति
Geological भूवैज्ञानिक, भूविज्ञानात्मक
Geologist भूविज्ञानी, भूवैज्ञानिक
Geology (study of natural underground structures and changes in earth's crust) भूविज्ञान, भौमिकी
Geomagnetic भूचुम्बकीय, भूचौम्बिक
Geomagnetism भूचुम्बकत्व
Geomembrane, Geofilm (a synthetic film or membrane liner with very low permeability, used to control fluid migration) भू-अस्तर, भ्वस्तर, भू-झिल्ली
Geometric (al) ज्यामितीय, रैखिकीय
Geometry ज्यामिति, रैखिकी, रेखागणित
Geomorphology भू-आकृति विज्ञान
Geonomy प्राकृतिक भूगोल
Geopathology भू-विकारविज्ञान, भूवैकृतिकी
Geophagia, Geophagy मृद्भक्षण, मृदाभक्षिता, मृद्प्राशन
Geophagous मृद्भक्षी, मृद्प्राशनी
Geophilous अधोभूमिज
Geophysical भूभौतिकीय
Geophysics भूभौतिकी, भू-भौतिक विज्ञान
Geophyte भूगर्भोद्भिद्, भूम्युद्भिद्
Geoponic भू-संवर्धी भू-कृषि सम्बन्धी
Geoponics भूसंवर्धन विज्ञान, भूकृषि, कृषि
Geosmin (soily smell of chemical produced by soil bacteria) मृद्वास, मृद्गन्ध, मिट्टी की सौंधी गन्ध
Geosphere भूमण्डल
Geospheric भूमण्डलीय
Geostrophic भूम्याकोची
Geosynchronous भूसमकालिक
Geosynthetics (any synthetic material generally polymers used to stablize terrain) भूसंश्लिष्ट
Geotaxis, Geotaxy भ्वाकृष्टिक्रम
Geotechnical भू-प्राविधिक, भू-तकनीकी
Geotextile, Geofabric (a fine net, cloth or fabric made up of ecofriendly fibres used for water and soil conservation) भूवस्त्र (नारियल जटा, जूट, पटसन आदि रेशे से बना मृदा व जल संरक्षण हेतु वस्त्र/जाली)
Geothermal भूतापीय, भू-ऊष्मिक
Geotropic, Geotrophic गुरुत्वानुवर्ती, भूम्यावर्ती

Geotropism, Geotropy, Gravitropy — भूम्यावर्तन, भूम्यावर्तिता, गुरुत्वानुवर्तिता, भू-अभिवर्तिता, भ्वभिवर्तन
Geotube, Geobag (a poly propylene multifilament woven textile/fabric tube for dewatering sludge and sediment by separating liquid and solid) — भू-नाल, भूस्योत (जल प्रदूषण से बचाव हेतु एक सस्तीव पारि-हितैषी प्रौद्योगिकी)
Geotype — भूप्ररूप
Geranium, Cranesbill (*Geranium* sp., a flowering temperate ornamental and medicinal herb of family Geraniaceae) — कशायमूल, अधिरक्तापीत
Geratology, Gerontology — जराविज्ञान (वृद्धावस्था सम्बन्धी अध्ययन)
Gerbil, Gerbille (a small diurnal omnivorous desert rodent of family Muridae) — हिरन मूसा
Geriatrician — जराचिकित्सक
Geriatrics, Geriatry — जराचिकित्सा (वृद्धावस्था के रोगों का उपचार)
Germ — रोगाणु, अंकुर, प्रजन, जनन
Germarium, Germaria (pl.) — जननकाय, जननभाग
Germ cell — जनन कोशिका
Germen — पुष्प-योनि
Germ free — प्रजनरहित, रोगाणुमुक्त
Germicidal, Germicide — रोगाणुनाशक, रोगाणुनाशी, रोगाणुघ्न
Germinal — भ्रूणीय, जननिक, अंकुरणी
Germinant — अंकुरक
Germinate — अंकुरित होना, उगना
Germinated — अंकुरित, रोहित, उद्भिज्ज
Germinating, Germinative — उद्भेदी, रोही, जननकारी, अंकुरणशील, बीजगर्भीत
Germination — अंकुरण, उद्भेदन, रोहण
Germinogony, Polyembryony — बहुभ्रूणन, बहुभ्रूणता
Germ layer — जननस्तर, रोहीस्तर, आद्यस्तर
Germ plant — नवोद्भिद्, नवजात पादप
Germ plasm — जननद्रव्य, पित्र्यद्रव्य
Germ pore — अंकुर-रन्ध्र
Germ tube — अंकुर नाल
Gerontic — जरित
Gerontology, Geratology, Gereology — जराविज्ञान (वृद्धावस्था सम्बन्धी अध्ययन)
Gerontophilia — जराप्रेम, वृद्धाकर्षण
Gerontophobia — जराभीति (बुढ़ापा या वृद्धों से भय)
Gerontophobic — जराभीरु
Gestalt — समग्राकृति
Gestate — गर्भवती/गर्भिणी होना, गर्भ धारण करना
Gestation period — गर्भावधि, गर्भावस्था, गर्भकाल, सगर्भता
Gestatorial — धारणीय, वहनीय, गर्भधारणीय
Gesticulate — अंग चलाना, संकेत करना
Gesticulation — अंगसञ्चालन, अंगविक्षेपण, संकेतन
Gesture — अंगविक्षेप, चेष्टा, संकेत
Geyser — जलऊष्मक, जलऊष्मित्र (यन्त्र), उष्णोत्स (गर्म पानी का सोता/झरना)
Ghost — आभास, धुँधली छाया, भूत, प्रेत
Ghyll — दरार, खड्ढा
Giant — अतिकाय, भीम, बृहत्
Giant cell — महाकोशिका, बृहत्कोशा
Giant chromosome — बृहत् गुणसूत्र, भीम गुणसूत्र
Giant flower (*Rafflesia* sp., a rain forest plant of family Rafflesiaceae with about one meter diameter having five petals but no stem, leaf and root, smelling like rotten flesh, native to south east Asia) — राक्षस फूल, भीम पुष्प
Giantism, Gigantism — भीमकायता, अतिकायता
Gib — अड़ानी, खपाची, पच्चर
Gibbon (a small wild tailless primate of ape family Hyalobatidae) — वन कपि, ऊलक
Gibbous — कुबड़ा, उन्नतोदर, अर्धाधिक, उभड़ा हुआ
Giblet — मुर्ग़े का अन्तरांग व अँतड़ी (भोजन के रूप में)

Giddiness चक्कर, घुमटा, घुमनी (शारीरिक विकार)
Giddy भ्रमिल, चक्री
Gigant, Gigantic भीमरूप, विराट, अतिकायिक
Gigantism, Giantism अतिकायता, विराटता भीमरूपता, अतिवृद्धि
Gigantocyte विशालकोशिका, समूहाकोशा
Gild, Gilding स्वर्णारोपण, सोना चढ़ना, सुनहरा बनना, मुलम्मासाज़ी
Gill क्लोम, गलफड़ा, नदिका, गिल (द्रव के आयतन की एक इकाई, 1 गिल=1/16 गैलन)
Gill-cleft क्लोमविदर, क्लोम रन्ध्र
Gill cover क्लोमछद
Gill filament क्लोमतन्तु, क्लोमांशु
Gill fungus क्लोम कवक
Giloy, Heart-leafed moon seed (*Tinospora cordifolia,* a wild medicinal herbaceous vine of family Menispermaceae) गुर्च, गुरची, सुधावल्लरी, सुधावल्ली, गिलोय
Gilt स्वर्णारोपित, सोने का मुलम्मा चढ़ा हुआ
Gimbal छल्ला
Gimlet बरमा, बर्मी, छिद्रक, छेदनी
Gin, Ginning अन्न की शराब, फन्दा, चर्खी, कपास ओटना, आवर्तन
Ginger (*Zingiber officinale*, a flowering medicinal and culinary rhizomatous plant of family Zingiberaceae) अदरक, आर्द्रक
Gingiva दन्तमांस, मसूढ़ा
Gingival वर्त्स्य, दन्तमांसीय, मसूढ़ा सम्बन्धी
Gingivitis मसूढ़े की सूजन, दन्तमांसशोथ, मसूढ़ा प्रदाह
Gingivo-stomatitis मसूढ़ा-मुखपाक
Ginglymi, Ginglymus, Hinge joint कब्ज़ा सन्धि
Ginnery सूतघर, ओटाईघर
Ginning mill ओटनी, आवर्तनी
Ginseng (*Panax* sp., a Chinese medicinal herb of family Araliaceae with aromatic root having healing and aphrodisiac property) जिनसेंग (एक औषधीय चीनी पौधा)
Giraffe, Camelopard (*Giraffa camelopardalis,* a long necked big wild mammal of order Artiodactyla) ज़िराफ़ (लम्बी गर्दन वाला एक अफ्रीकी वन्य शाकाहारी स्तनधारी)
Girasol अग्निमणि, सूर्यकान्तमणि
Gird बाँधना, लपेटना, पेटी से बाँधना
Girder धरण, धन्नी, शहतीर
Girdle मेखला, कटिबन्ध, वलय
Girdling वलयन, मेखलन, कटिबन्धन
Girlhood बालिकावस्था, कन्यावय
Girlish बालिकोचित, कन्यावत्
Girth परिधि, घेर, घेरा
Gizzard (a muscular gastric organ in birds with small stones to macerate food) पेषणी (पक्षियों के आमाशय का एक कठोर मांसल अंग)
Glabella, Mesophyron स्थपनी, भ्रूमध्य
Glabrous अरोमिल, बिना रोम/पंख का (चमड़ा)
Glace चमकदार, चाशनी में पागा
Glacial हिमनदीय, हिमानीय, हिमानी, बर्फ़ीला, हिम-
Glaciated हिमाच्छादित
Glaciation हिमानीयन, हिमाच्छादन, हिमनदीयन
Glacier हिमनद, हिमनदी, हिमानी
Glacio-fluvial हिम-नद्य, हिम-नदीय
Glaciology हिमनदविज्ञान, हिमानिकी
Glacis ढलान, पुश्ता, ढालू किनारा या सतह
Glade वनपथ, वनक्षेत्र में खुली जगह
Gladiate, Ensiform खड्गाकार, तलवाररूपी
Glair चमकाना, अण्डे की सफ़ेदी पोतना, चिपचिपा पदार्थ
Glamor, Glamour दीप्ति, चमक, मोहकता, लावण्य, तिरछा फिसल जाना

Glance — सरसरी निगाह डालना, प्रभासित, कच्ची धातु
Gland — ग्रन्थि, गाँठ, गिलटी
Glanders (a respiratory fatal infection of bacterium *Burkholderia mallei* in horses, mules and asses), Farcy — कनार (अश्व वंशी पशुओं का एक जीवाणु संक्रमण)
Glandiform — ग्रन्थिरूप, ग्रन्थ्याकार
Glandular — ग्रन्थिल, गाँठदार
Glandule, Glandula (pl.) — ग्रन्थिका, ग्रन्थिनी
Glanduliferous, Glandulous, Glandulosus — ग्रन्थिकाधर, ग्रन्थिकामय, ग्रन्थिकायुक्त
Glans — मुण्ड, मणि
Glans penis — शिश्न मुण्ड
Glare — चमचमाना, चौंध, घूरना, दीप्ति
Glareous — कंकड़मय, कंकड़ पर उगने वाला पौधा
Glaring — चमकीला, भड़कीला
Glass (a non-crystalline amorphous transparent silica based solid material) — काँच, शीशा, काच
Glass ball — काँच की गोली, कञ्चा
Glass bead — काँच का मनका, काच-मणिका
Glass blower — काच-धम, काच-ध्माता, काँच धौंकनी
Glass blowing — काच धमन
Glass cutter — काचकर्तक, काँच-कर्तनी
Glasses — चश्मा, ऐनक, दूरबीन
Glass fiber — काचतन्तु, काँच के रेशे
Glass paper, Sand paper — रेगमाल
Glass wool — काच-ऊर्ण, काँच का ऊन
Glass house — काचगृह, काँचघर (काँच से ढका पौध-घर)
Glass marker — काचांकनी (खरोचने व लिखने वाला)
Glass rod — काँच की छड़, काचदण्ड, काँच शलाका
Glass stopper — काच रोधनी, काँच की डाट
Glass tube — काँच नली, काचनाल
Glass ware — काच-भाण्ड, काँच के बर्तन
Glass work — काच-कर्म, शीशे का काम
Glass works — काँच-कारख़ाना
Glassy — काचवत्, काचोपम, काँचयुक्त
Glaucescent, — नीलाभ, नभोनील, मेघनील,
Glaucous — हरिनील, समुद्री हरा
Glaucoma — मुक्ताबिन्दु, काचबिन्दु, काला मोतिया बिन्दु, सबलबाई (एक नेत्र रोग)
Glaucophyllous — नीलाभपर्णी
Glaucosuria — हरिनीलमेह, हरिनीलमूत्रता
Glaze, Glazing — काचित करना, काँच जैसा चिकनाना, काचन
Glazed — काचित, चिकना (काँच जैसा), चिकनाया हुआ
Glazier — काँच कर्तक, ओपकार
Gleam, Gleaming — मन्दप्रकाश, क्षीणज्योति, धीरे-धीरे जगमगाना
Glean, Gleaning — एकत्र करना, बीनना (सिला)
Gleanings — कटाई के बाद खेत में पड़ी बालें/दानें (सिला)
Gleba — लोष्ट, लोंदा
Gleet — पीब, पतला मवाद
Glen — तंग घाटी, कन्दरा, दर्रा
Glenoid cavity — अंस-उलूखल, अंस-सन्धिकूप, अंस गर्त
Glenoid fossa — अधरहनु-खात
Glia, Neuroglia (a non-nervous supporting tissue of brain and spinal cord) — श्लेष (केन्द्रीय तन्त्रिका तन्त्र का एक सह-ऊतक)
Glia cell, Gliacyte, Gliocyte — श्लेष कोशा
Glia fibre — श्लेष तन्तु
Glib — धारा प्रवाह, फिसलनदार
Glide — सरकना, फिसलना
Gliding — विसर्पण, विसर्पी, सर्पी, प्रसर
Glim — मन्दप्रकाश, झलक
Glimmer, Glimmering — मन्द प्रकाश करना, टिमटिमाना, झिलमिलाना
Glimpes — झलक देखना, झलक, आभास
Glint — चमकदार, चौंधना, झलकना, चमक
Glioma, Gliocytoma — श्लेषार्बुद, श्लेषभ्रूणाबुर्द
Glioblastoma — श्लेषकोरकार्बुद,
Gliosis (proliferation of glial cells in response to damage in brain or spinal cord) — श्लेषता (केन्द्रीय तन्त्रिका तन्त्र में क्षति की अनुक्रिया स्वरूप)
Gliosome — श्लेषकाय
Gliotoxic — श्लेषविषाक्त, श्लेषविषालु
Gliotoxicity — श्लेषविषाक्तता

Glissade	फिसलन, विसर्पण, फिसलना
Glissette	विसर्पिका
Glisten, Glister, Glistening	झिलमिलाना, रुक-रुककर चमकना
Glitter, Glittering	चमकना, जगमगाना, प्रभासी, चमकीला, प्रभासन
Gloaming	गोधूलि बेला, झुटपुटा, सान्ध्य
Glob	गोला
Global	भूमण्डलीय, सार्वत्रिक, वैश्विक, परिभूमि
Global positioning system (GPS)	भूमण्डलीय स्थानांकन प्रणाली, भौगोलिक स्थित्यांकन तन्त्र
Global warming	भूमण्डलीय तापन, वैश्विक ऊष्मन
Globate	गोलाकार
Globe	भूमण्डल, गोलक, गोला
Globe animalcule	गोलजन्तुक, गोलकलघु प्राणी
Globe fish, Puffer fish (a globular marine toxic fish of family Tetradontidae)	गोलक मीन, फुल्ल मछली (एक समुद्री विषैली मछली)
Globiferous	गोलकमय, गोलाधर
Globoid, Globose	गोलाभ, गोलकवत्
Globular	गोलिकीय
Globulus	गोलिकाकार
Globule, Globuli (pl.)	गोलिका, गोली, वर्तुल
Globulicidal, Globulicide	गोलिकानाशी, वर्तुलनाशक
Globuliferous	गोलिकामय, गोलिकाधर
Globulin	आवर्तुलि
Globulolysis	गोलिकालयन, वर्तुलांशन
Globus, Globi (pl.)	गुलिकापिण्ड, वर्तुलपिण्ड, गोलपिण्ड
Globus minus	लघुगुलिका, लघुगोलक
Glochid	शूकगुच्छ, अंकुशलोम, प्रलोम
Glochidium (a fish ectoparasitic larva on gills of some fresh water mussels, bivalved molluscs), Glochidia (pl.)	अंकुशलोम डिम्भ, प्रलोम डिम्भक
Glococystidium, Glococystidia (pl.)	श्लेषकोष्ठिका
Glomerate Glomerated	पुञ्जित, पिण्डीकृत, गुच्छित, ठस भरे हुए
Glomerular	गोलिकीय, केशिकागुच्छीय
Glomerule, Glomerulus, Glomeruli (pl.)	केशिकागुच्छ, गोलिका, शैरस, लच्छा, स्तवक
Glomerulo-nephritis	केशिकागुच्छ-वृक्क शोथ, गुच्छक-वृक्क प्रदाह
Gloom	धुँधला, विषाद, उदास होना
Gloria, Gloriole	महिमा, आभामण्डल, प्रभावलय, प्रभामण्डल
Gloss	कान्ति, चमक, भाषांश, टिप्पणी
Glossa, Lingua	जिह्वा, जीभ
Glossal, Glossus, Lingual	जिह्वीय, जीभ सम्बन्धी
Glossitis	जिह्वाशोथ, जिह्वा प्रदाह
Glossolabial	जिह्वोष्ठीय, जिह्वा-ओष्ठीय
Glossology	जिह्वाविज्ञान
Glossopalatine	जिह्वातालव्य, जिह्वातालु-
Glossopodium, Glossopodia (pl.)	जिह्वापाद
Glossopharyngeal	जिह्वाग्रसनीय, जिह्वा-ग्रसनी-
Glossy	स्निग्ध, चिकना, चमकदार
Glottal, Glottic	कण्ठद्वारीय, स्वरयन्त्रमुखी, श्वासद्वारीय
Glottis	कण्ठद्वार, घाँटी, स्वरयन्त्रमुख, श्वसनद्वार
Glove	दस्ताना, हस्तत्राण, हस्तप
Glow	दीप्ति, उद्दीप्ति, विभा
Glow lamp	उद्दीप्त दीप
Glow worm, Fire fly, Lantern fly (a bioluminescent insect of family Lampyridae)	जुगनू, खद्योत, दीप्तिकृमि, दीपकीट, प्रदीप मक्खी
Glucogenesis	मधुमोत्पत्ति, ग्लूकोजनन
Glucohaemia, Glycohemia, Glycemia, Glycocemia	मधुमरक्तता, मधुरक्तता
Glucokinesis	मधुमगतिक्रम, ग्लूकोज गतिक्रम
Glucokinetic	मधुमगतिक, ग्लूकोजगतिक
Gluconeogenesis	नवमधुमोत्पत्ति, नवग्लूकोजनन
Glucopenia	मधुमाल्पता, रक्तग्लूकोजाल्पता
Glucose	मधुम, द्राक्षधु, द्राक्षा-शर्करा
Glucose tolerance test	द्राक्षधु सह्यता परीक्षण
Glue	श्लेष, सरेस, गोंद

English	Hindi
Glue berry (*Cordia dichotoma*, a wild deciduous flowering small medicinal tree of family Boraginaceae with berry type fruit having edible glue like pulp)	लसोढ़ा (एक जंगली उपयोगी फलदार औषधीय वृक्ष)
Gluey	चिपचिपा, लसदार, लसलसा
Glum	उदास, अप्रसन्न
Glumaceous	तुषनिपत्री
Glume	तुष-निपत्र, तुष, भूसी, कणिश कवच
Glut	आधिक्य, ठूँसकर भरना, भकोसना
Gluteal	नितम्बीय, नितम्ब, नितम्ब-
Gluten	आश्लेष, लस, लासा (गेहूँ, जौ आदि की प्रोटीन)
Gluteus	नितम्बिका, नितम्ब पेशी
Glutinous	अश्लिषमत्, लसलसा
Glutton, Gluttonous	खाऊ, पेटू, भुक्खड़, अतिभोजी
Gluttony	भुक्खड़ता, खाऊपन, अतिभोजिता
Glycaemic, Glycemic	मधुरक्तिक, रक्तमधुवर्धी, मधुमेहग्रस्त
Glycaemic index, Glycemic index (a grade indicating food value of an edible, affecting blood sugar level)	रक्तशर्करीय सूचकांक, रक्तमधु सूचकांक
Glycerinate, Glycerination	ग्लिसरीन मिलाना, मधुरीकरण
Glycerinated	मधुरीकृत, ग्लिसरीनीकृत
Glycerine	मधुरि, ग्लिसरीन
Glycobiology	मधुजीवविज्ञान, शर्कराजीवविज्ञान
Glycocalyx	मधुपुटक, शर्कराकर्णिका
Glycogen	मधुजन, ग्लाइकोजन
Glycogenesis	मधुजनोत्पत्ति, ग्लाइकोजनोत्पादन
Glycogenolysis	मधुजनलयन, मधुजनांशन
Glycolysis	मध्वंशन, मधुलयन
Glyconeogenesis	नवमधुजनोत्पत्ति
Glycopexia, Glycopexis	मधुसमावेश, मधुसमामेलन
Glycopexic	मधुसमावेशी
Glycoprival	मधुवञ्चन (आहार का)
Glycoregulation	मधुनियमन
Glycoregulatory	मधुनियामक
Glycostasis	मधुस्थिरता, मधुस्थैतिकता
Glycostatic	मधुस्थिर, मधुस्थैतिक, मधुस्थापी
Glycosuria, Glucosuria, Glycuresis	शर्करामेह, मधुमेह मधुमूत्रता
Glycosylated	ग्लायकोसिलीकृत
Glycosylation	ग्लायकोसिलीकरण, ग्लायकोसिल विस्थापन
Glycotaxis	मध्वनुचलन, मधुसञ्चरण
Glycotropic	मध्वनुवर्ती
Glycotropism, Glycotropy	मध्वनुवर्तन, मध्वनुवर्तिता
Glyoxysome	मतिषुकाय
Glyptic	उत्कीर्णित, नक़्क़ाशीदार
Glyptics	उत्कीर्णन कला, नक़्क़ाशी
Glyptodont (*Glyptodon* sp., a south American extinct armadillo like armoured edentate mammal of sub-family Glyptodontinae)	पूर्ववर्मी
Glyptography	मणि-तक्षण
Gnarl, Gaur	ग्रन्थि, पेंड़ की लकड़ी में गाँठ
Gnarled	ग्रन्थिल, गाँठदार, ग्रन्थिमय
Gnat	दंशक, दंश, डाँस, नेट विमान
Gnathal, Gnathic, Gnathous	हन्वीय, हन्वी, हनु-विषयक, जम्भीय, जबड़ादार
Gnathalgia, Gnathodynia	हनुशूल, जम्भपीड़ा, जबड़े का दर्द
Gnathion	ठुड्ढी मध्य निचला छोटा भाग
Gnathobase	चर्ववर्ध
Gnathochilarium	जम्भोपजम्भ
Gnathology	चर्वविज्ञान, हनुविज्ञान, जाम्भिकी
Gnathopod	हनुपाद
Gnathostome (jawed vertebrates), Gnathostomata (pl.)	सहनु (कशेरुकी जन्तु)
Gnathostomiasis (an infection of *Gnathostoma* sp., a gut parasitic nematode of phylum Nemathelminthes)	ग्नैथोस्टोमा (मांसाहारी मनुष्यों व पशुओं के आमाशय का एक परजीवी सूत्रकृमि) संक्रमण
Gnaw, Gnawing	रदन, कुतरना, चबाना, सताना, चिन्ता करना

Gneiss — पट्टिताश्म, पर्तदार चट्टान
Gnome — बौना, सूक्ति
Gnomon — शंकु, सूर्यघड़ी का स्तम्भ
Gnosia, Gnosis — प्रज्ञान, रहस्यबोध, अध्यात्म
Gnotobiosis — रोगाणुमुक्त जीविता, संयतजीवाणु जीविता
Gnotobiota — जीवस्थानुकूलित जीवसमूह, संयतजीवाणु जीवसमूह
Gnotobiote, Gnotobiont — जीवाण्वानुकूलित जीव, संयतजीवाणु जीव, रोगाणु-मुक्त जीव
Gnotobiotic, Gnotobiontic — जीवाण्वानुकूलित जीवी, संयतजीवाणु जीवी, रोगाणु-मुक्त जैविक
Gnotobiotics, Gnotobiology — जीवाण्वानुकूलित जैविकी, रोगाणु- मुक्त जीवविज्ञान, संयतजीवाणु जैविकी
Gnotophore — संयतजीवाणुधारी
Gnotoxenic — अजीवपोषी, जीवरहित परपोषी
Gnu (*Connochaetes* sp., a large African antelope of family Bovidae) Wildebeest — बैल जैसी सींग वाला एक अफ्रीकी साँभर (हिरन)
Goad — उत्तेजक, अंकुश, प्रेरित करना
Goat (*Capra aegagrus hircus*, a bovine mammal of sub-family Caprinae), He-goat/She-goat — अज, अजा, बकरा, बकरी, छाग (दूध, मांस व चमड़ा के लिए पालतू पशु)
Goat pox, Sheep pox (a fatal disease of goats and sheep with skin eruption caused by capripoxvirus) — अज मसूरी, बकरा चेचक
Goatling — अजाशावक, बकरी का बच्चा
Gob — थूक, खँखार
Gobbet, Bolus — ग्रास, कौर, निवाला
Gobble — भकोसना, निगलना, हड़पना
Gobbler — नर पीरू (तुर्की मुर्ग़ा)
Goblet — चषक, प्याला, कलश
Goblet cell — चषक कोशा
Goby — प्रथशीर्षा (बड़े सिर वाला), पंकमीन, छोटी मछली
God particle, Higgs particle, Higgs Boson (named after physicists Peter Higgs in 2013 A.D. and Satyendra Nath Bose in 1922 A.D.) — ब्रह्म कण, हिग्स कण, हिग्स बोसान (ब्रह्माण्ड का एक प्रारम्भिक कण)
Goffer — चुनट, चुनट डालना, चुनना
Goggle — महोपाक्ष, धूप का चश्मा, भेंड़ का एक घुमरी जैसा रोग
Goggle-eyed — उद्वर्धि-नेत्री, उभरी आँख वाला
Goglet — सुराही, झज्झर
Goiter — गलगण्ड, घेंघा, गण्डमाला
Goitrogen — गलगण्डजन, गलगण्डकर
Goitrogenic, Goitrogenous — गलगण्डजनी, गलगण्डजनित, गलगण्डजन्य, घेंघाजनक
Goiterogenicity — गलगण्डजनिता
Goitrous — गलगण्डीय, घेंघादार, घेंघाग्रस्त
Goji berry, Wolf berry (small bright red ellipsoid berry type edible fruit of *Lycium* sp., a deciduous perennial shrub of family Solanaceae) — गोजीबेरी (एक औषधीय पौष्टिक कड़वी जंगली बेर)
Gold, Aurum (a metallic element with symbol Au) — स्वर्ण, सोना एक बहुमूल्य खनिज (धातु)
Golden — स्वर्णिम, सुनहरा, स्वर्णयुक्त
Golden dodder, Dodder, Hairweed (*Cuscuta* sp., a leafless thread like parasitic medicinal plant of family Convolvulaceae) — अमर बेल
Gold leaf electroscope — स्वर्णपत्र विद्युद्दर्शी
Golgi body, Golgiosome, Golgi apparatus (named after an Italian pathologist Camillo Golgi,1843-1926 A.D.), Dictyosome, Lipochondria — गॉल्गीकाय, विमेदाभकाय (कोशिकाओं के नाभिक के निकट एक पर्तदार झिल्लीनुमा संरचना)
Golgiokinesis — गॉल्गीकाय गतिक्रम, विमेदाभ गति

Gomphos	दन्तमूल, कील
Gomphosis, Gomphoses (pl.)	दन्तमूलसन्धि, कीलसन्धि
Gonad	जननग्रन्थि, प्रजन ग्रन्थि, जनद, प्रजन, जननांग
Gonadal, Gonadial	जननांगी, जनदी, प्रजनी
Gonadopathy	जनदविकार, प्रजनविकृति
Gonado-somatic index	जनदकायिक सूचकांक
Gonadotrophic	जनदपोषी, प्रजनपोषी
Gonadotrophism	जनदपोषिता, प्रजनपोषिता
Gonadotropic	जननांगप्रभावी, जनदग्रन्थिप्रेरक
Gonadotropism, Gonadotropy	जननांगप्रभाविता
Gonaduct, Gonoduct	जनदनाल, प्रजनवाहिनी, जननांगप्रणाल
Gonapophysis, Gonapophyses (pl.)	गुदवर्ध, गुदप्रक्षेप
Gonarthritis, Gonarthrosis	जानुसन्धिशोथ, जानुसन्धिवात, घुटने की गठिया
Gonecyst, Seminal vesicle	शुक्राशय
Gonia	आदिजनी
Gonidangiophore, Conidangiophore	कणीधानीधर
Gonidiophore, Conidiophore	कणीधर
Gonidiospore, Conidiospore	कणीबीजाणु
Gonidium, Conidium, Conidia (pl.)	कणी, अलैंगिक बीजाणु, स्थिर युग्मक
Gonimoblast	उत्पादिसूत्र
Goniometer	कोणमापी, गुनिया
Gonion, Gonia (pl.)	कोणिका (निचले जबड़े में)
Goniophotometer	फलक कोणभामापी, कोणप्रकाशमापी
Gonitis	जानुशोथ, घुटने की सूजन
Gonium (*Gonium* sp., a plate-shaped fresh water colonial flagellate autotrophic alga of order Chlamydomonadales)	जननाणु, एक स्वपोषी शैवाल प्रजाति
Gonoblast	प्रजनकोशिका, प्रजननकोशा
Gonochorism, Gonochory, Dioecism	जनदभाजन, एकलैंगिकता, एकलिंगीयता
Gonococcal	प्रमेहाण्वीय, प्रमेहाणु-
Gonococcemia	प्रमेहाणुरक्तता
Gonococcocidal, Gonococide, Gonocide	प्रमेहाणुनाशक, प्रमेहाणुघ्नी, प्रमेहाणुनाशी
Gonococcus, (*Gonococcus* sp.), Gonococci (pl.)	प्रमेहाणु (एक सुजाककारी जीवाणु)
Gonocyte, Germ cell	जनदाणु, जननकोशा, जननाणु, जनदकोशिका
Gonodendra	शाखिकुड्मी
Gonoid	वीर्याभ, वीर्यवत्, शुक्राभ
Gonomere	जनिखण्ड, नाभिखण्ड
Gonomeric	जनिखण्डी, नाभिखण्डी
Gonomerism, Gonomery	जनिखण्डिता, नाभिखण्डिता
Gonophore	जनदधर
Gonopod, Gonopodium, Gonopodia (pl.)	जनदपाद
Gonopore	जननरन्ध्र
Gonorrhea, Gonorrhoea	प्रमेह, उपदंश, सुज़ाक (एक रतिज संक्रमण)
Gonosphere	अण्डगोल
Gonotheca	कुड्मप्रावर, मुकुलकवच
Gonotoxemia (toxicity due to endotoxin of a bacterium *Gonococcus* sp., in blood)	प्रमेहाणु रक्तविषाक्तता
Gonozooid	जननजीवक
Goo	चिपचिपा पदार्थ, भावुकता
Good conductor	सुचालक
Good laboratory practice (GLP)	उत्तम प्रयोगशाला आचरण
Good medical practice (GMP)	उत्तम चिकित्सा आचरण
Goose (a water fowl of family Anatidae include duck and swan), Geese (pl.)	कलहंसी (मादा हंस), मूर्ख
Goose berry (small, round or oval fruits, generally hairy and of good flavour)	काकबदरी, आँवला, करौंदा आदि फल
Goose bump	रोंगटे, रोमांच, रोंगटे खड़े होना
Goose neck	हंसग्रीव
Gopher	भू-खनक, बिल बनाने वाले जन्तु

Gore	जमा हुआ रक्त, तिकोना वस्त्र/भूमि
Gorge	अधिप्लावन, प्रदरी, गला, अतिभोजन, गहरी घाटी
Gorgeous	दीप्त, सुन्दर, आनन्ददायक, रंगविरंगा, आलंकारिक
Gorget	कण्ठा, कण्ठी, कण्ठत्राण, ग्रीवा-कवच
Gorgonid	समुद्री पंखा
Gorilla (*Gorilla* sp., a large primate of family Hominidae, closest to man)	वनमानुष, गोरिल्ला (एक बड़ा वन्य शाकाहारी कपि)
Gormandize	भकोसना, चट करना, आकण्ठ खाना
Gorse, Shrub	झाड़ी, क्षुप, कण्टैध
Gory	रक्तरञ्जित, हिंसात्मक
Goshawk	बाज़
Gosling	हंस शावक, हंस का चूजा
Gossamer	छोटा मकड़जाल, महीन चीज
Gouache	गोंदयुक्त पेण्ट, अपारदर्शी, वर्णचित्रण
Gouge	मृदुलेप, चिकनी मिट्टी, गोलची, गोल रुखानी, टाँकी, अधिक मुनाफ़ाख़ोरी
Gourd, Cucurbit (a vegetable fruit of family Cucurbitaceae)	कद्दूवर्गीय फल (सब्ज़ी), तुम्बी, कुष्माण्ड
Gourmand	भोजनप्रेमी, पेटू, खाऊ
Gourmet	स्वाद-पारखी (शराब/भोजन का)
Gout	गठिया, वातरक्त, वातरोग, बूँद, थक्का
Governor	नियन्त्रक, नियामक, राज्यपाल, शासक
Grabble	टटोलना, पकड़ लेना, छटपटाना
Grab sample	ग्राह प्रतिदर्श
Grab sampling	ग्राह प्रतिचयन
Grabing mouth part	परिग्रहण मुखांग, ग्राही मुखावयव
Gracile, Gracilis	सुकुमार, दुबला-पतला, सुतनु
Gracilicute	तनुत्वकी (पतली भित्ति वाले जीवाणु)
Gracillimus	प्रतनु
Grackle (*Quiscalus* sp., a gregarious omnivorous passerine blackbird of family Icteridae)	पहाड़ी मैना

Gradate	क्रमबद्ध करना, परिणत करना
Grade	श्रेणीकृत करना, श्रेणी, कोटि, पदक्रम
Graded	श्रेणीकृत, कोटिनिर्धारित
Gradient	प्रवण, प्रवणक, प्रवणता, ढालमान, पादचारी
Gradine	दाँतेदार छेनी, सोपान
Grading, Gradation	श्रेणीकरण, कोटि निर्धारण, क्रमस्थापन, पदक्रमभाजन
Grading modulus	श्रेणी मापांक
Gradual	क्रमिक, आनुक्रमिक
Graduate	अंशांकित करना, स्नातक
Graduated	अशांकित, अंकित, श्रेणीयित क्रमबद्ध, स्नातकित
Graduation	क्रमभाजन, अंशांकन, श्रेणीयन, कोटि निर्धारण, क्रमिक विकसन, स्नातकन
Graffito, Graffiti (pl.)	भित्तिचित्रण, अभिरेखण, लेपोत्कीर्णन
Graft	उपरोप, रोप, रोपना, कलम (पौधे की), कलम लगाना
Grafted	रोपित, आरोपित, कलमी
Grafting	उपरोपण, रोपण, आरोपण, कलम लगाना
Grain (a unit of mass= 64.79891mg. based on a single virtual ideal seed of a cereal)	दाना, यव, कण, धान्य, अन्न, तन्तुवयन, तन्तु रचना, ग्रेन (मात्रा की एक पुरानी छोटी इकाई)
Graine	रेशम के कीड़े के अण्डे
Grained	कणिकित, दाना बनाया हुआ
Graining	कणिकांकन, दाना बनाना
Grains	काँटा, मछली पकड़ने का भाला
Grallatorial	तरणपदी, बगुला या मुर्ग़ाबी सम्बन्धी
Gralloch	मृत हिरन की आँत निकालना
Gram, Chick pea (*Cicer arietinum*, a flowering crop herb of legume family Fabaceae with edible green leaves and seeds)	चना (एक खाद्यान्न व दलहन), ग्राम (मात्रा की एक इकाई)
Gram flour	बेसन
Graminaceous	घासरूपी, तृणवत्
Gramineous	घासीय, घास सम्बन्धी
Graminicolous	घासवासी, तृणवासी
Graminivorous	घासभक्षी, तृणभोजी

English	Hindi
Graminology	घासविज्ञान
Gram-mole, Gram molecule	ग्राम-अणु (अणुभार के बराबर ग्राम में मात्रा)
Gram negative (bacterium)	ग्राम अभिरञ्जकत्यागी, ग्राम-त्यागी (जीवाणु)
Gramophone	ग्रामोफोन (एक स्वर-उत्पादक यन्त्र)
Gram positive (bacterium)	ग्राम अभिरञ्जकग्राही, ग्राम-ग्राही (जीवाणु)
Grampus (*Grampus griseus*, a large marine mammal of dolphin family Delphinidae)	बिना चोंच की एक समुद्री डाल्फिन
Gram stain	ग्राम अभिरञ्जक
Gram staining (a method of differentiating bacterial species, named after Danish bacteriologist Hans Christian Gram in 1884 A.D.)	ग्राम अभिरञ्जन
Granary	अन्नभण्डार, धान्यागार, कोठार
Grand child	पौत्र-पौत्री (पोता-पोती), दोहता-दोहती (नाती-नातिन)
Grand mal	तीव्र अपस्मार (अति-आक्षेपकारी मिर्गी)
Grand parent	पितामही-पितामह (दादी-दादा/बाबा), मातामही-मातामह (नानी-नाना), महाजनक
Grandiflorus	बृहत्पुष्पी, महापुष्पी
Graniferous	धान्यमय, धान्यप्रसू, अन्नोत्पादी
Granite	कणाश्म, ग्रेनाइट
Granivorous	धान्यभोजी, अन्नाहारी, बीजभक्षी
Granola	मिश्रित मेवा
Granular	कणिकीय, कणिकामय, दानेदार, कणिकी, कणिक
Granular precipitate	कणिक अवक्षेप
Granulate	कणिकायित करना
Granulated	कणिकायित, दानेदार
Granulation	कणिकायन, कणिकाभवन, कणीभवन, कणिकन, कणिकांकुर
Granulation tissue	कणिकांकुर ऊतक
Granulator	कणित्र
Granule, Granules/ Granula (pl.)	कणि, कणिका
Granuliform, Granulose	कणिकारूपी, कणिकावत्
Granulite	कणिकाश्म
Granuloblast	कणि-कोरक
Granulocyte	कणिकाणु, कणिकोशा
Granuloma	कणार्बुद, कणिकार्बुद
Granulomatosis	बहुलकणार्बुदता, कणिकार्बुदता
Granulomatous	कणिकार्बुदीय, कणार्बुदकारी
Granulopenia, Granulocytopenia	अल्पकणिकोशारक्तता, रक्तकणिकोशाल्पता
Granulosity, Granulosis	कणिकमयता, कणिकता
Granum, Grana (pl.)	शादकण, हरितकण
Grape (a berry type edible fruit of grape vine *Vitis* sp., a flowering woody deciduous vine of family Vitaceae)	अंगूर, द्राक्षा (एक मीठा पौष्टिक फलदार आरोही बहूपयोगी पौधा)
Grape fruit (*Citrus paradisi* a flowering perennial small spiny tree of family Rutaceae with hesperidium type juicy fruit)	जम्बीर, चकोतरा (एक बड़ा संकर निम्बू वंशी फल)
Grape sugar	द्राक्षा शर्करा, अंगूरी चीनी
Grape vine	द्राक्षा लता, अंगूर की बेल
Grapery, Vine yard	द्राक्षा-उद्यान, अंगूर की बाग़
Graph	आलेख, लेखाचित्र, बिन्दुरेख, चित्र
Graphene (a good electro-conductive nanoparticulate form of graphite)	लिखिन, ग्रेफीन
Graphene ink (an aqueous mixture of graphene powder, gum and wax/chalk, used in printed electronics and other applications)	लिखिन स्याही
Graphic, Graphical	आलेखी, चित्रात्मक, बिन्दुरेखी
Graphics	लेखाचित्र कला, आलेखविज्ञान, बिन्दुरैखिकी
Graphite (a stable crystalline allotrope of carbon)	लिखिज, ग्रेफाइट (एक कार्बन खनिज)

Graphitosis फुफ्फुस लिखिजधुलिमयता
Graphology लिपिविज्ञान
Graphomania लेखनोन्माद, लिखने की तलब
Graphomaniac लेखनोन्मादी
Graph paper वर्गांकित काग़ज़
Grapnel कई काँटों वाला लंगर, कँटिया, कुएँ से सामान निकालने का काँटा
Grasp, Grasping झपटना, हथियाना, जकड़ना
Grass (a monocot graminoid herb of family Poaceae) घास, तृण
Grass hopper (a plant pest insect of order Orthoptera) टिड्डा, टिड्डी, घास वल्गी
Grass land घास का मैदान, घास-स्थल, तृणभूमि
Grass root (denotes a most basic level of population) जन-सामान्य, मूल तत्व
Grassy घासमय, तृणवत्, शाद्वल
Grate, Grating, Grid कद्दूकस करना, घर्षण, जाली, जालिका, जँगला, कटु, झँझरी
Grater कद्दूकस, रेती, घर्षणी
Graticule काचश्रेणी, काँचमाप, सूत्रजाल, जाला
Grating जाली, जंगला, झञ्झरी
Gratiole, Hedge hyssop (*Gratiola* sp., a perennial medicinal plant of family Plantaginaceae) जलनीम
Graupel कच्चे ओले
Grave नक़्क़ाशी करना, कब्र, समाधि
Graving नक़्क़ाशी, उत्कीर्णन
Gravel कंकड़, पथरी, बजरी, रोड़ी
Graven उत्कीर्ण, गढ़ा हुआ, अंकित
Graver टाँकी, छेनी, उत्कीर्णक, नक़्क़ाश
Gravid, Gravida गर्भिणी, गर्भयुत्, निषिक्त, सगर्भ
Gravidity गर्भयुतता, निषिक्तता, सगर्भता
Gravimeter, Gravitometer गुरुत्वमापी
Graviola, Soursop (fruits of *Annona muricata,* a flowering tropical evergreen tree of family Annonaceae, used for cancer treatment) लक्ष्मणफल, शूल-रामफल
Gravimetric भारात्मक, गुरुत्वमितीय, भारमितीय
Gravimetry भारमिति, गुरुत्वमिति
Gravistatic गुरुत्वस्थैतिक
Gravitate भार से बैठ जाना, तली की ओर आकर्षित होना, गुरुत्वाकर्षित
Gravitation गुरुत्वाकर्षण
Gravitational mass गुरुत्वीय द्रव्यमान
Gravitropism, Geotropy गुरुत्वानुवर्तिता, भूम्यावर्तन
Gravity गुरुत्व, गम्भीरता
Gravotonics (anti-gravity aerial yoga, swings and exercises) निलम्ब योग/व्यायाम, हवाई कसरत (झूला, रस्सी, छल्ला, खम्भा आदि के सहारे)
Gravure उत्कीर्णन, नक़्क़ाशी, ताम्रपत्र पर मुद्रण
Gravy रसा, शोरबा, यखनी, मांसयूष
Gray, Grey धूसर, भूरा, बभ्रु, मटमैला
Gray matter, Grey matter धूसरद्रव्य (मस्तिष्क का बाह्यस्तर)
Gray water, Grey water घरेलू दूषित मलहीन जल
Graze चरना, चराना, छू जाना
Grazing चराई, चारण,
Grease आवसा, आस्पर्श, चिक्कट, चिकनाई
Greasy आवसामय, चर्बीदार, चिकटा
Great grand child प्रपौत्र-प्रपौत्री, प्रदोहता-प्रदोहती
Great grand parent प्रपितामही-प्रपितामह (परदादी-परदादा/परबाबा), प्रमातामही-प्रमातामह (परनानी-परनाना)
Greave जंघात्राण, टाँगों का कवच
Greaves कुत्ते का रेशेदार मांसाहार
Grebe पनडुब्बी पक्षी
Green हरा, कच्चा, अपक्व, हरित, हरि, हरा-भरा, पारिसुहृद, पारिमित्रवत्
Green accounting हरित लेखांकन (पर्यावरणीय संसाधनों के घटने-बढ़ने का लेखा-जोखा)
Green algae हरित शैवाल
Green belt हरित पट्टी, वन (क्षेत्र)
Green cheese कच्चा पनीर
Green chemistry पारिसुहृद रसायनविज्ञान

English	Hindi
Green chiretta (*Andrographis paniculata,* a flowering medicinal annual Asian herb of family Acanthaceae with strong bitter taste)	कालमेघ, भुईनीम, चिरायता
Green diesel, (diesel with ultra low 0.001-0.005% sulphur)	हरित डीज़ल (अति सूक्ष्म मात्रिक सल्फर डीज़ल)
Greenery	हरितिमा, हरियाली
Green fly, Aphid, Aphis, Plant lice (a plant pest insect of order Hemiptera)	माँहू, कृत्रिम मक्खी
Green house	हरितगृह, पौधा घर
Green house gas (a gaseous mixture of CO_2, CH_4, CFC, N_2O & Ozone)	हरितगृह वात
Greenish	आहरि, आहरित, हरिताभ, हरा-सा
Green lipped mussel (*Perna canaliculus,* a marine bivalved edible mollusc of family Mytilidae, also used for treatment of arthritis)	हरे ओंठो वाली सीपी
Green manure (a natural fertilizer prepared by mixing certain green crops into soil)	हरी खाद (ढैंचा आदि की हरी फसल को मिट्टी में मिलाकर सड़ाने से बनी खाद)
Green mussel (*Perna viridis,* a marine bivalved edible mollusc of family Mytilidae)	हरित शम्बुक, हरी सीपी
Green pigeon	हारिल (एक वन्य पक्षी)
Green revolution (agricultural reforms for high yielding crops)	हरित-क्रान्ति
Green sickness	हरिद्रोग (कृषि विकार)
Green technology, Eco-friendly technology	पारिसुहृद प्रौद्योगिकी
Green vitriol (ferrous sulfate)	हरा कसीस (एक गन्धकयुक्त लौह लवण)
Greenwitch mean time (GMT)	ग्रीनविच माध्य समय (अन्तर्राष्ट्रीय प्रामाणिक समय)
Green wood	जंगल, हरे वृक्ष
Gregaloid	सांघिकाभ, संघाभ, यूथाभ
Gregarine (endoparasitic sporozoan protozoa of sub class Gregarinia in intestine of many invertebrates)	सांघिक (पराश्रयी आदिजीव) यूथी, यूथवासी, झुण्ड में रहने वाला, संघातचारी,
Gregarious	यूथचारी
Gremial, Dial	अंकपट
Grenade	हथगोला (एक विस्फोटक अस्त्र)
Gression	पश्चवर्तन
Gressorial	पदचारी, पैरों से चलने वाला
Grey, Gray	धूसर, धुँधला, भूरा, बभ्रु, सफ़ेद (बाल)
Greying	बालों का पकना/सफ़ेद होना
Greyish	धूसर-सा, बभ्रुल
Grid, Grating	जाली, झँझरी
Griddle	तवा
Gride	किरकिराना, किरकिराहट
Gridiron	झँझरी
Griffon	पाण्डुर, पीत, मोटे बालों वाला कुत्ता, गरुड़ के सिर व पंख वाला काल्पनिक शेर
Grig	अँखफोड़वा टिड्डी या झींगुर
Grill	झँझरी, सन्तप्त करना, भुनना, भुना मांस/मछली
Grille	जंगला, जाली
Grim	घृणित, घिनौना, निष्ठुर
Grimace	मुख विरूपता, मुँह बिगाड़ना
Grime	काला करना, गन्दा करना, कालिख, धूल, गर्द, जमा मैल
Grimy	कालिख भरा, मैला-कुचैला
Grind, Grinding	पीसना, घिसना, पिसाई, पेषण, घिसाई
Grinder	पेषित्र, चक्की (यन्त्र), पेषक, घिसने वाला, पीसने वाला
Grind stone	सान चक्का, चक्की का पाट
Grip, Gripe	मजबूत पकड़, नियन्त्रण, कसकर पकड़ना
Gripe(s)	उदरशूल, पेंचिश, ऐंठन, मरोड़
Grippe, Flu	शीतज्वर, प्रतिश्याय
Griseous	समुद्री हरा, मोतिया स्लेटी रंग

Grist	पेष्य (अन्न), पिसने योग्य
Grist mill	चक्की, जाँता
Gristle	उपास्थि, नरम हड्डी, मांसतन्तु
Gristly	उपास्थियुक्त, उपास्थिमय
Grit	कंकरी, रोड़ी, बालुकण, धैर्य
Grits	मोटा अनाज, दलिया
Grizzled, Grizzly	भूरा, धूरा
Grizzly bear	भूरा भालू
Groan	कराहना, कष्ट सहना, किरकिराहट
Groats	दलिया, दला अनाज
Grog	शराब
Grogram	मोटा कपड़ा
Groin	उरुमूल, जंघामूल, चापान्तर, वंक्षण, काँख, गलहरी
Groove	खाँचा, नाली, प्रसीता
Grooved	खाँचित, नालीमय, प्रसीती
Grooving	खाँचन, प्रसीतन
Grope	टटोलना, टोहना
Gross	स्थूल, सकल, बारह दर्जन
Gross apparent specific gravity	सकल आभासी विशिष्ट गुरुत्व
Gross weight	स्थूल भार
Grotesque	विलक्षण, विरूप, विचित्र, अनगढ़
Grotto	गुहा, गुफा, कन्दरा
Ground	भू, भौम, ज़मीन, आधार, घृष्ट, घर्षित, घिसा हुआ
Ground glass	घृष्ट-काच, घिसा काँच
Ground glass stopper	घिसे काँच की डाट, घृष्टकाच रोधनी
Grounding compound	भरण अमिश्रण
Ground joint	घृष्ट सन्धि
Groundling	तलवासी मछली, तमाशबीन
Ground mass	आधार पुञ्ज
Ground material	आधार-पदार्थ
Ground nut, Peanut, Monkey nut (*Arachis hypogaea*, a leguminous crop plant of family Fabaceae)	मूँगफली, चीनिया बादाम (एक भूमिगत फली वाला पौधा जिसके बीज से खाद्य तेल निकालते है और भूनकर खाते हैं)
Ground substance	आधार-सामग्री
Ground rat (*Rattus norvegicus*, a burrowing rodent of family Muridae), Norway rat	धरा-मूष, भू-मूषक, ज़मीनी-चूहा
Ground state	मूल अवस्था
Ground swell	सागर उभार, तीव्र वृद्धि
Ground tissue	भरण ऊतक
Ground water	भूजल, भूमिगत जल, भूगर्भ जल
Ground work	आधार कार्य, बुनियादी काम
Group	दल, समूह
Grouping	समूहीकरण, समूहन
Grouptherapy	समूह चिकित्सा
Grouse (a wild fowl type bird of family Phasianidae)	तीतर, तीतर मांस, शिकायत करना, कुड़कुड़ाना
Grout	तलछट, पतला सीमेन्टी गारा
Grouting	अभिपूरण, पिलाना, पिलाई
Grove	उपवन, निकुञ्ज, वृक्षावली
Grovel	पेट के बल रेंगना, घिघियाना
Grow	उगना, बढ़ना, उपजना
Growing crop	बढ़ती फसल
Growing season	वर्धन ऋतु
Growl	गुर्राना, गुर्राहट
Grown	बढ़ा हुआ, परिवर्धित, परिपक्व, विकसित
Growth	बढ़त, वृद्धि, वर्धन, उपज
Growth inhibiting, Growth inhibitor	वृद्धिरोधी, वृद्धिरोधक
Groyne	पुलिनरोध, रोधिका
Grub	उन्मूलन, मक्षीजातक, कोल्हू का बैल, जातक, रुण्ड, सूँड़ी
Grubbing	निष्खनन, उन्मूलन, जड़ से निकालना
Grubby	गन्दा, सूँडीमय, मिट्टी से सना, जंगली पौधों से ढका
Gruel	लपसी, पकी दलिया, थका देना
Grume	चिपचिपा पदार्थ, थक्का
Grumose, Grumous	चिपचिपा, थक्कादार
Grumpy	क्रोधी, गुस्सैल
Grunt, Grunting	घुरघुराना, घुरघुराहट
Guano	वेष्ठी (समुद्री पक्षियों के मल या मछलियों से बनी खाद)
Guanophore (a guanine filled cell)	वेष्ठीभर (कोशिका)
Guarana (*Paullinia* sp., a medicinal climber of maple family Sapindaceae, seeds contain caffeine used as soft drink in south America)	गहन बीज, गुआराना
Guard cell	रक्षीकोशा, द्वारकोशिका, रक्षककोशिका

English	Hindi
Guarding	रक्षण
Guava (*Psidium guajava,* a tree of family Myrtaceae with edible berry type nutritious fruits)	अमरूद (एक फल व वृक्ष)
Gubernaculum	रज्जुका, लांगल
Gudgeon	एक छोटी मछली, गजन, मानी, चूल, भोला आदमी
Guest molecule	आगंतुक अणु
Guided missile	निर्देशित प्रक्षेपास्त्र
Guideline	मार्गदर्शिका, दिग्दर्शिका
Guild	संघ, श्रेणी, निकाय, शिल्पी संघ
Guillotine	शीर्षकर्तन-यन्त्र, शिरविच्छेदक-यन्त्र, गिलोटिन (एक सरकलम मशीन)
Guinea fowl	गिनी मुरगा (एक अफ्रीकी मुर्गवंशी पक्षी)
Guinea hen weed, Gully root (*Petiveria alliacea,* a perennial medicinal herb of family Petiveriaceae native to Africa and America, used for treatment of various cancers)	अनामू (एक औषधीय पौधा)
Guinea pig (*Cavia porcellus,* a tailless mammal of rodent family Caviidae)	गिनी सुअर, गिनी पिग (एक पालतू व प्रयोगशाला जन्तु)
Guinea worm disease, Dracunculiasis (a water borne infestation of guinea worm, a parasitic nematode *Dracunculus medinensis,* of phylum Nemathelminthes)	नारू रोग, नहरुवा रोग
Gula, Gullet	ग्रसिका, निगलद्वार, ग्रसनी, ग्रासनली, कण्ठ
Gular	ग्रसनीय, ग्रसिका सम्बन्धी
Gulch	खड्ड, घाटी, दर्रा
Gules	लाल रंग, रक्तवर्ण
Gulf	खाड़ी, गहरा गर्त
Gull, Sea gull (*Larus* sp., a carnivorous swimming sea bird of family Laridae)	सामुद्रिक (एक जलीय पक्षी), भोला-भाला
Gullet	ग्रसिका, गला, हलक़
Gully	खड्ड, अवनलिका, मोरी
Gulosity	अत्याहार, पेटूपन, भुक्खड़ता
Gulp, Guttle, Guzzle	भकोसना, गटकना, निगलना
Gum	मसूढ़ा, दन्तमांस, गोंद, वर्त्स, निर्यास, श्लेष
Gum arabic	बबूल का गोंद
Gum boil	मसूढ़े का फोड़ा
Gumma	निर्यासार्बुद, लसदार नासूर
Gummatous	निर्यासार्बुदीय
Gummy	गोंद सा चिपचिपा, श्लेषमय
Gun	बन्दूक, शतघ्नी
Gun cotton (a highly explosive nitro-cellulose)	विस्फोटी कपास
Gun metal (a non-corrosive grey alloy of 88% copper, 8-10% tin and 2-4% zinc)	शतघ्नी-धातु
Gun powder (an explosive powdered mixture of potassium nitrate, sulphur and charcoal)	बारूद, अग्निचूर्ण, शतघ्नी-चूर्ण
Gunnel (*Pholis* sp., an eel- like marine food fish of family Pholidae)	एक प्रकार की मछली
Gunnery	बन्दूकविद्या, बन्दूकघर, तोपख़ाना, बन्दूक कारख़ाना
Gunny	जूट, टाट
Guppy fish (*Poecilia reticulata,* a small sexually dimorphic fresh water aquarium fish of family Poeciliidae, used as model organism for toxicity testing and scientific research)	

English	Hindi
Gurgitation	बुद्बुदाहट, बुलबुलाहट, उफान
Gurgle	गलाला, गड़गड़ाहट, गड़गड़ाकर कुल्ला करना
Gush	स्वस्रावी तेल कूप, बह निकलना, फूट निकलना
Gusher	तैल निर्झर, (गैस तेल छोड़ने वाला कुआँ)
Gusset	कोणिका, प्रकोणी, कोनिया, कली (कपड़े की)
Gust	झोंका, झकोरा, निर्घात
Gustation	रसास्वादन, स्वाद संवेदन
Gustatoreceptor, Gustoreceptor	स्वादग्राही, रससंवेदांग
Gustative, Gustatory	रससंवेदी, स्वादसंवेदी, रसास्वादी
Gut	आन्त्र, आँत, आँत निकालना
Gutta, Guttae (pl.)	बूँद, बुँदकी, बिन्दु, द्रप्स, निक्षीर
Gutta-percha (a tough thermo-plastic substance from latex of 'perch' *Palaquium* sp., tree of family Sapotaceae in south east Asia)	गट्टा-पार्चा
Guttate	बुँदकीदार, बूँदवत्, बिन्दुमय, चित्तीदार
Guttated, Guttatus	बिन्दुकित, द्रप्सित
Guttation	बिन्दुस्रवण, बिन्दुस्वेदन, द्रप्सण
Gutter	गन्दी नाली, पनाला, मोरी, मलप्रणाल
Gutting	आँत निकालना, अपान्त्रण, कौशतन्तु
Guttle, Guzzle, Gulp	भकोसना, गटकना
Guttule, Guttula (pl.)	गोलिका, बूँदिका
Guttural	कण्ठ्य, कण्ठ सम्बन्धी
Guttural labial	कण्ठोष्ठीय
Guttural palatine	कण्ठ-तालव्य
Guyabano, Soursop *(Annona muricata,* a flowering evergreen medicinal tree of family Annonaceae with spiny custard apple like aeterio type fruit, used for cancer treatment)	शूल-रामफल, मुल्लाथा (फिलीपीन्स में इसका नाम)
Gyandria, Gyandrism, Male herma-phroditism	पुंजायांगता, स्त्रीपुमंगता
Gymnasium, Gym	व्यायामशाला, कसरतघर
Gymnast	व्यायाम-विशेषज्ञ, कसरतबाज़
Gymnastic, Gymnical	व्यायामिक, व्यायाम-सम्बन्धी, कसरती
Gymnastics	व्यायाम, कसरत, कसरतबाज़ी
Gymnoanthous	अनावृत्तपुष्पी
Gymnocarpic, Gymnocarpous	अनावृतफली
Gymnocyte, Gymnoplast	विवृतकोशा, अनावृतकोशिका
Gymnos (a Greek word for naked), Nude	अनावृत, आवरणहीन, विवृत, नग्न
Gymnosperm (a division of vascular plants without flowers and with naked seeds)	अनावृत्तबीजी, विवृतबीजी
Gymnospore	अनावृत्तबीजाणु, विवृतबीजाणु
Gynaecium, Gynaecia (pl.)	स्त्रीकेसर, जायांग, स्त्रीजननांग, रनिवास
Gynaecogen	जायांगजन, स्त्रैणजन, स्त्रैणकर
Gynaecogenic, Gynecogenic	जायांगजनी, स्त्रैणजनक, स्त्रैणकारी
Gynaecology, Gyniatry, Gynics	स्त्रीरोगविज्ञान
Gynaecomastia, Gynecomastia	स्त्रीसमस्तन्यता, स्त्रीवत्स्तनता (पुरूषों में स्त्री जैसे स्तन)
Gynaecophoric	जायांगधारी, स्त्रीजननांगधारी
Gynandrium, Gynandria (pl.)	स्त्रीपुंधानी, पुंजायांग, पुंस्त्रीधानी
Gynandromorph, Hermaphrodite	स्त्रीपुमंगरूप, पुंजायांगरूप, उभयलिंगी
Gynandromorphic, Hermaphroditic	स्त्रीपुमंगरूपी, पुंजायांगरूपी, उभयलैंगिक
Gynandro-morphism, Hermaphroditism	स्त्रीपुमंगरूपता, पुंजायांगरूपता, उभयलिंगता
Gynandrous	स्त्रीपुंसक, पुंजायांगी, उभयलिंगी
Gynecoid, Gynoid	स्त्रीवत्, स्त्रैण, जायांगाभ
Gynecopathy, Gynopathy	स्त्रीजननांगविकृति, स्त्रीरोग, जायांगविकार

Gynephobia, Gynoephobia स्त्रीभीति
Gynephobic, Gynoephobic स्त्रीभीरु
Gynecophonic स्त्रीसमध्वनिक
Gynecophony स्त्रीसमस्वरता
Gynetype स्त्रीप्ररूप, जननांगप्ररूप
Gynodioecious भिन्नस्थोभय स्त्रीलिंगी
Gynoecial जायांगीय
Gynomonoecious स्त्रीउभयलिंगी
Gynophore जायांगधर, जायांगभर
Gynoplasty, Gynecoplasty स्त्रीजननांग सन्धान, स्त्री जननांग सुघटन,
Gynostegium जायांगच्छद
Gynostemium पुंजायांगक
Gynous जायांगी, स्त्रीजननांगी
Gypsum (a soft mineral salt, calcium sulfate dihydrate) आचूर्ण, चिरोड़ी, सिलखड़ी
Gyrate घूमना, घुमाना, कुण्डली बनाना, चक्कर काटना, मण्डलाकार, वलयाकार
Gyrated वलयित, मण्डलित, परिभ्रमित, कुण्डलित, घूर्णित
Gyration घूर्णन, परिभ्रमण, वलयन
Gyrator वलयक, वलयित्र, परिभ्रमित्र, घूर्णित्र (यन्त्र)
Gyratory घूर्णी, वलयी, परिभ्रामी
Gyre वलय, वृत्त, चक्कर, छल्ला
Gyro- (prefix) वलय-, घूर्ण-
Gyro-compass घूर्णाक्ष दिक्सूचक
Gyrodactylus घूर्णांगुलिक
Gyroid, Gyroidal कुन्तलाभ, कुन्तलाभीय
Gyromagnetic घूर्णचुम्बकीय
Gyroscope घूर्णाक्षदर्शी, ध्रुवघड़ी, संवालयी
Gyrose, Gyrous वृत्तीय, लहरदार
Gyrostat घूर्णाक्षस्थाप, घूर्णिका, संवलयेक्ष
Gyrostatic संवलयेक्षीय, घूर्णाक्षस्थापी
Gyrotropic घूर्णानुवर्ती, परिभ्रमणीय, दैशिक
Gyrus घूर्णी, घूर्णक, कर्णक, संवेल्लक

H

Habena फ़ीता, पट्टी
Habenula पट्टिका, छोटी पट्टी
Habenular पट्टिकीय, पट्टीय
Haberdine नमक लगी सूखी कॉड मछली
Habit, Habitus प्रकृति, स्वभाव, स्वरूप
Habitability वासयोग्यता, निवास्यता, वासनीयता
Habitable वासयोग्य, निवास्य, वासनीय
Habital आवासीय, आवास-
Habitat आवास, प्राकृत वास
Habitation वास स्थान, वास, बस्ती
Habitual आभ्यासिक, अभ्यस्त, स्वभावी, आदी
Habituation अभ्यसन, अभ्यस्तता, स्वभाव होना
Habitude शारीरिक व मानसिक संरचना
Hachure रेखाच्छादन
Hack, Hacking घाव, काटना, फावड़ा, सूखी खाँसी, मारना, घुड़सवारी
Hackle, Heckle मुर्ग़े का कण्ठ-पिच्छ, तूमना
Hack saw धातु काटने की आरी
Hade उन्नमन, खड़ी रेखा से हटना, नति का पूरक कोण
Hadopelagic अव-अतल नितली (जीव)
Hadrome दारुक, जलवाहोतक
Hadromycosis दारु कवकता
Hadron (a composite particle, made of Quarks) महद्णु, हैड्रान कण
Haem, Heme (a cofactor, porphyrin with iron in centre) शोणिक, हसिति
Haem-, Hem- (a Greek word haemia means blood -prefix) रक्त-, रुधिर-
Haemachrome रुधिरवर्ण, रक्तवर्ण
Haemacytoblast, Hemocytoblast रक्ताणुमातृकोशा, रक्ताणुकोरक
Haemadsorption रक्ताधिशोषण
Haemagglutination रक्त सम्पुञ्जन
Haemal रक्तीय, रक्त-, रुधिर-
Haemal arch रक्त चाप
Haemal canal रक्त नाल, रुधिर-कुल्या
Haemanalysis रक्तविश्लेषण
Haemangioma रक्तवाहिकार्बुद
Haemapophysis रक्तचापवर्ध
Haemarthrosis सन्धिरक्तस्राव
Haematemesis रक्तवमन, ख़ून की उल्टी
Haematherapy रक्तचिकित्सा, रुधिरोपचार
Haematic रक्तिक, रुधिरीय, रुधिर सम्बन्धी

English	Hindi
Haematinic, Haematonic	रक्तवर्धी
Haematite	हीमेटाइट (फेरिक ऑक्साइड युक्त एक खनिज लौह अयस्क)
Haemato-, Hemato- (prefix)	रक्त-, रुधिर-
Haematocele, Hematocele (blood collection around testicles)	रक्तवृषण
Haematreliezid	मलद्वार से लाल रक्तस्राव
Haematochyluria	रक्त-पायसमेह, रक्त पायसमूत्रता
Haematocrit	रुधिरवेक्त्र, रक्ताणुमापी
Haematogen	रक्तजन
Haematogenesis, Haematopoiesis, Haemopoiesis	रुधिरजनन, रक्तोत्पत्ति, रुधिरोत्पादन
Haematogenic, Hematogenous	रक्तजनी, रुधिरजनक, रक्तजनित, रुधिरजन्य
Haematoid, Hematoid	रक्ताभ, रुधिरवत्
Haematology	रुधिरविज्ञान, रक्तविज्ञान, शौणिकी
Haematoma	रक्तार्बुद, रुधिरशोथ, रक्तगुल्म
Haematomesis	रक्तिम वमन, ख़ूनी उल्टी
Haematometer	रक्तमापी
Haematonic, Hematinic	रक्तवर्धी
Haematophagous, Haemophagous	रक्तभोजी, रुधिरभक्षी
Haematosepsis, Septicemia	रक्तपूयता, रुधिरपूतिता
Haematospermia	रक्तरञ्जित वीर्यता
Haematostatic	रक्तस्थैतिक, रक्तस्थापी
Haematotoxic, Haemotoxic	रक्तविषालु, रुधिरविषाक्त
Haematotoxicity, Haemotoxicity	रुधिरविषालुता, रक्तविषाक्तता
Haematotropic, Hemotropic	रक्तानुवर्ती, रुधिरानुवर्ती
Haematotropism, Haemotropy	रक्तानुवर्तिता, रुधिरानुवर्तन
Haematotoxin, Haematoxin	रक्ताविष, रुधिराविष, रक्तविषि
Haematozoon, Haematozoa (pl.)	रक्तजन्तु, रुधिरप्राणी
Haematuria	रक्तमेह, रक्तिम मूत्रता
Haemic, Hemic	रुधिरीय, रक्तीय

English	Hindi
Haemo-, Hemo-(prefix)	रक्त-, रुधिर, ख़ून-
Haemobilia, Hemobilia	रक्तपित्तता
Haemochorial	रक्तजराव्यीय, रुधिरजरायु-
Haemochromatosis	रक्तरञ्जकता, रक्तवर्णकता
Haemocoel	रक्तगुहा
Haemocoelome	रक्तदेहगुहा
Haemocoelomic channel	रक्तगुहिका प्रणाल
Haemocrine	रक्तान्तःस्रावी
Haemoculture, Blood culture	रक्तसंवर्ध, रक्तसंवर्धन
Haemocyanin	रुधिरश्याम (रञ्जक)
Haemocyte, Blood cell	रक्तकोशिका, रक्ताणु
Haemocytometer	रक्तकोशिकामापी, रक्ताणुमापी
Haemocytozoon, Haemocytozoa (pl.)	रक्तकोशाजन्तु, रक्ताणुप्राणी
Haemodiagnosis	रक्तनिदान
Haemodialysis	रक्तापोहन, रुधिर-अपोहन
Haemodynamic	रुधिरगतिक
Haemodynamics, Haemohydraulics	रुधिरगतिकी, रक्तपरिचालिकी
Haemofiltration	रक्तनिस्यन्दन
Haemoflagellate	रुधिरकशाभी
Haemoglobin	रक्तवर्तुलि, रुधिरवर्णिका (एक लाल रञ्जक)
Haemoglobinometer	रक्तवर्तुलिमापी
Haemoglobinuria	रक्तवर्तुलिमूत्रता
Haemogram, Complete blood count picture	रक्तचित्र, रुधिरालेख
Haemokinesis	रक्तगतिक्रम
Haemokinetic	रक्तगतिक
Haemolymph	रक्तलसीका, लसीकारक्त
Haemolysate	रक्तलयनजात, रुधिरांशनजात
Haemolyse, Haemolyze	रक्तलयन करना, रुधिरांशन करना/होना
Haemolysed	रुधिरलयित, रक्तांशित
Heamolysis	रुधिरलयन, रक्तांशन
Haemolytic	रुधिरलयी, रक्तांशी
Haemopathology	रक्तरोगविज्ञान, रुधिरव्याधिकी
Haemopathy	रक्तविकार, रुधिररोग
Haemo-peritoneum	रक्तोदर
Haemophagous	रुधिरभक्षी, रक्तभोजी
Haemophilia (a blood disease)	अधिरक्तस्राव रुधिरस्कन्दनहीनता
Haemophoresis	रक्तसञ्चालन

Haemopoiesis	रक्तोत्पादन
Haemopoietic	रुधिरोत्पादी, रक्तजनक
Haemoptysis	रक्तकासता, रक्तष्ठीव, बलग़म में खून आना
Haemorrhage, Bleeding	रक्तस्राव
Haemorrhagic	रक्तस्रावी
Haemorrhoidectomy	अर्शोच्छेदन, अर्श-निष्कासन
Haemorrhoids, Piles	अर्श, बवासीर, रक्तार्श
Haemosiderosis	रक्तोल्कायसिता
Haemostasis	रक्तस्रावरोधन, रुधिरस्राव स्थैतिकता, रक्तस्थिरता,
Haemostatic	रक्तस्रावरोधी, रक्तस्रावस्थापी रुधिरस्राव स्थैतिक
Haemotrophic	रुधिरानुपोषी
Haemotrophic nutrition (transplacental nutrition of faetus from maternal blood stream)	रुधिर वाहितभ्रूण पोषण
Haemozoin	रक्तविष
Haft	मूठ, हत्था, दस्ता
Haggard	मरियल, दुर्बल, जंगली बाज़
Hagioscope, Squint	तिर्यग्दर्श, तिरछी नजर या कनखियों से देखना, झरोखा
Hail	ओला, उपल, हिमगुलिका, पुकारना
Hail storm	उपलवृष्टि, ओले की बरसात
Hair	रोम, बाल, केश, लोम
Hair bulb	रोम कन्द
Hair cell	रोम कोशिका
Hair crack	सूक्ष्म दरार
Hair dye	केश रञ्जक, केशकल्प, खिज़ाब
Hair follicle	रोम कूप, केश पुटक
Hairform	केशाकृति, रोमरूपी
Hair fruit, Shikakai (*Acacia concinna,* a flowering climbing shrub of family Fabaceae with lomentum type fruit used in hair shampoo)	शिकाकाई (पकी सूखी फलियों का प्रयोग हर्बल शैम्पू में)
Hair gland	रोम ग्रन्थि, केशग्रन्थि
Hairless	रोमहीन, केशरहित
Hairline crack	केशरेखी भञ्ज
Hair liquid fertilizer	द्रवितकेश उर्वरक
Hair papilla	रोमांकुर
Hair restoration	केश पुनःस्थापन
Hair restorer	केशपुनःस्थापक (औषधि)

Hair space	केशान्तर, केशान्तराल
Hair spring	बाल-कमानी
Hair tonic	केशबल्य, केशपुष्टकर
Hair worm (an aquatic nematode like parasite of phylum Nematomorph), Horsehair worm	केशकृमि
Hairy	केशमय, बालदार, रोमिल, रोमी
Hairy root	रोमिल मूल
Halation	प्रभाविकिरण, प्रभाबिम्ब, धुँधला पड़ना, धूमिकायन
Halbred	फरसा, परशु
Hale	मज़बूत, स्वस्थ
Hale and hearty	पूर्ण स्वस्थ
Halfa grass (*Desmostachya bipinnata,* a perennial Old World grass of family Poaceae), Darblia	कुश, कुशा घास (एक औषधीय व हिन्दू धार्मिक महत्व का पौधा
Half-blood, Half-breed, Half caste	वर्णसंकर, संकर-वर्ण
Halfcut	अर्धकाट (मोटी दफ्ती आदि को मोड़ने के लिए)
Half life	अर्ध आयु, अर्धजीवनकाल
Half period	अर्ध आवर्तनकाल
Half tone	अर्धप्रकाश, बिन्दु चित्र
Halibut (*Hippoglossus* sp., a large marine edible flat fish of right eye flounders family Pleuronectidae)	बकस (एक बड़ी घोड़े की जीभ के आकार की समुद्री भोज्य मछली)
Halic	लवणीय, लवण सम्बन्धी
Haliecitics	मत्स्यग्रहण कला, मछली पकड़ने की विधा
Halimetry	लवणमिति, लवणमापन
Haliography	समुद्रवर्णन
Haliphagia, Halophagy	लवणभोजिता, लवणभक्षिता
Haliplid	समुद्रप्लव
Halite, Rock salt (a mineral chloride salt of sodium, potassium, magnesium, manganese and iron with pungent smell)	शैल-लवण, सेंधा नमक

English	Hindi
Halitosis	दुर्गन्धश्वास, श्वासदुर्गन्धता, बदबूदार साँस
Halitus	साँस, श्वास, भाप
Hallmark	प्रमाण चिह्न (स्वर्ण-शुद्धता का), प्रमाणांक
Hallucinate, Hallucination	विभ्रम होना, मतिभ्रम, विभ्रान्ति, माया-मोह
Hallucinogen	मतिभ्रमजन, विभ्रान्तिकर
Hallucinogenic, Hallucinative, Hallucinatory	मतिभ्रमजनी, भ्रान्तिजनक, विभ्रान्तिकारी, मायिक
Hallucinosis	मतिभ्रम, विभ्रान्ति
Hallux, Hallex, Pollex pedis (first digit of foot)	पादांगुष्ठ, पश्चपादांगुष्ठ
Halo	परिवेश, प्रभामण्डल, ज्योतिचक्र, महिमा
Halo-(a Greek word halos means salt or sea- prefix)	लवण-, समुद्र-
Halobion, Halobiont	लवणजीव समूह, समुद्रजीव
Halobiotic	लवणजैविक, समुद्रजीवी
Halobiosis	लवणजैविकता, समुद्रजीविता
Halochromic	लवणवर्णी
Halocline	लवणप्रवण
Halodermia	नीकुल्यचर्मता, लवणचर्मता
Halogen (a group of salt forming elements, Bromine, Chlorine and Iodine)	लवणजन, नीकुल्य
Halogenation	नीकुल्यन, हैलोजनीकरण
Haloid, Saltoid	लवणाभ, नमक जैसा
Halophile, Halophilic, Halophilous	लवणरागी, नीकुल्यस्नेही
Halophobia	लवणभीति, नीकुल्यभीति
Halophobic	लवणभीरु
Halophyte	लवणोद्भिद्
Haloplankter, Haloplankton (pl.)	समुद्र मन्दप्लवक
Halosere	लवण संश्रेणि
Halotherapy, Salt therapy	लवण चिकित्सा, लवणोपचार
Halotolerant, Haloxene	लवणसह, लवणसहिष्णु
Halter	सन्तोलक, गले का फन्दा
Halve, Halving	आधा करना, अर्धन
Ham	पुट्ठा, सुअर का सुखाया मांस
Hamate, Hamalose, Hames	अंकुशवत्, अंकुशाभ, हसली

English	Hindi
Hamitoid, Hamatus	वक्रकण्टी, अंकुशाग्री
Hammer	हथौड़ी, हथौड़ा, घन, हनक, ठोंकना, अयोघन
Hammer headed shark (a marine cartilaginous endangered food fish of shark group and family Sphyrnidae with hammer shaped head)	घनग्राह, घनशीर्षी हाँगर
Hammered	कुट्टित, कुटा हुआ
Hammock	झूला, डोला
Hamper	बाधा डालना, पिटारा, डलिया
Hamshackle	छाँदना, बेड़ी डालना
Hamster (a small tailed rodent of sub family Cricetinae)	चिकुर, हैम्सटर (एक लघु पुच्छी मूषक प्रजाति प्रयोगशाला जन्तु के रूप में प्रयुक्त)
Hamstring	घुटनस, घुटने की पिछली नस, घुटनस काटकर पंगु बनना
Hamulus, Hamuli (pl.)	अंकुशक
Hand	हाथ, सुई (घड़ी की), सहायता
Hand grenade	हथगोला (एक विस्फोटक अस्त्र)
Hand made	हस्तनिर्मित
Hand pump	हाथ का नल, हस्त उदञ्च
Hand sprayer	हस्त फुहारक, हस्त फुहारि
Handicap	अक्षमता, बाधा, असुविधा
Handicapped	अक्षम, विकलांग, बाधाग्रस्त
Handicraft, Handi work, Hand work	हस्तशिल्प, हस्तकौशल, दस्तकारी
Handle, Handling	हस्तन, हत्था, मुठिया, चलाना, पकड़ना, हाथ से प्रयोग करना
Handloom (a cottage industry of handicraft for clothes)	हथकरघा
Handy	हस्तनीय, सुचालनीय
Hang	लटकना, टाँगना, फाँसी देना/चढ़ाना
Hangar	विमानशाला, विमान सुधारगृह
Hanger	आलम्ब, अनुमहाशीर्ष, खूँटी
Hanging	लम्बन, निलम्बी, विलम्बन, फाँसी लटकाना

Hang nail	गलका, सुतला, नाखून की फटी खाल
Hangul, Kashmiri stag (*Cervus canadensis hanglu*, a wild endangered mammal of deer family Cervidae, native to Kashmir and Himachal Pradesh in India)	हंगुल, कश्मीरी बारहसिंघा
Hank	लच्छी, गुण्डी
Haphazard	अक्रम, अव्यवस्थित, यदृच्छा, संयोगजन्य
Haplo- (a Greek word haploin means one fold or single-prefix)	एक-, सरल-
Haplobiont	एकजन
Haplobiontic	एकजनिक
Haplobranch	एकक्लोमी (जन्तु)
Haplodiploidy	एकद्विगुणिता, अगुणित द्विगुणिता
Haplodiplont	एकद्विसूत्रक
Haplodont	सरलदन्ती, अकूटदन्त
Haploid	अगुणित, मूलसंख्यक
Haplomitosis	एकसूत्रण, एकसूत्री विभाजन
Haploneme	अर्धसूत्र
Haplont	अगुणितक, एकसूत्रक
Haplopathy	समविकृति, सरलविकार
Haplophase	अगुणित प्रावस्था
Haplotype	एकरूप, एक प्ररूप
Haptometer	स्पर्शमापी, स्पर्शमान
Haptonastic	स्पर्शानुकुञ्चनी
Haptotropic, Thigmotropic	स्पर्शानुवर्ती
Haptotropism, Haptotropy	स्पर्शानुवर्तन, स्पर्शानुवर्तिता
Harbour, Harbourage	बन्दरगाह, नौपत्तन, आश्रयस्थल, शरणस्थली
Hard	कठोर, दृढ़, कड़ा
Harden	कठोर बनाना, दृढ़ करना
Hardened	कठोरीकृत, दृढ़ित
Hardener, Hardner	दृढ़ीकारक, कठोरक, दृढ़क
Hardening	कठोरीकरण, दृढ़ीभवन, दृढ़कारी
Hard glass (physically and thermally tough glass with >69 megapascals)	कठोर काँच, दुर्गलनीय काँच
Hard magnetization	दुश्चुम्बकन
Hard metal	कठोर धातु
Hard molecule	कठोर अणु
Hardness	कठोरता (जल का एक दोष)
Hard palate	कठोर तालु
Hard radiation	अतिवेधी विकिरण
Hard superconductor	कठोर अतिचालक
Hardware (physical and mechanical components in computer system)	यन्त्रसामग्री, कलपुर्ज़ा, धातुसामग्री, लौहभाण्ड
Hard water (water with bicarbonates and sulfates of calcium and/or magnesium)	कठोर जल, अफेनद जल
Hard wood (wood from angiospermic tree)	दृढ़ काष्ठ, पक्की लकड़ी
Hare, Jack rabbit (*Lepus* sp., a small mammal of family Leporidae)	खरहा (जंगली तेज दौड़ने वाला शाकाहारी प्राणी)
Hare lip, Hare lipped	शश-ओष्ठ, दीर्ण-ओष्ठ, ओठ-कटा
Harle	सन या पटुआ का रेशा
Harmful	क्षतिकर, हानिकारक, अहितकर
Harmless	निरापद, हानिरहित
Harmonic	प्रसंवादी, सन्नादी, गुणावृत्ति, सान्ध्वनिक, हरात्मक, सम्मात्र
Harmonics	नादविज्ञान, नादिकी, सन्नाद-विश्लेषण
Harmonious	समस्वर सुसंगत, शान्तिमय
Harmonium	हारमोनियम (एक सन्नादी वाद्य यन्त्र)
Harmonize	सम होना, एकरूप होना
Harmonization	समस्वरण, समरसन, समन्वयन
Harmonometer	स्वरसंगतिमापी
Harmony	सन्ध्वनि, समस्वरता, सामञ्जस्य, समरसता
Harmostome	सुचूषक
Harpoon	मत्स्य भाला, काँटेदार बर्छी
Harrow	पाटा, पटेला, हेन्गा, सिरावन (जोताई बाद खेत समतल करने की एक साधन)
Hart, Red deer (*Cervus elaphus*, a hoofed antlered ruminant wild mammal of deer family Cervidae)	लाल हिरन

Harvest — खड़ी फसल काटना, उपयोगी अंश अलग कर निकालना
Harvester — सस्य संवलक, फसल काटने व माड़ने वाला यन्त्र, लुनेरा, संवलित्र
Harvesting — सस्य-कर्तन, कटाई-मड़ाई, संग्रहण, संवलन
Harvest moon — सस्य पूर्णिमा, शरच्चन्द्र
Hash — टुकड़े-टुकड़े करना, घालमेल, क़ीमा बनाना, क़ीमा
Hasheesh, Hashish (a sap like resin, used as narcotics, from female flowers and leaves of *Cannabis* sp., a shrub of family Cannabaceae) — चरस, हशीश (भाँग से प्राप्त एक मादक पदार्थ)
Hashimoto's disease (an autoimmune thyroid abnormality causing hypothyroidism) — हाशीमोटो की बीमारी
Hasp — कुण्डा, सिटकनी, धागे का गुल्ला, लच्छा, छपका
Hassock — गुप्फा, गुच्छ, पूला, आसनी
Hastate, Hastatus, Hastiform — कुन्ताकार, भालाभ, कुन्तवत्
Hastula — जिभिका
Hatch — अण्डे से बच्चे का निकलना, विपाटद्वार, छोटा द्वार, अण्ड-जात
Hatchability — अण्डज्जन्यता
Hatchable — अण्डज्जन्य
Hatchery — अण्डज्जनन स्थान, अण्डा सेने की जगह, अण्डजोत्पत्तिशाला
Hatchet — छोटी कुल्हाड़ी, कुठारी
Hatching — अण्डज्जनन, अण्डजोत्पत्ति, अण्डोद्भेदन, रेखाच्छादन
Hauberk — कवच, ज़िरह बख़्तर
Haugh — सपाट, कछार, नदी तट की उपजाऊ भूमि
Haul — कर्ष, खींचना, घसीटना, ढोना
Haulage, Hauling — कर्षण, घसीटना, वहन करना
Haulm — पयाल, तना डण्ठल, पुआल
Haunch — पुट्ठा, रान, नितम्ब
Haustellum, Haustella (pl.) — चूष-शुण्ड (कीट व झींगा का एक मुखांग)
Haustorium, Haustoria (pl.) — प्रचूषकांग (परजीवीमूल का एक प्रवर्ध)
Haustrum, Haustra (pl.) — चूष-पुटी (बड़ी आँत में बनी छोटी थैली)
Haustus — घूँट, चुस्की
Haven — बन्दरगाह, नौपत्तन, आश्रय
Havoc — विध्वंस, तबाही, विनाश
Haw — लाल बेरी, बाड़ा, निवास, अट्टहास, आँख से बताना
Hawk (a medium sized diurnal prey bird of family Accipitridae) — बाज़ (पक्षी), श्येन
Hawk cuckoo, Brain fever bird (*Hierococcyx varius*, a small garden bird of family Cuculidae) — पपीहा (एक कीट भक्षी, भूरे रंग का गायक पक्षी जो अपना घोसला न बनाकर दूसरों के घोसले में अण्डा देता है)
Hawk moth (a hovering lepidopteran insect of family Sphingidae) — जमुहाँ, श्येन शलभ
Hawk's bill turtle (*Eretmochelys imbricata*, a marine endangered reptile of family Cheloniidae) — बाज़ ठोठी कछुआ
Hawk weed (*Hieracium* sp., a small hairy plant of daisy family Asteraceae with red, yellow or orange flowers) — श्येनतृण, बाज़ घास
Hawse — सांकल, लंगर
Hawse hole — लंगर छेद
Hawse pipe — सांकल नली
Hawthorn (*Crataegus*, sp., a thorny evergreen medicinal temperate tree/shrub of family Rosaceae with berry type edible fruits) — वन-सञ्जली
Hay — सूखी घास, तृण, सनकी
Hay day — पूर्वप्रभावकाल
Hay fever (allergic rhinitis due to spores and pollens) — घासज्वर, तृणज्वर, परागज ज्वर
Hay wire — भ्रमित, व्याकुल, गड़बड़
Hazard — संकट, आपद
Hazardous — संकटप्रद, आपदकारी

Haze — धुन्ध, उलझन
Hazel — क्षुप, पिंगल वृक्ष, झाड़ी, पीला-भूरा
Hazel nut, Cob nut (nut of *Corylus avellana,* a deciduous temperate tree of family Betulaceae, used in confectionery to make praline and also in combination with chocolate) — पहाड़ी बादाम, पिंगल फल
Haziness — धुँधलापन, अस्पष्टता
Hazy — धुँधला, अस्पष्ट, कुहा
Head — मुण्डक, प्रधान, सिर, शीर्ष
Headache — सिर की पीड़ा, सिरदर्द
Head amplifier — शीर्ष प्रवर्धक
Head capsule — शीर्ष सम्पुट
Header — सिर के बल गोता लगाना, सिर से (गेंद) मारना
Head injury — शिराघात, सिर की चोट
Head land — शीर्ष भूमि, अन्तरीप
Head light, Front lamp — शीर्ष दीप, अग्रदीप
Head louse (*Pediculus humanus capitis,* a wingless small phthirapteran ectoparasitic insect of family Pediculidae, on hairs of head and pubes), Head lice (pl.) — जूआँ, सिर का जूँ, केशयूका
Head metal — शीर्ष धातु
Head on position — सिर-समस्थिति, आमने-सामने
Head phone — आकर्णक
Head piece — शिरस्त्राण
Headrace tunnel — अभिधार सुरंग
Head rest — सिरहाना
Head water — सहायक नदी, नदी उद्गम
Head wind — प्रतिवात, सम्मुख हवा
Heal, Healing — स्वस्थ होना, घाव भरना आरोग्यकरण, विरोहण
Healer — स्वस्थकर, घावपूरक, चिकित्सक
Health — स्वास्थ्य, आरोग्य
Health physics — स्वास्थ्य भौतिकी
Health screening — स्वास्थ्य परीक्षा/जाँच
Health visitor — स्वास्थ्य परिवेक्षक, स्वास्थ्य आगन्तुक
Healthy — स्वस्थ, तन्दुरुस्त, निरोगी
Hearing aid — श्रवण सहाय (एक उपकरण)
Hearing loss — श्रवण क्षति, श्रव्यता लोप, श्रुतिक्षय
Heart — हृदय, हृत्, उर, दिल
Heart beat — हृत्स्पन्द, दिल की धड़कन
Heart burn — हृद्दाह
Heart circuit — हृदयी परिपथ
Heart disease — हृद्रोग, हृदय रोग
Heart failure — हृद्पात
Hearth — भट्ठी तल, चूल्हा, अँगीठी, घर-परिवार
Hearth stone — अँगीठी का पत्थर
Heart shaped — हृदयाकार, हृद्रूपी
Heart wood — अन्तःकाष्ठ
Heat (a form of physical energy and branch of physics) — गर्माना, ऊष्मा, गर्मी, उष्णता, ताप, औष्मिकी
Heat absorber — ऊष्मावशोषक
Heat absorbing glass — ऊष्माशोषी काँच
Heat capacity — ऊष्मा धारिता
Heat conducting, Heat conductor — ऊष्माचालक
Heat conduction — ऊष्माचालन
Heater, Warmer — तापक, ऊष्मक, ऊष्मित्र
Heath — झाड़ीयुक्त बञ्जर भूमि, क्षेप्या/अकृष्य भूमि
Heating — तापन, गर्माना, गर्म करना, ऊष्मा देना
Heating mantel — तापन कोष्ठ, अँगीठी
Heating plant — ताप संयन्त्र, तापक संयन्त्र
Heat island — ऊष्मा द्वीप
Heat labile — ताप-परिवर्ती, ऊष्मा-परिवर्त्य, ताप-सुपरिवर्त्य
Heat loss — तापक्षय, ऊष्मा हानि
Heat masking — ऊष्मा-गोपन
Heat of absorption — ऊष्मा अधिशोषण
Heat proof, Heat resistant, Thermotolerant — तापसह, ऊष्मा प्रतिरोधक, ऊष्मरोधी
Heat stable — ताप-स्थिर, ऊष्मा-अपरिवर्त्य
Heat stroke, Sun stroke — तापाघात, ऊष्माघात, लू
Heat wave — तापतरंग, ऊष्मा लहर
Heave — साँस का उभार, हाँफना, फेंकना, उत्क्षेप, पार्श्वक्षेप, अनुप्रस्थ विस्थापन
Heaves — वमन, उल्टी होना, हँफनी (घोड़ों में)

Heavenly body, Celestial body खगोलीय पिण्ड, आकाशीय पिण्ड
Heaviness स्थूलता, भारीपन, गुरुता
Heavy duty oil गुरुकार्य तैल
Heavy metal भारी धातु (>5.0 विशिष्ट गुरुत्व वाली धातु)
Heavy water (D_2O-Deuterium oxide) भारी जल (नाभिकीय ऊर्जा उत्पादन हेतु प्रयुक्त व सामान्य जल से 10.6 % भारी)
Hebetate मूढ़, जड़, स्तम्भित, कुण्ठित करना
Hebetic तरुणीय, युवा
Hebetude मूढ़ता, जड़ता, मूर्खता
Heckle मुर्गे का कण्ठ-पिच्छ, तूमना
Hectare (=10,000 sq. meter or 100 are) हेक्टेर (क्षेत्रफल की एक इकाई)
Hectic क्षयरोगीय, ज्वरग्रस्त, आरक्त, उत्तेजक
Hectic fever क्षयरोग, प्रलेपक
Hectocotylization निषेचनांगीयन
Hectocotylus निषेचनांग
Hectograph प्रतिलिपि यन्त्र
Hectogram शतग्राम (सौ ग्राम की इकाई)
Hectoliter शतलीटर (सौ लीटर की इकाई)
Hectometer शतमीटर (सौ मीटर की इकाई)
Hedge घेरा, बाड़ा, संरक्षण
Hedge hog (a nocturnal spiny mammal of family Ernaceidae) साही (एक जंगली काँटेदार कीटभक्षी स्तनधारी जन्तु)
Hedge hyssop, Gratiole (*Gratiola* sp., a perennial medicinal plant of family Plantaginaceae, used for homeopathic remedies) जलनीम
Hedonic सुखात्मक, सुखविषयक
Hedonic gland मदग्रन्थि
Heel एड़ी, खुर, खूँटी, झुकाव
Heeling नमन, एक ओर झुकना
Hefty भारी-भरकम
He-goat बकरा, अज
Heifer बिनब्यायी बछिया, कलोर, ओसर
Hekistotherm अतिन्यूनतमतापी, महाल्पतमतापी
HeLa cell (revived cervical cancer cells of Late Mrs. Henrietta Lacks in 1951 A.D.) हीला कोशिका (कैन्सरग्रस्त गर्भाशय ग्रीवा से प्राप्त व अनुरक्षित कोशिका)
Helcoid व्रणाभ
Helcology व्रणविज्ञान
Helcosis व्रणता
Heliacal सहसूर्य, सौर
Helianthus, Sun flower (*Helianthus annuus*, a herb of family Asteraceae) सूरजमुखी (एक पुष्पी सजावटी व तिलहनी पौधा)
Helical सर्पिल, कुण्डलित, चक्करदार
Helicity कुण्डलता, सर्पिलता
Helicoid कुण्डलाभ, सर्पिलज
Helicopter कुण्डलिनीविमान, उदग्ररोही, हेलिकॉप्टर
Helicopter cat-fish, Fresh water shark (*Wallago attu*, a big bony fresh water food cat fish of family Siluridae) मृदुजलीय ग्राह/हांगर, पढ़िना, पहिना
Helicospore कुन्तल-बीजाणु
Helicotrema कुल्या-मार्ग
Helio, Helio- (prefix) प्रकाश, सौर-, सूर्य-
Heliocentric सूर्य केन्द्रिक, सौर केन्द्री
Heliochrome रंगीन छायाचित्र
Heliograph सूर्यचित्रिक, सौरालेखी
Heliographic सूर्यचित्रीय, सौरालेखीय
Heliogravure चित्रोत्कीर्णन
Heliology सूर्यविज्ञान
Heliopathy प्रकाशविकृति
Heliophile, Heliophilic, Heliophilous सूर्यरागी, प्रकाशरागी, आतपरागी
Heliophyte सूर्यरागीपादप, प्रकाशरागीपादप
Helioscope सूर्यदर्शी, सौर दूरबीन
Heliosis, Sun stroke आतप-क्षति, आतपाघात, लू
Heliotaxis, Heliotaxy सूर्यानुचलन
Heliotherapy सूर्यचिकित्सा

Heliotrope (*Heliotropium* sp., an annual plant of family Boraginaceae with purple flowers turing their face towards sun) सूर्यावर्त, सूर्यानुवर्त, हत्थाजड़ी, हस्तिशुण्डा
Heliotropism, Phototropy सूर्यानुवर्तन, सूर्यावर्तन प्रकाशानुवर्तिता
Heliotropic, Heliotropous सूर्यावर्ती, सूर्यानुवर्ती, प्रकाशानुवर्ती
Heliozoon, Heliozoa (pl.) सूर्याणु (प्राणी)
Helipad, Heliport हेलीकॉप्टर-अड्डा
Helium (a noble inert gaseous element with symbol He) यानाति, हीलियम (सरलतम परमाणु वाला आवर्त सारणी का दूसरा तत्व)
Helix कुण्डलिनी, कुण्डल, कर्ण-सर्पिला, घोंघा, भ्रमिपथ
Helleborine वक्राग्री
Helmet शिरस्त्राण, टोप
Helmet-shaped शिरस्त्राणरूपी, शिरस्त्राणाकार
Helminth, Worm (parasitic invertebrate pathogens) कृमि
Helminthiasis (infestion with any helminth or parasitic worm) कृमि रोग, कृमिलता कृमिग्रसन, कृमिरुजता
Helminthic, Helminthous कृम्य, कृमिक, कृमिल, कृमिज, कृमीय
Helminthoid कृम्याभ, कृमिरूप, कृमिवत्
Helminthology कृमिविज्ञान, कृमिकी
Helminthoma कृम्यर्बुद
Helminthophobia कृमिभीति
Helminthophobic कृमिभीरु
Helobious कच्छजीवी, कच्छरोही
Helophilic, Helophilous कच्छरागी
Heloplankter, Heloplankton (pl.) कच्छप्लवक
Helve, Handle हत्था, बेंट, दस्ता, मुठिया
Hem उत्प्रान्त, किनारा, घेरना, खखारना
Hemaden, Endocrine gland अन्तःस्रावी ग्रन्थि
Hemeralopia दिनौंधी, दिवान्धता
Hemi- (prefix) अर्ध-, अंश-, अल्प-, सामि-
Hemialgia अर्धांगशूल, अर्धशीर्षशूल
Hemianopia अर्धदृष्टि, अर्धक्षेत्रदृष्टि
Hemiazygous अर्धायुग्मजी, अर्ध-अयुग्मजी
Hemibranch अर्धक्लोम
Hemichordata (a phylum of kingdom Animalia) अर्धमेरुदण्डी (एक प्राणि संघ)
Hemichordate (animals in phylum Hemichordata with rudimentary notochord) अर्ध मेरुदण्डी (जन्तु)
Hemicrania अर्धशीर्षी, अधकपाली
Hemicycle अर्धवृत, अर्धचक्र
Hemiform अर्धाकार, अर्धरूप
Hemihedral अर्धफलकी, अर्धानीक
Hemimetabolism सामिरचनान्तरण, अर्धचयापचय
Hemimixis अर्धमिश्रण
Hemimorphic अर्धरूपी, अर्धरूपिक
Hemiparasite, Hemiparasitic अर्धपरजीवी, अंशतःपरजीवी
Hemiplegia, Hemiparalysis अर्धपक्षाघात, अर्धलकवा, अर्धांगाघात
Hemiparalytic अर्धांगाघाती
Hemipneustic अपूर्णश्वासरन्ध्री
Hemisphere गोलार्ध, अर्धगोला
Hemispherical अर्धगोलाकार, गोलार्धीय
Hemispherium, Hemispherule अर्धगोलिका, अर्धगोलक
Hemispore अर्धबीजाणु
Hemitoxin अर्धाविष, अर्धविषि
Hemizygous अर्धयुग्मजी, संकर
Hemlock (*Conium* sp., a poisonous herbaceous weed of carrot family Apiaceae) विष गर्जर (एक विषैला अपतृण पौधा), सरल (वृक्ष)
Hemmed तटसीवित
Hemming तुरपन
Hemp (*Cannabis sativa,* an annual shrub of family Cannabaceae) सन, गाँजा (रेशा), शण
Hen (female cock) मुर्गी (अण्डे व मांस के लिए एक पालतू पक्षी)
Hendecagon एकादशभुज, ग्यारहभुजी आकृति
Henna (*Lawsonia inermis,* a flowering shrub of family Lythraceae) हिना, मेंहदी (पत्ती पीसकर या चूर्ण बनाकर त्वचा, बाल व नाखूनों को लाल भूरा रंग देते हैं)

English	Hindi
Henry (H, a unit to measure inductance of electric current)	हेनरी (विद्युत धारा की प्रेरकता नापने की एक इकाई)
Hepar (a Greek word for liver), Liver	यकृत, जिगर
Hepatectomy	यकृतोच्छेदन, यकृत निष्कासन
Hepatic	याकृत, यकृतीय, याकृतिक,
Hepatic duct	यकृतीय प्रणाल
Hepatic-hilar	यकृत-मुखीय
Hepatitis	यकृतशोथ
Hepatization	यकृतीकरण, यकृतन
Hepatize	यकृत तत्वों में बदलना
Hepato- (prefix)	यकृत-
Hepato-biliary	यकृत-पित्तीय
Hepato-cellular, Hepatocytic	यकृत कोशिकीय, यकृतकोशीय
Hepatocyte	यकृतकोशिका, यकृतकोशा
Hepatogram	यकृतचित्र, यकृतालेख
Hepatoid	यकृताभ, यकृतवत्
Hepatology	यकृतविज्ञान, याकृतिकी
Hepatolysis, Hepatosis, Liver necrosis	यकृतलयन, यकृतक्षय
Hepatomegaly	यकृत वृद्धि
Hepatopathy	यकृतविकार, यकृतरोग
Hepatoprotective	यकृतसंरक्षी
Hepato-renal	यकृत-वृक्कीय
Hepatotomy	यकृतछेदन
Hepatotoxic	यकृतविषालु, यकृतविषाक्त
Hepatotoxicity	यकृतविषालुता, यकृतविषाक्तता
Hepatotoxin	यकृताविष, यकृतविषि
Hepatotropic	यकृतवर्ती, यकृतानुवर्ती
Hepatotropism, Hepatotropy	यकृतानुवर्तिता, यकृतानुवर्तन
Hepta- (prefix)	सप्त
Heptad	सप्तक, सात का समूह
Heptagon	सप्तभुज
Heptahedral	सप्तफलकीय
Heptahedron	सप्तफलक
Heptangular	सप्तकोणीय, सप्तकोण-
Herb, Herbage	शाक, जड़ीबूटी, घासपात, हर्ष
Herbaceous, Herbal, Herby	शाकयुक्त, शाकीय, शाकमय, शाक सम्बन्धी, जड़ी बूटीदार
Herbalist	पादप औषधि विक्रेता, पंसारी
Herbarium (taxonomic preservation of dry plants or their parts), Herbaria (pl.)	पादपसंग्रह, पादपालय, शुष्क पादपचय, वनस्पति-संग्रहालय
Herbicidal, Herbicide (materials, inhibit growth and survival of herbs)	शाकनाशक, शाकनाशी, शाकघ्न
Herbicolous	शाकवासी
Herbiferous	शाकमय, शाकयुक्त
Herbivore, Herbivorous	शाकभक्षी, शाकभोजी
Herbology	शाकविज्ञान
Herborize	जड़ीबूटी मिलाना या इकट्ठा करना
Herby, Herbaceous, Herbal	शाकमय, शाकवत्
Herculean	भीम-काय, भारी-भरकम, अत्यन्त कठिन, भागीरथ
Herd	गोवृन्द, झुण्ड, पशुसमूह, यूथ
Hereditament	दाय, दायाप्ति
Hereditary	पितृगत, आनुवंशिक, पैतृक, वंशानुगत
Heredity	पितृगति, आनुवंशिकता
Heredobiology, Genetics	आनुवंशिकी, वंशजैविकी, जननिकी
Heredoimmunity	पितृप्रतिरक्षा, वंशप्रतिकारिता
Hereditability, Heritability	पितृगम्यता, वंशागत्यता, दाययोग्यता
Hereditable, Heritable	पितृगम्य, दाययोग्य, वंशागत्य, उत्तराधिकार्य
Heritage	पितृार्जित, पैतृक सम्पदा, वंशपरम्परा, धरोहर
Herkogamy	स्वनिषेच्य उभयलिंगिता
Hermaphrodite, Hermaphroditic	उभयलिंगी
Hermaphroditism	उभयलिंगिता
Hermetic, Hermetical	वायुरुद्ध, धातु को निम्नकोटि से उच्चकोटि में बदलने की विधा सम्बन्धी
Hermit crab (a coastal decapod crustacean of super-family Paguroidea, hidden in empty gastropod shell)	साधू केकड़ा, यति कर्कट
Hernia, Hornea	अन्त्रवृद्धि, वर्ध्म, आँत उतरना

Herniation (rupture in smooth muscle tissue through which a bodily structure protrudes) अंग बहिःक्षेपण, अंगोद्वर्धन, अंग का बाहर निकल आना
Hernioplasty वर्ध्म सन्धान
Herniorraphy वर्ध्म सीवन
Herniotomy वर्ध्मोच्छेदन, हार्निया-निष्कासन
Heroin (a narcotic chemical, morphine diacetate prepared from opium) अहिफेनक, हेरोइन (मार्फीन से बना एक मादकद्रव्य)
Heron (a wetland wading big bird of family Ardeidae) सारस (लम्बी टाँग का एक मांसाहारी जलचर पक्षी)
Herpes (a Greek word herpes means creeping, an infection of herpes virus) विसर्पिका, परिसर्प जुलपित्ती (एक त्वचा रोग)
Herpes virus, (Herpes simplex virus) परिसर्प विषाणु
Herpetic सर्पी, विसर्पी
Herpetile (a study of amphibians and reptiles) उभयसृप (उभयचर + सरीसृप)
Herpetology उभयसृपविज्ञान, सरसृपविज्ञान,
Herpophyte सर्पणोद्भिद्
Herring (*Clupea* sp., a marine prey forage foodfish of family Clupeidae) हिल्सा (चारा के रूप में प्रयुक्त एक समुद्री भोज्य मछली)
Herring bone (V-shaped wearing) आड़ा, तिरछा, समानान्तर तिर्यकरेखाओं का चित्र
Herringbone stitch तिरछी सीबन
Hertz (Htz, cycles per second- named after Heinrich Rudolf Hertz) हर्ट्ज (विद्युतचुम्बकीय तरंग के आवृति की एक इकाई)
Hesitancy उत्संग
Hesitency दुविधा, सन्देह, संकोच
Hetero- (a Greek word heteros means another - prefix) विषम-, असम-, इतर- पर-
Heteroautotroph विषमस्वपोषी
Heteroauxin इतरवर्धनाक
Heteroblastic इतररुहिक
Heterocaryon, Heterokaryon भिन्नकेन्द्रकी, विषमकेन्द्रकी (कोशा)
Heterocaryosis, Heterokaryosis भिन्नकेन्द्रकता, विषमनाभिकता
Heteroceral विषमपालिक, विषमपुच्छी
Heterochlamydeous भिन्न-परिपुष्पी
Heterochromatin विषमरज्ज्या, पराभिवर्णी, इतराभिवर्णी
Heterochromous विषमवर्णी, रंगविरंगा
Heteroclite विषम, अनियमित
Heterococcolith विषम-गुल्याश्म
Heterocoelous असमगर्ती, विषमन्युब्जी
Heterocrine मिश्रस्रावी
Heterocyclic विषमचक्रीय
Heterocyst विषमपुटी, अभिकोष्ठ
Heterodont विषमदन्ती, असमान दाँतों वाला
Heterodyne संकरण, उपधर्मिता, विपन्थित
Heteroecious, Heterecious भिन्नाश्रयी, नैकपोषित
Heterofermentive विषमकिण्वी, बहुकिण्वी
Heterogamete विषमयुग्मक
Heterogametic विषमयुग्मकी
Heterogamic, Heterogamous विषमयुग्मी, विविधपुष्पी
Heterogamy विषमयुग्मन
Heterogeneity विषमांगता, विजातीयता
Heterogeneous विषमांग, विषमांगी, विषम, असमरूपी, विजातीय
Heterogenesis विषमजनन, विषमैकान्तरण, विषमोत्पत्ति, स्वतःजनन
Heterogenic विषमजनी
Heteroglycan विषममाधुरि
Heterograft विषमरोप, भिन्नोपरोप
Heterointoxication, इतरविषायण
Heterotoxis भिन्न-विषाक्तन
Heterokinesis विषमभाजन
Heteroleptic विषमतन्वी
Heterologous भिन्न, असदृश, विषमजात
Heterolysis इतरलयन, इतरांशन, इतरनाश
Heteromeric, Heteromerous विषमभाजी, विषमभाजित
Heterometabolic अपूर्ण रूपान्तरिक
Heterometabolism अपूर्णरचनान्तरण
Heteromorph विषमरूप, इतररूप
Heteromorphic, Heteromorphous विषमरूपी, भिन्नरूपी
Heteromorphism, Heteromorphy विषमरूपता, भिन्नरूपता
Heterophyllic, Heterophyllous विषमपर्णी, भिन्नपर्णी
Heterophylly पर्णवैभिन्य, पर्णभिन्नता

English	Hindi
Heteropia	विषम-स्थानिकता
Heteroplasia, Alloplasia	इतरघटन, इतरघट्यता
Heteroploidy	विषमगुणिता
Heteropolar	विषमध्रुवी
Heteropoly-saccharide	विषमबहुशर्करेय,
Heteropycnosis	विषमसंघनन, विषमप्रघनता
Heteroscedastic	विषमप्रविचाली
Heterosexual	इतरलिंगी, विषमलिंगी, इतरलिंग कामुक
Heterosexuality	इतरलैंगिकता, इतरलिंग-कामुकता
Heterosis	सुवर्णसंकरता, प्रसंकर्रोजा, संकरओज
Heterosome, Allosome	विषमजाति गुणसूत्र
Heterosporous	विषमबीजाणुक, विषमबीजाण्वीय
Heterospory	विषमबीजाणुता
Heterostylous	भिन्नकुक्षिवृन्ती
Heterothallic	भिन्नजालिकीय, विषमजालिकीय
Heterothermal	विषमतापी, चतुर्दिक तापसंवेदी
Heterotopic	विषमस्थानी, भिन्न स्थानिक
Heterotoxic	भिन्नविषाक्त, विषमविषालु
Heterotoxicity	भिन्नविषाक्तता, विषमविषालुता
Heterotoxin	भिन्नाविष, विषमविषि
Heterotrichous	भिन्नरोमश, विविधरोमी
Heterotroph, Heterotrophic	परपोषी, परोपजीवी, विषमपोषी, विषमपोषित
Heterotropia, Heterotropism, Heterotropy	इतरानुवर्तिता, इतरानुवर्तन, इतरवर्तिता
Heterotropic	इतरवर्ती, इतरानुवर्ती
Heterotype	विषमप्ररूप
Heterotypic	विषमप्रारूपिक, विषम-प्ररूपी
Heterozygosis	विषमयुग्मन, विषमयुग्मजता
Heterozygous	विषमयुग्मजी, विषमयुग्मी विषमयुक्तीय, संकर
Het up	अति उत्तेजित
Heugh, Ravine	दर्रा
Heuristic	स्वानुभविक, स्वतःशोध (प्रणाली), स्वतःअन्वेषात्मक
Hew	काटना, चीरना, गढ़ना, टुकड़े करना
Hexa- (prefix)	षट्-, छः
Hexacanth	षट्शूल, षट्कण्टक, षटांकुश
Hexacanthous	षट्कण्टकी, षडांकुशी

English	Hindi
Hexacellular	षट्कोशिकीय, षट्कोशीय
Hexactinal	षट्रश्मिक
Hexagon	षड्भुज
Hexagonal	षड्भुजाकार, षट्भुजी
Hexahedral	षट्फलकीय
Hexahedron	षट्फलक
Hexamerous	षट्तयी
Hexaploid	षड्गुण, षड्गुणित
Hexaploidy	षट्गुणिता
Hexarch	षट्सूत्र
Hexapod	षट्पद, षट्पाद
Hexapodal	षट्पदी, षट्पादीय
Hexastyle	षट्स्तम्भी
Hexavalency	षट्संयोजकता, षट्संयुजता
Hexavalent	षट्संयोजी, षट्संयुज
Hexicology, Ecology	पारिस्थितिकी
Hexose (a monosaccharide sugar with six carbon atoms)	षड्धु
Hiatus	अन्तराल, भंग, विवर, रन्ध्र, दरार, विसन्धि
Hibernant	शीतनिष्क्रिय, शीतशिथिल
Hibernate	शीतस्वाप, शीतनिष्क्रिय होना
Hibernation	शीतनिष्क्रियता, शीतप्रसुप्ति
Hiccup, Hicough	हिचकी, हिचकी आना
Hide	छिपना, छिपाना, पशु खाल, खलय, खलरी
Hideous	कुरूप, घिनौना, भयावह
Hidradenocyte	स्वेदग्रन्थिकोशा
Hidradenoid	स्वेदग्रन्थ्याभ, स्वेदग्रन्थिवत्
Hidradenoma, Hidrodenoma	स्वेदग्रन्थ्यार्बुद
Hidroid	स्वेदाभ, पसीने जैसा
Hidropoiesis	स्वेदजनन, स्वेदोत्पत्ति
Hidrorrhea	स्वेदस्राव
Hidrosis	स्वेदता, पसीना आना
Hidrotic	प्रस्वेदी
Hiemal	शिशिरीय, शीतकालीन
Hieralgia	त्रिकशूल, त्रिकास्थिशूल
Hierarchy	वर्गक्रम, अनुक्रम, सोपानिकी
Hieroglyph	चित्रलिपि
High efficiency particulate air (HEPA) filter	उच्च-दक्षता कणिकीय वायु निस्यन्दित्र
High energy bond	महाऊर्जाबन्ध, उच्चोर्जाबन्धन
Highest common factor (HCF)	महत्तम समापवर्तक
High land	उच्चभूमि, पहाड़ी भूमि, अधित्यका

High performance/ pressure liquid chromatography (HPLC)	उच्च निष्पादन/दाब द्रव वर्णचित्रण
High temperature thermometer	उच्चतापमापी
High tide, High water	उच्च समुद्री तरंग, ज्वार
High water level	ज्वार-तल, पूर्ण ज्वार सीमा
High water mark	उच्च जलस्तरांक
Hillock	टीला, छोटी पहाड़ी
Hilt	मूठ, दस्ता
Hilum, Hila (pl.)	नाभिका, वृन्तक, ग्रन्थिमुख
Hilus, Hili (pl.)	वृन्तयु, बीजनाभि
Hind	पश्च, पिछला, हिरनी
Hind brain, Rhombencephalon	पश्चमस्तिष्क
Hinder	बाधा डालना, रुकावट/ अवरोध पैदा करना
Hinderance	बाधा, रुकावट, अवरोधन
Hinderance factor	अवरोध कारक
Hindered rotation	अवरुद्ध घूर्णन
Hind gut, Epigaster	पश्चान्त्र (बड़ी आँत व मलाशय)
Hind limb	पश्चपाद, पिछला पैर
Hind sight	पश्चदृष्टि
Hinge	क़ब्ज़ा, कोर, चूल
Hinge circle	क़ब्ज़ा वृत्त
Hinged	क़ब्ज़ेदार, क़ब्ज़ामय
Hinge ear	कोर कर्ण
Hinge jaw	कीलक हनु
Hinge joint	क़ब्ज़ा सन्धि, कोरसन्धि
Hinge moment	कोर आघूर्ण
Hinoiderous venation	समरेख शिराविन्यास
Hinter land	पृष्ठ प्रदेश, पश्च या भीतरी प्रदेश
Hip	नितम्ब, श्रोणि, कटि, काठी, निराशा, गुलाबफल
Hip bath, Sitz bath	कटि स्नान
Hip bone	नितम्बास्थि
Hip girdle	श्रोणि मेखला
Hip joint	श्रोणि सन्धि, नितम्ब सन्धि
Hippocampus (Greek words hippos+kampus= mean horse monster, *Hippocampus* sp., a marine fish of family Syngnathidae), Sea horse	हिप्पोकैम्पस (कशेरूकी जन्तुओं के मस्तिष्क में स्मृति से सम्बन्धित भाग) अश्वमीन, घुड़मछली, समुद्री-घोड़ा
Hippodrome	घुड़दौड़ का मैदान
Hippopotamus (*Hippopotamus* sp., a huge amphibious mammal of order Artiodactyla), Hippo, River horse	दरियाई घोड़ा (एक बड़ा शाकाहारी उभयचर स्तनधारी)
Hippus	वितारक
Hircine, Caprine	आज, अजरूपी अजवत्, अजवंशी, छागल, बकरे जैसा
Hircinus	अजगन्धी, बकरे की गन्ध वाला
Hirsute	दीर्घ लोमी, रोयेंदार, रोमिल रूक्षरोमी, रूखे बाल वाला
Hirsutism	रूक्षरोमिता, अधिरोमिता
Hirtellus	रोमश, रोमिल
Hirudicidal, Hirudicide	जलूकानाशी, जोंकमार
Hirudin (a blood anti-coagulant secreted by buccal glands of leech)	जलूका स्राव
Hirudiniculture	जलूका संवर्धन, जोंक-पालन
Hispid	कर्कश रोम, दृढ़लोमी
Hispidule	सूक्ष्म दृढ़रोम
Hispidulous	सूक्ष्म दृढ़लोमी
Hiss	फुफकार, फुफकारना
Histidine (an essential α-amino acid, used for biosynthesis of protein)	ऊत्येयी, हिस्टीडीन
Histidinemia, Histidinaemia	अधि-ऊत्येयीरक्तता, अधि-हिस्टीडीनरक्तता
Histidinuria	ऊत्येयीमेह, हिस्टीडीनमूत्रता
Histiocyte, Histocyte	ऊतिकोशा, प्रोतिकोशा
Histiocytosis, Histocytosis	ऊतिकोशिकता, प्रोतिकोशता
Histo- (a Greek word histos means tissue-prefix)	औतिक, ऊतक-, ऊति-
Histoblast	ऊतिकोरक
Histochemical	ऊतक रसायन
Histochemist	ऊतक रसायनविज्ञ
Histochemistry	ऊतक रसायनविज्ञान
Histocompatibility	ऊतकानुकूलता, ऊत्यनुरूपता, ऊतिसंगतता
Histodialysis, Historrhexis	ऊत्यपोहन, ऊतिविघटन

Histogen ऊतकजन, ऊतिजन
Histogenesis, Histogeny ऊतकजनन, ऊतिभवन, ऊतकोत्पत्ति
Histogenic, Histogenous ऊतिजनी, ऊतकजनिक, ऊतिजन्य, ऊतकजनित
Histogram आयतचित्र
Histoid, Histioid ऊतिवत्, ऊतकाभ
Histokinesis ऊतिगतिक्रम
Histokinetic ऊतिगतिक
Histokinette (an apparatus as fixed tissue processor for dehydration, clearing and paraffin wax embedding for micro tomyp to observe histopathologically under micro scope) ऊतक संसाधित्र
Histologic ऊतिक, ऊतकी
Histological ऊतकीय, औतिकीय
Histologist ऊतिविज्ञानी, ऊतकविज्ञ
Histology ऊतकविज्ञान, औतिकी
Histolysis ऊत्यंशन, ऊतकांशन, ऊतकलयन, ऊतिलयन
Histolytic ऊतिलयी, ऊतकांशी
Histonomy ऊतिमात्रिकी
Histopathogenesis, Histopathogeny ऊतिविकारजनन, ऊतकव्याधिभवन
Histopathological ऊतिव्याधिकीय
Histopathologist ऊतकरोग विज्ञानी
Histopathology ऊतिव्याधिकी, ऊतकरोग विज्ञान
Histophysiological ऊतिकार्यिकीय
Histophysiologist ऊतिक्रिया विज्ञान
Histophysiology ऊतिकार्यिकी, ऊतक क्रिया-विज्ञान, ऊतक-कार्यिकी
Histoplasm ऊतकद्रव्य, ऊतिप्ररस
Histoplasmosis ऊतकद्रव्यार्ति, ऊतिप्ररसता
Historadiography ऊतिविकिरणचित्रण
Historiogram कालिकचित्र
Histotomy, Microtomy ऊतिकर्तन, ऊतकसूक्ष्मकर्तन
Histotoxic ऊतकविषालु, ऊतिविषाक्त
Histotoxicity ऊतिविषाक्तता, ऊतक-विषालुता
Histotroph, Histotrophic ऊतकानुपोषी, ऊतिपोषी
Histozoic ऊतकजीवी, ऊतिप्राणीय
Histozoon, Histozoa (pl.) ऊतकजीव, ऊतिप्राणी
Hitch झटके से उठना, अटकाना
Hive छत्ता, छत्ताधानी, करण्ड, मधुगण, मधुमक्खी पेटिका
Hives (raised itchy red bumps or rashes due to allergy on skin) पित्ती, शीतपित्ती (एक चर्मरोग)
Hizama/Cupping therapy (treatment by drawing/sucking blood through vacuum with inverted cups on small skin incisions) रक्तमोक्षण, रुधिर चूषण (अरबी भाषा का शब्द हिज़्मा का अर्थ चूषण है। कुछ ग्रामीण/आदिवासी क्षेत्रों में चोंगी लगाकर यही इलाज होता है)
Hizometer गुरुत्वाकर्षी जलमापी
Hoar, Hoary धूसर, पक्का, सफ़ेद, पुराना, पलित, श्वेतकेशी
Hoarse कर्कश, भग्न स्वर
Hoarseness, Hoarse voice स्वरभंग, स्वरकर्कशता, भग्नस्वर, भर्राहट (बैठी आवाज़)
Hob खूँटी, घुण्डी, अँगीठी का किनारा
Hobbit (*Homo floresiensis*, a dwarf extinct hominid mammal of family Hominidae, dating approx, 1-75 million years ago), Floresman हॉब्बिट (इण्डोनेशियाई द्वीपों की लुप्त प्राय साढ़े तीन फीट कद, पूरे शरीर पर छोटे बाल वाली एक बौनी आदिमानव प्रजाति)
Hobby अभिरुचि, रुचिकर्म, व्यासंग
Hob nail घुण्डीदार कील, गुलमेख
Hock जानुसन्धिपश्च, कूँच, पशु का पिछला घुटना, घोड़ानस
Hocus दवा देकर बेहोश करना, जुल देना, ज़हरखुरानी
Hod तसला, कठड़ा, तगारी
Hodiernal आधुनिक, नव्य
Hodogram वेगालेख, अन्तपथ
Hodograph वेगालेखी
Hodometer लीकमापी, चक्करमापी
Hodoscope लीकदर्शी
Hoe, Hoeing कुदाल, फावड़ा, गुड़ाई
Hog (a domesticated castrated pig) शूकर, खस्सी सुअर, पेटू, गन्दा आदमी
Hog back शूकरकटक, शूकरपृष्ठ
Hog badger (*Arctonyx collaris*, a wild carnivorous Asian mammal of family Mustelidae with pig like snout) भालू सुअर

English	Hindi
Hog bristle	शूकर शूक
Hog deer (*Axis porcinus,* a wild herbivorous mammal of deer family Cervidae)	पाढ़ा
Hoggery	सुअरघर, शूकरवृन्द
Hog gum (exudate of *Sterculia* sp., a tree of family Sterculiaceae),	कतीरा गोंद (खाद्य पदार्थ), अञ्जीर
Hog weed (*Heracleum* sp., a perennial herb of carrot family Apiaceae)	शूकर तृण, पुनर्नवा, गदहपूरना
Hog horn	शूकर शृंग
Hog plum (yellowish red oval edible fruits of *Spondias* sp., a flowering tree of family Anacardiaceae native to tropical America)	जंगली आलू बुख़ारा, अँबाड़ा, अमरा, आमड़ा, आम्रातक
Hog wash	कूड़ा करकट
Hohlraum	रिक्तपेटिका, रिक्तस्थान, गुहा
Holandric, Holandrous	पूर्णपुर्लिंगी
Holard	समस्त जल, सम्पूर्ण जल
Hold control	तुल्यकाल नियन्त्रण
Holder	परिधानी, धारक, धर
Holdfast	स्थापांग, संलग्नक, अँकुड़ा
Holdfast apparatus	स्थापन उपकरण
Holdfast organ	स्थापन अंग, संलग्नक अंग
Holding back	पश्च धारण
Holding beam	धारक किरणपुञ्ज
Holding key	धारक कुञ्जी
Holding period	धारण काल
Hold parameter	अवलम्ब प्राचल
Hold range	धारण परास
Holdup of column	स्तम्भ धारणीयता
Hole & slot cavity	छिद्र खाँचा कोटर
Hole conductivity	विवर चालकता
Hole injection	विवर अन्तःक्षेपण
Hole nesting	विवर नीड़न
Holey, Porous	छिद्रिल, रन्ध्री, सरन्ध्र
Hollow	खोखला, पोला, सुषिर
Holly (*Ilex* sp., a deciduous plant of family Aquifoliaceae with red berries and thorny edged leaves)	शूलपर्णी, बलूत (एक सदाबहार क्षुप)
Hollyhock (*Alcea* sp., an ornamental unbranched flowering plant of family Malvaceae)	गुलख़ैरू, खतमी (एक फूल वाला पौधा)
Hollyhock rust	गुलख़ैरू किट्ट (एक पादप कवक रोग)
Holm	नदीद्वीप, टापू, कछार (नदी का)
Holm oak	सदाबहार बलूत
Holo- (prefix)	पूर्ण-, पूरा
Holobasidium Holobasidia (pl.)	नियत प्रकणीफल
Holoblastic	पूर्णभञ्जी
Holobranch	पूर्णक्लोमी (जन्तु)
Holocarpic, Holocarpous	पूर्णकायफलिक, पूर्णकायफलीय
Holocene (epoch), Holocoen	पूर्ण आधुनिक युग, पूर्ण नूतनयुग
Holocrine gland	पूर्णस्रावी ग्रन्थि, पूर्णकोशासर्गी ग्रन्थि
Holoenzyme	पूर्णविकर
Hologamete	पूर्णयुग्मक
Hologamy	पूर्णयुग्मन
Hologeny	पूर्णवृत्त, पूर्णभवन
Hologonium, Hologonia (pl.)	पूर्णधानी
Hologonic gonad	पूर्णधानिक जननग्रन्थि
Holograph	स्वलेख
Holohedral	पूर्ण फलकीय
Holohedron	पूर्णफलक
Holometabolic insect	पूर्णरूपान्तरिक कीट
Holometabolar pupa	पूर्णरूपान्तरी कोष
Holometabolism (complete metabolism)	पूर्णरूपान्तरण
Holomictic	पूर्णकालमिश्र
Holomorphic function	पूर्णरूपी फलन
Holoparasite, Holoparasitic	पूर्णपरजीवी, पूर्णपराश्रयी
Holopelagic	पूर्णवेलापवर्ती
Holophytic	पूर्णपादपी, पादपसमभोजी, स्वपोषीपादप

Holophytism स्वपोषपादपता, पूर्णपादपता
Holoplankter, Holoplankton (pl.) पूर्णप्लवकांश, पूर्णप्लवक
Holopneustic respiration पूर्णरन्ध्र श्वसन
Holoptic eye (eyes of arthropods) संसक्त नेत्र
Holosaprophyte पूर्णमृतोद्‌भिद्
Holostylic पूर्ण-लग्न
Holosymmetric पूर्णसममितीय
Holosymmetry पूर्णसममिति
Holotricha (an order of ciliate protists) पूर्णपक्ष्माभी (जीवगण)
Holotrichous पूर्णकेशीय, पूर्णशूकीय
Holotrophic पूर्णपोषी
Holotype पूर्ण प्ररूप, मूलप्ररूप, नामप्ररूप
Holotypic(al) पूर्णप्रारूपिक, पूर्णप्ररूपी
Holozoic प्राणिसदृश, प्राणिसम
Holster पिस्तौल की खोल
Holy stone झाँवा, नरम बलुवा प्त्थर
Homannular समवलयाकार
Homaromatic समसुगन्धित, समसगन्ध
Homaxial समाक्षीय
Home-bred देसी, घरेलू, अपरिष्कृत
Home-made गृह निर्मित, घर का बना, अपरिष्कृत
Homeo-, Homoio-, Homo- (a Greek word homos means same or similar-prefix) सम-, समान, एक-, स-
Homeokinesis समभाजन, समगतिक्रम
Homeokinetic समभाजी, समगतिक
Homeomorph तद्वत्, समरूपी
Homeomorph set तद्वत् समुच्चय
Homeopath समचिकित्सक
Homeopathy समचिकित्सा
Homeoplasia समवर्धता, समविकसन
Homeoplasty समघट्यता
Homeosis समरचनान्तरण
Homeostasis समस्थिति, समस्थैतिकता, स्वस्थैतिकता
Homeostatic समस्थैतिक
Homeotherm समताप, समतापी, सम-ऊष्मी (जन्तु)
Homeothrmal, Homeothermic, Homeothermous समतापी समतापीय, सम-ऊष्मिक
Homeothermy समतापता, सम-ऊष्मता
Homeotoxic समविषाक्त, समविषालु
Homeotoxicity समविषाक्तता, समविषालुता
Homeotoxin समाविष, समविषि
Homer अभिलक्ष्यक
Home science गृहविज्ञान
Home sickness गृह-आतुरता, गृहासक्ति
Home spun खादी, खद्दर (कपड़ा)
Home stead वास भूमि, वास क्षेत्र
Hometherapy गृह-चिकित्सा, घरेलू उपचार
Homicidal मानवघाती, मानवहन्ता, नृजातिनाशक, नृघ्नी
Homicidal mania मानव-वधोन्माद
Homocidal maniac मानव-वधोन्मादी
Homicide मानवहत्या, मानववध, नृजातिनाशी, नराघात, नृघ्न
Homing अभिलक्ष्यन, अभिलक्ष्यी
Homing device अभिलक्ष्यी युक्ति
Homing station अभिलक्ष्यन केन्द्र
Homing pigeon अभिलक्ष्यी कबूतर, पत्रवाही कबूतर
Hominid (primates of family Hominidae) मानुष, मानव
Hominis (a subspecies of mite) मानुषी
Hominy दलिया
Homoandrous, Homoeandrous समानपुंकेसरी, समपुमंगी
Homoandry, Homocandry समान पुंकेसरता, समपुमंगता
Homocarpic, Homocarpous समानफली, समफलीय
Homocellular समकोशिकीय, समानकोशीय
Homocentric समकेन्द्री
Homocephalic, समशिरस्क सममुण्डनिषेचित
Homocercal समपालिक, समपुच्छी
Homochlamy-deous समपरिदलपुञ्जी
Homochromatic, Homochromous समवर्णी, समवर्णिक
Homoclitic समत्रिघूर्णी
Homococcolith समगुल्याश्म
Homocoid समरूपिका
Homoconjugation समसंयुग्मन, समयुग्मन
Homoculus शुक्राणुमानव
Homocyclic समचक्री
Homodesmic समबन्धी
Homodont समदन्ती
Homodromous समगामी
Homoeandry, Homoandry समान पुंकेसरता, समपुमंगता

Homofermentive समकिण्वी, एककिण्वी
Homogametic समयुग्मकी
Homogamic, Homogamous समयुग्मी, समपुष्पी, समकालपक्वी
Homogamy समपुष्पता, समयुग्मन
Homogenate समांग, समरूप, एकरूप
Homogeneity समांगता, समघातता, सजातीयता, समरूपता
Homogeneous, Homogenetic समांग, समांगी, समघात, एकरूप, समरूप, सजातीय
Homogeneous fluid समांग तरल
Homogeneous function समघात फलन
Homogeneous linear समभाव रैखिक
Homogeneous perturbation समांग विक्षोभ
Homogeneous population सजातीय समूह
Homogenization, Homogenize समांगीकरण, समांगी बनाना
Homogenized समांगित, समांगीकृत
Homogenizer समांगक, समांगित्र (यन्त्र)
Homogeny सजातीयता, समोद्भवता, समोद्भवन
Homogone समानपुष्पी
Homograph समानाकार, समविन्यास
Homographic समविन्यासी
Homoid मानवाभ, मानववत्
Homoiomerous समभाजी
Homoiothermal, Homoiothermic एकतापीय, समतापीय, सम-ऊष्मीय
Homolecithal, Isolecithal समपीतकी, समपीतकीय
Homologous समजातीय, सधर्म, रचनासदृश
Homologue सजात, समजात
Homology समजातता, समानता, सधर्मता, समजातीयता
Homolysis समापघटन, समांशन
Homolytic fission समांशिक विखण्डन
Homometric सममापिक
Homomorph समाकार, समरूप, सजात
Homomorphic, Homomorphous सजातीय, समरूपी, समाकृतिक
Homomorphism समरूपता
Homonuclear समनाभिकीय, समकेन्द्रकीय
Homonymous समवंशी, समोद्गामी, समप्रसी
Homophone समस्वर
Homophyte समोद्भिद्
Homoplasmic, Homoplasmous समद्रव्यक, समद्रव्यी, समप्रसी
Homoplastic समघट्यी
Homopolar समध्रुवी
Homopolymer समबहुलक
Homopoly-saccharide समबहुशर्करेय
Homorhizal समशिफ
Homoscedastic समप्रविचाली, समविसारी
Homoscedasticity समप्रविचालिता, समविसारिता
Homosegmentation समविखण्डन
Homosexual समलिंगी, समलैंगिक, समलिंगकामुक
Homosexuality समलैंगिकता, समलिंगकामुकता
Homospore समबीजाणु
Homosporous, Homeosporous, Homiosporous समबीजाण्विक, समबीजाण्वी
Homostrophic reflex समवर्तनी प्रतिवर्त
Homothallic, Homothallous समसुकायिक, समजालक
Homothermic, Homothermous समतापीय, समतापी, सम-ऊष्मिक, सम-ऊष्मीय
Homothermy समतापता, समतापन, सम-ऊष्मता, समोष्णता
Homothetic समस्थिति, समरूपी
Homotopy समस्थेयता
Homotropic (binding of same ligand to a macro-molecule) समावर्ती, समानुवर्ती
Homotype समप्ररूप, समरूप
Homotypic(al) समप्रारूपिक, समप्ररूपी
Homoxylous समदारुक
Homozeotrope सम-अस्थिरक्वाथी
Homozygosis समयुग्मन
Homozygote समयुग्मक, समयुग्मनज
Homozygotic समयुग्मकी, समयुग्मनजी
Homozygous समयुक्ता, समयुग्मनी, समयुग्मज, शुद्ध नस्ली
Homuncule, Homunculus बौना, वामन
Hone, Honing सान, धार रखना, सान देना, शाणन
Hone stone, Honing stone शाणाश्म, सान धरने का पत्थर
Honey मधु, शहद (एक जैवोत्पाद)

English	Hindi
Honey bee (*Apis* sp., a two winged eusocial insect of family Apidae, produces honey and wax in bee hives)	मधुमक्षिका, मधुमक्खी
Honey comb	मधुछत्ता, मधुजालक, करण्ड
Honey combed	छत्तेदार, मधुजालकित, करण्डित,
Honey comb texture	करण्ड गठन
Honey dew	मधुस्यन्द, मधुरस
Honey sac	मधु-स्यून
Honey tree, Butter tree (*Madhuca indica,* a tropical Indian tree of family Sapotaceae)	मधुक, महुआ (एक बहूपयोगी वृक्ष जिसके मीठे भोज्य फूल से देसी शराब तथा पके बीजों से औषधीय खाद्य तेल मिलता है)
Hood	छद, छत्र, फण, छदिका, शिरोवस्त्र, शिरोवेष्टन
Hoof, Hooves (pl.)	शफ, खुर, खुर मारना
Hook	अंकुश, कँटिया, हुक
Hooked	सांकुश, अंकुशित, हुकदार
Hooklet	अंकुशिका, अंकुशक
Hook up	संलग्न, बद्ध, अन्तःसम्पर्क
Hook worm (*Ancylostoma duodenale,* a unisexual human gut parasite of phylum Nemathelminthes)	अंकुश कृमि (एक परजीवी)
Hoop	छल्ला, परिवलय, चक्करदार पट्टी, चक्रवाल
Hoop iron (thin iron strip)	पत्ती लोहा
Hooping	परिवलयन, चक्कर लगाना
Hoop net	चक्रवाल जाल
Hoopoe (*Upupa* sp. a colourful bird of family Upupidae with crown of feathers)	हुदहुद (एक पक्षी)
Hoose, Hooze	शुष्क कास, सूखी खाँसी, धाँसना
Hoot	घुघुआना (उल्लू का), शोरगुल करना
Hooter	भोंपू
Hoove, Hoover	पेट फूलना (पशुरोग), अफरा
Hopper (a long-horned orthopteran jumping plant pest insect of family Acrididae)	टिड्डा, फुदक, वल्गी, अधोक्य
Hopple	छाँदना (दोनों पैर बाँधना)
Horizon	क्षितिज, दिगन्त, संस्तर
Horizontal	क्षैतिज
Horme	प्रोर्जा
Hormesis	विषाल्पभेषजता
Hormetic	विषाल्पभेषजी
Hormogonium, Hormogonia (pl.)	जननखण्ड
Hormone	अन्तःस्राव, न्यासर्ग
Hormonogenesis, Hormonogeny, Hormonopoiesis	न्यासर्गोत्पादन, अन्तःस्रावजनन, अन्तःस्रावोत्पत्ति
Hormonogenic, Hormonopoietic	अन्तःस्रावजनिक, न्यासर्गोत्पादी
Hormonology, Endocrinology	अन्तःस्रावविज्ञान, अन्तःस्राविकी, न्यासर्गिकी
Horn	सींग, तूर्य, शृंग
Horn antenna	तूर्य शृंगिका
Horn beam	चमखरक
Horn bill (a long down-curved beaked big bird of family Bucerotidae)	धनेश (पक्षी)
Hornea, Hernia	अन्त्रवृद्धि, वर्ध्म, आँत उतरना
Horned lizard, (*Phrynosoma* sp., a toad like desert lizard of family Phryrosomatidae with horny spines on body), Horn toad	शृंगी गोधिका, सींगदार छिपकली
Horned mammal	शृंगी स्तनी, शृंगी स्तनधारी
Hornet (*Vespa* sp., a largest eusocial hymenopteran insect of wasp family Vespidae with venomous sting)	हाँड़ा, (एक दंशी द्विपंखी कीट)
Horn feed	शृंगी भरण
Horn stone	शृंगप्रस्तर
Horn wort (a bryophyte with horn like structures)	शृंगी प्रहरिता

English	Hindi
Horny	श्रृंगी, सारंग, सींगदार, श्रृंगवत्, सींगिया
Horologe	घड़ी, घटिका
Horology	समयांकनविज्ञान, घड़ीसाज़ी
Horometric	कालमितीय, कालमापिक
Horometry	कालमिति, कालमापन
Horophile	पृष्ठस्नेही
Horophobe, Horophobic	पृष्ठद्रोही, पृष्ठभीरु
Horophobia	पृष्ठभीति
Horoscope	जन्मकुण्डली, जन्मपत्री
Horrendous, Horrid, Horridific	भयंकर, बीभत्स, रोमांचकारी
Horrent	घना उगा हुआ, भरा हुआ
Horripilation	रोमहर्षण, रोमांच
Horse (*Equus ferus caballus*, a single-toed large domestic mammal of family Equidae)	अश्व, घोड़ा (एक पालतू शक्तिशाली शाकाहारी धावक सवारी पशु)
Horse gram (*Macrotyloma uniflorum,* a flowering crop herb of bean family Fabaceae with edible seeds used as cattle feed)	कुलथी, मद्रासी चना
Horse fly, Gad fly (a large two winged blood sucking insect of family Tabanidae)	घुड़मक्खी, कुकुरमाँखी, गोमक्षी, डाँस (घोड़ा आदि पशुओं को काटने वाली मक्खी)
Horse hair	वेध तन्तु
Horse latitude	शान्त अक्षांश
Horse power (HP)	अश्वशक्ति (यान्त्रिक शक्ति की एक इकाई)
Horse pox (a disease caused by *Orthopoxvirus* of family Poxviridae with eruption in mouth and skin of horses)	अश्व-चेचक, अश्व-मसूरिका
Horse radish (*Armoracia rusticana,* an annual herb of family Brassicaceae)	मूली (एक भूमिगत संग्राही कुम्भरूपी मूसला जड़ वाली भोज्य शाक)

English	Hindi
Horse shoe crab (a large marine and brackish water arthropod of family Limulidae with horse shoe shaped domed carapace)	नालकर्कट, नाल केकड़ा
Horse shoe magnet	नाल चुम्बक
Horse shoe-shaped	नालरूपी, नालाकार, घोड़े की नाल के जैसा
Hortensis	उद्यानस्थ
Horticulture	औद्यानिकी, उद्यानविज्ञान, उद्यानकृषि, बाग़बानी
Hortorium (taxonamic presenation of cultivated plants of horticultural origin)	उद्यान पादप संग्रह
Hose	अभिनाल, रबर की मोटी नली, मोज़ा
Hospital	चिकित्सालय, रुजालय, अस्पताल
Hospitalise, Hospitalisation	चिकित्सालय में भर्ती कराना
Host	आतिथेय, परपोषी, पोषद
Hostile	विरोधी, प्रतिकूल, विद्वेषी
Hot	तप्त, उष्ण, गर्म
Hot air oven	उष्ण वायु कन्दु
Hot drop	उष्ण विमोचन
Hot firing	दाह्य ज्वालन
Hot house	उष्ण गृह
Hot melt	उष्ण गलित
Hot plate	उष्णपट्ट, तप्तपट्टिका, गर्मतवा (एक विद्युत उपकरण)
Hot spot	अधिस्थल, तप्तस्थल
Hot spring	गर्म सोता, उष्णजलस्रोत
Hot water	गर्म पानी, उष्णजल
Hour glass	रेत घड़ी (डमरू जैसी)
House fly (*Musca* sp., diurnal dipteran insect of family Muscidae, a vector of many infectious diseases)	गृह-मक्षी, घरेलू मक्खी
Household, Domestic	गृह्य, घरेलू, पालतू
House lizard (*Hemidactylus* sp., a small insectivorous wall creeping reptile	गोधिका, छिपकली

of order Squamata able to sudden detach the tail and regenerate, limbs with vacuum claws to attach on wall), Wall lizard)	
Housing	प्रावार, गृह-प्रबन्ध
Hover	मण्डलायन, उद्भ्रमण, उद्भ्रामी, मँड़राना
Hover-craft, Air-cushion vehicle (a jet-engine operated vehicle capable to move on land, water, mud and ice)	मण्डलयान, हूवर क्राफ्ट (भूमि व जल में चलने वाला वाहन/पोत)
Howl	हुहुआना, (जानवरों का), चीखना, चिल्लाना
Hoya	फूलों की बेल, पुष्पावलि
Hub	नाभि, नाभिक, केन्द्रक, मुख्य केन्द्र
Hub cap	नाभिच्छद
Huckaback	प्लावी, मोटा तौलिया कपड़ा
Huckle	नितम्ब, कूल्हा
Huckle back	कूबड़, कुब्ज
Huckle bone	कुब्जास्थि, कूल्हे की हड्डी
Huddle	ठूँसकर भरना, ढेर लगाना, भीड़
Hue	रंग, वर्ण, छटा
Hug	लिपटाना, आलिंगन करना, चिपटाना
Huge	विपुल, विशाल, बृहत्, बड़ा, अत्यधिक
Hull	छीलना, छिलका, पोतखोल, समावरक
Hull topology	समावरक संस्थिति
Hum, Humming	गुनगुनाना, भिनभिनाना, गुञ्जन
Human being	मानव, मनुष्य, इन्सान
Human immuno-deficiency virus (HIV)	मानव प्रतिरक्षाभाव विषाणु
Humane	मानवोचित, सहृदय दयालु
Human race, Mankind	मानवजाति, नृजाति
Humectant	आर्द्रक, आर्द्रकर
Humectation	आर्द्रण
Humeral	अंसिक, बाह्यास्थिक, अंस्यक, स्कन्ध
Humeral veil	स्कन्धावरण

Humerus, Humeri (pl.)	बाह्यास्थि, प्रगण्डिका
Humic	धरणिक, खाद (मिट्टी का)
Humid	आक्लेद, आक्लिन्न, आर्द्र, नम, गीला
Humidification	आक्लेदन, आर्द्रन
Humidifier, Humidor	आक्लेदित्र
Humidity	क्लेदता, आक्लेदता, आर्द्रता, आक्लिन्नता, नमी, गीलापन
Humification	धरणीकरण, धरणीभवन
Humming bird (a smallest nectarivorous bird of family Trochilidae)	मर्मर-पक्षी
Hummock	टीला, उपगिरि, छोटी पहाड़ी
Humor, Humour	देहद्रव्य, तरल पदार्थ, लसी, परिहास
Humoral	दैहिक, लसीय, त्रिदोषीय
Humoral change	लसी-परिवर्तन
Hump	ककुद्, कूबड़, कुब्ज, कोहान, टीला
Humus	धरण, खाद-मिट्टी, सड़ी गली वनस्पति वाली मिट्टी
Hunch	झुकाना, उठाना
Hunch-back	कूबड़, कुब्ज, पिण्ड, मोड़ना, कूबड़ निकलना
Hunger	भूख, क्षुधा, बुभुक्षा
Hungry	भूखा, क्षुधित, बुभुक्षु, लालायित
Hunk	खण्ड, पिण्ड, टुकड़ा
Hunt, Hunting	आखेट, शिकार, शिकार करना, आखेटन
Hurl	जोर से फेंकना, फेंक, प्रक्षेपण
Hurricane	तूफ़ान, अन्धड़, झञ्झावात, प्रभञ्जन
Hurricane loop drier	प्रभञ्जी पाश शुष्कित्र
Hurst	टीला, झाड़ी, उपवन
Hurtle	तुषापनयन, घुमाना, तेज़ चलना, खड़खड़ाना, झपटना
Husbandry	कृषिकर्म, कृषि, पालन, संवर्धन
Hush, Hushing	मृदापनयन
Husk	तुष, भूसी, बीज का छिलका, सूखी खाँसी
Husky	तुषमय, भूसीदार, छिलके वाला
Hutch	खरगोश का बाड़ा, खाँचा, सन्दूक, कोयलागाड़ी
Hyacinth	सम्बुल (फूल), नीलारुण, मध्यरक्तिनील, राहु रत्न

Hyacinth red पीत रक्त
Hyaline काचर, प्रभासी, पारभासक,
Hyalinization काचरण
Hyaloid रवाभ, काचाभ
Hyalomucoid काचर श्लेषाभ
Hyaloplasm, Hydroplasm काचर प्ररस, प्रद्रव्य, प्रतरल
Hyalosis काचर क्षय, काचरक्षरण (नेत्र में)
Hyalosome काचर काय
Hyal ray कण्ठिका अर
Hybodont ककुदन्ती
Hybrid प्रसंकर, संकर, मिश्र, दोगला
Hybrid bond संकर आबन्ध
Hybrid vigour प्रसंकर-ओजस
Hybridism, Hybridity संकरता, प्रसंकरता
Hybridization संकरण, प्रसंकरण
Hybridize संकरित करना
Hybridoma संकरार्बुद, संकरकोशिका (एक पूर्वजी)
Hydathode जलरन्ध्र, जलोत्सर्गी
Hydatid जलपुटी, उदाशय, उद्कोष्ठ
Hydatidiform mole (an abnormal pregnancy with cluster of fluid filled sacs and degeneration of faetus)
Hydatidosis उद्कोष्ठता, जलकोशिकता
Hydnocarpic, Hydnocarpous गरुड़फलिक, गरुड़फलीय
Hydra (*Hydra* sp., a primitive small freshwater coelentrate of sub-phylum Cnidaria) जलीयक, जलव्याल, वासुकि (सर्प), हाइड्रा
Hydracid उदाम्ल
Hydragogue, Hydrogogue जल रेचक
Hydralase (an enzyme) जलविश्लेषी विकर
Hydramnios उल्ब-द्रवाधिक्य
Hydrangea क्षुप, झाड़ी
Hydrant बम्बा, नलका, जलोत्सर्गी
Hydranth उद्सुम, पोषिसञ्जीव
Hydrarch जलारम्भी
Hydrargyria, Mercury poisoning, Hydrargyrism, Hydrargyrosis, Hydrargyry पारद विषाक्तता, पाराविषालुता
Hydrargyric पारदविषाक्त, पाराविषालु
Hydrargyrium, Hydrargyria (pl.), Mercury पारा, पारद
Hydrarthrosis जानुसन्धि तरलता
Hydrate, जलीय बनाना, जलीयन,
Hydration जलयोजन, जलव्यापन
Hydrated जलयोजित, जलव्याप्त
Hydrator जलीयक, जलयोजित्र (यन्त्र)
Hydraulic द्रवचालित, द्रविक, द्रवीय, जलीय, उदिक, तोयालिक, आम्भस
Hydraulic gradient जलीय प्रवणता
Hydraulic pressure द्रवीय दाब
Hydraulic data जलीय आँकड़े
Hydraulics द्रव चालिकी, द्रवाभियान्त्रिकी, तोयालिकी, आम्भसिकी
Hydremia, Hydraemia अधिप्रसरक्तता, रक्तप्रसाधिक्य
Hydriatrics, Hydropathy, Hydrotherapy जलोपचार, जलचिकित्सा
Hydric उदिक
Hydrilla (*Hydrilla verticillata*, a fresh water sub-merged weed of family Hydro-charitaceae, used as fodder and aquarium plant), Waterthyme सेवार, झांगी, हायड्रिला
Hydro- (prefix) जल-, उद्-, जलीय
Hydrobiological system जलजीवी तन्त्र, जलजैविक प्रणाली
Hydrobiology जलजीवविज्ञान, जलजैविकी
Hydrobiont जलजीवजात, जलीयजीवजात
Hydrobiose जलजीव, जलचर (जीव)
Hydrobiota जलजीव समूह, जलीय जीव समूह
Hydrocalcosis, Hydrocalycosis जलपुष्पता (वृक्क में)
Hydrocarbon उदांगार
Hydrocarbonism उदांगारता, उदांगार विषाक्तता
Hydrocarpic, Hydrocarpous जलमग्नफली, जलमग्नफलीय
Hydrocarpism, Hydrocarpy जलमग्नफलिता, जलफलन
Hydrocaulus उदस्तम्भ, जलीयकाभ स्तम्भ
Hydrocele जलवृषण, जलपरिवृषण, जलमुष्क

Hydrocephalia, Hydrocephaly जलशिरस्कता, जलशीर्षता
Hydrocephalic, Hydroencephalous जलशीर्षी, जलशिरस्की
Hydrocephaloid जलशीर्षाभ
Hydrochemical जलरासायनिक, जलरसायन
Hydrochemistry जलरसायनविज्ञान
Hydrochloric acid (HCl) लवणाम्ल, नमक का अम्ल
Hydrocholeretic तनुपित्तिक, तनुपित्तैक
Hydrochore जलकीर्ण
Hydroclave जलपाश
Hydrocole, Hydrocolous उदवासी, कच्छवासी, दलदलवासी
Hydrocolloid उदश्लेषाभ, जलकलिल
Hydrocyclone जलचक्रवात
Hydrocyst उदपुटी, उदकोष्ठ
Hydrodynamic द्रवगतिकीय, जलवैगिकीय
Hydrodynamics जलवेगविज्ञान, जलगतिकी, द्रवगतिकी
Hydroecium उदोकस
Hydroelectric जल-वैद्युत
Hydroelectricity जल-विद्युत, पनबिजली
Hydro-explosion जलविस्फोटन, उदविस्फोट
Hydrofinish जलधार प्रसज्जा
Hydrofoil जलपत्रक
Hydroforming द्रवपीडरूपण
Hydrofugous जलस्रावी
Hydrogalvinic जलद्युरासायनिक
Hydrogel जलश्लिषक
Hydrogen, Protium (a gaseous primitive element with symbol H) उदजन, हाइड्रोजन (आवर्त सारणी का पहला तत्त्व)
Hydrogenation उदजनन, हाइड्रोजनीकरण
Hydrogenic, जलजनित, उदजनी
Hydrogen bomb (a devasting atomic weapon, produces energy by nuclear fusion of hydrogen isotopes) उदजन प्रस्फोट, हाइड्रोजन बम
Hydrogenous जलजनी, उदजन्य
Hydrogenolysis उदजनांशन, हाइड्रोजनलयन
Hydrogeology जलभूविज्ञान, जलभौमिकी
Hydrogogue, Hydragogue जलरेचक
Hydrography जलसर्वेक्षण, जलमाप चित्रण
Hydroid जलीयकाभ, जलवाहिकोशा
Hydroion उदजनायन, हाइड्रोजन आयन
Hydrokinematics द्रवशुद्धगतिकी
Hydrokinetic द्रवबलगतिक
Hydrokinetics द्रवबलगतिकी
Hydrologic cycle, Water cycle जलीय चक्र
Hydrologist जलविज्ञानी, जलवैज्ञानिक
Hydrology जलविज्ञान
Hydrolysate जलांशय, जलांशनजात
Hydrolyse, Hydrolyze जलांशन होना/करना, जल अपघटित होना
Hydrolysis, Hydrolyzation जल अपघटन, जलांशन
Hydrolyte जल अपघट्य, जलांश्य
Hydrolytic जल-अपघटनी, जलांशिक
Hydromagnetic द्रवचुम्बकीय
Hydromania जलोन्माद, जलेच्छा
Hydromaniac जलोन्मादी, जलेच्छुक
Hydro-mechanism जल-यान्त्रिक, जल-गमिकी
Hydromel शहद का शर्बत, मध्वम्बु
Hydrometer द्रवघनत्वमापी, उत्प्लव-घनत्वमापी, तरलमापी
Hydrometric तरलमितीय, जलमापिक
Hydrometrograph उदकमानलेखी
Hydrometry तरलमिति, जलमिति
Hydro-nephrosis जल वृक्कता
Hydropathy, Hydriatrics, Hydrotherapy जलचिकित्सा, जलोपचार
Hydropenia जलाभाव, जलाल्पता
Hydropexia, Hydropexis जलसमावेश
Hydrophile, Hydrophilic, Hydrophilous जलरागी, जलप्रिय, जलप्रेमी, जलस्नेही, जलासक्त
Hydrophilism, Hydrophily जलरागिता, जलस्नेह, जलप्रेम, जलासक्ति
Hydrophobia (a water-fearing disease due to rabies virus infection) जलभीति, जलभीरुता, जलान्तक/आलर्क (पागल कुत्ता आदि काटने से एक अलर्क विषाणुजन्य एक रोग)
Hydrophobic, Hydrophobe जलभीरु, जलान्तकित, आलर्कग्रस्त
Hydrophone जलभाष, पनफोन
Hydrophore उदकवाहित्र
Hydrophoric जलवाही
Hydrophthalmos जलनेत्रोत्सेध
Hydrophyte जलोद्भिद्
Hydropic जलोदरीय
Hydroplane, Sea plane जलविमान, समुद्री विमान
Hydroplasm, Hyaloplasm प्रतरल, प्रद्रव्य
Hydroplast जललवक

Hydropneumatic जलवातिक
Hydropneumo thorax जलमय फुप्फुस वक्षगुहा
Hydroponics, Aquaculture जलसंवर्धनविज्ञान, जलसंवर्धिकी, जलकृषि
Hydropore उदकरन्ध्र
Hydropower जलशक्ति
Hydrops, Dropsy जलोदर, जलशोथ
Hydropyle जलद्वारक
Hydrorrhea, Hydrorrhoea जलस्राव
Hydrorhiza जलीयकाभ-शिफ
Hydrosere जलक्रमक
Hydrosol, Aquasol वारिलयन, जलविलय
Hydrosphere जलमण्डल, जलावरण
Hydrospire (a respiratory system in extinct blastoid echinoderms) जलश्वासनाल, श्वासशिखर
Hydrostat जलस्थाप, द्रवस्थाप
Hydrostatic जलस्थैतिक, द्रवस्थैतिक, तरलस्थैतिक, द्रवस्थापी
Hydrostatic balance उत्प्लावन तुला
Hydrostatics जलस्थैतिकी, द्रवस्थैतिकी, तरलस्थैतिकी
Hydrostome उदकमुख
Hydrotaxis, Hydrotaxy जलानुचलन, तरलक्रम
Hydrotheca उदप्रावर, जलीयकाभप्रावर
Hydrotherapeutics जलचिकित्साविज्ञान, जलोपचारिकी
Hydrotherapy जलोपचार, जलचिकित्सा
Hydrothermal उष्णजलीय, जलतापीय
Hydrothorax जलपरिफुप्फुस, वक्षशोथ
Hydrotoxic जलविषाक्त, जलविषालु
Hydrotoxicity जलविषाक्तता, जलविषालुता
Hydrotropic जलानुवर्ती
Hydrotropism, Hydrotropy जलानुवर्तन, जलानुवर्तिता
Hydroureter जल मूत्र वाहिनी
Hydrous, Aquatic Aqueous जलीय, जलमय, सजल, जलज (जल से/में उत्पन्न)
Hydrozoon, Hydrozoa (pl.) जलजीव, जलीय वर्गी जन्तु
Hydrula (a simple primitive polyp) जलीयिका
Hyena, Hyaena (a wild feliform carnivorous dog like mammal of family Hyaenidae) तरक्षु, लकड़बग्घा (एक शिकारी रात्रिचर प्राणी)
Hyenodont, Hyaenodont तरक्षुदन्ती, लकड़बग्घे जैसे दाँत वाला
Hyetal वर्षालु, बरसाती, वर्षा सम्बन्धी
Hyetogram वर्षालेख
Hyetograph वर्षालेखी
Hyetography वर्षालेखन
Hygeia स्वास्थ्य, स्वास्थ्य की देवी
Hygiene, Hygienics, Hygienology स्वास्थ्य, स्वास्थ्यविज्ञान
Hygienic स्वास्थ्यकर, स्वास्थ्य सम्बन्धी, स्वास्थ्य-
Hygienist स्वास्थ्यविज्ञानी, स्वास्थ्यविज्ञ
Hygric आर्द्र
Hygro- (prefix) आर्द्रता-, उन्द-
Hygroexpansivity आर्द्रताप्रसारणीयता
Hygrograph आर्द्रतालेखी, उन्दालेखी
Hygrology आर्द्रताविज्ञान, आक्लेदिकी
Hygroma, Hydroma उन्दार्बुद, आर्द्रकोश
Hygrometer आर्द्रतामापी, उन्दमापी
Hydrometric आर्द्रतामितीय, उन्दमापीय
Hygrometry आर्द्रतामिति, उन्दमापन
Hygrophilic, Hygrophilous आर्द्रतारागी, उन्दप्रिय
Hygrophyte उन्दोद्भिद्
Hygroscope आर्द्रतादर्शी, उन्ददर्शी
Hygroscopic आर्द्रताग्राही, उन्दचूषी, उन्दशोषी
Hygroscopicity आर्द्रताग्राहिता, उन्दचूषिता
Hygroscopy आर्द्रतादर्शन
Hygrostat आर्द्रतास्थाप, आर्द्रतास्थिर
Hylic पार्थिव, भौतिक, पदार्थ सम्बन्धी
Hylicism पार्थिववाद, भौतिकवाद, पदार्थवाद
Hylocolous वनवासी
Hylodophyte शुष्कवन पादप
Hylophyte वनपादप, वनोद्भिद्
Hylozoism सर्वजीववाद, भूतजीववाद
Hymen योनिच्छद, योन्यावर
Hymenal, Hymenial कलावर, योनिच्छदीय, योन्यावरीय
Hymeneal वैवाहिक, दाम्पत्य
Hymenium, Hymenia (pl.) बीजाणुधर, कलावर, बीधर
Hymenode झिल्लीमय, कलामय
Hymenology कलावरविज्ञान
Hymenomycetes विवृतकणी-कवक
Hymenoptera (an order under class Insecta comprising wasps, bees and ants) कलापक्ष (कीट)

Hymeno-pterophilous मधुमक्खी परागी
Hyobranchial द्वितक्लोमी (जन्तु)
Hyoglossus जिह्वकण्ठिका, कण्ठिका-जिह्वा
Hyoid कण्ठिका, द्वित, द्वितास्थि
Hyoid apparatus, कण्ठिका तन्त्र,
Hyoid horn कण्ठिका उपकरण, द्वितशृंग
Hyoid body, द्वितकाय, जिह्वामूलास्थि,
Hyoid bone कण्ठिकास्थि
Hyomandibula द्विताधर हनु
Hyomandibular द्विताधर हानव्य, द्विताधर हन्वी
Hyoplastron कण्ठिकावर्म, द्वितोदरवर्म
Hyosternum, द्विताधरक,
Hyosterna(pl.) उरोस्थि कण्ठिका
Hyostylic द्वितलग्न
Hyothyroid अवटु कण्ठिका, द्वितावटु
Hypabyssal अधःवितलीय, अपागाध
Hypalgesia, Hypalgia अल्पवेदनाग्राहिता
Hypanthodium तुम्बिका, हाइपेन्थोडियम (अञ्जीर व गूलर आदि का पुष्पविन्यास)
Hypaxial निम्नाक्षीय
Hyper- (prefix) अति-, अधि-, उच्च-
Hyperacidity अत्यम्लता, अम्लाधिक्य
Hyperactivity अतिक्रियाशीलता
Hyperacute अतिसंवेदनशील, अतितीव्र
Hyperacuity अधिसंवेदनशीलता
Hyperaemia, Hyperemia अधिरक्तता, अतिरुधिरता, रक्ताधिक्य
Hyperaesthesia, Hyperesthesia अधिचेतना, अतिसंवेदिता
Hyperalgesia, Hyperalgia अधिवेदनाग्राह्यता, अधिशूलता
Hyper-alimentation अति पोषण
Hyperaphia अधिस्पर्श-संवेदिता
Hyperbola अधीन्द्र, अतिपरवलय
Hyperbolic, Hyperbolical अधीन्द्रीय, अतिपरवलयिक
Hperboloid अधीन्द्राभ, अतिपरवलयज
Hypercalcemia अधिचूर्णरक्तता, रक्तचूर्णाधिक्य, अतिकैल्सियमरक्तता
Hypercapnia, Hypercarbia अधिप्रजद्वेरक्तता, अतिकार्बनडाई-ऑक्साइडरक्तता
Hypercharge उच्चावेश
Hypercholester-olaemia अधिपैत्तवरक्तता, रक्तपैत्तवाधिक्य
Hyperchrome, Hyperchromic वर्णातिशयी, अधिवर्णी
Hyper-coagulability अतिस्कन्दनीयता
Hyper-coagulable अतिस्कन्दनीय
Hyperconjugation अतिसंयुग्मन, अधियुग्मन
Hypercurvature अतिवक्रता
Hypercytosis अधिकोशता
Hyperdactyl अधिकांगुलि
Hyperdactylism, Hyperdactyly अधिकांगुलिता
Hyperdispersion अतिविक्षेपण, अधिप्रकीर्णन
Hyperemesis अतिवमन
Hyperenergia अत्योर्जस्विता, अति-ऊर्जस्विता
Hypereutectic अतिगलनक्रान्तिक, अधिसुद्रवणी
Hypereutectoid अधिसुद्रवणाभ
Hyperexcitable अत्योत्तेज्य, अति-उत्तेजनीय
Hyperfine, Micro-fine, Ultrafine अतिसूक्ष्म
Hyperforming अतिसम्भवन
Hyperfunction अतिकार्य, अतिफलन
Hyperfusible अतिगलनीय
Hypergenesis, अतिवृद्धि, अध्योत्पत्ति
Hyperglycemia अधिमधुरक्तता
Hyperglycemic अधिमधुरक्तिक, मधुमेह-ग्रस्त, अतिरक्तशर्करावर्धी
Hypergonadism अधिजनदसक्रियता, अधिजनदस्राव
Hyperhidrosis अतिस्वेदन
Hyperhidrotic, Sudorific अधिप्रस्वेदी, अधिक पसीना लाने वाला
Hyperhormonism, Hyperendocrinism अधि-अन्तःस्रवण, अधि-अन्तःस्राविता, अतिन्यासर्गिता
Hyperhypnosis अतिसम्मोहन, अधिसम्मोहनिद्रा
Hyperirritability अतिक्षोभ्यता
Hyperkalaemia, Hyperkalemia अधिदहरक्तता, रक्तदहाधिक्य, अधिपोटैशियमरक्तता
Hyperkyphosis अधिकुब्जता, कुबड़ापन
Hyperleucocratic अत्यल्पवर्णी
Hyperlipidaemia, रक्तवसाधिक्य
Hyperlipemia अधिवसारक्तता
Hypermagnesemia अधिमैग्नीसियम रक्तता, रक्तमैगनीसियमातिशयता
Hypermastia अतिस्तनता, अधिस्तनता
Hypermelanosis अधिकृष्णता, अत्यसिता
Hypermetropia, Hyperopia, Long sightedness पश्चनाभिता, दूरदृष्टि, दूरदर्शिता (एक नेत्र विकार)

Hyperpigmentation	अतिरञ्जकता, अतिवर्णकता
Hyperproteinemia	अधिप्रोटीनरक्तता
Hypernation, Hypertension	अतितनाव, अधितनन
Hypernatraemia, Hypernatremia	अधिक्षाररक्तता, रक्तक्षाराधिक्य अतिसोडियमरक्तता
Hyperosculating	अत्याश्लेषी, अधिस्पर्शी
Hyperosmotic, Hypertonic	अतिपरासरणी, अध्यासृती, अधिबल्य
Hyperoxide	अधिजारेय, अत्यॉक्साइड, ऑक्साइडाधिक्य
Hyperparasite, Hyperparasitic	उप-परजीवी, परजीविजीवी
Hyperparasitism	उप-परजीविता, परजीविजीविता
Hyperparathy-roidism	परागलातिशयता, अतिपरावटुता
Hyperphagia	अतिभक्षिता, अधिभोजिता
Hyperpharyngeal groove	अधिग्रसनी खाँच
Hyperphysical	अतिभौतिक, अतिकायिक
Hyperplasia, Hypermegaly	अतिवर्धता, अतिविकसन, अतिवृद्धि, अधिवर्धन, अतिफलन, अध्यतिशयता
Hyperploidy	अधिगुणिता
Hyperpnoea	अतिश्वसन, अतिसंवातन
Hyperpyrexia	अधिज्वर
Hyper-reflexia	अति-प्रतिवर्तता
Hypersalemia, Hypersalaemia	अधिलवणरक्तता, रक्तलवणाधिक्य
Hypersensitive	अतिसंवेदी, अतिहृष, अतिसंवेदनशील
Hypersensitivity	अतिसंवेदिता, अतिहृषता अतिसंवेदनशीलता
Hypersalivation, Hypersialosis, Ptyalism	अतिलारस्रवण
Hypersomia, Gigantism	अधिकायता, भीमकायता
Hypersomnia	अधिनिद्रा
Hypersonic	अतिध्वनिक
Hyper-susceptibility	अतिसुग्राह्यता, अतिप्रभाव्यता, अतिभाव प्रवणता
Hypersusceptible	अतिसुग्राह्य, अतिप्रभाव्य, अतिभावप्रवण
Hypertelorism	अधिमध्यान्तरालता, अध्यान्तरालता
Hypertension	अत्याताति, अतितनाव, अतितनन, उच्चरक्तचाप
Hypertensive	अत्यातानक
Hyperthermia, Hyperthermy	तापातिशयता, अति-ऊष्मता
Hyperthyroidism	अवटु-अतिक्रियता, अतिगलग्रन्थिता, गलातिशयता
Hypertonic, Hyperosmotic	अधिबल्य, अतिपरासरणी अत्यासृती
Hypertoxic	अतिविषाक्त, अधिविषालु
Hypertoxicity	अतिविषाक्तता, अधिविषालुता
Hypertrichosis	अतिकेशता, रोमाधिक्य
Hypertrophia, Hypertrophy	अतिवृद्धि, अतिपुष्टता, अधिविकसन
Hypertrophic	अधिवर्धी, अतिपोषी
Hypertrophied	अतिवर्धित, अतिपुष्ट, अधिविकसित
Hyperventilation	अतिसंवातन, अतिवायु सञ्चार
Hyperviscosity	अधिश्यानता
Hypervitaminosis	अतिविटामिनता, अधिजीवतिता
Hypervolemia	अतिरक्तता, अधिरुधिरायतनता
Hypha, Hyphae (pl.)	कवक तन्तु
Hyphal body	तन्तुकाय, तन्तु-अंश
Hypnagogic, Hypnic	निद्राकर, निद्राजनक
Hypnology	निद्राविज्ञान
Hypnophyte	सुप्तांगोद्भिद
Hypnopomic	निद्राहर
Hypnosis, Hypnotism	सम्मोहन, सम्मोहनिद्रा
Hypnotherapy	सम्मोहनचिकित्सा
Hypnotic	सम्मोही, सम्मोहात्मक, सम्मोहक, स्वापक
Hypnotoxin	स्वापविषि, सुप्ताविष, अचेताविष, सम्मोहाविष
Hypnozygote	सुप्तयुग्मनज
Hypo- (prefix)	अधो-, अव-, निम्न-, अल्प-, न्यून-, अप-, अधः-
Hypoactivity	अवक्रियाशीलता
Hypobaric	न्यूनवायुदाबी
Hypobasal	अधरिक
Hypobasidium, Hypobasidia (pl.)	उपप्रकणीधर
Hypoblast	अधोकोरक
Hypocalcemia	अवचूर्ण रक्तता, रक्तचूर्णाल्पता अल्पकैल्शियम रक्तता
Hypocalcipexy	अवचूर्णस्थापन
Hypocapnia, Hypocarbia	अल्पप्रजद्रेरक्तता, रक्तकार्बन डाईऑक्साइड अल्पता

Hypocentre (an underground point of earth quake or explosion)	अवकेन्द्र
Hypocholeste-rolaemia	अल्पपैत्तवरक्तता, रक्तपैत्तवन्यूनता
Hypocholia	अल्पपित्तस्राव
Hypochondria, Hypochondriasis	चित्तोन्माद, स्वास्थ्य दुश्चिन्ता, रोगभ्रम
Hypochondriac	रोगभ्रमी, चित्तोन्मादी, विषादग्रस्त
Hypochondrium	अधोवक्ष उदरपार्श्व
Hypochrome, Hypochromic	अववर्णी
Hypochromia	अल्पवर्णता, अववर्णता
Hypo-coagulability	अवस्कन्दनीयता, अल्पस्कन्द्यता
Hypo-coagulable	अवस्कन्दनीय, अल्पस्कन्द्य
Hypocone	निशंकु
Hypocord	अधोरज्जुक
Hypocotyl	बीजपत्राधार, अधोबीजपत्र
Hypocycloid	अन्तश्चक्रज, अधश्चक्राभ
Hypoderm	अधस्त्वचा, अधश्चर्म
Hypodermic	अधःस्तरीय, अधस्त्वचीय
Hypodermic syringe	अधस्त्वचीय पिचकारी
Hypodynamic	न्यूनगतिक
Hypoelastic	न्यूनप्रत्यास्थ, अवप्रत्यास्थ
Hypoferremia	अवलौहरक्तता
Hypoferrism	अधःअयसता
Hypogastric	अधोजठरीय
Hypogastrium	अधोजठर
Hypogeal, Hypogean, Hypogeous	अधोभौमिक, अवभौमिक
Hypogene	अधोभूमि
Hypoglossal	अधोजिह्वीय
Hypoglycemia	अवमधुरक्तता, रुधिरमध्वल्पता
Hypoglycemic	अवमधुरक्तिक, अल्परक्तशर्कराग्रस्त
Hypognathous	अधोहन्वी
Hypogonadism	अवजनदस्रवण, जनदन्यूनता
Hypogynous	अधोजायांगी, अधोजाय
Hypogyny	अधोजायता, अधोजायांगता
Hypohyal	अवकाची
Hypo-hydrogamy	अधोजलपरागण, जलाधःपरागण
Hypoiodidism, Hypoiodidemia	जम्बुकेयन्यूनता, अल्पायोडाइडरक्तता
Hypoischium	अधःआसनास्थि
Hypokalaemia, Hypokalemia	अवदहरक्तता, रक्तपोटैशियम-अल्पता
Hypokinesia, Hypokinesis	अवगतिक्रमण, अवगतिक्रम, अवगतिक्रम्यता
Hypolimion	अधोसरोस्तर
Hypolipidaemia, Hypolipemia	न्यूनवसारक्तता, अल्पवसारक्तता
Hypolithic	अल्पाश्मी, अश्माधस्थ
Hypomania	अल्पोन्माद
Hypomaniac	अल्पोन्मादी
Hypomyxia	अवश्लेषता, अल्पश्लेषस्राव
Hyponasty	अधोवृद्धिवर्तन, उपरिविक्रिमा
Hyponatremia	अवसोडियमरक्तता, अवरुधिरक्षारता
Hyponeural	अधःतन्त्रिकीय, अवचेता
Hyponeuston	अवपटलक (जल की सतह के नीचे तैरने वाले छोटे जीव जन्तु)
Hyperpepsia, Hypopepsinia	उप-पाचियता
Hypopexia, Hypopexy	अवस्थापन, न्यूनस्थापन
Hypopharynx	अवग्रसनी
Hypophyllous	अधःपर्णी, अधोपत्री
Hypophysation	पोषकायकन
Hypophyseal	पीयूषीय, पीयूष-
Hypophyseal formen	पोषकाय रन्ध्र, पीयूष रन्ध्र
Hypophysis, Pituitary gland	पोषकाय, अधोवर्ध, पीयूष ग्रन्थि
Hypoplasia, Hypotrophy	अववृद्धि, अवपुष्टता, अल्पविकसन
Hypoplastron	अधोउरस्त्राण
Hypopnoea	निम्नश्वसन, श्वसनाल्पता, अल्पसंवातन
Hypopophysis	अधोवर्ध, अधोयोजिप्रवर्ध
Hypoproteinemia	अवप्रोटीनरक्तता, अल्पप्रोटीनरक्तता
Hypoproteinia, Hypoproteinosis	अल्पप्रोटीनता, प्रोटीनह्रास प्रोटीनाल्पता
Hypopyge	अधःकटिप्रोथ
Hyposensitivity	अवसंवेदनशीलता, अल्पहृषता, निम्नसंवेदिता
Hyposmotic, Hypotonic	अधोपरासरी, निम्नसान्द्री, अल्पबल्य, अवासृती
Hypospadia	अधोछिद्रता
Hypostasis	अधःस्थिति, आधारद्रव्य, तलछट, रक्तसंकुलता
Hypostatic	अवस्थैतिक, रक्तसंकुल
Hypostomatous	अधोरन्ध्री, अधोमुखी
Hypostome	अधोमुख, अधोरन्ध्र

Hypostomium, Hypostomia (pl.)	अधोमुखक, अधोरन्ध्रक
Hypostracum	अधःकवच
Hypotension	निम्नरक्तचाप, अल्पतनाव, अल्पतनन, न्यूनरक्तदाब
Hypatensive	अल्पातानक
Hypotenuse	कर्ण (गणित का)
Hypothalamic, Hypothalamo-	अधश्चेतकीय, अधश्चेतक-
Hypothalamus	अधश्चेतक (मस्तिष्क में)
Hypothallus	उपसूकाय
Hypotheca	अधःप्रावरक, अन्तःकपाट
Hypothecium, Hypothecia (pl.)	अधोस्तर
Hypothermia, Hypothermy	अल्पतापिता, अवतापिता, तापन्यूतता, न्यूनोष्मता
Hypothesis	उपकल्पना, परिकल्पना, प्राक्कल्पना
Hypothetical	परिकल्पनात्मक, काल्पनिक
Hypothyroidism	क्षीणगलग्रन्थिता, न्यूनावटुता
Hypotonicity	अल्पस्फूर्ति, शिथिलता, अवबल्यता
Hypotrichosis	अवकेशता, अवशूकता
Hypotrichous	अवकेशी, अवशूकी, अल्परोमी
Hypotropic	अधोवर्ती
Hypotrophism, Hypotrophy	अल्पवृद्धि, अवपुष्टिता, न्यूनविकसन
Hypouremia	अल्पयूरियारक्तता
Hypovitaminosis, Vitamin deficiency	अल्पजीवतिता, विटामिन-अभाव
Hypovolemia	रक्तायतनाल्पता, अवरक्तता
Hypoxemia	अल्पॉक्सीजनरक्तता,
Hypoxia	अवॉक्सीयता
Hypoxic	न्यूनॉक्सीजनी, अवॉक्सी
Hypoxidosis	ऑक्साइडाल्पता, अल्पजारेयता
Hypselodont, Hypsodont	उच्चदन्ती, तुंगदन्ती
Hypsochrome, Hypsochromic	वर्णापकर्षी
Hypsographic	उच्चतादर्शीय,
Hypsometer	जलक्वथनांकमापी, बुद्बुदमापी, उच्चतामापी
Hypsometric	उच्चतामितीय
Hypsometry	उच्चतामिति
Hypsophyll	उपरिपत्र, निपत्र
Hypural	पुच्छाधर
Hyrax (a small furred herbivorous short tailed thickset mammal of order Hyracoidea), Dassie	प्रशश (एक छोटा खरगोश जैसा वन्य प्राणी)
Hyssop (*Hyssopus officinalis*, a medicinal flowering shrub of family Lamiaceae, with aromatic leaves of culinary use and essential oil is extracted from it)	ज़ूफ़ा, कठिञ्जर
Hysterectomy	गर्भाशयोच्छेदन, गर्भाशय निष्कासन
Hysterotomy	गर्भाशय-विच्छेदन
Hysterectic	मन्दायनीय, शिथिल
Hysteresis	शैथिल्य, मन्दायन
Hysteria, Hysteric, Hysterical	उन्माद, वातोन्माद, वातोन्मत्त, उन्मत्त, योषापस्मारी, मिर्गीग्रस्त (युवती)
Hysterics	अपतन्त्रक, योषापस्मार
Hysteritis	गर्भाशयशोथ
Hysterogenic, Hysterogenetic	वातोन्मादजनी, वातोन्मत्तकारी, उत्तरजात, योषापस्मारजनी
Hysterogram	गर्भाशयचित्र
Hysteroid, Hysteriform	वातोन्मादाभ, मिर्गी जैसा (युवतियों में)
Hysterology	गर्भाशय विज्ञान
Hysteromorphic, Hysteromorphous	उत्तररूपी
Hysterophyte	जीवोद्भिद्, मृतजीवी (कवक)
Hysterorrhea	गर्भाशयस्राव
Hystriciasis	रोमातिहर्ष
Hystrix	शल्यकी, कण्टकी

I

Ianthine	फालसाई (रंग)
Iatric	भैषजिक, औषधि सम्बन्धी
Iatrochemist	औषिध रसायनज्ञ, अगद रसायनविद्
Iatrochemistry	अगद-रसायन, औषधि रसायन
Iatrogenesis	अगदजनन, समधिक-विकृतिजनन
Iatrogenic	अगदजनी, समधिक-विकृतिकारी
Iatrology	औषधिविज्ञान, आयुर्विज्ञान, अगदविज्ञान

English	Hindi
Ibex (*Capra ibex.*, a mountainous big mammal of family Bovidae with thick ridged horns and beard), Alpine ibex	साकिन (बड़ी सींगों वाला एक पहाड़ी जंगली बकरा/बकरी)
Ibis (a migratory large wading endangered bird of order Pelecaniformes in wetland with long legs and downward curved beak)	बुज्जा (एक सारस जैसा बहुरूपी पक्षी)
Ibscured glass	पारभासी काँच
Ice (water in solid state at <0ºC temperature in hexagonal crystalline form)	हिम, बर्फ़
Ice bag	हिमस्यून, बर्फ़ की थैली
Ice barrier	बर्फ़-रोध
Ice berg (a large ice piece, floating in sea or lake)	प्लावी बर्फ़, हिमप्लव हिमशैल, हिमखण्ड
Ice breaker (a ship designed to navigate and move through ice covered water)	हिमभञ्जक, बर्फ़ भञ्जक
Ice cream	मलाई कुल्फ़ी, कुल्फ़ी (एक स्वादिष्ट शीतित दुग्ध मिष्टान्न)
Ice calorimeter	बर्फ़ ऊषमापी
Ice cap (an ice mass covering <50,000 sq. Km. of high land area)	हिमशिखर, हिमच्छद, बर्फ़ छत्रक
Ice cold (<0ºC temperature)	हिमशीत
Ice colour	हिमवर्ण, बर्फ़ीला रंग
Ice factory, Ice plant	बर्फ़ का कारख़ाना, बर्फ़ संयन्त्र
Ice field (an ice mass covering <50,000 sq. km. of land area)	हिम क्षेत्र
Ice plant, Stone plant (small flowering succulent herbs of family Azoaceae, grow in arid or cold desert areas)	हिम पादप, शैल पादप

English	Hindi
Ice sheet (an ice mass covering >50,000 sq. km. of land area)	हिमावरण, बर्फ़ की चादर
Ice worm (*Mesenchytraeus* sp., a earth worm like cryophilic oligochaete annelid of family Enchytraeidae, found in glacial ice)	हिमानी कृमि, बर्फ़ का कीड़ा
Ichneumon (*Herpestes ichneumon,* a wild carnivorous mammal and largest mongoose of family Herpestidae), Egyptian mongoose	नकुल (एक प्रकार का नेवला), घुड़सवार
Ichneumon wasp/fly (a hymenopteran insect of family Ichneumonidae)	घुड़सवार ततैया/मक्खी
Ichthyoacanthotoxism	मीनदंश-विषता
Ichthyodont	मत्स्यदन्ती
Ichthyodorulite	मत्स्यदन्ताश्म, मत्स्यशूलाश्म
Ichthyofauna	मत्स्यजात, मीनवर्ग
Ichthyography	मत्स्य विवरण
Ichthyoid	मत्स्याभ, मीनवत्
Ichthyolite	मत्स्याश्म
Ichthyological	मत्स्य वैज्ञानिक
Ichthyologist	मत्स्यविज्ञानी, मत्स्यविज्ञ
Ichthyology	मत्स्यविज्ञान, मात्स्यिकी
Ichthyomorphic	मत्स्यरूपी
Ichthyophagous, Ichthyovorous	मत्स्यभोजी, मीनभक्षी, मत्स्याहारी
Ichthyophagy	मत्स्यभक्षिता
Ichthyopod (an extinct tetrapod amphibian of order Stegocephalia)	मत्स्यपाद, मीनपाद (जैवविकास में मत्स्य और उभयचर के बीच की कड़ी)
Ichthyopterygium	युग्मपंख
Ichthyosarcotoxin	मीनपिशिताविष
Ichthyosarcotoxism	मीनपेशी विषता
Ichthyosaur (a large marine extinct reptile, fishlizard of order Ichthyosauria)	मीनसरट (जुरैसिक युग के लुप्तप्राय विशालकाय समुद्री जन्तु)

Ichthyosis	मीनचर्मता, त्वक्शुष्कता
Ichthyotoxic	मत्स्यविषाक्त, मीनविषालु
Ichthyotoxicity, Ichthyotoxism	मत्स्यविषाक्तता, मीनविषालुता, मीनविषता
Ichthyotoxicology	मत्स्यविषविज्ञान, मत्स्यवैषिकी
Icicle hanging ice bars (in sea and caves)	हिमलम्ब, हिमवर्तिका
Icing	हिमावरण, हिमन, पाग, चाशनी
Iconic model	मूर्तीय निदर्श
Iconoscope	मूर्तिदर्शी
Icosahedron	विंशभुज, बीसभुजी आकृति
Icositetrahedral	चतुर्विंशफलकी, चौबीस भुजीय, चतुर्विंशानीकीय
Icositetrahedron	चतुर्विंशफलक, चतुर्विंशानीक
Icteric	पीलियाग्रस्त, कामलारोगी
Icterogenic	पीलियाजनक, कामलोत्पादी
Icteroid	पीलियावत्, कामलाभ
Icterus, Jaundice (a state of excess bilirubin in blood with yellowish tinge to skin and eye sclera)	पीलिया, कामला, पाण्डुरोग
Ictus	दौरा, ग्रसन, बलाघात
Icy	बर्फ़ीला, हिममय, अतिशीतल
Ideal	आदर्श, अभीष्ट
Ideal electrolyte	आदर्श विद्युत-अपघट्य
Idealized	आदर्शित, आदर्शीकृत
Idemponent element	वर्गसम अवयव
Identical	समरूप, सर्वसम, समान, अभिन्न, एकाण्डी (जुड़वा)
Identical age	समान आयु, समायु
Identical configuration	सर्वसमविन्यास
Identical nuclei	समान नाभिक, समकेन्द्रक
Identical particles	अभिन्न कण
Identical twins	अभिन्न यमज, हमशक्ल जुड़वा
Identifiable	अभिज्ञेय, पहचानने योग्य
Identification	पहचान, अभिनिर्धारण, तादात्म्य, अभिज्ञान
Identification pulse	अभिज्ञान स्पन्द, पहचान स्पन्द
Identity element	तत्समक अवयव
Identity function	तत्समक फलन
Identometer	अनन्यतामापी
Ideogram	चित्रलिपि, भावना का प्रतीक चिह्न
Ideology	विचारधारा, सिद्धान्त, वैचारिकी
Ideotype	अन्यत्रप्ररूप, विशिष्ट प्ररूप
Idioadaptation	स्वानुकूलन
Idioandrous	भिन्नपुंजायांगी
Idiobiology	स्वजैविकी
Idioblast	कोशिकाकोरक, कोशाकोरक
Idiocy	मूर्खता, जड़ता, जड़ बौद्धिकता
Idioecology	स्वपारिस्थितिकी
Idiogram	गुणसूत्र आलेख, गुणसूत्र चित्र
Idiology (a study of organisms as individual)	स्वविज्ञान
Idiomere	गुणसूत्रांश, पित्र्यखण्ड,
Idiomorphic, Idiomorphous	आत्मरूपिक
Idiopathic	स्वजन्यविकारी, मूलरोगी, स्वभावजन्यविकारी
Idiopathy	मूलरोग, स्वभावजन्यविकृति, स्वजन्यविकार
Idioplasm, Germ plasm	मूलद्रव्य, पित्र्यद्रव्य
Idiosome	विकाय, कोशाकाय
Idiostatic	समविभवी
Idiosyncracy	वैशिष्ट्य, सनकीपन, चिढ़
Idiot, Idiotic	मूर्ख, जड़बुद्धि व्यक्ति
Idiothermic, Idiothermous	उष्णरुधिरीय, स्वतापीय
Idiotope	स्वस्थानी, स्वस्थानिक
Idiotype	स्वप्ररूप
Idiovariant	पित्र्य परिवर्ती
Idiovariation	पित्र्य परिवर्तन
Idle wire	आवेशहीन तार, निष्क्रिय तार
Idolum	कल्पना, मानसिक चित्र, भ्रम, धारणा, छायाभास
Igloo	हिमकुटी (आर्कटिक क्षेत्र में बर्फ़ के घर)
Igneous	आग्नेय, अग्निज
Igneous rock	आग्नेय चट्टान
Ignis fatuus (a Latin word), Jack-o'-lantern	मृगमरीचिका, दीप्ताभास, कच्छ प्रकाश
Ignisation, Heat emission, Heat exhaustion	तापोत्सर्जन
Ignitable	दाह्य, दहनीय, दहन योग्य
Ignite	प्रज्वलित करना, उत्तप्त करना, सुलगाना

Term	Hindi
Ignition	दहन, प्रज्वलन, उत्तापन
Ignition temperature	प्रज्वलन ताप
Iguana (*Iguana* sp., an herbivorous arboreal reptile of lizard family Iguanidae)	गोह, गोध, गोधा (एक छिपकली प्रजाति)
Ileal	क्षुद्रान्त्रीय, शेषान्त्रीय
Ileitis	क्षुद्रान्त्रशोथ
Ileo-anal	क्षुद्रान्त्र-गुदीय
Ileocaecal	शेषान्त्र-अन्धान्त्रीय, त्रिकान्त्रीय, त्रिकान्त्र-
Ileocaecal valve	त्रिकान्त्र कपाट
Ileocolic	क्षुद्रबृहदान्त्रीय, क्षुद्रबृहदान्त्र-
Ileocolic sphincter	क्षुद्रबृहदान्त्र अवरोधिनी
Ileo-rectal	क्षुद्रान्त-मलाशयी
Ileostomy	क्षुद्रान्त्र छेदन
Ileo-transverse	क्षुद्रान्त्रानुप्रस्थ
Ileum Small intestine	क्षुद्रान्त्र, शेषान्त्र, लघ्वान्त्र, छोटी आँत
Ileus	शेषान्त्राघात
Iliac	श्रोणि, श्रोणीय, पृष्ठ नितम्बीय, श्रोणि-
Iliac crest	श्रोणि शिखर
Iliac-fossa	श्रोणिफलकीय खात
Ilio-femoral	श्रोणि-जंघीय, श्रोणि-औरव
Ilio femoral ligament	श्रोणि उरुस्नायु, श्रोणि-औरव-बन्धन
Ilio fibularis	श्रोणि बहिर्जंघिकापेशी
Ilio lumbaris	श्रोणि-कटिपेशी
Ilium	पृष्ठ नितम्बास्थि, श्रोण्यस्थि, श्रोणि फलक
Ill	अस्वस्थ, बीमार, रुग्ण, दोषपूर्ण, बुरा
Illation	निष्कर्ष, निगमन
Illative	निष्कर्षपरक, परिणामात्मक
Ill effect	दुष्प्रभाव
Illegitimate	अवैध, अवैधानिक, जारज
Ill-health	अस्वास्थ्य, रुग्ण
Illness	बीमारी, रुग्णता, अस्वस्थता, व्याधि
Illume, Illumine	प्रदीप्त करना, चमकाना
Illuminance, Illumination	चमक, प्रदीप्ति, प्रभासन, प्रदीपन, प्रकाश व्यवस्था
Illuminant, Illuminator, Illuminating, Illuminative	प्रभासक, प्रदीपक, प्रबोधक, प्रदीप्तकारी
Illuminating power	प्रदीपन क्षमता
Illumination photometer	प्रदीप्ति प्रकाशमापी

Term	Hindi
Illuminations	दीप सज्जा
Illuminometer	प्रदीप्तिमापी
Illusion	भ्रम, आभास, मिथ्याधारण
Illusive, Illusory	भ्रान्तिजनक, भ्रामक, आभासी
Illustration	निदर्शन, चित्रित विवरण
Illustrative	निदर्शी, निदर्शनात्मक, चित्रात्मक
Illutation	उष्ण मृदास्नान
Image	प्रतिबिम्ब, बिम्ब, प्रतिमूर्ति, प्रतिच्छाया, चित्र
Image converter	प्रतिबिम्ब रूपान्तरित्र
Image transmission	चित्र सञ्चारण
Imaginal histoblast	पूर्णक ऊतिकोरक
Imaginal moult	पूर्णक निर्मोक
Imaginary	काल्पनिक, अधिकल्पित
Imaginative	कल्पनाशील, कल्पनात्मक
Imago (last stage of maturation in insect life cycle)	पूर्णकीट, प्रतिरूप, प्रौढ़कीट, पूर्णक
Imago chrysalis (pre-adult insect)	कोशस्थ पूर्णक (प्रौढ़पूर्व)
Imagocidal, Imagocide	पूर्णकघ्नी, पूर्णकनाशी
Imbalance	असन्तुलन
Imbalanced	असन्तुलित
Imbecile	परमबुद्धू, मतिहीन, क्षीणबुद्धि
Imbecility	मतिहीनता, क्षीणबुद्धिता, मूढ़ता
Imbed, Imbedding	भीतर बैठाना, अन्तःस्थापन
Imbedded	अन्तःस्थित, अन्तर्भूत, अन्तर्निहित
Imbibe	पीना, चूस लेना, सोख लेना
Imbition	अन्तःशोषण, निपान, निपीति, अन्तर्ग्रहण, आत्मसात्, हृदयंगम
Imbricate	कोरछादी (एक पर एक सिरा चढ़ा), छन्नप्रान्त, खर्परछिन्न, खपरैला
Imbrication, Imbricating	कोरछादन, खर्परीछादन, प्रान्तछादन, छन्नप्रान्ती
Imbrue	रक्तरञ्जित करना, दूषित करना, तर करना
Imbue	रंग चढ़ाना, ओत-प्रोत/ अनुप्राणित करना
Imitate, Imitation	नक़ल करना, अनुकरण, कृत्रिम, नक़ली
Imitative	अनुकरणात्मक, नक़लची
Immaculate	निष्कलंक, बेदाग़
Immanence, Immanency	अन्तर्वर्तिता

Immanent	अन्तर्वर्ती, सर्वव्यापी, अन्तर्निहित, अर्न्तभूत, अन्तःस्थ
Immaterial	अभौतिक, अमूर्त, नगण्य
Immaterialism	अभौतिकवाद, अमूर्तवाद
Immateriality	अभौतिकता, अमूर्तता
Immature	अपरिपक्व, अपक्व, अप्रौढ़
Immaturity	अपरिपक्वता, अपक्वता, अप्रौढ़ता
Immeasurability	अमेयता, अमाप्यता, अमापनीयता
Immeasurable	अमेय, अमापनीय, अमाप्य
Immense	असीम, अत्यधिक, विशाल, अपरिमित
Immensity	विशालता, अपरिमितता
Immerse	डुबाना, डूबना, तल्लीन होना
Immersed	डूबा/डुबाया हुआ, निमज्जित, तल्लीन, तन्मय
Immersion	निमज्जन, निमीलन, अवगहन, डुबकी
Immigration	देशान्तरण, आप्रवास, आप्रवासन
Imminence, Impendance	आसन्नता, सन्निकटता
Imminent, Impending	आसन्न, सन्निकट
Immiscibility	अमिश्यता, अमिश्रणीयता
Immiscible	अमिश्रणीय, अमिश्य
Immitigable	अप्रशम्य, मन्द न पड़ने योग्य
Immixture	अमिश्रण, निमण
Immobile, Immobilized, Immovable	निश्चल, सुस्थिर, अचलिष्णु, अचल
Immobility	निश्चलता, अचलता, अचलिष्णुता
Immobilization	निश्चलन, स्थिरण, अचलन
Immobilize	निश्चल करना, स्थिर होना
Immoderate	असंयत, अत्यधिक
Immortal jellyfish (*Turritopsis dohrnii,* a bell-shaped jelly fish of class Anthozoa, native to Mediterranean sea, capable to transform into it's juvenile polyp form and never die naturally)	अमर छत्रिक, अमर जेलीफिश
Immune (a biological system in body to protect from disease by producing antibodies against a specific antigen)	प्रतिकारी, प्रतिरक्षित, उन्मुक्त असंक्राम्य
Immune body	प्रतिरक्षक पिण्ड
Immune response	प्रतिरक्षा अनुक्रिया
Immunifacient, Autoimmune	आत्मप्रतिरक्षी
Immunity	प्रतिकारिता, रोधक्षमता, प्रतिरक्षा, निरापदता
Immunization	प्रतिरक्षीकरण, प्रतिरक्षण, असंक्रमीकरण
Immunize	उन्मुक्त या प्रतिरक्षा करना, असंक्राम्य बनाना
Immunized	प्रतिरक्षित, प्रतिकारित, उन्मुक्त
Immuno-agglutination	प्रतिरक्षाश्लेषण
Immuno-assay	प्रतिरक्षा-आमापन
Immuno-biology	प्रतिजीवविज्ञान, प्रतिरक्षाजैविकी
Immunobiotic (a probiotic that benefits immune system), Immunobiotics (pl.)	प्रतिरक्षाजैविक, प्रतिकारजैविक, प्रतिरक्षा जैविकी
Immuno-boosting	रोग-प्रतिरोधन, प्रतिरक्षावर्धन
Immuno-boosting food (edibles with high level of immunity increasing components)	रोग प्रतिरोधी आहार, प्रतिरक्षावर्धी भोजन
Immuno-chemistry	प्रतिरक्षा रसायनविज्ञान, प्रतिरासायनिकी
Immunocyte	प्रतिरक्षाकोशिका, प्रतिरक्षाकोशा
Immuno-deficiency	प्रतिरक्षाभाव, प्रतीकार-न्यूनता
Immuno-deficient	प्रतिरक्षाभावग्रस्त, प्रतीकारन्यून
Immuno-diffusion	प्रतिरक्षा विसरण
Immuno-electro-phoresis	प्रतिरक्षी वैद्युतकण सञ्चलन
Immuno fluorescence	प्रतिरक्षा प्रतिदीप्ति
Immunogen, Antigen	प्रतिरक्षाजन, प्रतिजन
Immuno-genetics	प्रतिरक्षा-आनुवंशिकी
Immunogenic, Immunogenous	प्रतिरक्षाजनी, प्रतिरक्षाजनित, प्रतिरक्षाजनक
Immunogenicity	प्रतिजनकता, प्रतिरक्षाजनिता

Immuno-globulin प्रतिरक्षा आवर्तुलि, प्रत्यावर्तुलि
Immunological प्रतिरक्षात्मक, प्रतिरक्षा-वैज्ञानिक
Immunologist प्रतिरक्षा विज्ञानी, प्रतिरक्षा-वैज्ञानिक, प्रतिरक्षाविज्ञ
Immunology प्रतिरक्षाविज्ञान
Immuno-pathology प्रतिव्याधिकी
Immuno-proliferative प्रतिप्रगुणी, प्रतिप्रचुरोद्भवी
Immuno-prophylactic प्रतिरक्षा रोगनिरोधी
Immuno-prophylaxis प्रतिरक्षा रोगनिरोधन, रोग प्रतिनिरोधन
Immuno-reaction प्रतीकार-प्रतिक्रिया, प्रति-प्रतिक्रिया
Immuno-sorbent प्रतिरक्षाशोषी
Immuno-suppression, Immuno-depression प्रतिरक्षादमन, प्रतिरक्षानिरोधन
Immuno-therapeutic प्रतिरक्षाचिकित्सीय, प्रतिरक्षोपचारी
Immuno-thera-peutics प्रतिरक्षाचिकित्सा विज्ञान
Immuno-therapy प्रतिरक्षाचिकित्सा, प्रतीकारोपचार
Immuno-tolerant प्रतिसहिष्णु
Immuno-toxic प्रतिरक्षाविषालु, प्रतिविषाक्त
Immuno-toxicity प्रतिरक्षाविषाक्तता
Immuno-toxicology प्रतिरक्षाविषविज्ञान, प्रतिवैषिकी
Immuno-toxin प्रतिविषि, प्रत्याविष, प्रतिरक्षाविष
Immure अलग बन्द करना
Immutability अनुत्परिवर्त्यता, अपरिवर्त्यता, अपरिवर्तनीयता
Immutable अनुत्परिवर्त्य, अपरिवर्तनीय
Impact संघट्ट, प्रतिघात, प्रभाव, टक्कर
Impact assessment प्रभाव आकलन
Impacted संघट्टित, अन्तर्घट्टित (लेख का)
Impact factor प्रभाव कारक, उद्धृतांक
Impact test संघट्ट परीक्षण
Impaction अभिघट्टन, संघट्टन, प्रभावन
Impairment क्षीणता, परिक्षय, क्षति
Impala (*Aepyceros melampus*, a mid-sized antelope of family Bovidae) इम्पाला (एक छोटा अफ्रीकी हिरन)
Impale नुकीली चीज भोंकना/घुसेड़ना
Impaludism सविरामज्वर, जीर्णहिमज्वर (एक प्लीहा रोग)
Impalpable स्पर्शानुभवातीत, स्पर्शागम्य
Impari-pinnate असम-पक्षवत्
Impart प्रदान करना, देना
Impartibility अविभाज्यता, देयता
Impartible अविभाज्य, देय
Impassable अलंघ्य, अगम्य
Impasse गतिरोध, बन्दपथ
Impassible, अभेद्य, भावशून्य, दुःखातीत
Impassion उत्तेजना, उत्तेजित करना
Impassive निरावेग, शान्त, अचेतन
Impaste लेई बनाना/लगाना, रंग पोतना/चढ़ाना
Impatency अवरुद्धता, संवृत्तता, बन्द
Impatience अधीरता, व्यग्रता, बेचैनी
Impedance अवबाधा, प्रतिबाधा, प्रतिबाधिता
Impede रोकना, अटकाना, बाधा डालना
Impediment बाधा, हकलाहट, सामान
Impeditive बाधक
Impel प्रेरित करना, उकसाना
Impellent प्रेरक
Impend लटकाना, आसन्न होना
Impendance, Imminence आसन्नता, सन्निकटता
Impendent, Impending आसन्न, सन्निकट, समुपस्थिति
Impenetrable अभेद्य, अगम्य, दुर्गम, अज्ञेय
Impenetrate घुसना, गहराई तक जाना
Imperceptibility अगोचरता, अदृश्यता, असंलक्ष्यता
Imperceptible, Imperceptive अगोचर, अतीन्द्रिय, असंलक्ष्य
Imperforate अछिद्रित, छिद्रहीन, अरन्ध्री
Imperil जोखिम में डालना
Imperilment संकट, जोखिम, आपद
Imperishable अविनाशी, अनाश्य, अनाशवान, अविनश्वर
Impermeable अपारगम्य
Impermissible अननुज्ञेय, अननुमेय
Impertinent असंगत, अप्रासंगिक, अनुपयुक्त
Impervious, Impenetrable अप्रवेश्य, अवेध्य, अभेद्य
Impetigo (a contagious child skin infection with red sore on face) चर्मपूय, छाजन (छूत वाला एक चर्म रोग)

Impetus — संवेग, आवेग, प्रेरणा, उत्तेजना, प्रोत्साहन
Impinge, Impingement — टकराना, प्रभाव डालना, अतिक्रमण
Implacable — अप्रशम्य, कठोर, अनमनीय
Implacental — अपराहीन
Implant, Implantation — रोपना, अन्तर्रोप, अन्तर्रोपण
Implantology (a branch of dentistry dealing with implanting artificial teeth) — अन्तर्रोपविज्ञान, रोपविज्ञान
Implate — ऊपर से ढकना
Implement — परिपालन, कार्यान्वयन, उपकरण, साधन
Impletion — भराई, पूर्णीकरण, पूर्णन
Implicit, Implied — विवक्षित, अन्तर्निहित, समग्र
Implode, Implosion — भीतर-भीतर फटना, अन्तःस्फोट
Implosive — अन्तःस्फोटी, अन्तःस्फोटात्मक, अन्तःस्फुटनशील
Imponderable — अतिसूक्ष्म, भारहीन
Import — आयात, आयात करना
Imported — आयातित
Imposed — आरोपित
Impose — आरोपित करना
Imposition — आरोपण, विन्यसन
Impostume, Imposthume — व्रण, सूजन, फोड़ा, फुंसी
Impotence, Impotency — अशक्तता, नपुंसकता, जनन-अक्षमता, क्लीवता
Impotent — अशक्त, नपुंसक, क्लीव
Impound — अवरुद्ध/परिबद्ध करना, घेरना, ज़ब्त करना
Impounded — परिबद्ध, ज़ब्त, अवरुद्ध,
Impoundment — कृत्रिम झील
Impracticable — अव्यवहार्य, अव्यावहारिक
Impregnatibility — संसेच्यता, अन्तर्भरणीयता
Impregnatable — संसेच्य, अन्तर्भरणीय
Impregnate — संसेचित/व्याप्त करना, गर्भिणी बनाना
Impregnating, Impregnation — अन्तर्भरण, व्यापन, गर्भाधान, संसेचन
Impressed — आरोपित, निमुद्रित, प्रभावित
Impression, Impressio — छाप, छापचिह्न, अंकन, मुद्रांकन, प्रभाव
Imprint — अंकित करना, चिह्न, मुद्रांक
Improbability — असम्भाव्यता, असम्भावना
Impropable — असम्भाव्य
Improcrenance, Infertility — अनुर्वरता, जनन-अक्षमता
Improved — संशोधित, उन्नत, उत्कृष्ट, सुधरा/सुधारा हुआ
Impuissant — पुंसत्वहीन, नामर्द, अशक्त
Impulse — आवेग, प्रेरणा, प्रणोद, आवेश, उद्दीपन
Impulsion — प्रणोदन, प्रेरण, आवेग
Impulsive — आवेगी, प्रेरणादायी, प्रणोदी, आवेगशील
Impure — अशुद्ध, दूषित, अपमिश्रित
Impurity — अशुद्धता
Impute — अभ्यारोपित करना, थोपना
Impution, Imputation — अभ्यारोप, आरोपण
Inability — अयोग्यता, असमर्थता, अक्षमता
Inable — अयोग्य, असमर्थ, अक्षम
Inaccessibility — अगम्यता
Inaccessible — अगम्य, अनधिगम्य
Inaccuracy — अयथार्थता, अपरिशुद्धता
Inaccurate — अयथार्थ, अपरिशुद्ध
Inacidity, Antacidity — अनाम्लता, अम्लहीनता, प्रत्यम्लता
Inactibility — अकृत्यता, अकरर्ण्यता
Inactable — अकृत्य, अकरण्य
Inactivate — निष्क्रिय /अक्रिय होना या करना, अकर्मण्य बनाना
Inactivation, Inaction — निष्क्रियण, अक्रियण
Inactivator — निष्क्रियक, अक्रियक
Inactive, Inert — निष्क्रिय, अक्रिय, अक्षिप्र, अकर्मण्य, जड़
Inactivity, Inertness — निष्क्रियता, अक्रियता, आलस्य, अकर्मण्यता
Inadaptability — अननुकूलनीयता
Inadaptable — अननुकूलनीय
Inadequacy, Deficiency — अपर्याप्तता, अभाव
Inadequate — अपर्याप्त
Inadhesive — अनासञ्जी, न चिपकने वाला
Inadmissibility — अग्राह्यता, अप्रवेश्यता
Inadmissible — अग्राह्य, अग्रहणीय, अप्रवेश्य
Inagglutinability — अप्रसमूह्यता, अश्लेष्यता
Inagglutinable — अप्रसमूह्य, असमूह्य, अश्लेष्य, अनाभिश्लेष्य
Inalterability — अपरिवर्तनीयता, अपरिवर्त्यता
Inalterable — अपरिवर्तनीय, अपरिवर्त्य
Inane — नासमझ, मूर्ख, रिक्त, शून्य
Inangulate — अकोणीय, कोणहीन

Inanimate	निर्जीव, निष्प्राण, जड़, अचेतन
Inanimation	निर्जीवन, निष्प्राणन
Inanition	अपक्षय, भूख से दुर्बल, अपोषविकार
Inanity	मानसिक रिक्तता, मूर्खता, शून्यता, प्राणहीनता, निरर्थकता
Inappetence	अरुचि, अनिच्छा, अप्रवृत्ति, क्षुधाभाव
Inapplicable	अप्रयोज्य, अनुपयुक्त, अनुपयोज्य
Inapprehensible, Incomprehensible	अबोधगम्य, अगोचर
Inappropriate, Inapposite	अनुपयुक्त, असंगत, अप्रासंगिक
Inapt	अनुपयुक्त, अदक्ष, अकुशल
Inarch, Inarching	पैबन्द लगाना, भेंट कलम बाँधना
Inarticulate	असन्धित
Inartificial	अकृत्रिम
Inassimilable	अस्वांगनीय, अस्वांगीकरणीय
Inaudible	अश्रव्य, न सुनाई देने योग्य
Inaurate	स्वर्णिम, सुनहरा
Inborn, Inborne, Inbred	अन्तःप्रजात, अन्तर्जात, जन्मसिद्ध, सहज, स्वाभाविक
Inbreathe	साँस खींचना, कश लेना, प्रेरित करना
Inbreeding	अन्तःप्रजनन, अन्तःप्रसवन
Incalculable	अगण्य, अगणनीय
Incandesce	दहकना, दहकाना, उद्दीप्त करना
Incandescence	उद्दीप्ति, चमक, तापदीप्ति
Incandescent	उद्दीप्त, तापदीप्त, उत्तापदीप्त
Incapability	अक्षमता, असमर्थता
Incapable	अक्षम, असमर्थ
Incapacious	संकीर्ण, सँकरा
Incapacitate	अक्षम, विकलांग बनाना
Incarate	पोला/खोखला बनाना, गड्ढा करना
Incarcerated	परिबद्ध, परिसीमित
Incarceration	परिसीमन, परिबन्धन, बन्दीकरण
Incarnadine	मांसारक्त, रक्तारुण
Incarnate, Incarnatus	मांसवर्णी, अवतरित, सशरीर
Incarnative	मांसरक्तवर्धी
Incase, Incasing	डिब्बा में रखना, डिब्बा-बन्दी
Incasement,Casing	आवार, आवरता, पेटी, खोल
Incendiary	दाही, जलाऊ, दाहक, विद्रोही
Incending	दहन, धूनी देना
Incense	सुगन्धकारी पदार्थ, लोबान, धूप, अगर (बत्ती)
Incentre	अन्तःकेन्द्र
Incertitude, Uncertainty	सन्देह, सन्दिग्धता, अनिश्चय
Incessant	सतत, निरन्तर
Incest	सगोत्र सम्भोग, अगम्यगमन
Inch (= 1/12 foot =2.54cm)	इञ्च (फुट पाउण्ड-सैकेण्ड पद्धति में लम्बाई की एक छोटी इकाई), द्वीप
Inchoate,	प्रारम्भिक, अपक्व, अपूर्ण
Inchoation	प्रारम्भ करना/होना, प्रारम्भ
Inchoative	प्रारम्भिक, प्रारम्भात्मक
Incidence	आपतन, भार, आपात, गिरना, प्रभाव
Incident ray	आपतित किरण, आपाती किरण
Incidental	प्रासंगिक, आनुषंगिक, आकस्मिक
Incinerate, Incineration	भस्म करना, जलाकर राख करना, भस्मीकरण
Incinerator	भस्मक, भस्मित्र, निर्दाहक, दाहित्र
Incipient	प्रारम्भिक, आरम्भी, आरब्ध
Incipient ganglion	प्रारम्भिक गुच्छिका
Incise	काटना, छेदना, चीरना
Incision	कर्तन, चीरा, उत्कीर्णन
Incisional	कर्तनीय
Incisive	कर्तनशील, चीर देने वाला
Incisor	कृन्तक (दाँत)
Incisura, Incisure	कटान, चीरा
Incitant	अपोत्साही, उकसाने वाला
Inclement	विषम, प्रतिकूल, तेज़, कड़ा
Inclement weather	विषम मौसम
Inclination, Inclinatio	अभिनमन, आनति, अभिनति, प्रावण्य, झुकाव, ढाल
Inclined	प्रवृत, अभिनत, झुका हुआ
Inclined plane	नत समतल
Inclinometer	आनतिमापी, अभिनमनमापी
Inclose	घेरना, आवेष्टित करना
Inclusion	समावेश, अन्तरावेश, अन्तर्भवन
Inclusion body	समाविष्ट पिण्ड, समावेशकाय
Incoherence	असंगतता, असम्बद्धता
Incoherent	असंगत, असम्बद्ध
Incohesive	असंसज्जी, असंसज्जक
Incombustibility	अदाह्यता, अदहनीयता
Incombustible	अदाह्य, अदहनीय
Incoming	आवक, आगन्ता, प्रवेशी, आगामिक

Incommensurate	असमानुपात, अपर्याप्त
Incommunicable	असञ्चार्य, असंक्रामी, असूचनीय, अप्रेषणीय
Incommutable	अविनिमेय, अपरिवर्तनीय
Incomparable	अतुलनीय, अतुल्य, अनुपम
Incompatibility	असंगतता, असंयोज्यता, अननुरूपता
Incompatible	असंगत, विसंगत, अननुरूप, असंयोज्य
Incompetence, Incompetency	अक्षमता, निर्बलता, असमर्थता
Incompetent	अक्षम, असमर्थ
Incompressibility	असम्पीड्यता
Incompressible	असम्पीड्य
Incomputable	अपरिकलनीय, अपरिकल्य, असंगणनीय, असंगण्य
Inconcocted	कच्चा, गैरपका, अपरिपक्व
Incondensable	असंघननीय
Incondite	अपरिष्कृत, अपक्व, असभ्य
Inconformity	असमानता, भिन्नता
Incongruent, Incongruous	असर्वांगसम, अनुपयुक्त विषम, असंगत, बेमेल
Inconsiderable	नगण्य, अविचारणीय
Inconsistence, Inconsistency	विरोध, असंगति
Inconsistent	असंगत, विरोधी
Inconstant	अस्थिर, अनियमित, परिवर्तनशील, चञ्चल
Inconstancy	अस्थिरता, अनियमितता, परिवर्तनशीलता
Inconsumable	अनुपभोज्य
Incontinence, Incontonentia	इन्द्रियसंयमहीनता, असंयम, अनियन्त्रित मलमूत्र त्याग
Inconvertible	असम्परिवर्त्य, अविनिमेय
Incorporation	समावेशन, समामेलन, मिलाना, संस्थापन, निगमीकरण
Incrassate	स्थूल, मोटा, सूजा हुआ
Increase, Increment	बढ़ना, वृद्धि करना, वृद्धि, बढ़ोत्तरी, संवृद्धि
Increasing, Incremental	वर्धी, वर्धमान, वर्धनशील, वर्धिक
Incretory, Endocrine	आन्तरस्रावी, अन्तःस्रावी
Incrustation	पर्पटीयुक्त, पपड़ी जैसा पपड़ी बनाना, पर्पटीभवन, पर्पटन
Incrusted	पर्पटित, पपड़ीदार
Incubate, Incubation	अण्डा सेना, ऊष्मा देना, पाल रखना (फलों को), डिम्बोष्णन, ऊष्मायन, उद्भवन, परिपाक
Incubator	ऊष्मायित्र, ऊष्मक
Incubus	दुःस्वप्न
Incudiform	निहाईरूपी, निघातिरूपी
Inculcate, Inculcation	अन्तर्निविष्ट करना, अन्दर डालना, दिमाग़ में बैठाना, अन्तर्निवेशन
Incult	अकृषि, असस्य, असभ्य
Incunabula	शैशवकाल
Incurable	असाध्य, अचिकित्स्य, अनौपचार्य
Incurled	अन्तर्वलित, अन्दर मुड़ा हुआ
Incurrent	अन्तर्वाह, अन्तर्वाही
Incursive	आक्रामक
Incurvature	अन्तर्वक्रता, भीतर की ओर घुमाव या मोड़
Incurve, Incurvation	अन्दर मुड़ना, अन्तर्वक्रण
Incurved	अन्तर्वक्रित, अन्दर घूमा/ मुड़ा हुआ
Incus	निघाति-अस्थिका (कान की एक हड्डी), स्थूण, स्थूणक
Indeciduate, Indeciduous	अपाती, अपर्णपाती, सदापर्णी, अपातपर्णी, सदाबहार
Indecipherable	अपाठ्य, दुर्बोध्य
Indecomposable, Indegradable	अविघटनीय, अवियोजनीय, अविघट्य, अवियोज्य, अनवक्रम्य
Indefatigable	अथक, अश्रान्त
Indelible, Indefeasible, Ineffaceable	अलोप्य, अमिट
Indefectible	अविकार्य, त्रुटिहीन
Indefensible	अरक्षणीय, असमर्थनीय
Indehiscent	अस्फोटी, अस्फुटनशील
Indenization, Colonisation	उपनिवेशन
Indent	दन्तुर, गड्ढा, माँग पत्र
Indentation	दन्तुरण, दन्तीकरण
Indented	दन्तुरित, माँगपत्रित
Indestructibility	अनाश्यता, अविनाश्यता
Indestructible	अविनाश्य, शाश्वत, अनाश्य, अक्षय, अनश्वर
Indeterminate, Uncertain	अनिर्धारित, अनियत, अनिश्चित
Index, Indices (pl.)	अनुक्रमणिका, सूचक, घातांक, मूलांक, देशना
Index finger	तर्जनी (हाथ में अँगूठे के बगल की अँगुली)
Index number	सूचकांक, सूचनांक
Index property	सूचक गुणधर्म

English	Hindi
Indian beech, Pongam oil tree (*Pongamia/Millettia pinnata,* a tropical/ temperate Asian medicinal tree of pea family Fabaceae, Pongamia oil is extracted from seeds)	करञ्ज, करञ्जा (बीजों का औषधीय व बायोडीज़ल उत्पादन हेतु प्रयोग)
Indian goose berry (*Phyllanthus emblica/Emblica officinalis,* a dioecious tree of family Phyllan-thaceae with edible berry type fruit), Emblic myrobalam	आँवला (एक औषधीय विटामिन सी से भरपूर खट्टे फल वाला वृक्ष), अम्लकी
Indian lilac, Margosa (*Azadirachta indica,* a medicinal tree of mahogany family Meliaceae, native to Indian sub-continent, leaves are used as antiseptic and biopesticide)	नीम, निम्ब (बीज से औषधीय तेल निकालते हैं)
Indian madder (*Rubia cordifolia,* a perennial flowering climber herb of coffee family with heart-shaped leaves, red roots are used for curing some skin disease and wounds)	मञ्जिष्ठा, मजीठ, चिरवाल
Indication, Indicatio	संकेत, सूचन, लक्षण, देशन, निर्देश
Indicator, Indicant	सूचक, संकेतक, द्योतक, देशक, देशित्र
Indicating, Indicative	संकेती, संकेतात्मक
Indicatrix	द्योतिका, सूचिका
Indicial	घातीय
Indifferent	उदासीन, निरपेक्ष
Indigenous	देशज, देशी, स्वदेशी
Indigested, Undigested	अपक्व, गैरपचा, अपचित
Indigestibility	अपाच्यता, अपचनीयता
Indigestible	अपाच्य, अपचनीय, गरिष्ठ
Indigestion	अपाचन, अपच, अजीर्ण
Indigestive	अपाची, अजीर्णकारी, अपाचनशील, मन्दाग्निकारी
Indigo (an organic blue dye extracted from *Indigofera* sp., a leguminous herb of family Fabaceae)	नील, निनील, जम्बुकी
Indigo blue	जम्बुकी नील
Indigoferous	निनीलभर, नीलधर
Indigometer	नीलमापी
Indirect cell division	जटिल कोशिका विभाजन
Indirect scanning	परोक्ष क्रमवीक्षण
Indiscernible	अतीन्द्रिय, अगोचर, अबोधगम्य
Indispose	अस्वस्थ होना या करना
Indisposition	अनिच्छा, अस्वस्थता
Indissolubility	अविलेयता, अघुलनीयता, अविच्छेद्यता, अवियोज्यता
Indissoluble	अविलेय, अविच्छेद्य, अघुलनीय, चिरस्थायी, अवियोज्य
Indistinct, Indistinctive	अस्पष्ट, धुँधला, सामान्य, अविशिष्ट
Indistinguishable	अप्रभेद्य, अविभेद्य, अगोचर
Indivertibility	अनपवर्त्यता, अनर्वतनीयता
Indivertible	अनपवर्त्य, अनपवर्तनीय
Indivisibility	अविभाज्यता, अखण्डनीयता
Indivisible	अविभाज्य, अखण्डनीय
Indole (an aromatic organic compound)	निलीलव, इन्डोल (एक सफ़ेद कार्बनिक रवेदार पदार्थ)
Indolent	वेदनाशून्य, अकर्मण्य, आलसी, अद्ःखदायी
Indoloid	निनीलवाभ
Indoor	अन्तर्वासी, अभ्यान्तर
Indoor patient	अन्तःरोगी, अन्तरंग रोगी
Induce	प्रेरित करना, अभिप्रेरित करना
Induced	प्रेरित, अभिप्रेरित
Induced radiation	प्रेरित विकिरण
Inducement	प्रेरण, उत्प्रेरण, प्रलोभन
Inducer, Inductor	प्रोचक, प्रेरक, विप्रेरक
Inducibility	प्रेरणीयता
Inducible	प्रेरणीय
Inducive	प्रेरणशील, उत्प्रेरणशील, प्रोची
Inductance	प्रेरणा, प्रोच, प्रेरकत्व, प्रेरकता

Inductile अतन्य, लचकहीन
Inductility अतन्यता
Induction प्रेरण, प्ररोचना, आगमन
Induction coil प्रेरण कुण्डली
Induction plate प्रेरण-पट्टिका (एक विद्युत्-तापी उपकरण)
Inductive प्रेरक, प्ररोची, आगमिक
Indurate कठोर होना, दृढ़ होना
Induration कठोरीभवन, दृढ़ीकरण, दृढ़न
Indusium सोरसछद
Industrial औद्योगिक, उद्योग सम्बन्धी
Industrialization औद्योगिकीकरण, उद्योगीकरण
Industrialized औद्योगिकीकृत, उद्योगीकृत
Industry उद्योग, अध्यवसाय
Inebriant मादक, नशीला
Inebriate मद्यमत्त करना, मदोन्मत्त
Inebriation, Inebriety मद्यमत्तता, मदोन्मत्तता, मादकता, मस्ती
Inedible, Ineatable अभक्ष्य, अखाद्य, अभोज्य
Ineffaceability अविलोपनीयता, अमिटता
Ineffaceable अविलोपनीय, अमिट
Ineffective, Ineffectual, Inefficacious निष्प्रभावी, अप्रभावी, निष्फल, प्रभावहीन, प्रभावशून्य
Inefficacy निष्फलता, प्रभावहीनता
Inefficiency अक्षमता, अदक्षता, अकुशलता
Inefficient अक्षम, अदक्ष, अकुशल
Inelastic अप्रत्यास्थ, अनम्य, लोचहीन
Inelegant अपरिष्कृत, असुन्दर, लावण्यहीन
Inept असंगत, अयुक्त, अनुपयुक्त
Ineptitude अयुक्तता, असंगति
Inequality असमानता, असमता
Inequilateral असमभुज
Ineradicable अनुन्मूलनीय, अनुन्मूल्य
Ineradication अनुन्मूलन
Inermous कण्टकहीन, निरस्त्र
Inerrable भ्रमातीत
Inerrancy त्रुटिहीनता, निर्भ्रान्तता
Inerrant त्रुटिहीन, दोषरहित
Inert, Inactive निष्क्रिय, अक्रिय, जड़
Inertia जड़त्व, जड़ता, अकर्मण्यता
Inertial जड़त्वीय
Inestimable अननुमान्य, अपरिमेय, अपार
Inexact अयथार्थ, अतथ्य, अशुद्ध अयथार्थता
Inexhaustible अक्षय, अथक
Inexplorable अनमनीय, अप्रशाम्य, दृढ़
Inexplosive अविस्फोटी, अविस्फोटक
Inextensible अवितान्य, अविस्तार्य
Inextinguishable अनिर्वाप्य, अशम्य (जिसे न बुझाया जा सके)
Infalliable भ्रमातीत, अमोध, अचूक
Infancy शैशव, शैशवकाल
Infant (derived from Latin word infans means unable to speak or 'speech-less', refers to young human of less than one year age) शिशु, नवजात, दुधमुँहा बच्चा
Infanticidal, शिशुहन्तक, नवजातनाशी,
Infanticide शिशुनाशी, नवजातहन्ता
Infantile शैशव, शिशु सम्बन्धी, शिशु-
Infantilism, Infantility, Neonatism शैशवता, शिशुता, नवजातता
Infant mortality शिशु मृत्युन्दर, नवजात मर्त्यता
Infantorium शिशुगृह, बालचिकित्सालय
Infantry थलसेना, पैदल सेना
Infarction अनॉक्सी-ऊतिमृत्यु, ऊतिक्षय, ऊतकक्षरण
Infarctoid ऊतिक्षयाभ
Infauna अन्तःप्राणिजात
Infect संक्रमित करना
Infected संक्रमित, संक्रमीकृत
Infectibility संक्रमणीयता, संक्राम्यता
Infectible संक्रमणीय, संक्राम्य
Infection संक्रमण, संक्रान्त रोग, छूत
Infectious संक्रामक, संक्रामी, छुतहा, औपसर्गिक, संसर्गज
Infectious bursal disease (IBD) संक्रामी श्लेषपुटीय रोग
Infectiousity, Infectiousness संक्रामकता, छुतहापन, संसर्गजता
Infective, Infector संक्रमणशील, संक्रमणकारी, संक्रामक
Infective dose संक्राम्य मात्रा, संक्रामक मात्रा
Infectivity संक्रामकता, संक्रमणशीलता
Infecund बन्ध्य, अजनिष्णु
Infecundity बन्ध्यता, अजनिष्णुता
Infelicific, Infelicitous अनुपयुक्त, दुःखदायक, दुःखद
Infer अनुमान लगाना
Inferable अनुमेय
Inferae अधराण्डाशय
Inference अध्याहार, अनुमिति, अनुमान
Inferential आनुमानिक, अनुमान-सिद्ध
Inferior अवर, अधोवर्ती, निकृष्ट, निम्न

Inferiority	हीनता, अपकर्ष
Infertile, Sterile	अनुर्वर, बन्ध्य, अनुपजाऊ, अनिषेच्य, जनन-अक्षम, असंसेच्य
Infertility, Sterility	बन्ध्यता, अनुर्वरता, अनिषेच्यता, जनन-अक्षमता
Infest	पीड़ित करना, बाधा डालना, पर्याक्रमित या दूषित करना
Infestation	उत्पीड़न, ग्रसन, पर्याक्रमण, जन्तुबाधा
Infested	पर्याक्रमित, ग्रसित, ग्रस्त, उत्पीड़ित
Infibulation	जनदाबन्धन, जननेन्द्रिय को कस कर बाँधना
Infield	कृष्य भूमि, गृह क्षेत्र
Infilling	अन्तःपूरण
Infilter	निवापन करना, छानना
Infiltrate	छनना, रिसना, अन्तःसरण/अन्तःस्यन्दन करना, घुसपैठ करना
Infiltrated	निविष्ट, निवापित, अन्तःसरित
Infiltration	निवापन, अन्तःस्यन्दन, अन्तःस्रुत, अन्तःसरण, घुसपैठ
Infiltration capacity	अन्तःस्यन्दन क्षमता, निवापन सामर्थ्य
Infinite	अनन्त, अपरिमित, असीम
Infinitesimal	अत्यणु, अत्यल्प, अतिसूक्ष्म
Infinity, Infinitude	अपरिमितता, अनन्तता, असीमता
Infirm	अशक्त, निर्बल, रुग्ण, अदृढ़
Infirmary	रुग्णालय, जीर्ण रोगीशाला
Infirmity	रुग्णता, अशक्तता, दौर्बल्य
Inflame	जलाना, सूजना, उत्तेजित करना
Inflamed	सूजा या जला हुआ, उत्तेजित
Inflammable	ज्वलनशील, दहनीय, दाह्य
Inflammation	शोथ, सूजन, ज्वलन, दाहन
Inflammative, Inflammatory	शोथज, प्रदाही, शोथकारी, उत्तेजक, भड़काऊ
Inflammatory bowel disease (Crohn's disease)	शोथज जठर रोग
Inflatable	स्फीत्य, फूलने/फुलाने योग्य
Inflate	फूलना, फुलाना, स्फीत, आध्मान
Inflated	स्फीत, फुलाया हुआ
Inflation	स्फीति, फुलाव, मुद्रास्फीति
Inflationary	स्फीतिकारी
Inflator	स्फायक, स्फायित्र (यन्त्र)
Inflected, Inflexed	अन्तःकुञ्चित, अपकुञ्चित, नतिपरिवर्तित
Inflection, Inflexion	अन्तःकुञ्चन, नतिपरिवर्तन, अन्तर्नमन, नमन, विभक्ति
Inflexibility	अनम्यता, अपरिवर्त्यता
Inflexible	अनम्य, अपरिवर्तनीय
Inflict, Infliction	प्रहार करना, आघात, थोपना
Inflorescence (floral arrangement on stem)	पुष्पता, पुष्पक्रम, पुष्पण, पुष्पविन्यास, पुष्पसमूह
Inflorescent	पुष्पित, पुष्पविन्यसित
Inflow	अन्तर्वाह, अन्तःप्रवाह
Influence	अन्तर्वाह, प्रभाव, असर
Influent, Inflowing	अन्तर्वाही, अन्तःप्रवाही, सहायक नदी
Influenza, Flu (an infectious disease caused by influenza virus)	प्रतिश्याय, शीतज्वर, जूड़ी-बुख़ार
Influx	अन्तःप्रवाह, अन्तर्वाह, मुहाना, प्रवेशी प्रवाह, अन्तरागम
Infold	अन्तर्भञ्जित करना, अन्दर मोड़ना
Infolded	अन्तर्भञ्जित, अन्दर मुड़ा हुआ
Infolding	अन्तर्भञ्जन, अन्दरी मोड़
Informatics	सूचना विज्ञान, सूचनिकी
Informative	सूचनात्मक, ज्ञानप्रद
Informosome	सूचकपिण्ड, सूचककाय
Infosys (Information system)	सूचन्त्र, सूचना तन्त्र
Infotech (Information technology)	सूचना प्रौद्योगिकी
Infra- (prefix)	अन्तः-, अधः, निम्न, अव-
Infrabronchial	निम्नश्वसनी, अवश्वसनी
Infra-clavicular	अधोजत्रुकीय
Infraction	भंग, भञ्जन, उल्लंघन, व्यतिक्रमण
Infraduction	निचालन, अवचालन
Infrangile	अखण्डनीय, अभञ्ज्य, अभंगुर
Infra orbital	अवकक्षीय, अक्ष्यध
Infra red (IR, invisible heat rays of 700 nm-1mm wave length)	अवरक्त
Infra sonic	अवश्रव्य, अवध्वनिक
Infra structure	अवसंरचना
Infra-umbilical	अधोनाभीय
Infrequency	विरलता, अबारम्बारिता
Infrequent	विरल, प्रायिक

Infructescence फलविन्यास
Infructuous अफलदायी, निष्फली
Infundibular कीपीय, निवापीय
Infundibuliform निवापाकार, कीपाकार, कर्णिकाकार
Infundibulum, Infundibula (pl.) कीप, निवाप, कर्णिका
Infuriate क्रोधोन्मत्त, क्रोधित करना
Infuscate आच्छन्न, ढका हुआ, मेघाच्छादित
Infuse द्रवभाजन, उड़ेलना, में भिगोना
Infusible अगलनीय, अद्राव्य, दुर्गलनीय
Infusion, Infusum आक्वाथ, काढ़ा, निषेचन, उड़ेलना, फाण्ट
Infusorial, Diatomaceous युक्ताप्य
Infusoria (a subclass of minute fresh water ciliated phytoplankton) परिपक्ष्मी जलीय शैवाल
Infusoriform परिपक्ष्मरूपी, परिपक्ष्माकार
Ingenerate स्वयंभू
Ingest, Ingestion निगलना, अन्तर्ग्रहण, निगलन
Ingestant अन्तर्ग्राही, निगलक
Ingle आग, चूल्हा
Ingluvial खाद्य पुटीय
Ingot पिण्डक, निपिण्ड, शिलिका (सोने/चाँदी का धातुपिण्ड)
Ingot iron (steel with <0.50% carbon and less impurities) विकार्बनित लौह
Ingraft कलम लगाना (पौधे की)
Ingrain अधिश्लिष्ट, अन्तर्निहित, रञ्जित सूत्र, कृमिज रञ्जन
Ingrained अन्तर्जात (रञ्जक), पक्का, गहरा
Ingravescent, Perishing विकृतोन्मुखी, ख़राब या बदतर होता हुआ
Ingredient अंश, संघटक, अवयव
Ingress प्रवेश करना, निवेश करना
Ingression अन्तःक्रमण, अन्तःप्रवेश, निवेश, अन्तर्गमन
Ingressive अन्तर्गामी, अन्तःप्रवेशी
In-group अन्तःसमूह
Ingrowing अन्तर्वर्धी, अन्दर की ओर बढ़ने वाला
Ingrown अन्तर्वर्धित
Ingrowth अन्तर्वृद्धि, अन्तर्वर्धन
Inguinal वंक्षण, उरुसन्धिक
Ingulf, Engulf, Ingurgitate निगलना, गटकना, भकोसना
Ingurgitation निगलन
Inhabit निवास/वास करना, रहना
Inhabitant निवासी, रहने वाला, बाशिन्दा
Inhabitation निवास, वास
Inhale साँस खींचना, कश लेना
Inhalant अन्तःश्वासी, प्रश्वासी, अन्तर्वाही
Inhalation अन्तःश्वसन, कश, प्रश्वसन
Inhaler प्रश्वसित्र (उपकरण)
Inharmonic, Inharmonous असंगत, बेमेल
Inherence, Inhesion समवाय (अन्तर्निष्ट), में निहित होना
Inherent समवायी, अन्तर्निहित, अन्तर्वर्ती, जन्मजात
Inheritable पितृगम्य, रिक्थ्य, दाय-योग्य
Inheritance उत्तराधिकार, रिक्थ, दाय, वंशागति, वंशानुक्रम, पितृगमन, पितृगति
Inherited वंशागत, पैतृक, पितृगत
Inherited character वंशागत लक्षण, पितृगत लक्षण, पित्र्यन्तरित लक्षण
Inhesion, Inherance समवाय
Inhibit रोकना, प्रावरोध या निरोध करना, सन्दमित करना
Inhibiting, Inhibitive, Inhibitory सन्दमनी, प्रावरोधी, निरोधी सन्दमनशील, अवरोधनकारी, निषेधात्मक
Inhibition सन्दमन, प्रावरोध, निरोध
Inhibitor सन्दमनक, प्रावरोधक, निरोधक, अवरोधक
Inhomogeneity असमांगता, असमघातता
Inhomogenous असमांगी, असमघाती
Inhume, Inhumation दफ़न करना, शवाधान
Inhuman अमानवीय, अमानुषिक
Inimitable अननुकृत्य, अननुकरणीय
Inion पश्चकपालबिन्दु
Initial प्रारम्भिक, प्रथमाक्षर, आद्य, आरम्भिक, आद्याक्षर, प्राद्यक
Initial cell आदिकोशा, आद्यकोशिका
Initial development प्रारम्भिक विकास
Initial reading प्रारम्भिक पाठ्यांक
Initiate प्रारम्भ करना, सूत्रपात करना
Initiation प्रारम्भन, सूत्रपात, समारम्भन
Initiator प्रारम्भक, आद्यक, प्रवर्तक

English	Hindi
Inject, Injection	अन्दर भरना, सुई लगाना, अन्तःक्षेपण
Injector	अन्तःक्षेपित्र, अन्तःक्षेपक
Injured	क्षतिग्रस्त, घायल, चोटिल, अपकृत, उपघातित
Injurious	क्षतिकर, हानिकर, उपघाती
Injury	क्षति, चोट, उपघात
Ink	स्याही, मसि, मसी, रोशनाई
Inker	मसीयक, मसीयित्र (यन्त्र)
Inking	मसीयन, स्याही लगाना/भरना
Inkling	इंगित, संकेत, आभास, विचार
Inlaid	खचित, जटित
Inland	अन्तर्देशीय, देशीय, देशज
Inlay, Inlaying	खचित करना, जड़ना, पच्चीकारी
Inlet	प्रवेशद्वार, प्रवेशिका, अन्तर-मार्ग, सँकरी खाड़ी, उपखाड़ी
Inlying	अन्तरस्थ, भीतरी
Inmate	सहवासी, संवासी
Innard	आँत
Innate	अन्तर्जात, जन्मजात, सहजात, सहज, प्राकृत, आधारलग्न
Innavigable	अनौगम्य
Inner, Internal, Internus, Interior	आन्तर, आन्तरिक, आभ्यन्तर भीतरी, अन्दरूनी
Innervate, Innervation	प्रेरित करना, तन्त्रिकान्यास, तन्त्रिकोत्तेजन, स्नायु भरण
Innocuous	अहानिकर, अक्षतिकारी, अबाधक
Innominate (bone), Innominatum	अनामित, नितम्बास्थि
Innominatus	अनामिक, अनामी
Innovate	नया बनाना/करना, नवीनता लाना
Innovation	नवान्वेषण, नवपरिवर्तन, नवोत्पादन
Innovator	नवान्वेषक, नवप्रवर्तक, नवकर्ता
Innoxious	सुरक्षित, अहानिकर, अनपकारी
Innumerable	असंख्य, अगणनीय, अगण्य
Innutrition	पोषणाभाव, अपोषण
Innutritious	अपौष्टिक, अपोषी
Inoculate	संरोपित, अन्तःक्रामित करना
Inoculation	संरोपण, अन्तःक्रमण, सञ्चारण
Inoculator, Inoculant	संरोपक, अन्तःक्रमक, संरोपित्र(उपकरण)
Inoculum, Inocula (pl.)	संरोप, अन्तःक्राम, निवेश द्रव्य
Inocyte, Fibroblast	तन्तु कोशा
Inodorous, Odourless	निर्गन्ध, गन्धहीन
Inoperable	अशल्यकरणीय, अव्यवहार्य
Inoperative	अप्रचलित, निष्क्रिय, अक्रियाकारी, अकार्यकर, अव्यावहारिक
Inopexia	अतिस्कन्दता, आशुस्कन्दता
Inordinate	अनियमित, अस्वाभाविक, असाधारण, विशृंखल
Inorganic	अकार्बनिक, अजैविक, अजैव, अप्रांगारिक, निरवयव, निरिन्द्रिय
Inorganic chemistry	अकार्बनिक रसायन विज्ञान
Inosculate	गूथना, जोड़ना, जाल बाँधना
Inosculation	ग्रन्थन, जालबन्धन, शाखामिलन
Inosemia, Inosaemia (presence of Inositol in blood)	पेशितन-रक्तता, इनोसिटोल-रक्तता
Inositol (a carbocyclic sugar as sugar alcohol involved in various biological processes)	पेशितन (एक जैव रसायन)
Inostosis	क्षतास्थि पूरन
Inosuria (presence of Inositol in urine)	पेशितनमेह, इनोसिटोलमूत्रता
Inotagma	आकुञ्चनक्रम
Inotropic	आकुञ्चनावर्ती, बलप्रभावी
Inpatient, Indoor patient	अन्तरंग रोगी, अन्तर्वासी रोगी, अन्तःरोगी
Inpouring	भरण, भराव, भरन
Input	निवेश, आगत, निविष्ट, आदा
Inquietude	आकुलता, बेचैनी
Inquiline	परनिलयवासी
Inrolled	अन्तर्वेल्लित
In rotation	चक्रशः, पर्यायेण
Inrush	अन्तर्वाह, बाढ़, धक्कम-धक्का (घुसने के लिए)
Insaccation	परिपुटन, परिस्यूनन
Insalivate	भोजन का लार से मिलना
Insalivation	लारन, लालामिश्रण, लारभवन
Insalubrious, Insanitary	अस्वास्थ्यकर, व्यधिकारी, अस्वच्छ, गन्दा, मलिन

Insane	उन्मादी, विक्षिप्त, उन्मत्त, पागल
Insanitation	अस्वच्छता, गन्दगी, मलिनता
Insanity, Insaneness	उन्मत्तता, विक्षिप्तता, पागलपन, उन्माद
Insatiate	अतोषित, अतुष्ट, अतृप्त, लोलुप, दुश्तोषित
Insatiation	अतोषण, दुश्तोषण
Inscription	अन्तर्लेखन, उत्कीर्णलेख, अंकन
Insect	कीड़ा, कीट
Insecta (a class of phylum Arthropoda)	कीट वर्ग
Insectary, Insectarium, Insectaria (pl.)	कीटशाला, कीटगृह, कीड़ाघर, कीटालय, कीट संवर्धनगृह
Insect vector	कीट रोगवाही
Insecticidal, Insecticide	कीटनाशी, कीटघ्नी, कीटनाशक, कीटघ्न
Insectiform, Insectoid	कीटरूपी, कीटाकार, कीटाभ, कीटवत्, कीड़ा जैसा
Insectifugal, Insectifuge	कीटापसारी, कीटपलायनी, कीड़ा भगाने वाला
Insection	अन्तर्भेदन, भेदन
Insectivore, Insectivorous, Entomophagous	कीटभक्षी, कीटाहारी, कीटभोजी
Insectocode	कीटसंकेत, कीटकूट
Insectology, Entomology	कीटविज्ञान, कीटशास्त्र, कैटिकी
Insect pest	कीटपीड़क
Inseminate, Insemination	वीर्य डालना, बीजारोपण, शुक्रसेचन, रेतोधान, संसेचन
Insenient	निरिन्द्रिय, जड़, निर्जीव
Insensate, Insensitive	असंवेदनशील, अहृष, संज्ञाहीन, असंवेदी
Insensibility	असंवेद्यता, असंवेदनीयता, अहृष्यता, अनुभूतिहीनता
Insensible	असंवेद्य, असंवेदनीय, अहृष्य, अनुभूतिहीन
Insensitivity	अहृषता, असंवेदिता, असंवेदनशीलता
Insentient	प्राणहीन, निर्जीव, बेसुध, जड़
Inseparable	अपृथक्य, अविभाज्य, अभिन्न, अपृथक्य
Insert, Insertion	घुसेड़ना, अन्दर डालना, निवेशन
Inserted	अन्तर्निविष्ट, निवेशित, निविष्ट, घुसेड़ा हुआ
Inset	अन्तर्निवेश, सन्निवेश, आन्तरिक चित्र
Insheathed	आवरणित, आच्छादित, कवचित
Inshore	तटगामी, तटवर्ती, उपतट, अभितट
Insight	अन्तर्दृष्टि, गहरी समझ
Insignificant	महत्वहीन, अमहत्वपूर्ण, नगण्य, निरर्थक, उपेक्ष्य
In silico (computer assisted)	संगणित्रे, संगणके, अभिकलने
Insinuate, Insinuation	धीरे-धीरे प्रवेश करना, इंगित करना, परोक्ष संकेत, इंगित
Insipid	स्वादहीन, फीका, नीरस, अरोचक
Insipidity, Insipidness	स्वादहीनता, फीकापन, अरोचकता
In situ	स्वस्थाने, स्वासने
Insobriety	अतिरेक, अतिमद्यपान
Insolate	सूर्यातपित करना, धूप में रखना
Insolation	सौरविकिरण, सूर्यातपन, आतपस्थापन, आतपन
Insole	भीतरी तल्ला
Insolidity	अठोसता, ठोसहीनता
Insolubility	अविलेयता
Insoluble	अविलेय
Insomnia	अनिद्रा (एक मनोरोग)
Insomniac	अनिद्रा रोगी, अनिद्राग्रस्त
Inspection	निरीक्षण, मुआयना
Inspersion	प्रकीर्णन, छिड़कना, बिखेरना
Inspiration, Inhalation	प्रेरणा, अन्तःश्वसन, प्रश्वसन
Inspirator	प्रश्वसक, प्रेरक, स्फूर्तिदाता
Inspirometer	प्रश्वासमापी, अन्तःश्वासमापी
Inspissant, Inspissator	संघनक, श्यानक, फाणक
Inspissate	संघनित, संघनन करना, घनीभूत होना
Inspissation	संघनन, घनीभवन
Instability	अस्थिरता, अस्थायित्व, परिवर्त्यता
Instable	अस्थायी, अस्थिर, परिवर्त्य
Install	लगाना, स्थापित करना
Installation	संस्थापन, अधिष्ठापन, प्रतिष्ठापन
Instant	तत्काल, क्षण, तत्क्षण, आसन्न
Instantaneous	सद्यः, तात्कालिक, तात्क्षणिक
Instar (a developmental stage of insect between two successive moults)	निर्मोकरूप, निरूप, अन्तर्रूप

Instauration	पुनर्निर्माण, पुनःस्थापन, पुनरुद्धार, नवीकरण
Instep	पिचिण्डिका, गामचा (घोड़े का), पदपृष्ठ (पैर की अंगुली और टखने के बीच की सतह)
Instigate	प्रेरित करना, उत्तेजित करना
Instigation	उत्तेजना, उकसाना
Instil(l), Instillment	बूँद-बूँद भरना, चुवाना, टपकना, टपकाना
Instillated	आस्रुत, टपकाया हुआ, मन में बैठाना
Instillation	आस्रुतण, टपकान, भरान
Instinct	मूलप्रवृत्ति, सहजवृत्ति, वृत्ति
Institute	संस्था, स्थापित करना
Institution	संस्थान, संस्थापन
Instruction	अनुदेश, निर्देश, शिक्षण
Instrument	यन्त्र, उपकरण, साधन, वाद्य
Instrumental	यान्त्रिक, सहायक, वाद्य (संगीत)
Instrumental error	यन्त्रीय त्रुटि, यान्त्रिक त्रुटि
Instrumentalist	यन्त्रविशेषज्ञ, उपकरण सहायक, वादक
Instrumentation	यन्त्रीकरण, मापयन्त्रण, यन्त्र प्रयोग, वाद्य संगीत-विन्यास
Insuccate, Insuccation	चूसना, आचूषण
Insufferable, Intolerable	असह्य, असहनीय
Insufflate, Insufflation	फूँकना, शरीर में हवा भरना, नाक झिनकना, अन्तर्धमन
Insula	द्वीपिका
Insular	द्वीपीय, संकीर्णमना, द्वीपवासी
Insulate	ऊष्मा/विद्युत रोधी बनाना
Insulated	ऊष्मा/विद्युत रोधित, अवरुद्ध
Insulation	रोधन, विद्युतरोधन, ऊष्मारोधन
Insulator	ऊष्मा/विद्युत रोधक, अवरोधक
Insulin	मधुसूदनी (मधुमेहहर औषधि तथा एक अग्न्याशयी अन्तःस्राव)
Insusceptibility	अप्रभाव्यता, अहृषता
Insusceptible	अप्रभावनीय, अहृष, अप्रभाव्य
Intact	अक्षुण्ण, अक्षत, अविकल, सम्पूर्ण, साबुत
Intaglio	उभारदार नक़्क़ाशी, उत्कीर्ण आकृति
Intake	अन्तर्ग्रहण, मुँह से ग्रहण करना
Intangibility	अस्पष्टता, दुर्बोधता, अस्पृश्यता, स्पर्शागम्यता
Intangible	स्पर्शागम्य, अस्पृश्य, अस्पष्ट, दुर्बोध, अतिसूक्ष्म
Intectate	असततच्छदी
Integer	पूर्णांक, पूर्ण संख्या, अखण्ड
Integrable	समावेश्य, समाकलनीय
Integral	सम्पूर्ण, समग्र, पूर्णसांख्यिक, समाकल
Integral calculus	समाकलन गणित
Integrand	समाकल्य
Integrant	अंगभूत, अवयव, संघटक
Integrate	समाकलित करना, जोड़ना, एक करना
Integrated	एकीकृत, समेकित, समाकलित
Integration	समाकलन, एकीकरण, समन्वयन, संघटन
Integrative	समाकलनात्मक
Integrator	समाकलक
Integrity	सम्पूर्णता, अखण्डता, सुस्वास्थ्य, सत्यनिष्ठा
Integument	अध्यावरण, कवच, आच्छद
Integumentary, Integumental	अध्यावरणी, त्वचीय, कवचीय, आच्छादी
Intellective	बुद्धिसम्पन्न, प्रज्ञाशील
Intellectual	बौद्धिक, प्राज्ञ, प्रज्ञात्मक
Intelligence	बुद्धि, प्रज्ञा, प्रज्ञान, गुप्तचर
Intelligence quotient (IQ, a score of intelligence level)	बुद्धि लब्धि
Intelligent	बुद्धिमान, प्रज्ञावान्
Intelligibility	बुद्धिगम्यता, बुद्धिग्राह्यता
Intelligible	बुद्धिगम्य, बुद्धिग्राह्य, सुबोध
Intemperance	असंयम, अति-मद्यसेवन, नशाख़ोरी
Intense	तीव्र, उग्र, प्रचण्ड, प्रबल, सघन
Intensifier	तीव्रकारी, तीव्रकर, प्रबलक
Intensify, Intensification	तीव्र करना/होना, तीव्रीकरण, सघनीकरण, प्रबलन
Intensity	तीव्रता, उग्रता, प्रबलता, प्रचण्डता
Intensive	गहन, तीव्र, घना, नितान्त, प्रगाढ़
Intensive care unit (ICU)	गहन चिकित्सा एकक/विभाग
Intensive critical care unit (ICCU)	गहन संकटकालीन चिकित्सा एकक/विभाग
Inter	गाड़ना, दप ाना
Inter- (prefix)	अन्तर-, अन्तरा-, मध्य-

Interact परस्पर कार्य करना
Interaction अन्योन्यक्रियण, अन्तःक्रिया, पारस्परिक क्रिया
Inter blend, Inosculate परस्पर मिलाना, मिश्रित करना
Interbred संकरित, अन्तर्प्रजनित
Inter breed अन्तर्प्रजनन करना
Inter breeding संकरण, अन्तराभिजनन
Intercalary, Intercalated अन्तर्निविष्ट, अन्तर्विष्ट, सन्निविष्ट
Intercalate अन्तर्निविष्ट करना, सन्निविष्ट करना
Intercalation अन्तर्निवेशन, सन्निवेशन
Intercaste अन्तरजातीय
Intercellular, Inter-racial अन्तराकोशिकीय, अन्तराकोशीय
Intercept, Interception अन्तर्रोधित करना करना, अन्तरावरोधन, अन्तर्रोधन, अन्तःखण्डन
Intercepted अन्तःखण्डित, अन्तर्रुद्ध
Interceptor अन्तर्रोधी, अन्तर्रोधक, अवरोधक
Interchange अन्तर्विनिमय करना, व्यतिहार
Interchangeable अन्तर्विनिमेय
Interclavicle अन्तराक्षक, अन्तर्जत्रुक
Intercommunication, Intercom अन्तःसञ्चार, अन्तरसञ्चार, अन्योन्यसञ्चार
Interconnect, Interconnection अन्तःसम्बद्ध होना/करना, अन्तःसम्बन्ध
Inter correlation coefficient परस्पर सहसम्बन्ध गुणांक
Intercostal अन्तरापर्शुक
Intercourse समागम, सहवास, सम्भोग, मैथुन
Inter coxal अन्तरकक्षीय, अन्तरश्रोणीय
Intercrop अन्तराल सस्य, बिचली फसल
Intercross प्रजनन करना, परस्पर काटना
Inter crossing मिथःसंकरण, प्रजनन
Intercurrent अन्तराभावी, मध्यवर्ती, अन्तर्प्रवाही
Inter-dorsal पश्चोत्तर
Interductal अन्तर्वाहिनीय
Interface अन्तरानीक, अन्तर्सीमा, अन्तराफलक, अन्तरा पृष्ठ
Interfacial अन्तर्सीमीय, अन्तरापृष्ठीय
Interfascicular अन्तरापूलीय
Interfere हस्तक्षेप करना, दख़ल देना
Interference व्यतिकरण, अन्तरक्षेप, निरोध, हस्तक्षेप
Interference microscopy व्यतिकरण सूक्ष्मदर्शिकी, व्यतिकरण सूक्ष्मदर्शन
Interfering व्यतिकारी, हस्तक्षेपी, बाधक, विघ्नकर
Interfering radical व्यतिकारी मूलक, हस्तक्षेपी मूलक
Interferometer व्यतिकरणमापी, मिथोघट्टमापी
Interferon (a group of signaling protein of host cells, able to interfere with proliferation of viruses and other pathogens) प्रतिविषाणु, विषाणुव्यतिकर, विषाणुरोधक
Interflow अन्तर्प्रवाह
Interfluent अन्योन्य प्रवाही, परस्पर प्रवाही
Interfluve अन्तराप
Intergeneric अन्तरावंशीय
Intergenic अन्तराजीनी
Interglacial अन्तर्हिमानी, अन्तर्हिमनदीय
Intergranular अन्तराकणिक, अन्तराकणिकीय
Intergrowth अन्तरावृद्धि
Intergular अन्तरानाल
Interim अन्तरिम, मध्यवर्ती, अन्तःकालीन, मध्ये
Interio-exterior, Inetro-external अन्तर्बाह्य, बाह्याभ्यन्तर
Interior, Internal, Internus, Inner आन्तरिक, अन्दरूनी, अन्तस्थ अभ्यन्तर, आन्तर
Interiorisation अन्तस्थीकरण, अन्दर करना
Interiority, Internality आन्तरिकता, आन्तरता
Interior vena cava अधोमहाशिरा
Interjacent मध्यवर्ती, अन्तर्वर्ती
Interlace, Interlock, अन्तर्ग्रन्थित करना,
Interweave गूथना, बटना, अन्तर्पाशन करना
Interlacing, Interlocking, Interweaving अन्तर्ग्रथन, अन्तर्पाशन
Interlink परस्पर जोड़ना
Interlinked अन्तर्सम्बन्धित, परस्पर जुड़ा
Intermediate, Intermedius, Intermediary माध्यमिक, मध्यवर्ती, मध्य, मध्यम
Intermedium अन्तःस्थिका
Interment, Inhume शवाधान, दफ़नाना
Intermetallic अन्तर्धात्विक
Intermigration अन्योन्य प्रवसन
Interminable अनन्त, असीम, अन्तहीन

English	Hindi
Intermingle, Intermix	अन्तर्मिश्रण बनाना, परस्पर मिलना या मिलाना
Intermingled, Intermixed	अन्तर्मिश्रित
Intermission	अल्पान्तर, मध्यान्तर, मध्यावकाश
Intermit	रुकना, रोकना, विराम करना
Intermittent	अन्तर्विराम, सविराम, आन्तरायिक
Intermittent infarction	आन्तरायिक अनॉक्सी-ऊतिमृत्यु, सविराम-ऊतिक्षय
Intermix, Intermixing	परस्पर मिलाना/मिलना, अन्तर्मिश्र करना,
Intermixture	अन्तर्मिश्रण
Intermolecular	अन्तराणुक, अन्तराण्विक, अन्तरा-व्यूहाण्विक
Intermuscular	अन्तरापेशीय
Intern, Internee	अन्तर्रुद्ध/नज़रबन्द करना, प्रशिक्षु चिकित्सक
Internal, Interior, Internus, Inner	आन्तरिक, अन्तः, आन्तर, अभ्यन्तर, भीतरी
Internal ear	अन्तःकर्ण
Internal organ	अन्तरांग, आन्तरिक अंग
Internal necrosis	आन्तरिक ऊतकक्षय
Internal parasite, Endoparasite	आन्तर परजीवी, अन्तःपरजीवी
Internal respiration	आन्तर श्वसन
Internality, Interiority	आन्तरिकता, आन्तरता
Internarial, Internasal	अन्तरानासीय, अन्तरानासा-
Internates	अन्तर-नितम्ब
Internatal	अन्तरनितम्बीय
Internecine	सांघातिक, संहारक, परस्पर विध्वंसी
Internet (International computer network)	सन्तन्त्र (अन्तर्राष्ट्रीय संगणक तन्त्र), सञ्जाल, अन्तरजाल
Internode	पर्वान्तर, पोर
Inter nos	हमारे में, अस्मासु
Internuncial	मध्यस्थ
Interoceptor	अन्तःसंवेदक, अन्तःज्ञानेन्द्रिय
Interofection	अन्तःप्रभाव, अन्तःप्रभावन
Interofective	अन्तःप्रभावी
Interorbital	अन्तराक्षि, अन्तर्कक्षीय
Interpenetration	अन्तर्वेधन, अन्तर्वेशन
Interpetiolar	अन्तरावृन्तीय, अन्तरावृन्त-
Interphase	अन्तरावस्था, मध्यावस्था, भाजनावस्था
Interplanetary	ग्रहान्तर, अन्तर्ग्रहीय, अन्तर्ग्रह-

English	Hindi
Interpolation	आन्तरगणन, अन्तर्वेशन, प्रक्षेप
Interracial, Intercaste	अन्तर्जातीय
Interradius	मध्यार
Interrenal	अन्तरावृक्क, अन्तरावृक्कीय
Interrupt	क्रमभंग करना, रुकावट डालना, व्यवधान डालना, व्यवहित करना, व्याघात डालना
Interrupted	व्यवहित, अन्तरायित, अवरुद्ध
Interrupter	अन्तरायित्र, बाधक
Interruption	क्रमभंग, व्यवधान, रुकावट, व्यवहन, अन्तरायन
Intersect, Intersection	परस्पर रेखाओं का कटना, मिथश्छेदन, प्रतिच्छेदन, सर्वनिष्ठ
Intersegmental	अन्तराखण्डीय, अन्तराखण्ड-
Interseminal	अन्तर्बीजीय
Intersex	उभयलिंगी
Intersexual	उभयलैंगिक, उभयलिंगी
Intersexuality	उभयलैंगिकता
Interspace	अन्तराल
Interspacing	अन्तरालन
Intersperse	छितराना, बिखेरना, विकीर्ण/अलंकृत करना
Interspersion	अन्तर्प्रकीर्णन, अन्तःप्रकीर्णन, अलंकरण
Interspinous	अन्तराशल्य
Interstellar	अन्तरातारकीय
Interstice	सूक्ष्मान्तराल, अन्तराल, दरार
Interstitial	अन्तरालीय, अन्तराकाशी
Interstitial cell	अन्तरालीय कोशिका, अन्तराली कोशा
Interstitial compound	अन्तराकाशी यौगिक
Interstitial voids	अन्तरालीय रिक्ति
Interistitium	अन्तराली अवकाश
Intertexture	अन्तर्वयन
Intertidal	अन्तरज्वारीय
Intertrigo	त्वग्वलिशोफ, त्वग्वलि प्रदाह
Intertropical	अन्तःउष्णकटिबन्धीय, अन्तर्वलयिक
Interval, Interstice	अन्तराल, मध्यान्तर
Intervene	बीच में आना, अन्तर पर होना
Intervened	अन्तरित, मध्यवर्तित
Intervening	अन्तरायण, अन्तःस्थ, मध्यवर्ती

Interventral	पश्चाधर
Interventricular	अन्तराप्रवेश्म, अन्तरानिलयी
Intervertebral	अन्तराकशेरूक, अन्तराकीकस
Intervolve	अन्तर्वलित करना, गुम्फित बनाना, अन्तर्वेष्टित करना
Interweave, Interwine	गूथना, गुम्फन करना, बटना, अन्तरवयन
Interwoven	अन्तर्ग्रथित, अन्तर्गुम्फित
Intestinal	आन्त्रिक, आन्त्रीय, आन्त्र-
Intestine, Intestinum	आन्त्र, अन्त्र, आँत, अँतड़ी
Intima	अन्तिमा
Intimate	घनिष्ठ, अन्तरंग, सूचित करना
Intinction	निमज्जन, डुबाव, डुबकी
Intine	अन्तःचोल, अन्तःकवच
Intoed	बाँगुर, न्युब्जपाद (पैर की अन्दर मुड़ी अँगुलियाँ)
Intolerable	असह्य, असहनीय
Intolerance	असहिष्णुता, असहनशीलता
Intolerant	असहिष्णु, असहनशील
Intortus, Twisted	व्यावर्तित, ऐंठा/मुड़ा हुआ
In toto	पूर्णरूपेण, सम्पूर्णतः
Intoxic, Intoxicating, Intoxicative	उन्मादी, मदोन्मत्तकारी, उन्मादकारी, उन्मत्तशील, नशीला, मादक
Intoxicant, Intoxicator	मादक (द्रव्य)
Intoxicate	मदोन्मत्त या मदहोश करना, उन्मादित करना
Intoxicated	मदोन्मत्त, मदहोश
Intoxication	उन्मादन, विषायण, नशा, मद, उन्माद
Intra-, Intro-(prefix)	अन्तः, आन्तर, आभ्यन्तर, अभ्यन्तर
Intra-arterial	अन्तःधमनीय
Intracellular	कोशाभ्यन्तर, अन्तःकोशिकीय
Intra-cerebral	अन्तःमस्तिष्कीय
Intra-cranial	आन्तरकपालीय
Intractable	अकृष्य, असाध्य, हठीला
Intra-cutaneous	चर्माभ्यन्तर, आन्तरत्वचीय
Intra-cytoplasmic	अन्तःकोशिकाद्रव्यी
Intra-ductal	अन्तःप्रणालीय, आन्तरवाहिनीय
Intra-embryonic	आन्तरभ्रूणीय, अन्तः भ्रौणिक
Intraerythrocytic	आन्तररक्ताण्विक
Intra-fascicular	अन्तःपूलीय, पूलाभ्यन्तर
Intra-genic	अन्तःजीनी, आन्तरजीनी
Intra-glandular	अन्तःग्रन्थीय, ग्रन्थ्यभ्यन्तर
Intra-hepatic	आन्तर्यकृतीय, अन्तःयाकृत
Intra-medulary	अन्तःमज्जीय, अन्तःमज्जा-
Intra-membranous	कलाभ्यन्तर, अन्तःकला
Intra-molecular	आन्तराण्विक, अन्तःअणुक
Intra-mural	अन्तःभित्ति, अन्तरावकाशिका
Intra-muscular	अन्तःपेशीय, आन्तरपेशीय, पेश्यभ्यन्तर
Intra-narial, Intra-nasal	अन्तःनासाविवर, आन्तर-नासाविवरीय, नासाविवराभ्यन्तर
Intra-natal	अन्तःनितम्ब, प्रसवकालीन
Intrant, Intromittent	प्रवेशी, अन्तःक्षेपी
Intra-nuclear	अन्तःकेन्द्रकीय, नाभ्यन्तरी, आन्तरनाभिकीय
Intra-ocular	अन्तःनेत्रीय, नेत्राभ्यन्तर
Intra-operative	अन्तःशल्य, आन्तर्शल्य
Intra-peritoneal	उदरच्छदाभ्यन्तर
Intra-uterine	अन्तःगर्भाशयी
Intra-uterine device (IUD)	अन्तःगर्भाशयी साधन
Intra-vascular	अन्तःवाहिनीय, वाहिन्यभ्यन्तर
Intra-venous	अन्तःशिरीय, शिराभ्यन्तर
Intra-vesical	अन्तःमूत्राशयी
Intricate	क्लिष्ट, जटिल, दुर्बोध, पेंचीदा
Intricacy	जटिलता, क्लिष्टता, उलझन, पेंचीदगी
Intrinsic	आभ्यन्तर, आन्तरिक, आन्तर, नैज, निज, अन्तरस्थ, तात्विक, स्वयंभूत
Introduce	सन्निविष्ट/प्रवेश/ परिचय कराना, घुसाना
Introduction	प्रवेश, परिचय, प्रस्तावना, भूमिका, आमुख
Introflexion	अन्तःवक्रण, अन्दर मोड़ना
Intromission	सन्निवेशन, निवेशन
Intromittent, Intrant	प्रवेशी, अन्तःक्षेपी
Intron	असंकेतांश
Introrse	अन्तर्मुख
Introspection	अन्तर्निरीक्षण, अन्तर्दर्शन, आत्म-विश्लेषण
Introversion	अन्तर्मुखता, अन्तर्वृत्ति
Introvert	अन्तर्मुखी, अन्तर्वृत्त, अन्तःसारी
Intruction	अभ्यंग, अभ्यञ्जन, तेल-मालिश
Intrude, Intrusion	अन्तर्वेधन, बलात्प्रवेश, घुसपैठ

Intruder प्रवेशकर्त्ता, घुसपैठिया
Intubate, Intubation अन्दर नलिका डालना, अन्तर्नलिकायन
Intumesce विस्फायन, सूजना, बुद्बुदाना, श्वयन
Intumescence स्फीति, सूजन, शोथ, अर्बुद, श्वयथु
Intumescent सूजा हुआ, शोथित, श्वय
Intune संस्वर
Intussuception अन्तराधान, अन्तर्वेशन, अन्तर्प्रवेशन, आत्मसात्करण
Intuition अन्तःप्रज्ञा, अन्तर्ज्ञान, सहजबोध
Intwine लपेटना, गूथना, बटना
Inunction विलेपन, अभ्यञ्जन, मालिश, मरहम लगाना
Inundate आप्लावित/जलमग्न करना
Inundation जलप्लावन, आप्लावन, बाढ़
Inundatus जलमग्न, जलप्लुत, आप्लावित, आप्लाव,
In utero गर्भाशये, गर्भस्थे
In vacuo निर्वाते
Invaginate अन्दर मोड़ना
Invaginated अन्तर्वलित
Invagination अन्तर्वलन
Invariable स्थिर, अचर, अपरिवर्त्य, निश्चर
Invariant निश्चल, अपरिवर्ती
Invasion आक्रमण, हमला, धावा
Invasive, Invader आक्रामी, आक्रामक, आक्रमणकारी
Invent आविष्कार करना, खोजना
Invention आविष्कार, खोज, उपज्ञा
Inventor आविष्कारक, उपज्ञाता
Inverse प्रतीप, उल्टा, प्रतिलोम, व्युत्क्रम, विपर्यय
Inversely proportional प्रतिलोमानुपाती
Inversion अवर्तन, व्युत्क्रमण, प्रतिलोमन
Inversion temperature व्युत्क्रम ताप
Inversive प्रतिलोमी
Invert उल्टा करना, औंधाना
Invertebrata (a subphylum of kingdom Animalia) अकशेरुकी (एक उपसंघ)
Invertebrate (animals of subphylum Invertebrata without vertebral column) अकशेरुकी, अपृष्ठवंशी जन्तु
Inverted उल्टा, औंधा, प्रतीपित, निशीर्ष, अन्तर्वृत, व्युत्क्रमित, प्रतिलोमित, विपर्यस्त
Inverted tube निशीर्ष नाल, प्रतीप नलिका
Inverter प्रतीपक, प्रतिलोमित्र (यन्त्र)
Invertible व्युत्क्रम्य, प्रतीप्य, प्रतिलोम्य
Invested आवृत्त, घिरा हुआ, पूँजी लगी, निवेशित
Investigable अनुसन्धेय, अनुवेष्य
Investigate, Investigation अन्वेषण करना, जाँच-पड़ताल करना, अन्वेषण, अनुसन्धान
Investigator अन्वेषक, अनुसन्धानकर्ता
Inveterate चिरकालिक, असाध्य, प्रगाढ़, कठोर, बद्धमूल
Invigorate शक्ति प्रदान करना
Invigorative शक्तिदायी, बलवर्धी, पुष्टकारी
Inviolate, Inviolated अदूषित, अक्षत, अनुल्लंघित
Invisible अदृश्य, अगोचर
In vitro पात्रे, बर्तन में, पात्र में
In vitro fertilization (IVF) पात्रे गर्भाधान, पात्रे-निषेचन
In vivo जीवे, जीवस्थ, जीव के शरीर में
Involucre आवरण, आवेष्टन, सहपत्र चक्र
Involuntary अनैच्छिक
Involute अन्तर्वलित, प्रतिकेन्द्रज, कुण्डलित
Involution अभ्यन्तरण, घातकरण, अन्तर्वलन, प्रत्यावर्तन, निवर्तन
Invulnerable अभेद्य, अवेध्य, क्षताक्षम
Inward अन्तर्मुखी, आगम, भीतरी
Inwrought खचित, जड़ित, कामदार, अन्तर्भूत
Iodide (acid radical of Iodine) जम्बुकेय, आयोडाइड
Iodination जम्बुकीयन, आयोडीनीकरण
Iodine (an essential element of halogen group with symbol I) जम्बुकी, आयोडीन
Iodism, Iodine toxicity जम्बुकीविषाक्तता, आयोडीनविषालुता
Iodization जम्बुकेयन, आयोडाइडीकरण
Iodized जम्बुकेयित, आयोडाइड मिश्रित

English	Hindi
Iodized salt, Iodised salt (15 ppm of iodate or iodide of potassium or sodium with common salt to combat iodine deficiency disorders)	जम्बुकेयित लवण, आयोडीन युक्त नमक (घेंघा से बचाव तथा गर्भस्थ शिशु व बच्चों के बौद्धिक विकास आदि हेतु)
Iodizer	जम्बुकेयक, जम्बुकेयित्र, आयोडाइड व्यापित्र,
Ioduria (presence of iodide in urine)	आयोडाइडमेह, जम्बुकेय-मूत्रता
Ion (an atom or molecule with positive/negative electrical charge)	आयन, अयन
Ion conductance	आयन चालकता
Ionic	आयनी, अयनी, अयनिक, आयनिक
Ionic balance	आयनिक सन्तुलन
Ionic concentration	आयनिक सान्द्रता
Ionic product	आयनिक गुणनफल
Ionize, Ionization	आयन में बदलना, अयन बनाना, आयनीकरण, अयनन
Ionized	आयनित, अयनित, आयनीकृत
Ionophore	अयनधर
Ionosphere	आयनमण्डल, आयनी परिमण्डल, अयनमण्डल
Ionotherapy	अयनचिकित्सा, आयनोपचार
Iontophoresis (a technique to introduce ionic medicines into body by applying electric current on skin)	अयन प्रवेशन, आयन सञ्चलन
Iota	बिन्दु, कण, रत्ती, अत्यल्प
Iracundity, Iracibility, Irateness	क्रोध, गुस्सा, उत्तेजना
Irenic (al)	शान्तिक, शान्तिकर, शान्त
Iridescence	रंगदीप्ति
Iridescent	रंगदीप्त, इन्द्रधनुषी, बहुवर्णी
Iridium (a rare transition metallic element of platinum group with symbol lr)	घनातु, इरीडियम
Iridocele	परितारिका प्रवर्ध
Iridocycle (anterior uvea, mid layer below white sclera of eye)	रंग्यग्र
Iridocyclitis	रंग्यग्र शोथ
Iridocyte (guanine containing skin cell of fish, reptiles and some cephalopods, reflecting light differentially)	विभासिकोशा, रंगदीप्ताणु
Iridodiagnosis	विभासि निदान
Iridopathy	परितारिका विकृति, कृष्णा विकार (एक नेत्रविकार)
Iris (a thin circular structure in eye to adjust diameter of pupil)	परितारिका (नेत्र में), कृष्णा, तारा, वर्णच्छटा
Iris diaphragm	तारा पटल, रन्ध्र पटल
Iritis	कृष्णाशोथ, परितारिकाशोथ, ताराशोथ
Irksome	क्लान्तिकर, खिझाने वाला, थकाऊ
Iron, Ferrum (a mineral element with symbol Fe)	लोहा, लौह, अयस् (एक उपयोगी खनिज धातु)
Iron age (a periodic stage of civilization development)	लौह युग
Iron smith	लोहार (लोहे के उपकरण/सामान बनाने वाला)
Iron wood tree (*Mesua ferrea,* a slow growing ever-green ornamental medicinal tree of family Calophyllaceae with heavy and hard wood as timber)	नागकेशर, नागचम्पा
Irradiant	प्रदीप्त, देदीप्यमान, चमकदार, द्युतिमान
Irradiate	प्रकाश डालना, उपचार हेतु किरण छोड़ना
Irradiation	किरणन, किरणीयन, विभासन, प्रदीपन, प्रविकिरण
Irrecoverable	अपूर्णीय, असंशोध्य, अप्राप्य
Irrecognizable	अनभिज्ञेय
Irreducible	अलघुकरणीय
Irrefragable, Irrefutable	अखण्डनीय, अविभाज्य, अखण्ड्य, अकाट्य, अविघट्य

Irregular	अनियमित, क्रमहीन
Irregularity	अनियमितता, विषमता
Irrelevant	अप्रासंगिक, असंगत, असम्बद्ध
Irremediable, Intractable	अनिदान्य, असाध्य, अप्रतिकार्य, अकृष्य, दुर्दमनीय
Irremovable	अमिट, अनिष्कास्य, अवर्जनीय, दुर्दम्य
Irreparable	असुधार्य, असंशोध्य
Irreplaceable	अप्रतिस्थाप्य, अद्वितीय
Irrepressible	अदम्य, अपीड्य
Irresistible	अप्रतिरोध्य, दुर्निवार्य
Irresolvable	अविभाज्य, असमाधेय
Irresponsive	अनुक्रियाहीन, अप्रतिसंवादी
Irretention	अधारिता, अधारण क्षमता
Irretrievable	अप्राप्य, असुधार्य
Irreversible	अनुत्क्रमणीय, अनिवर्त्य
Irrevocable	अप्रत्यादेय, अपरिवर्तनीय
Irrigant, Irrigator	भूसेचक, सिञ्चक, सेचक
Irrigate	सींचना, घाव धोना
Irrigated	सिञ्चित, सींची हुई
Irrigation	सेचन, सिंचाई, सिञ्चन
Irritable	प्रदाह्य, उत्तेजनीय, क्षोभ्य
Irritancy	उत्तेजकता, प्रदाह, जलन, क्षोभ, उद्दीप्ति
Irritant	सन्तापक, उत्तेजक, उद्दीपक, प्रदाहक, क्षोभक, जलनकर
Irritation	सन्तापन, उत्तेजन, उद्दीपन, प्रदाह, क्षोभण, जलन
Irritative	प्रदाही, उत्तेजनशील, क्षोभकारी, जलनकारी
Irrotational	अघूर्णी
Irruption	स्फोट, अन्तर्वेधन, समाक्रमण, अभिधावन
Isagogic	प्रारम्भिक
Ischaemia, Ischemia (a condition of shortage of oxygen and glucose to any organ due to restricted blood supply)	रक्तपूर्तिहीनता, रक्त-अनापूर्ति, अल्परक्तपरि-सञ्चरण
Ischial	श्रोणिक, श्रोणीय, आसनास्थिक, आसनास्थीय
Ischial tuberosity	आसनास्थि गण्डक
Ischio-caudal	श्रोणि-पुच्छीय, श्रोणि-पुच्छ-
Ischiopodite	तृतीय पादक
Ischiopubic	पश्च-पुरोनितम्बास्थि
Ischio-rectal	गुदासन
Ischium, Ischia (pl.)	आसानास्थि, श्रोणिखण्ड
Iseikonia	सममूर्तिता
Isidium (an outgrowth of thallus of some lichens for vegetative reproduction), Isidia (pl.)	उत्प्रवाल
Island (a piece of land surrounded by a huge water body)	द्वीप, असंलग्न वस्तु
Isle, Islet (a small island)	द्वीपिका, द्वीपक, उपद्वीप, लघुद्वीप, टापू
Iso- (a German word isos means equal -prefix)	सम-
Isoallele	समयुग्मविकल्पी, समविकल्पी
Isoantibody, Alloantibody	समप्रतिकाय
Isoantigen, Alloantigen	समप्रतिजन
Isobar (elements with same atomic weight but different atomic number)	समभार (परमाणु), समदाब रेखा
Isobaric	समदाब, समनिपीड, समभारिक (परमाणु)
Isocellular	समकोशिकीय, समकोशीय
Isocheim	समहिम रेखा, समशीतरेखा
Isochore	समायतनिक रेखा
Isochoric	समायतनिक
Isochromatic, Isochromous	समवर्णी
Isochromosome	समगुणसूत्र
Isochronic, Isochronous, Contemporary, Synchronous	समकालिक, समकालीन
Isochronism, Synchronism	समकालता, समकालिकता
Isoclinal, Isoclinic	समनतिक, समनमन
Isocratic	समअवयवी, स्थिरसंघटी
Isocyte	समकोशिका, समकोशा
Isocytosis	समकोशता
Isocytotoxin	समकोशाविष
Isodont	समरूपदन्ती
Isoelectric	समविभव
Isoelectronic	समवैद्युदाण्विक, समइलेक्ट्रानिक

English	Hindi
Isogamic, Isogamous	समयुग्मकी, समयुग्मी
Isogamy	समयुग्मन
Isogenic, Isogenous	समोद्गामी, समजीनी, समरोपीय
Isogeotherm	समभूताप (एक भौगोलिक रेखा)
Isogon	समदिक्पात, समकोण, बहुभुज, बराबर कोणों से युक्त
Isogonal, Isogonic	समदिक्पातिक (रेखा), तुल्यकोणीय, समविनत, समकोणिक
Isograft	समरोप, समवंश रोप
Isohyte	समवृष्टि रेखा
Isoimmunization	समजात प्रतिरक्षण
Isoionic	समायनी
Isokinetic	समगतिक
Isolate	एकल, वियुक्त, पृथक् करना, अलग करना
Isolated	विलग, वियुक्त, पृथक्कृत
Isolateral	समपार्श्विक, समपार्श्व-
Isolating	वियोगात्मक, पार्थक्य, पृथक्कारी
Isolation	पृथक्करण, एकलन, विलगन, वियोजन
Isolecithal	समपीतकीय, समपीतकी
Isologous	समजातीय
Isomer	समावयव, समभाज
Isomeric, Isomerous	समावयवी, समभाजिक
Isomerisation	समावयवीकरण, समावयवन
Isomerism	समावयता, समभाजता
Isometric	सममितीय, समितीय, त्रिसमलम्बाक्ष, घनीय
Isometropia (a condition of equal refractive power in both eyes)	सनाभिता, समनाभिता
Isomorphic, Isomorphous	समाकारी, समाकृतिक, एकैक
Isonephrotoxin	समवृक्काविष
Isonormocytosis	समश्वेताणुता
Isophone	ध्वनिरेखा
Isopiestic	समदाबी
Isopleth	समवाष्पोत्सर्जन
Isopod, Giant isopod (*Bathynomus* sp., a terristrial and aquatic crustacean of order Isopoda)	बड़ा केकड़ा
Isopoda (an order of crustaceans)	समपाद (एक कर्कट गण)
Isopycnal	समघनत्वी
Isosceles triangle	समद्विबाहु त्रिभुज
Isoseimal	समभूकम्परेखीय
Isosmotic	समपरासरणीय, समासृती
Isospermotoxin	समशुक्राविष
Isostasy	सन्तोल
Isostatic	समस्थैतिक
Isotere, Isoteric	समविन्यासी
Isothenuria	समघनमूत्रता
Isotherm	समताप, समताप रेखा
Isothermy	समतापन, समतापता
Isothermal, Isothermic	समतापी, समतापीय, समोष्ण, समोष्मिक
Isotone	समक्लीवाण्विक, समन्यूट्रानिक
Isotonic, Isotonous	सबल्य, समसान्द्री, समतानिक, समबलीय
Isotonicity	समसान्द्रता, सबल्यता
Isotope (elements with same atomic number but different atomic weight)	समस्थानिक, समस्थानी, सस्थानी
Isotopic	समस्थानिक
Isotoxic, Homeotoxic	समजातविषी, समजात विषाक्त
Isotoxin, Homeotoxin	समजाताविष समजातविषि
Isotropic	समानुवर्ती, सावर्तिक, समदिक्, समदैशिक
Isotropism, Isotropy	समावर्तिता, सावर्तिकता, समानुवर्तन, समदैशिकता
Isotype	समप्ररूप
Isozoic	समजीवी, समजान्तव
Isozyme (enzymes that differ in amino acid sequence but catalyze same chemical reaction)	समकिण्वक
Isthmus	संयोजक पट्टी, भूसन्धि, जलडमरूमध्य, अन्तर्ग्रीवा
Itai-itai disease (name derived from Japanese word 'itai' for severe pain due to cadium toxicity)	इटाई-इटाई रोग
Itch, Itching	खुजलाना, खुजली/खाज होना
Itching, Itchiness	खर्जु, खुजली, खुजलाहट
Itch mite	कुटकी

Iterate	दुहराना, पुनरावृति करना, दुबारा करना/होना
Iteration	पुनरावृत्ति, पुनरुक्ति, दोहराई
Iteroparity (multiple reproductive cycles or producing flowers and fruit many times before death)	बहुप्रजता, बहुफलता
Itinerant	घुमन्तू, भ्रमणी, भ्रमणशील
Ivory, Tusk	हाथी दाँत, गजदन्त, हस्तिदन्त, खाँग
Ivory black	दन्ति-कज्जलि
Ivory turner	दन्तकार
Ivy (*Hedera* sp., an evergreen climber/creeper of family Araliaceae)	सिरपेंचा (एक बेल), मारवल्ली, लबलब
Ivy gourd, Scarlet gourd (*Coccinia grandis* a perennial tropical creeper of family Cucurbitaceae, raw fruit is edible as vegetable)	कुँदरु, कुन्दरी, बिम्बाफल (एक भोज्य फल)
Ixodiasis, Ixodism (an infestation of certain ticks, like *Ixodes* sp., an arthropod of family Ixodidae)	किलनीग्रसता
Ixora (*Ixora coccinea*, a flowering medicinal tropical evergreen small tree of family Rubiaceae)	विरूचि, इक्ज़ोरा

J

Jab	चुभाना, भोंकना, धक्का मारना, झटका देना
Jabble	तरल पदार्थ में हलचल
Jack snipe	चाहा (एक पक्षी)
Jaborandi (*Pilocarpus* sp., a medicinal shrub of family Rutaceae, leaf extract is used a hair tonic)	जैब्रॉण्डी (एक होम्योपैथिक औषधि हेतु स्रोत पादप)
Jacana (a water wading colourful bird of family Jacanidae), Jacanas (pl.)	जलकपोत, जलमोर, जलमखानी, जलपीही (एक जलीय पक्षी)
Jacinth, Jargon	गोमेद (नारंगी लाल रंग की मणि)
Jack	उत्थापक, गधा, गदर्भ (नर) जहाज़ के आगे लगा झण्डा
Jackal (*Canis* sp., a medium-sized omnivorous wild mammal of dog family Canidae)	सियार, शृगाल, गीदड़
Jack daw (*Coloeus monedula,* a large black omnivorous passerine bird of crow family Corvidae	कौआ (एक सर्वाहारी पक्षी)
Jacket	बाह्यावरण, कवच, निचोल, मिर्जई (वस्त्र)
Jacket cell	निचोल कोशा
Jacketed	निचोलित, कवचित
Jack fruit (*Artocarpus heterophyllus* a tree of mulberry family Moraceae with edible sorosis type composite fruit)	कटहल (काष्ठफल-सबसे बड़ा भोज्य संयुक्त फल)
Jack knife	खटकेदार बड़ा चाकू
Jack-o'-lantern, Ignis fatuus	मृगमरीचिका, कच्छ-प्रकाश, छलावा
Jack plane	मोटा रन्दा
Jack rabbit, Hare (*Lepus* sp., a small herbivorous mammal of family Leporidae)	खरहा (एक जंगली तेज दौड़ने वाला प्राणी)
Jack up	ऊपर उठाना (यन्त्र से)
Jacobean	काला, गहरे ओक रंग का
Jacquard	चित्रल
Jactation, Jactitation	फेंकना, व्यग्रता (रोग में), बेचैनी, ऐंठन, शेख़ी बघारना
Jaculiferous	कण्टकधारी
Jade	संगयशब (एक पत्थर), मारियल घोड़ा
Jag	दाँता, नोंक, खुरदुरा काटना
Jagged	दाँतेदार, दन्तुर, कटा-फटा, खुरदुरा, ऊबड़-खाबड़

Jagger test — कण्टक सम्परीक्षण
Jaggery — गुड़, खाँड़सारी, देसी चीनी
Jaguar (*Panthera onca,* a big carnivorous wild feline mammal of family Felidae) — एक दक्षिणी अमेरिकी चीता/तेंदुआ
Jail fever (a louse-borne epidemic typhus fever with rashes caused by a bacterium *Rickettsia* sp.,) — तन्द्रिक ज्वर, वृषज्ज्वर (जेल के बन्दियों में होने वाला एक बुख़ार)
Jalap — विरेचक जड़ी, रेचकन्द, जुलाब
Jalousie — झिलमिली
Jam — फलपाक, मुरब्बा, ठूँसना, संकुलन
Jambolan, Jambu (*Sygygium cumini,* a flowering ever-green tropical medicinal tree of family Myrtaceae, large berry like drupaceous fruits are edible) — जामुन, जम्बु (एक भोज्य फल जो मधुमेह को नियन्त्रित करता है तथा फल के रस सिरका व शराब भी बनाते हैं)
Jamboline — जम्बुली, जामुनी
Jammer — सम्बाधक, जामक, संकुलित्र (यन्त्र)
Jangle — खनखनाहट, झनझनाहट
Jap — रोग़न, रोग़न लगाना
Japanese encephalitis (JE, a water related, mosquito *Culex* sp., bite borne viral disease caused by *Flavivirus*), Acute encephalitis syndrome (AES) — दिमाग़ी बुख़ार (एक मच्छर वाहित रोग)
Jappaned — निक्षालित
Jar — कलश, मर्तबान, चरचराना, असंगत होना
Jaragua lizard (*Sphaerodactyhis ariase,* a small reptile of family Sphaedactylidae, with 16-18 mm body length) — जरागुआ (एक सबसे छोटी गीको छिपकली)
Jargon, Jacinth — गोमेद (नारंगी लाल रंग की एक मणि)
Jarring effect — कर्कश प्रभाव
Jasmine (*Jasminium* sp., a shruby vine of olive family Oleaceae, flowers are used for perfume) — चमेली, मोगरा (फूल)
Jatropha, Physic nut (*Jatropha* sp., a flowering shrub of spurge family Euphorbiaceae with toxic seeds, used for biodiesel production) — रतनजोत, जैट्रोफा
Jaundice (a liver disease with increased bilirubin level in blood) — पीलिया, कामला, पाण्डुरोग
Jaw — जबड़ा, हनु, जम्भ
Jaw bone — जम्भास्थि, हन्वस्थि, जबड़े की हड्डी
Jay (a medium-sized passerine bird of family Corvidae) — नीलकण्ठ, बनसर्रा (कौआ कुल का एक पक्षी)
Jejune — फीका, शुष्क, अपौष्टिक, अनुर्वर
Jejunitis — मध्यान्त्र शोथ
Jejunostomy — मध्यान्त्र छेदन
Jejunum — मध्यान्त्र, अग्रक्षुद्रान्त्र,
Jejunal — मध्यान्त्रीय, मध्यान्त्रिक, मध्यान्त्र-
Jell — जेली बनाना, कड़ा बनाना
Jelly — श्लेष्यक, अवलेह (खाद्य), जेली
Jelly fish (a free swimming medusoid form of marine coelentrate of sub-phylum Cnidaria with umbrella shaped body and trailing tentacles) — छत्रिक (एक समुद्री दंशी तरणशील जन्तु)
Jennet, Jenny — गदही, गधी, गर्दभी (मादा गधा)
Jeopardy — ख़तरा, संकट, जोखिम, आशंका

Jequirity, (*Abrus precatorius*, a perennial climber shrub of family fabaceae, seeds are toxic and used as bead), Rosary sea	घुँघची (लता), गुँजा
Jerboa (hopping small tailed burrowing desert rodent of family Dipodidae)	हिरन-मूसा (एक मरुस्थलीय उछलनेवाला चूहा)
Jerk	प्रतिक्षेप, झटका, हचका, समुच्छल
Jet	घन, स्रुति, प्रधार, कृष्णाश्म, संग-मूसा, टोंटी, धार फेंकना, जेट विमान
Jet black	स्याह काला, कोयली
Jet propulsion	जेल-चालन
Jewing	लोलकी, गल चर्म
Jigger	झम्पक (कीड़ा)
Jiggering	विदोलन
Jig saw	चौखटी आरा, गोल कटाई की आरी
Jimson weed, Datura	धतूरा (एक विषैली झाड़ी)
Jingle	झंकार, छनकना, छनकाना
Job analysis	कृत्यक विश्लेषण
Jocko	चिम्पैञ्जी, बन्दर
Joey	पशु शावक, कंगारू का बच्चा
Jog, Jogging	हिलाना, धक्का देना, धीरे-धीरे दौड़ना
Joggle	दन्तुरीकरण, हिलना, झटका देना
Joggling	सन्नमन
Joint	जोड़, सन्धि, संयुक्त
Jojoba (*Simmondsia chinensis*, a shrub of extracted from it's seeds)	जोजोबा, होहोबा (एक औषधीय तेल युक्त बीज वाला मरुद्भिद्)
Jolt, Jolting	हचकाना, धक्का, झटका, उद्धक्कन
Jorum	कटोरा
Joss stick	धूप बत्ती
Jostle	धक्का देना, धकेलना
Jot	बिन्दु, लेशमात्र, रत्ती, अत्यल्प
Joule (J, a unit of energy/work, named after British physicist James Prescott Joule, 1818-1889 A.D.)	जूल (ऊर्जा/कार्य की एक इकाई)
Journal	पत्रिका, दैनन्दिनी
Jowl	जबड़ा, गाल, गलथैली, गलकम्बल, सिर (मछली का)
Jubilance	प्रफुल्लता, खुशी, आनन्द
Jubilant	प्रफुल्लित, खुश, आनन्दित
Judder	कम्पन होना, डगमगाना
Judgement sample, Decisive sample	निर्णायक प्रतिदर्श, ऐच्छिक प्रतिदर्श
Jug	कुम्भी, सुराही, पक्षी सा बोलना
Jugal	कण्ठ, ग्रीवा
Jugal bone	गण्डिका, युगास्थि
Jugal bristle	युज्ञशूक
Jugate	युग्मित, युग्मपर्णी
Jugular	कण्ठ्य, ग्रैव, मातृका
Jugular bulb	ग्रैविक कन्द
Jugular canal	गलनाल, युज्ञनाल, मातृका नाल
Jugular plate	गण्डिका पट्ट, मातृका पट्ट
Jugular vein	गल-शिरा, ग्रैव-शिरा
Jugulate	गला काटना, गला रेतना
Jugum	युग्मदण्ड, जुआ (बैलों के लिए)
Jugulum, Jugula (pl.)	जत्रुक
Juice	रस, सार
Juice extractor, Juicer	रस निष्कर्षित्र, रस निष्कर्षक, सारक
Juiciness	सरसता, रसीलापन
Juicy	सरस, रसदार, रसीला
Jujuba, Jujube (*Zizyphus* sp., a deciduous thorny medicinal tree of family Rhamnaceae with edible drupe type fruits)	बेर (एक कँटीला फलदार वृक्ष)
Julep	औषधियुक्त मीठा पेय, उत्तेजक पेय
Juliform	नतकणिशाकार, कैटकिन रूपी
Jumbo	विशाल, भारी-भरकम
Jump	कुदान, झम्प, प्लुति
Jump condition	प्लुति प्रतिबन्ध
Jump mill	झम्प मिल

Jump test	झम्प परीक्षण
Jumper	झम्पक
Jumper steel (a steel hardened with carbon and used as uninsulated jumpers in electrical construction)	झम्पक इस्पात
Junceus	प्रनडवत्
Juncoid	नडाभ
Junction	सन्धि, संगम, संयोजन
Junction capacitance	सन्धि धारिता
Juncture	जोड़, संकटकाल, सन्धि
Jungle fever (severe malarial fever in tropics)	जंगली बुख़ार (तेज़ मलेरिया का बुख़ार)
Jungle fowl	जंगली मुरगा
Juniper (*Juniperus* sp., a coniferous evergreen medicinal tree of family Cupressaceae with needle/scale like leaves and edible berries are used as spice)	हपुषा, आरार, हौबेड़ा (एक प्रकार की झाड़ी)
Junk	कबाड़, घटिया माल, फेंक देना
Junk food	घटिया खाना, अहितकर/अपौष्टिक भोजन
Junket	मीठा दही, मिष्टान्न, वनभोज
Junk yard	कबाड़ख़ाना, गुदड़ी बाज़ार
Jupiter	बृहस्पति (सौर मण्डल का एक सबसे बड़ा पाँचवाँ ग्रह)
Jurassic period	महासरट-युग, मध्य युग,
Jut	बाहर निकला या बढ़ा हुआ होना
Jute (an inner bark fiber of *Corchorus* sp., a plant of family Malvaceae used for making rope, mats, bags, sacks etc.)	पटसन, जूट, पटुआ
Juvenescence	यौवन, तारुण्य, जवानी
Juvenescent (a young person in childhood and teenage)	यौवनशील, नवयुवक, युवा
Juvenile	बाल, तारुणिक, किशोर
Juvenile phase (a stage of childhood and teenage)	किशोर प्रावस्था, बाल प्रावस्था
Juvenile plumage	किशोर पक्षति, बाल पिच्छकता
Juvenile water, Magmatic water	मैग्मज जल (ज्वालामुखीय क्षेत्र में भूमिगत मैग्मा-पिघली चट्टान में व्याप्त जल)
Juvenility	कैशोर्य, तरुणता, यौवन, जवानी
Juxtapose	अतिनिकट रखना, सन्निहित करना
Juxtaposition	सानिध्य, सन्निधि, समीपता, संस्थिति, आसक्ति

K

Kainotype, Cainotype	नवप्ररूप
Kainozoic, Cainozoic	नवजीवी, नवजान्तव
Kaki, Persimmon (*Diospyros* sp., a deciduous tree of family Ebenaceae with berry type edible fruit)	स्वर्णाम्र, तेंदू, खुरमा
Kala azar, Visceral leishmaniasis (a blood-sucking sandfly bite borne infection of *Leishmania donovani*, an endoparasitic flagellated protozoan)	काल ज्वर, काला बुख़ार (रक्तचूषी बालू-मक्खी के काटने से होने वाला एक सञ्चारी रोग)
Kale, Kail (*Brassica oleracea*, a crop herb of family Brassicaceae, used as leafy vegetable like cabbage)	करम साग, करमकल्ला (एक प्रकार की हरा या बैंगनी पत्तागोभी)
Kaleidoscope	बहुमूर्तिदर्शी, बहुरूपदर्शी
Kale yard	शाकोद्यान, सब्ज़ी का बगीचा
Kali, Kalium (a German word for potash/potassium, an alkali metallic element with symbol K)	सुघन, क्षार, सज्जी, दहा, पोटाश-क्षार

Kaliopenic पोटैशियमहीनता, दहाल्पी
Kalloplankter, Kalloplankton (pl.) श्लेषीप्लवक
Kalong, Kalang (*Pteropus vampyrus,* a large wild south-east Asian fruigivorous flying mammal of family Pteropodidae), Large flying fox बड़ा चमगादड़
Kamptodromous venation वक्रकोर शिराविन्यास
Kangaroo (*Macropus* sp., a marsupial wild mammal of family Macropodidae) कंगारू (एक ऑस्ट्रेलियाई धावक शिशुधानीयुक्त स्तनधारी)
Kangaroo-rat (*Dipodomys* sp., a small rodent mammal of family Heteromyidae) कंगारू-मूषक (उत्तरी अमेरिका में पाया जाने वाला एक चूहा)
Kaolin (a hydrated aluminium silicate mineral $Al_2O_3 2SiO_2 . 2H_2O$, named after Kao-ling hill in China), China clay चीनी मिट्टी, प्रमृदा
Kaolinite (a layered silicate clay mineral $Al_2 Si_2O_5 (OH)_4$ of Kao-ling hill, China) प्रमृदाश्म,
Kapok (fibres of ripe fruit of *Ceiba pentandra,* a tropical tree of family Malvaceae) शाल्मली-तन्तु, सेमल की रुई
Kappa (K, k, 10th letter of Greek alphabet) कप्पा (यूनानी वर्णमाला का 10वाँ अक्षर)
Karait, Krait (*Bungarus* sp., a elapid venomous reptile of snake family Elapidae) करैत साँप (एक विषैला काला पट्टी या धारीवाला जंगली साँप)
Karanda (*Carissa carandas,* a flowering perennial cuisine and medicinal shrub of dogbane family Apocynaceae with edible berry type sour fruit) करौंदा (एक खट्टा भोज्य फल)
Karyo-, Caryo- (a Greek word karuon means nut or kernel - prefix), Nucleus नाभि, नाभिक, केन्द्रक
Karyoblast नाभिकोरक
Karyochorisis नाभिविदीर्णन, नाभिखण्डता
Karyocyte नाभिकोशिका
Karyogamy केन्द्रक संलयन, नाभियुग्मन
Karyokinesis सूत्री विभाजन
Karyology केन्द्रक विज्ञान, नाभिकी
Karyolymph केन्द्रक लसीका, नाभि लसी
Karyolysis केन्द्रकलयन, नाभ्यंशन
Karyolytic केन्द्रकलयी, नाभ्यंशी, न्याष्टिलयी
Karyomorphic, Karyomorphous नाभिरूपी, केन्द्रकरूपी
Karyophage, Karyophagous नाभिभक्षी, केन्द्रकभोजी
Karyophagy केन्द्रकभोजिता, नाभिभक्षण
Karyoplasm केन्द्रकद्रव्य, नाभिप्ररस
Karyoraxis नाभियुग्मता, केन्द्रकयुग्मन
Karyosome केन्द्रिका, नाभितनू, न्यष्टितनू
Karyotheca नाभिचोल, केन्द्रकावरण, नाभिकवच, नाभ्यावरण
Karyotin नाभिवर्णि
Karyotype नाभिरूप, गुणसूत्र प्ररूप
Karyotyping नाभिरूप निर्धारण, केन्द्रकप्ररूपण
Katabasis अवरोहण
Katabatic अवरोही
Katabatic wind अवरोही पवन
Katablast अधोकोरक
Katabolic, Catabolic अपचयी
Katabolism, Catabolism अपचय
Katabolite, Catabolite अपचयज
Katamorphism निम्न कायान्तरण
Kataseism अवकम्प
Katathermic अधस्तापी
Katathermometer अधस्तापमापी
Katatropic निम्नानुवर्ती
Katatropism, Katatropy निम्नानुवर्तिता, निम्नानुवर्तन
Katepisternum अवाधि-अधरक

English	Hindi
Katharobe, (organisms living in clean water with low organic contents)	स्वच्छ जलजीव
Katharobia	विमलजीव
Katharobic	विमलजीवी
Katharometer	गैस ऊष्मा चालकतामापी
Kathode, Cathode	ऋणाग्र
Kation, Cation	धनायन
Katogen	निम्नजन
Katydid, Bush cricket, Hopper (a long-horned north American green, arboreal nocturnal orthopter, an pest insect of family Tettigoniidae, males produce peculiar sound by rubbing wings to attract females during night)	कथिड, टिड्डा (एक पीड़क कीट)
Kedgree	खिचड़ी (चावल और दाल का मिश्रण), मछली-भात
Keel	नौतल, कूटक
Keeled	नौतलित
Keen	तीक्ष्ण, प्रखर, उत्सुक, तीखा
Kefir (a fermented sour milk drink)	केफिर (एक प्रकार की दही)
Keg	छोटा पीपा
Kef, Keif, Kief	मादकता, नशा, पिनिक
Keloid, Wart	कीलक, मस्सा
Kelp (a dense bloom of brown phaecophycean algae of order Laminariales as sea weed. commercially useful soda ash as sodium carbonate and alginate a carbohydrate is obtained from it)	कपिलाप्यक, वरुण घास (एक समुद्री घास)
Kelvin (absolute zero 0°K = -273.15°C)	केल्विन (ब्रितानी भौतिक शास्त्री लार्ड केल्विन द्वारा वर्ष 1848 ई. में प्रतिपादित तापमान की एक इकाई)
Kelyphite	परिकिरीट, प्रावर
Kemp	दोषयुक्त ऊर्णतन्तु, ख़राब ऊन
Ken	दृष्टिसीमा क्षेत्र, ज्ञान परिधि
Kennel	श्वानगृह, कुक्कुरशाला, कुत्ताघर
Kenosis	न्यूनीकरण, अल्पता
Kenotoxin, Cenotoxin, Fatigue toxin	श्रमाविष, श्रमविषि, श्रान्तिविषि
Kenotron	द्विद्वार
Kenspeckle	सुज्ञेय, सरल पहचान वाला
Kentledg (weights of pig iron as ballast on ship)	किन्तार, कीन्नारा, नाविक
Keratin (a Greek word keratos means horn, a fibrous protein of horn, hair, nail and skin surface)	श्रृंगि, शार्गं
Keratinization	श्रृंगीभवन, शल्कीभवन, शार्गंण
Keratinized	श्रृंगित, किरेटिनीकृत, शार्गित
Keratinocyte	श्रृंगिकोशा, काठिन्यकोशिका
Keratinocytosis	श्रृंगिकोशता
Keratitis, Corneitis	नेत्रशोथ, स्वच्छ मण्डल शोथ
Keratoderm	श्रृंगचर्म, शार्गंचर्म
Keratogenesis	श्रृंगजनन, शार्गंभवन
Keratogenic, Keratogenous	श्रृंगजनी, श्रृंगजनित, शार्गंजनक
Keratoid	श्रृंगाभ, श्रृंगाकार, शार्गाभ
Keratolysis	त्वग्लयन, श्रृंगलयन, श्रृंग्यंशन
Keratomalacia	मृदुस्वच्छा (नेत्र रोग)
Keratoplasia	श्रृंग विकसन
Keratose	श्रृंगवत्, श्रृंगी, शार्गी
Keratosis	श्रृंगिता, शार्गिता
Kerb	किनारा, कोर-पत्थर, उपान्ताश्म
Kerf	खाँचा, खात, छित्ति
Keriorrhea	पीतवसातिसार
Kermes	गर्भिणी कीट
Kernel	अष्टि, गुठली, गिरी, मींगी
Kerosene, (a combustible liquid hydrocarbon from petroleum distillation, used as lamp oil and fuel)	मिट्टी का तेल (एक खनिज ज्वलनशील कार्बनिक द्रव)
Ketchup	टमाटर आदि की चटनी
Keto-acidosis (low pH of blood due to excess ketone formation)	शोक्त-अम्लता

Ketogenesis शोक्तजनन, कीटोनजनन
Ketogenic food, Antiseizure diet (a diet creating ketone bodies in blood causing ketosis) शोक्तोत्पादी भोजन, कीटोनजनक आहार
Ketonaemia, Ketonemia शोक्तरक्तता, कीटोनरक्तता
Ketone (a biomolecule with carboxyl group) शोक्त, कीटोन
Ketonuria शोक्तमेह, कीटोनमूत्रता
Ketosis (presence of ketone bodies in blood) शोक्तता, अतिकीटोनोत्पादन
Kettle केतली, देगची, उरवा
Kettle hole जलज गर्तिका
Key ताली, कुञ्जी, चावी, प्रमुख
Key board कुञ्जी पटल/फलक
Key diagram मुख्य आरेख
Key gene मुख्य वंशाणु
Key hole कुञ्जी खाँचा, ताली छिद्र
Key stone आधारभूत, मूल तत्व
Key word सूचक शब्द, संकेत शब्द
Keying कुञ्चीयन, कुञ्जीयन
Khorasan wheat, Kamut (*Triticum turanicum*, a crop herb of family Poaceae, a tetraploid wheat species from historical region of Khorasan in Iran) खोरासन गेहूँ (एक प्राचीन प्रजाति जो वर्तमान गेहूँ के दाने से दुगना बड़ा लाल चिकना व अधिक पौष्टिक)
Kibble कूटना, पीसना, डोल
Kibe पादस्फोट, बिवाँई, एड़ी फटना
Kick प्रक्षेप, पादाघात, ठोकर
Kick back प्रतिघात, प्रतिक्षेप
Kicking drop प्रकम्पी बिन्दु
Kid बच्चा (बकरी का), अजशाव
Kidney वृक्क, गुर्दा
Kidney bean (*Phaseolus vulgaris*, an annual climber herb of family Fabaceae with kidney-shaped edible mature seeds) राजमा (एक पौष्टिक स्वादिष्ट पका कर खाया जाने वाला बीज)
Kidney shaped वृक्काकार
Kidney stone वृक्काश्मरी, गुर्दे की पथरी
Kier क्वाथद्रोण (कपड़े धोने के व उबालने का पात्र)
Kiering द्रोणक्वथन
Kieve गुरुत्व सान्दित्र
Kill, Killing वध करना, मार डालना, मारण, हत्या, वध
Killed steel (a steel, deoxydised by silicon/aluminium) हत् इस्पात
Killer, Killing agent मारक, हन्ता, वधिक
Killick, Killock पत्थर का लंगर
Kiln भट्ठा, आँवा, आपाक
Kilo-(prefix for 1000 unit) किलो-(सहस्त्र/हज़ार इकाई हेतु उपसर्ग)
Kilogram किलोग्राम (हज़ार ग्राम की एक भार की इकाई)
Kiloliter किलोमीटर (हज़ार लीटर की एक आयतन की इकाई)
Kilometer किलोमीटर (हज़ार मीटर की एक दूरी की इकाई)
Kilted चुनटदार, चुननदार
Kin, Kindred सगोत्र, बन्धु, कुटुम्ब, सजातीय
Kindle सुलगना, सुलगाना, उत्तेजित करना/होना
Kine गाय, मवेशी, ढोर
Kinema, Cinema चलचित्र
Kinematic शुद्धगतिक, प्रगतिक
Kinematical शुद्धगतिकीय
Kinematics शुद्ध गतिविज्ञान
Kinematograph, Cinematograph चलचित्रदर्शी, चलचित्र प्रक्षेपित्र
Kinesalgia गतिशूल
Kinesimeter गति संवेदीमापी
Kinesimetry गति संवेदीमिति
Kinesin (minute motor molecules moving across the cells) गतिकअणु, गत्याणु, गति-अणु
Kinesiology, Cinology अंगगतिकी, अंगगतिकीविज्ञान
Kinesis गतिक्रम
Kinesthesia, Kinaesthesis गति-संवेदन, गतिबोध
Kinesthetic, Kinaesthetic गतिबोधी, गतिसंवेदी
Kinetic गतिज, गतिक, गतिमूलक
Kinetic energy गतिज ऊर्जा
Kinetic momentum बलगतिक संवेग

Kinetics (a branch of physics dealing with effect of forces on motion of masses) — गतिकी, गतिविज्ञान, बलगतिविज्ञान
Kinetochore — गत्यंश, गतिखण्ड
Kinetogenesis — गतिजनन, गतिजविकास
Kinetoplast, Kinetonucleus — गतिन्यष्टि, गतिनाभिक
Kinetoscope — चलचित्रदर्शी
Kinetosome, Basal body, Blepharoplast — कशाभमूलकाय
King cobra (*Ophiophagus hannah*, a venomous reptile of snake family Elapidae) — नागराज, फणिराज (अन्य विषैले साँपों को खाने वाला विषधर सर्प)
King crab, Stone crab (a marine crab like decapod crustacean of family Lithodidae) — राज-कर्कट, राज-केकड़ा
Kingdom — सृष्टि, जगत (पादपजगत व जन्तु जगत), साम्राज्य
King fish, King mackeral (*Scomberomorus* sp., a large marine migratory food and game fish of family Scombridae) — सुरमई, विसोनू
Kingfisher (a mid-sized bright coloured diving piscivorous bird of family Alcedinidae) — किलकिला, कौड़िल्ला (एक मछलीख़ोर जलीय पक्षी)
Kings yellow — अमलतासी
Kink, Kinking — पीछे को ऐंठना, ख़म, व्याकुञ्चन, विकुञ्चन, घूँघर, ऐंठन, सनक
Kino tree (*Pterocarpus marsupium,* a medicinal tree of legume family Fabaceae, wood is used to control arthritis and type 2 diabetes) — विजयसार, पीतशाल
Kinship — सगोत्रता, सजातीयता, बन्धुता, कुटुम्बता
Kip — बछड़े/मेमने की खाल, शावक चर्म, निद्राकाल
Kipper — मत्स्य संरक्षण, नमक लगाकर सामन व हिल्सा मछली सुखाना
Kit — उपकरण समूह, औजार पेटी, कार्य-सामग्री
Kitchen — पाकशाला, रसोई, रसोईघर
Kitchen appliance — रसोई उपकरण
Kitchen garden — शाकोद्यान, शाकवाटिका, गृह-वाटिका
Kitchenware — रसोई के बर्तन
Kite (a medium sized prey bird of family Accipitridae) — चील, पतंग, गुड्डी
Kitten — बिल्ली का बच्चा, बिलौटा, विडालशाव
Kittle — टेढ़ा, वक्र
Kiwi (*Apteryx* sp., a bird of family Apterygidae native to New Zealand) — किवी (न्यूजीलैंड की एक बेदुम मध्यम आकार का उड़ानहीन पक्षी)
Kiwi fruit, Chinese goose berry (a large berry type fruit of *Actinidia* sp., a deciduous shrub of family Actinidiaceae) — किवी फल
Klaxon — विद्युत हार्न, बिजली का भोंपू
Kleistogamy, Cleistogamy — अनुन्मील्य परागण, स्वयंपरागिता, संवृत पुष्पत्व
Kleptomania — चौर्योन्माद (चुराने की सनक)
Kleptomaniac — चौर्योन्मादी, चौर्य परजीवी
Kleptoparasitism, Cleptoparasitison — दस्यु जीविता, चौर्यपरजीविता,
Kleptoparasite, Kleptoparasitic — दस्युजीवी चुराकर/लूटकर खाने वाला
Klinokinesis, Clinokinesis — प्रवणगतिक्रम
Klinostat, Clinostat — प्रावण्य-यन्त्र
Klinotaxis Clinotaxis (a wavering side to side motion involving turning towards a stimulus) — प्रवणानुचलन
Knag — गाँठ, खूँटी, कूटक

Knaggy गाँठदार, उबड़-खाबड़
Knar, Knur वृक्षग्रन्थि, गूमड़
Knarred, Knoured, Knotted गाँठदार, ग्रन्थिल, ग्रन्थित
Knead, Kneading गूँधना, सानना, मसलना, माँड़ना, मर्दन
Knee जानु, घुटना
Knee cap (bone), Patella जानुफलक, जानुटोपी, जानुका, चपनी
Kneel घुटने के बल झुकना
Knee replacement जानुप्रतिस्थान, घुटना बदलाई
Knife, Knives (pl.) क्षुर, चाकू, छुरी, छूरा
Knit बुनना, जुड़ना, जोड़ना
Knit wear बुने हुए वस्त्र
Knitting बुनाई, सूचीग्रन्थन, सम्वयन
Knittle डोरी
Knob अद्रिका, घुण्डी, गुलमा, गुमटा
Knobble घुण्डिका, मुठिया, छोटा लट्टू
Knobbling गुल्मन
Knock खटखटाना, आघात, प्रघात, अभिघात
Knocked off बन्द, चुराया हुआ
Knocked on प्रघात क्षिप्त
Knock-kneed संहतजानु, संहतजानुक
Knocking अपस्फोटक, आघाती, प्रघातकारी
Knock-knee चलते समय घुटने लड़ना
Knock off बन्द होना, चुराना
Knockmeter आघातमापी
Knol-khol (*Brassica oleracea,* a flowering cultivated annual herb of family Brassicaceae, with stout tuberous edible stem as cooked vegetable), Kohlrabi गाँठ गोभी
Knoll टीला, गोल पहाड़ी
Knot, Knour ग्रन्थि, गाँठ
Knot hole ग्रन्थि-छिद्र, गँठछेद, गाँठ निकलने के बाद बना छेद
Knotting संग्रन्थन
Knowledge ज्ञान, परिचय, विद्या, संज्ञान
Knuckle अँगुली की गाँठ /पोर, अगुँलि-पर्व
Knuckle bone जानु-अस्थि, पोर की हड्डी
Knuckle joint जानु-सन्धि
Knuckling नतबन्धन
Knur(r), Knurl गाँठ, घुण्डी
Koala (*Phascolarctos cinereus,* an arboreal herbivorous tailless marsupial mammal of family Phascolarctidae) कोअला (आस्ट्रेलिया का एक भालू जैसा वृक्षवासी छोटा कंगारू)
Kobold बौना
Kochia (*Brassia/Kochia scoparia,* a garden/ pot plant of family Chenopodiceae) कोचिया, कूचिया कोमल सुई जैसी हरी पत्ती का एक ग्रीष्म कालीन वार्षिक छोटा पौधा)
Kohl सुरमा, अञ्जन
Kohlrabi (a German word for cabbage turnip, *Brassia oleracea*, a bulged stem cultivar herb of cabbage family Brassicaceae), Knol-khol गाँठ गोभी (एक सब्ज़ी)
Konospecies उपजाति
Koppie छोटी पहाड़ी
Koprophagous, Coprophagous शमलभक्षी, विष्ठाभोजी, मलाहारी
Koriogamy गर्भाधान
Kraft paper दृढ़ पत्र, बाँसी कागज़
Kreotoxic, Creatoxic मांस विषाक्त, मांस विषालु
Kreotoxicity, Kreotoxism, Creatoxicity मांसविषाक्तता, मांसविषालुता
Kreotoxin, Creatoxin मांसाविष, मांसविषि
Krill (a Norweigian word for young fish or fry, a small marine crustacean of order Euphausiacea) झींगा (एक लघु समुद्री जन्तु प्रजाति)
Kryogenic, Cryogenic निम्न तापजनक, तुषारजनी
Kryoscopy, Cryoscopy निम्नतापिकी, तुषारदर्शन
Kryptoblast, Cryptoblast गूढ़कोरक
Kryptocyanine गुप्तश्यामी
Kryptogen, Kryptogene गूढ़जन

Krypton (a noble inert gaseous element with symbol Kr) लीनाति, क्रिप्टॉन
Kryptonite (some one's weakness for some thing/person) मानसिक कमज़ोरी (एक मनोवैज्ञानिक विकार)
Kryptophilic, Kryptophilous गुप्तरागी, चुप्पा
Kupfer nickel नक़ली ताँबा
Kurtosis ककुदवक्रता
Kyanization काष्ठसंरक्षण
Kyanophilous, Cyanophilic नीलरागी
Kymograph तरंगालेखी, स्वाभिलेखी
Kymography तरंगालेखन, स्वाभिलेखन
Kyphosis कूबड़ता, कुब्जता

L

Labefaction क्षय, पतन, क्षीणता, कमज़ोरी
Label नामपत्र, अंकितक
Labelled नामपत्रित, चिह्नित, अंकित
Labelled atom चिह्नित परमाणु
Labelling नामपत्रण, अंकन, चिह्नन
Labellum शुण्डाग्र, ओष्ठक, उदोष्ठक
Labial cartilage अधरोष्ठ उपास्थि
Labial, Labine ओष्ठ्य, अधरोष्ठ, ओष्ठीय
Labialization ओष्ठन, ओष्ठीकरण
Labia majora बृहत् भगोष्ठ (एक स्त्री बाह्य जननांग)
Labia minora लघु भगोष्ठ (एक स्त्री बाह्य जननांग)
Labiate ओष्ठी, होंठदार
Labile सुपरिवर्त्य, अस्थिर, परिवर्ती
Labile lobe परिवर्ती पिण्ड
Labile oscillator परिवर्ती दोलक/ कम्पित्र दूर नियन्त्रित दोलित्र
Lability सुपरिवर्त्यता, अस्थिरता, चञ्चलता
Labine palp/ palpus ओष्ठीय स्पर्शक
Labio-dental दन्तोष्ठ्य
Labio-mental ओष्ठ-चिबुकीय
Labio-nasal ओष्ठ्यानुनासिक
Labio-palatal ओष्ठ-तालव्य
Labioplasty भगोष्ठ घटन, भगोष्ठ सन्धान
Labio-velar ओष्ठ-मृदुतालव्य, कण्ठ्योष्ठीय
Labium, Labia (pl.) अधोष्ठ, अधरोष्ठ, निचले ओष्ठ/होंठ
Laboratory, Lab. प्रयोगशाला
Labour, Labor श्रम, प्रसव, श्रम करना, मज़दूर
Labour room प्रसूतिकक्ष, सौरी
Labret अधरिका, ओष्ठाभरण
Labrum ऊपरी ओष्ठ, ऊर्ध्वोष्ठ, उदोष्ठ
Laburnum (*Laburnum* sp., or *Cassia fistula,* an evergreen medicinal ornamental flowering tree of family Fabaceae), Golden shower tree अमलताश (वृक्ष एवं फूल)
Labyrinth, Maze भ्रमिका, अन्तःकर्ण, भूल-भूलैया
Labyrinthine, Labyrinthus भ्रामिकीय, कर्ण गहन
Labyrinthodont गहनदन्त, गहनदन्ती
Lac (a scarlet resinous secretion of *Kerria lacca*, a lac insect of family Kerriidae) लाख, लाक्षा (एक उपयोगी कीटस्राव), लक्ष/लाख (संख्या)
Laccate चमकीला
Lace, Lacing फ़ीता, पट्टी, तसमा, किनारी, शोभाजाली, फ़ीताबन्दी, मात्रा
Lacerate, Lacinate फटना, फाड़ना, चीरना, खरोंचना, विदीर्ण
Lacerated
Lacertian छिपकली सम्बन्धी
Laceration विदारण, विदीर्णन, चीड़फाड़
Lachryma, Lacrima आँसू, अश्रु
Lachrymal, Lacrimal आश्रव, अश्रु सम्बन्धी, अश्रु-
Lachrymal gland अश्रुग्रन्थि
Lachrymation, Lacrimation आश्रवण, आँसू बहना/बनना, अश्रुप्रवाह
Lachrymatory, Lacrimatory अश्रुकारी, अश्रुवाही, अश्रुजनक
Lachrymose अश्रुमय, अश्रुप्रवण, अश्रुपूर्ण
Laciniate, Laciniation फाड़ना, चीरना विदारण, विदीर्णन
Laciniform विदीर्ण रूपी
Lackadasical, Lackluster, Lacklustre निस्तेज, द्युतिहीन, बुझा हुआ

Lacquer	प्रलाक्षा, लाख, लाख का काम, चमड़े की पॉलिश, रोग़न
Lacquered	प्रलाक्षित, पॉलिश हुआ चमड़ा
Lacriform	अश्रुरूप
Lacrimal duct	अश्रुवाहिनी
Lacrimal punctatum	अश्रुबिन्दु
Lactate	दूध देना/आना, दुग्धीय, दुग्धलवण
Lactation	दुग्धस्रवण, दुग्धीभवन, दुग्धन
Lactation period	स्तन्यकाल,
Lacteal	दूधिया, आक्षीरी, पयोलसी
Lacteals, Lacteal vessel	दुग्धवाहिनी, पयोलसवाहिनी
Lactescence	दूधियापन, दुग्धता, आक्षीरिता
Lactescent	दूधिया, आक्षीरी, क्षीरस्रावी
Lactic	दुग्धिक, दुग्धीय
Lactic acid	दुग्धाम्ल
Lactiferous, Lactigerous	क्षीरवाही, दुग्धवाही, दुधार, आक्षीरी
Lactiphagous, Lactivorous	दुग्धाहारी, दुग्धभोजी दुग्धपायी
Lactobutyrometer	दुग्धनवनीतमापी
Lactofarinaceous	दुग्ध-आटामय
Lactogenesis, Lactogeny	दुग्धजनन, दुग्धोत्पादन, दुग्धोत्पत्ति
Lactogenic, Lactogenous	दुग्धजनी, दुग्धोत्पादी, दूध बनाने/बढ़ाने वाला
Lactometer, Galactometer	दुग्धमापी (दूध का गाढ़ापन नापने का उपकरण)
Lactometry	दुग्धमिति, दुग्धमापिकी
Lactorrhea, Galactorrhea	दुग्धस्राव, दुग्धस्रवण, दूध बहना
Lactose	दुग्धशर्करा, क्षीरधु
Lactotoxin	दुग्धाविष, क्षीरविषि
Lactule	दुग्धिका
Lactulose	दुग्धिकाधु
Lacuna, Lacunae (pl.)	छिद्र, रिक्तिका, गर्तिका, अन्तराल, दोष
Lacunar	रिक्तक
Lacunula, Lacunule	सूक्ष्मछिद्र, लघुगर्तिका, लघुरिक्तिका
Lacus	सरस, कुण्ड
Lacustrae, Lake	सरोवर, झील
Lacustrine, Lacustral, Lacustris	सरोवरी, सरस्य, सरोवरवासी
Ladder	सीढ़ी, सोपान, निःश्रेणी
Lade	लादना, उलीचना
Ladle	बड़ा चमचा, कल्छी, करछुल
Ladybird, Ladybug (a small coloured beetle insect of family Coccinellidae)	सोनपंखी, सोनपाखरा (एक गुबरैला)
Lady fly, Lady cow	बीरबहूटी (एक लाल मखमली भृंग कीट)
Lady's finger, Gumbo, Okra (*Abelmoschus esculentus*, a flowering cultivated plant of mallow family Malvaceae)	ऑक्रा, भिन्डी (एक सब्ज़ी के रूप में हरे कच्चे फल का प्रयोग)
Laeo-isomer	वामध्रुवण समावयवी
Laeorotation, Levorotation	वामध्रुवण घूर्णन, वामावर्तन
Laeorotatory, Levorotatory	वामध्रुवण-घूर्णी, वामावर्ती
Laeotropic	वामावर्ती
Laevigatous	स्निग्ध
Laevulose, Fructose	फल-शर्करा, फलधु
Lag	पश्चता, पश्चवर्तिता
Lag effect	पश्चता प्रभाव
Lag network	पश्चगामी जाल
Lag period	पश्चकाल, पश्चता अवधि
Lag phase, Log phase	पश्चता प्रावस्था
Lagena, Flask	परिघ, तुम्बी
Lageniform	तुम्बीरूपी, परिघाकार
Laggard	मन्दबुद्धि, मन्द-पवन
Lagging	पश्चायित, पश्चगामी, परिवेष्टन, लपेटन
Lagoon	अनूप, कच्छ, समुद्र ताल
Lagooning	अनूपन
Laid paper	रेखितपत्र, रेखित काग़ज़
Lair	माँद, गुफा, पशुवास, बिछौना
Lake	झील, सरोवर, लाक्षक (लाख से बना रंग)
Lake black	लाक्षक काला
Lake clay	कासार-मृदा
Lakelet	झीलिका, छोटी झील
Lamb	मेमना, भेंड़ का बच्चा
Lambda (Λ, λ, 11th letter of Greek alphabet)	लैम्बडा (यूनानी वर्णमाला का 11वाँ अक्षर)
Lambdoid, Lambdoidal	लैम्बडाभ, लैम्बडावत्
Lambency	चमक, कान्ति, झिलमिलाहट
Lambent	चञ्चल, झिलमिल, कम्पायमान, कान्तिमय
Lambkin	छोटा मेमना

Lamb skin	मेमने की खाल
Lamdla	पतली झिल्ली
Lame	पंगु, लँगड़ा, धातुपट्टिका, सोना-चाँदी के ज़री का काम
Lame brain	मन्दबुद्धि, मूर्ख
Lame duck	रोगी, असमर्थ, दिवालिया
Lamella, Lamellae (pl.)	पटलिका, स्तर, पतली झिल्ली
Lamellar, Lamellaire	पटलिकीय, स्तरित, स्तरमय
Lamellate, Lamelliform	पटलित, स्तरित, पटलरूपी, दलीरूप
Lamellidens (a fresh water mussel, bivalved mollusc of order Schizodonta)	शम्बु, शम्बुक, सीपी (मृदु जलीय), सूती
Lamellibranch (bivalved molluscs of sub-class Lamellibranchia)	पटलक्लोमी (सीपी वर्गीय जन्तु समूह)
Lamellose	सस्तर, पटलयुक्त
Lameness	पंगुता, लँगड़ापन
Lametta	पर्ण, तन्तु
Lamin	स्तरक, तनुपट्ट, आपट्ट
Lamina, Laminae (pl.)	पटल, पतली परत, पत्रदल, स्तरिका
Lamina propria	श्लेष्माकला स्तरिका
Laminar	पटलीय, स्तरीय, अप्रक्षुब्ध
Laminar flow (a biosafety hood with flowing clean air curtain)	स्तरी प्रवाह (एक प्रयोगशाला उपकरण)
Laminar motion	स्तरीय गति, अप्रक्षुब्ध गति
Laminar sublayer	अप्रक्षुब्ध उपस्तर
Laminate	दली, पर्तदार, पर्त चढ़ाना
Laminated	स्तरित, पटलित, आपट्टित
Lamination	आपट्टन, पटलन, पटलीकरण, स्तरण
Laminiform	पटलाकार, दलरूपी
Laminitis	सुम-शोथ, दल-शोथ
Laminose, Laminous	आपट्टित, स्तरीय, दलमय
Lamp	दीप, दीपक, बत्ती, चिराग़
Lamp black	दीप-कालिमा, काजल, कज्जल
Lamp brush chromosome	दीपकूर्ची गुणसूत्र
Lampern	मत्स्यलागी
Lamprey (*Petromyzon* sp., a jawless, toothed coastal and fresh water cartilaginous fish of order Petromyzontiformes)	तम्बू (एक प्रकार की सर्पमीन जैसी मछली)
Lanate, Lanatus	लोमश, बालदार, ऊर्णी
Lance	भाला, बल्लम, प्रास, कुन्त, भाले से मारना
Lanceolate	भालाकार, कुन्ताकार
Lancer	भालाधारी, बल्लम-बरदार
Lancet	छुरिका, नश्तर, कुन्तिका
Lancifolius	कुन्तपर्णी
Lancinate, Lancinated	भेदित, वेधित, वेधा हुआ
Lancinating pain	टीस, हूक, भीषण दर्द
Lancination	वेधना, चीरना, छेदना
Land	स्थल, थल, भूमि, भू-
Land animal	स्थलीय जन्तु, थलचर प्राणी
Land breez	स्थल-समीर
Land crab (a terrestrial decapod crustacean of family Gecarcinidae)	भू-कर्कट, थल-केकड़ा
Lander	अवतरक, उतरने वाला
Land fall	भूदर्शन, स्थलावतरण
Land fill	अपशिष्ट भराव, गहरी जमीन भरना, भू-भरण
Landing	अवतरण, अवतारण, उतरना
Land mark	भू-चिह्न, स्थल-संकेत, सीमाचिह्न
Land reclamation	भूमि उद्धार, भूमि सुधार
Land scape	दृश्यभूमि, भूदृश्यावली, भूदृश्य, क्षैतिजवर्ती (काग़ज़)
Land slide, Land slip	भू-स्खलन, भू-सर्पण, ज़मीन खिसकना/सरकना/फिसलना
Land slope	भू-ढाल
Land snail (an amphibious shelled gastropod mollusc of family Myctophidae)	थल-घोंघा, थलशम्बुक, भू-मन्थर
Langoor, Gray langur (*Semnopithecus* sp., a wild herbivorous arboreal eutherian primate mammal of Old World monkey family Cercopithecidae)	लंगूर (एक लम्बी पूँछ, सफ़ेद बाल व काले चेहरे वाली वन्य वानर प्रजाति)
Languid	शिथिल, निश्तेज, जिह्विका

English	Hindi
Languish	दुर्बल होना, मन्द⁄क्षीण होना
Languishment,	ग्लानता, शिथिलता, मन्दता,
Languor	दुर्बलता, क्षीणता
Languous, Languorous	मन्द, सुस्त, शिथिल, म्लान, मूर्च्छित
Languet	जिह्विका
Laniary	भेदक, फाड़ने वाला अग्रदन्त, सुआदन्त
Laniform, Lanulous, Lanose	ऊर्णाकार, ऊर्णिल, ऊनी
Laniferous, Lanigerous	ऊर्णद, ऊर्णोत्पादी, ऊनदार
La-nino (a Spanish word for infant girl)	ला-नीनो (मानसून का रुख़ तय करने वाली एक समुद्री घटना)
Lank	दुबला-पतला, श्लथ, ढीला
Lanner	बाज़ (एक शिकारी पक्षी)
Lanolin	ऊर्ण वसा
Lantana (*Lantana camara*, a flowering toxic wild shrub of family Verbenaceae)	चतुरंग, खनेरी, तानतानी
Lantern (a portable domestic ventilated kerosene lamp with glass cylinder to prevent from wind effect)	लालटेन, वातदीप, प्रदीप
Lantern fish (a deep sea fish with light emitting organs, photophores)	लालटेन मछली, प्रदीप-मीन, दीप्त मीन
Lantern fly, Firefly, Glowfly	प्रदीप मक्खी, दीप्त मक्षिका, जुगनू
Lanthanic	अलक्षणी, संयोगवश
Lanthanides, Lanthanoids (a group of 15 transition metallic elements from At. No. 57-71 in 'f' block of eighth period in periodic table)	लैन्थेनायड्स, अलक्षणी तत्त्व
Lantibiotic, Lantibiotics (pl.)	हितजैविक, हितजैविकी
Lanuginous	रोमिल, रोमश, मृदुलोमी
Lanugo	कोमल बाल, मृदुलोम, गर्भरोम
Lanyard	रस्सी, डोरी
Lap	सूक्ष्मघर्षक, गोद, छाँदन, अंक, पल्ला, लपलप पीना
Lapar, Leper	कोढ़ी, कुष्ठ रोगी
Lap dog	अंक श्वान, गोदी कुत्ता, गोद में रहने वाला कुत्ता
Lap joint	छादन-सन्धि, चढ़वाँ जोड़
Laparoscope	उदरदर्शी
Laparoscopy	उदरवीक्षण, उदरदर्शन, उदरदर्शिकी
Lapidary	मणिकार, उत्कीर्ण, सूत्ररूप
Lapideous	अष्ठिल, आश्मिक, पथरीला
Lapidicolous, Lapidose	अवाश्मवासी
Lapidify	पत्थर बना देना,
Lapidification	अश्मीकरण, अश्मीभवन
Lapillus, Lapilli (pl.)	ज्वालामुखी-अश्मक, ज्वालाश्मक
Lapis lazuli (a deep blue metamorphic stone)	नीलोपल (रत्न), लाजवर्द मणि, रावट
Lappaceous	अंकुशिकाभ
Lappet	पल्लव, पल्लवाभ, पल्ला
Lapping	सूक्ष्म घर्षण, लेहन, प्रमार्जन
Lapse	चूक, दोष, ख़ामी, अवनति
Lap wing, Peewit	टिटहरी (पक्षी)
Larboard	बायाँ, वामपार्श्व (जलपान का)
Larch	लार्च (एक देवदारु प्रजातीय वृक्ष)
Lard	सुअर की चर्बी, शूकर वसा
Larding	सुअर की चर्बी भरना
Lardaceous, Lardy	सुअर की चर्बी जैसा, शूकरवसामय, शूकरवसीय
Larder	मांस भण्डारगृह, खाद्य भण्डार
Large intestine, Colon	बृहदान्त्र, बड़ी आँत
Large nucleus, Macronucleus, Meganucleus	दीर्घ केन्द्रक, गुरुकेन्द्रक गुरुनाभिक, दीर्घनाभिक
Larghetto	अवमन्द
Lariat	रस्सी, कमन्द
Largo	मन्द, धीमा, विलम्बित
Lark	लवा चिड़िया, चण्डूल, मज़ाक़
Larkspur (*Delphinium sp.*, a flowering annual toxic herb of buttercup family Ranunculaceae with a spurred sepal)	निर्विषी (एक शुण्डाकार पुष्प)

English	Hindi
Larva (a juvenile form of certain invertebrate animals), Larvae (pl.)	डिम्भक, डिम्भ, इल्ली (कायान्तरण की एक पूर्वप्रौढ़ावस्था)
Larvaceous, Larvate	डिम्भमय
Larval	डिम्भीय, डिम्भकीय, डिम्भ-
Larval period	डिम्भक-अवधि
Larval stadium	डिम्भ-अन्तरावस्था
Larval stage	डिम्भावस्था, डिम्भक-अवस्था
Larvicidal, Larvicide	डिम्भकनाशीय, डिम्भकघ्नी, डिम्भकनाशी, डिम्भकघ्न
Larviparous	डिम्भकप्रजक, डिम्भज
Larviposition	डिम्भ निक्षेपण
Larvivorous	डिम्भाहारी, डिम्भकभक्षी
Larvivorous fish, Larvicidal fish (a fresh water bony small fish species feed upon mosquito larvae)	डिम्भकभक्षी मछली, डिम्भनाशक मछली,
Larvule	प्रडिम्भ
Laryngeal	काकलीय, घोषित्र-, कण्ठ्य, कण्ठीय, कण्ठ-
Laryngeal chamber	कण्ठ-कोष्ठ
Laryngitis	कण्ठशोथ, काकलशोथ, स्वरयन्त्रशोथ
Laryngology	काकलविज्ञान, कण्ठविज्ञान
Laryngo-pharyngeal	कण्ठ-ग्रसनीय, काकल-ग्रसनी-
Laryngo-pharynx	स्वर यन्त्र-ग्रसनी
Laryngoscope	काकलदर्शी, कण्ठदर्शी
Laryngoscopy	कण्ठवीक्षण, काकलदर्शन, काकलदार्शिकी
Laryngotomy	स्वरयन्त्रोच्छेदन
Laryngotracheal	फुप्फुसोत्तर, कण्ठ-श्वासनलीय
Larynx	घोषित्र, स्वरयन्त्र, कण्ठ
Lascivious	कामोद्दीपक, कामोत्तेजक, कामुक
Lasciviousness	कामुकता, विषयासक्ति
Lash	कशाघात, कशा, चाबुक
Lashing movement	कशाघाती गति
Lasianthous	ऊर्णपुष्पी
Lassitude	तन्द्रा, शिथिलता, थकान, अवसाद, क्लान्ति
Lasso	कमन्द, फाँसा
Lastic	अतिप्रत्यास्थ
Latch	सिटकनी, द्वारबन्धिनी, अगरी, अर्गला
Latchet	चमड़े का फ़ीता या डोरी
Latency	प्रसुप्ति, अव्यक्तता, अन्तर्हिति
Latent	अव्यक्त, प्रसुप्त, प्रच्छन्न, निहित, गुप्त, अदृश्य
Latent energy	गुप्त ऊर्जा
Latent heat	गुप्त ऊष्मा
Latent period	अव्यक्त काल
Latentiation	सुषुप्तन, प्रसुप्तन
Lateral	पार्श्व, पार्श्विक, पार्श्वीय
Lateral axis	पार्श्व अक्ष
Lateral leaf	अपाक्षपर्ण, पार्श्वपर्ण
Lateral line, Lateralis system (a system of tactile electro-receptors in aquatic vertebrates)	पार्श्वरेखा (मछली के सिर व धड़ पर जल प्रवाह व तरंग संवेदांग शृंखला)
Lateral view	पार्श्व दृश्य
Lateralis, Lateral nerve	पार्श्विनी, पार्श्व तन्त्रिका
Laterality	पार्श्वता, पार्श्विकता
Laterite, Laterite soil (a red soil formed by rock decay with ferric and aluminium oxides)	मखरला, रक्तमृतिका, लाल लुई मिट्टी
Lateritious, Brick red	ईंटिया लाल, इष्टिकारक्त (वर्ण)
Latero-anterior	पार्श्व-अग्र
Latero-dorsal	पार्श्व-पृष्ठ
Latero-posterior	पार्श्व-पश्च
Latero-ventral	पार्श्वाधर
Latex (a milky organic secretion of certain plants)	वनस्पति-दूध, पादप-क्षीर, आक्षीर
Lath, Lierne	धज्जी, पट्टी, फर्री
Lathe	ख़राद, चाक, डण्डा, कुन्द
Lathe machine	ख़राद मशीन
Lather	झाग, फेन
Lathyrism (a paralytic and skeletal deformity caused by eating chickling pea *Lathyrus sativus* with a neurotoxin)	त्रिपुट रोग, खेसारीजन्य रोग, मटरी-विषाक्तता, कलायखञ्ज
Laticifer (elongated secretory cells of plants producing latex and rubber)	आक्षीरधर (कोशिका), क्षीरधर (कोशा)
Laticiferous	आक्षीरी, क्षीरधर
Latifolius	पृथुपर्णी

English	Hindi
Latitude	अक्षांश, अक्षान्तर, अक्षरेखा, विस्तार, विक्षेप, स्वच्छन्दता
Latitudinal	अक्षांशीय, अक्षान्तरीय
Latrine	शौचालय, शौचघर, पाख़ाना, सण्डास, खुड्ढी
Lats (a short form of Latin words Latissimus dorsi mean broadest dorso-lateral muscle of back trunk, used by body-builders)	चौड़ी मांसल पीठ
Lattice	प्रजाल, जालक, जाली
Lattice energy	जालक ऊर्जा
Lattice water	जालक जल
Lattice work	प्रजाल-शिल्प, जाली का काम
Laudanum	अफ़ीम-निर्यास (नींद की एक औषधि)
Laudanum poisoning	अहिफेन-विषायण, अफ़ीमविषाक्तता
Laughing gas (nitrous oxide)	हँसन-वाति, हासगैस, हँसाने वाली गैस
Launch	छोड़ना, फेंकना, प्रक्षेपित करना
Launcher	प्रक्षेपक, प्रक्षेपित्र, प्रक्षेपण प्रमोचित यन्त्र
Launching	प्रमोचन, प्रक्षेपण, जलावतरण
Launching tube	प्रमोचन नलिका
Launder	धोना, धोने योग्य होना
Laundering industry, Laundry	रजकोद्योग
Laurel (a small flowering aromatic tree of family Lauraceae with fleshy drupe type fruit)	जयपत्र
Laurophilic, Laurophilous	नालीरागी
Lava (an expelled molten rock from erupted volcano at 700-1200°C temperature)	भूराल, लावा (सक्रिय ज्वालामुखी से निकलता अतितप्त पिघला चट्टानी पदार्थ)
Lavabo	हस्त प्रक्षालन, हाथ की धुलाई
Lavage, Lavation	प्रक्षालन, धावन, धुलाई
Lavatory	प्रक्षालक (पात्र), शौचालय
Lave	धोना, धीरे-धीरे बहाना, निक्षालन
Lavement, Enema	बस्ति, बस्तिकर्म, एनिमा लगाना
Lavender (*Lavandula* sp., a flowering medicinal and culinary herb of family Lamiaceae with fragrant oil)	चमेली (फूल), चमेलिया, नील लोहित, मोतिया (रंग)
Laver	चिलमची, एक समुद्री भोज्य घास
Lavipedium, Lavipedia (pl.), Foot bath	पद प्रक्षालनी
Lawn	शाद्वल भूमि, दुर्वाक्षेत्र
Lawn-mower	घास-लावक
Law of aberration	विपथन का नियम, अपेरण विधान
Law of gravitation	गुरूत्वाकर्षण नियम
Law of inertia	जड़त्व नियम
Lax	शिथिल, विरल, ढीला, श्लथ
Laxative, Laxator	विरेचक, रेचक, सारक, आरेचक
Laxity	शिथिलता, अस्पष्टता, शैथिल्य
Lay	रखना, लगाना, अण्डे देना, माँद
Layer	स्तर, परत रखने वाला, रद्दा, अण्डा देने वाली, दाब कलम (पौधे का)
Layerage, Layering	स्तरण, परत लगाना, मृण्मज्जन
Layered	परतदार, स्तरित
Lay out	ख़ाका, आयोजना, विन्यास, अभिन्यास, नक़्शा
Lay stall	घूर, कूड़े का ढेर, घूरा
Lazar (a leprosy patient with bacterial infection of *Mycobacterium leprae*), Leper	कुष्ठरोगी, कोढ़ी
Lazaretto	कुष्ठ संगरोधगृह, कुष्ठरोगीगृह, कोढ़ीघर
Leach, Leaching	घुलकर खो जाना, निक्षालन, उद्विलयन, विक्षालन
Leachate	निक्षाल, विक्षाल, उद्विलय
Leach hole	निक्षालन विवर
Lead, Plumbum, Saturnus (a neurotoxic metallic element with symbol Pb)	सीसा, नेतृत्व करना, आधिक्य, बढ़त, वाहक

Leaded petrol (petroleum with lead as antiknock agent) सीसित पैट्रोल
Lead-in अन्तर्वाही
Lead poisoning सीसा विषाक्तीकरण
Lead wort (*Plumbago* sp. and *Ceratostigma* sp., flowering poisonous plants of family Plumbaginaceae with toxicant plumbagin) लाल चित्ती, रक्तचित्रक, चित्रा
Leaf, Leaves (pl.) पत्ती, पत्ता, पर्ण, पत्र
Leafage, Foliage पर्णसमूह, पर्णावलि
Leafed, Leafy पर्णिल, पर्णमय, पत्तेदार
Leafless पर्णहीन, अपर्ण
Leaflet पत्रक, छोटी पत्ती, छोटा पन्ना, पर्णिका
Leaf mottling पर्ण-कुर्बरण, पर्ण-कुर्बरता
Leaf mould पत्ते की खाद, पर्ण-फफूँद
Leaf scar पर्णदाग़, पर्णक्षतचिह्न
Leaf sheath पर्णच्छद
Leaf spine पर्णशूल
Leaf stalk पर्णवृन्त
Leaf worm (a moth larva feed upon green leaves) पर्णकृमि
Leafy, Leafed पत्तीदार, पर्णमय, पर्णिल
Leafy gall पर्ण पिटिका
Leak रिसना, चूना, टपकना
Leakage, Leaking क्षरण, रिसाव, च्याव, च्यवन
Leak detector च्यवन-संसूचक
Leak proof रिसाव-सह, च्यवनरोधी
Leak transformer क्षरण परिणामित्र
Leak vibroscope च्यवन कम्पनदर्शी
Leaky निःस्रावी, च्यावी, क्षरणशील
Lean अव-अयस्क, बञ्जर, झुकना, तनु, कृश, दुबला-पतला, चर्बी रहित मांस
Lean clay कमज़ोर चिकनी मिट्टी
Leaning झुका हुआ, प्रवृति
Leap, Leaping उछलना, छलांग लगाना, कूर्दन
Leap year (a year with 29 days in February month in every fourth year of Gregorian calendar) अधिवर्ष (365 दिन के स्थान पर 366 दिन का वर्ष)
Learning सीखना, ज्ञानार्जन, अध्ययन
Leash पट्टा (पशु बाँधने का)
Least, Lowest, Minimum न्यूनतम, अल्पतम, लघुतम, कम से कम
Least action न्यूनतम क्रिया
Least count (of a vernier) अल्पतमांक, लघुतमांक (वर्नियर का)
Leat नहर, कुल्या, खुली नाली
Leather (a tanned and processed raw hide/skin of vertebrate animals) चमड़ा, चर्म
Leatherette कृत्रिम चमड़ा
Leathern चमड़े का
Leatheroid, Leathery चर्माभ, चर्मिल, चर्मवत्, चीमड़
Leather yellow चर्मपीत, चमड़े सा पीला
Leaven (a substance added to dough to ferment) ख़मीर, उत्प्रेरक प्रभाव
Leavened ख़मीरा, किण्वित
Leavening ख़मीर उठाना, किण्वीकरण
Leavings, Left-overs अवशिष्ट, उच्छिष्ट, जूठन, शेष, बचा-खुचा
Lecanarine सूकायतटी
Lecherous कामुक, विषयासक्त, लम्पट
Lecideine असूकायतटी
Lecithin अण्डपीति
Lecithotrophic पीतकपोषी
Lectotype चयनप्ररूप
Lectual शय्यायी
Lee अनुवात, आश्रय
Leech (a semi-aquatic blood sucking annelid of subclass Hirudinea) जोंक, जलाका, जलौका, जलूका, जलिका
Leek (*Allium ampeloprasum*, an onion / garlic like bulbous herb of family Amaryllidaceae with edible leaf sheath stem) गन्दना (प्याजनुमा पौधा)
Lees तलौंछ, तलछट
Lee shore अनुवात तट
Lee side अनुवात पार्श्व
Lee tide अनुवात ज्वार-भाटा
Lee ward प्रतिवात, अनुवात, वातविमुख दिशा
Left-handed वामहस्तिक, वामावर्त, अनुलोम
Left-overs, Leavings अवशेष, उच्छिष्ट, बचा-खुचा
Leg पैर, टाँग, पाँव
Legged सपाद, पैर वाला
Leggy लमटंगा

Leg guard, Legging टंगत्राण
Legion सैन्य दल, अक्षौहिणी (एक चतुरंगिणी सेना जिसमें 21870 रथ सैनिक, 21870 हाथी सवार, 65610 घुड़सवार व 109350 पैदल सैनिक होते हैं)
Legitimate विधिसम्मत, वैध, तर्कसंगत
Legume, Legumen, Pod (a fruit of dicot leguminous plants of family Fabaceae) शिम्बी, शिम्ब, छिम्बी, कोष, कोया, फली, शमीधान्य
Leguminiphagous, Leguminivorous शिम्बीभोजी, फलीभक्षी
Leguminous शिम्बवंशी, फलीदार, शिम्बीमय
Leiodermatous स्निग्धत्वचीय
Leiomyosarcoma अरेखित मांसार्बुद
Leishmaniasis (an infestation of flagellated blood parasitic protozoan *Leishmania donovani* of class Mastigophora) सकशता, सकशरुजता, काल ज्वर
Lemma नितरपत्र, प्रमेयिका, गृहीति, उपसाध्य, मान्यक, मुख शीर्षक
Lemming (a small burrowing arctic rodent of family Cricetidae) संयाति (एक बर्फ़ीला चूहा)
Lemmiscate द्विपाशी
Lemniscus मुद्गरिका
Lemology महामारीविज्ञान
Lemon (*Citrus* sp., an evergreen spiny shrub of family Rutaceae with hesperidium type edible juicy fruit) निम्बू, निम्बूक, नीम्बू (खट्टा व साइट्रिक अम्लमय रस वाला एक फल)
Lemonade शिकञ्जी, नीम्बू शरबत, नीम्बू पानी, नीम्बू-सोडा पेय
Lemon balm (*Melissa officinalis*, a perennial herb of mint family Lamiaceae, aromatic leaves are of medicinal and culinary use), Balm mint नीम्बू बाम (एक प्रकार का पुदीना)
Lemon grass (*Cymbopogon citratus* a big grass of family Poaceae, it's oil is useful) निम्बूघास, नीम्बूघास (एक औषधीय व रसोई के उपयोग का शाक)
Lemon juice, Lime juice नीम्बू-रस
Lemon yellow निम्बू-पीत
Lemur (a primate of super-family Lemuroidea, endemic to Madagascar) निशाकपि (एक वन्य स्तनधारी जन्तु)
Length लम्बाई, दैर्ध्य, दीर्घता, विस्तार, आयाम
Lenis अशक्त, श्लथ, शिथिल
Lenitive शामक, पीड़ाहर, क्लेशहारी
Lens (a transparent optical device in eyes, camera, binoculars etc. for refraction of light) ताल, वीक्ष, तेजोजल (नेत्र में)
Lensometer वीक्षमापी
Lentic, Limnetic सरोवरी, सरोवासी, तड़ागी
Lenticel वातरन्ध्र
Lenticular मसूराकार, वातरन्ध्रीय
Lenticule, Lenticulus वीक्षिका, लघुताल, छोटा लेन्स
Lentiform वीक्षाकार, तालाभ, लेन्सनुमा
Lentiglobus वीक्षवर्तुल, मसूरगुलिकीय
Lentigo, Lentigines (pl.) चकत्तेदार चमड़ा, झाँई (त्वचा पर गहरे रंग के चकत्ते), मसूरबिन्दुक
Lentil (*Lens culinaris*, a herb of legume family Fabaceae with edible lens shaped seed) मसूर (एक दलहनी पौधा)
Lentitis, Phakitis (inflammation of eye lens) वीक्षशोथ
Lentitude सुस्ती, अशक्तता
Lentoid वीक्षाभ, तालवत्, लेन्स जैसा
Leonine सिंहवंशी, सिंहसदृश
Leopard (*Panthera pardus* a big carnivorous mammal of cat family Felidae), Leopardess (female) तेंदुआ (छोटे काले फूलदार चित्ती वाला एक मांसाहारी तेज़ धावक वन्य स्तनधारी), तेंदुई (मादा)

Leper (a Latin word lepros means scaly), Lapar, Lazar — कुष्ठी, कोढ़ी
Lepidoid, Squamous — शल्काभ
Lepidoma — शल्कार्बुद
Lepidoptera — शल्किपक्ष (कीटवर्ग का एक गण)
Lepidopteran, Lepidopterous — शल्किपक्षीय (कीट)
Lepidote — शल्करोमी
Lepidotrichium, Lepidotrichia (pl.) — शल्क अर, शल्क रश्मि (मीन पक्ष में)
Lepis — शल्कल, शल्कीय
Lepocyte — तुषकोशिका
Leporine — शशजातीय, शशकवंशी, खरगोश/खरहा कुल का
Lepra, Leprosy — कुष्ठ, कोढ़
Leproma — कुष्ठार्बुद
Lepromatous — कुष्ठार्बुदीय
Leprosarium, Leprosaria (pl.) — कुष्ठाश्रम, कुष्ठशाला, कुष्ठरोगीगृह
Leprose — कुष्ठीय, शल्कीय, पपड़ीदार
Leprostatic — कुष्ठस्थैतिक
Leprosy, Lepra — कोढ़, कुष्ठ
Leprous — कोढ़ी, कुष्ठीय, कुष्ठग्रस्त
Leptiform — तनुरूपी
Leptocercal — तनुपुच्छीय
Leptoclados, Leptoclaudus — तनुशाखी
Leptocyte — तनुकोशा, तनुरक्ताणु
Leptodactylous — तन्वांगुलि
Leptoid — अधोवाहाभ
Leptome — अधोवाहक
Leptonema — तनुसूत्र, सूक्ष्मांशु
Leptophyllous — तनुपर्णी
Leptopus — तनुवृन्त
Leptorhinism, Leptorhiny — तनुनासता, दीर्घनासता
Leptorhizus — तनुमूल
Leptosome — तनुकाय
Leptospirosis (an infection of *Leptospira* sp., a cork screw shaped fresh water bacteria of class Spirochaetes) — अतिकुन्तलाणुता, अतिकुन्तलाणु (एक सर्पिल जीवाणु) संक्रमण
Leptosporangiate — एकज धानिक
Leptosporangium (a sporangium formed from single epidermal cell), Leptosporangia (pl.) — एकजधानी
Leptotene — तनुपट्ट, सूक्ष्मांशु
Lesbian — स्त्रीसमलिंगी कामुक
Lesbianism — स्त्री समलैंगिकता, स्त्री समलिंगी कामुकता
Lesion — क्षत, प्रविकार, चोट, घाव
Lethal — घातक, प्राणहर
Lethality — घातकता
Lethargic — सुस्त, तन्द्रालु, निश्चेष्ट
Lethargogenic, Lethargogenous — तन्द्राजनक, निश्चेष्टकारी
Lethargy — सुस्ती, तन्द्रा, निश्चेष्टा, निष्क्रियता
Lettuce (*Lactuca sativa*, a crop herb of family Asteraceae, leaves are edible as 'salad') — रसशाक, काहू, सलाद, सलाद की पत्ती
Leucaemia, Leukaemia, Blood cancer — अधिश्वेतरक्तता, अतिश्वेताणु रक्तता
Leucas (*Leucas aspera,* a medicinal weed of family Lamiaceae), Thumba — छोटा हल्कुसा, गोफा पुष्पी, थुम्बा
Leucanthous — श्वेतपुष्पी
Leucinuria (presence of amino acid leucine in urine) — ल्यूसिनमेह, ल्यूसिनमूत्रता
Leuco-, Leuko- (prefix) — श्वेत-, सित-
Leucoblast, Leukoblast — सितकोशाकृत, श्वेताणु कोरक
Leucocyte, White blood corpuscles (WBC) — श्वेताणु, सितकोशा, श्वेत रक्त कणिका
Leucocytogenesis — श्वेताणुजनन, सितकोशोत्पत्ति
Leucocytosis, Leukocytosis — रक्तश्वेताणुता, श्वेताणुता
Leucoderma, Leukopathy — धवल रोग, श्वित्र रोग, सफ़ेद दाग़ (एक चर्म रोग)
Leucodont, Leukodont — श्वेतदन्ती
Leucokinesis, Leukokinesis — श्वेताणु गतिक्रम
Leucoma, Corneal opacity — सितजाल (एक नेत्ररोग)
Leucomatous — स्वच्छा अपारदर्शी (एक नेत्रविकार)
Leucomelanosis — श्वेतासित वर्णता, श्वेतकृष्णता (एक चर्म विकार)

Leucopathy, Leucoderma — रञ्जकहीनता, धवल रोग, सफ़ेद दाग़
Leucopenia, Leukopenia — श्वेताणु अल्पता, सितकोशा ह्रास
Leucoplakia, Leukoplakia — श्वेतमुखांगिता, श्वेतसिध्म (मुँह में सफेद घाव होना)
Leucoplast, Leucoplastid — अवर्णी लवक, श्वेतकणक
Leucopoiesis, Leukopoiesis — श्वेताणूत्पादन, श्वेताणूत्पत्ति, श्वेतकोशाजनन
Leucorrhea — श्वेतस्राव, श्वेतप्रदर (एक स्त्री रोग)
Leucosis, Leukosis — श्वेतरक्तता, रक्तश्वेताणुता
Leucotaxis, Leukotaxis — श्वेताणु चलन
Leucotomy — ललाटखण्डछेदन (मस्तिष्क की एक शल्यक्रिया)
Leucotoxic, Leukotoxic — श्वेताणु विषाक्त
Leucotoxicity Leukotoxicity — श्वेताणु विषाक्तता
Leucotoxin, Leukotoxin — श्वेताणु आविष, श्वेताणुविषि
Leucotrichous, Leukotrichous — श्वेत रोमी, सितरोमी
Levation — उन्नयन, उत्थान
Levator — उन्नायक (पेशी), उत्थानक
Levator anguli — सृक्क उन्नयनी
Levator labii — ओष्ठ कर्षणी
Levator nasi — नासा कर्षणी
Levator scapulae — अंसफलक उन्नायक
Levator veli — विच्छद उन्नायक
Levator veli palatini — विच्छद तालव उन्नायक
Level — स्तर, तल, करना समतल
Leveller — तलेक्षक, समतलक, समतल करने वाला
Levelling — समकरण, समतलन, समतलीकरण, तलमापन, तलेक्षण
Lever (a French word for to raise, a mechanical device for more output of work with lesser force) — उत्तोलक, उद्याम, उत्तोलक से उठाना
Leverage — उद्यामन, उद्याम क्रिया, उत्तोलन, उत्तोलकता, उत्तोलक-शक्ति
Leveret — शशक शावक, खरगोश का बच्चा (एक वर्ष के कम आयु का)
Leviable — आरोप्य, उद्ग्राह्य
Leviathan — तिमिंगल, मगरमच्छ आदि जलीय जन्तु
Levigate — चूर्ण बनाना, घोटना, लेई बनाना, बुकनी बनाना
Levigated — निस्सादित, श्लक्ष्णित, चूर्णित
Levigation — निस्सादन, श्लक्ष्णीकरण, चूर्णन
Levin — कौंध, चमक
Levitate, Levitation — हवा में उठना ⁄उठाना, प्रोत्थान, उत्थापन, आकाश-गमन
Levity — चपलता, चञ्चलता, हल्कापन, छिछोरापन
Levo-, Laevo- (prefix) — वामवर्ती, वाम-
Levorotatory, Laevorotatory — वामावर्त
Levuline — मिष्टी
Levulose, Fructose — फल शर्करा, फलधु
Lexicon — शब्दकोश
Liana (a climbing long woody vine plant of tropical rain forest), Lianas/ Lianae (pl.) — कण्ठलता (एक प्रकार का आरोही पौधा), काष्ठारोही
Lias — नील चूर्णाश्म (चूने का नीला पत्थर)
Liber, Bast — अधोवाही
Liberate, Liberation — छोड़ना, मुक्त⁄विमुक्त करना, अवमुक्तन, खनिज विमोचन
Liberated — विमुक्त, विमोचित
Liberator — परिमोचक, विमोचक
Libertine, Libidinous — कामुक, कामी, व्यभिचारी
Libido — कामलिप्सा, मनःशक्ति
Librate, Libration — हिलना, डोलना, सन्तुलित करना, डोलन, दोलन
Libratory, Librating — दोलायमान, हिलने वाला, डोलता हुआ
Libriform — अधोवाहिवत्
Lich — मृत शरीर, शव, मुर्दा
Lich house — मुर्दाघर, शवगृह
Lichen (a symbiotic form of green or blue green algae and filamentous fungi) — कवाप्य, शैक, शैवाक, चरीला
Lichenicolous — शैकवासी
Lichenoid — शैकाभ
Lichenology — शैकविज्ञान, शैवाकविज्ञान
Lichenophagous — शैकभोजी, कवाप्यभक्षी

Lichenophagism, Lichenophagy कवाप्यभक्षण, शैकभोजिता
Lick चाटना, थूक लगाना, पीटना
Licorice, Liquorice (*Glycyrrhiza glabra*, a perennial flowering Eurasian medicinal herb of legume family Fabaceae, a sweet flavour is obtained from it's root) मुलेठी (एक औषधीय जड़), जेठीमधु (जड़सत्त), मधुयष्टिका
Lid ढक्कन, पिधान, प्रच्छद
Lid cell पिधान कोशा
Liebig गोमांस व्यञ्जन, गोमांस सत्त
Lien, Spleen प्लीहा, तिल्ली (एक अन्तरांग)
Lienitis प्लीहाशोथ
Lienogastric प्लीहाजठर
Lienopathy, Splenopathy प्लीहाविकृति
Lieno-renal प्लीहा-वृक्कीय
Lienotoxin प्लीहाविष
Lientery, Lienteric diarrhea अपक्वातिसार
Lierne पट्टी, धज्जी, कमानी
Life जीवन, प्राण, ज़िन्दगी
Life belt जीवनरक्षा पेटी
Life cycle जीवन चक्र
Life embracing cycle जीवन आलिंगी चक्र
Life expectancy जीवन प्रत्याशा
Life history जीवन वृत
Life line जीवन रेखा
Life long जीवन-पर्यन्त, आजीवन
Life period, Life span, Life time जीवन विस्तार, जीवन काल, जीवन अवधि, आयु
Life saving जीवन रक्षक
Life spring जीवन स्रोत
Lift, Lifting उठाना, ऊपर लाना, उद्वाह, उद्वाहन, उत्थापन, उत्थान
Lifting power उत्थापन क्षमता
Lifty ऊँचा, उच्च, उत्तंग, उदात्त
Ligament, Ligamentum, Ligamenta (pl.) स्नायु, बन्धन, अस्थिबन्ध
Ligand संलग्नी
Ligate पट्टी बाँधना, ख़ून की नली बाँधना
Ligation बन्धन, तन्तुबन्धन, संयोजन
Ligature बन्ध, तन्तु, पाश, बन्धन, पट्टी, डोर
Light प्रकाश, आलोक, हल्का, अल्प, मन्द, क्षीण
Light amplification stimulated by emission of radiation (LASER) प्रकाश प्रवर्धन उत्प्रेरित विकिरण उत्सर्जन (लेसर)
Light coloured अल्प वर्णी, हल्के रंग का
Light detection and ranging (LIDAR- a remote sensing method like RADAR to examine the surface of earth) प्रकाश संसूचन एवं परासन (लिडार)
Lighted प्रकाशमान, जलता हुआ
Light emitting diode (LED-a two-way semi-conductor light source) प्रकाश उत्सर्जक द्विद्वार
Lighten, Lightening प्रदीप्त करना, गर्भाशय-अवतरण, प्रबुद्ध करना, चमकना, हल्का करना, लघुकरण
Lighter लघुतर, ज्वालक, जलाने वाला, अपेक्षाकृत हल्का
Light food अल्पाहार, लघु भोजन, हल्का खाना
Light house प्रकाशस्तम्भ, दीपस्तम्भ, जलदीप, प्रकाश गृह
Lighting प्रकाश करना, प्रदीपन, प्रदीप्ति, प्रकाश व्यवस्था
Light microscope, Simple microscope प्रकाशसूक्ष्मदर्शी, सरलसूक्ष्मदर्शी, खुर्दबीन
Lightning तड़ित्, बिजली, विद्युत्
Lightning conductor तड़ित् संवाहक, तड़ित् चालक, तड़ित्-रक्षक
Light proof, Photoresistant प्रकाशरोधी, प्रकाशसह, भासहिष्णु
Lights फेफड़े (जानवर के)
Light soil बलुई मिट्टी
Light year (approx. 10×10^{12} or 10 trillion Km., distance covered by light in one Gregorian year = 365.2425 days of planet earth) प्रकाशवर्ष=9460730472580800 मीटर (ब्रह्माण्डीय पिण्डों हेतु खगोलीय दूरी की एक इकाई, जबकि निर्वात में प्रकाश की गति 299792458 मीटर प्रति सेकेण्ड है)
Ligneous, Lignous, Woody काष्ठिल, काष्ठीय, काष्ठाभ, कठीला
Ligneusification काष्ठिलीभवन
Lignicole, Lignicolous काष्ठवासी
Ligniferous काष्ठधर, काष्ठमय
Lignification काष्ठाभन, काष्ठभवन

Ligniform काष्ठरूप, काष्ठाकार
Lignify काष्ठ बनना / बनाना
Lignin काष्ठीन, लिग्निन (काठ का मूल रासायनिक अवयव)
Ligniperdous काष्ठनाशी
Lignite भूरा कोयला (एक खनिज)
Lignivorous काष्ठभक्षी, काष्ठाहारी, कठख़ोर
Ligula, Ligule, Lingula जीभिका, जिह्विका
Ligular जिह्विकीय, जिह्विका-
Ligulate जिह्विकायुक्त, जीभिकित,
Liguliform जिह्विकाकार, जीभिकारूप, पट्टाकार
Lilac (*Syringa vulgaris,* a deciduous ornamental flowering shrub of olive family Oleaceae, grows on rocky hills, native to peninsular region) नीलक (रंग), हल्के बैंगनी फूल वाला बकाइन वृक्ष
Liliaceous कुमुदिनी जैसी
Lilliputian बौना
Lily (*Lilium* sp., a flowering ornamental bulbous herb of family Liliaceae) कुमुदिनी, नलिनी, पाण्डुर
Lima bean, Fava bean, Butter bean बाकला, सेमफली
Limaciform मन्थररूप
Limacine मन्थरीय
Limb पाद, अंग, अवयव, दलफलक, किनारा, छोर, अंगच्छेद करना
Limbate किनारेदार
Limber मृदुल, सुनम्य, फुर्तीला, तोपगाड़ी का अग्रभाग
Limbless पादहीन, बिना हाथ-पैर वाला
Limbus स्वच्छान्त, किनारा, झल्लरी
Lime (a mineral as calcium oxide, hydroxide and carbonate) चूर्णक, चूना, निम्बू
Limed चूर्णकित, निम्बुकित
Lime-juice, Lemon juice नीम्बू-रस
Lime kiln चूना-भट्ठा/भट्ठी
Lime light प्रकाशबिन्दु, लोक-प्रसिद्धि
Lime mortem, Slaked lime बुझा चूना
Limen, Limina (pl.), Threshold न्यूनतम स्नायविक उत्तेजना, अवसीमा, देहरी, सीमान्त
Lime pozzolana ash चूनामय ज्वालामुखी राख (पोर्टलैण्ड सीमेण्ट बनाने हेतु)
Lime stone चूर्णाश्म, चूना-पत्थर
Lime wash चूर्ण-प्रस्तर, चूना पुताई
Lime water चूर्णक जल, चूने का पानी
Limic क्षुधीय
Limicolous पंकवासी
Liminal अल्पतम प्रत्यक्ष
Limit सीमा, सीमान्त, सीमित करना, प्रतिबन्ध
Limitation परिसीमन, सीमांकन, सीमा निर्धारण, प्रतिबन्धन
Limiting सीमान्त, चरम, सीमाकारी
Limiting factor प्रतिबन्धी कारक
Limitrophe सीमावर्ती
Limit test सीमांकन परीक्षण
Limivorous, Limophagous पंकाहारी, पंकभोजी
Limnetic, Lentic सरोवरी, सरोवासी, तड़ागी
Limnicolous सरोवासी, सरोवरवासी, तड़ागवासी
Limnium मृदुजलीय पादप समूह
Limnobiology (study of fresh water ecosystem) सरोजीवविज्ञान, कासारजैविकी
Limnology (study of inland waters) सरोवरविज्ञान, सरोविज्ञान, कासारिकी
Limnophilic, Limnophilous सरोवरप्रेमी, तालरागी
Limnovorous सरोजीवभक्षी
Limonoid (a phytochemical of lemon/neem family plants) निम्बाभ
Limophagous, Limivorous पंकभक्षी, पंकभोजी, मृदाभक्षी
Limosis अतिभुक्षता, अधिक्षुधा
Limotherapy क्षुधाचिकित्सा
Limotrophic क्षुधानियन्त्रणकारी
Limp लँगड़ाना, लचीला, निस्तेज
Limpet (an aquatic snail, gastropod mollusc, with broad conical shell, used as seafood) अश्मलागी, घोंघा (एक जलीय जन्तु)

Limpid विमल, स्वच्छ, निर्मल
Limpidity विमलता, स्वच्छता, निर्मलता
Limping पंगुशील, पंगुता, लँगड़ापन
Limy चूनेदार, लासेदार, चूर्णकमय, चिपचिपा
Linage, Lineage पंक्तिबद्धता, पंक्तिसंख्या, पंक्तिदर, वंश, वंशपरम्परा, कुल (सन्तति)
Linch pin अक्षकील, धुरे की कील, आधार भाग
Linctus, Lincture, Electuary अवलेह, लेह, लेह्य, शर्बत सी दवा
Linden नीम्बू का वृक्ष
Line रेखा, पंक्ति, रेखा खींचना, अस्तर लगाना, कतार बनाना
Linea, Lineae (pl.) रेखा
Lineal वंशानुक्रमिक, पैतृक, परम्परागत
Lineament रेखा, विशेषमुख, सजातीयता
Linear अनुरेख, रैखिक, रेखीय
Linear amplifier रैखिक प्रवर्धक
Lineate, Lineatus रेखित, रेखीय
Lineation रेखांकन
Lined आस्तरित, अन्तःस्तृत, रेखांकित, रेखाकृत
Linen सन व उससे बने कपड़े
Line of breeding प्रजनन वंशक्रम
Liner आस्तर, रेखाकर, सवारी पोत, पेन्सिल, अन्तरखण्ड
Line spectrum रेखिल वर्णक्रम
Ling (*Molva molva*, a long-bodied cod like edible marine fish of family Lotidae) लिंग मछली, एक प्रकार की झाड़ी
Lingerie अधोवस्त्र
Lingua, Glossa जिह्वा, जीभ
Lingual जिह्वीय, मूर्द्धन्य, प्रतिवेष्टित, भाषीय
Lingual frenulum जिह्वा बन्धनी
Lingual gland जिह्वा ग्रन्थि
Linguiform, Lingulate, Linguiformis जिह्वाकार, जिह्वारूप
Linguistics भाषा विज्ञान, भाषिकी
Lingula, Ligula, Ligule जिह्विका, जीभिका
Linifolius उमापर्णी
Liniment, Linimentum लेप, मृद्य, मरहम, मालिश का तेल
Lining आस्तर, अस्तर, भीतरी आवरण
Link कड़ी, शृंखला, ग्रन्थ, सम्बन्ध
Linkage संयाविता, संयोजन, शृंखलन, बन्धता, बन्धनी, ग्रन्थन, अनुबन्धन, सहलग्नता
Linked ग्रन्थित, सहलग्न, सम्बद्ध
Linked character सहलग्न या सम्बद्ध लक्षण
Linker सहलग्नक
Linking शृंखलन, श्रेणीबन्धन, ग्रन्थन, सहलग्नन, सहलग्नी, जोड़ना
Linolate, Lineolate आतसीय
Linoleum (a synthetic floor covering made from linoxyn, solidified linseed oil with pine rosin, corkdust, wood flour, chalk and colouring pigment, first invented by British Frederick Walton in 1855 A.D.) लिनोलियम
Lin seed, Flax seed (*Linum usitatissimum,* a fiber and edible oil crop herb of family Linaceae) अलसी, अतसी, तीसी (एक तिलहन)
Lint, Lint cloth फाहा, लिनन पट्टी, घाव पर बाँधने की पट्टी
Lintel, Lintol (a horizontal supporting architectural structure) सरदल, सोहावटी, सहतीर
Liny रेखित, ताँतिया
Lion (*Panthera leo*, a big wild carnivorous mammal of cat family Felidae) सिंह, शेर (एक मांसाहारी बड़ा वन्य स्तनधारी)
Lion fish (*Pterois,* sp., a marine venomous fish of family Scorpaenidae characterised with warning colouration) सिंहमीन, शेरमछली
Lip ओष्ठ, होंठ, अधर, ओंठ
Lip-, Lipo- (prefix) वसा-, विमेद-, वपा-
Lipaemia, Lipemia वसारक्तता
Liparoid, Lipoid वसाभ, विमेदाभ

Liparous वसीय, विमेदीय
Lip eroticism ओष्ठ रति
Lip gloss (a cosmetic stick of lanolin, a sebaceous gland secreted wax and oils to give glossy lustre to lips) ओष्ठदीप्ति, होंठ की चमक
Lipid, Lipide (a water insoluble biomaterial such as fat, wax, sterols and glycerides etc.) वसा, चिपचिपा जैव-पदार्थ
Lipoblast वसाकोरक, वसाघट
Lipocrit वसामापी, वसाविभेदित्र
Lipocyte वसाणु, वसाकोशिका
Lipodermato-sclerosis वसा-त्वचाकाठिन्य
Lipodosis, Lipoidosis वसासञ्चिता, वसासञ्चयन
Lipoferous वसायुक्त, वसामय
Lipogenesis, Lipogeny वसोत्पत्ति, वसाजनन, मेदोत्पादन
Lipogenic, Lipogenous वसाजनक, वसाजनी, मेदोत्पादी
Lipolysis वसालयन, वसांशन, वसा अपघटन
Lipolytic वसालयी, वसांशनी, वसापघटनी
Lipoma, Steatoma वसार्बुद
Lipomatous, Steatomatous वसार्बुदीय
Lipopenia वसाल्पता
Lipopexia वसानिक्षेप, वसासञ्चय
Lipophilic, Lipophilous वसारागी, वसास्नेही
Lipophore वसाधर
Lipochrome cell वसावर्णकोशा
Lipoprotein (a biomaterial with lipid and protein) वसाप्रोटीन
Liposome वसाकाय
Liposuction (a process of suction to remove body fat) वसाचूषण
Lipotrophic वसावर्धी
Lipotrophism, Lipotrophy वसावर्धन, विमेदवृद्धि
Lipotropic वसाप्रेरक
Lipoxenous पोषकत्यागी (परजीवी कवक)
Lipoxidative वसा-उपचायक
Lip sclerotization ओष्ठ दृढ़न
Lip stick (a cosmetic stick with wax, oil and pigment to colour lips) ओष्ठ रञ्जनी शलाका
Lipuria, Lipiduria वसामेह, वसामूत्रता
Liquate, Liquation धातु को गलाकर शुद्ध करना, गलनिक पृथक्करण, द्राववेचन, विगलन
Liquefaciens, Liquidity द्राविता, द्रवणशीलता
Liquefacient, Liquefactive द्रावी, द्रवणशील
Liquefaction द्रवीकरण, द्रवण, द्रावण
Liquefiable द्रवणीय, द्रवण्य
Liquefied, Liquidised द्रवित
Liquefied petro-leum gas (LPG) द्रवित मृतैल वाति (एक खनिज ईन्धन)
Liquefier, Liquidizer द्रावी, द्रावक, द्रावित्र
Liquefy द्रवित करना, द्रव बनाना
Liquesence द्रवणशीलता
Liquescent द्रवणशील
Liqueur मद्यद्राव, मध्विरा
Liquid (one of four fundamental states of material) द्रव (पदार्थ की एक तरल अवस्था)
Liquid amber शिलारस
Liquid crystal display (LCD-an electronic device for visual display by using light modu-lating properties of liquid crystal) द्रव मणिभ प्रदर्शी
Liquidisation, Liquidization द्रवण
Liquidise, Liquidize द्रवित करना, द्रव बनाना
Liquidised, Luquidized, Liquefied द्रवित
Liquidiser, Liquidizer, Liquefier द्रवित्र, द्रावक
Liquidity, Liquefaciens द्रवत्व, द्रवता
Liquid paraffin द्रव मृद्वसा (एक ज्वलनशील द्रव)
Liquid phase द्रव प्रावस्था
Liquiform द्रवरूपी

Liquor — मद्य, शराब, द्रव, रस, औषधि जल
Liquorice, Licorice (*Glycyrrhiza glabra*, a perennial medicinal herb of family Fabaceae, root extract is used as sweet flavourant) — गूँजा, घुँमची (बीज), मुलेठी, जेठीमधु (जड़सत्त), मधुयष्टिका
Liquorish — मद्यप, पियक्कड़
Liquostriction — द्रवाकुञ्चन
Lisp, Lisping — तुतलाना, तुतलाहट, थदीकरण
Lissom, Lissome, Lithe, Lithesome — लचीला, सुनम्य, सुन्दर, फुर्तीला
Lit — जलाना, प्रज्वलित करना
Liter, Litre (1L =1 Kg of water) — लीटर (द्रव के आयतन की एक इकाई)
Litharge (lead oxide-PbO) — रजतफेन (सीसे का ऑक्साइड), मुर्दाशंख
Lithiasis — पथरी रोग, अश्मरिता
Lithic — आश्मिक, पथरीला
Lithium (an alkali metallic element with symbol Li) — अश्मातु, लीथियम
Litho-(a Greek word lithos means rocky - prefix) — शिला, प्रस्तर, -अश्म, शैल-
Lithochemical — शैल रसायन, शैलरासायनिक
Lithochemist — शैल रसायन विज्ञानी
Lithochemistry — शैलरसायन विज्ञान
Lithocyst — अश्मपुटी, उपलकोष्ठ
Lithogenesis, Lithogeny — शैलभवन, अश्मोत्पादन, अश्मजनन
Lithogenic, Lithogenous — शैलजनी, अश्मोत्पादी शैलजनक
Lithograph — अश्मलेखी, अश्ममुद्र, शिला मुद्रण करना
Lithography — शिलालेखन, शैलमुद्रण
Lithoid — अश्माभ, प्रस्तरवत्, पत्थरीला
Lithology — अश्मविज्ञान, शिलाविज्ञान, शैल-लक्षण, शैलिकी, प्रास्तरिकी
Litholopexy — अश्मरी ग्राह त्रोटन
Litholysis — शैलांशन, अश्मविखण्डन
Lithophagous — शैलभक्षी, अश्मभोजी
Lithophile, Lithophilic, Lithophilous — शैलरागी, अश्मस्नेही
Lithophyte — शैलोद्‌भिद्
Lithosphere, Pedosphere — शैलमण्डल, स्थलमण्डल, सान्द्रमण्डल
Lithotomy — शिलोच्छेदन, पथरी निकालना
Lithotripsy — अश्मभञ्जन, अश्मरी-चूर्णन
Lithotriptic — अश्मभञ्जी
Lithotroph(ic) — शैलपोषी
Litmus (a dye extract mixture of lichens) — शेवल
Litmus paper — शेवल-पत्र, क्षाराम्ल परीक्षण-पत्र
Litrameter — गुरुत्वमापी
Litter — एक साथ जन्मे छोटे पशु के बच्चे, कूड़ा-करकट, तृणशय्या
Little finger — कनिष्ठिका, छोटी अँगुली
Littoral — समुद्र तट, बेलाञ्चल, समुद्रतटीय, बेलाञ्चली, तटवर्ती, तटीय
Livable — वास योग्य, सह्य, अनुकूल
Live, Living — जीना, जीवित, सजीव
Lively — जीवन्त, सजीव
Liven — जीवन्त करना, सजीव बनाना
Liver (a vital organ in vertebrates) — यकृत, जिगर, कलेजा
Liver cirrhosis — यकृत अपुष्टि, यकृत सूत्रण रोग
Liver extract — यकृन्निसार, यकृत-निष्कर्ष
Liver function — यकृत क्रियागत, यकृत कार्य
Liver function test (LFT) — यकृतीय कार्य परीक्षण
Liverish — यकृतरोगी
Liver wort (a small spore forming nonvascular bryophyte of family Hepatosidae) — प्रहरिता
Live stock — पशुधन, पशु सम्पदा
Live wire — विद्युन्मय तार
Livid — सुरमई, नीलाभ, क्रोधी
Living modified organism (LMO-organism with nobel combination of modified genetic material) — सजीव रूपान्तरित जीव
Lividity, Livor — नीलाभता, विवर्णता, कलौंस, सुरमईपन, नीलिमा
Livor mortis — शव नीलिमा
Lixiviation, Leaching — निक्षालन, धाववेचन
Lixiviator — धाववेचक

Lixivium	धावविक्त
Lizard (a terrestrial reptile of suborder Lacertilia/Sauria)	छिपकली, गोधिका
Llama (*Lama glama*, a domestic humpless shorter mammal of camel family Camelidae)	विकूट (दक्षिणी अमेरिकी कूबड़हीन एक छोटा ऊँट)
Load	भार, बोझ, लदान
Loadstone, Lodestone	लौह चुम्बक, चुम्बक पत्थर
Loaf, Loaves (pl.)	पावरोटी, चीनी का डला, समय गँवाना
Loaf sugar	कन्दपिण्ड, मिश्री का डला
Loam	दुमट, चिकनी उपजाऊ मिट्टी, सम्मृदा
Loamy	दुमटी, सम्मृदामय
Lobate, Lobed	पालिमय, सपालि
Loboid, Lobose, Lobous	पालिवत्, पालिसदृश
Lobe, Lobus	पालि, पिण्डक, लोलकी, ललरी
Lobectomy	पिण्डोच्छेदन, पिण्ड-निष्कासन
Lobiform, Lobular, Lobulate	पालिरूप, लोलकीवत्, सपालिक
Lobopodium Lobopodia (pl.)	पालिपाद
Lobotomy	मस्तिष्कखण्डछेदन, मस्तिष्क शल्यक्रिया
Lobster (a large marine crustacean arthropod of family Nephropidae)	महाचिंगट (समुद्री झींगा)
Lobulated	पिण्डिकित, गुल्लेदार
Lobule, Lobulus, Lobuli (pl.)	पिण्डिका, खण्डक, पालिका
Lobuloid, Lobulose, Lobulous	पालिकावत्, पालिकीय, पिण्डिकामय
Lob worm (*Lumbricus terristris,* a large earth worm, an oligochaete annelid of family Lumbricidae, used for fish angling)	केंचुआ (मछली फँसाने के चारे का केंचुआ)
Local	स्थानीय, स्थानिक
Localisation	स्थान-सीमन, स्थिति-निर्धारण
Localized	स्थानबद्ध, स्थिति सीमित, स्थानगत

Locate	स्थिति जानना, स्थिति निर्धारित करना
Location, Site	स्थिति, स्थान, अवस्थिति
Loch	झील, खाड़ी (संकीर्ण)
Lochia	सूतिस्राव
Lochmocolous	कुञ्जवासी
Lochmophilus, Lochmophilous	कुञ्जरागी
Lociation	अनुविषमवास
Lock jaw (a tonic spasm of jaw muscles in tetanus)	हनुपाश, हनुस्तम्भ, धनुक-बाई
Locked	पाशित, रुद्ध, तालकबद्ध, तालाबन्द
Lock hospital	गुप्तरोग चिकित्सालय
Locking	पाशन, बन्धन, आबन्ध, तालाबन्दी
Lock nut	ताला-ढिबरी
Lock smith	तालासाज़, ताला बनाने/सुधारने वाला
Locomotion	गमन, चलन, प्रचलन, सञ्चलन
Locomotive	प्रचल, चलनशील, सञ्चलनशील, रेल इञ्जन
Locomotor organ	चलनांग, प्रचलांग
Loculament	कोष्ठकन, गुहिकायन
Locular, Loculate	गह्वरीय, कोष्ठकरूपी
Locule, Loculus, Loculi (pl.)	लघु गह्वर, गुहिका, कोष्ठक
Loculicidal	कोष्ठ विदारक, गुहिकाविदारी
Locus, Loci (pl.)	बिन्दुपथ, बिन्दु, संस्थिति, विस्थल
Locust (a short-horned orthopteran insect, gregarious grass-hopper of family Locustidae)	टिड्डी (एक फसल पीड़क कीट)
Lode	नाली, परनाली, शिरानिक्षेप, धातुरेखा
Lode star, North star	ध्रुव तारा (एक अटल स्थिति का तारा)
Lode stone, Load stone	चुम्बकीय लौह खण्ड, चुम्बक पत्थर
Lodging	आवास, पुञ्ज सञ्चयन
Lodgement, Lodicule	परिपुष्पक
Loess	विमृदा (हवा से जमा मिट्टी)
Log	संलेख, लट्ठा
Logan stone	स्पर्श स्पन्दन शिलाखण्ड, दोल-पत्थर

English	Hindi
Logarithm	लघुगणक, छेदा, घातप्रमाणक
Logarithmic (al)	लघुगणकीय
Log book	प्रचालन-पञ्जी, कार्य-पञ्जिका
Logger head	राजकच्छप (कछुआ), मूर्ख
Loggia	छत्ता
Logging	संलेखन
Logo	प्रतीक चिह्न
Logopathy	वाक्विकृति
Logwood, Blood wood (a flowering medicinal timber tree of legume family Fabaceae, a dye haematoxylin for histological staining and plant extract as ph indicator is obtained from it)	पतंग (एक अमेरिकी बबूल जिससे कपडों व काग़ज़ को रंगने का लाल रंग मिलता है)
Loin, Lumbus	कटि, कुक्षि, पुट्ठे का मांस, स्वसन्तति
Lollipop, Lolly	चुसनी (चूसने वाली मिठाई)
Lomentum, Loment	अनुप्रस्थभेदी, शिम्बी (बबूल प्रजातीय पौधे की फली)
Lonchitis	कुन्ताकार, कुन्तवत्, एक फर्न प्रजाति
Longanimity	सहिष्णुता, सहनशीलता
Longaeval, Longeval, Long-lived	चिरायु, चिरञ्जीव, दीर्घायु
Long drink, Soft drink,	मद्यरहित पेय
Longevity	चिरञ्जीविता, आयुकाल
Longifolius	दीर्घपर्णी
Longispinous	दीर्घकण्टी
Longissimus	सुदीर्घी
Longitude	देशान्तर, देशान्तर रेखा, रेखांश
Longitudinal	अनुदैर्ध्य, देशान्तरिक, अनुलम्ब, अन्वायाम
Long necked	लम्बग्रीवित, दीर्घग्रीवी
Long shore, Littoral	तटीय, बेलाञ्चली
Long term	दीर्घावधि, दीर्घकालिक, दीर्घकालीन
Loo	शौचालय
Loofa, Loofah	सूखी तोरई से बना झाँवा
Looking glass, Mirror	दर्पण, शीशा, आइना

English	Hindi
Loom	करघा, अस्पष्ट, मूठ, हत्था
Looming	उन्मरीचिका
Loon	मूर्ख, मुर्ग़ाबी (पक्षी)
Loony	पागल, विक्षिप्त
Loony bin	पागलख़ाना, मानसिक चिकित्सालय
Loop	फन्दा, पाश, छल्ला, परिपथ
Loop hole	रन्ध्र, विवर, बचाव का रास्ता
Loop line	चाप-पथ, चाप-मार्ग
Loose	निर्बन्ध, असंयुक्त, ढीला, श्लथ
Loose motion, Diarrhoea	अतिसार, दस्त, जलीय मलोत्सर्ग
Lop, Lopping	शाखाएँ छाँटना, टहनी, काटना, लटकाना, शाखाकर्तन
Lophiodont (teeth of an extinct mammal *Lophiodon* sp.)	उषोजलहय दन्त
Lophobranch	गुच्छक्लोमी (जन्तु)
Lophodont (molar teeth with crusps and ridges)	शिखरदन्ती, कूटदन्ती (चरने वाले जन्तु)
Lophophore	अंगकधर
Lophotrichous	गुच्छ कशाभी, दीर्घकशाभी
Lophotrochozoa (a superphylum of Protostome animals)	शिखरधारी जन्तु
Lop sided	असन्तुलित, एक तरफ झुका हुआ
Loquat (*Eriobotrya japonica,* a flowering evergreen tree of family Rosaceae with edible pear-shaped sweet fleshy fruit, native to China and Japan)	लोकाट (वृक्ष/फल)
Lorate, Loriform	जीभिकाकार
Lordosis	अग्रकुब्जता
Lore	जनश्रुति, विद्या, चञ्चुनेत्रान्तर (चोंच और आँख के बीच का अन्तर)
Lorgnette	हत्थेदार चश्मा, दूरबीन
Lorica	वर्मिका, कवच
Loricate, Loricated	वर्मिकामय, वर्मिकाकार, कवचित, वर्मिकाच्छादित
Loricula	कशाभपुञ्ज

Loris (*Loris* sp., and *Nycticebus sp.*, small wild nocturnal arboreal strepsirrhine primate mammals of family Lorisidae in south east Asian islands)	लोरिस (एक लजीला बन्दर)
Lory (a medium sized arboreal bird of family Psittaculidae)	मधुशुक (एक बहुरंगी तोता)
Lotic	सरित, सरितजीवी
Lotion, Lotio	मरहम, मलहम, अवनेग
Lotophagous	कमलभक्षी, कमलभोजी
Lotus (*Nelumbo nucifera*, a fresh water flowering plant of family Nelumbonaceae)	कमल (एक सरोवरी फूल)
Lotus position	पद्मासन (एक योगासन)
Lotus stem/root (used as vegetable)	कमलनाल, भसीड़
Loud	ऊँचा, चटकीला, प्रबल, तेज़
Loud speaker	ध्वनि विस्तारक, ध्वनिवर्धक
Lough	समुद्र का भाग, सरोवर, झील
Louse (*Pediculus humanus*, a wingless ectoparasitic phthirapteran insect of family Pediculidae), Lice (pl.)	यूका, जूँ (बालों का), जुँआ, चीलर (शरीर का)
Lousicidal, Lousicide	जूँनाशक, यूकाघ्न, जुआँनाशी, जुआँमार
Louver	धूम्रमार्ग, धुआँखा, झिलमिली, तिर्यग्वातायन
Louvered	तिर्यक फलक, तिर्यग्वातायित
Lovage	अजवाइन (एक मसाला)
Low	निम्न, न्यून, अल्प, लघु, दुर्बल, रँभाना (पशुओं का)
Lowcal (low calorie)	न्यूनउष, कम कैलोरी वाला (आहार)
Lower	निम्नतर, न्यूनतर, भ्रूभंग, धुँधलापन, कालिमा, बदली (बादलों से घिरा), टाँगों का परिधान
Lowest	निम्नतम, न्यूनतम, लघुतम
Lowest common factor (LCF)	लघुतम समापवर्तक
Lowest observed effect concentration (LOEC)	न्यूनतम प्रेक्षित प्रभाव सान्द्रता
Low land	निम्नभूमि, नीची ज़मीन
Low tide	भाटा (निम्न-स्तरीय समुद्री लहर)
Loxodont	गाधदन्ती
Loxodromic line	एकदिश नौपथ
Loxolophodont	तिर्यक्कूट दन्ती
Loz (liquid ozone)	द्रव ओजोन
Lozenge	पतंगाकृति, विषमकोण, समचतुर्भुज, चूसने वाली टिकिया, चूषिका, चूसनी
Lubber's line	सूचक रेखा
Lubric	स्नेहिल, चिकना, अस्थिर
Lubricant (a substance to reduce friction between surfaces in mutual contact)	स्नेहक, चिकनाई
Lubricate	चिकना करना, तेल या ग्रीस लगाना/डालना
Lubricating, Lubricative	उपस्नेही, स्नेही, स्नेहकारी
Lubrication	उपस्नेहन, स्नेहन
Lubricator	स्नेहित्र, चिक्कणित्र
Lubricity	स्नेहकता, चिकनापन (तैलीय)
Lubritorium (room for lubricating motors/ machines), Lubritoria (pl.)	स्नेहन कक्ष, स्नेहन शाला
Lucent	चमकदार, प्रकाशमान, पारभासी, स्वच्छ
Lucerne (*Medicago sativa,* a perennial flowering pasture leguminous herb of family Fabaceae, cultivated as a protein rich forage for animals), Alfalfa	गरारी, लसुनघास, रिज़्का
Lucid, Lucidus, Luculent	स्पष्ट, स्वस्थ, प्राञ्जल, प्रकृतिस्थ, शान्त, सुबोध
Lucidity	स्वस्थता, शान्ति, स्पष्टता
Lucifer	दिया सलाई, शुक्र (ग्रह), अगिया शैतान
Luciferous	दीप्तिकर

Term	Hindi
Lucifugal, Lucifugous	प्रकाशवर्जी, ज्योतिर्विमुख
Luciphile, Luciphilous	प्रकाशरागी, ज्योतिस्नेही
Lucky bamboo (*Dracaena brauni/ sanderiana,* an indoor flowering lily plant of family Asparagacea)	भाग्यप्रद बाँस का पौधा (जिसे घर में लगाना अच्छा माना जाता है)
Lucotherapeutics, Phototherapeutics	प्रकाश चिकित्सा विज्ञान, ज्योति चिकित्सा विज्ञान
Lucotherapy, Phototherapy	प्रकाश चिकित्सा, ज्योति चिकित्सा
Lucrative	प्रलाभी, लाभदायी, लाभप्रद
Luculent	सबोधगम्य, अकाट्य
Lues	संक्रामक रोग, महामारी (प्लेग), उपदंश
Luetic	उपदंशिक, संक्रामी
Lug handle	कर्णाकार हत्था
Lug worm, Sand worm (*Arenicola marina*, a large marine earthworm like polychaete annelid of family Arenicolidae)	चारे की तरह प्रयुक्त एक समुद्री केंचुआ
Luke warm	गुनगुना, कुनकुना, अल्पोष्ण, मन्दोष्ण, कदुष्ण, कोष्ण, निरुत्साह, शिथिल
Lumate bone	अर्धचन्द्रास्थि
Lumbago	कटिवात, कमरदर्द, कटिशूल, कटिवेदना
Lumbar	कटि, कमर, कटिका, कटि-
Lumber	काष्ठ, काठ कबाड़
Lumbering	लकड़ी की कटाई, काष्ठकर्तन
Lumbricalis, Lumbricus,	कृमिरूप, कृम्याकार, महालतारूपी
Lumbrical muscle	अनुकण्डरिका (पेशी)
Lumbriciform, Lumbricoid	उदरकृम्याभ, वर्तुल कृमिवत्
Lumbricosis, Ascariasis (infestation of *Ascaris lumbricoides,* roundworm, a gut parasite of phylum Nemathelminthes)	उदरकृमिता, उदरकृमिग्रस्तता
Lumbus	पुट्ठे का मांस, कूल्हे व पसलियों के बीच का मांसल भाग
Lumen (Pm, a French word for light and a unit of luminous flux to measure total visible light emitted), Luman (pl.)	चकास, ल्यूमेन
Lumen, Lumina (pl.) (inner space of a tubular structure)	गुहिका, अवकाशिका, पुटी, सुषिरका
Luminant, Luminous, Illuminant	दीप्तिमान, प्रदीप्त, चकासी, ज्योतिर्मय
Luminary	प्रकाश पुञ्ज, नक्षत्र, तेजस्वी (व्यक्ति)
Luminate	चमकाना, प्रकाशित करना, दीप्तवान
Luminescence	सन्दीप्ति, अवदीप्ति, चकासा
Luminescent, Luminant	सन्दीप्त, सन्दीप्तिशील, दीप्तिशील, चकासी
Luminiferous	प्रकाशवाही, तेजोवाही
Luminosity	दीप्ति, ज्योतिर्मयता, चमक, चकासिता
Luminous	चमकीला, प्रदीप्त, प्रदीपी, प्रकाशमान्, चकासी, ज्योतिर्मय
Luminous efficiency	ज्योतिदक्षता
Lumisome	ज्योतिकाय
Lump	पिण्डक, सूजन, अपवृद्धि, लोष्ट, ढेला
Lumpiness	ग्रन्थिलता, स्थूलता, गठीलापन, लोष्टिता
Lumpy	पिण्डित, लोष्टित, ढेलेदार
Luna	चन्द्रमा, चाँदी
Lunacy	उन्माद, पागलपन
Lunar, Lunate	चान्द्र, चन्द्र सम्बन्धी, नवचन्द्राकार
Lunar caustic (silver nitrate)	क्षारक रजत
Lunar eclipse (an astronomical phenomenon when earth comes between sun and moon and shadow of earth falls fully/partially on moon)	चन्द्रग्रहण
Lunar month	चन्द्रमास
Lunate	नवचन्द्राकार

Lunate (semi-lunar) bone अर्धचन्द्रास्थि (कलाई की हड्डी)
Lunatic विक्षिप्त, पागल, उन्मत्त
Lunatic asylum पागलख़ाना
Lunation चान्द्र मास
Lunatum, Lunare, Lunette अर्धचन्द्रक
Lunch, Mid-day meal मध्याह्न भोजन, दोपहर का खाना
Lune अर्धचन्द्र, इन्दुक
Lung फेफड़ा, फुप्फुस
Lung book फुप्फुस-पुस्त
Lunge झपटना, भोंकना, झपट्टा
Lung fish (a fresh water fish of subclass Dipnoi) फुप्फुस मीन, उभयश्वासी मीन,
Lung function फुप्फुस क्रियागत, फुप्फुस कार्य
Luniform, Lunate नवचन्द्राकार, चन्द्राकार
Lunisolar चान्द्र-सौर
Lunula, Lunule चन्द्रक, अर्धचन्द्रक
Lunular अर्धचन्द्राकार
Lupine द्विदल, भेड़ियावत्, वृकवंशी, लम्बी सींक का एक फूलदार पौधा
Lupus (an inflammatory autoimmune skin disease) भेड़िया, वृक, चर्मयक्ष्मा, चर्मक्षय
Lurch झोंका, झटका
Lure चारा, प्रलोभन, आमिष, पंखगुच्छ
Lurgy बीमारी, रोग, व्याधि
Lurid विवर्ण, आरक्त पीत, भड़कीला, भयंकर रंग वाला
Luscious अतिमधुर, मीठा सुगन्धित, सुस्वाद, पका हुआ (फल)
Lush हराभरा, रसीला, प्रभूत, नशीला पेय
Lust कामुकता, कामान्धता
Lustre चमक, द्युति
Lustral शुद्धिकर
Lustrate, Lustration शुद्धीकरण, हवन से वायुशुद्धि
Lustrous चमकदार, द्युतिमय, द्युतिमान्
Lustrum वर्षपञ्चक, पाँच वर्ष की अवधि
Lusty, Lustfull हृष्टपुष्ट, कामुक
Lutaceous पंकमय, कीचड़युक्त
Lute वीणा, मिट्टी या सीमेण्ट (छेद/जोड़ पर लगाने के लिए)
Luteal, Luteous पीत, नारंगीय, नारंग-
Luteal macule, Macula lutea पीतबिन्दु (नेत्र के दृष्टि पटल पर)
Lutecolous पंकवासी, कीचड़वासी
Lutein पीतिका, नारंग
Luteinization नारंगभवन, पीतिकीकरण
Luteinizing नारंगकारी, पीतिकाकारी
Luteinizing hormone (a gonadotrophic hormone of anterior pituitary) पीतपोषी अन्तःस्राव
Luteoalbous पाण्डुश्वेत, पीत-श्वेत
Luteous, Luteus, Luteolus, Lutescent नारंग, पीत, सिन्दूरी, पाण्डुर, पीताभ, पीतायमान्
Lutescence पाण्डुरता, पीतिमा, पीतता
Lutose पंकाच्छादित, कूड़े से ढका
Lux (lx, a unit of luminous emittance per square meter area) लक्स (दीप्ति की एक इकाई), दीप्ति, द्युति
Luxate जोड़ हटाना, स्थान से हटाना
Luxation सन्धिभ्रंश, उखाड़, सन्धि-च्युति
Lux meter दीप्तिमापी, द्युतिमापी
Luxuriance प्रचुरता, प्रवर्द्धिष्णुता, अत्युर्वरता
Luxuriant प्रचुर, समृद्ध, अत्युर्वर, प्रवर्द्धिष्णु
Luxury विलास-प्रियता, सुख-साधन
Lycanthropy वृकोन्माद, पशुभ्रम (अपने को पशु समझने का एक मनोरोग)
Lycophyte, Lycopod, Club moss (a vascular spore bearing pteridophyte) गदापर्णांग
Lye क्षारोदक, क्षारीय जल, सज्जीदार पानी, खारा घोल
Lymph (a Latin word lympha means water, a liquid tissue circulates in body apart from blood) लसीका
Lymph node, Lymph gland लसीका ग्रन्थि
Lymphedema लसीका-जलशोथ
Lymphadenitis लसीका ग्रन्थि-शोथ

Lymphadenosis, Lymphadenopathy	लसीका-ग्रन्थि विकृति
Lymphangiology	लसीका वाहिनी विज्ञान
Lymphangioma	लसीका वाहिनी अर्बुद
Lymphangitis	लसीकिनीशोथ, लसीकावाहिनी प्रदाह
Lymphatic duct	लसीका वाहिनी, लसीकिनी
Lymphatics (pl.)	लसीकाएँ
Lymphoblast	लसीकोशा-कृत, लसीकाकोरक
Lymphocyst	लसीकापुटी
Lymphocele	लसीका गुहा
Lymphocyte	लसीकोशा, लसीका-कोशिका, लसीकाणु
Lymphocytis (a viral infection in fish)	लसीकार्बुदी व्रण
Lymphocytosis,	लसीकार्बुद, लसीकाणुता,
Lymphocythemia	लसीकोशाधिक्य
Lymphocytotoxin	लसीकोशाविष
Lymphogenesis,	लसीकोत्पादन, लसीकाजनन
Lymphogeny, Lymphopoiesis	लसीकोत्पत्ति
Lymphography	लसीका लेखन
Lymphoid	लसीकाभ, लासीक, लसीकावत्
Lymphology	लसीकाविज्ञान
Lymphoma	लसीकार्बुद
Lymphomonocyte	लसीका एकलाणु
Lymphomyelocyte	लसीकामज्जाणु
Lymphopathy	लसीकाविकार
Lymphopenia	लसीकाल्पता, लसीकाभाव
Lymphorrhagia, Lymphorrhea	लसीकास्राव
Lymphotoxic	लसीकाविषाक्त, लसीकाविषालु
Lymphotoxicity	लसीकाविषाक्तता
Lymphotoxin	लसीकाविष, लसीकाविषि
Lyncean, Lynx eyed	तीव्रदृष्टि, तीक्ष्णदृष्टि
Lynx (*Lynx* sp., a medium sized wild mammal of cat family Felidae)	वनविडाल, बनबिलाव
Lyolysis	द्रवांशन
Lyophil, Lyophilic, Lyophilous	द्रवग्राही, लयरागी
Lyophilization	हिमशुष्कन, द्रवग्रहण
Lyophilizer	हिमशुष्ककर, हिमशुष्कित्र (यन्त्र)
Lyophobe,	लयभीत, द्रवभीरु,
Lyophobic	द्रवविरोधी
Lyophobia	लयभीति, द्रवभीति
Lyosorption	द्रवाधिशोषण
Lyosphere	द्रवमण्डल, लयावरण
Lyotropic	द्रववर्ती, लवणक्षेपी
Lyrate	वीणाकार
Lyre bird (*Menura* sp., a group bird of family Menuridae with coloured tail feather	लायर चिड़िया, वीणा पक्षी (ऑस्ट्रेलिया का एक आकर्षक पंखोंवाली जंगली चिड़िया)
Lyre tail fish (a small colourful aquarium reef fish of family Serranidae)	वीणापुच्छी मछली
Lysate	व्यंश, लयज, अपघट
Lyse	लयन करना, अपघटित होना
Lysigenic, Lysogenous	लयजात, लयजनिक, अपघटनी
Lysimeter	मृदाजलमापी
Lysin	संलायिका
Lysis	संलयन, लयन, अपघटन, व्यंशन
Lysogen	लयजन
Lysogenesis, Lysogeny	लयजनन
Lysogenicity	लयजनकता, लयजनिता
Lysosomal	लयनकायिक
Lysosome	लयनकाय
Lysozyme	लयविकर
Lytic phage (virus)	लयन विभोजी, व्यांशिक भक्षाणु

M

Maca (*Lepidium meyenii*, a biennial medicinal cultivated herb of family Brassicaceae with modified napi-form root used as vegetable)	मका (एक शलजम प्रजातीय भोज्य जड़ वाला शाक)
Macadamia (*Macadamia* sp., a tree of family Proteaceae, with a hard follicle type fruit and seed as edible nut having oil of commerical/ medicinal value)	मैकाडामिया (आस्ट्रेलिया का एक पौष्टिक मीठी गिरीवाला वृक्ष)
Macadamization, Macadamize	खण्डाश्मन, पथरीली गिट्टी बिछाना

Macaque, (*Macaca* sp., a wild Old World monkey, a eutherian red faced, short tailed primate mammal of family Cercopithecidae) — लघुपुच्छ वानर, ललमुँहा अफ्रीकी बन्दर
Macaroni — सूत्रिका, सेमिया (मैदे से बनी सूखी नलिका)
Macaw (American New World parrots of order Psittaciformes) — लम्बी पूँछवाला मकाव तोता
Macerate — भिगोकर नरम करना, दुर्बल करना
Macerated — मृदुभावित, मृदुकृत
Maceration — मृदुभावन, मृदुकरण, मृसणन, द्रव सम्मर्दन
Macerator — मृसणित्र (यन्त्र)
Mache unit (M.u., invented by an Australian physicist, Heinrich Mache, 1876-1954 A.D.) — मैक इकाई (रेडियम निर्गम की सान्द्रता मापने की एक इकाई)
Machet, Machete, Matchete — भारी छूरा, छूरी, क्षुरि
Machinability — यन्त्रणीयता, मशीनीयता
Machinable — यन्त्रणीय, मशीनीय
Machine — यन्त्र, मशीन, कल
Machine made — यन्त्र निर्मित, मशीन से बना
Machinery — यन्त्रसमूह, यन्त्रसामग्री, यन्त्र-कार्यतन्त्र
Machinist — यन्त्रकार, मशीन चलाने वाला
Mach number (M, Ma-a dimensionless quantity, representing ratio of flying velocity crossed boundary of local speed of sound) — मैक संख्या (वैमानिकी में प्रयुक्त होने वाली एक इकाई)
Machometer — वायुगतिमापी
Mackerel (*Rastrelliger* sp., and *Scomber* sp., pelagic food fish of family Scombridae) — हरिपृष्ठा, बाँगड़ा (एक समुद्री मछली)
Mackeral sky — सफ़ेद बादलों से घिरा आसमान, चित्रित आकाश
Mackle — धब्बा, दाग़
Macle — यमल मणिभ
Macrame — झालर, फुँदनों की बेल
Macrandrous — महापुंस्की
Macrencephalon, Macroencephalon — दीर्घमस्तिष्क
Macro- (prefix) — स्थूल, महा, दीर्घ, गुरु
Macroanalysis — स्थूल विश्लेषण
Macrobiosis — दीर्घजीविता
Macrobiota — दीर्घजीवजात, दीर्घजीवसमूह
Macrobiotic — दीर्घजीवीय
Macrobiotics — दीर्घजीवीय पद्धति, दीर्घजैविकी
Macrobolic — दीर्घायुद, दीर्घजीवनदायी
Macrocarpic, Macrocarpous — दीर्घफली, बृहत्‌फलीय
Macrocephalic, Macrocephalous — दीर्घशीर्षी, बृहत्‌कपालिक, बृहत्‌शीर्षी, दीर्घशिरस्क
Macro-chelia — बृहदोष्ठता, बृहत्‌ ओष्ठता
Macrochromosome — गुरुगुणसूत्र
Macrocladous — दीर्घशाखी
Macroclimate — बृहत्‌जलवायु
Macroconidium — दीर्घकणी
Macroconjugant — गुरुसंयुग्मी
Macrocosm (a system reflecting large scale or level of universe) — बृहत्‌ ब्रह्माण्ड, विराट विश्व
Macrocyclic — दीर्घचक्री, दीर्घायु
Macrocyst — गुरुपुटी
Macrocyte, Megalocyte — बृहत्‌लोहिताणु, बृहत्‌लोहित कोशिका, स्थूलाणु, महाकोशा
Macrocytic, Megalocytic — स्थूलाणुक, स्थूलरक्ताण्वीय
Macrocytosis, Megalocytosis — स्थूलाणुता, स्थूलरक्ताणुता
Macrodactylous — दीर्घांगुलिक
Macrodome — दीर्घच्छद
Macrodont, Megadont — गुरुदन्ती, दीर्घदन्ती, स्थूलदन्ती
Macrofauna (benthic, sedimental or soil invertebrates of 1-20 cm size), Macrofaunas/ Macrofaunae (pl.) — गुरुप्राणिजात, स्थूल जन्तु समूह
Macroflora (visible plant population in an area), Macrofloras/ Macroflorae (pl.) — बृहत्‌वनस्पति जगत, दीर्घपुष्पीय, स्थूल पादपजात
Macrofungus (like mushroom) — स्थूलकवक

Macrogamete गुरुयुग्मक, बृहत्युग्मक
Macrogametocyte, मातृगुरुयुग्मकोशा,
Macrogamont मातृमहाजन्युकोशा
Macroglossia बृहत्-जिह्वता
Macrolecithal दीर्घपीतकी, स्थूल पीतकीय
Macroleucocyte गुरुश्वेताणु
Macrolith महापाषाण, स्थूलाश्मरी
Macrology वाचलता, बड़बड़ाहट
Macrolymphocyte स्थूल लसीकाणु
Macromastia स्थूल स्तनता
Macromere, Megamere बृहत्खण्ड, दीर्घखण्ड, महाखण्ड
Macrometer दीर्घमापी, स्थूलमापी
Macromolecular महाण्विक, बृहदाण्वीय
Macromolecule बृहदाणु, गुरु अणु, महाणु
Macromutation गुरूत्परिवर्तन
Macron दीर्घ, दीर्घचिह्न
Macronucleocyte गुरुकेन्द्रकाणु
Macronucleus गुरुकेन्द्रक, बृहत्नाभिक
Macronutrient स्थूलपोषक
Macroparasite, Macroparasitic स्थूलपरजीवी
Macropathology दीर्घरोगविज्ञान, स्थूलव्याधिकी
Macrophage, Macrophagocyte स्थूलविभोजी, बृहत्भक्षकाणु, बृहत्भक्षी, स्थूलभक्षाणु, महाभक्षिकोशा
Macrophago-cytosis बृहत्भक्षकाणुता, महाभक्षिकोशता
Macrophagous महाभक्षी, महाविभोजी
Macrophyll, Megaphyll बृहत्पर्ण, दीर्घपर्ण
Macrophyllous, Megaphyllous दीर्घपर्णी
Macrophyte बृहत्पादप
Macroplankton (pl.) गुरुप्लवक
Macroplasia अंगातिवृद्धि, अंग-अतिवृद्धि
Macropsia बृहत्वीक्षादोष, बड़ा दिखना
Macropterous दीर्घपंखी, दीर्घपक्षीय
Macrosclereid बृहत्दृढ़क
Macroscopic बृहत्, स्थूल, दीर्घ
Macroscopy स्थूलदर्शिकी, बृहद्दर्शन
Macrosis, Megaly (an increase in size of cell, tissue/organ) आकारस्थूलता, वर्धिता
Macrosmatic प्रघ्राणी
Macrospecies बृहत्जाति
Macrospore, Megaspore गुरुबीजाणु, स्त्रीबीजाणु
Macrosporophyll महाबीजाणुपत्र
Macrostachys दीर्घशूकी
Macrostome बृहत्मुख
Macrostructure स्थूलसंरचना
Macrotype बृहत्प्ररूप
Macrourid, Macrurid महापुच्छा
Macrozoobenthos स्थूल चलनितल जीव, गुरु चलनितल जीव समूह
Macrozooid गुरुजीवक
Macrozoology स्थूलप्राणिविज्ञान
Macrozoospore गुरुचलबीजाणु, महाचलजन्यु
Macula, Maculae (pl.), Macule बिन्दु, धब्बा, स्थूल, चकत्ता, लाञ्छनिका, पिटिका, पुटिका, पूयिका
Macula densa सघन कोशिकी (वृक्क में)
Macula geminativa अण्डाणु केन्द्रिका
Macula lutea पीतबिन्दु (दृष्टिपटल पर)
Macular edema पीत बिन्दु शोफ (नेत्र में)
Maculate, दाग़ लगाना, दूषित करना,
Maculation दूषण, लाञ्छन, बिन्दुकन
Maculated लाञ्छित, बिन्दुकित, दूषित, दाग़ी
Maculatus, Maculose धब्बेदार, बिन्दुकित, चित्रित, दाग़दार
Mad, Madman उन्मत्त, पागल, विक्षिप्त
Mad cow disease, Bovine spongiform encephalopathy (a fatal neuro-degenerative disease in cattle and transferrable to beef eaters) गाय के पालगपन का रोग, पागल गाय रोग
Madder (*Rubia tinctorum,* a flowering perennial climber herb of family Rubiaceae, roots are used to prepare red textile dye alizarin) मजीठ, मञ्जिष्ठा
Madden उन्मत्त/पागल बनाना, चिड़चिड़ा
Mad house पागलख़ाना
Madefaction आर्द्रीकरण, आर्द्रण, क्लिन्नन, क्लेदन, गीला करना
Madman, Mad उन्मत्त, पागल, विक्षिप्त
Madness उन्मत्तता, पागलपन, विक्षिप्तता
Madreporian, Madreporic सरन्ध्री
Madrosis भ्रूक्षरण, भृकुटीविहीनता, भौंह झड़ना

Madwort (*Asperugo procumbens*, a flowering annual European herb of family Boraginaceae) आलर्कान्तक (पौधा)
Maelstorm बड़ा भँवर, प्रचण्ड जलावर्त, आवर्तन
Mafic भ्रायसिक
Magazine पत्रिका, बारूदख़ाना, अस्त्रादिकोश, भण्डार
Magenta किरमिजी रंग, जामुनी रंग, गहरा गुलाबी लाल, धूम्रली
Maggot (an endoparasitic larva of some dipteran flies) अपादक, कृमि, कीड़ा, मगट, सनक
Magic number स्थायित्व-संख्या (परमाणु नाभिक की)
Magic lantern चित्रक्षेपी लालटेन, चित्रदर्शी प्रदीप
Magma द्रुतपुञ्ज, पिघली हुई चट्टान
Magnesia (basic magnesium carbonate) भ्राजेय (एक खनिज चूर्ण)
Magnesium (an essential element with symbol Mg) भ्राजातु, मैग्नीसियम
Magnet चुम्बक, लौहकान्तमणि
Magnetic चौम्बिक, चुम्बकीय
Magnetic decomposer चुम्बकीय अपघटक, चौम्बिक वियोजक
Magnetic resonance imaging (MRI) चुम्बकीय अनुनाद बिम्बन
Magnetic stirrer चुम्बकीय विलोड़क (एक प्रयोगशाला उपकरण)
Magnetisation चुम्बकन, चुम्बकीकरण
Magnetism चुम्बकत्व, चुम्बकता
Magnetize चुम्बकीय बनाना, चुम्बकित करना
Magneto- (prefix) चुम्बकीय, चुम्बकत्व-, चुम्बक-
Magnetodynamic चुम्बक-गतिक
Magnetodynamics चुम्बक-गतिकी
Magnetoelectricity चुम्बकीय विद्युत
Magneto-encephalography (MEG) चुम्बकीय मस्तिष्क चित्रण
Magnetograph चुम्बक-लेखी
Magnetometer चुम्बकत्वमापी
Mognetometric चुम्बकत्वमितीय
Magnetometry (measuring strength of magnetic field) चुम्बकत्वमिति
Magnetomotive चुम्बक-गामक, चुम्बक-गामी
Magneton चुम्बिका
Magneto-restriction चुम्बक-नियन्त्रण
Magnetosphere (a comet-sphere surrounding ionosphere of a planet or astronomical object in which motion of charged particles is controlled by planet's magnetic field) चुम्बक मण्डल, चुम्बकीय क्षेत्र
Magnetotaxis चुम्बकानुचलन
Magnetron चुम्बकाणु, चुम्बाणु-नाल
Magnifiable आवर्धनीय, आवर्ध्य, बढ़ने/बढ़ाने योग्य
Magnification आवर्धन, प्रशंसा, बढ़ाव, विशालन
Magnified आवर्धित, बढ़ाया हुआ, विशालित, दीर्घित
Magnifier आवर्धक, विशालक
Magnify आवर्धित करना
Magnifying आवर्धी, आवर्धन
Magnitude महत्ता, विशालता, परिमाण
Magnotherapy, Magnetotherapy चुम्बकोपचार, चुम्बक-चिकित्सा
Magnum, Capitatum महामणिबन्ध (कलाई की एक हड्डी), विशाल, महाकूपी, शराब की बड़ी बोतल
Magpie (a medium sized long tailed bird of crow family Corvidae) मुटरी चिड़िया
Mahaseer (a large freshwater food/ game fish of family Cyprinidae) महासीर (एक संकटापन्न मृदुजलीय भोज्य बड़ी मछली)
Mahogany (wood of *Swietenia* sp., a tropical timber tree of family Meliaceae) महार्ध काष्ठ, लाल भूरी महोगनी लकड़ी
Maidenhood कौमार्य
Maigre निरामिष
Maim अपंग/अंगहीन बनाना, विकृत करना
Maimed अपंग, विकलांग, अंगविकल
Mains प्रणाल, प्रमुख (विद्युत परिपथ या परीक्षा)

Maize, Corn (*Zea mays*, a cereal crop of grass family Poaceae with caryopsis type fruit and starchy oily edible seed) मक्का (अन्न), मकई
Major वयस्क, बालिग, प्रधान, प्रमुख, बड़ा, मेजर (सेना का)
Maker रचयिता, सृजक, निर्माता
Make up पूरा करना, बनावट, रचना
Make weight पासँग
Making सृजन, रचना, निर्माण
Malabar nut (*Adhatoda vasica* or *Justicia adhatoda,* a flowering medicinal Asian shrub of family Acanthaceae) वासक (पर्ण), आडूसा, रूसा
Malabsorption अपावशोषण, दुरावशोषण कुशोषण
Malachite हरा खनिज पत्थर, ताँबे का हरा मोर्चा
Malachite green ताम्रांगीयिज हरि, मध्यपीताति हरि
Malacia, Malacosis मृदुता, मृदुलता
Malacoid श्लेषमय, मृदुल, चूर्णप्रावाराभ
Malacology (study of molluscs), Conchology चूर्णप्रावारिकी, मृदुजैविकी, घोंघाविज्ञान, शुक्तिविज्ञान
Malacophyllous मृदुपर्णी
Maladjustment कुसमायोजन
Maladaptation दुशनुकूलन
Malady, Melasma रोग, व्याधि, बीमारी
Malaise व्याकुलता, रुग्णता, अस्वस्थता, मन्दी
Malar (bone), Zygoma गण्ड, गण्डास्थि, कपोल, कपोलास्थि
Malaria (derived from Italian words mala+aria= bad air, a disease by protozoan parasite *Plasmodium* sp., by biting of female mosquito *Anapheles* sp.) शीतज्वर, जूड़ीताप, फ़सली बुख़ार, मलेरिया
Malariacidal, मलेरियानाशक, हिमज्वरनाशी
Malaricide हिमज्वरघ्न
Malariology मलेरियाविज्ञान, शीतज्वर विज्ञान
Malassimilation कुस्वांगीकरण
Maldevelopment कुविकास, कुविकसन
Maldigestion कुपचन
Maldistribution कुवितरण
Male (♂, a masculine animal or plant with sperm or male gamete for sexual reproduction) नर, पुंस, पुंजातीय (प्राणि या पादप)
Malefic, अहितकर, हानिकर, अशुभ,
Maleficient अपराधी
Malformation कुरचना, भ्रष्टरचना, कुरूपण
Malformed विकृत, कुरचित, कुरूपित
Malfunction कुकृत्य, कुकर्म, कुफलन, असम्यक् कार्य
Malign, Malignant सांघातिक, संघाती, दुर्दम्य, द्वेषी, विषालु, घातक
Malignity, Malignancy द्वेष, अहित, क्षति, दुर्दम्यता, सांघातिकता
Malinger छद्मरोगी बनना, रोग का बहाना करना
Malingerer मिथ्यारोगी, छद्मरोगी
Mallard (*Anas platyrhinchos*, a wild dabbling bird of order Anseriformes) नीलसर (एक जंगली बतख़ या उसका मांस)
Malleability लचीलापन, घातवर्ध्यता, कुट्यता
Malleable घातवर्धनीय, घातवर्ध्य, कुट्य, पिटवाँ
Malleiform मुद्गराकार
Malleolus गुल्फवर्ध, गुल्फ, गुल्फिका
Mallet, Maul मुँगरी, ठोंकनी, थापी, लकड़ी का हथौड़ा
Malleus मुद्गरास्थि (मध्यकर्ण में), मुद्गरक, घन, अश्वग्रन्थि
Mallow (*Malva* sp., a wild flowering plant of family Malvaceae) कंघी (एक जंगली फूलदार पौधा)
Malm खड़िया मिट्टी की चट्टान
Malnourished कुपोषित
Malnutrition कुपोषण
Maloderant दुर्गन्धक, दुर्गन्धकर
Malodourous दुर्गन्धयुक्त, बदबूदार
Malpighian tubule (excretory tubules opening into gut of insects and other arthropods, named after an Italian anatomist Marcello Malpighi in 17th century) मालपिघी नालिका

Malpractice कदाचार, अनाचार, कुप्रथा, दुश्चिकित्सा

Malrotation कुचक्रण, दुष्चक्रण

Malt (germinated and dried cereal grains of barley) यव्य, अंकुरित सुखाये जौ, यव्य बनाना

Malted यव्यित, यवमिश्रित

Maltose, Maltobiose, Malt sugar (a disaccharide sugar with two units of glucose produced after break down of malt starch by enzyme amylase) यवशर्करा, मण्डशर्करा

Malum दोष, व्याधि, विकार, क्षत

Mamelon गोल पहाड़ी

Mamma, Mammae (a Latin word for breast) स्तन (एक दुग्धस्रावी वक्षग्रन्थि), माँ

Mammal, Mammifer, Mammiferous स्तनधारी, स्तनी, स्तनपायी

Mammalia (a class of subphylum Vertebrata) स्तनधारी (कशेरूकी जन्तुओं का एक वर्ग)

Mammaliferous स्तनधारियों के जीवाश्मावशेष युक्त

Mammary स्तनीय, स्तन सम्बन्धी, स्तन-

Mammary gland (a milk secreting organ in female mammals to feed their offsprings) स्तन ग्रन्थि, स्तन

Mammatus (cloud) स्तनाकार/चूचुकरूपी बादल

Mammiform, Mammillary, Mammilliform, Mastoid चूचुकरूपी, स्तनाकार, कुचाकार, स्तनरूपी, स्तनाभ

Mammilla, Mamilla (a Latin-word for nipple), Mamillae (pl.) चूचुक, स्तनाभिका, कुचाग्र, स्तनाग्र

Mammogen स्तनजन

Mammogram स्तनलेख, स्तनचित्र

Mammology स्तनीविज्ञान

Mammoplasia स्तनवृद्धि

Mammoth (*Mammuthus* sp., a giant elephantine extinct mammal of family Elephantidae with long upward curved tusks) भीमगज, विशाल हाथी, विशालकाय

Mammoth tree, Giant tree भीम वृक्ष, विशाल वृक्ष

Mammotropic दुग्धस्रावानुवर्ती, स्तनोद्दीपी

Man (male *Homo sapiens,* a eutherian primate mammal of family Hominidae), Men (pl.) पुरुष, मनुष्य, नर मानव, आदमी (एक सुविकसित स्तनधारी कपि)

Manacle हथकड़ी, बेड़ी डालना

Manatee, Sea cow (*Trichechus* sp., a marine herbivorous mammal of order Sirenia) समुद्री गाय

Mandarin duck (*Aix galericutata,* a perching Asiatic fresh water bird of duck family Anatidae) मन्दरिन बतख़

Mandarin(e) orange (*Citrus reticulata,* a citrus tree of family Rutaceae with soury sweet hesperidium type modified berry fruit) अधिरक्तपीत, मन्दरिन नारंगी

Mandible चिबुकास्थि, अधोहनु, जबड़ा, चञ्चु

Mandibular चिबुक-चिबुकीय, अधोहनु-

Mandioca, Cassava (an annual crop of woody shrubs of spurge family Euphorbiaceae with edible starchy tuberous root as source of tapioca sago) माण्डिका

Mandrake (*Mandragora* sp., a plant of family Solanaceae with poisonous seed, fruit and alkaloid containing roots) विशाखमूल, लक्ष्मणा (एक विषैला पौधा)

English	Hindi
Mandrill (*Mandrillus sphnix* a largest primate mammal of Old World monkey of family Cercopithecidae native to south Africa)	विशालकाय लंगूर (एक वन्य स्तनधारी कपि)
Manducate, Manducation	चबाना, प्रचर्वण, चर्वण
Mane	अयाल, बालकेसर (घोड़े के गले के बाल)
Man eater	नरभक्षी, आदमख़ोर
Manganese (a toxic mineral element with symbol Mn)	मैंगनीज़
Mange	कच्छु, खाज, पशु खाज
Mangel wurzel (a German word for beet root *Beta vulgaris vulgaris,* a root vegetable of family Amaranthaceae, swollen roots are edible and also used as fodder)	बड़ा चुकन्दर, चारे का चुकन्दर
Manger	नाँद, चरनी
Mangle	कुचलना, क्षत-विक्षत/विकृत करना
Mango (*Mangifera indica*, a tropical large tree of family Anacardiaceae with edible drupe type stony fruit)	आम (वृक्ष व फल), आम्र
Mangonel	शिलाप्रक्षेपक
Mangosteen (an edible fruit of *Garcinia mangostana,* a tropical evergreen tree of family Clusiaceae)	मंगुष्ठ (एक भोज्य फल)
Mangrove	कच्छ वनस्पति, वायुशिफ, गरान
Mangrove forest	कच्छ वन
Mangy	खरसैला, खाजग्रस्त
Manhole	नर विवर, मानुषमोखा, प्रवेश-छिद्र (मल-प्रणाल में)
Manhood, Manliness	पौरुष, पुरुषत्व, मर्दानगी
Man hour	श्रम घंटा
Mania	उन्माद, सनक, पागलपन
Mania acute	तीव्र उन्माद
Maniac	उन्मादी, सनकी, पागल
Mania chronic	चिरकारी उन्माद
Manicure	नख प्रसाधन, हाथ/नख का इलाज
Manifestation	प्रकटीकरण, प्रलक्षण
Manifold	बहुगुण, बहु विध, बहुस्तरीय, विविध
Manikin	बौना, नाटा, मनुष्य का पुतला
Manila, Manilla	भूरा काग़ज़, फिलीपीन्स देश की राजधानी
Manila hemp (a buff-coloured fibre of *Musa textilis,* a plant of banana family Musaceae)	मनीला सन
Maniple, Manipulus	प्रहस्त, हस्तपट, हस्तपट्टिका, मुष्ठी, मुठिया
Manipulation	हस्तलाघव, हस्त कौशल, छल-कपट
Mankind, Human-being, Human race	मानवजाति, नृजाति
Manmade	मानवनिर्मित
Mannequin	पुतला
Manometer (derived from Greek words manos+metron mean thin; i.e, gas/ liquid and device for measuring their pressure)	दाबमापी, निपीडमापी, दाबान्तरमापी
Manometric	दाबमितीय, निपीडमितीय
Manometry	दाबमापन, दाबमिति, निपीडमिति
Manoxylic	विरलदारुक
Man power	मानवशक्ति, जनशक्ति
Mansard	दुढालू (छत)
Manta ray (*Manta* sp., a large deep sea cartilaginous fish of family Mobulidae with electric organs and triangular pectoral and cephalic fins)	मन्ता बिजली मछली, मन्ता विद्युत मीन
Mantel, Mantel piece	अतिशदान, अग्निकोष्ठ, अँगीठी-कानस

Mantelet	गोलीसह पर्दा
Manteletta, Mantilla	प्रावारिका, ओढ़नी
Mantis (a grass hopper like insect of order Mantodea)	बद्धहस्त कीट (एक टिड्डा जैसा कीड़ा)
Mantissa	अपूर्णांश
Mantle, Incandescent gas mantle (a small oval bag of fabric impregnated with rare earth metal e.g. Thorium etc. for generating bright light in portable oil pressure lantern)	बाह्यभित्ति, प्रावरण, आवृत, लबादा, प्रावार, गैस मेन्टल (गैस बत्ती/पेट्रोमेक्स में)
Manual	हस्त, हाथ का, हस्त्य, हस्त-चालित, करपट्टिका, नियम-पुस्तिका, हस्त्यक
Manubrium	हस्तक, अधोमुख, मुखासन
Manubrium sterni, Presternum	उरोस्थि
Manufacture, Manufacturing	बनाना, निर्मित करना, निर्माण
Manufacturer	बनानेवाला, निर्माता
Manure, Manurial	खाद, जैवउर्वरक
Manuring	खाद डालना, जैवउर्वरण
Manus	हस्त
Manuscript	पाण्डुलिपि, हस्तलिपि
Map	नक़्शा, मानचित्र, प्रतिचित्र
Maple (*Acer* sp., a flowering tree of family Sapindaceae with samara type fruit)	द्विफल, पुतली (वृक्ष), वृक्षकुट्टिमदारु
Maple sugar (prepared by boiling and evaporating sap from maple tree)	द्विफल शर्करा
Mapping	मानचित्रण
Marabou stork (*Leptoptilos crumenifer*, a large wading bird of family Ciconiidae)	चमरघेंघ (पक्षी)
Maral (a female deer)	हिरनी, मृगी
Marasmic	शरीर क्षय सम्बन्धी
Marasmus, Marcor	शरीर का क्षय होना, सूखा (रोग), बालक्षय, बालशोष
Marble (a stone)	संगमरमर, राजाश्म, अबरी बनाना
Marble paper	अबरी काग़ज़
Marcescent	म्लान, मुझनि वाला, शुष्कप्राय
Mare	तलछट, घोड़ी, गधी, चन्द्रमा या मंगल पर काला धब्बा
Maremma	समुद्र तटीय दलदल प्रान्त
Mareograph, Marigraph	समुद्रालेखी
Marfan(s) syndrome (a genetic disorder of connective tissues of body, first described in 1896 A.D. by French paediatrician Antone Marfan)	मार्फन संलक्षण
Marestail	चमरीमेघ
Margarid	मुक्तावत्, मोती जैसा
Margarine	कृत्रिम मक्खन, चर्बी, उपम्रक्षी
Margay (*Leopardus wiedii,* a small wild nocturnal mammal of cat family Felidae)	बाघ बिल्ली (एक दक्षिण अमेरिकी वन्य मांसाहारी प्राणी)
Margin, Margo	सीमा, उपान्त, किनारा, तट
Margoron	मञ्जरी
Margosa, Indian, lilac (*Azadirachta indica,* a timber tree of family Meliaceae)	नीम (एक पुष्पी औषधीय तैलमय बीजवाला मैदानी वृक्ष)
Mariculture	शुक्ति संवर्धन, समुद्री जीव पालन
Marigold (*Tagetes* sp., a flowering ornamental herb of family Asteraceae)	गेंदा (एक औषधीय बहुरंगी संयुक्तपुष्पी पौधा)
Marijuana (dried leaves, flowers and seeds of hemp *Cannabis* sp., an annual shrub of family Cannabaceae)	चरस, गाँजा, भाँग
Marinade	मांस पकाने का मसाला, सिरका, तेल, मसाला व खटाई का मिश्रण
Marinate	सिरके में डुबोकर रखना
Marine, Maritime	समुद्री, समुद्रवर्ती, सागरीय, सामुद्र

English	Hindi
Marine biology	समुद्री जीव विज्ञान, सामुद्र जैविकी
Marine painting	जलीय चित्र
Mariner	नाविक, मल्लाह
Marine water	समुद्री जल
Marital	दाम्पत्य, वैवाहिक, पति विषयक
Marjoram (*Origanum majorana*, a perennial herb of family Lamiaceae cultivated for essential oil from aromatic leaves)	कुठरा, मरुआ (पौधा)
Mark	अंक, चिह्न, निशान
Marked	अंकित, चिह्नित
Marker	चिह्नक, अंकित्र, संकेतक
Marker enzyme	चिह्नक प्रकिण्व
Marking	अंकन, चिह्नन
Marl	अवमृद, खड़िया, खटीली मिट्टी, चिकनी चुनही मिट्टी
Marmalade	फलपाक, सन्तरे का मुरब्बा
Marmite	ख़मीर-सत्त (ताज़े ख़मीर का सत्त)
Marmoratus, Marmoreal	संगमरमरी, राजीव
Marmoset (a small New World monkey of family Callitrichidae)	नखरकपि (एक अमेरिकी वानर)
Marmot (*Marmota* sp., a large hilly mammal of squirrel family Sciuridae)	हिममूष, शैलमूषक, पहाड़ी चूहा
Maroon	निरक्तापीत, लालभूरा रंग, पटाखा, निर्जन स्थान पर छोड़ देना
Marquise, Diamond	हीरा, हीरक
Marrow	मज्जा, सार
Mars	मंगल (सौरमण्डल का चौथा लाल ग्रह)
Marsh	कच्छ, दलदल, पंक
Marshalling	विन्यास, क्रमबन्धन
Marsh mallow (*Althaea officinalis,* a perennial medicinal and ornamental plant of family Malvacea, a sweet confectionary item)	दलदली पौधा, मार्श मैलो पौधा, स्पज्जी पाग (एक प्रकार की मिठाई)
Marshy	कच्छमय, दलदली
Marsupial (a metatherian mammal of order Marsupilia)	शिशुधानी प्राणी, कंगारू (शिशुधानीयुक्त आस्ट्रेलियाई थलचर स्तनधारी)
Marsupial frog (*Gastrotheca* sp., a frog of family Hemiphractidae with dorsal brood pouch)	शिशुधानी मण्डूक
Marsupialisation	धानीकरण, शिशुधानीकरण
Marsupium, Marsupia (pl.)	शिशुधानी
Marten (*Martes* sp., a carnivorous mammal of weasel family Mustelidae)	चितराला (एक रोयेंदार जन्तु)
Martin (*Progne* sp., a small purple passerine bird of family Hirundinidae)	अबाबील (एक छोटी चिड़िया)
Marula (*Sclerocarya birrea,* a deciduous medium-sized tree of family Anacardiaceae with edible fruit as nut)	मरुला
Mascara	अञ्जन
Masculine (a gender of male animal/plant with sperm, pollen or male gamete to fertilize an ovum or female gamete)	पुंजातीय, पुरुषोचित, पुर्लिंग
Masculinism, Masculinity	पुंस्त्व, पुरुषत्व, पौरुष, मर्दानगी
Masculinization	पुरुषेयण, पुंसवन, पुरुषीकरण
Mash	मसलना, उत्पेषण, दलिया, सानी (पशु आहार मिश्रण)
Masher	उत्पेषित्र, उत्पेषक, मसलने वाला
Mask	मुखच्छद, मुखावर्त, मुखौटा, अवगुण्ठ
Masked	अवगुण्ठित, प्रच्छादित, मुखच्छादित, मुखावर्तित
Masking	गोपन, प्रच्छादन, अवगुण्ठन, मुखच्छादन, मुखावर्तन

Masochism	स्वपीड़नरति, स्वपीड़ित-कामुकता
Mason bee	भौंरी (एक कीट)
Mass, Massa, Massae (pl.)	समूह, द्रव्यमान, संहति, पिण्ड, पुञ्ज, जनसमूह
Massage	मालिश, मालिश करना, अभ्यञ्जन, अंगमर्दन, मसलना, अभ्यंग
Mass communication	जनसञ्चार, जन-सम्प्रेषण, जनसंसूचन
Mass number (atomic weight)	द्रव्यमान संख्या, परमाणु-भार (प्रोटान एवं न्युट्रान की संख्या)
Masseter	चर्वणी, चर्वणिका
Masseuse	अंगमर्दिका
Massif	गिरि-पिण्ड
Massive	बृहत्, विशाल, स्थूल, भारी, सम्पुञ्जित, प्रभावशाली
Mass production	स्थूल उत्पादन, पुञ्जोत्पत्ति
Mass spectro-photometer (MS)	संहति (आण्विक) वर्णक्रम प्रकाशमापी
Massula	पुञ्जक
Massy	पुञ्जवत्, भारी-भरकम
Mast	मसलना, दलना, मस्तूल
Mastadenoma, Mastoncus	स्तनार्बुद
Mastauxe	स्तनावर्धन
Mastax	सम्पेषणी
Mast cell	दण्डकोशिका, प्रसितकोशा
Mastectomy, Mammotomy	स्तनोच्छेदन, स्तनशल्य
Mastic	गोंद (वृक्ष का), गोंद वृक्ष
Masticate, Mastication	चबाना, चर्वण
Masticating, Masticatory	चर्वणी, चर्वणशील
Masticator	चर्वक, चर्वणित्र (यन्त्र)
Mastigobranch	कशाक्लोमी (जन्तु)
Mastigophora (a class of flagel-lated protozoans)	कशाभधारी (आद्यजीवों का एक वर्ग)
Mastigophore	कशाभधर (कशाभी आद्य जीव)
Mastitis, Mammillitis, Mammitis	ऊधशोथ, थनेला, थनेली स्तनशोथ
Mastocyte	प्रसितकोशा, दण्डकोशिका
Mastocytosis	प्रसितकोशता, दण्डकोशिकता
Mastodon (*Mammut* sp., an extinct elephantine mammal of family Mammutidae)	शंकुदन्ती हाथी (एक लुप्तप्राय विशाल स्तनधारी)
Mastodont (Greek words mastos+dontos mean breast tooth)	शंकुदन्ती, स्तनाभदन्ती
Mastoid	स्तनाभ, कर्णमूल, गण्डवर्ध
Mastoid bone	कर्णमूलास्थि
Mastoidectomy	कर्णमूलोच्छेदन
Mastoiditis, Mumps	कर्णमूलशोथ, गण्डवर्धशोथ, कनपेड़ा, गलसुआ
Mastology	स्तनविज्ञान, चूचुकविज्ञान
Mastomegaly	स्तनवृद्धि
Mastopathy	स्तनरोग, चूचुकविकार
Masturbation, Autoeroticism	हस्तमैथुन, स्वरति
Masturbatorium	हस्तमैथुनकक्ष, स्वरतिशाला
Mat	चटाई, छोटा गलीचा, रूखी सतह
Matador	वृष-हन्ता
Match	मेल खाना, सुमेल, खेल, दियासलाई
Matcha	हरी चाय की पत्ती का चूरा
Match box	दियासलाई डिब्बी
Matchet	चौड़ा भारी चाकू
Matching	सुमेलन, मिलान
Match wood	दियासलाई की लकड़ी
Mate	जोड़ा खाना, मैथुन करना, साथी
Material, Materia	पदार्थ, द्रव्य, सामग्री, भौतिक, द्रव्यात्मक
Materialism, Materialistic theory	पदार्थवाद, द्रव्यवाद, भौतिकवाद
Materialize, Materialization	भौतिक बनाना, मूर्त रूप भौतिकीकरण, मूर्तीकरण
Material(s) science (a study of structure and properties of materials)	पदार्थ विज्ञान, द्रव्य शास्त्र
Materia medica	औषधि-शास्त्र (होम्योपैथिक का)
Materiel	उपकरण, साज-सामग्री
Maternal	मातृक, मातृ-, मातृवंश
Maternal chromosome	मातृक गुणसूत्र
Maternal inheritance	मातृ-वंशागति
Maternal placenta	मातृ अपरा
Maternity	मातृत्व, प्रसूति
Mathematical	गणितीय
Mathematics	गणित (विषय)
Mating	संवेशन, समागम, मैथुन, संगमन, सम्भोग

Mating season समागम ऋतु, जोड़ा खाने का मौसम
Matrass काँच की नली
Matricidal, मातृहन्ता, मातृघातक,
Matricide मातृहत्या, मातृघात
Matrix अन्तर्द्रव्य, आधारक, कोख, आधात्री, आव्यूह, साँचा
Matron अधीक्षिका (नर्सों की), विवाहिता, संरक्षिका (बच्चों की)
Matt, Mattied निष्प्रभ, द्युतिहीन, चटाईदार
Matter द्रव्य, भौतिक तत्व, पदार्थ, विषय
Matting चटाई बनाना
Mattock कुदाली, गैंती
Mattoid झक्की, सनकी
Mattress गद्दा, तोशक, शय्योपवर्ह
Maturate प्रौढ़/परिपक्व होना, मवाद पड़ना
Maturation प्रौढ़न, परिपक्वन, पूयसञ्चय
Maturation phase परिपक्वता प्रावस्था, पूयसञ्चय प्रावस्था, प्रौढ़ावस्था
Mature परिपक्व, प्रौढ़
Maturity परिपक्वता, प्रौढ़ता
Matutinal प्राभातिक, प्रातःकालीन
Maul मोगरा, कूँचना, क्षत-विक्षत/विकृत करना, ठोंकनी
Maul stick हाथ टेकने की छड़ी
Mauve नील-लोहित, चमकीला बैंगनी
Maw पशु उदर, जबड़ा, मुँह, पेट का कीड़ा
Mawkish स्वादहीन, फीका, शक्तिहीन, वमनकारी
Maw seed अफ़ीम बीज, पोस्ता दाना
Maxilla, जम्भिका, ऊर्ध्वहनु,
Maxillae (pl.) उपजम्भ, हनु
Maxillectomy जम्भिकोच्छेदन, ऊर्ध्वहनु निष्कासन
Maxillula लघुजम्भिका, उपजम्भक
Maximization अधिकतमीकरण
Maximize अधिकतम होना/करना
Maximum, उच्चिष्ठ, अधिकतम,
Maxima (pl.), महत्तम, उच्चतम
Maximal, Highest
Maximum acceptable limits अधिकतम ग्राह्य/अनुज्ञेय सीमा
Maximus बृहत्तर
May apple (*Podophyllum peltatum*, a perennial poisonous and medicinal herb of family Berberidaceae with podophyllotoxin or podophyllin) वन ककड़ी, वन वृन्तिका
May fly (an aquatic insect of order Ephemeroptera) पाँखी, अल्पायु मक्षिका (एक अल्पजीवी कीट)
Mayhem अंगभंग, घाव, अव्यवस्था
Mayonnaise (a stable emulsion of oil, egg yolk, vinegar, lemon juice with other herbs and spices) पीली चटनी (सलाद का मसाला), मेयोनेज
Mazarine गहरा नीला रंग
Maze व्यूह, भूलभुलैया, एकतो मार्ग
Mazy व्यूहित, जटिल, पेंचीदा
Mead मध्वासव, नशीला शरबत
Meadow शाद्वल, चरागाह, घास का मैदान
Meagre दुर्बल, अल्प, अपर्याप्त
Meal खाद्यचूर्ण, आहार, भोजन
Mealies, Maize मकई, मक्का (अन्न)
Mealy चूर्णवत्, धब्बेदार, विवर्णी
Mean माध्य, औसत, मध्यक, क्षुद्र, अनुदार, आशय
Mean cell volume माध्य कोशिका आयतन
Meander, टेंढ़े-मेंढ़े बहना, वक्रगति,
Meandering गोमूत्रिका, विसर्पण, विभ्रमण
Mean drive टेंढ़ी-मेंढ़ी रेखाओं वाला
Meandrine टेंढ़ा-मेंढ़ा, चक्करदार
Mean free path माध्य मुक्त पथ
Mean life time माध्य आयु
Means साधन, उपाय
Measles, Rubeola (a child infection of measles virus, *Morbillivirus* of family Paramyxoviridae) खसरा, रोमान्तिका
Measurable परिमेय, मेय, माप्य, मापनीय, नापने योग्य
Measural मापीय, माप/नाप सम्बन्धी
Measure मापना, नापना, संस्तर, मात्रा, उपाय, नपना (पात्र)
Measurement, Measuring नाप, माप, मापन

Term	Hindi
Measuring glass	नपना गिलास, मापी गिलास
Meat	मांस, पिशित, गोश्त (किसी जन्तु का भक्ष्य/भोज्य नरम मांसल भाग)
Meatal ulcer	मुकल का घाव
Meat extract	मांस निस्सार
Meatotomy	मुकले कर्तन
Meatus	नली, द्वार, कुहर, मुखमार्ग, मुकले (शरीर के भीतरी भाग)
Mechanic, Machinician, Machinist	मिस्त्री, यन्त्रविद्, यन्त्रकार, यान्त्रिक
Mechanical	यन्त्रीय, यान्त्रिक, मशीनी
Mechanics	यान्त्रिकी, यन्त्रविज्ञान
Mechanised	यन्त्रकृत, यन्त्रसज्जित
Mechanism	क्रियाविधि, यन्त्रावली, साधन, यन्त्रन्यास
Mechanistic	क्रियाविधिक, यान्त्रिक
Mechanize, Mechanization	यान्त्रिक बनाना, यन्त्रसज्जित करना, यन्त्रचालित बनाना, यन्त्रीकरण, यन्त्रसज्जीकरण, यन्त्रसज्जन
Mechanoreceptor	स्पर्श-संवेदांग
Mechanotherapy	यान्त्रचिकित्सा
Meconic	अफ़ीम का सत्व
Meconism, Opium toxicity	अहिफेनविषालुता, अफ़ीमविषाक्तता
Meconium	नवजात विष्ठा, भ्रूणमल, गर्भस्थ शिशुमल
Mediaeval, Medieval	मध्ययुगीन
Medial, Median	मध्यस्थ, मध्यवर्ती, मध्य, आन्तर, माध्यिका
Median effective concentration/dose (EC_{50}/ED_{50})	मध्य प्रभावी सान्द्रता/मात्रा
Median lethal concentration/dose (LC_{50}/LD_{50})	मध्य घातक सान्द्रता/मात्रा (जो 96 घण्टे प्रभावन से कुल जीव संख्या का 50 प्रतिशत मार दे)
Median tolerance limit (TLm/TL_{50})	मध्य सह्य सीमा
Median toxic concentration/dose (TC_{50} TD_{50})	मध्य विषालु सान्द्रता/मात्रा
Mediastinum, Mediastina (pl.)	मध्यस्थानिका, मध्यस्थान, मध्योति, मध्योतक
Mediastinitis	मध्योतिशोथ, मध्यस्थान प्रदाह
Mediate	मध्यस्थ होना, मध्यवर्ती बनाना
Mediated	मध्यवर्तित
Medicable	चिकित्स्य, चिकित्सा योग्य
Medical	चिकित्सीय, औषधीय, भैषजिक
Medical science	आयुर्विज्ञान, चिकित्सा विज्ञान
Medicament	औषधि, दवा-दारू
Medicare	चिकित्सीय देख-भाल
Medicaster	कूटचिकित्सक, ढोंगी बैद, कठवैद्य, नीमहकीम
Medicate	औषधि देना/ मिलाना, चिकित्सा करना
Medicated	औषधियुक्त, चिकित्सित, औषधिव्याप्त
Medication	औषधि उपचार, औषधि प्रयोग, भेषज निर्माण, औषधि मिश्रण, औषधि व्यापन
Medicative	स्वास्थ्यकर, भेषजात्मक
Medicinal	औषधीय, भेषजीय, भैषजिक
Medicine	औषधि, भेषज, चिकित्साशास्त्र
Medico	चिकित्सीय, भेषज, चिकित्सा छात्र
Medico-legal	भेषज-वैधिक, चिकित्सा-विधिक
Medico-social	भेषज-सामाजिक
Medio- (prefix)	मध्य-
Medio-dorsal	मध्यपृष्ठी
Medio-lateral	मध्यपार्श्व
Mediotype, Mesomorph	मध्यप्ररूप, मध्यरूप (औसत कदकाठी वाला)
Medio-ventral	मध्य-अधर, मध्याधर
Meditation	ध्यान, मनन, गहन चिन्तन
Mediterranean	भूमध्य-सागरीय
Mediterranean diet (a diet including olive oil, wheat bread, grape wine, whole grains, meat, vegetable, legumes and fruits)	भूमध्यसागरीय भोजन, आभ्यन्तरिक आहार (एक अत्यन्त पौष्टिक एवं स्वास्थ्यवर्धी आहार)
Medium, Media (pl.)	मध्यम, माध्यम, साधन
Medium wave (radio/electro-magnetic waves of 100-1000 meter wave length)	मध्यम तरंग, औसत तरंग
Medius	मध्यम
Medley	विभिन्न पदार्थों का मिश्रण, सम्मिश्रण

English	Hindi
Medorrhoea	मूत्रमार्गस्राव
Medulla (a Latin word for marrow or central portion), Medullae (pl.)	मध्यांश, मज्जा, गूदा, मध्यक, अन्तस्था, मस्तिष्कपुच्छ
Medullary, Medullaris	मज्जक, मज्जीय, विमज्जि, मध्यक
Medullary bundle	मध्यक पूल
Medullary ray	मज्जक रश्मि
Medullary sheath	विमज्जि-कञ्चुक, मध्यक-कञ्चुक
Medullated	मज्जायुक्त, मज्जामय, मध्यकित, मेदावृत
Medullation	मज्जायन, मज्जाभवन
Medullitis	मस्तिष्कपुच्छशोथ
Medusa, Medusae (pl.) (modified free swimming zooid of cnidarians for sexual reproduction)	छत्रिक (एक समुद्री-तरणशील दंशी जन्तु के जीवन की विकसित लैंगिक प्रावस्था)
Medusoid	छत्रिकाभ
Meerkat (*Suricata suricatta*, a small carnivorous wild mammal of mongoose family Herpestidea, able to stand and balance)	दीमकख़ोर बिल्ली, मर्कट विडाल
Meerschaum, Sepiolite	कठोर सफ़ेद मिट्टी, समुद्रफेन
Mega-, Megalo- (prefix, a Greek word megas means large and indicates one million or 10^6 in combination)	बृहत्, स्थूल, गुरु, महा-, दस लाख
Megacephlic, Megacephalous	बृहत्शिरस्क, स्थूलशीर्षी
Megacolon	स्थूलबृहदान्त्र, महाबृहदान्त्र
Megacycle	मेगासाइकिल (दस लाख चक्कर)
Megacyte	स्थूलकोशिका, गुरुकोशा
Megadrile (a Greek word for large worm comprises terristrial oligochaete annelids)	दीर्घ कृमि, बड़ा केंचुआ
Megaesophagus	महाग्रसिका
Megafauna Megafaunas/ Megafaunae (pl.)	महाप्राणिजात, स्थूल जन्तु समूह
Megaflora, Megafloras/ Megaflorae (pl.)	महापादपजात, स्थूल पादप समूह
Megafossil	गुरुजीवाश्म
Megagamete	गुरुयुग्मक
Megagameto-genesis, Megaga-metogeny	गुरुयुग्मकजनन
Megakaryocyte	महाकेन्द्रक कोशिका
Megalith	महापाषाण
Megalithic	महापाषाणी, महापाषाण-
Megaloblast	महालोहित
Megaloblastic	स्थूललोहितीय, महालोहितीय
Megalocyte (large erythrocytes associated with pernicious anaemia)	स्थूल रक्ताणु
Megalocytosis	स्थूलरक्ताणुता
Megalomania	महत्वोन्माद, प्रतिष्ठोन्माद
Megalomaniac	महत्वोन्मादी, महत्वाकांक्षी
Megaly	अधिवृद्धि, स्थूलता, अतिवर्धता, अतिशयता
Megamere	महाखण्ड
Meganucleus, Megakaryon	गुरुनाभिक, स्थूलकेन्द्रक
Megaphone	भोंपू
Megaphyll	गुरुपर्ण, स्थूलपर्ण, महापर्ण
Megaphyllous	स्थूलपर्णी, बृहत्पर्णी
Megaplankton (pl.)	महाप्लवक
Megarectum	महामलाशय
Megascopic	अक्षिदर्शनीय, अक्षिदृष्ट्य
Megasorus	महाबीजाणुधानीगुच्छ, महाबीधागुच्छ
Megasporangium, Megasporangia (pl.)	गुरुबीजाणुधानी
Megaspore	महाबीजाणु, गुरुबीजाणु
Megasporic	महाबीजाण्विक, गुरुबीजाण्वीय
Megasporogenesis, Megasporogeny	गुरुबीजाणुजनन
Megasporophyll	महाबीजाणुपर्ण
Megass, Bagasse	गन्ने की खोई (नीरस तना)
Megaton (one million Tonnes)	मेगाटन (भार की एक बड़ी इकाई दस लाख टन)
Megazooid	महाजीवक
Megazoospore	महाचलबीजाणु
Megrim, Migraine	तेज़ सिरदर्द, उदासी, आधा-शीर्षी, लड़खड़ाहट, घुमड़ी
Meio- (prefix, a Greek word for decrease)	अर्ध-, अंश, खण्ड

Meiocyte अर्धसूत्री कोशिका, अर्धसूत्राणु
Meiofauna (small benthic invertebrates in an aquatic ecosystem), Meiofaunas/ Meiofaunae (pl.) नितल जन्तु समूह, नितलप्राणिजात
Meiosis (a type of division of diploid cell into four haploid daughter cells) अर्धसूत्री विभाजन, अर्धसूत्रण, पर्यायोक्ति, न्यूनोक्ति
Meiospore अर्धसूत्रबीजाणु, ऊनबीजाणु
Meiosporic अर्धसूत्रबीजाण्विक
Meiotic, Myotic अर्धसूत्री
Melancholia, Melancholy विषाद, नैराश्य, अवसाद, उदासी
Melancholic विषादी, विषादग्रस्त, विषाद-पूर्ण
Melange बहुमिश्रण, सम्मिश्रण
Melaniferous (derived from Greek word melas means black/dark) कृष्णयुक्त, कालिधर
Melanin असितवर्णक
Melanism, Melanosity कृष्णता, श्यामता, कालिता
Melanosis असितवर्णकता
Melanocyte असितकोशिका, असिताणु
Melanoderm कृष्णचर्म
Melanogen कालिजन
Melanoma असितकोशार्बुद, असितार्बुद
Melanophore कालिभर
Melasma श्यामता (रोग)
Melasmatic layer कृष्णिस्तर
Melasmatic tissue श्यामोति, कृष्णि ऊतक
Meld विलीन होना/करना
Melena काला रक्त मल, काला रक्तस्राव (मलद्वार से)
Melicera (Greek words meli + keros mean honey and wax) मधुसिक्थ, मधुपुटी, शहद जैसा गाढ़ा
Meliolecithal, Oligolecithal अल्पपीतकी
Meliorate, Melioration दशा सुधारना, स्थिति सुधार
Melissyl (with bee wax) सैक्थल, मधुमोमी, मधुमोमदार
Melitemia (high sugar level in blood) अधिमधुरक्तता, मधुरक्तता
Melitis गण्डशोथ
Melituria (presence of sugar in urine) मधुमेह, मधुमूत्रता
Melliferous मधुप, मधुकारी, मधुप्रद
Mellifluence सुमधुरता
Mellifluous सुमधुरप्रवाही, मृदुमन्द, शहद सा मीठा
Melliphagous मधुभक्षी
Mellow मधुर, पक्व, मृदु, उपजाऊ, सुकोमल, रसीला
Melomania संगीतोन्माद
Melomaniac संगीतोन्मादी
Melon (any of various creeper herbs of family Cucurbitaceae with sweet edible pepo type berry like fleshy fruits) खरबूज़ा/तरबूज़ (एक कद्दूकुल का भोज्य फल)
Melon cactus (*Melocactus* sp., an American spiny xerophyte of family Cactaceae with melon like edible stem) तरबूज़ी नागफनी
Meloncus गण्डार्बुद
Melorheostosis, Candle bone disease (mesenchymal dysplasia with appearance of dripping wax of candle), Melting wax syndrome कैण्डिल अस्थि रोग
Melt, Melting पिघलाना, गलाना, द्रवित होना, द्रवण
Melter गालक, गलाने/पिघलाने वाला
Melting point (a temperature at which a material changes from solid to liquid state) गलनांक, द्रवणांक
Melting pot गलनपात्र, कुठाली, मूषा
Melt water बर्फ़ का पानी
Membrane (a Latin word), Membrena, Membrenae (pl.) झिल्ली, झिल्लिका, कला
Membraniform झिल्लीरूप, कलारूप
Membranoid झिल्लीनुमा, कलाभ, कलावत्

Membrano-proliferative	झिल्ली क्रमप्रसारी
Membranous, Membranaceous	झिल्लीदार, झिल्लीमय, कलामय, कलावत्, कला-
Membranous labyrinth	कला गहन (अन्तःकर्ण का भाग)
Membrum (a Latin word, means member)	उपांग, पाद, अवयव
Membrum muliebre, Clitoris	भग-शिश्न, भगशेफ, भगांकुर
Membrum virile, Penis	शिश्न, लिंग
Memoir	जीवनवृत, विवरण
Memoirs	संस्मरण, कार्य विवरण
Memorize	कण्ठस्थ करना, याद करना
Memory	स्मृति, स्मरणशक्ति
Menagerie	वन्यजन्तुसंग्रह, पशुशाला, प्राणिशाला, प्राणी-संग्रह
Menarche	प्रथम रजोदर्शन
Mend	मरम्मत करना, सुधारना, ठीक करना
Mendelism	मेण्डेलवाद, मेण्डेल का सिद्धान्त
Mendosicute	विकृत-त्वकी (जीवाणु)
Menhir	दीर्घाश्म स्तम्भ
Meningetic, Meningeal	मस्तिष्कच्छदीय, तानिकीय, मस्तिष्कावरणीय
Meningitis	मस्तिष्कावरणशोथ, तानिका-शोथ, मस्तिष्कच्छदप्रदाह
Meningococcus	तानिकाणु, मस्तिष्काणु (एक रोगजनी गोल जीवाणु)
Meningo-encephalitis	मस्तिष्क-तानिका शोथ
Meninx (a protective membrane of brain and spinal cord), Meninges (pl.)	तानिका, मस्तिष्कच्छद, मस्तिष्कावरण
Meniscocyte, Sickle cell	चन्द्रकोशिका, दात्रकोशा
Meniscocytosis, Sickle cell anemia	चन्द्रकोशता, चन्द्रकोशारक्तता, दात्रकोशारक्ताल्पता
Meniscus (curved top surface of a liquid, two cartilaginous pads in knee joint)	नवचन्द्रक, इन्दुकास्थि, इन्दुकला
Menolipsis	रुद्धार्तव
Menopause, Menostasia, Menostasis	रजोनिवृत्ति
Menorrhagia	अतिरजःस्राव
Menorrhea, Menstrual, Mensis, Menses (pl.)	आर्तव, रजोधर्म, रजःस्राव, ऋतुस्राव
Menosepsis	पूयार्तव
Menstrual cycle	आर्तव चक्र, ऋतु चक्र
Menstrual fluid	रज, आर्तव द्रव, ऋतुस्राव
Menstrual period	रजःस्राव काल, ऋतुस्राव अवधि
Menstruant	ऋतुस्रावी, रजस्वला
Menstruation, Metrorrhea	ऋतुस्रवण, रजोधर्म
Menstruum, Menstrua (pl.)	विलायक, जैविक औषधि निर्माण हेतु प्रयुक्त, ऋतुस्राव
Mensurable	मापनीय, परिमेय, माप योग्य, तालबद्ध
Mensural	मापीय, माप सम्बन्धी, क्षेत्रमितीय
Mensuration	क्षेत्रमिति, मापन, मापिकी, विस्तार-कलन
Mental	विक्षिप्त, मानसिक, मनो-, चिबुक-
Mental aberration	दिमाग़ फिर जाना, बुद्धिभ्रंश
Mental ability	मानसिक योग्यता, मनःक्षमता, मनोसामर्थ्य
Mental anxiety	मानसिक व्यग्रता, आकुलता
Mental asylum	पागलख़ाना
Mental attitude	मनोवृत्ति, मनोप्रवृत्ति
Mental foramen	चिबुकीय रन्ध्र
Mental hospital	मनोचिकित्सालय
Mentalis muscle	मस्तिष्क पेशी
Mentality	मानसिकता
Mentally retarded, Mentally deficient	मन्दबुद्धि, न्यूनमनस्क
Mental patient	मनोरोगी
Mental retardation	मानसिक मन्दता
Mental tension	मानसिक तनाव
Mentation	मानसिक प्रक्रिया, मनोभाव
Menthol (an aromatic compound from mentha oil of *Mentha* sp., a herb of mint family Lamiaceae)	पुदीने का सत, अर्कपुदीना
Mento-labial	चिबुक-ओष्ठीय
Mento-meckelian	हन्वाग्रास्थि, चिबुकास्थि
Mentula	शिश्न
Mentum, Chin	चिबुक, चिबुकांग, ठोढ़ी
Mepacrine	प्रोग्रकी
Mephitic	विषैला, दुर्गन्धयुक्त

Mephitis — भूमिगत दुर्गन्ध, विषाक्त वाष्प
Mephitism — वायु विषायण
Meral, Mercoloy — मिश्रातु
Meralgia — ऊरुशूल, जंघावेदना, जाँघ का दर्द
Mercerization, Mercerize — दहक्षारण (सूत का रासायनिक उपचार कर रेशम सा बनाना), दहक्षारित करना
Mercerized — दहक्षारित
Mercurate — पारदयुक्त करना, पारा मिलाना
Mercuration — पारदनिवेशन, पारदीयन, पारदीकरण
Mercurial, Mercuric — पारदीय, पारदमय, पारदिक
Mercurial(s) — पारदमय द्रव्य, बुध (ग्रह) विषयक
Mercuric — पारदिक
Mercurification, Mercurify, Mercurization, Mercurize — पारदीयन, पारद निवेशन, पारदमय बनाना
Mercurism — पारदात्यय
Mercurous — पारदस
Mercury (a liquid toxic heavy metallic element with symbol Hg) — पारद, पारा, सन्देशवाहक, मार्गदर्शक, बुध (सौर मण्डल का सबसे छोटा पहला ग्रह)
Mercury thermometer — पारद तापमापी
Merdivorous (derived from a Latin word merda means excreta), Coprophagous — विष्ठाहारी
Mere — झील, तालाब, निरा, मात्र, अमिश्र
Meretricious — भड़कीला, नक़ली, वेश्या का
Merganser (*Mergus merganser*, a large fresh water bird of duck family Anatidae) — गोताख़ोर बतख़ (कारण्ड पक्षी), कारण्डव
Meriblastic — अंशकोरकी
Mericarp (monocarpellary fruit of umbelliferous plants) — एकस्फोटी (फल)
Mericlinical — त्रिज्यखण्डांशी
Meridian — देशान्तररेखा, याम्योत्तर-रेखा/वृत, ध्रुववृत्त, मध्याह्नरेखा, मध्याह्निक, शिरो-बिन्दु
Meridional, Meridonial — रेखांशीय, ध्रुवायाम, दक्षिणात्य, देशान्तर रेखीय
Merino (a quality wool producing breed of sheep) — मेराइनो (एक भेंड़ प्रजाति)
Meristele — रम्भ-खण्ड
Meristem — विभज्योतक, प्रविभाजी
Meristematic — विभज्योतिकी, प्रविभाजिक
Meristic — संख्यात्मक, खण्डभाजिक
Merlin, Pigeon hawk (*Falco columbarius*, a predatory bird of falcon family Falconidae) — छोटा बाज़ (एक शिकारी पक्षी)
Merlon — कंगूरा
Meroblastic — अंशभञ्जी, अपूर्णभाजी
Meroblastic cleavage — अपूर्ण भाजन
Merocrine — अंशस्रावी, कोशान्तसर्गी, कोशान्तस्रावी
Merocyte — अंशाणु, अधिनाभिक
Merogamy — प्रयुग्मन, क्षुद्रोद्वाह
Merogenesis, Merogeny — अंशजनन
Merogony — अंशविभाजन, भूरिगुणन
Meroistic — पोषी
Merology — आद्यांगिकी, आद्यांगविज्ञान
Meromictic — अकालमिश्र
Meromorphosis — अंशांगजनन
Meronephric — खण्डोत्सर्गी, खण्डवृक्कीय
Merophyte — खण्डोद्भिद्
Meroplankter, Meroplankton (pl.) — अंशप्लवक, अंशमन्दप्लवक
Merosporangium, Merosporangia (pl.) — खण्डबीजाणुधानी, बीजाणुधानीवर्ध
Merotrichous — अंशशूक
Merotype — वर्धजरूप
Merozoite, Schizozoite — खण्डजाणु
Merozygote — अंशयुग्मज, खण्डयुग्मनज
Merus — ऊरुखण्ड
Mesa — पथरीली चौरस पहाड़ी
Mesange — अवनीलातिहरि, नीला हरा
Mesarch — मध्यारम्भ
Mesarchy — मध्यारम्भता
Mesaxon — मध्याक्ष

Mesaxonic	मध्याक्षी
Mescaline (a psycho-active alkaloid found in certain cactuses)	मस्कल (नागफनी से प्राप्त एक विभ्रामक नशीला पदार्थ)
Mesencephalon, Mesocerebrum, Mid brain	मध्यमस्तिष्क (भ्रूण में)
Mesenchyma	मध्योतक, मध्योति, योज्यूति
Mesenchymal	मध्योतकीय
Mesentric, Mesaraic	अन्त्रयुज
Mesenteron, Mid gut, Jejunum	मध्यान्त्र
Mesentery, Mesenterium	आन्त्रयोजनी
Mesethmoid	तैतव-मध्यस्थ
Mesh, Meshwork	जाली, छिद्र, जालाक्षि
Mesh size	जाली छिद्र का व्यास
Meshy	जालीदार
Mesial	मध्यम, अभिमध्य, मध्यगामी (शरीर में)
Meso-appendix	मध्युपांग
Mesmerism	सम्मोहन, सम्मोहन विद्या
Mesne	मध्यवर्ती, बीच का
Meso-, Mesio- (prefix)	मध्यक, मध्य-
Mesline (mixture of wheat and rye)	साचाइञ्ची
Mesobenthos	मध्यनितली (जीव समूह)
Mesoblast	मध्यकोरक
Mesobranchial	मध्यक्लोमी, मध्यक्लोमीय
Mesocaecum	उण्डुकयुज
Mesocardium	हृद्योजनी, हृद्युज
Mesocarp	मध्यफलभित्ति
Mesocaryote, Mesokaryotic	मध्यनाभिकी, मध्यकेन्द्रकी (कोशिका)
Mesocerebrum, Mesencephalon, Mid brain	मध्यमस्तिष्क (भ्रूण में)
Mesocoel	मध्यगुहा
Mesocolon	बृहदान्त्रयुज, बृहदान्त्रयोजनी
Mesocoracoid	मध्यांसतुण्ड, मध्य-उरोन्स्या
Mesocosm	मध्यब्रह्माण्ड
Mesocotyl	दलमध्यक
Mesocranial	मध्य-कर्पर, मध्यकपाली
Mesocuneiform	मध्यस्फानरूप
Mesodenia	मध्यग्रन्थिलता
Mesoderm	मध्यचर्म, मध्यजनस्तर, मध्यस्तर
Mesodont	मध्यमदन्ती

Mesoduodenum	ग्रहणी योजनी
Mesofauna, Mesofaunas/ Mesofaunae (pl.)	मध्यप्राणिजात
Mesogamy	मध्यप्रवेश
Mesogaster	जठरयुज
Mesogastrium	जठरयोजनी
Mesoglea	मध्यश्लेष
Mesohaline	मितलवणी
Mesolecithal, Medialecithal	मध्यपीतकी, मध्यपीतकीय
Mesome	मध्यमक
Mesomerism, Desmotropism	बन्धावर्तन, बन्धावर्तिता
Mesomorph (a human body type with well devoloped musculature and low fat), Mediomorph	मध्यकाय, मध्यरूप
Mesomorphic, Mesomorphous	मध्यरूपी, मध्यरूपिक, मध्यकायिक
Mesomorphism	मध्यरूपता, मध्यकायिकता
Mesonephric	मध्यवृक्कीय, मध्योत्सर्गी
Mesonephros	मध्यवृक्क
Mesonotum	पृष्ठकमध्य
Mesopause	मध्यसीमा (मध्यमण्डल की उच्चतम सीमा)
Mesopelagic	मध्यवेलापवर्ती
Mesophanerophyte	मध्य व्यक्तोद्भिद
Mesophase	मध्यप्रावस्था
Mesophile, Mesophilic, Mesophilous, Mesothermophilous	मध्यरागी, मध्यतापरागी, (20-45° सेल्सियस तापमान पर रहने वाले), कोष्ण-प्रिय
Mesophortium	पर्वतीय चरागाह/ समुदाय
Mesophotic	मध्यप्रकाशी (जीव-जन्तु)
Mesophyll	मध्यपर्णोति, पर्णमध्यक, पर्णमध्योतक
Mesophyllous	मध्यपर्णी
Mesophyte	मध्योद्भिद्, समोद्भिद्
Mesoplankter, Mesoplankton (pl.)	मध्यप्लवक
Mesopodium, Mesopodia	मध्यपादक, मध्यपाद
Mesopoium (pl.)	घास का मैदान
Mesorchium	वृषणयोजिनी
Mesorectum	मलाशययुज, गुदयुज
Mesorhine	मध्यनासीय
Mesorhinism, Mesorhiny	मध्यनासता
Mesosaprobic	समपूतिजीवी

Mesoscapula	मध्यांसफलक
Mesosigmoid	अवग्रहाभ योजनी
Mesosoma, Mesosome	मध्यकाय
Mesosphere	मध्यमण्डल
Mesospore	मध्यबीजाणु, मध्यस्तर
Mesostatic	आर्द्र स्थैतिक
Mesosternum	मध्योरोस्थि
Mesotarsal	मध्यकूर्च
Mesothamnium	झाड़ी, क्षुप
Mesothelioma	मध्यकलार्बुद, मध्यचर्मार्बुद, मध्यश्छदार्बुद
Mesothelium, Mesothelia	मध्यश्छद, मध्यकला
Mesotherm	मध्यतापी, मध्यतापीय,
Mesothermal, Mesothermic, Mesothermous	मध्योष्मिक, मध्योष्णीय, कोष्णीय
Mesothermo-phillous	मध्यतापरागी
Mesothorax	मध्यवक्ष, उरोमध्य
Mesotonic	मध्यतानी
Mesotron, Meson	मध्याणु
Mesotrophic	मध्यपोषी
Mesotropic	मध्यवर्ती
Mesovarium, Mesoarium	अण्डाशयधर, अण्डाशययुज
Mesozoic (era)	मध्यजीवी (कल्प), मध्यकल्पजीवी
Mesozoa (a superphylum of lower animals)	मध्यजीव
Mesquite (*Prosopis juliflora*, a perennial flowering tree shrub of family Fabaceae)	विलायती कीकर (मैक्सिको व दक्षिणी अमेरिका का एक पेड़/झाड़ी जो मलेरिया फैलाता है)
Messenger	सन्देशवाही, सन्देशवाहक, दूत
Mestizo, Metis	वर्णसंकर, दोगला
Mestome	वाहिक
Metabasidium, Metabasidia (pl.)	अनु-आधारकणी
Metabiota, Metazoan	बहुकोशीय जीव समूह
Metabiont	बहुकोशिकीय जीवजात
Metabiosis	अनुजीवता, एकानुजीविता
Metabolic	उपापचयी, चयापचयी
Metabolic syndrome (biochemical and physiological abnormalties associated with heart diseases and type 2 diabetes)	उपापची संलक्षण
Metabolimetry	चयापचयमिति, उपायचयमिति
Metabolism	उपापचय, चयापचय
Metabolite	उपापचयज, चयापचयज
Metabolomics, Metabonomics	चयापचयिकी, उपापचयिकी
Metabolon	वियुक्ताणु
Metabolous	कायान्तरी, रचनान्तरी
Metaboly	आकारान्तरण, रचनान्तरण
Metacarpal	करभीय, करभ-
Metacarpus	करभ, करभिका, पाणि शलाका (हथेली की हड्डी)
Metacentre	आप्लवकेन्द्र, चलकेन्द्र
Metacentric	समकेन्द्री, पश्चकेन्द्री
Metacephalon	पश्चमस्तिष्क
Metacerebrum	पश्चप्रमस्तिष्क
Metachromasia, Metachromasis	विविध रञ्जकता, समाभिवर्णता
Metachromatic	समाभिवर्णी
Metachromatin	समाभिवर्णि
Metachrome	समाभिवर्ण, समवर्णक
Metachronous	पश्चकालिक, अनुसामयिक, कालोपरान्तिक
Metachrosis	वर्णसमायोजन, वर्णान्तरण
Metacoel	पश्चगुहा
Metacone	पश्चदन्ताग्र, पश्चशंकु
Metaconid	अधःपश्चशंकु
Metaconule	पश्चशंकुक
Metacromion	उपोत्फलकाग्र
Metacyclic	अनुचक्री
Metadiscoidal placenta	पश्च-बिम्ब जरायु
Metaencephalon, Metencephalon	अनुमध्यमस्तिष्क, पश्चमस्तिष्क
Metagalaxy	सम्पूर्ण ब्रह्माण्ड
Metagaster	पश्चजठर
Metagastrula	विस्यूति-भ्रूण
Metage	मापन, मापन शुल्क
Metagenesis, Metageny	एकान्तरजनन, समैकान्तरण
Metaigneous	रूपान्तराग्नेय
Metal	धातु (एक खनिज तत्व समूह)
Metal age	धातु युग (मानव सभ्यता के विकास का एक कालखण्ड)
Metalcote	धातुलेप
Metal detector	धातु अन्वेषक, धातु खोजी (यन्त्र)
Metalimnion	अधिसरोस्तर

English	Hindi
Metalled	धातुमय, अश्मित
Metalled road	पक्की सड़क
Metallescent	धात्वाभासी
Metallic, Metalline	धात्विक, धात्वीय, धातुक, धातु-
Metallic sheen	धात्वीय चमक, धात्विक
Metallic sound	द्युति खनक (धातु विशेष से निकली ध्वनि)
Metalliferous	धातुमय, धात्वोत्पादी
Metallization	धात्विकीकरण, धातुव्यापन
Metallize	धात्विक बनाना, धातु की पर्त चढ़ाना, वल्कनित करना
Metallizing	धातुक्षेपण
Metallocyclic (a heterocyclic organic compound with metal(s) atoms in ring)	धातुचक्रीय
Metallography	धातुरचनाविज्ञान
Metalloid (elements with properties of both metal and non-metal)	धात्वाभ, उपधातु
Metalloprotein	धात्वीय प्रोटीन
Metallurgical	धातुकर्मीय, धातुकार्मिक
Metallurgist	धातुकर्मी, धातुविज्ञ, धातुविज्ञानी
Metallurgy	धातुकर्म, धातुविज्ञान, धातुकार्मिकी, धातुविद्या, खानित्री
Metalware	धातुभाण्ड, धातु के बर्तन
Metal work	धातुकर्म
Metamer	मध्यावयव, समभाज
Metamere	समखण्ड, विखण्ड
Metameric, Metamerous	समखण्डी, विखण्डी, मध्यावयवी, समभाजी
Metamerism	समखण्डता, मध्यावयवता, समभाजता
Metamerization	समखण्डभेद, विखण्डन
Metamitosis	पश्चसूत्रण
Metamorphic, Metamorphous	रूपान्तरिक, कायान्तरी
Metamorphism, Metamorphosis	कायान्तरण, रूपान्तरण
Metamorphosed	कायान्तरित, रूपान्तरित
Metanemertine	प्रपट्टिका कृमि
Metanephric	पश्चवृक्कीय, पश्चवृक्क-
Metanephridium, Metanephridia (pl.)	पश्चोत्सर्गिका, पश्चवृक्कक
Metanephros	पश्चवृक्क
Metanil yellow	समनील पीत (एक विषाक्त खाद्य अपमिश्रक रंग)
Metaphase	मध्यावस्था, पश्चावस्था, मध्यरूपभाजन,
Metaphloem	अनुपोषवाह, अन्वधोवाह
Metaphysical	तात्विक, आध्यात्मिक, अलौकिकीय
Metaphysics	पराभौतिकी, अधितात्विकी
Metaplasia	ऊत्यन्तरण, अनुफलन, ऊतकरूपान्तरण, अतिघटन
Metamaterial (a material with unnatural properties)	अलौकिक पदार्थ, पराद्रव्य
Metaplasm	अजीवद्रव्य, शब्द परिवर्तन
Metapleural	अनुपार्श्वकीय
Metapleure	अनुपार्श्वक
Metapneustic	पश्चश्वासी, पश्चश्वास-रन्ध्री
Metapodium, Metapodia (pl.)	पश्चपाद
Metapophysis	अग्रवर्ध
Metapsychology	अधिमनोविज्ञान
Metapterygium	पश्चपक्षक
Metapterygoid	पश्चत्रिवेणीक
Metascience	अधिविज्ञान
Metasoma, Metasome	पश्चकाय, तत्वान्तरी खनिज
Metasomatosis, Metasomatism	कायान्तरण
Metastable	मितस्थायी
Metastasis (spread of any disease like cancer from one to other organs)	रोगव्याप्ति, अपररूपान्तरण, रोग विक्षेप, मितस्थापन, स्थानान्तरण, द्वितीयक (कैंसर का) विस्तार (रोग का)
Metastatic	मितस्थैतिक, स्थानान्तरक, स्थानान्तरगामी, रोग विक्षेपी
Metastoma	अधरोष्ठ
Metatarsal,	प्रपदिका, प्रपदास्थि,
Metatarsus	पादशालाक, अनुगुल्फिका
Metathesis	व्यत्यास, वर्ण/ध्वनि-विपर्यय, स्थानान्तरण
Metathorax	उरःपश्च, पश्चवक्ष
Metatracheal	विजलवाहिक
Metatroch	उत्तरपक्ष्मवलय, उत्तरवलय
Metatroph, Heterotroph	विषमपोषी, उभयपोषित
Metatrophic, Heterotrophic	उभयपोषित, विषमपोषी
Metatropism, Metatropy	भौतिक रूपान्तरण
Metaxylem	अनुदारु

Metazoa (a kingdom of eukaryotic multi-cellular animals)	बहुकोशिकीय जीव (जगत)	Methanogenic	मिथेनजनी, मिथेनजनक, मिथेनोत्पादी
Metazoan, Metazoon, Metazoans (pl.)	बहुकोशिकीय जीव	Method	विधि, रीति, प्रणाली, पद्धति
Metazoonosis	उभयप्राणिता, बहुकोशीय प्राणिरुजता	Methodology	प्रविधि, क्रियाविधि, कार्यप्रणाली
Mete	नाप, नापना, चौहद्दी, सौंपना	Methomania, Methilepsia	सुरोन्माद, मद्योन्माद (मद्यपान की सनक)
Metempirical	अनुभवातीत, अत्यानुभविक	Methomaniac	सुरोन्मादी, मद्योन्मादी
Metencephalon, Hind brain	पश्च मस्तिष्क (भ्रूण में)	Methylated	प्रोदलीयित, मिथाइलीकृत
Meteor (a space object entering earth's atmosphere)	उल्का	Methylation	प्रोदलीयन, मिथाइलीकरण
Meteoric	वायुमण्डलीय, उल्कामय, उल्कीय, उल्का विषयक	Metis, Mestizo	वर्णसंकर
Meteoric debris	उल्कीय मलबा, उल्का-भग्नावशेष	Metoecious, Heteroecious	नैकपोषित, बहुपोषित, भिन्नाश्रयी
Meteorite	उल्कापिण्ड, उल्काश्म	Metonic cycle	चान्द्रचक्र
Meteoroid (a small body travelling through space)	उल्काभ, लघु उल्का	Metralgia, Uteralgia	गर्भाशयशूल
Meteorological	मौसमी, मौसम विज्ञान सम्बन्धी	Metric, Metrical	मापीय, दूरिक, मीटरी, छन्दोबद्ध
Meteorologist	मौसम विज्ञानी, मौसम वैज्ञानिक, मौसमविज्ञ	Metrics	मापिकी, माप-विधा, छन्दशास्त्र
Meteorology	मौसमविज्ञान	Metric system	मापीय पद्धति, मीटरी पद्धति, मीट्रिक प्रणाली
Meteororesistant, Weather proof	ऋतुसह्य, जलवायुरोधी, मौसमसहिष्णु	Metric ton, Ton, Tonne	मीट्रिक टन, टन (1 टन =1000 कि.ग्रा.)
Meteorosensitive	ऋतुसंवेदी, मौसमसंवेदी	Metritis	गर्भाशय शोथ
Meteorotropic, Meteorotropous	ऋत्वानुवर्ती, मौसमानुवर्ती	Metro, Subway train	भूमिगत रेलगाड़ी
Meteorotropism, Meteorotropy	ऋत्वानुवर्तन, मौसमानुवर्तिता	Metrology	मापशास्त्र, मापपद्धति
Meter/Metre (m, a basic unit of size, length or distance), -meter / -metre (suffix)	माप, मापक, मापी, मीट्रिक प्रणाली में दूरी/लम्बाई की मौलिक-इकाई (मी.) जो प्रकाश द्वारा निर्वात में 1/299, 792, 485 सेकेण्ड में तय की गयी दूरी के बराबर है।	Metronome	गतिमापी, तालमापी
Meter gauge	मीटरगेज (एक मीटर अन्तराल का रेलपथ)	Metronomic	तालमापिक, तालमापीय
Meter scale	मानश्रेणी	Metronomic theraphy (continuous treatment of cancer with low doses of drugs)	तालमापीय उपचार, अल्पमात्रिक चिकित्सा
Methaemoglobinemia, Blue baby disease	मिथीमोग्लोबिनरक्तता, शिशुनीलता (पेयजल व दूध में नाइट्रेट की अधिकता से उत्पन्न एक शिशु रोग)	Metrorrhagia	रक्तप्रदर, गर्भाशय रक्तस्राव
		Metrostaxis	गर्भाशय रक्तच्यवन
		Metrostenosis	गर्भाशय संकीर्णन
		Metrotoxin	गर्भाशय-आविष
		Mew	सामुद्रिक (पक्षी), पिञ्जड़ा, बिल्ली की आवाज
		Mews	अस्तबल, अश्वगोष्ठ
		Miasma, Miasmata (pl.)	विषाक्त हवा, रोगकर दूषित वाष्प, सन्दूषक वायु
		Miasmology	दूषणविज्ञान, प्रदूषणविज्ञान
		Mica (a mineral as silicate sheet used for high heat stability and electrical applications)	अभ्रक
		Micaceous	अभ्रकमय

Micatosis	फुफ्फुस अभ्रकधूलिमयता, फुफ्फुस अभ्रकधूलिता
Micella, Micelle	श्लेषिता
Micraerophilic, Microaerophilous	अल्पवातप्रिय
Micraesthetes	अणुसंवेदिका, सूक्ष्मसंवेदिका
Micranthus	लघुपुष्प
Micro (a Greek word mikros means small-prefix)	सूक्ष्म, लघु, अणु-
Micro-abscess	सूक्ष्मव्रण, छोटा फोड़ा
Micro-aerobic, Micro-aerophilic	सूक्ष्मवायवीय, सूक्ष्मवायुरागी
Microanalysis	सूक्ष्मविश्लेषण
Microanatomy (includes histology and cytology)	सूक्ष्मशारीरिकी
Microbasic	सूक्ष्माधारी
Microbe, Microorganism	सूक्ष्मजीव, अणुजीव
Microbemia	जीवरक्तता, पूयरक्तता, जीवाणुरक्तता
Microbial, Microbian, Microbic	सूक्ष्मजैविक, सूक्ष्मजीवी, अणुजैविक
Microbicidal, Microbicide	जीवाणुनाशक, सूक्ष्मजीवनाशी, अणुजीवघ्न
Microbid	सूक्ष्मजीवस्फुटन
Microbiological	सूक्ष्मजैविकीय, सूक्ष्मजीववैज्ञानिक
Microbiologist	सूक्ष्मजीवविज्ञानी
Microbiology, Microbics	सूक्ष्मजीवविज्ञान, सूक्ष्मजैविकी, अणुजैविकी
Microbiome (micro organism in human body or a particular environment)	सूक्ष्मजीव समुदाय, सूक्ष्मजीव समूह
Microbiophagy	सूक्ष्मजीवभोजिता, अणुजीवभक्षिता
Microbiosis	सूक्ष्मजीविता
Microbiota	सूक्ष्मजीव समूह, अणुजीव समूह
Microbiotic	सूक्ष्मजीव समूही, अणुजीव समूही
Microbiont	सूक्ष्म जीवजात, अणुजीवजात
Microbiontic	सूक्ष्म जीवजातीय, अणुजीवजातीय
Microbism	सूक्ष्मजीवता, अणुजीवता
Microblast	सूक्ष्मकोरक, लघुलोहित-कोशिकाप्रसू
Microbody	सूक्ष्मकाय
Microcapillary	सूक्ष्मकेशिका
Microcarpic, Microcarpous	लघुफलीय
Microcentrifuge	सूक्ष्म-अपकेन्द्रित्र
Microcephalic, Microcephalous	लघुशीर्षी, लघुशिरस्क
Microcephalism, Microcephaly	लघुशिरस्कता, लघुशीर्षता
Microchemical	सूक्ष्मरसायन, अणुरसायन, सूक्ष्मरासायनिक, अणुरासायनिक
Microchemistry	सूक्ष्मरसायनविज्ञान, अणुरसायनशास्त्र
Microchip	सूक्ष्मखण्ड (नन्हा टुकड़ा)
Microclimate	सूक्ष्मजलवायु, अणुजलवायु
Microclimatology	सूक्ष्मजलवायुविज्ञान
Micrococcus (*Micrococcus* sp., a Gram positive bacterium of family Micrococcaceae), Micrococci (pl.)	सूक्ष्मगोलाणु (एक गोल जीवाणु प्रजाति)
Microconidium, Microconidia (pl.)	सूक्ष्मकणी, अणुकणी
Microcosm (a system reflecting small scale or sub-atomic meta-physical level)	सूक्ष्मजगत, लघुब्रह्माण्ड
Microcosmic	लघुब्रह्माण्डीय, भास्वर
Microcoulomb (one millionth or 10^{-6} of Coulomb)	माइक्रोकूलम्ब (विद्युतधारा की एक सूक्ष्म इकाई)
Microculture	सूक्ष्मजीव संवर्धन, लघुसंवर्धन
Microcyclic	लघुचक्री, अल्पायु
Microcyst	सूक्ष्मकोष्ठ, लघुपुटी, अणुकोष
Microcyte, Microerythrocyte	अणुकोशा, सूक्ष्माणु, सूक्ष्मरक्ताणु, सूक्ष्मलोहित-कोशिका
Microcytic, Microerythrocytic	सूक्ष्माण्विक सूक्ष्म रक्ताण्वीय, सूक्ष्मलोहित-कोशिकीय
Micro-dochectomy	सूक्ष्मप्रणालोच्छेदन, सूक्ष्म नलिका निष्कासन
Microdont (a small toothed animal)	सूक्ष्मदन्ती, लघुदन्ती

Microdrile (a Greek word for small worm comprises aquatic small oligochaete annelids) सूक्ष्मकृमि, छोटा केंचुआ
Microecozone लघुपारिक्षेत्र
Microelement सूक्ष्मतत्व
Microencephalic, Microencephalous लघुमस्तिष्कीय
Microfauna (population of microscopic animals in a habitat), Microfaunas/Microfaunae (pl.) सूक्ष्मप्राणिसमूह, लघुजन्तुसंकुल
Microfilm सूक्ष्मपट, अणुपट, पतली झिल्ली
Microflora (community of microorganisms in a habitat), Microfloras/Microflorae (pl.) सूक्ष्मपादपजात, सूक्ष्म पादप समूह
Microfluidics, Nanofluidics सूक्ष्मतरलिकी, लघुतरलिकी,
(a branch of engineering dealing with volume, behaviour, control and manupulation of fluid at micro-level) सूक्ष्मतरलविज्ञान
Microfungus, Microfungi (pl.) सूक्ष्मकवक, अणुकवक, लघुकवक
Microgamete लघुयुग्मक, लघुजन्यु
Microgametocyte लघुयुग्मकजनककोशा, लघुयुग्मकमातृकोशा
Microgametogenesis, Microgametogeny लघुयुग्मकजनन, लघुयुग्मकोत्पत्ति
Microgamy, Merogamy क्षुद्रयुग्मन
Micrognathism लघुहनुता
Microgram ($\mu g=10^{-6}gram$) माइक्रोग्राम (ग्राम का दस लाखवाँ भाग)
Micrograph (a still photograph of any microscopic view), Microphotograph सूक्ष्मचित्र, सूक्ष्मालेखी, सूक्ष्म दर्शीचित्र
Micrography सूक्ष्मचित्रण, सूक्ष्मालेखन
Microhabitat लघु आवास, सूक्ष्मावास

Microlecithal सूक्ष्मपीतकीय, लघुपीतकी
Microlith सूक्ष्मपाषाण, लघुपाषाण
Microlithic सूक्ष्मपाषाणीय, लघुपाषाणी
Micromere सूक्ष्मखण्ड, लघुखण्ड
Micrometer ($\mu m=10^{-6}$ meter) सूक्ष्ममापी, अणुमापी, माइक्रोमीटर (मीटर का दस लाखवाँ भाग)
Micrometeor, Meteoroid सूक्ष्म उल्का, लघु उल्का
Micromole (one millionth of a mole) सूक्ष्म अणु
Micromycete (*Micromyces* sp. a fungus of family Synchytriaceae), Micromycetes (pl.) सूक्ष्मकवक (एक परजीवी व मृदा कवक)
Micron (μ, a unit for millionth of meter) अणुम, माइक्रान (मीटर का दस लाखवाँ भाग)
Microneme सूक्ष्मतन्तु, लघुसूत्र
Micronucleocyte सूक्ष्मकेन्द्रकाणु, लघुनाभिकाणु
Micronucleus सूक्ष्मकेन्द्रक, लघुनाभिक
Micronutrient सूक्ष्म पोषक, लघु पोषक
Microorganism, Microbe सूक्ष्मजीव, अणुजीव
Micropalaeobotany सूक्ष्म पादपाश्म विज्ञान, सूक्ष्म पुरावनस्पति विज्ञान
Micropalaeontology सूक्ष्मजीवाश्म विज्ञान, सूक्ष्मजीवाश्मिकी
Micropalaezoology सूक्ष्मपुराप्राणि-विज्ञान, सूक्ष्म-जन्त्वाश्म विज्ञान
Micropapula, Micropapule, Micropapulae (pl.) सूक्ष्म पिटिका, छोटी फुंसी
Micropapuloid सूक्ष्मपिटिकाभ, छोटी फुंसी जैसी
Microparasite सूक्ष्मपरजीवी, सूक्ष्मपराश्रयी
Microparasitic सूक्ष्मपरजीवीय, सूक्ष्मपराश्रयिक
Micropathology सूक्ष्मविकृति विज्ञान, क्षुद्ररोग विज्ञान, लघुव्याधिकी
Micropedology सूक्ष्ममृदाविज्ञान
Microphage, Microphagocyte (monocyte in blood ingesting cell debris, pathogens and particulate substances) सूक्ष्मविभोजीकोशा, सूक्ष्म भक्षाणु, सूक्ष्मभक्षीकोशिका
Microphagous सूक्ष्मभक्षी, सूक्ष्मविभोजी
Microphagy, Microphagism सूक्ष्मभक्षण, सूक्ष्मविभोजिता, लघुभक्षिता

Microphanerophyte लघून्मृदोद्भिद्
Microphone, Mike सुश्रावक, ध्वनिग्राहक, ध्वनि विस्तारक
Microphotograph (a still photograph of a microscopic view), Micrograph सूक्ष्मदर्शीचित्र, सूक्ष्मछायाचित्र
Microphotography सूक्ष्मदर्शीचित्रण, सूक्ष्मछायाचित्रण
Microphotometer सूक्ष्मप्रकाशमापी
Microphotometric सूक्ष्मप्रकाशमितीय
Microphotometry सूक्ष्मप्रकाशमिति
Microphyll लघु पर्ण, सूक्ष्मपत्र
Microphyllic, Microphyllous सूक्ष्मपत्री, लघुपर्णी, छोटी पत्ती वाला
Microplankter, Microplankton (pl.) सूक्ष्मप्लवक, लघुप्लवक
Microplastics (particles of plastic in form of minute beads, fibers or flakes of size 0.1-5.0 mm as micropollutant in air, water or soil) सूक्ष्मसुघट्य, अणुमृद्य, महीन प्लास्टिक
Micropore सूक्ष्मरन्ध्र, सूक्ष्मछिद्र
Microporosity सूक्ष्मरन्ध्रता, सूक्ष्मछिद्रिलता
Microporous सूक्ष्मरन्ध्री, सूक्ष्मछिद्रिल
Microprocessor सूक्ष्मसंसाधित्र
Microprojection सूक्ष्म प्रक्षेपण
Microprojector सूक्ष्मप्रक्षेपित्र, लघुप्रक्षेपक
Micropsia (a vision with appearance of reduced size of an object) लघुदृष्टिदोष, लघ्वीक्षा
Microptic लघुवीक्षीय, सूक्ष्मप्रकाशिक
Micropyle बीजाण्डद्वार, अण्डद्वार, पर्यण्डद्वार
Microquantity सूक्ष्म मात्रा
Microscleric लघुअक्षीय, लघुदृढ़, सूक्ष्मकठिन
Microscope सूक्ष्मदर्शी, अणुवीक्षणयन्त्र, अण्वीक्ष, खुर्दबीन
Microscopial सूक्ष्मदर्शिकीय, अणुवीक्ष
Microscopic सूक्ष्म, सूक्ष्मदर्शीय, सूक्ष्मदर्शिक
Microscopically सूक्ष्मता से
Microscopy सूक्ष्मदर्शिकी, सूक्ष्मदर्शन
Microsection सूक्ष्मकर्तन, सूक्ष्मकाट, अणुखण्ड
Microseism लघुभूकम्प, सूक्ष्मभूकम्प
Microsome सूक्ष्मपिण्ड, लघुकाय, अणुकाय
Microsorus लघुबीजाणुधानीगुच्छ, लघुबीधागुच्छ
Microspectrogram सूक्ष्मवर्णक्रमचित्र
Microspectrograph सूक्ष्मवर्णक्रमालेखी
Microspectrography सूक्ष्मवर्णक्रमचित्रण, सूक्ष्मवर्णक्रमालेखन
Microsphere सूक्ष्मगोलक
Microspherule सूक्ष्मगोलिका
Microsporangium, Microsporangia (pl.) लघुबीजाणुधानी
Microspore सूक्ष्मबीजाणु, लघुबीजाणु
Microsporic सूक्ष्मबीजाण्वीय, लघुबीजाण्विक
Microsporophyll लघुबीजाणुपत्र
Microsporosis सूक्ष्मबीजाणुता, सूक्ष्मबीजाणु संक्रमण (एक कवकीय चर्मरोग)
Microstat अण्वीक्ष-स्थाप, सूक्ष्मदर्शी-स्थाप
Microstatic सूक्ष्मदर्शी-स्थापी
Microstrip सूक्ष्मसञ्चरण पट्टी, लघुपट्टिका
Microstructure सूक्ष्मसंरचना, अणुसंरचना
Microsurgery सूक्ष्मशल्यकर्म, अणुशल्यिकी
Microsymbiotic सूक्ष्म सहजीवी, अणुसहजीवी
Microsyringe (a syringe with capacity of 1 ml or <1ml) छोटी पिचकारी, सूक्ष्म-उद्गारिका
Microtherm न्यूनतापी, सूक्ष्मतापी
Microtome (an instrument to cut very thin sections of any tissue for microscopic investigation) सूक्ष्मतक्षणी, सूक्ष्मकर्तनी सूक्ष्मकर्तक, अणुतक्षक
Microtomy सूक्ष्मकर्तन, सूक्ष्मतक्षण
Microtrauma सूक्ष्माघात, छोटी चोट
Microtrichous सूक्ष्मरोमी
Microtubule सूक्ष्मनलिका
Microunit सूक्ष्ममात्रक, सूक्ष्मएकक
Microvillus, Microvilli (pl.) सूक्ष्मांकुर, सूक्ष्मरसांकुर
Microwave सूक्ष्मतरंग, लघुतरंग
Microwave application by stimulated emission of radiation (MASER) उत्प्रेरित विकिरण उत्सर्जन द्वारा सूक्ष्मतरंग अनुप्रयोग (मेसर)
Microwave oven (an electrical appliance that heats by exposing microwave radiation in electromagnetic spectrum) सूक्ष्मतरंग तन्दूर, सूक्ष्मतरंग भट्ठी

Microzooid सूक्ष्मजीवक
Microzooplankter, Microzooplankton (pl.) सूक्ष्मप्राणिप्लवक, अणुजन्तुप्लवक
Microzoospore सूक्ष्मचलबीजाणु, लघुचलजन्यु
Microzoosporic सूक्ष्मचलबीजाण्वीय
Micrurgical सूक्ष्म विच्छेदनीय
Micrurgy सूक्ष्मविच्छेदन, सूक्ष्मशल्यकर्म
Mictium विषम मिश्रण
Micturition मूत्राशयरिक्तन, मूत्रनिस्सरण, मूत्रोत्सर्जन, मुहुर्मूत्रण
Mid brain, Mesencephalon, Mesocerebrum मध्यमस्तिष्क
Mid colon मध्यबृहदान्त्र
Mid-day meal, Lunch मध्याह्न भोजन, दोपहर का खाना
Midden कूड़ा-करकट, घूरा
Middle मध्य, कटि, मध्य भाग
Middle aged अधेड़
Middle ear मध्यकर्ण
Middle finger मध्यमा (बीच की अंगुली)
Middle weight मध्य भार
Midget बौना, लघुरूप, अतिलघु
Midge (a non-biting mosquito like small fly) द्विपंखी छोटी मक्खी, दंशुक, बौना
Midgut, Mesenteron, Jejunum मध्यान्त्र
Mid point मध्य बिन्दु
Mid rib (in leaves) मध्य शिरा, मध्य नाड़ी
Midriff मध्यच्छद
Mid section मध्यकाट, मध्यखण्ड
Mid stream मध्यस्रोत, मध्यधारा, मझधार
Midwife प्रसाविका, दाई, धात्री
Midwifery कुमारभृत्य, प्रसूति-विद्या, धात्री विद्या
Mien आकृति, मुखाकृति, चालढाल
Migraine, Megrim आधासीसी, अधकपारी, अर्धकपाली, अर्धशीर्षी
Mid line मध्य रेखा
Migrant, Migratory प्रवासी, प्रव्राजी
Migrate प्रवास करना, बसेरा बदलना
Migration प्रवास, अभिगमन, प्रव्रजन
Mike, Microphone माइक्रोफोन, लघुध्वनि विस्तारक
Milch दुधारू, दूध देने वाली
Mild हल्का, मन्द, मृदु, सौम्य
Mildew आसिता, समक्लिष्टा, फफूँद, फफूँदी, भुकड़ी, वृक्षों का एक रोग
Mildewy फफूँदमय, भुकड़ीदार
Mildewcide आसितानाशक, फफूँदनाशी
Mileometer, Milometer मीलमापी (थल वाहन में)
Milfoil सहस्रपर्णी
Miliary फुंसीदार, विकिरित, ज्वार-बाज़रे के बीज के आकार का, कंगुवत्, कंगुयक्ष्मा
Milieu वातावरण, पर्यावरण, परिस्थिति
Military सेना, सैन्य, सामरिक
Military science सैन्यविज्ञान, युद्धविज्ञान, सामरिकी
Militate प्रतिकूल, प्रतिकूल होना, विरोध करना, युद्ध करना
Milk (a nutritional white secretion of mammary glands of female mammals to feed their offsprings) दूध, दुग्ध, क्षीर
Milk diet दुग्धाहार
Milker दोहक, दोहनकर्ता
Milk fever प्रसूति ज्वर
Milk gland दुग्ध ग्रन्थि
Milking दोहन, दुहना
Milking machine दोहन यन्त्र, दुहने की मशीन
Milk of lime (slaked lime as calcium hydroxide) दूधिया चूना
Milk of magnesia भ्राजा-दुग्ध
Milk powder दुग्ध चूर्ण
Milk processing दुग्ध-प्रसंस्करण
Milk product दुग्ध-उत्पाद, दुग्धोत्पाद
Milk sugar दुग्ध शर्करा
Milk thistle (*Silybum marianum*, an annual/perennial medicinal herb of daisy family Asteraceae with edible seeds, native to south Europe) भटकटैया
Milk tooth क्षीरदन्त, दूध के दाँत, पातुक दन्त
Milk weed (*Asclepias* sp., a perennial medicinal herb of family Apocynaceae with alkaloid milky sap) दुधारू पौधा

Milkwort (*Polygala* sp., a perennial dicot herb of family Polygalaceae, can cause diarrhea and vomiting), Snake root	पुरुदुग्ध
Milky	दूधिया, दुग्धयुक्त, धुँधला सफेद
Milky way	आकाश गंगा, मन्दाकिनी
Mill	पेषणी, चक्की, कारख़ाना, मिल
Milled	कुटा/पिसा हुआ, मिल में बना, आक्षुरित, यन्त्रनिर्मित
Millenary, Millennial	सहस्राब्दिक
Millennium	सहस्राब्दी (हजार वर्ष का एक कालखण्ड)
Millesimal	सहस्रतम, सहस्रांश
Millet (a small crop herb of grass family Poaceae with edible seed and stem as fodder)	मोटा अन्न (ज्वार, बाज़रा, सावाँ, कोदौ, मँडुआ आदि)
Milli- (prefix)	मिली-(सहस्रांश या हजारवाँ भाग)
Milliard	एक अरब, सौ करोड़
Millibar (a small unit of pressure)	मिलीबार (बार का सहस्त्रांश या हज़ारवाँ भाग)
Milliequivalent	मिलीतुल्यांक, सहस्रांश तुल्यांक
Milling	पेषण, पीसना
Million (10^6)	दस लाख
Million liters per day (MLD- a measurement of liquid volume flow or handling capacity)	दस लाख लीटर प्रतिदिन (एम.एल.डी.)
Millionth (10^{-6})	दस लाखवाँ भाग, दश लक्षांश
Millipede (a terrestrial arthropod of class Diplopoda with paired jointed legs and segmented body)	गोजर, सहस्रपदी
Millipore, Milliporous	सहस्रांशरन्ध्री
Milt	मत्स्यशुक्र, प्लीहा (तिल्ली) संसेचित करना
Milter	नर मछली, संसेचक मछली
Milton chalk, French chalk Tailor's chalk	मिल्टन चाक, दर्जी की खड़िया, सेल खड़ी
Mimeograph	अनुलिपित्र
Mimesis, Mimosis	अनुकरण, बाह्यसमानता
Mimetic	अनुकारी, अनुहारी, नक़लची
Mimic	अनुहारक, अनुकारी, नक़ली
Mimicking microbe	अनुकारी सूक्ष्मजीव
Mimicry	अनुकरण, अनुहरण, अनुकृति, नक़ल
Mimivirus (a virus of family Mimiviridae found in Acanthamoeba in water causing pnenmonia)	अनुकारी विषाणु
Mimosa, Touch me not (*Mimosa pudica*, a touch sensitive leguminous shrub of subfamily clade Mimosoideae), Shame plant	छुईमुई या लाजवन्ती (एक स्पर्शसंवेदी बबूल कुल का झाड़ीदार कँटीला पुष्पी पौधा)
Minaret	मीनार
Mince, Minciny	क़ीमा बनाना, छोटे-छोटे टुकड़े करना
Mind	मन, बुद्धि, चित्त, मानस, मनोवृत्ति, मनोदशा
Mine	खान, खदान, खोदना, मेरा
Miner	खनक, खनिक, खानकर्मी
Mineral(s)	खनिज (खनित भूगर्भीय पदार्थ)
Mineralization, Mineralize	खनिजीकरण, खनिजयुक्त बनाना
Mineralized	खनिजीकृत, खनिजीभूत
Minerallurgist	खनिजकर्मविज्ञ, खनिजकर्मी
Minerallurgy	खनिजकर्मिकी, खनिजकर्म, खनिजकर्मविज्ञान
Mineralogical	खनिजीय, खनिजवैज्ञानिक
Mineralogist	खनिजविज्ञानी, खनिजज्ञ खनिजवैज्ञानिक
Mineralogy	खनिजकी, खनिजविज्ञान
Mineral oil	खनिज तैल
Mineral spring	खनिज जलस्रोत
Mineral water	खनिज जल, सोते का पानी
Minerogenesis	खनिजभवन, खनिजोत्पत्ति
Minever, Miniver	सफ़ेदलोम चर्म
Mingle	मिश्रित करना, मिलाना
Mini, Miniature	लघुरूप, लघुकृति, वामन
Miniate	सिन्दूर से रंगना, रंग लगाना
Miniaturization	लघुरूपण, लघुकरण

English	Hindi
Minify	छोटा करना, महत्व घटाना
Minikin	लघुप्राणी, कोमलजीव, कृत्रिम, दिखावटी
Minim	बिन्दुक, अल्पमात्र, अर्धस्वर
Minimal, Minimax	अल्प, अल्पतम, अल्पिष्ठ
Minimata disease (a neurological syndrome due to mercury poisoning, first discovered in Minimata bay of Japan)	मिनीमाटा रोग (पारद व्याप्त मछली खाने से जापान के मिनीमाटा खाड़ी तट वासियों में उत्पन्न एक स्नायु रोग)
Minimum Minima (pl.)	अल्पतम, निम्निष्ठ, निम्नतम, न्यूनतम, लघुतय, कम से कम
Minimum infective dose	न्यूनतम संक्रामी मात्रा
Minimum inhibitory concentration (MIC)	न्यूनतमरोधी सान्द्रता
Minimus	कनिष्ठ, ठिगना, लघु, क्षुद्र
Mining	खनिकर्म, खनन, खानि, खान से निकालना, खान खोदना, सुरंग बिछाना
Minium	सिन्दूर, सीस-सिन्दूर
Miniver, Minever	सफ़ेदलोम चर्म
Mink (a semi-aquatic medium sized omnivorous furry solitary alert mammal of family Mustelidae)	उद्‌बिलाव, विस्रक
Minnow (a small fish of family Cyprinidae, used as live bait for fishing)	मीनिका (एक मृदुजलीय छोटी मछली)
Minometer	सूक्ष्मविकिरणमापी
Minor	लघु, गौण, अप्रधान, नाबालिग़, अवयस्क
Minor metal (metallic byproducts, not traded on major exchanges)	गौण धातु
Minor planet	लघु-अक्षीय ग्रह
Mint (*Mentha* sp., a fragrant aromatic culinary and medicinal herb of family Lamiaceae)	पुदीना, पर्णास, टकसाल
Minus (-)	ऋण, घटाना, रहित, विहीन
Minuscule	अत्यल्प, छोटा अक्षर, अतिलघु
Minute	मिनट, सूक्ष्म, अल्प, क्षण, कला, टिप्पण, कार्यवृत्त
Miocene (a geological epoch of Coenozoic era)	अल्प नूतन काल
Miolecithal	अल्पपीती, अल्पपीतकी
Mioplasmia	अल्पप्ररस रक्तता
Miosis, Myosis	तारा संकोच (एक नेत्रीय प्रक्रिया)
Miospore	लघु बीजाणु
Miotic	तारा संकोची (नेत्र)
Miracidium (a free swimming larva of fluke worm, a trematode, penetrates snail as host), Miracidia (pl.)	पत्रजातक (डिम्भ)
Mirage	मरीचिका, मृगमरीचिका, मृगजल, मृगतृष्णा, मृग तृष्णु
Mire	कीचड़, पंक, कर्दम, चकासा
Mires	आरोहणी
Miring	पंकमञ्जन, चकासन
Mirk	अँधेरा
Mirror (a reflective surface forming image of an object in front of it)	दर्पण, शीशा, आइना, मुकुर
Miry	कीचड़मय, पंकिल
Misaligned	टेंढा-मेंढा
Misanthrope	मानवद्वेषी
Misapplication, Misapply	दुरुपयोग, दुष्प्रयोग
Miscalculation	अशुद्ध गणना
Miscarriage	गर्भस्राव, गर्भपात, विफलता
Miscarry	दुर्वहन, गर्भपात होना, विफल होना, अपवाहित होना
Miscegenation	जातिमिश्रण, जातिसंकरण
Miscibility	मिश्रणीयता, मिश्र्यता
Miscible	मिश्रणीय, मिश्र्य
Misdiagnosis	अपनिदान, कुनिरूपण
Mishapen	विरूपित, विकृत, कुरूप
Misogamy	विवाह-द्वेष, विवाह से घृणा
Misogyny	स्त्री-द्वेष, औरतों से घृणा
Misjoinder	दुस्संयोजन
Misreading	अपवाचन, त्रुटिपूर्णवाचन, अपपठन, अशुद्ध पठ्यांक
Missile	प्रेक्षपणास्त्र, क्षेप्यास्त्र, क्षेप्य, क्षेपणीय
Mist	धूमिका, कुहासा, तुषार, कुहा, कुहरा

Misting धूमिकायन
Mistletoe (an epiphytic plant of order Santales with haustorium to get water and nourishment from host plant) बाँदा (एक पुष्पी उपरिपादप)
Misty तुषारीय, कोहरेदार, धुँधला
Mite (*Acarus* sp., an ectoparasitic arthropod of family Acaridae) वरूथी, कुटकी (मकड़ीवंशी एक रोगवाही बाह्यपरजीवी), अल्पमात्रा
Mithridate, Mithridaticum, Mithridatium, Mithridatum मिथ्रीडेटकृत विषहर, मिथ्रीडेट (अपनी हत्या से डरा मिथ्रीडेट नाम का एक विषसहिष्णु राजा) के विषनाशक
Mithridatism मिथ्रीडेटसम विषसहिष्णुता
Mithridatize मिथ्रीडेटसम विषसह बनाना
Miticidal, Miticide वरूथीनाशी, कुटकीमार
Mitigable प्रशम्य, शमनीय
Mitigant प्रशामक, उपशामक
Mitigate शमन, कम करना, घटाना,
Mitigation न्यूनीकरण, शमन, घटाव, अल्पीकरण
Mitochondrioma सूत्रकणिकार्बुद
Mitochondrion, Mitochondria (pl.), Chondriosome, Chondroplast, Plasmosome, Plastosome, Plastochondrion, Plastochondria (pl.) सूत्रकणिका
Mitogen वर्धजन
Mitogenesis, Mitogeny वर्धजनन
Mitogenic, वर्धन प्रभावी, सूत्रीभाजनकारी वर्धजननिक,
Mitogenetic वर्धजनक
Mitogenicity वर्धजनकता
Mitome प्ररस-सूत्र
Mitoplasm सूत्रि-अभिवर्णि
Mitosis (a type of cell division, produces two identical daughter cells) सूत्रीभाजन, सूत्रीविभाजन, समसूत्रण
Mitosome सूत्रिकाय, सूत्रकाय
Mitospore (spores produced by mitosis) समसूत्री बीजाणु, सूत्रीबीजाणु
Mitosporic समसूत्रीबीजाण्विक, सूत्रीबीजाण्वीय
Mitotic समसूत्री, सूत्री
Mitral, Bicuspid द्विदल (एक प्रकार का कपाट)
Mitrailleuse मशीनगन
Mitre joint कलमी जोड़
Mitt(en) दस्ताना
Mix, Mixing मिश्रित करना, मिलाना
Mixed मिश्रित, मिश्र
Mixen कूड़ा, गोबर का ढेर
Mixer, Mixie मिश्रक, मिश्रित्र (यन्त्र)
Mixoploidy, Poikiloploidy मिश्रगुणिता, असमगुणिता
Mixotroph, Mixotrophic मिश्रपोषी, मिश्रपोषित, संयुक्तपोषी
Mixotrophism, Mixotrophy मिश्रपोषिता, संयुक्तपोषण
Mixture मिश्रण, मिश्र
Mizzle, Drizzle झींसी
Mneme परास्मृति
Mnemonic स्मरणीय, स्मृतिवर्धक, स्मारक, स्मृतिकारक, स्मृतिविषयक
Mnemonics, Mnemotechny स्मृतिकी, स्मृतिविज्ञान
Moa (*Dinornis* sp., a extinct giant flightless herbivorous bird of order Dinornithiformes, native to New Zealand, 60 million years ago) मोआ (न्यूजीलैण्ड का एक शुतुमुर्ग़ जैसा लुप्तप्राय पक्षी जिसका भार 230 कि. ग्रा. तक तथा ऊँचाई 3.6 मीटर तक थी)
Moan कराहना, कराह, विलाप करना
Moat खाई, खन्दक, परिखा
Mob hysteria भीड़ उन्माद
Mobile गतिशील, चलिष्णु, चल, चलन्त
Mobile telephone चल दूरभाष
Mobilisation गतिशीलन, चलिष्णुन, संसज्जन, संघटन
Mobility गतिशीलता, चलिष्णुता, चलक्षमता
Mobilize गतिशील होना, चलिष्णु बनना, संघटित/संसज्जित होना (सेना का)
Mobilized गतिशील, संसज्जित, संघटित (सेना)
Mobilography चल (दूर) भाष-छायांकन, चल (दूर) भाष चित्रण

Mobil oil (a petroleum by-product, used as lubricant) चाल-तैल
Mob psychology संकुल मनोविज्ञान, भीड़ मनोविज्ञान
Mocking bird नक़लची चिड़िया (जो दूसरे पक्षियों की आवाज निकाले)
Mocktail अमादक मिश्रपेय
Modal रूपात्मक, बहुलक, भूयिष्ठक, रागात्मक
Modality रूपात्मकता, भूयिष्ठकता, बहुलकता, रागात्मकता
Mode विधि, रीति, प्रणाली, विधा
Model प्रतिरूप, निदर्श, प्रतिकृति
Modelling प्रतिरूपण
Modena गहरा बैंगनी, गहरा भूरा
Moderate मध्यम, सामान्य, संयत, अनति, सीमित
Moderation मन्दन, संयमन, नियमन, परिमितता
Moderator मध्यस्थ, मन्दक, विमन्दक, परिनियामक
Modern आधुनिक, वर्तमान कालिक, अर्वाचीन
Modernity आधुनिकता
Modernize, Modernization आधुनिक बनाना, आधुनिकीकरण
Modicum अल्प, रञ्चमात्र, किञ्चित्
Modification परिवर्तन, रूपान्तरण, रूपान्तर, संशोधन
Modified रूपान्तरित, परिवर्तित, संशोधित
Modifier रूपान्तरक, परिवर्तक
Modify रूपान्तरित/परिवर्तित करना
Modifying, Modificatory रूपान्तरी, परिवर्तनशील
Modular प्रमापीय, मापांकीय, प्रतिरूपक
Modulation नियन्त्रण, परिवर्तन, अधिमिश्रण
Modulator नियन्त्रक, अधिमिश्रकारी, परिवर्तक, संकालक, वर्णप्रभावी
Module, Modulus मापांक, मापदण्ड, गुणांक, प्रतिरूपक
Modulus of deformation विरूपण गुणांक
Modulus of elasticity प्रत्यास्थता गुणांक
Modus operendi कार्यशैली, कार्यप्रणाली, क्रियाविधि
Modus vivendi जीवनशैली, जीवनचर्या
Mogiarthria, Dysarthria वाक्दोष, दुश्सन्धिजन्य
Moiety अर्धांश, आधा भाग
Moire तरंगित, लहरिया (कपड़ा), बादल सा
Moireing तरंगोत्कीर्णन
Moist नम, आर्द्र, गीला, क्लेदक
Moisten नम करना, भिगोना, क्लिद्
Moisture नमी, आर्द्रता, गीलापन, क्लेद
Molal, Gram molal ग्रामाणव, आणव, व्यूहीय
Molal solution आणव विलयन (विलेय की ग्रामाणु मात्रा एक कि.ग्रा. विलायक में)
Molality आणवता
Molar (molecular, posterior teeth of mammal, a false pregnancy with abnormal growth of uterine tissue) चर्वणक, ग्रामाणुक, अणुक, दाढ़, वैहूय
Molar pregnancy मस्सादार गर्भ (आभासी भ्रूणीय गर्भ)
Molar solution अणुक विलयन (विलेय की ग्रामाणु मात्रा एक लीटर विलायक में)
Molarity ग्रामाणुकता, ग्राम-अणुकता, अणुकता
Molar mass अणुक भार, अणु भार
Molasses शीरा, सीरा (चीनी निर्माण का एक तरल उपोत्पाद)
Mold, Mould (a multicellular saprophytic filamentous fungus) फफूँदी, भुकड़ी, कवकच्छद, (सड़े व मृत पदार्थों पर उगने वाला कवक)
Mole (a SI base unit of measurement for amount of chemical substances with symbol 'mol') अणु, छछुन्दर, मस्सा, तिल (त्वचा पर), पदार्थों के मात्रा मापने की एक सूक्ष्म इकाई
Molecular आण्विक, अणु, व्यूहाण्वीय
Molecular biology अणुजैविकी, अणुजीवविज्ञान
Molecular circuit सूक्ष्म परिपथ
Molecular formula आण्विक सूत्र
Molecular weight अणुभार, आण्विक भार
Molecularity आण्विकता, अणुसंख्यता
Molecule अणु, व्यूहाणु
Molestation कामुकतापूर्ण उत्पीड़न

English	Hindi
Mollicutes	मृदुत्वकी (जीवाणु)
Mollification	प्रशमन, रोष-शमन
Mollify	शान्त/नरम करना, मृदु बनाना
Mollis	मृदु
Mollisol (a Latin word for semi-humid soil)	आर्द्र मृदा
Mollities	मृदुल
Mollusc, Mollusk (invertebrates of phylum Mollusca)	मृदुकवची (जलीय जन्तु), चूर्णप्रावार
Molluscicidal,	घोंघानाशक, घोंघाघ्न
Mollicicide	घोंघानाशी, चूर्णप्रावारनाशी
Molt, Moult	निर्मोक, पंख/रोयें झाड़ना, केंचुल छोड़ना
Molten	गलित, पिघला हुआ
Molybdenum (a metallic element with symbol Mo)	संवर्णातु, मॉलिब्डेनम
Moment	घूर्ण, आघूर्ण, पल, क्षण
Moment of inertia	जड़त्व आघूर्ण
Momental	आघूर्णी, संवेगीय
Momentary	क्षणिक, क्षणभंगुर
Momentoid	संवेगाभ
Momentum	संवेग, गति-मात्र, परिबल, गमता
Momnesia (memory loss in pregnants due to decreased gray matter in brain)	मातृ-स्मृतिलोप
Monactine	एक-अरीय
Monadelphous	एक संघी
Monad	एकसंयुज, जीवेकक, अभेद्य
Monandrous	एक पुंकेसरी, एक पति वाली, एक पुष्पी
Monanthrous	
Monarch	एकपट्टिक, राजा, राजपतंग
Monatomic	एक परमाणुक
Monaxial	एकाक्षीय, एकधुरीय
Monaxon	एकारीय, एकार
Monazine	एकजीवी
Mondial	विश्वव्यापी, सार्वभौम
Moner	अकेन्द्रकी प्ररस
Monera (a kingdom of unicellular prokaryotic motile organisms)	अकेन्द्रकी एक कोशीय जीव (एक जगत/सृष्टि)
Monerula	अखण्ड निषेचिताण्ड
Monestrous, Monoestrous	वार्षिक मदचक्री, एक मदचक्री
Mongoose (a small carnivorous weasel like mammal of family Herpestidae)	नेवला, नकुल
Mongoose plant (*Ophiorrhiza mungos,* a herb of family Rubiaceae)	सरहटी, नकुलकन्द, सर्पाक्षी (सर्पदंश के उपचार में प्रयुक्त होने वाला एक पौधा)
Mongrel	संकर जातीय, मिश्रवर्ण, वर्णसंकर
Moniliform	मालाकार, मालारूपी
Monitor	अनुश्रोता, प्रबोधक, अनुश्रवण करना
Monitoring	अनुश्रवण, परिवीक्षण, प्रबोधन
Monitor lizard (*Varanus* sp., a wild reptile of suborder Lacertilia/Sauria)	गोह
Monkey (*Macaca* sp., a wild eutherian primate mammal of family Cercopithecidae)	बन्दर, मर्कट, वानर (एक वन्य शाकाहारी स्तनधारी), यान्त्रिक हथौड़ा
Monkey jack tree (*Artocarpus lacucha,* a tropical evergreen tree of family Moraceae, it's sorosis type composite fruit is edible and of medicinal value	बड़हर (एक भोज्य फलदार वृक्ष), लकुच
Monk's hood, Aconite (a poisonous perennial plant of family Ranun culaceae with-blue flowers)	वत्सनाभ, बच्छनाभ
Mono- (prefix)	एक-
Monoacidic	एकाम्लक, एकाम्ली
Monoatomic	एकपरमाणुक, एकपरमाण्वीय
Monoaural,	एककर्णी, एककर्णी ध्वनि
Monobasic	एकक्षारकी, एकाधारिक
Monocarpellary	एकाण्डपी, एकाण्डपीय,
Monocarpic, Monocarpous	एकफलीय

Monocarpus सकृत्फली (एक बार फलने वाला)
Monocarpy (producing flowers and fruit once before death of a plant) एकफलता
Monocaryotic, Monokaryotic एकनाभिकीय, एककेन्द्रकी
Monocephalic, Monocephalous एकशीर्षी, एकमुण्डकी, एकशिरस्क
Monochasial एकशाखी
Monochasium, Monochasia (pl.) एकशाख
Monochord स्वरमापी
Monochorionic एकजरायुक
Monochromatic, Monochromic एकवर्णी
Monochrome एकवर्ण
Monociliate एकपक्ष्माभी
Monocle एकोपाक्ष, उपनेत्र
Monoclinal, Monoclinic एकनत, एकप्रवणिक, एकनताक्ष
Monoclinous उभयलिंगी
Monoclonal, Monophyletic एकपूर्वजी, एकपुञ्जकी, एकसूत्री, एकोद्भव
Monocolpate एकविदरकी
Monocotyledonous, Monocot एकबीजपत्री
Monocular एकनेत्री, एकनेत्रीय
Monocyte एककेन्द्रकाणु (एक प्रकार की श्वेत रक्त कोशिका)
Monocytopenia अल्प एककेन्द्रकाणु रक्तता
Monocytopoiesis एककेन्द्रकाणु उत्पात्ति
Monodactylous एकांगुलि, एक अँगुली वाला
Monodelphous, Monodelphic एकगर्भाशयी, एक गर्भाशयिक
Monoecious उभयलिंगाश्रयी, द्विलिंगी
Monoembryonic एकभ्रूणी
Monogamous एकयुग्मी
Monogamy एकसंगमन, एकविवाहिता
Monogene, Monogenic, Monogeneric एकजात, एकवंशीय
Monogeneity अरूपान्तर विकासिता
Monogenesis, Monogenism, Monogeny अलैंगिकजनन, एकजनन, एकोद्भव, एकपूर्वजवाद
Monogenetic, Monogenic, Monogenous एकपोषदीय, अरूपान्तरी, एकज, एकजनिक, एकयोनि
Monograph एकविषयक लेख/पुस्तक, विनिबन्ध
Monogyny एकपत्नीत्व
Monohybrid एकसंकर
Monohydrate, Monohydrous एकोद, एकजलीय, एकजलाण्वीय
Monolayer एकस्तर
Monolayered एकस्तरित, एकस्तरी
Monolith एकाश्मक
Monolithic एकाश्मी, अखण्डित
Monomania एकोन्माद, उन्माद, सनक
Monomaniac एकोन्मादी, उन्मादी, सनकी
Monomer एकलक, एकतय
Monomeric एकलकी, एकतयी
Monometallic एकधात्विक
Monomial एकपदीय, एकपदी, एकपद-
Monomicrobial एक सूक्ष्मजैविक, एक सूक्ष्मजीवीय
Monomictic एककालमिश्र
Monomolecular एकाणुक, एकाण्विक, एकाण्वीय
Monomorphic, Monomorphous एकरूप, एकरूपीय, एकरूपी
Monomorphism, Monomorphy एकरूपता
Mononeural एकतन्त्रिकीय, एकस्नाविक
Mononuclear एकनाभिकीय, एककेन्द्रकी
Mononucleosis एक केन्द्रकाणुता
Monopetalous एकदली
Monophobia एकान्तभीति
Monophobic एकान्तभीरु
Monophyllous एकपर्णी, एकपत्री
Monophyodont एकबारदन्ती, सकृत्दन्ती
Monoplane एक पंखी या एक तल वायुयान
Monoplanetism एकचलता
Monoplast एककोशा
Monoplastic, Unicellular एककोशिकीय, एककोशीय
Monoplastid एक लवक
Monoplegia एकांगघात, एकांग संस्तम्भ
Monoploid, Haploid एकगुणित, एकगुण
Monoplont, Haplont एकसूत्रक
Monopodial एकाक्षिक, एकाक्षीय
Monopodium, Monopodia (pl.) एकाक्ष
Monopolar, Unipolar एकध्रुवीय, एक-लांगूल
Monorail एकल रेल, एक पटरी रेल
Monosaccharide एकशकरेय
Monosexual, Dioecious एकलिंगी, एकलिंगीय, एकलैंगिक

Monosexuality एकलिंगिता, एकलिंगीयता, एकलैंगिकता
Monosomy एकसूत्रता
Monospermic एकबीजी, एकशुक्राणुक
Monospermy एकशुक्राणुता
Monosporous एकबीजी, एक बीजाण्वीय
Monostele एकरम्भ
Monothermia एकतापता, स्थिरतापता
Monotone एकदिष्ट, एकस्वर, एकतान
Monotonous एकस्वरी, एकरसी, नीरस
Monotrichous, Monotrichate एकरोमी, एक-कशाभी
Monotropic एकानुवर्ती, एकवर्ती
Monotropism, Monotropy एकानुवर्तन, एकानुवर्तिता
Monotype एकलप्ररूप, एकमुद्र, एकप्रतिरूप
Monovalent एकसंयोजक, एकसंयोजी, एकसंयुज
Monoxenous, Autecious एकपोषदीय
Monoxide एकल ऑक्साइड (यौगिक)
Mons प्रवर्ध
Monsoon वर्षाऋतु, बरसात, मानसून
Monster भीमकाय जन्तु, विरूप प्राणी, विकटांग, विकृतांग
Monstrosity अतिविरूपता, विकटांगता, विकृतांगता, असंगति
Monstrous भीमाकार, विकराल, विकटांगी, विकृतांगी, असंगत
Montane पर्वतीय, पहाड़ी
Montan wax (a hard wax extracted by solvent from lignite and brown coal) पहाड़ी मोम, पथरीला मोम
Month माह, मास, महीना (वर्ष का बारहवाँ भाग)
Monticolous पर्वतारोही (पौधा), पर्वतवासी
Monticule ददोरा (त्वचा पर), अद्रिका, गिरिका, टीला, छोटी पहाड़ी
Monticulus प्रवर्धिका, लघुप्रवर्ध
Moo रम्भाना, रम्भण, रम्भाहट
Mood मनोदशा, चित्तवृत्ति, क्रियाभाव
Moon चन्द्रमा, चाँद, चन्द्र (पृथ्वी का एकमात्र उपग्रह)
Moon blind निशान्ध
Moonseed (climber flowering poisonous/medicinal plants of family Menispermaceae with crescent seeds in black berries) भटवेल, पाठा
Moon stone चन्द्रमणि
Moor, Moor land बञ्जर, बीढ़, जीर्णकभूमि (पाँस पड़ी जमीन)
Moor cock जंगली मुर्ग़ा
Moor hen, Water hen बनमुर्ग़ी, जलमुर्ग़ी
Moor land झाबर भूमि
Moor plant जीर्णक-भूपादप (पाँस पड़ी मिट्टी में उगने वाला पौधा)
Moose (*Alces alces,* a largest New World deer of family Cervidae in northern temperate and sub-arctic regions, males with large broad palmate antlers) मूज (एक अमेरिकी चौड़े सींग वाला बड़ा हिरन)
Mop पोंछना, झाड़ू, कूँची, केशगुच्छ, मुख-विकृति
Mope उदास/हतोत्साहित होना, विषण्ण होना
Mope eyed निकटदर्शी
Mophet नन्हा बच्चा, शिशु/शाव
Mopish, Morose उदास, विषण्ण, निरुत्साहित
Mopping सम्प्रोच्छन, पोंछना
Moquette ऊन, सन (गलीचा बनाने का)
Mora मात्रा, इटली का एक खेल
Morainal lake हिमोढ़ झील
Moraine हिमोढ़, हिमनद (ग्लेशियर) का कचरा
Morale मनोबल, धैर्य, साहस
Morass दलदल, चहला, कठिन परिस्थिति
Morbid रुग्ण, विकृत, दूषित, अस्वस्थ, रोगग्रस्त
Morbid material विकृत/दूषित पदार्थ
Morbid specimen रुग्ण नमूने, विकृत निदर्श
Morbidity, Morbidness रुग्णता, अस्वस्थता, विकृति
Morbific रोगकारक
Morbilliform खसरारूपी, मसूरिकाकार
Morbillous मसूरिकीय, खसरा सम्बन्धी
Morbus रोग, विकार, व्याधि
Mordacious प्रदाही, दंशी, कटु, वीक्ष्ण, काटू, कटहा

Mordant	स्थापक, रंगबन्धक, तीक्ष्ण, संक्षारक
Mordent	मृदु स्वरकम्पन
Morel	खुमी, क्षुम्प, गुच्छी
Morganatic	अनुलोम
Morgue	मुर्दाघर, शवगृह, हेकड़ी
Moribund	मृतप्राय, मरणासन्न
Morion	शिरस्त्राण
Morn, Morning	प्रातः, प्रातःकाल, सबेरा, प्रभात बेला
Morning glory (*Ipomea carnea,* a flowering wild hedge bush plant of family Convolvulaceae), Pink morning glory	बेशर्म, बेहया (पौधा)
Morning sickness	गर्भवती स्त्री की सुबह की मिचली
Morocco	नरम चमड़ा (बकरे का), मोरोक्को (एक राष्ट्र)
Moron	जन्मजात मूर्ख, मन्दबुद्धि, बालिश
Morone (*Morone* sp., a fresh water fish of family Moronidae)	गहरा लाल रंग, मोरॉन (एक मछली)
Moronic	क्षीणबुद्धि वाला
Moronity	बालिशता, मन्दबौद्धिकता
Morose	रूखा, चिड़चिड़ा
Morph	रूप, आकृति, आकार
Morphallaxis	अंगान्तरण
Morpheme	रूपग्राम, रूपिम
Morphemics	रचनाकारिकी, रूपिमविज्ञान
Morphine	अहिफेनासव, पमीली, मार्फीन
Morphinism,	पमीलिता, मार्फीन का प्रभाव,
Morphine toxicity	पमीली विषाक्तता
Morphogenic,	संरचना विकासी,
Morphogenous	आकृतिजनक
Morphogenesis,	संरचना विकास,
Morphogeny	आकृतिजनन
Morphological	आकृतिक, आकारिकीय, रूपात्मक
Morphologist	आकृतिविज्ञानी, आकारविज्ञ
Morphology	आकृतिविज्ञान, आकारिकी
Morpholysis	आकृतिभंग, आकृतिविघटन
Morphometric	आकारमितीय, आकारमापीय
Morphometrics	आकृतिमापिकी
Morphometry	आकारमिति
Morphophonemics	रूपस्वनिमविज्ञान
Morpho-taxonomic	संरचना वर्गिकीय
Morphotexture	आकृतिगठन
Morphotropy	आकाररूपिता
Morphotype	आकार प्ररूप, आकृति प्ररूप
Morsel	ग्रास, कौर, निवाला, अल्पभोजन, खण्डित करना
Mortal	मर्त्य, विनाशी, नश्वर, घातक मरणशील
Mortality	मर्त्यता, मरण, मृत्युदर मृत्युसंख्या, घातकता
Mortar	उलूखल, खरल, खल्ल, चूर्णलेप, गारा, चुनाई मसाला
Mortice, Mortise	चूल, खाँच, छेद
Mortmain	असंक्राम्यता
Mortuary, Morgue	शवगृह, चीरघर, लाशघर, मृत्यु सम्बन्धी
Morula	गोलक, पिण्ड, तूतक, युक्तूत, गुटीपुञ्ज
Mosaic	किर्मीर, कुट्टिमचित्र, पच्चीकारी
Moschatel (*Adoxa moschatellina,* a flowering perennial herb of family Adoxaceae with musky smell)	कस्तूरी पुष्प
Mosquiticidal, Mosquiticide, Mosquitocide	मशकनाशक, मच्छरनाशी, मशकघ्न
Mosquito (a small orthopteran insect and vector of certain communicable diseases)	मच्छर, मशक (एक रक्त चूषी सञ्चारी रोग वाहक छोटा कीट)
Mosquito net	मच्छरदानी, मशकजाली
Moss	हरिता, काई
Mossy	काईदार, काई जैसा
Most probable number (MPN)	अधिकतम सम्भाव्य संख्या
Mote	धूलकण, रजकण, टीला
Motes	बीजिका
Moth (insects of butterfly category in order Lepidoptera)	शलभ, पतंगा
Moth proof	शलभ-अभेद्य, पतंगारोधी, कीड़ासह
Mother axis	मातृ-अक्ष
Mother cell	जननकोशिका, मातृकोशा
Motherhood	मातृत्व, जननीयता
Mother liquor	मातृद्रव

Mother plant	मातृपादप
Mother tincture	मातृघोल
Motile	चलिष्णु, चर, गतिक्षम
Motility	चलिष्णुता, गतिक्षमता
Motion	गति, चाल, मलत्याग, प्रस्ताव
Motional	गतिज, गतिक
Motionless	गतिहीन, अचल
Motion of relative inertia	सापेक्ष जड़त्व की गति
Motive	प्रेरक, हेतु, चालक, गतिदायी, अभिप्रेरक, अभिप्राय
Motivity	प्रेरकता, गतिदायकता
Motley	बहुत प्रकार का, बहुरंगा, पञ्चमेल, घालमेल
Motofacient	गतिकारी
Motor	प्रेरक, मोटर, चालक, वहित्र
Motor defect	गतिपरक दोष
Motoreceptor	प्रेरणाग्राही, प्रेरणासंवेदांग
Motor function	प्रेरण प्रकार्य
Motorised	मोटरसज्जित, वहित्रयुक्त
Motor nerve	प्रेरक तन्त्रिका
Motor neuron	प्रेरक तन्त्रिकाकोशिका, प्रेरकस्नायु
Motor oculi	नेत्रप्रेरक तन्त्रिका
Motor organ	प्रेरक अंग
Mottle	चित्ती, चित्तीदार, कुर्बर, रंगबिरंगा करना
Mottled	कुर्बरित, चित्रित, चितकबरा
Mottling	कुर्बरण
Mould	साँचा, फफूँदी, भुकड़ी, ढीली मिट्टी
Moulding	साँचे में ढालना, सञ्चन, गढ़ाई, ढलाई
Moulter	निर्मोचक
Moulting	निर्मोकन, त्वक्मोचन, त्वक्पतन
Mound	टीला, स्तूप, स्वर्ण गोलक, राज्याज्ञा
Mount	आरोपण, आरोह, धारक
Mountain	पर्वत, पहाड़, गिरि
Mountain ash	गिरिप्रभुर्ज, पर्वतभस्म, पहाड़ी राख
Mountaineering	पर्वतारोहण
Mountainous	पर्वताकार, पर्वतीय, पहाड़ी
Mountain range	पर्वतश्रेणी, पर्वतमाला
Mountain sickness, Altitude sickness (due to low pressure and oxygen deficiency above 2400 meters)	पर्वतरोग
Mountant	आरोही, आरूढ़क, आरूढ़ी
Mountebank	नीमहकीम, कठवैद्य
Mounting	आरोहण, आरोपण, स्थापन, जड़ाई
Mouse, House mouse (*Mus musculus*, a small tailed rodent of family Muridae), Mice (pl.)	मूषक/मूषिका, चूहा/चूहिया (एक घरेलू स्तनधारी)
Mouse lemur, Dormouse lemur (*Microcebus* sp., a small nocturnal omnivorous primate of family Cheirogaleidae)	चूहे जैसा निशाकपि (मेडागास्कर का एक छोटा 43-55 ग्राम भार वाला बन्दर)
Mouse deer, Chevrotain (a wild ungulate smallest mammal of family Tragulidae with 7-16 kg body weight)	पिसूरी, छोटा कस्तूरी हिरन
Mouse hare	पहाड़ी खरगोश, रंगदुनी
Mouse unit, Allen-Doisy unit (a minimum amount of estrogen to produce cornified cells in vaginal epithelium of a spayed mouse)	मूषक इकाई, मूषक एकक
Moustache, Mustache, Whiskers	मूँछ, श्मश्रु
Mouth cavity, Buccal cavity	मुखगुहा
Mouthed	मुँहदार, मुँहवाला
Mouth organ, Mouth part, Mouth piece	मुखिका, मुखावयव, मुखांग
Mouth to mouth	मुखाभिमुख
Mouth wash	मुख धावन, मुख प्रक्षालक
Mouth-watering	मुँह में पानी लाने वाली
Movable, Moveable	चल, चलनीय, चलिष्णु, जंगम, गतिक्षम
Movement	गति, चाल, सञ्चलन
Movie	चलचित्र
Moving	गतिमान, चल, प्रवर्तक, प्रेरक
Moving force	प्रेरक-शक्ति, प्रवर्तक बल

English	Hindi
Mow, Mowing	घास काटना, मड़ाई करना, संवलन, सस्य लवन, लुनना
Mower	लवक, लवित्र (यन्त्र), मड़ाई करने वाला
Mu (M, μ, 12th letter of Greek alphabet), Micron	म्यू (यूनानी वर्णमाला का 12वाँ अक्षर)
Mucid	लसलसा, श्लेष्मी, चिपचिपा
Muciferous	श्लेष्मास्रावी
Mucigenous, Muciparous	श्लेष्माजनक, बलग़मकारी, श्लेष्माप्रसु
Mucilage	श्लेष्मा, श्लेष्मक, क्लेद, लासा, निर्यासोद
Mucilagenous	श्लेष्मायुक्त, लसदार, निर्यासोदीय, क्लेदमय
Mucin	श्लेष्मि, श्लेष्मरस
Mucinemia	श्लेष्मिरक्तता
Muck	गोबर की खाद, कूड़ा, करकट, तलछट
Mucobuccal	श्लेष्म-मुखीय
Mucocutaneous	श्लेष्मत्वचीय
Mucocele	श्लेष्मकोष्ठ, श्लेष्मकोश
Mucocyst	श्लेष्म पुटी
Muco-epidermoid	श्लेष्माधित्वचाभ
Mucoid, Myxoid, Muciform	श्लेष्माभ, श्लेष्मवत्, श्लेष्मरूपी
Mucolysis	श्लेष्मलयन, श्लेष्मांशन
Mucolytic	श्लेष्मलयी, श्लेष्मांशी
Mucoperiosteum	श्लेष्म पर्यास्थि
Mucopoiesis, Myxopoiesis	श्लेष्मोत्पादन, श्लेष्मजनन, श्लेष्मोत्पत्ति
Mucopurulent	श्लेष्म-पूयिक, श्लेष्म-पूतिकारी
Mucopus	श्लेष्मपूति, श्लेष्मपूय
Mucor-mycosis	म्यूकर कवक संक्रमण
Mucosa	श्लेष्मिका, श्लेष्मला, श्लेष्मकला
Mucosal cell, Mucocyte	श्लेष्मीय कोशिका, श्लेष्मकोशा
Mucosedative	श्लेष्मशमनशील, श्लेष्मशमनकारी
Mucostatic	श्लेष्मस्थैतिक
Mucous, Muculent	श्लेष्मायुक्त, श्लेष्मल, श्लेष्मी, श्लेष्मिक
Mucous membrane	श्लेष्मिक झिल्ली, श्लेष्मल कला
Mucro	शरीर का नुकीला अंग, उग्राग्र
Mucronate	सुच्याग्र, रुण्डाग्र, रुण्डोद्धर्ध
Mucroniform	सूच्याकार, रुण्डाकार
Mucus	श्लेष्मा, बलग़म, कफ
Mud	पंक, कीचड़, कर्दम, मिट्टी
Mud guard	पंकरक्षी, पंकरोक
Muddy	पंकिल, कीचड़दार
Mud stone	मृदाश्म, पंकाश्म
Mud turtle (*Kinosternon* sp., a freshwater omnivorous semi-aquatic reptile of family Kinosternidae)	कछुई (एक कछुआ प्रजाति)
Mud wasp (a winged insect of order Hymenoptera), Mud dauber	बिलनी (एक बर्र प्रजातीय कीट)
Muesli	अन्न व फल मिश्रित नाश्ता
Muff, Glove	दस्ताना
Muffin	चपाती, फुल्का (रोटी)
Muffle	ढाँपना, छादन, अवगुण्ठन, थूथन
Muffle furnace	अवगुण्ठ भ्राष्ट, छादित भट्ठी, अवगुण्ठ/बन्द भट्ठी, ओढ़नी भट्ठी
Muffler	गुलूबन्द, निःशब्दक
Mug	प्याला, चेहरा
Muggy	उष्णार्द्र, उमस भरी (ऋतु)
Mugwort (*Artemisia vulgaris,* a wild medicinal shrub of family Asteraceae, sagewort *A. annua* is used to cure malaria)	नागदमन, नागदोना, समरी
Mulberry (*Morus* sp., a small flowering deciduous tree of family Moraceae with edible multiple fruits, silkworms are reared on it's leaves)	शहतूत (फल या वृक्ष जिसकी पत्तियों पर रेशम का कीड़ा पाला जाता है)
Mulch	अधसड़ी गीली घासपात, या उससे ढकना
Mule (offsprings of male donkey and female horse)	खच्चर, वर्णसंकर, तर्कुयन्त्र, कताई की मशीन
Mule deer (*Odocoileus hemionus,* a wild herbivorous north American mammal of family Cervidae with pronged antlers, mule like ears and body size)	खच्चर हिरन

Muliebris स्त्रीलिंगी, मादा जातीय
Muliebrity (a Latin word muliebritas means femininity) नारीत्व, स्त्रीत्व, जनानापन
Muller मुसली, सिलौटी
Müllerian duct, Paramesonephric duct (a duct persists primordially in female internal sexual organs, named after German physiologist Johannes Peter Müller, 1801-1858 A.D.) म्यूलरी वाहिनी
Mullite, Porcelainite (a silicate mineral found on Isle of Mull, Scotland) म्यूलाइट
Mullet (a food fish of family Mugilidae) बोई (एक लाल या भूरी भोज्य मछली)
Mulligrubs उदासी, खीझ, उदरशूल
Multangular, Multiangular बहुकोणीय, नैककोणिक
Multi- (prefix) बहु-, नैक
Multiaxial बहक्षी, बहक्ष
Multibranchiate बहुक्लोमी (जन्तु)
Multicausal बहुहेतुक
Multicellular बहुकोशीय, बहुकोशिकीय
Multiciliate बहुपक्ष्माभी
Multicoloured बहुरंगी, रंगविरंगा
Multicuspid, Multicuspidate बहुकूट
Multicyclic बहुचक्रीय
Multidimensional बहुआयामी, बहुविमी
Multi-drug resistance (MDR) बहुऔषधि प्रतिरोध, बहुऔषधि सहिष्णुता
Multidrug resistant बहु-औषधि प्रतिरोधी
Multidrug therapy (MDT) बहुऔषधि चिकित्सा
Multifid बहुदर, बहुशाखित, बहुपालित
Multiflagellate नैककशाभी, बहुकशाभी
Multifloral बहुपुष्पी
Multifocal बहुनाभीय
Multifold बहुगुणा, अनेक गुना, कई मोड़ वाला
Multifoliate बहुपर्णी, बहुपत्री, बहुपर्णक
Multiform बहुरूप, अनेकरूप
Multiformity बहुरूपता
Multigeneration बहूत्पादन, अनेक पीढ़ी
Multilateral बहुपार्श्व, बहुपक्षीय
Multilation अंगच्छेदन, विच्छेदन, विकृति
Multilayered बहुस्तरी, बहुस्तरित, बहुसृट्
Multilobed बहुपालिक
Multilocular बहुकोष्ठकी, बहुकक्षीय
Multimeric, Polymeric बहुतयी, बहुलकी
Multimeter (an electrical/ electronic multiple measuring instrument) बहुलमापी
Multinucleate बहुकेन्द्रकी, बहुनाभिकी
Multiparity, Pluriparity बहुप्रसुता, बहुप्रजता
Multiparous, Pluriparous बहुप्रसु, बहुप्रज, बहुसर्जी, बहुशाखी
Multiped बहुपाद (जन्तु)
Multipennate बहुपक्षक
Multiphase बहुप्रावस्था
Multiple गुणित, गुणज, बहुगुण, बहुल, बहु-
Multiple drug बहु-औषधि
Multiple toxicant बहुविष
Multiplet बहुक, बहुसंकेतक, बहुल
Multiplex बहुतात्विक, बहुगुण, बहुविध
Multiplicand गुण्य
Multiplication गुणन, गुणा
Multiplication tables पहाड़ा
Multiplicative संवर्धनी, गुणनात्मक
Multiplicator, Multiplier गुणक, बहुलक, गुणित्र
Multiplicity बहुलता, बाहुल्य, बहुतायत
Multiply बहुगुणित होना/करना, गुणा करना
Multipolar बहुध्रुवी
Multiporous बहुछिद्री
Multipotent बहुक्षम, बहुशक्त
Multipurpose बहुप्रयोजी, बहूद्देशीय
Multitudinous बहुसंख्य, बहुल्य, अधिकता
Multitude बहुविध, बहुसंख्यक
Multiseptate बहुपटीय
Multispecies बहुजातीय
Multistage, Multistep बहुचरणी, बहुक्रम
Multisystem बहुतन्त्री, अनेक पद्धति
Multitask बहुधन्धी
Multitude बहुसंख्यता, बाहुल्यता, भीड़
Multivalent बहुसंयोजक, बहुसंयोजी
Multivalve बहुकपाटीय

Multivariate बहुचर
Multizonal बहुक्षेत्रीय
Multure पिसाई
Mumble धीरे-धीरे खाना, कुतरना, अस्पष्ट बोलना
Mummification शव परिरक्षण, परिशोषण, परिकुञ्चन
Mummify शव सुखाकर परिरक्षित करना, सुखाना
Mummy परिरक्षित शव, ममी
Mumps, Mastoiditis कर्णमूलशोथ, कनपेड़ा, गलसुआ
Munch चबाना, जुगाली करना
Municipal waste नगरीय अपशिष्ट⁄उत्सर्ग
Munitions युद्ध-सामग्री
Munitus कण्टास्त्र
Mural भित्ति, दीवार
Murate भित्तिकामय
Muriate (salts of chloride) क्लोराइड लवण (विशेषकर पोटैसियम क्लोराइड)
Muriform भित्तिरूप
Murine मूषकवंशी, कृन्तकी, कृन्तकजातीय
Murk उदासी, विषाद, अन्धकार
Murmur, Murmuring फुसफुसाहट, धुक-धुक, सू-सू, मरमराना
Murphy कन्द, सफ़ेद आलू
Murrain पशुमहामारी, पशुप्लेग
Murrel (*Ophiocephalus/ Channa striata,* a fresh water snake headed edible fish of family Channidae) सौली, सौर मछली, गिरई (छोटी प्रजाति)
Muscacidal, Muscicide (an agent capable to kill *Musca domestica,* a house fly) मक्षिनाशक, घरेलू मक्खीनाशी, मक्षिघ्न, मक्खीमार
Muscarin(e) (an alkaloid biotoxin from mushroom, *Agaricus muscaria* and putrid fish) मस्करीन
Muscat शराब बनाने की कस्तूरी अंगूर
Muscatel अंगूरी शराब, कस्तूरी अंगूर
Muscicolous मांसवासी
Muscle, Musculus, Musculi (pl.) पेशी, पिशित, बाहुबल, मांसपेशी
Muscovite श्वेत अभ्रक, सफ़ेद अबरक
Muscular पैशिक, पेशीय, मांसल, पेशी-
Muscular membrane पेशीकला
Muscularis mucosa श्लेष्मल पेशिका
Muscularity पिशिता, पेशीयता, मांसलता
Musculation पेशी-आकुञ्चन
Musculature पेशीविन्यास, पेशीसंहति, पेशीरचना
Musculo-cutaneous पेशीत्वचीय
Musculo-skeleton पेशीकंकाल
Musculotonic पेशीतानिक
Musculotropic पेश्यानुवर्ती
Museum संग्रहालय, कौतुकालय, अजायबघर
Mush गूदा, लुगदी, दलिया, भावुकता
Mushroom, Toad stool (*Agaricus* sp., a saprophytic fungus of class Agaricomycetes with fruiting body bearing basidiospores) छत्रक, कुकुरमुत्ता, साँप की छतरी (एक मृतोपजीवी कवक, कभी-कभी विषैला)
Mushy गूदेदार, भावुक
Musical scale सांगीतिक पैमाना, स्वर-ग्राम
Musicology संगीतविद्या
Musk, Moschus (a secretion with persistant odour from musk glands in male musk deer) कस्तूरी, मृगमद
Musk deer (*Moschus* sp., a wild herbivorous mammal of deer family Moschidae, with musk secreting gland between unbilicus and genitals of male) कस्तूरी मृग, कस्तूरी हिरन
Musket बन्दूक, तुपक
Musk melon, Rock melon (*Cucumis melo*, a cultivatable creeper of family Cucurbitaceae with edible ripe fruit) ख़रबूज़ा (एक कद्दूकुल का सुगन्धित भोज्यफल)

Musk ox (*Ovibos moschatus,* a hormed furry hoofed arctic mammal of family Bovidae with strong musky odour from males during mating period)	कस्तूरी बैल, कस्तूरी वृष
Musk rat (*Ondatra zibethicus*, a semi-aquatic rodent of family Cricetidae with musky odour)	जलमूष, पनिहा चूहा
Musk rose (*Rosa moschata,* a wild thorny perennial shrub of family Rosaceae with musk odour in flowers, used to prepare scent)	कूजा, कस्तूरी गुलाब
Muslin	मलमल (एक प्रकार का कपड़ा), विरलिका
Mussel (a fresh-water bivalved mollusc of class Pelecypoda)	सीपी, शम्बुक, शम्बु
Must, Mould	अत्यावश्यक, अनिवार्य, द्राक्षारस, फफूँद
Mustang	एक अमेरिकी जंगली घोड़ा
Mustard (*Brassica* sp., and *Sinapis* sp., a cruciferous herb of family Brassicaceae, an edible cooking oil is extracted from it's seeds)	सरसों, राई, सर्षप (एक तिलहनी शाक)
Mustard gas ($Cl\text{-}CH_2CH_2)_2S$, a toxic warfare agent)	सर्षपवाति (एक विषैली गैस)
Musty (smelling mouldy)	फफूँदमय, फफूँदियाहा, भुकड़ीदार
Mutability	उत्परिवर्तनीयता, उत्परिवर्त्यता
Mutable	उत्परिवर्तनीय, उत्परिवर्त्य
Mutagen	उत्परिवर्तजन
Mutagenesis, Mutageny	उत्परिर्वतभवन, उत्परिवर्तजनन
Mutagenic,	उत्परिवर्तजनी
Mutafacient	उत्परिवर्ती, उत्परिवर्तनकारी
Mutagenicity	उत्परिवर्तजनिता
Mutagenize	उत्परिवर्तित करना
Mutant, Mutator	उत्परिवर्ती, उत्परिवर्तक
Mutarotation	परिवर्ती ध्रुवण-घूर्णन
Mutate,	उत्परिवर्तित होना,
Mutation	उत्परिवर्तन
Mutated	उत्परिवर्तित
Mutating,	उत्परिवर्तनशील
Mutative	उत्परिवर्तनकारी
Mute	मूक, मौन, अवाक्, चिड़िया का बीट करना
Muticous	कुण्ठित
Mutilate	अंगभंग करना, विकृति/ विकलांग करना
Mutilated	अंगच्छेदित, विकृत, विच्छिन्नांगी
Mutilation	अंगच्छेद, विकृति, विखण्डन
Mutism	मौन, अवाकृता, चुप्पी
Muton	उत्परिवर्तक, उत्परिवर्ताणु
Mutter	बुड़बुड़ाहट, बुड़बुड़ाना
Mutton	अजमांस, अविमांस, भेंड़/ बकरी का मांस
Mutual	पारस्परिक, अन्योन्य, आपसी
Mutual conductance	अन्योन्य चालकता
Mutual inductance	अन्योन्य प्रेरकत्व
Mutualistic	सहोपकारिक, सहोपकारी
Mutualism, Mutuality	सहोपकारिता, पारस्परिकता, पारस्पर्य
Muzzle	थूथन, प्रोथ, मोहरा, नालमुख
Muzzle print (a biometric method for identification of cattle, based on colour, shape and size of patches on their snout)	थूथन-मुद्र, थूथनछाप
Muzzle velocity	नालमुखी वेग
Myalgia, Myodynia	पेशीशूल, पुट्ठों का दर्द (वातरोग)
Myasthenia	पेशी-दुर्बलता, पेशीदौर्बल्य
Myatonia, Myatony	पेशी अतन्यता
Mycelium, Mycelia (pl.)	कवकतन्तु, कवकजाल
Myceloid	कवकतन्त्वाभ, कवकजालवत्
Mycetic, Mycetous	कवकीय
Mycetism, Mushroom poisoning	कवकविषाक्तता, छत्रकविषालुता
Myceto-, Myco- (prefix)	कवक

Mycetocyte कवककोशा, सकवककोशा
Mycetogenesis, Mycetogeny कवकजनन, कवकोद्भव
Mycetogenic, Mycetogenous कवकजनी, कवकजनित
Mycetoid, Mycoid, Fungoid कवकाभ, फफूँदी जैसा
Mycetology, Mycology कवकविज्ञान
Mycetoma कवकार्बुद (हाथ-पैर का)
Mycetophagous, Mycophagous कवकभक्षी, कवकभोजी
Mycetozoa (a phylum of kingdom Protista, organisms show characteristics of fungus and protozoa) कवकाद्यजन्तु
Mycocidal, Mycocide, Fungicide कवकनाशक, फफूँदनाशी, कवकघ्न
Mycoderm छदकवक
Mycoherbicidal, Mycoherbicide कवकशाकनाशक, कवकशाकनाशी
Mycopathological कवकरोगात्मक
Mycopathologist कवकरोगविज्ञानी
Mycopathology कवकरोगविज्ञान
Mycopathy कवकरोग, कवकजन्यरोग
Mycoplasm कवकद्रव्य, कवकप्ररस
Mycorrhiza कवकमूल, कवकसहजीविता
Mycose, Trehalose (a disaccharide sugar) कवकशर्करा, कवकधु
Mycosis, Mycoses (pl.) कवकता, कवकार्ति
Mycostatic, Fungistatic कवकस्थैतिक, कवकस्थापी
Mycotic कवकार्तिक
Mycotic infection कवकसंक्रमण
Mycotoxic कवकविषालु, कवकविषाक्त
Mycotoxicity कवकविषालुता
Mycotoxicosis कवकविषरुग्णता
Mycotoxin कवकाविष, कवकविषि
Mycotoxinization कवकाविषायण
Mycotroph, Mycotrophic कवक-सहपोषी, कवकसहपोषित
Mycotrophism, Mycotrophy कवकसहपोषिता
Mydriasis ताराप्रसार (एक नेत्र रोग)
Mydriatric(s) ताराप्रसारक (औषधि/पदार्थ)
Myelencephalon मस्तिष्कपुच्छ, पश्चमस्तिष्क
Myelin मज्जा, विमज्जि-
Myelin sheath विमज्जि-कञ्चुक
Myelination, Myelinization विमज्जन
Myelinogenesis, Myelinogeny विमज्जीभवन, मज्जाजनन
Myelinic विमज्जियिक, मज्जीय
Myelinography मज्जाचित्रण, विमज्जिचित्रण
Myelinopathy विमज्जिविरूपण, मज्जा-विकृति
Myelitis (inflammation of white or gray matter of spinal cord) मेरुमज्जाशोथ, मेरुरज्जुशोथ, सुषुम्नाशोथ
Myelo- (prefix) मज्जा, मज्ज-
Myeloblast मज्जाकोरक
Myelocyte मज्जाकोशा, मज्जाणु
Myelofibrosis मज्जातन्तुमयता
Myelogenous मज्जाजनक, विमज्जिजनी
Myelography मेरुरज्जु चित्रण, सुषुम्नालेखन
Myeloid मज्जाभ
Myeloma मज्जाबुर्द
Myelopathy मेरुरज्जुविकृति, मज्जारोग
Myelotherapy मज्जाचिकित्सा
Myelotoxic मज्जाविषाक्त
Myelotoxicity मज्जाविषाक्तता
Myelotoxin मज्जाविष, मज्जाविषि
Myiasis, Maggot infestation मक्षिकता (किसी घाव या अंग में मक्खी के डिम्भ पनपना)
Myiocephalon, Iridocele मक्षिशीर्ष
Myna, Mina(h) (a small passerine bird of starling family Sturnidae) मैना (एक नक़लची बोलने वाली चिड़िया)
Myiophilous मक्षिपरागी, मक्खी परागित
Mylohyoid चिबुक-कण्ठिका
Myoblast पेशीकोरक
Myocardial हृद्पेशी
Myocardial infarction हृद्पेशीक्षय
Myocarditis हृद्पेशीशोथ
Myocardium, Myocardia (pl.) हृद्पेशी स्तर, हृद्भित्तिपेशी
Myocele पेशी प्रवर्ध
Myochrome पेशीवर्णक
Myoclonus (Clonic spasm of muscles) पेशी-आकुञ्ची, पेशी अवमोटन
Myocoel पेशीखण्डक-गुहा
Myocomma, Myocommata (pl.) पेशीखण्डक

Myo-cutaneous	पेशी-त्वचीय
Myocyte	पेशीकोशिका
Myodynia, Myalgia	पेशीशूल
Myofiber, Myofibre	पेशीतन्तु
Myofibril, Sarcostyle	पेशीतन्तुक
Myofibrosis	पेशीतन्तुता
Myofibrositis	पेशी-तन्तु शोथ
Myogenesis, Myogeny	पेशीजनन, पेशी-उत्पत्ति
Myogenic, Myogenous	पेशीजनी, पेशीजनक, पेशीजन्य, पेशीजनित
Myograph	पेशीकुञ्चनालेखी
Myography	पेशीचित्रण, पेशीवर्णन
Myology, Sarcology (study of muscles)	पेशीविज्ञान
Myolysis	पेशीलयन, पेशीविखण्डन
Myoma, Muscular tumor	पेशी-अबुर्द, पेश्यबुर्द, पिशिताबुर्द
Myomalacia	पेशीमृदुता, पेशीमृदुलता
Myomere	पेशीखण्ड
Myometrium	गर्भाशय पेशीस्तर
Myoneme, Myofilament	पेशी सूत्र, पेशीतन्तुक
Myonecrosis	पेशी गलन, पेशी परिगलन
Myoneural	पेशीतन्त्रिकीय, पेशीस्नावीय, पेशीतन्त्रिका-
Myonymy	पेशीनामकरण
Myopathy	पेशीरोग, पिशिविकृति
Myope, Myopic	अल्पदृष्टि वाला, निकटदर्शी निकटदृष्टा, निकटदृष्टिक
Myopia, Myopy	अल्पदृष्टि, निकटदर्शिता
Myosclerosis	पेशीकाठिन्य
Myoseptum	पेशीपट्टी, पिशितपट
Myosis, Miosis	नेत्रतारा संकुचन
Myositis	पेशीशोथ
Myostatic	पेशीस्थैतिक, पेशीस्थापी
Myosthenia gravis	अतिमांसदौर्बल्य
Myotility	पेशीकुञ्चनशीलता
Myotome	पेशीखण्ड, पेशीपूल, आदिपेशीखण्ड
Myotomy	पेशीकर्तन, पेशीतक्षण
Myotonia	पेशी तनाव
Myotonic	पेशीतानिक
Myotoxin	पेशीविषि, पिशिताविष
Myriacanthus	अयुतकण्टी, पुरुशल्यी, बहुशूलीय
Myriad	असंख्य, अयुत (दस हज़ार)
Myriapod	बहुपाद, अयुतपदी
Myriosporous	बहुबीजाण्वी
Myrmecochory, Myrmechory (seed dispersal by ants)	पिपीलिका प्रकीर्णन (चीटियों द्वारा बीज बिखेरना)
Myrmecology (study of ants)	पिपीलिका विज्ञान, व्रभविज्ञान, व्रभिकी,
Myrmecolous	व्रभवासी
Myrmecophagous	चींटीभक्षी, व्रभभोजी
Myrobalan (*Terminalia* sp., a tree of family Combretaceae with medicinal fruit)	हर्र, हर्रा, हरीतकी और बहेड़ा (औषधीय फल वाले वृक्ष)
Myrrh (a natural gum as an aromatic resin from *Commiphora myrrha*, a small flowering spiny tree of family Burseraceae)	लोहबान, गन्धरस, गोंद की राल
Myrrhic	रसगन्धिक, गन्धरसिक, लोहबानी
Myrtacious	मेंहदिया, मेंहदीदार
Myrtle (*Myrtus* sp., an evergreen flowering shrub of family Myrtaceae)	मेंहदी, विलायती मेंहदी
Mysid shrimp (*Mysidopsis/ Americanysis bahia,* a small estuarine crustacean arthropod of family Mysidea, used for toxicity evaluation)	मायसिड झींगा
Mysophobia	मैलभीति
Mystic	रहस्यमय, गुह्य, गूढ़
Mytilotoxin	शुक्तिकाविष
Myxamoeba	श्लेष्म-अमीबा
Myxiosis	श्लेष्मस्राव
Myxococcus	श्लेष्मगोलाणु (एक जीवाणु)
Myxocyte	श्लेष्मकोशा, श्लेष्माणु
Myxoedema	श्लेषमाशोथ, श्लेष्मस्फाय (अवटु अल्पक्रियताजन्य)
Myxoid	श्लेष्माभ
Myxoma	श्लेष्मार्बुद, मिश्रार्बुद
Myxomatosis	मिश्रार्बुदता (खरगोश का एक रोग)
Myxomatous	श्लेष्मी, श्लेष्मार्बुदीय

Myxomycetes (a class of slime and mould, a fungus of division Mycota without cell wall) श्लेष्मकवक
Myxopoiesis श्लेष्मोत्पादन, श्लेष्मोत्पत्ति
Myxosporangium, Myxosporangia (pl.) श्लेष्मबीजाणुधानी, श्लेष्मकवक बीजाणुधानी
Myxospore श्लेष्मबीजाणु, श्लेष्मकवकबीजाणु
Myxosporic श्लेष्म-बीजाण्विक
Myxotroph, Myxotrophic मिश्रपोषी, मिश्रपोषित
Myxotrophism, Myxotrophy मिश्रपोषिता
Myxovirus (a group of RNA viruses of family Myxoviridae) श्लेष्मविषाणु, मिश्रविषाणु

N

Nacarat चमकीला नारंगी रंग, नारंगी रंग का कपड़ा
Nacelle निलय, नसेल
Nacre (a composite biomaterial formed by inner shell layer of pearl oyster, a bivalved mollusc) मुक्ता, सीप, शुक्ति, मुक्तास्तर
Nacreous मौक्तिक, मोती सम्बन्धी
Nadir अधोबिन्दु, पादबिन्दु, अधःस्वास्तिक
Nag अश्वक, टट्टू
Nagana (a disease caused by Tse-Tse fly) नगाना (सी-सी मक्खी से उत्पन्न एक रोग)
Naid जलार्भक (डिम्भ)
Nail नख, नाखून, नखर, कील
Nail cutter नखकर्तनी
Nailing कीलन, कील लगाना/ठोंकना
Nanellus वामन, बौना
Nanism वामनता, बौनापन
Nanny धाय, आया
Nano-(a Latin word nanus means dwarf - prefix), वामन-, क्षुद्र-, लघु, खर्व
Nano (n, fraction of any basic unit) नैनों (किसी मूल इकाई का मीटर-किलोग्राम-सैकेण्ड प्रणाली में 10^{-9} वाँ भाग)
Nanocephalic, Nanocephalous लघुशिरस्क, लघुशीर्षी
Nanocephalism, Nanocephaly लघु शिरस्कता, लघुशीर्षता
Nanocyte वामनकोशिका, लघुकोशा
Nano-energy (energy produced by applying nanotechnology) लघु-ऊर्जा, लघूर्जा
Nanofossil लघुजीवाश्म
Nanogenerator (a technology producing electricity by converting mechanical thermal energy produced by small scale physical changes) लघुजनित्र
Nanoid वामनाभ, बौना जैसा
Nanometer (nm.=10^{-9} meter) नैनो मीटर (आकार/लम्बाई की एक छोटी इकाई जो मीटर का अरबांश है)
Nanoneedle (a conical or tubular silicon or boron-nitride needle of nanometer size to deliver biomole cules in a cell) अतिलघुसूची, महीन सूई, सूक्ष्म सूई
Nanoparticle (particles of nanometer size) क्षुद्रकण, वामनकण
Nanophanerophyte क्षुद्र-उन्मृदोद्भिद्
Nanoplankter, Nanoplankton (pl.) लघुप्लवक, क्षुद्रप्लवक
Nanoplastics (particles of plastic in form of beads, fibers and flakes of size less than 1 μm as pollutant in air, water and soil) लघुसुघट्य, वामनमृध्य, क्षुद्र प्लास्टिक
Nanoscience क्षुद्र विज्ञान
Nanotechnology क्षुद्र-प्रौद्योगिकी
Nanotised, Nanonized वामनित, लघुकृत, क्षुद्रित
Nanonisation, Nanotization वामनन, वामनभवन, लघुकरण, क्षुद्रण
Nanosomism, Nanosomia, Nanosomy लघुकायता, क्षद्रदैहिकता

English	Hindi
Nanosystem (any physical system engineered at nanoscale	लघुप्रणाली, क्षुद्र पद्धति
Nanotechnology (any technology applied or developed at nanoscale) applied	लघु प्रौद्योगिकी, वामन प्रौद्योगिकी
Nap	लोमगुच्छ, रोयाँ, कपड़ा, झपकी
Nape, Nucha	गुद्दी (गर्दन का पिछला भाग), कन्धरा, घाटिका
Naphtha (a flammable oil in hydrocarbon mixture from coal, natural gas and petroleum distillation in refineries)	उत्तैल, नेफ्था
Naphthol	उत्तैलन, नेफ्थॉल
Naphtholism	उत्तैलनविषाक्ता, नैफ्थॉलविषालुता
Napiform (derived from Latin words 'napi' and 'form' mean turnip shaped)	कुम्भीरूप (शलजम जैसा)
Napkin	प्रोच्छ, पोंछा, पर्ण
Naples	अञ्जन
Napped	रोमिल, रोयेंदार
Napping	लोमीकरण
Narceine	अफ़ीमसत्व, अफ़ीमक्षार, निशायी
Narcism, Narcissism	स्वरूपकामुक, आत्मरति, आत्मासक्ति, आत्ममोह
Narcissistic	आत्मरतिक, आत्ममोही
Narcissus (*Narcissus* sp., a bulbous spring flowering perennial plant of family Amaryllidaceae), Narcissi (pl.)	नर्गिस (फूल का पौधा)
Narco-hypnia	स्वाप-जड़ता
Narcolepsy	निन्द्रारोग, संवेदन मन्दता
Narcomania	स्वापकव्यसन, निद्रालुता, नशोन्माद
Narcomaniac	नशोन्मादी, स्वापकव्यसनी
Narcose, Narcous	नशीला, मूर्च्छाकारी, स्वापी, निद्राकारी, निद्रावह
Narcosis, Narcotism	संवेदनमन्दता, प्रमीलन, सुषुप्ति, मूर्च्छा, निद्रारोग, स्वापकता, अचैतन्य
Narcotic	स्वापी, स्वापक, संवेदन मन्दक, पीनक, उपविष
Narcotics	स्वापिकी
Narcotine	अहिफेनी, अफ़ीमी
Narcotist	निद्राव्यसन, मूर्च्छाव्यसनी
Narcotize	अचेत करना, मूर्च्छित करना
Nard, Mat grass	नरकुल, जटामांसी, कटघास
Nares, Nostril	नासाछिद्र, नासारन्ध्र, नथुना
Narial	नासा विवरीय
Narrow	सँकरा, संकीर्ण, तंग
Narwhal, Narwhale (*Monodon monoceros,* a marine medium-sized mammal of family Monodontidae, with large protruding canines as tusk)	सफ़ेद ह्वेल (एक बड़े दाँतों वाली ह्वेल)
Nasal	अनुनासिक, नास्य, नासिक्य, नासीय, नासा-
Nasal bone	नासास्थि
Nasal septum	नासापट
Nasalis	नासापेशी
Nasalisation	अनुनासिकीकरण
Nasality	अनुनासिकता
Nascency	नवजात अवस्था, नवोदय
Nascent	नवजात, उदीयमान, जायमान
Nasendoscope	नासा-अन्तःदर्शी
Nasendoscopy	नासा-अन्तःदर्शन
Nasiform	नासिकाकार, नाकरूपी
Nasobuccal,	नासा-मुखीय
Naso-oral	नासा-मौखिक, नासा-मुख-
Naso-gastric	नासा-जठरीय, नासामाशयिक
Naso-jejunal	नासा-मध्यान्त्रीय
Naso-labial	नासा-ओष्ठीय
Naso-lachrymal duct	नासा-अश्रु नालिका
Nasopalatine	नासा-तालु, नासा-तालव्य
Nasopharyngeal	नासाग्रसनीय, नासा-ग्रसनी-
Nasopharynx	नासा-ग्रसनी
Nastic	वक्रिम
Nasturtium (*Tropaeolum* sp., a flowering garden herb of family Tropaeolaceae)	इन्द्रसूर, नस्टर्शियम
Nasturtium red	उत्पीताति रक्त

Nasty घृण्य, घृणित, घिनौना, दुर्गन्धपूर्ण
Natal जान्मिक, प्रासूतिक, प्रसव-, जन्म-
Natality जन्मदर, जन्यता, जान्मिकता
Natans प्लवपर्ण
Natant, Natatorial, Natatory प्लवमान, तरणशील, प्लावी
Natation प्लवन, तरण, तैरना
Nates पुट्ठा, नितम्ब
Native मूलनिवासी, प्राकृत, देशज
Nativism देशीयता
Nativity उत्पत्ति, जन्म, देशजता
Natriuresis, Natriuresis अतिसोडियममूत्रता, सोडियममेह
Natron, Natro- (prefix) क्षार, क्षार-
Nattier blue हल्का नीला, आसमानी रंग
Natural प्राकृतिक, स्वाभाविक, सहज, नैसर्गिक
Natural death स्वाभाविक मृत्यु
Natural history, Natural science प्रकृतिविज्ञान, प्राकृतिकी
Naturalism, Naturalistic theory प्रकृतिवाद
Natural resource प्राकृतिक संसाधन
Naturalist, Naturist प्रकृतिवादी, प्रकृतिविद्
Natural selection प्राकृतिक वरण, प्राकृतिक चयन
Natural tolerance स्वाभाविक सहिष्णुता
Nature प्रकृति, सृष्टि, स्वभाव, निसर्ग, स्वरूप
Naturopathy, Nature cure (a drugless therapy with natural resources) प्राकृतिक चिकित्सा
Naught, Nought शून्य, कुछ नहीं, बेकार
Nauplius (a larva of crustaceans), Nauplii (pl.) त्र्युपांग
Nausea उत्क्लेश, जुगुप्सा, मिचली, मतली
Nauseate जी मिचलाना, मतली आना
Nauseous उत्क्लेशी, वमनकारी, घृणित
Nautical नावीय, नाविक, समुद्री
Nautical chain समुद्री शृंखला
Nautical mile (a unit of marine and aerial distance for navigation) समुद्री मील (1852 मीटर या 1.1508 मील के बराबर)
Nautical science, Nautics नाविकी, नाविक विज्ञान, सामुद्रिकी
Nautiloid नाविकाभ
Nautilus, Navigator नाविक
Nautilus larva नौडिम्भ (घोंघे का डिम्भ)
Naval नौसैनिक, नौसेना
Nave, Navel नाभि, तुन्दी, ढोंढ़ी, मध्य भाग (चक्र)
Navel orange नाभि सन्तरा (एक कुछ चिपटा बीजहीन नारंगी)
Navicular नौकाकार, नावरूपी
Navicular bone नौकास्थि
Navicular disease सुरनबाद (घोड़ों के पैर का एक रोग)
Naviculoid, Scaphoid नौकाभ, नाववत्
Navigable नौगम्य, नाव्य, नौसञ्चालनीय
Navigation नौविद्या, नौसञ्चालन, नौपरिवहन
Navigator नौपथनिदेशक
Navy नौसेना, जलसेना
Navy blue नाविक नील, गहरा नीला
Neanderthal man (extinct early man of Palaeolithic period, their skeletal fossils were first found in Neanderthal valley in Germany) निअन्डरथल मानव (लगभग 30,000 वर्ष पूर्व की पूराप्रस्तर युगीन मानव)
Neanic किशोरावस्था, युवानक
Neap अवतुंग, मन्द
Neap tide लघु ज्वार-भाटा
Neat स्वच्छ, अमिश्रित, ख़ालिस, मवेशी
Neb, Nib चोंच, नोंक, सिरा, थूथन
Nebula धुँधला, आँखों के आगे धुन्ध, नीहारिका, फुल्ली
Nebular, Nebulous नीहारिकामय, धुँधला, कोहरेदार
Nebulization नीहारिकायन, फुहारण, शीकरण
Nebulize फुहारना, फुहार छोड़ना
Nebulizer फुहारक, शीकरक
Nebulosity धुँधलापन, कुहासा, कोहरामयता, कोहरापन
Neck ग्रीवा, गर्दन, कण्ठ
Neck canal cell ग्रीवा कुल्या कोशा
Neck cell ग्रीवाकोशिका

Necridium (a weaker cell of a filament broken away from parent colony), Necridia (pl.) मृतोशिका
Necro- (prefix) मृत-, शव-
Necrobe, Necrobiont क्षतांगजीव
Mecrobiose क्षतांगजीवजात, क्षतांगजीवी
Necrobiosis क्षतांगजीविता, ऊतकक्षयजीवन, मृतामृतावस्था, मरणोत्तर सक्रियता
Necrobiotic क्षतांगजीवी, मरणोत्तर सक्रिय
Necrocyte मृतकोशिका, मृतकोशा
Necrocytosis कोशिकाद्रव्यक्षय, मृतकोशता
Necrogenic, Necrogenous ऊतिघाती, ऊतिघ्नी, ऊतिमृत्युकारी
Necrology मृतकतालिका, निधनसूची
Necroparasite, Saprotroph मृतोपजीवी, पूतिपोषी
Necrophage, Necrophagous मृतभक्षी, शवभक्षी
Necrophilia, Necrophilism, Necrophily शवकामुकता
Necrophyte मृतजीवी पादप
Necrophyto-phagous मृतपादपभक्षी
Necropsy, Autopsy, Necroscopy शवपरीक्षा
Necrosed मृत, क्षत, परिगलित
Necrosis अस्थि/ऊतकक्षय, क्षय, ऊतिमृत्यु, परिगलन
Necrotic मृतोति, ऊतकक्षयी
Necrotoxin (a toxin causing necrosis) पूयाविष, पूतिविषि
Necrotype विलुप्त प्ररूप
Nectar मकरन्द (एक पुष्पस्राव) मधुरस, अयरक्त (रंग)
Nectareous मकरन्दीय
Nectariferous, Nectiferous मकरन्दधर
Nectarine (*Prunus persica,* a deciduous flowering tree of family Rosaceae with drupe type fruit), Smooth skinned peach, Peach (colour) प्रपीतातिरक्त, चिकना आडू या शफ़तालू, आडू जैसा रंग
Nectary मकरन्दग्रन्थि, मकरन्दकोष
Necton, Nekton (actively swimming aggregate of minute organisms in water) वेगि-प्लवकाणु, आशुप्लवक, तरणक, ऐच्छिक प्लवक
Nectosome तरणकाय
Needle सुई, सूची, चीड़ की पत्ती, साही का काँटा
Needle aspiration सूची-अवचूषण
Needle work सिलाई, कढ़ाई, बुनाई
Nefrens अदन्ती, दन्तहीन
Negate नष्ट/अस्वीकार करना
Negation, Negativation निराकरण, खण्डन, ऋणन, अमान्यकरण
Negative (-ve), Negatory ऋण, ऋणात्मक, नकारात्मक, निषेधात्मक
Negativism, Negativity नकारवाद, ऋणात्मकता, निषेधात्मकता
Negatron (a subatomic particle with negative electric charge) न्यणु, निद्युदणु
Negligibility नगण्यता, उपेक्षणीयता
Negligible नगण्य, उपेक्षणीय, महत्वहीन
Negrillo बौना हब्शी
Negro कालेय, हब्शी, निग्रो
Negroid कालेयाभ, हब्शीवत्, निग्रो जैसा
Neigh हिनहिनाना, हिनहिनाहट
Nekton, Necton ऐच्छिक प्लवक, तरणक, आशुप्लवक
Nema सूत्रक
Nemacidal, Nematicide, Nematocide, Nemicide सूत्रकनाशक, सूत्रकृमिनाशी सूत्रघ्न
Nemaline सूत्रवत्
Nematic सूत्रिल
Nematicization सूत्रकृमिग्रसन
Nematocyst दंशिका, सूच्यांग, सूत्रपुटी
Nematocyte सूत्राणु, सूत्रकोशिका
Nematoda (a class of phylum Nemathelminthes/ Ascahelminthes) परजीवी सूत्रकृमि वर्ग
Nematode (thread worms or round worms of class Nematoda) सूत्रकृमि, गोलकृमि, वर्तुलकृमि (परजीवी)
Nematogen सूत्रजन
Nematogene सूत्रभ्रूणजन

Nematoid सूत्रकृम्याभ, सूत्रकृमिवत्
Nematologist सूत्रकृमिज्ञ, सूत्रकृमिविज्ञानी
Nematology सूत्रकृमिविज्ञान
Nematophagous सूत्रकृमिभक्षी
Nematophore सूत्रधर, सूत्रकृमिधर
Nematosis, Nematodiasis, Nematodosis सूत्रकृम्यार्ति, सूत्रकृमिग्रसन
Nematostat, Nematostatic सूत्रकृमिस्थापी, सूत्रकृमि-स्थैतिक
Nematotoxic सूत्रकृमिविषाक्त
Nemazoid सूत्रजीवक
Nemertine विखण्डकृमि
Nemesis उत्कर्ष के बाद एकाएक पतन
Nemic सूत्रकीय
Nemoralis वनवासी
Nemorosus वन्य, अरण्य, जंगली
Nenuphar, Nuphar, Water lily (*Nuphar* sp., a flowering fresh-water rhizomatous plant of family Nymphaeaceae) कुमुद, कुमुदिनी (एक फूलदार सरोवरी पौधा)
Neo- (prefix) नवीन, नव-, नव्य-
Neo-adjuvant नवसह कारक (औषधि)
Neo-antigen नवप्रतिजन
Neochrome नववर्ण
Neo-colostoma नवमलछिद्र, नवगुदा
Neocyte नवरक्ताणु, नवकोशिका
Neocytosis नवरक्ताणुता, नवकोशिकता
Neofetus, Neofoetus नवभ्रूण
Neoformation नवघटन, नवनिर्माण
Neolithic नवपाषाणी, नवप्रस्तर उत्तरपाषाणकालीन
Neology, Neoterism नववाद
Neomorph नवरूप
Neomorphic नवरूपान्तरी
Neomorphism नवोत्पत्ति, नवरूपता
Neomorphosis नवरूपान्तरण, नवरूपण
Neon (a colourless, odourless, inert noble gaseous element with symbol Ne) नवाति, नीयन, निऑन
Neonatal, Neonatus नवोदित, नवजात
Neonate (derived from a Latin word neonatus means new born, refers to an infant of upto 28 days age), New born नवजात (शिशु/शाव)
Neonaticide नवजातहन्ता, नवजातमारक
Neonatologist नवजातविज्ञानी
Neonatology नवजातविज्ञान
Neonatorum नवजात
Neon lamp (a fluorescent lamp with compressed neon gas in a tube and illuminates by action of a high frequency electric current) नीयन दीप
Neo-palaeozoic नवपुराजीवी
Neopallium अगन्धप्रवार
Neophobia नव्यताभीति, नवीनता-भय
Neophobic नव्यताभीरु
Neophyte नवोद्भिद्, नवसिखिया
Neoplasia नवार्बुदता, अर्बुदता
Neoplasm, Oncoma अर्बुद, नवद्रव्य, गिलटी
Neoplastic अर्बुदीय, अर्बुद-
Neoplastic disease अर्बुद रोग
Neosonic technology (a green techniology with magnetic decom-posers converting organic solid wastes into gases and ash, used as fertilizer) नवध्वनिक प्रौद्योगिकी (जैव-अपशिष्ट के प्रदूषण रहित अपघटन हेतु बिना ईन्धन व बिजली के चलने वाली एक जापानी प्रौद्योगिकी)
Neotaxonomy नववर्गिकी
Neotenia, Neoteny चिरडिम्भकता, चिरभ्रूणता
Neotenic नववर्धी
Neoteric नूतन, आधुनिक
Neoterism नववाद
Neotology नवजात चिकित्साविज्ञान
Neotropical नवोष्ण कटिबन्धीय, नव-उष्ण कटि बन्धीय
Neotype नवप्ररूप
Neo-vascularization नव-वाहिनीकरण, नव-वाहिनीजनन
Neovirus नवविषाणु
Neozoic नवकल्प (एक कालखण्ड)
Nepenthes, Pitcher plant घटपर्णी (एक कीटभक्षी पौधा)
Nephelometer (a Greek word for mist measuring device), Turbidimeter आविलतामापी, मेघतामापी

Nephelometry, Turbidimetry आविलतामिति, मेघतामिति
Nephograph मेघचित्र, वारिदचित्र, मेघलेख
Nephology (a branch of meteorology dealing with study of clouds) वारिदविज्ञान, मेघविज्ञान, मैघिकी
Nephometer मेघमापी
Nephr-, Nephri-, Nephro- (a Greek word nephros means kidney-prefix) वृक्क-
Nephralgia वृक्कार्ति, वृक्कपीड़ा
Nephrectomy वृक्कोच्छेदन, गुर्दा निकालना
Nephric वृक्कीय, गुर्दा सम्बन्धी
Nephridial वृक्ककीय
Nephridioblast वृक्कककोरक
Nephridium, Nephridia (pl.) वृक्कक, उत्सर्गिका
Nephritic वृक्क शोथज
Nephritis वृक्क शोथ
Nephritogenic वृक्कशोथकारी
Nephroblast वृक्क नलिकाकोरक, उत्सर्ग नलिकाघट
Nephrocoel (a cavity of nephrotome) वृक्कखण्डक गुहा
Nephrocoelo-mostome वृक्कगुहामुख
Nephrocyst वृक्ककोष्ठ, वृक्कपुटी
Nephrocystosis वृक्ककोष्ठता
Nephrogastric वृक्कजठरी
Nephrogenesis, Nephrogeny वृक्कजनन
Nephrogenic, Nephrogenous वृक्कजनी, वृक्कजनित, वृक्कजनक
Nephrogram वृक्कालेख
Nephrography वृक्कालेखन, वृककचित्रण
Nephroid, Reniform वृक्काभ, वृक्काकार, गुर्दा जैसा
Nephrolithiasis वृक्काश्मरिता, गुर्दे की पथरी
Nephrolithectomy वृक्काश्मरी निष्कासन, गुर्दे की पथरी निकालना
Nephrology वृक्कविज्ञान
Nephrolysin वृक्कलयक
Nephrolysis वृक्क विगलन, वृक्कलयन
Nephroma, Nephroncus वृक्कार्बुद
Nephromere वृक्कखण्ड
Nephromixium वृक्ककमिश्र, समोत्सर्जनी
Nephron, Nephrocyte वृक्काणु, वृक्ककोशिका
Nephro-calcinosis वृक्तचूर्णता, वृक्क कैल्शियमता
Nephropathy वृक्क-विकृति, गुर्दारोग
Nephrosis अपवृक्कता
Nephrostome वृक्कमुख
Nephrostomy वृक्कछेदन
Nephrotic अपवृक्कीय
Nephrotome वृक्कखण्डक
Nephrotomy वृक्कोच्छेदन, गुर्दा निकालना
Nephrotoxic वृक्क-विषाक्त, वृक्कविषालु
Nephrotoxicity वृक्क-विषालुता, वृक्क विषाक्तता
Nephrotoxin वृक्काविष, वृक्कविषि
Nephrotrophic वृक्कपोषी
Nephrotropic वृक्कानुवर्ती
Nephrotropism, Nephrotropy वृक्कानुवर्तिता, वृक्कानुवर्तन
Nepionic भ्रूणोत्तर
Neptune वरुण (सौरमण्डल का आठवाँ ग्रह)
Nereid शैवाल, जलपरी
Nereider धारा शैवाल
Neritic तटीय, उथला समुद्र तटीय
Nerium (*Nerium oleander*, a flowering shrub of family Apocynaceae) कनेर (फूल)
Neron काला, कृष्ण, श्याम
Nervate, Veined नसदार, रेशादार, शिरामय (पत्ती)
Nervation नाड़िका-विन्यास, रेशाविन्यास
Nerve, Nervus तन्त्रिका, स्नायु, चेता, नाड़ी
Nerve cell, Neurocyte, Neuron तन्त्रिकाकोशिका, तन्त्रिकाकोशा, चैतक
Nerve conduction चेता संवाहन
Nerve erigentes, Pelvic splanchnic nerve हर्षणी तन्त्रिका
Nerve gas (an organo-phosphate chemical, affecting transmission of nerve impulse) स्नायुघ्न वाति
Nerve impulse तन्त्रिका वेग, चेता प्रेरणा
Nerve ring तन्त्रिका वलय
Nerveless तन्त्रिकाहीन, निर्बल, बलहीन
Nervine शामक, प्रशान्तक, शमक
Nervous तन्त्रिकीय, घबराया हुआ, स्नायविक, चेता, तन्त्रिका

Nervousness, Nervosity घबराहट, अधीरता, उत्तेजना
Nervous system तन्त्रिका तन्त्र, स्नायुतन्त्र, चेता प्रणाली
Nervule लघुतन्त्रिका, चेतिका
Nervure नाड़िका, रेशा, शिरा, नली
Nervy सशक्त, बलवान
Nescience अविद्या, अज्ञान
Nesidioblast अग्न्याशय द्वीपक कोरक
Nesidioblastoma अग्न्याशय द्वीपकार्बुद
Ness अन्तरीप
Nest नीड़, घोंसला (चिड़ियों का)
Nesting नीड़न, घोंसला बनाना
Nesting season नीड़न-ऋतु
Nestitherapy, Limotherapy आहार नियन्त्रण चिकित्सा
Nestle चिपकाना, टिकना, बैठना
Nestling नीड़शाव, नीड़क, गेदा, घोंसले में चूज़ा
Net, Neting जाल, जाली
Nether निचला, निम्नतर, निम्नस्थ
Nett वास्तविक, शुद्ध
Nettle (*Urtica dioica*, a perennial flowering herb of family Urticaceae with stinging hairs on leaves and stem), Stinging nettle बिच्छूबूटी, बिच्छूकाँटा (पौधा), चुभाना
Nettle rash दरोरा, पित्ती, चकत्ता
Network जालतन्त्र
Neur-, Neur-, Neura-, Neuro- (a Greek word neuron means nerve or sinew-prefix) तन्त्रिका-, चेता-, स्नायु-
Neuraesthenia तन्त्रिकादौर्बल्य, स्नायुक्षीणता, मनःश्रान्ति, तान्त्रिकावसाद
Neuraesthenic, Neurasthenic तन्त्रिकावसादी, श्रान्तमना
Neural (derived from Latin word neuralis means related to nerves) तन्त्रिकीय, चेता-, तन्त्रिका-
Neuralation तन्त्रिकाभवन चेता निर्माण
Neural canal तन्त्रिका नाल
Neural fold तन्त्रिका भञ्ज, तन्त्रिका-पुटक
Neuralgia तन्त्रिकार्ति, तन्त्रिकाशूल
Neuralgic स्नायुपीड़ाग्रस्त
Neuralgiform तन्त्रिकार्तिरूपी
Neural groove तन्त्रिका-खातिका
Neural plate तन्त्रिका-पट्टिका
Neural spine तन्त्रिका कण्टक
Neural tube तन्त्रिका-नलिका
Neuranagenesis, Neuranageny तन्त्रिकापुनर्जनन
Neuration शिराविन्यास, तन्त्रिकाविन्यास
Neuraxial तन्त्रिकाक्षीय
Neuraxis, Neuraxon तन्त्रिकाक्ष
Neurectomy तन्त्रिका विभाजन, तन्त्रिकोच्छेदन
Neurenteric, Neuroenteric चेतान्त्र, चेतान्त्रीय
Neurergic चेताश्रयी, तन्त्रिकाधीन
Neuriatry स्नायुरोगोपचार
Neuricity चेतना, उद्दीप्ति
Neurilemma, Neurolemma तन्त्रिकाच्छद
Neurite चेतालांगूल, तन्त्रिकाप्रवर्ध
Neuritic तन्त्रिकाशोथज
Neuritis तन्त्रिकाशोथ, स्नायु प्रदाह
Neuroanatomy तन्त्रिकाशारीर
Neurobics मानसिक व्यायाम, दिमाग़ी कसरत या खेल जैसे शतरञ्ज, कैरम, पहेली आदि
Neurobiology तन्त्रिकाजैविकी
Neurobiotaxis तन्त्रिकाजीवाकर्षण
Neuroblast तन्त्रिका-कोशिकाप्रसू, चेताघट
Neuroblastoma तन्त्रिका कोरकार्बुद, चेताघटार्बुद
Neurochemistry तन्त्रिकारसायन विज्ञान
Neurochybroma, स्नायु-अर्बुद, तन्त्रिकार्बुद
Neurocladism तन्त्रिकाक्ष शाखिता
Neurocoel तन्त्रिकागुहा
Neurocranium तन्त्रिकाकरोटि, चेताकर्पर
Neurocrine, Neuroendocrine तन्त्रिकान्तःस्रावी, चेतान्तःस्रावी
Neurocyte, Neuron तन्त्रिका कोशिका, चेतैक
Neurocytology चेताकोशाविज्ञान, तन्त्रिकाकोशाविज्ञान
Neurodendron, Dendrite तन्त्रिकाद्रुमवर्ध
Neuroectoderm तन्त्रिका बहिश्चर्म
Neuroendocrine, Neurocrine तन्त्रिकान्तःस्रावी, चेतान्तःस्रावी
Neuroepithelium तन्त्रिकाधिच्छद
Neuroethology (study of animal behaviour and it's control by nervous-system) तन्त्रिका-आचारविज्ञान
Neurofibril तन्त्रिका-तन्तुक

Neurofibroma, Neurofibromatosis परितन्त्रिकाच्छदार्बुद
Neuroganglion, Neuroganglia (pl.) तन्त्रिकागुच्छिका
Neurogenesis तन्त्रिकाजनन, तन्त्रिकोत्पत्ति
Neuroglia, Glia चेताश्लेष, चेताधारी, तन्त्रिकाबन्ध
Neurogenic, Neurogenous तन्त्रिकाजन्य, तन्त्रिकाजनी, स्नायुजनक
Neurogliocyte, Neuroglial cell, Glial cell चेताश्लेषकोशा, तन्त्रिकाधारीकोशा
Neurohaemal तन्त्रिकारुधिरीय
Neurohormone तन्त्रिका-अन्तःस्राव
Neurohumoral तन्त्रिका स्रावीय
Neurohypophysis तन्त्रिकापोषकाय
Neuroid तन्त्रिकाभ
Neuroleptic मनोविकृतिरोधी
Neurological, Neural तन्त्रिकीय
Neurologist तन्त्रिकाविज्ञानी
Neurology (a branch of medical science dealing with study of nervous system and treatment of nervous disorders) तन्त्रिकाविज्ञान, तान्त्रिकी, चैतिकी
Neurolysis तन्त्रिकालयन
Neuroma तन्त्रिकार्बुद
Neuromast चेतातुंगक, तन्त्रिकातुंगक
Neuromatous तन्त्रिकार्बुदीय
Neuromere तन्त्रिकाखण्ड
Neuromeres of brain मस्तिष्क-मेरुरज्जुखण्ड
Neuromittor तन्त्रिकाग्र
Neuromodulator तन्त्रिकानियन्त्रक
Neuromotor तन्त्रिका प्रेरक
Neuromuscular चेतापेशीय, तन्त्रिका-पेशीय
Neuromyology तन्त्रिकापेशीवर्गिकी
Neuromyopathy तन्त्रिकापेशीविकृति
Neuron, Neurocyte तन्त्रिकोशिका, चेतैक, चेताणु
Neuronal, Neuronic चेतैकीय, तन्त्रिकोशीय
Neuron arc तन्त्रिकोशिका चाप
Neuronephroblast तन्त्रिकावृक्ककोरक, चेतोत्सर्गघट
Neuroparasite तन्त्रिकापरजीवी
Neuropath स्नायुरोगी
Neuropathogenicity स्नायु रोगोत्पादकता, तन्त्रिका विकृतिजनिता
Neuropathology तन्त्रिका विकृतिविज्ञान
Neuropathy, Neuronosis तन्त्रिकाविकृति, चेताविकार, स्नायुरोग
Neuropharmacology तन्त्रिका भेषजगुणविज्ञान
Neurophil, Neurophilic, Neurophilous तन्त्रिकारागी
Neuro-navigation (a computerised image-guided neuro surgery) तन्त्रिका सञ्चालन
Neurophysiology तन्त्रिका-क्रियाविज्ञान
Neuroplasm तन्त्रिकाद्रव्य
Neuroplasticity तन्त्रिकाघट्यता
Neuropnology चेतनानियन्त्रण विज्ञान
Neuropodium, Neuropodia (pl.) अग्रशाखा
Neuropore तन्त्रिकाछिद्र, चेताविदर
Neuroreceptor तन्त्रिकाग्राही
Neurosane तन्त्रिकाप्रसपिण्ड
Neuroscience तन्त्रिकाविज्ञान
Neurosclerosis तन्त्रिकाठिन्य
Neurosecreting, Neurosecretory तन्त्रिकास्रावी
Neurosecretion तन्त्रिकास्राव, तन्त्रिका स्रवण
Neurosensory तन्त्रिकासंवेदी, चेतासंवेदी
Neurosis, Neuroses (pl.) विक्षिप्ति, स्नायुरोग, मनस्ताप, स्नायुक्रिया
Neuroskeleton तन्त्रिकास्थि, तन्त्रिका-कंकाल
Neurospongium तन्त्रिकाछिद्रिल, तन्त्रिकाजालिका
Neurosurgeon स्नायुशल्यविज्ञ, तन्त्रिकाशल्यचिकित्सक
Neurosurgery स्नायुशल्यचिकित्सा, तन्त्रिकाशल्यविज्ञान
Neurosurgical तन्त्रिकाशल्यक
Neurothecitis तन्त्रिकाच्छदशोथ
Neurothecium, Neurothecia (pl.) तन्त्रिकाच्छद
Neurotherapeutic(al) स्नायुरोग चिकित्सीय
Neurotherapeutics स्नायुरोग चिकित्सा विज्ञान
Neurotherapy स्नायुरोगचिकित्सा, तन्त्रिकोपचार
Neurotic स्नायुरोगी, तन्त्रिकाप्रभावी, विक्षिप्त
Neuroticism स्नायुरुग्णता, विक्षिप्तता
Neurotogenic, Neurotogenous स्नायुरोगजनी, विक्षिप्तकारी
Neurotomy तन्त्रिकाच्छेदन, शिराच्छेदन
Neurotonic तन्त्रिकातानिक, स्नायूद्दीपक
Neurotoxic तन्त्रिकाविषालु, स्नायुविषाक्त
Neurotoxicity तन्त्रिकाविषालुता
Neurotoxin तन्त्रिकाविष, स्नायुविषि
Neurotransmitter तन्त्रिकाप्रेषी, स्नायुप्रेषित्र
Neurotropic तन्त्रिकानुवर्ती, स्नायुप्रभावी

English	Hindi
Neurotropism, Neurotropy	तन्त्रिकानुवर्तन, स्नायुप्रभाविता, चेतानुवर्तिता
Neurotrophic	तन्त्रिकापोषी
Neurotubule	स्नायुनलिका
Neurovascular	तन्त्रिकावाहि
Neurotrophic (relating to autonomous nervous system)	तन्त्रिका-कायिक
Neurovirulence	स्नायुरोगकारिता
Neurovirulent	स्नायुरोगकारी
Neuro-visceral	तन्त्रिका-अन्तरांगी
Neurula	प्रादिचेत, तन्त्रिकापिण्ड
Neurulation	तन्त्रिकापिण्डभवन, चेता कुल्या निर्माण
Neuston (organisms, floating on/under the water surface)	पटलक (जल की सतह के ऊपर या नीचे उतराने वाले छोटे जीव)
Neuter, Neutral	क्लीव, नपुंसक, तटस्थ, अकर्मक, उदासीन, अलिंगी, अनाविष्ट, निष्क्रिय, निरावेशित, निष्प्रभावी
Neutral point, Null point	उदासीनता बिन्दु (चुम्बक का)
Neutraliser	उदासीनित्र, निरावेशित्र, निष्प्रभावक
Neutrality, Neutralism	उदासीनता, तटस्थता, क्लीवता, तटस्थतावाद
Neutralization	उदासीनीकरण, निष्प्रभावन
Neutralized	निष्प्रभावित, क्लीवित
Neutriflorus	नपुंसक पुष्पी, क्लीवपुष्पी
Neutrino (an electrically neutral elementary subatomic particle)	क्लीवाणुक
Neutrocyte, Neutrophil	विरागकोशा (एक प्रकार की श्वेत रक्त कोशिका), क्लीवरञ्ज्य
Neutrocytosis, Neutrophilia	विरागकोशता, क्लीवरञ्ज्यता
Neutron (an electrically neutral elementary particle in atomic nucleus)	क्लीवाणु
Névé	कणहिम, हिमनद उद्‌गम, हिमानीस्रोत
Nevose	चित्तीदार, धब्बेयुक्त
Nevus (lesions on skin or mucosa)	चित्ती, तिल, धब्बा, जन्म दाग़

English	Hindi
New born	नवजात, नवोदित, नवजन्मा
Newel	सोपान स्तम्भ
New moon	नवचन्द्र (दूज का चाँद)
Newt (a tailed amphibian of family Salamandridae)	सरटिका, जलगोधिका (जन्तु)
Newtonian fluid (a fluid, following Newton's law of viscosity)	न्यूटनीय तरल/द्रव
Nexine	अधोबाह्यचोल
Nexus	सन्धि, अन्तर्बन्धन, सम्बन्ध
Nib	चोंच, डंक, निब (कलम की नोंक)
Nibble	कुतरना, व्यदन, दाँत से काटना
Nibblending	सम्मिश्रण
Nibbling	टूँगना, थोड़ा-थोड़ा कई बार में खाना, बहुबार-आहार
Nich	भित्तिगर्त
Niche	कर्मता, निकेत, आला, ताखा
Nick	खाँचा, कटान, धँसान
Nickel (a toxic metallic element with symbol Ni)	रूपक, निकिल (एक विषालु पर उपयोगी खनिज धातु)
Nickelization	रूपकायण, निकिलीकरण
Nickel plating (a technique of electroplating thin layer of nickel on metal or plastic)	रूपक लेपन, निकिल मुलम्मा, निकिल की पर्त चढ़ाना
Nicking	अवक्षुरण, खरोंचना
Nicotin, Nicotine (a potent stimulating alkaloid from tobacco plant)	ताम्रकूटी, तम्बाकू सत्त
Nicotinism, Nicotin toxicity	ताम्रकूटी विषाक्तता, तम्बाकूजन्य विषालुता
Nictate, Nictitate, Nictation, Winking, Nictitation (a Latin word nictitare means involuntary winking)	पलक मारना, आँख झपकना, निमेषन, निमीलन
Nictitating membrane	निमेषक पटल, निमीलक झिल्ली
Nidal (derived from a Latin word nidus means nest)	नीड़, घोंसला, बसेरा, निलय
Nidality	नीड़ता
Nidamental	अण्डावरणीय

Nidamentum	अण्डावरण, अण्डश्लेष, अण्डावरक
Niddick (nape of neck)	गुद्दी
Niddle-noddle	कम्पनशील, सिर हिलाते रहना
Nidicolous	नीड़वासी
Nidificate, Nidify	घोंसला या नीड़ बनाना
Nidification	नीड़रचन
Nidifugous	नीड़पलायक, नीड़त्यागी
Nid-nod	ऊँघना, सिर झुमाना
Nidology	नीड़विज्ञान
Nidulate	नीड़कवत्
Nidulus	लघुनीड़, तन्त्रिकोशा नाभिक
Nidus	प्रजनन स्थान, नीड़, रोगाणुकेन्द्र
Niff	दुर्गन्ध, बदबू
Nifty	तेज़, फुर्तीला
Nigella (*Nigella sativa*, a flowering culinary herb of family Ranunculaceae)	कलौंजी (बीज एक औषधीय मसाला)
Night (a period of day without sun light)	रात, रात्रि, निशा, नक्त (वह अवधि जब सूर्य पृथ्वी के पीछे होता है)
Night blind	नक्तान्ध, निशान्ध
Nightblindness, Nyctalopia (reduced visibility in dim light or night)	नक्तान्धता, रतौंधी, निशान्धता
Night blooming jasmine (*Cestrum nocturnum*, a flowering shrub of family Solanaceae)	रातरानी (एक औषधीय सुगन्धित फूल वाला छोटा वृक्ष झाड़ी)
Nightfall	सन्ध्या, शाम, झुटपुटा
Night hawk (a nocturnal prey-bird of family Caprimulgidae)	छोटा बाज़ (एक रात्रिचर मध्यम आकार का लम्बे नुकीले पंखों वाला शिकारी पक्षी)
Night heron	वाक-बगुला
Nightingale (*Luscinia megarhynchos*, a small singing passerine bird of family Muscicapidae)	बुलबुल (एक गायक पक्षी)
Nightjar (a medium sized nocturnal long tailed bird of family Caprimulgidae)	खञ्जन (एक रात्रिचर पक्षी), छपका
Night jasmine, Coral jasmine (*Nyctanthes arbor-tristis*, a flowering medicinal small tree of family Oleaceae)	हरसिंगार
Nightshade (*Solanum* sp., a flowering medicinal plant of family Solanaceae)	रजनीमाची, कण्टालिका, मकोय
Night soil (egested gut waste)	मल, विष्ठा
Night walker, Nocturnal	निशाचर, रात्रिचर
Nigrescens	श्यामता, कालिमा, कृष्णता
Nigrescent	श्यामल, साँवला, कृष्णाभ
Nigrismus	असित, श्याम, काला
Nigritude	कालापन, कालिमा
Nihilism	नाशवाद
Nil	शून्य, कुछ नहीं
Nilgiri tahr (*Nilgiritragus hylocrius*, a wild sheep like mammal of family Bovidae endemic to Nilgiri hills, south India)	जंगली तहर (एक पहाड़ी बकरा/बकरी)
Nilkurinji, Kurinji (*Strobilanthes kunthiana*, a blue flowering shrub of family Acanthaceae, native to Kerala, India, blossoms once in 12 years)	नीलकरञ्जी
Nill	अनिच्छा, इच्छा न होना
Nil point	शून्य-बिन्दु, नगण्य बिन्दु
Nilpotent	शून्यभावी, अशक्त
Nimble	चपल, फुर्तीला, द्रुतगामी
Nimbleness	चपलता, क्षिप्रगति, स्फूर्ति
Nimbo-stratus (cloud)	वर्षास्तरी मेघ
Nimbus, Nimbi (pl.)	वर्षामेघ, प्रभामण्डल
Nimiety	आधिक्य, प्रचुरता
Ninandrous	नवपुंकेसरी, नवपुमंगी
Niobium (a ductile metallic element with symbol Nb), Columbium (old name)	काशातु, निओबियम (एक मृदुल धूसर धातु जिसका मिश्रधातु बनाने में उपयोग होता है)

English	Hindi
Niobous	काशातुयुक्त, काश्य-
Nip	चुटकी दबाना, चिकोटी काटना, कतरना, चुस्की, सर्द हवा
Nippers	चिमटी, कतरनी
Nipple	स्तनाग्र, चूचुक, चुसनी
Nippy	तीक्ष्ण, तेज़, बहुत ठण्डा
Nit	लीख (जुँए का अण्डा), लिक्षा, यूकाण्ड, क्षुद्र व्यक्ति
Nitidus	मृसण
Nitre (derived from Greek word nitron means salt)	शोरा, सुरिया-खार
Nitric acid (HNO_3)	शोरे का अम्ल
Nitridization	नाइट्रायडीभवन, भूयतायन
Nitrifaction, Nitrification, Nitration	क्षारभवन, नाइट्रीभवन, नाइट्रीकरण, भूयन
Nitriferous	क्षारयुक्त, क्षारप्रद
Nitrifying, Nitrifier	भूयनकर्ता, नाइट्रीकारक
Nitrifying bacteria	भूयनकारी जीवाणु
Nitro chalk (a fertilizer containing calcium carbonate as chalk and ammonium nitrate)	नाइट्रो चाक (एक उर्वरक मिश्रण)
Nitrogen (an atmospheric gaseous element with symbol N)	नत्रजन, नाइट्रोजन, भूयाति, नोषजन
Nitrogen cycle	नाइट्रोजन चक्र
Nitrogen fixing bacteria	नाइट्रोजन स्थिरक जीवाणु
Nitrogenation	भूयातीयन, नाइट्रोजनन
Nitrogenization	भूयातयन, नाइट्रोजनीकरण
Nitrogenous	भूयात्य, नाइट्रोजनमय
Nitrogenous metabolism	नाइट्रोजन उपापचय
Nitrometer	भूयमापी, नाइट्रोजनमापी
Nivalis	हेमवर्णी, हैम, बर्फ़ के रंग का
Nivation	कणशीन-क्षरण
Niveous	हिममय, हिमश्वेत
Noble gases (inert gases of helium group)	उत्कृष्ट वाति, उत्तम गैसें
Noble metal (metals, resistant to corrosion and oxidation or rust)	उत्कृष्टधातु, महान धातु
Nocent	हानिकर, अपराधी
Nociception	पीड़ाग्रहण, वेदनाग्राह
Nociceptor	पीड़ाग्राहक, वेदनाग्राही
Nock	खाँचा
Noctambulant, Noctambulous	रात्रिचर, निशागामी, निद्राचारी
Noctambulation	निशागमन, रात्रिचलन
Noctiflorous	निशापुष्पी
Noctiluca larva, Glow worm (*Lampyris noctiluca*, a bioluminiscent male beetle insect of family Lampyridae)	निशादीप्त डिम्भ (अन्तिम तीन उदरीय खण्डों से रात्रि में पीला-हरा प्रकाश उत्सर्जित करने वाला एक भृंग कीट), खद्योत, जुगनू
Noctilucence	निशादीप्ति
Noctilucent	निशादीप्त
Noctilucous	निशादीप्तीय
Noctivagant, Noctivagous	निशाचर, निशाचरी
Noctophobia, Nyctophobia	निशाभीति, रात्रिभय
Noctophobic, Nyctophobic	निशाभीरु, रात्रिभीरु, रात से डरने वाला
Noctule	चमगिदड़ी, दुर्गन्ध, दुर्गन्धित
Nocturia	रात्रिमेह, नक्त-मूत्रता
Nocturnal	रात्रिचर, नैश, रात्रि सम्बन्धी
Nocuous	विषैला, हानिकारक
Nod	सिर हिलाना या झुमाना
Nodal	ग्रन्थिल, आसन्धि, निस्पन्द, पातिक, पात-
Noddle	मस्तक, मस्तक का पिछला भाग, सिर झुकना
Node, Nodus, Nodi (pl.)	ग्रन्थि, पर्व, आसन्धि, पात, पर्णसन्धि, गाँठ, निस्पन्द बिन्दु
Nodose	गाँठदार, ग्रन्थिल, गँठीला,
Nodo-venous	लसीका ग्रन्थि-शिरीय
Nodular	पर्विकीय, ग्रन्थिकीय, ग्रन्थिल, पर्विल, ग्रन्थिकामय, गँठीला
Nodularity, Nodosity	ग्रन्थिलता, गँठीलापन
Nodulated	ग्रन्थिकयित, पर्विकित
Nodulation	ग्रन्थिकायन, ग्रन्थिकाभवन, ग्रन्थिकाकरण, पर्विकायन
Nodule, Nodulus	पर्विका, छोटी गाँठ, ग्रन्थिका, पिण्डिका, गुल्म, पिण्ड
Noesis	प्रज्ञान, संज्ञान
Noetic	बौद्धिक
Noetics	बौद्धिकी, मस्तिष्कविज्ञान
Nog	चिप्पड़, खूँटी, लकड़ी का कुन्दा
Noise	शोर, कोलाहल, ध्वनि, रव
Noise pollution	ध्वनि प्रदूषण
Noisome	दुर्गन्धित, घृणित, हानिकर

Noisy	शोरयुक्त, ध्वनिमय, रवकर
Noma	आस्याभिपाक
Nomad, Nomadic	अस्थिर, चलवासी, घुमन्तू, विचरणशील, यायावर
Nomadism	चलवासिता, विचरणशीलता
No-mark	निष्कलंक, निर्अंक, बेदाग़
Nomenclature	नामावली, नामपद्धति, नामतन्त्र, नामकरण
Nominal	नाममात्र, नामीय, नामिक
Nomophobia (a fear of being deprived of mobile phone contact)	चल दूरभाषहीनता भीति, (मोबाइल फोन बिना रहने का भय)
Non- (prefix)	अन-, अ-, निः-
Non-absorbable	अशोषणीय
Nonabsorbent	अनवशोषक, अशोषक
Non-accumulative	असञ्चयी
Non acid soil	अम्लहीन मृदा
Non additive	अनोज्य
Nonadherent	असंलागी
Nonadsorbed, Unadsorbed	अनाधिशोषित, अनवशोषित
Non-adult, Minor	अप्रौढ़, अवयस्क, नाबालिग़
Nonage	अवयस्कता, अप्रौढ़ता
Nonagenarian	नब्बे से सौ साल का व्यक्ति
Nonagon	नवभुज (एक ज्यामितीय आकार)
Non-alcoholic	अमादक, अमद्यसारिक, मद्यहीन, मदिरारहित
Nonary	नवक
Non-autoclavable	अनिपीडताप्य
Non-automatic	अस्वचालित
Non-biodegradable	अजैवविखण्डनीय
Non-buffer	असंघातरोधी
Non-catalytic	अनुत्प्रेरित
Non-cellular,	अकोशिकीय, कोशिकाहीन
Acellular	अकोशीय
Non-chordata (a phylum of non-chordate animals)	अमेरुदण्डी (जन्तुओं का एक संघ)
Non chordate (animals without notochord), Achordate	अमेरुदण्डी (जन्तु)
Non-chromosomal	अगुणसूत्री
Non-ciliate, Non-ciliated, Aciliate, Aciliated	अपक्ष्माभी
Non-cognizable	अनवेक्षणीय
Non-conductor, Bad conductor	अचालक, कुचालक (ताप या विद्युत का)
Non-conformity	प्रतिकूलता, असादृश्य, पार्थक्य, असमविन्यास
Non-dangerous	असंकटकारी, निरापद
Non-diffusible	अविसरणशील
Non-dimensional	अविमीय, अविम
Non-divisible	अविभाज्य
Non-eatable, Nonedible, Inedible	अभोज्य, अभक्ष्य, अखाद्य
Non-effective	निष्प्रभावी, अप्रभावशाली
Non-ejective	अनपसारी, अनिष्कासी
Non-essential	अनावश्यक, अतात्विक
Non-ferrous	अलौह, अलौहीय, अनयस्य
Non-filterable, Unfilterable	अनिस्यन्दनीय
Non-fire food	अदहित भोजन, बिना ताप बना भोजन
Non-flagellate, Aflagellate	अकशाभी, कशाभहीन
Nonflagellated, Aflagellated	अकशाभित
Non-flammable, Non-inflammable	अज्वलनशील, अदाह्य
Non-flowering	अपुष्पी, अपुष्पण, हीनपुष्पण,
Non-granular, Agranular	कणहीन, अकणिक
Non-hygienic, Unhygienic	अस्वास्थ्यकर, रोगकारी
Non-hygroscopic, Unhygroscopic	अनार्द्रताग्राही
Noni (*Morinda citrifolia*, a tropical everygreen flowering tree of coffee family Rubiaceae with edible seeded medicinal multiple fruit)	नोनी (एक वृक्ष व औषधीय सोज्य फल)
Non-immune	अप्रतिरक्षी
Non-infectious, Non-infective	असंक्रामी, असंक्रमणकारी
Non-injurious	अक्षतिकर, चोट न पहुँचाने वाला, घायल न करने वाला
Non-ionic, Unionic	अनायनिक
Non-irritant	अनुत्तेजक, अप्रदाहक
Non-living	निर्जीव, मृत, जड़ (पदार्थ)
Non-luminous	अदीप्त, ज्योतिहीन
Non-magnetic	अचौम्बिक, अचुम्बकीय
Non-medical, Non-medico	अभैषजिक, अचिकित्सीय
Non-metal	अधातु
Non-metalled, Unmetalled	कच्चा या कच्ची (सड़क)

Non-metallic अधात्विक
Non-motile गति-अक्षम, गतिहीन, अचल
Non-nutritive अपोषक, अपोषी, अपौष्टिक
Non-oncogenic अनर्बुदकारी
Non-osmotic अपरासरणी, अनासृतीय
Nonosteogenic अनस्थिजनी
Non-palatable अस्वादिष्ट, अरुचिकर
Non-pathogenic अरोगजनी, अरोगकारी अविकारी, अव्यधिजनक
Non-penetrable अभेद्य, अवेध्य
Non-penetrant अभेदक, अवेधक
Non-persistent अदीर्घस्थायी
Non-point अनिर्दिष्ट, बिन्दु-इतर
Non-poisonous निर्विष, विषहीन, अविषी
Non-polar अध्रुवीय
Non-potability अपेयता
Non-potable अपेय
Non-productive अनुत्पादी
Non-proliferation परमाणु प्रसार निरोध, अप्रचुरोद्भवन
Non-renewable अनवीकरणीय, अपूर्य
Non-resistance अप्रतिरोध
Non-resistant अरोधक, अप्रतिरोधी
Non-resilient अनम्य
Non-retractile अनाकुञ्चनशील, अप्रत्याकृष्य
Non-sane, Insane अस्वस्थ, अप्रकृतिस्थ, विक्षिप्त, उन्मादी
Non-smoker अधूम्रपानकर्ता, धूम्रपान न करने वाला
Non-soluble, Insoluble अविलेय, अघुलनशील
Non-specific, Unspecific अविशिष्ट
Non-staining अरञ्जनकारी, अनभिरञ्जी
Non-standard अप्रामाणिक, मानकेतर, अप्रमाप
Non-static अस्थैतिक, अस्थिर, अस्थापी
Nonstick, Nonsticking अलग्न, निर्लेप, अलग्नी
Non-stop अविराम, निरन्तर
Non-striated अरेखित
Non-susceptible असुग्राह्य, असंवेद्य
Non-technical अप्राविधिक, अपारिभाषिक
Non-toxic निराविषी, अविषाक्त, अविषालु
Non-toxicity अविषालुता, निराविषालुता, अविषाक्तता
Non-transferable अहस्तान्तर्य, अनन्तरणीय
Non-uniform असमरूप
Non-variant अचर
Non-vegetarian अशाकाहारी, आमिषभोजी, मांसाहारी
Non-venomous निर्जीविष, जीविषहीन
Non-viable जीवनाक्षम, अनंकुरण्य (बीज), अव्यवहार्य
Non-violent अहिंसक, अहिंसात्मक
Non-virulent असांघातिक, अरोगकारी, अविषालु
Non-vital अजीवनीय
Non-volatile अवाष्पशील, स्थिरचित्त
No observed adverse effect level (NOAEL) शून्य प्रोक्षित प्रतिकूल प्रभाव स्तर
No observed effect concentration (NOEC) शून्य प्रेक्षित प्रभाव सान्द्रता
Noodle सिर, मूर्ख
Noodles अण्डे की सिवँई, सिवँई, कपड़े की कतरन
Nook कोना, एकान्त स्थान
Noon दोपहर, मध्याह्न
Noose पाश, फाँस, गाँठदार फन्दा
Nootropic मेधावर्धी, बुद्धिवर्धी
Norm सामान्यक, मानक सिद्धान्त, मानदण्ड, प्रतिमान
Normal सामान्य, प्रसामान्य, प्रसम, अभिलम्बीय, प्रमाणक
Normal angle अभिलम्ब कोण
Normalized प्रसामान्यीकृत, मानकीकृत सामान्यीकृत, प्रमाणकित
Normalcy, Normality सामान्य स्थिति, सामान्यता, प्रसमता, प्रसामान्यता
Normalization प्रसामान्यन, सामान्यीकरण
Normal pressure सामान्य दाब, मानक दाब
Normal solution (a solution of one equivalent gram of solute per litre of solvent) तुल्यांकी विलयन
Normal temperature pressure (NTP) सामान्यताप दाब
Normative मानकीय, नियामक, प्रासमिक
Normoblast, Haemonormoblast सुलोहिताणुकोरक, रुधिर कोशिका कोरक
Normochromic सामान्य वर्णी
Normocyte, Normoerythrocyte सामान्याणु, सुलोहिताणु
North उत्तर (दिशा)
Northern उत्तरीय
Northing उत्तरान्तर

North polar	उत्तरी ध्रुवीय
North pole	उत्तरी ध्रुव, सुमेरु
Nose, Nasus	नासा, नासिका, नाक, थूथन
Nose bleed, Nose bleeding	नासा रक्तस्राव, नकसीर
Noser	तेज़ प्रतिवात
Nosetiology, Nosazontology	व्याधिहैतुकी
Nosing	गोला
Nosocomial	रोगीजन्य, रुग्णताजनित
Nosogenesis, Pathogenesis	व्याधिजनन, रोगजनन, रोगोत्पत्ति
Nosography	रोगविवरण, रोगचित्रण
Nosology	रोगवर्गीकरण विज्ञान, रोगवर्गिकी
Nosomycosis	परजीवी कवकार्ति
Nosophobia	रोगभीति, व्याधिभय
Nosophobic	रोगभीरु
Nosophyte	रोगपादप, व्याधिकारी पौधे
Nosotoxic	रोग-विषाक्त, व्याधिविषालु
Nosotoxicity	रोग-विषाक्तता, व्याधिविषालुता
Nosotoxicosis, Toxicosis	रोगविषरुग्णता
Nosotoxin	रोगाविष, व्याधिविषि
Nostalgia, Home sickness	गृह-विरह, गृह-आतुरता, घर की याद आना
Nostril, External naris	नासारन्ध्र, बाह्यनासाद्वार, नथुना
Nostrum	नीम हकीमी निजी दवा, गुप्त औषधि, अचूक दवा
Not detected	असंसूचित,
Not determined	अज्ञात, अनिश्चित, अनिर्धारित
Not done	अकृत, न किया हुआ
Notal	पृष्ठीय, पृष्ठकीय, पीठ का
Notarium	पृष्ठालि
Notate, Notation	अंकित करना, अंकन चिह्नांकन (पद्धति), संकेतन (गणित में), स्वरांकन, स्वरलिपि (संगीत की)
Notch	खाँचा, खाँच, खाँचा बनाना, कोणकशन, तंग घाटी
Notched	खाँचित, खाँचेदार
Notion	धारणा, विचार, उद्देश्य
Notional	वैचारिक, सैद्धान्तिक
Notocentrous	पश्चोत्तर केन्द्री
Notochord (a flexible rod like structure in some chordate embryos and also in adults)	पृष्ठरज्जु, पृष्ठमेरुरज्जु, भ्रूणपृष्ठरज्जु, आद्यपृष्ठवंश
Notogenesis, Notogeny	पृष्ठरज्जुजनन
Notopodium, Notopodia (pl.)	पृष्ठपाद, पृष्ठशाखा
Notostracan	सपृष्ठवर्मी
Nought, Naught	शून्य
Nourish, Nurture	पोषण करना, पोषाहार देना
Nourishing	पोषण, पुष्टिकर
Nourishment	पालन-पोषण, पोषाहार
Nous	बुद्धि, बुद्धित्व, प्रज्ञा
Nova, Novae (pl.)	नवतारा
Novation	नवाचार
Novel	नूतन, नव, नवीन, विलक्षण
Novelty	नवीनता, नूतनता, नयापन
Novocaine, Procaine (a local anaesthetic drug)	दर्दनाशक, निश्चेतक, सुन्नकर (औषधि)
Novocation	पीड़ाहरण, दर्दनाशन, नवाचेतनीप्रयोग
Novovirus (winter vomiting bug)	नवविषाणु
Noxa, Noxae (pl.)	क्षत, हानि, घाव
Noxious	अनिष्टकारी, पीड़ाकारक, हानिकर
Nozzle	प्रोथ, तुण्ड, चोंच, टोंटी
Nub, Nubble	छोटी गाँठ, छोटी घुण्डी
Nubile	प्रसव योग्य, विवाह्य, प्रसवक्षम
Nubility	प्रसवक्षमता
Nucellar, Nucelleus	बीजाण्डकाय
Nucha, Nape	घाटा, घाटिका, कन्धरा, गुद्दी (गले का पिछला भाग)
Nuchal	घाटीय, घाटिकीय, गुद्दी सम्बन्धी
Nuciferous	दृढ़फलधर
Nuclear	नाभिकीय, नाभिक, केन्द्रकीय, केन्द्रक-
Nuclear debris/ waste (radioactive residue of exploded nuclear weapons)	नाभिक अवशेष, रेडियोधर्मी अपशिष्ट
Nuclear fission (splitting of nucleus of an atom)	नाभिकीय विखण्डन
Nuclear fussion (collision of two or more nuclei at very high speed and join to form a new atomic nucleus)	नाभिकीय संलयन

Nuclear magnetic resonance imaging (NMRI) नाभिकीय चौम्बिक अनुनाद बिम्बन
Nuclear membrane केन्द्रक झिल्ली, नाभिक कला
Nuclear particle (particles of matter, smaller than hydrogen atom) नाभिकीय कण
Nuclear physics (a branch of physics dealing with constituents and interaction of atomic nuclei) नाभिकीय भौतिकी
Nuclear power (nuclear energy, released by nuclear fission of Uranium) नाभिकीय शक्ति, नाभिकीय ऊर्जा
Nuclear sap, Nucleoplasm, Karyoplasm (ground liquid of cell nucleus) केन्द्रकरस, नाभिकद्रव्य
Nuclear waste/ debris (residue of nuclear weapons after explosion) नाभिकीय अपशिष्ट (उत्सर्ग)
Nuclear weapon अणु अस्त्र
Nucleate, Nucleation नाभिक (केन्द्रक) बनना या बनाना, नाभिकन, केन्द्रकन
Nucleated सनाभिक, आकेन्द्रित, केन्द्रकित, नाभिकित
Nucleie acid (a significant biomolecule of cell and its nucleus) नाभिकाम्ल, केन्द्रक अम्ल
Nucleiform केन्द्रकाकार, नाभिकरूपी
Nucleoid केन्द्रकाभ, नाभिकवत्
Nucleolar अणुनाभिकीय, केन्द्रिकीय
Nucleolar matrix केन्द्रिका आधात्री
Nucleole, Nucleolus केन्द्रिका, अणुनाभिक
Nucleoloid केन्द्रिकाभ, केन्द्रिकावत्
Nucleolysis नाभिकांशन, केन्द्रकलयन
Nucleon (one of the particles constituting atomic nucleus) नाभिकाणु
Nucleonics नाभिकी, केन्द्रकविज्ञान
Nucleophilic, Nucleophile नाभिकस्नेही, केन्द्रकरागी
Nucleophilicity, Nucleophilism, Nucleophily नाभिकराग, केन्द्रकस्नेह
Nucleoplasm Karyoplasm केन्द्रकद्रव्य, नाभिक प्ररस
Nucleopore केन्द्रकरन्ध्र
Nucleoprotein केन्द्रक प्रोटीन
Nucleosome केन्द्रककाय
Nucleotide केन्द्रकेय, नाभिकेय
Nucleotoxic नाभिकविषाक्त, केन्द्रकविषालु
Nucleotropic नाभिकानुवर्ती
Nucleus, Nuclei (pl.) नाभिक, केन्द्रक
Nude, Nacked नग्न, अनावृत्त
Nudiflorus नग्नपुष्पी
Nudity, Nackedness नग्नता, अनावृत्तता
Nugatory नगण्य, व्यर्थ, अप्रभावी, तुच्छ
Nugget पिण्ड, ढेला, सोने का डला
Null शून्य, सारहीन, नगण्य, बातिल, अकृत, अमान्य, निष्प्रभावी
Null and void अकृत व शून्य, बातिल और शून्य
Null method सन्तुलन विधि, शून्यविक्षेप विधि
Null point सन्तुलन बिन्दु, शून्यविक्षेप स्थिति, निष्प्रभाव बिन्दु
Nullification अभिशून्यन, शून्यन, अकृतीकरण
Nullify रद्द करना, निष्प्रभावी बनाना
Nullipara अप्रसवा
Nulliparous अप्रसवी, प्रसूतिहीन, अप्रजक
Nullity शून्यता, अप्रभाविता, अकृतत्व
Numb जड़ीभूत, सुन्न, स्तब्ध, चेतनाहीन
Number संख्या, गिनना
Numbering संख्यांकन, गणना
Numbness सुन्नता, स्तब्धता, अचेतनता
Numen दिव्य तत्व
Numerable संख्येय, संख्य, गणनीय, गण्य
Numeracy संख्यनन, संख्या-पठन
Numeral अंक, संख्यांक, अंकीय, संख्यात्मक
Numeration परिकलन, संख्यायन, गणन, गणना प्रणाली
Numerator गणक, अंकित्र, अंश, लव
Numeric राशि, अंकीय, संख्यासूचक
Numerical संख्यात्मक, संख्यावाचक, सांख्यिक, संख्या-

Numerical value संख्यामान
Nummiform चक्रिकारूपी, सिक्के जैसा
Nummulite सिक्कारूपी अश्मीभूत घोंघा
Numnah नमदा
Nuphar, Water lily, Nenuphar (*Nuphar* sp., a freshwater flowering rhizomatous plant of family Nymphaeaceae) कुमुद, कुमुदिनी (एक सरोवरी पुष्पी पौधा)
Nuptial वैवाहिक, विवाह सम्बन्धी
Nuptiality वैवाहिकता, विवाहावृत्तिता
Nurse (female) धात्री, परिचारिका, उपचारिका
Nurse (male) धात्र, परिचारक, उपचारक
Nursery संवर्धनगृह, पौधशाला, बालकक्ष, रोपणी
Nursery pond संवर्धन तालाब
Nursing परिचर्या, उपचार, उपचर्या
Nursing father पालक पिता
Nursing home परिचर्या गृह, उपचार गृह
Nursing mother धाय, स्तन्यदा माता
Nursling, Nurseling दुधमुँहा बच्चा, पोष्य
Nurture पालन-पोषण, परवरिश, परिपोषण करना
Nut दृढ़फल, ढिबरी, फल गिरी
Nutate हिलना-डुलना, कुम्हलाना, ऊँघना
Nutation शिखाचक्रण, वर्तुलवर्धन, अक्ष, विचलन, सर्पिलवर्धन, विदोलन
Nutatory शिखाचक्री, वर्तुलवर्धी, सर्पिलवर्धी, विदोली
Nut brown बादामी रंग
Nut cracker (a metallic levered tool to cut or open nuts by cracking) सरौता
Nut gall माजूफल
Nut grass (*Cyperus rotundus,* a perennial flowering medicinal weed herb of family Cyperaceae with bulbous rhizome in root having fragrance) नागरगोथा, मोथा
Nut-hatch कठफोड़ा
Nutmeg जायफल
Nutmeg liver रुग्ण यकृत
Nutraceutical पोषजीय, पोषभेषज
Nutraceutics पौषिकी
Nutria, Fur skin बड़े बालदार खाल
Nutri-cereal, Nutri-grain, Coarse cereal पोषान्न, मोटा अनाज
Nutrient पोषक, पोषी
Nutriment, Nutrition पोषण, पोषक-आहार, पोषाहार
Nutrimental पोषाहारीय
Nutri-nugget पोषपिण्डी, पौष्टिक ढला (एक सोया उत्पाद)
Nutriology पोषणविज्ञान, पोषविज्ञान
Nutritional पोषणीय, पोषणज, पौषणिक
Nutritionist पोषण-विज्ञानी, पोषणविज्ञ
Nutritive, Nutritious पोषणशील, पोषक, पुष्टिकर, पौष्टिक
Nutritive cell पोषक-कोशिका, पोषीकोशा
Nutritive value पौषणिक मान, पोषकमान, पोषार्हा
Nutritive zooid पोषक जीवक
Nutriture पोषणस्तर
Nutrose शुष्कदुग्ध पोषाहार
Nut shell खोपा, बाहरी कठोर भाग, गिरी छिलका, संक्षेप
Nux, Nut दृढ़फल, काष्ठाफल, गिरी
Nux vomica कुचला (एक औषधि)
Nuzzle नाक से खोदना, थुथनियाना
Nyct-, Nycti-, Nycto- (prefix) निशा-, नक्त-, रात्रि-
Nyctalopia नक्तान्धता, रतौंधी, निशान्धता
Nyctanthous, Noctiflorous नक्तपुष्पी, निशापुष्पी
Nyctinastic निशानुकुञ्चनी, नक्तवक्रिम
Nyctitropism, Nyctitropy निशानुवर्तन, निशानुवर्तिता, निद्रानुवर्तन
Nyctophobia निशाभीति, अंधकार से भय
Nyctophobic निशाभीरु
Nymph (an immature stage during insect development) अर्भक, शिशुकीट, कोष, अप्सरा
Nymphalid परी तितली
Nymphoid शिशुकीटाभ, अर्भकवत्
Nympholepsy भावोन्माद
Nympholept भावोन्मादी
Nymphomania कामोन्माद (स्त्री में)
Nymphomaniac कामोन्मादिनी
Nystagmiform, Nystagmoid अक्षिदोलकाकार, अक्षिदोलकाभ
Nystagmus (a disorder of involuntary eye movement) चक्षुचलता, अक्षिदोलन (एक नेत्र विकार)

O

English	Hindi
Oasis	मरूद्यान, नखलिस्तान
Oak (*Quercus* sp., a small timber tree of beech family Fagaceae used for oak wine)	शाहबलूत, बलूत, सरु, वञ्जु, वञ्जुल, बाँज (वृक्ष)
Oast, Kiln	भट्ठा, भट्ठी
Oat (*Avena sativa*, a cereal of grass family Poaceae)	जई (एक धान्य/अन्नाहार)
Obcecation	अंशान्धता, आंशिक अन्धता
Obclavate	प्रतिमुद्गराकार
Obcompressed	प्रतिसम्पीडित
Obcordate, Obcordatus	प्रतिहृदयाकार, हृदयाकार, अधोमुख
Obcuneate	प्रतिस्फानाकार
Obdormition	निश्चेतना, सुन्न होना/करना
Obduction	आच्छादन, ढकना, झाँपना, पर्दा डालना
Obect	आबद्ध
Obese	स्थूल, मेदुर, मोटा
Obesity	स्थूलता, मेदुरता, मोटापा
Obesogen	स्थूलजन, मेदुकारी, मोटापा लाने वाला
Obfuscation	अँधेरा करना, अँधेरा, भ्रम, धुँधलापन, घबराहट, छुपाना
Object	वस्तु, बिम्ब, प्रयोजन
Objective	वस्तुनिष्ठ, उद्देश्य, यथार्थ
Objective lens	अभिदृश्यक ताल
Object lens	अभिदृश्य ताल
Object point	बिम्ब बिन्दु, बिन्दु वस्तु
Oblate	चपटा, लघ्वक्ष, ध्रुवचिपिट
Obligate	अविकल्पी, आभारी, नियत
Obligatory parasite	अनिवार्य परजीवी, अविकल्पी परजीवी
Obligatory	अनिवार्य, बाध्यकारी, अपरिहार्य
Oblique, Obliquus	तिर्यक्, तिरछा, तिरश्ची
Obliquity	तिर्यक्ता, तिरछापन, विपथगमन
Obliterate	विलुप्त करना, विरूपित होना
Obliterated	विलुप्त, अभिलोपित
Obliteration	विलोपन, अभिलोपन, मिटाना, विरूपण
Obliterative	विलोपी, मिटाने वाला
Oblivion	विस्मरण, विस्मृति
Oblivious	विस्मरणशील, भुलक्कड़
Oblong, Oblongatus	दीर्घाकार, दीर्घायत, आयत, आयताकार
Oblongated	दीर्घायित, दीर्घीकृत
Obmutescence	गूँगापन, मौन, चुप्पी
Obnoxious	घृणित, घृणास्पद, हानिकर
Obnubilate	अँधेरा करना, छिपाना, ढकना
Oboval, Obovate, Obovoid	प्रत्यण्डाकार, अभ्यण्डवत्, प्रत्यण्डाभ
Obscenity	कामुकता, अश्लीलता
Obscuration	प्रच्छादन, तमाच्छादन, दुरूहण, धुँधला बनाना, धुँधलापन
Obscured	अस्पष्ट, धुँधला, अल्पदृश्य
Obscured glass (froasted, ground or transluscent glass, transmit light but does not allow to view an object on other side)	धुन्ध काँच, धुँधला काँच
Obscurity	अस्पष्टता, धुँधुलापन, दुर्बोधता
Obsequent	प्रत्यनुवर्ती, प्रतिगामी
Obsequies	अन्त्येष्टि क्रिया, दफ़न
Observable	प्रेक्ष्य, प्रेक्षणीय, अवकलनीय
Observation	प्रेक्षण, अवकलन, अवलोकन
Observatory	वेधशाला (खगोलीय अवलोकन हेतु अध्ययनशाला)
Observed	प्रेक्षित, अवलोकित
Observer	प्रेक्षक, पर्यवेक्षक, अनुवीक्षक
Obsess, Obsession	मनोग्रस्त करना, सम्मोहित/अभिभूत होना, सनक, सम्मोह, मनोग्रस्ति, मनोग्रसन, सम्मोहन
Obsessional	मनोग्रसनीय, सम्मोहनीय
Obsessive	मनोग्रस्त, भ्रामक
Obsessive compulsive disorder (OCD)	भ्रामक बाध्यकारी विकार (एक मनोरोग)
Obsidian	लावा काँच, आग्नेय काँच
Obsinate	दुःसाध्य, दुराग्रही, ज़िद्दी
Obsolescence	अप्रचलन, अपक्षय, लोप
Obsolescent, Obsolete	लुप्त, अप्रचलित, अप्रयुक्त, प्रयोगबाह्य, अप्रयोज्य
Obstacle, Hurdle	बाधा, अवरोध, रुकावट
Obstetric, Obstetrical	प्रसूति, प्रसव सम्बन्धी, प्रासविक, प्रसूतिक
Obstetrician, Obstetrist	प्रसूतिविशेषज्ञ, प्रसवविज्ञानी
Obstetrics	प्रसूतिकी, प्रसूतिविज्ञान, प्रासविकी, धात्री-विद्या
Obstipant	कोष्ठबद्धकारी, क़ब्ज़कारी

Obstipation	अतिअपच, घोर क़ब्ज़
Obstructed labour	अवरुद्ध प्रसव, रुद्ध प्रसव
Obstruction	बाधन, अवरोधन, अटकाव
Obstructive	अवरोधी, प्रतिरोधात्मक
Obstruent, Obstructor	स्वर अवरोधक, बाधक, विघ्नकर्ता
Obtainable	प्राप्य, सुलभ, ग्राह्य
Obtect	ढकना, झाँपना
Obtected	आच्छादित, बाह्याच्छादित, बाहरी खोल से ढका
Obtrude	बाहर निकला होना, थोपना
Obtruncate, Obtruncation	सिर काटना, पेड़ों की फुनगी काटना, फुनगियाना
Obtrusion	बहिर्वृद्धि, ढकेलना, घुसपैठ
Obtund	कुण्ठित, मृतप्राय
Obtundation	अवसादन, कुण्ठित करना
Obtundent	मन्दक, कुण्ठकारी
Obtundity	मन्दता, कुण्ठा
Obturate	अवरुद्ध करना, बन्द करना
Obturation	पश्चरोध, अवरोध
Obturator	गवाक्ष, सेतुक, संवारक
Obturator foramen	श्रोणि रन्ध्र, गवाक्ष/रन्ध्रक, आसंवृत छिद्र
Obturator nerve	श्रोणिरन्ध्रीय तन्त्रिका, आसंवृत तन्त्रिका
Obtuse	कुन्द, कुण्ठाग्र, मन्दबुद्धि
Obtuse angle	अधिक कोण
Obtusifolius	कुण्ठाग्रपर्णी, कुण्ठपत्री
Obtusilobatus, Obtusilobus	कुण्ठपालि
Obtusion	कुण्ठित होना, अवकुण्ठन
Obtusipetalous	कुण्ठदलीय
Obtusus	कुण्ठ, कुण्ठाग्र
Obuscate	अँधेरा करना, छिपा देना
Obverse	चित, प्रतिमुख, अग्रभाग
Obversion	प्रतिवर्तन, औंधाना
Obvert, Obverted	औंधा करना, प्रतिवर्तित
Obviate	निवृत्त करना, हटाना, प्रतिरोध करना
Obviation	निराकरण, निवारण, प्रतिरोध
Occipital (bone)	अनुकपाली, पश्चकपालस्थि
Occiput	अनुकपाल, पश्चकपाल
Occlude	बन्द करना, अवरुद्ध करना
Occlusion	निचूषण, अधिधारण, संरोधन, अवरोध, संवारण
Occlusive	रोधी, निचूषी, अवरोधी, अन्तर्रोधी, संवारी
Occlusor	संवारक, अवरोधक
Occulated, Occult	गूढ़, गुप्त, गुह्य
Occultation, Eclipse	अपगूहन, निगूहन, छिपाना, प्रच्छादन

Occupational	व्यावसायिक, व्यवसायजनित
Occupational therapy	व्यावसायिक चिकित्सा
Occurrence	पाया जाना, प्राप्ति, घटना
Occursion	संघट्टन
Occus	भोजशाला
Ocean	महासागर, समुद्र, सिन्धु
Oceanad	सागरपादप
Oceanarium	समुद्रशाला, समुद्रजीवशाला
Oceania (a geographical region of islands in south east in Pacific ocean including Australia and New Guinea etc.)	ओसीनिया (15 देशों का एक द्वीप समूह)
Oceanic	महासागरीय, सागरीय, समुद्री
Oceanity	समुद्रता, सागरता
Oceanobiocycle	समुद्रजैवचक्र
Oceanobiology	महासागरीय जीव विज्ञान, समुद्रजैविकी
Oceanographic, Oceanological	समुद्र वैज्ञानिक
Oceanography, Marine Science, Oceanology	समुद्र विज्ञान, महासागर विज्ञान
Oceanophyte	समुद्रपादप, समुद्री वनस्पति, सागरोद्भिद्
Ocellar	नेत्रकीय, नेत्रक, अक्षिका
Ocelliform	नेत्रकरूप
Ocellus, Ocelli (pl.)	नेत्रक (अकशेरुकी जन्तुओं की)
Ocelot (*Leopardus pardalis*, a dwarf leopard or wild cat of family Felidae)	वन विडाल, (एक अमेरिकी बिल्ली)
Ochlesis	कुसंकुलता
Ochlophobia, Ochlophobe	भीड़भीति
Ochlophobic	भीड़भीरु, भीड़ से डरनेवाला
Ochre (a red soil with ferric oxide)	गेरू, गैरिक
Ochrea, Ocrea	नालचोल, परिवेष्टक
Ochreate, Ocreate	नालचोलीय
Ochreous, Ochrous	गैरिक, गेरुआ, पाण्डुर
Ochronosis, Alkaptonuria Phenol poisoning	पीतवर्णता, सन्धिरोग, संयोजी ऊतक श्याम-नीलवर्णता
Ochthad	तटपादप
Ochthimium	तटसमुदाय विकार

Oct- (prefix)	अष्ट-
Octad, Ogdoad	अष्टक, अट्ठा
Octagon, Octogon	अष्टभुज, अष्टकोण
Octagonal, Octogonal	अष्टभुजाकर, अष्टभुजीय, अष्टकोणीय
Octagynous	अष्टवर्तिक, अष्टजायांगी
Octahedral	अष्टफलकीय, अष्टनीकीय
Octahedron	अष्ट-फलक, अष्टनीक
Octandrous	अष्टपुंकेसरी
Octane number	अष्टीन्य संख्या
Octangular	अष्टकोणीय
Octant	अष्टांशक, अष्टमांशक, अष्टम, अष्टमक
Octastyle	अष्टस्तम्भ
Octave	अष्टक
Octavalence	अष्ट-संयोजकता
Octavalent	अष्ट-संयोजी, अष्टसंयुज
Octellion, Quadrilliard	परार्ध (1×10^{27})
Octennial	अष्टवार्षिक
Octet	अष्टक (परमाणु के बाह्य कक्षा में आठ इलेक्ट्रानों की पूर्ण संख्या), अष्टपदी
Octodont, Octodontid (a medium-sized nocturnal herbivorous burrowing rodent of family Octodontidae)	अष्टदन्ती, अष्टदन्तकी
Octogenarian	अशीतिवर्षीय, अस्सी वर्षीय
Octonal, Octonary	अष्टक, अष्टमय
Octopetalous	अष्टदली
Octoploid	अष्टगुणित, अष्टगुण
Octoploidy	अष्टगुणिता
Octopod (any cephalopod mollusc of order Octopoda)	अष्टपाद
Octopus (*Octopus vulgaris*., a marine cephalopod mollusc of order Octopoda with eight arms bearing sessile suckers)	अष्टभुज अष्टबाहु (एक शंखवर्गीय समुद्री जन्तु)
Octozoic	अष्टबीजाणुज
Octuple	अष्टगुणा, अठगुना, अष्टविध
Ocular	चाक्षुष, नेत्रीय, नैत्रिक, वीक्ष
Oculentum	स्नेहाञ्जन, तैलीय अञ्जन
Oculist, Ophthalmologist	नेत्ररोगविशेषज्ञ, नेत्र चिकित्सक
Oculistics	नेत्रचिकित्सा विज्ञान
Oculometer	अक्षिमापी
Oculomotor	अक्षिचालक, नेत्रचालक
Oculopathy	नेत्रविकार
Oculo-vestibular	अक्षि-प्रघाणीय
Oculus, Eye	नेत्रिका, गवाक्ष (गोल झरोखा) अक्षि, आँख, नेत्र
Odd	अयुग्म, विषम, असंगत
Odds	असमानता, भिन्नता, असंगति
Odeum, Odea (pl.), Odeon	संगीतकक्ष, संगीतशाला
Odious	घृणित, घृणास्पद, अप्रिय
Odium	घृणा
Odograph	पथालेखी
Odometer	चक्रमापी, चक्करमापी
Odonatology (a study of dragonflies)	व्याध मक्षिका (ड्रैगान मक्खी) विज्ञान
Odontalgia, Odontodynia, Toothache	दाँत का दर्द, दन्तशूल
Odonto- (prefix)	दन्त-
Odontoblast layer	दन्तकोशिकाप्रसू स्तर
Odontogenesis, Odontogeny	दन्तोत्पत्ति, दन्तविकसन
Odontogenic	दन्तजनी, दन्तोद्भवी, दन्तोद्गामी
Odontoid	दन्ताभ, दन्तवत्, दाँत जैसा
Odontology	दन्तविज्ञान, दन्तिकी
Odontoma	दन्तार्बुद
Odontopathy	दन्तरोग, दन्तविकार
Odontophore	रेत्रिकाधर
Odontosis	दन्तोद्भव, दन्तविकास
Odorant, Odourant	(सु)गन्धकर
Odoratus, Odoriferous, Odorous, Aromatic	सुगन्धित, सुवासित, सगन्ध, गन्धवाही
Odour, Odor, Smell	गन्ध, वास
Odourless	गन्धहीन, निर्गन्ध
Odynophagia	कष्टग्रसन (भोजन निगलने में दर्द होना)
Oecology, Oikology, Ecology	पारिस्थितिकी, परिस्थितिविज्ञान
Oedema, Edema	शोफ, शोथ, सूजन, जलीय शोथ
Oedematous, Edematous	उदस्फीत
Oedipus complex	मातृरति, मातृमनोग्रन्थि
Oedogonium, Oedogonia (pl.)	शूनयोनि

Oenanthic द्राक्षिक
Oenocyte, (a large clustered secretory cells in trachea of most insects) पीताणु, तृणाभकोशा
Oenocytoid पीताणुभ, तृणाभकोशावत्
Oenology, Enology (a Greek word oinos means wine - a science of production and evaluation of wine) सुराविज्ञान, द्राक्षिकी
Oesophageal ग्रसिकीय, ग्रासनलीय, ग्रसिका-
Oesophagitis ग्रासनली शोथ
Oesophagus, Esophagus ग्रसिका, ग्रासनली
Oestrogen, Estrogen मदजन, स्त्रीमदजन, स्त्रीअन्तःस्राव
Oestrum, Estrum मदचक्र, कामोन्माद, छोटा कीड़ा
Oestrus, Estrus स्त्रीमद, उन्माद, गोमक्षिका
Oestrus cycle मदचक्र, स्त्रीमदचक्र
Off अलग, पृथक्, लुप्त, बन्द
Offal उच्छिष्ट, तलछट, कूड़ा-करकट, मांस के छिछड़े
Off-balance असन्तुलन
Off-color, Off-colour, Off-coloured रंगहीन, अपवर्णी, अस्वस्थ
Off-cut अपकृत्त
Offending त्रासक, अप्रिय
Offensive आक्रामक, अरुचिकर, घृणास्पद
Office syndrome (symptoms of diseases linked with work in office for long duration) कार्यालयजनित रोग संलक्षण
Officinal औषधिशास्त्रीय, अधिकृत
Officinalis औषधिक
Offing दृश्यक्षितिज, दूर समुद्र
Off-print अनुमुद्रित प्रति
Offscourings कूड़ा करकट, तलछट, उच्छिष्ट
Off-season ऋतुबाह्य, कालेतर, बेमौसम
Offset भूस्तरिका, क्षैतिज विस्थापन, एक प्रकार की छपाई
Offshoot प्रशाखा, शाखा, व्युत्पन्न
Offshore प्रतितट, अपतट, तटविमुख
Off side दाहिनी ओर, परला सिरा
Offspring सन्तान, उपज, अपत्य
Off white श्वेताभ, हल्का सफ़ेद
Ogygian प्रागैतिहासिक, पुरातन
Ohm (Ω, named after German physicist Georg Simon Ohm, 1789-1854 A.D.) ओम (विद्युत प्रतिरोध की एक इकाई)
Ohmmeter (an electrical instrument to measure electrical resistance) ओममापी, ओममीटर
Oidium, Oidia (pl.) सूत्रबीज, चिपिटबीजाणु, कण्यावस्था, कण्यासिता
Oidium cell कण्यावस्था कोशा
Oil, Oleum तैल, तेल
Oil bath तैलकुण्डी, तैलनिमज्जनी, तैलऊष्मक
Oil cake खली (पेराई के बाद ठोस तिलहन अवशेष)
Oil cloth, Oil skin मोम जामा
Oil colour तैलरंग
Oil field तेल-क्षेत्र
Oiliness तैलाक्तता, तैलीयता, स्निग्धता
Oiling तैलन, तेल देना/लगाना
Oil mill कोल्हू, तेल कारख़ाना
Oil of vitriol (sulfuric acid) गन्धक का अम्ल, व्यंग्य का तेल
Oil paint तैल-लेप
Oil paper तेलिया काग़ज़
Oil proof तैलसह, तैलरोधी
Oil reservoir तैलाशय
Oil seed तिलहन, तेलहन
Oil shale, Oil stone तैल शिला, सिल्ली
Oil slick पानी पर तेल का फैलाव
Oil well तैलकूप, तेल का कुआँ
Oily, Oiled तैलीय, तैलयुक्त, स्निग्ध, तैलाक्त
Ointment विलेप, मरहम
Okapi, Zebragiraffe (*Okapia johnstoni*, a wild endangered mammal of family Giraffidae with long neck and zebra like stripes on leg, native to central Africa) ओकापी (एक ज़िराफ़ प्रजातीय वन्य स्तनधारी)
Okra, Lady's finger ऑक्रा (भिण्डी जैसी एक सब्ज़ी)
Old age वृद्धावस्था, जीर्णावस्था
Olden प्राचीन, जीर्ण करना

Oleaginous, Oily तैलीय, तैलोत्पादी, वसीय
Oleander (*Nerium oleander*, a perennial flowering shrub of family Apocynaceae) कनेर, करवरि (एक पुष्पी पौधा)
Oleaster जंगली जैतून
Olecranon कफोण्यग्र (कुहनी में अन्तः प्रकोष्ठिका हड्डी का सिरा), कर्पूर, कपूर
Oleferous तैलद, तैलमय
Olefiant तैलकर, तैलोत्पादी
Oleic तैल, म्रक्षिक
Oleocyst तैलपुटी
Oleograph तैलचित्र, रंगीन शिलामुद्र
Oleomargarine चर्बी-मक्खन
Oleometer, Elaeometer तैलमापी
Oleotherapy तैलचिकित्सा
Olericulture शाक संवर्धन
Olfaction घ्राण, घ्राणबोध, घ्राणक्रिया
Olfactometer गन्धमापी
Olfacto-receptor घ्राणसंवेदांग, गन्धग्राही
Olfactory घ्राणीय, घ्राण-
Olfactory nerve घ्राण-तन्त्रिका
Olfactory organ घ्राणेन्द्रिय, घ्राण-अंग
Olfacto-tactile घ्राणस्पर्शी, गन्धस्पृश्य
Olibanum, Frankincense (an aromatic resin from *Boswellia* sp., a tree of family Burseraceae) लोबान (एक सुगन्धित धूम्रकारी पदार्थ)
Olid दुर्गन्धयुक्त, बदबूदार
Oligaemia, Oligemia, Olighemia (deficiency of blood in body) अल्परक्तता, रक्ताल्पता
Oligo- (a Greek word oligos means little-prefix) स्वल्प, अल्प-
Oligoandrous अल्प पुंकेसरी
Oligocene अल्पनूतन (युग)
Oligodactyly अल्पांगुलिता
Oligodynamic, Oligoactive अल्पसक्रिय
Oligodynamism, Oligodynamy अल्पसक्रियता
Oligohaline अल्पलवणी (0.5-5.0 पी.पी.टी. लवणता)
Oligohaemia, Oligohemia रक्ताल्पता, अल्परक्तता
Oligohydrominos अल्प उल्बोदकता
Oligomer अल्पतय, स्वल्पक
Oligomerization अल्पतयन, स्वल्पकन
Oligomerous स्वल्पकीय, अल्पतयी, अल्पभागी
Oligophagia, Oligophagy अल्पभक्षण, अल्पभोजिता
Oligophagous अल्पभक्षी, अल्प भोजी
Oligophrenia अल्पबुद्धिता
Oligophyllous अल्पपर्णी, अल्पपत्री
Oligopod (a larva of carobid beetle with a few thoracic legs) अल्पपाद
Oligopyrene अल्प-यष्टि, अल्पनाभि
Oligorhizous अल्पमूलीय
Oligosaccharide अल्पशर्करेय
Oligospermia, Oligospermy अल्पशुक्राणुता
Oligospermic, Oligospermous अल्पशुक्राण्वी, अल्पबीजी
Oligosporous अल्पबीजाण्वी
Oligotrophic अल्पपोषी
Oliguria, Oliguresis अल्पमूत्रता, अल्पमेह
Oliguric अल्पमूत्री
Olio मिश्रित, खिचड़ी, शोरबा
Olivaceous, Olivary जैतूनी, नस्करी, जैतून जैसा
Olivary body वर्तुलिका
Olive green, Olivine हल्का हरा रंग, पुखराजी
Olive (*Olea europea*, a small tree of family Oleaceae) तैलबदर, जैतून (ताजे बीजों से खाद्य व औषधीय तेल मिलता है)
Olm गुहा, सर्पिका
Omasitis (inflammation of omasum in ruminants) भञ्जिकाशोथ
Omasum, Psalterium तृतीय आमाशय, भञ्जिका
Omatophore नेत्रधर
Ombrometer वर्षामापी
Ombrometric वर्षामितीय, वर्षामापिक
Ombrometrics, Ombrometry वर्षामिति, वर्षा मापिकी
Ombrophilic, Ombrophilous वर्षारागी, वर्षास्नेही
Ombrophobe, Ombrophobia, Ombrophoby वर्षाभीति, वर्षाभीरुता
Ombrophobic वर्षाभीरु, वर्षाभीत

Ombrophyte (plants depending upon rainwater) वर्षोद्भिद्
Omega (Ω, ω, 24th letter of Greek alphabet) ओमेगा (यूनानी वर्णमाला का 24वाँ अक्षर)
Omelet, Omelette, Omllette अण्डपूप, ऑमलेट
Omentitis (inflammation of omentum) वपा शोथ
Omentocele, Epiplocele आन्त्रीय हार्निया
Omentum, Omenta (pl.) वपा, आमाशय-योजनी, युज
Omission त्याग, छूट, विलोपन, भूल
Omicron (O, o, 15th letter of Greek alphabet) ओमाइक्रान (यूनानी वर्णमाला का 15वाँ अक्षर)
Ommatidium, Ommatidia (pl.) नेत्रिका, नेत्रांशक, संयुक्त नेत्रक
Omni- (prefix) सर्व-, प्रति
Omnibihora प्रति दो घण्टे पर
Omnicolous सर्ववासी
Omnicompetent सर्वकार्यक्षम, सर्वक्षम
Omnidirectional सर्वदिशिक, सर्वदिशात्मक
Omnifarious बहुविध, नानारूप
Omnihora प्रति घण्टा, हर घण्टा
Omnimane प्रति प्रातः, हर सुबह
Omninocte प्रति रात, हर रात
Omnipotent, Totipotent सर्वशक्तिमान्
Omnipresent सर्वव्यापी, सर्वविद्यमान
Omnivorous सर्वाहारी, सर्वभक्षी
Omohyoid अंस-कण्ठिका
Omohyoideus अंसकण्ठिनी
Omophagia, Omophagy अपचितभक्षण, कच्चा मांस ख़ाना
Omophagous अपचितभक्षी, कच्चा मांस खाने वाला
Omoplate स्कन्धास्थि
Omosternum पूर्वोरोस्थि
Omphalic नाभीय, केन्द्री
Omphalitis नाभिशोथ, नाभि रज्जुप्रदाह
Omphalocele, Exomphalos नाभि हार्निया, बहिर्नाभीयता
Omphaloma नाभि-अर्बुद, नाभ्यर्बुद
Omphalomesentric नाभ्यान्त्रयोजनी, नाभि-मध्यान्त्रीय
Omphalos, Omphalus, Umbilicus उभार, नाभि, केन्द्र
Onager (*Equus hemionus,* a wild Asian ass of horse family Equidae), Hemione, Wild ass गोरखर (एक जंगली गधा)
Onanism अपूर्णमैथुन, हस्तमैथुन
Onchosphere गोलांकुश
Oncocyte (Greek words onkos+kytos =mass cell, a large acidophilic epithelial cell with excess of mitochondria) अर्बुदकोशा
Oncocytosis अर्बुदकोशता, अर्बुदकोशाधिक्य
Oncogene (a gene potent to cause cancer by proliferating normal cells instead of their apoptosis) कर्कवंशाणु, कैंसरजीन
Oncogenesis, Oncogeny अर्बुदजनन, अर्बुदोत्पादन, अर्बुदोत्पत्ति
Oncogenic, Oncogenous अर्बुदजनी, अर्बुदकारी, अर्बुदजन्य, अर्बुदजनित
Oncogenicity अर्बुदजनकता, अर्बुदजनिता अर्बुदोत्पादकता
Oncogenomics अर्बुद प्रपित्रैकिकी
Oncology (a branch of medical science dealing with tumors) अर्बुदविज्ञान
Oncolysis अर्बुदलयन, अर्बुदांशन
Oncoma, Neoplasma अर्बुद
Oncometer अर्बुदमापी, अंगाकारमापी
Oncometry अर्बुदमिति, अंगाकारमिति
Oncosphere भ्रूण गोलक (फ़ीताकृमि का डिम्भरूप)
Oncotherapy अर्बुदचिकित्सा
Oncothlipsis अर्बुद-दाब, अर्बुदजन्य दाब
Oncotomy अर्बुदोच्छेदन
Oncotropic अर्बुदानुवर्ती
Oncovirus, Cancer virus, Tumor virus (a RNA virus causing cancer or tumor) अर्बुदविषाणु
Ondometer आवृत्तिमापी
One dimensional एकविमी
Oneiric, Oniric स्वप्निल, स्वप्नीय
Oneiro-analysis, Oniro-analyses (pl.) स्वप्न विश्लेषण

Oneirogenic, Onirogenic, Oneirogenous, Onirogenous	स्वप्नकारी
Oneirology, Onirology	स्वप्नविज्ञान
Onerous	दुःसह, कष्टसाध्य, भारी
One track, One way	एक पथ, एक तरफ़ा
Onflow	अग्रवाह, आगे की ओर बहाव
Oniomania	क्रयोन्माद (खरीदने की सनक/नशा)
Oniomaniac	क्रयोन्मादी
Onion (*Allium cepa*, a cultivated annual edible vegetable herb of family Amaryllidaceae/ Alliaceae with under ground bulbous stem)	प्याज, पलाण्डु (एक औषधीय भूमिगत भोज्य तना)
Onisciform	तरुयूकाकार (चिपटा अण्डाकार)
Onkinocele	कण्डराछदस्फीत
Online	पथस्थ, पथ पर
Onobaio	बाणविष
Onomatology	नामविज्ञान, नामिकी
Onomatophobia, Nomatophoby	शब्दभीति, नामभीति
Onomatopoeia	ध्वनि अनुकरण
Onrush	अभिधावन, आस्कन्दन, प्रवाह, बहाव, धावा
Onset	प्रारम्भ, आक्रमण
Onshore	तटोन्मुख, तटवर्ती, अभितट, तट की ओर, तट पर
Ontocline	जीवनत
Ontogenesis, Ontogeny	जीववृत्त, जीवजनन, व्यक्तिचरित्र, व्यष्टि विकास
Ontogenic, Ontogenous	जीववृतीय, व्यक्तिवृतीय
Ontography	जीववर्णन, व्यक्तिवर्णन
Ontology	व्यष्टि विज्ञान, तात्विकी, तत्व मीमांसा
Ontomutation	जीवोत्परिवर्तन
Onychalgia	नखपीड़ा, नाख़ून का दर्द
Onychis	नखशोथ
Onychium, Onychia (pl.)	नखतल्प
Onychodactylus	नखांगुलिक
Onychoid	नखाभ, नखवत्, नाखून जैसा
Onychology	नखविज्ञान
Onychomycosis, Tinea unguium	नखार्ति, नखकवकता
Onychopathy	नखरोग
Onychophora, Onychophoran, Onychophorous	नखी, नखरधारी (प्राणी)
Onyx (pus between corneal layers of eye, a banded gem)	नख, नाख़ून, आँख में मवाद, सुलेमानी पत्थर
Ooblast	अण्डयोजिकोशिका
Oocyst	युग्मकपुटी
Oocyte, Ovocyte	अण्डक, डिम्बाणुजनकोशिका
Oodle	बहुतायत, आधिक्य, प्रचुरता
Oogamete	अण्डयुग्मक
Oogamous	विषमयुग्मकी
Oogamy	विषमयुग्मकता, नियुग्मता
Oogenesis, Oogeny	अण्डजनन
Oogenic, Oogenous	अण्डजनी, अण्डजनक
Ooglea	अण्डश्लेष
Oogoniophore	योनिधर
Oogonium, Oogonia (pl.)	अण्डधानी (पौधों में), अण्डजननी (जन्तुओं में)
Ooid	अण्डक
Ookinete	चलयुग्मज, चलयुक्ता
Oolemma (cell membrane of oocyte)	अण्डकावरण, अण्डकतुष
Oolite	डिम्बाश्म, अण्डाश्म, अण्डुक
Oology	अण्डविज्ञान, डिम्बविज्ञान
Oomph (sex appeal)	कामोर्जा, यौनाकर्षण
Oomphalicious	यौनाकर्षक, कामोत्तेजक
Oomycetes (water mould, a eukaryotic fungus of class Eumycota)	अण्डकवक
Oomycosis (an infection of eumycotic fungus)	अण्डकवकता
Oophagous	अण्डभक्षी
Oophor- (a Greek word oophoros means bearing egg -prefix)	अण्डाशय-
Oophoritis	अण्डाशय शोथ
Oophyte	अण्डोद्भिद्
Ooplasm, Ovoplasm	डिम्बद्रव्य, अण्डरस
Oosphere	अण्डगोलक, अण्ड
Oosperm	निषिक्ताण्ड
Oospore	अण्डबीजाणु,
Ootheca	अण्डकवच

Oothecoma अण्डाशय-कवचार्बुद
Ootid उपाण्डकोशा
Ootoxic अण्डविषाक्त, अण्डविषालु
Ootoxicity अण्डविषाक्तता
Ootype अण्डप्ररूप
Ooze, Oozing रिसना, स्यन्दन, निस्यन्दन
Oozoid अण्डज सञ्जीव
Ooze, Oozy mud सिन्धुपंक, निपंक
Oozy पंकिल, विस्यन्दी, दलदला
Opacification अपारदर्शन, उपलभासन
Opacifier अपारदर्शकारी, पारान्धक, धुँधलकारी
Opacify पारान्ध करना
Opacimeter अपारदर्शितामापी
Opacity अपारदर्शिता, पारान्धता, फूली/फुल्ली (नेत्र में)
Opah (*Lampris guttatus,* a large colourful pelagic food fish of family Lampridae, a first identified warm blooded fish) ओपाह
Opal दुधिया, दुधिया, दूधिया पत्थर, विमलक काँच
Opalescence उपलभास, उपलभासिता, रंगदीप्ति, दूधियापन
Opalescent, Opaline, दूधिया (रंग का), रत्नोपल, उपलभासी, अपारदर्शी,
Opaque अपार्य, पारान्ध, धुँधला
Opedeldoc मरहम, लेप, साबुनी रोगन
Open circuit विवृत-परिपथ
Opener उद्घाटक, ढक्कन खोलने वाला
Opening विवर, द्वार, रन्ध्र, उद्घाटन, आरम्भ, खोलना
Open work जाली
Opera glass नाट्य दूरबीन
Operable करणीय, व्यवहार्य, शल्यक्रिया योग्य
Operant सक्रिय, कार्यकर, चालू
Operate काम करना, चलाना, शल्यक्रिया करना,
Operated प्रचालित, शल्यकृत
Operating प्रचाली, संकारक, शल्यकारी
Operation प्रचालन, चालन, शल्यक्रिया, संक्रिया, सैन्यकार्यवाही
Operational सक्रियात्मक, प्रचालनगत, व्यावहारिक, सांग्रामिक
Operational analysis प्रचालनगत विश्लेषण
Operation manual परिचालन नियम पुस्तिका
Operative शल्य क्रियात्मक, क्रियाकारी, संकारी, प्रवर्ती, प्रचाली
Operative funciton संकारी फलन, प्रचाली कार्य
Operator प्रचालक, संकारक, प्रवर्तक
Opercular प्रच्छदी, पिधानी
Operculiferous पिधानधर, प्रच्छदधारी
Operculum, Opercula (pl.) प्रच्छद, पिधानक, क्लोमछद (मछली में)
Operon प्रचालनांश, प्रचालांश
Operose श्रमसाध्य, परिश्रमी
Ophiocephalic, Ophiocephalous सर्पशीर्षी, सर्पशिरस्क
Ophiocephalism, Ophiocephaly सर्पशिरस्कता, सर्पशीर्षता
Ophicleide तुमड़ी, तुम्बी
Ophidian सर्पीय, सर्पवंशी, सर्पिल, सर्प सम्बन्धी, सर्प-
Ophiology, Serpentology सर्पविज्ञान
Ophiophagous सर्पभोजी, सर्पभक्षी
Ophiopluteus भिदुरडिम्भ
Ophiotoxaemia, Ophiotoxemia सर्पविषरक्तता, रक्ताहिविषालुता
Ophiotoxin सर्पाविष, सर्पविषि
Ophite अहिरश्म, सर्पाश्म, सर्प त्वचा सा चित्रित हरा पत्थर
Ophrytis भ्रूशोथ (भौंहों का चर्मरोग)
Ophthalmia, Ophthalmitis, Ophthalmy नेत्रप्रदाह, नेत्रशोथ, नेत्रभिष्यन्द
Ophthalmic, Ophthalmicus Ophthalmious नेत्रीय, चाक्षुषी, नैत्र, नेत्र सम्बन्धी, नेत्र-कुपिताक्ष
Ophthalmology नेत्रविज्ञान, नैत्रिकी, चाक्षुषी
Ophthalmometer चक्षुमापी
Ophthalmomyotomy नेत्रपेशी छेदन
Ophthalmopathy नेत्रविकृति, चक्षुविकार
Ophthalmoscope चक्षुदर्शी, नेत्रपटलदर्शी
Ophthalmotoxin नेत्राविष, नेत्रविषि
Opiate स्वापक, अफ़ीमयुक्त, अहिफेनज, अहिफेनिल, अफ़ीम मिलाना/डालना, मन्द करना
Opioid स्वापकाभ, अहिफेनवत्, अफ़ीम जैसा
Opisometer वक्ररेखामापी
Opisthobranch पश्चक्लोमी (जन्तु)
Opisthocoelous उत्तरगुहीय, पश्चन्युब्ज
Opisthonephros उत्तरवृक्क, पश्चवृक्क
Opisthosoma अनुकाय, पृष्ठकाय
Opisthotic कर्णपश्चिक, पश्चकर्णिक

Opisthotonous (in tetanus patients) धनुस्तानी, धनुस्तानिक, पृष्ठतानी
Opium (a narcotic alkaloid secreted from opium fruit used for preparing analgesic morphine) अफ़ीम, अहिफेन (पोस्ता पौधे का एक मूर्च्छाकारी स्राव)
Opium plant (*Papaver somniferum*, a flowering crop plant of family Papaveraceae), Poppy पोस्ता (अफ़ीम का पौधा)
Oponius श्वेताणु उद्दीपक
Opossum (a small cat size semi-arboreal omnivorous marsupial mammal of family Didelphidae) ओपोसम (एक कंगारूवंशी बिल्ली जैसा अमेरिकी रात्रिचर स्तनधारी)
Opotherapy अन्तःस्रावचिकित्सा
Oppilate, Oppilation अवरुद्ध करना, अवरोधन, अपचन, क़ब्ज़ियत
Oppilative अवरोधी, अपचकारी, क़ब्ज़कारी
Opportunist, Opportunistic अवसरचारी, अवसरवादी
Opportunistic microbe अवसरचारी सूक्ष्मजीव
Opposite angle सम्मुख कोण
Oppositiflorus सम्मुख पुष्पी
Opposition प्रतिरोध, प्रतिकूलता, वियुति
Opsigamy वृद्धविवाह
Opsiuria उपवासी अतिमूत्रता
Opsoclonia नेत्र संकोच
Opsoclonus नेत्र संकोची
Opsonisation अभिज्ञाच्छादन
Opt चुनना, पसन्द करना
Optic, Optical प्रकाशिक, प्रकाशीय, चाक्षुष, दृक्, काशिक, दृष्टि
Optical bench प्रकाश-पीठ
Optical density प्रकाशिक घनत्व
Optical fiber प्रकाशिक तन्तु
Optical glass प्रकाशीय काँच
Optical illusion दृष्टिभ्रम, दृक्भ्रम
Optical instrument प्रकाशिक यन्त्र
Optically active ध्रुवण घूर्णक
Optic axis, Optical axis प्रकाशिक अक्ष
Optic cell दृक्कोशा, दृक्कोशिका
Optic chiasma दृक्व्यत्यासिका
Optic foramen दृक्तन्त्रिका रन्ध्र
Optician प्रकाशिकीविद्, चश्मासाज़
Opticity काशिता, प्रकाशिता
Optic lobe दृक्पालि
Optic nerve दृक्-तन्त्रिका
Opticokinesis नेत्रगति क्रम
Opticokinetic नेत्रगतिक
Opticokinetics नेत्रगतिकी
Optics (a branch of physics dealing with properties of light and related instruments), Photology प्रकाशिकी, प्रकाशविज्ञान, काशिकी
Optic stalk दृक्वृन्त
Optic tract दृष्टिपथ
Optic vesicle नेत्रपुटिका
Optimal, Optimum इष्टतम, अनुकूलतम, श्रेष्ठ, प्रशस्त
Optimal value इष्टतम मान
Optimist, Optimistic आशावादी, आशान्वित
Optimization इष्टतम निर्धारण, अनुकूलतम निर्धारण
Optional ऐच्छिक, वैकल्पिक
Optoblast दृक्कोरक
Optocoel दृक्गुहा, दृक्निलय
Optology (services of testing eye for lenses) औपनेत्रिकी, चश्मासाज़ी
Optometer दृष्टिमापी
Optometric दृष्टिमितीय, दृष्टिमापिक
Optometrics, Optometry दृष्टिमिति, दृष्टिमापिकी
Optophone प्रकाशभाष, आलोकभाष
Opulence प्राचुर्य, बहुलता, समृद्धि
Opulent प्रचुर, बहुतायत, भरपूर
Opus रचना
Opuscule लघुरचना
Ora, Oscule मुख, मुखद्वार
Oral, Oscular मुखीय, मुख, मौखिक
Oral Cavity, Buccal cavity मुखगुहा
Oralogy मुखविज्ञान, मौखिकी
Orange (*Citrus sinensis*, a spiny flowering shrub of family Rutaceae with edible juicy hesperidium type berry fruit) सन्तरा, नारंगी (रंग/एक रसीला, पौष्टिक व स्वादिष्ट फल)

Orangery सन्तरा/नारंगी का बाग़
Orang-outang, Orangutan (*Pongo* sp., a great long armed ape of family Hominidae in south-east Asian forest) वनमानुष
Orate, Oration व्याख्यान देना व्याख्यान, सम्भाषण
Orb घेरा, गोला, खगोलीय बिम्ब
Orbicular, Orbiculate वर्तुल, वलयी, मण्डलाकार
Orbicularis पेशी-वलय
Orbicularis oculi नेत्र मण्डलिका (पेशी)
Orbicularis oris मुखद्वार पेशी, वक्त्रमण्डलिका (पेशी)
Orbiculus, Orbiculi (pl.) चक्रिका
Orbit कक्ष, कक्षा, ग्रहपथ, कक्षपथ, नेत्रकोटर, नेत्रगुहा
Orbital कक्षकीय, कक्षीय, नेत्रकोटरीय, नेत्रगुहीय
Orbiter, Satellite कक्षपथिक उपग्रह
Orbito-nasal (bone) नेत्र कोटर नासास्थि, नेत्रक-नासास्थि
Orchard फलोद्यान, फल के बाग़, फल वाटिका
Orchardist फलोद्यानविज्ञ, फलोद्यानी
Orchialgia वृषणशूल, अण्डकोश पीड़ा
Orchic वृषणिक, वृषण-
Orchid (flowering epiphytic plants of Orchidaceae family) बाँदा (एक उपरिपादप)
Orchidectomy वृषणनिष्कासन, वृषणोच्छेदन, वृषण-विच्छेदन
Orchidometer, Orchiometer वृषणमापी (वृषण के आकार नापने का यन्त्र)
Orchitis, Orchiditis, Testitis अण्डकोश शोथ, वृषणशोथ
Orchotomy वृषण-विच्छेदन, बन्ध्यीकरण
Order क्रम, गण, घात, आदेश, आदेश देना
Ordering क्रमण, क्रमबन्धन
Ordinal वर्गीय, क्रमसूचक (संख्या), क्रम-
Ordinate कोटि, कोट्यांक, कर्ण, वृत्तचाप, भुजमान, यथाक्रम
Ordination विन्यसन, अभिषेक
Ordnance आयुध, अस्त्र-शस्त्र, युद्ध सामग्री
Ordure मैला, गोबर, खाद, अपशब्द
Ore अयस्क (किसी तत्व का खनिज रूप), धातुक (कच्ची धातु)
Orectic बुभुक्षावर्धी, क्षुधाकारी, भूख बढ़ाने वाला, इच्छा-मूलक
Oreide, German silver (an alloy of copper, zinc and nickel/tin) कृत्रिम स्वर्ण (सोने जैसा पीतल)
Oregano (*Origanum vulgare*, a flowering medicinal and culinary herb of mint family Lamiaceae) अजवाइन पत्ती
Orexia, Orexis, Appetite भूख, क्षुधा, बुभुक्षा (बच्चों में)
Orexigenic, Orexigenous क्षुधाकारी, क्षुधाजनिक, क्षुधोद्दीपक
Organ, Organon, Organum अवयव, अंग, इन्द्रिय, साधन, वाद्य
Organdie महीन मलमल
Organella अंगाणु
Organelle, Organelles (pl.), Organoid कोशिकांग, अंगक, अंगिका
Organic कार्बनिक, जैव, जैविक, आंगिक, सावयव, कायिक, ऐन्द्रिय
Organic change आकारिक परिवर्तन
Organic chemistry कार्बनिक रसायन
Organic content कार्बनांश
Organic farming जीवांश कृषि, जैविक खेती
Organic material, Organic matter, Organic substance जैव पदार्थ, जैविक द्रव्य
Organic nutrient जैव पोषक
Organicology (study of sustainable future food) भावी आहार विज्ञान
Organic origin जैव उद्गम, जैविक उद्भव
Organic poison कार्बनिक विष, जैवविष
Organics जैविकी
Organicism अवयववाद
Organisation संगठन, संस्था, संघटन
Organism, Living body जीव, जीवित पिण्ड
Organismal, Organismic अंगीय, जीवीय, जैविक
Organismal theory अंगवाद
Organismic concept जैविक संकल्पना

Organo-alkali कार्ब-क्षार
Organo-chlorine कार्ब-नीरज, कार्ब-क्लोरीन
Organocology (study of development of organs during embryonic stage) अंगविकास विज्ञान, अंगजनन विज्ञान
Organofaction, Organogenesis, Organogeny अंगभवन, अंगविकास
Organogen जैवतत्व
Organogenic, Organogenous जीवजात, जीवकृत
Organography अंगवर्णन
Organoid, Organelle अंगाभ, अंगक, अंगवत्
Organo-leptic जैवानुभूतिक, जैव प्रायोगिक
Organology अंगविज्ञान
Organo-mercurial कार्ब-पारदीय
Organo-metallic कार्ब-धात्विक
Organum मरुवक
Organophilic कार्बस्नेही, जैवतत्वरागी
Organo-phophate कार्ब-भास्वीय, कार्ब-फास्फेट
Organosol कार्बविलय
Organotherapy, Opotherapy जैवतत्व चिकित्सा, अंगरस चिकित्सा
Organotrophy कार्बनिक पोषिता
Orgasm प्रबल उत्तेजना, कामोन्माद की चरमस्थिति, रति आनन्द
Orgeate बादाम-शर्बत
Oriel गवाक्ष, झरोखा
Orient प्राची, पूर्व-दिशा, अनुस्थापन करना, अभिमुख करना
Oriental प्राच्य, पूर्वी
Orientation अनुस्थापन, अभिमुखीकरण, अभिविन्यास, दिक्‌विन्यास
Orient blue अवनील
Oriented अभिविन्यस्त, अनुस्थापित
Orifice, Orificium, Orificia (pl.) मुख, रन्ध्र, द्वार, छिद्र, विवर
Oriform मुखाकार
Origin उद्‌गम, उद्‌भव, उत्पत्ति, मूल, मूलबन्ध, मूल बिन्दु
Original प्रारम्भिक, मौलिक
Originality मौलिकता
Originate उत्पन्न होना, आरम्भ/प्रादुर्भाव होना
Origination आरम्भन, उद्‌भव, प्रवर्तन
Originative आविष्कारशील, मौलिक, उद्‌भवी
Originator आरम्भक, प्रवर्तक, आविष्कारक
Orimulsion (a trade name of bitumen based fuel for industrial use) ओरीमल्सन
Orinasal, Oronasal मुखनासिक (ध्वनि)
Orinotherapy तुंगचिकित्सा, तुंगवासचिकित्सा
Oriole पीलक
Orion सप्तपर्णि (तारकपुञ्ज), मृगशिरा (एक नक्षत्र)
Oris मुख, आस्य
Ormer, Sea ear (*Haliotis tuberculata,* a coastal edible gastropod mollusc of family Haliotidae) घोंघा
Ormolu (an alloy of copper and zinc or tin) स्वर्णकांस्य (नक़ली सोना)
Ornament गहना, जेवर, अलंकार
Ornamental आलंकारिक, सजावटी
Ornamental plant सजावटी पौधा
Ornithic वैहंगिक, पक्षीय, खगीय
Ornithine पक्षीवंशी, पक्षीजातीय, विहंगवत्, पक्षी जैसा
Ornitho- (a Greek word ornithos means bird) पक्षि-, पक्षी
Ornithofauna पक्षिजात
Ornithogamous, Omithophilous पक्षिपरागित
Ornithoid, पक्षिवत्, विहंगाभ, खगसदृश
Ornithomorph पक्षिरूप, चिड़िया जैसा
Ornithologist पक्षिविज्ञानवेत्ता, पक्षिविज्ञानी
Ornithology (study of birds), Ornithics पक्षिविज्ञान, वैहंगिकी
Ornithomimus (a 'bird-mimic' extinct ostrich like dinosaur) पक्षिवत् सरट
Ornithophilism, Ornithophily पक्षिपरागिता, पक्षिपरागण
Ornithophilous, Omithogamous पक्षिपरागित
Ornithopter चलपक्ष विमान
Ornithosis पक्षिता, विहंगता, खगता
Orobranch मुखक्लोमी (जन्तु)
Oro-cutaneous मुख-त्वचीय
Orogen पर्वतजन
Orogenesis पर्वतोत्पत्ति, पर्वतनिर्माण

Orogenic पर्वतजनी
Oroghosy, Orology, Orography, पर्वत विज्ञान, पार्वतिकी
Oronasal, Orinasal मुखनासिक
Oronosus पर्वतीय व्याधि
Oropharyngeal मुखग्रसनीय, मुखग्रसनी-
Oropharynx मुखग्रसनी
Orphean, Orphic श्रुतिमधुर
Orpiment पीला खनिज रंग, हरताल
Orpine (*Sedum telephium*, a flowering succulent herb of family Crassulaceae) पद्म पुष्प
Orrery कृत्रिम सौरमण्डल (यान्त्रिक)
Orris-root केंवड़े की जड़
Orrhology, Serology (study of serum and their reactions) लसीविज्ञान, सीरमविज्ञान
Orrhorrhea लसीस्राव
Ortho-(Greek word orthos means straight - prefix) ऋजु, ऊर्ध्व
Ortho-axis लम्बाक्ष
Orthobiologics (biological substances, used to heal injured tissues of body) समजैविक द्रव्य, सुजैवद्रव्य
Orthocarpic, Orthocarpous ऋजुफली
Orthocentric लम्बकेन्द्री
Orthocephalic लम्बशिरस्क, ऋजुशीर्षी
Orthochromatic समवर्णी, यथार्थवर्णी
Orthodome लम्बच्छद
Orthodont ऋजुदन्ती
Orthodontics ऋजुदन्तिकी, दन्त संशोधन, दन्ताकृति विज्ञान
Orthodontist ऋजुदन्तचिकित्सक, दन्तसंशोधक
Orthoepy उच्चारण विज्ञान
Orthogamy सहज सम्बन्ध
Orthogenesis, Orthogeny ऋजुजनन, नियत विकास
Orthogenetic नियत विकासीय
Orthogenics, Eugenics सुजननिकी
Orthogeotropism, Orthogeotropy अनुलम्ब गुरुत्वानुवर्तिता
Orthogon आयत
Orthogonal लाम्बिक, लम्बकोणीय
Orthograde उदग्रचर
Orthographic लम्बकोणीय, वर्तनी विषयक
Orthography लम्बकोणीय प्रक्षेप, वर्तनी
Orthokinesis ऋजुगतिक्रम
Orthokinetic ऋजुगतिक
Orthopaedia, Orthopedia, Orthopaedy विकलांग चिकित्सा
Orthopaedic, Orthopaedical विकलांग, दिव्यांग
Orthopaedical विकलांग-चिकित्सीय
Orthopaedician विकलांग चिकित्सक
Orthopaedics विकलांगविज्ञान, विरूप शोधन
Orthopantomo-graphy ऋजु-सम्पूर्ण कर्तनालेखन, ऋजुवक्र संरचना चित्रण
Orthopia (a condition of normal vision and alignment of eyes) समदृष्टि, ऋजुदृष्टि
Orthopic समदर्शी, सामान्य दृष्टि वाला
Orthoptera (an order of class Insecta) ऋजुपक्ष (तिलचट्टा प्रजातीय कीट गण)
Orthotic ऋजुकारी, समकारी
Orthotics (a branch of medical science dealing with support system for straightening and normalizing damaged bony organs) ऋजुकी, ऋजुविज्ञान
Orthotropic, Orthotropous ऊर्ध्वानुवर्ती, ऊर्ध्ववर्धी, ऋजु
Orthotropism, Orthotropy उर्ध्वानुवर्तिता, ऊर्ध्ववर्धन
Orthuria सममूत्रता, सामान्य मूत्रता
Ortolan, Oltolan (*Emberiza hortulana*, a passerine bird of family Emberizidae), Ortolan bunting पीतकण्ठ (पक्षी)
Ortstein वज्रस्तर
Oryx (*Oryx* sp., a large desert grazing antelope of family Bovidae), Oryxes (pl.) अफ्रीकी बारहसिंगा (सीधी सींग का एक रेगिस्तानी हिरन)
Os, Ossa (pl.) अस्थि, हड्डी
Oschea, Scrotum वृषण, अण्डकोश
Oscillate दोलन करना, झूलना, डोलना
Oscillating, Oscillatory दोलनकारी, प्रदोली, दोलनी, दोलायमान

Oscillation	दोलन, प्रदोलन
Oscillator	दोलित्र, कम्पित्र (यन्त्र), दोलक, प्रदोलक
Oscillograph	दोलनालेखी, दोलनचित्र, कम्पनचित्र
Oscillography	दोलनालेखन, कम्पन चित्रण
Oscilloscope	दोलनदर्शी, कम्पनदर्शी
Oscine (a song bird)	एक गौरैयावंशी गायक पक्षी
Oscitancy	निद्रालुता, तन्द्रा, जँभाई,
Oscitation	जृम्भा/उनींदा होना, जँभाना, जृम्भण
Oscitent	निद्रालु, जँभाई लेने वाला
Oscular	मुखीय, मौखिक, चौम्बिक, चुम्बन सम्बन्धी
Osculate	अधिस्पर्श करना, चिपकना, चूमना
Osculating, Osculant, Osculative, Osculatory	आश्लेषी, मध्यवर्ती स्पर्शी, अधिस्पर्शी, आश्लेषणशील, चुम्बी, चूमने वाला
Osculation	अधिस्पर्श, आश्लेषण, चुम्बन
Osculatrix	अधिस्पर्शक
Oscule, Ora	मुख, मुखद्वार
Osculum, Oscula (pl.)	चुम्बन, प्रास्य, आस्यक, छिद्र, मुख
Osier	खपाची, खपची, बेंत
Osmatic, Osphretic, Olfactory	घ्राणीय, घ्राण
Osmics, Olfactology	घ्राणविज्ञान, घ्राणिकी, गन्धविज्ञान
Osmium (a rare transition trace metallic element of Platinum group with symbol Os)	गुर्वातु, ऑस्मियम
Osmolar	परासरणी, समसान्द्री
Osmolarity	परासरणीयता, परासरणता, आसृतिता
Osmology	परासरणविज्ञान, आसृतिकी
Osmometer	परासरणमापी, आसृतिमापी
Osmometric	परासरणमितीय, आसृतिमापिक
Osmometry	परासरणमिति, आसृतिमिति
Osmophilic, Osmophilous	परासरणरागी, उच्चसान्द्रतारागी
Osmophobia, Osmophobe	उच्चसान्द्रताभीति
Osmophobic	उच्चसान्द्रताभीरु
Osmoreceptor	परासरणग्राही, परासरणसंवेदांग
Osmoregulation	परासरणनियमन
Osmoregulator	परासरणनियामक
Osmose, Osmosis	परासरण, रसाकर्षण, आसृति
Osmotaxis	परासरणानुचलन, आसृतिक्रम
Osmotic	परासरणी, आसृतीय
Osphradium, (an olfactory organ of molluscs), Osphradia (pl.)	रससंवेदिका, गन्धांग
Osphretic	घ्राणीय, घ्राण-
Osmatic, Olfactory	
Osprey, Fish hawk (*Pandion haliaetus*, a marine prey bird of family Pandionidae)	कुरर, मत्स्य कुररी (एक जलीय मत्स्यभक्षी पक्षी)
Ossature	अस्थिविन्यास
Osseofibrous	अस्थि-तन्त्वी
Osseous, Osteal	अस्थीय, अस्थिमय, अस्थिल
Ossicle, Ossicule, Ossiculum, Ossicula (pl.)	अस्थिका, छोटी हड्डी
Ossiferous	अस्थिवत्, हड्डिहा
Ossification	अस्थिभवन, अस्थिकरण, अस्थीयन
Ossifier	अस्थीयक, अस्थिकारक
Ossifluence	अस्थिमृदुलन, अस्थिविलयन
Ossifluent	अस्थिविलायक, अस्थि-मृदुलक
Ossifrage, Bearded vulture, Sea eagle (*Gypaetus barbatus,* a bone breaking prey bird of family Accipitridae)	मछारंग (एक शिकारी समुद्री बाज़)
Ossify	अस्थि बनना, हड्डी में परिवर्तित होना
Ossivorous	अस्थिभक्षी
Ossuarium, Ossuaria (pl.)	अस्थिशाला, अस्थिगृह, हड्डीघर
Ossuary	अस्थिधानी, अस्थिपात्र
Ostalgia, Ostealgia	अस्थिशूल, हड्डी का दर्द
Osteal, Osseous	अस्थीय, आस्थिक
Osteitis, Ostitis	अस्थिशोथ
Osteitis pubis	बस्ति-अस्थि प्रदाह
Ostemia, Ostaemia	अस्थिरक्ताधिक्य
Ostensible	दृश्यमान, प्रकट, प्रत्यक्ष
Osteo-(a Greek word osteon means bone-prefix)	अस्थि-
Osteoarthritis	अस्थिसन्धिशोथ

Osteoarthrosis अस्थिसन्धि संलग्नता
Osteoarticular अस्थि-सन्धीय, अस्थि-सन्धि-
Osteoblast अस्थिकोशिकाप्रसू, अस्थिकोरक
Osteoclast अस्थिभञ्जक, अस्थिशोषक कोशा, अस्थिमज्जालयी कोशिका
Osteocyte अस्थिकोशिका
Osteofluorosis, Skeletal fluorosis अस्थितरस्वेयता, अस्थिफ्लोराइडता
Osteogen अस्थिजन
Osteogenesis, Osteogeny, Osteosis अस्थिजनन, अस्थिनिर्माण
Osteogenic, Osteogenous अस्थिजनक, अस्थिजनी अस्थिजनित, अस्थिजन्य
Osteoid, Ossiform अस्थ्याभ, अस्थिरूप, अस्थिवत्, अस्थिकल्प
Osteologist अस्थिविशेषज्ञ, अस्थिविज्ञानी, हड्डी बैठाने वाला
Osteology अस्थिविज्ञान, आस्थिकी
Osteolysis अस्थिलयन, हड्डी गलना
Osteoma, Bone cancer अस्थ्यर्बुद, हड्डी का कैंसर
Osteomalacia अस्थिमृदुता
Osteometric अस्थिमितीय
Osteometry अस्थिमिति
Osteomyelitis अस्थिमज्जा शोथ
Osteon अस्थ्यणु
Osteonecrosis, अस्थक्षय, अस्थिक्षरण,
Osteopenia अस्थिगलन
Osteopath अस्थिचिकित्सक
Osteopathy अस्थिचिकित्सा, अस्थिविकार
Osteopetrosis, Marble bone disease (a disease of bone with increased hardness and density) अस्थि-पाषाणता, अस्थि-दृढ़ता
Osteophagia, Osteophagy अस्थिभक्षिता, अस्थिभक्षण
Osteophagous अस्थिभक्षी, अस्थि-भोजी
Osteophyte, Bone spur अस्थिद्रुम
Osteoplasia अस्थिघटन, अस्थिविकसन
Osteoplasty अस्थिसन्धान
Osteo-poikilosis (dysplasia of bone) असमास्थिता, अस्थि-असमानता
Osteoporosis अस्थिसुषिरता, अस्थिछिद्रिलता
Osteopyesis सपूय अस्थि शोथ
Osteosarcoma अस्थिमांसार्बुद
Osteosclerosis अस्थिकाठिन्य
Osteosclerotic अस्थि काठिन्यक
Osteosis, Ostosis अस्थिनिर्माण, अस्थिभवन
Osteotomy अस्थिविच्छेदन, अस्थिकर्तन
Osteotrophism, Osteotrophy अस्थिपोषण
Osthexia, Osthexy (ossification under abnormal situations) कुअस्थिजनन
Ostiolate रन्ध्रकमय, रन्ध्रकी, रन्ध्र बनाना
Ostiolation रन्ध्रकन
Ostiole मुख, आस्यक, रन्ध्रक
Ostium, Ostia (pl.) आस्य, मुखद्वार
Ostracum मध्यकवच
Ostrich (*Struthio camelus*, a largest flightless desert bird of family Struthionidae) शुतुर्मुर्ग (आस्ट्रेलिया का एक ऊँची गर्दन वाला बड़ा धावक पक्षी)
Otalgia कर्णशूल, कान का दर्द,
Otic कार्णिक, कर्णीय, कर्ण-
Otic vesicle कर्ण पुटिका
Otiose निष्क्रिय, निष्प्रभावी, आलसी
Otitis कर्णशोथ
Otitis media मध्यकर्णशोथ
Oto- (a Greek word otos means ear - prefix) कान, कर्ण-
Otoblennorrhea कर्णश्लेषस्राव
Otocyst, Lithocyst, Statocyst उपलकोष्ठ, कर्णपुटी, श्रवणपुटी
Otolith, Statolith (stony structure in inner ear) कर्णाश्म
Otologist कर्णचिकित्सक, कर्णविज्ञानी
Otology, Otiatrics कर्णविज्ञान, कार्णिकी
Otomycosis कर्णकवकता
Otomyiasis कर्णमक्षिकता
Oto-occipital कर्णानुकपालीय
Otopora दंशपट्टक
Otopyosis कर्णपूयता
Otorrhagia, Otorrhoea, Otorrhea कर्णस्राव
Otosclerosis कर्णकाठिन्य
Otoscope कर्णदर्शी
Otoscopy कर्णवीक्षण, कर्णदर्शन
Oto-stapes कर्ण स्तम्भिका
Otosteon कर्णस्थिका
Ototoxic कर्ण विषाक्त, कर्ण विषालु
Ototoxicity कर्ण विषाक्तता

Otter (a carnivorous dog like tailed, furry and wild semi-aquatic mammal of weasel family Mustelidae)	ऊद, ऊदबिलाव, जलविडाल
Ounce	आउन्स (भार की एक इकाई), थोड़ा, हिम तेंदुआ, साह
Ousel (*Turdus* sp., a black passarine bird of family Turdidae), Ouzel, Ring ouzel	भुजंगा (पक्षी)
Out blowing	बहिर्गामी
Out born	बर्हिजात
Out break	उद्भेद, उद्रेक, प्रकोप (रोग का)
Out breeding	बहिःप्रजनन, विजातिप्रजनन
Out cross	बहिःसंकर
Out come	निष्कर्ष, परिणाम, फल
Out dated	दिनातीत, पुराना, यातयाम, अप्रचलित
Outdoor patient, Out patient	बहिरंगरोगी, बहिर्कक्षरोगी, बाह्यरोगी
Outer, Out side	बाह्य, बाहरी, बहिर्मुख
Out fall	मुहाना (नदी का अन्त)
Outfit	उपस्कर, साज-सज्जा
Outflow	बहिर्वाह, बहिर्प्रवाह, निःस्राव
Out going	बहिर्गामी, निर्गामी, बाहर जाने वाला
Out growth	अधिवृद्धि, अपवृद्धि, उद्वर्ध
Outlet	निकास, निर्गम, निस्सरण मार्ग
Out line	रूपरेखा, ख़ाका
Outlive, Outlast	अधिजीविता, अधिक समय तक टिकना या जीवित रहना
Outlying	बहिर्वर्ती, दूरस्थ
Outmost	बाह्यतम, दूरतम
Out number	अधिसंख्य
Outpour, Outpouring	जलमग्न करना, उफान, भावोद्गार
Output	प्रदा, निर्गत, उत्पादन
Outroot, Eradicate	उन्मूलित करना, जड़ से उखाड़ना
Outset	प्रारम्भ, प्रस्थान
Outshine	अपेक्षाकृत अधिक चमकना
Outsider, Outward	निर्गामी
Outsize	अधिमाप
Outskirt	सीमान्त, उपान्त, बहिर्भाग
Out turn	उपज, प्रदा, उत्पत्ति
Out worn	जीर्ण
Oval, Ovate, Ovoid, Oviform	अण्डवत्, अण्डाभ, अण्डाकार
Ovalifolius	अण्डाकार पर्णी
Ovarian	अण्डाशयी, अण्डाशय सम्बन्धी
Ovaricolous	अण्डाशयवासी
Ovariole	अण्डाशयक, अण्डनाल
Ovariolytic	अण्डाशयलयी
Ovariotomy	अण्डाशयोच्छेदन, अण्डाशय निष्कासन, डिम्बग्रन्थि-उच्छेदन
Ovaritis	अण्डाशय शोथ, डिम्बग्रन्थि-शोथ
Ovarium, Ovaria (pl.), Ovary, Germarium	अण्डाशय, डिम्ब ग्रन्थि
Oven	बन्द चूल्हा, आँवा, तन्दूर, कन्दु
Over active	अति सक्रिय
Overage	अधिवय, अत्यायु
Over bridge	उपरि सेतु, उपरिगामी मार्ग
Over brim	छलकना
Over cast	घिरा हुआ, आच्छन्न
Over cloud	मेघाच्छन्न, मेघाच्छादित/ धुँधला करना
Over colour	अतिरञ्जन, अधिक रंग देना
Over concentration	अति-संकेन्द्रण, अधिसान्द्रण
Over cooked	अधिपक्व, अधिक पका
Over cooling	अतिशीतन, अधिशीतलन
Over crowding	अतिभीड़, अतिसंकुलन
Over dose	अतिमात्रा, अधिक खुराक
Over eating	अतिभक्षण, अधिक खाना
Overestimation	अध्याकलन
Over-exposed	अत्युद्भासित
Over exposure	अतिप्रभावाधीन, अत्युद्भासन
Over fatigue	अतिश्रान्ति, अधिक थकान
Over-fed	अतिसम्भृत, अत्याहारित
Over feeding	अत्याहार, अतिसम्भरण
Over flow	अधिप्रवाह, आप्लाव, अतिवाह
Over growth	अतिवृद्धि
Over hanging	प्रलम्बी, लटकने वाला
Over hauling	पूरी मरम्मत
Over head	शिरोपरि, उर्ध्वस्थ, ऊपरी
Over heating	अतितापन, अतितप्त करना
Over laid, Over laden, Over loaded	अतिभारित
Over lap, Over lapping	अतिव्याप्ति, अतिव्यापन, अतिच्छाद

Over load, Over weight	अतिभार, अधिभार
Over loading	अतिभारण
Over lying	उपरिशायी
Over night	निशार्थ, रातभर, गतरात्रि
Over ripe	अतिपक्व, अधिक पका (फल)
Overseas	समुद्रपार
Over sensitive	अतिसंवेदी, अतिसंवेदन-शील
Over sight	दृष्टिभ्रम, दृष्टिदोष, नज़र की चूक
Over size, Outsize	अधिमाप, माप से बड़ा
Over sleep	अतिनिद्रा, अधिक सोना
Over spill	बाहर छलका हुआ
Over staining	अतिरञ्जन
Overstrain	अतिश्रान्ति, अधिक बल लगाना
Overt	प्रत्यक्ष, प्रकट, विवृत, खुला, सुप्रकाश
Over tone	अधिस्वर, अधिवर्ण
Over wash	अपक्षेप
Over weight, Overload	अतिभार, अधिभार
Ovi-, Ovo- (prefix	अण्ड-, डिम्ब
Ovicell	अण्डकोशिका, अण्डकोशा
Ovicular	अण्डीय, अण्ड सम्बन्धी
Oviduct	अण्डवाहिनी, अण्डप्रणाली
Oviductule	अण्डवाहिनिका
Oviform	अण्डाकार, अण्डरूपी
Ovijector	अण्डक्षेपक
Ovine	मेषवंशी, भेंड़ जातीय, भेंड़ वत्
Oviparity	अण्डजता
Oviparous	अण्डप्रजक, अण्डज
Oviposit, Oviposition	अण्डनिधान, अण्डनिक्षेपण
Ovipositor	अण्डनिक्षेपक, अण्डनिधाता
Ovisac	अण्डकोश, अण्डपुटिका
Ovium, Ovum, Ova (pl.)	अण्डाणु, डिम्ब, अण्डैक
Ovogonium, Ovogonia (pl.), Ovoblast	अण्डजननी, प्राण्डकोशा
Ovolo	गोला, उत्तरोष्ठ
Ovo-testis	अण्ड-वृषण
Ovo-vitelline	अण्डपीत
Ovoviviparity	अण्डजरायुजता
Ovoviviparous	अण्डजरायुज
Ovular	बीजाण्डीय, पर्यण्डीय, डिम्बीय
Ovulate	अण्डाणु उत्पन्न करना
Ovulation	अण्डोत्सर्ग, डिम्बक्षरण, अण्डमोचन
Ovule	बीजाण्ड, पर्यण्ड, अण्ड, डिम्ब
Ovuliferous	बीजाण्डधर, पर्यण्डधारी
Ovulum, Ovula (pl.)	अण्डाणु
Ovum, Ova (pl.)	अण्ड, बीज, डिम्ब
Owl (a nocturnal, prey bird of order Strigiformes)	उल्लू, घुघ्घू
Owlet (young owl)	उलूकशाव, उल्लू का चूज़ा
Ox (a castrated adult male *Bos taurus,* a domisticated cattle and large mammal of family Bovidae), Oxen (pl.), Bullock, Steer	बैल
Ox eye	गवाक्ष, झरोखा
Ox eyed	गवाक्षी, विशालाक्षी
Oxibiota, Oxybiont	ऑक्सीजीवजात, जारकजीव समूह
Oxibiotic, Oxybiontic	ऑक्सीजीवजातीय, जारकजीव समूही
Oxiclad	तीक्ष्णार
Oxidant, Oxidiser	उपचायक, ऑक्सीकारक
Oxidate	ऑक्सीकृत करना, जंग लगना
Oxidation	ऑक्सीकरण, उपचयन, जारण
Oxidation number	उपचयनांक, ऑक्सीकरण संख्या
Oxidation potential	उपचयन विभव
Oxidation reduction	उपापचयन
Oxidation state	ऑक्सीकरण अवस्था
Oxidative, Oxidising	ऑक्सीकरणशील, ऑक्सीकारक, उपचयी
Oxidative fission	ऑक्सीकारक/उपचयी विखण्डन
Oxidative metabolism	ऑक्सीकर उपापचय
Oxidative stability	उपचयी स्थिरता
Oxidative stress	उपचयी प्रतिबल
Oxide	जारेय, ऑक्साइड
Oxidisable	उपचयनीय, ऑक्सीकरणीय
Oxidise, Oxidisation	उपचयन करना, जंग लगना, ऑक्सीकृत करना, ऑक्सीकरण
Oxidised	उपचयित, ऑक्सीकृत
Oxidising flame	ऑक्सीकारक ज्वाला
Oximetric, Oxymetric	ऑक्सीमितीय

Oximetry, Oxymetry	ऑक्सीमिति, ऑक्सीजन मापन
Oxybion, Oxibiont	ऑक्सीजीव, ऑक्सीजीव समूह
Oxybiotic	ऑक्सीजीवी
Oxycarpic, Oxycarpous	नुकीले फलों वाला
Oxycephaly	अग्रशिरस्कता
Oxychromatin	अम्लाभिवर्ण
Oxydactylous	शितांगुलिक
Oxygen (an essential gaseous element with symbol O)	ऑक्सीजन, जारक, प्राणवायु (श्वसन व दहन के लिए आवश्यक वायुमण्डलीय तत्त्व)
Oxygenate, Oxygenation	ऑक्सीजन मिलाना, ऑक्सीजनीकरण, जारकण
Oxygenated	ऑक्सीजनव्याप्त, ऑक्सीकृत
Oxygen labile	ऑक्सीजन परिवर्ती, ऑक्सीजन सुपरिवर्त्य
Oxygen stable	ऑक्सीजन अपरिवर्ती ऑक्सीजन अपरिवर्त्य
Oxylophyte (plants able to grow in acidic soil)	अम्लोद्भिद्
Oxyntic	अम्लजनी
Oxyopia (unusual acuteness of vision)	तीक्ष्ण दृष्टि
Oxyosis, Acidosis	अम्लता
Oxyphilic, Oxyphilous	अम्लरागी
Oxyphobe, Oxyphobia	अम्लभीति, अम्लभय
Oxyphobic, Oxyphobous	अम्लभीरु
Oxyplasm	अम्लरञ्ज्य द्रव्य
Oxysome	जारकाय, ऑक्सीपिण्ड
Oxytocic	गर्भाशय संकोची, आशुप्रसावी
Oyster, Shell fish (clams and bivalved molluscs of class Pelecypoda)	शुक्ति, घोंघा मछली, कस्तूरा
Ozokerite	भूसिक्थ, प्राकृतिक मोम
Ozone (a gaseous molecule with three oxygen atoms and symbol O_3)	प्रजारक, ओजोन (एक विषैली, गन्धयुक्त, पराबैंगनी प्रकाशशोषी, आक्सीकारक, व निष्कीटक वायुमण्डलीय गैस)
Ozone depletion	ओजोन अवक्षय/क्षरण
Ozonization	ओजोनीकरण, प्रजारण
Ozonizer	ओजोनित्र, प्रजारक, साधित्र
Ozonolysis	ओजोनलयन, प्रजारकांशन
Ozonometric	ओजोनमापीय, प्रजारक मितीय
Ozonometry	ओजोनमापन, प्रजारकमिति
Ozonosphere (upper layer of earth's atmosphere with ozone)	ओजोनमण्डल, प्रजारकमण्डल

P

Pabular	आहारीय, आहार सम्बन्धी
Pabulum	आहार, प्राश, चारा, विचार-वस्तु
Paca	कन्दु
Pace	चाल, गति, पद
Pace maker (an electronic device embedded in body to normalize heart rhythm)	गतिप्रेरक, गतिचालक, गतिनिर्धारक, हृद्स्पन्दक
Pachonychia, Pachyonychia, Pachonychosis, Pachyonychosis	स्थूल नखता, नखस्थूलता, नाखून मोटे होना
Pachy- (prefix)	स्थूल, सघन, दृढ़
Pachycladous	सघनशाखी
Pachyderm	दृढ़त्वचा, दृढ़त्वचीय प्राणी
Pachyderma	स्थूलचर्मता, दृढ़चर्मता
Pachymeninx, Pachymeninges (pl.), Duramater	दृढ़तानिका
Pachymeter	मोटाईमापी, स्थूलतामापी
Pachynema	स्थूलसूत्र, स्थूलांशु
Pachyostosis	घनास्थिभवन, अस्थिघनन
Pachyphyllous	स्थूलपर्णी, घनपर्णी
Pachytene	स्थूलपट्टी, स्थूलांशु
Pacific	प्रशान्त, शान्तिपूर्ण
Pacification, Pacify	शान्त करना, प्रशमन
Pacific ocean	प्रशान्त महासागर
Pacifier	शामक, प्रशमक
Pacing	नियमन, नियन्त्रण
Pacinian	पीड़ाग्राही
Pack	संकुल, निचय, गड्डी बाँधना, सौन्दर्य लेप
Packed	निचित, संकुलित
Packer	संवेष्टक, संवेष्टित्र, निचयित्र
Packing, Packaging	संवेष्टन, वेष्टन, संकुलन, निभरण, निचयन
Pack thread	सुतली
Pad	गद्दी, उपधान, कवलिका (घाव पर)

Padding	भराई
Paddle	क्षेपणी, चप्पू, पानी/कीचड़ में चलना
Paddock	बाड़ा, पशुबाड़ा, घोड़ों का अहाता
Paddy (*Oryza sativa*, a monocot crop herb of grass family Poaceae), Paddies (pl.)	धान, ब्राहि (एक प्रमुख धान्य जिसकी भूसी उतारकर चावल बनता है)
Paddy corn (parched/roasted paddy seeds)	खील, धान का लावा
Padlock	ताला
Paediatrician, Pediatrician	बाल चिकित्सक
Paediatrics, Pediatrics	बाल रोग विज्ञान, बाल चिकित्सा (विज्ञान) कौमारभृत्य
Paedocypris (*Paedocypris* sp., a tiny fish of family Cyprinidae with 8 mm size found in swamps and stream on south Asian islands)	पीडोसिप्रिस (एक नन्ही मृदुजलीय मछली)
Paedogamy	शावकीयुग्मन, डिम्बयुग्मन
Paedogenesis, Pedogeny	शावकीजनन, डिम्बजनन, बालजनन
Paedology	बालविज्ञान
Paedomorph	बालरूप, शिशुरूप
Paedomorphic	शावकरूपी, बालरूपी
Paedomorphism, Pedomorphy	शिशुरूपता, शिशुगुणता
Paedophryne (*Paedophryne amauensis,* a tiny trog of family Microhylidae with about 8 mm, native to Papua New Guinea)	पीडोफ्राइन (एक नन्हा मेढक)
Paella	मांस के साथ पका चावल
Pagophagia, Pagophagy	हिमभक्षिता
Pagophagous	हिमभक्षी, हिमभोजी
Pagophyte	हिमपादप, तुषारपादप
Pail	डोल, बाल्टी
Paillasse	भूसा/पुआल भरा गद्दा
Pain killer	पीड़ानाशक, दर्द निवारक (औषधि)
Paint	प्रलेप, रंगलेप, लेपना, पोतना
Painter	लेपक, रंगसाज़, चित्रकार
Painting	लेपन, पुताई, रंगलेपन, रंगचित्रण, रंगसाज़ी, रंगचित्र
Pair	युग्म, युगल, द्वय, जोड़ी, जोड़ा बनाना
Paired	युग्मित, युगलित, द्वयित
Pairing	युगलन, युग्मन, द्वयन
Palaearctic	पुराध्रुवीय
Palaeo-, Paleo- (a Greek word for old-prefix)	पुरा-
Palaeobiochemistry	पुराजीवरसायन विज्ञान
Palaeobiological	पुराजैविक
Palaeobiology	पुराजीवविज्ञान, पुराजैविकी
Palaeobotanical	पुरावनस्पतीय, पादपाश्मीय
Palaeobotanist	पुरावनस्पतिज्ञ
Palaeobotany	पुरावनस्पति विज्ञान, पादपाश्म विज्ञान, पादपाश्मिकी
Palaeoclimate	पुराजलवायु
Palaeoclimatology	पुराजलवायु विज्ञान
Palaeoecological	पुरापारिस्थितिक
Palaeoecology	पुरापारिस्थितिकी
Palaeoentomology	पुराकीटविज्ञान, पुराकैटिकी
Palaeography	पुरालिपिशास्त्र
Palaeolith	पुरा-प्रस्तर, पुरापाषाण
Palaeolithic	पुरापाषाणी, पुरापाषाण-
Palaeology	पुरातत्व विज्ञान, पुरातात्विकी
Palaeomagnetism	पुराचुम्बकत्व
Palaeoniscid	पुरातर्कु मीन
Palaeontology	जीवाश्म विज्ञान, जीवाश्मिकी
Palaeotropic (a biogeographical tropical area of Africa and south east Asia with floristic kingdom)	पुरोष्ण कटिबन्धी क्षेत्र
Palaeozoic	पुराजीवी, पुराकल्प, पुराकल्पी
Palaeozoology	पुराप्राणि-विज्ञान, जन्त्वाश्म विज्ञान
Palaestra	व्यायामशाला, मल्लशाला, अखाड़ा
Palatability	आस्वाद्यता
Palatable	आस्वाद्य, स्वादिष्ट, रुचिकर
Palatal	तालव्य, तालव, तालु-
Palatalization, Palatalize	तालव्यीकरण, तालव्य बनाना
Palatal-shelf	ताल्विक टाँड़
Palate, Palatum, Palata (pl.)	तालु, तालू, अधरिका (पौधो में)
Palatiform	तालुरूपी, ताल्वाकार
Palatine	तालव, तालु-,

Palatine nerve तालु-तन्त्रिका
Palatine ruge तालु-वलि
Palato-alveolar तालु-वर्त्स्य
Palato-dental तालु-दन्त्य
Palatogram तालु-आलेख
Palatograph तालु-आलेखी
Palatography तालु-आलेखन
Pale पीला, फीका, पाण्डु, खम्भा
Palea, Paleae (pl.) अवपत्र, अन्तःपुष्पकवच
Paleaceous अवपत्री
Paleo diet पूर्वजी आहार, पुराभोजन
Paleoethnology, Palaeoethnology पुरानृजाति विज्ञान, पुरामानव जाति विज्ञान
Paleogenesis, Paleogeny, Palaeogeny पुरालक्षणोद्भव
Paleomicrobiology, Palaeomicrobiology पुरासूक्ष्मजैविकी, पुरासूक्ष्म जीवविज्ञान, पुराजीवाणु विज्ञान
Paleopathology, Palaeopathology पुरारोगविज्ञान
Palette रंगपट्टिका
Palilalia अनैच्छिक शब्दोच्चारण बारम्बारिता
Palingenesis, Palingeny पैतृक प्रकटन, पुनर्भवन, पुनर्जनन, पुनर्जन्म
Palirrhea पुनर्स्राव
Palisade कटघरा, खम्भ, स्कन्भ, स्तम्भ
Palisade tissue स्कम्भोति, खम्भऊतक, स्तम्भऊतक
Palish पीताभ, पाण्डुर, पीला सा
Pallet प्रपट्टिका, थापी, तृणशय्या, साँथरी, गुदड़ी ठप्पा
Palliasse पयाल भरा गद्दा
Palliate घटाना, हल्का कम करना
Palliation लघुकरण, उपशमन
Palliative उपशामक, प्रशामक, लघुकारक, अल्पकारी
Pallid पाण्डु, पीला, अस्वस्थ
Pallidium, Pallidia (pl.) गोलक, गोला
Pallidofugal अपगोलीय, अपवर्तुल
Pallium, Pallia (pl.) प्रावारक, प्रावार, अम्बारिका
Pallius, Pallial गोलाकार, वर्तुल
Pallor पाण्डुरिमा, पीताभता, पीतिमा, अस्वस्थता
Palm (a perennial tropical unbranched tree of family Arecaceae with palmate / pinnate large apical leaves) ताड़ (तना चीर कर निकाले रस से मादक पेय ताड़ी बनती है), हथेली, करतल
Palmar करतल, हथेली
Palmaris brevis लघु करतला (पेशी)
Palmaris longus दीर्घ करतला (पेशी)
Palmate, Palmatiform, Palmatus हस्ताकार, पाणिवत्
Palmatifid पाणिवद्-दर
Palmatipartite पाणिवद्-विदर
Palmatisect पाणिवद्-निदर
Palmatous पाणिपर्णी
Palmetto खजूर का छोटा पेड़
Palmipede (web-footed) जालपाद (पक्षी)
Palmistry हस्तरेखा विज्ञान
Palm oil ताड़ का तेल
Palmus क्रमाकुञ्चन
Palm wine ताड़ी
Palmyra palm (*Borassus* sp., a tropical dieocious flowering tree of family Arecaceae) पंखिया खजूर (तने के रस से मादक पेय ताड़ी व फल से गुड़ बनता है), पनई ताड़
Palogamic युक्तकेन्द्रकी, संयुग्मनी
Palp, Palpus स्पर्शक, स्पर्शिनी, मृश
Palpable स्पृश्य, स्पर्शनीय, स्पर्शज्ञेय
Palparium स्पर्शकाधार
Palpate, Palpation छूकर जानना, मुट्ठी में पकड़ना, स्पर्श परीक्षण
Palpebra वर्त्य, पलक, नेत्रपलक, नेत्रच्छद
Palpebral नेत्रच्छदीय, नेत्रपलकीय, वार्त्य-
Palpitate धड़कना, स्पन्दित होना
Palpitation धड़कन, अतिस्पन्दन
Palsied अर्धांगरोगी, संस्तम्भित, लकवाग्रस्त, कम्पायमान
Palsy, Paralysis, Paralyses (pl.) पक्षाघात, अंगघात, संस्तम्भ, स्नायुदौर्बल्य
Paltry तुच्छ, नगण्य, निकृष्ट, रद्दी
Paludal कच्छीय, दलदली
Paludism जूड़ी बुख़ार, मलेरिया
Paludosus कच्छ, दलदली
Palus, Pali (pl.) स्तम्भिका
Palynofossil परागाश्म, बीजाण्वाश्म
Palynology परागाणुविज्ञान, परागविज्ञान
Pamella श्लिष्टकोशा
Pamidiomorphic पूर्णात्मरूपी, पूर्णात्मरूपिक
Pampiniform प्रतानरूपी, प्रतानाकार
Pampinus, Tendril प्रतान
Pan पलड़ा, तुलापात्र, कड़ाही
Pan- (prefix) सर्व-

Panacea (a drug) सर्वरोगहर, सर्वभेषज, राम बाण (औषधि)
Panache कलगी
Panagglutination सर्वाभिश्लेषण, सर्वपुञ्जन
Panarthritis सर्वसन्धिशोथ
Panatrum गलका
Panblastic सर्वकोरकी, सर्वजननस्तरीय
Pancake चिल्ला (एक भोजन)
Pance, Paunce हृद्सुख
Panchromatic सर्ववर्णिक, सर्ववर्णी
Pancreaolytic, Pancreolytic अग्न्याशयलयी, सर्वकिण्वीलयी
Pancreas अग्न्याशय, सर्वकिण्वी, लबलबा
Pancreatic अग्न्याशयिक, अग्न्याशयी, सर्वकिण्वीय
Pancreatic duct अग्न्याशय नलिका
Pancreatitis अग्न्याशय शोथ/प्रदाह
Pancreato-duodenal अग्न्याशय-पक्वाशयी
Pancreatoid अग्न्याशयाभ, सर्वकिण्वीवत्
Pancreatolithiasis अग्न्याशयाश्मरी, अग्न्याशय में पथरी होना
Pancreatolysis अग्न्याशयलयन
Pancreatopathy अग्न्याशय रोग
Pancreatotropic अग्न्याशयोद्दीपक
Pancystitis सर्वमूत्राशय प्रदाह
Pancytolysis सर्वरक्ताणुलयन, पूर्णकोशाभञ्जन
Pancytopenia सर्वरक्ताणुह्रास, सर्वकोशान्यूनता
Pancytosis सर्वरक्ताणुवर्धन सर्वरक्ताणुता, सर्वरक्ताणु आधिक्य
Panda (*Ailuropoda melanoleuca*, a wild mammal of bear family Ursidae) पाण्डा (चीनी भालू), पण्डक, वाह
Pandan, Screw pine/palm (*Pandanus amaryllifolius,* a palm like deciduous aromatic medicinal plant of family Pandanaceae) केवड़ा (एक सुगन्धित पौधा), बासमतिया
Pandemic सार्वदेशिक, विश्वमारी, सर्वभौममहामारी
Pandemicity सार्वदेशिकता, सर्वव्यापकता
Pandiculation अंगड़ाई
Pandurate, Panduriform वायलिनरूपी
Pane, Panes काँच का फलक, उपखण्ड
Panel पट्ट, भागक, फलक, तख़्ता, नामसूची
Panendoscope पूर्णान्तःदर्शी
Panendoscopy पूर्णान्तःदर्शन, पूर्णान्तःवीक्षण
Panesthesia पूर्णसंवेदिता, पूर्ण-संवेदनशीलता
Pang तीव्रपीड़ा, मानसिक आघात
Pangenesis, Pangeny सर्वजनन
Pangolin, Scaly anteater (*Manis* sp., a wild medium sized tailed nocturnal mammal of family Manidae with hard scaly plates on body) साल, चींटीख़ोर (एक वन्य स्तनधारी)
Panhidrosis, Panidrosis पूर्णस्वेदन, पूर्णकायस्वेदन
Panhygrous पूर्णार्द्र
Panic समुद्वेग, सन्त्रास, भगदड़, घबराहट
Panicle (a compound indeterminate type of inflorescence) पुष्प-गुच्छ, संयुक्त एकवर्ध्यक्ष (एक प्रकार का पुष्पविन्यास)
Panicula (a tuft or tumor like mass) पुष्पगुच्छ, अर्बुदगुच्छ
Paniculate, Paniculatus पुष्पगुच्छी
Paniculus, Paniculi (pl.) अधोस्तरी, झिल्ली, स्तर, पर्त
Panification रोटी बनाना
Panimmunity सर्वप्रतिरक्षिता
Panleucopenia सर्वश्वेताणुहीनता, पूर्णश्वेताणुहीनता
Panmia, Panmixis सर्वमिश्रण, सार्वमिश्रण, परामिश्रण
Panmyeloid सर्व-अस्थिमज्जाभ
Panmyelotoxicosis सर्वास्थिमज्जाविषरुग्णता
Pannage सूअरों की चराई या चरागाह
Pannicle (a thin layer of body tissue) ऊति कला
Panniculectomy (a surgical procedure to remove panniculus) वसा कला निष्कासन (पेट के निचले भाग से अतिरिक्त त्वचा तथा चर्बी हटाना)
Panniculitis (inflammation of fatty tissue under the skin) वसाकला शोथ

English	Hindi
Panniculus (a dense layer of fatty tissue in lower abdomen)	वसा कला
Pannikin	प्याली, कटोरी
Pannose	मृदूर्णिल, मृदूर्णी, मृदूर्णमय
Pannus	तन्तु कला, नेत्रश्वेता पट
Panodic, Panthodic, Pollodic	परिप्रसारी
Panoistic	अपोषी
Panopharmacon, Panacea	सर्वरोगहर (औषधि)
Panophobe, Panophobic	सर्वभीत, सर्वभीरु
Panophobia	सर्वभीति, अकारण सबसे भय
Panophthalmitis	नेत्रशोथ
Panoplied	सर्वांग कवचित, पूर्णकवचित, पूरा खोल चढ़ा
Panoply	सर्वांग कवच, पूरा खोल
Panorama	दृश्य पटल, चित्रावली, परिदृश्य
Panoramic	विशालदर्शी
Pansclerosis	पूर्णकाठिन्य
Panspermia	आद्यजीवन
Pansy (*Viola tricolor,* a garden flowering herb of family Violaceae), Leopard	पैन्सी (एक फूलदार पौधा), स्त्रैण (पुरुष)
Pant, Panting	हाँफना, धड़कना, हाँफन
Pantachromism	विविधवर्णता, सबरंग
Panther (*Panthera pardus*, a large wild mammal of cat family Felidae)	तेंदुआ (एक मांसाहारी वन्य स्तनधारी)
Pantherine	तेंदुआवंशी, तेंदुआ जैसा
Pantile	खपड़ा, खपरैल, जालीदार
Pantodont	सर्वदन्ती
Pantograph	सर्वमापलेखी, विद्युद्ग्राही
Pantomography	वक्र संरचनाचित्रण, वक्र विखण्डलेखन
Pantomorphia, Pantomorphism	सर्वाकृतिधारिता
Pantonematic	विशालसूत्री
Pantophagous	सर्वभक्षी
Pantophobe, Pantophobia	भविष्य का निराधार भय
Pantoscopic	सर्वेक्ष, विशालदर्शीय
Pantothere	जीवाश्मीभूत स्तनधारी
Pantropic	सर्वानुवर्ती
Pantropism, Pantropy	सर्वानुवर्तन, सर्वानुवर्तिता
Pantry	रसोई-भण्डार, खाद्यकक्ष
Panus	सूजी गिल्टी, शोथमय लसीकाग्रन्थि
Panzer, Armoured	कवचित
Pap	लपसी (एक हल्का सुपाच्य आहार), सानी, गूदा
Papaverous	पोस्ते के फूल जैसा
Papaya (*Carica papaya*, a tree of family Caricaceae with berry type large edible fruits)	पपीता (एक एकलिंगी पेड़/स्वादिष्ट फल), रेड़ ख़रबूज़ा
Papier-mache	काग़ज़ की लुग्दी, कुट्टी
Papilionaceous	चणक-कुल्य, मटर व चना कुल का
Papilionate	चणकानुकूल
Papilla, Papillae (pl.)	पिप्पल, चूचुक, मस्सा, अंकुरक
Papillary	पिप्पलीय, मस्सा सम्बन्धी
Papillary border	प्रबिम्ब-तट
Papillary muscle	स्तम्भी मांस
Papillate, Papilliferous, Papillose	रोमिकायुक्त, रोमिकाधर, अंकुरयुक्त, नखरी
Papilloma	पिप्पलार्बुद, चर्मकील
Papillomatosis	पिप्पलार्बुदन, अंकुरीकरण
Papillomatous	पिप्पलार्बुदीय
Pappus	रोमगुच्छ, रोमचूड़ा
Pap smear test (invented by a Greek physician Georgios Papanilaou, 1883-1962 A.D.)	पैप लेप परीक्षण (गर्भाशय, ग्रीवा व गुदा कैन्सर हेतु प्रारम्भिक जाँच)
Papular, Papulous	पिटिकीय, पिटिकामय
Papula vesicular	पिप्पलाशयी, पिटिकाशयी
Papule, Papula, Papulae (pl.), Papillula	फुंसी, छोटा गूमड़, पिटिका
Papulo-squamous	पिटिका-शल्कीय
Papyrus, Papri (pl.) (*Cyperus papyrus*, a plant of family Cyperaceae with pith, used as paper for writing in Egypt), Paper reed	सरपत (काग़ज़ बनाने में प्रयुक्त), भोजपत्र
Para- (prefix)	परा-, पार्श्व-, उप, अनु-, परि-, अधि
Para-aortic	परामहाधमनीय
Parabasal	पराधार

English	Hindi
Parabion	मिश्र-जीव
Parabiont	मिश्रजीव समूह
Parabiosis	मिश्रजीविता, संयुक्तजीविता, पराजीविता
Parabiosphere	पराजैवमण्डल
Parabiotic	पराजीवी, संयुक्तजीवजातीय
Parabola	परवलय, एकेन्द्र
Parabolic, Parabolical	परवलयिक, एकेन्द्रीय, लाक्षणिक
Paraboloid	परवलयज, ठोस अनुवृत
Parabranchiate	पराक्लोमी (जन्तु)
Parabronchus	पार्श्व-श्वसनी
Paracentesis	परिवेधन, तरल निष्कासन
Paracentric	पराकेन्द्री, उपमध्य
Paracholera (an atypical cholera caused by any diarrhoeagenic bacterium other than *Vibrio cholerae*)	पराविषूचिका
Parachronism	तिथिभ्रम
Parachrosis	विरञ्जन
Parachute	वायुछत्र, अवतरणछत्र, हवाई छतरी
Paracme, Paracmasis	उत्तरकाष्ठा
Paracoel	पार्श्वगुहा
Paracolic	पराबृहदान्त्रीय
Paracolitis	अन्वन्त्र शोथ
Paracolon	अन्वन्त्र
Paracolpium	योनिपरिवेष्ठिका
Paracone	अग्रशंकु
Paraconid	अधोग्रशंकु
Paraconule	मध्याग्रलघुशंकु, मध्याग्रशंक्विका
Paracrine	परास्रावी, पर्यन्तःस्रावी, स्थानिक-अन्तःस्रावी
Paracystic	परिमूत्राशयिक, परिमूत्राशयी
Paracystium, Paracystia (pl.)	मूत्राशय परिवेष्ठिका
Paracytic	परिकोशिकीय
Paradental	परिदन्तीय
Paraderm	भ्रूणजनस्तर
Paradiarrhoea	अप्यतिसार
Paradidymis	परावृषण
Paradigm	प्रतिमान, दृष्टान्त, उदाहरण
Paradox	विरोधाभास, प्रत्याभास
Paradoxus	विलक्ष
Paraduodenal	परापक्वाशयिक
Paradysentery	अपामातिसार
Paraenteric	पार्श्वान्त्रिक, परान्त्रिक
Paraffin	मृद्वसा, पैराफिन
Paraffin wax	मृद्वसा मोम
Paraflagellum, Paraflagella (pl.)	अनुकशा
Parafollicular	परापुटिकीय
Parafunction	अपकार्य
Paraganglion, Paraganglia (pl.)	उपगुच्छिका, परागण्डक
Paragastric cavity, Spongocoel	छिद्रित गुहा
Paragenesis, Parageny	क्रमिक सहजनन, पराजनन
Paragenetic	परानुवंशिक
Paragenital	पार्श्वजननांगी
Paraglossa, Subglossa	पार्श्वजिह्विका, जिह्वोपांग, बहिर्जिह्वा
Paragnathous	पराहन्वी, समहन्वी
Paraheliotropism, Paraheliotropy	प्रकाश समवर्तिता, प्रकाश समवर्तन
Parahepatic	पार्श्वयकृतीय, पार्श्वयाकृतिक
Paraheredity	परापितृागति, परानुवंशिकता
Parahormone	कूटान्तःस्राव, उपान्तःस्राव
Parahypnosis	अपनिद्रा
Parakeet, Paroquet (a frugivorous cage bird of parrot family Psittacidae)	काकातुआ, ढेलहरा तोता, लम्बी पूँछ का छोटा तोता
Paralexia	पठन विकार
Parallactic	लम्बनिक, दिग्भेदीय
Parallax (a displacement of an object viewed along two different lines of sight)	विस्थापनाभास, लम्बन, दिग्भेद, भेदाभास
Parallel	समान्तर, समानान्तर
Parallelepiped	समान्तरषट्फलक
Parallelism	समान्तरता, समानान्तरण
Parallelogram	समान्तर चतुर्भुज, समान्तरभुज
Parallergy	पराप्रत्युर्जता
Paralogism	तर्काभास, हेत्वाभास, गलत तर्क
Paralyse, Paralyze	अशक्त या गतिहीन करना
Paralysis (a neuro-muscular problem due to loss of sensation and voluntary motion), Paralyses (pl.)	अंगघात, पक्षाघात, संस्तम्भ, फालिश, लकवा
Paralytic	अंगघाती, अंगघातग्रस्त, पक्षाघातज, लकवारोगी

Paralytogenic,	पक्षाघातजनी पक्षाघातकारी,
Paralyzant	अंगघातक
Paramagnetic	समचुम्बकीय, अनुचुम्बकीय, एकाधिचौम्बिक
Paramagnetism	अनुचुम्बकत्व, समचौम्बिकता
Paramammary	पार्श्व-स्तन, परिस्तन
Paramammitis, Paramastitis	परिस्तनशोथ
Paramastoid	पार्श्वकर्णमूल
Paramedial	पार्श्वमध्यीय
Paramedian	पार्श्वमध्य, परामध्य
Paramedical	पराचिकित्सीय, उपचिकित्सीय
Paramenia (irregularity of menstruation)	अपार्तव, दुष्रजस्राव
Parameter	प्राचल
Parametric	प्राचलिक
Parametrium	पार्श्वगर्भस्तर, गर्भपार्श्वकला
Paramilitary	परासैन्य
Paramnesia, Paramencia	स्मृतिविकार (एक मनोरोग)
Paramolar (tooth)	अधिचर्वणक, अधिहन्वी
Paramorph	अपरूप, अपाकृति
Paramorphic	अपरूपी, अपाकृतिक
Paramorphism, Paramorphosis	पराकायान्तरण
Paramutation	परोत्परिवर्तन
Paramyelin	उपविमज्जि, उपमज्जा
Paramyloid	परामण्डाभ
Paramyloidosis	परामण्डाभता
Paramylon	परामण्ड
Paramylum	मण्डधानी
Paranasal	परिनासीय, परिनासा-
Paranephric	परिवृक्कीय, परिवृक्क-
Paranephritis	परिवृक्कशोथ
Paranephrocyte	परावृक्काणु, उत्सर्ग-ग्रन्थिकोशा
Paraneural	परिस्नाविक, परितन्त्रिकीय
Paranoia, Paranoea	महानतोन्माद, संविभ्रम, मानसिक उन्माद व्यामोह, सम्भ्रान्ति
Paranoid	व्यामोहाभ, पीड़ोन्मादी, संविभ्रमी
Paranormal	अपमान्य
Paranthropous	परामानवीय
Paranuclear	परिकेन्द्रकीय, परानाभिकीय
Paranucleus	परिकेन्द्रक, परानाभिक, उपकेन्द्रक
Paraoesophageal	परानिगल, पराग्रसिकीय
Parapet	मुँडेर, प्राकार, छोटी दीवार
Paraphasia,	वाग्विकृति, वाणीदोष
Paralalia	
Paraphenine	परादर्शी
Paraphernalia	साज-सामान, आवश्यक सामग्री
Paraphia, Parapsia, Parapsis	स्पर्श विकृति
Paraphilia (a psychic suppressed emotion disorder with behaviour and dressing like opposite sex)	अपकामुकता (विपरीत लिंगी जैसा शृंगार करने की इच्छा)
Paraphimosis	परा-परिवर्तिता, परानिकोचन
Paraphobia (abnormal fear of sexual perversion)	अपकामुकता भीति
Paraphonia	स्वरवयस्कता, यौवनजन्य स्वर परिवर्तन
Paraphragm	परावर्ध
Paraphraxia	चिन्तन अक्षमता
Paraphrenia	अपमनस्कता
Paraphysis	सहसूत्र, बन्ध्यसूत्र
Parapineal eye	परा तृतीय नेत्र
Paraplasm, Hyaloplasm	अधिद्रव्य, काचरद्रव्य
Paraplectenochyma, Pseudoparenchyma	कूटजीवोतक
Paraplectic, Paraplegic	अधराघातिक, अधरांगघाती
Paraplegia	अधरांगघात, अधराघात, परांगघात (कमर से नीचे का लकवा)
Parapodium, Parapodia (pl.)	अभिचरण, परानुबन्ध
Parapophysis, Parapophyses (pl.)	काय-वर्ध
Paraprasis, Parapraxia, Parakinesia	अंगचालनहीनता, गति-अक्षमता
Paraproctium	परिगुदांग, गुदपरिवेष्टिका
Paraprosenchyma	वर्तुल ऊतक
Parapsid	द्वि-छिद्र करोटि
Parapsychological	परामनोवैज्ञानिक
Parapsychology	परामनोविज्ञान
Paraquadrate, Squamosal bone	अग्रगण्डास्थि, शल्कास्थि
Parareaction	अधिप्रतिक्रिया
Pararectal	परिमलाशयी, परामलाशयी
Parareflex	अपप्रतिक्षेप
Pararenal	परिवृक्कीय, परिवृक्क-
Parasacral	परित्रिक, परित्रिकीय

Parasagittal परिमध्य, पार्श्वमध्य
Parascapular परिअंसफलकीय
Paraselene, Paraselenae (pl.) चन्द्राभास
Parasexual परालैंगिक, अपकामुक
Parasexuality परालैंगिकता, अपकामुकता
Parasite (an organism living in/on other animal or plant to get nutrition and harm to host) परजीवी, पराश्रयी
Parasitemia परजीवि-रक्तता
Parasitic, Parasitical परजीवीय, पराश्रयिक
Parasiticidal परजीवीनाशक, परजीवघ्नी,
Parasiticide परजीवीनाशी, परजीवघ्न
Parasitifer परजीवीधर
Parasitiferous परजीवीधारी
Parasitism परजीविता, पराश्रयिकता
Parasitize, Parasitization परजीव्याक्रमित करना, परजीव्याक्रमण
Parasitogenesis, Parasitogeny परजीवीजनन, परजीवीभवन
Parasitogenic, Parasitogenous परजीवीजनित, परजीवीजनी
Parasitoid, Parasitoide परजीव्याभ, परजीवीवत्
Parasitologist परजीवीविज्ञानी, परजीविज्ञ
Parasitology परजीवीविज्ञान, परजैविकी
Parasitophobe, Parasitophobia परजीवीभीति
Parasitophobic परजीवीभीरु
Parasitosis परजीवी व्याप्ति, परजीवजरोग, परजीवी-ग्रसन
Parasitotrope, Parasitotropic परजीव्यावर्त, परजीव्यनुवर्ती
Parasitotropism, Parasitotropy परजीव्यनुवर्तन, परजीव्यनुवर्तिता
Parasol, Umbrella आत-पत्र, छतरी, छोटा छाता
Parasomnia (a sleep disorder with abnormal behaviour movements, emotions, perceptions and dreams) अपनिद्रा,
Parasphenoid पार्श्वजतुक (अस्थि)
Parasplenic परिप्लीहीय
Paraspore उपबीजाणु
Parasternal पार्श्व-अधरकीय
Parasternum, Parasterna (pl.) पार्श्व-उरोस्थि
Parastichy कुन्तरपंक्ति
Parasymbiosis परसहजीवन, परसहजीविता
Parasympathetic परानुकम्पी, सहानुकम्पी, परानुसंवेदी, कर्परत्रिक
Parasympathetic nervous system परानुसंवेदी/परानुकम्पी तन्त्रिका तन्त्र
Parasympatholytic कर्परत्रिकांशी
Parasynapsis, परासूत्रयुग्मन, पार्श्वसंयोग,
Parasyndesis पार्श्वयुग्मानुबन्ध
Parasynthesis परासंकलन, परासंश्लेषण
Parasystole अपहृत्कुञ्चन
Paraterminal उपाग्रस्थ
Parathecium, Parathecia (pl.) उदावरण
Parathormone परावटुस्राव, परागल स्राव
Parathyroid (gland) परावटु, परागल, उपगलग्रन्थि
Parathyroidism परावटुता, परागलता
Parathyrotoxicosis, परावटुविषरुग्णता
Parathyroid poisoning परागलग्रन्थि विषायण
Parathyrotropic परावटुप्रभावी
Paratoid उपकर्णाभ, पराकर्ण
Paratoidectomy पराकर्णोच्छेदन
Paratonic अन्यकारित
Paratracheal पार्श्व-श्वास नलीय
Paratripsis, Irritation, Chaffing उद्दीपन, सन्तापन, तुषण
Paratrooper छतरी सैनिक
Paratrophic परापोषित, परपोषी
Paratubal परिगर्भाशय नालीय
Paratuberculosis (a fatal infection of *Mycobacterium avium* in small intestine of ruminants), Perituberculosis, Para TB, Johne's disease परातपेदिक, परियक्ष्मा
Paratype पराप्ररूप, अपर-प्ररूप
Paratyphoid अप्यान्त्र ज्वर
Paratypic, Paratypical पराप्रारूपिक
Paraumbilical परिनाभीय
Paraungual परिनखीय
Paraurethral परिमूत्रवाहकीय, परामूत्रमार्गी
Parauterine परिगर्भाशयी
Parautochthonous अपस्वस्थानिक
Paravaginal परियोनिक
Paravalvular परिकपाटीय
Paravenous पार्श्वशिरीय
Paravertebral पार्श्व कशेरुकी

Paraxial उपाक्षीय
Paraxis, Paraxon उपाक्ष, पराक्ष
Paraxonic पराक्षीय
Parazoa (a subkingdom of kingdom Animalia) पराजन्तु (जन्तु जगत का एक उपजगत)
Parazoology (a study of porifers or sponges) स्पञ्जविज्ञान, छिद्रिल जन्तु विज्ञान
Parazoon (an animal living as parasite on another animal), Parazoa (pl.) परजीवीजन्तु (एक जन्तु पर दूसरा जन्तु परजीवी)
Parboil, Half boil हल्का उबालना, उसेना
Parboiled अंशक्वथित, अर्धोष्णित
Parboiled rice सेला चावल, उसेया चावल
Parbuckle डोल-फन्दा
Parcelling अंशन
Parcenary समांशिता
Parcener समांशी
Parch भुनना, तपाना, झुलसाना
Parched तप्त, भर्जित, भूना हुआ
Parched paddy खील (धान का लावा)
Parchment चर्मपत्र
Pare, Paring छँटाई करना, कतर कर सुडौल बनाना, छँटाई, कर्तन
Paregoric पीड़ानाशक
Parencephalic, Parencephalous, Cerebellal निमस्तिष्कीय
Parencephalon, Cerebellum निमस्तिष्क
Parenchyma मृदूतक, सार-ऊतक, जीवितक, मूलोति
Parenchymal, Parenchymatous जीवितकीय, मृदूतकीय, मूलोतीय
Parenchymula मूलोतिका
Parent जनक, मूल, माता-पिता, पितृ
Parentage, Parenthood वंशानुक्रम, वंशावली, वंशकुल, जनकता, पितृत्व
Parental मातृपितृीय, जनकीय, पैतृक
Parental care जनकीय संरक्षण, माता-पिता द्वारा देखभाल
Parenteral आन्त्रेतर, व्यान्त्रिक
Parenthesis, Parentheses (pl.) गोलापवार, गोलकोष्ठक, निक्षेप, कोष्ठक, बन्धनी
Parenthesize सन्निविष्ट या निक्षिप्त करना
Parenthetic (al) निक्षिप्त, सन्निविष्ट
Parent plant जनक पादप, मूल पादप
Pareria मूत्ररोग चिकित्सा हेतु जड़ीबूटी
Paresis अपूर्णाघात, आंशिकघात, अंशपक्षाघात
Paresthesia अपसंवेदन, अपसंवेदिता (हाथ-पैर में चींटी जैसा चलना)
Parfait पार्फे (फल, अण्डा व फेंटे मक्खन के पर्त वाला एक शीतल पेय)
Parget प्रलेप, लेपना, पलस्तर लगाना
Pargetting प्रलेपन, लिपाई
Parhelion, Parhelia (pl.) सूर्याभास, सूर्य की दक्षिणायन स्थिति
Paries, Parietes (pl.) प्राचीर
Parietal, Parietical भित्तीय, भित्तिलग्न, पार्श्विक, प्राचीरीय
Parietal bone कपाल-पार्श्वास्थि
Parietal eye मध्यनेत्र
Parietal lobe भित्तीय पालि
Parietosphenoid प्राचीरस्फनाभ, प्राचीरजतुक
Paring छिलाई, छँटाई, कर्तन, कतरन
Pari-passu समरूप, एक समान
Pari-pinnate सम-पक्षवत्
Parity समार्हता, समता, सादृश्य, अनुरूपता
Park उद्यान, उपवन, वाहन खड़ा कर जाना, विशेष सार्वजनिक उद्देश्य हेतु निर्धारित क्षेत्र
Parkinson's disease (named after, a British physician James Parkinson, 1755-1824 A.D.) कम्पवात, पर्किन्सन रोग (हाथ/पैर काँपने का एक दीर्घकालिक स्नायुविकार)
Parky शीतल, ठण्डा
Parlous, Perilous कठिन, जोखिम भरा
Parmesan cheese परमीजन पनीर (गाय के दूध से बना एक इटेलियन पनीर)
Paroccipital (bone) उत्पश्चकपालवर्ध
Parochial संकीर्णमना, संकुचित, स्थानीय, पल्लीय, स्थानसीमित
Parochialism मानसिक संकीर्णता, संकीर्ण वृत्ति
Paroecious एकशाखाशयी, एकशाखाश्रयी
Parolfactory घ्राणोत्तर
Paroquet, Parakeet (a frugivorous cage bird of parrot family Psittaculidae) ढेलहरा तोता, काकातुआ (लम्बी पूँछ का छोटा तोता)
Paroral परामुखीय, परामौखिक

Parorexia अपरुचि, अपभक्षिता, भक्षण विकृति
Parosmia गन्धविभ्रान्ति, गन्धसंवेदन विकृति
Parotid gland कर्णमूल ग्रन्थि, उपकर्ण ग्रन्थि
Parotitis, Mastoiditis गलसुआ, कनपेड़ा, कर्णमूल शोथ, उपकर्ण शोथ
Paroxysm दौरा, आवेग, उग्रतम विस्फोट, आवेश
Paroxysmal आवेगी
Paroxytone उपान्त्याघाती
Parquetry काष्ठचित्रकारी
Parr सामन मछली का बच्चा
Parricidal जनकघाती
Parricide, Patricide पितृहन्ता, पितृहत्या, पितृघ्न
Parrot (a curved billed cage/wild frugivorous intelligent imitating bird of order Psittaciformes with green plumage and wide diversity) तोता, शुक, सुग्गा
Parrot green शुकहरि, सुआपंखी हरा
Pars, Partes (pl.) भाग, अंश, अंगांश
Pars anterior अग्रांश
Pars distalis दूरस्थांश
Pars intermedia अन्तस्थांश, मध्यस्थांश
Parsley (*Petro-selinum crispum*, a cultivated herb of family Apiaceae used as spice with healing property) अजमोद, अजवायन (एक औषधीय मसाला पौधा)
Pars nervosa तन्त्रिकांश
Parsnip (*Pastinaca sativa*, a biennial/annual cultivated plant of family Apiaceae with modified carrot like edible tap root as vegetable) गर्जरिका, चुकन्दर
Pars plicata वल्यांश, वलि भाग
Pars tuberalis नलिकांश
Parterre, Flower bed फूलों की क्यारी
Parthenocarpic fruit (seedless fruits formed without fertilization) अनिषेकित फल (एक बीजरहित फल)
Parthenocarpy अनिषेकफलन, अपरागफलन
Parthenogenesis अनिषेकजनन, असेचनजनन
Parthenogenetic अनिषेचित, अनिषेक जनित
Partial आंशिक, अपूर्ण, अधूरा, खण्ड
Partible विभाजनशील, विभाज्य, खण्ड्य
Particle कण, कणिका, लव, अल्पांश
Particle physics (a physical study of nature and properties of particles) कण भौतिकी
Particoloured, Particolored रंगविरंगा, बहुरंगी
Particulate कणिकीय, विविक्त
Particulated कणिकित
Parting अलगाव, पृथक्करण, विसन्धि, वियोजन
Parting agent पृथक्कारक, वियोजक
Partite विभक्त
Partition विभाजन, अलगाव
Partive विभाजी, वियोजनशील, पृथक्कारी, अंशबोधक
Partridge (a medium sized low flight bird of pheasant family Phasianidae) तीतर (एक पालतू मुर्ग़वंशी पक्षी)
Parts per billion (ppb) प्रति अरबांश (10^{-9})
Parts per million (ppm) प्रति दशलक्षांश (10^{-6})
Parts per quadrillion (ppq) प्रति पद्मांश (10^{-15})
Parts per trillion (ppt) प्रति लक्षकोट्यांश (10^{-12})
Partum प्रसव
Parturiency प्रसवता
Parturient, Parous प्रसूति, प्रसवोन्मुख, आसन्नप्रसव, प्रसवी
Parturifacient प्रसवकारी
Parturition प्रसवन, प्रसव, प्रसूति
Parviflorus लघुतर पुष्पी, लघुपुष्पी
Parvifolius लघुपर्णी
Parvis प्रांगण, आहाता, अलिन्द (भवन में)
Parvule गुलिका, छोटी गोली, टिकिया
Pascal (Pa, a unit of stress, strength or pressure as per square inch (psi), named after French mathematician Blaise Pascal in 1642 A.D.) पास्कल (भौतिक तनाव, मज़बूती व दाब की एक इकाई)

English	Hindi
Pasimology	इंगिताभिव्यक्ति, अंगविक्षेप भाषा
Pass, Passing	पार करना, पारगमन, पारण
Passage	गलियारा, रास्ता, अवतरण, पारण
Passerine bird (any small bird of order Passeriformes)	गौरय्या गण की छोटी चिड़िया
Passing tube	पारण नलिका
Passion	मनोविकार, मनोभाव, आवेग
Passionate	क्रोधी, कामुक, भावपूर्ण
Passion fruit (a pepo type sweet edible seedy berry fruit of *Passiflora edulis,* a perennial south American flowering vine of family Passi-floraceae)	कृष्णा फल, सबीली फल
Passivated	निष्क्रियित, निश्चेष्टित
Passivation	निश्चेष्टकरण, निष्क्रियण
Passive	निश्चेष्ट, निष्क्रिय, अकर्मण्य
Passivity	निष्क्रियता, अक्रियता, वश्यता
Pass word	पहचान शब्द, संकेत शब्द
Paste	लेई, लेप, चिपकाना
Pastel	रंगीन खड़िया, पेस्टल
Pastern	गुमची, गामचा (घोड़ों के टखने व खुर के बीच का भाग)
Pasteurellosis (an infection in man and animals by *Pasteurella multocida,* a bacterium of family Pasteurellaceae)	पाश्चुरेला (जीवाणु) संक्रमण
Pasteurism	पाश्चुरता
Pasteurize,	पाश्चुरीकृत बनाना,
Pasteurization (a process of sterilizing a liquid, developed by French microbiologist, Louis Pasteur 1822-1895 A.D.)	पाश्चुरीकरण (किसी द्रव को गर्म कर एकाएक ठण्डा कर आंशकि जीवाणुविहीन करना)
Pasteurizer	पाश्चुरीकारक, पाश्चुरित्र (यन्त्र)
Pastil, Pastille,	चूषिकी, चुसनी, चूष
Pastillus, Lozenge	टिकिया, गोली, धूपबत्ती
Pastoral	पशुचारी, चरागाही, ग्रामीण
Pastoralism	पशुचारणता, ग्रामीणता
Pastrami	धुएँ में सुखाया गाय के पुट्ठे का मांस
Pastry	पिष्टक, पिष्टान्न
Pasturable	चरने योग्य (भूमि)
Pasture, Pasturage	चरागाह, गोचर भूमि, घास
Pasty, Pie	चिपचिपा, लेईदार, कचौड़ी, गुझियाँ
Pat	थपथपाना, थपकी
Patabiont	मलजीवजात
Patagium	पक्ष-झिल्ली, चर्म-स्तर
Patch	खण्डक, स्तबक, पैबन्द, योजक
Patchouli (*Pogostemon cablin,* a flowering culinary medicinal herb of family Lamiaceae, leaves are steam distilled for essential oil as perfume)	सुगन्धरा (एक सुगन्धप्रद पुदीना कुल का पौधा)
Pate	खोपड़ी की चाँद
Patella	जानुका, जानुफलक, जान्विका, चपनी, पलिया
Patellar	अष्ठीवत्, जान्विकीय, चपनीय
Patelliform	जान्विकारूपी
Paten	थालिका, गोल पतला धातु का टुकड़ा
Patency	स्पष्टता, प्राकट्य
Patens	विस्तारी, उद्विस्तारी
Patent	एकस्व, प्रकट, स्पष्ट
Patentability	एकस्वयोग्यता, एकस्वनीयता
Patentable	एकस्वयोग्य, एकस्वनीय
Patented	एकस्वकृत
Patenting	एकस्वन, कर्षोषण
Patent leather	चमकीला (काला) चमड़ा
Pater, Father	कुलपिता, पितृ, जनक
Pateriform	शराबरूप
Paternal	पैतृक, पितृ सुलभ, पितृीय
Paternalism,	पितृसत्तावाद, पितृवृत्ति,
Paternality	पितृीयता, पैतृकता, पितृसुलभता
Paternity	पितृत्व, कर्तृत्व, उद्गम
Path, Pathway Passage	पथ, पथिका, मार्ग, रास्ता
Pathetic, Pathos	कारुणिक, करुणा
Pathic	रोगीय, रोग सम्बन्धी
Pathogen	रोगजन, रोगाणु, व्याधिजन

English	Hindi
Pathogenesis, Pathogeny	रोगजनन, रोगोत्पत्ति, विकृतिभवन, व्याधिजनन
Pathogenetic, Pathogenic, Pathogenous	रोगजनक, विकृतिजनक, रोगकारी, व्याधिजनी, रोगजन्य, रोगजनित
Pathogenicity	रोगजनकता, व्याधिजनिता
Pathognomonic	रोगलाक्षणिक, रोगनिदान सम्बन्धी
Pathognomy	रोगलाक्षणिकी, रोगनिदान
Pathography	विकृतवृत अध्ययन
Pathological	रोगात्मक, वैकृतिक, व्याधिकीय
Pathologist	रोगविज्ञानी, विकृतिविज्ञानी, व्याधिविज्ञ
Pathology	रोगविज्ञान, विकृतिविज्ञान, व्याधिकी, वैकृतिकी
Pathometric	व्याधिमितीय
Pathometry	व्याधिमिति
Pathomorphism, Pathomorphy	विकृतरूपता, विरूपता
Pathomorphological	विकृत-आकारिकीय
Pathomorphology	विकृत-आकारिकी
Pathophobe, Pathophobic	रोगभीरु, व्याधिभीत
Pathophobia	रोगभीति, व्याधिभीति, बीमारी का डर
Pathophysiology	विकारी-शरीर क्रिया विज्ञान, विकृतकार्यिकी
Pathopsychology	विकृत-मनोविज्ञान
Pathopsychosis	विकृत-मनोरोग
Pathosis	रुजता, रुग्णता, रुग्णावस्था
Pathotype (a pathogen distinguished from other species by it's pathogenicity on a specific host)	रोगाणुप्ररूप
Pathy (suffix)	उपचारविधि, चिकित्सापद्धति
Patient	रोगी, धैर्यवान्
Patina	छदिमा, काँसे पर लगा हरा मोर्चा
Patio	आँगन
Patobiont	गुप्तजीवजात
Patocole	वनस्तरवासी
Patricide, Parricide	पितृहत्या, पितृघात, पितृघ्न
Patrilineage	पितृवंश, पैतृक वंशावली
Patrilineal, Patriclinous	पितृवंशी, पितृागत, पितृवत्
Patrimonial	पैतृक, पुश्तैनी, आनुवंशिक
Patronym	गोत्र, पितृवंशनाम
Patronymic	गोत्रीय, पैतृक (नाम)
Patter	पटपटाना, तड़तड़ाना, बड़बड़ाना
Pattern	विन्यास, प्रतिरूप, आकृति
Patulous, Patulus	प्रसारी, विस्तीर्ण, विवृत, आस्तारी, अधखुला
Paucibacillary	अल्प दण्डाण्वीय
Pauciflorous	अल्पपुष्पी
Paucifoliate	अल्पपर्णी
Paucity	अभाव, कमी, अल्पता, अल्पसंख्यता
Paunch, Rumen	उदर, प्रथम आमाशय, रोमन्थिका
Paurometabolism	अल्परचनान्तरण
Paurpod	लघुपाद
Pause	विराम, अन्तराल
Pavement	आचयित तल, कुट्टिम, खड़ञ्जा
Pavilion	कर्ण, मण्डप
Paving	आचयन, खड़ञ्जा
Pavis	बड़ी ढाल
Pavonine	मयूरवंशी, मोर जैसा, संतरंगा
Paw	पञ्जा, चंगुल, कुरेदना, खूँदनी
Pawl	कुत्ता (पहिये को उल्टा घूमने से रोकने का उपकरण)
Paxilla	शाखिस्तम्भ
Paysage	भू-दृश्य, प्राकृतिक दृश्य
Pea, Peas, Pease (*Pisum sativum*, a climber dicot herb of family Fabaceae)	मटर (एक पुष्पी पौधा जिसके बीज तथा भूसी उतारकर दाल खाते हैं)
Peach (*Prunus persica,* a deciduous tree of family Rosaceae with drupe type edible fruit)	आड़ू (फल), शफ़तालू, सतालू, उरुक, हल्का पीला लाल (रंग)
Peacock (male *Pavo* sp., a big wild long tailed bird of pheasant family Phasianidae), Peahen (short tailed female)	मोर/मयूर (नर), मोरनी/मयूरी (मादा)
Peacock blue	मयूर नील
Peacock flower (*Caesalpinia pulcherrima,* a flowering shrub of family Fabaceae)	गुलतूरा, कृष्णचूड़
Pea fowl(s)	मोर या मोरनी
Pea green	मटर सा हरा

Peak — शीर्ष, शिखर, चोटी, चरमसीमा, पराकाष्ठा, कुम्हलाना

Peak discharge — चरम निस्सरण

Peaked — नुकीला, दुबला-पतला

Peak speed perfomace output (PSPO-an aerodynamic, electro-mechanism and theory of air displancement based air supply technology for fans) — शीर्ष गति से निष्पादित कार्य परिणाम (पंखों से कम बिजली खपत के साथ बड़ी जगह में ज्यादा हवा पान की एक प्रौद्योगिकी)

Peal — घनघनाहट, गड़गड़ाहट, गर्जना

Pea nut, Ground nut, Monkey nut (an underground lomentum type fruit of *Arachis hypogaea,* a leguminous plant of family Fabaceae) — मूँगफली, चीनिया बादाम

Pear (*Pyrus* sp., a tree of family Rosaceae with pome type edible fruit) — नाशपाती (एक पुष्पी पौधा/स्वादिष्ट फल), नाख, रुचिफल

Pearl (a hard bio-material as jewel, formed in mantle of oysters) — मुक्ता, मोती

Pearl barley — जौ का दलिया (भूसी उतारा छोटे गोल जौ)

Pearl conch — मोती शंख

Pearl millet (*Pennisetum glaucum,* a cereal crop plant of family Poaceae) — बाज़रा (एक मोटा अनाज)

Pearl mussel (*Margaritifera margaritifera,* a fresh water bivalved mollusc of class Pelecypoda) — मुक्ता-सीपी

Pearl oyster (*Pinctada* sp., a marine clam, bivalved mollusc of family Pteriidae) — मुक्ता-शुक्ति, सीप

Pearly — मौक्तिक, मोतीवत्, मुक्ताभ

Pear-shaped — नाशपाती के आकार का

Peasant — कृषक, किसान, खेतिहर

Peat — पाँस (सड़ी वनस्पति), जीर्णक

Pebble — गुटिका, अष्ठि, रोड़ी, लेन्स हेतु प्रयुक्त शीशा

Pebbled, Pebbly — रोड़ीदार, अष्ठिल, कँकरीला

Pecan (*Carya illinoinensis,* a deciduous temparate tree of family Juglandaceae with edible nutritious walnut like seed in drupe type fruit) — छोटा अखरोट, पेकान (एक उत्तरी अमेरिकी महाद्वीपीय वृक्ष)

Peck — चोंच मारना, दाना चुगना, तिरछा होना

Pecker — गैंती, कुदाली, कठफोड़वा (एक पक्षी)

Peckish — भूखा

Pecten — कंकतवर्ध, कंकतांग (कंघा जैसा अंग)

Pectic — आश्लेषिक, लसदार

Pectin (a heteropoly-saccharide of certain fruits) — लस, लासा, पेक्टिन (कुछ पके फलों का प्रमुख घटक)

Pectina — कंकतपट्ट

Pectinate, Pectinatus, Pectiniform — कंकतमय, कंकताकार, कंघाकार, कंकतरूप

Pectineus — कंकतीय

Pectinibranch — कंकतक्लोमी (जन्तु)

Pectoral — अंसीय, उरस्त्राण, अंस-

Pectoral arch — अंस-चाप

Pectoral fin — अंस मीनपक्ष, अंस-पंख

Pectoral girdle — अंसमेखला

Pectoralis — अंसपेशी, उरश्छद (पेशी)

Pectose (a water insoluble amorphous carbohydrate) — आश्लेषधु (कच्चे फल में पायी जाने वाली शर्करा)

Pectus — निवक्ष

Pedal — पादक, पदिक, पेडल

Pedate — पञ्जाकार, पदी, पादयुक्त

Pedestal — स्तम्भाधार, पीठिका, आसन

Pediatrics, Paediatrics — बाल चिकित्सा विज्ञान, बाल रोग विज्ञान

Pedicel, Pedicle — पुष्पवृन्त, वृन्त, वृन्तक

Pedicellate — सवृन्त, सपुष्पवृन्ती

Pedicule — पादिका

Pediculous — जूँ पड़ा, यूकामय

Pediculosis, Phthiriasis — यूकता, जूँ पड़ना, यूकाग्रसन

Pediculosis capitis शीर्ष यूकाग्रसन, सिर में जूँ पड़ना
Pedicure पादचिकित्सा, नखप्रसाधन
Pediferous, Pedigerous पदधर, उपांगधारी
Pediform पदरूप
Pedigree, Genealogy वंशावलि, वंशवृक्ष, वंश, कुल, नसल, नस्ल
Pediment त्रिकोणिका
Pedium, Pedion तलवा
Pedodontics, Paedodontics बालदन्तिकी
Pedogamy स्वडिम्बयुग्मन
Pedogenesis डिम्बजनन, मृदाजनन
Pedogenic मृदाजनी
Pedology (derived from Greek words pedon and logos means soil/ earth and study) मृदाविज्ञान
Pedometer पदयात्रागतिमापी, पदगणित्र, बालभारोच्चतामापी
Pedosphere मृदामण्डल
Peduncle प्रवृन्त, पुष्पावलिवृन्त, वृन्तक
Pedunculate सपुष्पावलिवृन्त, प्रवृन्तीय
Pee, Peeing मूत्र, पेशाब, पेशाब करना, मूत्र निकलना
Peek झाँकी, झाँकना
Peel, Paring छीलना, छिलका, छीलन
Peeler छिलनी, सिपाही
Peeling विशल्कन, त्वक्क्षरण, केंचुल
Peevish चिड़चिड़ा
Peg खूँटी, मेख, जाम, कीलक
Pegging खूँटी लगाना, उद्बन्धन, कीलकन
Pegmoid चर्माभ, कृत्रिम चमड़ा
Pegology भूजलस्रोतविज्ञान
Pekoe सुगन्धित काली चाय
Pelage लोमचर्म, लोमावरण
Pelagic वेलापवर्ती, अम्बुधी, तलप्लावी, उत्समुद्री
Pelican (*Pelecanus* sp., a large swimming bird of family Pelecanidae with long beak and throat pouch) प्लव, जलसिंह, हवासिल (एक जलीय पक्षी)
Pelises श्रोणि, गोणिता
Pelite मृदाश्म
Pelitic मृदाश्मिक
Pellagra चर्मदाह, चर्मग्राह, वल्कचर्म
Pellagral, Pellagrous चर्मदाही, वल्कचर्मी
Pellant, Depurative दूषणकारी
Pellet गोली, गुटिका, गुलिका, टिकिया, छर्रा
Pellicle पतली झिल्ली, तनुलक, तनुत्वक, छादि
Pellitory root दन्त मूल
Pellucid सुबोध, विमल, निर्मल, पारभासी
Pellucidity निर्मलता, विमलता, सुबोधता
Pelmatozoon, Pelmatozoa (pl.) तलजन्तु
Pelmet झब्बा, लटकन
Peloid मृदाभ, मृदावत् (उपचारी मृदा)
Pelotherapy, Pelopathy मृदाचिकित्सा, मृदोपचार
Pelt खाल, क्षेपण, गति, भेड़ का बालदार कच्चा चमड़ा
Peltate छत्रिकाकार, ढालरूपी, छत्रीय
Peltery बाल या फरों का संग्रह
Pelvic श्रोणीय, श्रोणि-
Pelvic arch, Pelvic girdle श्रोणि मेखला
Pelviform कुण्डरूप, द्रोणिरूप, श्रोणिरूप
Pelvimetric श्रोणिमितीय
Pelvimetry श्रोणिमिति
Pelvi-rectal श्रोणि-मलाशयी
Pelvis श्रोणि, वृक्कश्रोणि, श्रोणि प्रदेश
Pelvis of kidney वृक्कद्रोणि
Pelvisacrum श्रोणित्रिकास्थि
Pelviureteric श्रोणि-मूत्रवाहिनीय
Pelycology प्रसूति श्रोणिविज्ञान
Pemphigus जलपिटिका, उद्स्फोट, फफोला, छाला
Pen लेखनी, कलम, पशुबाड़ा, हंसिनी
Penannular वलयाकार, वृत्ताकार, अर्धवृत्ताकार
Penchant झुकाव, रुझान, अभिरुचि
Pencil तूलिका, कूर्चिका, पेन्सिल
Pend लटकना, अधर में होना
Pendant, Pendent आलम्ब, लम्बमान, लटकन
Pending, Pensile, Pendulous, Pendular, Penduline लम्बमान, लम्बित, निलम्बी, दोलायमान
Pendular movement दोलन गति, लोलक गति
Pendulate झूलना, दोलन करना

Pendulum, Pentant	लोलक, लटकन, निदोल
Penecillus, Penicillus	कूर्चक, कूर्चिका
Penectomy	शिश्न-निष्कासन
Peneplain	स्थली-प्राय भूमि
Penetrability	वेध्यता, वेधनीयता, प्रवेश्यता
Penetrable	वेध्य, अन्तर्वेध्य, वेधनीय, प्रवेश्य
Penetrance	वेधिता, वेधता, प्रवेश, अन्तर्वेधता
Penetrative, Penetrant, Penetrating	भेदनशील, वेधी, प्रवेशी, अन्तर्वेधी, भेदक
Penetrate	वेधना, भेदना, घुसना, बींधना
Penetration	वेधन, भेदन, प्रवेश
Penetrology	वेधन-ऊर्जाविज्ञान
Penetrometer	वेधतामापी, वेध्यतामापी
Penetron, Meson	मध्याणु
Penguin (a big flightless arctic bird of family Spheniscidae)	पेनग्वीन (एक ध्रुवीय पक्षी)
Penial, Penile	लिंगीय, शिश्नी, शिश्न सम्बन्धी, शिश्न-
Penial seta, Penial setae (pl.)	मैथुन-शूक, शिश्न-दृढ़रोम
Penial tube	शिश्न नली
Penicillate	कूर्चकाकार, गुच्छेदार, रोयेंदार
Peniculus	पक्ष्माभ पट्टी
Penile-shaft	शिश्न-दण्ड
Peninsula	प्रायद्वीप
Peninsular	प्रायद्वीपीय
Penis, Phallus	शिश्न, लिंग
Penis vesicle	शिश्नाशय
Pennacular	पिच्छीय, पिच्छमय
Pennant	पिच्छ, झण्डी, पताका
Pennate	पिच्छाकार, पंखरूपी
Penniform	पिच्छरूप, पक्षाकार, पिच्छाकार
Pennywort (*Centella* sp., a perinnial medicinal creeper of family Apiaceae)	ब्राह्मी, मण्डूकपर्णी, ब्रह्ममण्डुकी
Peno-scrotal	शिश्न-अण्डकोशीय
Pensile	लम्बमान, निलम्बी
Penstock	जलकपाट, जलनिस्सारक, पातनाड
Pent-, Penta (prefix)	पञ्च-
Pentacle, Pentagram	पञ्चकोण, पञ्चकोण तारक, पञ्चकोणिक आकृति
Pentachord	पञ्चतन्त्री
Pentad	पञ्चक, पञ्चाब्ध
Pentadactylous	पञ्चांगुलिक
Pentadelphous	पञ्चगर्भाशयिक, पञ्चसंघी
Pentagon	पञ्चभुज, पञ्चकोण
Pentagonal	पञ्चभुजीय, पञ्चकोणीय
Pentagynous	पञ्चजायांगी
Pentahedral	पञ्चफलकीय, पञ्चनीकीय
Pentahedron	पञ्चफलक, पञ्चनीक
Pentail	पत्रपुच्छ
Pentalocular	पञ्च-गह्वरीय
Pentamer	पञ्चलक, पञ्चतय
Pentamerous	पञ्चतयी, पञ्चभागी
Pentameter	पञ्चचरण
Pentandrous	पञ्चपुंकेसरी
Pentangular	पञ्चकोणीय, पञ्चकोणिक
Pentapetalous	पञ्चदली
Pentaphyllus	पञ्चपर्णी
Pentaploid	पञ्चगुणित, पञ्चगुण
Pentarch	पञ्चसूत्र
Pentasepalous	पञ्चबाह्यदली
Pentaspermous	पञ्चबीजी
Pentatonic	पञ्चतान
Pentavalent	पञ्चसंयोजक, पञ्चसंयुज
Pentose sugar (a monosaccharide with five carbon atoms)	पञ्चधु
Pentosuria (presence of pentose sugar in urine)	पञ्चधुमेह
Penult, Penultimate	उपान्त्य, उपान्तिम
Penumbra	उपच्छाया, खण्डछाया, अल्पछाया, अधछाँव, सन्धि प्रकाश छाया
Pepper	मिर्च, मिर्च डालना
Pepper corn	मिर्च का दाना
Pepper mint (*Mentha balsamea*, a hybrid medicinal plant of family Lamiaceae, a menthol rich herb produces mentha oil)	तीव्रा, पिपरमिण्ट
Pepper grass, Pepper wort	चंसूर, हालिम
Peppery	तीता, तीखा, चरपरा, चिड़चिड़ा
Pepsic	पाचिक
Pepsin	पाचि (एक पाचक रस)

English	Hindi
Pepsinate	पचाना, पेप्सिनयुक्त करना
Pepsination	पाचीयन, पेप्सिनीकरण
Pepsinogen, Propepsin	पाचिजन, प्रपाचि
Pepsis	आपचन, आपचता
Peptic	पाची, पाचक
Peptics	पाचकांग, पाचकग्रन्थि
Peptic ulcer, Gastric ulcer (erosion of gastro-intestinal mucosal wall mainly by a bacterium *Helicobacter pylori*)	पाचीव्रण, जठर व्रण
Peptization	आपाचन, पेप्टीकरण, पेप्टीभवन, पाचाकरण, पाचायन
Peptolysis, Proteolysis	पाचालयन, प्रोटीनांशन
Pepto-anaemia, Pepto-anemia	पाचारक्तता, पेप्टोनरक्तता
Peptone (a partially hydrolysed protein)	पाचा
Peptonic	पाचयिक, पेप्टोनीय
Peptonizing, Peptonization	पाचायन, पेप्टोनीकरण
Peptonoid	पाचाभ, पेप्टोनवत्
Peptonuria	पाचामेह, पेप्टोनमूत्रता
Pepto-toxin	पाचाविष, पाचाविषि
Pepto-toxine	पाचाविषी, पेप्टोनाविषी
Pep up	अधिक सक्रिय बनाना
Per- (prefix)	प्रति-, द्वारा, से, अति
Peracidity, Hyperacidity	अत्यम्लता, अम्लाधिक्य, अध्यम्लता
Peracute	अतितीक्ष्ण
Perambulate, Perambulation	सैर करना, गाड़ी में बच्चा टहलाना, टहलना, भ्रमण करना, परिभ्रमण
Per annum	प्रति वर्ष
Per capita	प्रति व्यक्ति
Perceivable	बोधगम्य, इन्द्रियगोचर
Perceive	समझना, देखना, अनुभव करना
Percent (a fraction of hundred, expressed as %)	प्रतिशत
Percentage	प्रतिशतता
Percentile	प्रतिशतक, शतमक
Percept	प्रतिबोध, ज्ञान, बोध
Perceptibility	अवगम्यता, प्रतिबोध्यता, बोधगम्यता
Perceptible	अवगम्य, प्रतिबोध्य, गोचर
Perception	प्रत्यक्ष, अवगम, प्रतिबोधन, अनुबोधन
Perceptional	प्रतिबोधिक, अवगामी
Perceptive	प्रतिबोधनशील, अनुबोधी, अनुभूतिक्षम
Perch (*Perca* sp., a fresh water teleost game fish of family Percidae)	पृश्नि (कवई मछली), यष्टि, बसेरा (चिड़ियों का बैठना), टिकना
Perching	यष्टिसादी, यष्टिसदन, टिकान
Percipience	अवबोध, बोध
Peremptory	अलंघनीय, असहिष्णु, हठधर्मी, अनिवार्य
Percipient	सचेत, परिग्राही, अवबोधक
Percolate	रिसना, स्रवण, चूना
Percolating	परिस्रावी, पारच्यावी
Percolation	परिस्रवण, रिसाव, च्यावन, पारच्यावन
Percolator	स्रावित्र, च्यावित्र
Percurrent	पूरी लम्बाई से गुजरने वाली
Percuss	थपकी/आघात देना, टक्कर मारना
Percussibility	आघातगम्यता
Percussible	आघातगम्य
Percussion	समाघात, आघातन, परिताड़न
Percussive	आघाती, संघाती, प्रघाती
Percutaneous	त्वचाप्रवेशी, त्वचीय, त्वचा-
Per diem	प्रतिदिन, दैनिक
Perdurable	टिकाऊ, अविनाशी
Peregrine	परिभ्रामी, विदेशी, शिकारी
Pereiopod	उरःपाद
Perennate	बारहमासी
Perennation	चिरकालिता, चिरजीविता
Perennial,	बहुवर्षी, चिरस्थायी
Perfect fluid, Ideal fluid	आदर्श तरल
Perfect gas, Ideal gas	आदर्श गैस
Perfectible	पूरणीय
Perfect interval	शुद्ध अन्तराल
Perfective	पूर्णकालिक
Perfervid	ओजस्वी, जोशीला
Perficient	परिणामदायी, फलदायक
Perflation	अन्तरावहन, अबाधवातन
Perfoliate	स्तम्भवेष्ठी
Perforate	छेदना, छेद करना, छिद्रिल बनाना
Perforated	छिद्रित, छिद्रिल, छिदा हुआ
Perforation	छिद्रण, छेदन, वेधन
Perforative	छिद्रणशील, छिद्रकारी
Perforatus	छिद्री, छिद्रिल
Performance	निष्पादन, अनुपालन, कार्य

Perfrication, Innunction, Massage — अभ्यञ्जन, अंग मर्दन, मॉलिश
Perfume — परिमल, सुगन्ध, सुवास, सुगन्धित द्रव्य
Perfumed — वासित, सुगन्धित
Perfumery — सुगन्धशाला, परिमलशाला
Perfuming — वासन, सुगन्धीकरण
Perfunctory — अन्यमनस्क, उत्साहहीन, यन्त्रवत्, पल्लवग्राही, बेपरवाह
Perfusate — आप्लाव
Perfuse — छिड़कना, परिलुप्त करना, भर देना, आप्लावित करना
Perfusion — छिड़काव, आप्लावन
Pergameneous — चीमड़, चर्मपत्रीय, चर्मवत्
Pergola — लतामण्डप, कुञ्ज, मँडवा
Perhumid — अत्यार्द्र
Peri- (prefix) — परि-
Periadenitis — परिग्रन्थि प्रदाह
Perianal — परिगुदीय, परिगुद-
Perianth, Perigone — परिदलपुञ्ज, पुष्पच्छद, परिपुष्प
Periaortic — परि-महाधमनी
Periaxial — परि-अक्षीय
Periblast — परिकोरक
Periblastula — परिकोरकपिण्ड
Periblem — बाह्यकजन
Peribranchial — परिक्लोमी (जन्तु)
Peribronchial — परिश्वसनीय
Peribuccal, Perioral — परिमुखीय
Pericardiac, Pericardial — हृदयावरणी, परिहृद्
Pericarditis — हृदयावरण शोथ, परिहृत्प्रदाह
Pericardium — हृदयावरण, परिहृदय
Pericarp — फलावरण, फलभित्ति, परिस्तर
Pericaryon, Perikaryon — परिनाभिक, परिकेन्द्रक
Pericellular — परिकोशिकीय
Pericentral — परिकेन्द्रीय, परिमध्य
Perichondrium — पर्युपास्थि, कास्थ्यावरण
Periclinal — परिनत, परीत
Periampullary — परितुम्बिकीय
Pericolic — परिबृहदान्त्रीय
Pericoronitis — परिकिरीट शोथ
Pericranium — परिकपाल, कपालावरण
Pericycle — परिरम्भ
Pericystic — परिपुटीय, पर्याशयी
Pericyte — परिकोशा, परिकोशिका
Periderm — परित्वक्, बाह्यवल्क
Peridiole, Peridiolum — बीजाणुधानी-आवरणिका (बीधावरणिका)
Peridium, Peridia (pl.) — कवकफलभित्ति, बीजाणुधानी आवरण (बीधावरण)
Peridiverticulitis — परिकुल्याशोथ
Periductal, Periductile — परिवाहिनी, परिप्रणाल
Perienteric, Peri-intestinal — पर्यान्त्रीय
Periganglion — परिगुच्छिका
Perigastric — परिजठरीय
Perigee — चन्द्रकक्ष का भू-समीपतम बिन्दु, उप-भू, भूमि-नीच
Periglottis — परिघाँटी, परिकण्ठद्वार
Perigonium, Perigonia (pl.) — परिपुंधानी
Perigynium — परियोनि, परिवर्ध
Perigynous — परिजायांगी, परिजाय
Perigyny — परिजायता, परिजायांगता
Perihaemal, Perihemal — परिरक्त, परिशोण
Perihelion — सूर्य-नीच, सूर्य निकटतम बिन्दु, उपसौर
Perihepatic — परियकृतीय, परियाकृत
Peril — संकट, जोखिम, ख़तरा
Perilaryngeal — परिकण्ठीय
Perilenticular — परिवीक्षीय, परिवीक्ष
Perilous, Parlous — संकटस्पद, आपदमय, जोखिम भरा
Perilymph — परिलसीका
Perilymphatic — परिलसीकीय
Perimeter — परिधि, परिमापी, परिमाप
Perimetrium — गर्भाशय लसीकला
Perimetric — दृष्टिपरिमितीय
Perimetry — दृष्टिपरिमिति
Perimograph — परिरूप
Perimyelography, Myelography — मेरुरज्जुचित्रण
Perimyometrium — गर्भाशय पेशीस्तर
Perimysium — परिमूल
Perinaeum, Perineum — मूलाधार, उत्सर्गान्तराल
Perinasal, Perirrhinal — परिनासीय, परिनासिकीय, परिनासा-
Perinatal — जन्मपूर्वोत्तर
Perineal, Perinaeal — मूलाधारीय, मूलाधार, उत्सर्गान्तरालीय
Perineometry — मूलाधारमापन
Perinephric — परिवृक्कीय, परिवृक्क-
Perineural — परितन्त्रिकीय
Perineurium — परितन्त्रिका, चेताकञ्चुक
Perinuclear — परिकेन्द्रकी, परिनाभिकीय

English	Hindi
Period	आवर्त, आवर्तक, आवर्तनांक, अवधि, काल, कल्प, मासिक धर्म
Periodic, Periodical	आवर्त, आवर्ती, परिक्रमणिक, आवधिक, नियतकालिक
Periodicity	आवर्तिता, आवर्तन
Periodic table	आवर्त सारणी
Period of gestation	गर्भावधि, गर्भधारणकाल
Periodontal	परिदन्ती, परिदन्तीय
Periodontics, Periodontology	परिदन्तिकी
Perioesophageal	परिग्रासनलीय
Perionychium, Perionyx	परिनख त्वचा
Perioperative	परिशल्य
Perioral, Peribuccal, Peristomatous	परिमुखीय, परिमुख
Periost, Periosteum, Periosteum	पर्यस्थ, परि-अस्थिक, परि-अस्थिकला, पर्यस्थिकला, अस्थिकच्छद
Periosteoma, Periostoma	पर्यस्थार्बुद
Periostitis	पर्यस्थ शोथ
Periostracum	परिकवच
Periotic	परिकर्णिक, परिकर्णिकास्थिक
Peripatetic	परिभ्रामी, भ्रमणशील, परिगामी
Peripetalous	परिदलीय
Peripharyngeal	परिग्रसनीय परिग्रसनी-
Peripheral	परिधीय, उपान्तीय, विकेन्द्रीय, परिरेखीय
Periphery	परिरेखा, परिधि, परिमा, उपान्त
Periphyton	परिपादप, परिजीव (परिपादप जीव)
Periplankter, Periplankton (pl.)	परिप्लवक
Periplasm	परिद्रव्य, परिप्ररस
Periplast	परिद्रव्यक, अभिरस
Peripneustic	अभिश्वास रन्ध्री
Peripolar	परिध्रुवीय
Periproct	परिगुद
Periproctal, Periproctic	परिगुदीय, परिगुद-
Periradicular	परिमूलीय
Perirectal	परिमलाशयी
Perirenal, Perinephric	परिवृक्कीय, परिवृक्क-
Perisarc	पर्यावर
Periscope	परिदर्शी, परिवीक्ष
Periscopic	परिवीक्षीय
Periscopy	परिवीक्षण
Perish	क्षीण होना, नष्ट होना/करना
Perishability	क्षयशीलता, नश्वरता, भंगुरता
Perishable	क्षयशील, शीघ्र बिगड़ने वाला, विकारी, नश्वर, भंगुर
Perisperm	परिस्यून, परिभ्रूणस्यून
Perisphere	परिमण्डल
Perisplenic	परिप्लैहिक, परिप्लीहीय
Perispore	बीजाणुकवच
Perisporium, Perisporia (pl.)	धान्यावरण, बीजावरणी, बीजाणुधानी आवरण
Perissodactyl	विषमांगुलि
Peristalsis	क्रमाकुञ्चन, तरंगगति, क्रमसंकोच, कृमिगति
Peristaltic	क्रमाकुञ्ची, क्रमसंकोची
Peristernum, Peristerna (pl.)	परि-उरोस्थि
Peristome, Peristomium, Peristomia (pl.)	परितुण्ड, परितुण्डिका, परिमुख, मुखवलय, दन्तबिम्ब
Peristyle	परिस्तम्भ, स्तम्भों से घिरी जगह
Perisystole	हृत्कोचान्तराल, प्रकुञ्चन स्फार अन्तराल
Peritectic	परिक्रान्तिक, अन्तर्द्रविक
Perithecium	पलिघकाय
Perithelium	परिवाहिनीस्तर
Peritoneal	पर्युदरीय, उदरच्छदीय, उदरावरणीय
Peritoneopathy	उदरच्छद विकृति
Peritoneum	पर्युदर्या, उदरावरण, उदरच्छद
Peritonitis	पर्युदर्याशोथ, उदरच्छदशोथ
Peritonsillar	परितुण्डिकीय
Peritrichic, Peritrichous	परिरोमी, परिपक्ष्मी, परिकशाभी
Peri-urethral gland	परिमूत्रवाहक ग्रन्थि
Perivisceral	पर्यन्तरांग, पर्यन्यस्त्य
Perivitelline	परिपीतकी
Periwinkle (*Catharanthus roseus*, a flowering toxic medicinal herb of family Apocynaceae)	सदाबहार, वारिघोंघ (सफेद व लाल फूलों का एक सदाबहार पौधा जो रक्त कैंसर के उपचार हेतु प्रयोग किया जाता है)
Perlite (a volcanic glass useful in facilitating water retention in soil for plant roots)	द्युत्यश्म, चमकीली चट्टान

Perm, Perming	बालों को स्थायी रूप से लहरिया/घुँघराले बनाना
Permaculture, Sustainable agriculture	स्थायी कृषि, निर्वाह्य कृषि, सतत कृषि
Permafrost	स्थायी तुषार, भूमि
Permanence, Permanency	स्थिरता, स्थायित्व, ठहराव
Permanganation	परमैन्गनीकरण, अतिलोहकीयन
Permeability	पारगम्यता, प्रवेश्यता, भेद्यता
Permeable, Pervious	पारगम्य, प्रवेश्य, भेद्य
Permeant	प्रवेशी, पारगामी
Permeate	पार जाना, रिसना, छिद्रों से निकलना
Permeation	पारगमन, अतिवेधन
Permissible	अनुमेय, अनुज्ञेय, अनुमत
Permissible limit	अनुमेय सीमा
Permissive	अनुज्ञापी
Permutation	क्रम परिवर्तन, क्रमचय, प्रस्तार
Permute	क्रम परिवर्तित करना, अस्त व्यस्त होना
Permutit process (a process to remove calcium ions from hard water by using zeolite)	जलम्रद-विधा
Pernicious	घातक, प्रणाशी, विनाशक
Pernicious anaemia	प्रणाशी रक्ताल्पता
Pernickety	दुष्तोषणीय, नाजुक
Perniosis, Chilblain, Cold bite, Cold injury	शीतक्षति, शीतव्रण, हिमदंश
Perobrachius, Perochirus	कुबाहुक
Perocephalic, Perocephalous	कुशिरस्क, कुर्शीर्षी
Perocephalism, Perocephaly	कुशिरस्कता, कुर्शीषता
Perodactylia, Perodactylism, Perodactyly	कुअंगुलिता
Perodactylus	कुअंगुलिक
Peroneal	अनुजंघा
Peroneus	पादविवर्तनी, जंघापेशी
Peronosporaceous	वलिबीजाण्विक
Peropus	कुपदीय
Perosis	भ्रष्ट-कण्डरा
Peroxidation, Peroxidising	परॉक्सीकरण, परजारण
Peroxisome	परजारणपिण्ड, परॉक्सीकाय
Perpetual	शाश्वत, सतत, स्थायी, अविरत
Perpendicular	लम्ब, अभिलम्ब
Perpendicularity	लम्बता, अभिलम्बता
Perpetuate	शाश्वत बनाना, स्थिर करना
Perpetuation	स्थिरण, शाश्वतीकरण, स्थायीकरण
Perpetuity	स्थायित्व, शाश्वतता, सातत्व
Perplex	उलझाना, हतबुद्धि बनाना, घबरा देना, जटिल बनाना
Perplexed	हतबुद्धि, व्याकुल, घबराया हुआ
Perplexity	जटिलता, विचिकित्सा, उलझन, घबराहट
Perpusillus	अतिलघु
Perradial	पर्यरीय
Perradius, Perradii (pl.)	मुखव्यार
Per rectum	गुदा द्वारा, गुदा से
Perry	पैरी (नाशपत्ती की मदिरा)
Persalt	परलवण
Per se	स्वतः, अपने आप में, स्वयं में
Persecute, Persecution	सताना, सम्पीडन, उत्पीड़न
Perseus	परशु, फरसा (एक शस्त्र)
Persiennes	झिलमिली
Persimmon (*Diospyros* sp., a deciduous tree of family Ebenaceae, with berry type edible fruit), Kaki	खुरमा, स्वर्णाम्र, तेंदू (एक फल व वृक्ष)
Persistence, Persistency	चिरलग्नता, पश्चदीप्ति, दीर्घ स्थायित्व, निर्बन्ध (दृष्टि)
Persistent	निरन्तर, दीर्घस्थायी, अपाती, चिरलग्न
Persorption	आचूषण, आशोषण
Perspective	परिप्रेक्ष्य, सन्दर्श, अनुदृश्य, नेत्रदशा
Perspex	पर्सपेक्स (एक प्रकार के प्लास्टिक की अटूट चद्दर)
Perspicacious	कुशाग्र बुद्धि वाला
Perspicuous	सुस्पष्ट, व्यक्त, सुबोध
Perspire, Perspiration	पसीना निकलना/आना, स्वेदन होना, स्वेदन
Pertinent	प्रासंगिक, उपयुक्त, सम्बद्ध
Perturbation	व्याकुलता, क्षोभ, व्यतिक्रम, विचलन
Pertussion	छेदन, वेधन, छिद्रण

English	Hindi
Pertussis	अतिकास, कुकुरखाँसी, कालीखाँसी
Peruke	बालों की टोपी
Perula	शल्क
Perulate	शल्की, सशल्क, शल्कममय
Per vagina	योनि द्वारा, योनि से
Perversion	कामविकृति, विकृति, विकार
Perverted	कामविकृत, दूषित, भ्रष्ट
Pervious, Penetrable	प्रवेश्य, भेद्य, प्रभावनीय
Pervious material	भेद्य सामग्री
Pessary	पिधा (स्त्रियों हेतु गर्भनिरोधक रबर की खोली)
Pessimist, Pessimistic	निराशावादी, निराशात्मक
Pest	पीड़क, नाशक जीव, महामारी
Pest control	पीड़क नियन्त्रण
Pesticemia	पीड़करक्तता
Pesticidal	पीड़कनाशीय, पीड़कघ्नी
Pesticide (a substance destroying any pest)	पीड़कनाशी, पीड़कघ्न
Pestiferous, Pestilential	पीड़कधर, पीड़ाकारी, विनाशकारी
Pestilence	महामारी, विनाश, अनिष्ट
Pestilent	विनाशक, अपकारी, संघातिक
Pestilential	हानिकर, घातक, कष्टकर
Pestle & mortar	मूसल व खरल, हावन-दस्ता, मुसली व उलूखल
Pesto (a herbal Italian sauce)	पेस्तो (जैतून तेल व पनीर के साथ लहसुन, तुलसी पत्ती और चीड़ गिरी से बनी एक नमकीन चटनी)
Pestology	पीड़कविज्ञान, नाशीजीव-विज्ञान, नाशीकृमि विज्ञान
Pet, Pet animal	प्रिय, पालतू, पालतू जन्तु
Petal	दल, पंखड़ी
Petalled	पंखड़ीदार, दलयुक्त, सदल
Petaloid, Petaly	दलाभ, दलवत्
Petard	पटाख़ा, हथगोला
Pet coke (a final carbon rich solid material with high level of suffur and metals, from petroleum refinery)	पेट्रोलियम कोयला
Petechiae	छिद्रीय रक्तस्राव
Petechialsia	रक्त-चित्तिता
Petiolar	वृन्तीय, डण्ठल सम्बन्धी
Petiolate	पर्णवृन्ती, सवृन्त, डण्ठलमय
Petiole	वृन्त, पर्णवृन्त, डण्ठल
Petiolus	वृन्तक, वृन्तिका
Petite	ठिंगनी
Petrean	शैलीय, प्रस्तरीय, पाषाणीय
Petrel (a tube-nosed sea bird of family Procellariidae)	समुद्रकाक, समुद्री कौआ
Petri dish, Petri plate (invented by a German bacteriologist Julius Petri, 1852-1921 A.D.)	पेट्री-तश्तरी (जर्मन विज्ञानी जूलियस पेट्री द्वारा आविष्कृत सम्वर्ध-शरावक)
Petrifaction, Petrification, Pepification	अश्मन, अश्मीभवन, शैलभवन, प्रस्तरजनन
Petrified	प्रस्तरित, अश्मीभूत, शैलकृत
Petro- (a Latin word petra means rock-prefix)	शैल-, अश्म
Petrochemical	शैलरासायनिक, शैलरसायन
Petrogenesis	शैलोत्पत्ति, शैलजनन
Petrogenic, Petrogenous	शैलजनी, शैलजनक, शैलजन्य
Petrograph, Petroglyph	शैलचित्र, शैललेखी
Petrographic, Petroglyphic	शैलवर्गीय, शैलवर्गिक, शैलचित्रीय
Petrography, Petroglyphy	शैलचित्रण, शैलोत्कीर्णन
Petrohyal	कण्ठिकाश्म
Petroleum, Petrol	भू-तेल, मृतैल, मार्तैल
Petrological	प्रस्तर वैज्ञानिक
Petrology	प्रस्तर विज्ञान, शैलिकी
Petrologist	शैलविज्ञानी, शैलविज्ञ
Petromastoid, Petrosomastoid	कर्णमूलाश्म
Petronel	शिलीय, शैलीय, चट्टान सम्बन्धी
Petrosal	अश्मीय, अश्म-
Petrous, Rocky, Stony	पथरीला, शैलीय, आश्मिक, पाषाणीय, प्रस्तरीय, चट्टानी
Petty, Petit	छोटा, सूक्ष्म, लघु, नगण्य
Petulant	क्रोधी, चिड़चिड़ा, तुनकमिज़ाज
Petunia (*Petunia* sp., a flowering plant of family Solanaceae)	केतकी (एक सुगन्धित फूलदार पौधा)
Petyarn (polyethylene terephthalate fiber prepared by recycling plastic bottle for water and drinks)	प्लास्टिक धागा/रेशा जिससे गद्दे, तकिया मसनद, गली या कालीन व कपड़ा आदि बनाते हैं)

Term	Hindi
Pewter, Bronze	काँस्य, काँसा (सीसा और टिन का एक धातु मिश्रण)
Pewit, Peewit, Lapwing (*Vanellus vanellus,* a migratory wading bird of family Charadriidae)	टिटहरी (एक जलचर पक्षी)
Peyote (*Lophophora williamsii,* a spine-less xerophyte of family Cactaceae with a psychoactive alkaloid)	एक नशीली नागफनी
Pezizaeform, Peziziform	चषाकार, चषकवकरूपी
Pezizoid	चषकवकाभ
pH (abbreviation of German word-potentia Hydrogenii, Latin word-pondus Hydrogenii or power of Hydrogen, i.e. hydrogen ion exponent)	पी.एच. (हाईड्रोजन आयन घातांक), समु (संकेन्द्रित उद्जन)
Phacella	जठरांशु
Phacocyst	वीक्षपुटी
Phacoid, Phacoidal	वीक्षाभ, तालवत्, लेंसनुमा
Phacoma, Phakoma	वीक्षार्बुद
Phacometer	वीक्षमापी, ताल-मापी
Phacoscope	वीक्षदर्शी, तालदर्शी
Phacoscopic	वीक्षदर्शीय, तालदर्शीय
Phacoscopy	तालवीक्षण
Phacosurgery	वीक्ष-शल्यचिकित्सा, वीक्ष-शल्यविज्ञान
Phacotoxic	वीक्षविषालु
Phaeodium, Phaeodia (pl.)	रंगावती, वर्णोध
Phaeophyceae (a class of marine brown algae)	बभ्रुशैवाल वर्ग
Phage, Bacterio-phage (a bacteria feeding virus)	भक्षी (विषाणु), भोजी, जीवाणुभोजी
Phagemid	भक्षसूत्रांश
Phagetype	भक्षरूप, भक्षप्ररूप, भक्षविभेद
Phage-typing	भक्ष-विभेदन, भक्ष प्ररूपण
Phaginae	भक्षीविषाणु (जीवाणु, कवक व शैवाल भक्षी विषाणु वर्ग)
Phagocyte	भक्षीकोशा, भक्षकाणु, भक्षक-कोशिका
Phagocytic	भक्षकाण्विक, भक्षीकोशीय
Phagocytolysis, Phagolysis	भक्षाणुलयन
Phagocytosis	भक्षकाणुता, कोशिकाप्राशन, कोशाभक्षण, भक्षीकोशाधिक्य
Phagotrophic	भक्षपोषित, भक्षपोषी
Phagotrophism, Phagotrophy	भक्षपोषिता, भक्षपोषण
Phalacrosis	केशहीनता, गञ्जापन
Phalanx, Phalange (pl.),	अंगुल्यास्थि, अंगुलिपर्व, व्यूह, जत्था,
Phalangeal	अंगुल्यास्थिक
Phalarope (*Phalaropus* sp., a slender necked shore bird of family Scolopacidae)	एक तटीय जल पक्षी
Phallic	शिश्निक, लिंगीय, लिंग-
Phalliform	शिश्नाकार
Phalloid	शिश्नाभ
Phallomere	शिश्न खण्ड
Phallorrhea	शिश्नस्राव
Phallus, Penis	शिश्न, लिंग
Phanero- (prefix)	व्यक्त, दृश्य
Phanerocrystalline, Phaneric	दृश्यस्फट
Phanerogam	पुष्पोद्भिद्
Phanerogenic, Phanerogenous, Phanerogenetic	दृश्यजनी, दृश्यजनक, दृश्यजन्य
Phanerophyte	उन्मृदोद्भिद्
Phanerosis	प्रकटन, दृष्टिगोचर होना, दिखाई देना
Phanerozoic	दृश्यजीवी
Phantasm,	मोहभ्रम, मानसिक प्रतिबिम्ब,
Phantom	माया, छायाभास, प्रेत
Phaoplankter, Phaoplankton (pl.)	भाप्लवक
Pharate	मुक्त प्रवार
Pharcidious, Rugous	वलित, झुर्रीदार
Pharmaceutic(al)	औषधीय, भेषजीय, भैषजिक, भेषज
Pharmaceutics	भेषजविज्ञान, भैषजिकी, औषधि निर्माण विज्ञान
Pharmacist	भेषजज्ञ
Pharmaco-chemistry	भेषज रसायन विज्ञान
Pharmacodynamics	भेषजक्रियाविज्ञान
Pharmacogenetics	भेषजानुवंशिकी

English	Hindi
Pharmacogenomics	भैषज्य-प्रपित्रैकिकी
Pharmacognosy	भैषज्यज्ञान, भेषजगुणविज्ञान, औषधिपादपविज्ञान
Pharmacokinetics	भेषजबलगतिकी
Pharmacological	भेषजगुणवैज्ञानिक
Pharmacologist	भेषजगुणविज्ञानी, भेषजगुणविज्ञ
Pharmacology	भेषजगुणविज्ञान, औषधि (प्रभाव) विज्ञान
Pharmacopoeia	भेषजकोश, औषधिकोश, भेषजसंहिता
Pharmacotherapy	भेषजचिकित्सा
Pharmaco-vigilance	भेषज-सतर्कता
Pharmacy	भेषजी, औषधिशाला, औषधिनिर्माण (विज्ञान), भेषजालय
Pharos	प्रकाशगृह, दीपस्तम्भ
Pharyngeal	ग्रसनी, ग्रसनीय, उपालिजिह्वीय
Pharyngitis	ग्रसनीशोथ, अन्न-नलिका रोग, ख़रास
Pharyngobranchial	ग्रसनीक्लोम
Pharyngo-esophageal	ग्रसनी-ग्रास-नलिकीय
Pharyngo-hyal	ग्रसनी-द्वित
Pharyngology	ग्रसनीविज्ञान, ग्रसनिकी
Pharyngorrhagia	ग्रसनी-रक्तस्राव
Pharyngorrhea	ग्रसनी-स्राव
Pharyngoscope	ग्रसनीदर्शी
Pharyngo-tympanic	ग्रसनी कर्ण
Pharyngoxerosis	ग्रसनी-शुष्कता
Pharynx	ग्रसनी, उपालिजिह्वा
Phase	प्रावस्था, कला, स्थिति
Phasing	प्रावस्था भाजन
Phasmid, Stick insect (insects of order Phasmatodea with body resembling to stick or leaf)	पश्चक, पर्णाभक, यष्टि कीट, कठकीड़ा
Pheasant	तीतर, चेड़, चकोर या इनका मांस
Pheasant crow (*Centropus sinensis*, a large bird of cuckoo family Cuculidae)	महोख
Phellem, Cork	काग, कार्क
Phelloderm	उपत्वक्षा
Phellogen	कागजन
Phelloid	त्वक्षाभ
Pheno copy	लक्षण कृति
Phenology	ऋतुजैविकी, जीवर्तुविज्ञान, घटनाविज्ञान
Phenomenology	वृत्तिकी, परिघटना विज्ञान
Phenomenon, Phenomena (pl.)	तथ्य, घटना, क्रिया, दृश्यप्रपञ्च
Phenotype	समलक्षणी, लक्षणप्ररूप, दर्शरूप, दृश्यरूप
Phenylketonuria	फिनाइलकीटोनमूत्रता, फिनाइलकीटोनमेह
Pheromone, Ectohormone	बहिःस्राव, फीरोमॉन
Phi (Φ, φ, 21st letter of Greek alphabet)	फाई (यूनानी वर्णमाला का 21वाँ अक्षर)
Phial, Vial	कूपिका, शीशी
Phialide	तुम्बिका
Phialospore	कूपीबीजाणु
Philodendron (*Philodendron* sp., a flowering climbing or non-climbing house plant of family Araceae, grows well in indoor environment)	फायलोडेण्ड्रान (एक सजावटी व वायुशोधक पौधा)
Philomel	बुलबुल (एक चिड़िया)
Philtrum	नासोष्ठ (नाक और होंठ के बीच का गड्ढा)
Phimosis	परिवर्तिका, निकोचन
Phlebedema	शिराजलशोफ
Phlebitis	शिराशोथ, शिरार्ति
Phlebofibrosis	शिरातन्त्वर्ति
Phleboid	शिराभ, शिरारूपी
Phlebolith	शिराश्मरी
Phlebology	शिराविज्ञान
Phlebolymphology	शिरा-लसीविज्ञान
Phlebosclerosis	शिराकाठिन्य
Phlebotomus fever, Pappataci fever (due to infection of *Phlebovirus*, an arbovirus of family Bunyaviridae causing a variety of fever)	बालुमक्षी ज्वर (सन्धिपाद वाहित शिराविषाणु जनित)
Phlebotomy	शिराच्छेदन, शिरातक्षण
Phlegm	निर्जीवता, कफ, श्लेष्मा, बलग़म
Phlegmatic	श्लेष्मीय, कफदार
Phlegmon	अर्बुद
Phloem	पोषवाह, वल्कल, अधोवाह
Phloeoterma	त्वक्षान्त
Phlogigen	शोथजन, प्रदाहकर

Phlogigenic, Phlogistic — प्रदाहक, प्रदाहात्मक, शोथकर
Phlox — ज्वाला, लौ, एक उत्तरी अमेरिकी पौधा
Phlyctena, Phlyctenae (pl.) — छाला, फफोला, पिटिका, फुंसी
Phlyctenule (a small red nodule or pustule on conjunctiva or cornea of eye) — अलजि
pH meter (an electronic device to measure pH value of an aqueous solution) — पी.एच. मापी
Phobe, Phobic (suffix) — भीरु, भयग्रस्त, भयभीत
Phobia — भीति, भीरुता, भय, डर
Phobic reaction — भय प्रतिक्रिया
Phobotactic — भयापसारी, भयानुचलनी
Phobotaxis — भयापसारण, भयानुचलन
Phoeniceous — सिन्दूरवर्णी
Pholadophyte — कोटरोद्भिद्, कोटरपादप
Phonate, Phonation — ध्वनि निकालना, ध्वनि-उच्चारण, स्वनन
Phonautograph — ध्वनि-लेखी
Phone (a Greek word for voice/sound) — ध्वनि, स्वन, फोन
Phonematics, Phonics, Phonology (linguistic study on systematic organization of sounds in language) — ध्वनिविज्ञान, ध्वानिकी
Phoneme — स्वनिम, ध्वनिग्राम (स्वर की एक सूक्ष्म इकाई)
Phonemic — स्वानिमिक, ध्वनिग्रामिक
Phonemics — ध्वनिग्रामिकी, स्वानिमिकी
Phonetic — ध्वन्यात्मक, ध्वनीय, ध्वनि-
Phonetician, Phonetist — स्वरविशेषज्ञ, स्वरविज्ञानी
Phonetics, Phonology (linguistic study of sounds of human speech) — स्वरविज्ञान, स्वानिकी
Phonic — ध्वनिक, स्वनिक
Phonics — ध्वनि विज्ञान, स्वनविज्ञान
Phono - (prefix) — ध्वनि-, स्वर-
Phonocamptic — प्रतिध्वनिक, गुञ्जायमान
Phono-cardiogram (PCG) — ध्वनि-हृद्लेख
Phonochemical — ध्वनि-रासायनिक, ध्वनि-रसायन
Phonochemistry — ध्वनिरसायनशास्त्र
Phonogram — ध्वनि-संकेत, ध्वनि-लेख
Phonograph — ध्वनिलेखी
Phonography — ध्वनि-लेखन
Phonology, Phonetics — स्वरविज्ञान, स्वानिकी
Phonometer — ध्वनिमापी
Phonometric — ध्वनिमितीय, ध्वनिमापीय
Phonometry — ध्वनिमिति, ध्वनिमापन
Phonopathy — ध्वनिविकार, वाग्विकृति
Phonophobe, Phonophobia — ध्वनिभीति
Phonophobic — ध्वनिभीरु
Phonophysics — ध्वनि-भौतिकी, ध्वनि-भौतिक विज्ञान
Phonoreceptor — ध्वनिग्राही, ध्वनि संवेदांग
Phonotactics — ध्वनि विन्यास विज्ञान
Phonotype — ध्वनिमुद्र, ध्वनिरूप
Phony disease — छद्म रोग
Phorocyte — मातृकाणु
Phorology — धात्रीविज्ञान, रोगवाहिकी
Phorozooid — धात्रीजीवक, धरसञ्जीव
Phorozoon, Phorozoa (pl.) — धात्रीप्राणि, धरजन्तु
Phos-, Photo- (a Greek word phos means light-prefix) — प्रकाश, दीप्ति, भा-
Phosphate (an acid radical) — भास्वीय, फास्फेट
Phosphaturia — भास्वीयमेह, फास्फेटमूत्रता
Phosphometric — दीप्तिमितीय
Phosphoremetry — दीप्तिमिति
Phosphor — सन्दीपक
Phosphorate, Phosphorated — स्फुरदीप्त, भास्वरित, फास्फोरस मिलाया हुआ
Phosphoresce — दीप्ति, चमक, टिमटिमाहट
Phosphorescence — स्फुरदीप्ति, भासा
Phosphorescent — स्फुरदीप्त, भासामान
Phosphorogen — स्फुरदीप्तिजन
Phosphoroscope — स्फुरदीप्तिदर्शी
Phoshorus (a highly reactive toxic element with symbol P, found in red and white colours) — भास्वर, प्रकाश एवं पोषण फॉस्फोरस, शुक्र ग्रह
Phosphorylation — स्फुरदीप्ति संलग्नन, भास्वरलन, फास्फोरिलीकरण
Photesthesis — प्रकाशसंवेदनशीलता
Photic — प्रकाशी, प्रकाशवान
Photics, Optics — प्रकाशिकी

Photism	प्रकाशिता, प्रकाशत्व
Photoact, Photoaction	प्रकाशकर्म, प्रकाशक्रिया
Photoactinic	प्रकाशविकिरणशील
Photoactivation	प्रकाश सक्रियण
Photoactive	प्रकाश सक्रिय
Photoautotroph, Photoautotrophic	प्रकाश स्वपोषी
Photoautotrophy Photoautotrophism,	प्रकाश स्वपोषिता, प्रकाश स्वपोषण
Photobiology	प्रकाश जीव विज्ञान, भा-जैविकी
Photocatalysis	प्रकाशोत्प्रेरण
Photocell, Photoresistor (a solid state device to convert light energy to electrical energy)	प्रकाशकोष्ठ, भा-कोशिका
Photochemical	प्रकाश-रासायनिक, प्रकाश-रसायन, भा-रासायनिक
Photochemical smog	प्रकाशरसायनी कुहा
Photochemist	प्रकाशरसायनज्ञ
Photochemistry	प्रकाशरसायन विज्ञान
Photochromy	वर्णीछायाचित्रण
Photo-coagulation	प्रकाश स्कन्दन
Photoconduction	प्रकाशिक चालन
Photoconductivity	प्रकाशिकचालकता, प्रकाशचालकता
Photocopier	छायाप्रतिलिपित्र (यन्त्र)
Photodecom-position	प्रकाशिक अपघटन
Photodegradable	भानिम्नीकर्ण्य, प्रकाश-अवक्रम्य
Photodegradation	भानिम्नीकरण, प्रकाश-अवक्रमण
Photodynamic	प्रकाशचल, प्रकाशगतिक
Photodynamics	प्रकाशगतिकी
Photoelectric, Photoelectricity	प्रकाशवैद्युत, प्रकाशविद्युत, भा-विद्युत
Photoelectric emission	प्रकाश-वैद्युतोत्सर्जन
Photo-electron	प्रकाशविद्युदणु, भाविद्युदणु
Photo-electronics	प्रकाशविद्युदण्विकी
Photoemission	प्रकाशोत्सर्जन
Photoemissive	प्रकाशोत्सर्जी
Photoetching	प्रकाशिक उत्कीर्णन
Photoexcitation	प्रकाशिक उत्तेजन
Photofluorograph	प्रकाश प्रतिदीप्तिदर्शी
Photogen	प्रकाशजन, प्रकाशोत्पादक
Photogene	प्रतिबिम्ब, प्रकाशचित्र
Photogenetic, Photogenic	प्रकाशजनक, प्रकाशोत्पादी, चित्रोचित, चित्रोपम
Photograph	प्रकाशचित्र, भाचित्र, छायाचित्र
Photographic	प्रकाशचित्रीय, भाचित्रीय
Photography	छायांकन, प्रकाशचित्रण, भाचित्रण
Photoheterotroph	प्रकाश-परपोषी
Photo-inactivation	प्रकाश-निष्क्रियण
Photo-ionization	प्रकाशिक आयनन
Photokinesis	प्रकाश गतिक्रम
Photokinetic	प्रकाशगतिक
Photokinetics	प्रकाशगतिकी
Photo-labile	प्रकाश-परिवर्ती, प्रकाश संवेदी, प्रकाश-सुपरिवर्त्य
Photolethal	प्रकाशघातक
Photolithotrophy	प्रकाश-शैल पोषिता, भाश्मपोषिता
Photology, Optics	प्रकाशविज्ञान, प्रकाशिकी
Photoluminiscence	प्रकाश सन्दीप्ति
Photolysis	प्रकाशिक-अपघटन
Photolyte	प्रकाश अपघट्य
Photometer	प्रकाशमापी, दीप्तिमापी
Photometric	प्रकाशमापीय, प्रकाशमितीय
Photometrics, Photometry	प्रकाशमापिकी, प्रकाशमिति
Photomicrograph	प्रकाशसूक्ष्मचित्र, भाणुचित्र
Photomicroscope	प्रकाशसूक्ष्मदर्शी
Photon (an elementary particle with zero rest mass and quantum of light along with other electromagnetic radiations)	प्रकाशाणु, भाणु
Photo-nastic	भा-वक्रिम, प्रकाशवक्रिम
Photonic cell	प्रकाशाणुकोशा, भाणु-कोशा
Photonics	भाण्विकी, प्रकाशाण्विकी
Photo-oxidation	प्रकाशोपचयन, प्रकाशी-ऑक्सीकरण
Photopathology	प्रकाशरोगविज्ञान, प्रकाशव्याधिकी
Photopathy	प्रकाशजन्यरोग
Photoperiod	दीप्तिकाल, प्रकाशावधि
Photoperiodicity, Photoperiodism	प्रकाशावर्तिता, प्रकाशावधिता, दीप्तिकालता
Photoperiodic reaction	प्रकाशावधि-प्रतिक्रिया
Photophile, Photophilic, Photophilous	प्रकाशरागी
Photophobe, Photophobic	प्रकाशभीरु, प्रकाशभीत

Photophobia	प्रकाशभीरुता, प्रकाशभीति
Photophone	प्रकाशभाष, भाभाष
Photophore (a bioluminescent gland or organs on skin of marine animals including certain fishes and cephalopods)	प्रकाशोत्सर्जी ग्रन्थि, दीप्तिशील अंग/कोशा
Photophoresis	प्रकाश कणसञ्चालन
Photo-physical	प्रकाश-भौतिक, भा-भौतिक
Photo-physics	प्रकाश-भौतिकी, भा-भौतिकी
Photopia	प्रकाशानुकूलन, भानुकूलता
Photopic	प्रकाशानुकूल
Photopolymer	प्रकाशबहुलक
Photoreactivation, Photoreversal	प्रकाशपुनःसक्रियण
Photoreceptive, Photoreceptor	प्रकाशग्राही, दर्शनेन्द्रिय, प्रकाश संवेदांग
Photoreduction	प्रकाशापचयन
Photorespiration	प्रकाशी-श्वसन
Photoscanner	प्रकाशक्रमवीक्षित्र (यन्त्र)
Photosensibility	प्रकाश संवेद्यता
Photosensible	प्रकाश संवेद्य
Photosensitive	प्रकाश-सुग्राही, प्रकाशसंवेदी
Photosensitivity	प्रकाश-सुग्राहिता, प्रकाश-संवेदिता
Photosensor	प्रकाशसंवेदक
Photosphere	प्रकाश-मण्डल
Photostable, Photo-tolerant, Photoresistant, Light proof	भासहिष्णु, प्रकाशरोधी, प्रकाशसह, प्रकाश सहिष्णु
Photostat (a device to copy any printed/ marked surface or sheet)	ऋजुचित्रक, ऋजुचित्र
Photostationary	प्रकाशस्थावर
Photosynthetic	प्रकाशसंश्लेषी
Photosynthesis	प्रकाशसंश्लेषण
Phototactic	प्रकाशानुचलित, प्रकाशक्रमी
Phototaxia, Phototaxis, Phototaxy	प्रकाशानुचलन, प्रकाशक्रमण
Phototherapeutics	प्रकाश चिकित्सा विज्ञान
Phototherapy	प्रकाशचिकित्सा, प्रकाशोपचार, भा-चिकित्सा
Photothermal, Photothermic	प्रकाशतापीय, प्रकाश-ऊष्मिक
Phototimer	प्रकाशकालमापी
Phototoxic	प्रकाशविषाक्त, प्रकाश-विषालु
Phototoxicity	प्रकाशविषाक्तता, प्रकाश-विषालुता
Phototoxicology	प्रकाशविषविज्ञान, भावैषिकी
Phototoxis	प्रकाशजक्षति, प्रकाशजन्यक्षति
Phototrophic	प्रकाशपोषित, प्रकाशपोषी
Phototropic	प्रकाशानुवर्ती, प्रकाशावर्ती
Phototropism, Phototropy, Photochronism, Heliotropism, Heliotropy	प्रकाशानुवर्तिता, प्रकाशावर्तन, प्रकाशानुवर्तन
Phototype	प्रकाशमुद्र, प्रकाशप्ररूप
Photo-voltaic (converting light (photon) into electricity (voltage) by using semiconductors)	प्रकाश-वैद्युत
Phragma	अन्तर्वर्ध
Phragmocone	वृत्तिशंकु
Phragmoplast	वृत्तिरस
Phragmosis	वृत्तीकरण
Phragmospore	बहुपटीबीजाणु
Phratry	जातिभेद
Phreatic	अधोभौम (जल), भौमपंक
Phreatophyte (deep rooted plants in water saturated phreatic land)	अधोभौमोद्भिद्, भूमिगतपादप, कूपपादप
Phrenesis	उन्मत्तता, पागलपन
Phrenetic, Frenetic	उन्मादी, प्रलापी, कट्टर
Phrenic, Diaphramatic	उरःप्राचीर, मध्यच्छदीय, मध्यपटीय
Phrenic nerve	मध्यच्छद तन्त्रिका
Phrenico-colic	बृहदान्त्र-मध्यच्छदीय
Phrenicogastric, Phrenogastric	उरःप्राचीर जठरीय
Phrenitis	मस्तिष्कशोथ, सन्निपातज्वर, उन्माद
Phrenology, Craniology	कपालविज्ञान, मस्तिष्कविज्ञान
Phrenopathy	मस्तिष्कविकृति
Phrya, Sucker	चूष, चूषक
Phrynoderma, Toad skin	भेक चर्म (एक चर्म रोग)
pH-stat	पी.एच.-स्थापक, क्षाराम्ल-स्थापक
Phthinoid	यक्ष्माभ, क्षयरोगवत्
Phthinoid chest	यक्ष्म-वक्ष

Phthiriasis, Pediculosis — यूकाग्रसन, यूका- उत्पीड़न, चीलर या जूँ पड़ना
Phthisic, Phthisical — क्षयरोगी, तपेदिकग्रस्त
Phthisiology — यक्ष्माविज्ञान
Phthisis — क्षयरोग, तपेदिक, राजयक्ष्मा
Phubbing (habit of snubbing some one in favour of mobile phone) — दूरभाषकृत उपेक्षा (एक असामाजिक व्यवहार व मनोविकार)
Phyad — पितृज, पैतृक, जनकीय
Phycobiont — शैवालांश
Phycological — शैवालवैज्ञानिक
Phycologist — शैवालविज्ञानी, शैवालविज्ञ
Phycology, Algology — शैवालविज्ञान, आप्यकी
Phycomycetes, (an obsolete class of aquatic alga like fungus) — शेवलकवक
Phycomycosis (an acute infection of phycomycotic fungus) — शेवलकवकता, शेवलकवक संक्रमण
Phycophage, Phycophagic, Phycophagous — शैवालभोजी, शैवालभक्षी
Phycophagy — शैवालभक्षण, शैवालभोजिता
Phycophilic, Phycophilous — शैवालसहवासी, शैवालस्नेही, शैवालरागी
Phylactic — प्रतिरक्षी
Phylaxis — प्रतिरक्षा, प्रतिरक्षण
Phyletic — जातीय, संघी, जातिचरित
Phyllanthus (*Phyllanthus fraternus*, an annual medicinal herb of family Phyllanthaceae), Leaf flower — भुई आँवला (एक औषधीय पौधा)
Phyllid, Phyllidium — पर्णिका
Phyllo- (prefix) — पर्ण-
Phyllobranch — पर्णक्लोमी (जन्तु)
Phylloclade, — पर्णाभवृन्त, पर्णकायस्तम्भ,
Phyllode — वृन्तफलक, पर्णाभवृन्तफलक
Phylloid — पर्णाभ (पत्ती जैसा एक अर्बुद)
Phyllody (abnormal development of floral parts like leafy structure due to a viral infection) — पर्णाभता, पर्णाभदल
Phyllomania — पर्णाधिक्य
Phyllophagous — पर्णभक्षी
Phyllophagy — पर्णभक्षिता
Phyllopod, Phyllopodium, Phyllopodia (pl.) — पर्णपाद, पर्णाक्ष, पर्णाधार
Phylloptosis — पर्णपात, पर्णपतन, पतझड़
Phylloxera (*Phylloxera vitifoliae*, an aphid like insect of family Phylloxeridae as pest of grape vines) — द्राक्षा-माहूँ, लताभक्षी कीट (अंगूरलता का कीड़ा)
Phyllosiphonic — पर्णावकाशी
Phyllosiphony — पर्णावकाशिता
Phyllospondylous — पर्णकीकस
Phyllosporous — पर्णबीजाणुक
Phyllospory — पर्णबीजाणुता
Phyllotaxis, Phyllotaxy — पर्णविन्यास, पर्णन्यास, पर्णक्रम
Phylogenesis, Phylogeny (evolutionary history of organisms) — जातिवृत्त, जात्युद्विकास
Phylogenic, Phylogenetic, Phylogenous — जात्युद्विकासी, जातिवृत्तीय
Phylogenetics — जातिवृत विज्ञान, जात्युद्विकासिकी
Phylum — संघ, प्रसृष्टि (जन्तु की)
Physalia (*Physalia physalis*, a marine siphonozoic cnidarian of family Physaliidae), Portugese man of war, Blue bottle — बृहत्प्लव, उद्बुद्, फाइसेलिया (एक प्लावी जेलीफिश जैसी समुद्री दंशी जन्तु)
Physaliform — बुलबुलाकार, शूनाकार, उद्बुद्रूपी
Physic (art of medicine and healing, any laxative, cathartic or purgative) — औषधि, दवा, जुलाब
Physical — भौतिक, प्राकृतिक, शारीरिक
Physical adsorption — भौतिक अधिचूषण
Physical chemistry — भौतिक रसायनविज्ञान
Physical education — शारीरिक शिक्षा, व्यायाम शिक्षा
Physical productivity — वस्तुपरक उत्पादिता
Physical property — भौतिक गुणधर्म

Physical stress भौतिक (प्राकृतिक) प्रतिबल
Physician कायचिकित्सक, चिकित्सक
Physicist (a Greek word phusike means knowledge of nature) भौतिकविज्ञानी, भौतिकीविज्ञ
Physico- (prefix) भौतिक-, भौत-
Physico-chemical भौतिक-रासायनिक, भौत-रासायनिक
Physics (a natural science dealing with matter, space, energy and force) भौतिकी, भौतिक विज्ञान
Physio- (prefix) शरीर-
Physiochemical शरीरक्रिया रासायनिक
Physiochemistry शरीरक्रिया रसायनविज्ञान
Physiogenesis, Physiogeny कार्यिकविकास, जैवक्रिया उद्भव
Physiognomist आकृतिविज्ञानी, आकृतिविज्ञ
Physiognosis, Physiognomy आकृति, आकृतिविज्ञान, वर्गाकृतिकी
Physiographic, Physiographical भू-आकृतिक, भ्वाकृतिक, भूम्याकारिक, भौम्यकारीय
Physiography भू-आकृतिविज्ञान, आकृतिवर्णन, भूम्याकृतिकी, भूम्याकारिकी
Physiological शरीरक्रियात्मक, कार्यिकीय, दैहिक
Physiologist शरीरक्रियाविज्ञानी, कार्यिकीविद्
Physiology (a study of functioning in living organisms) शरीर क्रियाविज्ञान, कार्यिकी, दैहिकी
Physiometric शरीरक्रियामितीय
Physiometry शरीरक्रियामिति
Physiotherapy भौतिकचिकित्सा, दैहिकचिकित्सा
Physiotherapist भौतिक चिकित्सक, दैहिक चिकित्सक
Physique शरीरगठन, शरीरसौष्ठव
Physocephaly शूनशिरस्कता, वाति-शिरस्कता
Physoclistic, Physoclistous अमुख-वाताशयी (मछली)
Physostomous, Physostomatous समुख वाताशयी
Phyto-(a Greek word phuton means plant-prefix) पादप-
Phytobenthon नितली पादप
Phytobezoar (a compact mass of indigestible plant materials formed in stomach of ruminants and other animals) काठ-पथरी, पादपगुच्छ
Phytobiology पादप जैविकी, पादप-जीवविज्ञान
Phytobiont पादपजीवजात
Phytobiotic पादपजीवी, पादपजीव समूही
Phytochemical पादपरसायन, पादपरासायनिक
Phytochemistry पादप रसायनविज्ञान
Phytochorion (a biogeographical area with relatively uniform composition of plant species) एकरूप पादप क्षेत्र
Phytocidal, Phytocide पादपनाशक, पादपघ्नी, वनस्पतिनाशी, पादपघ्न
Phytoclas सूक्ष्म पादपाश्म
Phytocoenology (a branch of geobotany for study of plant communities) पादप समूहविज्ञान
Phytocoenose, Flora (plant population in a given area) पादप समूह
Phytoderma पादपचर्मता, कवकचर्मता
Phytodiversity पादपविविधता
Phyto-estrogen पादप स्त्रीमदजन (पौधों में पाया जाने वाला एक विशेष रसायन)
Phytoextraction पादपसारतत्व निकर्षण
Phytogenesis, Phytogeny पादपविकास, पादपवृत
Phytogenesics पादपविकास विज्ञान
Phytogenetics पादप-आनुवंशिकी, पादपजननिकी
Phytogeographical पादप-भौगोलिक
Phyto-geography पादपभूगोल, पादपभौमिकी
Phytography वनस्पतिवर्णन, पादपवर्णन
Phytohormone, Plant hormone पादप अन्तःस्राव
Phytoid पादपाभ, वनस्पति सदृश
Phytolith पादपाश्म
Phytology पादपविज्ञान, उद्भिज्ज-विज्ञान
Phytomorphology पादपाकृतिविज्ञान
Phyton, Phytomer पादपाणु

Phytonematode	पादपसूत्रकृमि (एक पादप परजीवी जन्तु)
Phytonism	पादपाणुता
Phytonosis	उद्भिद्जरोग, उद्भिद्जता, पादपजन्यव्याधि
Phytoparasite, Phytoparasitic	पादपपरजीवी
Phytopathogen	पादपरोगजन
Phytopathology, Plant pathology	पादपरोगविज्ञान
Phytopathy, Plant disease	पादपरोग, उद्भिद्विकृति
Phytophaginae (a group of plant viruses)	पादपभक्षीविषाणु, पादपविषाणु
Phytophagous	पादपभक्षी, पादपभोजी
Phytophagia, Phytophagy	पादपभक्षिता, वनस्पतिभक्षण
Phytophar-macology	पादपभेषजगुण विज्ञान
Phytoplankter, Phytoplankton (pl.)	पादपप्लवक
Phytoplasm	पादपद्रव्य
Phytoremediation	पादप-निदान
Phytosaur	दीर्घतुण्ड सरट (एक लुप्तप्राय सरीसृप)
Phytosociology (a study of plant communities)	पादपसामाजिक विज्ञान
Phytoteratology	पादप विरूपता विज्ञान, पादपवैरुपिकी
Phytotherapy	वनस्पतिचिकित्सा, पादपोपचार
Phytotomy	पादपविच्छेदन, पादपशल्यिकी
Phytotoxic	पादप-विषालु, वनस्पतिविषाक्त
Phytotoxicity	पादप-विषालुता, वनस्पतिविषाक्तता
Phytotoxicology	पादप-विषविज्ञान, वनस्पति-वैषिकी
Phytotron	पादपवर्धन कक्ष, पादप वर्धित्र
Phytotoxin	पादप-आविष, वनस्पतिविषि
Pi (Π, π, 16th letter of Greek alphabet; π=22/7)	वृत, पाई (एक वृत्त स्थिरांक तथा यूनानी वर्णमाला का 16वाँ अक्षर)
Pia-arachnoid, Arachno-pia	मेरु-मस्तिष्कच्छद
Piamater (inner most of three meninges covering brain and spinal cord)	मृदुतानिका
Pian, Yaws	न्युपदंश
Piarhaemia, Piarhemia	वसारक्तता
Pica, Geophagia	अभोज्यभक्षण, अभोज्यभक्षी, मृदाभक्षिता, छापे के अक्षर के आकार की एक इकाई
Piccalilli	विभिन्न सब्ज़ियों का अचार
Picamar	तारकोल का तेल
Pick	चुनना, बीनना, चोंच मारना
Pickax, Pickaxe	गैंती, कुदाली
Pickerel (*Esox* sp., a fresh water fish of family Esocidae)	पाइक (एक छोटी अमेरिकी मछली या उसका मांस), एक मृदुजलीय जलकुम्भी कुल का अमेरिकी पुष्पी अपतृण
Picket	खूँटी, नुकीली छड़, टुकड़ी, दल
Picking	चयन, उखाड़ना, सभाहरण
Pickings	रद्दी, अवशिष्ट
Pickle	अचार, सिरका, सन्धित, अम्ल मार्जित करना
Pickled	अम्लमार्जित, अचार बनाया हुआ, सिरका लगाया हुआ
Pickling	अम्लमार्जन
Pick up	उदग्रहण, उठा लेना, चुगना
Picnometer, Pycnometer, Densimeter	घनतामापी, प्रघनमापी
Picrogensia	कटुस्वादता
Picrotoxin	कटूवाविष (कटु+आविष)
Picrotoxinism	कटूवाविषता
Pictograph	चित्रालेख, चित्रलिपि
Pictography	चित्रालेखन
Pictorial	चित्रीय, चित्रमय, सचित्र, चित्रोपम, चित्रात्मक
Picture	चित्र, दशा, स्थिति, वर्णन
Pidgin	मिश्रित
Pi-diagram (a stereographic projection used in geometrical analysis of folds)	π-आरेख, अनुकरणीय आरेख
Pie	कचौड़ी, घालमेल, मुटरी (एक चिड़िया)
Piebald	शबल, अबलक
Piece	खण्ड, भाग, टुकड़ा
Pied	चितकबरा (त्वचा/पक्षी)
Pie diagram	वृत्तारेख, मिश्रचित्र
Piedmont	गिरिपद
Piedra	केश कवकता (बालों का फफूँद रोग)
Pieing	विपाचन

Pier	स्तम्भ, पाया, पोतघाट
Pierce	छेदना, वेधना, भेदना
Piercer	संवेधित्र, वेधक, वेधनी
Piercing	वेधन, वेधी, भेदक
Pier glass	लम्बा शीशा, स्तम्भ दर्पण
Piesesthesia, Piezesthesia	पीडसंवेदनशीलता, दाबसंवेदनशीलता
Piezo- (prefix)	दाब-, पीड-
Piezochemistry	दाब रसायनविज्ञान, पीड रसायनशास्त्र
Piezocrystallization	पीड-स्फटन, दाबमणिभीकरण
Piezoelectric, Piezoelectrical	दाबवैद्युत, पीड-विद्युत
Piezometer (a device to measure pressure of fluid)	दाबमापी, पीडमापी
Piezo-oscillator	पीड-प्रदोलक
Pig (*Sus* sp., a big domestic mammal of family Suidae)	सुअर, सुअरी (मादा), शूकर (एक मांसाहार हेतु पालतू स्तनधारी), धातुपिण्ड
Pig iron (crude iron with 3.5-4.5% carbon, as intermediate product of smelting iron ore)	कच्चा लोहा, ढँलवा लोहा, मृदु इस्पात, अपिधम लौह
Pigeon (*Columba livia*, a herbivorous wild/pet medium sized sport bird of family Columbidae), Rock pigeon	कबूतर, कपोत
Pigeon pea (*Cajanus cajan,* a leguminous crop plant of family Fabaceae)	अरहर (एक दलहन), तुवर, तूर
Pigeonry, Pigeon house/hole	कबूतरख़ाना, दरबा
Piggery	सुअरपालन, शूकर संवर्धन
Piglet, Pigling, Pygmy hog	शूकरशाव, घेंटा, घेंटुला, बच्चा/छोटा सुअर
Pigment	वर्णक, रञ्जक, रंगा
Pigment layer	वर्णक स्तर
Pigmentary	रंगमय, वर्णीय
Pigmentation	वर्णकता, रञ्जकता, रंगायण
Pigmented	रञ्जित, वर्णमय
Pigmentogenesis, Pigmentogeny	वर्णोत्पादन, रंगाजनन, रञ्जकोत्पत्ति
Pigmentolysis	वर्णलयन, रंगांशन
Pigmentophage, Chromophage	वर्णभक्षी, रंगाभोजी
Pigmentum	वर्णद्रव्य, आलेप
Pig nut	गाँठ, कन्दमूल
Pigsty, Pig pen	शूकरशाला, सुअर बाड़ा
Pigtail	लम्बी चोटी, झोंटा, तम्बाकू की बटी
Pig weed (*Amaranthus* sp., a wild/crop annual herb of family Amaranthaceae with edible seeds and leaves)	चौलाई, जंगली पालक
Piitis	मृदुतानिकाशोथ
Pika (*Ochotona* sp., a rabbit like small mammal of family Ochotonidae), Pikas (pl.)	रंगदुनी (गोल कान वाला एक पहाड़ी छोटा ख़रगोश)
Pike (*Esox* sp., a brackish and fresh water big teleost fish of family Esocidae)	बर्छी, नोक, पहाड़ी, भोंकना, पाइक (एक बड़ी मृदुजलीय शल्की मछली)
Pila, Pilae (pl.)	स्तम्भिका, केश, रोम
Pilar, Pilary	केशीय, रोमीय
Pilaster	चौकोर खम्भा, अर्धस्तम्भ, भित्ति स्तम्भ
Pilation	रोमण, अस्थि-भञ्ज
Pile	राशि, ढेरी, अम्बार, भूस्तम्भ, रोम, चिता, चट्टा/ढेरी लगाना
Pileolus	छत्रिका
Piles, Haemorrhoids	अर्श, बवासीर (एक गुद-मलाशयी रोग)
Pileum, Pileus	छत्र, टोपी, स्त्राण
Pile wart	अर्शमूल, बवासीर का मस्सा
Pilidium	टोपी-डिम्भ
Piliferous, Pilose, Pilous	मृदुरोमी, लोमश, रोमयुक्त
Piliform	रोमाकार, केशाकार
Piling	भूस्तम्भन, गहरे खम्भे गाड़ना
Pill	गोली, गोलिका, गुटिका
Pillar	स्तम्भ, खम्भा
Pillow	तकिया, उच्छीर्षक
Pilocarpous	नमतफली
Pilocystic	रोमपुटीय
Pilocystidium, Pilocystidia (pl.)	नमतकोष्ठिका
Piloerection	रोमोच्छ्रयण (रोयें खड़े होना)
Pilology	रोमविज्ञान, केशिकी
Pilonidal	केशनीड़ीय

Pilonidus केशनीड़
Pilose, Pilous लोमश, झबरा, रोमिल, रोयेंदार
Pilosebaceous रोमस्नेहिल, रोमतैलीय, रोमतैलग्रन्थीय
Pilosis, Pilosity, Pilositism रोमिलता, रोमता, अधिरोमता
Pilot पूर्व-, चालक, मार्गदर्शी, आरम्भिक, अग्रगामी
Pilot plant प्रायोगिक संयन्त्र, आरम्भिक संयन्त्र
Pilot study पूर्वाध्ययन, आरम्भिक अध्ययन
Pilule, Pilula, Pilulae (pl.) गोलिका, गुटिका, वटिका
Pilus, Pili (pl.) लोम, सूत्र, रोमोपांग
Pimelitis (inflammation of adipose tissues) वसा-ऊतकशोथ
Pimeloma, Lipoma वसार्बुद
Pimelosis वसीयता, मोटापा, स्थूलता
Pimento, Pimiento, Cherry pepper (*Capsicum annuum*, a flowering crop annual plant of family Solanaceae with red cherry like or bell-shaped berry type fruit edible as vegetable) लाल मीठी मिर्च, शिमला मिर्च, जमैका की काली मिर्च
Pimpernel (*Anagallis*, sp., a flowering herb of primrose family Primulaceae) जोंकमारी (एक फूलदार पौधा)
Pimple पिटिका, फुंसी
Pin सूची, अणि, आणि, खूँटी
Pinacocyte चिपिटकोशा
Pinacoid, Pinacoidal समान्तरिक
Pincer, Pincher, Plier सन्दंशिका, चिमटी, सड़ँसी, सन्दंश, सन्दर्श
Pinch चुटकी, चिमिट, चिकोटी अतिव्यापनदोष
Pinch cock प्रवाह रोधनी, चुटकी
Pinching चिकोटी, चुभन
Pine, Pitch pine (*Pinus* sp., a gymnospermic coniferous tree of family Pinaceae with cone as fruiting body and needles as leaves) चीड़ व देवदार, देवदारु (एक पर्वतीय वृक्ष), सरल
Pineal शंकुरूप
Pineal body, Pineal gland तृतीय नेत्रग्रन्थि
Pinealocyte, Pineocyte तृतीय नेत्रकोशा
Pinealocytoma तृतीय नेत्रकोशार्बुद
Pinealoma तृतीय नेत्रार्बुद
Pinealopathy तृतीय नेत्रविकृति
Pine apple (*Ananas sativus/comosus*, a monocot plant of family Bromeliaceae with sorosis type nutritious edible composite fruit as coalesced berries) अनन्नास, भुई कटहल (एक भोज्य फल)
Pine beetle (*Dendroctonus* sp., a pine pest insect of family Curculionidae) सरल-भृंग (चीड़ का एक पीड़क कीट)
Pine cone (a fruiting body) देवदार या चीड़ का शंक्वाकार फल
Pine marten (an arboreal rodent of family Sciuridae) चितराला (एक बड़ी गिलहरी)
Pine nut, Cedar nut (seeds from cones of *Pinus* sp., a coniferous tree of family Pinaceae, with pinolenic acid, an essential Omega-6 fatty acid) चिलगोज़ा
Pinery सरलवन, देवदारु/चीड़ का जंगल
Pin feather पक्षांकुर
Pinfold पशुशाला, काँजीहाउस
Ping ध्वनिस्पन्द, पटाका, सनसनाहट
Pinguid स्निग्ध, चर्बीदार, उपजाऊ
Pin hole सूची छिद्र
Pin hole camera सूची छिद्र कैमरा
Piniform, Conical शंकुरूप, शंक्वाकार
Pinion (a round gear in mechanical appliances) दन्तिका, गरारी, पक्षान्त, पंख, पंख काटना, जकड़ना

English	Hindi
Pinion joint	पक्षान्त सन्धि, गरारी जोड़
Pink	गुलाबी, हल्का लाल, आपद्रुम, पाटल, पराकाष्ठा
Pink eye, Conjunctivitis	आँख आना, आँख लाल होना, नेत्रश्लेष्मला शोथ
Pinking shears, Pinking scissors	आरीदार कैंची
Pinna, Pinnae (pl.)	पिच्छक, कर्णपल्लव, कर्णपालि, पक्षक, पक्षाग्र
Pinnace	नौका, छोटी नाव
Pinnacle	कलश, शिखरिका, शिखर, पराकाष्ठा, परमोत्कर्ष, हिमशिखर, मीनार
Pinnate	पिच्छाकार, पक्षकमय
Pinnatifid	दीर्घ पिच्छाकार, बड़े पंखधारी
Pinned	सूचीयित, सुई लगा हुआ
Pinniped	युक्तांगुलि, जुड़ी अगुलियों वाला
Pinnular	पिच्छिकीय
Pinnule	पिच्छिका, भुजपक्ष, पक्षकी
Pinocyte	पानकोशिका
Pinocytosis	कोशापान, कोशिकापायन
Pinocytotic	कोशापायनिक, कोशिकापानीय
Pinoid	सरलाभ, चीड़वत्, चीड़ जैसा
Pinotherapy, Limotherapy	पंकचिकित्सा
Pin point	सूच्याग्र, सुई की नोंक, लक्ष्य
Pint (pt or p; US 1p=473.176473ml)	पिन्ट (द्रव के आयतन/धारिता की ब्रिटिश इकाई=568 मि॰ली॰/20 औन्स/ ⅛ गैलन
Pinta, Pinto	पृषच्चर्म
Pin tail	सीखपर, नुकीली लम्बी पूँछ
Pintle	कीली
Pinto bean (*Phaseolus vulgaris,* an annual climber herb of family Fabaceae, with red spotted kidney-shaped mature edible seeds)	चित्तीदार राजमा (एक पौष्टिक स्वादिष्ट पकाकर खाया जाने वाला परिपक्व बीज)
Pin worm (*Enterobius vermicularis,* a gut parasitic small nematode of family Oxyuridae, and causes enterobiosis)	सूचीकृमि
Piny	चीड़बहुल, चीड़मय, चीड़वत्
Pion (pi-meson, a subatomic particle)	पिआन (एक अवपरमाणुक कण)
Pip	बीज (फल का), बुँदकी, चींचीं करना, पीटना, एक मुर्गीरोग
Pipal, Peepal (*Ficus religiosa,* a large deciduous epiphytic tree of fig family Moraceae)	पीपल, अश्वत्थ वृक्ष
Pipe	नली, नाल, नाड
Pipe line	नालपथ, नाडपथ, नलमार्ग
Pipette (a laboratory glassware)	नल्लिका, नाडक
Pipetting	उन्नाडकन, नल्लिकायन
Piping	नाडोत्पादन, नलतन्त्र, वेणुवादन
Pipit (*Anthus* sp., a small passerine bird of family Motacillidae)	चचरी, तुलिका (एक लम्बी पूँछ व चोंच वाली छोटी चिड़िया)
Pipkin	मटकी
Piquancy	तीक्ष्णता, प्रखरता, चरफरापन
Piquant	तीखा, चटपटा, उत्तेजक
Piriform	नखरूप
Piscitorial, Piscatory	मत्स्यविषयक, मत्स्यग्रहण, मछली सम्बन्धी
Pisces (a class of gill bearing limbless, skulled cold-blooded swimming chordates), Fish	मत्स्य, मीन, मछली (एक जलीय मेरुदण्डी जन्तु), मत्स्यवर्ग
Piscicidal, Piscicide	मत्स्यनाशक, मत्स्यनाशी, मीनघ्न, मछलीमार (पदार्थ)
Piscicolous	मत्स्यवासी
Pisciculture	मछलीपालन, मत्स्यसंवर्धन
Pisciform, Pisciformis	मत्स्याकार, मीनरूपी, मछली जैसा
Piscina	मत्स्यपालन कुण्ड/ताल
Piscine	मत्स्य, मात्स्य (मछली वर्गीय), सरोवर पादपवर्ग, स्नानकुण्ड, तरणताल
Piscivorous	मत्स्यभक्षी
Pise	कच्ची ईंट, गोंदा
Pisiform (bone)	मटररूपी, गोलकास्थि, वर्तुल, वर्तुलिकास्थि, चणकाकार, कलायरूप
Pismire	एक प्रकार की चींटी

Piss	मूत्र, पेशाब, पेशाब करना
Pistachio (*Pistacia vera,* a fruiting tree of cashew family Anacardiaceae with edible nut)	पिस्ता (फल या वृक्ष)
Pistil	स्त्रीकेसर, जायांग, गर्भकेसर
Pistillate	जायांगी, स्त्रीकेसरी
Pistillode	बन्ध्य स्त्रीकेसर
Pistol	तमञ्चा, पिस्तौल
Piston	मुषली, पिस्टन
Pit	गर्त, गड्ढा
Pitch	अलकतरा, कोलतार, तारत्व, स्वरमान, चूड़ी-अन्तराल, अक्षनति, क्रीड़ाक्षेत्र
Pitch black, Jet black	गहरा काला, स्याह
Pitch dark	घना अँधेरा
Pitched roof	ढलवाँ छत
Pitcher	घट, कुम्भ, कलश, गगरी
Pitcher plant (*Nepenthes* sp., a insectivorous plant of family Nepenthaceae with pitcher shaped modified leaves)	पर्णकुम्भी, घटपर्णी (एक कीटभक्षी पौधा)
Pitch pine	चीड़
Pitchy	डामरयुक्त, चिपचिपा, काला
Pith	मध्यक, मज्जा, गूदा, सार
Pith ball	मज्जा गुटिका
Pithecoid	कपिसदृश
Pithed	अपविद्ध, विद्धमेरुरज्जु
Pithing	अपवेधन, मेरुरज्जुवेधन
Pithy	गूदेदार, सारगर्भित
Pit organ	गर्तांग
Pitta (a small passerine bird of family Pittidae with bright coloured plumage)	नौरंग (पक्षी)
Pittance	अल्पांश, अल्पमात्र, अल्पवृत्ति
Pitted	गर्तित, सगर्त, गर्तमय
Pitting	गर्तकरण, गर्तन, गर्तभवन
Pituicyte	पीयूषकोशा, पोषकोशा
Pituitarium, Pituitary, Pituitary body/gland/	पीयूषकाय, पीयूषिकापिण्ड, पीयूषग्रन्थि
Pituitary extract	पीयूष निस्सार, पीयूष ग्रन्थि निस्सार
Pituitary pouch	पीयूषधानी
Pituitectomy	पीयूष विच्छेदन, पीयूष ग्रन्थि निष्कासन
Pityriasis (flaking of skin)	तुषचर्म, शल्करोग (एक चर्मरोग)
Pityroid	तुषाभ, भूसीनुमा
Pivital	धुरीय, केन्द्रीय
Pivot, Pivote	धुराग्र, धुरी, कीलक
Pivoted	कीलकित, धुराग्रस्त
Pivot joint	विवर्त सन्धि, धुराग्र सन्धि
Pivot method	मुख्य पद्धति
Pixilated	उन्मत्त, शराब पिये हुए
Pizzle	पशु शिश्न, साँड़ का लिंग
pK (a dissociation constant)	वियोजन स्थिरांक
Placable	प्रशम्य, सौम्य
Placebo	कूटभेषज, कूट-औषधि
Placement	स्थापन, नियोजन, लगाना, स्थान देना
Placenta, Placentae (pl.)	जरायु, बीजाण्डासन, अपरा, गर्भनाल, आँवल, खेड़ी
Placenta foetalis	गर्भ अपरा
Placental	अपरीय, जरायुज, जरायु-
Placentation	जरायुन्यास, अपरान्यास, बीजाण्डन्यास
Placentiform	जरायुरूपी, अपराकार
Placentitis	अपराशोथ, आँवलप्रदाह
Placentoid	जरायुवत्, अपराभ
Placentology	जरायुविज्ञान, अपराविज्ञान
Placentophagous	अपराभक्षी, जरायुभक्षी
Placentophagy	अपराभक्षण, जरायुभक्षिता
Placer	नदी के तलछट में खनिज निक्षेप
Placid	शान्त, सौम्य
Placode	आधारस्थूलक
Placoderm desmid	अनेकभित्ति, असैक जाप्य
Placodont	पृथुदन्ती
Placoid	पट्टाभ, थालीवत्, पट्टाकार
Placoid scale	पट्टाभशल्क
Placozoa (a phylum of subkingdom Parazoa, comprising non-parasitic multicellular basal form of invertebrate animals)	आधारप्राणि
Placula	कन्दुक, पट्टभित्तिका
Plage	समुद्री किनारा, बेलाञ्चल
Plagiocephaly	तिरोशिरस्कता
Plagiogeotropism, Plagiogeotropy	तिरोभूम्यावर्तन, तिरोभूम्यावर्तिता

Plagiohedral तिर्यकफलकीय
Plagiohedron तिर्यकफलक
Plagiotropic तिर्यकानुवर्ती, तिरोवर्ती, तिरोवर्धी
Plagiotropism, Plagiotropy तिरोवर्तन, तिरोवर्तिता, तिरोवर्धन
Plague (vector borne endemic disease due to *Yersinia pestis*, a bacterium of family Entero-bacteriaceae) महामारी, ताऊन, प्लेग (चूहें और पिस्सू से फैलने वाला एक प्राणघातक रोग)
Plaice चिपिटिका (एक चपटी मछली)
Plain समतल, विशुद्ध, छाती पीटना
Plait झुर्री, सिलवट, चुन्नट, ऊर्मि, गूथना
Plaited आयाम वलित, ऊर्मित
Plaiting व्यावर्तन
Planarian (*Planaria* sp., a free living aquatic flatworm of class Turbellaria of phylum Platyhelminthes) पर्णचिपिट (एक जलीय जन्तु)
Planchet मुद्रा-चक्रिका
Planck's constant ($h=6.626X10^{-34}$ Joule sec., derived by Max Planck in 1900 A.D.) प्लांक नियतांक (जो ऊर्जा का विकिरण आवृति के समानुपाती होना दर्शाता है)
Plane चनार (एक पर्वतीय वृक्ष), विमान, समक्षेत्र, समतल बनाना, रन्दना
Planer समक, समकर, रन्दा (औजार)
Planet ग्रह (आकाशीय सौरमण्डलीय पिण्ड)
Planetary ग्रहीय, ग्रह सम्बन्धी
Planetarium, Planetaria (pl.) नक्षत्रशाला, कृत्रिम नभोमण्डल, ताराघर
Planetesimal ग्रहाणु, ग्रह बनाने वाले सूक्ष्मकण
Planetism गतिशीलता, चलनीयता
Planetoid ग्रहाभ, ग्रहिका, क्षुद्रग्रह
Plane trigonometry समतल त्रिकोणमिति (रेखागणित की एक शाखा)
Plangency गूँज, झनझनाहट
Plangent कम्पशील, झनझनाने वाला, घनघोर, गुञ्जनशील
Planigale (*Planigale maculata,* a smallest carnivorous marsupial of family Dasyuridae, native to Australia and New Guinea) प्लैनिगेल (एक सबसे छोटा कंगारू)
Planimeter समतलमापी, क्षेत्रमापी
Planimetry, Plane geometry समतल रेखा गणित
Planish परिमर्जित/पॉलिश करना
Plank फलक, तख़्ता, पटरा
Plankter, Plankton (pl.) (minute aquatic organisms moving with water current) प्लवकांश, प्लवक, मन्दप्लवक
Planktivorous प्लवक भोजी
Planktonic प्लवकी, प्लवकीय
Planktonology, Planktology प्लवकविज्ञान
Planktophyte प्लवकोद्‌भिद्
Plano-concave समतल-अवतल, समन्युब्ज
Planoconic समतल-शंक्वी, सम-शंक्वी
Plano-convex समतल-उत्तल, समोत्तल, समोदुब्ज
Planocyte चलकोशिका
Planogamete चलयुग्मक
Planosome चलगुणसूत्र
Planospore, Zoospore चलबीजाणु
Planozygote चल-युग्मनज
Plant पादप, पौधा, संयन्त्र, रोपना
Plantable रोप्य, रोपने योग्य
Plantae (a kingdom of multicellular eukaryotic organism with cell wall and plastids) पादप, वनस्पति (एक जगत/सृष्टि)
Plantaginifolius स्निग्ध जरिपर्णी
Plantago, Psyllium (*Plantago ovata.,* a herbaceous medicinal weed of family Plantaginaceae, muscilagenous seed husk is used as laxative) इसबगोल (एक औषधीय पादप)
Plantain (*Musa paradisiaca,* a herbaceous tree of family Musaceae with fruits edible and for cooking) कदली, राजेली केला (बड़ा परन्तु कम मीठा)

Plantar पादतलीय, तलवा सम्बन्धी
Plantation रोपवन, बाग़ान, रोपण, रोपस्थली
Plant disease पादप रोग
Planter रोपक
Plant house पौधघर, पादपशाला
Plantigrade पादतलाचारी, तलवों पर चलने वाला
Plantlet पादपक, लघुपादप, पौध
Plant physiology पादप कार्यिकी
Plantula, Pulvillus उपवर्हिका
Planula (a free swimming flat ciliated larva of various cnidarians) चिपिटक (एक दंशीजन्तु का डिम्भक)
Planum, Plane, Plain समतल, समक्षेत्र
Planuria अस्वाभाविक मार्ग से पेशाब होना
Plaque सिध्म, चकत्ता, फलक, पटिया, लवांक, दन्तमैल, वसा जमाव
Plaque forming unit (PFU) प्लाक निर्मात्री एकक (विषाणु गणना की एक इकाई)
Plaquette पट्टिका
Plash छिड़कना, उथला ताल, छपछपाहट
Plasm, Plasma (fourth fundamental state of matter other than solid, liquid and gas, plasma of blood is cellless liquid) प्रद्रव्य, प्ररस, जीवद्रव्य, अस्राम्बु, अस्रोद, प्लाविका, हरा बिलौर (काचमणि)
Plasma membrane, Plasmalemma जीवद्रव्य कला
Plasmapheresis जीवद्रव्याहरण, प्लाविका पृथक्करण
Plasmatic प्ररसी, जीवद्रव्यी
Plasmatocyte द्रव्याणु, प्ररस कोशिका
Plasmatoparous प्ररसोद्भावी, जीवद्रव्योद्भावक
Plasmatorrhexic कोशावर्ध्म, प्ररसस्रावी
Plasmid प्ररसगुणसूत्रिका, प्ररससूत्रांश, द्रव्यसूत्रांश, द्रव्यसूत्रिका
Plasmin प्ररसविकर
Plasminogen प्ररसविकरजन
Plasmo-, Plasmato-(prefix) द्रव्य-, प्ररस-
Plasmocyte प्ररसकोशा, अस्राम्बुकोशा
Plasmocytoma प्ररसकोशार्बुद, अस्राम्बुकोशार्बुद
Plasmodesma, Plasmodesmata (pl.) कोशाबन्ध, जीवद्रव्यतन्तुक
Plasmodiocarp शाखिबीजाणुधानी
Plasmodium (a multinucleated mass of naked protoplasm of slime and mold) संकोशोति, प्ररसक
Plasmodium (*Plasmodium* sp., a blood endoparasitic protozoan causes malaria), Plasmodia (pl.) प्लाज्मोडियम (एक रक्त परजीवी आदिजीव)
Plasmogamy प्ररसयुग्मन
Plasmogen जीवद्रव्यजन, प्ररस-सार
Plasmology जीवद्रव्यविज्ञान, प्ररसिकी, प्ररसविज्ञान
Plasmolysis रसाकुञ्चन, प्ररसलयन, जीवद्रव्याकुञ्चन
Plasmolytic रसाकुञ्ची, प्ररसलयी, जीवद्रव्यांशी
Plasmoma प्ररसार्बुद, अस्रोदार्बुद
Plasmophagia, Plasmophagy प्ररसभाक्षिता, जीवद्रव्य भक्षण
Plasmophagous प्ररसभक्षी, जीवद्रव्यभक्षी
Plasmoptysis प्ररसोद्भेदन
Plasmorrhexia, Plasmorrhexis प्ररसस्राव
Plasmoschisis प्ररसापखण्डन
Plasmosoma प्ररसकाय, जीवद्रव्यपिण्ड
Plasmosome, Eunucleolus सुकेन्द्रिका
Plasmotomy प्ररसविच्छेदन, जीवद्रव्यभेदन
Plaster, Plastering लेप लगाना, लेप, चुपड़ना, दवायुक्त पट्टी, पलस्तर, लेपन
Plaster of paris (a heated Gypsum, a crystalline hydrated calcium sulphate mineral) दग्धाचूर्ण, गच
Plastic (natural/synthetic mouldable material) सुघट्य, सुनम्य, मृद्य, अभिघट्य
Plastication (to cover with or add plastic) सुघट्याच्छादन, अभिघट्य-व्यापन
Plasticity, Plasticism सुघट्यता, अभिघट्यता

Plasticized, Plastified सुघट्यकृत
Plasticizer, Plastifier सुघट्यकारी, सुनम्यकारी
Plastic surgery सुघट्य शल्यक्रिया
Plastid, Plastidium, Plastidia (pl.) लवक, घटन
Plastidogenic, Plastidogenetic, Plastidogenous लवकोत्पादी, लवकजनी
Plastidome लवकता, घटनता
Plastidule लवकक, घटनक
Plastification (conversion of any substance into mouldable form or to develop plasticity in a material) सुघट्यन, सुघट्यीकरण
Plastify सुघट्य बनाना
Plastin अम्लरञ्ज्यि
Plastination (preserving a body/organ by replacing water and fat with certain plastic) अभिघट्यव्यापन, अधिघट्यकरण
Plastinoid अम्लरञ्जियाभ, अम्लरञ्ज्यिवत्
Plastiosome, Mitochondrium सूत्रकणिका
Plastochrone रचनावधि, घटनकाल
Plastocyanin श्यामलवक
Plastogamy कोशारस संगम
Plastogene लवक गुणसूत्र
Plastron (a bottom-shield of turtle, sternum, breast plate or pad to protect chest) अधरवर्म, उदरवर्म, उरस्त्राण
Plat, Plot खण्डक, भूखण्डक, प्रांकण, अंकन
Platan, Platane (*Platanus* sp., a big tree of family Platanaceae with thin pale bark and ball shaped fruits) चनार (ठण्डे पर्वतीय क्षेत्र जैसे कश्मीर का एक वृक्ष)
Plate पट्ट, पत्तर, पात्री, तश्तरी, रकाबी, शरावक, सम्वर्ध रोपना
Plate culture पात्री-संवर्ध, शरावक-संवर्ध
Plateau पठार, अधित्यका, समयावधि
Platelet, Thrombocyte (a blood component responsible for blood coagulation or clotting) लघुपट्टिका, पट्टिकाणु, बिम्बाणु (रक्त का एक स्कन्दकारी अवयव)
Plate tectonics पट्ट विवर्तनिकी, सतह विवर्तनिकी (एक भूगर्भीय विषय)
Platform चबूतरा, वेदी
Platform balance पटल तुला, काँटा, धर्मकाँटा
Plating पट्टन, लेपन, सूक्ष्मजीव/कोशा रोपण, प्रलेपन, चादर, पत्तर चढ़ाना, पानी चढ़ाना
Platinization महातुयन
Platinode महातु-ऋणाग्र, सञ्चयीपट्ट, सञ्चयाग्र
Platinoid महात्वाभ
Platinum (a precious white metallic element with symbol Pt) महातु, प्लैटिनम
Platitude तुच्छता, सामान्य विवरण
Platoid पट्टाभ, पट्टवत्
Platter कठौती
Platy, Platy-(prefix) पट्ट-, पट्टवत्, पट्टमय
Platycarpic, Platycarpous पृथुफलीय
Platycephalic, Platycephalous सपाटशिरस्क, पृथुशिरस्क, पृथुशीर्षी
Platycephalism, Platycephaly, पृथुशिरस्कता, सपाट कपालिता,
Platycrania पृथुकपालिता
Platycerus पृथुकण्टी
Platycoelous अधरगर्ती, अधरन्युब्ज
Platydactyl चिपिटांगुलि
Platyhelminth (flatworms, mostly parasitic, of phylum Platyhelminthes) पट्टकृमि (चपटे परजीवी अमेरुदण्डी जन्तु)
Platyhelminthes (a phylum of flat mostly parasitic non-chordate animals) पट्टकृमि (चपटे परजीवी जन्तुओं का एक संघ)
Platyhelminthology पट्टकृमिविज्ञान
Platymorphic, Platymorphous चिपिटरूपी, पृथुरूपी, पट्टरूपी, सपाटाकारा
Platymorphism, Platymorphy चिपिटरूपता, पृथुरूपता, पट्टरूपता, सपाटाकारिता
Platypnea अल्पश्वसन

Platypus, Duck billed mole (*Ornithorhynchus anatinus*, a semi-aquatic prototherian egg-laying mammal of family Ornithorhynchidae) बत्तक सी चोंच वाला एक अण्डज अर्धजलीय स्तनधारी
Platyrrhine आयतनासी, पृथुनासिकीय, चपटी चौड़ी नाक वाला
Platysma, पृथुपेशी
Platysmamyoides गलपार्श्वच्छदा (पेशी)
Platyspermic चिपिटबीजी
Play दोलन, चाल, ढिलाव, नाटक, खेलना
Pleach लपेटना, ऐंठना, गूथना
Pleat चुन्नट, चुन्नट डालना
Plectenchyma सञ्जीवोतक
Plectomycetes (a class of fungus with spores releasing fruiting body after decay) वर्मकवक वर्ग
Pledget फाहा, पिचु, कपड़े की पट्टी
Pleiad सप्ततारक मण्डल
Pleiades कृतिका (एक नक्षत्र)
Pleiotropic बहुप्रभावी, अधिवर्ती
Pleiotropism, Pleiotropy बहुप्रभाविता, अधिवर्तिता, अधिवर्तन
Pleistocene (epoch) अभिनूतनयुग, नूतनयुग, नवभूतलयुग
Plenary परिपूर्ण, समग्र, पूरा
Plenteous, Plentiful प्रचुर, समृद्ध, विपुल, बहुत
Plentitude प्रचुरता, बाहुल्य, समृद्धि, विपुलता
Pleo-, Pleio-(prefix) बहु-, नैक-
Pleocaryocyte, Pleokaryocyte बृहत्नाभिकोशा
Pleochroic बहुवर्णी, नैकवर्णी
Pleochroism बहुवर्णता, नैकवर्णता
Pleocyte प्लवाणु
Pleocytosis (an increase in number of lymphocytes in cerebrospinal fluid) प्लवाणुता, बहुकोशिकता
Pleomorphic, Pleomorphous नैकरूपी, विविधरूपी, बहुरूपी
Pleomorphism, Pleiomorphy बहुरूपता, नैकरूपता, विविधरूपता
Pleon प्लवन
Pleophagous, Pleogenic अनेकभक्षी, बहुपरपोषी
Pleopod प्लवपाद
Pleotrophic बहुपोषित
Plerocercoid पट्टकोशित
Plerome रम्भजन
Plerotic परिपूरक
Plesiobiotic आसन्नजीवी
Plesiognathus समीपहन्वी
Plesiometacarpal समीपशालाक
Plesiomorphic आसन्नरूपी, समीपरूपी
Plesiopsia, Myopia निकट दृष्टि
Plesiosaurus जल-सरट (एक विलुप्त सरीसृप)
Plethora अतिप्रचुरता, आधिक्य, उद्रेक, ख़ून की अधिकता, अधिरक्तप्रवाह, रुधिरोद्रेक
Plethysmometer स्फीतिमापी
Pleura, Pleurae (pl.), Pleuron फुप्फुसावरण, वक्षावरण, फेफड़े की झिल्ली, पार्श्वक, परिफुप्फस
Pleural फुप्फुसावरणी, पार्श्व, परिफुप्फुसीय
Pleural cavity फुप्फुसावरणी गुहा
Pleural ridge पार्श्वक कूट
Pleurapophysis पर्शुवर्ध, पर्शुका
Pleurisy, Pleuring फुप्फुसावरणशोथ, उरोग्रह, पार्श्वशूल, परिफुप्फुसशोथ
Pleurobranch पार्श्वक्लोमी (जन्तु)
Pleurobronchitis फुप्फुसश्वसनी शोथ
Pleurocentrum पार्श्वकेन्द्रक
Pleurocystidium, Pleurocystidia (pl.) अरपट्टकोष्ठिका
Pleurodont पार्श्वदन्ती, आन्तरतटदन्ती
Pleurodynia, Pleuralgia पार्श्वपीड़ा
Pleurogenic, Pleurogenous परिफुप्फुसजनी, परिफुप्फुस जनित
Pleuroperitonium पार्श्वपर्युदर्या
Pleuropneumonia परिफुप्फुस प्रदाह, फेफड़ी
Pleuropodium, Pleuropodia (pl.) भ्रूणोदर पाद
Pleuropulmonary पार्श्वफुप्फुसीय
Pleuropyesis परिफुप्फुस पूयता
Pleurorhachic पार्श्व-प्राक्ष
Pleurovisceral परिफुप्फुस-अन्तस्त्य
Plexal जालकीय, प्रतानी
Plexiform जालकरूप, जटिलप्रतान
Pleximeter स्नायु जालिकामापी
Plexus जालक, जालिका, जालरचना
Pliability, Pliancy आनम्यता, लचीलापन
Pliable, Pliant आनम्य, अवनाम्य, लचीला
Plica, Plicae (pl.) प्रवलन, चुन्नट, झुर्री, पुटक

Plicate, Plicated	प्रवलित, झुर्रीदार, तहाया हुआ, चुन्नटदार
Plication	वलीयन, प्रवलन, वलिकरण, चुन्नट डालना
Plicatulate	सूक्ष्मकण्टकी
Pliers	सँड़सी, जम्भिल, चिमटी
Plim	मोटा करना या होना, फूलना
Plinth	न्याधार, कुर्सी (तलस्तर)
Pliocene	अतिनूतन युग
Pliotron, Oscillion	त्रिद्वार (विद्युत)
Plod	धीरे-धीरे चलना, पैर घिसटना
Ploidy	सूत्रगुणता
Plop	छपछपाना, छपाका, गड़प
Plosion	स्फोट, स्फोटन
Plosive	स्फोटनशील, स्पर्श
Plotosus	कण्टकार, कण्टकी, कँटीला
Plotting paper	आलेखन पत्र
Plough, Plow	हल, जोतना, हल चलाना
Ploughing, Plowing	हल चालन, जोताई
Plover	बटान, टिटहरी (एक जलचर पक्षी)
Pluck, Plucking	तोड़ना, उखाड़ना, उत्कर्षण, लुञ्चन
Plug, Pluging	निग, डाट, ठेंटी, प्लग (विद्युत का), डाट लगाना, मुँह पर ठूँसना
Plum (*Prunus* sp., a perennial tree of family Rosaceae with edible nutritious fruits)	आलूबुखारा, आलूचा (एक अष्ठिफल), लाल हरा रंग
Plumage	पक्षति, पत्रवेश
Plumate, Plumose, Plumy	पिच्छकी, पिच्छमय, पक्षाकार, पंखदार
Plumatellid	शाखिक
Plumb, Plummet	साहुल, लम्ब, भूलम्ब
Plumb bob	पनसाल (साहुल का लटकन)
Plumbagin (a genotoxic and mutagenic organic chemical of leadwort *Plumbago* sp., a flowering plant of family Plumbaginaceae)	प्लम्बैजिन (चित्रक या लिखिज पौधे का विष)
Plumbate, Plumbeous, Plumbous	सीसीय, सीस्य, सीसामय, सीसी का, मूर्ख
Plumber	नलकार, सीसिक
Plumbism	सीसक-विषाक्तता
Plumb line	साहुल सूत्र, लम्ब रेखा
Plumb rule	साहुल पट्टी
Plumbum (a Latin word for Lead with symbol Pb), Saturnus	सीसा, सीस, सीसक (एक विषाक्त धात्विक तत्व)
Plume	पंख, पर, पिच्छक
Plummet	साहुल, सीधे गिरे जाना, अचानक घट जाना
Plump, Plumpy	मोटा, मांसल, गोल-मटोल, गुदगुदा, खरा, रूखा
Plumule	भ्रूणाग्र, प्रांकुर, कोमलपिच्छ, पिच्छिका
Plunge	डुबकी, गोता, छलाँग, कुण्ड
Plunger	मूसल, मज्जक, प्रवेशी, गोताख़ोर
Plunging	अवपाती, निमज्जन, निमज्जी, मज्जमान, अवनमन
Plunning	काट-छाँट, छटाँई, अधिकर्तन
Pluralism, Plurality	अनेकत्व, बहुत्व, नैकता
Pluri- (prefix)	बहु-, नैक-, अनेक
Pluricausal	बहुकारकीय
Pluricellular, Multicellular	बहुकोशिकीय, नैककोशीय
Plurifloral	बहुपुष्पी
Plurifetal, Plurifoetal	बहुभ्रूणीय, नैकभ्रूणी
Plurifoliate	बहुपर्णी, बहुपत्री
Plurilocular	बहुगह्वरीय
Pluriparity	बहुप्रसवता
Pluriparous	बहुप्रसवी
Pluripetalous	बहुदलीय
Pluripotent	बहुशक्त, बहुक्षम
Pluriseptate	बहुपटीय
Plurisporous	बहुबीजी, बहुबीजाण्वीय
Plurivalent	बहुसंयोजक, नैकयुग्मी
Plurivorous	बहुभक्षी, नैकभक्षी
Plus (+)	धन (गणित का), अतिरिक्त
Plush	मखमल (एक प्रकार का मुलायम कपड़ा)
Pluteus, Mushroom	छत्र कवक
Pluteus larva	प्लव डिम्भ (समुद्री साही का)
Pluto	यम (सौर मण्डल का नवाँ क्षुद्र ग्रह)
Plutonic	वितलीय, गर्भस्फटिक

Plutonium (a transuranic actinide metallic radioactive element with symbol Pu) प्ल्यूटोनियम (एक कृत्रिम रेडियोधर्मी, नाभिकीय शस्त्र निर्माण में प्रयुक्त होने वाली धातु)
Pluvial, Pluvialis, Pluvious वृष्टीय, वर्षिक, प्रावृषिज, वृष्टिमय, वर्षा सम्बन्धी
Pluviometer वर्षामापी
Ply प्रयुक्त करना, झुकाव, लड़/पर्त, गुणित
Ply wood स्तरित काष्ठ, पर्तदार लकड़ी
Ply yarn गुणित सूत्र
Pneodynamics, Pneumodynamics फुप्फुसगतिकी
Pneogaster भ्रूण श्वसन नाल
Pneometer, Pneumatometer, Spirometer श्वासमापी
Pneuma (a Greek word for breath) प्राणवायु, पवित्र आत्मा
Pneumatic वातीय, वायवीय, वातिल
Pneumatic bone वातिल-अस्थि
Pneumatics वातयान्त्रिकी, वातयान्त्रिक विज्ञान
Pneumatic suction वातिल-चूषण, हवाई खिंचाव
Pneumatic trough वात-द्रोणिका, गैस-द्रोणिका
Pneumatocephalic, Pneumocephalous वातिशिरस्क, वातिशीर्षी
Pneumatocoel, Pneumocele वातिगुहा
Pneumatocyst वातपुटी, वातिप्लव
Pneumatogenic वाष्पजनित, वातिजनित
Pneumatology आत्माशास्त्र
Pneumatolysis वाष्पखनिजन, वात्यंशन
Pneumatolytic उष्णवाष्पीय, वाष्पखनिजीय, वात्यंशिक
Pneumatophore श्वसनमूल, वातपुटीधर, वाष्पपुटिका
Pneumatopore वातरन्ध्र
Pneumatosis वातिकता, वातिता, वायुरोग
Pneumaturia वातमूत्रता, बुद्‌बुदमय मूत्रता
Pneumobilia सवात पित्तता
Pneumocardial फुप्फुसहृद्
Pneumococcus, Pneumococci (pl.) क्लोमगोलाणु (जीवाणु)
Pneumoconiosis (lung inflammation with fibrosis due to inhalation of dust) फुप्फुसधूलिमयता, फुप्फुसधूलिता
Pneumocyte फुप्फुसकोशा
Pneumodynamography श्वसनगतिलेखन
Pneumogastric फुप्फुसोदरीय, फुप्फुसजठर
Pneumology श्वसनिकी, श्वसनविज्ञान, फुप्फुसविज्ञान
Pneumolysis, Pneumonolysis फुप्फुसांशन (फेफड़े को चिपकाव से छुड़ाना)
Pneumonectomy फुप्फुसोच्छेदन, फुप्फुस निष्कासन
Pneumonia फुप्फुसप्रदाह, फुप्फुसार्ति, क्लोमपाक
Pneumonic फुप्फुसप्रदाही, क्लोमपाकी
Pneumonitic फुप्फुसशोथकारी
Pneumonitis फुप्फुसशोथ
Pneumonopathy, Pneumopathy, Pneumonosis फुप्फुसविकृति, फेफड़े का रोग
Pneumonotherapy, Pneumotherapy फुप्फुसचिकित्सा, वातिचिकित्सा
Pneumoparesis फुप्फुसानम्यता
Pneumoperitoneum वातोदरच्छद, उदरच्छद वायु, वायूदर
Pneumothorax वातिल-वक्ष, वायु-वक्षता, परिफुप्फुस वायु
Pneumotoxic फुप्फुसविषी, फुप्फुसविषाक्त
Pneumotoxicity फुप्फुसविषालुता
Pneumotropic फुप्फुसानुवर्ती, श्वासप्रभावी
Pneumotropism, Pneumotropy फुप्फुसानुवर्तिता, फुप्फुसानुवर्तन
Pneusis श्वसन
Poach, Poaching उबलते पानी में पकाना, अम्लधावन, अतिक्रमण, शिकार चुराना, खूँदना
Poacher अम्लधावनी, आखेट-चोर
Pochard (*Aythya ferina*, a medium sized diving duck of family Anatidae) लालसर (एक बतख़ प्रजाति), डूबा हुआ
Pock फुंसी, मसूरिका, चेचक
Pocked फुन्सीदार, चेचकी
Pock mark फुंसी दाग़, चेचक के निशान
Pocket पुटिका, कोटरिका, थैली, जेब, आन्तरनिवास, कीर्णांश, छिन्नांश, लघु क्षेत्र
Poculiform चषकाकार, प्यालीनुमा
Poculum, Pocula (pl.) चषक, प्याली
Pod, Legume फली, छिम्बी, शिम्ब
Pod soil भस्म मृदा, राख जैसी मिट्टी
-pod,-poda,- (suffix) पाद, पद
Podal पदीय, पैरों का

Podagra, Podegra पैरों का गठिया
Podectium वृन्तकी
Podedema पादस्फाय
Podex गुदप्रदेश, अवसानक
Podgy गोलमटोल
Podiatry पादोपचार, पादविकार चिकित्सा
Podical गुदीय, गुदप्रदेशीय, गुद-
Podite उपांग, पादक
Poditis पादशोथ
Podium, Podia (pl.) पादक, पाद, पद
Podobranch पादक्लोमी (जन्तु)
Podocarpic, Podocarpous वृन्तफलीय
Podocyte वृन्तकोशा, स्तम्भकोशा
Podomere पादखण्ड
Podophyllous, Podophyllus वृन्तपर्णी
Podophyllum पितपापड़ा, लघुपत्र
Podsol, Podzol (a type of soil) आर्द्रवनमृदा, निक्षालित ऊसर मिट्टी, राख मिट्टी
Pogonotomy हजामत, केशकर्तन
Poic घासस्थली, तृणभूमि
Poignant तीखा, कटु, चरफरा, मार्मिक
Poikilitic रंगविरंगा, मिलाजुला
Poikilocyte असमकोशा, बहुरूप रक्ताणु
Poikilocytosis, Poikilocythemia बहुरूप रक्ताणुता, नैककोशता असमकोशारक्तता, असमरक्ताणुता
Poikiloploid नैकगुणित
Poikiloploidy नैकगुणिता
Poikilosmosis असम-परासरण
Poikilothermal, Poikilothermic, Poikilothermous असमतापी
Poikilothermism, Poikilothermy (a variable temperature of body of an animal according to their surrounding), असमतापता
Poinsettia (*Euphorbia pulcherrima,* a flowering plant of diverse spurge family Euphorbiaceae) पानछटी (एक उष्ण-कटिबन्धी पौधा)
Point विनिर्देश, बिन्दु, अंक, नोंक, संकेत करना
Pointed नुकीला, नोंकदार, तीक्ष्ण
Pointed gourd (*Trichosanthes dioica,* a dioecious perennial creeper of family Cucurbitaceae, raw fruit is used as vegetable) परवल, परवर (सब्ज़ी के रूप में प्रयुक्त होने वाला एक भोज्य फल)
Pointer संकेतक, सूचक, देष्टा, सूची
Pointilism बिन्दु चित्रण
Pointing संकेतन, सन्धिपूरण, नोंक, अग्रभाग बनाना
Point pollution निर्दिष्ट प्रदूषण, बिन्दु प्रदूषण
Point integrating बिन्दु समाकलन
Poise सन्तुलित रखना, समभार करना, उन्मुख होना, लटकना
Poison विष, गरल, ज़हर
Poisoned विषव्यापित, विषमय, विषमिश्रित
Poison gland विष ग्रन्थि
Poisoning विष डालना, विषायण, विषाक्तन, विषाक्तीकरण
Poisonous विषाक्त, विषैला, विषालु, विषमय, विषधर, ज़हरीला
Poison sac विष धानी
Pok choi, Bok choy, Chinese cabbage (*Brassica rapa chinensis,* an Asiatic nutritious herb of family Brassicaceae with edible green leaves and white stalk as vegetable and salad) चीनी पत्तागोभी, चीनिया पत्तागोभी
Poke भोंकना, ढकेलना, प्रहार, आघात
Poker अग्निशलाका, आग खोदनी
Polar ध्रुवी, ध्रुवीय
Polar bear (*Ursus maritimus*, an arctic mammal of family Ursidae) ध्रुवीय भालू (एक मांसाहारी स्तनधारी)
Polar body (a smaller cell with little cytoplasm, produced after meiosis during oocyte development) ध्रुवकाय, ध्रुवपिण्ड, लोपिका
Polarimeter ध्रुवणमापी
Polarisation, Polarising ध्रुवण, ध्रुवीकरण, अभिस्पन्दन, ध्रुवणकारी, ध्रुवणशील
Polariscope ध्रुवणदर्शी

Polarise, Polarize ध्रुवित होना, अभिस्पन्दित करना
Polarised, Polarized ध्रुवित, अभिस्पन्दित
Polariser, Polarizer ध्रुवक, ध्रुवित्र (यन्त्र), अभिस्पन्दक
Polarity ध्रुवता, ध्रुवीयता
Polarizable ध्रुवण्य, ध्रुवणीय
Polarography वैद्युतध्रुवणलेखन
Polariod (a brand name of Polaroid Corporation, America manufacturing instant cameras and films, eye wears with polarized lenses) पोलेरॉयड
Polaroid camera (an instant camera manufactured by Polaroid Corporation, America with self-developing film to produce instant photograph) पोलेरॉयड कैमरा
Polder समुद्र उद्धम भूमि
Pole ध्रुव, मेरु, खम्भा, लट्ठा, बिन्दु, छोर
Pole cat (a carnivorous small mammal of family Mustelidae), Foumart गन्धमार्जार, गन्धबिलाव (एक बदबूदार बिल्ली)
Polenta दलिया
Pole star ध्रुव तारा
Polio virus (an infective human enterovirus of family Picorna-viridae) धूसर-विषाणु, पोलियो-विषाणु
Polio, Polio-myelitis (a water borne epidemic dis-ease due to polio virus infection) पोलियो (रोग), मेरु-धूसर शोथ
Polioencephalitis मस्तिष्कधूसरशोथ
Polioencephalon मस्तिष्कधूसरद्रव्य
Polioencephalo-tropic मस्तिष्कधूसरानुवर्ती
Polish परिमार्ज, परिमार्जित करना, पोलैण्ड देश सम्बन्धी
Polishing परिमार्जन, परिष्करण, चकासन, चमकाना
Polka dot tree frog (*Hypsiboas punctatus*, a south American fluorescent frog of family Hylidae in swamps glowing under UV light) चमकीले मेढ़क (पेड़ पर रहने वाले)
Pollakisuria, Pollakiuria मूत्रबारम्बारिता, बारम्बारमूत्रता
Pollard कृतस्कन्ध, सींगहीन पशु, आटे का चोकर, पेड़ का ठूँठ
Pollarding स्कन्धकर्तन, श्रृंगविहीनन
Pollen पराग
Pollen grain पराग कण
Pollenosis, Pollinosis, Pollen allergy पराग-प्रत्युर्जता
Pollen sac पराग कोश
Pollination परागण
Pollinition, Pollinization पराग संक्रमण, पराग संसर्ग
Pollinate, Pollinize पराग सींचना, परागण करना
Pollinator परागद, परागणकर्त्ता
Pollinic परागीय, पराग सम्बन्धी
Pollinium, Pollinia (pl.) परागपिण्ड
Pollinodium, Pollinodia (pl.), Anthridium, Anthridia (pl.) पुंधानी
Pollutant, Polluter प्रदूषक, दूषक
Pollute प्रदूषित/दूषित करना, कलुषित करना
Polluted प्रदूषित, दूषित, कलुषित
Polluting प्रदूषणकारी
Pollution प्रदूषण, दूषण, कलुषीकरण
Pollution dome (a mass of polluted air in dome or ballon form in atmosphere, prevented from rising due to an inversion above it) प्रदूषण गुम्बद (नगरीय/आद्यौगिक प्रदूषणजनित एक वायुमण्डलीय आकृति)
Pollux द्वितीय मिथुन (एक नक्षत्र)
Polocyte, Polar body ध्रुवकाय
Polospore परागाणु
Poltophagy सुचर्वणभक्षिता, खूब चबाकर खाना
Poltophagous सुचर्वणभक्षी
Poly- (prefix) बहु-, पुरु-, अधि-, अति-

Poly-, Polythene (a mouldable thermoplastic material polyethylene $(CH_2\text{-}CH_2)_n$ — पॉलीथीन, प्लास्टिक झिल्ली, मोमजामिया
Polyacidic — बहुअम्लीय, पुरुअम्लिक
Polyad, Polyvalent — बहुसंयोजी, पुरुसंयुज
Polyadelphous — बहुपुंकेसरी, पुरुसंलागी, बहुसंधी
Polyadenitis — बहुग्रन्थिशोथ
Polyadenous — बहुग्रन्थीय, बहुग्रन्थिमय
Polyadenylation — बहुनिस्सृजलन, बहुएडिनायलीकरण
Polyagglutinability — बहुअभिश्लेष्यता, बहुप्रसमूह्यता
Polyagglutinable — बहुअभिश्लेष्य, बहुप्रसमूह्य
Polyagglutination — बहुप्रसमूहन, बहुअभिश्लेषण
Polyandrous — बहुपुंसी, बहुपुंकेसरी, बहुपतिवाली
Polyandry — बहुपुंसता, बहुपतिता
Polyangiitis, Polyangioitis — अधिवाहिनीशोथ
Polyanthus — बहुपुष्पी
Polyantigen — बहुप्रतिजन
Polyarch — बहुसूत्र
Polyarteritis — बहुधमनीशोथ
Polyarthritis — बहुसन्धिशोथ
Polyarticular, Multiarticular — बहुसंलग्नी, बहुसन्धिक
Polyatomic — बहुपरमाणुक, बहुपरमाण्विक
Polyauxotroph — बहुवर्धपोषी
Polyaxial — बह्वक्षीय, बहु-अक्षीय
Polyaxon — बहुअक्ष, बह्वक्ष
Poly bag — पॉलीथीन थैला, प्लास्टिक झिल्ली का थैला
Polybasic — बहुक्षारकी
Polybezoar (a compact mass of indigestible polythene and plastic materials in stomach of ruminants and other animals) — पॉलीथीन गुच्छ, प्लास्टिक पथरी
Polyblast — बहुकोरक
Polyblennia — अतिश्लेष्मता
Polycarpellary — बहु-अण्डपी, पुरु-अण्डपी
Polycarpic, Polycarpous — बहुफलीय, आवृतफली
Poiycarpy (producing flowers and fruit many times before death of plant) — बहुफलता
Polycellular, Multicellular — बहुकोशिकीय
Polycentric — बहुकेन्द्री
Polychaete — पुरुरोमिल
Polychasial — बहुशाखी
Polychemotherapy — बहुरसायनचिकित्सा
Polychlorinated — बहुनीरजित, बहुक्लोरोनीकृत
Polychloruria — अधिनीरेयमूत्रता, अधिक्लोराइडमूत्रता
Polycholia — अतिपित्तता, अधिपित्तस्राव
Polychroism, Polychromatism, Polychromy — बहुवर्णता
Polychromatic — बहुवर्णी, रंगविरंगा
Polyclinic — बहुविरुजालय, बहुरोग-विषयक, बहुनत, बहुरोग-निदानालय
Polyclonal — बहुपूर्वजकी, बहुकृतकीय, बहुसूत्री
Polycotyledonous, Polycot — बहुबीजपत्री
Polycuspid — बहुशीर्षी, बहुवलनी
Polycyclic — बहुचक्री
Polycyclism, Polycycly — बहुचक्रिता, बहुचक्रता
Polycystic — बहुपुटीय, बहुकोष्ठीय
Polycyte — अधिनाभिकोशा
Polycythemia (a type of blood cancer with elevated volume percentage of erythrocytes), Erythremia — अतिरक्तकोशता, लोहित कोशातिशयता, अधिरक्ताणु-आयतन
Polycythemia vera — लाल रक्त कोशाधिक्य
Polydactyl — बहंगुलिक, अधिकांगुलिक
Polydactylia, Polydactylism, Polydactyly — बहंगुलिता, अधिकांगुलिता
Polydeficiency — बह्वभाव, बहुपोषहीनता बहुहीनता, बह्वल्पता
Polydeficient — बहुहीन, बहुपोषहीन
Polydipsia — अतिपिपासा, तृष्णाधिक्य, अधितृष्णा, अधिक प्यास लगना
Polydysplasia — बहुकुविकसन
Polydystrophy — बहुदुर्विकसन
Polyelectrolyte — बहुविद्युत-अपघट्य
Polyembryony, Germinogony — बहुभ्रूणता, पुरुभ्रूणन

Polyemia	अधिरक्तता
Polyesthetic	बहुसंवेदी
Polyestrous	बहुमदचक्री
Polygalactia	अधिदुग्धस्राव
Polygamous	बहुलिंगी, बहुयुग्मी, बहुविवाही
Polygamy	बहुविवाह
Polygene	बहुपित्रैक, अनेकजीन
Polygenesis	बहूद्भवन, बहुमूलजता
Polygenetic	पुरुच्छाय, बहुमूलज, बहुकालज
Polygenic	बहुपितृज, बहुवंशाण्विक, नैकजीनी, बहुमूलज
Polygenism, Polygeny	बहुपितृजता, बहुमूलजता
Polygenous	बहुविध
Polyglandular	बहुग्रन्थिक, बहुग्रन्थीय
Polygon	बहुभुज
Polygonal	बहुकोणीय, बहुभुजी, बहुभुज-
Polygram	पुरुलेख
Polygraph	पुरुलेखी, पुरुलेखित्र
Polygynism, Polygyny	बहुजायांगता, बहुपत्नीत्व
Polyhedral	बहुफलकीय, बहुतलीय
Polyhedron	बहुफलक, बहुअनीक, बहुतल
Polyheteroxenous	बहुभिन्नपोषद
Poly house	पॉलीघर, (पॉलीथीन चादर से ढका स्थान)
Poly house farming	पॉली घर में खेती या जन्तु पालन
Polyhybrid	बहुसंकर
Polyhydramnios (excess of amniotic fluid in amniotic sec), Hydramnion	अतिजल-उल्बी
Polyhydruria	अधितनुमूत्रता, अतितनुमूत्रता
Polyhyper-menorrhea	बहुअधिरजस्राव
Polyhypo-menorrhea	बहुअल्परजस्राव
Polyinfection	बहुसंक्रमण, मिश्रसंक्रमण
Polykaryocyte, Polycaryocyte	बहुकेन्द्रकसंकोशिका
Polylecithal	अतिपीतकी
Polymastic	बहुस्तनी
Polymath	बहुश्रुत
Polymelia, Polymely	अधिकांगता
Polymer (a combination of two or more molecules of same substance)	बहुलक, पुरुभाज
Polymerase chain reaction (PCR, an *in vitro* process to generate several copies of DNA sequence of a gene)	बहुलकेद शृंखला प्रतिक्रिया
Polymerism	बहुलकता, पुरुभाजता
Polymerization	बहुलकीकरण, पुरुभाजन
Polymicrobial	बहुसूक्ष्मजैविक, बहुसूक्ष्म जीवी
Polymictic	बहुकालमिश्र
Polymorph	बहुरूप, पुरुरूपैक
Polymorphic, Polymorphous	बहुरूपी, पुरुरूपी
Polymorphism, Polymorphy (occurrence of two or more different phenotypes of same population of any species)	बहुरूपता
Polymorphocyte	बहुनाभिरूपकोशा
Polymorphonuclear	बहुरूप नाभिकीय
Polymyopathy	बहुपेशीविकृति, नैकपेशीविकार
Polynesic	पुरुद्वीपीय, बहुनाभीय
Polyneural, Polyneuric	बहुतन्त्रिकीय, पुरुचैत, पुरुचेता
Polyneuritis	बहुतन्त्रिकाशोथ, अधिस्नायुशोथ
Polyneuropathy	बहुतन्त्रिका विकृति, नैकस्नायु विकार
Polynofossil	परागाश्म, बीजावश्म
Polynomial	बहुपद, बहुपदीय
Polynucleated	बहुकेन्द्रकित, बहुनाभिकित
Polynucleotide	बहुकेन्द्रकेय, बहुनाभिकेय
Polyoncovirus	बहर्बुदविषाणु
Polyoncosis	बहर्बुदता
Polyopia, Polyopsia	बहुबिम्बदृष्टि, नैकदृष्टि
Polyovular, Polyovulatory	बहुअण्डोत्सर्जी
Polyp (a sessile or colonial form of coelenterate, benign pedunculate tumor of nose, uterus or rectum), Polype, Polypus	पूर्वंगक (एक समुद्री मूँगा प्रजाति के जन्तु की स्थिर अलैंगिक प्रावस्था), नाकड़ा (नाक के अन्दर बढ़ा माँस), मस्सा, मासांकुर

Polyparasitism बहुपरजीविता
Polypetalous पृथक्दलीय
Polyphagia, Polyphagy, Bulimia नैकभक्षिता, बहुविध भक्षण
Polyphagous बहुविधभक्षी, विविधभोजी
Polypharma-ceutic(al) बहुभेषजीय
Polyphasic बहुप्रावस्थ, पुरु-अवस्थ
Polyphonic बहुस्वर
Polyphylectic बहु-उद्भवी
Polyphylectism बहु-उद्भववाद
Polyphyllus, Polyfolius, Multifoliate बहुपर्णी, पहुपत्री
Polyphyodont बहुबारदन्ती, बहुशोदन्ती
Polypiferous पूर्वंगकमय, पूर्वंगकधारी
Polypiform पूर्वंगकाकार, पूर्वंगकरूपी
Polyplast, Morula गुटीपुञ्ज
Polyplegia बह्वंगाघात
Polyploid बहुगुणित, बहुगुण, पुरुगुण
Polyploidy बहुगुणिता, बहुगुणन, पुरुगुणता
Polypnea अतिश्वसन, अधिश्वसन
Polypod, Polypodal बहुपाद, बहुपादीय
Polypody बहुपादता
Polypoid मांसांकुराभ, मस्सा जैसा
Polypore सितछिद्र
Polyposia अतिपेयता
Polyposis मांसाकुरता, मस्सा रोग
Polyprotodont पूर्वाग्रदन्ती
Polyrexia, Polyphagia, नैकभक्षिता, बहुभक्षिता
Polyribosome बहुकिंकरालपिण्ड, बहुराइबोसोम
Polysaccharide बहुशर्करेय
Polysaprobic बहुपूतिक
Polysepalous बहुनिदली, पृथुनिदली
Polysiphonous बहुविनालीय
Polysomatic, Polysomatous अधिकायिक, बहुकायिक
Polysome बहुकाय, पुरुपिण्ड, बहुसूत्र
Polysomic बहुकायिक, पुरुपिण्डीय
Polysomnography बहुनिद्रांकन, बहुनिद्राचित्रण
Polysomy बहुकायता, पुरुपिण्डता
Polyspermatous बहुबीजी, बहुशुक्रीय
Polyspermia बहुशुक्रता, अधिशुक्राणुता
Polyspermism, Polyspermy बहुशुक्राणुसंसेचिता
Polysplenia बहुप्लीहता
Polyspore बहुबीजाणु
Polysporous बहुबीजाणुक, बहुवीजाण्वी
Polystele पुरुरम्भ, पुरुमध्यरम्भ
Polystely बहुरम्भता
Polystomatous पुरुमुखी, बहुमुखीय
Polysynaptic बहुतन्त्रिकायुग्मी
Polysynthetic बहुसंश्लिष्ट
Polytechnic, Polytechnical बहुशिल्प, बहुप्राविधिक, बहुतकनीकी
Polytency बहुसूत्रता, अधिसूत्रता
Polytene बहुतन्तु, अधिसूत्र, अनेक लड़ी वाला
Polythelia, Polythelism बहुचूचुकता
Polytocous बहुप्रसवी, बहुप्रज
Polytrichia, Polytrichosis अधिरोमता
Polytrochal बहुवलयी
Polyuria बहुमूत्रता, अधिमूत्रण
Polyvalent बहुसंयोजक
Polyverticellate बहुचक्रक
Polyxenic बहुसन्दूषित, बह्वागन्तुक
Polyxylic बहुदारुक
Pomace (remains of fruits or seeds after extracting juice/oil) फलमेष (खूदड़), खली
Pomade अंगराग, सुगन्धित केश तैल
Pome (a false fruit made up of fleshy thalamus of syncarpous inferior ovary) उत्कोलक, सेब व नाशपाती वर्ग के गूदेदार फल
Pome granate (*Punica granatum*, a deciduous tree of family Lythraceae with balausta berry type seeded edible fruit) अनार (फल), दाड़िम
Pomelo (*Citrus maxima/grandis*, a flowering spiny small tree of family Rutaceae with big hesperidium type edible juicy fruit) चकोतरा (एक रसीला भोज्य फल)
Pomiculture फलकृषि, फलसंवर्धन
Pomology फलकृषि-विज्ञान
Pomphoid उद्स्फोटाभ
Pomphus, Blister उद्स्फोट, फफोला
Pompon फुँदना
Ponceau चमकीला लाल रंग, पोस्ते का रंग

Pond	तड़ाग, तालाब, पोखर, सरोवर, ताल
Pond snail (a freshwater air breathing gastropod mollusc of family Lymnaeidae)	तड़ाग-मन्थर, कटुआ (एक घोंघा प्रजाति)
Pond water	ताल जल, तालाब का पानी
Pond weed (fresh water floating/submerged plants of pond and aquarium)	पल्लवशाक, पल्लवघास, सेवार
Pondage	जलभण्डारण, तड़ागण
Ponderable	तोलनीय, अनुभवगम्य
Ponderation	तोलन
Ponderous	भारी, नीरस, श्रमसाध्य
Ponding	जलावरोधन
Pong	दुर्गन्ध, बदबू
Poniard	कटार भोंकना
Pons, Pontes (pl.)	मस्तिष्क तन्तु, सेतु, निसेतु
Ponticulus	सेतुक, कूटिका
Pontile, Potine	सेत्विक
Pont levis	उठाऊ पुल
Pontoon bridge	नौका सेतु, पीपों का पुल
Pony (*Equus ferus caballus*, a smaller domestic mammal of horse family Equidae)	खच्चर, टट्टू (पहाड़ी घोड़ा)
Poo, Faeces, Feces	मल, विष्ठा, गुह, सकृत
Poof, Homosexual male	समलिंगी पुरुष
Pool	कुण्ड, राशि, संकोष, संग्रह, संघ, निकाय, एकत्र करना
Pooled	संयोजित, संग्रहित, एकत्रित
Pooling	एकत्रण, समुच्चयन, संग्रहण, संयोजन
Poon (*Calophyllum* sp., a tree of family Calophyllaceae with shiny leathery leaves and light weight hard wood in east India)	पून (वृक्ष)
Poop	दुम्बाल, पिछाड़ी, मल, विष्ठा
Poor	क्षीण, अपर्याप्त, निकृष्ट, निर्धन
Pop corn	मक्के का लावा
Poplar (*Populus* sp., a tree of family Salicaceae), Aspen, Cotton wood	वनपिप्पल (दियासलाई बनाने के लिए लकड़ी हेतु पुष्पी पर्णपाती वृक्ष)
Popliteal	जानुपृष्ठीय, जानुपश्च (घुटने के पीछे का भाग)
Popliteal fossa (pit behind the knee)	जानुपृष्ठीय गर्त, जानुपृष्ठिक खात
Poppet	नाटा आदमी, बौना, गुड़िया/गुड्डा
Poppied	अहिफेनमत्त, अफ़ीम के नशे में
Popple	लहराना
Poppy (*Papaver somniferum,* a flowering ornamental annual herb of family Papaveraceae, it's dried latex is narcotic alkaloid opium and used as drug).	अहिपुष्प, पोस्ता, अफ़ीम का पौधा
Poppy seed	पोस्ता दाना, खसखस
Popsicle (a frozen snack on a wooden stick)	बर्फ़ीली चुसनी
Populate	बसना, बसाना
Population	जनसंख्या, जीवसंख्या, आबादी
Populous	जनाकीर्ण, घनी आबादी वाला
Porcelain, Ceramic	मृन्त्सा, चीनी मिट्टी
Porch	द्वारमण्डप, बरसाती, अलिन्द
Porcine	शूकरीय, शूकरवंशी, सुअर सम्बन्धी
Porcupine (derived from Latin words porcus + spine=pig with spine, a wild, nocturnal and herbivorous spiny mammal of order Rodentia)	साही (एक काँटेदार बड़ा जंगली चूहा)
Pore, Porus	रन्ध्र, छिद्र, रोमकूप
Porencephalic, Porencephalous	रन्ध्रशिरस्क, रन्ध्रशीर्षी
Porencephalism, Porencephaly	रन्ध्रशिरस्कता, रन्ध्रशीर्षता
Porencephalitis	रन्ध्रमस्तिष्क शोथ
Porifera (a phylum of non-chordate porous aquatic animals under subkingdom Parazoa)	छिद्रिल (समुद्री स्पञ्ज आदि का जन्तु संघ)
Poriferous, Porous	छिद्रधारी, सरन्ध्री

Poriomania विचारणोन्माद (एक मनोरोग)
Poriomaniac विचारणोन्मादी
Pork शूकरमांस, सुअर का मांस
Porky शूकरीय, चर्बीला
Porogamy द्वारयुग्मन, द्वारोद्वाह
Porometer रन्ध्रतामापी
Poroscope छिद्रदर्शी
Porosis छिद्रण, गुहिकायन
Porosity छिद्रिलता, सरन्ध्रता, रन्ध्रिलता
Porous, Porose, सरन्ध्र, सरन्ध्री, रन्ध्रिल,
Porate, Pory छिद्रिल, छिद्रित
Porpoise (*Phocoena* sp., a small marine cetacean mammal of family Phocoenidae) सूँस, शिंशुक (डॉल्फिन जैसी एक छोटी ह्वेल)
Porridge, Polenta दलिया (उबला अन्न), रबड़ी
Port पत्तन, द्वार, सुद्राक्षिरा
Portability वाह्यता, वहनीयता, सुवाह्यता
Portable वहनीय, सुवाह्य
Portal निर्वाहिका, कोशिका भाजि, प्रवेशद्वार
Portal system निर्वाहिका तन्त्र
Portal systemic निर्वाहिका-आमयिक
Port fire रसबत्ती
Port hole मूका (जहाज़ या बन्द गाड़ी की दीवार में बाहर देखने के लिए छेद)
Portion, Portio अंश, भाग, हिस्सा
Portly स्थूलकाय, मोटा, प्रतापी
Porto-cava निर्वाहिका-महाशिरीय
Position स्थिति, अवस्था, प्रतिष्ठा
Positive (+ve) धनात्मक, सकारात्मक, निश्चयात्मक
Positive pole धनात्मक ध्रुव (चुम्बक का)
Positive science प्रत्यक्ष विज्ञान
Positivity, Positivism धनात्मकता, निश्चयात्मकता
Positron (a sub-atomic positively charged particle) धनाणु, उदूणु
Positron emission tomographic (PET) scanning धनाणु उत्सर्जन संरचना क्रमवीक्षण
Positronium (a system with an electron and it's antiparticle) धनविद्युदाणु
Posology औषधिमात्रिकी, शुद्धमात्रिकी
Possum, Brush tail possum (*Trichosurus vulpecula,* a medium sized arboreal omnivorous marsupial mammal of family Petauridae) पोसम, (एक कंगारूवंशी आस्ट्रेलिया व न्यूजीलैण्ड का स्तनधारी)
Post, Post- (prefix) डाक, पद, स्थान, चौकी, पश्च-, -उत्तर-, उपरान्त
Post-anal गुद-पश्च
Post-cava, Post-caval vein, Posterior venacava पश्च महाशिरा
Post-chlorinatron नीरजनोपरान्त, क्लोरीनीकरण पश्चात्
Post clavicle पश्चाक्षक
Post clitellar प्रमेखला-पश्च
Post-convulsive आक्षेपोत्तर
Postdental पश्च-दन्त्य
Post-embryonic भ्रूणोत्तर, पश्च-भ्रूणीय
Posterior पश्च, परवर्ती, उत्तरकालीन
Posteriority पश्चता, परवर्तिता, उत्तरकालीनता
Posteriorly अभिपश्च
Posterity भावी पीढ़ी, सन्तति, वंशज
Postern पश्चद्वार, गुप्त निकास (सुरंग)
Postero-lateral पश्च-पार्श्व
Postero-median पश्च-मध्य
Post-facto घटनोत्तर
Post fertilization पश्च-निषेचन, निषेचनोत्तर
Post-frontal पश्च-ललाट
Post-gena पश्च-कपोल
Post-genital जननांगपश्च
Post-glacial हिमयुगोत्तर
Post-harvest पश्च-सस्य
Post-hepatic पश्च-याकृत, यकृत-पश्च
Posthitis (inflammation of prepuce) शिश्नाग्रछद शोथ
Posthumous पितृमरणोत्तरजात, मरणोपरान्त, मरणोत्तर
Postiche कृत्रिम, नक़ली, अनावश्यक
Post-infection संक्रमणोत्तर
Post-mature प्रौढ़ोत्तर, कालोत्तर
Post-maturity प्रौढ़ोत्तरता, कालोत्तरता
Post-maxillary पश्चजम्भिक, पश्चहन्व
Post-median मध्य-पश्च
Post-meridiem (PM) अपराह्न, मध्याह्नोत्तर (समय)
Post-mortem मरणोत्तर-परीक्षा, शवपरीक्षा

Post-nasal, Post- rhinal	नासा-पश्च, पश्चनासिक
Post-natal	जन्मोत्तर, जन्मोपरान्त
Post-notum	पृष्ठकपश्च
Post-nuptial	विवाहोत्तर, विवाहोपरान्त
Post-oral	मुख-पश्च
Post-operative	शल्यक्रियोपरान्त, शल्यपश्च, पश्चपरिचारी
Post-palatal	पश्चतालव्य
Post-partum	प्रसवोत्तर, प्रसवोपरान्त
Post-patagium	पश्च-चर्मस्तर
Post-pharyngeal	पश्च-ग्रसनीय
Post-phragma	अन्तर्वर्ध-पश्च
Post-pituitary	पश्चपीयूष ग्रन्थीय
Post-prandial (PP)	भोजनोपरान्त
Post-pubis	पश्च-पुरोनितम्ब
Post renal	पश्च-वृक्कीय
Post-rhinal, Post-nasal	पश्चनासिकीय
Post-sacral	पश्च-त्रिक
Post-scapular	पश्च-अंसफलकीय
Post-segmental	पश्च-खण्डीय
Post-septal	पश्चपटीय
Post-sphenoid	पश्चजतुकी
Post-splenic	पश्चप्लीहीय, पश्च-प्लैहिक
Postsynaptic	युग्मानुबन्धोत्तरीय
Post-systolic	हृत्कुञ्चनोत्तरी
Post-temporal	पश्च-शंखक
Post-thrombotic	पश्चघनास्री
Post-transplantation	प्रत्यारोपणात्तर
Post-trematic	पश्चछिद्र, पश्चरन्ध्र (एक तन्त्रिका)
Post-tympanic	पश्च-पटही, कर्णपटह-पश्च
Post-typhlosolar	पश्चभित्तिभञ्जीय
Posture	भंगिमा, दैहिक-स्थिति, मुद्रा
Post-uterine	पश्च-गर्भाशयी
Post-velar	पश्च-कण्ठ्य
Post- void (status after and volume remained in it)	रिक्तोपरान्त, शून्योपरान्त (मूत्रत्याग के पश्चात्) अवशेष मूत्र आयतन तथा मूत्राशय की स्थिति)
Post-war	युद्धोत्तर, युद्धोपरान्त
Postzygopophysis	पश्चयोजिवर्ध
Pot	पात्र, हण्डी, घड़ा, कुम्भ, गमला, शौचनी, पीना
Potabilise, Potabilisation	पानी पीने योग्य बनाना, पेयकरण
Potability	पेयता, पीने योग्य होना
Potable	पेय, पीने योग्य
Potage, Pottage	मांस का गाढ़ा शोरबा/रसा
Potamic	नद्य, नदीय, नदी सम्बन्धी
Potamology	नदविज्ञान, नदीविज्ञान
Potamophilic, Potamophilous	सरितरागी, नदीरागी
Potamoplankter, Potamoplankton (pl.)	सरितप्लवक
Potash	सज्जी, सर्जि
Potash glass (a harder glass with potassium carbonate)	सर्जि-काच
Potash water (an aerated water, mixed with potassium bicarbonate and carbonic acid)	सर्जि-जल
Potassium, Kalium (an essential alkali metallic element with symbol K)	दहातु, पोटैसियम
Potation	पीना, घूँटना, चुस्की, पान, मदिरापान, मद्य, शराब
Potato (*Solanum tuberosum*, a small tuberous crop plant of family Solanaceae), Potatoes (pl.)	आलू (एक भोज्य भूमिगत कन्दरूपी तना)
Pot bellied	तोंदवाला, तुन्दिल
Pot belly	तोंद, तुन्द
Potency	प्रभविष्णुता, सामर्थ्य, प्रजनन-क्षमता, शक्ति
Potent	समर्थ, शक्तिमान, प्रजननक्षम
Potential	विभव, स्थितिज, शक्य, सम्भाव्य
Potential differene	विभवान्तर
Potential energy	स्थितिज ऊर्जा
Potentiality	अन्तःशक्ति, शक्यता, सम्भाव्यता
Potentialization, Potentiation	शक्तिसंवर्धन, पुंसत्ववर्धन
Potentiometer	विभवमापी
Potentiometric	विभवमितीय, विभवमूलक
Potentiometry	विभवमिति
Pother	दमघोट्टू, धूलधक्कड़, घबराहट
Pot herb	शाक, साग
Pot hole	जलजगर्तिका, गड्ढा
Potification	पेयकरण, पानी पीने योग्य बनाना
Potion, Potus	विष घूँट, काढ़ा, क्वाथ, दवा या विष की मात्रा, घूँट
Potometer	उत्स्वेदनमापी

Pot plant, Potted plant	पात्र-पादप, गमले का पौधा
Pot stone	छीया पत्थर
Pottery	मृद्भाण्ड, मृद्भाण्ड-निर्माणी, कुम्हारी, कुम्भकारी
Potting	गमले में पेड़ लगाना, मदिरा पीना
Pot worm, Enchytraeid (small to medium sized unpigmented detritivorous earth worm like microdrile oligochaete annelid of family Enchytraeidea, used in classification and assessment of soil)	गमले (मिट्टी) का कीड़ा, सफ़ेद केंचुआ
Pouch	घानी, थैली, थैलीनुमा अंग
Pouchitis	कोष्ठ प्रदाह, धानीशोथ
Poudrette	विष्ठाचूर्ण, मल का चूरा
Poult	चूज़ा, मुर्गी का बच्चा
Poultice	प्रलेप, उपनाह, गर्म औषधियुक्त पट्टी
Poultry	कुक्कुट (मुर्गा-मुर्गी आदि) पालन
Pound (lb, a unit of weight 1lb=16 ources or 454 gm)	बाड़ा, प्रहार, धमाका, पाउण्ड (ब्रिटिश मुद्रा व भार/दाब की एक इकाई)
Pour, Pouring	उड़ेलना, बहाव, आधारण
Pout, Pouting	बुद्बुदाना, बुद्बुदन
Powder	चूरा, चूर्ण, क्षोद
Powdered	चूर्णित, क्षोदित, चूरा किया हुआ, पाउडर लगा
Powdering	चूर्णन, क्षोदन, चूर्ण बनाना/करना
Powdery	चूर्णमय, चूर्णी, क्षोदरूप, चूरा जैसा
Power (the rate at which work is done or energy is transferred in a unit of time, a mechanical or physical force or strength, it's unit is watt (W)	शक्ति, सामर्थ्य, प्रभाव, घात
Power brake	शक्ति रोक
Power driven	यन्त्रचालित, मोटर चलित
Power house, Power station	विद्युतगृह, बिजलीघर, विद्युतकेन्द्र
Powerloom	यन्त्रकरघा, यन्त्रवेम
Power plant	विद्युत संयन्त्र
Power point	संविद्युत बिन्दु (विद्युत प्रणाली का)
Pox	आतशक रोग, चेचक, मसूरिका
Pox virus	चेचकविषाणु, मसूरिकाविषाणु
Pozzolana (a siliceous and luminous volcanic sand/ash from Pozzuoli city near Rome, Italy, used for slow strong hardening of cement with moisture)	ज्वालामुखी राख
Practicable	व्यवहार्य, व्यावहारिक, प्रायोगिक
Practical	प्रयोगात्मक, प्रायोगिक, व्यावहारिक, कर्माभ्यासमूलक
Practice	आचरण, व्यवहार, अभ्यास, प्राचलन
Practician, Practitioner	व्यवसायी, कर्त्ता, अभ्यासी
Practise	अभ्यास करना, व्यवहार/आचरण करना
Praefloration, Prefloration, Aestivation	पुष्पदल विन्यास
Praefoliation, Prefoliation, Vernation	पर्ण विन्यास, परिस्पर्य
Pragmatic	व्यावहारिक, परिणामवादी, व्यस्त
Pragmatics	संकेत प्रयोगविज्ञान
Prairie	प्रशाद्वल, वृक्षहीन घास का मैदान
Praline	गरी पाक
Prandial	आहारीय, भोजन सम्बन्धी
Pratincole, Grey waders (*Glareola* sp., a small insectivorous ground wading bird of family Glareolidae)	धोबैचा (पक्षी)
Pratinicolous	शाद्वलवासी, घासवासी
Prawn (*Penaeus* sp., and *Palaemon* sp. large decapod swimming shrimps of class Crustacea)	झींगा, प्रचिंगट

Pre-acclimatization पूर्व-पर्यनुकूलन
Pre-adaptation पूर्वानुकूलन
Pre-adolescence प्राक्किशोरावस्था, कैशोर्यपूर्व
Pre-aeration पूर्ववातन
Pre-aestival ग्रीष्मपूर्व, पूर्व-ग्रीष्मकालीन
Pre-anal गुदाग्र, अग्र-गुदीय
Pre-auricular अग्रकर्णीय
Pre-axial पूर्वाक्षीय, अग्राक्षीय
Prebiont, Prebiotic पूर्वजीवजात, पूर्वजैविक, पूर्वजीव समूही
Prebranchial पूर्व-क्लोमी, क्लोमपूर्व
Prebronchial पूर्वश्वसनी
Precancerous पूर्वयमार्बुदीय
Precarious अस्थिर, सन्दिग्ध, संकटकारी, निराधार
Precava, Precaval vein, Anterior vena cava अग्रमहाशिरा, पूर्वमहाशिरा
Precedence, Precession पूर्वगामिता, अग्रगमन
Prechlorination नीरजनपूर्व, क्लोरीनीकरणपूर्व
Prechordal पृष्ठरज्जु-पूर्व
Precinct घेरा, उपक्षेत्र, उपान्त, सीमा
Preciosity अतिसुकुमारता, कृत्रिमता
Precipice खड़ी चट्टान, प्रपात, ख़तरा
Precipitable water वर्षणीय जल
Precipitant, Precipitator अवक्षेपक, निस्सादक, अवक्षेपित्र
Precipitate अवक्षेप, निस्साद, अवक्षिप्त करना, निस्सादित करना
Precipitated अवक्षेपित, अवक्षिप्त, निस्सादित
Precipitation अवक्षेपण, अवपतन, निस्सादन
Precipitating, Precipitous उत्सादी, प्रपाती, प्रवण, अवक्षेपी
Precise परिशुद्ध, यथार्थ, सुस्पष्ट
Precision परिशुद्धता, यथार्थता, सूक्ष्मता
Preclimax पूर्वकाष्ठा
Preclinical प्राक्शयनिक
Preclusion निवारण, प्रतिवारण
Precocious, Precocial कालपूर्व, अकालप्रौढ़, पूर्वपक्व, अकालपक्व
Precociousness, Precociousity, Precocity पूर्वजननता, अकालप्रौढ़ता, पूर्वपक्वता, अकालपक्वता
Precognition पूर्वज्ञान, पूर्वदर्शन
Pre-coital सम्भोगपूर्व
Preconscious पूर्वचेतन, प्राक्चेतन
Precooked पूर्वपक्व, पहले से पका
Precooled पूर्वशीतलित, पूर्वशीतित
Precordium हृदाग्र, पूर्वहृद्
Precoxa पूर्वकक्षांग
Precrural पूर्वजंघीय
Precure पूर्व संसाधन
Precursor पुरोगामी, पूर्वगामी, अग्रगामी, पूर्वक
Precystic प्रकोषी, प्रपुटीय
Predaceous, Predacious, Predatory परभक्षी, हिंस्र, शिकारी, लुटेरा, लुण्ठक
Predation परभक्षण, मृगया जीवन
Predator परभक्षी, मृगयाजीवी
Predecessor पूर्ववर्ती, पूर्वज, पूर्वाधिकारी
Predentary दन्तीयाग्र, पूर्वदन्तीय
Predetermination पूर्व-निश्चयन, पूर्व-निर्धारण
Predial भूमि सम्बन्धी, स्थावर, ग्रामीण
Prediastole पूर्वहृत्स्फार
Prediastolic पूर्वहृत्स्फारी
Predictable पूर्वसूचनीय, पूर्वानुमेय
Prediction प्रागुक्ति, पूर्वानुमान
Predictive प्रागुक्तीय
Predigested पूर्वपाचित
Predigestion पूर्वपाचन
Predisposed पूर्वप्रवृत्त
Predisposing पूर्व प्रवृती, पूर्व प्रेरक, पूर्व प्रवर्तक
Predisposition पूर्ववृत्ति, प्रवृत्ति, प्रवणता
Predominance प्रधानता, प्रमुखता, प्रबलता, प्राबल्य, पूर्वप्रभाविता
Predominant प्रधान, प्रमुख, प्रबल
Predormital प्राक्निद्रीय, पूर्वनिद्रीय
Pre-eclampsia प्राक्गर्भाक्षेप
Pre-eminence श्रेष्ठता, उत्तमता
Pre-eminent श्रेष्ठ, सर्वोत्तम, सर्वप्रधान
Preen चोंच से चिड़ियों का पंख सँवारना व सुधारना
Pre-exposure पूर्व-विगोपन, पूर्व-प्रभावन
Prefabricated पूर्वविरचित, पूर्व विन्यसित
Prefactory प्रारम्भिक
Prefertilization निषेचन पूर्व
Prefiguration पूर्वकल्पन, आदिरूप, प्रतीक
Preformation पूर्वसंरचन, निर्माणपूर्व
Prefrontal अग्रललाट
Preganglionic प्रगण्डपूर्व, गुच्छ-पूर्व
Pregenital जनन-पूर्व
Pregermination पूर्वोद्भेदन, पूर्वांकुरण
Pregnable भेद्य, विजेय
Pregnancy सगर्भता, गर्भ, अर्थपूर्णता,
Pregnant गर्भित, गर्भवती, गर्भिणी, सगर्भ
Prehallux उपांगुष्ठ
Preharvest सस्य-पूर्व

Preheated पूर्वतापित, पूर्व-ऊष्मित
Preheating पूर्वतापन, पूर्व-ऊष्मन
Prehensile परिग्राही, ग्रहणक्षम
Prehepatic पूर्वयकृतीय, याकृत-पूर्व
Prehistoric(al) प्रागैतिहासिक
Prehormone पूर्व-अन्तःस्राव
Prehuman मानवपूर्व
Preignition पूर्वज्वलन
Prelarval पूर्वडिम्भीय
Prelibation पूर्वस्वादन
Preliminary, Prelusive प्रारम्भिक, आरम्भिक, प्राथमिक
Premalignant पूर्वसांघातिक
Premarital, Prenuptial विवाहपूर्व
Premature कालपूर्व, पूर्वप्रौढ़
Prematurity पूर्वपक्वता, पूर्वप्रौढ़ता
Premaxilla अग्रजम्भिका
Premedian मध्यपूर्व
Premedical पूर्वचिकित्सीय, चिकित्सा-पूर्व
Premedication पूर्वोपचार, पूर्वौषधिदान, पूर्वौषधीकरण
Premensual, Premenstrual प्रागर्तव, रजोधर्मपूर्व
Premensual syndrome (PMS-symdromes occur from 2-14 days before onset of menstruation in women) प्रागर्तव संलक्षण
Prementum चिबुकाग्र, प्रचिबुकांग
Premolar अग्रचर्वणक (दन्त)
Premortal, Premortem मृत्युपूर्व
Premunition अग्रप्रतिरक्षा
Prenatal जन्मपूर्व
Prenidatory पूर्व नीड़कारी, पहले घोंसला बनाने वाली
Prenotum पृष्ठकाग्र
Preoperative शल्यपूर्व
Preoral पूर्वमुख, मुखाग्र
Preorbital पूर्वकक्षीय, कूपाग्र
Preparation तैयारी, निर्माण, विरचन
Preparative, Preparatory प्रारम्भिक, उपक्रमात्मक
Prepartum प्रसवपूर्व
Prepatagium पूर्व-चर्मस्तर, पक्षझिल्ली-पूर्व
Prepatency विरचिता
Prepatent विरचित, प्रत्यक्षपूर्व
Prephragma अन्तर्वर्धाग्र
Preplacental पूर्वापरीय, जरायुज-पूर्व
Preplanned पूर्वयोजित
Prepotency, Propotency प्रशक्ति, पूर्वक्षमता
Pre-prandial भोजनपूर्व
Pre-puberty यौवनपूर्व
Prepubis पूर्वजघनास्थि, पुरोनितम्बास्थि
Prepuce शिश्न-मुण्डच्छद, खलड़ी, घूँघट
Preputiotomy शिश्न मुण्डच्छद कर्तन
Pre-rectal पूर्वमलाशयी, मलाशयाग्री
Pre-renal पूर्ववृक्कीय, वृक्काग्री
Prerostral पूर्व-तुण्डीय, पूर्व-चञ्चुकीय
Presacral पूर्वत्रिक, पूर्वत्रिकीय, त्रिकाग्र
Presbyderma जरात्वक्दोष
Presbyopia जरानिकटदृष्टि, दूरदृष्टिदोष, जरानिकटदृष्टिदोष
Prescapular पूर्व-अंसफलकीय
Pre-science पूर्वज्ञान, पूर्वबोध, दूरदर्शिता
Presclerotic पूर्वदृढ़पटली
Prescription निर्धारण, निर्देश, नुस्ख़ा
Prescutum प्राग्वरुथ
Presecretory पूर्वस्रावी
Presentiment पूर्वज्ञान, पूर्वाभास, पूर्वबोध
Preseptal पूर्वपटीय, पट्याग्र, पटाग्र
Preservable परिरक्ष्य, परिरक्षणीय
Preservation परिरक्षण, संरक्षण
Preservative परिरक्षणकारी, परिरक्षक, सरंक्षणशील, संरक्षी
Preserve परिरक्षण करना, सुरक्षित रखना, बचाना
Preserved परिरक्षित, संरक्षित
Prespermatid पूर्वप्रशुक्राणु
Presphenoid जतुकाग्रास्थि, अग्रजतुक
Press दबाना, इस्त्री (कपड़ों की), सम्पीडक, छापाख़ाना
Pressed सम्पीडित, दबा हुआ
Pressoreceptor, Baroreceptor पीडसंवेदांग, दाबग्राहक
Pressoreceptive, Baroreceptive दाबग्राही, पीडग्राही
Pressosensitive, Barosensitive दाबसंवेदी, पीडसंवेदी
Pressure (the amount of force exerted by a gas or liquid an per unit area, it's symbol is pound) दबाव, दाब, निपीड
Pressure cooker दाबहाण्डी, निपीड पाकपात्र
Pressure gradation दाब प्रवणता
Pressurization निपीडन, दाबानुकूलन
Pressurized, दाबानुकूलित, निपीडित,
Presternum अग्र-उरोस्थि, अग्रोरोस्थि

Prestissimo अतिक्षिप्र
Prestressed पूर्व-प्रतिबलित
Presumptive प्रकल्पित, सम्भावित, आनुमानिक
Presymptomatic पूर्वलाक्षणिक
Presynaptic पूर्वसूत्रयुग्मी
Presystole पूर्वप्रकुञ्चन
Presystolic पूर्वप्रकुञ्ची
Pretarsus गुल्फाग्र
Preterhuman अतिमानव
Pre-term अग्रकाल, समयपूर्व
Preternatural अतिप्राकृतिक
Pretonic बलाघातपूर्व
Pretreated पूर्वोपचारित, पूर्वसाधित
Pre-treatment साधन-पूर्व, पूर्वोपचार
Pretrematic पूर्वछिद्र
Pretzel, Brezel (German word) कुरकुरे फन्दारूपी बिस्किट
Prevalence प्रचलन, व्यापकता, प्रचार
Prevalent प्रचलित, व्यापक, चलन सार
Prevenient पूर्ववर्ती
Prevention निरोधन, निवारण
Preventive निरोधात्मक, संरोधी, निवारणशील
Preventive measure निरोधात्मक उपाय
Pre-vertebral अग्रकशेरुकी, अग्रमेरुदण्डीय
Prevesical आशयाग्र
Preview, Prevision अग्रदृश्य, पूर्वदर्शन
Pre-void (status before evacuation and volume in it) रिक्त-पूर्व, शून्यपूर्व त्याग के पहले आयतन तथा स्थिति)
Prevomer पूर्वहलास्थि, पूर्वसीरिक
Prey शिकार, आखेट, अहेर
Prezone, Prozone प्रक्षेत्र
Prezygopophysis अग्रयोजिवर्ध
Prezygotic पूर्वयुग्मनजी
Priapism अविरल पीड़ायुक्त शिश्नोत्थान
Priapulus गदारूपी
Prick छेदना, चुभाना, सूचीवेध
Pricker वेधनी, छेदनी
Pricket शंकु, हिरन
Pricking छेदन, चुभन
Prickle शिताग्र, कण्टक, काँटा, चुभाना
Prickly कँटीला, चुभने वाला
Prickly heat चुभन वाली गर्मी
Prickly pear (*Opuntia* sp., a cactus of sub-family Opuntioideae with thorny edible cladode or platyclade) कँटीली नाशपत्ती (एक नागफनी कुल का पौधा)
Prilling लवन
Prima, Primus परम, प्रथम, प्रमुख, श्रेष्ठ
Primacy परमता, प्रमुखता, श्रेष्ठता
Primaeval, Primeval आद्य, मौलिक, प्रारम्भिक, आदिम
Primal, Primary प्राथमिक, पूर्ववर्ती, प्रारम्भिक, प्रवेशिका
Primary cell प्रारम्भिक कोशिका, आद्यकोशा
Primary current पूर्ववर्ती धारा
Primary particle प्राथमिक कण (अन्तरिक्ष किरणें)
Primary shear आरम्भिक अपरूपण
Primate नरवानर, कपि, प्रधान पादरी
Primates (an order of class Mammalia) नरवानरगण, कपिगण
Primatology नृवानरविज्ञान, कपिविज्ञान नरवानरविज्ञान
Prime प्रधान, प्रथम, अभाज्य, प्रमुख, पूर्णोत्कर्ष, मूल
Prime number अभाज्य संख्या
Primer प्रारम्भक, अस्तर, रञ्जकी
Primigravida प्रथम गर्भिणी
Primiparous, Primipora प्रथम प्रसवा
Primordial, Primitive आद्य, आदिम, आदिकालिक, अपरिष्कृत, मौलिक
Primogenitor आदिपूर्वज, आदि पुरुष
Primogeniture ज्येष्ठता, ज्येष्ठाधिकार, पहलौठापन
Primordium, Primordia (pl.) आद्यांग, आद्यक, आरम्भ
Primospore प्रबीजाणु, आदिबीजाणु
Primrose, Primula (*Primula vulgaris*, a perennial flowering garden plant of family Primulaceae) पीतसेवती (फूल), हल्का पीला रंग
Principal प्रधान, मुख्य, प्रमुख, मूल, प्रधानाचार्य, प्रधानाध्यापक
Principle नियम, सिद्धान्त
Print छाप, चिह्न, मुद्रित करना, छापना
Printing छपाई, मुद्रण
Printer मुद्रक, मुद्रित्र(यन्त्र), छापने वाला

Prion (protein particles of 4-6 nm diameter coded by genome of certain brain cells and act as pathogen)	प्रोसंक्रमाणु, प्रोभुज/ प्रोटीन-संक्रमाणु
Prisere	आदिसंश्रेणी
Prism (a transparent optical object with three rectangular and two triangular plane surfaces)	समपार्श्व, संक्षेत्र, प्रिज्म (प्रकाश किरणों को विक्षेपित कर उसके घटक वर्णी किरणों में विभक्त करता है)
Prismatic	सांक्षेत्रिक, समपार्श्वीय, प्रिज्मीय
Prism glass	संक्षेत्र-काँच
Prismatoid, Prismoid, Prismoidal	समपार्श्ववत्, संक्षेत्राभ, संक्षेत्राभीय
Pristine	पूर्वकालीन, पुरातन, आदिकालीन, मौलिक
Pristine state	आद्यावस्था, मूलस्थिति
Proactivator	प्रचेष्टक, प्रसक्रियक
Proamnion	अग्र-उल्ब
Proatlas	पूर्वशिरोधर
Probability	सम्भाव्यता, प्रायिकता, प्रायिकत्व
Probable	सम्भाव्य, प्रायिक, प्रसम्भाव्य, सम्भावी
Probacteriophage	प्रजीवाणुभक्षी (विषाणु)
Probasidium, Probasidia (pl.)	पूर्वप्रकणीधर
Probe	एषणी, परीक्षण शलाका, जाँच सलाई, अन्वेषणी, परखी
Probing	शलाका परीक्षण
Probiont	प्रजीवजात
Probiotic (live microorganisms good for health), Probiotics (pl.)	प्रजैविक (हितजीवाणु)
Probit analysis	ऋजु विश्लेषण
Probity	ऋजुता, सत्यनिष्ठा
Problem	निर्मेय, समस्या, प्रश्न
Problematic	समस्यात्मक, सन्दिग्ध, जटिल
Proboscis	शुण्ड, शुण्डिका, सूँड़
Procaine, Novocaine (a local anesthetic drug)	सुन्नकर (औषधि)
Procambial	प्रएधीय, वाहिकरीय, वाहिकर-
Procambium	वाहिकर, प्रएधा
Procarcinogen	प्रयमार्बुदजन
Procarp	योनिका
Procaryote, Prokaryote	प्रकेन्द्रकी (अस्पष्ट केन्द्रक वाले एककोशीय जीव)
Procaryotic, Prokaryotic	प्रकेन्द्रकीय
Procedure	क्रियाविधि, कार्यविधि, कार्यप्रणाली
Procercoid (first larval stage of certain cestodes)	प्रपुच्छ डिम्भावस्था, पूर्वकोशित
Procerebrum, Prosencephalon	अग्रमस्तिष्क
Procerous, Procerus muscle	प्रांशुपेशी, भ्रूनमनी पेशी (नाँक व माथा के बीच)
Process, Processus (a Latin word)	प्रक्रम, प्रवर्ध, वर्ध, प्रक्रिया, विधायन
Processed	विधायित, संसाधित
Processing	विधायन, प्रक्रमण, संसाधन
Processor	संसाधित्र, विधायक
Processus vaginalis	अण्डधर प्रवर्ध
Proclination	अग्रप्रवणन
Proclitic	अग्राश्रयी, बलाघात विहीन (शब्द)
Proclivity, Propensity	प्रवृत्ति, प्रवणता, झुकाव
Procoagulant, Procoagulator	प्रस्कन्दक
Procoelous	अग्रगर्ती, अग्रगुहीय, अग्रन्युब्ज (कशेरुका)
Procoracoid	पूर्वांसतुण्ड, पूर्व-उरोंस्या
Procrastination	विलम्बन, स्थगन, दीर्घ सूत्रण
Procrastinator	दीर्घसूत्री, विलम्बी, चिरकारी
Procreant, Procreator, Producer	प्रजनक, जनक, उत्पादक
Procreate, Produce	जन्म देना, उत्पन्न करना
Procreation, Reproduction	प्रजनन, उत्पादन, उत्पत्ति
Procreative, Reproductive	प्रजननकारी, प्रजननशील
Procryptic	प्रगोपक, प्रगोपनीय
Proctalgia	गुदीयशूल, मलाशयी पीड़ा
Proctitis	गुदशोथ, मलाशय प्रदाह
Proctectomy	गुदोच्छेदन, मलाशय निष्कासन
Procto-colectomy	बृहदान्त्र-मलाशय निष्कासन
Proctodaeum, Proctodeum	पश्चान्त्र, गुदपथ, गुदागर्त, भ्रूणगुद, आद्यगुद
Proctology	पश्चान्त्रविज्ञान, पश्चान्त्रिकी, गुदविज्ञान

Procto-sigmoiditis अवग्रहाभ-मलाशय शोथ
Proctoscope गुददर्शी, मलाशयदर्शी
Proctoscopy गुददर्शन, मलाशय वीक्षण
Proctostome मलाशयमुख, गुदछिद्र, गुद
Procumbent श्यान, पट, पड़ा हुआ
Procurable प्राप्य, सूपलब्ध्य, पाने योग्य
Procursive अग्रगामी
Procuticle प्रत्वचा, प्रचर्म
Prod कोंचना, खोदना, खोदनी, प्रेरित करना
Prodigious बृहत्, आश्चर्यजनक, असामान्य
Prodome, Prodomal पूर्वग, रोगपूर्व
Prodrome पूर्वलक्षण, प्रस्तावना, पूर्व-
Produce उत्पन्न करना, उपज, उत्पाद
Producer उत्पादक, निर्माता, सूत्रधार
Producible उत्पाद्य, उत्पादनीय
Product उत्पाद, गुणनफल
Productile वितान्य
Production उत्पादन, उपज, पैदावार
Productive उत्पादी, उत्पादनशील
Productiveness, उत्पादनक्षमता, उत्पादकता,
Productivity उत्पादिता, उत्पादनशीलता
Proembryo प्राक्भ्रूण, पूर्वभ्रूण, भ्रूण-पूर्व,
Proembryonal, Proembryonic पूर्वभ्रौणिक, प्राक्भ्रूणीय
Proencephalic, Proencephalous, Prosencephalic, Prosencephalous दीर्घाग्रशिरस्की, अग्रमस्तिष्कीय
Proenzyme प्रविकर
Proestrus पूर्वमदचक्र
Profanation दूषण, अपावनीकरण, लघूकरण, अपवित्र करना
Proficiency प्रवीणता, निपुणता
Proficient प्रवीण, निपुण
Profile पार्श्विका, पार्श्वदृश्य, रूपरेखा, चरित्रचित्रण
Profluent प्रवाही
Profundal अवप्रकाशी
Profundity, Profoundity गूढ़ता, गाम्भीर्य, गहराई
Profundus, Profound गम्भीर, गूढ़, पारंगत, गहरा
Profusion प्राचुर्य, आधिक्य, उदारता
Progametangium, Progametangia (pl.) प्राक्युग्मकधानी
Progamete प्राक्युग्मक, पूर्वजन्यु
Progamous पूर्वयुग्मी, पूर्वनिषेची
Progenital बहिर्जननांगी
Progenitive, Progenitor प्रजनक, अग्रगामी, पूर्वज
Progenitorial पूर्वजीय
Progeniture प्रजनन
Progeny वंशक्रम, सन्तति, सन्तान, शिष्यगण, परिणाम
Progeotropism, Progeotropy पूर्वभूम्यावर्तन, प्रभूम्यावर्तिता
Progeria (premature aging) कालपूर्वजरा (समय से पहले बुढ़ापा)
Progestrone प्रोजेस्ट्रान (एक स्त्री अन्तः स्राव)
Proglottid देहखण्ड
Proglottis जननखण्ड
Prognathism उद्गतहनुता, अग्रहनुता (ठुड्डी का आगे उठा होना)
Prognathous उद्हन्वी, उद्गतहन्वी
Prognosis, Prognoses (pl.) पूर्वज्ञान, पूर्वानुमान, प्रज्ञा, फलानुमान
Prognostic पूर्वानुमानिक, पूर्वसूचक, पूर्वाभासी
Prognostics (a study of symptoms indicating future course of any disease) पूर्वानुमानिकी
Progoneate अग्रजनिक
Program, Programme कार्यक्रम, क्रमादेश, प्रक्रम
Programmed क्रमादेशित, प्रक्रमित
Programmer क्रमादेशक
Programming क्रमादेशन, प्रक्रमन
Progranulocyte प्राक्कणिकाणु
Progravid प्रनिषिक्त, पूर्वगर्भयुत
Progress, Progression प्रगति, आरोहण, अग्रगमन, श्रेणी, अनुक्रमण
Progressional, Progressive प्रगामी, प्रगतिशील, श्रेणिक, उत्तरोत्तर, क्रमिक
Progressive lense क्रमिक ताल (ऐनक)
Progressive wave प्रगामी तरंग
Prohibit निषेध या वर्जित करना, रोकना
Prohibited प्रतिषिद्ध, निषिद्ध, वर्जित
Prohibition प्रतिषेध, निषेध, मनाही
Prohibitory प्रतिषेधी, निषेधी, निषेधकारी
Project अभिकार्य, परियोजना, प्रक्षेपित करना
Projected प्रक्षिप्त, प्रक्षेपित
Projectile प्रक्षेपणीय, प्रक्षेप्य, प्रक्षेप्यास्त्र
Projecting, Projective प्रक्षेपी, प्रक्षेपणशील, आगे बढ़ने वाला

Projection प्रक्षेपण, प्रक्षेप, बहिर्वेशन, निर्गतांश, बाहर निकला भाग
Projector प्रक्षेपक, प्रक्षेपित्र
Prokaryotic, Procaryotic प्रकेन्द्रकीय, पूर्वकेन्द्रकीय, प्रनाभिकीय
Prolapse भ्रंश, अंगभ्रंश, भ्रंश होना
Prolapsus भ्रंशी, भ्रंशांगी, बाहर निकला हुआ अन्तरांग (गर्भाशय/मलाशय)
Prolarva प्रडिम्भ
Prolate दीर्घाक्ष, विस्तृत, व्यापक, ध्रुवदीर्घ
Proleg पूर्वपाद
Prolepsis पूर्वप्रयोग
Proleptic पूर्वप्रायोगिक
Proleterian, Proleteriat (e) श्रमजीवी, मज़दूर वर्ग, श्रमिक
Proleucocyte प्रश्वेताणु
Prolicidal अपत्यघाती, अपत्यहनक, अपनी सन्तान का हत्यारा
Prolicide अपत्यघात, अपत्यहनन, अपनी सन्तान की हत्या, मानव जाति हत्या
Proliferate प्रचुरता से उत्पन्न होना या उगना
Proliferation प्रचुरोत्पादन, प्रचुरोद्भवन, प्रफलन, प्रगुणन, क्रमप्रसारण
Proliferous प्रचुरोद्भवी, प्रचुरोत्पादी
Prolific बहुप्रसवी, बहुप्रज, बहुसर्जक, बहुप्रजनक, बहुकृतिक
Prolification कक्षकलिकोद्भवन, बहुप्रजनन
Proligerous सन्ततिजनक, वंशवर्धी, अपत्यवान् (पुरुष), अपत्यवती (स्त्री)
Prolongation दीर्घीकरण, प्रवर्धन, प्रवर्ध
Prolonged दीर्घित, दीर्घीकृत, दीर्घकालित
Prolotherapy (a proliferation therapy of connective tissues in joint pain relief and healing by injecting concentrated dextrose solution) प्रचुरोत्पादी चिकित्सा, प्रचुरोदी चिकित्सा
Promegalocyte प्रस्थूलरक्ताणु
Promenade टहलना, चहलकदमी, सैर करना
Prometamorphosis प्रकायान्तरण
Prometaphase प्रमध्यावस्था, भाजन पूर्वावस्था
Prominence, Prominency उदग्रता, उत्सेध, सुप्रकटता, प्रधानता, प्रतुंगता, उत्कर्ष
Prominent प्रमुख, प्रधान, उदग्र
Promiscuity प्रकीर्णता, मिश्रण, भ्रम, स्वच्छन्द सम्भोग
Promiscuous प्रकीर्णित, भ्रमित, मिश्रित, अन्धाधुन्ध, स्वच्छन्द सम्भोगी
Promising आशाजनक, उदीयमान, होनहार
Promology फलविज्ञान
Promonocyte प्रएकलाणु
Promontorium प्राग्र, प्राग्रिका
Promontory अन्तरीप, प्रोतुंग
Promotion उन्नयन, प्रोत्साहन, पदोन्नति
Promotor, Promotive वर्धक, प्रोत्साहक, प्रवर्तक, उन्नायक, वर्धी, प्रवर्ती, प्रोत्साही
Promtitude तत्परता, शीघ्रता
Promulgation प्रवर्तन, प्रचार, प्रख्यापन
Promycelium, Promycelia (pl.), Promycelial hypha प्रकवकतन्तु, पूर्वकवकसूत्र, प्राक्कवकतन्तु, प्रकवकीय सूत्र
Promyelocyte (a large mononuclear myeloid cell in blood with leukemia) प्रमज्जाणु
Pronate अवतान, अधोवर्ती, अधोवर्तित करना
Pronation अवतानन, अधोवर्तन
Pronator अवतानक, अधोवर्तित्र अधस्तलक
Pronator teris वर्तुल अवताननी (पेशी)
Prone अधोमुख, उन्मुख, प्रवण, प्रवृत्त
Pronephron, Protonephron प्रवृक्काणु
Pronephros प्रवृक्क
Prong कण्ट-भुजा, शाखा-काँटा भोंकना
Pronged काँटेदार
Pronucleus पूर्वकेन्द्रक, प्रनाभिक
Pronymph पूर्वशिशुकीट
Pro-ostracum अग्र-कवच
Pro-otic कर्णास्थि
Pro-ovarium पूर्वाण्डाशय
Pro-oxidant अनु-ऑक्सीकर, अनूपचायक
Prop अवलम्ब, टेक, सहारा आश्रय
Propaedeutic प्रारम्भिक, प्रवेशिका
Propaedeutics प्रारम्भिक ज्ञान
Propagate प्रसारित/प्रचारित करना, उपजाना

Propagation	प्रचारण, प्रसार, प्रवर्धन, सञ्चरण
Propagative	प्रचारणशील, सञ्चारी, प्रसारी
Propel, Propulsion	ढकेलना, नोदन करना, प्रणोदित करना, प्रणोदन
Propellant, Propellent, Propeller	नोदक, प्रणोदक, प्रेरक, प्रणोदित्र (यन्त्र)
Propelling	प्रणोदी, प्रणोदकारी
Propensity, Proclivity	प्रवणता, झुकाव, प्रवृत्ति
Propepsin, Pepsinogen	प्रपाचि (एक पाचक रस), पाचिजन
Property	गुण, गुणधर्म, सम्पत्ति
Prophage	प्राग्विभोजी
Prophase	प्रथमभाजन, आद्यावस्था, प्रावस्था
Prophylactic	रोगनिरोधी, रोगनिरोधक
Prophylactic effect	रोगरोधी प्रभाव
Prophylactic treatment	निरोधोपचार, रोग निरोधी चिकित्सा
Prophylaxis	रोगनिरोध, रोगनिरोधन
Prophyll	आद्यपर्ण
Propinquity	सामीप्य, साम्य, प्रत्यासन्नता, सादृश्यता
Propitiable	अनुनेय
Propitious	अनुकूल, हितकर, सहायक
Proplastid	प्रलवक, प्रघटन
Propodium, Propodia (pl.)	प्रपाद
Propolis, Bee glue (prepared with resin, collected by bees from plants)	मौनी गोंद, (मधुमक्खी) छत्ता का गोंद
Proportion	समानुपात, अनुपात, साम्य
Proportional, Proportionate	समानुपातिक, आनुपातिक, अनुपाती, समानुपाती, सन्तुलित
Proportionality	समानुपातिकता, आनुपातिकता
Propriodentium	प्रदन्तोति, स्वाम्यदन्तिका
Proprioreceptor	स्वाम्यज्ञानेन्द्रिय, मध्यज्ञानेन्द्रिय
Proprium	गुणधर्म, अनुगुण
Prop root	स्कम्भ-मूल, अवस्तम्भ-मूल
Propterygium	अग्रपक्षक
Proptosis	उत्सेध, बहिर्क्षेपण
Propulsion	प्रणोदन, नोदन
Propulsive	प्रणोदी, प्रेरक, उत्तेजक
Propylation	प्रमेलन, प्रोपाइलीकरण, प्रोपाइलीभवन
Prorata	यथानुपात
Prorate	अनुपात में बाँटना
Prosaic	नीरस, फीका, शुष्क
Proscription	निषेधन, बाधन, निर्वासन
Proscolex	प्रमूर्धा, पूर्वशीर्ष, अग्रशीर्ष
Prosector	मृतशल्यक, शवविच्छेदक, विच्छेदक
Prosencephalon	अग्रमस्तिष्क
Prosenchyma, Prosoplectenchyma	दीर्घोति, दीर्घोतक, प्राकूतक, पूर्व-ऊतक, पूर्वोतक, पूर्वोति
Prosenchymatous, Prosoplecten-chymatous	दीर्घोतीय, दीर्घोतकीय
Prosocoel	अग्रगुहा
Prosodemic	दीर्घव्यापी, दीर्घजातीय, अग्रजातीय
Prosoma	अग्रकाय
Prosopyle	संगमछिद्र
Prosorus	प्रबीधागुच्छ (प्रबीजाणुधानी गुच्छ)
Prospective	भावी, प्रत्याशित, अग्रोन्मुखी
Prostate	प्रस्थित, पुरःस्थ
Prostatectomy	पुरःस्थ ग्रन्थि विच्छेदन पुरःस्थग्रन्थि निष्कासन
Prostate gland	पुरःस्थ ग्रन्थि, अष्ठिल ग्रन्थि, पौरुष ग्रन्थि
Prostatism	पुरःस्थता, प्रस्थितता
Prostatitis	पुरःस्थ ग्रन्थिशोथ
Prostatolith	पुरःस्थाश्मरी
Prostatomegaly	पुरःस्थवृद्धि, प्रस्थितवृद्धि
Prostaxia	प्रोटीनानुचलन
Prosthesis, Prothesis	कृत्रिमांग, कृत्रिम अंग, अग्रागम, संयोजन, अभावपूर्ति
Prosthetic	संयुक्त, कृत्रिमांगी
Prosthetics (a branch of medical science dealing with artificial limb and appendages)	कृत्रिमांगिकी
Prosthodontia	संयुजदन्तिकी
Prostomium	मुखाग्र
Prostrate, Prostratic	प्रणत, शयान, भूशायी, भूस्तृत, दण्डवत्
Prostration	प्रणिपातन, परिक्लान्ति, श्रान्ति, विषाद, पराभव
Prosy	नीरस, शुष्क
Protan, Protanopia, Protanopsia	आरक्तान्धता, लाल रंग न दिखाई देना

Protandric, Protandrous — प्रपुमांगी, पूर्वपुंपक्वी, पुंपूर्वी
Protandrism, Protandry — पूर्व-पुंपक्वता, पुंपूर्वता
Protaxis — आद्यक्ष
Protean — अतिपरिवर्तनशील, अतिपरिवर्ती
Protectant, Protector — संरक्षक, रक्षक
Protected labour — अतिदीर्घ प्रसव
Protection — रक्षण, सुरक्षा, बचाव
Protecting — संरक्षी, रक्षी
Protective — रक्षात्मक, संरक्षणशील
Protein (a large essential bio-molecule consisted of long chain of amino acids) — प्रोभूजिन, प्रोटीन
Proteinaceous — प्रोभूजिनीय, प्रोटीनयुक्त, प्रोटीनमय
Proteinate, Proteionation — प्रोटीनमय बनाना, प्रोभूजिनन, प्रोटीनीकरण, प्रोटीनीभवन
Proteinogenic, Proteinogenous — प्रोभूजिनोत्पादी, प्रोटीनजनक, प्रोटीनजनित
Proteinosis — प्रोभूजिनता, प्रोटीनमयता
Proteinuria, Proteuria — प्रोभूजिनमेह, प्रोटीनमेह, प्रोटीनमूत्रता
Protem, Protempore — अल्पकालीन, अस्थायी
Protensity — काल विस्तार
Proteoclastic — प्रोटीनविखण्डी
Proteolytic — प्रोभुजलयी, प्रोटीन अपघटनकारी
Proteomics — प्रोभुजिकी, प्रोटीनिकी, प्रोटीनविज्ञान
Proteopectic, Proteopexic — प्रोभुजस्थापी, प्रोटीनस्थापी
Proteopepsis — प्रोभुजपाचन, प्रोटीनपाचन
Proteopexis, Proteopexy — प्रोभुजस्थापन, प्रोटीनस्थापन
Proteose — प्रोभुजधु, प्रोटीन शर्करा
Proteosemia — प्रोभुजधुरक्तता, प्रोटीन शर्करारक्तता
Proteosuria — प्रोभुजधुमेह, प्रोटीनशर्करा मूत्रता
Proteotherapy (treatment of inflammatory diseases by using protein molecules) — प्रोटीन चिकित्सा, प्रोभुजोपचार, प्रोटीनोपचार
Proteroglypha — विषदन्ती सर्प
Proterozoic — प्राजीवी (कल्प)

Proteus (*Proteus* sp., a pathogenic bacterium of family Enterobacteriaceae) — परिवर्तनशील, चञ्चल, अस्थिर, प्रोटिअस (एक जीवाणु प्रजाति)
Prothallial — सूकायकीय
Prothallus — सूकायक
Prothecium, Prothecia (pl.) — आद्यावरण
Prothorax — उरोग्र, अग्रवक्ष, अग्रोरस
Prothrombin — पूर्वघनाग्नि
Protist — प्रजीव, एककोशजीव, आद्यजीव
Protista (a kingdom of eukaryotic uni-cellular organisms) — आद्यजीव जगत
Protistology — एककोशजैविकी
Prot-, Proto- (prefix) — आदि-, पूर्व-, अग्र-, प्राक-
Protobiogenesis, Protobiogeny — आदिजीवजनन
Protobiology (study of organisms like viroids and bac-teriophages smaller than bacteria) — आदिजीव विज्ञान, प्रजैविकी
Protobiont, Protobios — आदिजीवजात
Protobiota — आदिजीव, प्रजीव, आदिजीव समूह, प्रजीवसमूह
Protoblast — आद्यकोरक
Protoblastic — आद्यकोरकी
Protocaryon, Protokaryon — प्राक्केन्द्रक, आद्यनाभिक
Protocell (a self-organized precursor of prokaryotes) — आदिकोशा, आद्यकोशिका
Protocephalic — आद्यशीर्षी, आद्यशिरस्क
Protocerebrum — आद्यमस्तिष्क
Protochlorophyll — प्रपर्णहरिम
Protochord — आद्यमेरुदण्ड, पूर्वपृष्ठमेरु
Protochordata, (a sub-phylum of animals under phylum Chordata) — प्राक्पृष्ठवंशी, आद्यमेरुदण्डी (जन्तु उपसंघ)
Protochordate (animals of sub-phylum Protochordata) — आद्यमेरुदण्डी, प्राक्पृष्ठवंशी (प्राणि)
Protocol — पूर्वलेख, आचार-संहिता, विज्ञप्ति

Protoconch	आद्यशंख
Protocone	आद्यशंकु
Protoconid	आद्यमध्यशंकु, आद्यदन्ताग्र
Protoconule	आद्यशंकुक
Protoconulid	आद्यमध्यशंकुक
Protocorm	आद्यरुण्ड, प्रघनकन्द
Protoderm	आदिस्तर
Protodiastole	प्रहृद्स्फार
Protogen	प्रजीवजन, आद्यजन, आदि जाति
Protogenic, Protogenous	आदिजात, आद्यजनी
Protogonocyte	आद्यजननकोशा
Protogynous	पूर्वस्त्रीपक्वी, पूर्वजायांगपक्वी
Protogyny	पूर्वस्त्रीपक्वता, पूर्वजायांगपक्वता
Protohuman	आद्यमानव, प्रमानव
Protoloph	अग्रकूट
Protomer	आद्यभाज, प्रावयव
Protomerite	पूर्वखण्ड
Protomitosis	आद्यसूत्रभाजन
Proton (a particle in atomic nucleus with positive electric charge)	धनाणु, प्राणु, प्रोटॉन
Protonema	प्रांकुर
Protonephridium, Protonephridia (pl.)	आदिवृक्कक, आद्योत्सर्ग नलिका
Protonephron, Pronephron	प्रवृक्काणु, आद्यवृक्काणु
Protophloem	प्राक्पोषवाह, आद्याधोवाह
Protoplankton	आदिप्लवक
Protoplasm	जीवद्रव्य, प्ररस
Protoplasmic, Protoplasmatic	जीवद्रव्यी, प्ररसीय, प्ररस-
Protoplast	जीवद्रव्यक, प्ररसक, स्रष्टा
Protopod, Protopodite	आद्यपाद, आद्योपांग
Protoscolex	शिरांकुश
Protostele	आद्यरम्भ
Prototaxic	पूर्वविभेदी
Prototroph, Prototrophic	आद्यपोषी, सर्वसंश्लेषी, पूर्वसंश्लेषी
Prototropic	चलानुवर्ती
Prototropism, Prototropy	चलानुवर्तिता, चलानुवर्तन
Prototype	प्रारूप, आदिप्ररूप, आदर्श
Protovertebra, Provertebra, Somite	आद्यकशेरुका, प्रकशेरुका, आद्यखण्ड
Protovirus	आदिविषाणु
Protoxylem	आदिदारु
Protozoa (a phylum of eukaryotic unicellular organisms under kingdom Protista)	आद्यप्राणि, आदिजन्तु, प्रजन्तु
Protozoacide, Protozoicide	आदिप्राणिनाशी, प्रजन्तुघ्न
Protozoiasis, Protozoosis (an infection of any protozoaic pathogen)	प्रजन्तुजसंक्रमण
Protozoal, Protozoan, Protozoic	आदिप्राणीय, प्रजान्तव, आदिप्राणिक, आदिजीवी
Protozomics (genetics of trypanosomatids and other blood parasitic protozoan)	आदिजीवानुवंशिकी
Protozoology	आदिप्राणिविज्ञान, प्रजन्तुशास्त्र
Protozoon (most primitive unicellular eukaryotic microorganisms of phylum Protozoa under kingdom Protista), Protozoa (pl.)	आदिप्राणि, प्रजन्तु
Protozoophage	प्रजन्तुभक्षी, आदिप्राणिभक्षी
Protract	लम्बा खींचना, प्रवर्धित करना
Protraction	दीर्घीकरण, प्रवर्धन, अपाकुञ्चन
Protractor	प्रवर्धक, अपाकुञ्चक, कोणमापी (चाँदा)
Protrude	बाहर निकला रखना
Protrusible	उद्वर्त्य, बहिःसरणीय, बहिःक्षेप्य, बहिःक्षेपणीय
Protrusion	उद्वर्तन, बहिःसरण, प्रलम्बन, बहिःक्षेपण
Protrusive	बहिःक्षेपी, बहिःसारी, नोदक, प्रेरक
Protuberance	गाँठ, उभार, शोथ, सूजन, प्रोद्वर्ध
Protuberant	उभरा हुआ, उदग्र, बहिर्विष्ट
Provable	साध्य, प्रमाण्य
Provenance, Proveniance	उद्गम, उद्गमस्थल
Provender	चारा (चरी), भोजन
Proventriculus	ग्रन्थ्युदर
Provertebra, Somite	प्रकशेरुका, आद्यखण्ड
Provirus	प्रविषाणु

Provitamin	प्राग्जीवति, प्रविटामिन
Prow	गलही, मन्दान, माथा (जहाज़ का अग्रभाग)
Prowler	खोजी, शिकारी (व्यक्ति/जानवर)
Proximal, Proximate	समीपस्थ, सन्निकट, निकटवर्ती
Proximity	सामीप्यता, सन्निकटता, रक्तसम्बन्ध
Prudent	बुद्धिमान, विवेकी, दूरदर्शी
Pruinate, Pruinose	तुषारित, सिक्थीय, मोमी
Prune (a dried plum of *Prunus domestica*, a small tree of family Rosaceae), Plum	नीलरक्तवर्ण, काटछाँट करना, वातामबदर, आलूबुख़ारा, सूखा आलूचा (एक भोज्य फल)
Prunning	छँटाई, काट-छाँट, अधिकर्तन
Prunning scissors	कैंचा
Prurience	कामुकता
Pruriginous	खुजलीकारी, खुजीला
Prurigo, Pruritus, Itching	खुजली, खाज, कण्डू
Prussian blue	गहरा नीला रंग
Prussic acid (hydrogen cyanide, a highly toxic flammable colourless liquid found in certain fruits and nuts)	प्रूसिक अम्ल (एक घातक विषाक्त पदार्थ)
Psammaphilic, Psammaphilous	बालुकारागी, रेतस्नेही
Psammaphyte	बालुकोद्भिद्
Psammatic	बालुकीय, रेतीला, बलुआ
Pseudo- (prefix)	छद्म, कूट, आभासी, मिथ्या
Pseudo-aneurgym	मिथ्यास्फारण
Pseudoanthium (a cluster of single flowers forming a composite flower in plants of family Asteraceae)	कूटपुष्प (जैसे गेंदा आदि के फूल)
Pseudarthrosis, Pseudoarthrosis	कूटसन्धि
Pseudoallele	कूटयुग्मविकल्पी
Pseudoaxis	कूटाक्ष
Pseudobezoar (a compact mass of some intentionally ingested indigestible material in stomach)	आभासी पथरी, कूट गुच्छ
Pseudobranch	कूटक्लोमी (जन्तु)
Pseudocarp, Pseudofruit, False fruit	आभासी फल, कूटफल (सेब, नाशपत्ती आदि)
Pseudocoel	कूटगुहा, आभासी देहगुहा
Pseudocyesis	आभासीगर्भ
Pseudocyst	कूटपुटी, कूटाशय
Pseudodiarrhea	आभासी-अतिसार
Pseudodiastole	कूटहृद्स्फार
Pseudodont	कूटदन्ती
Pseudoedema	कूटशोथ
Pseudoembryonic	कूटभ्रूणीय, आभासी भ्रौणिक
Pseudogamy	कूटयुग्मन
Pseudoganglion	कूटगुच्छिका, कूटप्रगण्ड
Pseudogene	कूटवंशाणु, आभासीजीन
Pseudohallucination	आभासी-विभ्रान्ति-
Pseudohermaphroditism	कूटउभयलिंगता
Pseudohypertrophia	कूटातिपोषण
Pseudoidium, Pseudoidia (pl.)	कूटसूत्रबीज, कूटचिपिटबीजाणु
Pseudolamellibranch	कूटपटलक्लोमी (जन्तु)
Pseudomembrane	कूटकला, आभासी झिल्ली
Pseudomer	कूटभाज, कूटखण्ड
Pseudomeric	कूटभाजिक, कूटखण्डीय
Pseudomerism	कूटभाजिता, कूटखण्डता
Pseudometal	कूटधातु, आभासी धातु
Pseudomorph, Pseudoform	कूटरूप, आभासीरूप, छद्मरूप
Pseudomorphism	कूटरूपता
Pseudo-mucinous	मिथ्या-श्लेष्मी
Pseudomyxoma	कूटश्लेष्मार्बुद
Pseudoparasite	कूटपरजीवी, आभासीपरजीवी
Pseudoparenchyma	कूटजीवोतक, आभासी-मृदोतक
Pseudoplankter, Pseudoplankton (pl.)	कूटप्लवक
Pseudopod, Pseudopodium (temporary protruding locomotory organ of an amoeboid-cell or animal), Pseudopodia (pl.)	कूटपाद (एक आदिजीव अमीबा का चलनांग), पादाभ
Pseudopolyp	कूटपूर्वगंक
Pseudopregnancy	कूटगर्भ, आभासी गर्भ
Pseudoraphe	कूटसेवनी
Pseudosmia	कूटगन्धता
Pseudosmoker	कूटधूमित्र, परोक्षधूम्रपानकर्ता
Pseudospore	कूटबीजाणु

Pseudostem कूटतना, आभासी स्कन्ध
Pseudostipule कूटानुपत्र
Pseudostratified कूटस्तरित
Pseudostriated कूटरेखित
Pseudosystole कूटप्रकुञ्चन
Pseudosystolic कूटप्रकुञ्ची
Pseudotoxin कूटविषि, आभासी आविष
Pseudotrachea कूटश्वासनाल
Pseudovirion, Pseudovirus कूटविषाणु
Psilanthropism मानवमात्रवाद
Psilate मृदु (वनस्पति)
Psilophyte तनूद्भिद्
Psilosis रोयाँ या मांस हटाना
Psittacine शुकवंशी, शुकीय, तोता सम्बन्धी
Psittacosis, Parrot fever शुकार्ति, महाज्वर
Psora, Psoriasis खाज, खुजली, चर्मरोग
Psoralea (*Psoralea corylifolia*, a herb of family Fabaceae, a medicine psoralen is obtained from it's seeds) बकुची, बबची, लताकस्तूरी, कुष्ठनाशिनी
Psoriasiform खाजरूपी
Psyche मन, मानस, चित्त, आत्मा
Psychiatric मनोविकारी, मनोरोगी
Psychiatrics, Psychiatry मनोचिकित्सा विज्ञान, मनोविकारचिकित्सा विज्ञान, मानसिक चिकित्साविज्ञान
Psychiatrist मनोचिकित्सक, मनोरोग विशेषज्ञ
Psychic, Psychical मानसिक, आत्मिक
Psychics मानसिकी, मनोविज्ञान
Psychism आत्मवाद, सर्वात्मवाद
Psychist मनो-अन्वेषक
Psycho, रुग्णमना, मन,
Psycho- (prefix) मनो-, मनः-
Psychoanalysis मनोविश्लेषण
Psychoanalyst मनोविश्लेषक
Psychobiology मनोजीवविज्ञान, मनोजैविकी
Psychochemistry मनोरसायनविज्ञान
Psychodelic (drug) मनोभ्रान्तिक, मनोप्रशान्तिकर, मनोप्रभावी, चेतनाप्रसारी
Psychodiagnosis मनोनिदान
Psychodynamic मनोगतिक
Psychodynamics मनोप्रावैगिकी, मनोगतिकी
Psychogenic, Psychogenous, Psychogenetic मनोजनित, मनोजन्य, मनःजनक
Psychogony मनोविकास, मनःशक्ति-वर्धन
Psychokinesis (ability to move or influence things/ persons by mental effort alone), Telekinesis मनःप्रभाव
Psychological मनोवैज्ञानिक
Psychologist मनोविज्ञानी, मनोविज्ञ
Psychology मनोविज्ञान, मानसिकता
Psychometric मनोमितीय
Psychometry मनोमिति
Psychomimetic मनोनुगामी, मनोनुकरणीय
Psychonomics पारिस्थितिक मनोविज्ञान
Psychopath, मनोरोगी, मनोविकृत
Psychopathic मनोरोगग्रस्त
Psychopathology मनोरोगविज्ञान, मनोवैकृतिकी, मनोव्याधिकी, मनोवैकारिकी
Psychopathy मनोविकार, मनोविकृति, मनोरोग
Psychophysical मनोभौतिक
Psychophysics मनोभौतिकी
Psychophysio-logical मनोकायिक, मनःशरीरक्रियात्मक
Psychophysiology मनोकायिक विज्ञान, मनःशरीर क्रिया विज्ञान
Psychosexual मनोकामुक
Psychosis मनोविकृति, मनःविक्षिप्तता
Psychosomatic मनोकायिक, मनःशारीरिक, मनःदैहिक
Psycho-stimulant मनोद्दीपक
Psychosyndrome मनोसंलक्षण
Psychotherapist मनोचिकित्सक, मनश्चिकित्सक
Psychotherapy मनोचिकित्सा, मनश्चिकित्सा, मनोपचार
Psychotherapeutics मनोचिकित्सा विज्ञान, मनोपचारिकी
Psychotic, Psychotical मनस्तापी, मनोविकारी, मनोरोगी, विक्षिप्त
Psychotropic मनःअनुवर्ती, मनःप्रभावी
Psychro- (Greek word psychros means cold- prefix) शीत-
Psychrophile, Cryophile शीतरागी, शीतस्नेही
Psychrometer आर्द्रोस्वेदनमापी, वायु वाष्पमापी
Psychrophyte (plants, grow and survive at -20°C -10°C temperature) शीतोद्भिद्, शीतरागी पादप

Psychrotolerant, Cold proof	शीतसहिष्णु, शीतसह, शीतरोधी
Ptarmigan (*Lagopus* sp., a medium-sized game bird of grouse family Phasianidae found in arctic and subarctic regions)	तीतर, चकोर
Ptatysma myoides	गलपार्श्वच्छद
Pteridology	पर्णांगविज्ञान, पर्णांगिकी
Pteridophyta (a phylum of vascular spore bearing cryptogams)	पर्णागोद्भिद् (एक पादप संघ)
Pteridophyte (plants of phylum Pteridophyta)	पर्णांगोद्भिद्
Pteridospore	पर्णबीज, पर्णबीजाणु
Ptero- (prefix)	पक्ष-
Pterodactyl	उड्डयी सरीसृप, उड़न साँप, सपक्ष उरग (जीवाश्म)
Pteropleuron	पक्षपार्श्वक
Pteropodium, Pteropodia (pl.)	पक्षपद, पक्षपाद
Pterosphenoid	पक्षजतुक
Pterostomial	मुखपार्श्विक
Pterothorax	संयुक्तवक्ष
Pterygiophore	अरास्थि
Pterygium	पक्षक
Pterygoid	त्र्यंगिका, त्रिवेणी
Pterygoid bone	त्रिवेण्यस्थि, त्र्यंगिकास्थि
Pterygoid muscle	अधरहनुपेशी
Pterylosis	पिच्छन्यास, पत्रन्यास
Pthiriasis, Phthiriasis, Pediculosis	यूकाग्रसन, यूका-उत्पीड़न, जूँ पड़ना
Pthisis	क्षय रोग
Ptilology	पक्षलिविज्ञान
Ptilosis	पक्षलिविन्यास
Ptisan	पथ्यपेय
Ptomaine	सड़े मांस का विष
Ptosis	पलक पक्षाघात, ऊपरी पलक का झुकाव
Ptyalin	लार, लालि
Ptyalinogen	लालिजन, लारजन
Ptyalism	लाराधिक्य, अतिलालिता
Ptychocarpous	पक्षफलीय
Ptyctodont	वलिदन्ती
Ptygmatic	सर्पगतिक, साँप जैसी चाल वाला
Ptyxis	वलना, मोड़

Pub	शराबख़ाना, मदिरालय
Puberulous, Puberulent	रोयेंदार, रोमिल, रोमश अल्परोमिल
Puberty, Pubescence	तरुणता, नवयौवन, यौवनारम्भ
Pubes, Pubic hair	जघन रोम, पेंडू के बाल
Pubescent	तरुण, नवयुवा
Pubic	पुरोनितम्ब, जघन-, श्रोणि-
Pubic girdle	श्रोणि मेखला
Pubic pediculosis	जघन-यूकता, पेंडू के बालों में जूँ पड़ना
Pubic symphysis	जघन सन्धान
Pubis	जघनास्थि, पुरोनितम्ब
Public awareness	जन जागरुकता
Public health	जन स्वास्थ्य
Pubo-rectal	जघन-मलाशयी, श्रोणि-मलाशय-
Pubo-rectalis	जघन-मलाशयी (पेशी)
Pubo-vesicle	वस्ति-मूत्राशयी
Puce	बैंगनी, भूरा
Pucker	सिकुड़न, झुर्री, सिकुड़ना
Puckering	प्रकुञ्चन, सिकुड़ना
Pudding	पकौड़ा, भरुआ गुलमा (एक मिष्टान्न)
Puddle	पंकीकरण, कीचड़, पोखर, जलरोधी, मृत्तिका, गन्दला करना
Puddled steel (a variant of steel produced from cast iron by puddling)	प्रधूत इस्पात
Puddling (a metallurgical process of making bar iron without charcoal)	सण्डोलन, प्रधूनन, पंकधावन
Puddling furnace	पलटनी भट्ठी
Pudendal	गुह्य, गुह्यजननांगीय
Pudendal nerve	उपस्थ तन्त्रिका, गुह्यजननांग-स्नायु
Pudendum, Pudenda (pl.)	बाह्यजननांग, गुह्यजननांग (भग, शिश्न/लिंग), उपस्थ
Pudge, Pudgy	मोटा व नाटा
Puericulture	शिशुपालन, बालसंवर्धन
Puerile	बाल्य, बालेय, बचकाना
Puerility	बाल्यावस्था, बालपन, बचपना, किशोरावस्था
Puerperal	प्रसूति, प्रसूतिक, प्रासविक, अनुसूति, अनुसूतिक
Puerperal fever	प्रसूति ज्वर, अनुसूति ज्वर, प्रासविक ज्वर
Puerperant	अनुसूता, प्रसूता

English	Hindi
Puerperium	अनुसूति, प्रसूति
Puff	फूत्कार, फूँक, फुफकार, उद्धम, फुलाव, उभार, सूजन
Puff adder (*Bitis arietans,* a venomous viper of family Viperidae)	एक अफ्रीकी विषैला साँप
Puff ball	गगन-धूलि, धूम-गोली, फुल्ल कन्दुक
Puffed rice	मुरमुरा, लइय्या, लाई
Puffer fish (a marine or estuarine poisonous fish of family Tetraodontidae with tetrodotoxin), Blow fish, Globe fish	फुल्लमीन (एक विषैली समुद्री मछली)
Puffin (*Fratercula* sp., a pelagic diving sea bird of family Alcidae with black and white plumage and bright coloured beak)	पितरेल (एक समुद्री पक्षी)
Puffing	उद्धूमन, फूत्करण, फूँकना
Puffy	फुल्ल, फूला हुआ, हाँफता हुआ, झोंकेदार
Pug	ईंट बनाने की मिट्टी, गारा, पशु पदचिन्ह खोज, नाटा कुत्ता
Pugging mill	गारा चक्की
Puggy	चिपटा
Pug nose	चिपटी नाक
Puisne	उत्तरवर्ती, अवर
Puke	उल्टी करना, मुँह से झाग छोड़ना, वमनकारी (औषधि)
Puking	उत्फेनन, वमन
Pulchritude	लावण्य, सौन्दर्य
Pule, Puling	पिनपिनाना, पिनपिनहा
Pulicidal, Pulicide	पिंशुमारक, पिंशुमार, पिस्सूनाशी, पिस्सूमार
Pullet	चूज़ा, पठोर
Pulley	चर्खी, गड़ारी, घिर्री, घिर्नी, आकृषि
Pullorum (a fatal bacterial infection of *Salmonella pullorum* among young chicken)	पेंचिश, सफ़ेद दस्त
Pullulate, Pullulation	उगना, उमड़ना, अंकुरित होना, स्फुटन, मुकुलन
Pulmo- (a Latin word for lung - prefix)	फुप्फुस, फेफड़ा
Pulmobranch	फुप्फुसक्लोमी (जन्तु)
Pulmocutaneous	फुप्फुस-त्वचीय
Pulmonary	फुप्फुसीय, फुप्फुस-
Pulmonary alveoli	फुप्फुस वायुकोश
Pulmonary collapse	फुप्फुस निपात
Pulmonate	फुप्फुस श्वासी
Pulmonic	फुप्फुसीय, फुस्फुस रोगी
Pulmonitis, Pneumonitis	फुप्फुस शोथ
Pulmonology	फुप्फुस विज्ञान
Pulp cavity	गोर्द गुहा
Pulp, Pulpa	मज्जा, लुगदी, गूदा, गोर्द, अयस्क-पंक
Pulpaceous	गुदेदार, गोर्दमय, गुदगुदा
Pulpation, Pulpefaction, Pulpification	गोर्दीकरण, लुगदीभवन
Pulpiform	गोर्दरूपी, गूदे जैसा, लुगदीनुमा, मज्जावत्
Pulpify	गूदेदार बनाना, लुगदी बनाना
Pulping	लुगदीकरण, मज्जीयन
Pulpitis	मज्जाशोथ
Pulpous, Pulpy	मज्जीय, लुगदीनुमा, गूदेदार
Pulsate	स्पन्दित होना, धड़कना
Pulsatile, Pulsating, Pulsative, Pulsatory	स्पन्दी, स्पन्दमान, स्पन्दनशील, स्पन्दकारी
Pulsation	स्पन्दन, धड़कन
Pulsator	स्पन्दक, स्पन्दित्र (यन्त्र)
Pulse, Pulsus	दाल, स्पन्द, नाड़ी
Pulse rate	नाड़ी गति, स्पन्दन दर
Pulse velocity test	स्पन्दन वेग परीक्षण
Pulsimeter	नाड़ीमापी, स्पन्दनमापी
Pulsion	नोदन
Pulsus paradoxus	विरोधाभासी नाड़ी
Pultaceous	गुदगुदा
Pulverisable	पेषणीय, चूर्ण्य, पीसने लायक
Pulverisation, Pulverization	संक्षोदन, पेषण, चूर्णन, पिसाई
Pulverise, Pulverize	पीसना, चूर-चूर करना, सम्पेषित करना
Pulverised, Pulverized	कणित, चूर्णित, पिसी हुई, प्रकीर्णित
Pulverulent	चूर्णिल, भुरभुरा, बुकनीदार, चूरेदार, धूलिमय
Pulverulentus	सुचूर्णित, धूलित, क्षुण्ण

Pulvil सुगन्धित बुकनी/चूरा, छिड़कना
Pulvillus उपबहिर्का
Pulvilus पादतल्प
Pulvinate गद्दीदार, उभरा हुआ, तल्पयुक्त
Pulvinus, Cushion गद्दी, तल्प, उपधान
Pulvis, Powder चूर्ण, चूरा, क्षोद
Puma (*Puma/ Felis concolor*, a wild carnivorous mammal of cat family Felidae), Cougar, Catamount प्यूमा (एक दक्षिण अमेरिकी तेंदुआ), पहाड़ी तेंदुआ
Pumicate झाँवा पत्थर से रगड़कर चिकनाना
Pumice (stone) झाँवा, झामक, कुरुन पत्थर
Pumilus वामन, क्षुद्र
Pump उदञ्च, भरना (द्रव/वात)
Pumping उदञ्चन, पम्प करना, उलचना
Pumpkin (*Cucurbita pepo*, an annual vegetable climber herb of family Cucurbitaceae) कद्दू, काशीफल (एक शाकीय पौधा/भोज्य फल)
Punch पञ्चित्र, छिद्रित्र, छिद्रक, मुक्का मारना, छेदना
Punched छिद्रित
Puncheon थून, टेक
Punching छिद्रण
Punching machine छिद्रिण यन्त्र, छिद्रण यन्त्र
Puncta, Punctae (pl.) बिन्दु, दाग़, छोटा धब्बा
Punctate, Punctatus चित्तीदार, बिन्दुकित, बिन्दीदार
Punctum, Dot बिन्दु, चिह्न
Puncture वेधन, चुभाना, छिद्र, छेद
Pungency तीक्ष्णता, तीखापन
Pungent तीक्ष्ण, तीखा, तिक्त
Punk भुकड़ी, सड़ी लकड़ी, रद्दी, निकम्मा
Punner भेड़ा, दुरमुट, थापी
Punnet डलिया, टोकरी
Puny अल्पविकसित, दुर्बल, अदना
Pup, Puppy पिल्ला, कुत्ते का बच्चा,
Pupa (a stage in life cycle of holometabolic insects), Pupae (pl.) कोष, प्यूपा (कीड़े के कायान्तरण की प्रौढ़ पूर्व तीसरी अवस्था)
Pupal कोषीय
Puparium, Puparia (pl.) कोष कवच
Pupate, Pupation कोषित होना, कोषितावस्था, कोषीभवन
Pupil तारा/पुतली (नेत्र में), शिष्य
Pupillary नेत्र तारा-
Purblind अन्धवत्, चुँधा, मन्दबुद्धि
Pure विशुद्ध, शुद्ध, अमिश्रित, ख़ालिस, निरा
Pure bred विशुद्ध प्रजनित
Pure breed विशुद्ध प्रजाति, खरी नस्ल
Puree सब्ज़ी का गाढ़ा शोरबा, शोरबा बनाना
Purgation, Purging विरेचन, शुद्धीकरण, जुलाब
Purgative, Purgatory विरेची, शोधक, परिष्करणशील, स्तारक
Purge दोषमुक्त/शुद्ध करना, पेट साफ़ करना, जुलाब देना
Purging रेचन, स्तरण, परिष्करण
Purification शोधन, शुद्धीकरण, पावन
Purificative, Purificatory परिशोधकारी, परिशोधी
Purificator मार्जनिका, परिशोधक
Purified, Purificatus शोधित, पवित्र
Purifier शोधक, पावक, शोधित्र (उपकरण)
Puriform पूयरूपी, पूतिरूप, पीबवत्
Purify शोधन करना, शुद्ध करना
Puriginous खाजकारी, खजुलीकारक
Purity शुद्धता, विशुद्धता, निर्मलता
Purl सोने (चाँदी) का तार, कलकल ध्वनि, बुनाई का उल्टा फन्दा
Purlicue हाथ में तर्जनी व अंगुठे के मध्य आधार भाग
Purlieus सीमान्त, सीमा, बाह्याञ्चल
Purple (colour) बैंगनी, जामुनी, नीललोहित
Purplish आनीलारुण, जामुनी (रंग), जाम्बु, बैंगनी
Purpura नीलारुण (रंग), रक्तपित्त (चर्म रोग), रक्तचित्ती
Purpuraceous, Purpurate नीलरक्तिम, बैंगनी रंग का, नीलोहीय
Purpureous नील-लोहित
Purpurigenous, Purpuriparous, Puriferous नीलोहजनी
Purr घुरघुराना, घुरघुराहट
Purse थैली, बटुआ, स्यून

English	Hindi
Purslane (*Portulaca oleracea*, a flowering medicinal annual succulent herb of family Portulacaceae), Pursley	कुल्फा (एक भोज्य शाक व गमले का फूलदार पौधा), लोनिया
Pursy	स्थूलकाय, हाँफने वाला
Purulence, Purulency	सपूयता, पूतिता, पीबमयता, सपीबता
Purulent	सपूय, पूयमय, पीपदार, पूयिक, पीबयुक्त
Pus (a yellowish exudate with dead leucocytes, formed due to infection of bacteria or amoebae)	पीप, मवाद, पूय, पीब
Pus formation	पूतिजनन, पूयोत्पत्ति, मवाद बनना
Pustulant	पूयिकाकर, फुंसीकर
Pustular, Pustulate, Pustulatus, Pustulose	फुंसीदार, स्फोटपूर्ण
Pustulate, Pustulation	फुंसी बनना, पूयिकोद्भवन
Pustule	पूयस्फोटिका, फुंसी, पिड़की, स्फोट, पिटिका
Puss, Pussy	ख़रगोश, खरहा, बिल्ली
Pustuliform	पूयिकाकार, पिड़कीरूपी, फुंसी जैसा
Putamen	गुठली/अष्ठि (फल की), कवच
Putative	अनुमानित, ख्यात
Putrefacient, Putrescent	सड़नकारी, सड़नशील, सड़ियल
Putrefaction, Putrescence	पूतीभवन, पूयन, सड़न
Putrefactive	पूतिकारी, पूयनशील, सड़ने/सड़ाने वाला
Putrefy	सड़ना, पूयित होना
Putrefying,	पूयकारी, पूतिमान,
Putrid	पूतिगन्धित, सड़ा हुआ
Putridity	पूति, सड़ाँध, सड़न, पूयता
Putriscibility	पूयनीयता, पूत्यता, सड़नक्षमता
Putriscible	पूयनीय, पूत्य, सड़ने योग्य
Puttee, Putty (any soft paste to fill a space on wall)	पुट्टी लेप, पुटीन
Pyaemia, Pyemia	पूयरक्तता, रक्तपूयता
Pyarthrosis, Pyoarthrosis	पूयसन्धि
Pycnidium, Pycnidia (pl.)	पलिघा
Pycnandra (*Pycnandra acuminata,* a rain forest shrub of family Sapotaceae, adapted to nickel rich ultra mafic soil and hyperaccumulator of trace metals, endemic to New Coledonia, France)	पिक्नैन्ड्रा
Pycnocline	घनत्वप्रवण
Pycnodysotosis (a form of dwarfism accompanied with fragile bone and bad teeth)	वामन-अस्थि कुविकसन, सघन-अस्थिकुविकसन
Pycnometer, Pyknometer	प्रघनतामापी, घनत्वमापी
Pycnosis, Pyknosis	संघनन, प्रघनन, प्रघनता
Pycnospore	पलिघबीजाणु
Pyelitis	वृक्क निवापशोथ
Pyelography	वृक्क-श्रोण्यालेखन
Pyelo-lymphatic	वृक्क-श्रोणि लसीकीय
Pyelo-nephritis	श्रोणि वृक्कशोथ
Pyeloplasty	वृक्क-श्रोणि-सन्धान
Pyelopathy	वृक्क-निवाप विकृति
Pyelo-venous	वृक्क-श्रोणि शिरीय
Pygal	कटीय, नितम्बीय, कटि-
Pygal plate	कटि पट्ट
Pygidium, Pygidia (pl.)	अवसानक
Pygmoid stage	वामनावस्था
Pygmy	वामन, बौना, नाटा, ठिगना
Pygmy marmoset (a smallest primate with about 100 gm body weight)	बौना नखरकपि, नन्हा बन्दर
Pygo- (prefix)	गुद-
Pygochord	गुदकूट
Pygopodium, Pygopodia (pl.)	पुच्छपाद
Pygostyl	गुदहलास्थि
Pylephlebitis	निर्वाहिकाशिरा-स्कन्दता
Pylocyte	निर्गमाणु
Pyloric	निजठरीय, जठरनिर्गमी
Pylorus	निजठर, जठरनिर्गम
Pyocele (pus collection around testicles)	पूयवृषण

Pyoderma	त्वग्पूयता, चर्मपूतिता
Pyogenic, Pyogenous, Pyopoietic	पूयजनक, पूयोत्पादी, पूतिजनी, मवाद बनाने वाला
Pyoid	पीबवत्, पूयाभ, मवाद जैसा
Pyomyositis (a bacterial infection of skeletal muscles with pus tilled abscess)	पूयपेशीशोथ
Pyonephrosis	पूय वृक्कता
Pyopneumothorax (a lung infection with accumulation of gas and pus in pleural cavity)	पूयवातिल वक्ष
Pyorrhoea, Pyorrhea	दन्तपूयस्राव, दन्ताज, शीताद
Pyosalpinx	अण्डनालपूय
Pyosis, Pyogenesis,	पूयता, पूतिजनन
Pyogeny	पूयोत्पत्ति
Pyostatic	पूयरोधी, पूतिस्थापी
Pyothorax	पूयवक्षता
Pyouria, Pyuria	पूतिमेह, पूयमूत्रता, पीबयुक्त पेशाब होना
Pyramid (a geometrical / architectural solid or base with three or more triangular plane sides, meet at apex), Pyramis	सूचीस्तम्भ, स्तूप
Pyramidal	सूचीस्तम्भीय, स्तूपीय
Pyranometer, Pyrheliometer	सौर विकिरणमापी
Pyre (a Greek-word for fire)	चिता, आग, अग्नि
Pyrene (a protein body in chloroplast of algae and horn worts, involved in carbon fixation with formation and storage of starch)	गुठली, सेब आदि के बीज
Pyrenoid	प्रोभुजक
Pyrenosome	अष्ठिकाय
Pyrethroid	कीट-पुष्पाभ, कीट-क्षोदाभ
Pyrethrum (*Chrysanthemum* sp., perennial flowering plants of daisy family Asteraceae)	अकरकरा, (सूखे फूल कीटनाशक के रूप में प्रयुक्त होते है)
Pyretic, Pyrexial, Febrific	ज्वरकारी, ज्वरोत्पादक, ज्वरीय
Pyrex glass (a brand name for strong fire resistant glass)	अग्निराज-काँच, उत्तापसह-काँच, अग्निसह-काँच
Pyrexia, Pyrexy, Fever	ज्वर, बुख़ार
Pyriform	नाखरूप, पुण्डरीकाकार, नाशपत्तीरूपी
Pyrite, Fool's gold (a pale brass coloured iron ore as iron sulfide-FeS_2)	माक्षिक (एक लौह अयस्क)
Pyritic	माक्षिकीय
Pyritization	माक्षिकायन
Pyro- (prefix)	उत्ताप-, ताप-, अग्नि-
Pyro-chemical	उत्ताप-रासायनिक, ताप-रसायन
Pyroclastic	ज्वलखण्डश्मि, अग्निदलिक
Pyro cumulo nimbus cloud (a towering vertical cloud above heat source)	आग्नेय कपासी बादल, विस्फोटी कपासी मेघ, आतिशी तुफ़ानी बादल
Pyro cumulus cloud, Flammagenitus cloud	आग्नेयमेघ, आतिशी बादल
Pyrocystis (*Pyrocystis* sp., a bioluminescent epipelagic marine dinoflagellate algae of family Pyrocystaceae glows with bright blue colour in dark)	नाखपुटी
Pyro-electricity	उत्तापविद्युत, तप्तविद्युत, स्फुटतापविद्युत
Pyrogen (a fever inducing substance)	उत्तापजन, ज्वरजन, ज्वरोत्पादक, ज्वरकारी
Pyrogenesis, Pyrogeny	उत्तापजनन, ज्वरोत्पादन
Pyrogenic, Pyrogenous, Pyrogenetic, Pyropoietic	ज्वरजनी, ज्वरोत्पादक, उत्तापजनित, अग्निजनक
Pyrolysis (a thermochemical decomposition of organic materials at high temperature without oxygen or halogen)	उत्ताप-अपघटन, ताप-अपघटन, उत्तापक्षरण, ज्वरशमन

Pyromania अग्निदहनोन्माद, आग लगाने की सनक (एक मनोरोग)
Pyromaniac अग्निदहनोन्मादी
Pyrometer उत्तापमापी, अग्निमापी
Pyrometric अग्निमितीय, उत्तापमापिक
Pyrometry अग्निमिति, उत्तापमापन
Pyronomics, Pyrology उत्तापिकी, उत्तापविज्ञान
Pyrophobia अग्निभीति, आग से भय
Phrophobe, Pyrophobic आग्निभीरु
Pyrophoric, Pyrophorous स्वतःज्वलनशील
Pyrosis हृद्दाह
Pyrotechnic, Pyrotechnical, Pyrotechnics, Pyrotechny आतिशबाज़ी, अग्निक्रीड़ा
Pyrotechnician आतिशबाज़
Pyrotic उत्तापी, जलाने वाली (औषधि)
Python (*Python* sp., a non-venomous sluggish carnivorous large reptile of snake family Pythonidae) अजगर (एक मोटा बड़ा सुस्त साँप)
Pyuria पूयमेह, पूति मूत्रता
Pyxidium (a dehiscent capsular fruit with cap to release seeds), Pyxidia (pl.) समुद्गा, शीर्षस्फोटी (एक फल प्रकार)
Pyxis पेटिका, नौदिक्सूचक

Q

Quack किंवैद्य, कठबैद, नीमहकीम
Quackery कठबैदकी, नीमहकीमी
Quad चतुष्क, चतुःशाल, प्रांगण
Quadatric वर्ग, घात, द्विसमलम्बाक्ष, द्विघातीय
Quadra चौकोर ढाँचा, वर्ग
Quadrable वर्ग्य, क्षेत्रकलनीय
Quadraennial, Quadrennial चतुर्वार्षिक
Quadragenarian चालीस वर्षीय (व्यक्ति)
Quadrangle चतुष्कोण
Quadrant वृत्तपाद (परिधि चतुर्थांश), नक्षत्रकोणमापी
Quadrantal वृत्तपादीय, तुरीय
Quadrat वर्गजालिका, चतुष्कोणक
Quadrate हनुसन्धिका, चतुष्कोण, द्विघात
Quadratic चतुष्कोणीय, द्विघाती वर्ग-
Quadrature वर्गाकारिता, क्षेत्रकलन, पादस्थिति
Quadri- (prefix) चतुः-, चतुष्-, चतुर-
Quadric द्विघात, द्विघाती
Quadricapsular चतुःसम्पुटी
Quadriceps चतुःशिरस्क (पेशी)
Quadriciliate चतुष्पक्ष्मी (जीवसमूह)
Quadriciliated चतुष्पक्ष्माभित
Quadricovalent चतुःसहसंयोजी
Quadricuspid चतुष्यग्री, चतुष्कूट
Quadrifarious चतुष्पंक्तिक
Quadriflagellate चतुष्कशाभी (जीवसमूह)
Quadriflorus, Quadriflorous चतुष्पुष्पी
Quadrifoliate चतुष्पर्णी, चतुष्पत्री
Quadrifurcate चतुःशाखित
Quadrilateral चतुर्भुज
Quadrillion, Billiard (1×10^{15}) एक पद्म (दस करोड़ करोड़), बिलियर्ड (एक अन्तःकक्षीय खेल)
Quadrinucleate चतुष्केन्द्रकी
Quadripartite चतुष्पक्षीय
Quadripedal, Quadruped चतुष्पदी, चतुष्पादीय, चौपाया
Quadripennate चतुष्पिच्छकी
Quadriphyllous चतुष्पर्णी
Quadriplegia चतुषांगघात
Quadripolar चतुर्ध्रुवीय
Quadritubercular चतुष्गुलकीय, चतुष्कूट
Quadrivalence चतुःसंयोजकता
Quadrivalent चतुःसंयोजक, चतुःसंयुज, चतुःसंयोजी, चतुर्युक्त
Quadroon वर्णसंकर, दोग़ला
Quadruple चतुर्गुणा, चौगुना, चौहरा
Quadruplet चार का समूह, चतुष्क, चौकड़ी
Quadruplicate चतुर्थक, चार प्रतियाँ
Quaere अन्वेषण करना, पता लगाना
Quaff लम्बा घूँट, पी डालना, ढकोसना
Quag, Quagmire दलदल, कच्छ
Quail (a small short tailed wild or game bird of order Galliformes) बटेर, घाघस बटेर (एक मुर्ग़वंशी पक्षी), डर से काँपना, दबकना, घबराना
Quaint अनोखा, अनूठा, निराला
Quake काँपना, हिलना, कम्प, सिहरना

Quaker कम्पक, कँपाने वाला
Quaking कम्पन, कम्पी, कम्पनकारी
Quaky कम्पनशील
Qualitative गुणात्मक, गुणबोधी
Quality गुण, गुणता, गुणवत्ता, श्रेणी
Quality assurance श्रेणी-आश्वासन, गुण-निश्चयन
Quality check श्रेणी परीक्षण, गुण-जाँच
Quality control श्रेणी-नियन्त्रण, गुणवत्ता-नियन्त्रण
Qualm शंका, वमन, मिचली, मतली
Qualmish वमनेच्छु, आशंकित
Quant नाव चलाने का लग्गा/लग्गी
Quantic समघाती
Quantification, Quantitation प्रमाणीकरण, प्रमात्रीकरण, मात्रा निर्धारण
Quantified प्रमात्रीकृत, प्रमाणीकृत
Quantisation राशिकरण
Quantify, Quantitate मात्रा निश्चित करना
Quantitative मात्रिक, मात्रात्मक, परिमाणबोधी
Quantitative analysis मात्रात्मक विश्लेषण
Quantity मात्रा, परिमाण, राशि
Quantivalence संयोजकता
Quantofix स्थिरराशि, मात्रास्थ
Quantosome राशिपिण्ड
Quantum, Quanta (pl.) प्रमात्रा, क्रियता, परिमाण, मात्रा, ऊर्जाणु
Quantum number क्रियता संख्या, प्रमात्रा संख्या
Quantum theory क्रियतावाद, प्रमात्रा-सिद्धान्त
Quarantine संगरोध, संगरोधन, निरोधा
Quaret, Quaternion, Quartette चतुष्क, चौका, चार का समूह, चौकड़ी
Quark (an elementary particle and fundamental constituent of matter) क्वार्क (एक प्रारम्भिक कण)
Quarrier खनक, खनिक, खान श्रमिक, खदान मज़दूर
Quarry खुली खान, खदान, शिकार
Quarrying आखनन, उत्खनन
Quart (¼th Gallan = 1.14 Litre) क्वार्ट (द्रव के आयतन/धारिता की एक इकाई)
Quartan चतुर्थक, चौथिया
Quartan fever चौथिया बुख़ार
Quarter चतुर्थांश, चौथाई, आवास, क्वार्टर (द्रव की एक माप)
Quarter bale पादग्रन्थि, पाँवगाँठ
Quartered चतुर्धाकृत, चतुर्धाविहित
Quarter-ill गठिया-गोली
Quarterly त्रैमासिक
Quartern चतुर्थांश
Quarternary चतुर्थ, चतुष्क
Quartet चतुष्क, चतुष्टय
Quartic चतुर्घाती
Quartile चतुर्थक
Quartz (a crystalline mineral silicon stone/gem) बिल्लौर, स्फटिक, काचमणि
Quartziferous स्फटिकमय
Quasar सुदूर अन्तरिक्ष में प्रकाश तरंगों का स्रोत
Quasi- (prefix) अर्ध-, अंश-, कल्प, प्राय, आभासी
Quasi-endemic अंश-स्थानिक
Quasifluid अर्धतरल
Quasimetallic अर्धधात्विक, अंशधात्वीय
Quasinorm मानक कल्प (गणित में)
Quasiparasite अंश (आंशिक) परजीवी
Quasity सगुण मात्रा
Quaternary चतुष्क, चतुर्थ, चौथा, चतुर्थ महाकल्पी
Quaternary system चतुर्थ महाकल्पी शैल समूह चतुर्घातक पद्धति
Quaternate चतुर्भागी
Quaternion चतुर्विधता, चतुष्क, चतुर्व्यूह
Quaternity चौका, चतुष्क, चतुर्व्यूह
Quaternization, Quaternarization चतुर्थांशन, चतुष्कन, चतुष्करण
Quatrefoil चौपतिया, चतुष्पत्री
Quaver, Quiver काँपना, आवाज कँपाना
Quavery कम्पायमान
Queasy कुपचरोगी, वमनेच्छुक, दुष्पोषणीय, तुनुकमिज़ाज, सुकुमार
Queen bee (egg laying honey bee) रानी मक्षिका, रानी मक्खी
Quench, Quenching शमन करना, बुझाना, दमन, निर्वापण
Quencher शामक
Quenelle कोफ़्ता (एक व्यञ्जन)
Quercifolius वज्जुपर्णी, आक जैसी पत्ती वाला
Quern हाथ की चक्की, जाँता
Quetzal (a coloured omnivorous large bird of family Trogonidae) क्वेटजल (एक उष्ण कटिबन्धीय अमेरिकी हरे और लाल पंखों वाला पक्षी)

Quickened त्वरित
Quickening स्पन्दन, गर्भ-स्पन्दन
Quicking पारदक्षेपण
Quick lime अनबुझा चूना, बिनबुझा चूना, कली चूना
Quick sand कछारी बालू, बालू-पंक, बालू-कच्छ
Quick silver, Mercury पारा, पारद
Quid फंकी, सुर्ती (तम्बाकू), चबाना
Quiescence निश्चलता, शान्ति, सुप्तता
Quiescent निष्क्रिय, शान्त, निश्चल, सुप्त
Quill पंख, पंखपिच्छ, साही का काँटा, शूल
Quilt रजाई, दुलाई, गद्दा
Quilted, Quilty गद्देदार
Quinary पञ्चभागी, पञ्चक
Quinate पञ्चपर्णी
Quince (*Cydonia oblonga,* a small deciduous tree of family Rosaceae with pome type pear like medicinal edible fruit) शीफल, वीही
Quincunial पञ्चमी
Quincunux पञ्चक, पञ्चवटी, पञ्चकोण
Quindecagon पञ्चदश भुज
Quingular, Quinquangular पञ्चकोण, पञ्चकोणीय
Quinine (a medicine for malaria obtainted from Cinchona tree bark) विज्वरी, कुनैन
Quinoa (*Chenopodium quinoa,* a flowering crop herb of family Amaranthaceae with gluten-free protein rich edible seeds) जई (एक खाद्यान्न)
Quinone (benzoketone $C_6H_4O_2$, a crystalline aromatic chemical used as nerve relaxant and in making dyes) क्विनोन
Quinonoid क्विनोनाभ, क्विनोनवत्
Quinquannulate पञ्चवलयी
Quinquefarious पञ्चपंक्तिक
Quinquefolius पञ्च पर्णी
Quinquepartite पञ्चपक्षीय
Quinquevalent, Pentavalent पञ्चसंयोजक
Quinsy, Tonsil infection कण्ठमाला, कण्ठप्रदाह, गलशोथ, गलांकुरसंक्रमण
Quintal (= 100 Kilogram) कुन्तल, कुन्टल
Quintan चतुर्थांश, चौथिया
Quintessence, Extract सारतत्व, सर्वोत्कृष्टता, सबसे महत्वपूर्ण लक्षण
Quintet पञ्चक, पञ्जा
Quintile, Quintuplicate पञ्चमक, पाँच प्रतियाँ
Quintic (of the fifth degree/order) पञ्चघाती, पञ्चक्रमिक
Quintuple पञ्चगुण, पँचगुना
Quintuplet पञ्चक
Quire दस्ता (24 समान आकार के काग़ज़ के पन्नों का समूह)
Quirt चाबुक, कोड़ा
Quiver कमान, स्पन्दन, तरकश
Quivering कम्पमान
Quoin कोनिया (मकान का बाहरी कोना)
Quoit चकती
Quokka (*Setonix brachyurus,* a cat-sized wild marsupial mammal of family Macro-podidae, native to western Australia) कोक्का
Quoll, Dasyure (*Dasyurus* sp., a wild cat-sized nocturnal spotted carnivorous marsupial mammal of family Dasyuridae, native to Australia, New Guinea and Tasmania) क्वोल
Quota अभ्यंश, नियतांश, नियत मात्रा, अंशभाग
Quotation mark उद्धरण चिन्ह
Quotidian दैनिक
Quotient लब्धि, प्राप्तांक, भागफल
Quotiety श्रेणी संख्या

R

Rabbet खाँचा, चूल
Rabbit (*Oryctolagus* sp., a medium sized eutherian mammal of family Leporidae), Bunny शशक, ख़रगोश (एक शाकाहारी पालतू ⁄जंगली लम्बे कान का फुर्तीला जन्तु)
Rabicide, Rabicidal अलर्कनाशी, अलर्कघ्नी
Rabid, Rabiate (rabies affected) प्रचण्ड, सालर्क
Rabies (an acute viral infection through bite of canine mammals with morbid hydrophobia) अलर्क रोग, जलांतक
Rabies virus (*Lyssa virus,* a helical/coiled straight rod shaped, enveloped, neuro-trophic single stranded RNA virus of family Rhabdoviridae) अलर्क विषाणु
Rabiform अलर्करूपी, अलर्कसम
Race जाति, प्रजाति, दौड़
Raceme (an indeterminate unbranched type of inflorescence) असीमाक्ष, एकवर्ध्यक्ष, पुष्पगुच्छ
Racemic गुच्छिक
Racemization गुच्छिकायन, गुच्छिकन
Racemose असीमाक्षी, एकवर्ध्यक्षीय
Racemous गुच्छिल
Rachial (spinal) मेरुदण्ड, रीढ़, कण्टक
Rachialgia (spinal pain) कण्टकशूल, रीढ़ का दर्द
Rachicentesis कटिवेध, कटिवेधन
Rachilla शूकिकाक्ष
Rachiopathy मेरुदण्ड⁄रीढ़ विकार, कण्टक रोग
Rachis मेरुदण्ड, पिच्छाक्ष, प्राक्ष
Rachitic सूखारोगी, बालवक्र
Rachitics सूखा (रोग), अस्थिक्षय, सुखण्डी
Rachitis अदृढ़सन्धि, शिथिलसन्धि, मेरुशोथ
Racial प्रजाति, प्रजातीय, जातिक
Rack दन्तुर दण्ड, खुली अलमारी, प्रचयनी, निलय, यन्त्रणा देना
Rack and pinion दन्तुर दण्ड-चक्र
Racking pain यन्त्रणाकारी पीड़ा
Racking wheel दाँतेदार पहिया
Raccoon (*Procyon lotor*, a medium sized mammal of family Procyonidae) भल्लूक (एक अमेरिकी जंगली रात्रिचर सर्वाहारी भूरा भालू), वाह
Racy सजीव, विशिष्ट, तीक्ष्ण
Raddle, Reddle, Ruddle लाल मिट्टी, गेरु
Radectomy दन्तमूलोच्छेदन
Radiability विकिरणीयता
Radiable विकिरणीय
Radial (one of the two bones of fore arm) अरीय, त्रिज्य, त्रिज्यीय, त्रैज्य, बहिः प्रकोष्ठिक, अरास्थि, अन्वरत्नि
Radial artery अन्वरत्नि धमनी
Radiale, Radialia (pl.) अरास्थि, अन्वरत्निका, अरीय पट्ट-
Radian त्रिज्याकोण, अरीय, रेडियन (कोण की एक इकाई)
Radiance आभा, कान्ति, दीप्ति
Radiant विकिरणी, विकिरक, उल्का-विकीर्णक, विकिरण बिन्दु, विकिरण-बिन्दु, प्रफुल्ल, कान्तिमय
Radiant intensity विकिरण तीव्रता
Radiate विकिरित होना, विकिरण फैलाना
Radiated विकीर्ण, विकिरित
Radiating, Radiative विकिरणकारी, विकिरणशील, अरीय, विकिरणी, विकीर्णी
Radiating power विकिरण क्षमता
Radiation विकिरण
Radiation therapy, Radiotherapy विकिरण चिकित्सा
Radiation toxicity, Radiotoxicity विकिरण विषाक्ता, रेडियोविषालुता
Radiator विकिरक, विकीर्णक, ऊष्मा सञ्चालक
Radiatus विकीर्ण, अरीय
Radical मूलक, मूलजाभासी, मौलिक, मूलज, उग्र, करणी, समूल
Radical axis मूलाक्ष
Radical leaf भूस्थ पत्र
Radicchio (an Italian word for red chicory *Cichorium itybus,* a perennial herb of family Asteraceae with veined red leaves are of Italian cusine ingredient salad) लाल चिकरी, लाल कासनी (पत्तियाँ सालद के रूप में प्रयुक्त)

English	Hindi
Radicel, Rootlet	मूलक, मूलिका
Radiciform	मूलरूपी
Radicivorous	मूलाहारी, मूलभोजी
Radicle	मूलांकुर, भ्रूणमूल, शाखिका, मूलक (अम्लीय या क्षारीय),
Radicolous, Radicole	मूलवासी
Radicular	मूलांकुरीय, मूलवत्, मूलोद्भवी,
Radiculo-neuropathy	तन्त्रिका मूल विकृति
Radiferous	रेडियम युक्त
Radio- (prefix)	विकिरण-, वितन्तु-, तेज-, रेडियो-
Radio detection and ranging (RADAR)	वितन्तु संसूचन प्रसरण (रडार)
Radio immuno assay (RIA)	विकिरण प्रतिरक्षा परीक्षण
Radio, Audion, Oscillion, Pliotron	त्रिद्वार
Radio-accoustics	वितन्तु-ध्वनिकी
Radioactive	विघटनाभिक, रेडियोसक्रिय, विकिरण धर्मी, रेडियोधर्मी, विकिरण सक्रिय, तेजोद्गिर
Radioactivation	तेजोद्गारण, विकिरण सक्रियण, रेडियो सक्रियण
Radioactivity	विघटनाभिकता, विकिरण, सक्रियता, रेडियो सक्रियता
Radio beacon	विकिरण-संकेतक, रेडियो-संकेतक
Radiobiological	विकिरणजैविक, विकिरणजीव वैज्ञानिक
Radiobiologist	विकिरण जीव विज्ञानी
Radiobiology	विकिरण जीव विज्ञान, विकिरण जैविकी
Radiocarcino-genesis	विकिरणयमार्बुद जनन, रेडियो कैंसरोत्पत्ति
Radiochemistry	विकिरण रसायन विज्ञान
Radiodiagnosis	विकिरणनिदान
Radio-diagnostic	विकिरण-नैदानिक
Radio-diagnostician,	विकिरण-निदानविद्
Radio-diagnostics	विकिरण नैदानिकी
Radioemission	विकिरणोत्सर्जन
Radiogenesis	विकिरणभवन, विकिरणजनन, विकिरणोत्पादन
Radiogenic, Radiogenous	विकिरणजनी, विकिरणोत्पादी
Radiograph	विकिरणचित्र, विकिरणलेखी
Radiography	विकिरणचित्रण, क्ष-आलेखन
Radio-isotope	विकिरण समस्थानिक
Radio-labile	विकिरण-परिवर्त्य
Radio-lesion	विकिरण विक्षत
Radiologist	विकिरणविज्ञानी, विकिरण चिकित्सक
Radiology	विकिरणविज्ञान, विकिरणचिकित्सा-विज्ञान
Radiolucence	विकिरण पारगम्यता
Radiolucent, Roentgenolucent	विकिरण पारगम्य, रॉन्जन-रश्मि पारगामी
Radiolysis	विकिरण अपघटन
Radiometer	विकिरणमापी
Radiometric	विकिरणमितीय, विकिरणमापिक
Radiometrics, Radiometry	विकिरणमिति, विकिरणमापन, विकिरण मापिकी
Radio-necrosis	विकिरणगलन
Radionucleotide	विकिरणनाभिकी
Radiopaque	विकिरण-अभेद्य, अपार-रश्मि
Radiopathology	विकिरण रोग विज्ञान, विकिरण व्याधिकी, विकिरण वैकृतिकी
Radiopharma-cology	विकिरण भेषजगुणविज्ञान
Radioprotective	विकिरण रक्षी, विकिरण संरक्षी
Radioreceptor	विकिरण संवेदांग, विकिरणग्राही
Radioresistance	विकिरण प्रतिरोध
Radioresistant, Radiation proof	विकिरणसह, विकिरण, प्रतिरोधी
Radio-sensitizer	विकिरण संवेदक
Radioscope	विकिरणदर्शी
Radioscopy	विकिरणदर्शन, विकिरण संवेद्यता
Radiosensibility	विकिरणसंवेदनीयता, विकिरणसंवेद्यता
Radiosensible	विकिरणसंवेदनीय, विकिरण संवेद्य
Radiosensitive	विकिरणसंवेदनशील
Radiosensitivity	विकिरण संवेदनशीलता
Radio-stable	विकिरण-अपरिवर्त्य, विकिरण सहिष्णु
Radio station	प्रसारण केन्द्र, प्रसार केन्द्र
Radiotherapy	विकिरण चिकित्सा
Radio transmitter	रेडियो प्रेषित्र
Radio-ulna	अन्वरत्नि-अरत्नि (कलाई की हड्डी)
Radio-visio graphy	विकिरण दृश्यांकन
Radish (*Raphanus* sp., a cruciferous crop herb of family Brassicaceae)	मूली (एक भूमिगत संग्राही तर्कु रूप रूपान्तरित जड़ वाला शाक, जिसका हर भाग खाया जाता है)

English	Hindi
Radish mosaic	मूली किर्मीर (एक पादप रोग)
Radium (a luminescent alkaline earth metallic element with symbol Ra, it's all isotopes are radioactive)	तेजातु, रेडियम
Radiumization	तेजायन, रेडियमीकरण
Radius, Radii (pl.)	त्रिज्या, अर्धव्यास, व्यासार्ध, बहिःप्रकोष्ठिका, अन्वरत्नि
Radius of curvature	वक्रता त्रिज्या
Radix	मूलांक, मूल, जड़
Radon (a colourless, radio-active, carcinogenic noble gas element with symbol Rn)	तेजसाति, रेडॉन
Radome	प्रावार
Radula	रेत्रिका, रेतीजिह्वा, खुरचन
Radular	रेत्रिकीय, रेत्रिका-
Radulaspore	प्रवृन्तबीजाणु
Raffia	ताड़पत्र का रेशा
Raffle	कूड़ा, लाटरी
Rafting	उडुप प्लवन, बेड़ा चलाना
Rag bolt	दन्तुर काबला, कँटीला काबला
Rag weed (*Ambrosia* sp., a flowering herbaceous weed of family Asteraceae with allergenic pollens)	चीर तृण
Ragged	चीरा हुआ, चीरित, चिथड़ा बना हुआ, जीर्ण-शीर्ण
Ragman, Rag-picker	कबाड़ी, कूड़ा बीनने वाला
Ragout	मसालेदार कीमा, सालन
Rail (a medium-sized marsh land walking bird of family Rallidae)	दण्ड, पटरी, घेरा, रेल (एक दलदल क्षेत्रीय पक्षी)
Railing	जंगला
Railway	रेलपथ, रेलमार्ग
Rain bow	इन्द्र धनुष
Rain drop	वर्षा-बिन्दु (एक आकाशीय वर्षा कालीन दृश्य)
Rain fall	जलवृष्टि, वृष्टिपात, वर्षा
Rain forest	वर्षावन (भूमध्य रेखीय क्षेत्र में)
Rain gauge	वर्षामापी
Rain proof	वर्षासह
Rain storm	वर्षा तूफ़ान, झञ्झावात
Rain wash	वर्षाधावन
Rain water	वर्षाजल, बरसाती पानी
Rain worm	वर्षाकृमि, बरसाती केंचुआ
Rainy	बरसाती, वर्षामय
Rainy season	वर्षा ऋतु, प्रावृष
Raisin, Currant	किशमिश, मुनक्का
Rale	आगन्तुक ध्वनि, आगन्तुक, घुरघुराहट
Rallentando	उत्तरोत्तर मन्द
Ram	थापी, मेष, भेंड़ा (नर भेंड़)
Ramal, Rameous, Ramus	शाखीय, उच्छाखीय
Raman effect	रमन प्रभाव (एक भारतीय भौतिकीविज्ञ सर सी. वी. रमन द्वारा वर्ष 1928 ई॰ में प्रतिपादित एक प्रकाशिकी शोध)
Ramate	सशाख, शाखायुक्त
Rambling	असम्बद्ध, विभ्रमणकारी, भ्रमणकारी, क्रमविहीन
Rambunctious	अतिसजीव, प्रचुर, तीव्र
Ramentum, Ramenta (pl.)	आवरण, रोमावरण
Ramicole, Ramicolous	शाखावासी
Ramiferous	शाखाधर
Ramification	बहुशाखन, प्रशाखन, शाखन
Ramificatus, Ramified	शाखित, बहुशाखित, बहुशाखी
Ramiflorous	शाखापुष्पी
Ramiform	शाखारूप, शाखाकार
Ramify	शाखित होना, शाखा बनाना, प्रशाखा बनना
Ramming	निभरण, निपीडन, भरण
Rammish	दुर्गन्धित, बदबूदार
Ramose, Ramous	शाखान्वित, शाखी, बहुशाखी, प्रशाखी, शाखायुक्त, आक्षेप
Ramp	ढालू सपाट पट्टी या पथ
Rampant	प्रवर्द्धिष्णु, उग्र, प्रचण्ड, प्रबल
Ram rod	गज, सुम्बा
Ramshackle	टूटा-फूटा, जर्जर, अनियन्त्रित
Ramson (*Allium ursinum*, a wild bulbous herb of family Amaryll-idaceae with garlic like odour)	जंगली लहसुन (एक भोज्य भूमिगत तना)
Ramular gap	शाखान्तराल
Ramular trace	शाखानुपथ
Ramulus	प्रशाखा, शाखिका

Ramus, Rami (pl.)	शाखा, उच्छाखा, उपतान्त्रिक शृंग
Ramus cardiacus	हृदयगा उच्छाखा
Ranch	पशुशाला, पशु-प्रक्षेत्र
Ranchid, Rancid, Rancidus	विकृतगन्धी, दुर्गन्धयुक्त, बिसायँध
Rancidification	विकृतगन्धन
Rancidity	दुर्गन्धता, विकृतगन्धता, बिसायँधता
Random	अविचारित, अनियमित, यादृच्छिक, समसम्भाविक
Randomization	यादृच्छिकीकरण, समसम्भाविकन
Randomized	यादृच्छीकृत, समसम्भाविकित
Range	परास, परिसर, अभिसीमा
Range finding test	परास मापन परीक्षण
Ranging	प्रसरण, परासन, गोचरान्वेषण, अभिसीमन
Raniform	मण्डूकरूप, मेंढकवत्
Ranine	मण्डूकी, माण्डूक्य, मेंढकवंशी
Ranivorous	मण्डूकभक्षी, मेंढकभोजी
Rank	पंक्ति, कोटि, क्रम, श्रेणी, प्रस्थिति
Rankine (a thermodynamic temperature scale denoted as °Ra, named after British physicist William John Macquorm Rankine in 1859 A.D.)	रैन्काइन (एक ऊष्मा गतिकीय तापमान)
Ranking	क्रमविन्यास, श्रेणीनिर्धारण
Rankle	खटकना, कसकना, पीब से भर जाना
Ranula	जीभ के नीचे सूजन, दादुरुदर, अधोजिह्वाशोथ, अधोजिह्वार्बुद
Rapacious, Raptorial	लोभी, हिंस्र, बलादग्राही, औदरिक, खूँखार
Rape	अंगूर का गूदा, तोरी (सब्ज़ी का पौधा), बलात्कार
Rape seed (*Brassica napus*, a cruciferous crop herb of family Brassicaceae cultivated for edible oil from seeds)	सफ़ेद सरसों, राई (एक तिलहनी पौधा)
Raphe, Suture	सीवन, सन्धि रेखा
Rapid	त्वरित, क्षिप्र, द्रुत, शीघ्र
Rapidity	द्रुतता, त्वरितता, शीघ्रता
Rapt	सम्मोहित, तल्लीन, उठाया हुआ
Raptorial bird	प्रसह पक्षी, शिकारी चिड़िया
Raptorial, Preying	प्रसह, शिकारी, आखेटी, प्रहरक
Rapture	अत्योन्माद, हर्षोन्माद
Rapturous	हर्षोन्मत्त, हर्षविह्वल
Raptus	द्रुतोग्र
Rare	दुर्लभ, दुष्प्राप्य, विरल
Rare earth metal	दुर्लभ मृदाधातु, विरल मृद्धातु
Rarefaction, Rarefication	विरलीभवन, विरलीकरण, विरलन
Rarefied	विरलित, विघनित,
Rarefy	विरल बनाना या होना
Rare gas	दुर्लभ गैस, दुष्प्राप्य वाति
Rare medium	विरल माध्यम
Rare mineral	दुर्लभ खनिज
Rarity	दुर्लभता, विरलता, दुष्प्राप्यता
Rasceta (crease of palm skin)	हस्तरेखा, हस्त चर्मवलि
Rash	चकत्ता, ददोरा, उतावला, सर्षपिका
Rasher	सुअर के मांस का टुकड़ा
Rasorial	आखुरणी, खरोंचने/खुरचने वाला (पक्षी)
Rasp	मोटी रेंती, रेतना, किरकिराना, अखरना
Raspberry (*Rubus* sp., a small herb of rose family Rosaceae with aggregate drupelet type edible nutritious fruit)	मकोय, रसभरी (फल)
Rasping, Raspatory	रेत्री, रेत्रियक, रेतने वाला
Rasping organ	रेत्री-अंग, रेत्र्यंग
Rat (*Rattus* sp., a small burrowing tailed rodent of family Muridae)	चूहा, मूषक, मूष, मूस, उन्दुर
Ratable	आनुपातिक, आकलनीय, आकल्य, कर योग्य
Rat bite	मूषक दंश
Ratchet wheel	अनिवर्ती चक्र, दाँतेदार पहिया
Rate	दर, भाव, गति
Ratel, Honey badger (*Mellivora capensis*, a wild omnivorous nocturnal mammal of weasel family Mustelidae)	बिज्जू (एक वन्य स्तनधारी)

Rat hole	मूष छिद्र
Ratification	अभिपुष्टि
Rating	अनुमतांक, दर निर्धारण, वर्गक्रम
Ratio	अनुपात
Rational	परिमेय, विचारयुक्त, बुद्धिसंगत, यौक्तिक यथायोग्य
Rationale	मूलाधार, तर्काधार
Rationality	परिमेयता
Rationalization	तार्किकीकरण, परिमेयकरण, यौक्तिकीकरण
Rationing	समभाजन, समभक्त
Ratoon	पूर्वमूलांकुर, पेड़ी
Ratooning	पूर्वमूलांकुरण
Rattan (a climbing palm of sub-family Calam-oideae, used for furnitures, mats and other handicrafts)	प्रवेत्र, वेत्र, बेंत
Ratter	चूहामार
Rattle	खड़खड़ाहट
Rattle snake, Rat snake (a venomous reptile of family Viperidae)	धामिन साँप
Rattling	खड़खड़ाना
Rat trap	मूषदानी, चूहेदान, मूषकपाश
Raucous	कर्कश, कर्णकटु, भग्नस्वर
Raveling	उधेड़ना, उलझना
Raven (*Corvus corax*, a dark black scavenger bird of crow family Corvidae)	डोम कौआ, द्रोण, भुक्खड़पन, चमकदार काला रंग
Raveneous, Ravenous	क्षुधातुर, बहुत भूखा, लोलुप, तीव्र
Ravine	खड्ड, तंग-घाटी, दर्रा, कन्दरा, गिरिसंकट
Ravine afforestation	घाटी भूमि वनरोपण
Raw	कच्चा, अपरिष्कृत, अपक्व, अकृत, हरा (फल)
Raw datum, Raw data (pl.)	अकृत आँकड़ा, अकृत आधार-सामग्री
Raw hide	उतारी हुई कच्ची खाल
Raw material	कच्चा माल, अपरिष्कृत सामग्री
Raw water	प्राकृत जल, अपरिष्कृत जल
Ray	रश्मि, किरण, अर
Ray fish, Electric ray (a marine cartilaginous flattened bottom fish of order Torpediniformes with pectoral muscles as electric organ for defense)	विद्युत मीन, बिजली मछली (शिकार व रक्षा हेतु 08-220 वोल्ट की विद्युत तरंग छोड़ने वाली समुद्री मछली)
Ray floret	अर-पुष्पक
Raynaud's sydrome/ disease (arterial spasm in fingers with reduced blood flow causing blue skin with pain and numbness, the disease was named after French physician Maulice Raynaud in 1862 A.D.)	रेवॉड (नीली त्वचा) संलक्षण/रोग
Rayon (a semi-synthetic textile fibre prepared from cellulose)	रेयॉन (एक वस्त्र बनाने का रेशम जैसा अर्ध-संश्लेषित तन्तु)
Razor blade	उस्तरा फलक, क्षुरफल
Razor clam (Ensis magnus, a marine bivalved mollusc of family Pharidae used as sea food), Rajor fish, Razor shell	क्षुर-सीपी, क्षुर-पुटिका (समुद्री कवचित भोज्य जन्तु)
Re- (prefix)	फिर, पुनः-, पुनर
Re-absorption	पुनरावशोषण
React	प्रतिक्रिया करना, पुनः कार्य करना
Reactance	प्रबाधा, प्रतिघात, प्रतिकार्यता, विद्युतरोध
Reactant, Reagent	अभिकारक, अभिकर्मक, प्रतिकर्त्ता, प्रतिकारक
Reacting, Reactive, Reactionary	अभिकारी, प्रतिकारी, प्रतिक्रियाशील
Reaction	प्रतिक्रिया, अभिक्रिया, प्रतिघात, अभिकर्मण
Reaction coupling	प्रतिघाती युग्मन
Reaction of first order	प्रथम कोटि अभिक्रिया
Reaction rate	अभिक्रिया दर
Reactivate	पुनःसक्रिय करना
Reactivation	पुनःसक्रियण, पुनरुत्प्रेरण
Reactive	अभिक्रियाशील, प्रतिक्रियाशील

Reactivity अभिक्रियाशीलता, प्रतिक्रियाशीलता
Reactor अभिक्रियक, प्रतिघातक, प्रतिकर्मी, प्रतिकारक, भट्ठी (परमाणु/नाभिकीय)
Readable पठ्य, पठनीय, पढ़ने योग्य
Readability पठ्यता, पठनीयता
Reader प्रवाचक, वाचक, पाठक
Reading पाठ्यांक, वाचन, पाठन, पठन
Readjust, Readjustment पुनः क्रम से रखना, पुनर्समायोजित करना, पुनर्समायोजन
Readopt, Readoption पुनः अंगीकार करना, पुनर्ग्रहण, पुनरांगीकरण
Ready made पूर्वनिर्मित, बना बनाया
Ready recknor तत्काल परिकलित्र, सद्योगणक
Ready reference सद्योनिर्देश
Reafforestation पुनर्वनरोपण
Reagency अभिकर्मकता
Reagent, Reactant अभिकर्मक, अभिकारक, प्रतिकर्ता, प्रतिकारक
Reagent bottle अभिकर्मक बोतल, प्रतिकारक कूपी
Realgar मनःशिला
Real image वास्तविक प्रतिबिम्ब
Realm परिमण्डल, क्षेत्र, राज्य
Real time (actual time taken for a process under computer control to occur) समयोचित, वास्तविक समय
Ream बढ़ाना, चौड़ा करना, विषमस्तर (दोष), विंशी (20 दस्ता काग़ज़)
Reamer परिछिद्रक, निष्कर्षक
Reaming छिद्रवर्धन
Reanimate, Reanimation पुनर्जीवित करना, अनुप्राणित करना, अनुप्राणन, पुनर्प्राणन, पुनश्चेतन
Reap काटना (फसल)
Reaper, Harvester फसल कर्तक, लुनेरा, सस्य कर्तित्र
Reaping कटाई (फसल की), लुनाई, अभिवलन
Reappear पुनराविर्भूत होना, पुनः प्रकट होना
Rear पिछला, पश्च, पालन करना, उगाना
Rearing पालन, अभिपोषी, अभिपोषण
Rearmament पुनर्शस्त्रीकरण
Reason कारण, हेतु, तर्क
Reasoning तर्कण, विचारण
Reassemble पुनः समवेत होना, पुनर्संयोजित करना
Re-assembled पुनर्संयोजित
Reassessment पुनर्निधारण
Reassociation पुनर्गठन, पुनर्संयोजन, पुनर्सहवास, पुनर्संगुणन
Reattachment पुनर्योजन, पुनर्संलग्नन
Reaumur (expressed as °R, °Re a temperature scale O°R-80°R, named after French naturalist Rene-Antoine Ferchault de Reaumur in 1730 A.D.) रियूमर (तापमान की एक इकाई)
Rebarbative बीभत्स, घिनौना, अप्रिय
Rebuild पुनर्निर्मित करना, फिर से बनाना
Rebuilt पुनर्निर्मित, फिर से बना हुआ
Rebound प्रतिस्कन्द, प्रतिस्कन्दन, उत्पतन, उछाल
Reboundimeter प्रतिस्कन्दतामापी
Recalesce पुनः गर्माना
Recalescence पुनरूष्मता, सहसा ऊष्मोत्सर्जन
Recalescent सहसा ऊष्मोत्सर्गी, पुनरूष्मक
Recapitulation पूर्वावर्तन, पुनरावर्तन, संक्षिप्त वर्णन, पूर्वजन्यावर्तन, संक्षेपावृत्ति, जात्यावृत्ति
Recapitulative, Recapitulatory आवृत्तिमूलक, आवृत्ति-
Recaption पुनरुद्धरण
Receding प्रतिभारी, पश्चगामी, पश्चप्रवण
Receiver, Receiving ग्राही, संग्राहक, अभिग्राही, प्रापक
Receiving flask ग्राही परिघ
Receiving point ग्रहण बिन्दु
Receiving station अभिग्राही केन्द्र
Recency अभिनवता
Recent अभिनव, नूतन, नवीनतम
Recentralization पुनर्केन्द्रीकरण
Recentrifuge पुनरापकेन्द्रण
Recept मनश्चित्र
Receptacle पात्र, पुष्पधर, धानी, आधान
Receptaculum ovorum, Ootheca अण्डाधान, डिम्बाधान

Receptaculum seminis, Spermatheca	शुक्राधान, शुक्रग्राहिका
Receptive	संग्रहणशील, आदायी, ग्राही
Receptivity	संग्रहणशीलता, संग्राहिकता
Reception	संग्रहण, अभिग्रहण, स्वागत
Receptor	ग्राही, अभिग्राही, संवेदांग, आदातृ, आदाता
Receptor cell	ग्राही कोशिका
Recess, Recessus	गुप्तस्थान, गुहा, बिल, विराम
Recession	पश्चायन, पश्चापसरण, अपगमन, अपसर्पण
Recession curve	अपगमन वक्र
Recessional, Recessive	पश्चापसारी, अप्रभावी, सुप्त, दुर्बल, अपगामी, अधोभावी
Recessiveness, Recessivity	सुप्तता, अप्रभाविता, दुर्बलता, पश्चापसारिता, अधोभाविता
Recharge, Recharging	पुनरावेशित करना, पुनरावेशन
Recharged	पुनरावोशित
Rechauffe	गर्म किया हुआ भोजन, पुराने साहित्य पर आधारित ग्रन्थ
Recidal	मिश्रातु
Recipe	नुस्ख़ा, योग, पाकविधि, औषधि/भोजन निर्माणविधि
Recipient	संग्राहक, आदाता, प्रापक, प्राप्तकर्ता
Reciprocal	व्युत्क्रम, पारस्परिक, अन्योन्य, प्रतिलोम
Reciprocal copulation	पारस्परिक मैथुन
Reciprocal cross	व्युत्क्रम संकरण, परस्पर प्रसंकर
Reciprocate	आदान-प्रदान करना, समान होना
Reciprocating	प्रत्यागामी, पश्चाग्र
Reciprocation	प्रत्यागमन, व्युत्क्रमण, प्रतिदान
Reciprocity	पारस्परिकता, अन्योन्यता, व्युत्क्रमता
Recirculation	पुनःसञ्चरण, पुनःपरिवहन
Reckling	सबसे छोटा कमज़ोर बच्चा
Reckon	गिनना, संगणना करना
Reckoner	गणक, गणन-तालिका
Reckoning	गणना, लेखा, स्थिति निर्धारण
Reclaimability	उद्धारीयता, सुधार्यता
Reclaimable	उद्धारीय, सुधार्य
Reclamation	उद्धार, सुधार
Reclassification	पुनर्वर्गीकरण
Reclassified	पुनर्वर्गीकृत
Reclinate	अवनत, अभिनत, झुका हुआ

Reclination	अभिनतन, अवनतन
Recline	झुकना, लेटना, आश्रित होना, ढुलकना
Recluse	एकान्त, एकान्तवासी
Recodified	पुनर्श्संहिताकृत, पुनर्श्संहिताबद्ध
Recognisability	अभिज्ञेयता
Recognisable	अभिज्ञेय
Recognition	अभिज्ञान, पहचान
Recoil, Recoiling	प्रतिक्षेप, प्रतिक्षिप्त/ प्रत्यावर्तन, प्रतिकुञ्चन, प्रतिकुण्डलन, पश्चाघात
Recolonization	पुनःउपनिवेशीकरण, पुनर्मण्डलन, पुनर्निवेशन
Recombient, Recombinant	पुनर्योगज, पुनर्योजित, पुनःसंयुज, पुनर्संयोगी
Recombination	पुनर्योग, पुनर्मिश्रण, पुनर्योजन
Recombineering	पुनर्योगिकी
Recommended	अभिस्तावित, प्रस्तावित, अनुमोदित, अनुशंसित
Recompressed	पुनःसम्पीडित
Recon	पुनराणु
Recondite	गहन, दुरूह, गुप्त, गूढ़
Reconditioned	प्रत्यवस्थापित, सुधृित
Reconnaissance	आवीक्षण, सर्वेक्षण, टोह
Reconnect, Reconnection	फिर से जोड़ना, पुनर्योजन
Reconnoitre	पूर्वेक्षण, गहन सर्वेक्षण, टोह लगाना
Reconstitute	पुनर्गठित करना, पुनःसंस्थापित करना
Reconstituted	पुनर्गठित, पुनःसंस्थापित
Reconstitution	पुनर्गठन, पुनःसंस्थापन
Reconstructed	पुनर्निर्मित
Reconstruction	पुनर्निर्माण
Reconstructive	पुनर्निमाणशील, पुनर्निमाणकारी
Record	अभिलेख, अभिलेखन करना
Recorded	अभिलिखित
Recorder	अभिलेखक, अभिलेखित्र (यन्त्र)
Recording	अभिलेखन, अभिलेखी
Recoverable	प्रतिलभ्य, पुनः प्राप्य
Recovered	पुनःप्राप्त, प्रत्यादत्त
Recovery	पुनर्प्राप्ति, प्रत्यादान, समुत्थान, प्रतिप्राप्ति, रोगमुक्ति
Recovery index	प्राप्ति सूचांक
Recreate, Recreation	फिर से उत्पन्न करना, मन बहलाना, पुनर्सर्जन, मनोरञ्जन

Recrement तलछट, रुधिर से अलग हुए और फिर मिले लार व पित्त आदि
Recrudescence पुनःक्रियाशीलता, पुनः प्रकोप
Recrudescent पुनःसक्रिय, पुनःक्रियाशील, पुनः प्रकोपी
Recrystallization पुनःमणिभीकरण, पुनर्क्रेलासन
Rectal, मलाशयी, मलाशय-
Rectal prolapse मलाशयभ्रंश, गुदभ्रंश
Rectal temperature मलाशय-ताप
Rectangle आयत, चतुर्भुज (एक ज्यामितीय आकृति)
Rectangular आयताकार, समकोणिक, समकोणीय
Rectifiable संशोधनीय, परिशोधनीय, चापकलनीय
Rectification परिशोधन, सुधार, दिष्टकरण, ऋजुकरण, चाप कलन
Rectified परिशोधित, दिष्टकृत, सुघृित, ऋजुकृत, चापकलित
Rectified current एकदिश वाह
Rectifier परिशोधक, परिशोधित्र (यन्त्र),
Rectifying दिष्टकारी, ऋजुकारी
Rectiflorus समान्तर पुष्पाक्षी
Rectifoliate समान्तर पर्णाक्षी
Rectify परिशोधन करना, ठीक/शुद्ध करना
Rectigradatious ऋजुरोही
Rectilineal, Rectilinear एकधाती, ऋजुरेखीय, सरल रेखीय
Rection नियन्त्रण
Rectitis मलाशय-शोथ
Rectitude शुद्धता, औचित्य, साधुता
Recto, दाहिना पृष्ठ, सामना,
Recto- (prefix) मलाशयी-, मलाशय-
Recto-anal गुद-मलाशयी
Recto-bulbous मलाशय-कन्दीय
Recto-pexy मलाशय-स्थिरीकरण
Rectorrhagia मलाशयी रक्तस्राव
Recto-prostate मलाशय- प्रस्थितीय, मलाशय-पुरःस्थ
Recto-vaginal योनि-मलाशयी
Rectrice, Tail feather बर्ह, पुच्छ पत्र
Rectum मलाशय
Rectus ऋजु (पेशी)
Rectus-abdominis समोदरिका, उदरीय पेशी
Rectus-femoris सम-उर्विका, समोर्विका
Rectus-sheath सम-वेष्टन, समोदरिका वेष्टन
Recumbent शायी, शयान, लेटा हुआ, निष्क्रिय
Recuperate पुनःस्वस्थ होना, रोगनिवृत्त होना
Recuperation आरोग्यण, रोगनिवृत्ति, स्वास्थ्य लाभ, पुनर्योजन, पुनर्प्राप्ति, वसूली
Recuperative स्वास्थ्यवर्धी, आरोग्यकारी
Recurrence आवर्तन, पुनरावृत्ति, आवृत्ति
Recurrent प्रत्यावर्ती, पुनरावर्ती, आवर्ती
Recurrent nerve प्रत्यावर्ती तन्त्रिका
Recurring आवर्त, आवर्ती
Recurvate प्रतिवर्ती, प्रतिवक्री
Recurved प्रतिवक्र, प्रतिवक्रित, प्रतिवर्तित, पीछे झुका हुआ
Recycling पुनःचक्रण, पुनःचालन
Red लाल, रक्तिम, आरक्त, अरुण, शोणित
Red algae (red pigment phycoerythrin containing algae of division Rhodophyta) लाल शैवाल, लोहित शैवाल
Redan मोरचा
Red blood corpuscles (RBC), Erythrocyte लाल रुधिर कणिका, रक्ताणु
Redd स्वच्छ करना, क्रम में रखना, कंघा करना
Redden लाल होना/करना
Reddish ललौंछ, रक्ताभ, आरक्त, अरुणिम, रक्तिम
Redeposition पुनर्निक्षेपण
Red eye अरुणाक्षि
Red gland रक्त ग्रन्थि
Red fox (*Vulpes vulpes*, a large alpine carnivorous mammal of family Canidae with long bushy tail and red/ orange fur) हिम लोमड़ी, पहाड़ी लोमड़ी
Red-green colour blindness लाल-हरा वर्णान्धता
Red hot रक्त तप्त, लाल गर्म
Redifferentiation पुनर्विभेदन
Redintegrate नया करना, पूरा करना,
Redintegration पुनःसंघठित करना, पुनर्मिलन, पुनरोद्धार, पुनर्गठन
Redirect, Redirection अनुप्रेषित करना, अनुप्रेषण

Redispensible पुनःपरिक्षेपणीय
Redistill, पुनः आसवित करना,
Redistillation पुनरासवन
Red lead, Minium (a Lead oxide, triplumbic tetroxide, Pb_3O_4) सिन्दूर
Red litmus paper लाल शेवल पत्र
Red marrow रक्त मज्जा
Red meat लाल मांस (मायोग्लोबिनयुक्त मांस)
Red mercury (a red toxic, water in soluble salt mercuric iodide used in explosive weapons and nuclear bombs) लाल पारा
Redness लालपन, लाली, लालिमा
Red nightshade, Bitter sweet (*Solanum dulcamara,* a wild medicinal perennial climbing poisonous herb of family Solanaceae with red berry type small bunched fruits) कालकूट (एक जहरीला पौधा)
Redolence सुगन्ध, तीव्र गन्ध
Redolent सुगन्धित, तीव्र गन्धदायी, व्यञ्जक, द्योतक, सूचक
Red ochre (pigmented soil with ferric oxide) गेरू
Redox (a combined form of oxidation - reduction) अपचयोपचय
Redox reaction अपचयोपचय अभिक्रिया
Redox potential अपचयोपचय-विभव
Red pepper लाल मिर्च (फल व पौधा)
Red rice, Brown beard rice, Weedy rice (*Oryza rufipogon,* an annual paddy herb of family Poaceae with edible husked seed as red rice with anthocyanin, native to eastern India) तिन्नी चावल
Red rust रक्त गैरिक
Red sandal wood (*Pterocarpus santalinus,* a small flowering medicinal tree of family Fabaceae with red coloured aromaless wood) लाल चन्दन, रक्त चन्दन, सुर्ख़ चन्दन
Red sear लाल गर्म होने पर तोड़ना
Red tide (hightide of sea water with abundant red algae) लाल ज्वार, लाल तरंग
Reduce कम करना, अपचयित/समानीत करना
Reduced अपचयित, समानीत, लघुकृत
Reduced haemoglobin अपचयित हीमोग्लोबिन
Reduced pressure समानीत दाब
Reducibility समानेयता, खण्डनीयता, अपचेयता, प्रह्रास्यता
Reducible प्रह्रास्य, समानेय, लघुकरणीय, अपचेय
Reducing, Reductive लघुकारी, अपचायी, प्रह्रासक
Reducing property अपचायक गुणधर्म
Reducing sugar अपचायी शर्करा
Reductant, Reductor अपचायक
Reductase (enzyme) अपचायक (एक विकर)
Reduction लघुकरण, न्यूनीकरण, अपचयन, प्रह्रासन, समानयन
Reduction factor परिवर्तन गुणक
Reduction index अपचयन सूचांक, ह्रासांक
Reduction potential अपचयन विभव
Reductive लघुकारक, लघुकारी
Redundancy अतिरिक्तता, अतिरेकता, निरर्थकता
Redundant अतिरिक्त, अधि-, अतिरेक, निरर्थक
Redundant tooth अधिदन्त
Reduplicate प्रतिवलित, पुनः द्विगुणित करना, द्विरावृत्तिक
Reduplication प्रतिवलन, पुनर्द्विगुणन, पुनर्द्विगुणीकरण
Red vitriol (a salt of cobalt sulfate) लाल व्यंग्य
Red water रक्तमूत्र रोग
Red water fever रक्तमूत्र ज्वर
Re-echo पुनःप्रतिध्वनित होना

Reed (grass like wetland plants of order Poales) नरकट, नरकुल, नड, कम्पिका, सरकण्डा
Reef प्रवालभित्ति, जल-शैल, शैलमाला, समुद्री चट्टान, खनिजशिरा
Reek दुर्गन्ध, वाष्प, धुआँ, भाप/ धुआँ छोड़ना
Reel वेल्ल, चर्खी, फिरकी, पतला लम्बा फीता
Reeling संक्रज्वन, सञ्चलन, वलन
Re-enforce फिर से शक्ति देना
Re-entrance पुनर्प्रवेश, पुनर्प्रविष्टि
Re-entrant पुनर्प्रवेशी, पुनर्प्रविष्ट
Re-evaporation पुनर्वाष्पन
Reexe पिरोना, पार करना
Refection, Refreshment अल्पाहार, नाश्ता, जलपान, लघुभोजन
Refectory जलपानगृह, अल्पाहारगृह, अपवर्त्य
Reference प्रेषण, सन्दर्भ, निर्देश
Reference material निर्देश द्रव्य, सन्दर्भ पदार्थ
Referred अन्यत्र, निर्दिष्ट
Refill, Refilling फिर से भरना, पुनःपूरण, पुनर्भरण
Refilled पुनःपूरित, पुनर्भरित
Refine परिष्करण करना, सुधारना
Refined शोधित, परिष्कृत
Refinement, Refining परिष्करण, अधिशोधन, परिष्कार, शोधन
Refining agent, Refiner परिष्कारक, परिष्कारी
Refinery परिष्करणी, शोधनी
Reflect परावर्तित करना, प्रतिबिम्ब डालना
Reflected परावर्तित, प्रतिक्षिप्त, प्रतिबिम्बित
Reflected ray परावर्तित किरण
Reflecting, Reflective प्रतिक्षेपी, प्रतिबिम्बी, परावर्ती, परावर्तनशील
Reflection परावर्तन, प्रतिबिम्ब, चमक, कान्ति
Reflectivity, Reflectance परावर्तिता, परावर्तनशीलता, परावर्तनांक
Reflector परावर्तक
Reflet चमक, ओप
Reflex प्रतिवर्त, प्रतिवर्ती, प्रतिक्षेप
Reflex action प्रतिवर्ती क्रिया, प्रतिक्षेप क्रिया
Reflex angle बृहत् कोण
Reflex camera प्रतिवर्ती कैमरा
Reflexed प्रतिवर्तित, प्रतिक्षिप्त
Reflexibility प्रतिवर्तनीयता, प्रतिक्षेप्यता
Reflexible प्रतिवर्त्य, प्रतिक्षेप्य
Reflexion प्रतिवर्तन, प्रतिक्षेपण
Reflexive प्रतिवर्ती, प्रतिक्षेपणशील
Reflexus प्रतिवर्त, प्रतिक्षेप
Reflorescence पुनःपुष्पण
Reflow, Refluent अधोवाही, प्रतिवाह
Reflux अधोवाह, पश्चवाह, भाटा
Refluxed पश्चोढ़
Reforestation पुनर्वनरोपण, पुनर्वनीकरण
Reform, Reforming सुधारना, सुधार, संशोधन, पुनः सम्भावना
Reformate पुनःसम्भावित
Reformation सुधार, संशोधन
Reformative, Reformatory सुधारात्मक, सुधारकारी, सुधार-गृह (बाल-अपराधियों हेतु)
Reformed सुधरा हुआ, सुघित, संशोधित
Refracted अपवर्तित, भुजायित
Refracted ray अपवर्तित किरण, भुजायित रश्मि
Refractile अपवर्त्य, अपवर्तनीय
Refraction अपवर्तन, वर्तन, भुजायन
Refraction angle अपवर्तन कोण
Refractive अपवर्तनशील
Refractive index अपवर्तनांक, वर्तनांक, भुजायी अंक
Refractivity, Dioptricity अपवर्तिता, अपवर्तकता, भुजायिता
Refractometer अपवर्तनमापी, वर्तनांकमापी, भुजायमापी
Refractor अपवर्तक
Refractory उच्चतापसह, दुर्गलनीय
Refractory metal उत्तापसह धातु
Refractory period अप्रतिचार अवधि
Refrangent, Refringent, Refractive भुजायी, अपवर्ती
Refrangibility भुजेयता, अपवर्त्यता
Refrangible वर्तनीय, भुजेय, अपवर्तनीय, अपवर्त्य
Refree method निर्णायक पद्धति
Refreezing पुनर्हिमीकरण
Refrigerant, Refrigerator (invented by Scotish physician William Cullen in 1748 A.D.) प्रशीतक, प्रशीतित्र (उपकरण)
Refrigerate, Refrigerating, Refrigeration प्रशीतित करना, प्रशीतन
Refrigerative, Refrigeratory प्रशीतकारी

Term	Hindi
Refringence	भुजायिता, अपवर्तिता
Refringent, Refracting, Refrangent	अपवर्तक, भुजायी, अपवर्ती
Refulgence	दीप्ति, प्रभा, द्युति, ज्योति
Refulgent	देदीप्यमान, द्युतिमान, चमकदार
Refurbished	नवनिर्मित, नवसज्जित, नवीनीकृत
Refurnished	पुनःसज्जित
Refuse	कचरा, उच्छिष्ट, कूड़ा-करकट, अस्वीकार/मना करना
Refutation	निराकरण, खण्डन
Reg	बजरी, मरुस्थल
Regardant	परिदर्शक, पश्चाभिमुख
Regelation	पुनर्श्लिषकन, पुनर्हिमायन, पुनःश्यानन
Regeneracy	नवजीवन, पुनर्जीवन
Regenerate	पुनर्योजित करना, पुनर्जीवित करना, पुनरुत्पादित करना
Regeneration	पुनरुत्पादन, पुनरुद्भवन, पुनर्जनन
Regenerative	पुनरुत्पादी, पुनर्जननशील, पुनर्योजी
Regenerator	पुनर्जनक, पुनर्जनित्र
Regenesis	पुनरुत्पत्ति, पुनरुद्भव
Regimen	पथ्यापथ्य नियम, अन्वय
Region, Area	क्षेत्र, दायरा
Regionation	क्षेत्रीयकरण
Register	पञ्जिका, पञ्जीकृत करना, सूचक, चिह्निका, नियामक
Reglet	पट्टिका, पट्टि
Regma	स्फोटि-वेश्मी (फल)
Regolith	आवरण प्रस्तर
Regorge	उगलना, बह निकलना, फिर निगलना, फिर से उठना, उल्टा बहना
Regradation	पुनःश्रेणीकरण
Regress, Regression	समाश्रयण, प्रतिगमन, पश्चगमन, प्रतिक्रमण, प्रतीपायन
Regressive	पश्चगामी, प्रतिक्रामी, समाश्रयी, प्रतीपगामी, प्रतिगामी, आलसी
Regrouping	पुनःसमूहीकरण, पुनःसमूहन
Regrowth	पुनर्वृद्धि, पुनःरोहण
Regulable	नियम्य, नियन्तव्य
Regulate	नियमित करना, विनियमित करना, नियन्त्रित करना
Regulated	विनियमित, नियन्त्रित, सुव्यवस्थित
Regulating, Regulator	नियामक, विनियामक, नियन्त्रक
Regulation	नियमन, विनियमन
Regulative, Regulatory	नियमकारी, विनियमकारी
Regulator gene	नियामक जीन
Regulus	धातुक (धातु मैल), मघा (नक्षत्र), दीप्तशिख (पक्षी)
Regurgitant	प्रत्यावह, प्रत्यावर्ती
Regurgitated	उद्गलित, उड़ेला या उमड़ा हुआ
Regurgitate, Regurgitation	वमन करना, उगलना, प्रत्यावहन, उगाली, प्रति-क्षेपण, उद्गिरण, प्रत्यावर्तन
Rehabilitation	पुनर्वास, पुनर्वासन, पुनःप्रतिष्ठापन, स्वास्थ्यलाभ
Rehalation, Rebreathing	पुनर्श्वसन
Reheating	पुनस्तापन
Rehydration	पुनर्जलीकरण, पुनर्जलयोजन
Reimmunised	पुनर्रोधक्षम, पुनर्प्रतिरक्षित
Reimplant, Reimplantation	पुनरान्तर्रोपित करना, पुनरान्तर्रोपण
Reimpose	पुनरारोपित करना
Reimposed	पुनरारोपित
Reimposition	पुनरारोपण
Reimpregnate, Reimpregnation	पुनःसंसेचित करना, पुनः गर्भित होना, पुनःसंसेचन, पुनः गर्भाधान
Reimpregnated	पुनःसंसेचित, पुनर्व्याप्त, पुनर्गर्भित
Rein	रश्मि, रास, लगाम, बागडोर
Reincarnation	पुनर्जन्म
Reinfection	पुनस्संक्रमण
Reinfestation	पुनरुत्पीड़न, पुनर्ग्रसन
Reinfiltration	पुनरान्तःस्यन्दन
Reinforced	प्रबलित, सम्बलित, उपोदबलित
Reinforcement	प्रबलन, सम्बलन, पुनर्बलन
Reinforcing agent	प्रबलक, सम्बलनकर्ता
Reinoculate, Reinoculation	पुनः संरोपित करना, फिर से टीका लगाना, पुनःसंरोपण
Reinstitution	पुनःस्थापना, पुनःसंस्थापन
Re-irradiated	पुनःकिरणित
Reiterate, Reiteration	बार-बार दोहराना, आवृत्ति
Rejectamenta	कूड़ा-करकट, विष्ठा, क्षिप्तक
Rejuvenate, Rejuvenation	फिर से जवान होना/करना, पुनर्युवन, पुनर्यौवनीकरण, कायाकल्प
Rejuvenated	पुनरुद्भूत, पुनर्युवाभूत, पुनर्युवनित

Rejuvenescence पुनर्युवन, पुनर्यौवन प्राप्ति
Rejuvenile पुनर्युवा, पुनर्यौवन प्राप्त
Rekindle फिर जलाना या जलना, पुनः प्रज्वलित करना
Relapse, Relapsing स्थिति फिर से बिगड़ना, पलटाव, आवर्तन, पुनरावर्तन
Relapsing fever पुनरावर्ती या आवर्ती ज्वर
Relative सापेक्ष, आपेक्षिक, सम्बन्धी
Relative density आपेक्षिक घनत्व
Relative humidity आपेक्षिक आर्द्रता
Relative solubility आपेक्षिक विलेयता
Relativism सापेक्षता, सापेक्षवाद
Relativistic आपेक्षिकीय
Relativity सापेक्षता, आपेक्षिकता
Relax, Relaxation ढीला करना, तनावमुक्त होना, आराम करना, विश्रान्ति, शिथिलन
Relaxed शिथिल, तनाव मुक्त, विश्रान्त
Relaxant शिथिलक, विश्रान्तिकर, आरामदायक
Relay प्रसारित करना, प्रसारण, अभिचालन, योजन, पुनर्प्रसारण, घोड़े की डाक, अभिचालित्र, योजित्र
Relay station प्रसारण केन्द्र
Release, Releasing मुक्त होना/ करना, छोड़ना, मोचन, उन्मोक
Released मुक्त, मोचित, निर्मुक्त
Releaser मोचक, मोचित्र (यन्त्र)
Relegate, Relegation दूर करना, पीछे करना, निर्वासन, अपोहन
Relevant संगत, प्रासंगिक, सम्बद्ध
Relevance, Relevancy संगति, प्रासंगिकता, सम्बद्धता
Relic, Relics (pl.) उद्भृत, अवशेष, शव
Relict अवशिष्ट (जैविक), विधवा
Reliction अवशिष्टन
Relief valve मोचन कपाट
Relinquish छोड़ना, त्यागना
Reliquefication पुनर्द्रवीकरण
Reliquiae जैवावशेष, जैविक अवशेष
Relish स्वाद, रस, आकर्षण
Relishable स्वादिष्ट, सुस्वादु
Reluct अनिच्छा/अरुचि दिखाना, प्रतियसन
Reluctance अनिच्छा, अरुचि, प्रतियास, प्रतिष्टम्भ (विद्युत का)
Reluctant अनिच्छुक, प्रतियासी
Reluctivity प्रतियासिता, प्रतिष्टम्भता
Relume फिर से चमकाना/जलाना
Reluxation पुनर्विस्थापन

Remainder, Remaining अवशिष्ट, शेष, अवशेष
Remainders अवशेष, शव
Remake, Remaking फिर से बनाना, पुनर्निर्माण
Remanent अवशिष्ट
Remarkable उल्लेखनीय, विशिष्ट, विलक्षण
Remediable नैदान्य, साध्य, उपचार्य, इलाज योग्य
Remedial प्रत्युपायी, उपचारी
Remediless असाध्य, अनुपचार्य
Remedy प्रत्युपाय, निदान, उपाय, उपचार, प्रतिविधि
Remember स्मरण या याद करना/ रखना
Remembrance याद, स्मरण, स्मरणशक्ति
Remex, Remiges (pl.) पक्षपिच्छ, पूँछ के पंख, नाड़ीपत्र
Remineralization पुनर्खनिजीकरण, पुनर्खनिजीभवन
Reminiscence स्मरण, स्मृति, प्रबोध
Reminiscent प्रबोधक, स्मरणकारी, स्मरणशील
Remise त्यागना, छोड़ देना
Remiss दुर्बल, आलसी, असावधान
Remnant अवशिष्ट भाग, शेषांश, शेष
Remodel फिर से ढालना, पुनर्निर्माण करना, नया रूप देना
Remodelling पुर्नरूपण, पुनर्निमाण
Remoistening पुनरार्द्रण
Remontant अनुपुष्पी
Remote दूर, दूरस्थ, दूरवर्ती, सुदूर
Remote control सुदूर नियन्त्रण
Remote sensing दूर संवेदी
Remould, Remoulding फिर से साँचे में ढालना, पुनर्सञ्चकन
Remount फिर से चढ़ाना/जड़ना, पुनरारूढ़ होना/करना
Remounting पुनरारोपण, पुनरारोहण
Removable अपनेय, निष्कासनीय
Removal निष्कासन, अपनयन
Remover अपसारक, अपनयक, निष्कासित्र, हटाने वाला
Remyelination पुनर्विमज्जीकरण, पुनर्विमज्जीभवन
Renaissance पुनर्जीवन, पुनर्जागरण, नवचेतना
Renal (a Latin word ren means kidney) वृक्क-, वृक्कीय
Renal calculus वृक्काश्मरी, गुर्दे की पथरी
Renal corpuscles वृक्क पिण्डाणु

Renal failure	वृक्क पात, वृक्कीय अपकर्मता
Renal organ	वृक्कांग
Renal portal circulation	वृक्क निर्वाहिका परिसञ्चरण
Renal portal system	वृक्क निर्वाहिका उपतन्त्र, वृक्ककेशिका-भाजि संहति
Renal sac	वृक्क गोणी
Renal sinus	वृक्क कोटर, वृक्कविवर
Renal threshold	वृक्क धारण-सीमा
Renal vessel	वृक्क वाहिका
Renascence	पुनर्जीवन, पुनर्जीविता
Renascent	पुनर्जीवित, पुनर्जागृत
Renculus, Reniculus, Renunculus	वृक्कपालिका
Renew	पुनर्नवीन, फिर से नया या ताज़ा करना
Renewable energy	पुनर्नवीकरणीय ऊर्जा, नवीकरणीय ऊर्जा
Renidify	फिर से नया घोंसला बनाना
Reniform, Reniformis	वृक्काकार, गुर्दारूपी
Renin	वृक्कि
Rennet	दही का जामन, बच्चे के पेट से निकला जमा दही
Renogastric	वृक्कजठरीय
Renogenic, Nephrogenic	वृक्कजनी, वृक्कजनित, वृक्कजनक
Renography	वृक्कालेखन
Renopathy	वृक्कविकार, गुर्दा रोग
Renotropic, Nephrotropic,	वृक्कानुवर्ती
Renotrophic Nephrotrophic	वृक्कवर्धी, वृक्कपोषी
Renovate, Renovation	नया करना, नवीनीकरण, पुनरुद्धार
Renumbering	पुनर्संख्यांकन, फिर से संख्या डालना
Reobservation	पुनरावलोकन
Reorganization	पुनःसंघटन, पुनर्गठन
Reorientation	पुनराभिविन्यास, पुनराभिमुखीकरण, पुनरानुस्थापन
Reovirus (respiratory enteri-orphars, REO-virus)	श्वास आन्त्र निरोग विषाणु (शनि)
Repair, Repairing, Reparation	सुधार, मरम्मत, सन्धान, विरोहण, क्षतिपूर्ति
Repaired	सुधारित, सुधृत
Repand	कोरतरंगी

Reparable	सुधार्य, मरम्मत योग्य
Reparative	क्षतिपूरक, सुधारात्मक
Repeating, Repetitive	पुनरावर्ती, पुनरावर्तनकारी, पुनरावर्तनशील
Repel	प्रतिकर्षित होना या करना
Repellent, Repelling, Repulsive	प्रतिकर्षी, विकर्षक, प्रतिकर्षणशील, विकर्षणकारी
Repens, Repent	सर्पी, विसर्पी, भूमि पर रेंगने वाला
Repercussion	प्रतिक्षेप, प्रतिध्वनि, प्रतिक्रिया, प्रतिघात
Repercussive	प्रतिक्षेपी, प्रतिध्वनिक
Repertory	संग्रहस्थल, भण्डार
Repetend	आवर्ती अंक, टेक
Replace	प्रतिस्थापित करना
Replacing	प्रतिस्थापी
Replacement	प्रतिस्थापन
Replant, Replanting	पुनःरोपना, पुनर्रोपित करना, पुनर्रोपण
Replete	परिपूर्ण, परितृप्त, भरपूर
Repletion	परिपूर्णन, परितृप्ति
Replica	प्रतिकृति, प्रतिरूप, प्रतिवलन
Replicate	प्रतिवलित, दोहरा, दोहराना
Replicating, Replicative	प्रतिकृतिकारी, प्रतिरूपण-शील
Replication	प्रतिवलन, पुनरावृत्ति, प्रतिकृतित्व, प्रतिरूपण
Replicator	प्रतिकृतिकारक, प्रतिरूपित्र (यन्त्र)
Replicon	प्रतिकृत्येकक
Replum, Replume	कूटपट्ट, जरायु कंकाल
Repolarization	पुनर्ध्रुवण
Report	प्रतिवेदन, संवाद, जानकारी देना
Reportable	प्रतिवेद्य
Reporter	प्रतिवेदक, संवाददाता
Repose, Reposition	पुनर्स्थापन, अभिशयन, शयन
Repository	भण्डार, संग्रह, गोदाम, सुरक्षाकोष
Repousse	उभारदार, उभरा हुआ चित्र, धातु पर उभरी नक़्क़ाशी
Repressible	दमनीय
Repression	दमन, निरोध, निग्रह
Repressor, Repressant, Repressive	दमनकारी, निरोधी, निरोधक, दमनात्मक, दमनशील, निरोधात्मक
Reprint	पुनर्मुद्रित करना, पुनर्मद्रण, पुनर्मुद्रित-सामग्री, प्रति
Reprocessed	पुनर्संसाधित पुनर्विधायित

Reproduce पुनः उत्पन्न करना, पुनरुत्पादित करना
Reproduced पुनरुत्पादित, पुनरुत्पन्न
Reproducer पुनरुत्पादित्र, पुनरुत्पादक
Reproducibility पुनरुत्पाद्यता, पुनरुत्पादन क्षमता, पुनरुत्पादनीयता
Reproducible पुनरुत्पाद्य, पुनरुत्पादनीय
Reproduction पुनरुत्पादन, प्रजनन, जनन
Reproduction cycle जनन चक्र
Reproductive जननशील, जननात्मक, जनन-
Reproductive cyst जनन पुटी
Reproductive organ जननांग, जननेन्द्रिय, प्रजननांग
Reproductive system जनन तन्त्र, प्रजनन प्रणाली
Reproductivity जननशीलता, जननक्षमता
Reptans परिसर्पण
Reptant, Reptigrade विसर्पी, सर्पी, रेंगने वाला
Reptile, Reptilian (animals belong to class Reptilia), Reptiles (pl.) सरीसृप जन्तु, उरग, सरीसृपीय
Reptilia (a class of snakes, lizards, turtles, chameleons and crocodiles under phylum Chordata) सरीसृप (मेरुदण्डी जन्तुओं का एक वर्ग), उरग (रेंगने वाले प्राणि)
Repugnance, Repugnancy प्रतिकूलता, अरुचि, असंगति
Repugnant प्रतिकूल, प्रतिसारी, असंगत, अरुचिकर
Repulsed प्रतिकर्षित, प्रतिकृष्ट, अपकर्षित, अपकृष्ट
Repulsion प्रतिकर्षण, अपकर्षण, विकर्षण, अपासन
Repulsive प्रतिकर्षी, विकर्षी, निषेधक
Requisite अपेक्षित, आवश्यक
Rescission मंसूखी, निरसन
Rescissory निरसनकारी
Research अनुसन्धान, अन्वेषण, खोज, गवेषणा, शोध
Research department explosive-RDX, (a white solid organic highly explosive nitromide chemical with formula, $(O_2NNCH_2)_3$, Royal demolition explosive, Cyclonite, Hexogen आर.डी.एक्स. (एक शक्तिशाली घातक विस्फोटक)
Researcher अनुसन्धानकर्ता, शोधकर्ता, अन्वेषक
Resect अपछेदन करना
Resection अपछेदन, स्थिति निर्धारण
Resectoscope निष्कासक (यन्त्र)
Resemble सदृश होना, साम्य रखना
Resemblance समानता, साम्य, सादृश्य
Resequent नवानुवर्ती
Reservoir कुण्ड, जलाशय, आशय, आधान, पात्र
Residual, Residuary, Residue, Residuum, Residua (pl.) अवशिष्ट, अवशेष
Resile लचीला होना, उछालना, नयी शक्ति आना
Resilience, Resiliency समुत्थान, लोच, शक्ति, प्रतिस्कन्दन, नम्यता
Resilient प्रतिस्कन्दी, लोचदार, नम्य
Resin (a natural sap/ latex of coniferous trees used for production of plastic, varnish, perfumes etc.) राल, बिरोजा, धूना, उद्यास
Resined उद्यासित, रेजिन लगा हुआ
Resiniferous, उद्यासी, उद्यासमय, रालदार,
Resinous उद्यासवत्, रेजिनयुक्त
Resistance प्रतिरोध, तितिक्षा
Resistant, Resistate, Resistive प्रतिरोधी, प्रतिरोधक, प्रतिरोधनशील
Resistibility प्रतिरोध्यता, प्रतिरोधनीयता
Resistible प्रतिरोध्य, प्रतिरोधनीय
Resistivity प्रतिरोधकता, प्रतिरोधिता
Resistor प्रतिरोधित्र
Resoluble, विघट्य, विलेय, विश्लेष्य
Resolutive विघटनशील, विलयकारी
Resolve विभेद करना, विभेदन
Resolvent विभेदक, विघटक, शोथहर
Resolving, विघटनकारी, विभेदी,
Resolutory विखण्डी, वियोजी
Resolving power प्रभेदन क्षमता, विभेदनशक्ति
Resonance प्रतिस्वन, अनुनाद, गूँज, संस्पन्दन, अनुकम्पन
Resonant अनुनादी, गुञ्जायमान
Resonate अनुनाद करना या होना
Resonating, अनुनादी, प्रतिस्वनी,
Resonate अनुनाद करना, प्रतिस्वन
Resonation अनुनादन, प्रतिस्वनन
Resonator अनुनादित्र (यन्त्र), प्रतिस्वनक
Resorb फिर से सोखना या चूसना
Resorption पुनर्शोषण, पुनश्चूषण

Resource	संसाधन, उपाय, युक्ति, सम्पदा
Resperse	छिड़कना
Respirability	श्वसनीयता
Respirable, Inhalable	श्वसनीय, अन्तःश्वसनीय
Respiralization	पुनःकुन्तलन
Respiration	श्वसन, श्वासोच्छ्वास
Respirator	श्वसनकर्ता, श्वसित्र
Respiratory	श्वसनी, श्वसन, श्वास
Respiratory quotient (RQ- a ratio of CO_2 produced and O_2 consumed by an organism during food metabolism)	श्वसनी लब्धि (शारीरिक चयापचय दर ज्ञात करने की एक आयामरहित संख्या), श्वसन भागफल
Respire	साँस लेना, श्वसन करना
Respironics (an electronic device for obstructive sleep apnea care and improve resporatary functions)	श्वसनिकी
Respiroscope	श्वसनदर्शी
Respite	विलम्ब, विराम, स्थगन
Resplendence, Resplendency	दीप्ति, चमक, ज्योति, समुज्ज्वलता
Resplendent	देदीप्यमान, दीप्त, समुज्ज्वल, चमकीला
Respond	अनुक्रिया दिखाना, प्रतिचार होना
Responder	उत्तरदाता, प्रत्यर्थी, प्रतिचारी
Responder cell	अनुकारी कोशिका
Responding	प्रतिचारी, अनुकारी
Response	अनुक्रिया, प्रतिक्रिया, प्रतिचार
Responser	प्रतिउत्तरदर्शी, उत्तरदाता
Responsive	अनुक्रियाशील, प्रतिसंवेदी, प्रभावनीय
Respule (a plastic ampule with measured dose of inhalable liquid/ powdered medicine)	श्वास-तुम्बिका, श्वसन-तुम्बिका
Restans	दीर्घस्थायी
Restaurant	उपाहारगृह, आहार-गृह
Rest cure	विश्रान्ति चिकित्सा, विश्रामोपचार, विरामोपचार
Restiform (derived from Latin words restist forma meaning rope shaped, a rope like large lateral part of inferior cerebellar peduncle)	रज्जुरूप
Resting	सुप्त, विरामी, शान्त
Resting period	विश्रान्तिकाल, सुप्तकाल, विश्राम-अवधि
Resting spore	सुप्त-बीजाणु
Restitution	प्रत्यानयन (वापसी), क्षतिपूर्ति, पुनःप्रतिष्ठापन, प्रत्यवस्थापन
Restive	दुर्दमनीय, बेचैन, अड़ियल
Restlessness	व्यग्रता, बेचैनी
Restock, Restocking	पुनर्संग्रहण, पुनर्सञ्चयन
Restoration	प्रतिस्थापन, पुनःस्थापन, पुनरुद्धार
Restorative	स्वास्थ्यकारी, पुनर्संग्रहणशील, पुनःस्थापी
Restore, Resume	पुनःस्थापित करना, पूर्वावस्था में आना
Restored	पुनःस्थापित, प्रतिस्थापित
Restoring force	प्रत्यानयन बल
Restrain	रोकना, नियन्त्रित/ सीमित/निरोध करना
Restraining	निरोधी, निरोधन
Restraint	निरोध, नियन्त्रण, संयम
Restricted	प्रतिबन्धित, नियन्त्रित, संयत
Restrictor	नियामक, प्रतिबन्धक
Resublimed	पुनरुर्ध्वपातित
Resultant, Resulting	परिणामी, परिणामिक
Resumption	पुनरारम्भ, पुनर्ग्रहण
Resupination	प्रतिवृत्ति, प्रतिवर्तन
Resupinate	प्रतिवृत, विपर्यस्त
Resurge	पुनर्जीवित होना, स्वस्थ होना
Resurgence	पुनरुत्थान
Resurgent	पुनरुत्थित
Resuscitate	पुनर्जीवित करना
Resuscitation,	पुनरुज्जीवन, पुनर्जीवन,
Resurrection	पुनःप्रकटन, मृतोत्थान, पुनश्चेतन
Resurrection plant	पुनर्जीवनी पादप
Ret	गलाना, सड़ जाना
Retain	प्रतिधारण करना, रोक रखना
Retained	प्रतिधारित, धारित
Retard	विमन्दन, धीमा करना, विलम्ब करना
Retardation	मन्दन, विमन्दन, विलम्बन, दुर्बलता
Retarded	मन्दित, विमन्दित, विलम्बित
Retarder, Retarding	मन्दक, मन्दकारी, विलम्बी
Retarred	पुनर्विरालित
Retch, Retching	उबकाई, मिचली, वमन का प्रयत्न
Rete, Reticule	जाल, जालिका, जाली

Retention	प्रतिधारण, धारण, अवधारण, रोके रखना
Retentive	धारणशील, प्रतिधारी
Retentivity	प्रतिधारिता, धारणशीलता
Retenue	आत्मसंयम
Retiary	जालिकीय, जालवत्, जालधारी
Reticle, Grate	जाली, जालिका, झँझरी
Reticular, Reticulate	जालीय, जालिकारूपी, जालमय
Reticulation	जालिकायन, जाल-रचना, जाल-विन्यास
Reticulatus, Reticuloid	जालसम, जालिकाभ, जालीवत्
Reticule	जालक, जालिका, जालीदार बटुआ
Reticulocyte	जालककोशा, जालिकाणु
Reticulocytosis	जालिकाणुता, जालककोशता
Reticulopod, Reticulopodium, Reticulopodia (pl.)	जालिकापाद
Reticulothelium, Reticulothelia (pl.)	जालिकाच्छद, जालिका कला
Reticulum, Reticula (pl.)	जाल, जालिका, जुगाली वाले पशुओं का द्वितीय आमाशय
Retiform	जालरूपी, जालिकाकार
Retina (an image forming inner layer of eye)	दृष्टिपटल, मूर्तिपटल, रूपाधार
Retinaculum, Retinacula (pl.)	बन्धपट्टिका, बन्धपट्ट
Retinal	मूर्तिपटीय, दृष्टिपटलीय, मूर्तिपट-
Retinitis	मूर्तिपटशोथ, दृष्टिपटलप्रदाह
Retino-blastoma	नेत्रार्बुद (आँख का एक कैंसर)
Retinography	दृष्टिपटलचित्रण, मूर्तिपटचित्रण
Retinology	मूर्तिपटविज्ञान, दृष्टिपटल विज्ञान, दृष्टि पटलिकी
Retinopathology	मूर्तिपट विकृति विज्ञान
Retinopathy	मूर्तिपटविकृति
Retinosis	दृष्टिपटल-क्षय, मूर्तिपट-क्षय
Retinotoxic	दृष्टिपटलविषालु, मूर्तिपटविषाक्त
Retinotoxicity	दृष्टिपटल विषालुता, मूर्तिपट विषाक्तता
Retinula	दृष्टिपटलक, मूर्तिकौश
Retinular	दृष्टिपटलकीय, मूर्तिकौशीय
Retort	भभका, बकभाण्ड, बक-यन्त्र, शोधन/प्रतिकार करना
Retortion	मोड़, जवाबी कार्रवाई
Retro-caval	पश्च-महाशिरीय, महाशिरा-पश्च
Retouch	अनुशोधन करना, परिष्कार करना
Retouched	परिष्कृत, अनुशोधित
Retrace, Retracement	प्रतिगमन, पुनरांकन, पुनरानुरेखण
Retract, Retraction, Retractation	पीछे खींचना, खींच लेना, सिकोड़ना, प्रत्याकर्षण, प्रतिगमन, प्रतिकर्षण, आकुञ्चन
Retractable, Retractile	प्रत्याकृष्य, आकुञ्चनीय
Retractive	प्रतिकर्षणशील, आकुञ्ची, प्रत्याकर्षी, प्रतिगामी
Retractor	आकुञ्चक, प्रत्याकर्षित्र, प्रतिकर्षक
Retrad	पश्चवर्ती
Retral	पश्च
Retreading	पुनश्चारण, चारनवन, पुराने टायर को नया करना
Retreat	अपसरण, निवर्तन, पश्चगमन, पीछे हटना
Retrice, Retrices	पुच्छ, पिच्छ
Retrievable	पुनःप्राप्य, सुधार्य
Retrieval	पुनर्प्राप्ति, सुधार
Retrieve	पुनः प्राप्त करना, सुधारना
Retro- (a Latin word for back or behind-prefix)	पश्च-, प्रति-, प्रतीप-, पूर्व-
Retroaction	पश्चक्रिया, पूर्वप्रभावन
Retroactive	पूर्वव्यापी, पूर्वप्रभावी
Retrocardiac	पश्चहृद्
Retrocerebral	पश्चप्रमस्तिष्कीय
Retrocession	पश्चगमन, व्युत्क्रमण
Retroculture	पुनःसंवर्धन
Retroflex, Retroflexion	प्रत्यग्वक्र, पीछे मुड़ा होना, प्रतीपवर्तन, प्रत्यपवर्तन
Retrognathism	पश्चहनुता (टुड्डी का पीछे दबा होना)
Retrogradation	पश्चगमन, पश्चक्रमण
Retrograde	पश्चगतिक, अवनतिशील
Retrograding,	प्रतिगामी, प्रतिक्रमणी,
Retrogressive	पश्चगामी, प्रतीपगामी
Retroinfection	प्रतिसंक्रमण
Retromammary	स्तनपृष्ठ
Retromorphosis	प्रतिरूपान्तरण, प्रत्यन्तरण
Retroperitoneal	उदरच्छद-पृष्ठीय
Retroperitoneum	पश्चोदर, उदरच्छद-पृष्ठ
Retropharyngeal	ग्रसनी-पृष्ठीय
Retro-pubic	समवाय-पश्च, जघन-पश्च
Retropulsion	प्रतिक्षेपण

Retro-rectal मलाशय-पश्च
Retro-rocket पश्चगतिक रॉकेट
Retrorse पश्चमुख
Retrospective पश्चोन्मुख, पूर्वव्यापी, भूतप्रभावी
Retrosternal उरोस्थि पृष्ठ, वक्षास्थि-पश्च
Retrousse (a French word) ऊपर मुड़ा/उठा हुआ
Retrouterine गर्भाशय-पृष्ठ
Retroversion पश्चनति, पीछे की ओर घुमाव, प्रतिवर्तन
Retroverted पश्चनत
Retrovirus प्रतिगामीविषाणु, पश्चविषाणु
Retting तन्तुवेचन, सड़ाना
Retuse गर्तकी, खाँचाग्री
Reunient पुनर्युज, पुनर्योजक
Reunion, Reunition पुनर्योजन, पुनर्मिलन
Reuse, Reutilize पुनरुपयोग
Rev परिक्रमण (इञ्जन का), परिक्रमण गति बढ़ाना
Revalue, Revaluation पुनर्मूल्यन करना, पुनर्मूल्यन
Revegetation पुनर्प्ररोहण
Reverberant, Reverberative गुञ्जायमान, प्रतिध्वनिक, परावर्तक, गुञ्जनशील
Reverberate प्रतिक्षेपित, परावर्तित करना
Reverberation अनुरञ्जन, अनुरणन, प्रतिनाद परावर्तन, गुञ्जन, प्रतिध्वनि
Reverberatory परावर्तनी, प्रतिक्षेपी, प्रतिनादी
Reverberatory furnance परावर्तन भट्ठी
Reverse प्रतीप, उत्क्रम, प्रतिलोम, विपरीत, उल्टा, विपर्यय
Reversed उल्टा, विपर्ययस्त, प्रतिवर्तित
Reversibility उत्क्रम्यता, उत्क्रमणीयता, प्रत्यावर्त्यता
Reversible उत्क्रम्य, उत्क्रमणीय, प्रत्यावर्त्य, व्युत्क्रम्य
Reversing प्रत्यावर्ती, उत्क्रामी
Reversion, Reversal उत्क्रमण, प्रत्यावर्तन, उलटाव, व्युत्क्रमण
Revertant प्रत्यावर्त
Revert, Reverted प्रत्यावृत, प्रत्यावर्तित, उत्क्रमित, व्युत्क्रमित
Revertible प्रत्यावर्त्य, उत्क्रम्य
Revet लेप लगाना, पलस्तर लगाना
Revetment लेप, पलस्तर
Revisal संशोधन
Revitalize, Revitalization पुनः जीवन्त करना, पुनर्प्राणन, नवजीवन सञ्चार
Revival, Revivification पुनर्जीवन, पुनरुज्जीवन
Revive, Revivify पुनर्जीवित करना, नवजीवन देना, होश में लाना, पुनः चैतन्य करना
Reviviscence पुनर्जीविता, नवजागृति
Reviviscent पुनर्जीवनक्षम
Revivor पुनर्जीवनदाता, पुनर्जीवी
Revolute कोरकुञ्चित होना, बहिर्वलित होना, किनारा मुड़ा हुआ
Revolution परिभ्रमण, परिक्रमण, क्रान्ति
Revolution per minute (r.p.m.) चक्कर प्रति मिनट
Revolve चक्कर लगाना, परिक्रमा करना, घूमना
Revolver परिक्रमक, परिभ्रमक, तमन्चा, रिवाल्वर
Revolving परिक्रमी, परिभ्रामी, आवर्ती, घूर्णायमान, भ्रमतु, चक्री
Revolving storm परिभ्रामी तूफ़ान
Revulsant, Revulsive प्रत्युत्तेजक, प्रतिकारी, बीभत्स
Revulsion प्रत्योत्तेजन, आकस्मिक प्रतिक्रिया, जुगुप्सा
Rewind फिर से लपेटना
Rh antigen, Rh blood group, Rh factor (an antigen, present on plasma membrane of erythrocytes of Rhesus monkey, discovered in 1940 A.D. by Land-steiner & Weiner) आर. एच. प्रतिजन आर. एच. कारक (लघुपुच्छ वानर के लाल रक्त कोशिकाओं के सतह पर पाया जाने वाला रक्त समूहकारक प्रतिजन जो किसी व्यक्ति के रक्त में होने पर वह आर. एच. धनात्मक नहीं तो आर. एच. ऋणात्मक होगा)
Rh negative आर. एच. ऋणात्मक (प्रतिजनरहित रक्त)
Rh positive आर. एच. धनात्मक (प्रतिजनसहित रक्त)
Rhabdite, Rhobdite यष्टिका, वेतसी
Rhabditiform, Rhabditoid वेतसीरूप, यष्टिकारूप, यष्टिकाभ
Rhabditis यष्टिकाशोथ, वेतसीप्रदाह
Rhabdocoel यष्टिगुहा, दण्डगुहा
Rhabdolith दण्डाश्म
Rhabdomere दण्डखण्ड
Rhabdosome दण्डकाय
Rhabdovirus (a rod shaped RNA virus causing rabies) दण्डविषाणु
Rhagadiose प्रविदीर्ण
Rhagon गुटिका (एक प्रकार का स्पञ्ज)

Term	Hindi
Rhammite	उर्मिक ग्रन्थि या पट्टी (मस्तिष्क में)
Rhamnolipid	रक्तरोहितवसा
Rhamphotheca	चञ्चु आवरण
Rhatany root	गल्यमूल
Rhea (*Rhea* sp., a flightless bird of family Rheidae like ostrich and emu), Rheas (pl.)	उष्ट्रपक्षी, रीया (दक्षिण अमेरिकी तीन अँगुलियों वाला शुतर्मुर्ग़)
Rheokinesis	धारागतिक्रम
Rheokinetic	धारागतिक
Rheokinectics	धारागतिकी
Rheology (a Greek word rheo means flow, study of flow of liquids/semi-solids)	स्राविकी, द्रवगतिकी, धाराविज्ञान, प्रवाहिकी, स्रावविज्ञान
Rheometer (a device to measure flow of liquids)	प्रवाहमापी
Rheomorphism	धारारूपान्तरण, प्रवाह रचना
Rheophile, Rheophilic, Rheophilous	धारारागी, धारावासी
Rheophyte	प्रवाहोद्भिद्
Rheoplankter, Rheoplankton (pl.)	धाराप्लवक
Rheoreceptor	धाराग्राही, प्रवाहसंवेदांग
Rheostat	धारानियन्त्रक, स्रोतस्थाप, प्रतिस्थाप
Rheotactic	धारानुचलनी, स्रावक्रमी
Rheotaxis, Rheotaxy	धारानुचलन, प्रवाहक्रम, स्रावक्रम
Rheotropism, Rheotropy	धारानुवर्तन, प्रवाहानुवर्तिता
Rhesus factor, Rh factor, Rh antigen	रीसस कारक, आर.एच. प्रतिजन
Rhesus monkey Rhesus macaque (*Macaca mulatta*, a brown coloured Old World monkey with red face, a tailed wild primate of family Cercopithecidae)	लघुपुच्छ वानर (एक अफ्रीकी बन्दर)
Rheum, Rheuma (a Greek word for watery nasal discharge)	कफ, जुकाम, नासास्राव, प्रतिश्याय
Rheumatic	सन्धिवातीय, आमवातिक, गठियाग्रस्त
Rheumatic fever	आमवातिक ज्वर
Rheumaticosis	सन्धिवातीयता
Rheumaticky	आमवात ग्रस्त, गठिया पीड़ित
Rheumatism	सन्धिवात, गठिया (एक अस्थिरोग)
Rheumatoid	सन्धिवाताभ, लघुसन्धिग
Rheumatoid arthritis	आमवाताभ सन्धिशोथ
Rheumatology	सन्धिवातिकी, आमवातिकी, सन्धिवातविज्ञान
Rheumy	श्लेष्मिक, नासास्रावी, प्रतिश्यायी
Rhexis	विदीर्णता, स्फुटन
Rhinal, Nasal	घ्राण, नासिकीय, नासीय
Rhinalgia, Rhinodynia	नासाशूल
Rhinarium	नासा खलति
Rhinencephalon	घ्राण मस्तिष्क
Rhinenchysis	नासान्तःक्षेप
Rhine stone (a rock crystal of Rhine river, as imitation of diamond)	बिल्लौर (एक पारदर्शी पत्थर)
Rhineurynter (a small inflatable elastic bag used for plugging nose)	नासारोध
Rhinitis (hay fever, caused by pollens)	नासाशोथ, नासिका प्रदाह, प्रतिश्याय
Rhino- (a Greek word rhino means nose - prefix)	नासा-, नासिका-, घ्राण-
Rhino, (*Rhinoceros* (a large eutherian odd toed ungulate mammal of family Rhinocerotidae with one or two keratinous horn on nose)	गैण्डा, गण्डक (एक स्थूल शाकाहारी वन्य स्तनधारी)
Rhinobyon	नासा-निग
Rhinocaul	घ्राण-पथ, गन्ध-पथ,
Rhinocoel	नासा-गुहा, घ्राण-गुहा
Rhinodynia, Rhinalgia	नासापीड़ा, नासाशूल
Rhinogenic, Rhinogenous	नासिकाजनी, नासिज
Rhinology, Rhiniatry	नासाविज्ञान, नासिकी
Rhinoplasty	नासाभिघटन

Rhinopharyngitis नासा-ग्रसनी-शोथ
Rhinopharynx नासा-ग्रसनी
Rhinophore घ्राणधर, गन्धांगक
Rhinophyma नासा-पिटक
Rhinopolypus, Nasal polyp नासा-मासांकुर, नाँकड़ा
Rhinorrhagia नासारक्तस्राव
Rhinorrhoea नासास्राव
Rhinoscleroma नासाजारठ्य
Rhinotomy नासिकोच्छेदन
Rhinovirus (a picorna virus causing common cold) नासाविषाणु
Rhizanthous मूलजपुष्पी
Rhizo-(a Greek word rhiza means root - prefix) मूल-
Rhizobacteria मूलस्थ जीवाणु
Rhizoblast, Rhizoplast कशामूल
Rhizocarp मूलफल, मूलस्थ फल
Rhizocyst मूलस्थपुटी
Rhizodermis मूल त्वचा, मूलीय त्वचा
Rhizogen मूलजन
Rhizoid, Rhizoidal मूलांग, मूलाभासी, मूलाभ, शिफाभ
Rhizomatiform प्रकन्दरूपी, प्रमूलाकार
Rhizomatous प्रकन्दी, प्रमूलीय
Rhizome प्रकन्द, प्रमूल
Rhizomere मूलखण्ड
Rhizomorph मूलरूप, तन्तुजटा, मूलाकार
Rhizomycelium, Rhizomycelia (pl.) मूलाभ कवकजाल
Rhizophore मूलधर, मूलद
Rhizophyllous मूलपर्णी, पर्णमूलीय
Rhizoplane मूलतलीय
Rhizopoda (a class of amoeboid protozoa) मूलपादी (एक आद्य जन्तु वर्ग)
Rhizopodium, Rhizopodia (pl.) मूलपाद, जटापाद
Rhizosphere (earth layer with roots) मूलपरिवेश, मूलमण्डल
Rhobd द्वितीक्षिणका
Rhobdoin ओष्ठगुहाभित्ति
Rhododendron (*Rhododendron* sp., a woody plant of heath family Ericaceae) बुरुन्श (एक पहाड़ी गुलाब जैसे फूलवाली झाड़ी)
Rhodophyceae (a class of marine red algae with red pigment phycoerythrin) लाल शैवाल वर्ग, लोहित शैवाल वर्ग
Rhodoplast लाल लवक, जाम्बु लवक
Rhodotoxin (a neurotoxic nectar of Rhododendron flowers) बुरुन्शाविष
Rhomb, Rhombus समचतुर्भुज, तिर्यग्वर्ग
Rhombencephalon पश्चमस्तिष्क
Rhombic, Rhombus तिर्यग्वर्गीय, विषमलम्बाक्ष, समचतुर्भुजीय
Rhombocoel पश्चमस्तिष्कगुहा
Rhombogene असूत्रभ्रूण
Rhombohedral तिर्यग्फलकीय, तिर्यग्नीकीय, समानान्तरषट्फलक
Rhombohedron तिर्यग्फलक, तिर्यग्नीक
Rhomboid, Rhomboidal (an oblique-parallelogram) तिर्यगायत, चतुष्कोणी, समानान्तर असमचतुर्भुजीय
Rhonchus शुष्कागन्तुक
Rhopalium संस्पर्शक
Rhotacism र-करण ('र' उच्चारण में कठिनाई का वाक्दोष)
Rhubarb (*Rheum rhabarbarum,* a perennial rhizomatous medicinal herb of family Polygonaceae, leaf stalk is of culinary use) रेवत चीनी, रेवा चीनी, रेबन्द चीनी, (एक उपयोगी भोज्य पौधा)
Rhumb-line एकदिश नौ-पथ
Rhynchocoel शुण्डगुहा, तुण्डगुहा
Rhynchodont तुण्डदन्त, शुण्डदन्ती
Rhynchus प्रतुण्ड, शुण्ड
Rhyolite (a silicon rich igneous volcanic rock) वाहाश्म
Rhypophagy उत्सर्गभक्षिता, मलभोजिता
Rhysema झुर्री, सिलवट
Rhythm लय, आवर्तन, सामञ्जस्य, ताल
Rhythmic, Rhythmical लयबद्ध, तालबद्ध
Rhythmicity लयबद्धता
Rhytidosis, Rhitidosis, Rutidosis झुर्रीपन, सिलवटता, झुर्री पड़ना

Riant	प्रफुल्ल, प्रसन्न मुख
Rib	पसली, पर्शुका, शिरा, तीली
Ribbon, Ribband	पट्टी, फ़ीता, धज्जी, पट्टिका
Ribbon-fish (a lampriform pelagic slim ribbon shaped fish of family Trachipteridae)	फ़ीता मछली
Ribonomics (study of ribonucleic acids associated with RNA binding proteins)	किंकराल प्रोभुजकी
Ribophorin	किंकरालधरी, राइबोफोरिन
Ribose (a pentose sugar, monosaccharide with five carban atoms)	किंकरालधु
Ribose nucleic acid (RNA, a biomolecule in cell responsible for protein synthesis and other biological activities of organisms)	किंकरालधु नाभिकाम्ल (किना)
Ribosome	किंकरालपिण्ड, राइबोसोम
Ribovira (a sub-phylum of RNA viruses under phylum Vira and kingdom Monera)	किंकराल-विषाणु (एक उपसंघ)
Rice	तण्डुल, चावल (भूसी उतारा धान)
Rice flake, Beaten rice	चावल का चूरा
Rice moth	धान का कीड़ा, तण्डुल शलभ
Rice nematode (a parasitic nemathelminth of paddy plant)	धानसूत्रकृमि, तण्डुलसूत्रकृमि
Rice paper	तण्डुलपत्र, धान का पतला पारदर्शी खाद्य काग़ज़
Rice water	माँड़ (चावल का)
Rich diet	पौष्टिक आहार
Ricinism	एरण्डिता, एरण्डविषाक्तता
Rickets	सूखा (रोग), सुखण्डी, बालवक्र
Ricketsia	सन्धिपादजीवी
Rickety	सूखा रोगी, सूखा रोगग्रस्त
Ricochet	उछाल, छटकाव, टप्पा
Rictus	जम्हाई, वक्त्रयाम, मुखविस्तार
Riddle	अतिछिद्रण, प्रचालनी, मोटी चलनी, पहेली
Rider	आरोही (तुला का), सवार, अनुवृद्धि, संशोधन, प्रश्न
Ridge	कटक, कूट, पर्वतश्रेणी, उठा भाग
Ridge gourd, Ribbed gourd (*Luffa acutangula*, an annual climber flowering herb of family Cucurbitaceae, raw fruit is cooked to use as vegetable)	धारीदार तुरई, अर्रो, तोरी (पकी सूखी तुरई के भीतरी भाग को नहाने-धोने के लिए स्पञ्ज की तरह प्रयोग करते हैं)
Ridging	कूटकरण, मेंढ़ बनाना
Rifle	राइफल (बन्दूक जैसा एक उन्नत आग्नेय अस्त्र), झिर्री काटना
Riffle	खाँचा, अवखातिका
Rift	भ्रंश, विभ्रंश, भंग, दरार, अनुपाद, मनमुटाव, फटना
Rifted	निभग्न
Rifting	निभग्नन
Rig	खनक, मूल्योन्नयन
Rigescent	कठिनीभूत, कठोर, कड़ा
Right	दाहिना, उचित, अधिकार, ऋजु
Right angle	समकोण, लम्बकोण
Right handed	दक्षिणावर्त, दक्षिणवर्ती
Rigid	दृढ़, कठोर, अनम्य
Rigidity	दृढ़ता, स्तब्धता, अनम्यता
Rigor, Rigour	जूड़ी, कँपकपी, कठोरता, स्तब्धता, दृढ़ता, अकड़न
Rigor mortis (stiffness of limb muscles after death)	शव काठिन्य (जैवरासायनिक परिवर्तन के कारण), मृत्युज काठिन्य
Rigorous	कठोर, दृढ़, कष्टदायी
Rigorous calculation	परिशुद्ध परिकलन, कठिन गणना
Rill	नदिका, क्षुद्र सरिता, छोटी नदी
Rim	किनारा, उपान्त, प्रधि, तट
Rima	दरार, विदर, अन्तराल, झिर्री
Rime	तुषार, पाला, तुहिन
Rimose, Rimous	विदीर्ण, विदरित
Rimula	विदरिका, छोटी दरार
Rind	फल का कड़ा छिलका, पेंड़ की छाल, छीलना, चमड़ा, बाह्यरूप
Rinder pest	पशु महामारी, पशु प्लेग, पशु चेचक, पोंकनी

English	Hindi
Ring	वलय, छल्ला, मुद्रिका, अँगुठी
Ringens, Ringent	मुँहखुला, विवृत
Ring finger	अनामिका (अँगूठी पहनने की अँगुली)
Ringlet	वलयिका, छोटा छल्ला, अलक
Ring nematode (*Criconemella xenoplax*, a migratory ecto-parasite of family Criconematidae)	वलय सूत्रकृमि (पेंड़ के जड़ का एक परजीवी जन्तु)
Ring test (a chemical test to detect nitrate in solution)	वलय परीक्षण
Ring worm, Dermophytosis (a skin infection of fungus *Tinea* sp., a dermatophyte)	दद्रु, दाद (चर्म का एक कवक संक्रमण)
Rink	हिमतल, बर्फ़ का मैदान
Rinse, Rinsing	खँगालना, प्रक्षालन
Rip	फटना, चिरना, फाड़ना
Riparian, Reparius	नदतटीय, नदी तट वासी
Ripe, Ripened	परिपक्व, पक्व, पका हुआ
Ripen, Ripening	पकना, पूर्ण विकास, पक्वन
Ripple	ऊर्मिका, वीचि, पानी की कलकल, छोटी लहर
Rippled, Ripply	लहरदार, तरंगित, तरंगायित
Rip-rap	पत्थर-भराव
Rip saw	आरी, आरा
Rip tide	तरंगिका
Rise, Rising	उदित होना, उद्रोह, उत्स्रवण, उठना, आरोह, फुंसी, फोड़ा
Riser	खड़-पट्ट, आरोहक सोपान
Risk factor	आपद कारक
Ritardando	उत्तरोत्तर विलम्बित
Rivage	तट, नदी-तट, समुद्र-तट
Rive	फाड़ना, चीरना, विदीर्ण करना
Rived, Riven	विदरित, विदीर्ण
Rivel	सिकोड़ना, ऐंठना
River	नदी, सरिता, चीरने वाला
Riverain	नदतटवर्ती, नदतटीय, तटवासी
River basin	नदी-क्षेत्र, नदी द्रोणी
River bed	नदी तल
River head	उद्गम
River horse, Hippo (*Hippopotamus* sp., a huge amphibious mammal of order Artiodactyla)	दरियाई घोड़ा (एक बड़ा शाकाहारी मृदुजलीय स्तनधारी)
Riverine	नदीय, नदी सम्बन्धी
River valley	नदी-घाटी
Rivet	कीलक, कील जकड़ना
Riveted (joint)	लवंगित, कीलकित (सन्धि)
Riviera	उष्ण तटीय क्षेत्र
Rivular, Rivularis	नदिकीय, सरितीय
Rivulet, Runnel, Runlet, Rill	नदिका, छोटी नदी, सरिता
Riziform	तन्डुलाकार, चावलरूपी
Roach, (*Rutilus rutilus,* a brackish and fresh water food fish of family Cyprinidae)	रोश (मछली), तिलचट्टा (एक कीट), जली सिगरेट का बचा टुकड़ा
Roam, Rove	घूमना, भ्रमण करना, विचरना
Roaming	भ्रमण, विचरण, पर्यटन
Roan	मुलायम चमड़ा, चित्तीदार, चितकबरा घोड़ा, गर्रा
Roar, Roaring	गर्जना, दहाड़, लाभप्रद, शेरदमी (घोड़ों का एक रोग)
Roast, Roasting	भूनना, तपाना, भूजना, भर्जन
Roasted	भुना हुआ, भुना, भर्जित
Roaster	भ्राष्ट्री, भर्जित्र
Robin, Indian robin (*Saxicoloides* sp., a small insecti-vorous passerine bird of family Muscicapidae)	कालचुरी (एक छोटी गाने वाली चिड़िया)
Roborant	पौष्टिक, पुष्टकारी (औषधि), सुदृढ़क
Roboreous, Robureus	बल्य, बलदायी, बलदायक
Robot	यन्त्र-पुत्रक, यन्त्रमानव (मनुष्य की तरह कार्य करने वाला यन्त्र)
Robotics	यन्त्रमानविकी
Robust	तगड़ा, हृष्ट-पुष्ट, बलिष्ठ
Rochet	उत्तरीय
Rock, Rocking	शैल, चट्टान, हिलना, दोलन
Rock cress (*Aubrieta deltoidea,* a perennial flowering herb of family Brassicaceae, grow on stony sun faces and cracks)	शैल चन्द्रशूर

Rock crystal	बिल्लौर
Rocker	दोलक, सन्दोलनी
Rockery	पाषाण शिल्पकला
Rocket	प्रक्षेपास्त्र, प्रक्षेपणयान, अग्निबाण, राकेट
Rocketery	प्रक्षेपास्त्र विद्या, राकेटबाज़ी
Rocking stone	दोलन-पत्थर
Rock garden	शैल उद्यान
Rock mechanics	शिला-यान्त्रिकी
Rock melon (*Cucumis melo,* a creeper herb of family Cucurbitaceae with flavoured edible ripe fruit), Cantaloupe, Musk melon	ख़रबूज़ा (कद्दूकुल का एक सुगन्धित भोज्य फल)
Rock oil	शैल-तैल, पेट्रोलियम
Rock pigeon (*Columba livia,* a herbivorous wild/pet medium sized sport bird of family Columbidae), Rock dove	कबूतर (एक वन्य/पालतू पक्षी), कपोत
Rock salt, Halite (a mineral salt with pungent smell)	सेंधा नमक (सोडियम क्लोराइड व अन्य खनिज तत्त्व)
Rock snail (a terristrail air-breathing pulmonate gastropod coiled shelled mollusc)	चट्टानी धोंधा
Rock weed (marine algae growing on rocky sea shore)	शैलतृण, चट्टानी घास
Rock wool (a white light fibers formed by spinning waste rock or slag from blast furnaces used for heat insulation particularly in buildings)	शैल-ऊर्ण
Rocky, Rock ribbed	दोलायमान, शैलमय, शैलीय, चट्टानी, पथरीला, कठोर
Rod	छड़, शलाका, दण्ड, दृष्टिशलाका (नेत्र में मूर्ति पटल की एक कोशिका)
Rod shaped	दण्डाकार, शलाकारूपी
Rodent (small mammals of order Rodentia with a pair of incisor teeth in both jaws)	कृन्तक
Rodent ulcer	रदन व्रण
Rodenticidal	कृन्तकनाशक, कृन्तकघ्नी
Rodenticide	कृन्तकनाशी, कृन्तकघ्न
Rodentine	कृन्तकवंशी, कृन्तकवत्
Roe (a ripe egg mass of fish released out side)	मत्स्याण्ड, मत्स्यशुक्र
Roe buck	मृग, हरिण, जंगली हिरन
Roe deer	मृगी/हरिणी, छोटा हिरन
Röentgen ray, X-ray (electromagnetic waves of 0.01-10nm wave length invented by Wilhelm Konrad Röentgen in 1895 A.D.)	रॉन्जन किरण, क्ष-रश्मि, एक्स किरण (वर्ष 1895 ई. में विल्हेम कोनार्ड रॉन्जन द्वारा खोजी गई)
Röentgenism	क्ष-रश्मिक्षति, एक्स किरण प्रभाव
Rogue	कुतृण, कण्टक, धूर्त
Rogueing	हीनन, हीनापनयन
Roil	गन्दला करना, चिढ़ाना
Roll	बेलना, गोल करना, लुढ़काना
Rolled	वेल्लित, लुण्ठित
Roller	बेलन, वेल्लन, बेलन-दलित्र
Rolling	वेल्लन, चक्रि, लुढ़कता हुआ
Rolling mill	बेलनी कारख़ाना
Romp	कलोल या उछलकूद करना, कूद-फाँद
Rook, Raven	डोम कौवा (काला कौवा), धोखाधड़ी
Rookery	काकबसेरा, पेन्गुइन व सील का सामूहिक प्रजनन स्थल, मलिन बस्ती
Room temperature	सामान्य ताप
Roost	बसेरा, पक्षियों की शयन शाखा
Rooster	पालतू मुर्ग़ा
Roosting	शयन, निलयन (चिड़ियों का)
Root, Rootage	मूल, जड़, तरुमूल
Root cap, Root sheath	मूलछद, मूलगोप
Root crop (crop of plants with edible root)	मूल सस्य, कन्द फसल (मुख्यतः शकरकन्द की)

English	Hindi
Rooted	समूल, बद्धमूल, अचर, स्थिर, गहरा
Root hair	मूलरोम
Rooting	मूलोत्पत्ति
Rootle, Rout	थूथन से मिट्टी कुरेदना (सुअरों द्वारा), खोज निकालना
Rootless	मूलहीन, विमूल, गृहविहीन
Rootlet	मूलिका, छोटी जड़, लघुमूल
Root mean square (RMS)	वर्ग माध्य मूल मान
Root pressure	मूलदाब
Root stock	मूलकन्द, मूलरूप, प्रकन्द
Root tip	मूलाग्र
Rooty	जड़ीला, जड़ जैसा, जड़वाला
Rope	रज्जु, रस्सी, डोरी
Rope gall	रज्जु व्रण
Rope way	रज्जु मार्ग
Ropy	रज्जुक, रस्सीदार, लसलसा
Rorqual, Blue/ Hump back whale (a largest baleen whale of family Balaenopteridae)	नीलीतिमि (एक ह्वेल प्रजाति)
Rosaceous	गुलाबवत्, गुलाब जैसा
Rose (*Rosa* sp., a woody flowering perennial thorny shrub of family Rosaceae)	गुलाब (फूल से सुगन्धित गुलाब जल व इत्र बनता है), पाटल (पुष्प), उठा हुआ
Rose apple	गुलाब जामुन
Rose garden,	गुलाब-उद्यान
Rosary, Rose bed, Rosarium, Rosaria (pl.)	गुलाब-बाड़ी, गुलाब क्यारी, गुलाब वाटिका
Rose-hip	गुलाब का फल
Rosella	पटुआ, अम्बारी
Rosemary (*Salvia rosmarinus*, a perennial evergreen medicinal shrub of family Lamiaceae with needle like aromatic leaves of culinary use)	दौनी, गुलमेंहदी (एक प्रकार की मेंहदी)
Roseo, Roseate, Rosulate, Rosaceous	आरक्त, गुलाबी, गुलाबवत्
Roseola (a skin infection of human herpes virus-6 among children of 6 month to 3 years)	ददोरा, लाल फुंसी, खसरा
Rosette	स्तव, गुलाबवत् रचना, पाटलक
Rose water (a rose flavoured hydrosol portion of distillate of rose petals)	गुलाब जल (एक औषधीय एवं सौन्दर्यवर्धी उत्पाद)
Rose wood	शीशम (वृक्ष)
Rosin, Colophony, Greek pitch	गन्धराल (चीड़ की गोंद), रोजिन डामर
Rostellum	तुण्डक, चञ्चुक
Rostrade, Rostral	चोंचदार, चञ्चुकीय, तुण्डीय, गलहीदार
Rostratus	तुण्डित, चञ्चुकित
Rostrum, Rostra (pl.)	चञ्चु, चोंच, तुण्ड, गलही, भाषण मञ्च
Rosulate	गुलाबनुमा, गुलाब जैसा
Rosy	गुलाबी, पाटली
Rot	सड़ना, विगलन, गलाना, पूयन, अपक्षय
Rotameter	वक्ररेखामापी
Rota-rod	घूर्णीदण्ड (सन्तुलन परीक्षण हेतु एक प्रयोगशाला उपकरण)
Rotary, Rotating, Rotative, Rotatory	घूर्णी, घूर्णक, आवर्ती, घूर्णनशील, परिभ्रामी
Rotary drilling	घूर्णी वेधन
Rotatable	घूर्ण्य, घूर्णनीय
Rotate	घूर्णन करना, घूमना, चक्कर लगाना
Rotation	घूर्णन, आवर्तन, परिभ्रमण, चक्रानुक्रमण
Rotational	घूर्णनात्मक
Rotation of crop, Crop rotation	सस्यावर्तन, फसलों का क्रमचक्र
Rotator	आवर्तनी (पेशी), घूर्णी, घूर्णित्र
Rotavator, Rotary tiller (a tractor-drawn agriculture machine with rotating blades for tilling the soil)	चक्केदार हल, चक्री हल (एक कृषि-यन्त्र)
Rotavirus (a group of enteric viruses causing infantile gastroenteritis)	चक्रविषाणु
Rotexion	घूर्णाकुञ्चन
Rotifer, Wheel animalcule (a minute aquatic animal of phylum Rotifera)	चक्रधर (सूक्ष्मजलीय घूर्णी जन्तु समूह), चक्र-लघुप्राणि
Rotiform	चक्राकार, चक्ररूपी

Rotor घूर्णक, घूर्णित्र
Rot proof पूतिसह, पूयसहिष्णु
Rot proofing पूयन सहकरण
Rotten दुर्गन्धयुक्त, निःसत्व, सड़ा हुआ, गलित, पूतिमय, भुरभुरा
Rotten-stone भुरभुरा चूना-पत्थर
Rotula वर्तुली
Rotund गोलमटोल, वर्तुल
Rotundifolius वर्तुलपर्णी, गोल पत्ती वाला पौधा
Rotundity गोलाई, वर्तुलता, आडम्बर
Rouge कुमकुम, शृंगाररक्त, लाल भूरा
Rough, Roughen खुरदरा, रूखा, क्षुब्ध, रूक्ष
Roughage मोटा चारा, रूक्षांश, तन्त्वाहार
Roulette दाँतेदार चक्र, छिद्रक, लुण्ठन
Round वृत्त, गोल, वर्तुल, गोलित, चक्कर पूर्ण, बार, परित, घेरा, फेरा
Rounded, Roundish वर्तुल, वृत्ताकार, गोलाकृति
Roundel गोलाकार फलक, मण्डलक
Rounding गोलन, पूर्णांकन
Roundish गोल-सा
Round worm (*Ascaris* sp., a human gut parasite of phylum Nemathelminthes) गोलकृमि, पेट का केंचुआ, वर्तुलकृमि
Roup नज़ला, ज़ुकाम
Rouse, Rousing जगाना, उत्तेजित करना, उत्तेजक, भावोद्दीपक, प्रभावशाली
Route मार्ग, रास्ता
Routine नित्यचर्या, दिनचर्या, नैत्य
Rove भ्रमण करना, घूमना
Rover भ्रमणकर्त्ता, घुमक्कड़
Roving उपकर्तन, परिभ्रामी, पर्यटक
Row पंक्ति, कतार, नाव खेना, तेज़ शोर
Rowan, Mountain ashes (*Sorbus* sp., a hilly shrub of family Rosaceae with blood red small pome type edible fruit) रक्तकोल (वृक्ष)
Rowel फिरकी (काँटेदार), चमड़े का छल्ला
Rowing नौकायन, नाव चालन
Royal antelope (*Neotragus pygmaeus*, a smaller nocturnal antelope of family Bovidae with about 25 cm height and 3 kg body weight) शाही हिरन
Royal water, Aqua regia अम्लराज
Rub, Rubbing रगड़ना, मलना, घिसना, निघर्षण
Rubber (a natural or synthetic stretchable polymer of isoprene) घृषि, रबर, रबड़, अपमार्जक
Rubbering, Rubberization घृषीयण, घृषीकरण, रबरण
Rubberized रबरयुक्त, घृषीकृत
Rubber tree (*Ficus elastica,* a large south east Asian tree in banyan group of fig family Moraceae, producing toxic latex, earlier used to make rubber) घृषिवृक्ष, रबड़/रबर का पेंड़
Rubbery घृषिवत्, रबरमय, रबड़ जैसा
Rubbish रद्दी सामान, कूड़ा, कबाड़
Rubble रोड़ा, शकला, ईंट-पत्थर के टुकड़े
Rubbly कँकरीला, रोड़ेदार, रोड़ा भरा
Rubefacient चर्मरक्तकर, त्वचा लाल करने वाला
Rubella, Rubeola (a measles like child infection of rubella virus of family Rogaviridae) खसरा, शीतला (बच्चों में चेचक)
Rubeosis चर्मारक्तता, चर्म-लालिमा
Ruber, Rubric लोहित, लाल, आरक्त
Rubicolous सुपंकवासी, कीचड़वासी
Rubicund लाल, गुलाबी रंग का चोला
Rubifaction, Rubification चर्मारक्तन, चर्मारक्तीकरण
Rubify, Rubefy त्वचा लाल करना, प्रदाह या जलन पैदा करना
Rubiginous लाल भूरा, मोर्चे के रंग का
Rubor लालिमा, आरक्तता, रक्ताभता
Rubric लाल, आरक्त
Rub stone करण्ड, सान पत्थर
Ruby लाल, माणिक, याकूत
Ruby glass पद्मराग काँच
Ruby wood रक्तचन्दन, लालचन्दन
Ruche झालर
Ruck सिलवट, शिकन, भीड़, जनसामान्य

Ruckle	सिलवट डालना, शिकन पड़ना
Ructus	डकार
Rudder	दिक्नियन्त्रक, पतवार, कर्ण, सुक्कान
Ruddle	लाल गेरू (लगाना)
Ruddy	लाल, गुलाबी, रक्ताभ, सुस्वस्थ
Rude, Rustic	अपरिष्कृत, अनगढ़, कच्चा
Ruderal	क्षेप्यरोही, कूड़ावासी, कूड़े पर उगने वाला पौधा
Rudimental, Rudimentary	अल्पविकसित, अल्पवर्धित, आद्यांगिक, आद्यावशिष्ट
Rudimentum Rudiment (pl.)	आद्यांग, आद्यावशेष, मूलांग
Rue (*Ruta graveolens,* a medicinal ever-green herb of family Rutaceae, plant is steam distilled to extract essential oil)	ब्राह्मी, सदाब, पीतपुष्प, विषापहा
Rufescens, Rufous	रक्तोन्मुख, रक्ताभ, बादामी
Rufescent	आरक्त, लाल रंग का
Ruff	कण्ठवेष्टन, झालरदार गुलूबन्द, धवर फ़ाख़्ता (पक्षी), गेहवाला (एक प्रकार की टिटहरी पक्षी)
Ruffle	शिकन पड़ना/डालना, लहराना, घबड़ाना
Ruffled	उत्कुञ्चित
Ruffling	उत्कुञ्चन
Rufous, Rufescens	लाल भूरा, बादामी
Rug	गलीचा, कम्बल
Ruga, Rugae (pl.)	खाल की झुर्रियाँ, वलन, वलि
Rugged	अपरिष्कृत, असम, नतोन्नत
Rugose, Rugous, Rugate, Pharcidous	वलित, रूक्षपृष्ठी, झुर्रीदार, वलिमय
Rugosity	वलितता, झुर्री, सिकुड़न
Rugulose	सूक्ष्मवलिमय, सूक्ष्मवलित
Ruinous	विध्वंसी, विनाशकारी, घातक
Rumble, Rumbling	गुड़गुड़ाना, घरघराना, पहचान जाना
Rumen, Paunch	रोमन्थिका (पशु का प्रथम आमाशय)
Ruminant (cuding mammals with rumen, first compartment of their stomach)	रोमन्थी (जुगाली करने वाले पशु), चिन्तनमग्न
Ruminate, Rumination	जुगाली करना, रोमन्थन, चिन्तन/मनन
Ruminitis	रोमन्थिका शोथ
Rummer	चषक, पानपात्र
Rump	पुट्ठा, नितम्ब, चूतड़, अवशेष, पुच्छभाग, कटि
Rumple	कुञ्चन, अरित्र, लघुवलन, झुर्री डालना, अस्त-व्यस्त करना
Rumpless	पुच्छहीन
Runcinate	पश्चदन्ती, अधःपालि
Run dry	सूख जाना
Runlet	नदिका, छोटी नदी, सरिता
Runnel	झरना, नाला
Runner	धावक, उपरिभूस्तारी (पौधा)
Running	प्रवाही, धावी, गतिमान, चल, चालन
Running water	प्रवाही जल, बहता पानी
Run off	अपवाह, बहा देना, अपधाव
Run off co-efficient	अपवाह गुणांक
Runt	बौना, नाटा, नाटा बैल
Run way	धावन पथ
Ruption	विस्फोट, फटन, संविदारण
Rupture	विदार, फटना, संविदार
Ruptured	विदीर्ण, फटा/फूटा हुआ
Rural, Ruralis	ग्रामीण, ग्राम्य, देहाती
Rusk	बिस्कुट
Russet, Russety	गेरुआ, लाल भूरे रंग का
Rust (a plant disease caused by rust fungus)	मण्डूरण, जर, मोरचा, जंग, किट्ट
Rusted, Rusty	जंग लगा हुआ, मोर्चादार, मलिन
Rust fungus (*Puccinia* sp., a plant pathogenic fungus of class Pucciniomycetes)	गैरिक कवक
Rust preventive	जंग निवारक, जंगनिरोधी
Rust remover	जंग अपनायक, जंगमोचक
Rust resistance, Rust proof	जंगरोधी, गैरिक सहिष्णु, मोर्चा सह
Rustle	फड़फड़ाना, सरसराना, पशु चुराना
Rustless	जंगहीन, मोर्चारहित
Rut	मदकाल, मस्ती
Rutting, Ruttish	मस्त, मदमस्त
Rye grass (*Lolium* sp., a perennial tufted grass of family Poaceae, used as forage for livestock)	राईघास
Ryephagous	मलभक्षी

S

Sabai grass (*Eulaliopsis binata,* a perennial clump of family Poaceae with tall leaves)	बबुई (लम्बी पत्तीदार एक घास जिससे रस्सी, डोरी व चटाई आदि बनाते हैं)
Sabinism (toxicity of berries of savin, *Juniperus sabina,* an evergreen conifer of family Cupressaceae)	हपुषाविषाक्तता (हपुषा फल की विषालुता)
Sable, Sabble (a black furred arboreal mammal of family Mustelidae)	काला, श्यामक, चितराला (एक नेवले जैसा जन्तु)
Sabre, Saber	वक्रासि, कटार, असि
Sabre toothed	असिदन्ती
Sabulicolous, Sabulicole	सिकतावासी, बालुकावासी
Sabulous	बालुवा, रेतीला, कंकड़ीला
Sabulum, Sand, Gravel	रेत, बालू, कंकड़
Saburra	पेट में जमी पथरी, मुँह या उदर से भोजन की सड़ाँध
Sac, Saccus, Sacci (pl.)	पुट, कोश, स्यून, थैली, कुल्या, गोणी
Saccate, Saccular	सपुट, पुटाकार, पुटित, पुटीय
Saccharide	शर्करेय
Sacchariferous	शर्करामय
Saccharification	शर्कराकरण
Saccharifying	शर्कराकारी
Saccharimeter, Saccharometer	शर्करामापी
Saccharimetric	शर्करामितीय, शर्करामापीय
Saccharimetrics, Saccharimetry	शर्करामिति, शर्करामापिकी
Saccharine	सुमधुर, शर्करीय
Saccharogenic, Saccharogenous	शर्कराजनी, शर्करोत्पादी, शर्कराजनित
Saccharoid	शर्कराभ, शर्करावत्
Saccharose, Sucrose, Sugar (a disaccharide consisted of two monosaccharides, glucose and fructose)	शर्करा
Saccharomyces (*Saccharomyces* sp., a fungus of class Saccharomycetes), Yeast	शर्कराकवक, ख़मीर
Sacciform	पुटाकार, कोशरूपी
Saccoderm	एकभित्ति, अखण्डभित्ति
Sacculate, Sacculated	स्यूनित, थैलीदार, गोणीमय
Sacculiform	स्यूनिकारूपी, थैली जैसी
Sacculus, Saccule, Sacculum, Saccula (pl.)	कोशक, लघुकोश, अनुकोश, कुल्यिका कोष्ठक, गोणिका, स्यूनिका
Sacha inchi, Sacha peanut, Inca nut *Plukenetia volubilis,* a perennial shrub of family Euphorbiaceae with edible oily seeds in capsule type fruits, native to south America)	पहाड़ी बादाम, साचा इञ्ची
Sachel	चमड़े की थैली, झोला
Sachet	थैली, पुटक, फुटक, पुड़िया
Sack	बोरा, बोरी
Sacral	त्रिक-, त्रैक
Sacrarium Sacraria (pl.)	गर्भगृह
Sacrifice	बलि, उत्सर्ग, बलिदान (अच्छे उद्देश्य से मारना या मरना)
Sacrocaudal	त्रिकपुच्छी
Sacrococcygeal	त्रिकपुच्छास्थीय
Sacro-iliac	त्रिक-श्रोणीय, त्रिक-श्रोणि-
Sacro-lumbar	त्रिक-कटि
Sacro-siatic	त्रिक-नितम्ब
Sacrospinal, Sacrospinous	त्रिक-मेरु, त्रिक-मैरव
Sacro-vertebral	त्रिक-कशेरुक, त्रिक-कशेरूकी, त्रिक-कीकसीय
Sacrum	त्रिक, त्रिकास्थि
Saddening	निष्प्रभन, सन्निविडन
Saddle back	अवतल पर्वत, गहरी पीठ, काठी छत
Saddle horse	सवारी घोड़ा
Saddle joint	पल्याण सन्धि, काठी जोड़
Sad-iron	इस्तरी
Sadism	परपीड़न-कामुकता
Safe dose	सुरक्षित मात्रा, निरापद खुराक
Safety belt	सुरक्षा पेटी
Safety device	सुरक्षा-साधन
Safety glass	निरापद काँच

Safety lamp	निरापद दीप
Safety razor	निरापद क्षुर
Safety valve	सुरक्षा कपाट
Safflower (*Carthamus tinctorius*, a thistle like crop plant of familyAsteraceae)	कुसुम्भ, कुसुम (बीजों से एक स्वास्थ्यप्रद भोज्य तेल प्राप्त होता है)
Saffron (*Crocus* sp., a perennial autum-flowering onion like bulbous stemed herb of family Iridaceae, thread like styles and stigmas of carpels are used for saffron colour and fragrance in food items)	केसर, कुंकुम, ज़ाफ़रान, केसरिया (रंग),
Saffrony	केसरिया, ज़ाफ़रानी
Safranin (a biological laboratory stain extracted from safflower)	कुंकुमी
Safranophil, Safranophile	कुंकुमीरागी
Sag	आश्लथ, शिथिलन, झोल पड़ना, अवमज्जन, अवनमन
Sagacious	विवेकी, मेधावी, बुद्धिमान
Sagacity	तीक्ष्ण बुद्धिमत्ता, विवेक
Sage (*Salvia officinalis,* a perennial flowering medicinal woody shrub of family Lamiaceae, aromatic leaves are of culinary use)	सेज, सेफाकुस, मनीषी
Sage green	पीला हरा, पीताभ हरि
Sagger	अग्निसह मृतिका पेटी
Sagging	अवतलन, अवनमन, झोलदार
Sagittal, Sagittalis	सममितार्धी, अग्रपश्चक
Sagittate, Sagittiform	तर्कुरूप, बाणाकार
Sagittifolius	बाणपर्णी
Sagittocyst	तर्कुपुटी, बाणपुटी
Sago (a starchy extract from palm pith or Tapioca roots)	विकंगु, साबूदाना, सागू
Sago palm (*Cycas revoluta*, a gymnosperm tree of family Cycadaceae)	विकंगु-ताल, सागूताड़, साबूदाना ताड़, मरी
Saiga antelope (*Saiga tatarica*, an endangered hilly goat like herbivorous bovine mammal of subfamily Antilopinae, males bear horn)	सैगा (एक बकरे जैसा पहाड़ी बारहसिंगा)
Sail	पाल-नाव, पाल-नौका यात्रा
Sailing	नौप्रस्थान, नौसञ्चालन,
Saint-John's wort (*Hypericum perforatum,* a wild flowering medicinal herb of family Hypericaceae)	वसन्त, बालशना, चोलीफूल, देन्धू
Saker	बाज़, श्येन, पुरानी तोप
Sakia (an old mechanical device for irrigation from well)	रहट
Salad	प्रशाक, सलाद
Salamander (a lizard like caudate amphibian of order Urodela)	सरट, सरटक
Sal ammoniac (white crystalline salt of ammonium chloride, NH_4Cl)	नौसादर
Salebros	असमतल, खुरदुरा, उँचा-नीचा
Salicifolius	नभ्रापर्ण
Salience	प्रमुखता, उदग्रता, उभार
Salient	प्रमुख, बहिर्गत, उदग्र
Saliferous	लवणमय
Salify	नमक बनाना, लवणीय करना
Salina	लवण कच्छ
Saline, Saltish, Salty	लवणीय, नमकीन, खारा
Saline alkali soil	लवणीय-क्षारीय मिट्टी
Salinity, Saltness	लवणीयता, लवणता, खारापन
Salinometer, Salimeter	लवणतामापी
Saliva	लार, लाला

Salivary लारमय, लार
Salivary gland लार-ग्रन्थि
Salivate, Salivation लार बहना, लाला-स्रवण
Salivator लारस्रावक, लालास्रावक
Salivatory लारोत्पादी, लार बनाने वाला
Salivin, Ptyalin ललि, लार
Sallenders शुष्क व्रण, सूखा फोड़ा (घोड़ों का)
Sallow अस्वस्थ, पाण्डुर, पीला, फीका, एक प्रकार का लचीला बेंत
Salmagundi खिचड़ी
Salmon (a bony androdomous food fish of family Salmonidae) मृदुपक्षा, सामन (एक भोज्य मछली) गेरुआ, रावस
Salmon disease मृदुपक्षा रोग, सामन रोग
Salmonellosis (an infection of a bacterium *Salmonella* sp., causing fever and diarrhoea) मृदुपक्षाणुता (साल्मोनेला जीवाणु संक्रमण)
Salol (phenyl salicylate) नभ्रव, सैलॉल (एक विषैला रसायन)
Salolism नभ्रवविषाक्तता, सैलॉल-विषालुता
Salpingectomy, Tubectomy अण्डनालोच्छेदन, स्त्रीनसबन्दी
Salpingitis अण्डनालशोथ, डिम्बप्रणाल प्रदाह
Salpinx, Salpinges (pl.), Fallopian tube अण्डनाल, अण्डनलिका
Salpingo-oophoritis डिम्बनाल-अण्डाशय शोथ
Salsify (*Tragopogon* sp., a flowering binnial or perennial medicinal herb of family Asteraceae with edible root) विलायती कचालू
Salt (an ionic compound after neutralisation of an acid with a base) लवण, नमक, नमक मिलाना
Saltan लवण जल कुण्ड
Saltant, Saltative, Saltatorial, Saltatory प्रवल्गी, असन्तत, उत्परिवर्ती
Saltation प्रवल्गन, उच्छलनशील, उछाल, उत्परिवर्तन
Salted लवणित
Saltern, Salt works लवण निर्माणशाला, लोनारा, नमक कारख़ाना
Salt glaze लवण काच
Saltigrade उछलने वाला (मकड़ा)
Salting लवणन, नमक मिलाना
Saltish, Salty, Saline नमकीन, खारा, लवणीय
Salt marsh (low lying marine wetland) लवणकच्छ, खार दलदल
Saltness, Salinity लवणता, खारापन, नमकीनपन
Saltoid, Haloid लवणाभ, नमक जैसा
Saltpeter (a salt, potassium nitrate, KNO_3) शोरा, यवक्षार, सुचर्चल
Saltpetrous शोरायुक्त, यवक्षारीय
Saltus भञ्जना, विसान्तत्य, क्रमभंग
Salt water खाराजल, नमकीन पानी
Salubrious, Salutory स्वास्थ्यप्रद, हितकर, क्षेमकर
Salubrity स्वास्थ्यप्रदता, स्वास्थ्य वर्धिता
Salve मरहम, विलेप, इलाज, उबारना
Salver दीवट, थाली
Salverform, Salveriform दीवटाकार
Sal volatile (a salt, ammonium carbonate $(NH_4)_2CO_3$), smelling salt सूँघने का नमक
Samara (a type of dry fruit with single seed and winged ovary wall for aerial dispersion) सपक्ष (पंखदार फल जैसा चिलबिल का)
Sambar, Sambur (*Cervus/Rusa unicolor*, a large wild mammal of deer family Cervidae, males with big rugged antlers) साम्भर (एक सींगदार नर हिरन)
Sambo वर्ण संकर
Samel अधपाक, खाम (अधपकी पीली ईंट)
Sample प्रतिदर्श, न्यादर्श, नमूना, बानगी
Sampler प्रतिदर्शित्र, न्यादर्शित्र, प्रतिचयक

English	Hindi
Sampling	न्यादर्शन, प्रतिदर्शन, प्रतिचयन
Sanatative, Sanatory	आरोग्यकारी, रोगहर
Sanatorium, Sanatarium, Sanitarium, Sanitariums (pl.)	स्वास्थ्य सुधारगृह, आरोग्याश्रम, आरोग्यशाला
Sanctuary	अभयारण्य, प्राणिविहार, वन्य जीव शरणस्थली
Sand (silica or silicon dioxide, an earth material in quartz form)	बालू, रेत, रेणु, सिकता
Sandal wood (*Santalum* sp., a flowering tree of family Santalaceae with distinct fragrance in wood)	चन्दन (वृक्ष)
Sandarac (resin of *Tetraclinis/ Thuja articulata*, a conifer of family Cupressaceae)	राल, धूना
Sand bar	बालूभित्ति (नदी में)
Sand bath	बालू-ऊष्मक, सिकता-तापक
Sand blast	बालू विस्फोट, बालू से साफ करना
Sand blasted	बालूघर्षित, बालूमारित, सिकता-ध्मात
Sand blindness	मन्द दृष्टिता
Sand boa (a non-venomous snake of sub-family Erycinae, native to Eurasia and north America)	दोमुँहा साँप
Sand clock, Sand glass	रेतघड़ी
Sand dune	बालू टिब्बा
Sand fly (a blood sucking dipteran vector insect)	बालू-मक्खी, मरु-मक्षिका
Sandine	चिपिटिज
Sanding	बालुकायन, सतह चिकनाना
Sand paper	रेगमाल
Sand piper	टिटहरी, जलरंग, बाँटन
Sand plant, Psammophyte (plants adapted to grow or survive in sand or sandy soil)	सिकतोद्भिद्
Sand rock, Sand stone	बालुकाश्म, बलुवा पत्थर
Sand shrimp (*rangon* sp., an estuarine decapod crustacean arthropod of family Crangonidae)	रेत झींगा
Sand snow	चूर्ण हिम
Sand storm	रेतीला तूफ़ान
Sandwitch	अन्तःपूर्णा, अन्तर्निविष्ट, बीच में रखना
Sand wort (a tiny ground grass and rock garden plant)	बालुक
Sandy	बालुकामय, रेतीला, बलुआ
Sane	स्वस्थचित्त, विवेकी
Sangfroid	आत्मसंयम, धैर्य
Sanguicolous	रुधिरवासी
Sanguiferous	रुधिरमय
Sanguification	रक्तनिर्माण
Sanguimotor	रुधिरगतिक, रक्तप्रेरक
Sanguine, Sanguineous	रक्तिम, रुधिरवर्णी, उत्साही, आशावादी
Sanguivorous	रुधिरपायी, रक्तचूषी
Sanidaster	दण्डतारक
Sanies	व्रणस्राव, फोड़े का रिसाव, पञ्छा
Sanify, Sanitate	स्वस्थ करना, स्वास्थ्यकर, सफाई करना
Sanious	पूयरक्तक
Sanitarian	स्वास्थ्यविज्ञ
Sanitary	स्वच्छता, सफाई, आरोग्यता
Sanitization	स्वच्छीकरण
Sanitizer	स्वच्छित्र (यन्त्र), स्वच्छकार
Sanity	स्वस्थ चित्तता, स्वस्थता, अनुन्माद
Sansabelloid	संसावल्लाभ
Saola (*Pseudoryx nghetinhensis,* a large endangered mammal of family Bovidae, with long horns)	साओला, सिऊला (एक वियतनाम व लाओस का बकरे जैसा वन्य स्तनधारी)
Sap	रस, जैवद्रव, जैवरस
Sapheno-femoral	दृश्य-जंघीय
Saphenous vein	दृश्य शिरा
Sapid, Sapidus	स्वादिष्ट
Sapidity	सुस्वाद, स्वादिष्टता
Sapience	बुद्धिमत्ता, ज्ञान, विवेक

English	Hindi
Sapient	बुद्धिमान, ज्ञानी, विवेकी
Sapiosexual (who finds intelligence and human mind to be the most sexually attractive feature in opposite sex)	बुद्धिमोही, मेधासक्त, विपरीतलिंगी के प्रति बौद्धिक सम्मोही
Sapio sexualilty (finding intelligence or the human mind to be the most sexually attractive feature in opposite sex)	बुद्धिमोह, मेधासक्ति, विपरीतलिंग के प्रति बौद्धिक आकर्षण
Sapless	रसहीन, नीरस, सूखा
Sapling	बालवृक्ष, नवोद्भिद्, पौध
Sapodilla (*Manilkara zapota*, an evergreen tree of family Sapotaceae with large berry type edible fruits), Sapota	चीकू (अमेरिकी महाद्वीप में पाया जाने वाला एक सदाबहार वृक्ष व फल)
Saponaceous, Saponatus	साबुनयुक्त, साबुनी, स्वफेनिल
Saponifiable	साबुनकरणीय, स्वफेन्य
Saponifier	साबुनकारक, स्वफेनकारी
Saponify, Saponification	साबुन बनाना, साबुनीकरण, स्वफेनन
Sapor, Saporosity	स्वाद, स्वादिष्टता, ज़ायक़ा
Sappan wood (*Caesalpinia sappan* a small thorny timber and medicinal tree of sub-family Caesalpinioidae)	पतंग, पत्रांग, सैपन
Sapper	सफरमैना (एक पक्षी)
Sapphire	नीलम (रत्न), नीलमणि
Sapphire blue	हरिनील, हरा नीला
Sapphism, Lesbianism	स्त्री सजातीय-कामुकता
Sapphrine	नीला
Sapping	अधःखनन
Sappy, Sapful	रसीला, रसदार
Sapraemia	रक्तपूतिविषाक्तता, पूयरक्तता
Saprium, Saprozoic	मृतोपजीवी समुदाय
Sapro- (a Greek word sapros means putrid-prefix)	पूति-, मृत-
Saprobe	मृतोपजीव
Saprogenic, Saprogenous	पूतिजनक, पूतिजनी
Sapronosis	पूतिजीविता, मृतजीविता
Sapropel	पूतिपंक
Sapropelic	पूतिपंकी
Saprophage, Saprophagous	पूतिभक्षी, मृतभोजी
Saprophyte (plants grow on dead tissues and decaying organic matters)	पूतिपादप, मृतोद्भिद्, मृतोपजीवी पादप
Saprophytic	पूतिपादपी, मृतोद्भिदीय
Saprophytism	पूतिपादपता, मृतोद्भिद्ता
Saproplankter,	पूतिप्लवकांश, पूतिप्लवक,
Saproplankton (pl.)	मृतप्लवकांश, मृतप्लवक
Sapropsammite	पूतिबालुकाश्म, मृतबालुकाश्म
Saprotroph	पूतिपोष, मृतपोष
Saprotrophic	पूतिपोषी, मृतपोषी
Saprotrophism, Saprotrophy	पूतिपोषिता, मृतपोषिता
Saprovore, Saprovorous	पूत्याहारी, मृताहारी, मृतभोजी
Saprozoic	मृतोपजीवी जन्तु, मृतजीवी प्राणी
Sap wood	रस दारु, रस काष्ठ
Sarcastic	कड़ुवा, तीखा, चुभने वाला
Sarcenchyma	कणिकोतक
Sarco- (a Greek word sarx means flesh - prefix)	मांस-, पेशी-, पिशित
Sarcobiont	मांसजीवजात
Sarcobiotic	मांसजीवजातीय
Sarcoblast, Myoblast	पेशीकोरक
Sarcocarcinoma	पेशी-अर्ध्याबुद
Sarcocarp	पेशीभित्ति
Sarcocele	पेशीपुञ्ज
Sarcocoid, Sarcomatoid	मांसार्बुदाभ
Sarcocyst	मांसपुटी, मांसकोष्ठ
Sarcocystosis	मांसकोष्ठता
Sarcode, Protoplasm	प्ररस, जीवद्रव्य
Sarcogenic,	पेशीजनी, मांसोत्पादी
Sarcogenous	पेशीजनित
Sarcoidosis	ग्रन्थिका रोग
Sarcolemma	पेशीचोल

Sarcoglia पेशी-श्लेष, मांस-श्लेष

Sarcology, Myology (a branch of anatomy dealing with muscles) पेशीविज्ञान, पिशितिकी

Sarcolysis पेशीलयन, मांसांशन

Sarcolyte पेशीलय, मांसांश

Sarcolytic पेशीलयी, मांसांशी

Sarcoma (a cancer of muscle) मांसार्बुद, भ्रूण-अर्बुद

Sarcomagenesis, Sarcomageny मांसार्बुदजनन, मांसार्बुदभवन

Sarcomagenic, Sarcomagenous मांसार्बुदजनी, मांसार्बुदजनित

Sarcomatrix पाचनाधात्री

Sarcomere पिशितांश, पेशीपर्व, पेशीखण्ड

Sarcomyces (a fungus of order Helotiales), पेशीकवक

Sarcophagia, Sarcophagy मांसभक्षण, पेशी-भोजिता

Sarcophagous पिशितभक्षी, मांसभोजी

Sarcoplasm, Sarcoplasma पेशीद्रव्य, पेशीरस

Sarcoplasmic पेशीद्रव्यीय, पेशीद्रव्य-

Sarcoplast पेशीलवक, पेशीघट

Sarcopoietic पेशीजनी, मांसोत्पादी

Sarcosine मांसीय

Sarcosis मांसवर्धिता, अतिपिशिता

Sarcosome पिशितकाय

Sarcostosis (ossification of muscular tissue) पिशितास्थिभवन

Sarcostyle, Myofibril पिशित दण्डिका, पेशीस्कम्भ, पेशीतन्तुक

Sarcotesta पेशीचोल, मांसभित्ति

Sarcotic मांसवर्धी

Sarcotoxic मांसविषालु, पेशी-विषाक्त

Sarcous पेशीय, मांसल, पेशी सम्बन्धी

Sardine, Pilchard (a small oily forage seafish of herring family Clupeidae) चरीयडी, पेंड़वी, चुन्नी (एक मछली प्रजाति)

Sardonyx (a reddish zebra-striped stone with alternating red (sard) and white (onyx) layers of mineral) गोमेद (एक रत्न पत्थर), सार्डोनिक्स

Sargasso (*Sargassum* sp., a brown marine macroalgae of class Phaeophyceae, a medicinal sea weed), Gulf weed समुद्री शैवाल

Sarin liquid/gas (a colourless, odourless extremely neurotoxic volatile liquid chemical, ortho-isopropyl methylphosphono fluoride, $C_4H_{10}FO_2P$, name SARIN derived from initials of 4 inventing German chemists Schrader, Ambros, Rudriger and vander Linde in 1938 A.D.) सरीन द्रव/गैस (एक परमघातक सायनाइड से भी 500 गुना विषालु युद्धोपयोगी रसायन)

Sarment भूस्तीर्ण

Sarmentose भूस्तरीजनक

Sarmentum भूस्तरी

Sarose चान्द्र चक्र

Sartorial दीर्घतमीय, परिधानीय, सिलाई सम्बन्धी

Sartorius दीर्घतमा, अन्तःकोचि पेशी

Sarsaparilla (*Smilax ornata*, a perennial medicinal herb of family Smilacaceae) चिरायता (पौधों से एक अमादक पेय बनाया जाता है)

Satchel छोटा थैला, बस्ता

Sate, Satiate अघा देना, तृप्त करना, परितृप्त करना

Satellite, Satellitic उपग्रह, अनुषंगी, अनुगामी, अनुचर, उपांश

Satellite cell अनुषंगी कोशिका

Satellitism अनुषंगिता

Satelloid उपग्रहाभ, लघुउपग्रह

Satiability तृप्यता, परितृप्यता

Satiable तृप्य, तृप्त करने योग्य

Satiation परितृप्ति, परितर्पण

Satiety परितृप्ति, तृप्ति, अघाव

Satin, Sateen साटन (एक प्रकार का चिकना कपड़ा)

Satin wood पीत काष्ठ, भिर्रा, गिर्या

Satiny चिकना व चमकीला

Sativus (a seed-grown domestic crop) उप्त, कृषित, कृष्य

Saturability सन्तृप्यता, अनुवेध्यता
Saturable सन्तृप्य, अनुवेध्य
Saturant, Saturator सन्तृप्तक, सन्तृप्तिकारक, सन्तर्पित्र, अनुवेधित्र, अनुवेधक
Saturate सन्तृप्त/अनुविद्ध करना
Saturated सन्तृप्त, अनुविद्ध
Saturating, Saturative सन्तृप्तिकारी, अनुवेधनशील
Saturation सन्तृप्ति, अनुवेधन
Saturn शनि (सौरमण्डल का छठाँ दूसरा बड़ा वलयी ग्रह)
Saturnic सीसक विषाक्त
Saturnine सीसकीय, सीसाजनित, विषण्ण, सुस्त, सीसक
Saturnism, Lead poisoning सीसक विषाक्तता
Saturnus, Plumbum (a Latin word for Lead, a metallic toxic element with symbol Pb) सीसा (एक उपयोगी किन्तु विषैली धातु)
Saturoscope सन्तृप्तिदर्शी
Saturoscopy सन्तृप्तिदर्शन, सन्तृप्तिदर्शिका
Satyriasis, Satyrism रति-आतुरता, तीव्र कामेच्छा, अतिकामुकता (पुरुष में)
Sauce चटनी, रोचनी, सालन, उत्तेजक मसाला
Saucer शरावक, तश्तरी, प्याला, उथला गर्त
Saucer eyed विशालाक्षी, बड़ी आँखों वाला/वाली
Saucer shaped शरावकाकार, शरावकवत्, तश्तरीनुमा
Sauer Kraut (a fermented cabbage with lactic acid and bacteria as probiotic) खट्टी गोभी
Saul, Sal (*Shorea robusta,* a large dicot deciduous flowering medicinal south Asian timber tree of family Dipterocarpaceae) साखू, सखुआ, साल
Sauna वाष्पस्नानकक्ष, वाष्पस्नानगृह
Sauna bath (wet or dry heat bath at 37-46°C temperature) वाष्प स्नान, शुष्क ऊष्मा स्नान
Saurian गोधिकावंशी, छिपकलीवत्, गिरगिटरूपी
Saurochore गोधिका प्रकीर्ण
Saurology गोधिकाविज्ञान, गोधिकी
Sauropod (a lizard footed dinosaur) चतुश्चर, गोधिकापाद (एक सरट वर्गीय लुप्तप्राय सरीसृप)
Sausage गुलमा, कबाब, लंगोचा
Sausage tree, Cucumber tree (*Kigelia africana,* a flowering evergreen tree of family Bignoniaceae, native to south Africa, with woody berry type poisonous fruit of medicinal use) बालम खीरा, हाथी बेलन
Saussurite (a green or grayish green mineral aggregate) स्फान्तराश्म
Saussuritization स्फान्तराश्मन
Saustein संहत चूर्ण प्रस्तर
Saute, Sauteing वसा में भूनना या तलना, वसाभर्जन
Sauted vegetable कम तेल/घी में हल्की तली सब्ज़ी
Savage आदिम, जंगली, हिंसक, असभ्य, गोचर, चरागाह
Savanna(h) घास का मैदान, हिंसक, सवाना, असभ्य
Savorous, Savory, Savoury स्वादिष्ट, सुगन्धित, सोंधा
Savour स्वाद, सुगन्ध, गन्ध आना
Saw आरा, आरी, कक्रच
Saw dust बुरादा (आरा से कटाई बाद निकला चूरा)
Sawfish, Carpenter shark (a marine fish of ray family Pristidae) आरा मछली, कक्रच मीन
Saw mill आरा मशीन
Saw toothed आरा दन्ती, कक्रचदन्ती
Sawing कक्रचन, आरा चलाना
Sawyer आराकश, कक्रचक
Sax स्लेट छैनी
Saxatile, Saxicoline, Saxicole, Saxicolous प्रस्तररुह, अश्मरोही (पौधा), शैलवासी (जन्तु)
Saxatilis शैलवर्धी

Saxicavous शैलवेधी
Saxifrage पाषाण भञ्ज, शैलभेद, पथरचट्टा (पौधा)
Saxitoxin (a paralytic neuro-toxin of shell fish contaminated with toxinogenic algae) अश्माविष
Scab, Scabies (a Latin word scabere means to scratch, a skin disease caused by a mite of family Sarcoptidae) खर्जु, कच्छु, खुरण्ड, पपड़ी, खुजली, खाज, कण्डु, खारिश
Scab land विषमभूमि
Scabbard म्यान, असिकोष
Scabbing पर्पटन
Scabbling सुतलन, उपकल्पन
Scabby पपड़ीदार, खरसैला, कमीना
Scabetic, Scabietic खर्ज्वीय, खजुली सम्बन्धी
Scabiophobia खाजभिति, खुजली भिति
Scabious, Scabrous खरसैला, खुरदुरा, रूक्ष, नाजुक, दुःखद
Scad (a marine fish of family Carangidae) झुण्ड, स्कैड (एक समुद्री खाद्य मछली)
Scaddie दंशरोम
Scala निःश्रेणी, कर्णावर्त, कुल्या
Scalable आरोह्य
Scalant शल्ककर, पपड़ी बनाने वाला
Scalar अदिश, अदिष्ट
Scalariform सीढ़ीनुमा, सोपानवत्
Scalation, Scaling शल्कविन्यास, शल्कन, मापन
Scalawag, Scallywag मरियल (पशु), दुर्जन
Scald द्रव से जलाना, द्रवदाह, तप्तद्रव घर्षण, गर्म
Scalded द्रवदाहित, झुलसा हुआ
Scalding द्रवदहन
Scale शल्क, पापड़ी, खपड़ा, मापदण्ड, माप, मापनी, पैमाना
Scaled शल्कित, छिला हुआ, मापित, सोपानी
Scale insect खपड़ीदार कीट
Scalene विषम, विषमबाहु, विषमिका, विषमबाहु त्रिकोण
Scallywag मरियल (पशु), दुर्जन
Spring onion, Scallion, Green onion (*Allium* sp., a monocot edible herb of family Amaryllidaceae, used raw and cooked as vegetable) प्याजा, हरा प्याज
Scallop (marine clam and bivalved molluscs of class Pelecypoda, used as sea food) सीपी, शम्बु, शम्बूक, कम्बु, कम्बुक, तवा
Scalp कपर्दावरण, शिरोवल्क, सिर की खाल, सिर का चाँद, शिखर
Scalpel क्षुरिका (शल्यक्रिया हेतु छोटी छूरी)
Scalping निष्कपालन, गुटिका भञ्जन
Scalpriform टंकरूपी, छेनीरूपी, रुखानी जैसा
Scalprum टंक, छेनी, रुखानी
Scaly शल्की, पपड़ीदार, पपड़ीला
Scammonium (a resinous exudate from root of scammony) शाक मुनिया का राल
Scammony (*Convolvulus scammonia*, a herbaceous bind weed of family Convolvulaceae with long root yielding a resin used as cathartic) शाक मुनिया (पौधा)
Scan, Scanning क्रमवीक्षण, परिलोकन, अन्वनुलोकन, पर्यवलोकन
Scandens, Scandent, Scanosorial, Arboreal आरोही, वृक्षारोही, वृक्ष पर चढ़ने वाला
Scanner क्रमवीक्षक, परिलोकित्र अन्वनुलोकित्र
Scanning electron microscope (SEM) क्रमवीक्षण विद्युदणु सूक्ष्मदर्शी
Scant, Scanty अपर्याप्त, अल्प, विरल, कम
Scape प्रवृन्त, निवृन्त, पुष्पदण्ड, शंकु, पिच्छाक्ष
Scaphium, Scaphia (pl.) नौकाण्डप, नौवर्ध
Scaphocephalic, Scaphocephalous नौशिरस्क, नौशीर्षी
Scaphocephalism, Scaphocephaly नौशिरस्कता, नौशीर्षता

English	Hindi
Scaphocerite	नौशृंग
Scaphognathite	नौहनुक
Scaphoid (bone), Naviculoid	नौकाभ, नौकास्थि, नौचन्द्रास्थि
Scapholunar (bone)	नौका चन्द्रास्थि
Scaphopod	नौपाद
Scapiflorous	दण्डपुष्पी
Scapiform	पुष्पदण्डाकार
Scapigerous	पुष्पदण्डधर, अपर्णवृन्त
Scapolization	स्तूपिजायन
Scapula, Scapulae (pl.)	अंसफलक, स्कन्धास्थि
Scapular, Scapulary	अंसफलकीय, स्कन्ध पट्टी
Scapulet	प्रस्तम्भवली
Scapulo-coracoid	फलकांस-तुण्ड
Scapulus	प्रस्तम्भक
Scapus, Scapi (pl.)	पिच्छकाण्ड
Scar	व्रणचिह्न, क्षतांक, किण
Scarab (*Scarabaeus sacer*, a dung beetle insect of family Scarabaeidae)	गुबरैला
Scarcity	अभाव, स्वल्पता, न्यूनता, विरलता, कमी
Scarf	गुलूबन्द, मल्लसन्धि, जोड़ना, लपेटना, खाल/चर्बी निकालना
Scarf skin	बाह्य त्वचा
Scarfing	संकर्तन
Scarification, Scarring	क्षतचिह्नांकन, समाखुरण, आकृन्तन
Scarificator	समाखुरक
Scarify	खुरचना, नश्तर लगाना
Scarious, Scariose	झिल्लीनुमा
Scarlatina, Scarlet fever	शोणत्वक् ज्वर, लोहित ज्वर
Scarlet	लोहित, लाल रंग, सिन्दूरी
Scarp	कगार, समुत्प्रपात, खड़ी सीधी ढाल
Scarped	कगारी, कगारित
Scarplet	कगारिका, शोण
Scarring	क्षतचिह्न, क्षतांकन
Scatemia (intestinal auto-intoxication)	मलाविषरक्तता
Scatology, Skatology, Coprology	मलविज्ञान, विष्ठाविज्ञान, पुरीषविज्ञान, पुरीषिकी
Scatophagous, Coprophagous	मलभोजी, विष्ठाहारी, पुरीषभक्षी
Skatophagism, Scatophagy	मलभक्षण, विष्ठाभक्षिता, पुरीषभोजिता

English	Hindi
Scatter, Scattering,	बिखेरना, विक्षेपण, प्रकीर्णन,
Scatteration	विकीर्णन, पर्यसन
Scattered	प्रकीर्णित
Scaur	खड़ी चट्टान, प्रपात
Scavengable	अपमार्ज्य, अपमार्जनीय
Scavenger	अपमार्जक, सम्मार्जक
Scavenging	अपमार्जन, सम्मार्जन
Scedastic	विचाली, प्रविचाली
Scedasticity	विचालिता, प्रविचालिता
Scenography	दृश्यचित्रण
Scent	सुगन्ध, महक, सुवास, इत्र
Scented	सुवासित, सुगन्धित, महकदार
Scent gland	गन्ध-ग्रन्थि
Sceptical, Sceptic, Skeptical	सन्देही, संशयी, सन्दिग्ध
Scepticism, Skepticism	सन्देहवाद, संशयवाद
Schematic	योजनावत्
Schematize	योजना/रूपरेखा बनाना
Scheme, Schema (pl.)	रूपरेखा, योजना, कार्यक्रम
Scheroma, Xerophthalmia	नेत्ररूक्षता, नेत्रशुष्कता (आँसू न बनना)
Schiller	सम्भासी, सन्दीप्त
Schillerization	सम्भासन, सन्दीप्तन, सन्दीप्तीकरण
Schindylesis	छेदग (सन्धि)
Schism	विच्छेद
Schismatic	विच्छिन्न, विच्छेदकारी
Schist	स्तरित चट्टान
Schistocephalic, Schistocephalous	दीर्णशीर्षी, दीर्णशिरस्क
Schisto cephalism, Schistocephaly	दीर्णशिरस्कता, दीर्णशीर्षता
Schistocyte, Schizocyte	खण्डाणु, खण्डरक्ताणु, छिन्नाणु, खण्डकोशा
Schistose	सुभाजीय, स्तरित, पटलित
Schistosis, Schistosity	सुभाजिता
Schistosomacide	रक्तछिद्रिपत्रनाशी, सिस्टोसोमा नाशी
Schistosome, Blood fluke (*Schisto-soma* sp., a parasitic trematode of family Schistosomatidae)	रक्तछिद्रिपत्र (एक रक्त परजीवी)
Schistosomiasis, (an infestation of Schistosome) Bilharzia, Snail fever, Katayama fever	रक्तछिद्रिपत्रग्रसन, सिस्टोसोमा उत्पीड़न

Schizo- (a Greek word schizein means to split - prefix) खण्ड-, छिन्न-, दीर्ण-, विपाट-
Schizocarp भिदुरफल, दीर्णफल
Schizocarpic, Schizocarpous भिदुरफलीय, दीर्णफलीय
Schizocephalism, Schizocephaly खण्डशीर्षता, विपाटशिरस्कता
Schizocephalic, Schizocephalous खण्डशीर्षी, दीर्णशिरस्क
Schizocoele दीर्णगुहा, विपाटगुहा
Schizocoelous, Schizocoelomatic दीर्णगुहीय, विपाटगुहीय
Schizocotyly विभक्त बीजपत्रता
Schizodont विरलदन्ती
Schizogamy दीर्णयुग्मता, खण्डयुग्मन, खण्डप्रजनन
Schizogenesis विखण्डीजनन, खण्डोत्पत्ति
Schizogenous वियुक्तिजात, विपाटजात
Schizognathous दीर्णहनु, विपाटहन्वी
Schizogony खण्डगुणन, दीर्णोद्भवन, भिदुरोद्भवन
Schizoid खण्डमनस्काभ
Schizomorphic अपखण्डन रूपान्तरी
Schizomycetes (a class of hetero-trophic unicellular prokaryotic fungus, comprising all bacteria) खण्डकवक (जीवाणु वर्ग)
Schizont दीर्णक, खण्डगुणक
Schizontoblast दीर्णकोरक
Schizophrenia खण्डमनस्कता, अन्तराबन्ध, मनोभाजन
Schizophrenic खण्डमनस्क, मनोभाजी
Schizopod (shrimp like crustaceans of order Mysidacea and Euphausia) दीर्णपाद (झींगा वर्गीय जलीय जन्तु)
Schizorhinal दीर्णनासीय, खण्डनासिक
Schizostele खण्डरम्भ
Schizothecal खण्डावरक
Schizotropic दीर्णकानुवर्ती
Schizozoite दीर्णजन्तुक
Schlicht पृथक्मान फलन
Schmitzdecke (a German word) जैवस्तर, मलस्तर
Schmoo सीमान्त
Schnitzel बछड़े के मांस की टिक्की
Schollen dome लावास्तूप
School विद्यालय, तैरती मछलियों का झुण्ड, विचार पद्धति
Schooner द्विकूपी नाव
Schuppen स्तरखण्डी
Schwann cell (neurolemmocyte, named after a German physiologist Theodor Schwann, (1810-1882 A.D.) स्वान कोशिका (परिधीय तन्त्रिका तन्त्र की स्नायु तन्तुओं को ढकने वाली तन्त्रिकावरणी कोशिकाएँ)
Schwann sheath, Neuro-lemma, Neurilemma स्वान-आच्छद, तन्त्रिकावरण, चेताच्छद
Sciagram एक्स-किरण चित्र
Sciagraph एक्स-किरण चित्रलेखी
Sciagraphy एक्स-किरण चित्रण, छायामिति
Sciatic नैतम्ब, नितम्बी, जाँघ सम्बन्धी
Sciatica गृध्रसी, राजचेताशूल (एक स्नायु विकार)
Science (derived from Latin word scientia means knowledge, systematic study of any subject) विज्ञान, विशिष्ट-ज्ञान, शास्त्र, कौशल
Sciential, Scientific वैज्ञानिक, विज्ञान सम्बन्धी, विज्ञानसम्मत
Scientist विज्ञानी, विज्ञानविद्
Scientometric विज्ञानमितीय
Scientometrics, Scientometry विज्ञानमापिकी, विज्ञानमिति
Scilla, Squill (a perennial bulbous herb of family Asparagaceae in woodland and sea shore) समुद्र पलाण्डु
Scimitar वक्राग्र, कटार, खञ्जर, असिका
Scintilla स्फुलिंग, चिनगारी, अल्प मात्रा
Scintillate चिनगारी छोड़ना, चमकना
Scintillation प्रस्फुरण, उत्स्फुलिंगन, चमकना, नक्षत्रोन्मीलन
Scintillator, Scintillant प्रस्फुरक
Scintillometer प्रस्फुरमापी
Scintilloscope स्फुरणदर्शी, उत्स्फुरणदर्शी
Sciograph खण्डलेख
Scion, Cion वंशज, नवोद्भूत, उपरोपिका (पौधे का कलम)

Sciophilic, Sciophilous छायारागी
Sciophobe, Sciophobic छायाभीरु, छायाभीत
Sciophobia छायाभीति
Sciophyte छायारागी पादप, छायापादप
Scirrhoid कठिनार्बुदाभ
Scirrhoma, Scirrhous carcinoma कठिनाध्यार्बुद
Scirrhus कठिनार्बुद, कठोर कैंसर
Scissel धातु की कतरन
Scissile विपाट्य, विखण्डनीय
Scission विपाटन, विखण्डन, कटाव
Scissor, Scissoring काटना, कतरना, कर्तन
Scissors कैंची, कतरनी
Scissure दरार, चीर, चीरा
Sciure (a French word) लकड़ी का बुरादा या छीलन
Sciurine गिलहरीवंशी, गिलहरी जैसी
Sclera, Sclerae (pl.), Sclere, Sclerotica श्वेतपटल, शुक्ला, दृढ़ा (नेत्र में)
Scleral, Sclerotic, Sclerous शुक्लीय, श्वेतपटलीय, जारठ्यग्रस्त
Sclerectasia, Sclerectasis शुक्लोत्तन
Sclerectomy, Sclerotomy शुक्लोच्छेदन, श्वेतपटल निष्कासन
Sclereid दृढ़कोशिका
Sclerencaulous दृढ़स्तम्भी
Sclerencephalia, Sclerencephaly दृढ़शिरस्कता, दृढ़शीर्षता
Sclerencephalic, Sclerencephalous दृढ़शिरस्क, दृढ़शीर्षी
Sclerenchyma दृढ़-ऊति, दृढ़ोतक
Sclerenchymatous दृढ़कोशाभित्तीय
Scleriasis, Sclerosis वर्त्मतट जारठ्य
Sclerification दृढ़न, दृढ़ीभवन
Sclerite, Sclerine दृढ़, दृढ़क, कठक
Scleritis, Sclerotitis शुक्लाशोथ, श्वेतपटलशोथ
Sclerobase दृढ़ाधार
Scleroblast दृढ़कोरक, दृढ़घट
Sclerocornea दृढ़स्वच्छा (एक नेत्ररोग)
Sclerocyte दृढ़कोशा, दृढ़कोशिका
Sclerocytosis दृढ़कोशता
Sclerodactyly दृढ़ांगुलिता
Scleroderm दृढ़चर्म
Scleroderma चर्मजारठ्य, त्वचाकाठिन्य
Sclerodermite दृढ़ावरण
Sclerogenic, Sclerogenous दृढ़जनी, दृढ़कारी
Scleroid जरठ, कठिन, दृढ़
Sclerokeratosis दृढ़शृंगिता
Scleromenix, Dura matter दृढ़तानिका (मस्तिष्क में)
Scleroma त्वचा जारठ्य (शिशुओं में)
Sclerosant काठिन्यक
Sclerophyll दृढ़पर्ण
Sclerophyllous दृढ़पर्णी
Sclerophyte दृढ़ोद्भिद्
Scleroscope कठोरतादर्शी, जारठ्यदर्शी
Scleroscopy कठोरतादर्शन, जारठ्यदर्शिकी
Sclerose जारठ्यग्रस्त, जरठ
Scleroseptum, Sclerosepta (pl.) दृढ़पट
Sclerosing agent दृढ़कर्त्ता, जरठकर्त्ता
Sclerosis दृढ़ीभवन, जरठीकरण, दृढ़ता
Scleroskeleton दृढ़कंकाल, जरठास्थि पञ्जर
Sclerosteosis जरठास्थिता
Sclerotesta दृढ़चोल, जरठकवच
Sclerotherapy काठिन्यक चिकित्सा
Sclerotic, Sclerous दृढ़पटली, दृढ़, जरठ, शुक्ली
Sclerotium, Sclerotia (pl.), Sclerotis दृढ़क, जालाश्म, दृढ़कवक जाल⁄तन्तु
Sclerotization, Sclerotize दृढ़ीकरण, दृढ़ बनाना⁄होना
Sclerotized दृढ़ीकृत, दृढ़ित
Sclerotomal कशेरुकजनीय
Sclerotome कंकालजन खण्डक, कशेरुकजन
Sclerotrichia दृढ़रोमता, केशकाठिन्य
Scobiform बुरादारूपी
Scobs बुरादा
Scoleciasis शलभडिम्भता
Scoleciform, Scolecoid मुण्डरूपी, शीर्षाकार, मूर्धाभ, मुण्डाभ
Scolespore तन्तुबीजाणु, कृमिरूप बीजाणु
Scolecosporic, Scolecosporous तन्तुबीजाण्वी कृमिरूप बीजाण्वी
Scolex (head of tapeworm with suckers and hooks for attachment), Scoleces (pl.) शीर्ष, मूर्धा, मुण्ड
Scoliosis मेरुवक्रता, मेरुपार्श्वकुब्जता
Scoliotic मेरुवक्री, मेरुपार्श्वकुब्ज
Scolite कृम्यश्म (कृमि-अश्म)
Scolopale मध्यकील
Scolopendra, Centipede (*Scolopendra* sp., an arthropod of class Chilopoda) कनखजूरा, पृथिका (एक सन्धिपाद थलीय जन्तु)

Scolophore (an integumentary organ in insects for auditory function) तर्कुसंवेदिका
Scolopidium, Scolopidia (pl.) (a mechanoreceptor organ of insects) तर्कुसंवेदिकाधर
Scolopoid तर्कुसंवेदिकाभ
Scolops स्थूणक
Scone केक, बिस्कुट, रोटी
Scoop कलछी, प्रदर्वी, उदगर्त, कष्नि
Scooping उद्गर्तन, गूदा निकालना, खोखला करना
Scoot तेज़ी से भागना
Scooter तेज़ भागने वाला, स्कूटर (एक स्वचालित दुपहिया वाहन)
Scoparium, Scoparia (pl.), Scoparius सम्मार्जनी
Scopometer, Skopometer दर्शतामापी
Scopometry दर्शतामिति
Scopophobe, Scopophobic Ophthalmophobid दर्शभीरु
Scopophobia दर्शभीति, दर्शनभीति, देखकर डरना
Scopula शूक गुच्छ, कूर्च, कूँची
Scopulate कूर्चाकार, शूकी
Scorbutic प्रशीतादीय, स्कर्वीग्रस्त, स्कर्वी सम्बन्धी
Scorbutigenic, Scobutigenous प्रशीतादजनित, प्रशीतादजन्य, स्कर्वीजनक
Scorch, Scorching दग्धाना, झुलसाना
Scorched दग्ध, झुलसा हुआ
Scoria धातु-मल, अवस्कर, लावा
Scoriaceous सुषिर लावावत्
Scorification अवस्करण
Scorify अवस्करित करना/होना
Scoring अवक्षारण, समांकन
Scorpioid वृश्चिकीय, उभयतोविकासी, कुण्डलित
Scorpion (a predatory fossorial stinging arthropod of class Archanida), Scorpio (pl.) वृश्चिक, बिच्छू (एक रात्रिचर स्नायुविषी दंशी जन्तु)
Scorpion grass (*Myosotis* sp., a flowering plant of family Boraginaceae), Forget me not मूषकर्णी घास (एक चूहे के कान जैसा पंखुड़ीदार नीले फूल वाला पौधा)
Scotch, Scotching घायल करना, खरोंचना, क्षत विक्षत करना, आदहन
Scoter समुद्री बतख़
Scotia अन्तर
Scotography तिमिरचित्रण
Scotoma, Scotomata (pl.) अन्धबिन्दु, नेत्रान्धता (एक दृष्टि विकृति)
Scotomatous नेत्रान्ध, दृष्टिहीन
Scotophilia दर्शन रति, दृश्यकामुकता
Scotophobia अन्धकारभीति, अँधेरे से भय
Scour माँजना, पशु-अतिसार/दस्त
Scourer माँजने वाला, मार्जित्र (यन्त्र)
Scouring घर्षमार्जन, निर्घर्षण, अतिसार (दस्त), अपप्रवाहण, कूड़ा-करकट
Scow पटेला
Scrabble खुरचना, घसीटना, टटोलना
Scrag भेंड़ की गर्दन, गला घोटना, दुबला-पतला आदमी/पौधा
Scragging कर्कशन
Scraggly मलिन, गन्दा, अनियमित
Scraggy, Scrawny दुबला-पतला, मरियल
Scramble, Scrambling रेंगना, सण्डोलन, व्यामिश्रण, अस्फुटन
Scrambler अस्फुटक, सण्डोलक
Scrambled egg सण्डोलित अण्ड
Scramming पुनरुपलब्धि
Scran भोज्य सामग्री
Scrap कतरन, छीलन, रद्दी उच्छिष्टांश
Scrape, Scraping खुरचना, अपोद्घर्षण
Scraper खुरचनी, अवघर्षक, अपोद्घर्षक
Scrapings खुरचन, छीलन, क्षेप्य
Scratch, Scratching खरोंच, खरोंचना, खुरचना, खरखराना, आखुरण
Scratcher खरोंची, आखुरक (जन्तु)
Scratchy भद्दा, पँचमेल, खुरचने वाला
Scrawl घसीटना, घसीट
Scrawny दुबला-पतला
Scream, Screaming चीखना, चिल्लाना, उत्क्रोश, उत्क्रोशी
Screamer उत्क्रोशक
Scree शैल-मलबा
Screech चीत्कार, चीख, कर्कश ध्वनि
Screech owl घूघू (एक रात्रिचर उल्लू प्रजातीय पक्षी)

Screed	पट्टी, सूची, उबाऊ भाषण
Screen, Screening	पर्दा, छन्नी, छँटाई, छानन, पटेक्षण
Screened	प्रच्छन्न, छँटा/छना हुआ
Screenings	छानन, चालनशेष, चोकर
Screw	पेंच, भ्रमि
Screw driver	पेंचकस
Screw gauge	पेंचमापी (तार का व्यास या मोटाई नापने का यन्त्र)
Screwing	पेंच कसना, व्यावर्तन
Screw pine palm (*Pandanus* sp., a palm like dioecious monocot tree of family Pandanaceae with pine apple like leaves and cone like fruit), Pandan	केवड़ा (एक सुगन्धित फूल वाला पौधा)
Screw thread	पेंच की चूड़ी
Screw tree (*Helicteres isora,* a flowering small medicinal tree/ shrub of family Malvaceae with elongated pod like twisted fruits)	मरोड़फली, मृग शृंग, आर्वतफल
Screw worm (larva of blow fly *Cochliomyia* sp., a dipteran insect of family Calliphoridae)	भ्रमिवेधी कृमि
Scribbling	घसीटना, तिरेखन, धुनकाई
Scrim	अस्तर, जिल्दसाज़ी का कपड़ा, टाट, जाली
Scrimp	तान शलाका, तान दण्ड
Scrim shaw	हाथीदाँत/घोंघा/शंख पर नक़्क़ाशी
Scrobe	सुषिर, विखाँच, खाँचा
Scrobicula, Scrobiculae (pl.)	अभिखात, गर्त, गड्ढा
Scrobicular, Scrobiculate, Scrobiculatus, Scrobiculus	अभिखाती, गर्तमय, गड्ढेदार, खाँचेदार
Scrofula	कण्ठमाला, गण्डमाला
Scroll	कुण्डली, वलनी, नामावली
Scrolled	कुण्डलित
Scroll saw	नक़्क़ाशी आरी
Scroll valve	वलनी कपाट
Scroop	चरचराना, चरचराहट
Scrotal	वृषणीय, मुष्क-, वृषण-
Scrotal sac,	वृषणकोष, अण्डकोश,
Scrotum	मुष्क, फ़ोता
Scrub	गुल्म, कुब्ज, झाड़ी, कूँची, अनुक्षुप
Scrub typhus	क्षुप पृषज्जवर (झाड़ी के चूहे व गिलहरी के पिस्सू से होने वाला एक सञ्चारी बुख़ार)
Scrubbed	कूर्चित, उद्धावित
Scrubber	उद्धावक, उद्धावित्र
Scrubbing	उद्धावन, घर्षधावन
Scruff	गर्दन, ग्रीवा
Scruffing	विक्षति
Scruffy	गन्दा, मैला-कुचैला
Scrumtious	स्वादिष्ट, हर्षप्रद, रुचिकर
Scrunch	कुचलना, चबाना, दबाना
Scrupulosity	अतिपूर्णता
Scuba	गोताख़ोरों हेतु श्वास यन्त्र
Scud	तेज बहाव, चल मेघ
Scull	छोटा चप्पू, नाव चलाना
Sculpture	मूर्तिकला
Sculpuring	मूर्तीकरण, तक्षण
Scum	धातुमल, मलफेन, मैल हटाना
Scumble	पुचारा लगाना, रंग चढ़ाना
Scummy	मलफेनयुक्त
Scurf	दारुण, रूसी, फेहास, पपड़ी
Scurfy	दारुणी, रूसीदार
Scurvy, Scurbutus (a vitamin C deficiency disease)	जघन्य, तुच्छ, घृणित, प्रशीताद, स्कर्वी (रोग)
Scut	लघुपुच्छ, छोटी पूँछ
Scutate	प्रशल्की, छत्राकार, ढालरूपी
Scutch	कूटकर रेशा निकालना
Scute	प्रशल्क, छत्र, ढाल
Scutellate, Scutiform, Scutulate	छत्रीय, ढालरूपी, छत्राकार
Scutellum, Scutella (pl.)	प्रशल्क, वरूथिका (वानस्पतिक)
Scutoid (a twisted prism like geometrical shape)	ढालवत, छत्राभ
Scuttle	टोकरा, तसला, छबड़ा
Scutum, Scuta (pl.)	जानुफलक, चपनी, प्रशल्क, वरूथ, ढाल
Scybalum, Scybala (pl.)	मलपिण्ड, विष्ठापिण्ड, लेंड़ी, लीद
Scyphiform, Scyphoid	चषकवर्धरूपी, चषाभ, प्यालीनुमा
Scyphistoma	चषमुख
Scyphozoa (a class of subphylum Cnidaria)	चषकजीव (प्यालीनुमा जेलीफिश)

Scyphus, Scypha (pl.)	चषवर्ध
Scythe	हँसिया, दराँती, काटना
Sea, Ocean (a huge natural saline water body on earth)	समुद्र, सागर, सिन्धु
Sea anemone (a marine predatory sessile coloured cnidarian of class Anthozoa with oral tentacles)	समुद्र फूल (एक समुद्री जन्तु)
Sea bath	समुद्र स्नान
Sea bed	समुद्र तली
Sea bird	समुद्री पक्षी
Sea born	समुद्र जनित, समुद्रजन्य
Sea borne	समुद्र (जल) वाहित
Sea buckthorn (*Hippophae rhamnoides,* a wild tropical deciduous shrub of family Elaeagnaceae with berry type juicy and oily fruit)	पहाड़ी झरबेरी (एक औषधीय भोज्य जंगली बेर वाली झाड़ी)
Sea coast, Sea shore	समुद्र तट, सागर तीर
Sea cow, Manatee (*Hydrodamalis gigas,* a marine herbivorous extinct mammal of order Sirenia)	समुद्री गाय
Sea cucumber (a free living mud feeder marine cucumber like echinodermate of class Holothuroidea)	समुद्री खीरा
Sea dragon (*Phycodurus* sp., a marine fish of family Syngnathidae related to sea horse)	समुद्री बैताल मछली, समुद्री दैत्य मीन
Sea elephant, Elephant seal (*Mirounga* sp., a huge carnivorous semi-aquatic arctic marine mammal of family Phocidae)	समुद्री हाथी
Sea fan (a sessile marine soft coral, colonial cnidarian of order Alcyonacea)	समुद्री पंखा, जीव-पालन
Sea farming, Sea culture	समुद्र-कृषि, समुद्री जीव संवर्धन, समुद्री जीव-पालन
Sea fisheries	समुद्र मात्स्यिकी
Sea food	समुद्र खाद्य, समुद्री भोजन
Sea going	समुद्रगामी
Seagull, Gull (a pigeon sized sea bird of family Laridae)	मुर्ग़ाबी, गंगा-चिल्ली (जलीय पक्षी)
Sea-hog, Porpoise, Dolphin (*Phocoena* sp., a gregarious toothed aquatic mammal of family Phocoenidae)	सूँस
Sea horse (*Hippocampus* sp., a marine fish of family Syngnathidae with equine appearance)	समुद्री घोड़ा मछली, अश्वमीन
Seal, Sea-calf, Sea dog (*Phoca vitulina*, a large arctic semi-aquatic carnivorous mammal of family Phocidae)	सील (अर्धशीत समुद्री मांसाहारी स्तनधारी), मुहर, मुहरबन्द करना
Sea level	समुद्रतल, समुद्र स्तर
Sealing material	संवरण पदार्थ
Sealing wax	सम्मुद्रण लाख, मोहरीलाख, लाह
Sea lion (a large marine semi-aquatic carnivorous mammal of family Otariidae)	समुद्री बाघ, जलसिंह
Seam	सन्धिरेखा, सीवन-जोड़, संस्तर, दरार
Sea man	नाविक
Seaming	सीवनन
Seamless	सीवनरहित, स्तरहीन
Sea nettle (*Chrysaora* sp., a jelly fish of class Scyphozoa with long trailing tentacles bearing stinging nematocyst)	समुद्री बिछुवा, सागर बिच्छू काँटा

Seansorial	भित्तिचर (जैसे छिपकली), आरोही
Sea pen (a fleshy feather like colonial cnidarian of order Pennatulacea)	समुद्री लेखनी, समुद्री कलम
Sea pig (*Scotoplanes* sp., a deep sea holothurian sea cucumber like echinodermate of family Elpidiidae)	समुद्री सुअर
Sea plane (a nautical amphibious aircraft)	समुद्री विमान, समुद्री वायुयान
Sea plume (*Antillogorgia bipinnata,* a marine colonial soft coral of family Gorgoniidae)	समुद्री पिच्छक
Sea port, Harbour	समुद्र-पत्तन, बन्दरगाह
Sea quake	समुद्र-कम्प
Seaquarium, Seaquaria (pl.)	सागरशाला, समुद्री जीवगृह
Sear, Searing	झुलसाना, दाग़ना, जलाना, तप्त, कुम्हलाना, तापचिक्कण
Search, Searching	खोज, छानबीन, अन्वेषण
Search light	अन्वेषि प्रकाश, खोजी रोशनी
Sea shell	सीपी, शंख, घोंघा, कौड़ी
Sea sickness	जहाज़ी मिचली
Sea slug (a marine nudibranch gastropod mollusc of sub-class Opisthobranchia)	समुद्री घोंघा
Sea snake	समुद्री साँप
Season	ऋतु, मौसम, अवधि, काल
Seasonal	ऋतुनिष्ठ, ऋत्विक, मौसमी
Seasoned	संशोषित, सिझाया हुआ, परिपक्व
Seasoning	संशोषण, परिपक्वन, सिझाना, छौंक, बघार
Sea sparkle (*Noctiluca scintillans/ miliaris,* a marine bioluminescent dinoflagellate algae of family Noctilucaceae with scintilling effect during night like sea sparkle)	समुद्री चिनगारी
Sea spider (a marine arthropod of class Pychogonida)	समुद्री मकड़ी वायुयान
Sea turtle (marine reptiles of super-family Chelonioidea)	समुद्री कछुआ, समुद्री कश्यप
Sea urchin, Urchin (a marine globular spiny echinodermate of class Echinoidea)	समुद्री साही
Sea ward	समुद्राभिमुखी, अभिसमुद्र
Sea water	समुद्री जल
Sea weed	समुद्री शैवाल
Sebaceous	त्वक्वसामय, त्वक्स्नेही
Sebaceous gland	तैलग्रन्थि, वसाग्रन्थि
Sebiferous	स्नेहधर, स्नेहमय
Sebiparous, Sebopoietic	स्नेहजनी, स्नेहोत्पादी
Sebopoiesis	स्नेहोत्पादन, स्नेहजनन
Seborrhea, Seborrhoea	तैलस्राव, त्वक्स्नेहस्राव, वसास्राव
Sebarrheic	स्नेहस्रावी
Sebotrophic	स्नेहानुवर्ती, स्नेहोद्दीपक
Sebum	त्वक्स्नेह, त्वक्वसा
Secant	छेदक, छेदकरेखा, कर्तक, छेदिक, व्युत्क्रम कोटिज्या
Secateur	कलम कैंची
Seccotine	गोंद, चिपकाना, प्रेमासक्त
Secede	पृथक् होना, विलग्न होना
Secession	सम्बन्ध- विच्छेद, अलगाव, विलग्नता
Seclude	एकान्त, अलग
Seclusion	एकान्तवास, निर्जनता
Seclusive	एकान्तप्रिय
Secodont	तीक्ष्णदन्ती
Second	द्वितीय, विकला (कोण), सेकेण्ड, क्षण, विपल (समय)
Secondary	द्वितीयक, परवर्ती, परवर्धी, गौण, सञ्चायक, गौण पिच्छ, पश्चपक्ष
Secondary cell	द्वितीयक कोशिका, सञ्चायक कोशा
Secondary circle	लम्बतलीय बृहत्वृत
Secondary segmentation	परवर्ती खण्डीभवन
Secreta	संस्राव, स्राव
Secrete	स्रावित करना, निस्सारित करना, छिपाना, भेद
Secretion, Secrement	स्राव, स्रवण, छिपाव, उदासर्जन

Secretogogue अम्ल स्रावी प्रेरक
Secretory, Secretive स्रावी, उदासर्जक
Sect विदर, चीरा, सम्प्रदाय
Sectile छिन्दुर, कर्तनीय, छेद्य
Section काट, वर्ग, खण्ड, अनुभाग, परिच्छेद
Section paper, Graph paper वर्गपत्र, ग्राफ पेपर
Sectional परिच्छेदीय, अनुभागीय
Sectionalize विभाजित करना
Sectioning विभाजन, परिच्छेदन, तलेक्षण
Sector वृतखण्ड, त्रिज्यखण्ड, त्रिज्य, कार्यक्षेत्र, त्रिज्य-यन्त्र, कर्तक
Sectorial त्रिज्य-, त्रिज्यी, त्रिज्यखण्डी, दारक, कर्तनकारी
Secund एकपक्षकी
Secundibrach द्वितीय बाहु
Secundine बीजाण्ड अन्तःचोल
Securiform कुठाराकार, कुल्हाड़ीरूपी
Sedate सौम्य, प्रशान्त, गम्भीर
Sedative शमक, शामक (औषधि), उपशामक
Sedent शान्त, स्थिर, अचल
Sedentary निलग्न, स्थानबद्ध, आसीन
Sedge प्रतृण, नरकट
Sedilia, Sedile आसन (बैठने का सामान)
Sediment तलछट, अवसाद, निक्षेप
Sedimentary तलछटी, अवसादी, निक्षेपी
Sedimentary rock अवसादी चट्टान
Sedimentation अवसादन, निक्षेपण, तलछटन
Sedimentor, अवसादक, निक्षेपक
Seductor, Seductive प्रलोभिक, शीलायवाहक, विमोहक, सम्मोहक (पुरुष)
Seed बीज, बीज वपन, बीज बोना
Seed ball, Seed bomb (seed(s) coated with or embedded in soil and organic manure, dispersed for plantation) बीजगोली, बीज गोला
Seed coat बीजावरण, बीजचोल, बीजकवच
Seed grain बीज धान्य
Seeding, Sowing बीजन, वपन, बीज बोना
Seeding machine, Sowing machine वपनयन्त्र, वपित्र
Seedless निर्बीज, बीजरहित
Seedling नवोद्भिद्, बेहन, पौध, बीजांकुर
Seed lobe, Cotyledon बीजपत्र
Seed vessel फलभित्ति
Seedy बीजमय, बीजदार, बीजी, अस्वस्थ, गन्दा
Seep रिसना, चूना, लघुस्रोत
Seepage रिसाव, रिसन, आश्च्यवन
Seepage analysis रिसन विश्लेषण, च्यवन-विश्लेषण
Seeps रिसन स्थल
Seer सुरमई
Seethe बुलबुलाना, उबालना, उत्तेजित होना, आन्दोलित होना
Segetal धान्यक्षेत्रीय (धान्यक्षेत्र में उगने वाला)
Segment, Segmentum, Segmenta (pl.) खण्ड
Segmental खण्डीय, सखण्ड, खण्डमय
Segmentation विखण्डन, खण्डभाजन, खण्डविन्यास, खण्डीकरण
Segmented खण्डित, विखण्डित, खण्डीकृत
Segregant विसंयोजक
Segregate पृथक्य, पृथक्/अलग करना
Segregated पृथक्कृत, पृथकित
Segregation पृथक्करण, विसंयोजन
Segregational, Segregative पृथक्कारी, विसंयोजी
Segregator पृथक्कित्र, विसंयोजित्र
Segresome पृथक्काय
Seiche जलदोलन, जलतरंगण, सरोदोलन (झील में)
Seine मत्स्यजाल, कोना-जाल, पाश-जाल
Seining सम्पाशन
Seism, Earth quake भूकम्प, भूचाल
Seismal, Seismic, Seismitic भूकम्पी, भूकम्पनीय, भूकम्प-
Seismic zone भूकम्प-क्षेत्र
Seismicity भूकम्पीयता
Seismism भूकम्पता
Seismogram भूकम्पाभिलेख, भूकम्पचित्र
Seismograph भूकम्पलेखी
Seismographic(al) भूकम्पलेखीय
Seismography भूकम्पांकन, भूकम्पचित्रण, भूकम्पलेखन
Seismological भूकम्पीय
Seismology भूकम्पविज्ञान
Seismometer भूकम्पमापी

Scismometrics, Seismometric	भूकम्पमितीय, भूकम्पमापीय
Seismometry	भूकम्पमिति, भूकम्पमापिकी
Seismonastic	भूकम्पानुकुञ्ची
Seismonasty	भूकम्पानुकुञ्चन
Seismoscope	भूकम्पदर्शी
Seismoscopy	भूकम्पवीक्षण, भूकम्पदर्शन
Seismotherapy	भूकम्पचिकित्सा
Seitan (wheat gluten- a vegan-friendly meat substitute)	आटाबोटी
Seizure	झटका, दौरा, अभिग्रहण
Selachian (cartilaginous fishes of sub-class Selochii/Elasmo-branchii including marine sharks, rays, dogfish and skates)	उपास्थि मीनजात
Select, Selection	चुनना, चयन, वरण
Selectability	चयनीयता, वरणीयता, वरणक्षमता
Selectable	चयनीय, वरणक्षम, वरणीय
Selective	चयनात्मक, चयनकारी, चयनशील, वरणशील, प्रवृत्य
Selectiveness, Selectivity	चयनात्मकता, चयनकारिता, वरणशीलता, प्रवृत्यता
Selector	चयक, चयनकर्ता, वरणित्र
Seleniferous	मेचाग्निप्रद, सिलीनियमप्रद
Seleniform	चन्द्राकार, पूर्णचन्द्ररूप
Selenium (an essential element, toxic in excess, with symbol Se)	मेचाग्नि, सिलीनियम
Selenocentric	चन्द्रकेन्द्रित, चन्द्रकेन्द्री
Selenodont	शशिदन्ती
Selenography	चन्द्रभूगोल
Selenoid	चन्द्राभ, भूचन्द्रवत्
Selenology	चन्द्रविज्ञान, चान्द्रिकी
Selenosis, Selenium poisoning/toxicity	मेचाग्निविषाक्तता, सिलीनियमविषालुता
Selenotropism, Selenotropy	चन्द्रानुवर्तन, चन्द्रानुवर्तिता
Selenozone	चन्द्रमेखला
Self defence	आत्मरक्षा
Self excitation	आत्मोत्प्रेरण, स्व-उत्प्रेरण
Self feeding	स्वयंभर, आत्म-सम्भरण
Self-fertile	स्वनिषेची, स्वजननक्षम
Self fertilization	स्व-निषेचन
Self fertility	स्व-निषेचितता, स्वजननक्षमता
Selfie	स्वचित्र, आत्मरूप
Self induction	आत्मप्रेरण, स्वप्रेरण
Self-inflictive	स्वयंघाती, आत्मपीड़क
Self pollination	स्व-परागण
Self purification	आत्मशोधन, स्वतःशुद्धीकरण
Self regulation	स्व-नियमन
Sella, Sellae	पल्याण, काठी, आसन
Sellaeform, Sellaeformis	पल्याणाकार, काठीरूप
Sellar	पल्याणीय
Seltzer water (named after a Seltzer village in Germany, famous for natural springs of carbonated water)	औषधिमय/रासायनिक बुलबुलेदार जल
Selvage, Selvedge	मृदलेप, किनारा, कन्नी
Semaphore	संकेत यन्त्र, संकेत स्तम्भ/भुज, इंगक, संज्ञापित्र
Sematic (colour or sign)	भय संकेतक, आपदासूचक
Semblance	आकार, आकृति, रूप, प्रतिकृति, आभास, प्रदर्शन
Semeiography,	लक्षणचित्रण, लाक्षणिकी
Semeiotics, Semeiology, Semiology, Symptomatology	लक्षण विज्ञान, संकेतविज्ञान
Semi-lateral	अर्ध-पार्श्वी
Semeiotic, Semiotic	लाक्षणिक
Semel incident	एकघटक, एक बार होने वाला रोग
Semelparity (single reproductive episode or producing flowers and fruit only once in life)	एकप्रजता, एकप्रसवता, एकप्रजननता, एकफलता एकफलता
Semelparous	एकघटज, एक बार पैदा होने या फलने वाला
Semen	वीर्य, शुक्र, रेतस्
Semenuria, Seminuria	वीर्यमेह, वीर्यमूत्रता
Semi- (prefix)	अर्ध-, अंश, अल्प, सामि
Semi aquatic	अंशजलीय, अर्धजलीय
Semi arid	अर्धशुष्क
Semi canal	अर्धनाल
Semi circular	अर्धवृत्ताकार
Semi conductor	अर्धचालक
Semi conscious	अर्धचेतन
Semi-crystalline	अर्धमणिभीय, सामिस्फाटकीय
Semi-diurnal	दिवार्ध

Semi-finished, Semi-refined अर्धपरिष्कृत, अर्धपरिमार्जित
Semifluid अर्धतरल
Semiliquid अर्धद्रव
Semi-lunar, Semi-lunal अर्धचन्द्र, अर्धचान्द्र, अर्धचन्द्रीय
Semi membranous अर्धकलामय
Semi migratory अर्धप्रवासी
Seminal शुक्रीय, शुक्र-, वीर्य सम्बन्धी, प्रजायी, प्रारम्भिक, बीजगर्भित
Seminal fluid शुक्ररस, रसस्राव
Seminal vesicle शुक्राशय
Seminar परिसंवाद, गोष्ठी
Seminate, Semination वीर्य डालना, बीज बोना, गर्भाधान करना, बोआई, वपन
Seminiferous शुक्रजनक, शुक्रवाहक, बीजधर, वीर्योत्पादक
Semiparasite, Semiparasitic अर्धपरजीवी, अर्धपराश्रित, अर्धपराश्रयी
Semipermeability अर्धप्रवेश्यता, अर्धपारगम्यता
Semipermeable अर्ध पारगम्य, अर्ध प्रवेश्य
Semistarvation अर्धबुभुक्षण
Semisterility अर्धबन्ध्यता
Semisynthetic अर्धसंश्लेषी
Semitic, Semite सामी, शामी
Semi-transparant अर्धपारदर्शी
Semi-tropical अर्धोष्ण कटिबन्धीय
Semi-volatile अर्धवाष्पशील
Semi-water gas अर्धजल वाति
Semolina सूजी, दलिया, चोकर, भूसी
Semperflorens सदापुष्पी
Sempervirent सदाहरित, सदाबहार
Sempervive सदञ्जीव, सदाजीवी
Sempervivoides सदञ्जीवाभ
Sempiternal अनन्त, अविनाशी, अपरिवर्तनीय
Senary षड्धा
Senile, Senescent जराजीर्ण, जराग्रस्त, जीर्ण, बूढ़ा, जरा-
Senility, Senescence जराजीर्णता, जरावय, जीर्णता, बुढ़ापा, सठियाव
Senescent cell, senile cell जीर्णकोशा, जराजीर्ण कोशिका
Senna (*Senna* sp., a flowering medicinal plant of legume family Fabaceae) सनाय (एक पौधा रेचक के रूप में प्रयुक्त), रंगलता
Senography जीर्णताचित्रण
Sensation उत्तेजन, संवेदन, अनुभूति
Sense चेतना, संवेद, भाव, अभिदिशा
Sense organ संवेदांग, ज्ञानेन्द्रिय, चेतनांग
Sensibility संवेदनीयता, संवेद्यता, इन्द्रियग्राह्यता
Sensible संवेदनीय, संवेद्य, चैतन्य, इन्द्रियग्राह्य
Sensiferous संवेदी, संवेदनामय, हृषतायुक्त
Sensigenic, Sensigenous संवेदजनी, हृषकारी
Sensilla संवेदिका, इन्द्रिय
Sensilium, Sensilia (pl.) Sensor संवेदक, परान्तरित्र
Sensimeter, Sensitometer संवेदनामापी, सुग्राह्यतामापी, हृषतामापी
Sensitinogen संवेदजन, हृषजन
Sensitive, Sensory, Sensifacient संवेदनशील, संवेदी, हृष, असहिष्णु
Sensitivity संवेदनशीलता, संवेदिता, हृषता, सुग्राहिता
Sensitization, Sensibilization संवेदीकरण, हृषण, हृषकरण
Sensitize संवेदी बनाना, सुग्राही बनाना, हृषित करना, अनुभूति होना
Sensitized संवेदित, सुग्रहित, हृषित
Sensitizer संवेदक, हृषित्र, प्रत्युर्जक
Sensitometric संवेदनामितीय, हर्षतामितीय
Sensitometry, Sensorimetry संवेदनामिति, हृषतामिति
Sensomobile उद्दीप्तिचलनीय
Sensomobility उद्दीप्तिचलनीयता
Sensomotor, Sensorimotor संवेदनाप्रेरक, संवेदना चालक, हृषवहित्र
Sensor, Sensorium संवेदित्र, संवेदांग,
Sensoria (pl.) संवेदन-क्षेत्र तन्त्र
Sensorimuscular संवेदनापेशीय, हृषपेशीय
Sensory, Sensual, Sensuous संवेदी, सुग्राही, इन्द्रियग्राह्य, कामुक
Sensuality संवेदिता, कामुकता, विषयासक्ति
Sensualize इन्द्रियग्राह्य/कामुक बनाना
Sentic आनुभूतिक
Sentics आनुभूतिकी, अनुभूतिविज्ञान
Sentience संवेदना, चेतना, अधोचेतना
Sentient संवेदी, सचेत, चेतना, वाहक
Sentiment मनोभाव, भाव, भावना
Sentimental भावुक, भावप्रवण
Sentimentality भावप्रवणता, भावुकता
Sepal बाह्यदल, निदल (फूल का)
Sepaloid निदलाभ, बाह्यदलवत्
Separable वियोज्य, पृथक्य, पृथक्करणीय
Separate पृथक्, पृथक्/अलग करना
Separated पृथक्कृत, अलग किया हुआ

English	Hindi
Separating, Separative, Separatory	पृथक्कारी, वियोजी
Separating funnel	वियोजी/पृथक्कारी कीप
Separation	पृथक्करण, वियोजन, विच्छेद, अलगाव
Separator	पृथक्कारक, पृथकित्र (यन्त्र)
Sepedogenesis, Sepedonogenesis	पूतिभवन, पूयजनन, सड़न
Sepia, Cuttle fish (*Sepia* sp., a marine mollusc of order Sepiida with internal shell as cuttle bone)	मसिमीन (काला भूरा रंग छोड़ने वाली एक मछली)
Sepicola, Sepicole	प्राचीरवासी, बाड़ावासी
Sepsis	पूतिता, पूयता
Sept, Clade	गोत्र, कुल, वंश
Septal	पटीय, पटी, पट-
Septangle	सप्तकोण
Septangular	सप्तकोणीय
Septaploid	सप्तगुणित, सात गुना
Septarian, Septate	पटीय, पटयुक्त, पटीवत्
Septarium	पटग्रन्थिका
Septasome	सप्ताधिसूत्र
Septasomic	सप्ताधिसूत्री
Septate	पटीयुक्त, सपटी
Septation	पटीयन, पटीकरण, पटीभवन
Septcentenary	सप्तशती
Septempartite	सप्तभागी
Septenary, Septet, Septete	सप्तक, सप्तसंख्यक, सप्त वार्षिक, सप्त
Septennial	सप्तवार्षिक, सप्तवर्षीय
Septennium	सप्ताब्द
Septentrional	उत्तरी, उदीच्य
Septfoil	सप्तशाखी चित्र
Septibranch	पटक्लोमी (जन्तु)
Septic	पूतिक, पूयिक, पूयविषी
Septicaemia, Septicemia, Septemia, Pyaemia	पूतिजीवरक्तता, पूयरक्तता, रक्तपूयविषता
Septicidal	पटविदारक, पटीस्फोटी
Septicity	पूतिकता, पूयिकता
Septicopyaemia	पूतिपूयरक्तता, पूतिरक्तपूयता
Septifolious	सप्तपर्णी
Septiform	पटीरूप, सप्तरूप, सप्तविध
Septifragal	पटभञ्जी, पटभंगुर
Septilateral	सप्तभुज, सप्तपार्श्विक
Septimal	सप्तक, सप्तसंख्यक
Septimfid	सप्तखण्डीकृत
Septo-intestinal	पटान्त्रीय
Septo-maxillary	पटजम्भिका, पटीहनु
Septo-nephridial	पटवृक्कक
Septuagenarian	सप्तति-वर्षीय
Septulum, Septula (pl.)	पटिका, लघुपट
Septum, Septa (pl.)	पट, झिल्ली, पर्दा, विभाजक
Septuple	सप्तगुण, सातगुना
Sequel	शेष, परिणाम
Sequela	अनुप्रभाव, उत्तरप्रभाव, परिणाम, उपद्रव
Sequence	अनुक्रम, क्रम, शृंखला
Sequencer	अनुक्रमक
Sequencing	अनुक्रमण
Sequent	परवर्ती, अनुवर्ती
Sequential	आनुक्रमिक, अनुक्रमीय, क्रमिक
Sequester, Sequestrate	अलग करना, पृथक् करना
Sequestered	पृथक्कृत, एकान्त
Sequestration	पृथक्करण, विविक्तीभवन, प्रच्छादन
Sequestrectomy	मृतास्थि-निष्कासन
Sequestrum	विविक्तांश, मृतास्थि
Sequoia	शंकु सिकुआ (एक वृक्ष)
Serac	प्रशूल
Seral	क्रमकी, संश्रेणीय, संश्रेणिक, विकासात्मक
Serapheresis	लसीवियोजन
Serclimax	क्रमी चरम
Sere	क्रमक, संश्रेणी, सुखाना, शुष्क, कुत्ता (बन्दूक का)
Serein	सान्ध्यवृष्टि, झींसी, फुहार
Serene	निरभ्र (बिना बादल), प्रशान्त
Serenity	निरभ्रता, स्वच्छता, शान्ति
Serendipity	अकस्मात् अन्वेषण
Serial	क्रमिक, श्रेणीगत, धारा-वाहिक
Seriate, Seriated	क्रमबद्ध, पंक्तिबद्ध, श्रेणीबद्ध
Sericeous, Sericeus	रेशमी, कौश
Sericigenous	कौशजनी, रेशमोत्पादी
Sericulture (rearing of silk worm on mulberry leaves for silk production from their cocoon)	कौश कीटसंवर्धन, रेशम कीटपालन (शहतूत की पत्तियों पर)
Series	श्रेणी, शृंखला, अवलि, अनुक्रम
Serigraph	कौशेयचित्र, कौश निकर्षित्र
Serigraphy	कौशेयचित्रण, कौश निकर्षण
Serine, Silky	कौशेय, रेशमी
Seringa, Syringa	चमेली (फूल)

Sero-albuminous	लसी-श्वितीय
Sero-diagnosis	लसीनिदान
Sero-epidemiology	लसी-महामारीविज्ञान
Sero-fluid, Serous fluid	लस्य तरल
Sero group	लस्यवर्ग, लस्यसमूह, सीरमवर्ग
Sero-immunity	लसीप्रतिरक्षा, लसीप्रतिकारिता
Serologic, Serological	लसीय, लसी-, लसी सम्बन्धी
Serology (a study of plasma and serum of blood)	लस्य विज्ञान, लसिकी, सीरम विज्ञान
Seroma	लस्यार्बुद
Seronegative	प्रतिकाय युक्त-लसी, अप्रतिरक्षी-लसी
Serophysiology	लसीकार्यिकी
Seropositive	प्रतिकायहीन-लसी, प्रतिरक्षी-लसी
Sero-resistance	लसीक्रियासहिष्णुता, लसीरोध
Sero-resistant	लसीक्रियासहिष्णु, लसी रोधी
Serosa, Serous membrane	लसीकला, बाह्यकला
Serositis	लसीकलाशोथ
Serosity	लस्यता, लसीयता
Serotaxis	लस्यानुचलन
Serotherapeutics	लसीचिकित्सा विज्ञान
Serotherapy	लसीचिकित्सा, लस्योपचार
Serotilus	विलम्ब स्फुटनी
Serotinal	उत्तर ग्रैष्म
Serotine, Serotinous	विलम्बित, देर से फूलने वाला पौधा
Serotype (form of a microbe determined by kinds and combinations of antigens present in cell)	लसीप्ररूप
Serous	लसीय, लसीमय, लसी-
Serous apoplexy	लसी रक्ताघात
Serovar (variants of a microbe defined by variation in serological reactions)	लसीभेद
Serpent	सर्प, साँप, धूर्त
Serpentarius	सर्पमय, सर्पधर
Serpentary, Serpentarium, Serpentaria (pl.)	सर्पगृह, सर्पशाला, साँपघर
Serpentiform	सर्पाकार, सर्परूपी
Serpentine	सर्पीय, सर्पिल, सर्पगतिक, सर्पिज, सर्प-
Serpentinization	सर्पिजायन
Serpentology, Ophiology	सर्पविज्ञान
Serphid	नालाण्डधा
Serpiginous	दद्रुण, दादयुक्त
Serpigo	दद्रु, दाद (एक चर्म रोग)
Serpulid	सर्पिल नाल, सर्प नाल
Serra	दाँता, क्रकच
Serrasoid	क्रकची, दन्तुर, दन्दानेदार
Serrate, Serrated,	दन्तुर, क्रकचित, क्रकच-
Serration	क्रकचन, दन्दाना, कटाव
Serried	संहत, घना, सटा हुआ
Serriform	क्रकची, दन्दानाकार
Serrulate	सूक्ष्म दन्दानेदार, सूक्ष्मक्रकची, महीन दाँतेदार
Serum (a Latin word for whey), Sera (pl.)	लसी, रक्ताम्बु, रक्तोदक (रक्त जमाव के बाद थक्के के साथ निकला द्रव)
Serval (*Leptailurus serval*, a medium sized wild African mammal of cat family Felidae)	सरवल (चीते जैसी एक मांसाहारी अफ्रीकी बिल्ली)
Server	परिवेषक, परोसने वाला, सेवक
Service, Servicing	परिवेषण, सेवा, परिचरण
Serviceable	उपयोज्य, प्रयोज्य, सेव्य
Serviceability	उपयोज्यता, प्रयोज्यता
Servo-mechanism	सहायक नियन्त्रक यन्त्र
Servo-motor	सहायक नियामक मोटर
Sesame (*Sesamum* sp., a flowering crop herb of family Pedaliaceae, with black/white edible seeds and oil extracted from it)	तिल (एक तिलहनी पौधा)
Sesamoid	कण्डरास्थि, तिलाभ, वर्तुलिका
Sesquicentennial	अध्यर्धशतवर्षीय (150 वर्षीय)
Sessile	अवृन्ती, लग्न, स्थानबद्ध, निषण्ण, स्थावर
Sestet	छक्का
Seston (minute floating bodies in water)	सम्प्लवक
Set	निश्चित, समुच्चय, कठोर होना, जड़ना, बिठाना, लगाना

Setaceous शूकमय, दृढ़रोमी
Setal शूकीय, दृढ़रोम-
Setariasis (an infestation of *Setaria* sp., a nematode of family Setariidae, parasitized through vector mosquito in abdominal cavity, brain and spinal cord of animals) सिटेरिया ग्रसन (पशुओं का एक सूत्रकृमि परजीवी रोग)
Setiferous, Setigerous शूकधर
Setiform शूकाकार
Seton सूत्र, बत्ती (घाव में डालने की)
Seta, Setae (pl.) शूक, दण्डी, दृढ़रोम, स्फोटिका-वृन्त
Set square कोनिया, रामास्त्र, समकोणमापी
Settle बसना, डूबना, स्थिर होना
Settled स्थिर, निसादित
Settlement स्थिरण, निसादन
Settling तलछट, तलौंछ
Settling tank निथार कुण्ड
Settlor अवस्थापक
Setule शूकक
Setulose शूककी
Sever काटना, अलग करना, विभक्त करना
Severable विच्छेद्य, विच्छेदनीय
Severance विच्छेद, पृथक्त्व
Severe उग्र, गम्भीर, प्रचण्ड, कठिन, तीव्र
Severity उग्रता, गम्भीरता, कठिनता
Sew सिलाई करना, सिलना
Sewage अवमल, मलप्रवाह, मलजल वाहित-मल, मैला पानी
Sewellel रदनिका
Sewer सीवक, मलप्रणाल, मोरी, गन्दा नाला
Sewerage मलजल, मलनिर्यास, मलप्रवाह-तन्त्र
Sewing सिलाई
Sewing machine सिलाई मशीन
Sex यौन, लिंग, काम, लिंग-, लैंगिक-
Sex act मैथुन क्रिया
Sexadecimal षोड्श आधारी
Sexadentate षट् दन्तुर
Sexafarious षट्पंक्तिक
Sexagenarian, Sexagenary, Sexagesimal साठवर्षीय, साठा, षाष्ठिक
Sexavalent, Hexavalent षट्संयोजी
Sex character लैंगिक लक्षण, वंशागत गुण
Sex chromosome लिंगसूत्र (लिंग निर्धारक गुणसूत्र)
Sex determination (a foetal examination to identify gender of embryo) लिंग परीक्षा/जाँच, भ्रूण लिंग की जानकारी, विशेष चिकित्सीय विधि द्वारा
Sex differentiation, Sexual differentiation लिंग भेद, लैंगिक विभेदीकरण, लिंगीय विशिष्टीकरण
Sex education यौन शिक्षा
Sexennial षट्वार्षिक, षट्वर्षीय
Sex hormone लिंग अन्तःस्राव, लिंग व्यासर्ग
Sexitubercular षट्गुलिकीय
Sex hygiene लैंगिक स्वास्थ्य विज्ञान
Sex linkage लिंग सहलग्नता, लिंग ग्रन्थन
Sex linked लिंग सहलग्न, लिंग ग्रन्थित
Sexology यौनविज्ञान, यौनशास्त्र, यौनिकी
Sex organ, Sexual organ जननांग, जननेन्द्रिय, लैंगिक अंग
Sex perversion काम विकृति
Sex ratio, Gender ratio लिंगानुपात (स्त्री-पुरुष का), नर-मादा अनुपात
Sex reversal लिंग विपर्यय
Sex sorted semen लिंग वर्गीकृत वीर्य (दुधारू पशुओं के मादा सन्तति जनने हेतु)
Sex stimulating कामोद्दीपक
Sextant षष्ठक, ग्रह-तुंगतामापी
Sext(e) मध्याह्निका
Sextet षट्क
Sextic षड्घाती
Sextuple षड्गुण, छः गुना
Sexual लैंगिक, लिंगीय, मैथुनिक, कामुक, यौन-
Sexual abuse लैंगिक दुर्व्यवहार, यौन दुराचरण
Sexual affinity, Sexual attraction यौनासक्ति, यौनाकर्षण
Sexual differentiation, Sex differentiation लैंगिक विभेदीकरण, लिंगीय विशिष्टीकरण, लिंग भेद
Sexual dimorphism लैंगिक द्विरूपता
Sexuality लिंगीयता, लैंगिकता, कामुकता
Sexualization लैंगिकीकरण, मैथुनीभवन

Sexualize	लिंग निर्धारित करना
Sexually transmitted disease (STD)	रति सञ्चारी रोग, रतिज रोग
Sexual pleasure	यौन सुख
Sexual reproduction	लैंगिक प्रजनन, लिंगीय जनन
Sexual union	मैथुन, सहवास, लैंगिक समागम
Sexual unit	मैथुन एकक
Sex unit	मिथुनांग
Sex urge	कामेच्छा, काम वासना
Sexy	कामुक, कामोत्तेजक, यौनाचारी
Shabby	जीर्णशीर्ण, टूटा-फूटा
Shabrack	नमदा, जीनपोश
Shackle	कुण्डा, कोंढ़ा, हथकड़ी, बेंड़ी
Shad (a sport marine fish of herring family Clupeidae)	शैड (हेरिंग कुल की समुद्री मछलियाँ)
Shaddock (*Citrus maxima/grandis*, a citrus tree of family Rutaceae with large pomelo type juicy fruits), Pomelo	चकोतरा (एक निम्बूकुलीय खट्टा भोज्य फल)
Shade	छाया, आभा, रंगाच्छद
Shaded	छायित, छायामय, गोपित, आच्छादित, मन्द
Shading	छायाकरण, गोपन
Shadow	छाया, प्रतिबिम्ब, प्रतिच्छाया, परछाँई
Shadowgraphy, Radiography	छायाचित्रण, प्रतिबिम्बन, बिम्बांकन
Shady	छायादार, छायामय, कुत्सित
Shaft	धुरा, दण्ड, कूपक, कुन्त, काण्ड
Shafting	धुरातन्त्र
Shag, Shaggy	झबरा, रोयेंदार
Shagreen	रूक्ष, खुरदरा, कीमुख्त, दानेदार हरा चमड़ा (गधे/घोड़े का/शार्क मछली की खाल/चमड़ा)
Shake	हिलना, हिलाना, मिलाना, हिलाकर बनाया गया पेय, हिलाया हुआ शरबत
Shake out	विधूनन
Shaker	प्रकम्पित्र, कम्पक, हलित्र, धवित्र
Shaking,	हिलाना, प्रकम्पन, कम्पी, कम्पायमान
Shale	स्लेटी पत्थर, जम्बशिला
Shale oil (an oil from shale rock fragments produced by pyrolysis, hydrogenation or thermal dissolution)	शिला-तैल, जम्बशिला तैल
Shalloon	हल्का ऊनी कपड़ा, शैलोन (एक प्रकार की झाड़ी)
Shallop	नौका, ढोंगी
Shallot (*Allium cepa*, a cultivated vegetable herb of family Amaryllidaceae)	छोटा प्याज, प्याजी
Shallow	उथला, छिछला, सतही
Shaly	स्लेटी
Sham	कृत्रिम, आभासी, मिथ्या, बनावटी
Shamble	पैर घसीटकर चलना, भद्दी चाल
Shambles	बूचड़ख़ाना, वधशाला, रक्तपात स्थल
Shami (*Prosopis cineraria*, a flowering tree of family Fabaceae resistant to aird, saline and alkaline encironments)	सफ़ेद कोकर, खेजड़ी, शमी
Shamoying	स्निग्धीकरण
Shammy	मृगछाल, साम्भर की खाल
Shampoo	केशक्षाल, केशमार्जन
Shamrock (*Trifolium* sp., a flowering garden plant of family Fabaceae)	तिपतिया (एक पौधा)
Shank	पिण्डली, टाँग, वृन्त, दण्ड, प्रस्त्रुव
Shapability	संरूप्यता, सुघट्यता
Shapable	रूपणीय, संरूप्य, सुघट्य
Shape	आकार, आकृति, रूप, स्वरूप
Shapeless	निराकार, बेडौल, अनगढ़, निरूप
Shaping	संरूपण, रूपण, आकृतीकरण
Shard	ठीकरा, टुकड़ा, शल्क

Shark (a large carnivorous cartilaginous marine fish of class Chondrichthyes) ग्राह, हाँगर, सोर, सुरा, ज़ोरी
Sharp तेज़, तीक्ष्ण, पैना, धारदार, विविक्त
Sharp edged पैना, पैनीधार वाला
Sharpen, Sharpening तेज़ या पैना करना, तीक्ष्णन, धार बनाना
Sharpener तीक्ष्णित्र (यन्त्र), धारदार बनाने वाला
Sharpness तेज़ी, तीक्ष्णता, पैनापन, विविक्तता
Sharp sighted तीक्ष्णदृष्टि
Shatter टुकड़े-टुकड़े करना, चकना चूर होना
Shave, Shaving दाढ़ी बनाना, लकड़ी छीलना, मुण्डन, क्षुरण
Shavings लकड़ी की छीलन, कतरन
Sheaf पूला, पुलिन्दा, गट्ठा बनाना
Shear, Shearing कतरना, अपरूपण, विरूपण, कल्पन
Sheared कल्पित, अपरूपित
Shear elasticity कल्पन प्रत्यास्थता
Shear force, Shearing force कल्पन बल
Shear modulus विरूपण गुणांक
Shear rate अपरूपण दर
Shear steel (a steel produced by high heating blister steel into short length) क्लृप्त इस्पात
Shear strength कल्पन शक्ति
Shearing stress अपरूपक प्रतिबल
She-ass, Jennet Jenny गधी, गदही (मादा गर्दभ)
Sheath आवरण, आच्छद, खोल, वेष्टन, कवच
Sheathe, Sheathing आच्छादित करना, खोल लगाना
Sheathed आच्छादित, कवचित
Sheave चर्खी, गड़ारी, घिर्री, पूला बाँधना
She-bear रीछनी (मादा भालू)
She-cat बिल्ली (मादा विडाल)
Shed line जल विभाजक रेखा
Sheen दीप्ति, विभा, चमक
Sheen glossimeter विभा कान्तिमापी
Sheen meter विभामापी
Sheep (*Ovis aries*, a domestic mammal of ruminant family Bovidae as livestock) भेंड़, मेष, अवि (ऊन, मांस, दूध व चमड़ा हेतु एक पालतू स्तनधारी)
Sheep hold भेड़शाला, मेषशाला
Sheet आस्तर, स्तार, पर्त, छद, पत्तर, चद्दर, चादर, प्रकोश
Sheet lightning सौदामिनी, चद्दरी बिजली, लौका
Sheeted rain मूसलाधार वर्षा
Sheeting स्तारण, पर्त चढ़ाना
Sheet iron चादरी लोहा
Sheet web छदजाल
She goat बकरी, अजा
Shelduck (*Tadorna* sp., a semi-aquatic big male bird of duck family Anatidae), Sheldrake (female bird) शाहचकवा, सुरख़ाब (एक बड़ी बतख़)
Shelf ताक़, ताखा, टाँड़, उपतट
Shelf life निधाय-काल, भण्डारण अवधि
Shell प्रकवच, खोल, कर्पर, स्फोट, अपकोश, सीपी, शंख, छीलना
Shellac (a resin secreted by female lac bug *Kerria lacca*, a hemipteran insect of family Kerriidae) शल्क लाक्षा, चपड़ा
Shell-fish (exoskeletonous aquatic molluscs, crustaceans or echinoderms) शंखमीन
Shelling छिलका उतारना, खोल हटाना, गोलाबारी
Shell proof गोला सह, बमरोधी
Shell-shock मनोविकृति
Shell work सीपी-शिल्प, शंख-शिल्प
Shelly शंख/सीपीवत् कवची, खोलदार
Shelving अल्प प्रवण, मन्द ढाल
She male, Gynandromorph किन्नर, स्त्रैण (पुरुष), मेहरा, ज़नख़ा
Shelve, Shelving ताक़ पर रखना, मन्द ढाल, अल्प प्रवण, अभिनयन
Sherd ठीकरा, भाण्ड-खण्ड
She-wolf वृकी (मादा भेड़िया)
Shield ढाल, वर्म, कवच, परिरक्षक
Shielding परिरक्षण

Shifting dullness परिवर्ती मन्दस्वनता
Shigellosis, Bacillary dysentery (a water borne infection of an enteric bacterium *Shigella* sp.) शिगेला (एक आन्त्रजीवाणु) संक्रमण
Shiitake mushroom (*Lentinula edodes,* a medicinal edible fungus of mushroom class Agaricomycetes grow on dead oak wood, native to east Asia) काष्ठछत्रक, काठ-कुकुरमुत्ता, कठ-फूल
Shim, Shimming पच्चर, पच्चर लगाना
Shimmer, Shimmering टिमटिमाना, झिलमिलाहट, कम्पदीप्ति
Shimmy डगमगाने/लड़खड़ाने वाला
Shin, Shin bone अन्तर्जंघिका, नरहर, नली
Shine चमकना, चमक, दीप्ति
Shingle कोरछादी तख़्ता, कंकड़
Shingly अष्ठिल, कंकड़ीला
Shining, Shiny चमकीला, देदीप्यमान
Ship जलयान, पोत, जहाज़, पोत पर लादना
Shipyard पोतशाला, जहाज़ कारख़ाना
Ship worm, Pileworm (*Teredo navalis,* a marine bivalved clam, a mollusc of family Teredinidae) नौकृमि, पोतकीट, जहाज़ी कीड़ा
Shipment, Shipping पोतपरिवहन, नौपरिवहन, नौभरण
Shirr, Shirring वलिकुञ्च, चुन्नट डालना, वलिकुञ्चन
Shit मल त्यागना, अपशब्द
Shive रूक्षक, काष्ठ खण्ड
Shiver काँपना, सिहरन, टुकड़े-टुकड़े करना
Shivery ठिठुरा हुआ, भुरभुरा
Shoal गाधस्थल, झुण्ड, स्तोम, उथला पानी
Shoaling स्तोमन, समूहन, समूही, उथला होना, झुण्ड बनाना
Shoaling fish (swimming fish in group closely for social reason) समूही मछली
Shoat शूकर शावक, सुअर का बच्चा
Shock आघात, धक्का, स्तब्धता, संक्षोभ
Shock absorber, Shock proof आधातसह, झटका सह, धक्कासह
Shock disease स्तब्धता रोग
Shock therapy प्रघात चिकित्सा
Shock wave (a propagative destructive wave moving in liquid with energy faster than sound waves) प्रघाती तरंग
Shoe flower, China rose (*Hibiscus* sp., a flowering perennial medicinal shrub of mallow family Malvaceae) जपा कुसुम, गुड़हल
Shoe horn सींगड़ा
Shoe peg नाल कीलक
Shoe tree (a wooden or metallic device, inserted into a shoe to present it's shape) कलकूत
Shoo कुड़कुड़, कुड़कुड़ाना
Shook हिला देना, कँपा देना, पीपा बनाने का पटिया
Shoot प्ररोह, गोली चलाना, अयस्क-पिण्ड
Shooting प्ररोहण, गोलीबारी, छायांकन
Shooting pain चिलकने वाला दर्द, टीस
Shooting star, Meteor टूटता तारा, उल्का
Shopaholic दुकानदारी को उत्सुक
Shopaholism दुकानदारी की लालसा/उत्सुकता
Shoran अदूरान्वेष, लघुपरासी विमान सञ्चालन
Shore तट, तीर, पुलिन, टेक
Shore face, Shore ward अभितट, तटाभिमुख, तट की ओर
Shore line तट रेखा
Short bowel syndrome अल्पान्त्र संलक्षण
Short circuit लघु-परिपथ, लघु-परिपथित करना/होना
Short circuiting लघु-परिपथन
Short fall कमी, न्यूनता
Short lived अल्पायु, लघुजीवी, अल्पजीवी

English	Hindi
Shortometer	शीर्णकतामापी
Short rib	गौण पर्शुका, छोटी पसली
Short sighted	निकटदर्शी
Short sightedness	निकटदृष्टि (नेत्र रोग)
Short term	अल्पकालीन
Short wave (a radiation at wave length in the visible range with energy at frequency 10^{6-30} mHz)	लघु तरंग, ह्रस्व तरंग
Short winded	हँफैल, हाँफने वाला
Shot	गुलिका, गोलिका, चित्र, निशाना, मार, क्षेप
Shot gun	बन्दूक
Shott	लवण झील
Shotted	गुलिकायित
Shotting	गुलिकायन
Shoulder	कन्धा, अंस, स्कन्ध
Shoulder blade plate, Scapula	अंसफलक, स्कन्धास्थि
Shoulder knot	स्कन्धिका
Shove	आघात देना, सरकाना, ढकेलना
Shovel	बेलचा, बेलचे से भरना
Shower	बौछार, वर्षण, फुहार
Shrapnel	बम से छिटकी किर्च
Shred	लेशमात्र, धज्जी, कतरन, शीर्णतन्तु
Shredded	शीर्ण, शीर्णित
Shredder	शीर्णक, शीर्णित्र
Shredding	शीर्णन, कतले काटना
Shrew (a small omnivorous eutherian mammal of family Soricidae), Shrew mouse, Mole	छछूँदर, झगड़ालू स्त्री
Shrike, Butcher bird (a small passerine predatory bird of family Laniidae)	लहटोरा, गहरी भूरी कसाई चिड़िया
Shrill	तीक्ष्ण, कर्णभेदी, तेज़ (आवाज)
Shriek	कर्कशनाद, चीख, मिलकारी
Shrimp (a small aquatic decapod crustacean)	झींगा, चिंगट (एक जलीय पर्पटीय सन्धिपाद जन्तु), छुटभैया
Shrinkage	संकुचन, सिकुड़न
Shrivel	वलिकुञ्चन, झुर्री पड़ना, मुर्झाना
Shrub, Shrubbery	झाड़ी, झुरमुट, क्षुप, क्षुपजात
Shrubby	झाड़ीदार, क्षुपित, क्षुपवत्
Shrug	कंधे उचकाना/झाड़ना
Shrunk, Shrunken	सिकुड़ा हुआ, झुर्रीदार, आसंकोचित
Shuck	भूसी, छिलका, छीम्बी, छिलका उतारना/हटाना
Shudder	काँपना, कँपकपी, थरथराहट
Shuffle, Shuffling	फेंटना, रगड़ना, मिलाना, समवकुलन
Shunt (turning aside or moving to an alternative course)	पार्श्वपथ, पार्श्ववाही, पथपरिवर्तक, अपवर्तित करना
Shunting	पार्श्वपथी, पार्श्वपथन, पथ परिवर्तन, अपवर्तन
Shunt wound	पार्श्व-कुण्डलित
Shutter	कपाट, पर्दा, संवारक, झिलमिली
Shuttle	भरनी, ढरकी (बुनाई), तुरी
Shuttle cock	चिड़िया (बैडमिण्टन खेल की)
Sialaden	लार ग्रन्थि, लाला ग्रन्थि
Sialadenitis, Sialitis	लारग्रन्थिशोथ, लालाग्रन्थि-प्रदाह
Sialine, Sialic	लारीय
Sialism, Sialosis, Ptylism	लारता, अधिलारता, लालाधिक्य
Sialogogue	लारोत्सारी, लालोत्सारी
Sialography	लालाचित्रण, लारालेखन
Sialology	लारविज्ञान
Sialorrhea	लार बहना, लारस्रवण
Sib, Sibling	सगोत्र, सहोदर
Siberia (a vast region of Russia with long cold winter)	सायबेरिया (रूस देश का एक विस्तृत उत्तरी ठण्डा भू-क्षेत्र)
Sibilance, Sibilus	ऊष्मता, सिसकारी, चीत्कार
Sibilant	ऊष्म, ऊष्मवर्ण, चीत्कारी
Sibilate, Sibilation	सिसकारना, ऊष्मध्वनि, सीत्कार
Siccative, Siccant	शोषी, शुष्कता प्रेरक
Siccocolous	मरुवासी, शुष्कस्थलवासी
Siccolabile	शुष्कता संवेदी
Siccostable	शुष्कता सह
Siccus	रसहीन, शुष्क
Sick	रुग्ण, बीमार, रोगी
Sick bed	रोगी शय्या
Sick building syndrom (non-specific symptoms in occupants, experience acute health/comfort related effects linked to time spent in a building)	भवनजनित अस्वस्थता संलक्षण

Sicken बीमार पड़ना, मिचली आना
Sickish अस्वस्थ, रुग्ण, बीमार-सा
Sickle हँसिया, दराती, दात्र
Sickle cell anaemia (a blood disorder due to assuming sickle shape by erythrocytes) दात्रकोशीय-रक्ताल्पता
Sickle shaped दात्रकार, हँसियारूपी
Sickle trough, Skartrag चापाकार द्रोणी
Sickling शिथिलन
Sickly रोगी, विवर्ण, मिचली लाने वाला
Sickness रोग, बीमारी, मिचली
Sicula असिका, कटार
Sida (*Sida cordifolia*, a flowering medicinal perennial sub-shrub of family Malvaceae) खरेंटी, कंघी, बरियारी (पौधा)
Side भुजा, पक्ष, पार्श्व, बगल
Side car पार्श्व गाड़ी
Side chain पार्श्व शृंखला
Side effect पार्श्व-प्रभाव
Sideral, Sidereal नाक्षत्र, नाक्षत्रिक
Siderite लौह-उल्का
Siderography लौहोत्कीर्णन
Siderolite लौहाश्म-उल्का
Siderolith जैव-लौहाश्म
Sideromagnetic अनुचुम्बकीय
Sideropenia (iron deficiency in blood) रक्ताल्पता, लौहाभाव (रक्त में)
Siderophage लौहाश्मभक्षी
Siderophile, Siderophilic, Siderophilous लौहाश्मरागी, लौहरागी
Siderophore (a high affinity iron chelating microbial secretion) लौहाश्मधर
Sideroscope लौहाश्मदर्शी
Sideroscopy लौहाश्मवीक्षण, लौहाश्मदर्शन
Siderose, Siderous लौहाश्मी, लौहमय
Siderosis (a lung disease due to deposition of iron dust) फुप्फुस लौहधूलिमयता, फुप्फुस लौहधूलिता
Siderostat लौहस्थिरदर्शी, लौहस्थाप
Siderotechny लौह-प्रविधि
Siderurgy लौह कर्म
Siding पार्श्वक, पार्श्विका
Sienna (ferric oxide rich soil) गैरिक मिट्टी, लाल भूरी मिट्टी
Sierra दन्दानेदार पर्वतमाला
Siesta मध्याह्न-निद्रा, दुपहरी नींद
Sieve, Sieving छलनी, चालनी, छानना, छनाई
Sieve tube चालनी नाल, छन्नी नलिका
Sift छानना, जाँचना, विश्लेषण करना
Sifter विचालनी
Siftings चोकर (आटा छानने के बाद अवशेष)
Sigh साँस छोड़ना, उच्छ्वास, आह
Sight दृष्टि, दृश्य, अवलोकन करना
Sightless, Blind दृष्टिहीन, अन्धा
Sigma (Σ, σ, 18th letter of Greek alphabet) सिग्मा (यूनानी वर्णमाला का 18वाँ अक्षर), अवग्रह
Sigmatic अवग्रहरूपी, सिग्मिक
Sigmoid अवग्रहाभ, अवग्रहाकार
Sigmoid colon (last one third of descending colon) अवग्रहाभबृहदान्त्र, अवग्रहान्त्र (Σ के आकार का)
Sigmoidoscope, Proctosigmoidoscope (a fiber-optic tubular endoscope like device to visualize inside of sigmoid colon and rectum) अवग्रहाभदर्शी
Sigmoidoscopy, Proctosigmoido-scopy अवग्रहाभवीक्षण, अवग्रहाभदर्शन, अवग्रहाभदर्शिकी
Sign, Signum (a Latin word) चिह्न, निशान, संकेत
Signal संसूचक, संकेत, संसूचना, संकेत करना
Signaller संकेतक, संसूचक
Signalling संकेतन, संसूचन
Signature gene संकेत वंशाणु, प्रतीक पित्रैक, द्योतक पित्रैक
Signet मुद्रा, मुहर
Signet ring मुद्रिका, मुन्दरी
Signifier वाचक, शब्द रूप, संकेतक, द्योतक, तर्जनी (अंगुली)
Sike छोटी नदी, लघु सरिता
Silage खत्ती-संरक्षा, संरक्षित हरा चारा
Silence निःशब्दता, मौन, नीरवता
Silencer ध्वनिमन्दक, मूककर्त्ता, मौनकर, रवशामक

English	Hindi
Silencing	मौनकरण, ध्वनिमन्दन, मूककारी
Silent, Mute	मौन, गूँगा, निःशब्द, नीरव, अवाक्, मूक, प्रच्छन्न, लक्षणहीन
Silex (a Greek word for hard stone or flint),	सेलखड़ी, चकमक
Silhouette	पार्श्व छायाचित्र/रूपरेखा
Silica (silicon dioxide)	सैकजा, सिलिका
Silica gel (a vitrous porous granular silicon dioxide, used as dessicant to absorb moisture)	सैकजा श्लिष्क
Silica glass (amorphous vitrous silicon dioxide)	सैकजा काँच
Silicate, Silicated	सैकजीय, सैकजायित
Siliceous, Silicious	सैकज्य, सिलिकीय
Silicic	सैकजिक
Siliciferous	सैकजामय, सिलिकायुक्त
Silicification	सैकजायन, सिलिकाकरण
Silicified	सैकजायित, सिलिकाकृत
Silicify	सैकजायित होना/करना, सिलिकाकृत करना
Silicon (a metallic earth element with symbol Si)	सैकता, सिलिकॉन
Siliconize,	सैकतायित करना,
Siliconization	सैकतायन, सिलिकॉनीकरण
Siliconized	सैकतायित, सिलिकॉनीकृत
Silicosis (a lung disease due to inhalation of silica dust)	फुप्फुस सैकजधूलिमयता, फुप्फुस सिलिकधूलिता
Silicula, Siliqua, Silique (a dehiscent type of fruit of cruciferous plants)	शिम्बिका, लघु छिम्बी, कूटपटिका, शिम्बी (एक फल प्रकार)
Siliquoid, Siliquose	शिम्बिकाभ, शिम्बीवत्
Silk	कौशेय, रेशम
Silk cotton tree, Kapok tree (*Bombax ceiba.*, a perennial tropical Asian flowering tree of family Malvaceae, white silky fibres are obtained from ripe ovary fruit)	सेमल, शलमली
Silken, Silky	कौशेय, रेशमी, चिकना मुलायम
Silk gland	रेशम ग्रन्थि, कौशग्रन्थि
Silk worm (a larva or pupa of *Bombyx mori,* an insect of family Bombycidae)	कौशकृमि, रेशम कीट, रेशम का कीड़ा
Silly	अल्पमति, अज्ञ, बुद्धू
Silo	कोठला, कोष्ठागार, खत्ती (अन्न व हरा चारा रखने के लिए)
Silt	गाद, साद, पंक, पांशु, रेग/गाद से भरना
Silt factor	गाद गुणांक
Siltometer	गादमापी
Silty	पंकिल, सादपूरित, गादयुक्त, तलछटमय
Silurian	सिलूटी (चट्टान)
Siluroid (a type of catfish of order Siluroidea)	पृथरोमी, पृथरोम, (मछलियों का एक गण)
Silva	वन, वृक्ष, जंगल
Silvan, Sylvan	वन्य, जंगली, वन-संकुल
Silver, Argentum (a metallic transition element with symbol Ag)	चाँदी (विद्युत व ताप की सुचालक धातु), रजत, रौप्य
Silvering	रजतन, चाँदी चढ़ाना
Silver fish (*Lepisma saccharina*, a small silvery wingless insect of family Lepismatidae)	रजतकृमि (एक रात्रिचर कीटवर्गीय सन्धिपाद जन्तु)
Silvered	रजतित, चाँदी चढ़ा हुआ
Silver mirror	रजत दर्पण
Silvery	रजताभ, राजत, रजतीय, रुपहला
Silviculture, Sylviculture, Arboriculture	वनवर्धन, वनवृक्षविज्ञान
Simian, Simious	वानर, वानरीय,
Simiflorus	समपुष्पी
Similar	समरूप, समान, सदृश्य
Similarity, Similitude, Likeness	समरूपता, समानता, सादृश्यता
Simioid	वानराभ, वानरवत्, बन्दर जैसा
Simmer	धीमें उबालकर पकाना, अन्दर ही अन्दर उबलना, खुदबुदाना

Simonize, Simonizing मोम से पालिश करना
Simoom रेतीली गर्म हवा
Simple harmonic motion सरल आवर्त गति
Simplex प्रसमुच्चय
Simplibaculate एकल बैकुलापंक्तिक
Simplical प्रसमुच्चयी
Simplices सरलगुच्छा, आद्यलक्षणी
Simplifolius सरलपर्णी, एकलपर्णी
Simplify, Simplification सरल करना, सहज बनाना, सरलन, सरलीकरण
Simplified सरलीकृत, सरलीभूत
Simplism सरलता, एकांगिता, अतिसरलता
Simplistic एकांगी, एकपक्षीय
Simputer (simple computer) सरलगणक, सरलकलित्र
Simulacrum प्रतिकृति, प्रतिमा, तुम्बचित्र, सादृशता
Simultan, Simultaneous(ly) युगपत्, एक साथ, समक्षणिक
Simultaneity युगपत्ता, समक्षणिकता
Simulant अनुकारी, अनुरूपी
Simulate, Simulation नक़ल करना, अनुकरण, अनुरूपण
Simulated अनुकृत, अनुरूपित, नक़ली
Simulative अनुकरणात्मक, अनुरूपण-शील
Simulator (a machine designed to provide realistic imitation of controls and operation of a vehicle, aircraft or space craft etc.) अनुरुपित्र, अनुकारक, अनुरूपक
Sinapism राई का मरहम
Sinciput ललाट, भाल, कपालाग्र, अग्रोपरिशीर्ष
Sine ज्या, विना
Sine curve ज्या वक्र
Sinew सशक्तपेशी, कण्डरा, पेशी बल बढ़ाना
Singe झुलस, झुलसना, झुलसाना
Single एकल, एकाकी, सकृत, अकेला, एक-
Single barelled इकनाली
Single bond एक बन्ध
Single celled, Unicellular एककोशिकीय, एककोशावान
Single dose सकृत्मात्रा
Single layered एकस्तरित, एकपर्ती
Single nucleotide polymorphism (SNP) एकल नाभिकीय बहुरूपता
Single pan एकभाजन, एक पलड़े वाला
Single pan balance एकभाजन तुला, एक पलड़े का तराजू
Singlet एकल (इलेक्ट्रॉन), कमीज़
Singleton अकेला, एक ही
Singultation हिचकी आना
Singultient हिचकीकारी, हिचकी लाने वाला
Singultous, Singultus हिचकी सम्बन्धी
Sinister वामवर्त, अनर्थ, वाम
Sinistral, Sinistrous वामवर्ती, अनर्थकारी, अहितकारी
Sinistrogyration वामघूर्णन
Sinistrorotation वामचक्रण
Sinistrose वामवर्तित, वाममुखी
Sinistrotorsion वामविमोटन
Sink, Sinking हौज़, कुण्ड, धँसना, डूबना, निमज्जी, निमज्जन
Sinker निमज्जक, निमज्जित्र
Sink hole घोल रन्ध्र
Sino-atrial, Sino-auricular कोटरालिन्द, शिरालिन्द
Sinology चीनीविद्या
Sinosoidal ज्या वक्रीय
Sinter निसाद, साद, सम्पुञ्ज, ताप का चरण
Sintered glass (a porous borosilicate glass, permeable to liquid and gas) सम्पुञ्जित काँच
Sintering निसादन, सादन, सम्पुञ्जन
Sintery ताप पुञ्जन
Sinuate, Sinuous कोटरमय, विवरीय, तरंगित, लहरदार
Sinuosity तरंगितता, वक्रता
Sinuation तरंगण
Sinus कोटर, विवर, खातिका, शिरानाल, नाड़ीव्रण, नासूर
Sinusitis विवरशोथ, कोटरप्रदाह
Sinusoid, Venous sinusoid शिरानालाभ, पात्रक
Siotropism, Siotropy हल्लानुवर्तन, हल्लानुवर्तिता
Sip सुरकना, चुस्की लेना, चुस्की

Term	Hindi
Siphon, Syphon (a tubular device to carry liquid from higher to lower level)	विनाल, निनाल, नाल
Siphonaceous, Siphonal	विनालीय
Siphonaptera (an order of fleas, wingless hopping blood sucking insects, vector of plague)	पिंशु, पिस्सू, विनाल पंखी (कीटों का एक गण)
Siphonapterology	पिंशुविज्ञान
Siphonate	विनाली, विनालित करना
Siphonation	विनालन
Siphonet	विनालिका
Siphonogamy	नालयुग्मन, नालनिषेचन, नालोद्वाह
Siphonoglyph	मुखसीता
Siphonophoran	विनालरन्ध्री
Siphonoplax	विनाल पट्ट
Siphonosome	विनालकाय
Siphonostele	विनालरम्भ
Siphonoxanthin, Siphonein	विनालपीतक (रञ्जक)
Siphonstomatous	विनालमुखी
Siphonum	झिल्लीमय नलिका
Siphonozooid	विनालजीवक, निनालसञ्जीव
Siphuncle	विनालिका, निनालिका, नाल, नालिका
Siphunculate, Siphuncular	विनालक, निनालकीय
Sipper	चूसनेवाला, चुसनी (बोतल), नलकी
Sire	प्रजनन करना, पशुजनक
Siren (*Siren* sp., an aquatic eel like amphibian of family Sirenidae with forelimbs only)	प्रजनक (घोड़ों का), पूर्वज प्रश्रृंग, भोंपू, जलपरी
Sirenoform	प्रश्रृंगाकार
Siriasis	आतपाघात, आतप स्नान
Sir-land	सीर भूमि
Sirloin, Sirloin steak	पुट्ठे का मांस
Sirocco	गर्म धूलभरी हवा, उष्णानिल
Sisal	रेशा, सुतली
Sisal hemp	बाँस केवड़ा, रामबाँस
Sissoo (*Dalbergia sissoo*, an evergreen timber tree of family Fabaceae)	शीशम (वृक्ष), शिंशपा

Term	Hindi
Sissy	मेहरा, ज़नख़ा
Sister cell	स्वसृ-कोश, सखि-कोशिका
Site, Situs (a Latin word)	स्थान, स्थल, कार्य/घटना-स्थल
Sitfast	घट्ठा
Sitiology, Sitology	धान्यविज्ञान, धान्यिकी, आहारविज्ञान
Sitotaxis	धान्यानुचलन
Sitotherapy	धान्यचिकित्सा
Sitotoxin	धान्याविष, धान्यविषि
Sitotropism, Sitotropy	धान्यानुवर्तन, धान्यानुवर्तिता
Situate	स्थित होना, स्थापित करना
Situation	स्थिति, अवस्थिति, दशा
Situs inversus (a congenital genetic condition with reverse/mirrored position of major visceral organs)	प्रतिलोम स्थिति, विपरीत स्थान
Situs solitus (a condition of normal position of major visceral organ in chest and abdomen)	प्रसमस्थिति, सामान्य स्थान
Sitz bath, Hip bath	कटि स्नान
Six fold	छ:गुना, षड्गुण
Six rayed	षट्रश्मि, षट्-अरीय
Six sided	षट्पार्श्विक
Sizable	विस्तृत, बृहदाकार, बहुत बड़ा
Size	आकार, परिमाण, सरेस लगाना
Sizer	आमाप वर्गीकर
Sizing	चिक्कणन, सज्जीकरण
Sizy	चिपचिपा, लसलसा
Sizzle	तलते हुए छनछनाना, हिसहिसाना, कड़कड़ाना
Skartrag, Sickle trough	चापाकार द्रोणी
Skate (a cartilaginous fish of family Rajidae, a footwear with wheel or blade to roll or propel on floor or ice)	शकुचि (मछली), सरकने वाला जूता, धावुका
Skatophage, Skatophagous	मलभक्षक, विष्ठाभोजी
Skatophagism, Scatophagy	मलभक्षिता, विष्ठाभोजिता, पुरीषभक्षण

Skean, Skene, Skain	कटार
Skein	लच्छी, अण्टी, बत्तख़ों का झुण्ड
Skeletal	कंकालीय, अस्थिपञ्जरीय, कंकाल-
Skeletogenesis, Skeletogeny	कंकालजनन, कंकालभवन
Skeletogenic, Skeletogenous	कंकालजनी, कंकालजनित
Skeletography	कंकालचित्रण
Skeletology	कंकालविज्ञान, कंकालिकी
Skeleton	कंकाल, अस्थिपञ्जर, ढाँचा, रूपरेखा
Skeletonize, Skeletonisation	कंकाल बनाना, ढाँचा तैयार करना, कंकालन
Skep	टोकरी, छत्ता, धानी, नालायस
Skerry	समुद्री चट्टान, चट्टानी टापू
Sketch	रेखाचित्र, आरूप, ख़ाका
Skew	ढलवाँ, तिरछा, विषमतलीय
Skewed	विषम, तिरछा
Skewer	सींक, शलाका, सींक से छेदना
Skew eyed, Squint	भेंगा
Skewness	ढालूपन, तिरछापन, विषमता, टेंढ़ापन
Skiagraph	मानव-विकिरणचित्र, छायाचित्र
Skagraphy, Radiography	मानव विकिरणिकी, विकिरणी चित्रण, छायाचित्रण
Skid	फिसलन, गुटका, टेक, रोक
Skiff	नाव
Skillet	लम्बे हत्थे वाला तवा
Skilly	पतला शोरबा
Skim, Skimming	काँछना, मलाई निकालना, अपमलन
Skimmed milk (whole milk from which fat has been removed)	मलाई निकाला दूध, अपमलित दूध (मात्र 0.3% वसा)
Skimmer	कलछी, अपमलित्र
Skin	त्वचा, खाल, चर्म, छिलका, खाल/छाल उतारना
Skin deep	छिछला, सतही
Skin disease, Dermal disease	चर्मरोग, त्वक्विकार
Skin graft	त्वक्रोप, त्वचा रोपित करना
Skin grafting	त्वचारोपण
Skink (a small insectivorous burrowing lizard of family Scincidae moves like snake)	गोह, छिपकली, कोतरी, मरुगोधिका
Skinkoid	मरुगोधिकाभ
Skin lesion	चर्मविक्षत, चर्मप्रविकार
Skinning	प्रलेपन, चमड़ी उतारना, चर्ममोचन
Skinny	दुबला-पतला, कृश-काय
Skin test	त्वचा परीक्षण
Skiophilous	छायारागी
Skioscope, Scioscope	छायादर्शी, छायेक्ष
Skioscopy, Scioscopy	छायादर्शन, छायावीक्षण, छायेक्षण, छाया दर्शिकी
Skiotherapy, Radiotherapy	छायाचिकित्सा, विकिरणोपचार
Skip	फुदकना, अन्तराल, सम्प्लाव
Skipher	अपादक, कीट डिम्भ
Skirl	तीक्ष्ण ध्वनि, चीख
Skitterness	चञ्चलता, भड़कीलापन, छपछपाहट
Skive	विभक्त करना, घिसना, तराशना
Skiver	जिल्दसाज़ी हेतु पतला चमड़ा, छूरी
Skiving	पट्टकन
Skotophilous, Scotophilic	तमोरागी, अन्धकारप्रेमी
Skototaxis	तमानुचलन
Skulking	अलक्षित, गुपिल, कामचोरी
Skull, Cranium	कपाल, करोटि, खोपड़ी
Skunk (a wild cat-like mammal of family Mephitidae, able to spray a liquid with strong odour)	वनर, गन्धबिलाव (झबरी पूँछ वाली एक अमेरिकी काली-सफेद बिल्ली), बुरा आदमी
Skunk cabbage	कलमी साग, पटुआ साग
Sky	आसमान, आकाश, नभ
Sky blue	आसमानी नीला, नभोनील
Sky line	क्षितिज रेखा
Sky writing	धूम्र-लेखन, व्योम-लेखन
Skying	व्योमन
Skylark (*Alauda arvensis*, a small passerine singing bird of family Alaudidae)	भरल (एक गाने वाली छोटी चिड़िया)
Sky scraper	गगनचुम्बी (भवन), अट्टालिका
Slab	पटिया, शिलापट्ट, पट्ट, खण्ड
Slabby, Slabbed	पट्टित
Slack	मन्द, सुस्त, ढीला, शिथिल
Slackening	श्लथन, ढीला करना
Slacking	शिथिलन, ढिलाई

English	Hindi
Slack jawed	मुँह बाए हुए
Slack water	समुद्री शान्तजल (ज्वार-भाटारहित)
Slack wax	कच्चा मोम
Slag	धातुमल, लोहचून, कीट
Slagging	धातुमलन, धातु-मल निष्कासन
Slaggy	धातु-मलयुक्त
Slake, Slaking	बुझाना, शमन, निर्वापन
Slaked lime (calcium hydroxide obtained by action of water on lime)	बुझा चूना
Slake durability test	शमन स्थायित्व परीक्षण
Slam	धमाका, पटकना, धड़ से बन्द करना
Slant, Slanting	तिरछा करना, तिर्यक, प्रवण
Slanted, Slanty	तिर्यक, तिरछा, टेंढ़ा
Slap-dash	कच्चा काम करना, मोटा छर्रा
Slap-stick	दोहरी पट्टी, प्रहसन
Slash, Slashing	चीरना, घटाना, कोड़े लगाना, छीलना
Slashings	लकड़ी की छीलन, द्रुमावशेष
Slat	पट्टी, संकीर्ण
Slate	स्लेट पत्थर या उसके टुकड़े
Slatted	पट्टित, पट्टीदार
Slaughter	पशु को काटना, पशुवध
Slaughter house, Abottoir	पशुवधशाला, बूचड़ख़ाना, कसाईघर
Slaw	बन्दगोभी का सलाद
Slay	वध करना, हत्या करना, मार देना
Sleazy, Sleezy	झीना, झिरझिरा, फूहड़
Sledge, Sleigh	बर्फ़गाड़ी, हिमगाड़ी,
Sledge hammer	घन (भारी हथौड़ा)
Sledging	गोलाश्म भञ्जन, हथौड़ा मारना
Sleek	चिकना, हृष्ट-पुष्ट, विदार (दोष)
Sleep	निद्रा, नींद, प्रमील, सो जाना, निष्क्रिय होना
Sleeper	शयनिका, शयिता, शायी, धरन, शहतीर
Sleepiness	उनींदापन, निद्रालुता, प्रमीलता
Sleeping	निद्रण, शयन, निद्रित, शयित, सुप्त, सोया हुआ
Sleeping period	निद्रा-अवधि, सुसुप्ता-काल
Sleeping sickness (an infestation of blood parasitic flagellated protozoa *Trypanosoma* sp. in vertabrates through Tse-tse fly bite)	निद्रा रोग (अफ्रीका का सी-सी मक्खी से फैलने वाला एक रक्त परजीवी जनित सञ्चारी रोग)
Sleep spindle (brusts of oscillatory brain activity during stage 2 of sleep visible in EEG)	निद्रातर्कु, नींद तकुवा
Sleep walking	निद्राचलन, निद्राभ्रमण
Sleepy	उनींदा, निद्रालु, शयालु, प्रमीलित
Sleet	सहिम/आश्यान वर्षा, हिमी वर्षा, बर्फ़ीली बारिश
Sleety	हिमी, सहिम, हिममय, बर्फ़ीली
Sleeve	खोल, आस्तीन, बाहुपरिक, बाहुप
Slender	पतला, छरहरा, तनु, क्षीण, कृशकाय
Slew	बलपूर्वक मोड़ना, घुमाना, द्रुतघूर्णन
Slice	कतला, फाँक, चपटा छुरा, तिक्का (मांस का) छिद्‌म, प्रखण्ड, तराश
Slicing	प्रखण्डन, फाँक/कतले बनाना, तराशना
Slick	चिकना, चिकनाना, चिक्कण, तैलीय, चालाक
Slicker	प्रचिक्कणित्र, चिकना बरसाती कोट
Slide	सरकना, सृप, पट्टिका
Slide rule	परिकलन पट्टी
Sliding	सर्पण, सर्पी, सर्पणशील, स्खलन (भूमि का), सरकहवा
Sliding door	सरकहवा दरवाज़ा
Sliding resistance	सर्पण प्रतिरोध, सरकनरोध
Sliding scale	विसर्पी पैमाना, सृपाट
Slight	अल्प, अपर्याप्त
Slim	हल्का, दुर्बल, दुबला-पतला, छरहरा
Slime (a slippery viscous substance)	श्लेषमा, आश्लेषम, अवपंक, कीचड़
Slimy	श्लेषमी, अवपंकी, चिपचिपा, लसलसा
Sling	गल-पट्टी, गुलेल, गोफना, फेंकना, लटकाना

Slinging	उद्बन्धन, समाक्षेपण, समाक्षेपी, गोफन
Slink	गर्भ/बच्चा (पशु का) गिराना, छिपकर निकलना
Slinking	गर्भपात (पशु का), अपसर्पण
Slip	फिसलना, सृप, पर्णी, पर्ची
Slip knot	सरक गाँठ
Slippage	विसर्पण, स्खलन, फिसलन
Slippery	विसर्पी, सर्पणशील
Slit	विदर, चीर, रेखा छिद्र, चीरना
Slither	फिसलना, फिसलन
Slitting	प्रकर्तन, चीरना
Slit trench	सँकरी खाई
Sliver	पूनी, छिपटी, छिपटियाँ उतारना, चीरना
Slob	कीचड़, मूर्ख
Slobber, Slubber	लार, लार टपकना, चूमाचाटी
Slobbery	लार भरा, गीला, गन्दा
Sloe, Blackthorn (*Prunus spinosa,* a spiny flowering shrub of family Rosaceae with drupe type edible black fruit)	जंगली आलूचा
Sloop	जहाज़, पोत
Slop	तरल खाद्य, छलक, गन्दला पानी
Slope	प्रावण्य, ढलान
Sloping	ढालू, प्रवण, तिरछा
Sloppy	कीचड़दार, पनीला, भावुक
Slot	छिद्र, छेद, झिरी, खाँचा
Sloth (a medium sized lazy wild mammal of order Pilosa)	सुस्त पाँव, शाखालम्बी (एक वन्य वृक्षवासी स्तन-धारी)
Sloth bear (*Melursus ursinus,* a nocturnal insectivorous wild mammal of family Ursidae)	सुस्त भालू, आलसी भल्लूक
Slotted	छिद्रित, झिरीदार, खाँचायुक्त
Slotting	छिद्रण, खाँचन, झिरी बनाना
Slough	दलदल, केंचुल, खुरण्ड, मृतूतकांश, निर्मोक, बुरी दशा
Sloughing	विमोचन, निमोचन, केंचुल छोड़ना
Sloughy	दलदला, कीचड़दार
Slow coach	दीर्घसूत्री, चिरकारी, मन्दबुद्धि, दकियानूस
Slow match	पलीता
Slow motion	मन्दगति
Slow witted	मन्दबुद्धि
Slub	पूनी, पूनी बनाना, ग्रन्थिल सूत्र
Slubber, Slobber	गन्दा करना, लार टपकाना
Sludge, Slush	कीचड़, अवपंक, अवमल, पिघलती बर्फ़
Sludge worm, Sewage worm (*Tubifex tubifex,* an annelid of order Oligochaeta in fresh water sediment and sludge)	पंककृमि
Sludgy	कीचड़मय, अवपंकी
Slug (unshelled terrestrial gastropod molluscs)	घोंघा, शम्बूक, कम्बु, लोष्ट, धातुपिण्ड
Slugging	लोष्टन
Sluggish	भृदु, मन्थर, मन्द, सुस्त
Sluice	कुल्या, नहर, जलमार्ग, जलकपाट, जलद्वार, बहना, धोना
Sluit, Sloot	नाला
Slum	मलिन बस्ती, तैल पंक
Slumber	झपकी, ऊँघ, हलकी नींद
Slumberer	निद्रालु, झपकी लेने वाला
Slumberous	निद्राकारी, स्वापक, निश्चेतक
Slump	गिरावट, अवपात, मन्दता, अवसाद
Slunk	समयपूर्व जन्मा (बछड़ा)
Slurry	पतला गारा, कर्दम, पिच्छिल
Slurrying	कर्दमन
Slush	गलती बर्फ़, पतला कीचड़
Smack	गन्ध, स्वाद, चटकारा, मत्स्य-नौका, मादक द्रव्य (हेरोइन)
Smallage	जंगली अजमोद, जंगली सेलरी
Small coconut (a rare variety of seashore coconut plant with smaller fruit)	लघु नारिकेल, छोटा नारियल
Small pox (a contagious skin infection of virus *Variola* sp.)	चेचक, खसरा, शीतला, मसूरिका

Small intestine, Small bowel (a convoluted part of gastrointestinal tract composed of duodenum, jejunum and ileum connecting stomach with large intestine or colon) छोटी आँत, क्षुद्रान्त्र
Smalt नीला-काँच (कोबाल्ट ऑक्साइड से रञ्जित)
Smarm चुपड़ना, चिकनाना (बालों को)
Smart weed, Knot weed, Water pepher (*Polygonum* sp., a perennial water plant of shallow family Polygonaceae) जल मिरच
Smash, Smashing कुचलना, चकना चूर करना, परिभञ्जन
Smaze धूम-धुन्ध
Smear, Smirch, Smudge मैल, पोतना, लीपना, धब्बा डालना
Smear test आलेप परीक्षण, लेप जाँच
Smeared, Smeary आलेपित, आस्तृत, धब्बेदार
Smectite रेह, सज्जी मिट्टी
Smeech धूम्रगन्ध, धुएँ की गन्ध
Smeek धुआँ निकालना, दम घोटना
Smegma शेफ मल, शिश्नाग्र-मल, शिश्नमल, शिश्न के आगे खाल के नीचे का मैल
Smegmatic शेफमलीय, चिकना
Smell, Smelling गन्ध, सूँघना, भाँपना, गन्धाना
Smelling salt सुँघनी नमक, सगन्ध लवण
Smelly गन्धैला, बदबूदार
Smelt, Smelting पिघलाना, गलाना, प्रद्रवण, प्रगलन
Smelter प्रद्रावक, प्रगालक
Smeltery प्रद्रावणी, प्रद्रवशाला
Smew (*Mergellus albellus,* a fresh water swimming bird of duck family Anatidae) मछलीमार बतख़
Smith धातुकर्मी, धातुशिल्पी, लोहार
Smither छोटा-छोटा टुकड़ा, धुर्रा
Smithery धातुकर्म, धातुशिल्प, लोहारी
Smithy लोहारख़ाना, भट्ठी
Smocking सुवलन, चुन्नटदार सिलाई
Smog धुआँदार कोहरा, कोधूम, धूमिका
Smoke धुआँ, धूम, धूम्रपान करना
Smoke black कालिख, काजल, कज्जल
Smoke bush, Smoke tree/plant (*Cotinus* sp., a flowering plant of family Anacardiaceae) धूमाभ (एक झाड़ी/छोटा वृक्ष जो दूर से धुएँ जैसा लगता है।)
Smoke cloud धूम्या, धुएँ का बादल
Smoked धूमित, कज्जलित
Smoke dried धूमायित, धूम्रशुष्कित
Smoke drying धूमायन, धूम्रशुष्कन
Smoked salt (an aromatic salt prepared by smoking with bark free flavoury wood) धूमित लवण, धूम-वासित लवण
Smoke glass धूमोपनेत्र
Smokeless धूमरहित, अधूम, निर्धूम, धूमहीन
Smoker धूम्रपानकर्त्ता, धूमक, धूमित्र (यन्त्र)
Smoke screen धूमपट
Smoke stack धूम्रनाड, चिमनी
Smokiness धूमिलता, धूम्रता
Smoking धूमन, धूम्रपान, धुआँ छोड़ने वाला
Smoky धुआँदार, धूमयुक्त, धूमल, धूमी, धूमवत्, धूमवर्णी
Smolder, Smoulder अन्तर्दहन, प्रधूमन, धधक, सुलगना
Smooch चूमना, चुम्बन करना
Smooth चिकना, मसृण, समतल, सुचारु, निर्बाध
Smoothed मसृणित, सरलित
Smoothing मसृणन, मसृणीकरण, समकारी, ऊर्मिहारी, सरलन
Smother घना धुआँ, धूल-धक्कड़, गर्द-गुबार, धुँधरी
Smudge धब्बा, श्याम-चित्ती, धुआँ देना, धधकती आग
Smudging धब्बा डालना, प्रतिधूमन, धूमरक्षण
Smudgy मैला, धब्बेदार
Smut (a disease of plants of family Poaceae due to infestation of a smut fungus) काला करना, काजल, कण्ड, धब्बा

Smut fungus (*Ustilago* sp., a plant pathogenic fungus of class Ustilagomycetes) कण्डकवक, कालिकाकवक
Smut spore, Teliospore कालिका बीजाणु, कण्डबीजाणु
Smutted, Smutty काजलमय, कालिकाग्रस्त
Snag नुकीला, ठूँठ, गाँठ, रोक, फन्दा, खोंच
Snack अल्पाहार, हल्का नाश्ता
Snail (a shelled gastropod mollusc) घोंघा, शम्बूक, मन्थर
Snail paced मन्थरगति
Snail's pace कच्छपगति
Snail wheel सर्पिल चरखी
Snake (an elongated limbless carnivorous reptile of suborder Serpentes, some species are venomous) सर्प, साँप, कुटिल
Snake bite सर्पदंश, साँप का डसना
Snake cucumber (*Cucumis melo* var. *utilissimus,* a climber/creeper annual herb of family Cucurbitaceae) ककड़ी (लम्बा व पतला फल जो कच्चा खाया जाता है), कर्कटी
Snake gourd, Serpent gourd (*Trichosanthes cucumerina,* a monoecius annual creeper of family Cucurbitaceae with snake shaped fruit used as vegetable) चिचिण्डा (एक कद्दू कुल की सब्ज़ी के रूप में प्रयुक्त भोज्य फल)
Snake plant, Mother-in-law's tongue, Viper's bow string hemp (*Sansevieria trifasciata,* a perennial tropical evergreen pot plant of agave family Asparagaceae with snake's hood like sharp leaves) नागपौधा (एक वायु-शोधी व रात में ऑक्सीजन छोड़ने वाला घरेलू अफ्रीकी पौधा)
Snake root (Indian), Serpentine wood (*Rauwolfia, serpentina,* a perennial medicinal evergreen shrub of family Apocynaceae, native to south and east Asia) सर्पगन्धा, चन्द्रभागा
Snaking विसर्पण, प्रसर्पण, संविदरण
Snaky सर्पिल, सर्पवत्, सर्पबहुल
Snap पकड़ना, काट लेना, सन्दंशिका, चटकाना, छायाचित्र, छायाचित्र लेना
Snap melon (*Cucumis melo* var. *momordica,* a climber/creeper annual herb of family Cucurbitaceae) ककड़ी/फूट (गोल व बेलनाकार जो पककर चिटकती है तब गूदा खाया जाता है)
Snare जाल, फन्दा, फँसाना
Snarl गुर्राना, गुर्राहट, उलझन, कुण्डलित
Sneeze, Sneezing छींक, छींकना, छिक्का
Sneeze wort (*Achillea ptarmica,* a perennial flowering useful herb of family Asteraceae, plant is poisonous to animals) नकछिकनी, छिकनी
Snick खाँचा, खाँचा काटना, काटना, प्रहार
Snide कृत्रिम, बनावटी, नक़ली
Sniff, Snuff, Sniffle, Snuffle नाक से साँस खींचना, सूँ-सूँ करना
Sniffer, Snuffer, Sniffler, Snuffler, Sniffy, Snivel सूँसूँ करने वाला, सुड़कहा, सूँघना, नकचढ़ा, गन्धैला
Snip, Snipping कतरन, चिन्दी, काट, तराश
Snipe (a wading wetland bird of family Scolopacidae with long slender bill) चाहा (पक्षी), छिपकर गोली मारना
Sniper छिपकर गोली चलाने वाला
Snippet लघुचाहा (पक्षी), टुकड़ा, कतरन, खण्डनिर्मित
Snips कतरनी
Snivel नाक बहना, सूँ-सूँ करना
Snood मत्स्य-डोरी, बाल बाँधने की जाली
Snooperscope तिमिदर्शी
Snooze झपकी, ऊँघ, अलसाना
Snore घर्राटा, खर्राटा, खर्राटे भरना, फटफटाना
Snivel फुफकारना, फुफकार

English	Hindi
Snot	नासास्राव, नाक का कफ
Snout	थूथन, प्रोथ, तुण्ड
Snow (a crystalline ice precipitated as flakes from clouds)	बर्फ़, हिम, तुहिना, शीन
Snow fall	हिमपात
Snow-storm	हिम-झञ्झावात, बर्फ़ानी तूफ़ान
Snow-white	हिम-श्वेत, हिम धवल
Snubber	प्रघाती ऊर्जा, अवशोषक
Snub-nosed	नकचिपटा, चिपटी नाक वाला
Snuff	सुड़कना, गुल काटना, सुँघनी (तम्बाकू), नस्य, नासा
Snuffy	सुँघनी जैसा, सुँघनी भरा
Snuggle	सटकर/चिपटकर लेटना, छाती से लगाना/चिपकाना
Soak	सिझाना, भिगोना, सोखना
Soaked	सिक्तित, सिझाया हुआ, आचूषित
Soaking	सिक्तन, आचूषण, सिझाना, तर-बतर, नकचढ़ा
Soak pit (an underground chamber with slotted wall to absorb water)	सोख्ता गड्ढा
Soap (a cleaning material made by treating oils or fats with alkaline solution)	साबुन, स्वफेन
Soapiness	साबुनपन, सबुनाहट
Soap nut, Soap berry (*Sapindus* sp., a flowering shrub of family Sapindaceae with drupe type fruit having saponin)	रीठा (एक सूखा अष्ठिल धावन फल)
Soap stone (a soft mineral composed of talc)	सेलखड़ी, सञ्जराव-पत्थर, घीया-पत्थर
Soap suds	साबुन का झाग
Soap wort (*Saponaria* sp., a perennial flowering plant of family Caryophyllaceae, containing saponin used as soap)	मुसना
Soapy	साबुनयुक्त, साबुन जैसा, स्वफेनवत्

English	Hindi
Soar, Soaring	बिना पंख हिलाए ऊँचे उड़ना, विड्डयन
Sober	अमत्त, सौम्य, संयत
Social	सामाजिक, समाज-मूलक, यूथचारी, संघचारी, सघनवर्धी
Socies	समाजक, संघक
Socio-biology	समाज-जैविकी, समाजैविकी
Sociograph	समाज-आलेख
Sociology	समाजविज्ञान, समाजशास्त्र
Sociometric	समाजमितीय
Sociometry	समाजमिति (सामाजिक सम्बन्धों का अध्ययन)
Sociomorphism	समाजरूपता, स्वजातिवाद
Socio-phobia, Social anxiety	समाजभीति (सामाजिक स्थान पर जाने व बोलने का डर)
Sociotype	सामाजिक प्ररूप
Sock	मोज़ा, जुर्राब, भीतरी तल्ला
Socket	गर्तिका, कोटर, कूप, उलूखल, छोटा गड्ढा
Socket joint	उलूखल सन्धि
Sod	तृण-भूमि, घास की थिगली
Soda	सज्जी, खार, विक्षार
Soda ash	सोडा-क्षार
Sodalite (a rich royal blue vitreous crystalline tectosilicate mineral), used as gem stone)	क्षारिज
Soda nitre	शोरा
Soda water (a carbonated water prepared by dissolving carbon dioxide)	विक्षार जल
Sodden	गीला, तर-बतर, सराबोर, पिचपिचा, मन्दबुद्धि, नशे में धुत्त
Sodic land	क्षारिक भूमि
Sodium, Natrium- (a Latin word, an essential reactive alkali metallic element with symbol Na)	क्षारातु, सोडियम
Sodokosis	मूषकविषाक्तता
Sodoku, Rat bite fever	मूषकदंश ज्वर
Sodomite	गुदा मैथुनी
Sodomy	गुदामैथुन, पुंमैथुन
Soffione	वाष्परन्ध्र (ज्वालामुखी का)
Soffit	निचली सतह, तला

Soft	मृदु, मृदुल, कोमल, मसृण, सौम्य, सहृद्
Soft boiled, Half boiled	आधा उबला, उसेया हुआ
Soft coal, Black coal (a coal with a tar like material bitumen)	मृदु कोयला
Soft drink (a non-alcoholic beverage)	मृदु पेय
Soften	मृदु करना/होना, मुलायम/नरम बनाना
Softener	मृदुकारी, मृदकर
Softening	मृदुलन, मृदुकरण, मार्दव
Softness	मृदुता, मृदुलता, मसृणता
Soft palate	कोमल तालू
Soft roe	मत्स्य शुक्र
Soft water (without hardness, free from soluble bicarbonates and sulfates of calcium and magnesium)	मृदु जल
Software (a set of machine readable instructions directing processor of a computer for specific operations)	कम्प्यूटर कार्यक्रम, प्रक्रिया सामग्री
Soft wood (wood of pine and other gymnosperm trees)	मृदु काष्ठ
Soggy	भीगा, तर-बतर, दलदली, अतिसिक्त
Soil (a variable mixture of clay, sand, silt, rock and mineral with various organic and inorganic remains with organisms on upper layer of earth)	मिट्टी, मृदा, पुरीष, मैला करना
Soil biology	मृदाजीवविज्ञान, मृदाजैविकी
Soil chemical	मृदारसायन, मृदारासायनिक
Soil chemistry	मृदारसायन विज्ञान
Soil composition	मृदा संघटन
Soil conservation	मृदा संरक्षण
Soil erosion	मृदा अपक्षरण
Soiling	मृदायन, खाद वपन, मैला करना
Soil physics	मृदाभौतिकी

Soil pipe	मल-नल
Soil profile	मृदा-वर्णन, मृदा-विवरण
Soil science	मृदाविज्ञान
Soil structure	मृदा संरचना
Soil water	भूमि-जल, मृदाजल
Sol	विलय, सूर्य, यूरोपियन संगीत का पञ्चम स्वर
Solacious	आनन्दप्रद
Solar	सौर, सूर्य सम्बन्धी, सूर्य-
Solarbrella (solar umbrella)	सौरछत्र, सौर ऊर्जा वाली छतरी (हल्की मुड़ने वाली सौर-पटल युक्त धूप में लगाने वाली छतरी)
Solar eclipse (an astronomical phenomenon when moon covers sun fully or partially)	सूर्यग्रहण (एक खगोलीय घटना जो पृथ्वी और सूर्य के बीच चन्द्रमा आने पर होती है)
Solarigraph	सौर-विकिरण आलेखी
Solarimeter	सौर-विकिरणमापी
Solarium, Solaria (pl.)	सौर-उपचारगृह, सौर-चिकित्सालय
Solarization	सौर-उद्भासन, सौरीयन
Solarize	अति उद्भासित करना
Solar plexus	सौर जालक
Solar system (sun and it's planets revolving around sun in their orbits)	सौर मण्डल, सौर-परिवार
Solation	विजैलन
Solder, Soldering	राँगा, टाँका लगाना (धातु का), झलाई, सण्टंकन
Soldering iron	कहिया
Sole (any flat fish of Soleidae and other families)	एकल, तलवा, तला, नितल, कुकुरजीभी (एक प्रकार की चपटी मछली)
Solen, Soleno- (prefix)	नाल-, नली-
Solenocyte (large narrow flagellated excretory cells of some annelids and molluscs)	नालकोशा, नलोत्सर्गी कोशिका
Solenodon (*Solenodon* sp., a mole like nocturnal insectivorous burrowing venomous mammal of family Solenodontidae, native to Cuba)	सोलेनोडान (क्यूबा का एक छछूँदर जैसा विषैला स्तनधारी)

Solenoglypha नलीदंशी सर्प
Solenoid, नालाभ, परिनालिका,
Solenoidal परिनालिकीय, नालकुन्तल, नाल चुम्बक, विद्युत-चुम्बक
Solenostele नालरम्भ, नलीरम्भ
Soleus जंघापेशी, जंघापिण्डिका
Solfatara शुवाष्प, ज्वालामुखीय क्षेत्र
Sol-gel विलयन-श्लिषक
Solid (one of the four states of materials) ठोस, घनीभूत, घना, दृढ़, सान्द्र, सान्द्र, जमा हुआ, घनाकृति
Solid angle घन कोण, सान्द्र कोण
Solid phase ठोस प्रावस्था
Solid state घन-अवस्था, सान्द्रावस्था
Solid waste ठोस अपशिष्ट
Solidifiable घनीकरणीय, दृढ़ीभवनीय
Solidification घनीभवन, दृढ़ीकरण
Solidify ठोस होना, जमना, दृढ़ बनाना
Solidity, Solidness, ठोसपन, दृढ़ता, जमाव
Soliped
Solidungular, Solidungulate एकशफ, एकखुरी (जन्तु)
Solidus तिर्यक रेखा
Solidus curve सान्द्र वक्र
Soliflow, Solifluction मृदाप्रवाह, मृदासर्पण
Solifuge अभ्यूर्णायु
Soligenous वर्षास्राव जनित
Solistice summer कर्क संक्रान्ति, उत्तर अयनान्त
Solistice winter मकर संक्रान्ति, दक्षिण अयनान्त
Solistitial संक्रान्तिक, अयनान्तिक
Solitary, Solo, Solus एकल, अकेला, एकचर, एकान्त
Solitude एककीपन, अकेलापन, एकान्तता
Solochrome एकल वर्णक
Sologamy (self-marriage or marriage with themselves, without an officiant) एकल विवाह
Solonchak (a Russian word for salt marsh) लवणमृदा
Solonetz (a Russian word for upper salty soil) क्षारमृदा
Solubility विलेयता, घुलनशीलता
Solubilize, घोलना, विलयन बनाना,
Solubilization विलेयीकरण
Solubilizing विलेयकारी
Soluble विलेय, विलयशील, घुलनशील
Solum, Sola (pl.) क्षेत्र, नितल, तली, भूखण्ड
Solute विलेय
Solution विलयन, घोल, समाधान, हल
Solutive, Solutizer विलयकारी, विलेयतावर्धी
Solutrope विलेयवर्त
Solutropic विलेयवर्ती
Solvable समाधेय, समाधान योग्य
Solvate विलायक संकर
Solvation विलायकीयन, विलायक संकरण
Solvency विलेयता, सम्पन्नता, ऋण शोधक्षमता
Solvent विलायक, ऋण शोधक्षम
Solvolysis विलायक अपघटन
Solvolytic विलायक अपघटनी
Soma, Somato- (a Greek word for body - prefix) काय, देह, तनू, काय-
Somaclonal कायपूर्वजी, कायपुञ्जी
Somactid रश्मिधर
Somactidium, Somactidia (pl.) अरास्थि
Somaesthesis काय संवेदिता
Somaesthetic काय संवेदी
Somatic, Carporeal कायिक, दैहिक, तनू-, शरीर-
Somatism कायवाद, देहवाद
Somatoblast कायकोरक, तनूघट
Somatocoel कायगुहिका, देहगुहा
Somatocyte कायजनककोशा, तनूकोरककोशा
Somatocyst कायपुटी, देहकोष्ठ
Somatoderm तनूस्तर
Somatogamous काययुग्मनी, देहयुग्मी
Somatogamy काययुग्मन
Somatogenic कायजनी, देहजन्य, तनूजनक, शरीरजनित
Somatointestinal कायान्त्रिक
Somatological कायिकीय, देह-वैज्ञानिक
Somatology कायिकी, दैहिकी, देहविज्ञान
Somatoplasm, Somaplasm कायद्रव्य, देहद्रव्य, तनूद्रव्य
Somatopleure कायस्तर, तनूपार्श्व
Somatopsychic कायमानसिक
Somatosexual कायलैंगिक
Somatotropic कायप्रेरक
Somatotype कायप्ररूप, तनूप्ररूप

Sombre कृष्ण, अन्धकार, मलिन, धुँधला
Somersault, Somersaulting कलैया खाते चलना, कलाबाज़ी खाना, ढेकली, उर्ध्वपादलंघी गति, उर्ध्वपादलंघन
Somite, Somatotome कायखण्ड, तनूखण्डक
Somnambulant, Somnambulist निद्राचारी, निद्राचर
Somnambulism, Somnambulance निद्राचार, निद्राचारिता, निद्राभ्रमण
Somnambulate, Somnambulation नींद में चलना, निद्राचलन
Somniation निद्रण, सुप्तन, सुलाई, सोना
Somnifacient, Somniferous, Somnific निद्राजनक, निद्राकारी, स्वापक
Somniloquence, Somniloquism, Somniloquy निद्राप्रलाप, नींद में बोलना
Somniloquous, Somniloquist निद्राप्रलापी, नींद में बोलने वाला
Somnipathist सम्मोहन चिकित्सक
Somnipathy सम्मोहन चिकित्सा
Somnography निद्रांकन, निद्रा चित्रण
Somnolence निद्रालुता, उनींद
Somnolent निद्रालु, उनींदा, निद्राग्रस्त
Somnolism सम्मोह-निद्रा
Somnology (clinical study of sleep disorders) निद्रा विज्ञान
Sonance, Sonancy घोषत्व
Sonant सघोष (वर्ण), आक्षरिक
Sondage तलाव गाहन, टोह
Sonic ध्वनिक, ध्वनि-
Sonication निनादन, ध्वनीयन
Sonicator निनादक, निनादित्र
Sonic detection and ranging (SODAR) ध्वनिक संसूचन एवं अभिसीमन
Sonic energy ध्वनि ऊर्जा
Soniferous, Sonorific, Sonorous, ध्वनिजनक, गुञ्जायमान, श्रव्य, निनादी,
Sounding सुस्वनिक, अनुनादी, श्रुतिगम्य
Soniscope पराश्रव्यदर्शी
Sonochemistry ध्वनि रसायनविज्ञान
Sonogram श्रव्य चित्र
Sonograph श्रव्यालेखी
Sonography श्रव्यचित्रण
Sonology श्रुतिविज्ञान, श्रव्यिकी
Sonometer ध्वनिमापी, स्वरमापी
Sonorescence, Sonority, Sonorousness निनादिता, अनुनादिता, श्रव्यता, श्रुतिगम्यता
Sonorescent निनादी, अनुनादी
Soot (smoke with carbon particles of 10 micron size) काजल, कालिख, कज्जलित करना
Sooted कज्जलित, कालिख लगा हुआ
Soothe शमन करना, शान्त करना
Soothing शमन, शमक, शामक, उपशामक, शमनकारी
Sooting कज्जलन, काजलकारी
Sooty कज्जली, कालिखमय, काजल जैसा
Sop भिगोना, भिगोया निवाला, मुँह-भराई, तर-बतर, घूस
Sophisticated परिष्कृत, कृत्रिम, जटिल, सांसारिक
Sophistication शिष्टता, कृत्रिमता, जटिलता, परिष्करण
Sophomania सर्वज्ञोन्माद (स्वयं को सर्वज्ञ समझने का एक मनोरोग)
Sophomaniac सर्वज्ञोन्मादी
Soporifacient, Soporofic, Soporiferous निद्रायक, निद्राकारी, स्वापक, आस्वापक
Sopping, Soppy सराबोर, तर-बतर, भावुक
Sorallium, Sorallia (pl.) प्रजनी-गुच्छ
Sorb सोखना, शैलभूर्ज
Sorbate शोष्य
Sorbed शोषित
Sorbent, Sorbifacient शोषी, सोखने वाला
Sorcery जादू-टोना, झाड़-फूँक, ओझाई
Sordes मैल, गन्दी वस्तु
Sordid गन्दा, मैला, घृणित
Sordine अवमन्दक
Sordinus धूमि श्वेत
Sore दुःखद, व्रण, घाव
Soredium (a cluster of algal cells enclosed in fungal hyphae in some lichens), Soredia (pl.) प्रजनी (एक कायिक जननांग)
Sore eye कुपिताक्षि, आई हुई आँख
Sore throat कण्ठशोथ, गले की ख़रास
Sorghum (*Sorghum vulgare*, a herbaceous grass of family Poaceae) ज्वार, चरी, यवनाल (एक पशु चारा)

Soriferous बीजाणुधानीधर
Sorocarp गुच्छफल
Sororiation स्तनावर्धन
Sorosis (a type of composit fruit) सरसाक्ष, गुदेदार फल (कटहल, अनन्नास आदि)
Sorption शोषण, सोखना
Sorrel (*Rumex acetosa,* a perennial herb of family Polygonaceae with leaves of sour taste) पिंगल, लालीमय हरा, अम्लबेंत (खटमिट्ठा पौधा), अम्ल लोणिका, चुक्रिका, चुक्का साग
Sort, Sorting किस्म, प्रकार, छाँटना, छँटाई, पृथक्करण, विगलन
Sorus, Sori (pl.) बीजाणुधानी पुञ्ज, गुच्छ
Souchong काली चाय
Soufle बुद्‌बुदाहट
Sough सरसराना, सरसराहट
Soul प्राण, जीवात्मा, संवेदन-शीलता
Sound ध्वनि, स्वस्थ, सुदृढ़
Sound box अनुनाद पेटिका
Sounder ध्वनित्र, साहुल, थाहमापी
Sounding ध्वनिकारी, अनुनादी, गुञ्जायमान
Sounding balloon परिज्ञापी गुब्बारा
Soundless ध्वनिहीन, निःशब्द
Sound navigation and ranging (SONAR) ध्वनि नौसञ्चालन एवं अभिसीमन, प्रतिध्वनि ग्रहण प्रणाली (चमगादड़ व समुद्री जन्तुओं में)
Soundness स्वस्थता, सुदृढ़ता
Sound proof ध्वनिरोधी, ध्वनिसह
Sound sleep गहरी नींद
Sound track ध्वनि पट्टी
Sound wave ध्वनि तरंग
Soup शोरबा, रसा, झोल
Soupy रसेदार, बशोरबा, झोलदार, मेघाच्छन्न
Sour खट्टा, आम्ल, तक्र, शुक्त
Source स्रोत, उद्‌गम, सूत्र (सूचना का)
Sour cream, Soured cream खट्टी दही
Sour dough, Leaven ख़मीर
Souring खट्टा करना, आम्लन, शुक्तन
Sour grass (plants with sour taste) सन्धूर
Sourness खट्टापन, खट्टास, आम्लता, शुक्तता
Soursop, Graviola (fruit of *Annona muricata,* a flowering tropical evergreen tree of family Annonaceae, used for curing cancer) रामफल, शूल-राम फल, लक्ष्मण फल, हनुमान फल
Souse लवणजल, अचार, डुबकी, पानी में डुबाना, सुरक्षित रखना
Soutache पट्टी, फीता
Souther दखिना, दक्षिणी हवा
Southern दक्षिणी, दक्खिनी
South lights दक्षिणीध्रुवीय ज्योति
Sow, Sowing सुअरी, बोना, वपन, बोआई
Sow bug काष्ठ-यूका
Sower बीज बोने वाला, वपक, वपित्र
Sown, Seeded बोया हुआ, वपित, उप्त
Sow of iron लौहपिण्ड
Soy, Soya, Soy bean, Soya bean (*Glycine max*, a crop herb of bean family Fabaceae) भठमाष, सोयाबीन (एक वसा व प्रोटीन समृद्ध सेमकुल का पौधा)
Soy milk, Soya milk (a lactose-free milk prepared by soaking, grinding, boiling and filtering ripe soya bean seeds) सोयाबीन का दूध
Spa सखनिज झरना स्थल
Space स्थान, अन्तराल, अन्तरिक्ष
Space bar अन्तर-छड़
Space biology, Exobiolgy अन्तरिक्ष जीव विज्ञान, अन्तरिक्ष जैविकी
Space craft, Space ship अन्तरिक्ष-यान
Spacer अन्तरक
Spacing अन्तरालन, अन्तरण
Spacious विस्तृत, लम्बा-चौड़ा
Spade खनित्र, फावड़ा
Spadiceus बादामवर्णी
Spadix (a type of spike inflorescence in plants of family Araceae with small flowers on fleshy stem) छद-शूकी, शंकुक
Spaghetti सुषिरा, मोटी सिवँई
Spall समुत्खण्ड, कत्तल, चैली, चिप्पी

Spalling, Spallation समुत्खण्डन, शल्कखण्डन, उत्खण्डन
Spam डिब्बाबन्द पका मांस, अवाञ्छित ई-डाक
Span अवधि, विस्तार, पाट
Spanandry पुंसाल्पता, नराल्पता, पुरुषों का निरन्तर अभाव
Spancel छाँद, छाँदना, पिछाड़ी
Spandrel चाप स्कन्ध
Spangle सितारा/चमकी (टाँकने वाला), स्फुरत्खण्ड, स्फुरत्शल्क
Spanner पाना (एक तरह का रेञ्च)
Spanogamy जायाल्पता, विवाहिताओं का निरन्तर अभाव
Spanthous अल्पपुष्पी
Spar धात्विया (एक खनिज), दण्ड, मस्तूल, डण्डा
Sparer मिताहार, यताहार
Spark चिनगारी, स्फुलिंग, अग्निकण
Sparking स्फुलिंगन, उत्स्फुरण
Sparkle चिनगारी छोड़ना, चमकना
Sparkler चिनगारी छोड़ने वाला, फुलझड़ी
Sparkling, Effervescent चमकदार, बुद्बुदेदार, बुल्लेदार, वाग्विदग्ध
Sparrow (*Passer domesticus,* a small-passerine bird of family Passeridae), House sparrow गौरय्या, चटक (एक घरेलू चिड़िया)
Sparrow hawk (*Accipiter nisus*, a small prey bird of family Accipitridae) छोटा बाज़ (गौरय्या का शिकारी पक्षी) गौरहिवा शिकरा
Sparse, Sparsus विकीर्ण, विरल, बिखरा हुआ
Sparseness, विकीर्णता, विरलता, बिखराव
Sparsiflorus अघनपुष्पी, विरलपुष्पी
Sparsity, Spasm, Spasmus पेशीकुञ्चन, मरोड़, आकर्ष, उद्वेष्टन, अंगग्रह, संकुच
Spasmodic, आक्षेपी, तरंगी
Spasmous आकर्षी, आन्तरायिक
Spasmoneme आकर्षसूत्र
Spastic संस्तम्भी, ग्रहीतांग, पेशी-आकुञ्ची
Spasticity संस्तम्भता, ग्रहीतांगता
Spat बालशुक्ति, शंखमीन का जलाण्डक, अण्डे देना
Spate शाद, अचानक बाढ़ या भीड़
Spathe (a large bract sheath enclosing cluster of flowers of plants like palm, arum, iris etc.) पटल, शूकीछद, थूका
Spathic, Spathose पटलीय, सपटल, दलमय, धात्वियावत्
Spathifolius स्त्रुवपर्णी, चम्मचरूपी पत्ती वाला
Spathulate, Spatulate, Spatuliform स्त्रुवयुक्त, स्त्रुवाकार, चम्मचरूपी
Spatial वरिम, आकाशीय, अन्तराली, त्रिविम, दिक्, स्थानिक, स्थान-
Spatial coordinates स्थान-निदेशांक
Spatiography अन्तराल विज्ञान
Spatium, Spatia (pl.) वरिमा, अन्तराल
Spats गुल्फत्राण, छोटी पट्टियाँ
Spatter, Spattering छिड़कना, छीटना, अवकीर्णन, उच्छलन
Spatula, Spathula स्त्रुव, उथला छोटा चम्मच, चमची, स्पैचुला
Spatulation स्त्रुवण
Spavin मोथरा, हड्डा
Spavined पंगु, लँगड़ा
Spawn जलाण्डक, अण्डौध
Spawner अण्डौधजनक, अण्डजनक
Spawning अण्डौधजनन, अण्डजनन
Spay गर्भाशय व अण्डाशय निकाल कर पालतू पशुओं का बन्ध्याकरण
Spaying (of pet animals), Ovariohysterectomy गर्भाण्डाशयकर्षण, गर्भाण्डाशयोच्छेदन
Speaking tube बतनाल
Speak trumpet ध्वनि प्रवर्धी, भोंपू
Spear कुन्त, भाला, बर्छी
Spear grass (a useful wild perennial herb of family Poaceae with lance shaped leaves and floral spike) खेर, लुम्पा
Spear headed कुन्ताग्री
Spear mint कुन्तपर्णास, पुदीना
Spear shaped कुन्ताकार, भालावत्
Special विशेष, विशिष्ट

English	Hindi
Speciality, Specificity	विशिष्टता, वैशिष्ट्य, तद्विशिष्टता
Speciation	जाति उद्भवन
Species	जाति, प्रजाति, प्रकार
Species nova (sp. nov.), Species novae (pl.), New species	नवप्रजाति
Specific	विशिष्ट, आपेक्षिक
Specification	विनिर्देश, विनिर्देशन
Specific gravity	आपेक्षिक गुरुत्व
Specific heat	विशिष्ट ऊष्मा
Specificity, Speciality	विशिष्टता
Specifics	विशिष्ट विवरण
Specified	विनिर्दिष्ट, निर्दिष्ट
Specillum	कण्टिका
Specimen	निदर्श, प्रदर्श, नमूना, बानगी
Speciology (study of species)	जाति उद्भवविज्ञान
Speciosus, Speciose	सत्याभासी, सुदर्शी, सुन्दर
Speck, Speckle	दाग़, चित्ती, दाना, कण, कणिका
Speckled	कर्बुरी, दानेदार, चित्तीदार, दाग़दार, पृषत, कणमय
Spectacle	अधिदृश्य, प्रदर्शन, चश्मा, ऐनक
Spectacled	चश्माधारी, ऐनकदार
Spectacles	उपनेत्र, चश्मा, ऐनक
Spectacular	अधिदर्शनीय, प्रदर्शनीय
Spectans	सम्मुख
Spectatrix	दर्शिका
Spectral	मानावलीय, रंगावलीय, प्रेततुल्य, वर्णक्रमीय, वर्णक्रम-
Spectral line	वर्णक्रम रेखा
Spectre, Specter	छाया, काली छाया, भूत, प्रेत
Spectro- (prefix)	वर्णक्रम-, रंगावलि-
Spectrogram	वर्णक्रमलेख, रंगावलिचित्र
Spectrograph	वर्णक्रमलेखी
Spectrography	वर्णक्रम चित्रण, वर्णक्रम-लेखन
Spectrology	वर्णक्रमिकी, रंगावलिकी
Spectrometer	वर्णक्रममापी, रंगावलिमापी
Spectrometric	वर्णक्रममितीय, रंगावलिमितीय
Spectrometry	वर्णक्रममिति, रंगावलिमिति
Spectrophoto-meter	वर्णक्रमप्रकाशमापी, रंगावलिभामापी
Spectrophotometric	वर्णक्रम प्रकाशमितीय, रंगावलिभामितीय
Spectrophoto-metry	वर्णक्रमप्रकाशमिति, रंगावलिभामिति
Spectroscope	वर्णक्रमदर्शी, रंगावलिवीक्ष
Spectroscopic	वर्णक्रमदर्शीय, रंगावलिवीक्षीय
Spectroscopy	वर्णक्रमदर्शन, वर्णक्रम दर्शिकी, रंगावलिवीक्षण
Spectrotherapy	वर्णक्रमोपचार, रंगावलिचिकित्सा
Spectrum, Spectra (pl.)	वर्णक्रम, मानावली, रंगावलि
Specular	दार्पण, द्युतिमान, कान्तिमय, परावर्ती, चमकीला
Specular stone, Mica	अभ्रक (एक खनिज)
Speculation	परिकल्पना, अनुमान
Speculum, Specula (pl.)	दर्पण, परावर्तक, प्रदर्पण, दर्पणातु, चित्ती, वीक्षण-यन्त्र
Speech therapy	वाणी सुधार, वाग्चिकित्सा
Speech tract	वाग्यन्त्र
Speed	चाल, द्रुतगति, शीघ्रता
Speed breeding (a technique to get six crops specially of wheat in modified glass house in a year inspired by NASA experiment)	द्रुत प्रजनन, त्वरित संवर्धन
Speedometer	चालमापी, गतिमापी
Speed regulator	चाल नियामक
Spelaeology, Speleology	कन्दरा विज्ञान, गुहाविज्ञान, गुफाविज्ञान
Spelean	गुहीय, कन्दराजीवी, गुफावासी
Spelencephalic, Spelencephalous	गुहाशिरस्क, गुहाशीर्षी
Spelencephalism, Spelencephaly	गुहाशिरस्कता, गुहाशीर्षता
Speleogen	गुहाद्रव्यजन
Speleolite	गुहाश्म
Speleothem	गुहागौणनिक्षेप
Spelt, Dinkel/Hulled wheat (*Triticum spelta*, a grain herb of family Poaceae)	उच्चारित, कठिया गेहूँ,
Spelter	अशुद्ध जस्ता (ताँबा व सीसायुक्त जस्ता)
Spent acid (a weakened acid used for a reaction)	भुक्ताम्ल, प्रयुक्ताम्ल
Spent fish (a fully recently spawned fish)	अण्डरिक्त मछली

Spent lime (calcium oxide, obtained after-heating lime)	वीत चूर्णक
Sperm, Spermatozoon (a male sex or germ cell of vertebrates), Spermatozoa (pl.)	शुक्राणु, शुक्र, पुमणु, पुंजन्यु
Spermaceti (a liquid wax produced in head of sperm whale to control buoyancy and echolocation)	जनंगिर सिक्थ, तिमि-मोम (स्नेहक व दीप तेल के रूप में प्रयोग)
Spermangium, Spermangia (pl.)	पुमणुधानी
Spermaphyte	बीजीपादप
Spermary, Sperm gland	शुक्र ग्रन्थि
Spermatangium, Spermatangia (pl.)	अचल पुमणुधानी
Spermateleosis	शुक्रकायान्तरण, शुक्रान्त विकास
Spermatheca, Spermathecae (pl.)	शुक्रग्रहिका, शुक्रधानी
Spermatic	पुमणु, शुक्र, शुक्राणु
Spermatic cord	वृषण रज्जु
Spermatic duct, Spermiduct	शुक्रनलिका
Spermatocidal, Spermaticide, Spermicide	शुक्रनाशक, शुक्रघ्नी, शुक्राणुनाशी, शुक्रघ्न
Spermatid, Spermid	प्रशुक्राणु
Spermatiophore (spermatia bearing hypha)	अचलपुमणुधर
Spermatium, Spermatia (pl.)	अचलपुमणु, पुंजन्युका
Spermatization	अचलपुमणु युग्मन
Spermatoblast	शुक्रकोरक, शुक्रघट
Spermatocyst, Spermatocele	शुक्राणुपुटी, पुंकोष्ठ
Spermatocyte, Spermocyte	शुक्राणु कोशिका, पूर्वशुक्रकोशा
Spermatogenesis, Spermatogeny, Spermatopoiesis, Spermiogenesis	शुक्रजनन, शुक्रोत्पादन, शुक्रोत्पत्ति
Spermatogenic, Spermatogenous, Spermatopoietic	शुक्रजनक, पुमणुजनी
Spermatogonium, Spermogonium, Spermogonia (pl.), Pyenium	पुमणुजन, प्रशुक्रकोशा
Spermatoid	शुक्राभ, शुक्राणुवत्
Spermatology, Spermology	शुक्राणुविज्ञान, पुमणुविज्ञान, बीजविज्ञान
Spermatolysis	शुक्राणुलयन, शुक्रांशन
Spermatophore	शुक्राणुधर, शुक्रभर
Spermatophyte	बीजोद्भिद्
Spermatophytic	बीजोद्भिदीय
Spermatosome, Sperm cell, Spermatozoon, Spermazoa (pl.)	शुक्राणु, शुक्रकोश, पुंजन्यु, चलपुंजन्यु
Spermatostrote	बीजप्रकीर्णित
Spermatotoxin, Spermotoxin	शुक्राविष, शुक्रणु-विषि
Spermatozoid	पुमणु
Spermaturia, Semenuria	शुक्रमेह, शुक्राणुमूत्रता, वीर्यमेह
Spermatype	बीजांकुरप्ररूप
Spermidium, Spermidia (pl.)	पुमणु फलिका
Spermiduct, Spermatic duct	शुक्रवाहिनी
Spermocarp	निषिक्ताण्ड फलिका
Spermoderm, Testa	बीजचोल
Spermoplasm	शुक्रद्रव्य
Sperm sac	शुक्र-स्यून
Sperm whale (*Physeter macrocephalus*, a largest marine cetacean mammal of family Physeteridae with liquid wax spermaceti in head), Cachalot	जनंगिर-तिमि, मोमी-तिमि (एक बच्चे देने वाली समुद्री स्तनधारी)
Spew, Spewing	उगलना, वमन, उत्प्रवाह, उत्स्वेदन
Sphacelate	अंग गलना, कोथमय
Sphacelation	कोथभवन
Sphacelism	कोथमयता
Sphaceloid	कोथाभ, कोथवत्
Sphacelous	कोथीय
Sphacelus, Gangrene	कोथ, मांस का सड़ना
Sphaeraphide	स्फट-पिण्ड
Sphaeridium, Sphaeridia (pl.)	वर्तुलक, गोलेन्द्रिय
Sphaero- (prefix)	गोल-, वर्तुल-

Sphaerocephalic, Sphaerocephalous	गोलशीर्षी, वर्तुलशिरस्क
Sphaerocrystal	गोलस्फट, वर्तुलमणिभ
Sphaerocyst	गोलकोष्ठ, वर्तुलपुटी
Sphaerocyte	गोलकोशा, वर्तुलकोशिका
Sphaerome	गोलाशय
Sphaerosome	गोलकाय, वर्तुलपिण्ड
Sphagnum	पंकहरिता, दलदल में उगी काई
Sphecid wasp (a stinging hymenopteran insect of family Sphecidae), Sand wasp	बालु वरट
Sphenethmoid bone	मस्तिष्काग्रास्थि
Sphenocephalic, Sphenocephalous	स्फानशिरस्क, फानशीर्षी
Sphenogram	कीलाक्षर
Sphenoid, Sphenoidal, Wedge shaped	फानरूप, स्फानाभ, जतुक, जतुकी, जातूक-
Sphenoid bone	जातूकास्थि
Sphenomaxillary	जतुक-जम्भ
Sphenopalatine	जतुक-तालव
Sphenotic	स्फान-कर्णास्थि, कर्ण पार्श्वकी
Sphere	मण्डल, गोलक, गोला, क्षेत्र
Spheric, Spherical	गोल, गोलाकार, गोलीय
Spherics	गोलीय ज्यमिति, गोलीय त्रिकोणमिति
Sphericity	गोलाई, गोलीयता, वर्तुलता
Sphero-cytosis	वर्तुल कोशिकता, गोलकोशा रोग
Spheroid, Spheroidal	गोलाभ, गोलावत्, गोलाभक, गोलाभीय
Spheroma	वर्तुलार्बुद, गोलार्बुद
Spherometer	वर्तुलमापी, गोलाईमापी
Spheroplast	वर्तुलाणु, वर्तुल लवक
Spherosome	वर्तुलपिण्ड, वसाकाय
Spherula (a small spherical sponge), Spherulae (pl.)	गोलक
Spherule (a small spherical body), Spherules (pl.)	गोली, गोलिका
Sphincter	संकोचक, संवरणी, संकीर्णक, अवरोधिनी
Sphincteroplasty	संवरणी सन्धान
Sphinctral, Sphinctric	संकोचकीय
Sphinctroid	संकोचकाभ
Sphingolipid	मस्तवसा
Sphingomyelin	मस्त-विमज्जि
Sphragistics	उत्कीर्ण मुद्राविज्ञान
Sphygmo-bolometer	स्पन्द-ऊर्जामापी
Sphygmography	स्पन्दलेखन, स्पन्दांकन
Sphygmoid	स्पन्दाभ, स्पन्दवत्
Sphygmology	स्पन्दविज्ञान
Sphygmometer, Sphygmo-manometer	स्पन्दनमापी, रक्तदाबमापी
Sphygmoscope	स्पन्द-दर्शी
Sphygmus, Pulse	स्पन्दन, नाड़ी स्पन्दन
Sphynx cat	एक बाल रहित बिल्ली की नस्ल
Sphyrnid (marine sharks and hammer headed sharks of family Sphyrnidae)	घनग्राह (एक समुद्री मछली)
Spica (a reverse spiral V shaped bandage)	कणिश, चित्रा
Spicate, Spicigerous	कणिशधर, शूकीवत्, शूकीयित
Spice	मसाला, गन्ध, छौंकना
Spicery	मसालाघर, मसाला भण्डार
Spiciform	शूकीरूप
Spicula (a hard pointed projection on part of plants and animals) Spiculae (pl.)	कण्टक, कण्टिका
Spiculate, Spicular, Spiculiform, Spiculous	सूच्याकार, कण्टकीय, कण्टिकारूपी
Spicule (a small needle like structure in body of organisms specially sponges), Spicules (pl.)	शूकिका, कण्टिका, सूची
Spiculo fibre	कण्टिका तन्तु, शूकिका तन्तु
Spiculum, Spicula (pl.)	शिखाग्र
Spicy	मसालेदार, चटपटा
Spider (an arthropod of class Arachnida with spinnerets to form silkweb)	मकड़ी, लूता (एक आठ टाँगों वाला विषैला जन्तु)
Spider plant, Airplane plant,	मुस्ली (दक्षिणी अमेरिकी मकड़ी के आकार के

English	Hindi
Ribbon plant (*Chlorophytum comosum*, a perennial tropical ever-green pot herb of family Asparagaceae, known to reduce formaldehyde of polluted indoor air)	सफेद, गुलाबी व बैंगनी फूलों वाला एक घरेलू वायु-शोधी पौधा)
Spider wort (*Tradescantia* sp., a flowering herb of family Commelinaceae)	तनु केसर
Spidery	मकड़ीवत्, मकड़ीयुक्त, लम्बा-पतला, मकड़ी पालन
Spiegel, Spiegeleisen	दर्पणायस
Spigot	डाट, निग, प्रनिग, मूसल, टोंटी
Spigot and socket joint	मूसल-उलूखल सन्धि
Spike (a raceme type inflorescence with pedicellate flowers)	शूक, शूकी, कणिश, शूल, नोंक, कील
Spiked	शूकीमय, शूल छिद्रित, नोंकदार
Spikelet	शूकिका, कणिशिका, शूलिका
Spikenard	जटामांसी, बालछड़, नलद
Spiking	प्रासन, प्रकीलन, कील लगाना
Spiky	नुकीला, कीलित
Spile	कीलन तन्त्र, डाट, खूँटा
Spiling	कीलन, खूँटों का घेरा
Spill, Spilling	छलकना, उत्प्लवन, अधिप्लवन
Spillage	छलकाव, उत्प्लव, रक्तपात
Spillikin	खपची, चिप्टी
Spill way	उत्प्लव मार्ग, उमड़ मार्ग
Spin	घूमना, सूत कातना, चक्कर काटना
Spina bifida	द्विशाखी मेरुदण्ड
Spinaceous	पालक (पौधा) का, पालकवत्
Spinach, Spinage (*Spinacia oleracea*, a flowering edible leafy cultivated vegetable herb of family Amaranthaceae)	पालक (पौधा)
Spinal, Spinous	कण्टकीय, मेरुदण्डीय, मैरव, मेरु-
Spinal cord (an ovoid column of nervous tissue)	मेरुरज्जु, सुषम्ना
Spinal stenosis	मेरु संकोचन
Spinant	मेरुप्रेरक
Spinasternum	कण्टाधरक
Spinate, Spiniform	शल्यमय, शल्यवत् शल्याकार
Spination	कण्टन, शूलन
Spindle	तर्कु, तकुआ, गुल्ली, धुरी
Spindle cell (a fusiform cell indicating sarcoma or tumor)	तर्कुकोशा, तर्कुकोशिका
Spindle tree (*Euonymus* sp., a flowering decidnous poisonous medicinal shrub of family Celastraceae)	धुरी पेंड़
Spindly	लमछड़
Spindrift	समुद्री फुहार
Spine, Spina, Spinae (pl.)	कण्टक, कण्टिका, शूल, पृष्ठवंश, मेरुदण्ड
Spinel	खनिज पदार्थ
Spinescence	शूलाग्रता, कण्टलत्व
Spinescent	शूलाग्री, कण्टल
Spinicarpous	शूलफली
Spiniferous, Spinigerous	शूकमय, शूकयुक्त, कण्टधारी
Spinifolius	शूलपर्णी, कण्टपर्णी
Spiniform	शूलाकार, कण्टरूपी
Spinitis	मेरुशोथ
Spinner	तकुआ, कर्तक, प्रचक्रक, चर्खा
Spinneret	कर्तनांग, तन्तुग्रन्थि (मकड़ी में)
Spinney	झुरमुट, बनी, गुल्म वन
Spinning	कर्तन, कताई, प्रचक्रण
Spinning mill	कताई कारख़ाना
Spinning wheel	चरखा
Spino-cerebellum	मेरु-अनुमस्तिष्क
Spino-umbilical	मेरु-नाभीय, नाभि-कण्टकीय
Spinode	उभयाग्र
Spinor (an element of a complex vector space)	सन्दिश (ज्यामिति व भौतिकी में)
Spinster	अधेड़ कुँआरी
Spintharimeter, Spintherometer, Spintometer	प्रस्फुरमापी

Spinthariscope, Spintheroscope प्रस्फुरदर्शी
Spinule शूलिका, शल्यिका
Spinulous, Spinulosus शूलिकामय, शल्यकित
Spinose, Spinosus, Spiny शूलमय, शल्ययुक्त, काँटेदार
Spiracle श्वासरन्ध्र, प्रश्वासरन्ध्र
Spiracular, Spiralis श्वासरन्ध्री, प्रश्वासरन्ध्री
Spiral, Spiry, Spirillar सर्पिल, कुण्डलित, कुन्तलित, पेंचदार
Spiralization कुन्तलन
Spiralized, Spiral कुन्तलित
Spirant ऊष्मवर्ण, संघर्षी
Spire कोपल, सर्पिल शिखर, ऊँचा उठना
Spireme पित्र्यकुन्तल
Spirillum (*Spirillum* sp., a Gram negative flagellated bacterium of family Spirillaceae) सर्पिलाणु, अधिकुन्तलाणु
Spirit प्रासव, मद्यसार, आत्मा, उत्साह, समर्पण
Spirited प्रासवित, उत्साहित, समर्पित
Spirit lamp प्रासव दीप
Spiritless निर्जीव, निरुत्साह, उदास
Spirit level, Spirit levelling प्रासव-तल, प्रासव-तलमापन, साधनी
Spirit of salt लवणाम्ल, नमक का अम्ल
Spirit of vitriol गन्धकाम्ल, गन्धक का अम्ल
Spiritual आध्यात्मिक, आत्मिक
Spiritus प्राण
Spiritus asper महाप्राण
Spiritus lenis अल्पप्राण
Spirituous मादक
Spirochaeta (a class of spiral anaerobic bacteria) कुन्तलाणु (एक जीवाणु वर्ग)
Spirochaete (a diderm spiral long anaerobic bacterium of class Spirochaeta) कुन्तलाणु, तरंगाणु
Spirochaetosis (an infection caused by a bacterium spirochaete) कुन्तलाणुता, कुन्तलाणु संक्रमण
Spirograph श्वासलेखी
Spirogyrate सर्पघूर्णी, सर्पवलयित
Spiroid कुन्तलाभ, सर्पिलाकार
Spiroloculine सर्पिल कोष्ठकी
Spirometer श्वासमापी
Spirometric श्वासमितीय
Spirometrics, Spirometry श्वासमिति
Spironeme सर्पिलसूत्र
Spirophore श्वास-यन्त्र
Spirt, Spurt फुहार छूटना, फूट निकलना, तेज़ धार
Spirulina (a cyanobacterial biomass used as dietary supplement for man and animals) स्पायरूलिना (एक आहार पूरक)
Spiry कुण्डलित, सर्पिल, मीनारदार
Spissatus (high level stranded dense clouds), Spissati (pl.) स्थूल सघन पट्टित मेघ, उच्च पट्टीदार बादल
Spit थूक, ष्ठीव, निष्ठीव, थूकना, झींसी, सिख़चा, सींक, भूजिह्वा, कीड़ों का अण्डा, सँकरी रेती
Spitting थूकना, ष्ठीवन, उद्वमन,
Spittle, Sputum थूक, लार, ष्ठीव, निष्ठीव
Spittoon थूकदानी, पीकदान, ष्ठीवपात्र, उगालदान
Splanchnic, Visceral अन्तरांगीय, अन्तस्त्य-
Splanchnoblast अन्तस्त्यकोरक
Splanchnocoel अन्तस्त्यगुहा, अन्तरांगगुहा
Splanchnocranium हनुकपाल
Splanchnoderm अन्तस्त्यस्तर
Splanchnology अन्तस्त्यिकी, अन्तरांगविज्ञान
Splanchnomegaly अन्तस्त्याधिवर्धन, अन्तरांगवर्धिता
Splanchnopathy अन्तरांगविकृति, अन्तस्त्यव्याधि
Splanchnopleure अन्तस्त्य-पार्श्व, अन्तरांगपार्श्व
Splanchnopophysis अन्तस्त्य योजिवर्ध
Splanchnotome अन्तस्त्य-खण्ड
Splanchnotone अन्तरांगपट
Splash, Splatter छपछपाना, छिड़कना, द्रवकम्प-ध्वनि
Splash board तरंगरोक, पंकरोक
Splashing आस्फालन, अपस्फुरण, उच्छलन, छपछपाहट
Splashy कीचड़युक्त
Splay, Splays तिरछा करना, ढाल देना, जोड़ उखड़ना, अपसारी, भ्रंश
Splayed फैली हुई

Splay footed, Flatfooted — सपाट-पाद, चपटे पैर वाला
Spleen (a small organ in vertebrates for blood formation and immunity) — प्लीहा, तिल्ली, चिड़चिड़ाहट
Spleen wort (*Asplenium* sp., a fern of family Aspleniaceae with linear and oblong sori) — प्लीहा पर्णांग
Splenalgia — प्लीहाशूल, तिल्ली का दर्द
Splendens — दीप्ति
Splendent — दीप्त, दीप्तिमान, रोचिष्णु
Splendid — उत्कृष्ट, भव्य, चमकीला
Splenectomy — प्लीहोच्छेदन, तिल्ली निष्कासन
Splenetic — प्लीहा रोगी, चिड़चिड़ा
Splenial (a small bone in lower jaw of amphibians, reptiles and birds) — निहानव (अस्थि)
Splenic — प्लीहीय, प्लीहा सम्बन्धी
Splenic fever — प्लीहा ज्वर
Spleniform — प्लीहाकार
Splenoid — प्लीहाभ, प्लीहावत्, तिल्ली जैसा
Splenitis — प्लीहाशोथ
Splenium — पश्चान्त
Splenius capitis — पट्टिका-शिरस्क (पेशी)
Splenius cervicis — पट्टिका ग्रैवी (पेशी)
Splenoblast — प्लीहाकोरक, प्लीहाणु-मातृकोशा
Splenocyte — प्लीहा कोशिका, प्लीहाणु
Splenography — प्लीहाचित्रण
Splenology — प्लीहाविज्ञान
Splenoma, Splenoncus — प्लीहार्बुद
Splenomegaly — प्लीहाधिकायता, प्लीहावृद्धि
Splenometric — प्लीहामितीय
Splenometry — प्लीहामिति
Splenopathy — प्लीहाविकृति, प्लीहारोग
Spleno-portography — प्लीहा-निर्वाहिका शिरालेखन
Splenoptosia, Splenoptosis — प्लीहाभ्रंश, प्लीहाक्षय
Spleno-renal — प्लीहा-वृक्कीय
Splenotoxin — प्लीहाविषि, प्लीहाविष
Splice, Splicing — दो सिरे गूथकर जोड़ना, सम्बन्धन
Spline — पट्टी
Splint (an appliance for fixation, union or protection of injured bony part of body) — फलिका, खपच्ची, खपची से टूटी हड्डी बाँधना
Splint bone (a slender metacarpal/ metatarsal bone in limbs of horse like animals) — फलिकास्थि, बेर-हड्डी
Splinter — चिप्टी, किर्च, चैली उतारना
Splinter bone — बहिर्जंघिकास्थि
Splintered — विच्छिन्न, खण्डित
Splinter proof — छितर रोक, किर्चरोधी
Splintery — शितखण्डी
Splinting — भग्नास्थि बन्धन
Split, Splitting — चीरना, फाड़ना, विपाटन, विदारण
Split personality — विखण्डित व्यक्तित्व
Splitter — विपाटक, चीरने वाला
Split up — विच्छेद, पृथक्य, अलगाव
Splotch, Splodge — धब्बा, लेप
Splotchy, Splodgy — धब्बेदार
Splutter, Spluttering — पटपटाना, फड़फड़ाना, प्रस्फुरण
Spodium, Bone black — अस्थि कालिमा, अस्थि कालिख
Spodogenous — भस्मकारी
Spoil — बिगाड़ना, खात, कटान
Spoilage — विरूपण, बरबादी, विकृति
Spoiled, Spoilt — विकृत, विरूपित, बर्बाद, रद्दी
Spoiler — अपहारक, विरूपक, रंग-भंगकारी
Spoiling — दूषण, विरूपी, विकृतिकारी
Spoke — अर, तीली, डण्डी, रोक
Spoked — अरयुत, तीलीदार
Spoke shave — गोल रन्दा
Spondylarthritis — कशेरुक सन्धिशोथ
Spondylitis — कशेरुकाशोथ, मन्यास्तम्भ
Spondylopyosis — कशेरुक पूयता, पूतिकशेरुकता
Spondylosis — कशेरुकता
Spondylous, Vertebral — कशेरुकीय
Spondylus, Vertebra — कशेरुका, कशेरुक
Sponge (a pore bearing aquatic non-chordate of phylum Porifera under sub-kingdom Parazoa, of kingdom Animalia) — स्पञ्ज, छिद्रिल, लोई

Sponge gourd (*Luffa aegyptiaca,* an annual climber of family Cucurbitaceae, raw fruit is used as vegetable and interior of mature dried fruit is used as bathing sponge) — तरोई, घिया (कद्दू कुल की एक सब्ज़ी)
Sponge iron (an iron ore reduced with mixture of hydrogen and carbon monoxide) — मृदु इस्पात, छिद्रायस, छिद्रिल इस्पात
Spongiform — छिद्रिलाकार, स्पञ्जरूपी
Spongioid — स्पञ्जाभ, छिद्रिलाभ, स्पञ्जवत्
Sponginess — छिद्रिलता, गुलगुलापन
Sponging — प्रोच्छन, गीले कपड़े से देह पोंछना
Spongioblast — छिद्रिलकोरक, छिद्रिलघट
Spongiocyte — छिद्रिलकोशिका
Spongioplasm, Cytoreticulum — कोशाजालिका
Spongiose — छिद्रिल, छिद्रित, शिथिल
Spongiosis — छिद्रिलता
Spongocoel — छिद्रिलगुहा
Spongy — नरम, गुलगुला, छिद्रिल
Spontaneity — स्वाभाविकता, तात्कालिकता, स्वैच्छिकता, नैसर्गिकता, सहजता
Spontaneous — स्वाभाविक, सहज, स्वतः, नैसर्गिक
Spontoon — परशु, फरसा
Spool — वलनी, फिरकी, चर्खी पर चढ़ाना
Spoon — चम्मच, स्त्रुव, दर्वी
Spoon billed — स्त्रुवचञ्चु, दर्वीतुण्ड
Spoonful — चम्मचभर, स्त्रुवपूर्ण, दर्वीभर
Spoon meant — तरल खाद्य
Spoor — पशुगन्ध, पशु द्वारा छोड़े गए चिह्न
Spora (a Greek word sporos means seed) — बीजाणु जात
Sporadic — छुट-पुट, यत्रतात्रिक, कदाचनिक
Sporangiferous — बीजाणुधानीयुत
Sporangiocyst — पुटित बीजाणुधानी
Sporangiole — बीजाणुधानिका
Sporangiophore — बीजाणुधानीधर (बीधाधर)
Sporangiospore — बीजाणुधानी बीजाणु (बीधाबीजाणु)
Sporangium, Sporangia (pl.) — बीजाणुधानी
Spore (a reproductive cell with thick wall to develop new individual asexually) — बीजाणु
Spore sac — बीजाणु-स्यून, बीजाणुकोश
Sporeling — नवबीजाणु, नवबीजाणुजनक
Sporicidal, Sporicide — बीजाणुनाशक, बीजाणुघ्नी, बीजाणुनाशी, बीजाणुघ्न
Sporidesm, Sporodesm — संयुक्त बीजाणु
Sporidium, Sporidia (pl.) — बीजाणुक
Sporiferous — बीजाणुमय, बीजाणुयुत
Sporoblast — बीजाणुकोरक, बीजाणुघट
Sporocarp — बीजाणुफलिका, बीजाणुप्रावर
Sporocyst — बीजाणुपुटी, बीजाणुकोष्ठ
Sporocyte — बीजाणुकोशा, बीजाणुकोशिका
Sporoderm — बीजाणुचर्म, बीजाणुस्तर
Sporodiole, Sporidiolum — बीजाणुक
Sporoduct — बीजाणुवाहिनी, बीजाणुप्रणाल
Sporogenesis — बीजाणुजनन, बीजाणु-उत्पत्ति बीजाणु-उत्पादन
Sporogenic, Sporogenous — बीजाणुजनक, बीजाणु-उत्पादी
Sporogonium, Sporogonia (pl.) — बीजाणुजन, बीजाणुजनिका बीजीणुकोशा
Sporogony — बीजाणु-उद्भवन
Sporokinete, Kinetospore — चरबीजाणु
Sporomorph — बीजाणुरूप
Sporont — बीजाणुजन
Sporothallus — बीजाणु सूकाय
Sporophore — बीजाणुधर
Sporophyll — बीजाणुपर्ण
Sporophyte (a diploid stage in life cycle of a plant /alga) — बीजाणूद्भिद्
Sporoplasm — बीजाणुद्रव्य
Sporosac — बीजाणुकोश, बीजाणुस्यून
Sporostrote — बीजाणु प्रकीर्ण
Sporotheca — बीजाणु चोल, बीजाणुकवच
Sporozoite — बीजाणुज, दात्रबीजाणु
Sporozooid — बीजाणुजीवक
Sporozoon, Sporozoa (pl.) — बीजाणुज

Sporozoosis	बीजाणुजता
Sporran	थैली, बटुआ
Sports drink (a carbonated beverage with caffein, electrolytes, minerals, sugar, artificial flavour and colour)	क्रीड़ा पेय, खिलाड़ियों का स्फूर्ति पेय
Sporulation	बीजाणुकजनन
Sporule	बीजाणुक
Sporuliferous	बीजाणुकधर
Spot	तत्स्थान, चित्ती, दाग़, धब्बा, लाञ्छन
Spot lamp	बिन्दुदीप, बिन्दु-प्रदीप
Spot light	बिन्दु प्रकाश
Spot test	लाञ्छन-परीक्षण
Spotless	निष्कलंक, निर्बिन्दु, बेदाग़
Spotted, Spotty	धब्बेदार, बिन्दुकित, दाग़दार, ऊबड़-खाबड़
Spotting	स्थित्यन्वेषण, बिन्दुकन, लाञ्छनीकरण, दाग़ या धब्बा डालना
Spout	फुहार, वितुण्ड, टोंटी, फुहार छोड़ना
Spouting	वितुण्डन, उत्क्षेपण, उद्रेकण
Sprag	रोक, निरोधक
Sprain	मोच, मोच आना, मुड़कना
Sprained	मोचदार, मुड़का हुआ, अतिक्षिप्त
Sprawl, Sprawling	टेंढ़ा-मेंढ़ा फैलना, पसरना, लेटना
Spray, Spraying	फुहार, टहनी, छिड़कना, शीकरण
Sprayed	फुहारित, छिड़का हुआ, शीकरित
Sprayer	छिड़कनेवाला, फुहारक, शीकरित्र
Spray gun	पिचकारी, फुहारा
Spread, Spreading	फैलाना, फैलना, लेपना, प्रसारी, विस्तारण
Spread eagle	हाथ-पैर फैलाए पड़ा होना, पंख फैलाया उकाब
Spreader	प्रसारक, प्रसारवर्धक, प्रथक
Spread out	परिसरण
Sprig	वंशज, प्रशाखा, टहनी
Spring	उछलना, स्कन्द, कमानी, वसन्त (ऋतु), सोता (एक भूजल स्रोत)
Spring balance	स्कन्द तुला, कमानीदार तराजू
Spring board	गोता-तख़्ता
Springe	फन्दा, जाल
Spring frost	वसन्त तुषार
Springing	स्कन्दन
Springless	स्रोतहीन, बिना कमानी
Spring lock	खटकेदार ताला
Spring onion (green leafy young onion plant)	सागा प्याज, प्याजा, हरी पत्तीदार प्याज, दुन्द्रम
Spring tide	बृहत् ज्वार, पूर्ण ज्वार
Spring time	वसन्त काल
Spring tooth	स्कन्द दन्त
Springy	लचीला, स्कन्दी
Sprinkle, Sprinkling	छिड़कना, छिड़काव, झींसी, सेचन, जलवर्षण
Sprinkler	सेचक, सेक्त्र, सिञ्चक, झारा
Sprint, Sprinting	तेज़ दौड़ना, धावन
Sprinter	तेज़ धावक (थोड़ी दूर तक)
Sprocket	दाँता, दन्ती, दाँतेदार
Sprout	प्ररोह, अंकुर, अँखुआ, अंकुरित होना
Sprouted	प्ररोहित, अंकुरित, अँखुवेदार
Sprouting	प्ररोहण, अंकुरण, प्ररोही
Sprue	संग्रहणी, आनाल, लोष्ठक
Spruit	सरिता, छोटी नदी
Spry	फुर्तीला
Spud	खुरपी, खुरपा, खुरपा से निकालना
Spume	झाग, झाग बनाना, फेनियाना
Spumescence	फेनिलता, झागपन
Spumous, Spumy	फेनिल, झागमय, कफदार
Spun glass	तन्तु-काँच, तन्तुकृत काँच
Spun yarn	कर्तित सूत्र, कता सूत
Spur	उपांगुष्ठ, पदकण्ट, पादांकुश शुण्डिका, शूक, दलपुट, पर्वत-स्कन्ध
Spurge (*Euphorbia* sp., a cactus plant of family Euphorbiaceae with milky latex and flowers without petals and sepals)	स्नुहा, कोपल, सेहुँड़ (एक औषधीय नागफनी प्रजातीय पौधा)
Spurge laurel (*Daphne laureola*, a flowering poisonous shrub of family Thymelaeaceae)	कोपल जयपत्र
Spurious	मिथ्या, अप्रमाणिक, जारज
Spurred	शुण्डिकायुक्त, शंकुमत्, एड़दार

English	Hindi
Spurt, Spirt	झोंका, फुहारा छूटना, गति बढ़ाना
Spurting	उत्क्षेपण
Sputter	चरचराहट, रह-रह कर चमकना, चिटकना
Sputterer	कणक्षेपक
Sputtering	कणरञ्जन, कणक्षेपण
Sputum, Spittle Spit, Sputamentum	थूक, बलग़म, लार, लाला, ष्ठीव, निष्ठीव
Spy glass	दूरबीन
Squab	कबूतर का चूज़ा, मसनद
Squaby	गोलमटोल
Squad	वृन्द, दल, दस्ता, टुकड़ी
Squalid	घिनौना, गन्दा, कुत्सित
Squaloid	हाँगर या शार्क जैसा
Squalor	गन्दगी
Squama, Squamae (pl.), Scale	शल्क, पट्टक
Squamata (an order of lizards and snakes under class Reptilia)	शल्की गण के सरीसृप, (छिपकली व साँप) शल्कधारी
Squamate, Squamose, Squamous	शल्की, शल्कीय, शल्कमय पट्टकी
Squame	शल्कक
Squamiferous	शल्कधर
Squamiform	शल्करूपी
Squamosal	शल्कास्थि
Squamule	पालिका
Squamulose	पालिकीय, पालिकामय
Squandermania, Spending	अपव्ययोन्माद, फजूलख़र्ची की सनक
Squandermaniac	अपव्ययोन्मादी
Squarable	वर्गणीय, भ्रष्टाचारी
Square	वर्ग, वर्गाकार, चौकोर, चत्वर, चतुष्कोण, समायत
Square bracket	वर्गाकार कोष्ठक, गुरु-कोष्ठक, बड़ा कोष्ठक
Squared	वर्गित, वर्गकृत
Square root (a resultant number obtained by multiplying a number by itself)	वर्ग मूल (चिह्न)
Squariance	वर्ग योग, माध्य विचलन
Squaring	वर्गन, वर्गकारी, वर्गकरण, द्विघातन
Squarish	वर्गवत्, वर्गरूप, चतुष्पार्श्व
Squarrose, Squarrous	शल्क रूक्ष
Squash (*Cucurbita pepo* sub sp. *pepo,* a flowering annual cultivated creeper, herb of family Cucurbitaceae with edible fruit as vegetable), Summer squash	कुष्माण्ड, छप्पन कद्दू, कुम्हड़ा, भुरता, कुचलना
Squash bug	कुष्माण्ड कीट
Squashing	अपमर्दन, न्यापीडन
Squat	उकुड़ू बैठना, पालथी मार कर बैठना
Squaw fish, Pike minnows (*Ptychocheilus,* a large edible river fish of family Cyprinidae, native to western north America)	रण्डी मछली
Squeak	चूँ-चूँ करना, किकियाना, चरमराना
Squeal	किलकारना, किलकारी
Squeamish	मितलिहा, दुष्तोषणीय, सुकुमार
Squeegee	रबर झाड़ू या बेलन, स्पञ्ज पोंछा से साफ करना
Squeeze, Squeezing	निचोड़ना, भींचना, निष्पीडन, निष्कर्षण
Squeezer	निष्पीडक, निष्कर्षित्र
Squelch, Squelching	फचफचाना, चुप करना, कुचलना
Squib	फुलझड़ी, पटाख़ा, पलीता, निन्दालेख
Squid (a marine swimming cephalopod mollusc of order Teuthida with eight arms and two tentacles)	कलिकाक्षेपी, समुद्रफेनी, कृत्रिम चारा
Squidy	नरम, मुलायम
Squiggle	रेंगने से बनी लकीर रेखा
Squill (*Drimia maritima*, a lily like flowering medicinal plant of family Asparagaceae)	समुद्र पलाण्डु, कन्द, जंगली प्याज
Squinch	बगली डाट
Squint	भेंगा होना, भेंगापन, टेरना, कनखी मारना

Squint eyed भेंगा
Squiorting धारोत्क्षेपण
Squirm छटपटाना, ऐंठन
Squirrel (an arboreal bushy tailed frugivorous rodent of family Sciuridae) गिलहरी/चिखुरी (मादा), गिलहरा/चिखुरा (नर), रोमशी, पिञ्जर
Squirrel monkey (*Saimiri* sp., a small longtailed New World monkey of sub-family Saimirinae) गिलहरी बन्दर
Squirt, Squirting फुहारा, पिचकारी मारना, उत्क्षेपण
Stab, Stabbing छूरा भोंकना, सालना, वेधी, वेधन, छूराबाज़ी
Stability, Stableness स्थायित्व, स्थिरता, दृढ़ता
Stabilization स्थायीभवन, स्थिरीकरण, दृढ़ीकरण
Stabilize स्थायी बनाना, स्थिर करना, दृढ़ होना
Stabilizer (an electrical device for electric supply with optimum voltage), Stabilizing स्थिरित्र, स्थायीकारी, स्थिरक, दृढ़कारी
Stable स्थायी, स्थिर, दृढ़, अचल, अश्वशाला (अस्तबल/घुड़साल)
Stachyose ($C_{24}H_{42}O_{21}$, a tetrasaccharide yields one unit of α-D-glucose and β-D-fructose with two units of α-D galactose on hydrolysis) कीटमारधु (एक रवेदार मीठी शर्करा)
Stachyosporous अक्षज बीजाण्वी
Stachyspory अक्षज बीजाणुता, स्तम्भ बीजाणुता
Stack चट्टा, टाल, चिमनी, ढेर लगाना
Stacked समाचित, राशिकृत, समरेखीय
Stacking चितिकरण, राशीकरण
Stacto दालचीनी का तेल
Stactometer (a device for measuring drops) आश्च्युतिमापी, बूँदमापी
Staddle वृक्षक, निचिति, बालवृक्ष, बालवृक्षावशेषण
Stadia स्थात्रक, आपात दण्ड
Stadium, Stadia (pl.) अन्तरालावस्था, त्वक्मोचनान्तराल, क्रीड़ांगण
Stag (an adult male, specially red deer) हिरन, महामृग, बधिया साँड़, पुरुष-गोष्ठी
Stag-beetle (a lamellicorn beetle of family Lucanidae with large branched mandibles like antlers of stag) महामृग भृंग
Stage अवस्था, स्थिति, चरण, मञ्च, प्रक्रम
Stagger डगमगाना, टेंढ़े-मेंढ़े रखना, विह्वार, लड़खड़ाहट
Staggered सान्तरित, अंसमुख
Staggering आश्चर्यजनक, विह्वरण सान्तर-विवरण
Staggers घुमनी/घुमरी (रोग)
Staging अवस्था-वर्गीकरण, प्रक्रमण, मञ्चन
Stagnant स्थिर, रुद्ध, निश्चल, निष्प्रवाह
Stagnate निश्चल होना, निष्प्रवाही करना, रुद्ध होना/करना
Stagnating प्रगतिरोधी, निष्प्रवाही
Stagnation, Stagnancy निश्चलन, प्रगति रोधन, निष्प्रवाह, स्थिरता, रुद्धता
Stain अभिरञ्जक, अभिरञ्जित करना, दाग़
Stainability अभिरञ्ज्यता, अभिरञ्जकता
Stainable अभिरञ्ज्य, रंगने योग्य
Stained अभिरञ्जित, रंगीन, दाग़ी
Stained glass अभिरञ्जित काँच, रंगीन काँच
Staining अभिरञ्जन, रंगाई, दाग़ डालना
Stainless अरञ्जित, अकलुष, बेदाग़
Stainless steel जंगरोधी इस्पात
Stair सीढ़ी, सोपान
Stair well, Step well सोपानी कूप, सीढ़ीदार कुआँ बावड़ी, वापी
Stake स्थूण, खूँटा, चोब, अग्निदण्ड
Staking खूँटा या खूँटी लगाना
Stalactite (hard hangings from ceiling of caves) निच्यावाश्म, चूर्ण अवरोही/निलम्बी निक्षेप

English	Hindi
Stalagmite (hard calcareous columns in caves)	उच्चावाश्म, आरोही निक्षेप
Stalagmometer	च्यावमापी
Stale	बासी, पर्युषित, पर्युष्ट, काल तिरोहित, पशुमूत्र
Stalemate	गत्यावरोध, गत्यावरोध पैदा करना
Staling	जरण, पर्यूषण, बसियाना, बासी करना
Stalk	वृन्त, डण्ठल, डण्डी, चिमनी
Stalked	सवृन्त, डण्ठलमय
Stalked eye	वृन्ताक्षि
Stall	थान, स्थाम, अंगुलित्राण, स्तम्भ, दुकान
Stalling	स्तम्भन, स्तम्भी
Stallion	जननाश्व, बीजाश्व, साँड़
Stalwart	हट्टा-कट्टा, तगड़ा, निर्भीक
Stamen	पुंकेसर
Stamina	उर्जस्विता, तितिक्षा, दम, सहनशक्ति
Staminal, Staminate, Stamineal, Staminiferous	उर्जस्वी, तितिक्षु, पुंकेसरी, पुंकेसरयुक्त
Staminode	बन्ध्यपुंकेसर, बन्ध्यकेसर
Stammer, Stammering	हकलाना, हकलाहट
Stanch, Staunch	बन्द करना, रोकना
Stanchion	स्कम्भ, उद्दण्ड, टेक, सींखचा
Stanchness	अवरुद्धता, अवरोध
Stand by	आपातोपयोगी, सज्जोतर, अतिरिक्त सहारा
Stand in	स्थानापन्न
Stand still	विराम, अक्रियण, गतिरोध
Standard	मानक, स्तर, प्रामाणिक
Standard definition (an acceptable level of audio and video quality and resolution)	मानक विभेदन
Standard deviation (SD)	मानक विचलन
Standard error (SE)	मानक त्रुटि
Standardization	मानकीकरण
Standardize	प्रमापित करना, मानकीकृत करना
Standardized	मानकीकृत, मानकित
Standing, Stationary	स्थिर, अचल, अप्रगामी
Standing wave, Stationary wave	अप्रगामी तरंग
Stannary	राँगे की खान
Stannate, Stannic	वंगीय, राँगे का, टिन सम्बन्धी
Stannel, Staniel, Kestrel, Windhover (*Falco* sp., a small slendor European prey bird of hawk family Falconidae)	खेरमुतिया (एक प्रकार का छोटा बाज़ पक्षी)
Stanniferous	राँगायुक्त, वंगधारी
Stannizing, Stannization	वंगन
Stannosis (a lung disease due to inhalation of stannum dust)	फुफ्फुस वंगधूलिमयता, फुफ्फुस वंगधूलिता
Stannum (a metallic element with symbol Sn)	रांगा, वंग, टिन
Stans	उदग्र, खड़ा
Stapedial plate	पदाधान-पट्ट (घुड़सवार के पैर टिकाने के लिए रकाब)
Stapes (a smallest bone of human body in middle ear)	वलयक, पदाधान, रकाब, पदाधानास्थि, मध्य कान की छोटी हड्डी, मध्यकर्णास्थिका
Staphyledema (a Greek word staphyle means bunch of grapes)	अलिजिह्वा शोफ
Staphyline, Uvular	अलिजिह्वीय
Staphylococcus (*Staphylococcus* sp., a bacterium of family Staphylococcaceae), Staphylococci (pl.)	पुञ्जगोलाणु, गुच्छाणु (एक संक्रामक जीवाणु)
Staphylogen (a super-antigen of a bacterium *Staphylococcus aureus* inducing atopic dermatitis)	पुञ्ज प्रतिजन
Staphyloma	पुञ्जार्बुद
Staphyloptosis	अलिजिह्वा भ्रंश
Staphylitis	अलिजिह्वा शोथ
Staple	तन्तु, अंशुक, प्रमुख, आयाम
Staple food, Staple diet (a basic regional dietary item)	क्षेत्रीय आहार (किसी क्षेत्र का मुख्य भोजन)
Stapler	तन्तु सीवक (यन्त्र)
Stapling	तन्तु सीवन, तार बन्धन

English	Hindi
Star	तारा, तारक, नक्षत्र
Star apple (*Chrysophyllum cainito,* a tropical evergreen tree of family Sapotaceae with edible medicinal vitamin C rich purple coloured fruits)	तर्री
Starch (a carbohydrate as polysaccharide in plants)	मण्ड, माँड़, कलफ़, श्वेत सार
Starched	कलफ़दार, माँड लगा
Starchy	मण्डमय, माँड़दार
Stare	एकटक देखना, घूरना
Star fish (a star shaped marine animal of class Asteroidea of phylum Echinodermata)	तारा मछली, शल्य तारक
Star fruit, Carambola (*Averrhoa carambola,* a tropical everygreen tree of family Oxalidaceae, with edible fruits contain oxalic acid)	कमरख (एक ऑक्जेलिक अम्लयुक्त खट्टा भोज्य फल)
Stark	स्तम्भित, निरा, मात्र, बिल्कुल, कड़ा
Starlet	तारिका
Star light	नक्षत्र प्रकाश
Starling (a medium sized passerine omnivorous singing bird of family Sturnidae)	तेलियर, सारिका, पुश्ता, मैना(पक्षी)
Starlit, Starry	तारकित, ताराकीर्ण, तारामय
Star spangled	तारकित (सितारा लगा)
Starter	आरम्भक, प्रबोधक, प्रवर्तक (यन्त्र)
Starve, Starvation	भूखा रखना, बुभुक्षण, क्षुधामरण, भुखमरी
Starved	बुभुक्षित, भूखा, निराहार
Starveling	भूखा प्राणी, भुखमरा, भुक्खड़
Stasis	स्थाय, स्थगन, प्रवाहरुद्धता, अवरोध, स्थैतिकता
State	अवस्था, दशा, स्थिति, राज्य, प्रान्त
Static, Statical, Stationary	स्थिर, स्थैतिक, स्थानबद्ध, स्थावर, स्तब्ध, अप्रगामी
Static electricity	स्थिर विद्युत
Statics	स्थैतिकी, स्थिति विज्ञान, वायु-वैद्युतक्षोभ
Static strength	स्थैतिक शक्ति
Station	अवस्थान, केन्द्र, अड्डा
Stationary, Static, Statical	अप्रगामी, स्थावर, अचल, स्थिर स्तब्ध
Stationary population	स्थिर-जनसंख्या
Stationary wave	अप्रगामी तरंग
Stationery	लेखन सामग्री
Statist, Statistician	सांख्यविद्, सांख्यिकीविद्
Statistic	संख्याति, आँकड़ा
Statistical	सांख्यिकीय
Statistics (a study on collection, analyses, interpretation, presentation and organization of data)	सांख्यिकी, आँकड़े, समंक
Stato-acoustic receptor	सन्तुलन-श्रवणेन्द्रिय, सन्तुलन-श्रवण ग्राही
Statoblast	अचलकोरक, हेमन्ताण्ड
Statocone	स्थिति शंकु, सन्तुलन रेणु
Statocyst	स्थिति कोष्ठ, सन्तुलन पुटी
Statocyte	सन्तुलनाणु
Statokinesimetric	सन्तुलनगति-संवेदमितीय
Statokinesimetry	सन्तुलन गतिसंवेदमिति
Statokinesis	सन्तुलन गतिक्रम/गति
Statokinetic	सन्तुलन गतिक
Statokinetics	सन्तुलनगतिकी
Statolith	सन्तुलनाश्म, स्थित्युपल
Statoreceptor	सन्तुलनग्राही, स्थिति संवेदनाग्राही
Statoscope	सूक्ष्म निर्द्रव वायुदाब मापी
Statospore	आसुप्त बीजाणु, विश्रामी बीजाणु
Stature	कद, लम्बाई, ऊँचाई, महत्ता
Status	प्रास्थिति, प्रतिष्ठा, स्थिति
Staunch, Stanch	वायुरोधी, जलरोधी, जलरुद्ध, वायुरुद्ध, रक्तस्रावरोधन
Staurus	ताराभ
Stave	पटरा लगाना, पटरा, तख़्ता (लकड़ी का), डण्डा, काष्ठिका
Stave wood	पट्टिका काष्ठ
Staying power	दम, तितिक्षा
Steadfast	दृढ़, जमा हुआ, पक्का, अटल
Steadiness	स्थिरता, सन्तुलन, धैर्य

Steady	धीर, स्थिर, नियमित, अपरिवर्ती
Steak	भुना मांस, मांस का टिक्का
Steam (vapour phase of water)	जल वाष्प, प्रवाष्प, वाष्प, भाप
Steam boiler	प्रवाष्पित्र
Steam engine	भाप-इञ्जन
Steamer, Steam-ship	वाष्पतापी पात्र, वाष्प-पोत, स्टीमर
Steaming	वाष्पन, भाप से पकाना
Steam iron	भाप-लौह
Steam tight	वाष्परोधी, वाष्परुद्ध
Stearin	वसि, मोमबत्ती बनाने की चर्बी
Stearine	वसी, वसीय
Stearinery	मोमबत्ती निर्माणशाला, मोमबत्तीघर
Steatite, French chalk, Tailor's chalk, Milton chalk (a coloured soap-stone for removable marking on fabric, named after British supplier J.A. Milton)	सेलखड़ी, दर्जी की खड़िया
Steatitis	वसोति शोथ
Steato-hepatitis, Fatty liver disease	वसामय यकृत शोथ, वसीय यकृत प्रदाह
Steatolysis	वसालयन
Steatolytic	वसालयी
Steatoma	तैलग्रन्थ्यार्बुद
Steatopygous	स्थूल नितम्बी
Steatopygy	स्थूल नितम्बता
Steatorrhea	वसापुरीषण, वसामय दस्त
Steatosis	वसा सञ्चय, वसा निक्षेप
Steed	जंगी घोड़ा, युद्धाश्व
Steel (a high tensile strong rust proof iron with carbon)	इस्पात, फ़ौलाद, वज्रायस
Steel works	इस्पात कारख़ाना
Steel yard (balance)	विषमदण्ड तुला, तुलादण्ड
Steely	इस्पातमय, इस्पाती, फ़ौलादी
Steep	प्रपाती, अतिप्रवण, खड़ी ढाल, भिगोना
Steeped	निमज्जित, से ओत-प्रोत
Steeper	निमज्जक
Steeping	निमज्जन, अवमज्जन, डुबोना
Steeple	शिखर, शृंग, लाट, मीनार
Steer	चालन, अरित्रण, जवान बैल, बधिया-पशु, बछड़ा
Steerable	परिचालनीय
Steerage, Steering	परिचालन, कर्ण प्रभाव, कर्णधार
Steerage-way	कर्ण चाल
Steering wheel	चालन पहिया/चक्का
Steganopodus	सुजालपदी
Stegocarpous	सच्छद सम्पुटी
Stelar	मध्यरम्भी, मध्यरम्भ-
Stele	रम्भ, मध्यरम्भ, प्रस्तर-पट्ट, पाषाण पटल
Stella, Star	तारा, नक्षत्र
Stellar, Stellate	तारकीय, तारों का, ताराकार
Stellar spectrum	तारा रंगावलि
Stellated, Stelliferous	तारकित, तारायुक्त
Stellula, Stellulae (pl.)	तारिका
Stellular	तारिकीय, तारिकाकृति
Stellutatus	तारकित
Stem	तना, प्ररोह, स्तम्भ, वंश
Stem cell (a totipotent undifferentiated animal cell to develop into various types of cells)	स्तम्भ कोशा, मूल कोशिका, प्ररोही कोशिका
Stemma	सरल आँख, वंशावली, वंशवृक्ष
Stemmed	तनामय, प्ररोहित, शाखित
Stench	दुर्गन्ध, बिसायँध, तेलौंध, कपड़ा जलने की गन्ध
Stencil (a cut image, design, digit or letter on thin sheet to reproduce on underlying surface by colouring)	निकृन्त, निकृन्तांकन
Sten gun	एक स्वचालित छोटी बन्दूक
Steno-(a Greek word stenos means narrow- prefix)	अल्प-, तनु-
Stenobaric	अल्पदाबी
Stenobathic	अल्पगभीरी
Stenobenthic	अल्पनितलीय
Stenocarpous	तनुफली
Stenocephalia, Stenocephaly	तनुशिरस्कता, तनुशीर्षता
Stenocephalic, Stenocephalous	तनुशिरस्क, तनुशीर्षी
Stenochoric	तनुकीर्णी, अल्पविस्तारी
Stenoecious	तनुजीवी, अल्पावासी

Stenohaline, Stenobaline, Stenosaline तनुलवणी (जीव समूह)
Stenohydric तनुजलीय, अल्पजलीय
Stenohygric अल्पार्द्री
Stenopaeic, Stenopaic, Stenopeic संकुचित
Stenopetalous तनुदलीय
Stenophagous तनुभक्षी, अल्पविधभक्षी
Stenophotic तनुप्रकाशी, अल्पप्रकाशी
Stenophyllous तनुपर्णी, संकुचित पर्णी
Stenopodium, Stenopodia (pl.) तनुपाद
Stenosing, Constrictive संकीर्णी, संकोचनशील
Stenosis संकोचन, संकीर्णन, निकुञ्चन
Stenotal तनुवक्षपृष्ठकी
Stenothermal, Stenothermic, Stenothermous अल्पतापी, तनुतापी, अल्पतापान्तर-जीवी
Stenotic, Stenosal संकोची, संकीर्णी
Stenotopic अल्पस्थैतिक, तनुस्थैतिक
Stenotropic अल्पानुकूली
Stenoxenous तनुपोषकी
Step down अवमन्दक, अपचायी, ह्रासी
Steppe घास का मैदान
Stepped सोपानित
Stepping सोपानन
Step up वर्धक, उच्चायी
Step well, Stair well बावड़ी, वापी, सोपानी कूप, सीढ़ीदार कुआँ
Steradiancy विकिरण उत्सर्जकता
Stercoraceous, Stercoral, Stercorous मलीय, मलील, शकृतमय, विष्ठीय, पुरीषीय
Stercus (a Latin word for faeces), Stercora (pl.) मल, पुरीष, शकृत, विष्ठा, उत्सर्ग
Stere घनमान (किलोलीटर)
Stereid, Sclereid, Stone cell अश्म कोशा, दृढ़ कोशिका, अश्माणु
Stereo- (prefix) त्रिविम, वरिम, सान्द्र-, घन
Stereoblastula सान्द्रैक-भित्तिका
Stereochemistry विन्यास-रसायनशास्त्र, वरिम रसायन
Stereocilium, Stereocilia (pl.) वरिम पक्ष्म
Stereogastrula सान्द्र-स्यूति भ्रूण
Stereognosis त्रिविम निदान
Stereogram त्रिविम चित्र
Stereograph त्रिविमलेखी
Stereographic त्रिविम-लेखीय
Stereography त्रिविम चित्रण, त्रिविमलेखन
Stereo-isomer वरिम समावयव
Stereo-isomerism वरिम समावयवता
Stereology (a study of three dimensional aspect of an object) त्रैविमिकी
Stereom, Stereome दृढ़क
Stereophonic त्रिविमध्वनिक
Stereoplasm घनद्रव्य, सान्द्र प्ररस
Stereopsis गर्तता, गहनता
Stereopter गर्ततामापी
Stereoscope त्रिविमदर्शी, त्रिविमवीक्ष
Stereoscopic त्रिविमदर्शीय
Stereoscopy त्रिविमवीक्षण
Stereosphere स्थलमण्डल
Stereospondylous युक्तकीकस
Stereotaxis, Stereotaxy त्रिविमानुचलन, घनानुचलन
Stereotropic घनानुवर्ती, स्पर्शानुवर्ती
Stereotropism, Sterestropy घनानुवर्तन, स्पर्शानुवर्तन, घनानुवर्तिता
Stereotype सान्द्रमुद्र, मुद्रण फलक
Stereotyped सान्द्रमुद्रित, रूढ़िबद्ध, औपचारिक, घिसा-पिटा
Stereotyping अतिसीय मुद्रण, सान्द्रमुद्रण
Steric त्रिविमी, वरिमीय
Sterigma, Sterigmata (pl.) कणीवृन्त, प्रांगुल
Sterigmoid कणीवृन्ताभ, प्रांगुलसम
Sterile (free from germ cells or live microbes), Non-reproductive सूक्ष्मजीवरहित, बन्ध्य, जनन-अक्षम, अप्रजायी, अनुर्वर, जीवाणुहीन, कीटमुक्त
Sterility बन्ध्यता, जनन-अक्षमता, सूक्ष्मजीवहीनता, निष्कीटता जीवाणुहीनता
Sterilization बन्ध्यीकरण, निष्कीटन, जीवाणुनाशन, अनुर्वरीकरण
Sterilize बन्ध्य करना, सूक्ष्मजीवहीन करना, निष्कीटित करना, जननाक्षम बनाना, अप्रजायी करना, विसंक्रमित करना
Sterilized बन्ध्यीकृत, निष्कीटित, सूक्ष्मजीवरहित, विसंक्रमित
Sterilizer बन्ध्यकर, जीवाणुहर, अनुर्वरक, निष्कीटित्र
Sterilizing बन्ध्यकारी, निष्कीटनशील, जीवाणुनाशी, अनुर्वरकारी
Sterlet पञ्चपालिका

Sterling उत्कृष्ट, सच्चा (खरा), वास्तविक, पाउण्ड
Stern पिच्छल, पुट्ठा, कठोर
Sternal अधरकीय, उरोस्थि
Sternebra, Sternebrae (pl.) उरोस्थि खण्ड
Sternellum, Sternella (pl.) उपाधरक
Sternepisternum अधरकाग्र-पार्श्वक
Sternite अधरकांश, अधरपट्ट
Sternness कठोरता, कड़ापन
Sterno- (a Greek word sternos means chest-prefix) अधरक, उरोस्थि-, उरो-
Sternoclavicular उरोस्थि जत्रुक
Sternocleido-mastoid उरःकर्णमूलिका (पेशी)
Sternocoracoid उरोस्थि-अंसतुण्ड
Sternohyal, उरोस्थि-कण्ठिका,
Sternohyoid उरोद्वित
Sternoid उरोस्थिवत्, उरोस्थ्याभ
Sternomastoid उरोकर्णमूलिका
Sternopleural अधरक पार्श्वकीय
Sternoschisis उरोस्थिभाजन, उरोस्थिविदलन
Sternothermal, Homeothermic, Endothermous समतापी (जन्तु)
Sternothyroid उरोगल
Sternotracheal उरोस्थि-श्वासनाल
Sternotribe अधरपरागक्षेपी
Sternovertebral उरो-कशेरुकीय
Sternoxiphoid उरोखड्गवर्ध, उरोखड्गाभ
Sternum, Sterna (pl.) उरोस्थि, वक्षास्थि
Sternutation, Sneezing छींकना
Sternutative, Sternutator, Sternutatory छिक्कनी, छींककारी
Steroid (an aromatic compound to cure swelling and inflammation with various side effects) सान्द्राभ
Sterol सान्द्रव
Sterraster घन-तारक
Sterrhophilous, Sterrhophyte मूर-रागी, ऊसर भूमि पर उगने वाला पौधा
Stertor खर्राटा लेना
Stertorous खर्राटेदार
Stet पूर्ववत्
Stethalgia उरोशूल, वक्षपीड़ा, सीने का दर्द
Stethometer उरोमापी, परिमापी
Stethoscope उरश्श्रावक, परिश्रावक
Stethoscopic उरश्श्रव्य, परिश्रवणीय
Stethoscopy उरश्श्रवण, परिश्रवण
Stethospasm वक्षग्रह
Stew सीझना, सिझाना, धीमी आँच में पकाना, तालाब, चिन्ता
Stew pan ढक्कनदार कड़ाही
Sthenia सामर्थ्य, प्रबलता, ओजस्, क्षमता
Sthenic समर्थ, प्रबल, ओजस्वी
Sthenometer क्षमतामापी, प्रबलतामापी
Sthenophotic क्षमप्रकाशिक, प्रबलप्रकाशी
Stibial, Antimonial अञ्जन-, एण्टीमनीय
Stibialism, Antimony toxicity Stibium poisoning अञ्जनविषालुता, एण्टीमनीविषाक्तता
Stibine अञ्जनी
Stich पंक्ति, चरण, पद
Stichochrome पंक्तिवर्ण
Stichocyrtoid सरल वक्रित
Stichocyte पंक्ति कोशिका
Stichonematic पंक्तिसूत्री
Stichosome पंक्तिकाय
Stick छड़ी, डण्डी, सलाई, बत्ती, वर्तिका, यष्टि, चिपकना
Stickage, Stickiness संलागिता, चिपचिपापन, लसलसापन, अनुदारता
Sticker चुभाने वाला, चिप्पक, चिपकने वाला
Sticking, Sticky संलागी, संलागन, लसलसा, चिपचिपा
Sticking plaster चिपकाऊ पट्टी, चेपदार पट्टी
Stick insect (an arboreal stick like insect of order Phasmatodea), Land lobster, Phasmid कठ-कीड़ा, यष्टि कीट, पर्णाभक
Stiff कठोर, दृढ़, दुर्नम्य, स्तब्ध, स्तम्भित
Stiffen कड़ा होना, दृढ़ बनना
Stiffening सन्दृढ़न, स्तम्भन
Stiffness कठोरता, दृढ़ता, सन्दृढ़ता, दुर्नम्यता, स्तम्भता
Stifle दम घुटना, दबाना, कुचलना, रोकना
Stifling दमघोंटू, श्वासावरोधी

Stigma, Stigmata (pl.) वर्तिकाग्र, क्षतचिह्न, लक्ष्म, अक्षिबिन्दु, कुक्षि, कलंक, दाग़, बिन्दुक, श्वासछिद्र
Stigmal, Stigmatic वर्तिकाग्री, बिन्दकीय, क्षतचिह्नित, श्वासछिद्रीय, कलंकित, कुक्षीय, क्षत-
Stigmatic area श्वासछिद्र क्षेत्र
Stigmatic disc कुक्षि बिम्ब
Stigmatiformis वर्तिकाग्ररूपी
Stigmatise क्षतचिह्न लगाना, कलंकित करना
Stigmatism बिन्दुकता, अक्षिबिन्दुकता
Stigmatocyte मुण्डकोशिका
Stigmatoid श्वास छिद्राभ, बिन्दुकवत्
Stile सीढ़ी, पैड़ी, खड़ी पट्टी
Stiletto कटारी, खञ्जर, जूता
Stiletto heel लोहे की ऊँची एड़ी
Still स्थिर, आसोत्र, भभका, चुआना, मृत, अचल चित्र, तथापि, अब तक
Stillage धानी
Still birth मृतजन्म
Still born मृतजात, मृतोत्पन्न, अन्तर्मृत
Still room आसवन-कक्ष
Stilt पौधे की जड़ (केवड़े आदि की), लमटँगा, पनलवा (एक जलीय पक्षी)
Stilted सपाद, उत्थापित, आडम्बरी, अस्वाभाविक
Stilt root जटामूल, अवरोह
Stilus, Stylus स्तम्भिका, सूचिका
Stimulant, Stimulator उद्दीपक, उत्तेजक, प्रेरक
Stimulative, Stimulating, Stimulatory उद्दीपनशील, उत्तेजनाकारी, प्रोत्साही
Stimulate उद्दीप्त करना, उत्तेजित/प्रेरित करना
Stimulation उद्दीपन, उत्तेजना, प्रेरण
Stimulus, Stimuli (pl.) उद्दीपन, उद्दीप्ति, प्रेरणा, प्रोत्साहन
Sting दंश, डंक, डंक मारना, दर्द-टीस
Stinging दंशन, दंशी, दंशक, टीसना
Stink, Stench दुर्गन्ध, दुर्गन्ध फैलाना, सड़न
Stinking दुर्गन्धित, बदबूदार, पूतिकारी
Stink stone पूतिप्रस्तर
Stink weed धतूरा (एक विषैला पौधा)
Stint जलरंक, थोड़ा-थोड़ा देना
Stipate घना, सटा हुआ
Stipe वृन्तक, वृन्त, छत्रिकावृन्त
Stipel, Stepelle अनुपर्णिका, अनुपर्णक
Stipes उदवृन्त
Stipitate उदवृन्ती, वृन्ती
Stipple कर्बुर, दन्तुर, बिन्दूत्कीर्णन, बिन्दुचित्रण
Stippled बिन्दुचित्रित, कर्बुरित
Stippler बिन्दुचित्रक, कर्बुरित्र, कर्बुरक
Stipular, Stipulous अनुपर्णी, अनुपत्री
Stipulate अनुपत्रमय, अनुबन्ध करना
Stipule अनुपर्ण, अनुपत्र
Stipulode अनुपर्णक, अनुपत्रक
Stipuloid अनुपर्णाभ, अनुपत्राभ
Stir हिलना, हिलाना, विलोड़ना, विचालन, विलोड़न
Stirabout दलिया
Stirpiculture वरणात्मक प्रजनन/संवर्धन
Stirps वंश, वंशकर, मूलपुरुष
Stirrer विलोड़क, विचालक
Stirrup पदाधान, रकाब
Stirrup bone वलयक अस्थि
Stirup उत्तेजित करना, अनुप्राणित करना, विलोड़न, खलभली, हलचल
Stitch, Stitching टाँका, टाँकना, प्रसीवन, पार्श्वशूल
Stoat, Ermine (*Mustela erminea*, a furry short tailed wild mammal of weasel family Mustelidae) स्टोट (एक रोयेंदार छोटी पूँछ वाला नेवला प्रजातीय वन्य स्तनधारी), एर्मीइन
Stochastic प्रसम्भाव्य, बहुसम्भावी
Stochiology, Stoechiology देहतात्विकी
Stock सन्निधि, भण्डार, स्कन्ध, तना, कुन्दा, पशुधन, प्रभव, वंश
Stock breeder, Stockman पशुसंवर्धक, पशुपालक
Stock breeding पशु संवर्धन
Stocking संग्रहण, भण्डारण, मोज़ा
Stocky स्थूल, नाटा, गठीला, मज़बूत
Stock yard पशु प्रांगण, बाड़ा
Stodge भरपेट भोजन, कठिन विषय
Stoic, Stoical, Stolid उदासीन, विरागी, शान्त
Stoichiometric रस-समीकरणमितीय, तत्वयोगमितीय
Stoichiometry रस-समीकरणमिति, तत्वयोगमिति
Stoke आग भड़काना (कोयले से), कोयला झोंकना
Stoker आग वाला, आंगारिक

Stolon, Stole (past tense of steal)	भूस्तरित, भूस्तरी, देहांकुर, विरोह, दुपट्टा, चुराया हुआ
Stolonate	देहांकुरी, विरोही
Stolonifer	भूस्तरीयुक्त, देहांकुरमय
Stoloniferous	देहांकुरधारी, विरोहधर
Stolonization	देहांकुरण, विरोहण
Stolotheca	मूलप्रावरक
Stoma (a pore on green organs of plants to control gas exchange), Stomata (pl.)	रन्ध्र, मुख, मुखछिद्र, वातरन्ध्र (पेंड-पौधों में)
Stomach (a dilated distensible portion of alimentary canal below oesophagous and diaphragm)	जठर, आमाशय, पक्वाशय
Stomachache	जठरशूल, पेटदर्द
Stomachful	पेटभर, भरपेट
Stomachic	आमाशयिक, पाचक, क्षुधावर्धक
Stomatal	रन्ध्रीय
Stomate	सरन्ध्र, रन्ध्री
Stomaticolous	रन्ध्रवासी
Stomatitis, Thrush	मुखशोथ, मुखपाक
Stomatoblastula	मुखकोरक
Stomatocyte	मुखकोशा, रन्ध्रकोशा, मुखाभ रक्ताणु
Stomatoferous	रन्ध्रधर
Stomatogastric, Stomogastric	मुखजठरीय, मुखजठर-
Stomatogenesis, Stomatogeny	मुखरचन, मुखजनन
Stomatogenic, Stomatogenous	मुखजनी, मुखरचनाकारी
Stomatology	रन्ध्रविज्ञान, मुखविज्ञान
Stomatopathy, Stomatosis	मुखविकार, मुखरोग
Stomatopod, Stomatopodium, Stomatopodia (pl.)	रन्ध्रपाद, रन्ध्रगामीपाद
Stomodaeal	मुखपथीय
Stomodaeum, Stomodeum	मुखपथ, आद्यमुख
Stomatodium, Stomatodia (pl.), Stomidium, Stomidia (pl.)	मुखिका, मुखपथ
Stomium, Stomia (pl.)	रन्ध्रक, मुख
Stone	पत्थर, पाषाण, अश्मरी, पथरी, गुठली, अष्ठि, मणि
Stone age	पाषाण काल, (मानव सभ्यता के विकास का एक काल खण्ड)
Stone apple, Golden apple (round big berry type fruit of *Aegle marmelos*, a tropical flowering tree of family Rutaceae, with gummy golden pulp in hard rind)	बेल, बिल्व, श्रीफल (एक औषधीय भोज्य फल)
Stone fruit	अष्ठिफल, गुठलीदार फल
Stone leprosy (surface erosion of stony monuments due to acidic rain)	पत्थर कोढ़, पाषाण-कुण्ठ
Stone plant, Ice plant (a small flowering succulent herb of family Azoaceae, growing in arid or semi-arid areas)	शैलपादप, हिम पादप
Stone ware	शिलाभाण्ड, पत्थर के बर्तन
Stone work	पाषाणकला, पत्थर की चिनाई या गढ़ाई
Stony	पथरीला, आश्मिक, अष्ठिल
Stool	विष्ठा, मल, अन्तःभूस्तारी, चौकी, ठूँठ, निस्थूण, पीठ
Stoop, Stooping	झुकना, झपटना, चबूतरा, नति, आपतन, नमन
Stop-cock	रोधनी, टोंटी
Stope, Stoping	निखनन, प्रगर्त
Stopper	रोधक, पिधा, डाट, स्तम्भक, पिधान
Stoppered	पिधित, डाटदार, डाट लगी
Stopping	रोधन, अवरोधन, स्तम्भन
Stopple	डाट लगाना, हुक्का नली
Stop-watch, Stop clock	विराम घड़ी
Storage, Storing	संग्रहण, भण्डारण, सञ्चयन
Storage battery	सञ्चायक बैटरी
Storax (a brown aromatic resin from *Styrax* sp., a tree of family Styracaceae used for medicine and perfume), Styrax	शिलारस

Store सञ्चय करना, संग्रह, भण्डार
Storey मञ्जिल, तल्ला, खण्ड
Storiated सचित्र, चित्रित
Storiform भ्रमिरूपी
Stork (a large long legged wetland wading big billed bird of family Ciconiidae) सारस (एक बड़ा जलचर पक्षी), चमरघेंघ, जांघिल, घोंघिल, गबर
Storm झञ्झावात, आँधी, तूफ़ान
Storm belt झञ्झा-क्षेत्र
Storm signal झञ्झा-संकेत
Stoup जलपात्र
Stout दृढ़, तगड़ा, पुष्ट, स्थूलकाय
Stove अँगीठी, चूल्हा, सम्पाक, परितापनी, आतिशदान
Stove pipe धूम्रनाल, धुआँ नली
Stover पशुचारा
Stow भरना, चुन लेना, तहाना
Stowage भरण, अस्थायी-सञ्चय, धारिता, क्षेप्यभरण, नौभरण
Strabismal, Strabismic भेंगा, वलिर
Strabismus भेंगापन, वलिरता
Strabotomy वरिलोच्छेदन (भेंगापन निवारण हेतु एक शल्यक्रिया)
Strafing गोलाबारी, दण्डन
Straggle विस्तरण, फैल जाना, बिखर जाना, भटकना, अपकीर्णन
Straight सीधा, सरल, ऋजु
Straighten सीधा करना, सरल करना
Straightened ऋज्वित, सीधा किया हुआ
Straightener ऋज्वक, सरलक
Strain तनाव, नस्ल, विभेद, सन्तति, समजीन, अंशु, विकार, छानना, वंशकुल
Strain ageing विकार-परिपक्वन
Strain annealing विकार-अभितापन
Strained छना/तना हुआ, विकृत, कष्ट-कल्पित
Strainer छन्ना, निस्यन्दक, चलनी, साफ़ी, छलनी, विभेदक, तानक
Strain gauge तनावमापी, विकृति प्रमापी
Straining तनन, निस्यन्दन, चालन, विभेदन
Strainless तनावरहित, अवितत, विततिहीन
Strait सँकरी, तंग, कठिन, संकुचित
Strait laced जलग्रीवा, जलसंयोजी, जल डमरूमध्य, तंगहाली
Strake पट्टी
Stramineous पुआल का, पयाल सा, तृणीय
Strand गुण, धँसना, तट, पट्ट, लड़ी, उत्कूलन, भूग्रस्त होना
Stranded उत्कूलित, गुम्फित, धँसा हुआ, संकटग्रस्त
Strangle, Strangulate गला दबाकर मारना, अवरुद्ध करना
Strangulating श्वासावरोधी, दमघोंटू, अवरोधी
Strangulation कण्ठपीडन, अवरोधन, विपाशन, नस दबाना
Strangury बिन्दु मूत्रकृच्छ, मूत्रकृच्छ, बूँद-बूँद पेशाब होना, पेशाब होने में कठिनाई
Strap पट्टा, पट्टी, तसमा, फ़ीता, बद्धी
Strapp मरहम-पट्टी करना, घाव पर पट्टी बाँधना, पट्टे से मारना
Strapped संग्रन्थित, पट्टित, पट्टेदार
Strapping संग्रन्थन, हट्टा-कट्टा, लम्बा-तगड़ा
Stratal स्तरीय
Strath चौड़ी पहाड़ी, घाटी, दर्रा
Stratic स्तरिक
Straticulate सूक्ष्मस्तरयुक्त
Straticulated सूक्ष्मस्तरित
Straticulation सूक्ष्मस्तरण
Stratification स्तरण, स्तरीकरण, स्तरीभवन
Stratified, Stratose स्तरित, स्तरीकृत, स्तृत
Stratiform स्तररूपी
Stratify स्तरित करना
Stratigraphic (al) स्तरिकीय
Stratigraphy स्तरिकी, स्तरित शैलविज्ञान, स्तरविन्यास
Strato-cumulus (cloud) स्तरी कपासी मेघ
Stratopause स्तरविराम
Stratosphere समताप मण्डल
Stratospheric समताप मण्डलीय
Stratum, Strata (pl.) स्तर, संस्तर, पर्त,
Stratus (cloud) स्तृत मेघ, स्तरी मेघ
Straw पुआल, पयाल, भूसा, तृण, पीने की नली (पुआल जैसी)
Strawberry (*Fragaria* sp., a flowering herb of rose family Rosaceae with edible aggregate accessory type fruit) हिसालु, स्ट्राबेरी

Straw board तृण पट्ट, गत्ता, दफ़्ती
Straw colour तृण पीत, हल्का पीला
Stray भटकना, अपालित, अवाञ्छित, विरल
Streak धारी, पर्त, शिरा, प्रवृति
Streaked, Streaky प्रेरेखित, विरेखित, धारीदार
Streaking विरेखण, प्ररेखण
Streak of light वर्णरेखा, सतत शृंखला
Streak of lightning कौंध
Stream नाला, प्रवाह, धारा, सरिता
Streamer ज्योतिकेतु, झण्डा, पट्टी
Streaming सरण, प्रवाही, अभिस्रावी, बहता हुआ
Streamlet लघु सरिता, नदिका
Stream line धारारेखी, सुवाही, सुगम-सरल
Stream lined धारारेखित, सुवाहित
Streamy धारामय, धारा में बहने वाला
Street virus (virus from naturally infected animals) चल विषाणु, अस्थिर विषाणु
Stremma, Sprain अतिक्षिप्त, मोच
Strength शक्ति, दृढ़ता, क्षमता, सान्द्रता
Strengthen सशक्त करना, बली बनाना, शक्ति देना, दृढ़ करना
Strengthened बलित, दृढ़ित, सशक्त
Strepent कोलाहली, शोर वाला
Strephopodium, Strephopodia (pl.) सर्पिलपाद
Strepsinema वलितांश, कुञ्चित सूत्र
Strepsiptera आवृतपंखी, कुञ्चित पक्षी
Strepsirrhine (primates of sub-order Strepsirrhin with moist area around the nostrils) आर्द्रनासीय, आवृत नासीय (कपि)
Strepsitene (stage) कुञ्चित पट्ट
Streptococcus (a Greek word streptos means twisted-*Streptococcus* sp., a Gram positive bacterium of family Streptococcaceae), Streptococci (pl.) मालागोलाणु
Streptococcal infection, Streptococcosis मालागोलाणु-संक्रमण, मालागोलाणुता
Streptomyces (*Streptomyces* sp., a fungus of phylum Actinobacteria, producing antibiotic), Streptomycetes (pl.) मालाकवक
Streptomycosis मालाकवकता, मालाकवक-संक्रमण
Streptoneural वलित तन्त्रिकीय
Streptostylic चलस्तम्भी
Stress प्रतिबल, तनाव, बलाघात, दाब
Stress fracture दाब अस्थिभंग
Stress mark बलाघात चिह्न
Stress meter प्रतिबलमापी
Stress ulcer तनाव व्रण
Stretch तति, तानना, खींचकर बढ़ाना
Stretched, Stretchy तानित, तत, तना हुआ, तन्य
Stretcher डोला, डोली, अवस्तार, तानक, रोगी को लेटाने हेतु पहियादार चौखटा/तख़्ता
Stretching तनन, तननशील, तानी, अँगड़ाई, पसरन, खिंचना
Strew छितराना, (पर) बिखेरना, पसरना, लेटना
Stria, Striae (pl.) संरेखा, रेखा, सूत्ररेखा, धारी
Striated, Striate, Striatus, Striolated धारीदार, रेखित, संरेखित, रेखी
Striated muscle रेखित पेशी
Striation रेखा, धारी, रेखांकन
Stricken ग्रस्त, पीड़ित, अक्रान्त
Strickle सन्ताडन, मापदण्ड, सान पत्थर
Stricture निकोचन, आकुञ्चन, अवक्षेप, निन्दा
Stricturoplasty निकोचन सन्धान
Strictus उदृजु
Stridency, Stridence तीक्ष्णता, तीव्रता, कर्कशता
Strident तीक्ष्ण, तीव्र, कर्कश, रूक्ष, कर्णकटु
Striding आरोही, द्रुतगामी
Stridor घर्घरता, सीटी (साँस लेने पर)
Stridulate, Stridulation झंकारना, कीट की घर्षण ध्वनि
Stridulating झंकारी, घर्षण-ध्वनिकारी
Stridulator झंकारित्र, घर्षण-ध्वनित्र
Stridulous सीत्कारी, सीटी सी आवाज़ वाला
Strigil खुरचनी, झाँवा
Strigose रूक्षरोमी, रूखे रोमवाला, दृढ़रोमी

Strike अनुदैर्ध्य, नतिलम्ब, अभिलम्ब, प्रहार, आघात करना, हड़ताल
Striker प्रहारक, आघातक, हड़ताली
String डोरी, तन्त्र, ताँत, तन्तु, लड़ी
Stringed, Stringy डोरीदार, तन्त्री, तन्तुमय, रेशेदार, लड़ीदार
Stringed instrument तन्त्री वाद्य
Stringendo उत्तरोत्तर त्वरित
Stringent कठोर, कड़ा, अभावग्रस्त, युक्तियुक्त
Stringer बन्धक, रज्जुक, शिरिका
Striocellular रेखित कोशीय
Striolated, Striated रेखित
Striomuscular रेखित पेशीय
Strip पट्टी, छीलन, अपखण्ड
Stripe धारी, फ़ीता, राजि, कशाघात
Stripling किशोर, बालक, लड़का
Stripper विपट्टक, आपट्टक, अपनायक
Stripy, Striped धारीदार, पट्टित, निरावृत
Strobe, Stroboscope झिलमिलाते प्रकाश वाला बल्ब, अन्तरितेक्ष, आवृतिदर्शी
Strobe light झिलमिलाता प्रकाश
Strobila (a part of body, buds to form series of segments as proglottids of tape worm or polyps of jelly fish) प्रशंखल, शंकु, खण्डिल
Strobilation, खण्डिलन, प्रशंखलन,
Strobile, Strobilus, शंकु, शंकुल, खण्डिल,
Strobili (pl.) संबीजाणुपत्र
Strobiliferous शंकुधारी
Strobiloid शंक्वाभ
Strocal काँच बनाने का बेलचा
Stroke आघात, रक्ताघात, प्रहार, सहलाना
Stroll चहलक़दमी, टहलना, सैर
Stroller, Strolling भ्रमणकारी
Strolly ठेला कुर्सी
Stroma, Strome, पीठिका, घनकाय, सन्धार,
Stromata (pl.) आधार-ऊतक
Stromal cell सन्धार कोशा, आधारक कोशिका
Stromatic पीठिकीय
Stromatolite शैवाल निक्षेपाश्म
Stromatolithic स्तरित शिलीय
Stromatology स्तरित शैलिकी
Stromatolysis पीठिकालयन, पीठिकांशन
Strong सशक्त, प्रबल, निर्दिष्ट संख्या वाला
Strongyloidiasis (an infestation of *Strongyloides stercoralis*, a pin worm or round worm of phylum Nemato-helminthes, a gut parasite of men and animals) चुन्ना (सूत्रकृमि स्ट्रांगायलोयडिस का मनुष्यों में उत्पीड़न)
Strongyliform छत्रनररूपी, छत्रनराभ,
Strongyloid (स्ट्रांगायलस सदृश), कण्टिकाभ, कण्टिकाभ
Strongylosis (an infestation of *Strongylus* sp., a parasitic nematode blocking blood vessels causing colic in horses) छत्रनरग्रसन (सूत्रकृमि स्ट्रांगायलस का घोड़ों में प्रकोप)
Strongyle कण्टिका
Strongylote कण्टिकी
Strontian शोणक
Strontium (an alkaline earth metallic element with symbol Sr) शोणातु, स्ट्रॉन्सियम
Strop चमोटा, पट्टा, तसमा, धार देना
Strophanthus कुञ्चित पुष्प
Strophocephalic, Strophocephalous कुञ्चितशिरस्क, कुञ्चितशीर्षी
Strophocephalism, कुञ्चित शिरस्कता, शिरस्क,
Strophocephaly कुञ्चितशीर्षी, कुञ्चित शीर्षता
Strophulus कुञ्चितांकुर, बाल दन्तमांस शोथ, बच्चों का मसूढ़ा फूलना
Stross अभिपवन
Struck प्रभावित, आतंकित, आक्रान्त
Structural संरचनात्मक, सांरचनिक, रचनागत
Structure संरचना, विन्यास, बनावट, ढाँचा
Strudel फल व पनीरयुक्त पेस्ट्री
Strum झंकार, झंकारना
Struma, Goiter घेंघा, गलगण्ड, गण्डमाला, कण्ठमाला, तल्पीशोथ
Struma ovarii अण्डाशयी गलग्रन्थि
Strumiferous तल्पीशोथयुक्त
Strumitis गलगण्ड शोथ
Strumous गलगण्डीय
Strung उत्तेजित, संवेदनशील
Strut उत्तेजित, अनभ, सम्पीडांग

Struthious शुतुर्मुग़ीय, शुतुर्मुर्ग़ जैसा
Strychnine (a highly toxic crystalline bitter alkaloid from seeds of *Strychnos nux-vomica,* a tree of family Loganiaceae) बच्छनाग, कुचला-सत, विषतिन्दुकी, विषतिन्दु
Strychninism विषतिन्दुकता, कुचला-विषाक्तता
Stub टोंटा, ठूँठ, स्थूण, स्थूणिका, उखड़ना
Stubby गोलमटोल, ठूँठदार
Stubble खूँटी, ठूँठी, आलव
Stubbly खूँटीदार
Stubborn हठीला, ज़िद्दी, अनम्य
Stud अश्वदल, फूलदार कील, अभिजनन, जड़ना
Studed जड़ित, खचित
Stud farm अश्व संवर्धनशाला
Stud horse साँड़ घोड़ा (प्रजनन हेतु)
Studio रंगशाला, चित्रशाला, शिल्पशाला
Stuff भरना, सामग्री, कच्चा माल
Stuffed भरवाँ, भरा हुआ, संकुलित
Stuffing भरण, भराई, प्रभरण, संकुलन
Stuffy घुटन भरा, दमघोंटू, अनुदार
Stum अंगूर-रस, द्राक्षा रस, किण्वन रोकना
Stumble, Stumbling डगमगाना, सन्तुलन खोना, स्खलन
Stump टोंटा, डण्डा, ठूँठ
Stumpy हथकटा व्यक्ति, विशाखित वृक्ष
Stun आघात से अचेत करना, अभिभूत करना
Stunning आघात-विभञ्जन, विलक्षण
Stunt विकास रोकना, वृद्धि रोकना, स्तम्भक, कलाबाज़ी, करतब
Stunted अविकसित, वृद्धि रोधित, रुद्धविकास, स्तम्भित, बौना
Stupe गर्म फाहा, सेंकना
Stupefacient, Stupefactive सम्मोहक, विस्मयकारी, सम्मोहनशील
Stupefaction, Stupefication सम्मोहन, विस्मय, जड़िमा, व्यामोह, निश्चेतन, जड़ता
Stupefy निश्चेत करना, असंवेदी बनाना
Stupid मन्दबुद्धि, जड़मति, सुन्न, नीरस
Stupidity जड़ता, मूर्खता, नीरसता
Stupor भावशून्यता, जड़िमा, विस्मय, जाड्य, उदासी, व्यामोह
Sturdy दृढ़, मजबूत, हृष्ट-पुष्ट
Sturgeon (a large androdomous foodfish of family Acipenseridae) पञ्चपालि, स्टर्जन (एक समुद्री स्वादिष्ट बड़ी मछली)
Stutter, Stuttering हकलाना, हकलाहट, हकलापन
Sty, Stye सुअरबाड़ा, गन्दी जगह, अञ्जनी, बिलनी (एक नेत्र रोग)
Stylar, Stylinus वर्तिकीय, कुक्षिवृन्तीय
Stylate, Stylosus वर्तिकामय, शूकधारी
Style वर्तिका, शूक, कुक्षिवृन्त, कण्टक, शैली/ढंग
Stylet शूकिका, अन्तःशलाका
Stylifer शूकधर
Styliform शूकाकार, कण्टकरूपी
Stylite स्तम्भनिवासी
Stylobate सोपान आधार, दासा
Stylocerite कण्टपालि, कण्टवर्ध
Styloglossus शरजिह्वा, शंकुजिह्वा
Stylograph शंकु लेखनी
Stylohyal, Stylohyoid शंकुकाचर, शंकुद्वित, शरकण्ठिका
Styloid वर्तिकाभ, शूकाभ, अस्थिशंकु
Styloid process शंकु प्रवर्ध
Stylomastoid शंकुगण्ड, शंकुगण्डवर्ध
Stylopodium, Stylopidia (pl.) वर्तिकापाद, कुक्षिवृन्तशोफ
Stylospore शंकुबीजाणु, अंशुबीजाणु
Stylostome शूकमुख
Stylus वर्तिका, कण्टिका, शूक, शलाका, सुई
Stype फाहा, सोख्ता गद्दी, रक्तरोध
Stypsis, Stypticity कर्षण, खिंचाव, सिकुड़न, ग्राह्यता
Stypic रक्तस्रावीय
Styptic रक्तस्तम्भक, रुधिररोधी
Sub- (prefix) अधः-, अधो-, अव-, उप-
Sub-abdominal अवोदरीय
Subacid अवाम्ल, खट्टा सा
Subactive उपसक्रिय
Subacute अवतीक्ष्ण, उपप्रचण्ड, उपतीव्र
Subadditive अवयोज्य
Subaeration अधोवातन
Subaerial, Subaeric अधोवातीय, भूपृष्ठीय
Subaggregate उपसमुच्चय
Subalar अधःपक्ष
Subalare पश्चाधारिका

Subalkaline उपक्षारीय
Suballuvial अधःजलोढ़
Subanal अधोगुद
Subangular उपकोणीय
Subaquatic, Subaqueous अधोजलीय, जलस्थ, अन्तर्जलीय
Subarborescent अल्पवृक्षवत्
Subarchnoid अवजालतानिका
Subarctic अधोध्रुवीय, उप-उत्तर ध्रुवीय
Subastral अधोतारकीय
Subatomic अवपरमाणुक
Subatrial अवकोष्ठीय
Subauricular अवकर्णिक, अव-अलिन्दीय
Subaxillary अधःकक्षीय
Sub-band उप-पट्टिका
Sub-branchial उपक्लोमी
Subcardinal उपप्रमुख, उपहार्दिक
Subcarrier उपवाहक
Subcartilagenous अवोपास्थिल, अवोपास्थीय
Subcaudal अवपुच्छी
Subcellular उपकोशिकीय
Subcephalic, Subcephalous अधःशीर्षी, अधःशिरस्क
Subcerebral उपप्रमस्तिष्कीय
Subchronic उपचिरकालिक
Subclass उपवर्ग
Subclavian, Subclavius अधोजत्रुक, अवजत्रुक, अधोक्षक
Subclinical अवनैदानिक, अवलक्षणी
Subcoastal उपतटीय
Subconscious अवचेतन
Subcontinental उपमहाद्वीपीय
Subcortical उपवल्कुटीय
Subcostal अवपर्शुक
Subcostate अधःपर्शुकामय
Subculture, Subculturing उपसंवर्ध, उपसंवर्धन करना, उपसंवर्धन
Subcutaneous अवत्वचीय, अधस्त्वक्
Subcuticular अवोपत्वचीय
Subcutis, Subderm उपचर्म
Subdermal उपचर्मीय
Subdivision प्रविभाजन, अनुमण्डल
Subdominant उपप्रभावी
Subdorsal उपपृष्ठीय, अधोपृष्ठीय
Subduable दम्य, दमनीय
Subdued धीमा, मन्द, शान्त
Subepidermal उपाधिचर्मीय
Suber त्वक्षा, कार्क
Suberic त्वक्षीय
Suberose, Suberous कार्कमय, कार्कवत्, त्वक्षामय
Subfamily अनुवंश, उपकुल
Subfuse धुँधला
Subgenital अवजनद
Subgenus उपप्रजाति, उपवंश
Subgerminal cavity कोरकगुहा
Sub-glacial हिमान्यध, अधोहिमानी
Subharmonic, Subset अवसंवादी, अवप्रसंवादी
Sub human, Subman अवमानवीय, अवमानव
Sub humid उपाक्लिन्न, अल्पार्द्र
Subhyoideus द्विताधः
Subintestinal अवान्त्रीय, अवान्त्र-
Subjacent अधोलग्न, अधःस्थ
Subject अधीन, विषय, प्रयोग-वस्तु, व्यक्ति
Subjoint उपसन्धि
Subjunctive सम्भाव्य
Subkingdom उपजगत, उपसृष्टि
Sublancet उपकुन्तक
Sublattice उपजालक
Sublethal उपघातक, अवघाती
Sublimate उर्ध्वपातज, उदात्त करना
Sublimation उर्ध्वपातन, परिष्करण
Sublime उर्ध्वपाती, उत्कृष्ट
Subliminal अवचेतन
Sublinear उपरैखिक
Sublingual अधोजिह्वीय
Sublittoral उपबेलाञ्चलीय
Sublunary ऐहिक, सांसारिक
Subman, Subhuman अवमानव
Submandibular अधोहनुक, अधोहन्विक
Submarginal उपसीमान्तीय
Submarine अन्तःसमुद्री, अन्तःसागरीय, पनडुब्बी
Submaxillary अधोजम्भ
Submentum अधोचिबुकांग
Submerged जल-मग्न, निमग्न
Submergence, Submersion निमग्नता, निमज्जन, आप्लावन
Submersible अवगाहन-क्षम, निमज्जनीय, निमज्ज्य
Sub-metacentric अवपश्चकेन्द्री
Submicroscopic उपसूक्ष्मदर्शीय
Submolecular उपाण्विक
Submultiple अपवर्तक
Submuscular उपपेशीय
Subnasal उपनासीय, उपनासा-
Subneural अधस्तन्त्रिकीय
Subnivean (below snow) अधोहिम (बर्फ़ के पर्त के नीचे)
Subnormal अवसामान्य, उपप्रकृत

Subocular अवाक्षि
Suboesophageal अधोग्रसिकीय, अधोग्रसिका-
Subopercular अवप्रच्छदी
Suboptic अवदृक्
Suboral उपमुखीय
Suborder उपगण
Subordinate अधीनस्थ, गौण, अप्रधान
Subpharyngeal अवग्रसनीय, अवग्रसनी-
Subphonic अवध्वनिक, अवस्वनिक
Subphotic अवप्रकाशी
Subphrenic अधोमध्यच्छदीय
Sub-phylum उपसंघ, अनुप्रसृष्टि
Subpolar अधोध्रुवीय, उपध्रुवी
Subpulmonary उपफुप्फुसीय
Subradius अन्वर
Subradular अधोरत्रिक
Subrogate प्रतिस्थापित करना
Subrogation प्रतिस्थापन
Subrostral अधःतुण्डीय, अवचञ्चुकीय
Subrounded गोलाकृतिप्राय
Sub-science उपविज्ञान
Subscriber identification module (SIM) उपभोक्ता पहचान इकाई
Subscript अधोलिखित
Subsequence परवर्तिता, अनुवर्तन, परिणाम
Subsequent अनुवर्ती, परवर्ती
Subsere उपक्रमक
Subserous अधःलस्य
Sub-shell उपकवच
Subside घट जाना, धँसना, कम होना
Subsidence, Subsidization अधोगमन, अवतलन, ह्रासन
Subsidiary सहायक, गौण, उप-
Subsoil अवमृदा, विमृदा
Subsolar अधःसूर्य
Subsonic अवध्वनिक
Subsonics अवध्वानिकी
Subspecies उपजाति
Substance पदार्थ, द्रव्य
Substandard अवमानक, अधःप्रामाणिक
Substantial वास्तविक, भौतिक, सारगर्भित
Substantiation प्रमाणन, प्रमाणीकरण
Substantive तात्विक, मौलिक, सारवान्, अनाश्रित, यथेष्ट
Substantive dye स्वतः रञ्जक
Substation उपकेन्द्र
Substituent आदेशी
Substitute प्रतिस्थापी, अनुकल्प
Substitutive स्थानापन्न
Substitution प्रतिस्थापन
Substomata अधोरन्ध्र
Substrain उपविभेद
Substrate कार्यद्रव्य, क्रियाधार,
Substratum, Substrata (pl.) अवस्तर, अधःस्तर, आधार, तत्त्व, अधिष्ठान
Substructure उपसंरचना, नींव, आधार
Substyle अधःकण्टिका
Subtangent अधःस्पर्शी
Subtend कक्षान्तरित/अन्तरित करना
Subtense आपात, अन्तरकारी
Subtentacular अधोस्पर्शकीय
Subterminal उपावसानिक, उपान्त्य
Subterranean, Subterraneous अनुभौमिक, अन्तर्भौम, अधोभूमीय, भूमिगत
Subtility, Subtlety सूक्ष्मता, विचक्षणता, निपुणता
Subtilize सूक्ष्म बनाना
Subtle सूक्ष्म, निपुण, कुशाग्र, विचक्षण
Subtopia उपनगर, नगराञ्चल
Sub-total उपसम्पूर्ण
Subtract, Subtraction घटाना, व्यवकलन, वियोजन
Subtractive ऋणात्मक, व्यवकलनशील
Subtrahend व्यवकल्य, वियोज्य
Subtranslucent अल्प-पारभासी
Subtransparent, Opaque अर्धपारदर्शी
Subtraverse उपसारिखिक, अवतिर्यक
Subtributary उपसहायक नदी
Subtropic, Subtropical उपोष्ण, उपोष्णीय
Subtype अवप्ररूप
Subulate, Subuliform सूच्यग्री, आराकार
Subuncus उपांकुश
Sub-unit उपेकक
Suburb, Suburban उपनगर, परिनगर, नगराञ्चल, संकीर्णमना
Suburbanite उपनगरवासी, नगरोपान्तिक
Suburbia उपनगर एवं वहाँ के वासी
Subventral अधःपृष्ठ, अधःपृष्ठवंश
Subversion उत्छेदन, पलटना, राज्योच्छेदन
Subversive उत्छेदनशील, विनाशी, समापक
Subvert उलटना, औंधाना/औंधना
Subvertebral अवकशेरुकी, अवकशेरुक-
Subway तलमार्ग, सुरंगपथ, अधोमार्ग
Subzero अवशून्य, शून्य से कम
Subzonal उपक्षेत्रीय
Succade फलपाक, मुरब्बा
Succedaneum अनुकल्प, एवज़

Succession	वंशक्रम, अनुक्रमण, उत्तराधिकार
Successional, Successive	क्रमिक, आनुक्रमिक, निरन्तर
Successor	उत्तराधिकारी, उत्तरवर्ती, अनुवर्ती
Succiduous	पतनशील, पाती, गिरने वाला
Succiferous	रसभर, रसमय, रसीला
Succimer	रसावयव
Succint	संक्षिप्त, सारिक, सारगर्भित
Succorrhea	रसस्राव
Succory	कासनी, चिकरी
Succulence	सरसता, रसीलापन
Succulent	सरस, रसीला, रसाल, गूदेदार, मांसलोद्भिद्
Succursal	शाखा, उप-
Succus	रस, अभिनव रस
Suck	चूसना, स्तनपान करना
Sucker	चूषक, चूषकांग, अन्तर्भूस्तारी (पौधा)
Sucking	चूषण, चूषी, चूसना, चूष-
Sucking fish (a marine fish with sucking disc on head to attach large fish or any floating object), Suck fish	चूषमीन, चुसनी मछली
Sucking insect	चूषकीट, चूसू कीड़ा
Sucking pig	घेंटुला, दुधमुँहा सुअर का बच्चा
Suckle	स्तनपान, दूध पिलाना
Suckling	दुधमुँहा, दूध पीता नवजात
Suckling period	स्तन्यकाल
Sucrose (a disaccharide carbohydrate consisted of glucose and fructose), Cane-sugar	इक्षु-शर्करा, खण्डधु (गन्ने से प्राप्त शर्कय)
Sucrosemia	शर्करारक्तता, खण्डधुरक्तता
Sucrosuria	शर्करामेह, खण्डधुमूत्रता
Suction	चूषण, चूसना
Suction pump	चूषण उदञ्च, चूषण पम्प
Suctorial	चूषी, चूषक, चूसने वाला
Suctorial rostrum	चूष तुण्ड
Suctorial tentacle	चूष स्पर्शक, चूषांगक
Sudation	प्रस्वेदन, स्वेदन, पसीना होना
Sudatory, Sudorific	प्रस्वेदी, स्वेदकारी
Sudd	प्लव पादप, तैरते हुए पौधे
Sudoriferous	स्वेदजनक, स्वेद-
Sudorific rash	स्वेदी चकत्ता, स्वेदीय सर्षपिका
Sudoriparous	स्वेदवाही, स्वेदकारी, स्वेदजनी
Sudorrhea	स्वेदस्राव, पसीना बहना
Suds	फेन, झाग
Sudser	फेनकारी, झाग देने वाला
Sudsy	फेनवाला, झागदार
Suede	अवरक्तातिपीत, सिझाया चमड़ा (बछड़े का)
Suet	गोवसा, वृक्कवसा, कड़ी चर्बी
Suety	वसामय, चर्बीदार
Suffione	वाष्प रन्ध्र (ज्वालामुखी)
Suffocate, Suffocation	दम घुटना, घुटन, श्वासस्थगन, श्वासावरोधन
Suffocative, Suffocating, Suffocant	दमघोंटू, घुटनशील, घुटनकारी, श्वासावरोधी
Suffrutescent	उपक्षुपीय, अधःकाष्ठीय
Suffruticose (plants with shrubby base but herbaceous branches), Suffruticosus	क्षुपी, अनुक्षुपवत्, शाकशिखरीय झाड़ी
Suffumigation	धूमन, वाष्पधूमन
Suffuse	आप्लावित करना, व्याप्त होना
Suffusion	आप्लावन, व्याप्ति, मुख अरुणिमा
Sugar (a crystalline white sweet edible disaccharide of glucose and fructose extracted from plants)	शर्करा, चीनी, खाँड़
Sugar alcohol, Polyhydric alcohol (artificial sweeteners like xylitol, mannitol, erythritol, and sorbitol obtained from fruits and berries)	शर्करा मद्यसार
Sugar apple	सीताफल
Sugar bean	मोठ
Sugar beet, Beet (*Beta vulgaris,* a crop herb of family Amaranthaceae)	चुकन्दर (एक कुम्भीरूप रूपान्तरित शर्करा युक्त लाल रंग का भोज्य मूल)

Sugar candy मिसरी
Sugar cane (*Saccharum* sp., a tall perennial cultivated sweet grass of family Poaceae) इक्षु, ईख, गन्ना (तने के रस से शर्करा तथा खाँड़ बनाते हैं)
Sugar-coated चीनी लेपित, शर्करा-स्तरित
Sugarless, Sugar free चीनीरहित, शर्करामुक्त
Sugar glider, Gliding possum (*Petaurus breviceps,* a small arboreal omnivorous nocturnal marsupial mammal of family Petauridae with sugary nectar feeding and gliding adaptability) शकरख़ोर उड़न गिलहरी, पोसम (एक कंगारूवंशी आस्ट्रेलिया व न्यूगिनी का उड़न्तू स्तनधारी)
Sugar mill चीनी मिल, शकर-कारख़ाना, कोल्हू
Sugar of lead (lead axide) सफ़ेदा
Sugar of milk (lactose) दुग्ध-शर्करा
Sugar syrup चाशनी
Sugary शर्करिक, चीनीमय, शर्करावत्
Suggillation, Echymosis नीलिमा, नीलता, नीलापन
Suicidal आत्मघाती, आत्मघातक, आत्महन्ता
Suicide आत्महत्या, आत्मघात, ख़ुदकुशी
Suilline, Suine, Swine शूकरीय, शूकरवंशी, सुअर जैसा
Suint ऊर्णास्वेद, ऊर्णवसा, स्वेदावशेष
Suitability सात्म्यता, उपयुक्तता
Suitable सात्म्य, उपयुक्त
Sulcal परिखीय
Sulcate, Sulcated खाँचेदार, खाँचित, सीतावत्
Sulculus लघु परिखा
Sulcus, Sulci (pl.), Furrow परिखा, खाँच, खाँचा, विदर, सीता
Sulfa drug, Sulpha drug शुल्बौषधि
Sulfatemia, Sulphatemia शुल्बीयरक्तता
Sulfugator, Sulfumator शुल्बधूमित्र
Sulfur, Sulphur, Thion (a non-metallic ore forming mineral element with peculiar odour and symbol S) गन्धक, शुल्बारि, शुल्ब-
Sulfurator शुल्बधूमजनित्र
Sulfuric, Sulphuric गन्धक का, शुल्बारिक
Sulfuric acid, Sulphuric acid (H_2SO_4) गन्धक का अम्ल, गन्धकाम्ल, शुल्बारिकाम्ल
Sullage, Grey water कचरा, मलरहित गन्दा पानी, मलिनजल
Sully दूषित करना, गन्दा करना
Sulphate, Sulfate शुल्बीय, गन्धकीय
Sulphate of copper तूतिया, नीलाथोथा
Sulphate of iron कसीस, कासीस
Sulphatization शुल्बीयन, गन्धकीयन
Sulphide शुल्बेय, गन्धकेय
Sulpholysis शुल्बांशन
Sulphureous, Sulphurous गन्धकीय, गन्धकी, गन्धकयुक्त
Sulphuring, गन्धकन,
Sulphuration, Sulphurization गन्धकीकरण, शुल्बारीकरण
Sulphurize, Sulphurate, Sulfurate गन्धक मिलाना, गन्धक का धुआँ देना
Sulphury, Sulfury गन्धकमय, गन्धक जैसा
Sultry उमसदार, उत्कट, तीव्र, कामोत्तेजक
Sum, Summation जोड़, योग, योगफल, संक्षेप, संग्रह
Sumac (*Rhus typhina,* a flowering dioecious shrub of family Anacardiaceae, leaves are used as spice and in tanneries) सुमैक
Summary सारांश, संक्षिप्त विवरण
Summer (a season with relatively higher atmospheric temperature and lesser humidity) ग्रीष्म, ग्रीष्मऋतु, ग्रीष्मकाल
Summer sault कलाबाज़ी
Summer solstice उत्तर अयनान्त
Summer squash (an edible raw Cucurbitaceae, fruit of *Cucurbita pepo* छप्पन कद्दू, तोरी

English	Hindi
pepo, a creeper herb of family Cucurbitaceae, harvested before maturity and hardening of rind)	
Summery	ग्रीष्मवत्, ग्रीष्म-जैसा
Sump	चहबच्चा, कर्दम, पंक-कुण्ड, निगर्त
Sun bath	धूप स्नान, आतपस्नान
Sun bathe	धूपस्नान करना, आतपस्नान करना
Sun beam	सूर्यकिरण पुञ्ज
Sun bird (a small passerine bird of family Nectariniidae)	शकरख़ोर (मकरन्द चूसने वाली चिड़िया)
Sun blind	झिलमिली
Sun burn, Sun burnt	सूर्यदाह, सूर्यदग्ध, सूर्यतप्त
Sun burst	धूप की लहर
Sun crack	आतप विदर
Sunder	अलग करना, पृथक् करना
Sun-dial	धूप घड़ी, नरयन्त्र
Sun dried	आतप शुष्क, धूप में सुखाया
Sundries	प्रकीर्णक
Sundry	प्रकीर्ण, विविध
Sun fish (*Mola mola*, a heaviest marine teleost food fish of family Molidae)	सूर्य मीन, सूरज मछली
Sun flower (*Helianthus annuus*, an ornamental plant of family Asteraceae)	सूरजमुखी (बीज से खाद्य तेल निकालते हैं)
Sun glass	धूप का चश्मा, आतप उपनेत्र
Sunken	डूबा हुआ, धँसा हुआ
Sun light, Sun shine	सूर्य का प्रकाश (धूप), खुशी
Sun proof	धूपसह
Sun rise, Sun up	सूर्योदय
Sun screen	सूर्य-प्रच्छद, सूर्य-पटेक्षक
Sunset	सूर्यास्त
Sun spot	सूर्य कलंक
Sun stone	सूर्यकान्त
Sun stroke	धूपाघात, आतपाघात, लू
Sun tan	धूप-कालस, धूपताम्रता
Sun-tanned	धूपताम्र
Sunways, Sun-wise	दक्षिणावर्त
Sup	सुड़कना, चूसना
Super- (prefix)	अति-, उच्च-, अधि-, उपरि-, बाह्य-, बहि-
Superabundance	अत्यधिक्य, प्रचुरता
Superabundant	अत्यधिक, प्रचुर
Super acid	अध्याम्ल
Superadditive	अतियोज्य
Superadiabatic	अतिरुद्धोष्म
Superaerodynamics	परावायुगतिकी
Super antigen	अतिप्रतिजन
Super bug (a pathogen resistant to widest range of antibiotics)	अधिसह रोगाणु
Supercapillary	अतिकेशिकीय
Super-charged	अत्यावेशित, अतिभारित
Superciliary	अधिपक्ष्माभी, अध्यक्षि, भ्रू का, भौंह पर या निकट
Super class	अधिवर्ग, उच्चवर्ग
Superconductivity	अतिचालकता, अतिसंवाहकता
Superconductor	अतिचालक
Supercontraction	अतिकुञ्चन
Supercooling	अतिशीतन, अतिशीतलन
Supercritical	अतिक्रान्तिक
Superduction	उपरिचालन, उपरिगमन
Super earth (an extra solar planet)	महापृथ्वी
Super family	महाकुल, महावंश
Super fatted	अतिवसामय
Super fecundity	अतिप्रजता, अत्युर्वरता
Superfemale, Metafemale	अतिमादा
Superfetation, Superfoetation	अधिगर्भ विकसन
Superficial	उपरिस्थ, पृष्ठीय, सतही
Superficies	सतह, पृष्ठ, पृष्ठदेश
Superfine	अतिसूक्ष्म, अधिचारु, उत्कृष्ट
Superfluity	अतिरेक, अत्यधिकता
Superfluous	अतिशय, अत्यधिक
Supergene (a group of closely linked genes on large chromosomal segment act as a genetic unit)	उर्ध्वजनित (भूवैज्ञानिक), महावंशाणु, अधिपित्रैक
Super-genis, Super-genus	अधिवंश
Superharmonic	अतिप्रसंवादी, अतिसंवादी
Superheating	अतितापन, तप्तन
Super-heterodyne	अतिसंकरण, अतिग्राही

Super-human, Superman	अतिमानव
Superimposed, Superposed	अध्यारोपित
Super-imposition	अध्यारोपण
Super impregnation	अधिगर्भाधान
Super-incumbent	उपरिवर्ती
Super induce	अधिक करना, बढ़ाना, जोड़ना
Super infection	अधिसंक्रमण
Super-interstitial	बृहदान्तराकाशी, बृहदान्तरालीय
Superior	ऊपरी, उच्च, ऊर्ध्ववर्ती, उत्कृष्ट, उत्तम, प्रवर, श्रेष्ठ
Superiority	उत्कृष्टता, श्रेष्ठता, वरिष्ठता, उच्चता
Superjacent	अधिशीर्षी, उपरिवर्ती, उर्ध्ववर्ती
Super-lingual	उपरिजिह्वा
Super male, Metamale	अतिनर
Supernatant	अधिप्लावी, पृष्ठ-प्लव,
Super-natural	प्रकृत्यतीत, अलौकिक
Super-normal	अधिसामान्य
Super-nova	अधिनव तारा
Supernumerary	अधिसंख्य, अतिरिक्त
Super-nutrition, Hypernutrition	अधिपोषण
Superorder	अधिगण
Super-ovulation	अतिडिम्बक्षरण, अध्यण्डोत्सर्जन, अत्यण्डमोचन
Superparasite, Superparasitic	अधिपरजीवी, अधिपराश्रयी
Superparasitism	अधिपरजीविता
Superprecipitation	अति-अवक्षेपण, अत्यवक्षेपण
Supersacral	अधित्रिक
Supersaline	अतिलवणीय
Supersaturated	अधिसन्तृप्त
Supersaturation	अतिसन्तृप्ति
Supersensitive	अतिसंवेदनशील
Supersensual, Supersensible	अतीन्द्रिय, अतिसंवेद्य, अगोचर
Supersonic	पराध्वनिक, कर्णातीत
Supersonics	पराध्वानिकी
Super-specialization	अतिविशेषज्ञता
Super-speciality	अतिविशेषता
Superspecies	अधिजाति
Superstratum	अधिस्तर
Super-structure	अधिरचना
Super tone	अधितान
Supervenient	अनुवर्ती, अभिवर्ती, आकस्मिक
Supervention	अनुवर्तन, अभिवर्तन, अकस्मात्
Superversion	उपरिवर्तन
Supervitaminosis	अधिजीवतिता, अतिविटामिनता
Supinate, Supination	हथेली/तलवे उत्तान रखना, चित्त लेटना, उत्तलन, उत्तानन
Supinator	उत्ताननी, चित्त लेटने वाला
Supine	चित्त, उत्तान, उन्मुख, सुस्त
Supple	लचीला/सुनम्य होना, वश्यवर्ती, ग्रहणशील
Supper	दिन का अन्तिम भोजन, ब्यालू, ब्यारी
Supplement, Supplementary, Suppletive	सम्पूरक, अनुपूरक, पूरक
Suppleness	नम्यता, लचीलापन, वश्यवर्तिता
Supplial, Supply	सम्भरण, आपूर्ति, आपूर्ति करना
Supplier	सम्भरक, सम्भर्ता, प्रदायक, आपूर्ति-कर्ता
Supporting cell	आधार कोशा
Supposition	कल्पना, अनुमान
Supposititious,	काल्पनिक, कल्पनात्मक,
Suppositive	आनुमानिक
Suppository	वर्तिका, वर्ति, बत्ती
Suppress	दबाना, दमन करना, निषेध करना
Suppressive	सन्निरोधी, दमनकारी
Suppressor,	दमनकर, निषेधक,
Suppressant	निरोधी, उन्मूलक
Suppurate	पीप पड़ना, मवाद आना
Suppuration	सम्पूयन, पूतिभवन
Suppurtive	पीप लाने वाला, पूतिकारी, सम्पूयमान
Supra- (prefix)	अधि-, अति-, उपरि-, उत्-
Supra-auricular	अधिकर्णिक
Supra-axillary	अधिकक्ष
Suprabranchial	अधिक्लोमी
Suprabuccal	अधिमुखीय
Supracardinal	अधिप्रमुख
Supracerebral	अधिप्रमस्तिष्कीय
Supraciliary	ऊर्ध्वपक्ष्माभी
Supra-clavicle	उपर्यक्षक, अधिजत्रुक
Supra-clavicular	अधिजत्रुकीय
Supracleithrum	अधिजत्रुकाभ, उपरिपार्श्वाक्षक
Supraconductivity	अतिचालकता
Supracondyloid	अधिकन्दाभ (अस्थि)

Supracoracoideus अध्यंसतुण्डिनी
Supracostal अधिपर्शुकी, अधिशिरीय (पौधों में)
Supracoxal उपरिकक्षांगी
Supracranial अधिकपालीय
Supracrustal अधिपर्पटीय
Supradorsal अधिपृष्ठीय, अधिपृष्ठक
Supraduction, Sursumversion उच्चालन
Suprafoliar अधिपर्णी
Suprahyoid अधिकण्ठिका
Supraintestinal अध्यान्त्रीय
Supralabial अध्योष्ठीय
Supramammary स्तनोपरिक
Supramarginal अधिसीमान्त
Supramaxillary उर्ध्वहनु, अधिजम्भिक (बड़े जबड़े वाला)
Supramolecular अध्याण्विक, अधि-अणुक
Supraneural उपरितन्त्रिक, उपरिस्नायुवीय
Suprangular, Surangular उपरिकोणीय, उपरिकोणास्थि
Supraoccipital अध्यनुकपालीय
Supraoesophageal अधिग्रसिकीय
Supraorbital अध्यक्षि
Suprapharyngeal उपरिग्रसनीय
Supra-pubic अधिवस्ति, अधिजघन
Suprarenal, Surrenal अधिवृक्क, अधिवृक्कीय
Suprascapula अध्यंसफलक
Supra segmental अधिखण्डात्मक
Suprasphenoid अधिजतुक, अधिजातूकास्थि
Suprasternal अधि-उरोस्थीय
Supratemporal अधिशंखीय
Supratenuous अतितनु
Suprathoracic अधिवक्षीय
Supratympanic अधिकर्णपटही
Supravaginal अधियोनिक, अधियोनीय
Supravelate अधिगुण्ठित
Supravelum अधिगुण्ठिका
Supravital अधिजैव, अतिजीवन्त
Supravolute, अधिवलित, सम्वलित
Supreme, Supremum, Highest, Maximum अधिकतम, महत्तम, उच्चतम
Sur- (prefix) अधि-, परा-, अति-
Sural पिण्डली का
Suranal अधिगुद
Surangular अधिकोणीय
Surbed कोर स्थित
Surcease अवसान, समाप्ति
Surcingle पट्टा, कमरबन्द, बालातंग, कोतलकश (घोड़े का)
Surculose चूषकोत्पादी (जड़/पौधा)
Surd करणी, अघोष
Surdity बधिरता, बहिरापन
Sur-excitation अति-उत्तेजना
Surf समुद्र फेन, हिल्लोल, तरंग
Surface सतह, तल, पृष्ठ, भूम्यूपरि, उतराना
Surface run-off सतही अपवाह
Surface tension पृष्ठ तनाव
Surface texture तल गठन
Surface volume ratio तल-आयतन अनुपात
Surfacing पृष्ठन, पृष्ठ लेपन
Surfactant पृष्ठ सक्रियक
Surfascope पृष्ठ रूक्षतादर्शी
Surfeit परितृप्ति, अघाव, अतिभोजन, अघाना, अतिरेक, आधिक्य
Surficial धरातलीय, भूतलीय
Surfusion अधिसंगलन
Surge उल्लोल, उमड़ना, लहर उठना
Surgeon शल्यचिकित्सक, शल्यकार
Surgery (a branch of medical science dealing with operative procedures) शल्यक्रिया, शल्यचिकित्सा, शल्यिकी, शल्यविज्ञान, शल्यचिकित्साविज्ञान
Surgical शल्यक, शल्य उपस्कर, शल्य सम्बन्धी
Surging तरंगण, दोलायमान, आवर्ती
Surinam cherry, Caynne cherry (*Eugenia uniflora*, a flowering perennial medicinal small tree of family Myrtaceae with edible sweet to sour berry type fruit rich with vitamins) लाल चेरी
Surjection आच्छादन
Surmisable अनुमेय
Surmise अनुमान करना, अन्दाज़ा लगाना
Surplice उत्तरीय
Surprinting अधिमुद्रण
Surrogacy प्रतिनियुक्ति, स्थानापन्नता, प्रतिनिधित्व, पराया गर्भ अपनी कोख में पालना
Surrogate प्रतिनिधि, स्थानापन्न, प्रतिनियुक्त, सहायक
Surrogate mother किराये पर कोख देने वाली प्रसवक्षम स्त्री (माँ)
Surround घेरना, चारों ओर होना
Surrounding परिवृतीय, परिवेशी
Surroundings परिवृत्त, परिवेश, परिपार्श्व

Surveillance	आवेक्षण, अभिरक्षण, निगरानी
Survey	सर्वेक्षण, पर्यवलोकन, भू-मापन
Survival	उत्तरजीविता, उत्तरजीवन, अवशेष
Survive	जीवित रह जाना, जिन्दा बचना
Surviving	उत्तरजीवी
Survivor	उत्तरजीवित
Susceptance	अनुक्रियता, आग्रहण
Susceptibility	संवेदनशीलता, अनुहृषता, सुग्राह्यता
Susceptible, Susceptive	संवेदनशील, अनुहृष, सुग्राह्य
Suspended	निलम्बित
Suspender, Suspensor	आलम्ब, निलम्ब, निलम्बक
Suspensible	निलम्ब्य
Suspension, Suspending	आलम्बन, निलम्बन, झूला
Suspension bridge	निलम्बी-सेतु, झूला-पुल
Suspensoid	निलम्बाभ
Suspensorium, Suspensoria (pl.)	निलम्बिका
Suspensory, Suspensorius	निलम्बी, झूलने वाला
Suspirious, Sighing	उच्छ्वासी, मन्द गहरी साँस वाला
Sustain	बनाए रखना, सभाँलना
Sustainable	धारणीय, प्रतिपालनीय, प्रतिपाल्य, स्थायी, टिकाऊ
Sustained	सतत, अविरत, दीर्घावधि
Sustained run-off	अविरत अपवाह
Sustainer	आश्रयदाता, प्रतिपालक
Sustenance	निर्वाह, भरण-पोषण, पुष्टि, आजीविका, खुराकी
Sustenation	सम्भरण, सम्पोषण
Sustentacular cell	पोषिकोशा
Susurration	फुसफुसाना, भनभनाना, भनभनाहट
Susurrus	भनभनाने वाला
Sutural	सीवन-, सन्धि-
Suture, Sutura, Suturae (pl.)	सीवन, टाँका, सन्धि रेखा, सीवनी
Suture joint	सीवनी सन्धि
Sutured	सीवनित, स्यूत, टँका हुआ
Suturing, Suturation	सीवन, टँकाई
Svedberg (S or Sv, named after a Swedish chemist Theodor Svedberg, 1884-1971 A.D.)	स्वेडबर्ग (रायबोसोम कणों के अवसादन दर मापन की एक इकाई)
Svelte	छरहरा/छरहरी
Swab	फाहा, फुरहरी, कूर्ची, शोषमृज
Swabbing	सोखना, कूर्चन, पुचारा लगाना, शोषमृजन
Swad	फली, मोटा नाटा आदमी
Swaddle	लपेटना (कपड़े में), बाँधना
Swag bellied	तोंददार, तुन्दिल, तोंदल
Swag belly	तोंद
Swallow (a passerine bird of family Hirundinidae)	निगलना, घूँटना, अबाबील (एक चिड़िया)
Swallowing, Deglutition	निगलन, निगिरण, ग्रसन
Swallowed	निगलित, निगला हुआ
Swamp	दल-दल, अनूप, झाबर
Swamping	अनूपन, आप्लावन
Swamp muck	दलदल कर्दम
Swampy	दल-दली, अनूपी, पंकिल
Swan (*Cygnus cygnus* sp., a long necked water fowl of family Anatidae)	हंस, राजहंस (एक मृदुजलीय पक्षी)
Swannery	हंसनीड़, बतख़ संवर्धन स्थल
Sward	शाद्वल, घास भूमि, घास स्थली
Swarf	बुरादा, कतरन (धातु/लकड़ी का)
Swarm, Swarming	झुण्ड, दल, वृन्द, उमड़ना, वृन्दन
Swarm spore	चलबीजाणु
Swarthy	साँवला
Swash	लहराना, छपछपाना, हिल्लोल, उद्धावन
Swat	मक्खी मारना
Swater	मक्खीमार (थापी/पंखी)
Sway	झुलाना, झुकाना, विचलित करना, दोलन
Swealing	अपव्रजन
Sweat	स्वेद, पसीना, पसीना आना
Sweater	पसीने लाने वाला, स्वेदक, स्वेदकारी, स्वेटर (वस्त्र)
Sweating	प्रस्वेदन, स्वेदन, जीवाणुक्रिया (चमड़ा पर)
Sweep	झाड़ना, उड़ा ले जाना, बुहारना, झाड़ू करना
Sweeper	झाड़ूकश, अपमार्जक, अपोहक
Sweeping	अपमार्जन, अपोहन, प्रसर्पण
Sweepings	झाड़न, बुहारन

Sweet	मीठा, मधुर, मिष्ट, सौम्य
Sweet basil (*Ocimum basilicum*, a culinary annual medicinal herb of mint family Lamiaceae with aromatic leaves and consumable gelatinous seed), Great basil, Saint Joseph's wort	बबुई तुलसी, तुलसीदल, सब्ज़ा/फालुदा व तुकमारिया (बीज)
Sweet corn (a variety of maize with more sugar content)	मीठी मकई
Sweeten	मीठा बनाना, मीठा होना
Sweetener	मिष्टकर, मिठास लाने वाला
Sweetening	मधुरण, मधुरीकरण, मिष्टकरण
Sweetish	आमधु, मीठा सा
Sweet leaf, Sweet herb (leaves of *Stevia rebaudiana,* a perennial herb of sunflower family Asteraceae, with active calorie-free sweeteners, stevioside and rebaudioside, as sugar substitute)	मीठीपत्ती, मीठीबूटी
Sweet lemon (*Citrus limetta,* a small flowering tree of citrus family Rutaceae with hesperidium type juicy fruit used for juice), Sweet orange	मौसम्बी, मुसम्मी
Sweet-meat, Sweets	मिष्टान्न, मिठाई
Sweetness	मिठास, मधुरता, माधुर्य
Sweet pepper, Bell pepper, Capsicum (*Capsicum annuum,* a flowering cultivated plant of family Solanaceae with large bell-shaped fruits)	शिमला मिर्च, पहाड़ी मिर्च (सब्ज़ी व सलाद के रूप में उपयोगी हरे, पील व लाल रंग का फल)
Sweet potato (*Ipomoea batatas*, a dicot creeper plant of family Convolvulaceae)	शकरकन्द (एक भोज्य कन्दमूल)
Sweet sagewort, Sweet wormwood (*Artemisia annua,* a flowering annual medicinal plant of family Asteraceae, artemisin, an anti-malarial compound is obtained from leaves)	
Swell, Swelling	सूजना, फूलना, उमड़ पड़ना, फुल्लन
Swelled, Swollen	सूजा हुआ, फूला हुआ, उभरा हुआ
Swell test (a test with a device to measure swelling of water soaked soil)	स्फीति परीक्षण (एक विशेष उपकरण द्वारा मिट्टी की आर्द्रता ग्राह्यता मापन)
Swelter	गर्मी से मूर्च्छित होना, उमस होना, पसीने से तर-बतर होना
Swept-back	पृष्ठनत
Swept-forward	अग्रनत
Swerve	मुड़ना, घूम जाना, मोड़, घुमाव
Swift	क्षिप्र, शीघ्रगामी, आशु, तत्काल
Swig	बड़ा घूँट, ढकोसना, गटागट पीना
Swill	धोना, प्रक्षालन, सुअर का पतला खाना
Swim	तैरना, तैराना, सिर घूमना
Swim meret	तरण पाद
Swim bladder, Swimming bladder	वाताशय
Swimming	तरण, सन्तरण, तैराकी, तरणशील
Swimming pool	तरण ताल
Swine, Suine, Suilline	शूकरीय, शूकरवंशी, सुअर जैसा
Swine flu, Pig influenza (a zoonotic infection in human being due to swine influenza virus from pig)	शूकर प्रतिश्याय, सुअर जनित जूड़ी बुख़ार

Swine pox (a viral skin disease of pigs caused by suipox virus of family Poxiviridae) शूकर मसूरिका, सुअर चेचक
Swing, Swinging झूला, पेंग, झूलना, प्रेखण, दोलायमान
Swing bridge झूला पुल
Swingle धुनना, धुनकी, फटका
Swirl, Swirling चक्कर खाते हुए बहना, भँवर, उर्मि
Switch संवियुत, खटका
Switch board संवियुत-पट्ट, खटका पटल
Switch-off वियुतन, बन्द करना
Switch-on संयुतन, चालू करना
Switch-over परियुतन, बदलना
Swivel भ्रामी, चूल-छल्ला, घूमने वाला
Swivel bridge भ्रामी-सेतु, घुमाऊ पुल
Swivel eyed भेंगा
Swivel gun घुमाऊ तोप
Swizzle मिश्र-मदिरा
Swollen सूजा हुआ, उत्फुल्लित
Swoon मूर्च्छित होना, बेसुध होना, बेहोशी
Sword खड्ग, तेग़, तलवार
Sword fish (*Xiphias gladius*, a large marine predatory sport fish of family Xihiidae, with long sword like flat bill) खड्गमीन, तेग़ा मछली
Sycamore fig, Sycomore (*Ficus sycomorus,* a big tree of fig family Moraceae with edible fruits) गूलर (वृक्ष व फल)
Syconium (a type of fruit of plants of fig family), Fig उदम्बरक , अञ्जीर फल
Sycosis रोमकूप शोथ (दाढ़ी का), मुखलोमार्ति, श्मश्रुपिटक
Syke सरिता, छोटी नदी
Syllepsis, Pregnancy गर्भधारण
Sylvan, Silvan वन्य, जंगली, वनवासी, वनसंकुल
Sylviculture, Silviculture वनवर्धन, वृक्ष पालन, वृक्ष संवर्धन विज्ञान
Symbiology, Symbiotics सहजीवविज्ञान, सहजैविकी
Symbion, Symbiose सहजीव
Symbiont सहजीवजात
Symbiosis, Symbiotism सहजीवन, सहजीविता, अन्योन्याश्रिता
Symbiotic सहजीवी, अन्योन्याश्रित
Symbol प्रतीक, चिह्न, संकेत, द्योतक
Symbolic, Symbolical प्रतीकात्मक, सांकेतिक
Symbolism प्रतीकता, सांकेतिकता
Symbolitics, Symbology प्रतीकिकी, प्रतीक विद्या, प्रतीक विज्ञान, प्रतीक प्रयोग
Symbolize, Symbolization प्रतीक द्वारा प्रस्तुत करना प्रतीकचित्रण, प्रतीकीकरण
Symmedian सम्माध्यिका, सम्माध्यिक
Symmetallic मिश्रधात्विक
Symmetallism मिश्रधातुमान, मिश्रधात्विकता
Symmetranthus सममित-पुष्पी
Symmetric सम्मितीय, सममितीय
Symmetrical सममित, प्रतिसम, सुडौल
Symmetricarpous सममित-फली
Symmetrize, Symmetrization सममित करना, सममितीकरण
Symmetrizing सममितकारी
Symmetrodont, Triconodont त्रिकोणदन्ती
Symmetry सममिति, प्रतिसाम्य, सन्तुलन
Symmixis सम्मिश्रण, सुमिश्रण
Sympathetic, Sympathicus अनुसंवेदी, संवादी, सम्भूति, सम्भूतीय, अनुचारी, अनुकम्पी, अनुनादी, सहानुवर्ती
Sympathetic nervous system अनुसंवेदी तन्त्रिका तन्त्र, अनुकम्पी स्नायु तन्त्र
Sympathectomy सम्भूति निष्कासन
Sympathicogenic अनुकम्पजनी, उरकटिजनी
Sympathicolytic, Sympatholytic उरकट्यंशिक, अनुकम्पलयी
Sympathicopathy अनुकम्पविकृति, उरकटिविकृति
Sympathicotropic सहानुवर्ती, उरकट्यनुवर्ती
Sympathism, Sympathy सहानुभूति, अनुसंवेदन, अनुकम्पन, संवेदना
Sympathoblast अनुकम्पीकोरक
Sympathogonium, Sympathogonia (pl.) उरकटि-तन्त्रिकाकोशा, अनुकम्पी तन्त्रिका कोशा
Sympathomimetic उरकटि-उद्दीपनानुकारी
Sympatric समस्थानिक, एकदेशीय
Sympatry समस्थानिकता
Sympetalous, Synpetalous सन्दली, संयुक्तदली, युक्तदली

Symphalangy युक्तांगुलास्थिता
Symphicarpous संयुक्तफली
Symphile संरागी
Symphisis संलयन, सम्मिलन
Symphogenesis, Symphogeny बहुतन्तुजनन
Symphonic समस्वर, स्वरसंगत, संस्वनिक
Symphony समस्वरता, स्वरसंगति, संस्वनिकता
Symphysic, Symphysical सन्धानिक, सन्धानीय
Symphysis, Symphyses (pl.) सन्धानक, संगम, समवाय
Symphysitis सन्धान शोथ
Symphysodactyly (webbing of two or more fingers or toe) युक्तांगुलिता
Symplasm सन्द्रव्य, सम्प्ररस
Symplast संलवक
Symplastic संसुघट्य
Symplectic संग्रन्थिक, अन्तरगुणन रक्षी
Sympod, Sympodite (a fused basis and coxa to form appendage segment) सम्पाद, संयुताक्ष
Sympodial संयुताक्षी
Sympodium, Sympodia (pl.) सन्धित-अक्ष
Symposium, Symposia (pl.) संगोष्ठी, परिसंवाद/विचार-गोष्ठी
Symptolytic, Symptomolytic लक्षणाहर
Symptom लक्षण, निशान, रोग लक्षण
Symptomatic, Symptomatical लाक्षणिक, लक्षणात्मक
Symptomatology लाक्षणिकी, रोगलक्षण-विज्ञान
Sympus सम्पाद, युक्तपाद
Synacmy समकालपक्वता
Synactic प्रकुञ्चक
Synadduct समयोगोत्पाद
Synadelphous, संयमज, युक्तपुंकेसरी,
Syndelphus युक्तजायांगी
Synaesthesia सहसंवेदिता, सहसंवेदन
Synaetion संहेतु, युक्तकारण
Synalgia अनुसंवेदित पीड़ा
Synandrous सम्पुमंगी
Synangium, Synangia (pl.) अग्रधमनीकाण्ड, सम्बीजाणुधानी, सन्धानी
Synantectic अद्रवणज, द्विकृत
Synanthropic सम्मानवीय
Synantherous युक्तपरागकोशी, सम्परागाशयी
Synaphoceptor स्पर्श संवेदांग, स्पर्श ग्राही
Synapsid युक्तछिद्र (करोटि)
Synapsis, Synapses (pl.) सूत्रयुग्मन, युग्मानुबन्धन, अन्तर्ग्रन्थन
Synaptic सूत्रयुग्मी, युग्मानुबन्धी, अन्तर्ग्रन्थी
Synapticulum, Synapticula (pl.) योजिका, पटबन्ध
Synaptolemma सूत्रयुग्मकला
Synaptomere सूत्रयुग्मखण्ड
Synaptoneme युग्मसूत्र
Synaptosome सूत्रयुग्मकाय, युग्मकाय
Synarthrosis, Immovable joint अचल-सन्धि, स्थिरसन्धि, युतसन्धि
Synarthry युतसन्धिता
Synaxial समाक्षीय
Syncarp युक्ताण्डप, संयुक्त फल, सम्फल
Syncarpous युक्ताण्डपी, संयुक्तफली
Syncharia सहस्पर्शाभास
Synchondrosis उपास्थि सन्धि
Synchrone, Synchronous, Synchronic, Synchronistic समकालिक, समक्रमिक, तुल्यकालिक
Synchronism समकालिकता, समक्रमिकता, तुल्यकालिकता
Synchronization, Synchronizing समक्रमण, समकालन, एककालन, तुल्यकालन
Synchronize समकालिक होना/करना, घड़ी में समय मिलाना
Synchronizer तुल्यकालक, समक्रामक, समकालित्र
Synchroscope तुल्यकालदर्शी, समकालदर्शी
Synchroscopy तुल्यकालदर्शन, समकालदर्शिकी
Synchrotron (a cyclic particle accelerator and potent source of X-ray) सिन्क्रोट्रॉन
Synchysis सन्तरलता
Syncilia सम्पक्ष्माभ
Syncladous संस्तम्भी
Synclastic सदृश वक्रित
Synclinal अभिनतिक, अभिनत
Syncline अभिनति
Synclinorium समाभिनति, समधोवलि
Syncoenobium सहमण्डल
Syncope मूर्च्छा, बेहोशी, अक्षर लोप

English	Hindi
Syncolpate	युक्तविदरकी
Syncysial	संकोशोति
Syncraniate	संकरोटीय
Syncyte	समेकित कोशिका
Syncytial	संकोशित, बहुकेन्द्रकी
Syncytic,	समेकित कोशिकीय,
Syncytical	संकोशीय
Syncytioma	संकोशार्बुद
Syncytiotoxin	संकोशपोषकृताविष
Syncytium,	संकोशा, संकोशिका,
Syncytia (pl.),	संकोशोति, बहुकेन्द्रक
Plasmodium,	
Plasmodia (pl.)	
Syncytotoxin	संकोशाविष
Syndactyl	युक्तांगुलि
Syndactylic,	युक्तांगुली, युक्तांगुलिक
Syndactylous	
Syndactylism,	युक्तांगुलिता
Syndactyly	
Syndepositional	सहनिक्षेपणी
Syndesmology,	सन्धि-प्रकरण,
Arthrology	अस्थि-स्नायुसन्धि विज्ञान, सन्धिविज्ञान, सान्धिकी
Syndesmosis	तन्तुसन्धि, अस्थिबन्धन
Syn-det (synthetic-detergent)	संश्लिष्ट अपमार्जक
Syndetic	संयोजी, संयोजक, जोड़ने वाला
Syndiotactic	एकान्तर व्यवस्थ
Syndrome	सहलक्षण, संलक्षण, लक्षण-समष्टि
Syndromic	सहलाक्षणिक, संलक्षणी
Syndyname	समबलवक्र
Synecdoche	उपलक्षक
Synechia	युक्तासञ्जन
Synecology	सम्पारिस्थितिकी, समुदाय पारिस्थितिकी
Synectic	स्पर्शी
Syneresis	संकोच निस्यन्दन, स्वरैक्य, स्वरसंकोच, स्वरसन्धि
Synergenesis	सहजनन
Synergetic	सहक्रियाशील, युतप्रभावी
Synergic	सहक्रियात्मक
Synergid	सहाय कोशिका
Synergism	सहक्रियता
Synergist	संकर्मी, योगवाही
Synergized	योगवाहित
Synergy	सहक्रिया
Syneuresis	तन्तुसन्धि, स्नायुसन्धि
Syngamic,	युग्मक संलयनी, समुद्वाही
Syngamous	
Syngamy	युग्मक संलयन, समुद्वाहन

English	Hindi
Syngenesious	युक्तकेसरी
Syngenesis,	सहजनन
Syngeny	
Syngenetic,	सहजात, सहजननात्मक,
Syngenic,	सहजनी
Syngenous	
Syngonic	पुंपूर्वी उभयलिंगी
Synhidrosis,	सहस्वेदन
Synidrosis	
Synizesis	आपुञ्जन, स्वरसंकोचन
Synkaryon,	युग्मज केन्द्रक
Syncaryon	
Synkinematic	सहगतिक, संगतिक
Synkinesis	सहगति
Synkinetic	सहगामी
Synmorphes	समान्तर्वेश
Synnecrosis	सहक्षय, संक्षय
Synnema	सूत्रपूल, पुञ्जसूत्र
Synneusis	पुञ्ज प्लवित, पुञ्ज-प्लविता
Synodic, Synodical	संयुति
Synoecious	उभयलिंगाश्रयी
Synopsis	संक्षेप, रूपरेखा, सिंहावलोकन
Synoptic	संक्षिप्त, सहदर्शी, सारिक
Synorogene	सम्पर्वतन
Synorogenic	सम्पर्वतनी
Synosteosis,	अस्थियोजन
Synostasis	
Synovium,	श्लेषक, सन्धिकलारस,
Synovia (pl.)	सन्धिस्नेहक
Synovial	सन्धिकला सम्बन्धी
Synoyial membrane	सन्धीय कला
Synovial fluid	सन्धिकला द्रव
Synovitis	श्लेषक-कला शोथ सन्धिकला शोथ
Synpetalous,	युक्तदलीय, सन्दलीय,
Sympetalous	संयुक्तदली
Synphalangism,	युक्तांगुलास्थिता
Synphalangy	
Synsacrum	सन्त्रिक
Synsepalous	संयुक्तबाह्यदलीय, सम्बाह्यदलीय
Synspermous	संयुक्तबीजी, सम्बीजी
Syntagma	सन्दृष्टि
Syntagmata	संखण्डैकक
Syntagmatic	संखण्डैककीय
Syntaxis	संयोजन
Syntectic	सन्द्रवणज, संक्षयी
Syntectonic	संविवर्तनिक
Syntexis	सन्द्रवण, संक्षय
Synthesis,	संश्लेषण
Syntheses (pl.)	

Synthesist, Synthesizer	संश्लेषक, संश्लेषित्र, सिन्थेसाइज़र (एक वाद्य यन्त्र)
Synthetic, Synthetical	संश्लिष्ट, संश्लेषी
Synthesized	संश्लेषित, संश्लिष्ट
Syntonia	अतिसंवेगशीलता
Syntonic	समस्वरित
Syntonize	समस्वरित करना, स्वर मिलाना
Syntony	समस्वरता
Syntopic	संस्थानिक
Syntrophism, Syntrophy	सहपोषिता, सम्पोषण
Syntrophoblast	सम्पोषकोरक
Syntype, Holotype	सहप्ररूप, समप्ररूप
Synusium, Synusia (pl.)	स्तर समुदाय
Synxenic	सहागंतुक
Synzoospore	सञ्चलबीजाणु
Syphiform	चषकरूप
Syphilis, Lues (a venereal disease in man caused by *Treponema pallidum*, a bacterium of family Spirochaetaceae)	उपदंश, आतशक, सुजाक, फिरंग
Syphilitic	उपदंशी, सुजाक रोगी
Syphon, Siphon	विनाल, निनाल, नाल
Syringa (*Syringa* sp, a flowering garden shrub of family Oleaceae)	चमेली, कामिनी (फूल), बकाइन, नकली नारंगी
Syringadenous	स्वेदग्रन्थिक, स्वेदग्रन्थीय
Syringe (clinical syringe was invented by Ms. Letitia Geer of New York in 1899 A.D.)	पिचकारी, उद्गारिका, फुहार छोड़ना
Syringitis	स्वरेन्द्रिय शोथ, शब्दिनी शोथ
Syringocoel, Syringocele	नालगुहा
Syringoid	विनालाभ, नलिकारूपी
Syringomyelia, Hydromyelia	नाल/नालगुहा मेरुरज्जुता, रसकोष्ठ मेरुरज्जुता
Syrinx	स्वरेन्द्रिय (चिड़िया का), शब्दिनी
Syrmema	सन्तन्तु, संहततन्तु
Syrtidophilous	शुष्क-रेतरागी
Syrtis	चोर-बालू, तर बालू मैदान
Syrup	चाशनी, शीरा, मिष्टोद, शर्कराम्बु
Sysgenia, Sysympaedia	अपर साहचर्य
Syssarcosis	पेशी-अस्थि योग
Systaltic (derived from Latin word systalticus mean alternate contraction and dilation like heart)	प्रकुञ्चकी, प्रकुञ्चक
Systasis	सहस्थिति
System	पद्धति, निकाय, व्यवस्था, तन्त्र, प्रणाली, वर्ग
Systematic	सुव्यवस्थित, क्रमबद्ध, सुयोजित, वर्गीकृत
Systematics	वर्गीकरणविज्ञान, वर्गिकी
Systematization	वर्गीकरण, व्यवस्थापन
Systematize, Systematise	सुव्यवस्थित करना, क्रमबद्ध करना
Systemic	दैहिक, सर्वांगीण, सांहतिक, आमयिक
Systole (a period of ventricular contraction in heart ejecting blood in aorta and pulmonary vein)	प्रकुञ्चन, हृद्संकुचन, हृत्कोच
Systolic, Systaltic	प्रकुञ्चनी, प्रकुञ्चक, हृत्कोची
Syzygy	विसंयुति/युति-अंयुति बिन्दु (पूर्ण चन्द्र व नव चन्द्र काल में दो से अधिक ग्रहों का एक रेखा पर होना)

T

Tabacinus	तम्बाकूवर्णी
Tabacism, Tabagism, Tobacco poisoning	ताम्रकूटता, तम्बाकू विषाक्तता
Tabacosis, Tobaccosis	फुप्फुस तम्बाकू धूलिमयता
Tabaret	धारीदार मोटा रेशम
Tabasheer, Tabashir (a hard crystal-line translucent extract from bamboo joints)	वंशलोचन, तवक्षीर

Tabby धारीदार, लहरिया
Tabefaction, क्षरण, घुलन, गलन,
Tabification, Tabies रोगजनित दुर्बलता
Tabella टिकिया, चुसनी
Tabes कृशता, सूखा रोग, क्षय रोग
Tabescence क्षीयमाणता, क्लान्ति, शोष, थकावट
Tabescent, Tabetic, Tabid जरकुञ्चित, क्षीयमाण
Tabic वातजनित, क्षयरोग सम्बन्धी
Table सारणी, तालिका, मेज
Table spoon (a measure of 14.79 ml of any liquid) बड़ा चम्मच (किसी द्रव या चूर्णित पदार्थ के आयतन/मात्रा का व्यावहारिक माप)
Table top पटलोपरि, मेज पर रखने योग्य
Tablet टिकिया, चक्रिका, फलक, तख़्ती
Tabloid चक्रिकाभ, छोटी टिकिया, लघुपत्र, पत्रिका
Tabula पटी, पटिया
Tabular सारणीबद्ध, सपाट, चिपिट
Tabula rasa कोरी पटिया, निरंक मानस
Tabulate सारणीबद्ध करना, सपाट बनाना, स्तरित, चिपटा करना
Tabulation सारणीयन
Tabulator सारणीयक, सारणित्र
Tabulatus स्तराधिस्तर
Tacheometer, Tachymeter जवमापी, द्रुतमापी
Tachography गतिलेखन, जवलेखन
Tachometer वेगमापी, घूर्णवेगमापी
Tachometry वेगमिति, घूर्णवेगमापन
Tachoscope क्षिप्रतादर्शी
Tachycardia, Tachyrhythmia द्रुतहृद्स्पन्दता, हृद्क्षिप्रता, हृद्द्रुतता, द्रुतनाड़ी
Tachydromite द्रुतसारिता
Tachygenesis द्रुतवर्धन, त्वरितवर्धन
Tachygraphy आशुलिपि
Tachylalia क्षिप्रोच्चारण, जल्दी-जल्दी बोलना
Tachylite, Tachylyte (a form of basaltic volcanic glass) आशुद्रावाश्म
Tachymeter आशुमापी
Tachyphemia द्रुतवाचिता, त्वरित वाचन
Tachyphylaxis द्रुतप्रतिरक्षा
Tachypnea, Tachypnoea द्रुतश्वसन
Tachyseism द्रुतभूकम्प
Tachyspore द्रुतकीर्ण
Tachysporous द्रुतकीर्णी
Tachyzoite द्रुतजाणु
Tacit मौन, विवक्षित, उपलक्षित
Taciturn अल्पभाषी
Taciturnity अल्पभाषिता
Tack चिपटी बिरञ्जी, कच्चा टाँका, तुरुपना
Tack free श्लेषिताहीन, श्लेषीमुक्त
Tackifier श्लेषक
Tackimeter, Tacciometer श्लेषितामापी
Tacking, Tackifying श्लेषण, चिपचिपा करना, जोड़ना
Tackle घिरनी, उपकरण, औज़ार, पकड़ना
Tack range श्लेषण परिसर
Tacky श्लेषी, चिपचिपा, फूहड़, फटेहाल
Tac-locus स्पर्शपथ, स्पर्श-बिन्दुपथ
Tac-node द्विक उभयाग
Tac-plane द्विक समतल
Tactical map सामरिक मानचित्र
Tactile स्पर्शनीय, स्पृश्य, स्पर्शक्षम, स्पर्शग्राह्य
Tactility स्पर्शनीयता, स्पृश्यता
Taction स्पर्श, स्पर्शन
Tactoreceptor, Tangoreceptor स्पर्शग्राही, स्पर्शेन्द्रिय
Tactual स्पर्शजन्य, स्पर्श-
Tadpole (a larva of frog) भेकशिशु, बेंगची, छुछ मछली
Taedium शिथिलता, थकान
Taenia, Tape worm फ़ीता, सरबन्द, पट्टी, फ़ीताकृमि, पट्टीकृमि
Taeniacidal, Taeniacide पट्टीकृमिनाशक, पट्टीकृमिनाशी
Taeniafugal पट्टीकृमि निष्कासी
Taeniafuge पट्टीकृमि निष्कासक
Taeniasis पट्टीकृमिग्रसन, पट्टीकृमि पर्याक्रमण
Taeniod, Taeniform पट्टीकृम्याभ, फ़ीताकृमिरूपी
Taeniola पट्टिका, छोटा फ़ीता
Taenioles, Gastric ridge जठरकूट
Taeniotoxin पट्टीकृमि-आविष, पट्टिकाविष
Tag end अन्तिम अंश, छोर
Tagmata खण्डैकक
Tagmatization खण्डैककीभवन

English	Hindi
Tagmosis	युक्तखण्ड
Taiga, Snow forest (a sub-arctic zone with snow and conifer forest)	टैगा (उत्तरी अधोध्रुवीय शीत प्रदेश)
Tail	पुच्छ, पूँछ, दुम, लांगूल, पुछल्ला
Tailed	सपुच्छ, पुच्छिल, पूँछदार
Tail end	अन्तिम छोर/सिरा, पिछाड़ी, पिछला भाग
Tail fin	पुच्छ पक्ष
Tail fluke (lobes of tail of cetacean, the aquatic mammals like dolphins and whales)	पुच्छ पालि
Tail fold	पुच्छ भञ्ज
Tailing	अधोपुच्छन, अवशिष्ट, पछोड़न, रेतन
Tailless	पुच्छहीन
Tail light, Tail lamp	पुच्छ दीप, पश्चदीप
Tailor bird (*Orthotomus* sp., a small song bird of warbler family Sylviidae, known for making pouched nest by sewing green leaves)	बया, दर्जिन, फुदकी (चिड़िया)
Tailor's chalk, French chalk, Milton chalk (a coloured soap-stone, steatite for removable marking on fabric, named after British supplier J.A. Milton)	दर्जी की खड़िया, मिल्टन चाक, फ्रेन्च चाक
Tail piece	अन्त्य रचना
Tail wind	अनुवात (अनुकूल हवा)
Tain	राँगा या टिन का पत्तर
Taint	दूषित करना, संक्रमित करना, छूत
Tainted	दूषित, संक्रमित
Takeable	ग्रहणीय, लेने लायक
Taken	ग्रस्त, आक्रान्त
Taken ill	अस्वस्थ
Taking	मोहक, ग्रहण, अभिग्रहण, संक्रामक, घबराहट
Takosis	अजक्षय
Talar	पक्षक
Talaria	गुल्फ-पक्ष, परदार टखने/जूते
Talc, Talcum, Soap stone (a soft mineral, hydrated magnesium silicate used as a cosmetic material)	सेलखड़ी, अभ्रक, तालक (एक त्वचा की नमी दूर करने व रगड़/जलन से बचाने वाला प्रसाधन)
Talcose	सेलखड़ी युक्त, तालकमय, अभ्रकमय
Talcosis	फुप्फुस तालकधूलिमयता
Talent	प्रज्ञा, प्रतिभा
Taling	गणन
Taliped	घूर्णपादी, मुड़े पैर वाला, पाँवफिरा
Talipes	बाजिपाद, मुद्गरपाद
Talipot (*Corypha umbraculifera,* a large palm tree of family Arecaceae)	श्रीताल, तालीपात (पौधा)
Tallness, Height	ऊँचाई, लम्बाई
Tallow (a harder fat of beef or mutton)	पशु-वसा, वसा, चर्बी लगाना
Tallow faced	पीतमुखी
Tallowiness	वसामयता, तैलीयता
Tallowy	तैलीय, तैलाक्त, चर्बीदार, मोटा
Talomer	गुल्फ बहुलक
Talon	चंगुल, पञ्जा, नख, नाख़ून
Talonid	अधोनिविस्तार
Talpiform	तिलाकार, पिण्डरूपी
Talus	घुटिकास्थि, टखना, गुल्फ, पदत्र, ढलवा, शैल-संखण्ड, चट्टानी मलबा
Tamable, Tameable	वश्य, दम्य, साध्य, पाल्य
Tamarin (*Saguinus* sp., a squirrel-sized New World monkey of family Callitrichidae)	तमारिन (एक दक्षिणी अमेरिकी छोटा बन्दर)
Tamarind (*Tamarindus indica,* a tree of legume family Fabaceae with lomentum type soury edible fruit)	इमली (एक भोज्य खट्टा फल व बहुवर्षी पुष्पी वृक्ष)
Tamarisk, Salt cedar (*Tamarix* sp., a flowering antidesertifying small tree of family Tamaricaceae)	झाऊ (खारी भूमि का एक पौधा)

Tambour	कढ़ाई हेतु गोल फ्रेम
Tame	पालतू, घरेलू, निस्तेज, नीरस
Tamp, Tamping	कूट-कूटकर भरना, मिट्टी से बन्द करना, पीटना
Tamper	थापी
Tamping rod	कुटाई छड़, कुट्टक दण्ड
Tampion	डाट
Tampon	तूलनिग (सैनीटरी पैड जैसा बाहरी सिरे पर एक खींचने का धागा लगा सूती स्त्री प्रसाधन, रक्त प्रवाह रोकने का रुई का फाहा)
Tamponade	सम्पीडन, फाहा से रक्तस्राव रोकना
Tan	भूरा, पिंगल, सिझाना, तँबिआना, ताम्रवर्णी बनाना
Tan bark	चमड़ा कमाने हेतु पेड़ की छाल
Tandem	अनुक्रमिक, आगे-पीछे के क्रम से
Tang	तीखा स्वाद, तेज़ गन्ध, टनटनाना
Tangency	स्पर्शिता
Tangent (abbreviated as Tan.)	स्पर्शरेखा, स्पर्शज्या, स्पर्शी, स्पर्श-
Tangental, Tangential	स्पर्शरेखीय, स्पर्शज्या सम्बन्धी
Tangent balance	स्पर्श-तुला, काँटा
Tangent galvanometer	स्पर्शज्या धारामापी
Tangerine	सन्तरावत्, चिपटी नारंगी (सन्तरा कुल का फल)
Tangibility	स्पर्शनीयता, स्पृश्यता
Tangible	स्पर्शनीय, स्पृश्य, मूर्त, साकार
Tangle	पाश, फन्दा, जटिल, गुत्थी, उलझन, समुद्री शैवाल
Tangled, Tangly	उलझा हुआ, प्रतिपाशित
Tangy	अति सुगन्धित, तीखा, तेज़
Tanic acid	पिंगलिक अम्ल
Tannin	कापिंगल, बभ्रु
Tank	हौज़, तालाब, तोपगाड़ी, बख्तरबन्द (टैंक)
Tankage	हौज़ धारिता, जलसञ्चयन क्षमता, वसा उर्वरक
Tanker	तरल (जल, तेल, द्रवित गैस, दूध, शीरा, शराब आदि) परिवहन यान/पोत
Tannage, Tanning	चर्मशोधन, चर्मसंस्करण, चमड़ा कमाना, ताम्रवर्णीकरण
Tannate	शल्कीय
Tanned	ताम्रवर्णित, चर्मशोधित
Tanner	चर्मशोधक, चर्मशोधित्र

Tannery	चर्मशोधनालय, चमड़ा मिल
Tans	शल्क द्रव्य
Tantalization	ललचाना, तरसाना, ललचाव, तरसाव
Tantamount	समान, तुल्य, बराबर
Tantrum	झल्लाहट, झोंक
Tap	टोंटी, थपकी, चुवाना, निसूत्रण
Tape	पट्टी, फ़ीता, नापने का फ़ीता
Tapeinocephalic, Tapeinocephalous	पट्टशिरस्क, पट्टशीर्षी
Tapeinocephalism, Tapeinocephaly	पट्टशिरस्कता, पट्टशीर्षता
Taper, Tapering	क्रमिक ह्रास, प्रवण, स्फानन, शुण्डाकार
Tapetum	पोषोति, पोषी-ऊति, स्तर, पर्त
Tape worm (*Taenia* sp., a human and pig gutparasite of class Cestoda in phylum Platyhelminthes)	पट्टीकृमि, फ़ीताकृमि (आँत का एक परजीवी प्राणी)
Taphonomic	जैवसादिकीय
Taphonomy	जैवसादिकी
Taphrogenesis, Taphrogeny	भ्रंशजनन, भ्रंशभवन
Taphrogeosyncline	परिभ्रंश भू-अभिनति
Taping	फ़ीता मापन
Tapioca sago (a product from tuberous roots of Cassava *Manihot esculenta*, a tropical woody shrub of family Euphorbiaceae)	कसावा साबूदाना (जड़ की भोज्य माँड़)
Tapir (*Tapirus* sp., a large herbivorous pig like wild mammal of family Tapiridae)	तापिर
Tapotage, Tapotement	थपथपाहट, थपक
Tappet	सरेखी भुज
Tapping	निष्कासन, अपसरण, निःस्राव, च्यावन, खटखटाना
Tap root	मूसला जड़
Tap water	नल का जल
Tar (a carbon free black mixture of organic materials from destructive distillation of petroleum)	विराल, अलकतरा, तारकोल, डामर

Tarantism नृत्योन्माद
Tarantula (a big hairy venomous spider of family Theraphosidae) एक बड़ी विषैली मकड़ी
Taraxacum दुग्ध तिक्तता
Tardigrade, Water bear, Moss piglet (a barrel shaped eight legged aquatic extremophilic slow-stepper micro-animal of phylum Tardigrada, able to survive in space), Tardigrades (pl.) मन्दचारी, धीरे चलने वाला, जलरीछ
Tardiness मन्दता, सुस्ती, शिथिलता
Tardo धीरे-धीरे
Tardy मन्द, विलम्बित, सुस्त, धीमा
Tare धड़ा, भारमोक, आधेय भार, मोठ, शायिघास (चरी)
Targeted therapy (a molecular chemotherapy for treatment of cancer, tuberculosis etc. by targeted drug delivery) लक्ष्यित चिकित्सा, लक्ष्य साधित चिकित्सा
Tarmacadam, Tarmac तारकोली रोड़ी
Tarn गिरिताल, छोटी पहाड़ी झील
Tarnish धब्बा डालना, बदरंग करना
Taro (*Colocasia esculenta*, a plant of family Araceae with starchy corm and tuber as edible underground stem) अरवी, कचालू (एक भोज्य कन्द)
Tarpan (*Equus ferus ferus*, a wild mammal of horse family Equidae, in Eurasian region) जंगली घोड़ा
Tarr, Tarring डामर लगाना, विरालन
Tarred विरालित
Tarry विराली, तारकोल जैसा, कोलतारी, विलम्ब से
Tarsadentitis वर्त्मपट्टग्रन्थि शोथ
Tarsal वर्त्म, गुल्फीय, गुल्फ-
Tarsalgia गुल्फशूल, टखने का दर्द
Tarsier (a wild nocturnal arboreal haplorrhine smallest primate of family Tarsiidae in south east Asian islands) कूर्च मर्कट, तारसियर (एक सबसे छोटा बन्दर)
Tarsioid कूर्च मर्कटाभ
Tarso-metatarsus गुल्फ-प्रपादिका, कूर्च-पाद शलाका
Tarsophalangeal कूर्चांगुलास्थिक
Tarso-rrhaphy पटल-सीवनी
Tar spot काला धब्बा, कृष्ण-लाञ्छन
Tarsus, Tarsi (pl.) गुल्फ, पदिका, टखना, कूर्च, कूर्चास्थि
Tart खट्टा, तीखा, चरपरा
Tartar दन्त मैल, न्यासव, तातारी
Tartaric acid टार्टरिक अम्ल
Tasimeter सूक्ष्म तापान्तरमापी
Tass कटोरी, प्याला, पीने का बर्तन
Tassel पुष्पवल्लर, प्रगुच्छ, झब्बा, फुन्दना
Tastable स्वाद्य, स्वादनीय
Taste स्वाद, स्वाद लेना, चखना
Taste bud स्वाद कलिका (जीभ पर)
Tasteless स्वादहीन, निःस्वादु
Taster स्वादक, स्वादी
Tasting स्वादन, आस्वादव, स्वदन
Tasty स्वादिष्ट
Tat, Tatting किनारी, झालर गूँथना, आघात
Tatter धज्जी बनाना, चिथड़े करना, जीर्ण
Tattler bird (*Tringa* sp., a wetland wading bird of family Scolopacidae) टिटहरी (एक जलचर पक्षी)
Tattoo गोदना (त्वचा पर), त्वचोत्कीर्णन
Taungya वनकृषि
Taurine, Tauriform गोवंशी, वृषभीय, वृषभाकार
Taurocholate, Oxgall वृषपित्तीय
Taurocholic वृषपित्तिक
Taupe भूरा ख़ाकी रंग
Taut कसा तना हुआ, तानना
Tauten तनन, कसन
Tautochronous एककालिक
Tautomer, Tautomeride चलावयव
Tautomeric चलावयवी
Tautomerism चलावयवता
Tautoness कसाव, तनाव, तन्यता

Tautophony	ध्वनिपुनरुक्ति, ध्वन्यभ्यास
Tautozonal	एककटिबन्धीय
Tavern	शराबख़ाना, कलवरिया, भट्ठीघर, मधुशाला
Taw	सिझाना, चमड़ा कमाना, गोली
Tawer	चर्मशोधक, चर्मकार
Tawery	चर्मशोधनालय, चमड़ा मिल
Tawny	पिंगल, भूरा-पीला, बभ्रुपीताभ, अवरक्त पीत
Taxidermist	चर्मप्रसाधक, चमड़ा सुधारने वाला
Taxidermy	चर्मप्रसाधन, चमड़ा सुधारने की कला
Taxin	तालीश रस (एक चिपचिपा वृक्ष स्राव)
Taxine (a lethal alkaloid mixture from Yew tree, *Taxus baccata,* a conifer of family Taxaceae)	तालीशी (एक विषैला क्षाराभ)
Taxic, Taxonomic	वर्गिकीय, वर्गीकरण सम्बन्धी
Taxis, Taxy	वर्गीकरण, अनुचलन, अनुचालन
Taxism, Tropism	आवर्तन, आवर्तिता
Taxodont	बहुदन्ती
Taxon, Taxa (pl.)	वर्गक
Taxonomic	वर्गिकीय, वर्गीकरणात्मक
Taxonomist	वर्गिकीविज्ञ
Taxonomy, Taxology (scientific study of laws and principles of animal and plant classification)	वर्गिकी, वर्गीकरण विज्ञान
Tea,Thea (*Camelia sinensis*, (an evergreen shrub of family Theaceae with caffeine and tannin)	चाय, चैन (पत्तियों से औषधीय गर्म पेय चाय बनती है) गन्धपूरा, हेमन्त-हरि
Tea berry, Box berry, Winter green (*Gaultheria procumbens,* a small flowering perennial shrub of heath family Ericaceae with edible berry type fruits, aromatic leaves are extracted to get medicinal oil)	गन्धपूरा, हेमन्त-हरि
Tea garden	चाय बाग़ान
Teak (*Tectona grandis*, a hard wood timber tree of family Lamiaceae)	सागौन (एक इमारती लकड़ी वाला वृक्ष)
Teal (*Anas crecca,* a common fresh water flying duck of family Anatidae)	हंसक, चैती, जंगली छोटी बतख़
Tear (a watery secretion of lachrymal gland in eyes to lubricate and clean eyelids)	आँसू, अश्रु, फाड़ना, चीरना
Tear gland	अश्रुग्रन्थि
Tear gas (2-chlorobenzal malononitrile or any lachrymating gaseous chemical)	अश्रुवाति, आँसू गैस
Tearless	अश्रुहीन, निरश्रु
Tear stained	अश्रुपूरित
Tease	धुनना, रोयें उठाना, छेड़ना
Teasel, Teazel (*Dipsacus* sp., a flowering perennial herb of family Caprifoliaceae)	विलायती गोखरू
Teaseler, Teazler	धुनिया (रुई, ऊन, जूट, तथा नारियल जटा धुनने वाले)
Tea spoon (a measure of 4.9 ml of any liquid)	चाय का चम्मच, छोटा चम्मच (किसी द्रव या चूर्णित पदार्थ के आयतन/मात्रा का व्यावहारिक माप)
Teat	चूचुक, चूची, स्तनाग्र
Teatulation	चूचुकीकरण
Techn-,Techno-, Technic, Technical	प्राविधिक, तकनीकी, पारिभाषिक
Technicality	प्राविधिकता
Technician	प्रविधिज्ञ, शिल्पी, मिस्त्री
Technicoloured	बहुरंगी, नानावर्णी, अतिरञ्जित
Technique	प्रविधि, तकनीक, शिल्पविधि
Technocrat	प्राविधिक तन्त्री, तकनीकी तन्त्री

Technological प्राविधिकीय, प्रौद्योगिकीय
Technologist प्राविधिकीविज्ञ, प्रौद्योगिकीविज्ञ, शिल्पविज्ञानी
Technology प्राविधिकी, प्रौद्योगिकी, शिल्पविज्ञान
Technology park (an area with technological facilities for academic, agricultural and industrial progress) प्रौद्योगिकी उद्यान
Technometer दक्षतामापी, विकिरणमापी
Techy चिड़चिड़ा
Tectal दृक्छदीय
Tectate सततच्छदीय
Tectiform तम्बुरूप, छत की तरह
Tectocephalic छदशिरस्की
Tectogene विवर्तनजन
Tectogenesis विवर्तनजनन
Tectology संरचना-आकारिकी
Tectonic अन्तःकृत, विवर्तनिक, वास्तुशिल्पीय
Tectonic plate विवर्तनिक पट्टिका/पटल
Tectonics विवर्तनिकी, रचिति, वास्तुशिल्प, स्थापत्य
Tectonism विवर्तनिकता
Tectonosphere विवर्तन मण्डल
Tectonum छादिकला
Tectoparatype अंश परप्ररूप
Tectorial आच्छादक, आच्छादी (जैसे कान की भीतरी झिल्ली)
Tectosequent विवर्तन अनुवर्ती
Tectotype अंश प्ररूप
Tectrix, Tectrices (pl.) आच्छादक पंख
Tectum, Tectum opticum दृक्छद, छदि, मध्यमस्तिष्कच्छद
Ted फैलाना
Tedious नीरस, उबाऊ
Tedium नीरसता, विरक्ति, उबाऊपन
Tee रेत का टीला, शिखर, निशाना
Teem उड़ेलना, बच्चा जनना, प्रचुर होना
Teeming अवपातन
Teen चोट, पीड़ा, जलन, चिन्ता
Teenage, Teenager किशोर/किशोरी
Teens किशोरवय, कैशोर्य
Teeny, Teensy शिशु, बहुत छोटा
Teethe, Teething दाँत निकलना, दन्तोद्भवन
Teeth ridge दन्तकूट
Teetotal, Teetotaller मद्यत्यागी, संयमी
Teetotalism मद्यत्याग, संयम
Teetotum फिरकी, फिरहरी, लट्टू
Teflon (a brand name of polytetrafluoroethylene, a synthetic resin as fluoropolymer with numerous applications like non-stick coating of utensils, lubrication, antiseptic coating of bio-medical appliances etc.) टेफ्लॉन
Tegmen, Tegmina (pl.) आच्छाद, आवरण
Tegumen, Tegument, अध्यावरक, अन्तःकवच,
Tegumentum अन्तश्चोल
Tegminal, Tegumental आच्छादी, आच्छाद-
Tegular कोरच्छादी, छोरच्छादी, खपरैल जैसा, खपड़े का
Tegulated कोरच्छादित, छोरच्छादित
Tegumental, Tegumentary, Tegumentous आच्छादक, आच्छादी, अध्यावरकीय, कवचीय
Tela जालिका, जालवत्, झिल्ली
Telaesthesia अतीन्द्रिय-दृष्टि, परोक्षदर्शन, योगदृष्टि
Telamon पुरुषस्तम्भ
Telangiectasia, Telangiectasis वाहिनिका स्फीति
Telangiosis (any disease of capillaries and terminal arterioles) केशिकाविकृति
Telangitis केशिकाशोथ
Telary जाला, जाले का, जाला बनाने वाला
Tele- (prefix) दूर-, दूरस्थ
Teleceptive, Telereceptive दूरग्राही, दूरसंवेदी
Telecommunication दूरसञ्चार
Telectasis स्फारण
Telegony दूरप्रभाव
Telegram दूरलेख, तार
Telegraph दूरलेखी, तार-प्रेषक (यन्त्र)
Telegraphy दूर लेखन, तार-सञ्चार
Telekinesis दूरगतिक्रम
Telekinetic दूरगतिक, दूरगतिक्रमी
Telemedicine दूरभेषजचिकित्सा

Telemeter	दूरीमापी
Telemetric	दूरीमितीय
Telemetry	दूरीमिति
Telencephalon	अन्त्यमस्तिष्क
Teleneuron	अन्त्यतन्त्रिकाकोशा, अन्त्यचेतैक
Teleodendron, Telodendron	अन्त्यद्रुमवर्ध
Teleological	औपायिक, उद्देश्यपरक
Teleology	औपायिकी, सोद्देश्यवाद
Teleomorph	अन्त्यरूप
Teleost (bony fishes of class Osteichthyes)	अस्थिमीन, अस्थिल मछली, हड्डी वाली मछली
Telepathic	दूरसंवेदी, दूरबोधी
Telepathy	दूरानुभूति, दूरसंवेदन, दूरबोध, पारेन्द्रिय, ज्ञान
Telephone (invented first by a scottish engineer Alexander Graham Bell in 1876 A.D.)	दूरभाष
Telephonic	दूरभाषिक
Telephoto	दूरचित्रक
Telephotography	दूरछायाचित्रण
Teleprinter	दूरमुद्रक, तारलेखी
Telescope	दूरबीन, दूरदर्शी
Telescopic deposit	अन्तविद्ध निक्षेप
Teletherapy	दूर चिकित्सा
Television	दूरदर्शन, दूरवीक्षण
Teliospore, Teleutospore	अन्त्यबीजाणु
Telium, Teleutosorus	अन्त्यक, अन्त्यगुच्छ
Tellurian	भौम, भू-वासी
Telluric	पार्थिव, स्थलमण्डलीय
Tellurism (a hypothetical form of animal magnetism), Toxicity of Tellurium	जन्तु चुम्बकत्व, टिल्यूरियम-विषाक्तता
Tellurium (a toxic element with symbol Te)	वंगक, टिल्यूरियम (गन्धक के प्रकार का एक उपयोगी अधातु तत्व)
Telobiosis	अन्त्यजीवता
Teloblast	अन्त्यकोरक
Telocentric	अन्त्यकेन्द्री
Teloceptor, Teloreceptor	अन्त्यसंवेदांग, दूरसंवेदांग, दूरग्राही
Telogen (a resting phase of hair follicle)	अन्त्यजन

Telogonium (germ cell formation at distal end of gonad), Telogonia (pl.)	अन्त्यजनद
Telogonic	अन्त्यजनदीय
Telolecithal	पश्चपीतकी
Telomer	अन्त्यक, अन्त्यावयव
Telomere	अन्त्यखण्ड
Telophase	अन्त्यावस्था
Telophragma	अन्त्यवृति
Telophyle	अन्त्यपर्ण
Telopodite	अन्त्यपादांश
Telorhabdion	अन्त्योष्ठगुहाभित्ति
Telostome	अन्त्यमुख
Telotaxis	प्रत्यनुचलन
Telotrichous	अन्त्यशूकी
Telotroch	गुदपूर्व गुच्छ, पश्चवलय
Telotrochal	पश्चवलयी, गुदपूर्व गुच्छीय
Telotrophic	शीर्षपोषी
Telson	पुच्छ खण्ड
Temblor	भूकम्प
Temnospondylus	अयुक्तकशेरुकीय
Tempeh	टेम्पे (किण्वित जापानी सोयाबीन केक)
Temper	मिश्रण, मनोदशा, पानी चढ़ाना
Temperament	स्वभाव, संस्कार (स्वर), स्वरसंयोजन
Temperance	परिमितता, आत्मसंयम, मद्यनिरोध
Temperate	शीतोष्ण, परिमित, स्वसंयत
Temperature (a measure of hot/cold in a scale)	तापमान, ताप (गर्मी या सर्दी का)
Tempered (a material such as steel, cast iron or glass, toughened by heating or chemical treatment)	मृदकृत, पनिया (इस्पात), पायित (काँच), दृढ़ीकृत
Tempest	तूफ़ान, झञ्झावात
Tempestuous	तूफ़ानी, प्रचण्ड, हुल्लड़
Tempile	तापदर्शी
Template, Templet	साँचा, दासा, रूपद
Temple	कनपटी, शंख (अस्थि), गण्डस्थल, मन्दिर
Temple tree, Frangipani (*Plumeria rubra,* a small flowering deciduous tree of family Apocynaceae)	गुलाचीं, गुलाचीन
Tempo-labile	गतिसंवेदी, गति-परिवर्ती

Temporal — लौकिक, अस्थायी, कनपटी, शंखक, शंखास्थि-
Temporal bone — कपालास्थि, कनपटी की हड्डी, शंखास्थि
Temporal muscle — शंख-पेशी, कपाल पेशी
Temporary — अस्थायी, अल्पकालिक
Temporary hardness (of water due to presence of bicarbonates of calcium and magnesium dissolved in it) — अस्थायी कठोरता (जो जल को उबालने से छानकर दूर की जा सकता है)
Tempo-stable — गति-स्थिर, गतिसह्य, गति-अपरिवर्त्य
Temulence — मदिरापान, मद्यपान
Temulent — मद्योन्मत्त, नशेड़ी
Tenacious — चिपचिपा, अभिसक्त, लगिष्णु, दुर्मर, चीमड़
Tenacity — अभिसक्ति, दुर्मरता, चीमड़पन, लगिष्णुता, दृढ़ता
Tenaculum — चिमटा, सन्दंश, लग्नकांग
Tend — झुकना, प्रवृत/अभिमुख होना
Tendance, — परिचर्या, परिपालन, देखभाल
Tendency — झुकाव, रुझान, प्रवृति, अभिमुखता
Tender — कोमल, मृदुल, निविदा
Tendering — मृदुलन, दुर्बलन, निवेदन
Tenderness — सुकुमारता, कोमलता, स्पर्शवेदना
Tendinitis, Tendonitis — कण्डरा शोथ
Tendinous — कण्डरामय, कण्डरायुक्त
Tendon, Tendinae (pl.) — कण्डरा, पेशीबन्धनी, मांसरज्जु
Tendril — प्रतान, सञ्जनी, तन्तु
Tenebra, Tenebrae (pl.) — तिमिरिका
Tenebrific — निशाकर
Tenebrous — अँधेरा, अन्धकारमय
Tenellus — सुकोमल
Tenent hair — सञ्जीरोम
Tener, Tenerum — सुकुमार
Tenericute — मृदुत्वकीय (जीवाणु)
Tenesmus — आमातिसार, पेंचिश
Tenet, Doctrine — सिद्धान्त, मत
Ten fold — दस गुना
Tennis elbow, Epicondylitis (a type of tendonitis causing swelling and pain in elbow of tennis players) — कोहनी का दर्द

Tenology — कण्डराविज्ञान
Tenon — जोड़, डबचूल बिठाना
Tenon saw — चूल आरी/आरा
Tenopathy — कण्डराविकृति
Tenor — औसत-प्रतिशत, गतिदिशा, जीवन प्रवाह
Tenotomy — कण्डराछेदन
Tense — आतत, तना हुआ, क्लान्त, क्रिया काल (व्याकरण का)
Tensibility, Tensility — आतन्यता, तन्यता
Tensible, Tensile — आतन्य, तन्य
Tensile force — तनन बल, तन्यबल, खिंचाव बल
Tensile strength — तनन सामर्थ्य
Tensile test — तनाव परीक्षण
Tensimeter — वाष्पदाबमापी
Tensiometer — पृष्ठतनावमापी, तनन-सामर्थ्यमापी
Tension — आतति, तनाव, आतनन, व्यग्रता
Tensional — तनावमूलक
Tensiostat — तननस्थापी
Tensity,Tenseness — आततत्व, आतता, क्लान्ति
Tensive — आतती, तननशील
Tensometer — तननमापी
Tensor — आतानक, तानिका (पेशी)
Tensor veli palatini — विच्छद तालव तानिका
Tentacle, Tentaculum — स्पर्शक, स्पर्शिका, अंगक
Tentaculiferous — स्पर्शकधर
Tentaculiform — स्पर्शकरूप
Tentaculoid — स्पर्शकाभ
Tentaculozooid — स्पर्शजीवक, स्पर्शक सञ्जीव
Tentecular — स्पर्शकीय, प्रभावी, अंगकीय, अंगक-
Tentecule — क्षुद्रांग, अंग
Tenteculet — क्षुद्रांगक, अंगिका
Tenter — तानक, तनित्र, वस्त्र तानने की मशीन, तनन निरीक्षक
Tentergin — आतनन
Tentillum — उपांगक
Tentollium, Tentollia (pl.) — स्पर्श शाखा
Tentorial — छदि
Tentorium, — मस्तिष्कछदि, शिरोन्तः
Tentoria (pl.) — प्रवर्ध
Tentum, Penis — शिश्न
Tenuifolius — तनुपर्णी
Tenuinucellate — तनुबीजाण्डकायी
Tenuirostral — संवृन्तचञ्चुकीय

Tenuity,	पतलापन, तनुता, विरलता, तुच्छता
Tenuous	पतला, तनु, विरल, तुच्छ
Tenuto	दीर्घाकृत रूप में
Teosinte (*Zea* sp., a wild annual/perennial maize like flowering branched herb of grass family Poaceae)	मकचरी (एक मक्के की जंगली प्रजाति, जिसका प्रयोग भोजन, पशुचारा, जैव ईन्धन व उद्योगों के लिए होता है)
Tepal (a segment of perianth in flower)	परिदल
Tepefy	कुनकुना करना/होना
Tephreous, Tephrus	भस्मवर्णी
Tepid, Lukewarm	अल्पोष्ण, कुनकुना, कदुष्ण उत्साहहीन
Tepidity, Tepidness	अल्पोष्णता, कुनकुनाहट, उत्साहहीनता, कदुष्णता
Tepor	गुनगुनाहट, गुनगुनापन
Teras, Terata	अपरूप, विरूप
Teratism, Teratosis	अपरूपता, विरूपता
Teratocarcinoma	अपरूपाध्यार्बुद
Teratogenesis, Teratogeny	विरूपण, अपरूपताभवन, विरूपताजनन
Teratogenic, Teratogenetic, Teratogenous	विरूपजनी, विरूपजन्य, अपरूपजनित
Teratogenicity	अपरूपजनिता, विरूपजन्यता
Teratological	विरूपताविज्ञानात्मक, वैरूपिकीय, विरूपता वैज्ञानिक
Teratologist	विरूपताविज्ञानी, विरूपताविज्ञ
Teratology	विरूपताविज्ञान, वैरूपिकी
Teratoma, Teratomata (pl.)	विरूपार्बुद, अपरूपार्बुद, विकृतार्बुद
Teratomorphic	विरूपी, अपरूपी
Teratophthalmic	विरूपाक्षी
Teratospermia	विकृतशुक्राणुता
Teratozoospermia	विकृतचलशुक्राणुता
Terbium (a slivery white rare earth metal element of lanthanide series with symbol Tb, used in LASER)	इद्भूशला, टर्बियम
Terce	पूर्वाह्निका, सुगठित, सारगर्भित, रूखा
Tercel (a male hawk or peregrine falcon)	बाज़ (एक शिकारी पक्षी)

Tercentenary, Tercentennial	त्रिशताब्दी, त्रिशताब्दिक, त्रिशतवर्षीय
Tercet	त्र्य, त्रिक, तीन का समूह
Tercine	तृतीयावरण
Tercovalent, Tri-covalent	त्रि-सहसंयोजी
Tere, Rub	घिसना
Terebinth (*Pistacia* sp., a flowering tree of cashew family Anacardiaceae, yielding turpentine)	तारपीन का पेड़
Terebrant	वेधी, भेदक, छेदक
Terebrate	विकीर्ण, रन्ध्री
Terebration	वेधन, छिद्रण
Terebatorium, Terebatoria (pl.)	प्रवेधक
Teredo, Ship worm (*Teredo navalis,* a marine clam, bivalved mollusc of family Teredinidae)	नौकृमि, पोत कीट, जहाज़ी कीड़ा
Teres (two muscles, major and minor passing below shoulder joints from scapula to upper part of humerus bone, for rotating inward and outward, respectively)	अंसाभिवर्तिका (दीर्घ व लघु पेशी)
Teret	मूसलाकार
Tergal	पृष्ठीय, पृष्ठकीय, पृष्ठपट्टीय
Tergite, Tergum	पृष्ठक, पृष्ठकांश, पृष्ठपट्ट
Tergocoxal	पृष्ठकक्षांगी
Tergopleural	पृष्ठक-पार्श्वकीय
Tergosternal	पृष्ठक-अधरकीय
Tergreminate	युग्मपर्णी, युग्मपर्ण शाखित
Tergum, Tergite	पृष्ठक
Termagancy	कर्कशता
Terminability	समाप्यता
Terminable	समाप्य, समाप्त करने योग्य
Terminal, Terminus	सीमान्त, अन्तिम, अन्तस्थ अवसान, आवधिक
Terminal value	संक्षिप्त राशि
Terminate	अन्त करना, समाप्त करना,
Termination	अवसान, समापन, अन्त
Terminative, Terminator	समापक, अन्त्य, दीप्ति-सीमान्त

Termitary, Termitarium, Termitaria (pl.)	वल्मीक, विमौट, बिमौटा बाँमी (दीमक का घर)
Termite, White ant (a wingless eusocial pest insect of family Termitoidae)	दीमक (तिलचट्टा कुल का एक पखंहीन सामाजिक कीट)
Termitology	वल्मविज्ञान, वाल्मिकी, दीमकशास्त्र
Termolecular, Tri-molecular	त्र्यण्विक
Tern (an aquatic bird of family Sternidae)	कुररी (पक्षी), गंगाचील,
Ternary, Ternal	त्रि-, त्रिधारा, त्रिधा, त्रिक, त्रिमय, त्र्यंगी
Ternate	त्रिपर्णकी, त्रिकविन्यासी, त्रिकमय
Ternlet (a small aquatic grey bird of tern family Sternidae)	कुररिका
Terpenism, Turpentine toxicity	सरलेन्यविषालुता, तारपीनविषाक्तता
Terra, Terre	मृदा, मिट्टी, भूमि, धरती, पृथ्वी
Terrace	वेदिका, समतल, सीढ़ी
Terrace farming	वेदिकाकृषि, सीढ़ीदार खेती
Terracette	लघुवेदिका, मेष पद
Terracing	वेदिकाकरण (सीढ़ीदार खेत बनाना)
Terracotta	मृण्मूर्ति, पक्की मिट्टी
Terrafirma	ठोस मिट्टी, शुष्क भूमि
Terrain	भूभाग, मैदान, मृण्भूमि
Terraneous	स्थलज
Terrapin (a small testudine reptile, turtle of brackish water)	रामानन्दी कछुआ, वारिकूर्म
Terraqueous	जलस्थलमय
Terrene, Terrestrial	पार्थिव, स्थलीय, थलचर, थलवासी, सांसारिक
Terrestrial radiation	पार्थिव विकिरण
Terret	छल्ला
Terricole, Terricolous	भूवासी, भूमिवासी, भूम्याश्रयी
Terrigenous	स्थलजात
Terriherbosa	स्थलपादप, थलशाकादि
Terrine	पकाने के ढक्कनदार मिट्टी के बर्तन
Territorial	क्षेत्रीय, प्रादेशिक
Territory	क्षेत्र, भूभाग, प्रदेश, राज्यक्षेत्र
Terse	सँक्षिप्त, सारगर्भित, सुगठित, रूखा
Tertian	तृतीयक, त्र्याहिक, त्रिजरा
Tertius, Tertiary	तृतीय, तीसरा
Tervalent, Trivalent	त्रिसंयोजक
Terylene	टेरीलीन (एक प्रकार का संश्लेषित वस्त्र)
Tessellate	चौख़ाना, कुट्टिमचित्र, टाइल लगाना
Tessellated, Tessellar	चौख़ानेदार, चितकबरा, कुट्टिमचित्रित
Tessera	गोलीय आयत
Tesseral, Isometric	जालीय, सममितीय
Test, Testing	परीक्षण करना, परीक्षण, जाँच, परख, मापदण्ड
Testa	बीजचोल, बीजकवच, बीजावरण
Testable	परीक्षणीय, जाँच योग्य
Testacean	कवची, चोलदार
Testaceous	शंखीय, शुक्तिक, चोलीय
Tested	परीक्षित, जाँचा-परखा
Tester	परीक्षित्र, परीक्षक, जाँचकर्ता
Testicle, Testiculus	वृषण, अण्डग्रन्थि
Testicular	वृषणीय
Testiculate	वृषणमय
Testified	सिद्ध, प्रमाणित, साक्ष्यसहित
Testifier	सिद्धकर्त्ता, प्रमाणक
Testify	सिद्ध करना, साक्ष्य देना
Testis, Testes (pl.)	वृषण, अण्डकोश
Testitis, Orchitis	वृषणशोथ, अण्डकोश प्रदाह
Test method, Test procedure	परीक्षण विधि
Testosterone (a testicular hormone in male mammals)	वृषणि
Test tube	परखनली, परीक्षण नलिका
Test tube baby	परखनली शिशु
Tetanic, Tetanal	धनुस्तम्भी, धनुर्वातिक, प्रांगग्राही
Tetanization	धनुस्तम्भन, प्रांगग्रहण
Tetanoid	धनुस्तम्भवत्, प्रांगग्रहाभ
Tetanus (a disease caused by toxin of *Clostridium tetani*, a bacterium of family Clostridiaceae)	धनुस्तम्भ, धनुकबाई, धनुर्वाति, धनुटंकार, सतत-संकोच, चाँदनी (घोड़ों का एक रोग)
Tetany, Tetanism (a painful muscular spasm)	धनुस्तम्भता, प्रांगग्रहिता, अपतानिका
Teter	दुर्गन्धी
Tethered	दाँत गढ़ा
Tetra- (prefix)	चतुष-, चतुर-, चतुः-

Tetra-allelic चतुर्विकल्पी
Tetrabasic चतुःक्षारकी, चतुष्पैठिक
Tetrablastic चतुष्कोरकी
Tetrabranchiate चतुष्क्लोमी (जन्तु)
Tetracerus चतुश्शृंगी
Tetrachitomy चतुर्भाजन
Tetrachord अर्ध-अष्टक
Tetrachoric चतुष्कोष्ठित
Tetracoccous चतुष्फलांशकी
Tetracyclic चतुष्चक्री
Tetracyte चतुष्कोशिकीय, चतुष्कोशीय
Tetrad चतुष्क, चतुष्ट्य, चतुष्ट्याणु, चौका
Tetradactyl चतुरांगुलि, चतुआंगुलि
Tetradelphic, Tetradelphous चतुर्संघी
Tetradynamous चतुर्दीघी
Tetraflagellate चतुष्कशाभी
Tetrafolius, Tetraphyllous चतुष्पर्णी
Tetragenic, Tetragenous चतुष्कजनी, चतुष्काणु
Tetragon चतुष्कोण, चतुर्भुज
Tetragonal चतुष्कोणीय, द्विसमलम्बाक्ष
Tetragram चतुर्भुज, चतुर्वर्णी (शब्द)
Tetragynous चतुर्जायांगी, चतुर्स्त्रीकेसरी
Tetrahedral चतुष्फलकीय, चतुर्थानीकीय
Tetrahedron चतुष्फलक, चतुरनीक
Tetrahymenal चतुष्कलीय
Tetrakaidecahedron चतुर्दशफलक, चौदह फलक
Tetrakis चतुष्ट
Tetrakont चतुष्क
Tetralocular चतुर्गह्वरीय
Tetralogy of Fallot (a congenital heart defect with four conditions hole between ventricles, narrowing of pulmonary artery, over-riding aorta and hypertropic right ventricle. The disease was name after French physician Etienne-Louis Arthur Fallot in 1888 A.D.) दिल में छेद का रोग (बच्चों का एक जन्मजात चार हृदय विकारों से युक्त रोग)
Tetralophodont चतुर्प्रस्थदन्ती
Tetralophus चतुष्शिखरीय
Tetramastous चतुर्स्तनी
Tetrameric, Tetrameral, Tetramerous चतुर्वयवी, चतुष्ट्यी
Tetramerism चतुर्वयवता, चतुष्ट्यता
Tetrandrous चतुष्पुंकेसरी
Tetranuclear चतुष्केन्द्रकी, चतुष्नाभिकीय
Tetraparite चतुष्खण्डी
Tetrapetalous चतुष्दलीय, चतुर्दलीय
Tetraploid चतुर्गुणित, चतुर्गुणी
Tetraploidy चतुर्गुणिता
Tetrapod, Tetrapoda, Tetrapus चतुष्पादीय, चतुष्पाद, चतुष्पद
Tetrapolar चतुर्ध्रुवीय
Tetrapterous चतुष्पक्षी, चतुर्पंखी
Tetraquetrous चतुष्तली
Tetrasaccharide चतुष्शर्करीय
Tetrasepalous चतुर्बाह्यदली
Tetraseriate चतुष्पंक्तिक
Tetrasomic चतुष्कायी, द्विअधिसूत्री
Tetrasomy चतुष्कायता, द्विअधिसूत्रता
Tetrasporangium, Tetrasporangia (pl.) चतुष्की-बीजाणुधानी, चतुष्बीजाणुधानी
Tetraspore चतुष्बीजाणु, चतुष्की बीजाणु
Tetrastichous चतुष्पंक्तिक, चतुरावलिक
Tetrataxic चतुरानुचलनी
Tetratype चतुष्प्ररूप
Tetravalent चतुःसंयोजक, चतुःसंयोजी
Tetraxial समचतुर्क्षीय
Tetrazooid चतुष्जीवक
Tetrology चतुरंगता, चतुष्क
Tetrose (a monosaccharide sugar with four carbon atoms) चतुर्यधु, तुर्यधु
Tetter दाद, खाज, चर्मरोग
Texis वंशज
Textiform तान्तुकरूपी, जालिकाकार, तानरूप
Textile तान्तुक, तान्तुकी, वस्त्र
Textural संरचनात्मक, संव्यूति, बुनावट सम्बन्धी
Texture वयन, बुनावट, संरचना
Textus जालिका, वयन, ऊति
Thalamencephalon, Diencephalon अन्तरामस्तिष्क
Thalamic पीनाक्षी, पुष्पासनी
Thalamus, Thallami (pl.) पुष्पासन, दृकूतन्त्रिका-पिण्ड, चेतक, पीनाक्ष, अन्तःपुर
Thalassemia, Thalassanemia (an inherited blood abnormality of erythrocyte formation) रक्तवर्तुल्याल्पता, सागरीय रक्तता, रक्ताणुहीनता

English	Hindi
Thalassic	समुद्री, सागरीय
Thalassography	समुद्रविज्ञान, सागरिकी
Thalattocratic	अतिसमुद्री
Thalidomide	शामक सागरीय औषधि
Thallassium, Sea vegetation	सागरीय पादप समुदाय
Thallassophilic, Thallassophilous	समुद्ररागी
Thallassoplankter, Thallasso-plankton (pl.)	समुद्र प्लवक
Thallassostatic	समुद्र स्थिरतलीय
Thallassoxene	समुद्रेतर
Thalliform, Thalloid, Thallose	सूकायरूप, सूकायवत्, सूकायाभ
Thalline	सूकायी, सूकायिक, शैवालयुक्त
Thallitoxicosis, Thallotoxicosis	सैक्ष्यविषरुग्णता, थैलियमविषरुग्णता
Thallium (a toxic metallic element with symbol Tl)	सैक्ष्य, थैलियम
Thallium toxicity	सैक्ष्यविषालुता, थैलियम विषाक्तता
Thallophyte	सूकायोद्भिद्
Thallospore	सूकायबीजाणु
Thallous, Thallic	सैक्ष्य-, थैलियम सम्बन्धी
Thallus, Thalli (pl.)	सुकाय
Thameng	अंकुश-शृंग
Thanatoid	मृत्यु-तुल्य
Thanatology	मृत्यु विज्ञान
Thanatomania	मरणोन्माद
Thanatomaniac	मरणोन्मादी
Thanatophobe, Thanatophobic	मृत्युभीरु
Thanatophobia	मृत्युभीति
Thanatoposis	मृत्यु-आभास, मरणाभास
Thanatopsy, Autopsy	मृत-परीक्षा, शव-परीक्षा
Thar, Tahr	थार (भारत में राजस्थान का एक विस्तृत मरुस्थल), थेर (एक पर्वतीय बकरा प्रजाति)
Thatch	छप्पर, छानी, छाजन, फूस
Thaumaturgy, Theurgy	इन्द्रजाल विद्या
Thaw, Thawing	बर्फ का पिघलना, सन्द्रवण, हिम-गलन, हिम द्रवण
Theaism, Theism, Theinism	चैनविषालुता, चायविषाक्तता
Theca,Thecae (pl.), Capsule	प्रावरक, सम्पुटी, बीजकोश
Thecal	प्रावरकीय
Thecate	प्रावरित
Thecodont	कूपदन्ती, गर्तदन्ती
Theic	चाय-व्यसनी, अधिक चाय पीने वाला
Theileriasis (a tick borne disease of mammals and birds caused by *Theileria* sp., a blood parasitic protozoan of class Aconoidasida)	थिलेरिया ग्रसन (एक आदिजीवी उत्पीड़न)
Thelalgia	चूचुक पीड़ा
Thelasis	स्तनचूषण, स्तनपान
Thelitis, Mamilitis, Mammilitis	स्तनशोथ
Thelycaryotic, Thelykaryotic	स्त्रीनाभिकीय
Thelytokous	स्त्रीजनी, मादा जनने वाली
Thelytoky	स्त्रीजनन, मादा सन्तति का जन्म
Thenar	हथेली, तलवा, अंगुष्ठमूल
Theobroma (*Theobroma* sp., a cocoa tree of family Sterculiaceae with edible roasted seed), God's food	देवान्न
Theodolite	भूमापी, कोणमापी
Theology	अध्यात्मविज्ञान, धर्मशास्त्र
Theomania	धर्मोन्माद
Theomaniac	धर्मोन्मादी, धर्म के प्रति उन्मत्त
Theopathy	समाधि
Theorection	सिद्धान्ती
Theorem (a mathematical statement, proved on basis of previous statements)	प्रमेय, साध्य
Theorematic	प्रमेयी, प्रमेय-
Theoretical	सैद्धान्तिक, युक्तिमूलक
Theoretics	सैद्धान्तिकी
Theory	सिद्धान्त, परिकल्पना
Theosophy	ब्रह्मविद्या
Therapeutic, Therapeutical	चिकित्सीय, उपचारार्थ
Therapeutics	चिकित्साविज्ञान, चिकित्सिकी
Therapeutist, Therapist	चिकित्सक, उपचारकर्त्ता

Therapy चिकित्सा पद्धति, चिकित्सा, रोगोपचार
Therencephalic, Therencephalous उत्कोण शिरस्क, उत्कोणशीर्षी
Theriac विषहर
Therianthropic पशुमानवीय
Theriodic, Malignant सांघातिक, दुर्दम्य
Theriodont स्तनिदन्ती
Therioma, Cancer कर्करोग, कैंसर
Theriomorphic पशुरूपी, जन्तुरूपी
Theriotherapy वन्यप्राणी चिकित्सा
Therm (1 thm = heat energy produced after burning 100 cubic feet of natural gas) थर्म (ताप ऊर्जा की एक इकाई=100,000 ब्रिटिश थर्मल यूनिट)
Therm-, Thermo- (prefix) ताप-, ऊष्मा
Thermacogenesis तापजनन, ऊष्मोत्पादन
Thermal, Thermic तापीय, ऊष्मीय, ताप-, औष्मिक
Thermal energy ऊष्मीय ऊर्जा
Thermality उष्णता, औष्मिकता, ऊष्मीयता
Thermal velocity तापीय वेग, गर्म वायु का उत्थान
Therm-antidote ऊष्महर, वायुशीतक
Thermatology तापोपचारिकी
Thermesthesia तापचेतना, तापवेदना
Thermion तापायन
Thermionic तापायनी, तापायनिक
Thermionics तापायनिकी
Thermistor ऊष्मप्रतिरोधक
Thermo-ameter तापविद्युत अमीटर
Thermobarograph ताप-दाबलेखी
Thermobiology तापजैविकी, ऊष्माजैविकी ऊष्माजीवविज्ञान
Thermochemical ऊष्मा-रासायनिक, तापरसायन
Thermochemistry तापरसायनविज्ञान, ऊष्मारसायनशास्त्र
Thermochroic तापान्तरिक, ताप-परिवर्ती
Thermochromatic (temporary colour change of any temporature sensitive compound at certain temperature), Thermochromic तापवर्णी
Thermochromatis Thermochromism ऊष्मवर्णकता, तापवर्णता
Thermocleistogamy ताप-अनुन्मील्य परागण
Thermocline तापप्रवणी, तापप्रवणता
Thermo-coagulation उष्ण-स्कन्दन
Thermo-coagulator तापस्कन्दक, ऊष्मा स्कन्दक
Thermocom-pression तापसम्पीडन
Thermocouple, Thermopile तापयुग्म, ताप-वैद्युतयुग्म, तापमिथुन
Thermoduric, Thermostable Thermotolerant, Thermoxene ताप-अपरिवर्त्य, तापसह्य, तापसहिष्णु, ऊष्मासह
Thermodynamic तापवैगिक, ऊष्मागतिक
Thermodynamics तापवैगिकी, ऊष्मागतिकी
Thermoelastic ताप-प्रत्यास्थ
Thermoelectric ऊष्मा-विद्युत, तापवैद्युत
Thermoexcitory तापोद्दीपक
Thermofax परिशुष्क
Thermofer ऊष्मसम्भावी
Thermogenesis, Thermogeny तापजनन, तापोत्पादन, ऊष्मोत्पत्ति
Thermogenic, Thermogenetic तापजनी, तापजनक, ऊष्मोत्पादक, तापजनित
Thermogram ताप आलेख, ऊष्माचित्र
Thermograph तापलेखी
Thermography ताप मुद्रण, ऊष्मा-लेखन
Thermohaline ऊष्मालवणीय
Thermoinhibitory तापरोधी, ऊष्मानिरोधी
Thermojunction तापसन्धि
Thermokinesis तापगतिक्रम, तापबलगति
Thermokinetic तापबलगतिक
Thermokinetics तापबलगतिकी
Thermolabile ताप-परिवर्त्य, ऊष्मासंवेदी
Thermology, Thermotics तापविज्ञान, औष्मिकी
Thermolumine-scence तापसन्दीप्ति
Thermolysis तापलयन, तापांशन, तापह्रास
Thermolytic तापलयी, तापांशी, तापह्रासी
Thermometa-morphism ऊष्मारूपान्तरण
Thermometer (invented by an Italian Santorio Santorio in 1612 A.D.) तापमापी
Thermometric तापमितीय, ऊष्मामापीय
Thermometrics, Thermometry तापमिति, तापमापन, ऊष्मामापिकी
Thermomotive ऊष्मीय चालक
Thermonastic तापानुकुञ्ची, तापवक्रिमी
Thermonasty तापानुकुञ्चन, तापवक्रिम

Thermonuclear तापनाभिकीय
Thermoperiodicity, Thermoperiodism तापकालिकता, ऊष्मावर्तिता
Thermophile, Thermophilic, Thermophilous तापरागी, उष्णप्रिय, ऊष्मास्नेही
Thermophore तापधर
Thermopile, Thermocouple तापयुग्म, तापवैद्युतयुग्म, तापीयपुञ्ज, तापचिति
Thermoplastic तापसुनम्य, तापसुघट्य, तापाभिघट्य
Thermoplastics तापसुघटिकी
Thermoplegia, Heat stroke तापाघात, ऊष्माघात
Thermoreceptor तापसंवेदांग, ऊष्माग्राही
Thermoregulation तापनियमन, ऊष्मानियन्त्रण
Thermoregulator तापनियामक, ऊष्मा-नियन्त्रक
Thermoresistant ताप-प्रतिरोधी, ऊष्मारोधी
Thermos,Thermos flask/bottle (a vacuum insulated vessel for storage of hot or cold materials) स्थिरतापिका, स्थिरताप कूपी, स्थिरताप परिघ
Thermoscope तापदर्शी
Thermoscopic तापदर्शीय, तापबोधक
Thermosetting तापदृढ़न
Thermosorter ऊष्मचायक, तापवर्गक
Thermosphere तापमण्डल, बाह्य वायुमण्डल
Thermostable, Thermotolerant, Thermoxene तापसह्य, ऊष्मासह, ऊष्मा-स्थायी, ताप-अपरिवर्त्य, ताप-अपरिवर्ती
Thermostat तापनियन्त्रक, तापस्थापी
Thermostat vacuum balance तापापेक्षी निर्वात तुला
Thermostatic तापस्थैतिक, स्थिरतापीय, ऊष्मास्थैतिक
Thermostatics तापस्थैतिकी, ऊष्मास्थैतिकी
Thermosteresis तापनिरोधन, तापनिष्कासन
Thermotactic, Thermotaxic तापानुचलनी, तापानुक्रमी, तापक्रमी, तापीयपुञ्जी
Thermotaxis, Thermotaxy तापानुचलन, तापानुक्रमण, तापक्रम
Thermotherapy तापचिकित्सा, ऊष्मोपचार
Thermotics, Thermology, Heat औष्मिकी, तापविज्ञान, ऊष्माविज्ञान,
Thermotropic तापानुवर्ती
Thermotropism, Thermotropy तापानुवर्तन, ऊष्मानुवर्तिता
Therodrymium (dryforest) शुष्क वन
Theroid पशुवृतिक, पाश्विक, पशुवृति वाला
Therology पाश्विकी, पशुविज्ञान
Theromorph, Theriomorph पशुरूप, वन्यजन्तुरूप
Therophyte बीजातिजीवोद्भिद्, एकऋतुपादप, ऋतूद्भिद्
Theropod पशुपाद
Thesaurosis, Thesaurismosis सञ्चय रोग
Thesis शोध-प्रबन्ध, अभिधारणा
Thesocyte सञ्चयाणु
Theta (θ, ϑ 8th letter of Greek alphabet) थीटा (युनानी वर्णमाला का 8वाँ अक्षर)
Theurgy चमत्कार, जादू-टोना
Thewed, Thewy हृष्ट-पुष्ट, स्वस्थ
Thew, Thews (pl.) पेशी समूह, बाहुबल, पेशियाँ
Thick मोटा, गाढ़ा, स्थूल, सघन
Thickened स्थूलित, सघनित, प्रगाढ़ित, गाढ़ा किया हुआ
Thickener प्रगाढ़क, स्थूलक, सघनकर
Thickening प्रगाढ़न, स्थूलन, सघनन, मोटाना
Thicket निकुञ्ज, झुरमुट, झाड़ी, बालवृक्ष, सघन, नाटा, गठीला
Thicket crop बालवृक्ष सस्य
Thickness गाढ़ापन, स्थूलता, सघनता, मोटाई
Thiganaesthesia स्पर्शसंवेदिता, स्पर्शानुभूति
Thigh जंघा, जाँघ, रान, ऊरु
Thigh bone जंघास्थि, ऊर्वस्थि
Thigmoreceptor स्पर्शसंवेदांग, स्पर्शग्राही
Thigmotaxis स्पर्शानुचलन
Thigmotropic स्पर्शानुवर्ती
Thigmotropism, Thigmotropy स्पर्शानुवर्तिता, स्पर्शानुवर्तन
Thill बम
Thimble अंगुश्ताना, अंगुलित्राण, परिवल
Thimble-ful थोड़ा सा (द्रव्य)
Thin, Thinly पतला, तनु, महीन, विरल, क्षीण
Thinner तरलक, तनुकर, द्रावक, विरलक
Thinning विरलन, तनुकरण, तनुभवन
Thiobacterium, Thiobacteria, (pl.), Sulfur bacteria (pl.) गन्धकजीवाणु शुल्बजीवाणु, शुल्बशाकाणु
Thiohydrolysis गन्धकजलांशन, शुल्बजलापघटन

Term	Hindi
Thion, Sulfur, Sulphur (a non-metallic ore forming mineral element with peculiar odour and symbol S)	गन्धक
Thionation	गन्धकायन, शुल्बायन
Thirst	तृष्णा, पिपासा, प्यास
Thistle (a small flowering medicinal prickly wild weed herb of family Asteraceae)	भटकटैया, ऊँट कटारा, शृगाल कण्टक (एक कँटीला पौधा)
Thistle funnel	शृगाल-निवाप, शृगाल कीप
Thixotropic	श्लिषकानुवर्ती, कम्पानुवर्ती
Thixotropism,	श्लिषकानुवर्तन, कम्पानुवर्तन
Thixotropy	श्लिषकानुवर्तिता
Thong	पट्टा, तसमा, कोड़ा लगाना
Thoracentesis	वक्षवेधन
Thoracic	वक्षीय, औरस
Thoraco-abdominal	वक्षोदरीय, औरसोदरीय
Thoraco-dorsal	वक्ष-पृष्ठ
Thoraco-lumbar	वक्ष-कटि, उरःकटि
Thoracopathy	वक्षरोग, उरविकार
Thoracoscope	वक्षदर्शी
Thorax	वक्ष, सीना, छाती, उरस्
Thorium (a radioactive actinide metallic element with symbol Th)	ह्रसातु, थोरियम
Thorn	काँटा, कण्ट, कण्टक
Thorn apple, Datura (*Datura* sp., a herb of family Solanaceae with toxic alkaloid in seeds and leaves)	धतूरा (एक विषैला पौधा/फल)
Thorny	कँटीला, कण्टकी
Thorough joint	पूर्ण सन्धि
Thousand (1000)	हज़ार, सहस्र
Thoughtography, Psychography (psychic imprinting of images onto film by mental means)	विचार चित्रण, मनोचित्रण
Thrash, Thresh	माँड़ना, धुनना, दाँना, निस्तुषण
Thrasher, Thresher	निस्तुषित्र, मड़ाई करने वाला
Thrashing, Threshing	निस्तुषण, अन्न अलगाना, मड़ाई
Thraw	मरोड़ना, भाँजना
Thread	धागा, सूत, सूत्र, पेंच की चूड़ी
Threading	सूत्रण, पेंच की चूड़ी बनाना
Thread worm, Pin worm, Seat worm (*Enterobius/ Oxyuris vermicularis*, a human gut parasitic nematode of family Oxyuridae)	सूत्रकृमि, चुन्ना
Threatened	संकटग्रस्त, संकटस्थ
Three dimensional (3D)	त्रिविमीय, त्रैविमी
Three dimensional ovary (3D printed artificial ovary prepared with gelatin)	त्रिविमीय अण्डाशय (3D प्रिन्टर से जिलेटिन का बना व विभिन्न कोशिकाओं से युक्त एक कृत्रिम अण्डाशय)
Thremmatology, Genetics	जननविज्ञान, प्रजननिकी
Threose (a tetrose monosaccharide sugar with four carbon atoms)	चतुष्कधु
Threose nucleic acid (TNA-an artificial genetic polymer)	चतुष्कधु नाभिकाम्ल
Threpsis, Nutrition	पोषण
Threpsology, Trophology	पोषणविज्ञान, पौषिकी
Threptic	पोषणीय, पोषण सम्बन्धी
Threshold	प्रभाव सीमा, अवसीमा रेखा, देहरी
Thribble	त्रिक, तिहरा
Thrill	रोमांच, स्पन्दित होना, पुलकित होना
Thrips	काष्ठकीट, पर्णजीवक, कीट, रसाद
Thrive, Thriving	पनपना, हरा-भरा, फलना-फूलना
Throat	गला, हलक़, कण्ठ, ग्रसिका
Throat-latch	गलतनी
Throat worm (*Mammomonogamous* sp., a parasitic nematode of family Syngamidae, causing scratching or crawling sensation in throat of man and cattle)	कण्ठकृमि
Throaty	कण्ठ्य, फटा गला

Throb, Throbbing धड़कना, कम्पन, स्पन्दन, प्रस्पन्दी
Throe, Throes तीव्र पीड़ा, प्रसव पीड़ा, प्रसूति वेदना
Thrombo-anginitis स्कन्द वाहिनी प्रदाह
Thrombocyst, Thrombocystis स्कन्दपुटी, घनास्रस्यून
Thrombocyte स्कन्दाणु, बिम्बाणु, घनास्रकोशा
Thrombocythemia अधिस्कन्दाणुरक्तता
Thrombocytopenia स्कन्दाणु-अल्पता, बिम्बाणुन्यूनता
Thrombocytopenic अल्पस्कन्दकोशीय
Thrombocytosis स्कन्दाणुता, घनास्रकोशता
Thrombogenesis, Thrombogeny, Thrombopoiesis स्कन्दजनन, घनास्रोत्पत्ति
Thrombocyto-genesis, Thrombo-cytopoiesis स्कन्दाणुजनन, घनास्रकोशोत्पत्ति
Thrombogenic, Thrombopoietic स्कन्दजनक, घनास्रोत्पादी
Thrombocyto-genic, Thrombo-cytopoietic स्कन्दाणुजनक, घनास्रकोशोत्पादी
Thromboid स्कन्दवत्, घनास्राभ
Thrombokinesis स्कन्दाणु गतिक्रम
Thrombokinetic स्कन्दाणुगतिक
Thermokinetics एक-दाणुगतिकी
Thrombolysis स्कन्दलयन, स्कन्दांशन, घनास्र-विघटन
Thrombolytic स्कन्दलयी, स्कन्दांशी
Thrombophlebitis स्कन्दशिराशोथ, स्कन्दशिरार्ति, घनास्रशिराशोथ
Thromboplastin स्कन्द तन्तु
Thrombose घनास्रयुक्त, स्कन्दमय
Thrombosed स्कन्दित, जमा हुआ
Thrombosis स्कन्दता, घनास्रता, शिरावरोध, रक्त जमाव
Thrombostasis घनास्र-स्थैतिकता
Thrombotic रक्तस्कन्दी, घनास्रीय
Thrombus रक्तस्कन्द, घनास्र, ख़ून का थक्का
Throstle (a cotton/wool spinning machine, a singing garden bird of family Turdidae) चर्खा, तकुआ, बाम्कार (एक गायक पक्षी)
Throttle, Thropple गति नियन्त्रित करना, गला दबाना
Throttle valve नियन्त्रण कपाट, प्ररोध कपाट
Throttling प्ररोधन, उपरोधी, गलपीडन
Throw, Throwing फेंकना, विक्षेप, निक्षेपण, उद्वेष्टन, कौशेयन
Thrum झब्बा, धागा, झंकारना, तुनतुनाना
Thrush, Aphtah, Candidiasis (a buccal infection of a yeast *Candida* sp., a fungus of class Saccharomycetes) सारिका, बाम्कार (पक्षी), मुखपाक, मुखव्रण, मुखशोथ, गले का छाला (एक अश्वरोग कैन्डिडा कवक का संक्रमण)
Thrust प्रणोद, धक्का, क्षेप, अभिप्लवन, ढकेलना
Thryptogen दुर्बलकारी
Thud, Thudd धमाका, धम से गिरना
Thuja (*Thuja* sp., a medicinal coniferous shrub of family Cupressaceae) मोरपंखी (एक सजावटी व औषधीय पौधा)
Thumb अँगूठा (हाथ का), अंगुष्ठ
Thumb nail अँगूठे का नाख़ून, अंगुष्ठ-नख
Thunder गर्जना, गड़गड़ाहट
Thunder bolt आकाशी बिजली, वज्र, तड़ित्
Thunder cloud गर्जनमेघ, तड़ित्मेघ
Thunder shower गर्जन वर्षा
Thunder stroke वज्राघात, वज्रपात
Thunder storm तड़ित् झञ्झा
Thurible धूपदान
Thurification धूपन (लोबान का)
Thurifier धूप (लोबान का) वाहक
Thylakoid लवक पुटिका, चिपिटाशय
Thyme (*Thymus vulgaris*, a medicinal culinary herb of family Lamiaceae, processed for thyme oil) पर्णासी, वन-अजवाइन
Thymocyte बाल्यग्रन्थिकोशा, यौवनालुप्तग्रन्थिकोशा
Thymol (a biochemical extracted from thyme oil) अजवाइन का सत, पर्णासीव
Thymoleptic पर्णाधोवाही
Thymolysis बाल्यग्रन्थिक्षय, यौवनालुप्त ग्रन्थि-अन्तर्वलन
Thymoma, Thymic cancer बाल्यग्रन्थि-अर्बुद
Thymotoxic यौवनालुप्तविषी

Thymotoxin	यौवनालुप्ताविष
Thymus	बाल्यग्रन्थि, यौवनालुप्त (ग्रन्थि)
Thyroactive	गलग्रन्थि-उद्दीपनशील, अवटुसक्रिय
Thyro-cardiac	गलहार्दिक रोगी
Thyrocele	गलग्रन्थि-अर्बुद, अवटु-अर्बुद, घेंघा
Thyro-cervical	गल-ग्रैविक
Thyrogenic, Thyrogenous	गलग्रन्थिजनित, अवटुजनी
Thyroglossal	अवटुजिह्वीय, गलजैह्विक
Thyrohyal	गलद्वित
Thyrohyoid	अवटुकण्ठिका
Thyroid, Thyroid gland	अवटु, अवटुग्रन्थि, गलग्रन्थि
Thyroid cartilage	टेंटुआ
Thyroidectomy	अवटुच्छेदन, गलग्रन्थि-निष्कासन
Thyroidism, Goiter,	गलग्रन्थिलता, अवटुता,
Thyroid stimulating hormone (TSH)	गलोद्यीपक अन्तःस्राव
Thyromegaly, Hyperthyroidism	घेंघा, गलग्रन्थि वृद्धि, अवटु-अधिस्रवण
Thyroiditis	गलग्रन्थिशोथ, गलप्रदाह अवटुग्रन्थिशोथ
Thyroidotoxin, Thyrotoxin	गलग्रन्थि-विषि, अवटु-आविष
Thyroinhibitory	गलग्रन्थिस्रावनिरोधी, अवटुस्रावनिरोधी
Thyrolytic	गलग्रन्थिलयी, अवटुक्षयी
Thyroma, Thyroid tumor	गलग्रन्थि अर्बुद
Thyropathy	गलग्रन्थिरोग, अवटुग्रन्थिविकृति
Thyroprivia	निर्गलग्रन्थिता, अवटुहीनता
Thyrothecium	अपवृता
Thyrotoxaemia, Thyrotoxemia	गलग्रन्थि-विषरक्तता, गलविष-रक्तता
Thyrotoxic	गलविषी, अवटुविषालु
Thyrotoxicity	गलविषालुता
Thyrotoxicosis	गलग्रन्थिरस विषरुग्णता
Thyrotrope	गलग्रन्थिविकारग्रस्त, अवटुग्रन्थिरोगी
Thyrotrophic	अवटुप्रभावी
Thyrotropic	गलग्रन्थि उद्दीपक
Thyrotropin	गलपोषि
Thyrsoid	द्राक्षशाखी
Thyrsus, Penis	मिश्रवर्ध्यक्ष, शिश्न
Thysanuran	अञ्चलपुच्छी
Thysanopteran	अञ्चलपंखी
Thysanuriform, Campodeiform	रजतमीनरूपी
Tibia, Tibial,	अन्तर्जंघिका, जंघास्थि,
Tibiale	अन्तर्जंघिका, जंघास्थिका
Tibialis anticus	अग्र जंघापेशी
Tibialis posticus	पश्च जंघापेशी
Tibio-fibula	अन्तर्बहिर्जंघिका, जंघानुजंघास्थि
Tibio-tarsus	अन्तर्जंघ-गुल्फिका, जंघाकूर्चास्थि
Tic	पेशीसंकुचन, पेशी का खिंचाव
Tick (a small vector and ectoparasitic blood sucking arachnid of order Parasitiformes)	चिपिड, किलनी, प्रांकण, निशान, खोल
Ticking	टकटकन, खोल का कपड़ा
Tickle	स्पर्शानुभूति, गुदगुदी, चुभन
Tidal	ज्वारीय, वेलीय
Tidal current	ज्वारीय धारा
Tidal rhythm	ज्वारावर्त
Tidbit, Titbit	चटपटा (स्वाद में)
Tide	जलतरंग, वेला, उमड़ना
Tide (High)	ज्वार, उच्च वेला
Tide (Low)	भाटा, निम्न वेला
Tide water	ज्वार जल
Tidology	ज्वार-भाटाविज्ञान
Tie	बाँधना, गाँठ देना, बन्धन, बन्ध
Tied	बँधा हुआ, बद्ध
Tier	सोपान, पंक्ति, निःश्रेणी
Tiercel	बाज़
Tiercet	त्रिक
Tierra	अयस्की, प्रदेश
Tiffin	मध्याह्न जलपान
Tige	दण्डी, डण्डी, स्तम्भक
Tigellutus	वृन्तकी
Tiger (*Panthera tigris*, a wild large carnivorous poaching mammal of cat family Felidae with black stripes on skin)	व्याघ्र, बाघ, चीता (एक तेज़ दौड़ने वाला विडालवंशी हिंसक वन्य स्तनधारी)
Tiger fish (*Hydrocynus* sp., a large sharp toothed predatory fresh water game fish of family Alestidae)	बाघ मछली, चीता मछली, व्याघ्रमीन

Tiger shark (*Galeocerdo cuvier/tigrinus*, a marine predatory cartilaginous large upto five meters shark of family Carcharhinidae, with tiger like dark stripes on white skin of juvelines) व्याघ्र ग्राह, चीता शार्क
Tigress (female tiger) बाघिन, मादा चीता
Tigrine, Tigrish व्याघ्रवंशी, बाघ/चीता जैसा
Tile खपड़ा, खर्परी, खपरैल
Tile fish (a small perciform food fish of family Macanthidae) खर्परमीन, खपरैल मछली
Till जोतना, गोलाश्मी-मृदा, जब तक
Tillable जोताई योग्य, कृष्य
Tillage, Tilling जोताई, उत्कर्षण, प्ररेखन
Tiller अन्तर्भूस्तरी, कर्णदण्ड, कृषक, जोतनेवाला
Tillering प्ररोहण
Tillodont रदनिकृन्त
Tilt, Tilted अभिनत, ढालू, झुका हुआ
Tilting अभिनम्य, झुकने वाला, झुकाव
Timber इमारती लकड़ी, प्रकाष्ठ, वन, धरन
Timber line वृक्ष रेखा, वन रेखा
Timbre ध्वनि गुण, ध्वनि स्वरूप
Time barred अवधि बाधित, कालातीत
Time bound समयबद्ध
Time piece घड़ी
Timer कालसूचक, कालसमञ्जक, कालमापी
Time scale समयमापक्रम, कालदण्ड
Time worn जराजीर्ण, पुराना
Timid भीरु, कातर, संकोची, डरपोक
Timidity भीरुता, कातरता, संकोच, कायरता
Timing कालसमञ्जन, कालमापन, समयानुपात
Timorous भीरु, कातर, डरपोक
Tin, Stannum (a Latin word for Tin, a metallic element with symbol Sn) वंग, त्रपु, रांगा, टिन
Tincal टंकण, सोहागा
Tinctorial रञ्जक, रंग-
Tincture घोल, गन्ध, आभा, निष्कर्ष, रंगत
Tinder ईंधन, सोख्ता, शीघ्र दाह्य
Tinder box सोख्तादान
Tine शूक, नोंक, शृंग, शाखा, काँटा
Tinea दाद (एक चर्म रोग)
Tin foil वंगपत्र, त्रपुपर्ण, टिन की पन्नी
Ting टनटनाना, टनटन
Tingaling घनघनाहट
Tinge आभा, हल्का रंग चढ़ाना, गन्ध, पुट
Tingle, Tingling झुनझुनी चढ़ना, झुनझुनी, जलन, चींटी सा चलने की अनुभूति
Tinker कलईगर, झलाईगर, ठठेरा
Tinkle टनटनाना, टनटनाहट, शरीर से कोई द्रव या मूत्र निकलना
Tinned वंगलेपित, कलईदार, त्रप्वित, डिब्बाबन्द
Tinning वंगलेपन, त्रप्वन, कलई करना, डिब्बाबन्दी
Tinnitus कर्णक्ष्वेड, कान बजना
Tinny वंगमय, टिनदार, कलईदार
Tin plate, Tin plating कलईदार लोहा, कलई करना, वंगलेपन, त्रपुपट्टन
Tinsel पन्नी, पन्नी चढ़ाना, भड़कीला
Tin stone वंगाश्म, वंग-प्रस्तर
Tint आभा, वर्ण, हल्का रंगना
Tinted आरञ्जित, आभायित
Tinting आरञ्जन, आभायन, रंग भरना
Tintography आभालेखन
Tintometer आभामापी
Tinware त्रपुपात्र, वंगभाण्ड, टिन के बर्तन
Tiny लघु, अल्प, नन्हा
Tip अणि, नोंक, अग्र (भाग), तोषक, हल्का स्पर्श/प्रहार
Tip burn दग्धाग्र
Tipped अग्ररञ्जित, अणित, नोंकदार
Tipping अग्रण, सन्धान, अवपातन, उलटना
Tipple शराब, मद्य, रिक्त, मद्यप होना
Tippler शराबी, मद्यप, रिक्तक
Tippy क्षताग्र
Tipsy प्रमत्त, मदोन्मत्त, हल्के नशे में
Tip-toe पञ्जा (पैर का)

Tip-up seat	उल्टाऊ आसन
Tire	पहिए पर हाल चढ़ाना, थकना/थकाना
Tirod	कुभूमि पादप
Tisane	पथ्य पेय
Tissue	ऊतक, ऊति, सन्तन्तु, जाल
Tissue paper	शिरापत्र, मुलायम काग़ज़
Tit (*Parus* sp., a small passerine bird of family Paridae)	फुदकी(पक्षी), युवती, टट्टू, चुसनी, चूची
Titanic	भीमकाय, दैत्याकार
Titanium (a transition metallic element with symbol Ti)	रञ्जातु, टिटेनियम
Titer, Titre	इयदीक्ष, अनुमापक, अनुमाप
Titian	उद्रक्त पीत, भूरा रंग
Titilate, Titilation	गुदगुदाना, उद्दीपन, उत्तेजन, गुदगुदी
Titivate, Tittivate	सँवारना, शृंगार करना
Tit mouse (*Baeolophus bicolor,* a small crusted singing bird of family Paridae), Tit mice (pl.)	गंगरा, रामगंगरा (पक्षी)
Titrable	अनुमाप्य, इयदीक्ष्य
Titrate, Titration	अनुमापन करना, अनुमापन, इयदीक्षण
Titrator, Titrant	अनुमापक, इयदीक्षक
Titre value	अनुमापांक, इयदीक्ष्यांक
Titrimeter	अनुमापी
Titrimetric	अनुमापनमितीय
Titrimetrics, Titrimetry	अनुमापनमिति
Tittle	अल्पमात्र, बिन्दुमात्र, अणुलव, लवलेश
Tittup	फुदकना, कुदकना, कलोल करना
Titubation	प्रकम्पन, सिर हिलना, लड़खड़ाहट
Tizzy	घबड़ाहट, उत्तेजना
Tmesis	विछिन्न क्रम
Toad (a terrestrial/ arboreal amphibian of order Anura with dry poisonous warty skin and breed in water)	भेक (एक मण्डूक वंशी रात्रिचर जन्तु)

Toadlet (a smaller toad)	भेकक
Toad stool, Mushroom	छत्रक, कुकुरमुत्ता
Toast	श्रात, श्रपण, भर्जन, सेंकना, तपाना, तापना, शुभकामना
Toaster (an electrical kitchen appliance)	तापित्र, सेंकने वाला
Tobacco (dried chunked leaves/ stem of *Nicotiana* sp., a medicinal herb of family Solanaceae with alkaloid nicotine, a stimulant), Tabacco	तम्बाकू, ताम्रकूट (खैनी, सुँघनी व धुएँ के रूप में इसका सेवन स्नायु-उद्दीपक होता है)
Tobacconist	तम्बाकू व्यवसायी, ताम्रकूटविज्ञ
Tobaccosis	फुप्फुस तम्बाकू धूलिमयता
Tocography, Tokography	प्रसूतिलेखन
Tocology (science of parturition and obstetric), Obstetrics	प्रसूतिविज्ञान, प्रासविकी, धात्री-विद्या
Tocsin	संकट घण्टी
Todability	उपसाधनीयता
Toddle	ठुमकना, गिरते-पड़ते चलना
Toddy (a liquor prepared from palm sap)	ताड़ी (ताड़वृक्ष से निकाला मद्यरस)
Toe	पादांगुलि, पैर की अंगुली, खुर
Toe nail	पद नख, पैर के नाख़ून
Toffee, Toffy	पयोमिष्टी, टॉफी
Tofu (a chinese word for Soyabean cheese)	सोया पनीर, सोयाबीन पनीर, टोफू
Toggle	गुल्ली, गिल्ली, खूँटी
Toil	जाल फन्दा, कठिन परिश्रम
Toilet, Toilette	प्रसाधन, शौचालय, शृंगार
Toilet paper	शौच पत्र, शौच का काग़ज़
Toilet plume (a phenomenon of spreading faecal contamination in air during use)	शौचालय पंख
Toilsome, Toilful	थकाऊ, श्रमसाध्य
Tokocyte	प्रजाणु
Tokostome	प्रजामुख
Tolerable	सहनीय, सह्य

English	Hindi
Tolerance, Toleration	सहिष्णुता, सहनशीलता, उदारता
Tolerant	सहिष्णु, सहनशील, उदार
Tolerogen	सहिष्णुजन
Tolerogenic, Tolerogenous	सहिष्णुजनी
Tom	नर (पशु)
Tomato (*Solanum lycopersicum*, an annual vegetable crop herb of family Solanaceae with edible berry type sour fruit), Tomatoes (pl.)	टमाटर (एक सब्जी व भोज्य फल)
Tomboy	मरदानी लड़की
Tom cat	बिल्ला (नर बिडाल)
Tomentose	संरोमी, घनरोमिल, घना रोयेंदार
Tomentum	संरोम, घनरोम, घने रोयें
Tomie	विखण्डज
Tomiogone	विखण्डजद
Tomioparous	विखण्डसृट्
Tomium	चञ्चुकोर
Tommy gun	हल्की मशीनगन
Tomodromic	प्रतिच्छेदक
Tomography	संरचनाचित्रण, विखण्डचित्रण, दीर्णचित्रण, विच्छेदलेखन
Tomotherapy (a type of cancer treatment by radiation delivered slice by slice)	विखण्डन चिकित्सा, तक्षण चिकित्सा
Ton,Tonne	ढेर सा, टन (मिट्रिक-टन= 1016.06 कि.ग्रा.)
Tonal	स्वरीय, ध्वनि सम्बन्धी
Tonality	स्वरसंगति, वर्ण विन्यास
Tone, Tonus	प्रवृति, स्वर, तान, स्वराघात
Toned	प्रवर्त्त, स्वरित, छायायुक्त, रंगसंगत, छविकृत
Toned milk (a mixture of whole milk with water and skimmed milk)	पतला दूध (3.0% वसा युक्त)
Tong, Tongs	चिमटा, सन्दशिका, सँड़सी
Tongue	जिह्वा, जीभ, ज़बान, बोली
Tongue cleaner, Tongue scraper	जिह्वा मार्जक, जीभी
Tongue print (surface impresisons on tongue as unique biometric identification tool for forensic use)	जीभ-छाप, जिह्वा प्रतिमुद्र
Tongue tie	जिह्वाबन्ध
Tongue worm (*Linguatula serrata*, a blood sucking tongue shaped crustacean arthropod of order Pentastomida, an endoparasite of various vertebrates)	जिह्वाकृमि, जीभ कीड़ा
Tonic	बल्य, तानिक, बलवर्धी, पौष्टिक, स्फूर्तिदायी
Tonic contraction	सविरामी संकुचन
Tonicity	स्फूर्ति, बल्यता, तानिकता, पौष्टिकता
Toning	छविकरण, रंगसंस्कार, रंगत, रंग बैठाना
Tonnage	टन भार, भारण, प्रवर्त्त
Tonofibril, Desmosome	धानीतन्तु, धानीबन्ध
Tonometer	स्वरमापी, तनावमापी, दाबमापी
Tonoplasm	धानीप्ररस, परिधानी जीवद्रव्य
Tonoplast, Vacuolar membrane	धानीभित्ति, रिक्तिका कला
Tonoscope	स्वरदर्शी
Tonoscopy	स्वरदर्शन, स्वरदर्शिकी
Tonsil	गलतुण्डिका, गलांकुर, गलवाताम
Tonsilectomy	गलतुण्डिकोच्छेदन
Tonsilitis	गलांकुरशोथ, गलतुण्डिकाप्रदाह, गलवातामशोथ
Tonsorial	नापितीय, नाई का, मुण्डन-
Tonsure	मुण्डन करना, क्षौर संस्कार
Tonus	पेशीसंकोच, तनन, तान
Tool	उपकरण, औज़ार, साधन
Tooler	छेनी
Tooling	नक़्क़ाशी, अलंकरण
Toot	भोंपा, सीटी, तुरही
Tooth, Teeth (pl.)	दाँत, दन्त, दन्त-
Toothache	दाँत का दर्द, दन्तशूल
Tooth brush	दन्तकूर्च, दन्तकूँची
Toothed, Toothy	दन्तुर, दन्तुरित, दन्ती, दाँतेदार
Toothful	घूँट
Toothing	दन्तुरण
Toothless	दन्तहीन, पोपला
Tooth mark	दन्तक्षत
Tooth paste	दन्तलेप, दन्त मञ्जन

Tooth pick दन्त खोदनी
Tooth plane धारी रन्दा
Tooth plate दन्त पट्टिका
Tooth powder दन्त चूर्ण, दन्त क्षोद, दन्त मञ्जन
Tooth pulp दन्त गोर्द
Tooth shell गजदन्त-कवची
Tooth socket दन्त उलूखल
Toothsome स्वादिष्ठ, ज़ायकेदार
Tooth wort (*Lathraea* sp., a wild parasitic flowering non-chlorophyllous edible plant of family Orobanchaceae, growing on root of other plants) दन्तिमूल
Top शिखर, चोटी, ढक्कन, लट्टू, सिर का चाँद, सर्वप्रथम, फलक का ऊपरी भाग, पराकाष्ठा, चरमबिन्दु
Topaz पुखराज, पुष्पराग (रत्न), पीलारंग
Top borer (insect) शीर्ष-छिद्रक (एक पीड़क कीट)
Top-dressing उपरिवेशन, उपरिवेशी, ऊपरी छिड़काव/लेप
Tope अतिमद्यपान, स्तूप, बाग़, फलोद्यान
Toper मद्यप, शराबी, नशेड़ी
Topful ऊपर तक भरा, लबालब
Tophaceous खड़ियामय, रेतीला, कँकड़ीला
Tophus, Tophi (pl.) खड़ी शैल, खड़िया पत्थर
Topiary शीर्ष-कर्तन (पेड़ों की), फुनगी छँटाई
Topic प्रकरण, विषय, प्रसंग
Topical प्रासंगिक, सीमित, स्थानिक, सामयिक
Topic reaction स्थानिक उद्दीपता प्रतिक्रिया
Top knot चोटी, कलगी
Toponomasiology, Toponomy स्थलनाम विज्ञान
Topogenesis, Topogeny तलरूप विकास
Topographic, Topographical स्थलाकृतिक, तलरूपी
Topography स्थलाकृति, तलरूपवर्णन
Topology सांस्थितिकी, संस्थितिविज्ञान, स्थानवर्णन, स्थलाकृति विज्ञान
Toponym स्थान नाम
Topophobe, Topophobic स्थान भीरु
Topophobia स्थानावरोध, स्थान (विशेष) भीति
Topophysis स्थायी परिवर्तन
Toposcope तलरूपदर्शी
Toposcopic तलरूपदर्शीय
Toposcopy तलरूपदर्शन, तलरूपदर्शिकी
Toposheet तलरूप स्तार
Topotactic स्थलानुचल उद्दीपक्रामी (जीव)
Topotaxis स्थलानुचलन, उद्दीपक्रमण
Topotype स्थानप्ररूप
Topping अन्तिम रंगाई, मिष्ट लेप
Topple लरजकर (कमज़ोरी से) गिरना, गिरा देना
Top soil उपरिमृदा, ऊपरी मिट्टी
Topsyturvy उलटा-पुलटा, औंधे, अस्त-व्यस्त
Top up ऊपर तक भरना, लबालब करना
Tor पथरीली पहाड़ी की चोटी
Torch मशाल, चोर बत्ती, प्रकाश स्तम्भ
Torchon paper खुरदुरा काग़ज़
Torch wood (*Amyris elemifera*, a tree of family Rutaceae in American forest with high resin in wood, used for torch) कोटा-गन्धाल, लोहजंघा, नेवारी (लकड़ी का मशाल के रूप में प्रयोग)
Tore वृत्तज, वलय, फटा हुआ
Torentology भ्रूणरोगविज्ञान, भ्रूणव्याधिकी
Torma अवट, गर्त, विवर, गड्ढा
Tormagen अवटजन, गर्तजन
Torment पीड़ा, यन्त्रणा, सन्ताप
Tormentil, Cinquefoil (*Potentilla erecta*, a wild medicinal perennial herb of rose family Rosaceae) पञ्चपर्णी
Tormenting सन्तापकारी, पीड़ादायी
Tormentor उत्पीड़क, सन्तापक
Tormina पेंचिश
Tornado चक्रवात, घूर्णवायु, बवण्डर
Tornaria (a planktonic larva of some aquatic animals of phylum Hemichordata) भ्रमि-डिम्भ

Tornate	अशिताग्री, कुण्ठाग्री
Tornote	कुण्ठाग्र
Toroidal	वृत्तज, वलय
Torose, Torous	मणिमय, उभारदार, सूजा हुआ, फूला/हुआ
Torpedo	नौघ्नी, पोत विध्वंसनी, नष्ट/व्यर्थ करना
Torpedoing	नौघ्नीयन, प्रस्फोटन, पोत ध्वंस
Torpid	निष्क्रिय, निर्जीव, प्रसुप्त, आलसी, सुन्न, तन्द्रालु
Torpidity, Torpor	निष्क्रियता, जड़ता, सुन्नता, निर्जीवता, उदासीनता, आलस
Torquate, Torquated	कण्ठीदार, ऐंठनदार, कण्ठित
Torque, Torc	बलाघूर्ण, ऐंठन, कण्ठी
Torrefaction, Torrefy	तापन, शुष्कन, तपाना, सुखाना, भूनना
Torrent	तरस्विनी, वेगवान्, प्रचण्ड धारा
Torrential	तरस्वि, वेगप्रवाही, वेगवान, मूसलाधार
Torrid	अत्युष्ण, बहुत गर्म, उत्कट, अति तीव्र
Torridity	अत्युष्णता, तेज़ गर्मी
Torrid zone	उष्ण कटिबन्ध
Torsalo	तन्दु अपादक
Torsion, Tortion	विमोटन, ऐंठन, मरोड़
Torsional, Torsator	विमोटी, ऐंठनकारी, मरोड़ी
Torso	विकृत रचना, अपूर्ण रचना, धड़-प्रतिमा
Torticollis	वक्रग्रीव
Tortile	वक्र, कुण्डलित, मरोड़ा हुआ
Tortilla	टारटिला (मकई से बना एक मैक्सिकन केक)
Tortois (a terrestrial reptile of turtle family Testudinidae)	कछुआ, कच्छप, कश्यप (एक थलचर सरीसृप)
Tortrix (a leaf roller and codling moth of family Tortricidae)	पृथुपंखी
Tortuous	वक्र, टेंढ़ा, कुटिल, सर्पिल
Tortuosity	वक्रता, टेंढ़ापन, कपट, कुटिलता, सर्पिलता
Torula (a yeast produced on sugar from processed fruits and wood products)	अजारक (अवस्था), शृंखलिक, (पेड़ों से उत्पादित एक ख़मीर)
Torulose, Torulous	मनकामय
Torus	स्थूलक, पीनाक्ष, पुष्पासन, उदग्र, वृत्तजवलय, बिम्ब

Torus palatinus	उदग्र तालु
Toss, Tossing	उछालना, झटकना, सम्परिक्षेपण
Tot	अल्पयोग, शिशु, शराब का घूँट
Total erythrocyte count (TEC)	कुल रक्ताणु संख्या
Total leucocyte count (TLC)	कुल श्वेताणु संख्या
Total lung efficiency (TLE)	कुल फुप्फुस सामर्थ्य
Total metabolic rate (TMR)	कुल उपापचयी दर
Totality	पूर्णता, साकल्य, सकलता, समग्रता, समष्टि
Totalization	योगकरण, राशीकरण, समग्रण
Totalize	योग निकालना
Totalizer, Totalizator	योगकर्त्ता, योगमापी
Tote	जोड़ लगाना, वाही, ढोना, ले जाना
Totipotency	पूर्णक्षमता
Totipotent	पूर्णक्षम
Totter, Tottering	लड़खड़ाना, लरजना, विथुरण
Totuava (*Totoaba macdonaldi*, a marine endangered largest drum shaped food fish of family Sciaenidae, swim bladder is of culinary use)	तोतुआवा
Toucan (coloured large billed bird of family Ramphastidae)	तनुचञ्चु, लम्बी चोंच का धनेच (पक्षी)
Touch	छूना, स्पर्श
Touchable	स्पृश्य, स्पर्शग्राह्य
Touched	प्रभावित, द्रवित, किञ्चित विक्षिप्त
Touch line	पार्श्व रेखा
Touch me not (*Mimosa pudica*, a touch sensitive flowering prickly plant of legume family Fabaceae), Shame plant	छुईमुई, गुलमेंहदी, लाजवन्ती (पौधा)
Touch screen	स्पर्श पट
Touch stone	कसौटी पत्थर
Touch-therapy	स्पर्श-चिकित्सा

Touch-wood सड़ी/पुरानी लकड़ी
Touchy अतिसंवेदनशील, अतिसुकुमार, चिड़चिड़ा
Tough चीमड़, कठोर, दुष्कर, दृढ़, सहिष्णु, चर्मल
Toughen दृढ़ बनाना, चर्मल करना
Toughened दृढ़ित, चर्मलित, कठोरीकृत
Toughener दृढ़क, चर्मलक
Toughness दृढ़ता, चर्मलता, कठोरता
Toupee, Wig कृत्रिम बाल
Tourac केलाभोजी, कदलीभोजी, रम्भाभक्षी
Tourbillion चर्खी
Tourmaline तुरमली, शोभा मणि (एक विविधवर्णी रत्न)
Tourniquet रक्त बन्धक, रक्तबन्ध, रक्तस्रावबन्ध (पट्टी)
Tousy अस्त-व्यस्त, उलटा-पुलटा
Tow मोटा सन, शिरोगुच्छ, खींचना
Tower मीनार, स्तम्भ, लाट
Towel, Towelling तौलिया, अँगोछा, मोटे कपड़े से शरीर पोंछना
Towing अनुकर्षण, रस्से से खींचना
Townet, Towing net कर्ष जाल, महाजाल
Toxaemia, Toxemia रक्तविषाक्तता, विषरक्तता
Toxanemia (anemia due to haemolysin, a toxin) आविषी-रक्ताल्पता
Toxemic, Toxicemic रक्तविषी
Toxic syndrome, Toxidrome विषसहलक्षण, विषाक्तता संलक्षण
Toxic, Toxical, Poisonous विषाक्त, विषालु, विषैला, विषीय, वैषिक
Toxic-, Toxico- (a Greek word toxicon means poison - prefix) विष-
Toxicant विष, विषाक्तकर
Toxication विषायण, विषैला बनाना
Toxicidal, Toxicide विषनाशी, विषघ्नी, विषहर
Toxicity विषाक्तता, विषालुता
Toxicoderm, Toxidermia (any skin disease caused by a poison or toxicant) विषजन्य चर्मरोग, विष-चर्मता
Toxicogenesis, Toxicogeny विषजनन, विषोत्पादन, विषाक्तभवन, विषोत्पत्ति
Toxicogenic, Toxicogenous विषजनी, विषजनित, विषजनक, विषजन्य
Toxicogenomic विषवंशानुक्रमी
Toxicogenomics विषवंशानुक्रमिकी, विषवंशानुक्रमविज्ञान
Toxicoglobulin विषवर्तुलि
Toxicoid, Toxoid विषाभ, विषसदृश
Toxicokinesis विषबलगति
Toxicokinetic विषबलगतिक
Toxicokinetics विषबलगतिकी
Toxicological विषवैज्ञानिक
Toxicologist विषविज्ञानी, विषविज्ञ
Toxicology विषविज्ञान, वैषिकी
Toxicomania विषोन्माद
Toxicomaniac विषोन्मादी
Toxicopathy, Toxipathy विषजन्यविकृति, विषजनित रोग
Toxicopectic, Toxicopexic विषनाशी, विषहर, प्रतिविषी
Toxicopexis, Toxicopexy विषनिष्क्रियण, विषनाशन, विषहरण, विषविहीनन
Toxicophore, Toxiphore, Toxifer विषभर, विषधर, विषमय
Toxicosis, विषरुग्णता, विषजन्यरोग
Toxicotherapy विषचिकित्सा, विषोपचार
Toxicyst विषपुटी
Toxidermic विष-चर्मीय
Toxiferous विषमयी, विषैला, विषप्रद
Toxification, Toxication विषव्यापन, विषसञ्चार, विषायण
Toxigen विषजन
Toxigenic, Toxigenous विषजनी, विषजनक, विषकारी, विषजनित, विषजन्य
Toxigenicity विषजनकता, विषोत्पादकता
Toxignomic विष-लाक्षणिक
Toximetric विषमितीय, विषमापीय
Toximetry विषमिति, विषांशमापन
Toxin जीवविष, विषि, आविष
Toxinaemia रक्ताविषता, आविषरक्तता
Toxiniferous आविषकर, विषिप्रद
Toxinogenesis, Toxinogeny आविषोत्पादन, विषिजनन, आविषोत्पत्ति
Toxinogenic, Toxinogenous आविषोत्पादी, विषिजनी
Toxinoid आविषाभ, जीवविषाभ, विषिवत्
Toxinology आविषविज्ञान, जीवविषविज्ञान, जैविषिकी
Toxinopathy आविष जनित रोग, विषिजन्य विकार
Toxinopexis, Toxinopexy आविष निष्क्रियण, विषिनाशन
Toxinosis आविषता, अतिविषिता
Toxinotherapy आविषोपचार, विषि-चिकित्सा

Toxiphilic, Toxophilous विषरागी, विषसह्य
Toxiphobe, Toxiphobic विषभीरु
Toxiphobia, Toxicophobia विषभीति
Toxiphoric, Toxiphorous विषधरीय
Toxism, Toxosis विषता, जहरीलापन
Toxocariasis (a zoonosis caused by larva of *Toxocara* sp., a parasitic nematode of family Toxocaridae in dogs, cats and foxes) श्वान-वर्तुलकृमिग्रसन, टॉक्सोकैरा उत्पीड़न
Toxodont धनुर्दन्ती
Toxoid, Toxicoid विषसदृश, विषाभ
Toxonosis आविषरुग्णता, विषिरुजता
Toxophily धर्नुविद्या, तीरन्दाज़ी
Toxophoric, Toxophorous आविषी, विषगुणी, विषधारी
Toxoplasmosis (an infestation of *Toxoplasma gondii*, a parasitic protozoan of family Sarcocystidae in mammals and birds) टॉक्सोप्लाज्मा ग्रसन (एक आद्यजीव-परजीवी उत्पीड़न)
Trabecula, Trabeculae (pl.) दण्डिका, बन्धनी, छोटी धरन
Trabecular, Trabeculate दण्डिकावत्, बंन्धनीयुक्त, सम्बन्धक
Trabs, Trabes (pl.) स्थूण, धरन
Trace अनुरेख, अनुपथ, लेशमात्र, पता लगाना
Traceability अन्वेष्यता, अनुरेखणीयता
Traceable अनुरेखणीय, अन्वेष्य
Trace element सूक्ष्म-मात्रिक तत्व, क्षीण तत्व
Tracer अनुमार्गी, अनुरेखक, अन्वेषी
Tracer element अनुज्ञापक तत्व
Trachea, Tracheae (pl.) श्वासनली, श्वासप्रणाल, वाहिका, श्वसनी, जलवाही
Tracheal श्वासनलीय, श्वासनली सम्बन्धी, श्वासनली-
Tracheary वाहिकीय
Tracheate श्वास नलिकामय
Tracheation श्वासनली विन्यास
Tracheid जलवाहि, वाहिनिका
Tracheidal वाहिनिकीय
Tracheidal cell वाहिकोशा, वाहिनी कोशिका
Tracheitis श्वासनली शोथ
Tracheoblast वातककोरक
Tracheobronchial श्वसनिकीय, श्वासनाल-
Tracheo-esophageal श्वसनी-ग्रासनलीय
Tracheole श्वासनलिका, लघुवातक
Tracheopathy श्वासनाल विकृति
Tracheostenosis श्वासनाल संकोचन
Tracheostomy श्वसनीछेदन
Tracheotomy श्वासनालोच्छेदन, श्वासनली-विच्छेदन
Trachoma (a granular conjunctivitis caused by *Chlamydia trachomatis*, a Gram negative bacterium of family Chlamydiaceae) रोहा (एक नेत्र संक्रमण)
Trachycarpic, Trachycarpous परुष फली, रूक्षफली
Trachyphloius खरवल्क, रूक्षवल्की, खुरदुरी छाल का
Trachyphonia वाक्रूक्षता, रूक्षभाषिता
Trachyspermic, Trachyspermous रूक्षबीजी, परुषबीजी
Trachyte (an igneous volcanic rock) ट्रेकाइट (एक ज्वालामुखीय आग्नेय चट्टान)
Tracing अनुरेख, अनुरेखण, ख़ाका उतारना
Track पदचिह्न, पथ, पटरी, चक्रपट्टी
Trackage, Traction कर्षण, रेल-पथ
Tracker खोजी, योजक डण्डा
Tracking अनुक्रमण, लक्ष्यानुसरण
Tract, Tractus भूभाग, क्षेत्र, पथ, अंग-प्रणाली, पुस्तिका
Tractellum कर्षिकशा
Traction, Trackage कर्षण, संकर्षण, रेल-पथ
Tractive संकर्षी
Tractor कर्षक, कर्षित्र (यन्त्र)
Traducianism जीवानुवंशिकता, देहात्म-सहजननवाद
Trafficator, Traffic indicator चलमान (वाहन में दिशा सूचक)
Tragacanth (dried sap as gum from *Astragalus* sp., a leguminous plant of family Fabaceae) कतीरा, अजकण्ट निर्यास, कटीरा, गोंद
Tragion कर्ण तुंगकाग्र

Tragopan पुष्पजीवक
Tragopodium, Tragopodia (pl.) पुष्पपाद
Tragus कर्ण तुंगक
Trail खींचना, पुछल्ला, पथचिह्न, चारों ओर उगना
Trailer अनुयान, भूस्तारी, अनुचित्र, झलकी
Trailing भूस्तारी, अनुयायी, अनुचरण
Trailing wheel पिछला पहिया
Trail net महाजाल
Train संयान, तरंगमाला, प्रशिक्षण देना, अनुवर्धन करना
Trait लक्षण, विशेषक, विशेषता
Trajectory प्रक्षेप-पथ, प्रक्षेपवक्र, सञ्छेदी, समछेदी, गमनपथ, प्रवक्र
Trama शिथिलोत
Trammel जाल, फँसाना, बाधा डालना
Tramonate पारपर्वतीय, पर्वतपारीय, विदेशी
Tramp, कुचलना, धपधप करना, आवारागर्दी
Trample रौंदना, कुचलना, पद-दलन, आघात करना
Trampoline उछाल पट
Tranquil प्रशान्त, शान्तमय
Tranquility प्रशान्ति
Tranquilize शान्त करना, शमन करना
Tranquilizer शामक, प्रशान्तक, उपशामक
Trans- (prefix) पार-, परा-, विपक्ष
Transaction सञ्चालन, संक्रमण, कार्य सम्पादन
Transadmittance अन्योन्य प्रवेश्यता
Transalpine पार-आल्पीय, पार-पर्वतीय
Trans-atlantic पार-अटलाण्टिक
Transamination, Aminotransfer पार-अमीनीकरण
Transannular पारवलय
Trans-arterial पार-धमनीय
Transcalence, Transcalency ऊष्माचालकता
Transcalent ऊष्माचालक
Transceiver ग्राही प्रेषित्र, प्रेषाभिग्राहित्र
Transcendental लोकोत्तर, अबीजीय, अर्न्तज्ञान, गूढ़
Transconductance पारचालकता, अन्योन्य चालकता, अन्तराचालकता
Transcontinental पारमहाद्वीपीय
Transcribe, Transcription प्रतिलिपि बनाना, लिप्यान्तरण
Transcriber अनुरेखक, अनुरेखित्र
Transcript प्रतिलिपि
Transcutaneous पारत्वचीय
Transducer, Transductant पारक्रामक
Transduction पारक्रमण, पारक्रमता
Transductive पारक्रमणशील, पारक्रामी
Transect, Transection अनुच्छेद करना, अनुच्छेदन
Transelant सदाश्वेत
Trans-esophageal पार-ग्रासनलीय, पार-ग्रसिकीय
Trans-esophageal echocardiography (TEE) पार-ग्रसिकीय हृद् प्रतिध्वन्यालेखन
Trans lumbar पारकटीय
Transept अनुप्रस्थ भाग, आड़ा बाजू
Transfat (a hydrogenated solidified vegetable oil) पारवसा
Transfaunation पारप्राणिजीवन, पारप्राणीयन
Transfection पारसंक्रमण
Transfer, Transference स्थानान्तरित करना, स्थानान्तरण, हस्तान्तरण, अन्तरण, अनुमुद्रण
Transferability स्थानान्तरणीयता, अन्तरण्यता
Transferable स्थानान्तरणीय, अन्तरण्य
Transfigure, Transfiguration रूपान्तरित करना, रूपान्तरण
Transfinite परिमितातीत
Transfix बींधना, भेदना, छेदना, बेधना, स्तम्भित करना
Transfluence पारप्रवाह, पारवाह
Transfluent पारप्रवाही, पारवाही
Transforate आर-पार छेदना
Transforation पारवेधन, पारछिद्रण
Transform रूपान्तरित करना/होना, बदल देना, परिवर्तित होना/करना
Trans-form पार-रूप, विपथ-रूप
Transformant रूपान्तरज
Transformation रूपान्तरण, रचनान्तरण
Transformed रूपान्तरित, परिवर्तित
Transformer रूपान्तरक, परिणामित्र, परिवर्तक
Transformism, Transformity रूपान्तरता, विवर्तनवाद, विकासवाद
Transfrontier सीमापार
Transfuse सञ्चारित करना, उड़ेलना, चढ़ाना, आधान कराना

Transfusion	सञ्चरण, आघान, पर्याधान, व्याप्तन
Transfusive	सञ्चारी, सञ्चरणशील
Transgenic	परापित्रैकी, पराजीनी
Transgression	अतिक्रमण, उल्लंघन
Transgressive	अतिक्रामी
Trans-hiatal	पारछिद्रीय
Trans-humance	ऋतुप्रवास
Transience, Transiency	अल्पकालिकता, क्षणभंगुरता, अस्थायित्व
Transient	क्षणिक, क्षणभंगुर, अस्थायी, अल्पकालिक, अल्पस्थायी
Transilient	असम्बद्ध
Transilluminated	पारप्रदीप्त
Transillumination	पारप्रदीपन, पारचकासन
Transinformation	पारस्परिक सूचना
Transistor (a semiconductor device to amplify electrical power)	प्रतिरोधान्तरित्र, ट्राञ्जिस्टर
Transit	पारगमन, वहन
Transition	परिवर्तन, संक्रमण, संक्रान्ति, पारण, पारगमन
Transition element	संक्रमण तत्व
Transition period	संक्रान्ति काल
Transitional	अन्तर्वर्ती, संक्रमणीय, संक्रान्तिक
Transitional period	संक्रमण काल
Transitive	संक्रामक, संक्रामी, सकर्मक
Transitivity, Transitiveness	संक्रामकता, संक्रमिता, सकर्मकता
Transitory	परिवर्ती, संक्रामी
Trans-jugular	पारग्रैव, पार-कण्ठ्य, गल-पार
Translational, Translatory	स्थानान्तरीय
Translator	स्थानान्तरक, अनुवादक
Transliterate	लिप्यान्तरित करना
Translocate	स्थानान्तरित करना
Translocated	स्थानान्तरित
Translocation	स्थानान्तरण
Translucence, Translucency	पारभासकता, पारभासिता
Translucent	पारभासी, पारभासक, अपार्ध
Translunar	पारचन्द्रिका
Transmarine, Transoceanic	पार-समुद्री, समुद्र-पार, पार-महासागरीय
Transmigration	पारप्रवास, प्रवास, प्रवजन
Transmigratory	प्रवासी, प्रवाजी
Transmissibility	प्रसार्यता, सञ्चरणीयता, पारगम्यता

Transmissible, Transmittable	प्रसार्य, सञ्चरणीय, पारगम्य
Transmission, Transmitting	पारप्रेषण, सम्प्रेषण, सञ्चरण, प्रसारण
Transmission electron microscope (TEM)	पारगमन विद्युदणु सूक्ष्मदर्शी
Transmission electron microscopy	पारगमन विद्युदणु सूक्ष्मदर्शन/सूक्ष्मदर्शिकी
Transmissive	प्रसारणशील, सञ्चरणशील
Transmissivity	प्रसारणशीलता, सञ्चरणशीलता
Transmissometer	सञ्चरणमापी, सञ्चरणलेखित्र
Transmit	सञ्चारित या प्रसारित करना
Transmittance	पारगम्यता, पारगम्यांक
Transmitted	पारगत, प्रेषित, सञ्चारित, प्रसारित
Transmitter	प्रेषित्र, प्रेषी, प्रसारक
Transmittive	पारगमनशील, पारगामी
Transmittivity	पारगमनशीलता, पारगामिता
Transmodification	रूपान्तरण, कायान्तरण, कायापलट करना
Transmontance	पारपर्वतीयता
Transmutability	रूपान्तरणीयता, तत्वान्तरणीयता
Transmutable	रूपान्तरणीय, तत्वान्तरणीय
Transmutation	परिवर्तन, रूपान्तरण, तत्वान्तरण
Transmutator	तत्वान्तरक
Transneuronal	पारतन्त्रिकीय
Transnormal	असामान्य, असाधारण
Transoceanic, Transmarine	पार-समुद्री, महासागर-पारीय, समुद्र-पार
Transoid	अन्तरित, विषम
Transom	सरदल (दरवाजा या खिड़की के ऊपर का), आड़ा शहतीर
Trans-o-meter	पारगम्यतामापी, प्रच्छादन-सामर्थ्यमापी
Transonic	आध्वनिक
Transovarial	पार-अण्डाशयी
Trans-palatal, Transpalatine	पारतालव्य, पारतालव, पारताल्विक
Transparence, Transparency	पारदर्शिता, पारदर्शकता
Transparent	पारदर्शी, पारदर्शक
Transparent frog, Glass frog (a frog of family Centrolenidae with glassy skin and visible visceral organs)	काँच मेढ़क, पारदर्शी मेढ़क
Transpierce	आर-पार छेदना/बींधना

Transpirable वाष्पोत्सर्जवीय, पारस्वेद्य, पारश्वसनीय
Transpiration वाष्पोत्सर्जन, पारश्वसन, प्रश्वसन, प्रस्वेदन
Transpirograph वाष्पोत्सर्जनलेखी
Transpirography वाष्पोत्सर्जनलेखन
Transpirometer वाष्पोत्सर्जनमापी
Transplant प्रतिरोपित करना, प्रतिरोप
Transplantable प्रतिरोप्य
Transplantation अपारोपण, प्रत्यारोपण
Transplanted प्रतिरोपित, प्रत्यारोपित
Transplendant द्युतिमान्, अत्यन्त चमकीला
Transpleural पारफुप्फुसावरणीय, पारपार्श्वकीय
Transpolar पारध्रुवीय
Transponder प्रेषानुकर
Transpondence प्रेषग्रहण
Transponding प्रेषग्राही
Transpontine सेतुपारीय, पुलपारीय
Transport, Transportation वहन करना, ढोना, वाहन, परिवहन
Transported परिवाहित, अभिगमित
Transposal क्रमपरिवर्तन, पक्षान्तरण, स्थानान्तरण
Transpose क्रमान्तरित करना, स्थान बदलना
Transposed पक्षान्तरित, क्रमपरिवर्तित
Transposition क्रमान्तरण, पक्षान्तरण, स्थानान्तरण, स्वर परिवर्तन
Transposon पारपित्रैक, पारजीन
Transpyloric अनुप्रस्थ जठर निगम
Trans-section पारविभाजन
Trans-sexual परालिंगी, लिंगपरिवर्ती
Trans-sexualism लिंग परिवर्तन की इच्छा
Trans-ship पोतान्तरण
Trans-siberian सायबेरिया-पार
Trans-sphincteric पार संवरणीय
Trans-substantiation तत्वान्तरण
Trans-synaptic पारसूत्रयुग्मी
Transtidal पारज्वारीय
Transudate, Transude पारच्यवन/पारस्रवित होना, रिसना
Transudation पारच्यवन, पारस्रवण
Transuranic पारयूरेनिक, परायूरेनियम
Trans-urethral पारमूत्रवाहकीय
Transvaluation मूल्यान्तरण
Transvariation प्रतिविचरण
Transvasate निस्तारण
Transverse, Transversal अनुप्रस्थ (पेशी), तिर्यक, भेदिका
Transversion प्रत्यास्थापन
Transvestism वासाविपर्यय, भिन्नलिंग वस्त्र धारण, प्रतिजातीय वेश धारण
Trap पाश, फन्दा, जाल, वारक, कूट, रुध
Trap door रुधद्वार, कूटद्वार, छदिद्वार, फर्श-दरवाजा
Trap soil सोपानाश्म मृदा
Trapes, Trapse घिसट कर चलना
Trapeziform समलम्बाकार, समलम्बरूप
Trapezium, Trapezia (pl.) समलम्ब, समलम्बक
Trapezius बहिःभुजा, पार्श्वभुजा, पृष्ठच्छदा
Trapezohedral समलम्बानीकीय, असमानान्तर फलकीय
Trapezohedron समलम्बानीक, असमानान्तर फलक
Trapezoid, Trapezoidal समलम्बाभ, समलम्बवत्, समलम्बी, विषमचतुर्भुज
Trapfall कूटावपात, कूट-अवपात
Trapped पाशित, फँसा हुआ
Trapper पाशक, फँसाने वाला
Trapping पाशन, विपाशन, प्रग्रहण
Trapping efficiency पाशनदक्षता, प्रग्रहणदक्षता
Trash अवाञ्छित वस्तु, अपशिष्ट, कूड़ा
Trauma, Traumata (pl.) आघात, अभिघात, उपघात, व्रणरुग्णता, मानसिक-आघात
Traumatic अभिघातज, क्षतिज, आघाती, आघातज, उपघातज
Traumatism अभिघात, विकृति, क्षति
Traumatize, Tranmatization आघात पहुँचाना, क्षति पहुँचाना, आघातन
Traumatology अभिघातविज्ञान, क्षतविज्ञान
Traumatonasty क्षतवक्रिम
Traumatophobe, Traumatophobic आघात भीरु
Traumatophobia आघातभीति, क्षतभीति
Traumatotropism, Traumatotropy क्षतानुवर्तन, क्षतानुवर्तिता
Travail प्रसव पीड़ा, घोर परिश्रम
Traveller's diarrhea यात्रि-अतिसार
Travelling wave प्रगामी तरंग
Traversable पारण्य, पारणीय, पारगम्य
Traverse सरैखिक, आड़ा-तिरछा, आर-पार होना, चक्रम
Traverse wheel दोलक पहिया
Traversing पारगामी, माला रेखण
Trawl, Trail net महाजाल, खींचू जाल
Trawler जालपोत
Trawling आनायन

Tray	धानी, स्थाल, थाल
Treacle	चाशनी, शीरा, राब, गुड़रस
Treacly	चटचटा, चिपचिपा, चाशनीदार
Tread	कुचलना, चलना, पदन्यास
Treading	पदचिह्न, चारण, दमन
Treadle	पदचालित
Tread mill	पैर चक्की, चार-पेषणी
Tread mill test (TMT)	चार-पेषणी परीक्षण
Tread wheel	पाँव-चक्की
Treat	उपचार करना, संसाधित करना, साधित करना, व्यवहार करना
Treated	उपचारित, संसाधित, साधित, व्यवहृत
Treating, Treatment	उपचार, प्रतिपादन, साधन, व्यवहार
Treble	त्रिगुण, त्रिगुणित, तीक्ष्ण, कर्णभेदी
Trebuchet, Trebucket	तुला, शिलाक्षेपक, फन्दा
Tree	वृक्ष, पेंड़, वृक्ष सारिणी
Trefoil (*Lotus corniculatus*, yellow flowering herb of pea family Fabaceae)	त्रिपालि, त्रिपत्र, तिपतिया, रामपर्ण
Trehala (a sugary secretion as crude drug from pupal cocoon of Asian weevil, an insect, *Larinus maculatus*)	भृंगकिट्ट, गुबरैला द्वारा स्रवित मीठा पदार्थ
Trellic	जालीय, जालीदार, जालीनुमा
Trellis, Treillage	जाल, जाली, ज़ाफ़री, टट्टर (बाँस या लकड़ी की जाली), जाल पर चढ़ना
Trellised	जालायित, जालीकृत
Tremalith	छिद्राश्म
Trematoda (a class of phylum Ptatyhelminthes)	पर्णकृमि (एक जन्तु वर्ग)
Trematode, Fluke (a leaf-like parasitic non-chordate animal of class Trematoda)	पर्णकृमि, विद्धपत्र, पर्णाभकृमि
Tremble	काँपना, थरथराना
Trembler	कम्पित्र
Trembles	पशुकम्प (रोग)
Trembling	कम्पन, थरथराहट
Trembly	कम्पित, कम्पायमान
Tremelliform	कम्पि कवकरूप
Tremellose	श्लेष्मकवत्, जेलीनुमा
Tremolo	स्वरकम्प, गिटकरी
Tremor	कँपकपी, प्रकम्प, स्पन्द, रोमांच
Tremulous	कम्पायमान, कम्पी
Trenail	लकड़ी की कील, गुज्झा
Trench	खाँई, खन्दक, परिखा
Trenchant	सशक्त, कठोर, तीक्ष्ण
Trench fever (an acute infection of bacterium *Bartonella quintana* through body louse among trench soldiers), Quintoan fever	खाई बुख़ार
Trenching	खाँई खोदना, खातीयन, खाति खनन
Trend	प्रवृति, रुझान, अभिमुख होना
Trend value	उपनति मान
Trepan	वेधक, गोल आरी, खोपड़ी छेदना
Trepanation, Trepanning	कपाल-शल्यक्रिया, कपाल छेदन
Trepang	उदधि कर्कटी
Trephine, Trephination	गोल आरी, परिक्रकच
Trephining	गोल आरी से काटना, परिक्रकचन
Trephocyte, Trophocyte, Nurse cell	पोषिकोशा, पोषक-कोशिका, पोषकाणु
Trepidation	कँपकपी, उद्वेग, सन्त्रास, चिन्ता
Trepopnea	सुश्वसन, सुश्वासिता
Tress	चोटी, लट, गूथना
Trestle	घोड़ी
Tri- (prefix)	त्रि-, त्रयी-
Triacene	त्रिकण्टिका
Tri-acid	त्रि-अम्ल, त्र्याम्ल
Triact	त्रिदिशिका
Triactinal, Triactine	त्रिअरी, त्रिअरीय, त्र्यरी
Triad	तिकड़ी, त्रिसंयुज, त्रिक, त्रय, त्रयी
Triadic	त्र्यात्मक, त्रयक
Triage	छँटाई
Triakis-tetrahedral	त्रिकोणीय-चतुष्फलकीय
Triakis-tetrahedron	त्रिकोणीय-चतुष्फलक
Trial	परीक्षण, परख, विचारण
Trial and error	परीक्षण प्रणाली
Trial period	परीक्षण काल

Triandrous, Triandric, Triandrian	त्रिपुंकेसरी
Triangle	त्रिकोण, त्रिभुज, त्रिपक्ष
Triangular	त्रिकोणीय, त्रिभुजीय
Triangulation	त्रिभुजन, त्रिकोणीयन, त्रिकोणमापन
Triannulate	त्रिवलयी
Trianthous	त्रिपुष्पी
Triarch	त्रि-आदिदारुक, त्रिपट्टिक, त्रिसूत्र
Triarchy	त्रिपट्टिकता, त्रिसूत्रता, त्रितन्त्र, त्रिशासन
Triarticulate	त्रिसन्धित
Triaster	त्रितारक, त्रितारा
Triatomic	त्रिपरमाणुक, त्रिपरमाण्वीय
Triaxial	त्रि-अक्षी, त्र्यक्षीय
Triaxon	त्र्यक्षिका, त्रि-अक्षिका
Tribadism, Lesbianism	स्त्री सजातीय कामुकता/ व्यभिचार, स्त्रीसमलिंग कामुकता
Tribasal	त्रि-आधारीय, त्र्याधारिक
Tribasic	त्रि-क्षारिक, त्रिपैठिक
Tribe	वंश, समुदाय, जनजाति
Tribocouple	घर्षणयुग्म
Triboelectricity	घर्षण विद्युत
Triboluminescence	घर्षण सन्दीप्ति
Triboluminescent	घर्षण सन्दीप्त
Tribometer	घर्षणमापी
Tribothermo-luminescence	घर्षणताप सन्दीप्ति
Tribrach	त्रिबाहु, नगण (काव्य में)
Tribrachial	त्रिबाहुक, त्रिबाहु-
Tributary	सहायक, सहायक नदी, करद (कर दाता)
Tricamarus	त्रिकोष्ठकी
Tricar	तिपहिया कार
Tricarinate	त्रिकटकी
Tricarpellary, Tricarpellate	त्र्यण्डपी, त्रि-अण्डपी
Trice	क्षण में, ऊपर खींचकर कसना
Tricentenary, Tricentennial	त्रिशती, त्रिशताब्दी
Tricentric	त्रिकेन्द्री
Tricellular	त्रिकोशिकीय, त्रिकोशीय
Tricephalic, Tricephalous	त्रिमुण्डी, त्रिशीर्षी
Triceps	त्रिशिरस्क, त्रिशीर्ष, त्रिशिर (पेशी)
Trichasial, Trigeminal	त्रिशाखी
Trichasium	त्रिशाख, त्रिशाखन
Trichiasis	परवाल रोग (नेत्र पलक का उलटना)
Trichidium, Trichidia (pl.)	प्रांगुलक
Trichiferous	रोमधर
Trichina worm (*Trichinella* sp., a parasitic round worm of phylum Nemathelminthes)	तन्तुकृमि, ऊतिक्रामी
Trichinosis, Trichinellosis (an infestation of Trichina worm *Trichinella* sp.,)	तन्तुकृमिता, ऊतिक्रामिता (सुअर, भालू व कुत्ते का कच्चा या अधपका मांस खाने वालों में होने वाला एक कृमि ग्रसन)
Trichite, Tricholith	केशाश्म
Tricho-bezoar (a compact mass of hairs or other hair like indigestible hairy materials formed in stomach of animals particularly licking furry offstrings)	केशपथरी, रोमगुच्छ
Trichobranch	रोमक्लोमी (जन्तु)
Trichocerous	शूकपुच्छीय
Trichoclasis	रोमभञ्जिता, केशभंगुरता
Trichocyst	दंशिकाभक, दंशांग, दंशपुटी
Trichocyte	रोमद कोशिका
Trichoderm	रोमत्वक
Trichoderma (*Trichoderma* sp., a soil fungus of family Hypocreaceae used for soil borne plant disease management)	ट्राईकोडर्मा
Trichogen	शूकजन
Trichogramma (*Trichograma chilonis*, a small hymenopteran polyphagous wasp of family Trichogrammatidae, adult female wasp endo-parasitize eggs of lepidopterous pest insect till their death and act as biopesticide)	ट्राइकोग्रामा (एक जैव पीड़क नाशी)

Trichogyne स्त्रीधानी रोम, योनिका सूत्र
Trichoid, Trichoidal रोमाभ, रोमवत्, रोमसम
Trichology, Tricology केशविज्ञान, केशचिकित्साशास्त्र
Trichoma, Trichome त्वचारोम
Trichomegaly केशाधिकायता
Trichomocolpate त्रिभंगविदरकी
Trichomoniasis (a sexually transmitted disease, vaginitis, caused by flagellated protozoan parasite, *Trichomonas vaginalis*) ट्राइकोमोनास संक्रमण
Trichomycetes (a class of fungus causing dermatophytic infection) केशकवक
Trichomycosis, Trichophytosis केशकवकता (कुक्षि)
Trichopathy, Triconosia केश-चिकित्सा,
Trichophagia, Trichophagy केशभक्षण, केशभोजिता
Trichophobe, Trichophobic केशभीरु, केशस्पर्श भीरु
Trichophobia केशस्पर्श भीति, केशभीति
Trichophore सूत्रधर, योनिका सूत्रधर
Trichophyte (*Trichophyton* sp., a fungus of family Arthrodermataceae) केशपादप (कवक)
Trichopore शूकछिद्र
Trichopteran शूकपंखी
Trichord त्रितारा
Trichorrhea केशक्षरण, केशह्रास
Trichorrhexis केशभञ्जता, बाल टूटना
Trichosis केशविकृति, रोमविकार, केश रोग
Trichospermous सरोमबीजी
Trichothallic अंशुसूकाय
Trichotomic, Trichotomous त्रिभाजी, त्रिविभागी
Trichotomy त्रिभाजन, त्रिखण्डन
Trichroism, Trichromatism त्रिवर्णता
Trichromatic, Trichromic त्रिवर्णी, तिरंगा
Trichuriasis (an infestation of whip worm, a human gut parasite, *Trichuris trichura*, a nematode of family Trichuridae) ट्राक्यूरिस ग्रसन (एक आन्त्र परजीवी सूत्रकृमि उत्पीड़न)
Tricipital त्रिशिरस्की
Trickle, Trickling धीरे-धीरे टपकना, आश्चोतन
Trickler मन्दवाही, च्यावित्र
Tricklet पतली धारा
Triclad आन्त्रत्रिक
Triclinic त्रिनताक्ष
Triclinium भोजनालय
Tricolpate त्रिविदरकी
Tricomplex त्रिसंकुल
Tricone त्रिशंकु
Triconodont त्रिशंकुदन्ती
Tricorn त्रिशृंग
Tricornute त्रिशृंगी
Tricopter (a helicopter like aircraft with three rotor disks) त्रिघूर्णी वायुयान, ट्राइकॉप्टर
Tricostate त्रिपर्शुकी, त्रिशिराल
Tricotyledonous, Tricot त्रिबीजपत्रीय
Tricuspid त्र्यग्र, त्रिवलन, त्रिकपर्दी
Tricuspidate त्र्यग्री, त्रिवलनी
Tricuspid valve त्रिकपर्दी कपाट
Tricycle तिपहिया साइकिल, रिक्शा
Tricyclic त्रिचक्रीय
Tridactyle त्र्यंगुलिक
Tridactylism, Tridactyly त्रि-अंगुलिता, त्र्यंगुलिता
Tridelphous ब्रिगर्भाशयी, त्रिसंधी (पुकेसर)
Trident त्रिशूलदन्त, त्रिशूल
Tridentate त्रिशूली, त्रिदन्तुर, त्रिशूलदन्ती
Tridermogenesis, Tridermogeny त्रिस्तरजनन
Tridiagonal त्रिविकर्णी
Tridimensional (3D), Three dimensional त्रिविमीय, त्रिविम
Triduum त्रि-दिवसीय, दिवसत्र्य (तीन दिनी)
Tridynamous त्रिदीर्घी
Triennial त्रिवर्षी, त्रैवार्षिक
Triennium वर्षत्रय
Triferious त्रिधा
Trifid त्रिशाख, त्रिदर

Trifidus	त्रिविदरी, त्रिशाखी
Triflagellate	त्रिकशाभी
Triflorous	त्रिपुष्पी
Trifocal	त्रिनाभीय, त्रिनाभि-
Trifoliate, Triphyllous	त्रिपर्णक, त्रिपर्णी, त्रिपत्री
Trifolium	तिपतिया
Triform	त्रिरूप, त्र्याकारिक
Trifunctional	त्रिक्रियात्मक, त्रिक्रियागत, त्रिफलनक
Trifurcate	त्रिशाख
Trifurcated	त्रिशाखित
Trig	रोक, रोकना, सवाँरना
Trigamous	त्रियुग्मी, त्रिविध, त्रिपत्नीक त्रिपतिका
Trigamy	त्रियुग्मन, त्रिविवाह
Trigeminal	त्रिक-तन्त्रिका, त्रिशाखी
Trigenetic, Trigenic, Trigenous	त्रिवंशी, तीन पीढ़ी वाला
Trigger	प्रेरणा, लिबलिबी, प्रवर्तनी, प्रेरित्र, प्रवर्तित करना
Triggered	प्रेरित, प्रवर्तित
Triglans	त्रिदृढ़फली
Triglyph	त्रिधारी
Trigon	त्रिकोणाग्र, दन्ताग्र त्रिकोण
Trigonal	त्रिकोणीय, त्रिफलकीय, त्रिसमनताक्ष
Trigone, Trigona (pl.)	त्रिकोण, कोणस्थूलता
Trigonid	अधोत्रिकोणाग्र
Trigonocephalism,	त्रिकोणशिरस्कता,
Trigonocephaly	त्रिकोणशीर्षता
Trigonodont	त्रिकोणदन्ती
Trigonometric, Trigonometrical	त्रिकोणमितीय
Trigonometry	त्रिकोणमिति
Trigonous, Triangular	त्रिकोणीय
Trigopodium, Trigopodia (pl.)	पुष्पपाद
Trigraph	त्रिवर्ण
Trigynus	त्रिकुक्षिवृन्त
Trihedral	त्रिफलकीय, त्रितलीय
Trihedron	त्रिफलक
Trihybrid	त्रिसंकर
Trijugate, Trijugous	त्रियुगली, त्रियुग्मी
Trijunction	त्रिसन्धि
Trilacunar	त्रिगर्तिक
Trilaminal	त्रिपटलीय
Trilateral	त्रिपार्श्व, त्रिभुज, त्रिपक्षीय
Trilateration	त्रिपार्श्वन
Trilete	त्र्यरीय, त्रि-अरीय
Trilinear	त्रिरेखीय
Triliteral	त्रिवर्णी
Trilithic	त्रिपाषाणी
Trill, Tremolo, Tremolos	स्वरकम्प, गिटकरी
Trillion (1×10^{12})	दस खरब (एक लाख करोड़)
Trilobed	त्रिपालि, त्रिखण्ड
Trilobous, Trilobate	त्रिपालिक, त्रिखण्डीय
Trilobite (an extinct marine arthropod of class Trilobita in Palaeozoic era with segmented exoskeleton divided in three lobes)	ट्राइलोबाइट (एक लुप्तप्राय समुद्री जन्तु)
Trilocular, Triloculine	त्रिकोष्ठकी, त्रिगह्वरीय
Trilogy	त्रित्व, त्र्यी, -त्रय
Trilophodont	त्रिकटकदन्ती
Trim, Trimming	कतरना, छाँटना, समाकृन्तन, समञ्जन
Trimensual, Trimestral, Trimestrial	त्रैमासिक, तिमाही
Trimer	त्रितय, त्र्यवय
Trimeric, Trimerous	त्रितयी, त्र्यवयी
Trimerization	त्रितयन, त्र्यवयन
Trimmer	कतर्नी, समाकृन्तक
Trimmings	कतरन, छीलन
Trimolecular	त्रि-अणुक, त्र्यण्विक
Trimorphic, Trimorphous	त्रिरूपी, त्रिरूप-
Trimorphism, Trimorphy	त्रिरूपता
Trinal, Trinary, Trine	त्रिगुण, त्रिविधि
Trineural, Trineuric	त्रितन्त्रिकीय, त्रैस्नाविक
Tringle	छड़
Trinity, Trio	त्रित्व, त्रिक, त्रयी
Trinomial, Trionym	त्रिपद, त्रिनामी
Trinominal	त्रिनाम
Trinucleate	त्रिकेन्द्रकीय, त्रैनाभिकीय
Triode (an electronic amplifying vacuum tube with three electrodes in side)	त्र्यग्र, त्रियोग, त्रिद्वार, विद्युदणुनाल
Trioecious	त्रिलिंगी
Triole	त्रिक
Trional	त्र्यासु

Triorchid, Triorchis	त्रिवृषणी
Triorchidism	त्रिवृषणता
Triose (a monosaccharide sugar, glyceraldehyde with three carbon atoms)	त्रिधु
Trip	पारी, फुदकना, भ्रमण, ठोकर लगाना, गिर जाना, लड़खड़ाना
Tripartite	त्रिभागी, त्रिसन्धि
Tripe	अँतड़ी, ओझरी, रद्दी चीज
Tripectinate	त्रिकंकती
Triperiodic	त्रिआवर्ती, त्र्यावर्ती
Tripetalous	त्रिदली, त्रिदलीय
Triphthong	त्रिस्वर
Triphyllous, Triphyllus, Trifoliate	त्रिपर्णी, त्रिकलपत्री, त्रिपर्णक
Tripinnate	त्रिपक्षयुक्त, त्रिपक्षी, त्रिपक्षीय
Triplane	त्रितल, त्रिपंखी वायुयान
Triple	तिहरा, तिगुना, त्रिगुण, त्रिवार, त्रिविध
Triple lumen tube	त्रिमार्गी नली
Triplet, Triole	त्रिक, तिम्का (साथ जन्में तीन बच्चों में एक)
Triplex	त्रिस्तरी, तिपर्ती, त्रिविध, तिहरा
Triplicate	त्रिगुण, तीन प्रतियाँ
Triplication	त्रिगुणन
Triploblastic	त्रिस्तरी, त्रिस्तरीय
Triploid	त्रिगुणित
Triploidy	त्रिगुणिता
Triplopia (a visual defect of appearing three images of any object)	त्रिदृष्टि
Tripod, Trivet	त्रिपादिका, त्रिपाद, तिपाई
Tripolar	त्रिध्रुवीय
Tripole	त्रिध्रुव
Triporate	त्रिछिद्री
Tripping	आशुखण्डन, प्रवर्तन, फुदकने वाला
Tripsis, Trituration	मर्दन, घर्षण
Tripterius, Tripterous	त्रिपक्षी
Tripton	प्लव कण
Triptych	त्रिफलक
Trip-wire	ठोकर-तार
Tripyramidal	त्रिस्तूपी
Triquetral, Triquetrous, Triquetrum	त्रिकोर, त्रितलीय,
Triradial, Triradiate	त्रि-अरीय, त्र्यरीय
Triradius	त्रि-अर, त्र्यर
Trireme	पतवार नौका
Trirhombohedral	त्रितिर्यगफलकीय, त्रितिर्यगानीकीय
Trirhombohedron	त्रिसमान्तरषट्फलक
Trisect	समत्रिभाजित करना
Trisection	समत्रिभाजन
Trisectrix	त्रिभाजक, समत्रिभाजी
Trisepalous	त्रिनिदलीय, त्रिबाह्यदलीय
Triserial, Tristichous	त्रिपंक्तिक
Trismus, Lock jaw	हनुस्तम्भ, धनुकबाई
Trisoctahedral	अष्टक-त्रय फलकीय
Trisoctahedron	अष्टक-त्रय फलक
Trisomic	त्रिकायिक, त्रिगुणसूत्री, एकाधिसूत्री
Trisomy (a genetic disorder due to addition of chromosomes)	त्रिकायता, त्रिगुणसूत्रता एकाधिसूत्रता
Trispermous	त्रिबीजी, त्रिकबीजी
Tristimulus	त्रि-उद्दीपन
Tristitrate	त्रिस्तरित
Tristis	मन्दवर्णी
Trisubstituted	त्रिप्रतिस्थापित
Trisulcate	त्रिखाँची
Tritanopsia (a blue colour blindness), Tritan	नीलान्धता, नीला रंग न दिखाई देना
Trite	जीर्ण, घिसापिटा, पुराना
Triternate	त्रिक-त्रयी
Triticale (a hybrid of wheat *Triticum* sp., and rye *Secale* sp.)	संकर गेहूँ
Triticeous	गेहुँवा, गेहूँवत्, गोधूमीय
Tritocerebrum, Metacerebrum	पश्चमस्तिष्क
Tritoral, Tritural	परिपेषण, पीसना
Tritubercular	त्रिगुलिक, त्रिज्यखण्डी, त्रिकर्णिक
Trituberculism	त्रिगुलिकता, त्रिज्यखण्डता
Trituberculo-sectorial	त्रिकर्णिक कृन्तकी
Triturable	परिपेषणीय, परिघर्षणीय
Tritural plate	परिपेषण-पट्ट
Triturant	परिपेषक
Triturate, Trituration	परिपेषण, सम्पेषण, परिघर्षण, बूकना
Triturator	परिपेषित्र, परिघर्षक
Triune	त्रियेक, त्रि-

Triungulin त्रि-नखडिम्भक
Trivalent, Tervalent त्रिसंयोजक, त्रिसंयोजी
Trivalved त्रिकपाटित, त्रिकपाटीय
Trivalvular त्रिकपाटी
Trivariant त्रिचर
Trivariate त्रिविचर
Trivet धातु की बनी तिपाई
Trivial नगण्य, तुच्छ, रूढ़, साधारण, हल्का
Trivium त्रिभुजिका, त्रिबाहु, त्रिविषय
Trixenic त्र्यागन्तुक, त्रिपोषकी, त्रिपरपोषकी
Troat मदमस्त हिरन का बोलना
Trocar cannula (a tube to insert into a duct or body cavity for drainage) वेधन-नलिका
Trochal चक्राकार, वलयी, निवापी
Trochanter, Trochenter ऊरुकूट, शिखरक
Trochanter major, Trochiter दीर्घ ऊरुकूट
Troche टिकिया, गोली (दवा की)
Trochiscus, Lozenge चूषिका, चुसनी
Trochlea चक्रक, घर्घरी
Trochlear चक्रकी, आकृषि
Trochocephalia, Trochocephalism, Trochocephaly चक्रशिरस्कता, वर्तुलशिरस्कता, वर्तुलशीर्षता
Trochoid, Trochoidal चक्राभ, चक्रीय, त्रिज्यमान, त्रिज्याज
Trochometer चक्रमापी, चक्करमापी
Trochophore चक्रधर, चक्रधारी
Trochosphere चक्रगोलक, चक्रमण्डल
Trochospiral चक्रकुण्डलीय, चक्रसर्पिल
Troglobiont गुहाजीवजात, गुफाजीवजात, कन्दराजीवजात
Troglodyte गुहावासी, गुफावासी, कन्दरावासी, एकान्तवासी
Trogon (*Trogon* sp., a non-passerine tropical bird of family Trogonidae with brilliant coloured plumage) लोह-चटक, सदासुहागिन (एक चटकीले रंगीन पंखों वाली चिड़िया)
Troll मछली मारना, विकर्ष, खुलकर गाना
Trolly खींचने वाला ठेला
Trolling विकर्षण
Trommel घूर्णी चलनी, घुमाऊ छलनी
Trommometer भूकम्पमापी
Tropaeoline, Tropeoline विकुसुम्भी
Troph- (a Greek word trophe means nourishment-prefix) पोष-
Trophamnion, Trophamniatic पोषावरण, उल्बपोषी
Trophedema पोषणजन्य शोफ
Trophi चर्वणांग, मुखांग (कीट के)
Trophic पोषी, पोषणज, वर्धी, पोष-
Trophic phase, Growth phase, Growing phase वर्ध्यवस्था, वर्धि-अवस्था, वर्धनकाल
Trophobiont पोषजीवजात
Trophobiosis पोषजीविता, पोषीजीवन
Trophoblast पोषकोरक, बीजपोषक
Trophoblastic पोषकोरकी
Trophocity, Trophism पोषिता
Trophocyst पोषकपुटी
Trophocyte पोषकोशा, पोषकाणु, पोषाणु
Trophoderm, Trophoectoderm पोषजनस्तर
Trophodisc पोषबिम्ब
Trophodynamic पोषगतिक
Trophodynamics पोषगतिकी, पोषप्रावैगिकी
Trophogenic पोषजनस्तरी
Trophogonium, Trophogonia (pl.) पोषधानी
Tropholecithal पोषपीतकीय
Trophollaxis भक्षण संवेदना
Trophology, Threpsology पोषणविज्ञान, पौषिकी
Tropholytic पोषलयी
Trophonema, Trophonemata (pl.) पोषकसूत्र
Trophoneurosis पोषविक्षिप्तता
Trophonosis, Trophopathy पोषविकार, पोष विकृति
Trophonucleus पोषकेन्द्रक
Trophoparasite, Trophoparasitic पोषपरजीवी, पोषपराश्रयी
Trophophase पोषावस्था
Trophophore पोषकधर
Trophoplasm पोषद्रव्य, पोषप्ररस
Trophoplast पोषलवक
Trophosome पोषकाय
Trophotaxis पोषानुचलन
Trophotherapy पोषचिकित्सा, पोषोपचार
Trophotropism, Trophotropy पोषानुवर्तन, पोषानुवर्तिता

Trophozooid, Trophozoid, Trophozoite पोषसञ्जीव, पोषजीवक, वर्ध्यवस्थ, वर्धावस्थक, पोषजीवाणु, पोषजीव
Trophus of gout छिद्रिष्वाश्मरी
Tropic अनुवर्ती, प्रकाशानुवर्ती, उष्णकटिबन्धी
Tropical उष्णकटिबन्धीय, उष्णदेशीय,
Tropic of cancer कर्क रेखा
Tropic of capricorn मकर रेखा
Tropicopolitan उष्णकटिबन्धीय
Tropics उष्णकटिबन्ध, उष्णदेश
Tropism, Tropy अनुवर्तन, अनुवर्तिता
Tropistic अनुवर्तनी
Tropodrymium, Monsoon forest वर्षावन, मानसून वन
Tropology लाक्षणिकता, लाक्षणिक प्रयोग/व्याख्या
Tropoparasite, Tropoparasitic अंशकालिक परजीवी
Tropopause क्षोभ सीमा
Tropophyte (a plant adapted to changeable environment with heavy rain alternates to drought) शुष्कार्द्रोद्भिद्, परिवृत्ति उद्भिद्
Tropophytic शुष्कार्द्रोद्भिदीय, परिवृत्ति उद्भिदी
Troposphere (lowest layer of earth's atmosphere) परिवर्तनमण्डल, क्षोभमण्डल
Tropospheric परिवर्तनमण्डलीय, क्षोभमण्डलीय
Tropotactic सममितानुचलनी
Tropotaxis (a straight motion of an organism with paired sensory receptors, towards or away from source of stimulation) सममितानुचलन
Trot दुलकी, दुलकना (घोडों का), जल्दी चलना
Trough नाँद, द्रोणी, कठौता
Trout fish (*Onchorhynchus* sp., a freshwater food fish of family Salmonidae) कतला (सामन जाति की एक भोज्य मछली)
Trowel कन्नी, करनी, खुरपा, पाटा
Truck उद्वाही, वाही, भारवाहन, ठेला, वस्तु विनियम
Trudge पैर घसीट कर चलना
True born औरस, सही नस्ल का, विशुद्ध प्रजनित
True value वास्तविक मान
Truffle (a fruiting body of an ectomycorrhizal fungus of class Ascomycetes) कन्द कवक, खुम्भी, गुच्छी (एक भोज्य कुकुरमुत्ता)
Trug टोकरी, कठौती
Trumpet shaped तुरहीरूपी
Truncate छाँटना, रुण्डित सिरा
Truncated रुण्डित, छिन्न
Truncation रुण्डन, छँटाई, संक्षेपण
Truncheon गद्का, मुद्गर, गदा
Truncus arteriosus महाधमनी, रोहिणीस्कन्ध
Trundle लुढ़कना, लुढ़काना, छोटा चौड़ा पहिया
Trunk धड़, सूँड़, रुण्ड, स्कन्ध, कबन्ध
Trunnion विर्वतनी, टेक
Truss कसकर बाँधना, कैंची लगाना
Trypanosome (derived from Greek words trypano+soma mean cork borer like body, *Trypanosoma* sp., a blood parasitic flagellate of class Mastigophora of phylum Protozoa) असिकाय (ट्रिपैनोसोमा- एक कशाभी रक्तपरजीवी आदिजीव)
Trypanosomatid (a flagellated unicellular eukaryotic parasitic protozoa of family Trypanosomatidae) असिकायी प्राणिजात
Trypanosomiasis (an infestation of *Trypanosoma* sp. in blood of man and animals) असिकायरुजा, ट्रिपैनोसोमा ग्रसन
Trypanosomicidal, Trypanosomicide, Trypanocide असिकायनाशक, असिकायघ्नी, ट्रिपैनोसोमानाशी
Trypesis, Trephination परिक्रकचन
Trypomastigote असिपर्णकशा (एक परजीवी अवस्था)

Trypsinogen अभिपाचिसजन
Tryptic अभिपाचिक
Tschernozem, Chernozem कृष्णभूमि, काली मिट्टी की जमीन
Tse tse fly (*Glossina* sp., a blood sucking dipteran insect of family Glossinidae, a vector host for sleeping sickness caused by *Trypanosoma,* sp.) कालमक्खी (एक अफ्रीकी रोगवाही कीट), सी-सी मक्खी
Tsunami (a Japanese word for oceanic seismic waves) समुद्री भूकम्प तरंग, सुनामी
T-tube T-नली, T आकार की नलिका
Tuatara (*Sphenodon* sp., a lizard like reptile of order Rhynchocephalia, native to New Zealand) त्रिनेत्र गोधिका
Tub नाँद, कठौता, तसला
Tubal नालीय, नाल-, नाल सम्बन्धी
Tubby गोल मटोल
Tube, Tuba, Tubae (pl.), Tubus, Tubi (pl.) नाल, नली, नल
Tube brush नाल-कूर्च, नली कूँची
Tubectomy, Salpingectomy डिम्बनालोच्छेदन, स्त्री नसबन्दी (गर्भ निरोधन हेतु)
Tuber, Tubera (pl.) कन्द, आकन्द, ककुद
Tubercle, Tuberculum गुलिका, गुमटा, यक्ष्मिका, क्षयकिल, अपाण्ड, आकन्दिका, ककुद, कर्णिका
Tubercular, Tuberculous गुलिकीय, ककुदी, यक्ष्मज, क्षयरोगी, क्षयात्मक
Tuberculate साकन्द, आकन्दिक
Tuberculation साकन्दन, आकन्दन
Tuberculigenic, Tuberculigenous यक्ष्माजनी, यक्ष्माजनित यक्ष्माजन्य
Tuberculin यक्ष्मि (ग्रन्थि रस)
Tuberculinization यक्ष्मीकरण
Tuberculization गुलिकायन, अर्बुदन
Tuberculocidal, Tuberculocide यक्ष्मानाशी, यक्ष्माघ्नी
Tuberculoid ककुदाभ, आकन्दिकावत्
Tuberculoma क्षयार्बुद
Tuberculosis, T.B. (an infection of a bacterium *Mycobacterium tuberculosis*), Phthisis यक्ष्मा, क्षयरोग, तपेदिक
Tuberculostatic यक्ष्मास्तम्भी
Tuberiferous आकन्दधर, ककुदधर
Tuberization कन्दीभवन
Tuberose, Tuberous कन्दिल, कन्दीय, गाँठदार
Tuberosis ककुदता, गुलिकता, ग्रन्थिता
Tuberosity, Tuberositas, Tuberositates (pl.) कन्दिलता, कन्दीयता, गण्डक, अस्थि-प्रोत्थ
Tube train सुरंग रेलगाड़ी
Tube well नल कूप
Tube worm नलिकाकृमि
Tubifer,Tubiferous नालधर
Tubicolous नालवासी
Tubifex नलीकृमि
(*Tubifex tubifex*, a tubificid annelid of order Oligochaeta, living in fresh water sediments), Sludge worm, Sewage worm पंक कृमि
Tubiform नालाकार, नलीरूपी
Tubing नालकरण, नल-तन्त्र
Tubiparous नालसृट्
Tubo-uterine अण्डनाल-गर्भाशयी
Tubo-vaginal अण्डनाल-योनिक
Tubular, Tubulous, Tubulate, Tubulated नलिकाकार, नलिकीय, लघुनालित, नलिकाकृत
Tubulation, Tubulization नलिकाकरण, लघुनालन, नलिकायन
Tubule,Tubulus, Tubuli (pl.) नलिका, लघुनाल
Tubuliform नलिकाकार, लघुनालवत्
Tubulorrhexia, Tubulorrhexis (वृक्क में) नलिकाक्षरण
Tuck, Tucking सुरक्षित छिपाना, तह करना, स्तोदन
Tucker थका देना
Tuft गुच्छा, गुच्छ, स्वतक
Tufted गुच्छित, गुच्छेदार, मूर्धा
Tug, Tugging कस कर खींचना, झटका, बलकर्षण

English	Hindi
Tularemia (an intracellular infection of bacterium *Francisella tularensis,* in man and other mammals)	कलन्दक मारी (एक जीवाणु संक्रमण)
Tulle	महीन रेशमी मलमल
Tumble	गिरना, अवपात, अस्त-व्यस्त करना
Tumbler	गिलास, कलाबाज़, लोटक
Tumbling	संलोटन, संलुण्ठन, अवपातन, लुढ़कना, कलैया, कलाबाज़ी
Tumefacient, Tumescent	शोथकारी, अर्बुदकर
Tumefaction, Tumescence	शोथ, फुल्लन, श्वयन, स्फीति
Tumefy	सूजना, सुजाना, फूलना
Tumid,Turgid	स्फीत, आशून, सूजा हुआ
Tumilus, Tumulus	लावास्तूप, स्तूप
Tummy	पेट, उदर
Tumor, Tumour	रसौली, गाँठ, गिल्टी, अर्बुद
Tumorgenic, Tumourigenous	अर्बुदजनी, अर्बुदकारी, अर्बुदजनित, अर्बुदजन्य
Tumorigenesis, Tumourigeny	अर्बुदजनन, अर्बुदभवन, अर्बुदोत्पत्ति
Tumorlet, Tumourlet	अर्बुदिका
Tumorous, Tumourous	अर्बुदीय, सार्बुद, अर्बुदमय
Tump, Tumulus	स्तूप, टीला, ढूह
Tun	पीपा
Tuna,Tunny fish (a marine food fish of mackerel family Scombridae)	टूना (एक बड़ी समुद्री भोज्य मछली)
Tunable	समस्वरणीय
Tun bellied	तुन्दिल, कुप्पा तोंद वाला
Tundra (a type of biome in arctic region)	टुण्ड्रा (उत्तरध्रुवीय शीत अनुर्वर क्षेत्र)
Tune	समस्वर, धुन
Tuned	समस्वरित
Tuner	समस्वरित्र
Tungusten, Wolframium (a rare metallic element with symbol W)	चण्डातु, टंग्स्टन (जिससे बल्ब का फिलामेण्ट से बनता है)
Tunic, Tunica	चोल, कञ्चुक, अँगरखा
Tunica albuginea	श्वेत कुञ्चक
Tunicate	सचोल, कञ्चुकित, कञ्चुकधारी
Tunication	चोलन, कञ्चुकन
Tunica vaginalis	अण्डधर कञ्चुक
Tunicine	चोलकीय
Tunicle	चोलिका, कञ्चुकी
Tuning	समस्वरण, स्वरसंगति
Tuning fork (a U-shaped acoustic resonator steel bar)	द्विभुज (स्वरित्र)
Tunnel	सुरंग, धुआँकश
Tup	भेड़ा, मेष, लाँघना
Turbid	आविल, गन्दला, पंकिल, धुँधुला
Turbidifier	आविलक
Turbidimeter, Nephelometer	आविलतामापी
Turbidimetric, Nephelometric	आविलतामितीय, आविलतामापीय
Turbidimetry, Nephelometry	आविलतामिति, आविलतामापन
Turbidity (a water quality parameter)	आविलता, गन्दलापन, पंकिलता
Turbidostat	आविलस्थाप
Turbidostatic	आविलस्थापी
Turbinal (bone), Nasal conchae	भ्रामिकास्थि (नाक में)
Turbinate	लट्टूरूप, भ्रामिल
Turbine	भ्रामिक, वरीवत्, पनचक्की
Turbulence, Turbulency	भ्रामिता, प्रक्षोभ, विक्षोभ, अशान्ति
Turbulent	भ्रामिल, प्रक्षुब्ध, विक्षुब्ध, अशान्त
Turd, Faeces (pl.)	मैला, मल, विष्ठा, गुह
Turf	घास का मैदान, दर्भस्थल, पीट
Turgar, Turgor, Turgid	स्फीत, आशून, सूजा हुआ
Turgidity, Turgescence	स्फीति, आशूनता, सूजन
Turgescent	स्फीत, स्फीतिकर, आशूनकारी, सूजनकारी, सुजाने वाला
Turgometer	स्फीतिमापी, आशूनतामापी
Turgor, Turgar, Turgid	स्फीत, आशून
Turgor pressure	स्फीतिदाब आशूनतादाब,
Turkey buzzard, Turkey vulture	अमेरिकी गिद्ध (एक मृतभक्षी पक्षी
Turkey cock/hen (*Meleagris* sp., a male wild domesticated big bird of family Phasianidae)	पीरू नर/मादा (एक पालतू अमेरिकी मुर्ग़ प्रजातीय पक्षी)

Turkey corn मकई
Turmeric (*Curcuma longa*, a perennial rhizomatous culinary medicinal stem of herb of ginger family Zingiberaceae) हल्दी, हरिद्रा, हरिद्रिक (एक भूमिगत मूलीय पीला मसाले वाला औषधीय पौधा)
Turmoil विक्षोभ, खलभली, हलचल
Turn bridge घुमाऊ पुल
Turner वर्तक, पलटा, ख़रादी
Turnery ख़राद घर
Turning वर्तन, उद्वर्तन, घुमाव, मोड़
Turning lathe ख़राद
Turning point मोड़, वर्तन-बिन्दु, सन्धिकाल
Turnings ख़रादन, वर्तनखण्ड, चक्रक्षेप
Turnip (*Brassica rapa*, a vegetable herb of family Brassicaceae with napiform tap root) शलजम (एक भोज्य कुम्भी रूप रूपान्तरित मूल), शलग़म
Turn screw पेंचकश
Turn sole सूरजमुखी
Turn spit चक्र शलाका, घूमाने वाली तीली
Turnstile चक्रद्वार
Turpentine, Turps (oleoresin obtained from pine trees), Oleoresin तारपीन, गन्धबिरोजा
Turquoise फिरोज़ा, फिरोज़ी रंग वाला
Turrect बुर्ज, कंगूरा
Turricephalism, Turricephaly स्तूपशिरस्कता
Turtle (a marine shielded reptile of order Chelonii) हरा कछुआ (समुद्री सरीसृप), पण्डुक
Turtle dove काल्हक फाख़्ता
Tush लम्बा नुकीला दाँत (घोड़े का)
Tusk हाथी दाँत, गजदन्त, खाँग
Tusked खाँगदार
Tussar, Tusser, Tussore (a brownish coarse wild silk obtained from coccoons of tussar moth *Antheraea* sp., of family Saturniidae) टसर (एक प्रकार का रेशम)
Tussis, Cough कास, खाँसी
Tussive कासकर, खाँसीकारी
Tussock तृणगुच्छ, केशगुच्छ
Tutsan (*Hypericum* sp., a tropical flowering woody shrub/ tree of family Hypericaceae, used for biocontrol and berry type fruits are poisonous), Sweet amber, St. John's wort वसन्त, बालशना, देन्धू
Tuyere शुण्डिका, हवा टोंटी
Twain दो, युग्म, जोड़ा
Twang टंकार, झंकार, नकियाहट
Twankay हरी चाय
Tweak चिकोटी काटना, मरोड़ना, झटके से खींचना, ऐंठन
Tweed खुरदरा ऊनी कपड़ा
Tweedle झंकार, झंकारना
Tweel द्वारिल
Tweet चीं-चीं या चें-चें करना
Tweeter चिंचयाने वाला, तेज़ बोलने वाला
Tweezer चिमटी से उखाड़ना
Tweezers चिमटी, मोचनी
Twiddle, Twiddling फिराना, स्थिर-चक्रण, स्थिर-परिभ्रमण
Twig शाखिका, टहनी, पल्लव
Twilight उषाकालीन लाली, सान्ध्य प्रकाश, सान्ध्यालोक, धुँधुलका, अर्धचेतना
Twilight state अर्धचेतना-अवस्था
Twill तिर्यक रेखिका, विकिरण, बुनना
Twillness तिर्यक रेखिकीयता
Twin जुड़वा, यमज, यमल, सर्वसम
Twine डोरा, बटना, गूथना, प्रवेष्टन, कुण्डल
Twinge टीस, हूक, शूल, टीसना
Twink निमिष, पल, पलक मात्र
Twinkle टिमटिमाना, झिलमिल, आँख मिचकाना
Twinkling निमीलन, टिमटिमाहट
Twinned यमलित, युग्मित, जुड़वा
Twinning यमलन, यमज-जनन, जुड़वा होना
Twirl चक्रगति, घूमना, चक्कर लगाना
Twirly चक्रगतिक, घुमावदार, चक्करदार

Twist ऐंठना, मरोड़, व्यावर्तन, न्यूद्वेष्टन
Twisted व्यावर्तित, न्यूद्वेष्टित, ऐंठा हुआ
Twitch, Twitching झटकारना, झटकना, फड़कना, खिंचाव, फड़कन
Twitter चहकना
Twixt बीच में, के बीच
Two dimensional (2D) द्विविम, द्विविमी, द्विविमीय
Two jointed द्विसन्धित
Two phase, Two stage द्विचरण, द्वि-प्रावस्था, द्विकाल
Two ply द्विलड़ी, दुस्तरी, दुपर्ती
Two sided, Bilateral द्विपक्षीय, द्विपार्श्व
Two track, Two way द्विचर, द्विपथ, द्विपथी, दुतरफा
Tychastics (Greek word tychos means accidental) आपातिकी, दुर्घटनाविज्ञान (औद्योगिक)
Tychopelagic अनुवेलापवर्ती
Tychoplankter, Tychoplankton (pl.) (aquatic organisms accidentally carried in planktonic form) संयोगीप्लवक, आपातप्लवक
Tying बँधना, बाँधना, सम्बद्ध होना
Tyke, Tike चञ्चल शिशु, छोटा शरारती बच्चा, दोग़ला कुत्ता
Tylaster समुण्डतारक
Tyle, Tyloma, Callosity किण, घट्ठा
Tylhexactine मुण्डषड्र
Tyloclad मुण्डार
Tylosis गुहारुद्धता
Tylostyle एकमुण्ड-कण्टिका
Tylostylote मुण्डस्तम्भिका
Tylote उभयमुण्ड
Tylotoxea मुण्ड-तीक्ष्णिका
Tylus गुल्मक
Tymbal मर्दल
Tympanic, Tympano- (prefix) कर्णपटही, कर्णपटीय
Tympanic bulla कर्णपटह वटी, पटहास्थि वटी
Tympanites उदरस्फीति, अफरा, गैस से पेट फूलना
Tympanitis कर्णपटह शोथ
Tympanum कर्णपट, कर्णपटह, कान का पर्दा
Tympany पेट फूल जाना
Tymparium मध्यकर्ण
Tyndall effect (an effect of light on particles in a colloid / fine suspension) टिण्डल प्रभाव (जॉन टिण्डल द्वारा वर्ष 1869 ई. में प्रतिपादित)
Tyndallization टिण्डलीकरण
Typal, Typic(al) प्ररूपी, प्रारूपिक
Type, Typus प्ररूप, किस्म, प्रकार, टंकित करना
Type metal मुद्र धातु
Typhlitis अन्धनाल शोथ
Typhloid अन्धवत्, अन्धाभ
Typhlology अन्धताविज्ञान
Typhlon अन्धनाल
Typhlosis, Blindness अन्धता
Typhlosole (an evaginated fold in inner wall of intestine of some invertebrates like annelids, molluscs, lampreys, echinodermates etc.) आन्त्रवलन
Typhlosolar आन्त्रवलनीय
Typhoid (a fever due to infection of *Salmonella typhi,* a Gram negative bacterium of family Enterobacteriaceae) आन्त्रज्वर, सन्निपात ज्वर (एक जलीय रोगकारी जीवाणु संक्रमण)
Typhoidal आन्त्रज्वरीय
Typhoon प्रचण्ड झञ्झावात, भारी तूफ़ान
Typhus, Typhus fever तन्द्रिक ज्वर, पृष-ज्वर
Typic(al), Typal प्रारूपिक, प्ररूपी, सामान्य
Typification प्ररूपण, प्रतीकीकरण
Typing प्ररूपण, मुद्रलेखन, टंकण
Typlod गद्दीदार तलवे वाला
Typodont प्ररूपदन्ती
Typography मुद्रचित्रण, मुद्रण, टंकण
Typology प्रारूपिकी, प्ररूपविज्ञान
Typomorphic, Typomorphous प्ररूपाकृतिक
Typonym प्ररूपनाम
Tyre हाल (पहिये का)
Tyrian purple गहरा बैंगनी
Tyriasis, Filarial elephantitis फीलपाँव, श्लीपाद, हाथीपाँव
Tyrogenic, Tyrogenous पनीरजनी, पनीरजनित, दधिकजन्य

Tyroid, Caseous, Cheesy पनीराभ, पनीरवत्, दधिकीय
Tyrosinaemia (a metabolic disorder of infants with excess of an amino acid tyrosine in blood) अधिटायरोसिन रक्तता, रक्त टायरोसिनाधिक्य
Tyrosinuria (occurrence of tyrosine crystals in urine) टायरोसिनमेह, टायरोसिनमूत्रता
Tyrotoxicosis, Tyrotoxicity, Tyrotoxism दधिक विष रुग्णता पनीरविषाक्तता, दधिकविषालुता, दधिकविषता

U

Uakari (*Cacajao* sp., a small bald New World monkey of family Pitheciidae with small tail and long hairs on whole body except head) उकारी (एक दक्षिणी अमेरिकी लघुपुच्छी गञ्जा छोटा बन्दर)
Uberty उर्वरता, उपजाऊपन
Uberous उर्वर, उपजाऊ, फलप्रद
Ubiety स्थानबद्धता, क्वापित्व
Ubiquitous, Ubiquitary सर्वव्यापी, सार्वत्रिक, सर्वगत
Ubiquity सर्वव्यापकता
Udder थन, ऊधस
Udometer वर्षामापी
U-frame, Plumbing fork साहुल काँटा
Uglification कुरूपण, विरूपण
Ugliness कुरूपता, विरूपता, घिनौनापन
Ulatrophy वर्त्सक्षीणता, मसूड़े कमज़ोर होना
Ulcer (an open sore or lesion on skin/ mucous membrane with necrotic tissues), Ulcus, Ulcera (pl.) फोड़ा, नासूर, व्रण, घाव
Ulcerate फोड़ा होना, फोड़ादार, व्रणमय
Ulceration व्रणीभवन, फोड़ा बनना
Ulcerative, Ulcerous व्रणकारी, व्रणीय, प्रदाही
Ulcerogenic, Ulcerogenous व्रणजनी, फोड़ा/घाव बनाने वाला
Ulceroid व्रणाभ, फोड़ा जैसा
Ulemorrhagia, Ulorrhea वर्त्सरक्तस्राव, मसूड़े से ख़ून आना
Uliginosis पंकवर्धता, कीचड़ होना
Uliginosus, Uliginous पंकवर्ध, दलदलवर्धी
Ulitis, Gingivitis वर्त्सशोथ, दन्तमांसशोथ
Ullage नोदकरिक्ति, कमी, घटोत्तरी
Ulmic, Ulminic उपकरिक
Ulna (one of the two long bones of fore arm), Ulne अन्तःप्रकोष्ठिका, अरत्नि
Ulnar, Ulnare, Ulnaris, Ulnen अन्तःप्रकोष्ठिकीय, अरत्नीय, अरत्नि-
Ulno-carpal अरत्नि-मणिक, अरत्नि-मणिबन्धीय
Ulno-radial अरत्नि-अन्वरत्नीय
Ulocarcinoma वर्त्साध्यार्बुद, दन्तमांसाध्यार्बुद
Ulodermatitis वर्त्सचर्मशोथ, दन्तमांसचर्मशोथ
Uloglossitis वर्त्सजिह्वाशोथ, दन्तमांसजिह्वाशोथ
Uloncus वर्त्सार्बुद, दन्तमांसार्बुद
Ulotic किणकारी, क्षतचिह्नकारी
Ulotrichan, Ulotrichous ऊर्णकेशी, ऊर्णरोमी
Ulterior परवर्ती, दूरस्थ, प्रच्छन्न, बाद का
Ultimate median-tolerance limit (UTLm, UTL_{50}) परम मध्य सह्य सीमा
Ultimobranchial क्लोमान्त्य, अन्त्यक्लोमी अन्त्यक्लोमज (जन्तु)
Ultimum, Ultima (pl.), Ultimate अन्त्य, अन्तिम, चरम, परम
Ultimate bearing capacity चरम धारिता क्षमता, परम धारण सामर्थ्य
Ultra- (a Latin word for beyond or excess- prefix) पार-, परा-, चरम, अति-
Ultra-bacterium पराजीवाणु, पारजीवाणु
Ultracentrifuge परा-अपकेन्द्रित्र (यन्त्र)
Ultra-critical अतिछिद्रान्वेषी
Ultrafast अतिद्रुतगामी, अतिसुदृढ़, बहुत तेज़
Ultrafilter परानिस्यन्दित्र (यन्त्र)
Ultra filtration परा-निस्यन्दन
Ultrafine, Ultramicro अतिसूक्ष्म, परासूक्ष्म

Ultra high frequency (Uhf)	अति-उच्च-आवृति, परा-उच्चावृति
Ultra-mafic rock (igneous rock with high percentage of magnesium and iron)	अतिभ्रायसिक शैल
Ultramarine	पारसमुद्री, सागरपारीय, लाजवर्दी (गहरा नीला रंग)
Ultramicroscope	परासूक्ष्मदर्शी, अतिसूक्ष्मदर्शी, पराण्वीक्ष
Ultramicroscopic	परासूक्ष्मदर्शीय, अतिसूक्ष्मदर्शीय, पराण्वीक्षीय, अतिसूक्ष्म
Ultramicroscopy	परासूक्ष्मदर्शन, परासूक्ष्मदर्शिकी
Ultramontane	पर्वतपारीय, पारपर्वतीय
Ultramundane	सौरमण्डल बाह्य, पारलौकिक
Ultramicrotome	परासूक्ष्मतक्षणी, पराणुकर्तक
Ultramicrotomy	परासूक्ष्मतक्षण, पराणुकर्तन
Ultraphage, Ultraphagocyte	पराभक्षाणु, पारभक्षकोशिका
Ultraphagocytosis	पराभक्षाणुता, पारकोशिका भक्षण
Ultraphonetic	परास्वनिक
Ultraphonetics	परास्वानिकी, परास्वरविज्ञान
Ultraphonic	पराध्वनिक
Ultraphonics	पराध्वानिकी, पराध्वनिविज्ञान
Ultraplankter, Ultraplankton (pl.)	पराप्लवक, पारप्लवक
Ultrapure	अतिशुद्ध
Ultrasonic	पराश्रव्य, पारस्वनिक, पराध्वनिक
Ultrasonics	पराश्रव्यकी, पारस्वानिकी, पराध्वानिकी
Ultrasonography (USG)	पराश्रव्यचित्रण, पराध्वन्यालेखन
Ultrasound	पराश्रव्यध्वनि, पारध्वनि
Ultrastructure	सूक्ष्मसंरचना
Ultravirus	पराविषाणु, पारविषाणु
Ultravisible	परादृश्य, अति दृश्य
Ultravoilet (UV)	पराबैंगनी, पारजम्बु, पारनीललोहित
Ultra violet (UV) ray/light (an invisible electromagnetic light with wave-length 10-400 nm)	पराबैंगनी किरण/प्रकाश (एक उपयोगी परन्तु स्वस्थ्य के लिए हानिकारक विकिरण)
Ulutate, Ululation	हुँआना, विलाप करना, हुँआ, विलाप (जानवरों का)

Umbel (an inflorescence of pediculate flowers of carrot, aralia, onion etc.)	पुष्पछत्र, उत्छत्र
Umbellate, Umbellatus	पुष्पछत्री, उत्छत्री
Umbellet, Umbellule	पुष्पछत्रक, लघुपुष्पछत्र
Umbellic	उत्छत्रिक
Umbelliferous	पुष्पछत्रधर
Umbelliform	पुष्पछत्राकार, उत्छत्ररूपी
Umber	गेरु, गैरिक वर्ण, बभ्रु
Umbilectomy	नाभि-निष्कासन
Umbilical, Umbilicular	नाभीय, नाभि सम्बन्धी, नाभि-
Umbilical cord, Funiculus umbilicus (a conduit for nourishment to embryo from placenta)	नाभि-रज्जु, नाभि-नाड़ी, वृन्तक
Umbilicate	नाभिवत्, नाभिल, नाभियुक्त
Umbilicus	नाभि, तुन्दी, नाभिका, पिच्छछिद्र, शून्यवृत्तक
Umbles	हिरन की अँतड़ी
Umbo (knob like protuberance on surface)	प्रोत्थ, ककुद, प्रकूट
Umbolith	नाभ्यश्मरी, नाभि की पथरी
Umbonal	प्रोत्थीय, ककुदीय
Umbonate	प्रोत्थवान्, ककुदमय, ककुदी
Umbra	प्रच्छाया, अदीप्त केन्द्र
Umbracule	छत्र
Umbraculiferous	छत्रधर
Umbraculiform	छत्राकार (छाता रूपी)
Umbrageous	छायादार, शक्की, तुनक मिज़ाज
Umbrascope	प्रच्छायादर्शी
Umbrascopy	प्रच्छायादर्शन, प्रच्छायादर्शिकी
Umbraticolous	छायावासी
Umbrel	छायायुक्त, छाया सम्बन्धी
Umbrella	छाता, छत्र, छतरी
Umbrella tree (*Schefflera* sp., a flowering deciduous plant of family Araliaceae with umbrella like foliation)	छत्रवृक्ष, छतरी पेड़
Umbriferous	छायादार, छायामय
Umbrinus	गैरिकवर्णी, बभ्रु

English	Hindi
Umbrosus	प्रच्छाया-स्थलीय
Umlaut	तालव्य, अभिश्रुति, द्विबिन्दु
Umpire assay	निर्णायक परीक्षण/आमापन
Umpteen	अधिसंख्यक
Un- (prefix)	अ-, अन-, वि-, -रहित, -हीन
Unabated	अक्षुण्ण, निर्बाध
Unaccented	बलाघातहीन, स्वराघातहीन
Unacceptable	अस्वीकार्य, अग्राह्य
Unactuated	अप्रेरित, अप्रवर्तित
Unadaptable	अननुकूलनीय, अपरिवर्तनीय
Unadjusted	असमञ्जित, असमायोजित
Unadulterated	अनपमिश्रित, बिना मिलावट
Unaffected	अप्रभावित, अनाक्रान्त
Unalive, Unanimated	निर्जीव, अननुप्राणित
Unallied	असम्बद्ध, असंश्रित
Unalloyed	अमिश्र, विशुद्ध
Unalterable	अपरिवर्त्य, अपरिवर्तनीय
Unambiguous	असन्दिग्ध, स्पष्ट
Unappetizing	अक्षुधाकारी
Unapprehensive	अशंक, अबोध, मन्दबुद्धि
Unapt	अनुपयुक्त, अदक्ष, अनिच्छुक
Unarmoured	अकवचित
Unarticulate,	असन्धित, सन्धिरहित,
Unattached	असम्बद्ध, असंलग्न
Unaspirated	अल्पप्राण, अचूषित, अनाकांक्षी
Unbalanced	असन्तुलित
Unbearable	असह्य
Unbleached	अविरञ्जित
Unblooming	अपुष्पित
Unblown	अनखिला, अविकसित, मुकुलित
Unboiled	अक्वथित, बिना उबाला
Unborn	अजन्मा
Unbranched	अशाखित
Unbranded	बेमार्का, छापरहित
Unbreakable	अभञ्ज्य, अटूट्य
Unbuckle	खोलना
Unbuilt	अनिर्मित, गैर बना
Unburnt	अदग्ध, अनजला
Uncage	पिञ्जरा खोलना, पिञ्जरे से उड़ाना
Uncastrated	आँड़ू, अण्डू
Uncate	अंकुशरूपी
Uncertainity	अनिश्चितता, अनिर्धार्यता
Unchanged	अपरिवर्तित
Uncharged	निरावेशित, अनारोपित
Uncicus	अंकुशिनी
Unciform	अंकुशाकार
Uncigerous	अंकुशधर
Uncinate	अंकुशी, सांकुश
Unclamped, Unclasped	असन्धृत
Uncleaned	बिना साफ किया हुआ
Unclouded	निरभ्र, बिना बादल
Uncoded, Uncodified	अकूटवाचित, असंहिताबद्ध
Uncoloured	अरञ्जित, बिना रंगा
Uncompatible, Incompatible	असंगत, अननुकूल
Uncompatibility, Incompatibility	असंगतता, अननुकूलता
Unconformity	विषमविन्यास
Unconnected	असम्बद्ध, असंयुक्त, असंयुज
Unconscious	अचेत, बेसुध, मूर्च्छित, बेहोश
Unconsolidated	असम्पिण्डित
Unconverted	अरूपान्तरित, अपरिवर्तित
Uncoordinated	असमन्वित
Uncountable	अगण्य, अगणनीय
Uncovered	अनावृत, अनाच्छादित
Uncreatable	असृज्य, असर्जनीय
Uncropped	असस्य, असस्यित
Unction	मालिश, तैल मर्दन, मरहम लगाना
Unctuous	स्निग्ध, चिकना, चिक्कण, मृसण
Uncture	मरहम, लेप (औषधि)
Uncultivatable	अकृष्य, कृषि अयोग्य
Uncultivated	अकृषित, अकृष्ट
Unculturable	असंवर्ध्य, असंवर्धनीय
Uncurrent	अप्रचलित
Uncus (a Latin word for hook)	अंकुश
Uncut	अकर्तित, अनकटा, बिना कटा हुआ
Undamped	अनवमन्दित, अनार्द्रित
Undecagon	एकादशभुज
Undecayed	अक्षय, गैरसड़ा
Undecimal	अदशमलव, एकादश संख्यक
Undefinable	अपरिभाष्य
Under- (prefix)	के नीचे, से कम, के अन्दर
Underbred	वर्णसंकर, दोग़ला, जो मूल नस्ल का न हो
Underbrush	झाड़ी
Underburnt	अल्पदग्ध, अवदग्ध
Under cooked	अपूर्ण पक्व, अर्धपक्व
Under cooling	अवशीतलन
Under current	अन्तर्धारा, अन्तःप्रवाह
Underdeveloped	अल्पविकसित
Underdose	अल्पमात्रा, न्यूनमात्रा
Underestimate	न्यूनप्राक्कलन, कम आँकना

Underexposed	न्यून-उद्भासित, अल्प प्रभावित
Underfed	अल्पप्राशित, अल्पपोषित
Underfeed	अपर्याप्त भोजन
Undergarment, Underclothe, Underwear	अन्तर्वस्त्र, अधोवस्त्र, अन्तरीय
Underground	भूमिगत, अधोभूमि, अन्तर्भौम
Underived	अव्युत्पत्तित, असाधित
Underjaw	अधोहनु, निचला जबड़ा
Underlip	अधर, निचला ओंठ
Underlying	अन्तर्निहित, अधःस्थ, अधोशायी
Under nourished	अल्पपोषित, न्यूनपोषित
Undernourishment	अल्प-पोषण
Under production	न्यून-उत्पादन, अल्पोत्पादन
Under-ripe	अधपका, अल्प-पक्व
Under root	वर्गमूल, करणीगत
Under saturated	अवसन्तृप्त
Undersexed	क्षीणकामी
Undersized	नाटा, बौना, सामान्य से छोटा
Undersoil	अधोमृदा
Underthrust	अधःक्षेप
Under tone	धीमा रंग, धीमा स्वर
Undertow	अधःप्रवाह
Under value	अधोमूल्य
Under water	अधोजल, अन्तर्जलीय
Underweight	न्यूनभार, अल्पभार
Underwing	निचला पंख
Underwood, Undergrowth	झाड़-झंखाड़
Undesired	अवाञ्छित, अनचाहा
Undetermined	अनिर्धारित, अनिश्चित
Undeveloped	अविकसित
Undifferentiated	अभिन्नित, अविभेदित
Undigested	अपक्व, अपचित, अपाचित
Undiluted	अतनुकृत
Undistorted	अविकृत
Undivided	अविभक्त, अविभाजित
Undoing	निष्क्रियण, निठल्लापन
Undomesticated	अपालित, गैर-पालतू, आवारा
Undrained	अनपवाहित
Undressed	बिना मरहम पट्टी, बेपोशाक
Undulant	तरंगी, लहरिया
Undulate, Undulated	तरंगित, लहरदार
Undulating membrane	तरंगी कला
Undulation	तरंगण, तरंग गति, ऊर्मि
Undulatory, Undulating	तरंगकारी, तरंगणशील, ऊर्मिल
Undulatus	तरंगी, लहरिया
Unearth	खोदकर निकालना
Unencapsulated	सम्पुटहीन, असम्पुटित
Unending	अनन्त, अन्तहीन
Unequal, Uneven, Odd	असम, असमतल, विषम
Unexpected	अप्रत्याशित
Unexpired	अकालातीत, अनावसित, असमाप्त
Unexplored	अनन्वेषित
Unexposed	आवृत, अनुद्भासित, अप्रभावित
Unexpurgated	अविकल, अपरिशोधित
Unfading	अमिट, अविनाशी
Unfasten, Unlace	ढीला करना, खोलना
Unfathered	जारज, अप्रमाणिक
Unfathomable	अथाह, अगाध
Unfeathered	अपिच्छित, पंखहीन, लुण्डा
Unfenced	अरक्षित, खुला, बाड़ रहित
Unfermented	अकिण्वित
Unfertilized	अनिषेचित
Unfilled	अपूरित, बिनभरा
Unfinished	अपरिष्कृत
Unfirmed	अदृढ़ीकृत
Unfit	अनुपयुक्त
Unfitted	असज्जित, अनलगा
Unfixed	अलग्न
Unfolded	अभञ्जित, गैर मुड़ा
Unfreeze, Defreeze	बर्फ़ पिघलना/पिघलाना
Ungerminated	अनंकुरित
Unglazed	अकाचित
Ungradable	अकोट्य, अवर्गीकरणीय
Ungraded	अवर्गित
Ungraduated	अनंशांकित
Unfavourable	प्रतिकूल, अननुकूल
Ungual	नखी, खुरदार
Unguent, Unguentum, Ointment	अभ्यञ्जन, लेप, मरहम
Unguicular, Unguiculate	नखरीय, नखदार
Unguiculus	नखरिका, नखी, छोटा नाख़ून
Unguiform	नखाकार
Unguiliform	शफिरूपी, खुर जैसा
Unguis, Ungues	नख, नखर
Ungulate	खुरदार
Unguligrade	खुरचारी
Unhatched	अस्फुटित, अण्डे से न निकला हुआ
Unhealthy	अस्वस्थ, अस्वास्थ्यकर
Unhusked	अतुषित, बिना भूसी निकाला
Unhydrated	निर्जलित

Unhygienic अस्वास्थ्यकर, अस्वच्छ
Uni- (prefix) एक-, इक-
Uniarticular, Uniarticulate एकसंलग्नी
Uniaxial एकाक्षीय, एकाक्षी
Unibranchiate एकक्लोमी (जन्तु)
Unicarinate एकनौतली (जन्तु)
Unicarpellate एकाण्डपी (पुष्प)
Unicaryotic, Unikaryotic एक नाभिकीय, एक केन्द्रकीय (कोशा)
Unicellular एककोशीय, एककोशिकीय
Uniciliate एकपक्ष्माभी
Unicline, Uniclined एकनत
Unicomponent एकघटकीय
Unicorn, Unicornous एकशृंग, एकशृंगी
Unicostate एकशिरीय, एकपुर्शकी
Unicotyledonous, Monocotyledonous, Monocot एकबीजपत्री
Unicuspid, Unicuspidate एकदन्ताग्री
Unidactyl एकांगुलि
Unidentate एकदन्ती
Unidentified अपरिचित, अनभिज्ञ
Unidentified flying object (UFO) उड़नतश्तरी (एक अनभिज्ञ उड़ती हुई वस्तु)
Unidirectional एकदिशीय, एकदिश
Unifacial एकपृष्ठीय
Unified एकीकृत
Unifilar एक तन्तु
Uniflagellate एककशाभी
Uniflorous एकपुष्पी
Unifocal एकनाभीय
Unifoliate एकपर्णी
Unifollicular एकपुटकी
Unifoliolate एकपर्णकी
Uniforate एकरन्ध्री
Uniform एकसमान, एकरूप, परिच्छद, वर्दी
Uniformity एकरूपता
Unifungal एककवकजात, एककवकीय
Unigeminal एकश्रेणिक, एकशाखी
Unigemmius एककलिकद
Unigeneric एकवंशी
Unigerminal एकाण्डजी, एकरोहि, एकबीजी
Uniglandular एकग्रन्थीय
Unijugate एकयुगली
Unijunction एकसन्धि
Unilabiate एक-ओष्ठी
Unilaminate एकस्तरित, एकपटली
Unilateral एकपार्श्वी, एकपार्श्विक, एकपक्षीय
Unilayered एकस्तरित, एकस्तरीय, एकपर्ती
Unilobar, Unilobate एकपालीय, एकपालिक
Unikaryotic, Unicaryotic एक नाभिकीय, एक केन्द्रकीय (कोशा)
Unilocular, Uniloculate एककोष्ठी
Unimodal एकबहुलकी
Unimolecular एकाण्विक
Unimpaired अक्षत, अक्षुण्ण
Uninervate एकशिरीय, एकस्नावीय
Uninfected असंक्रमित
Uninhabited अनिवासित, निर्जन
Uninodal एकपर्वसन्धिक
Uninominal एकपदीय
Uninterrupted अबाधित, निर्बाधित, अविच्छिन्न
Uninuclear, Uninucleate एकनाभिकीय, एककेन्द्रकीय (कोशिका)
Uninvestigable अननुसन्धेय
Union संयोजन, सम्मिलन, संघ
Uniovular एकाण्डीय
Uniparous अविभाजित, एकप्रसू
Unipartite एकशाखी
Unipetalous एकदलीय
Unipileate एकछत्री
Unipinnate एकपिच्छी, एकपिच्छाकार
Unipolar एकध्रुवीय
Unipotential, Unipotent एकक्षम
Uniramous एकशाखी, एकशाखीय
Uniseptate एकपटीय
Uniserate, Uniserial एकपंक्तिक, एकश्रेणिबद्ध
Uniseriate एकस्तरीय
Unisexual, Dioecious एकलिंगी
Unison स्वरैक्य, स्वरमेल
Unispire एकसर्पिल
Unit एकक , मात्रक, इकाई, टुकड़ी, दल, दस्ता
Unitable संयोज्य
Unitary ऐकिक, एकात्मक, एकीय
Unitary method एकात्मक विधि, ऐकिक नियम
Unite जोड़ना, एक करना, मिलाना
Unit mass एकांक द्रव्यमान
Unitubercular एकगुलिकीय
Univalent, Monovalent एकसंयोजक, एकसंयोजी

Univalved एक-कपाटी
Univariate एकचर
Universal सार्वभौमिक, सार्विक, सार्वत्रिक, जागतिक, विश्वव्यापी, वैश्विक
Universal donor (person of O blood group) सर्वदाता (रक्त का)
Universal recipient (a person of AB blood group) सर्वग्राही (रक्त का)
Universe विश्व, सृष्टि, ब्रह्माण्ड, समष्टि
Universology विश्वविज्ञान
Univitelline एकपीतकी, एकाण्डपीत
Univittatus एकधारीय, एकराजि
Unjoint असंयुज, असंयुक्त, विच्छेदित
Unkempt मैला-कुचैला, अस्त-व्यस्त, उपेक्षित
Unkennel माँद से खदेड़ना/निकालना
Unknown अज्ञात, अपरिचित
Unleaded असीसित, सीसारहित, नेतृत्वहीन
Unleavened बिना ख़मीर के, बिना ख़मीर उठाया
Unlimited असीम, असीमित
Unline अस्तर निकालना
Unloaded अभारित
Unlock खोलना (ताला को)
Unmanly नामर्द, स्त्रेण, जनाना
Unmanned मानवरहित, कर्मी रहित
Unmarked अनंकित, अचिह्नित
Unmarried अविवाहित, कुँआरा
Unmeasured अमापित
Unmeasurable अपरिमेय, अमाप्य, अमेय
Unmedicated औषधि-अमिश्रित, अभेषजित
Unmedullated अविमज्जित, अमध्यकित
Unmetalled धातुरहित, कच्चा रास्ता
Unmixed अमिश्रित, अमिश्र
Unmounted अनारोपित, अनारूढ़
Unnatural अप्राकृतिक, अप्रकृत, अनैसर्गिक
Unnavigable अनौगम्य
Unnumbered असंख्यांकित, अगणित
Unobserved अलक्षित, अप्रेक्षित, अनवलोकित
Unorganized असंगठित, अनियोजित, अव्यवस्थित
Unossified अनस्थिकृत
Unpacked अवेष्टित, असम्वेष्टित
Unpaired अयुगलित
Unpalatable अस्वाद्य, अखाद्य, अरुचिकर
Unperturbed अक्षुब्ध
Unpolarized अध्रुवित
Unpolished अपरिमार्जित, अपरिष्कृत
Unpollinated अपरागित
Unpolluted अप्रदूषित
Unpressed असम्पीडित, अनिपीडित
Unprocessed असंसाधित
Unproductive अनुत्पादी
Unproportionate अननुपाती
Unprotected अरक्षित, असंरक्षित
Unpublished अप्रकाशित
Unrecorded अनभिलिखित
Unreel फिरकी या चर्खी से उतारना
Unrefined अशोधित, अपरिष्कृत
Unregulated, Irregular अनियमित
Unrepaired असुघृत, बेमरम्मत
Unrestricted अप्रतिबन्धित, असीमित
Unrhythmic अलयी, लयहीन, बेताल
Unriped अपक्व, गैर पका, कच्चा
Unroasted अभर्जित, गैर भुना
Unsafe असुरक्षित
Unsalted अलवणित, अलोना, बिना नमक का
Unsanitary अस्वच्छ, अस्वास्थ्यकर
Unsaponifiable अस्वफेन्य
Unsatisfactory असन्तोषप्रद, असन्तोषजनक
Unsaturated असन्तृप्त
Unscathed, Intact अक्षत, सलामत, साबुत
Unscientific अवैज्ञानिक
Unscrew पेंच खोलना
Unsearchable अनन्वेषणीय
Unseasoned असंशोषित, अपरिपक्व
Unsegmented अखण्डित
Unsensitized असंवेदित, अहृषित, सहिष्णु
Unserviceable अप्रयोज्य, अनुपयोज्य
Unsex मैथुन-अक्षम बनाना
Unsifted बिना छाना, बिना जाँचा
Unsighted अदृष्ट, अलक्षित
Unsilvered अरजतित
Unshorn अकर्तित
Unskilled अदक्ष, अकुशल
Unslaked lime अनबुझा या अशमित चूना
Unsling खोलना, उतारना
Unsolved असमाधित, बिना हल किया
Unsound, Unwell अस्वस्थ, विकृत, दोषपूर्ण
Unspecified अनिर्दिष्ट
Unspecialized अविशेषित

Unsplit अविदलित
Unsporulated अबीजाणुजनित
Unspotted, निष्कलंक, निर्मल, बेदाग़
Unsullied, Untainted अदूषित
Unsprouted अनंकुरित
Unstable अस्थायी, अस्थिर, चञ्चल
Unstained अरञ्जित, अनभिरञ्जित
Unsterilized अनिष्किटित, अबन्ध्यकृत
Unstoppered अपिधित, डाटरहित
Unstrapped असंग्रन्थित
Unstratified अस्तरित
Unstressed अप्रतिबलित, तनावमुक्त
Unstretched अतत, ढीला, शिथिल
Unstriated अरेखित
Unstripped अनग्नित, अनग्नीकृत
Unsuitable असात्म्य, अनुपयुक्त
Unsymmetrical असम्मित, असम्मितीय
Unsystematic अव्यवस्थित
Untammed अनसधाया, वन्य, बनैला, जंगली
Untanned कच्चा (चमड़ा), अधूपित
Untempered अपनिया, अमृदुकृत, असंयत
Untested अपरीक्षित
Untimbered वृक्षहीन
Untinged अरञ्जित, अप्रभावित
Untrained अप्रशिक्षित
Untreated अनुपचारित, असंसाधित
Untrimmed अकर्तित
Untuned असमस्वरित
Unwashable अधावनीय, अधाव्य
Unwashed अधावित, गैरधुला
Unwatered असिञ्चित, बिना पानी मिला (दूध आदि)
Unweaned दुधमुँहा
Unweathered अनृतुरक्षित, ऋतु-अनारक्षित
Unweare उधेड़ना, खोलना
Unweighed अभारित, बिना तौला
Unwell अस्वस्थ
Unwind खोलना, नरम पड़ना, शान्त होना
Unwrapped अनावेष्टित, बिना लपेटा
Unwrought अपरिष्कृत, अनगढ़, कच्चा
Unyoke जुआ छुड़ाना/खोलना (पशु की), अलग करना
Unzip खोलना
Upas विषवृक्ष, विष, वल्कल
Upcast उत्क्षेप, ऊपर फेंकना, उत्कूपक, उत्क्षिप्त, उठा हुआ
Upchuking उल्टी करना, कै होना, वमन
Upcountry देहात, देशाभ्यन्तर, तट दूर
Upcross उत्पारण
Upcurved उद्वक्र
Update, Updated अद्यतन करना, अद्यतन
Upend औंधाना, उलटना
Upestuary ज्वारनदमुख
Upfold उद्वलन
Upgrade, उन्नत करना, तलोच्चन,
Upgradation, उच्चीकरण, उन्नति
Upgrading
Upgradient उत्प्रवणता
Upgrowth अभिवृद्धि, विकास, उठान
Upheaval प्रोत्थान
Uphill शिखरोपरि, चढ़ाईदार
Upland अधित्यक, उपरिभूमि, उच्चथल
Upper arm प्रगण्ड, बाजू
Upper jaw ऊर्ध्वहनु, ऊपरी जबड़ा
Upper layer उपरिस्तर, ऊपरी पर्त
Upper limit उच्च सीमा
Upper shank जंघा, जाँघ
Upright ऊर्ध्वाधर, ऊर्ध्वाकार, खड़ा
Uproot, Uprooting जड़ निकालना, उन्मूलन
Upset अस्त-व्यस्त, छिन्न-भिन्न, गड़बड़
Upside down औंधा, औंधाना
Upslant उत्तिर्यक
Upstream, उपरिधारा, धारा-प्रतिकूल,
Upcurrent प्रतिस्रोत
Upstroke ऊर्ध्वाघात, ऊर्ध्वरेखा
Upsurge उमड़, लहर
Upswept ऊर्ध्वानत
Uptake उद्ग्रहण
Upthrow, उत्क्षेप, उत्प्लावन,
Upthrust उछाल
Uptilt उपरिनति
Upward, Upwards उपरिमुखी, ऊर्ध्वमुखी, ऊर्ध्वगामी
Upwelling उत्स्रवण
Uraemia, Uremia मिहिकरक्तता, यूरियारक्तता
Uranal, Palatine तालव्य
Uranalysis, Urinalysis मूत्र विश्लेषण
Uraniscus, Palate, Palatum तालु, तालू (ऊपरी दाँतों व कौवा के मध्य का भाग), अधरिका (पौधों में)
Uranism पुरुष समलैंगिकता, पुंसमलिंग कामुकता

Uranium (named after planet Uranus, a silvery white actinide metallic radio-active element with symbol U) — किरणातु, यूरेनियम एक रेडियो-धर्मी खनिज धातु, जिसका परमाणु भट्ठी तथा परमाणु बम में प्रयोग होता है)
Uranography — वर्णनात्मक खगोलविज्ञान
Uranology — खगोलविज्ञान, गणित ज्योतिष
Uranometric — खगोलमितीय, खगोलमापीय
Uranometry — खगोलमिति, खगोलमापन
Uranus — वरुण (सौरमण्डल का सातवाँ ग्रह)
Urarthritis, Gout — वातरक्त, गठिया
Uratemia — मेहीयरक्तता, मूत्र रक्तता
Uratosis — मेहीयता
Uraturia — मेहीयमूत्रता
Urazine — मूत्रजीवी
Urban farming/gardening (cultivating vegetable or omamental plants within urban settings such as walls roof, boxes, tyres and containers etc.)
Urbanistics — नगरविज्ञान, नागरिकी
Urbanization, — नगरीकरण, शहरीकरण,
Urbanize — नगर बनाना
Urblet — उपनगर
Urceolar, Urceiform Urceolate, Urceolus — कुम्भीय, कुम्भाकार
Urchin, Urcheon, Sea hedge hog (a spiny sea invertebrate animal of class Echinoidea under phylum Echinodermata) — समुद्र साही
Ureapoiesis — मिहोत्पादन, यूरिया-उत्पत्ति
Urediospore, Uredospore, Uredinospore — निदाधु बीजाणु
Urelcosis — मूत्र(वाहिनी) व्रणता
Urens (burning or inflaming) — दंशरोमी, दंशी
Ureometry, Ureametry — मिहमिति, यूरियामिति
Ureotelic — मिहोत्सर्जी, यूरियोत्सर्जी
Ureotelism — मिहोत्सर्जन, यूरियोत्सर्जिता
Uresis — मूत्रता, मूत्रण
Uretal, Ureteral, Ureteric — मूत्रवाहिनीय, मूत्रवाहिनी-
Ureter — मूत्रवाहिनी
Ureterocele — मूत्र (वाहिनी) व्रणता
Uretero-ileostomy — मूत्रवाहिनी-शेषान्त्र योजन
Ureterolithotomy — मूत्रवाहिन्यश्मरी निष्कासन
Ureteropyosis — मूत्रवाहिनीपूयता
Ureteroscope — मूत्रवाहिनीदर्शी
Ureteroscopy — मूत्रवाहिनी दर्शन
Ureterotomy — मूत्रवाहिनीतक्षण
Uretero-vaginal — मूत्रवाहिनी-योनिमार्गीय
Urethra — मूत्रमार्ग, मूत्रवाहक
Urethral gland — मूत्रमार्गीय ग्रन्थि
Urethritis — मूत्रमार्गशोथ, मूत्रवाहिनी प्रदाह
Urethrography — मूत्रवाहकालेखन
Urethroplasty — मूत्र वाहक सन्धान
Urethrotomy — मूत्रवाहक तक्षण, मूत्रवाहक कर्तन
Uretic — मूत्रल, मूत्रिक, मूत्रवर्धी
Uric acid — मूत्राम्ल, मूत्रिकाम्ल, मिहिकाम्ल, यूरिक अम्ल
Uricosuria — मिहिकमूत्रता, मूत्रिकमूत्रता
Urinal — मूत्रालय, मूत्रपात्र, पेशाबघर
Uricosuric — मिहिक मूत्रणकारी (पदार्थ/स्थिति)
Uricotelic — मिहिकोत्सर्जी, मूत्रिकोत्सर्जी
Uricotelism — मिहिकोत्सर्जन, मूत्रिकोत्सर्जिता
Urinal disease, Urinopathy, Uropathy — मूत्ररोग, मूत्रविकार
Urinalysis — मूत्रविश्लेषण
Urinary, Urinose, Urinous — मूत्रीय, मूत्र-, मूत्र सम्बन्धी
Urinary bladder — मूत्राशय, मूत्रधानी, पेशाब की थैली
Urinary tract — मूत्रमार्ग, मूत्रपथ
Urinary tract infection (UTI) — मूत्रमार्ग संक्रमण
Urinate, Urination — मूत्र त्यागना, मूतना, पेशाब करना, मूत्रत्याग, मूत्रोत्सर्जन, मूत्रण
Urine (a watery excreta of mamals) — मूत्र, पेशाब, मूत
Uriniferous — मूत्रवाही
Urinific, Urinogenic, Urinogenous, Uriniparous — मूत्रकारी, मूत्रजनी, मूत्रोत्पादी

Urino-, Uro- (prefix)	मूत्र-, मिह
Urinodrosis, Urodrosis	मिहस्वेदन
Urinogenital, Urogenital	मूत्र-जनन-, मूत्र-जननिक, मूत्रजननीय
Urinoscope, Uroscope	मूत्रगुरुत्वमापी
Urinosepsis, Urosepsis	मूत्रमार्ग पूयता, मूत्रपथपूतिता
Urinotherapy, Urotherapy	मूत्रचिकित्सा, मूत्रोपचार
Uriposia	मूत्रपान
Urnigerous	धानीधर, धान्यंग, कुम्भांगी
Urn-shaped	घटरूपी, धानीरूपी, कुम्भाकार
Urobilin	मूत्रपित्त
Urobilinaemia	मूत्रपित्त-रक्तता
Urobilinogen	मूत्रपित्तजन
Urobiology	पश्चान्तजीवविज्ञान
Urochord	पुच्छरज्जु
Urochordata (a sub-phylum of phylum Chordata)	पुच्छमेरुदण्डी (एक जन्तु उपसंघ)
Urochordate (animals of sub-phylum Urochordata with notochord in caudal region of body)	पुच्छमेरव, पुच्छमेरुदण्डी (जन्तु)
Urochrome	मूत्रवर्ण, मूत्रवर्णक, मूत्ररञ्जक
Urocoel	मूत्रगुहिका
Urocyanogen	मूत्रश्यामजन
Urocyst	पुच्छपुटी
Urocystitis	मूत्राशय शोथ
Urodaeum, Urodeum	मूत्रग्रहणी, मूत्रवेश्म
Urodeles, Urodela (an order of class Amphibia)	सपुच्छी (उभयचारी कशेरुकी जन्तुगण)
Urodelous	सपुच्छी, चिरपुच्छी
Urodynamic	मूत्रगतिक, मूत्रगतिज
Urodysfunction	मूत्रिकवैकल्य, मूत्रकार्यवैकल्य
Urogastric	पुच्छजठरीय
Urogenital	मूत्रजनन, मूत्रजनन सम्बन्धी
Urohyal	पुच्छकण्ठिका, द्वितपुच्छ
Uroid	पुच्छीय, पश्चपाद
Urolith	मूत्राश्म, पेशाब की पथरी
Urolithiasis	मूत्राश्मता, पेशाब की पथरी बनना
Urology, Urinology	मूत्रविज्ञान
Urolytic	मूत्राश्मलयी, मूत्राश्मांशी
Urometer, Urinometer	मूत्रमापी
Uroflowmeter	मूत्रप्रवाहमापी
Uroflowmetric	मूत्रप्रवाह मितीय, मूत्रप्रवाहमापीय
Uroflowmetry	मूत्रप्रवाहमिति, मूत्रप्रवाहमापन
Uropatagium	पुच्छचर्मप्रसर
Urophysis	पुच्छप्रवर्ध
Uropod (last abdominal legs/posterior appendage of crustaceans)	पुच्छपाद, पश्चान्तपाद
Uropore	पुच्छरन्ध्र
Uropygium	पुच्छकूट, पश्चान्तकूट
Uroscopy, Urinoscopy	मूत्रदर्शी परीक्षा, मूत्रदर्शन, मूत्रगुरुत्वमापन
Urosis	मूत्रता, मेहता, मूत्रांग रोग
Urosome	पुच्छकाय
Urosternite	पुच्छाधरकांश
Urostyle	पुच्छदण्ड, मेरुपुच्छ, पुच्छशूक, पुच्छवर्तिका
Urothelium, Urothelia (pl.)	मूत्र कला
Urotoxicity	मूत्रविषाक्तता, मूत्रविषालुता
Urotoxin	मूत्राविष, मूत्रविषि
Ursa major	सप्तर्षि
Ursa minor	लघु सप्तर्षि
Ursiform	ऋक्षाकार, रीछाकार, भालूरूपी
Ursine	रीछवंशी, ऋक्षीय, भालूवत्
Ursus (a Latin word for bear, *Ursus* sp., a polar bear of family Ursidae)	रीछ, ऋक्ष, भालू
Urticant	आदंशी
Urticaria, Skin rash	पित्ती, शीतपित्त
Urticate, Urtication	जलन करना/होना, जलन
Urticator	आदंशक
Urticose	दंशरोमी, दंशरोमिल
Usable	प्रयोज्य, उपयोज्य
Usage	उपयोग, प्रयोग, उपयोगिता
U-shaped	नालरूपी, U-आकारीय, U-आकृतिक
Ustilagineous, Ustilaginous	प्रकलिकीय
Ustulation	दग्धन
Utensil	बर्तन, भाण्ड, पात्र

Uterine	गर्भाशयी, गर्भाशयिक, गर्भाशय सम्बन्धी, विपितृज, वैपित्रेय, कठ
Uteritis	गर्भाशय शोथ
Utero-graphy	गर्भाशयचित्रण
Uterology	गर्भाशयविज्ञान, गर्भाशयिकी
Utero-tubal	गर्भाशय-नालीय
Utero-vaginal	गर्भाशय-योनिक
Utero-vesical	गर्भाशयाशयी
Uterus masculinus	पुंगर्भाशय
Utricle, Utriculus	दृतिका, दृति, फलावरण
Utriform	दृतिरूप
Utter	पूर्ण, सकल, परम, बोलना
Uttermost	अधिकतम, बाह्यतम, अन्त्य
U-tube	यू-नलिका
U-turn	पूर्ण परिवर्तन, उल्टा घुमाव
Uvarius, Uviform	द्राक्षगुच्छाभ, द्राक्षगुच्छाकार
Uvea (mid-layer below white sclera of eye)	रंगी, असित पटल, मध्यवर्णस्तर (आँख की पुतली की बाहरी झिल्ली)
Uveal	रंगि
Uveitis	असितपटल प्रदाह, मध्यवर्णस्तर शोथ
UViofast, UV-resistant	पराबैंगनी-रोधी
UViolize	पराबैंगनी प्रकाश में रखना
UVmeter (a device to measure radiation of ultra-voilet rays)	पराबैंगनी विकिरणमापी
Uvula	अलिजिह्वा, प्रतिजिह्वा, काकल, काकलक, काग
Uvular	अलिजिह्वी, प्रतिजिह्वीय
Uvular vesicae	मूत्राशय का काकलक

V

Vacant, Vacuous	रिक्त, खाली, शून्य
Vacate	खाली करना, अभिशून्य करना
Vaccary (derived from Latin word vacca means cow)	गोशाला
Vaccigenic, Vaccigenous	मसूरीजनी, टीकोत्पादी
Vaccinable	मसूर्य, मसूरणीय, टीकाकरणीय, टीका योग्य
Vaccinal	मसूरीय, टीका सम्बन्धी
Vaccinate	टीका लगाना,
Vaccinated	मसूरित, टीकाकृत
Vaccination	मसूरण, लसाधान, टीकाकरण
Vaccinator	मसूरित्र, टीका लगाने वाला
Vaccine, Vaccinum (an antigenic material to stimulate and develop immunity for a pathogen)	टीका, मसूरीलस, टीका द्रव्य
Vaccinia, Cow pox	गोशीतला, गोमसूरिका
Vaccinifer,	टीकादायी, टीकाजन,
Vaccinogen	मसूरीजन
Vacciniform	गोमसूरिकाकार
Vaccinoid	गोमसूरिकाभ
Vaccinotherapy	मसूरी-चिकित्सा, टीकोपचार
Vacillans,	मुक्तदोली, विचल, अस्थिर,
Vacillanting	दोलायमान, चञ्चल, ढुलमुल
Vacillation	दोलन, अनिश्चय, संशय
Vacuity,	रिक्ति, शून्यता, कुहर,
Vacuousness	अनुभवहीनता, बुद्धिहीनता
Vacuolar	रसधानीय, रिक्तिकीय
Vacuolate,	रसधानीमय, रिक्तिकायुक्त,
Vacuolated	रिक्तिकित
Vacuolating	रसधानीजनक, रसधानीयनकारी
Vacuolation	रिक्तिकन, रसधानीयन, रिक्तिकोत्पत्ति धानीभवन
Vacuole (a membrane bound cell organelle)	रसधानी, धानी, रिक्तिका
Vacuous	निर्वातीय, रिक्तीय, मूर्ख, निर्बुद्धि
Vacuum, Vacua	निर्वात, रिक्त स्थान
Vacuum cleaner (invented by English engineer Hubert Cecil Booth in 1907 A.D.)	निर्वात स्वच्छक
Vacuum gauge (a device to measure very low pressure)	निर्वात मापी, निर्वात घड़ी
Vacuum pump	निर्वात उदञ्च, निर्वात पम्प
Vacuum tube	निर्वात नलिका
Vadose	अधिभौम
Vadose water	अधिभौम जल
Vadum	उत्तल, उत्तान
Vagabond	भ्रमणशील, घुमन्तू, अनियमित
Vagal	प्राणेशीय
Vagary	अनिश्चितता
Vagiformis	अनियताकृतिक
Vagile	प्रकीर्ण्य, बिखरने/बिखेरने योग्य

Vagility प्रकीर्ण्यता
Vagina, Vaginae (pl.) योनि, आच्छाद, कञ्चुक
Vaginal योनिक, आच्छादी, योनि सम्बन्धी
Vaginate, Vaginated आच्छादी, आच्छादित
Vaginervis अक्रमशिराल
Vaginiferous योनिधर, आच्छादमय
Vaginiform आच्छादरूपी
Vaginipennate आच्छादपक्षी
Vaginitis योनि-शोथ
Vaginopathy योनि-विकार, योनि रोग
Vagino-vulvar, Vulvo-vaginal योनि-भगीय, भग-योनिक, योनिभग-
Vaginula निकञ्चुक
Vagotropic प्राणेशावर्ती
Vagotropism, Vagotropy प्राणेशावर्तन, प्राणेशावर्तिता
Vagrant परिभ्रामी, हिण्डक, घुमन्तू
Vague अस्पष्ट, धुँधला, अनिश्चित
Vagus nerve प्राणेशा तन्त्रिका
Valance, Valence झालर, पर्दा
Vale, Valley घाटी, दर्रा, उपत्यका
Valence, Valency संयोजकता, संयुजता, कर्षण शक्ति
Valerate बलीय
Valerian (*Valeriana* sp., a flowering herb of family Caprifoliaceae with pink/white fragrant flowers) कुटिला, विदारी, बिल्ली-लोटन (एक बहुवर्षीय सगन्ध औषधीय पौधा)
Valeric बलिक
Valetudinarian रोगभ्रमी, सदारोगी, स्वास्थ्य लाभ कर्त्ता
Valetudinary स्वास्थ्य-सचेत, स्वास्थ्य जागरूक, स्वास्थ्य-सतर्क
Valgoid बहिस्तलाभ, बहिस्तली
Valgus संघट्टजानुक, संहतजानु, बहिर्विक्रपाद, बहिर्नत, बाहर मुड़ा हाथ/पैर
Valid वैध, मान्य, विधि सम्मत
Validated वैधकृत, अभिपुष्ट
Validation वैधकरण, मान्यकरण
Validity वैधता, मान्यता
Validus बलीयस, मज़बूत
Vallate भित्तिक, परिभित्तिक, प्राचीर, चहरदिवारी
Vallecula खाँच, नाली, प्रसीता, सीता, कन्दरिका
Vallecular खाँचीय, नालीय, सीता-
Valleculate खाँचादार, नालीमय, सीतायुक्त
Vallis गर्त, गड्ढा, दर्रा
Vallum स्कम्भ, कड़ा उभार, परकोटा
Value मान, मूल्य, महत्त्व, अर्हा, मान्यता
Valuate, Valuation मूल्य निर्धारित करना, मूल्यांकन, मूल्यनिर्धारण
Valvar, Valvel कपाटी, कपाट सम्बन्धी
Valvate कपाटवत्, कोरस्पर्शी, अनतिछादी
Valve, Valva कपाट, पुटक, फलखण्ड
Valved कपाटी, सकपाट, कपाटित
Valvifer कपाटधर
Valviform कपाटरूपी, कपाटवत्
Valvitis कपाटशोथ
Valvular, Valvulate कपाटीय, कपाटिकायुक्त
Valvule, Valvulae (pl.) कपाटिका, प्रकण्ठक
Valvulitis कपाटिका शोथ
Vambrace प्रकोष्ठकवच
Vamper मोची
Vamping खान मलबा
Vampire bat (a flying large chiropteran mammal of family Phyllostomidae) ख़ूनी चमगादड़ (एक रक्तशोषी दक्षिणी अमेरिकी स्तनधारी)
Vampire theraphy (a platelet rich plasma therapy through blood transfusion specially from young donor to old recipient) पिशाच चिकित्सा, रक्ताधान चिकित्सा
Vamplate हस्तत्राण
Van बन्द गाड़ी, ओसाई मशीन, सेनामुख
Vanadium (a toxic transition metallic element with symbol V) रोचातु, वैनेडियम
Vane, Blade पिच्छ-फलक, वातसूचक, पंखड़ी, लक्षक
Vanilla (a flavourant from an epiphyte *Vanilla* sp., a flowering orchid of family Orchidaceae) मधुवास, मधुगन्ध
Vanillate मधुवासीय, मधुगन्धीय
Vanish लुप्त होना, शून्य होना
Vanishing लोपी, लुप्तमान, तिरोभावी

Vanity box — शृंगार मञ्जूषा, प्रसाधन पेटी
Vanning, Winnowing — वीजन, ओसाई
Vapid — नीरस, फीका, निस्तेज, मरियल
Vapidity — नीरसता, फीकापन
Vapocauterization — वाष्प मांसदहन
Vaporarium, Vaporium, Vaporia (pl.) — वाष्पगृह, वाष्प स्नानागार, भापघर
Vaporescent, Vaporific, Vaporigenic, Vaporigenous — वाष्पदायी, वाष्पजनी, वाष्पप्रद, वाष्पोत्पादी, वाष्पजनी
Vaporimeter — वाष्पमापी
Vaporise, Vapourize — वाष्प बनना या बनाना
Vapourisation, Vaporization — वाष्पीकरण, वाष्पायन, वाष्पन
Vapouriser, Vaporizer — वाष्पणक, वाष्पक, वाष्पित्र
Vaporous, Vapoury — वाष्पीय, वाष्पमय, कोहरेदार
Vapotherapy — वाष्प-चिकित्सा, वाष्पोपचार
Vapour, Vapor — वाष्प
Vapourable, Vaporable — वाष्पणीय, वाष्पन योग्य
Vapour bath — वाष्पस्नान
Vaquita — वक्वीटा (एक समुद्री सूँस)
Variability — परिवर्तनीयता, परिवर्त्यता, अस्थिरता, चञ्चलता
Variable, Varying — परिवर्तनीय, परिवर्त्य, चर, अस्थिर, चञ्चल, परिवर्ती
Variance — असंगति, अन्तर, प्रसरण, विचरण, वैमनस्य
Variant — चर, रूपभेद, परिवर्त, चल, भिन्न, असंगत
Variate — परिवर्तित होना, परिवर्ती, विचर
Variation — परिवर्तन, विचरण, दिक्पात, भेद, भिन्नता
Variational — परिवर्ती, विचरणी, दिक्पाती
Varicated — शूनित, उत्कूटित, अपस्फीत, कुटिल शिरा
Varication — शूनन, उत्कूटन, अपस्फीति
Variceal — शूनीय, उत्कूटीय
Varicella, Variola — लघुमसूरिका, छोटी माता, शीतला-चेचक, मोती झिरा
Varicellate — मसूरिकीय, उत्कूटमय
Varicelloid, Varioloid — मसूरिकाभ, मसूरीवत्, चेचक जैसा
Varicocele (scrotum with varicose veins) — वृषण-शिरापस्फीति, रज्जुस्फीति
Varicography — शिरास्फीत्यालेखन
Varicoid — शूनाभ, उत्कूटवत्
Varicose, Varix, Varices (pl.) — अपस्फीत, शिरास्फीत, स्फीति, उत्कूट
Varicose vein (vein with enlarged in side) — अपस्फीत शिरा
Varicosis, Varicosity — अपस्फीति, शूनता, शिरा स्फीति
Varicoupler — परिवर्ती-युग्मक
Various — विविध, विविधरूप, परिवर्तित
Varied, Varietal — उपजातीय, उपजाति-
Variety — विविधता, वैविध्य, उपजातीयता, बहुमुखता, उपसमष्टि (गणित में)
Varifoliate, Varifolius — विविधपर्णी, रंगविरंगा
Variform, Varimorphic — विविधरूपी, नानारूपी, विभिन्न आकार का
Varigated, Varicoloured — शबलित, चितकबरा विविधवर्णी, रंगविरंगा
Varigation, Variegation — शबलता, चितकबरापन, कल्माषता
Varigradation — बहुवेदीभवन, बहुश्रेणीयन
Varimorphic, Varimorphous — विविधरूपी, बहुआकारिक, नैकाकृतिक
Variola, Varicella — चेचक, शीतला, मसूरिका
Variolar, Variolous — मसूरीय
Variolation, Variolization — मसूरण, लसाधान, टीकाकरण
Variole — मसूरी गर्त, चेचक के गड्ढे
Variometer (a device for varying inductance in an electric circuit) — परिवर्ती, परिवर्ती-प्रेरकत्व
Variorum — विविध टीका-समन्वित
Variplotter — स्वतःअभिलेखित्र
Varistor — चररोधक
Varix, Varicies (pl.) — शिरास्फीति, शून, उत्कूट
Varnish, Varnishing — काच, काचिका, लाक्षी, लाक्षीयण, रोगन लगाना
Varus, Bandy legged — मुहाँसा, अन्तर्नत, अन्तःवक्रपाद, अन्दर मुड़ा हाथ/पैर
Varve — अनुवर्षस्तरी
Varved clay — वर्षस्तर-मृदा
Vas, Vasa (pl.) — वाहिनी, नालिका
Vasalium, Vasalia (pl.) — वाहिकोष्ठिका
Vasa recta — परिनलिका जालक
Vasa vasorum — वाहिका रक्तवाहिनी, वाहिनी-वाहिनिका

Vasa vorticosa वाहिका रक्तक, नीलावर्त
Vascular संवहनीय, वाहिकीय, वाहि-
Vascular graft वाहिनी रोप
Vascularity संवहनीयता, वाहिकीयता
Vascularization संवहनीकरण, वाहिकायन
Vasculature संवहन-न्यास, वाहिन्यास
Vasculitis वाहिनीशोथ, वाहिकाप्रदाह
Vasculotoxic वाहिविषाक्त, संवहनविषालु
Vasculum, Vascula (pl.) लघुवाहिका, नलिका, टिन का डिब्बा/पेटी
Vas deferens, Vasa deferentia (pl.) शुक्रवाहिका
Vas efferens, Vasa efferentia (pl.) अपवाहक नलिका
Vasectomy (sealing vasa deferentia to prevent sperm motility) शुक्रवाहिनी विच्देदन (पुरुष नसबन्दी)
Vaseline (a brand name of petroleum jelly) वैसेलीन (एक त्वचा स्नेहक)
Vase shaped फूलदानरूपी
Vasicentric वाहिका-केन्द्री
Vasiform वाहिनीरूप, नलिकाकार
Vasiformation, Vasifaction वाहिनी-निर्माण, वाहिभवन
Vaso- (prefix) वाहिका-, वाहि-
Vaso active वाहिका प्रेरक, वाहिनी सक्रिय
Vaso constriction वाहिनी-आकुञ्चन
Vaso constrictor वाहिनी-आकुञ्चक, शिरा संकीर्णक
Vaso dentine वाहि-दन्तास्थि
Vaso depression वाहिनी-अवतनन
Vaso depressor वाहिनी-अवतानक
Vaso dilation, Vaso dilatation वाहिनी-स्फारण, वाहिनी-अभिस्तारण
Vaso dilator वाहिनी विस्फारक, शिरा विस्तारक
Vaso ganglion वाहिनी-प्रगण्ड, वाहिनी गुच्छिका
Vasography शुक्रवाहिन्यालेखन
Vaso inhibitor वाहिनी निरोधक, वाहि-सन्दमनी
Vaso labile वाहिनी-अस्थिर, वाहि-परिवर्त्य
Vaso lability वाहिनी-अस्थिरता, वाहि-परिवर्त्यता
Vaso motor, Vaso active वाहिका-प्रेरक, शिरा प्रेरक
Vaso pressin, Vaso pressor वाहिका-दाबवर्धक, वाहिका-संकुचक
Vaso pressure वाहिनी-निपीड, वाहिका दाब
Vaso puncture वाहिनी-वेधन
Vaso section वाहिनी-भाजन, वाहिखण्डन
Vaso-seminal शुक्राशयी, वाहिनी शुक्रीय
Vaso spasm वाहिनी-संकुचन, वाहि-आक्षेप
Vasotomy वाहिनी-विच्छेदन
Vasotropic वाहिनी प्रभावी
Vastus externus बाह्य-बृहती
Vastus internus आन्तर-बृहती
Vastus lateralis पार्श्व-बृहती
Vastus medialis मध्य-बृहती
Vat कुण्ड, हौज़
Vault शवकक्ष, तहख़ाना, गुम्बद, फाँदना
Veal वत्स मांस, बछड़े का मांस
Vection रोग-प्रसरण, रोग-संवहन
Vector संवाहक, रोगवाहक, सदिश, दिष्ट, वायुमार्ग
Vectorial सदिश
Vectoring दैशिक, दिष्टकारी
Vector quantity दिष्ट राशि
Vedicure (combined treatment of several diseases with multiple therapies at one place) संयुक्त उपचार (एक समग्र एवं समेकित चिकित्सा पद्धति)
Veer, Veering घुमाना, दिशा परिवर्तन, दक्षिणावर्त, ढीलना
Vegan diet/food (a food from plant sources only excluding egg and animal milk products) निरामिषाहार, शुद्ध शाकाहार (केवल वनस्पति स्रोत से प्राप्त)
Veganism निरामिषता, शाकाहारवाद
Vegetable, Vegetal शाक-भाजी, सब्ज़ी, वनस्पति, उद्भिज्ज
Vegetarian शाकाहारी, निरामिषभोजी
Vegetate उगना, बढ़ना, प्रवर्धित होना
Vegetation प्ररोहण, प्रवर्धन, वनस्पति, पादप जात, उद्भिज्ज, पेड़-पौधे
Vegetational वानस्पतिक, पादपीय
Vegetative वानस्पतिक, कायिक, प्ररोही प्रवर्धी, उद्भिज्ज
Vegetative cell कायिक कोशिका
Vegetative propogation कायिक प्रवर्धन
Veggie (edible parts of herbaceous plants), Veggies (pl.) सब्ज़ी, शाकाहार

Vehemence, Vehemency	तीव्रता, प्रगाढ़ता, प्रचण्डता, संवेग
Vehement	तीव्र, प्रगाढ़, प्रचण्ड, संवेगी
Vehicle	वाहन, यान
Vehicular	यानीय, वाहनीय
Veil	गुण्ठिका, अधिवेष्ट, अरकला, घूँघट
Veil bacillus	आन्त्ररूप दण्डाणु (जीवाणु)
Veiled	अवगुण्ठित, पर्दादार
Veiling	अवगुण्ठन, आवरण, पर्दा डालना
Vein, Vena, Venae (pl.)	शिरा (अंग से हृदय में रक्त लाने वाली वाहिनी), पत्ती की शिरा
Veinal, Veinous	शिरीय, शिरा सम्बन्धी
Veined	शिरामय
Veining, Venation	शिरायन, शिरा-विन्यास
Veinlet, Venule	शिरिका, नाडिका
Vein-stone	शिराश्मरी, शिरा-प्रस्तर
Velamen, Velamentum	विच्छद-स्तर, झिल्ली, आर्द्रताग्राही गुण्ठिका
Velar	विच्छद, तालव्य, कण्ठ्य, पश्च
Velarium	वितान
Vellum	चर्मपत्र, वत्सपत्र, झिल्ली
Velocimeter (a device to measure velocity of water)	वेगमापी
Velocipede, Rickshaw	तिपहिया साईकिल, रिक्शा, पैरगाड़ी
Velocity	वेग, प्रवेग, रफ़्तार
Velo-pharyngeal	गुण्ठिका-ग्रसनीय, गुण्ठिका-ग्रसनी-
Veloplasty	गुण्ठिकाघटन
Velum	कोमल तालु, गुण्ठिका, पटिका
Velutine, Velutinous	मख़मली
Velvet, Velour, Velure	मख़मल, मृदुक, रोमावरण
Velvet worm (a terristrial soft-bodied many legged animal of phylum Onychophora)	मख़मल कृमि, मख़मली कीड़ा (एक नखरधारी थलचर कृमि)
Vena cava (a large vein carrying deoxygenated blood from organs to heart)	महाशिरा
Vena contracta	संकुचित-धारा
Venal	शिरीय, भ्रष्टाचारी
Venation	शिराविन्यास
Venational	शिरा-विन्यासी
Vena vorticosa	शिरावर्त
Vendaval, Vendavales	तड़ित् झञ्झा, तूफ़ान
Veneer, Veneering	काष्ठपर्त चढ़ाना, शल्कन, पृष्ठावरण
Venenation	जीविषीकरण, जीविषाक्तन, जीविषायण
Venenatus, Venenific, Venenose, Veneniferous	जीविषाक्त, जीविषालु, जीविषी, विषैला, विषधर (जन्तु)
Venereal	रतिरोगी, रतिज, रतिजन्य, मैथुनिक, रति-
Venereal disease (VD), Sexually transmitted disease (STD)	रति रोग, यौन रोग
Venereology (a branch of medical science dealing with venereal diseases)	रतिजविज्ञान, रतिरोगविज्ञान
Venesection	शिरा-शल्यक्रिया, शिरावेधन
Venetian blind	झिलमिली (पर्दा)
Veniplex	शिरा जालक
Venipuncture	शिरा छेदन
Venison	मृगमांस, हिरन का मांस
Venography	शिरालेखन
Venom (a biotoxin in stinging or biting animals)	जीविष, सर्पविष, दंशविष
Venomization	जीविषायण, जीविषव्यापन
Venomo-salivary	जीविष-लारीय
Venomous	जीविषालु, विषैला, ज़हरीला
Venomousity, Venomousness	जीविषाक्तता, जीविषालुता
Venopressor	शिरा-दाबवर्धक
Venose	शिरायुक्त, शिरालु, शिराबहुल
Venosity	शिरीयता, शिरालता
Venous	शिरीय, शिरा-
Venous ulcer	शिरीय व्रण
Vent	निकास, निर्गम, हवाकश, वाति-छिद्र
Ventage	मलद्वार, गुदद्वार, गुदा, छिद्र
Venter	उदर, पेट, अण्डधा, गर्भाशय
Ventifact	वायुघृष्टाश्म
Vent hole	वातायन, रोशनदान
Ventiduct	वाति नलिका
Ventil	वायुकपाट, पर्दा
Ventilate	संवातित करना, वातायित करना
Ventilated	वातायित, संवातित, हवादार
Ventilation	संवातन, वातायन, हवादारी

Ventilator संवातक, वातायनी, रोशनदान
Ventilometric संवातमितीय
Ventilometry, Spirometry संवातमिति
Venting निकासन, निकासी
Vent pipe, Vent निकास नली
Ventrad अधरोन्मुख, अभ्यधर
Ventral, Ventralis अधर, उदरतल, अभ्यक्ष, अभ्युदर
Ventri-anal अधरगुद
Ventricle निलय (हृदय का निचला कोष्ठ), निलिन्द, प्रवेश्मगुहा (मस्तिष्क में)
Ventricose, Ventricous कुब्जाकार, एकतःशून, स्फीत, तुन्दिल (फूला हुआ पेट)
Ventricular निलयी, मस्तिष्कगुहीय, निलय-
Ventriculograph मस्तिष्कगुहाचित्र
Ventriculography मस्तिष्कगुहाचित्रण
Ventriculostomy निलय छेदन, प्रवेश्म छेदन (मस्तिष्क में)
Ventriculus, Ventriculi (pl.) Mesenteron पश्चजठर, मध्यान्त्र
Ventricumbent अधोमुखशायी
Ventridorsal, Ventrodorsal अधोपृष्ठ, अधोपृष्ठीय
Ventriduct अधोगामी
Ventriduction अधोगमन
Ventriflexion अध्वाकुञ्चन
Ventrilateral, Ventrolateral अधोपार्श्व
Ventriloquism, Ventriloguy पेट बोली
Ventriloquize पेट बोलना
Ventrimeson अधोमध्य रेखा
Ventrointegu-mentary, Ventrotegumentary अधराच्छद
Ventrointestinal अधरान्त्र
Ventrosity, Obesity मेदुरता, मोटापा

Venturimeter वाहिप्रवाहमापी
Venule, Veinlet, Venula, Venulae (pl.) लघुशिरा, तनुशिरा, शिरिका
Venulous, Venular, Venulose शिरिकीय, लघुशिरामय, लघुशिराल
Venus (a second bright solar planet) शुक्र (सौरमण्डल का दूसरा एक चमकीला ग्रह), प्रेम, काम व सौन्दर्य की देवी
Venus flytrap (*Dionaea muscipula*, a carnivorous plant of family Droseraceae with attractive coloured leaves modified as flaps to trap insects etc.) सुन्दरी का मक्खीमार फन्दा, वीनस का मक्खीमार पिञ्जरा
Veratrum (*Veratrum* sp., a flowering rhizomatous plant of family Melanthiaceae) गरकन्द (विषैली कुमुदिनी)
Verbena, Vervain, Frog foot (*Verbena* sp., a perennial flowering medicinal herb of family Verbenaceae) गन्धवेणु, गन्धबेन, भेकपद (एक औषधीय पौधा)
Verberation आघात, चोट, पीटना
Verdancy, Verdure हरितिमा, हरियाली, हरापन
Verdant, Verdurous हरित (वर्ण), हरा-भरा, सरसब्ज़
Verdigris ताम्रकिट्ट, पीतहरि (ताँबे के जंग जैसा धानी), जंगाल, जंगार
Verditer पीतातिहरि (वर्ण)
Verge किनारा, छोर, सिरा, सीमा
Vergence, Vergency विषम घूर्णाक्षिता
Verisimilar सम्भाव्य, सत्याभासी
Verisimilitude सम्भाव्यता, सत्याभास, सम्भावना
Verjuice फल का खट्टा रस, सिरका
Vermeil सोने की कलईदार चाँदी, हल्का सिन्दूरी लाल रंग
Vermian, Vermicular कृमीय, कृमिल
Vermicidal कृमिनाशक, कृमिघ्नी
Vermicide (a substance/agent, capable to kill worms) कृमिनाशी, कृमिघ्न
Vermicelli (a thin noodle) लघुकृमि, सिवँई, सुषिरा, नालाशिका
Vermicompost (a heterogenous mixture of organic wastes decomposed by various worms) कृमि खाद, कृमि कूड़ाखाद
Vermicomposting कृमिखाद निर्माण, कृमिकूड़ा खाद बनाना
Vermicule, Vermiculae (pl.) कृमक, कृमि

Vermiculate, Vermiculous, Vermiculose, Vermicular	कृमीय, कृमिरूप, कृमिल, कृमिवत्, कृमिमय
Vermiculation	कृमिगति, कृम्यकुञ्चन
Vermiculite (a hydrous phyllosilicate mineral)	कृमिज
Vermiculture	कृमिसंवर्धन, केंचुआ-पालन
Vermiform,	कृमिरूप, कृम्याकार
Vermiform appendix (a worm like blind tubular vestigial appendage of human intestine)	कृमिरूप अन्धान्त्रपुच्छ, कृमिरूप उण्डुकपुच्छ
Vermifuge	कृमिहारी, कृमिहर
Vermigerous	कृमिकारी, कृमिभृत, कृमिज
Vermigrade	कृमिचारी
Vermilion (mercury sulfide, a powdered toxic mineral)	सिन्दूर, सिन्दूरी, ईंगुर
Vermin	जन्तुहतक, पीड़क-जन्तु (कीड़े-मकोड़े)
Verminal, Verminous	जन्तुहतकीय, कृमिल, कृमिज, कृमिण, जन्तुहतकयुक्त
Verminosis	कृमिता, कृमिग्रसन, कृमिरुजता
Vermioid, Vermetoid	कृमिवत्, कृम्याभ
Vermiphagia, Vermiphagy	कृमिभक्षण, कृमिभोजिता
Vermis	कृमि
Vermis cerebelli (a worm like structure between two cerebellar hemispheres)	निमस्तिष्क
Vermivore, Vermivorous, Vermiphagous	कृमिभोजी, कृमिभक्षी
Vernacular	स्थानिक, देश भाषीय, देशी बोली का
Vernal, Vernalis	वासन्तिक, वासन्त, तरुण, अभिनव
Vernal equinox	वसन्त-विषुव, महा-विषव
Vernalisation, Springification	वासन्तीकरण, पुष्पावेजन
Vernation	किसलय-विन्यास, पर्णकलिका-विन्यास
Vernier scale (a device to measure length more precisely, invented by a French mathematician Pierre Vernier in 1631 A.D.)	वर्नियर पैमाना (सूक्ष्मता से लम्बाई नापने का एक उपकरण)
Vero- (derived from Latin words verda reno mean green kidney-prefix)	हरिवृक्क-
Verocell, Verocyte (renal epithelial cell of African green monkey *Chlorocebus* sp.)	हरिवृक्काणु, हरिवृक्क कोशिका
Verocytotoxin	हरिवृक्काणुविषि
Verotoxin (a shiga like toxin of *Escherichia coli*, a bacterium of family Enterobacteriaceae)	हरिवृक्काविष
Verotoxinogenic	हरिवृवकाविषजनक
Verotoxinogenicity	हरिवृक्काविषजनकता
Verruca, Verrucae (pl.)	चर्मकील, मांसांकुर, मस्सा, अधिमांस किणक
Verruciform, Verrucoid	चर्मकीलरूपी, मांसांकुराभ, किणवत्
Verrucose, Verrucous, Warty	मांसांकुरी, मस्सेदार, किणमय
Verrucosity	चर्मकीलता, मांसांकुरता, किणमयता
Verruculosus, Warted	कीलकित
Versant	ढाल
Versatile	परिदोली, मुक्तदोली, सर्वतोन्मुखी, बहुमुखी प्रतिभाशाली
Versatility	मुक्तदोलिता, बहुमुखीप्रतिभा, अस्थिरता
Versicoloured, Multicoloured	परिवर्तवर्णी, शबलवर्णी, रंगविरंगा, बहुरंगी
Versiform	मुक्तरूपी
Version	गर्भवर्तन, रूपान्तर, भाषान्तर
Vert	हरियाली, टेंढ़ा-मेंढ़ा, धर्म बदलना
Vertebra (a bony unit structure of vertebral column), Vertebrae (pl.)	कशेरुका, कशेरुक, कशेरु, कीकस
Vertebral, Vertebratus	कशेरुकी, मेरुदण्डी, कीकसीय

Vertebral column (backbone of vertebrate animals), Vertebrarium	कशेरुक दण्ड, मेरुदण्ड
Vertebrata (a sub-phylum of phylum Chordata)	कशेरुकी, मेरुदण्डी (एक जन्तु उपसंघ)
Vertebrate (animals of subphylum Vertebrata with vertebral column)	कशेरुकी, मेरुदण्डी, पृष्ठवंशी (जन्तु)
Vertebration	कशेरुका-विन्यास, कशेरुकाभवन
Verteloratus, Vertebral	कशेरुकीय, कीकसीय
Vertebro-basilar	मेरुदण्ड-आधारी
Vertex	त्रिभुजशीर्ष, शिराबिन्दु, मूर्ध, चाँद (सिर का)
Vertical, Verticalis	ऊर्ध्व, ऊर्ध्वाधर, अनुलम्ब, उदग्र
Vertical farming (an indoor farming by growing food plant vertically in stacked layers)	ऊर्ध्वकृषि, खड़ी खेती
Vertical gardening (growing ornamental or pollutant removing plants vertically along walls and in balconies)	ऊर्ध्व औद्यानिकी, खड़ी बाग़बानी
Vertical sediment distribution	ऊर्ध्व तलछट वितरण
Verticality	उदग्रता, उर्ध्वता, अनुलम्बता
Verticellaster	कूटचक्रक
Verticil (a circular arrangement around a central point as an axis)	चक्रक
Verticillaris	भ्रमिपर्णी
Verticillate	चक्रकी, चक्करदार, भ्रमिल भ्रमियुत, भ्रमि-
Vertiginous	भ्रामी, चक्कर लाने वाला
Vertigo	भ्रमि, चक्कर आना, घुमड़ी
Vervain, Verbena (*Verbena* sp., a perennial flowering medicinal herb of family Verbenaceae)	गन्धवेणु, गन्धबेन, भेक-पद (एक औषधीय पौधा)
Verve	जीवन्तता, उत्साह, ओज

Vesica, Vesicae (pl.)	कोश, पुटी, आशय, मूत्राशय, अण्डाकार प्रभामण्डल
Vesical	पुटीय, आशयी, मूत्राशय-
Vesicant	उद्स्फोटक, व्रणवाति, फफोलाकारी
Vesicate, Vesication	फफोले पड़ना, व्रणजनन, उद्स्फोटन
Vesicle, Vesicula, Vesiculae (pl.)	आशय, पुटिका, फफोला, छाला, स्फोटगर्त
Vesico-renal	मूत्राशय- वृक्कीय
Vesicostomy	मूत्राशयछेदन
Vesico-ureteric	मूत्राशय-मूत्रवाहिनीय
Vesico-urethral	मूत्राशय-मूत्रमार्गीय
Vesicular, Vesiculate, Vesiculous	आशयवत्, पुटिकामय, स्फोटगर्ती, फफोलेदार, छालेदार
Vesiculation	पुटिकायन, स्फोटगर्तन
Vesiculiform	पुटिकाकार, आशयरूपी
Vesper	सान्ध्य तारा, शुक्र ग्रह
Vespertinal, Vespertine	सन्ध्योन्मीली, सान्ध्य, सन्ध्याकालीन
Vespiary	बर्र या भिड़ का छत्ता
Vespid, Wasp (a stinging eusocial hymenopteran insect of family Vespidae)	बर्रे, भिड़, ततैया, वरट
Vespoid	बर्राभ, वरटाभ
Vessel	पात्र, वाहिका, नलिका, जलयान, पोत
Vesta	दिया सलाई
Vestibular	प्रकोष्ठीय
Vestibule	प्रकोष्ठ, मध्यगुहा, द्वारमण्डप, प्रघाण (कान में)
Vestibulum, Vestibula (pl.)	मध्यकर्ण गुहा
Vestige, Vestigium	अवशेष, अवशेषक
Vestigial, Vestigiary	अवशेषी, अवशेष
Vestigial organ	अवशेषांग
Vestiture, Vesture	आवरण, पर्त, पोशाक
Vesuvian	ज्वालामुखीय
Vet	चिकित्सीय जाँच व उपचार करना
Vetch	पृथुशिम्बी (उड़द, मोठ)
Veterinary	शालिहोत्र (अश्व-चिकित्सा), पशुचिकित्सा
Veterinary science	शलि होत्र विज्ञान, पशु चिकित्सा
Veterinarian, Veterinary surgeon	शालिहोत्री (अश्व-चिकित्सक), पशुचिकित्सक, घोड़ा डाक्टर

English	Hindi
Vetiver (*Chrysopogon zizanioides*, 'khus' a tall grass of family Poaceae, essential oil and fragrance is obtained from roots)	खस (एक सुगन्धित जड़ वाली घास)
Vexillary	ध्वजिक
Vexillum	पिच्छफलक, पर्त, पट, ध्वज
Viability	जीव्यता, जीवनक्षमता, व्यवहार्यता, अंकुरणक्षमता, वर्धिष्णुता
Viable	जीव्य, जीवनक्षम, व्यवहार्य अंकुरणक्षम, वर्धिष्णु
Viaduct	सेतु, पुल
Vial, Phial	कूपिका, शीशी
Viands	खाद्य, भोजन
Vibex, Vibices (pl.)	धमनी-प्रवाह रेख
Vibraculum	चलांग, कशाप्रवर्ध, कीटशुण्ड
Vibrancy	कम्पन, दोलन
Vibrant, Vibrating, Vibratory	कम्पी, कम्पायमान, कम्पनशील, अनुनादी
Vibrate, Vibration	काँपना, कँपाना, कम्पन, दोलन
Vibrational, Vibratile	कम्पनिक, दोलनीय, कम्पनशील, कम्पनीय, आवेपनीय, कम्प्य
Vibrato	प्रकम्पन, गिटकरी
Vibrator	कम्पित्र, आवेपक
Vibrio (*Vibrio* sp., a pathogenic bacterium of family Vibrionaceae)	आकुन्तलाणु
Vibrionic dysentery	आकुन्तलाणुजनित पेंचिश (सुअर में)
Vibriosis	आकुन्तलाणु (जीवाणु) संक्रमण (मछली में)
Vibrissa, Vibrissae (pl.)	प्रश्मश्रु, दृढ़रोम, जृम्भशूक
Vibrograph	कम्पलेखी
Vibronic	कम्पी
Vibrophore	कम्पधर
Vibroreceptor	स्पन्देन्द्रिय, कम्पसंवेदांग, कम्पग्राही
Vibroscope	कम्पनदर्शी
Vibroscopy	कम्पनदर्शन, कम्पदर्शिकी
Vibrotaxis	कम्पानुचलन
Vicariad, Vicarious	प्रतिस्थ, स्थानापन्न, स्थानच्युत, प्रतिनिधिक
Vice	चिमटा, शिकञ्जा, व्यसन, दोष, उप-
Vicennial	विंशतिवर्षीय (बीस वर्षीय)

English	Hindi
Vice-versa	विलोमतः, प्रतिक्रमात्, विपरीत क्रमशः
Vicinage, Vicinity	निकटता, सामीप्य, सानिध्य
Vicinal	निकटवर्ती, सानिधी, मूलाभ
Vicious circle	दुश्चक्र
Vicissitude	प्रत्यावर्तन, परिवर्तन, अनुक्रम
Vicissitudous	प्रत्यावर्ती, परिवर्तनशील, अस्थिर
Victim	पीड़ित, ग्रस्त, त्रस्त, शिकार
Victimize, Victimization	शिकार बनाना, सताना, उत्पीड़न, बलिकरण, दण्डन
Victual, Victualling	रसद पहुँचाना, खाद्य-आपूर्ति, सम्भरण
Victuals	आहार, खाद्य-सामग्री
Vicugña, Vicuña (*Vicugna vicugna*, a small alpine mammal of camel family Camelidae)	तुरोष्ट्र (एक अमेरिकी पर्वतीय बालदार छोटा ऊँट जो ऊन के लिए पाले जाते हैं)
Video	चलदृश्य (यन्त्रजनित)
Videognosis	चलदृश्यनिदान
Videography	चलदृश्यचित्रण, चलदृश्या-लेखन, चलदृश्यांकन
View finder	दृश्यदर्शी
Vigor, Vigour	शक्ति, ओजस्, उत्साह, वर्धिष्णुता
Vigorous	सशक्त, ओजस्वी, वर्धिष्णु, हराभरा
Villiform	अंकुररूप
Villose, Villous, Villiferous	दीर्घरोमी, उद्वर्धी रोमिल, रसांकुरी
Villosity	रसांकुरता, दीर्घरोमता
Villus, Villi (pl.)	दीर्घरोम, उद्वर्ध, रसांकुर
Vim	स्फूर्ति, ऊर्जा, शक्ति, उत्साह
Vimeo (a video sharing website)	दृश्यन्त्र
Viminal	वृन्तीय, डण्ठल सम्बन्धी
Vinaceous	लाल, रक्तिम, अंगूरी
Vinaigrette	इत्रदानी, इत्र की शीशी
Vinasse	मद्यावशेष
Vinca	सदाबहार
Vinculum, Vincula (pl.)	रेखाकोष्ठक, रेखाबन्धनी
Vindicator	दोषनिवारक, समर्थक, रक्षक
Vine	द्राक्षालता, अंगूर की बेल
Vinegar	सिरका, चुक्र
Vinegary	सिरकेदार, खट्टा, कटु
Viniculture, Viticulture	द्राक्षाकृषि, अंगूर की खेती
Vinometer	सुरांशमापी
Vinous	द्राक्षीय, अंगूरी, द्राक्षा-

Vintage द्राक्षा-सञ्चयन, अंगूर की फसल
Vinum, Wine द्राक्षिरा, अंगूर की शराब
Viola (*Viola* sp., a flowering cold-tolerant herb of family Violaceae) नीलपुष्प, बनफ्शा, बड़ा वायलिन
Violaceous, Violet नीललोहित, जाम्बु (वर्ण), बैंगनी
Violent उग्र, प्रचण्ड, हिंसक, उत्कट, प्रबल
Violent death अपमृत्यु
Violescent जाम्बुक, जाम्बु, बैंगनी
Viper (a venomous snake of family Viperidae) पृदाकु (साँप), मण्डलि, द्वेषी, दगाबाज़
Viperid, Viperiform पृदाकुरूप
Viperling मण्डलिशाव, पृदाकु का बच्चा
Vira (a phylum of viruses under kingdom Monera) विषाणु (एक संघ)
Viraemia, Viremia, Virusemia विषाणुरक्तता
Viral विषण्वीय, विषाणुक, विषाणु-
Viral disease विषाणु रोग
Viral infection विषाणु संक्रमण
Virens हरित
Virescence, Viridescence हरितिमा, हरापन (पत्तियों में)
Virescent हरा, हरा सा, हरिताभ
Virgate दण्डाकार
Virgin अक्षत, कुँआरी
Virgin flow प्राकृत प्रवाह
Virgin metal अक्षत धातु
Virgin soil पूर्व-अकृष्ट मृदा
Virginal कौमार्योचित, कुमारी सदृश
Virginity कौमार्य, अक्षतता
Virgule तिर्यक रेखा, अल्पविराम
Virial स्थितिकर्म
Viricidal, Virucidal विषाणुनाशक, विषाणुघ्नी
Viricide, Virucide (a physical or chemical agent able to destroy viruses) विषाणुनाशी, विषाणुघ्न
Virid, Viridis, Verdant हरि, हरा, हरित
Viride हरा होना
Viridescence, Virescence हरितिमा, हर्यता, हरियाली, तरुणाई
Viridescent हरित, हरा, हराभरा, तरुण
Viridian हर्यानील (वर्ण), हरा-नीला
Viridiflorus हरिपुष्पी
Viridity हरितिमा, हरापन, हर्यता
Virile पुलिंगी, पुरुष, पौरुषेय, मैथुनक्षम, मर्दाना
Virilescence, Virilism, Virility पुंसत्व, पुरुषत्व, पौरुषता, मर्दानगी, नरलक्षण (मादा में)
Viriligenic, Viriligenous पुंसजनी
Virion, Nucleocapsid (virulent protein particles) विषसंक्रमाणु, विषाणु (पूर्ण), नाभिक कवच
Virocyte (an atypical lymphocyte in blood of virus infected person) विषाणु कोशा
Virogene (a gene capable of specifying synthesis of virus in a cell) विषाणु पित्रैक
Virogenic, Virogenetic विषाणुजनी, विषाणुजनक
Viroid अनावृत-विषाणु, विषाण्वाभ
Viroide विषाण्विका, लघु-विषाणु
Virological विषाणु वैज्ञानिक
Virologist विषाणुविज्ञानी, विषाणुविज्ञ
Virology (study of viruses and viral diseases) विषाणुविज्ञान
Viropexia, Viropexis विषाणु आसञ्जन, विषाणु आश्लेषिता
Virose, Virous विषाक्त, विषैला, दुर्गंधित
Virostatic, Virustatic विषाणुस्थापी
Virtual आभासी, कल्पित, वास्तविक
Virtual image प्रतीयमान प्रतिबिम्ब
Virtuality वास्तविकता, अन्तःशक्ति
Virtual reality (VR -glasses used in stereoscopic headset for computer games) कल्पनादर्शी, आभासी वास्तविकता दर्शी (चश्मा)
Virulence, Virulency सांघातिकता, विषालुता, उग्रता, प्रचण्डता
Virulent सांघातिक, विषालु, उग्र, प्रचण्ड
Viruliferous विषाणुधर, विषाणुकर
Virus (a Latin word for poison, an infectious smallest organism), Vira/Viruses (pl.) विषाणु, विषग्रन्थि, विष
Virusoid अन्तःविषाण्वाभ, विषाणुवत्

Vis	बल, ऊर्जा, शक्ति
Visage	शक्ल, चेहरा, मुखमुद्रा, रुख़
Visard, Visor, Vizard	नक़ाब, मुखावरण, नेत्ररक्षक अग्रभाग
Visceral	आन्तरांगीय, आन्त्रिक, आन्त्र
Visceralis nerve	अन्तस्त्य तन्त्रिका
Viscerate	आँत निकालना
Viscerogenic, Viscerogenous	अन्तस्त्यजनी, आन्तरांगजनित
Viscerotropic	आन्तरांगानुवर्ती
Viscid, Viscous, Viscose	श्यान, आलग, गाढ़ा, लसलसा
Viscidity, Viscosity	श्यानता, आलगत्व, गाढ़ापन
Visco-elastic	श्यान-प्रत्यास्थ
Viscoid, Viscoidal	श्यानाभ, अल्पालग
Viscometer, Viscosimeter	श्यानतामापी
Viscometric	श्यानमितीय
Viscometry, Viscosimetry	श्यानतामिति
Viscotoxin	श्यानाविष, आलग-विषि
Viscus, Viscera (pl.)	आँत, आन्त्र, अँतड़ी, आन्तरांग
Visibility	दृश्यता, दृष्टि-सीमा
Visible	दृश्य, दृष्टिगोचर, दर्शनीय
Visible light (an electromagnetic light with wave length 400-700 nm)	दृश्य प्रकाश, दिखने वाला प्रकाश
Vision, Visus	दृष्टि, अन्तर्दृष्टि, दर्शन
Visionary	अन्तर्द्रष्टा, कल्पनात्मक
Visitant, Visitor	प्रवासी (पक्षी), आगन्तुक
Visive	दृष्टशील, द्रष्टा
Visocolour	दृश्य रंग
Visor, Visard, Vizard	नेत्ररक्षक, मुखावरण, नक़ाब, अग्रभाग
Vista	दूरदृश्य, परिदृश्य, अनुदर्शन
Vistadome (a coach with transparent ceiling to view on scenic lines)	दृश्यछद
Visual	दृश्य, दृष्टि, चाक्षुष
Visual aid	चाक्षुष सहायक सामग्री
Visual angle	दर्शनकोण
Visual cortex	दृष्टि वल्क
Visual organ	दर्शनांग
Visual method	दृश्य पद्धति, दर्शन विधि
Visual range	दृष्टि-परास
Vis-viva	जैवऊर्जा, गतिज ऊर्जा

Vita glass (a quartz containing window glass transmitting UV rays)	ओजकिरणग्राही काँच (जिससे पराबैंगनी किरणें पार हों)
Vital, Vivid, Vivacious	सजीव, जीवन्त, ओजस्वी
Vitality, Vividity	सजीवता, जीवन्तता, ओजस्विता
Vitalize	जीवन देना, जिलाना, प्राण डालना
Vitalizing	जीवन्तकारी, जीवनी, जीवनदायी, ओजप्रद, जीवन्तकरण
Vital organ	जैवांग, प्राणाधार अंग
Vital statistics	जन्म-मरण सांख्यिकी, देह मापांक
Vitamer	जीवनावयव, जीवतिसम
Vitamin	जीवति
Vitaminology	जीवतिकी, जीवतिविज्ञान
Vitellarium, Vitellaria (pl.), Vitelline gland	पोषद-अण्डाशय, अण्डपोष, पीतकपिण्ड, पीतकांग, पीतक ग्रन्थि
Vitellin (a phospho-protein in egg yolk)	पीतकी
Vitelline, Vitellus	पीतक, अण्डपीत
Vitellogenesis, Vitellogeny	पीतकोत्पादन, पीतकोत्पत्ति अण्डपीतजनन
Vitellogenic, Vitellogenous	पीतकजनी, पीतकोत्पादी, अण्डपीतजनी
Vitello-intestinal	पीत-आन्त्रीय, पीतान्त्रीय
Vitiate, Vitiation	दूषित करना, दूषण, विकृति
Vitiating, Vitiator	दूषणकारी, दूषक, सन्दूषक, विकृतिकारी
Viticolous	द्राक्षालतावासी
Viticulture Viniculture	द्राक्षासम्वर्धन, द्राक्षा कृषि, अंगूर की खेती
Vitifolius	द्राक्षापर्णी, अंगूर जैसी पत्ती वाला
Vitiligo	श्वेत चर्मता, सफ़ेद दाग़ (एक चर्मरोग)
Vitiosity, Vitium	विकार, दुर्दम्यता, दोष, दुर्गुण
Vitrectomy (a surgery to remove vitreous humor fully or partially from eye ball)	काचरोच्छेदन, काचर निष्कासन (नेत्रगोलक से)
Vitreosity	काचीयता, काचाभता
Vitreous, Glassy (an amorphous solid material)	काचीय, काचर, काचाभ, काचसम

Vitreous humor (a watery clear gel in eyeball between lens and retina) काचर द्रव (नेत्र गोलक में)
Vitrescence काचितता (काँच सा होना)
Vitrescent काचितताग्रस्त
Vitreum, Vitreous chamber काचर कोष्ठ (नेत्र गोलक में)
Vitrifiable काचनीय, काचरणीय
Vitrification काचन, काचरण
Vitrified काचित, काचरित
Vitrify काँच बनाना/बनना
Vitrina काचाभ
Vitriol (sulfuric acid/sulphate salts) गन्धक लवण, गन्धक का अम्ल, काचर, कटुभाषण
Vitriolic गन्धकाम्लीय, गन्धक के अम्ल का
Vitriolize, Vitriolization गन्धक का अम्ल या लवण बनाना
Vitta तैल नलिका (पौधे में), पट्ट, माला
Vittate, Vittatus धारीदार, पट्टित
Vivacious, Vivid, Vital सजीव, जीवन्त, प्राणवन्त, स्फूर्त
Vivacity, Vividity, Vitality सजीवता, जीवन्तता, स्फूर्ति
Vivarium, Vivaria (pl.), Vivary, Viviparium, Animal house जन्तुशाला, प्राणिगृह
Vivify, Vivification अनुप्राणित करना, जीवन देना, अनुप्राणन, जीवन्तीकरण, सजीवीकरण
Viviparity, Vivipary बच्चे जनना, जरायुजता, उद्‌बीजधारिता
Viviparous बच्चे जनने वाली, जरायुज, उद्‌बीजधारी
Vivisect, Vivisection जीवोच्छेदित करना, जीवोच्छेदन
Vivosphere, Biosphere जैवमण्डल
Vivotoxin, Biotoxin जीवाविष, जीवस्थ-आविष, जीव-विषि, जीविष
Vixen मादा लोमड़ी, कर्कशा
Vizard, Vizor, Visard, Visor वाक्-, नक़ाब, मुखावरण, अग्रभाग, नेत्ररक्षक
Vocal वाचिक, स्वर, मुखर
Vocal cords वाक्-तन्तु, स्वरतन्त्री, स्वर सूत्र
Vocalic स्वरिक, स्वरीय, स्वर-
Vocality वाचिकता
Vocal organ वागिन्द्रिय
Vodka वोदका (एक रूसी शराब)
Voe उपखाड़ी
Voice स्वर, वाणी
Voiceful सवाक्, सस्वर
Voiceless अवाक्, मूक, मौन
Void, Invalid अमान्य, व्यर्थ, रिक्ति, शून्य
Voidance बहिष्करण, रिक्ति, अभिशून्यन
Volant, Voliant उड्डयी, उड़नेवाला, चञ्चल, उड़ाका
Volar करतलीय, हथेली/तलवे का
Volary संखग
Volatile वाष्पशील, अस्थिर, चञ्चल
Volatility वाष्पशीलता, अस्थिरता, चञ्चलता
Volatilizable वाष्पकरणीय
Volatilization वाष्पीकरण
Volatilize वाष्पित होना/करना
Volcanic ज्वालामुखीय
Volcanity ज्वालामुखता
Volcano (an igneous rupture on crust of a planet) ज्वालामुखी
Volcanology, Vulcanology ज्वालामुखी-विज्ञान
Vole (*Myodes* sp., a small mammal of rodent family Cricetidae) मूस (छोटा चूहा), मूषक, पूरी बाज़ी जीतना
Vole clock (a process of dating archaeological strata by using vole teeth) मूषक घड़ी
Volet फलक
Volition इच्छाशक्ति, संकल्पशक्ति
Volplane विसर्पण, विसर्पण करना, विसर्पी उतार
Volt (V, a derived unit for electrical potential, named after an Italian physicist Alessandro Volta, 1745-1827 A.D.) वोल्ट
Voltage (an electrical potential difference) वोल्टता (विद्युत-विभवान्तर)
Voltaic वोल्टीय
Voltameter विद्युतधारामापी, अपघटन धारामापी, विश्लेषण-धारामापी, विद्युत-अपघटनपात्र

Voltine वर्षप्रज
Voltinism वर्षप्रजता
Voltmeter विभवान्तरमापी, वोल्टमापी
Volubility धाराप्रवाहिता, प्रवाह, वाचालता
Voluble, Volubilis धारा प्रवाह, प्रवाही, लुढ़कने/लिपटने वाला, वाचाल, वलयी
Volume आयतन, परिमाण, खण्ड (पुस्तक का)
Volumenometer आयतनमापी
Volumetric, Volumenometric आयतनमितीय, आयतनी, अनुमापी
Volumetric flask आयतनी कुप्पी, अनुमापी परिघ
Volumenometry, Volumetry आयतनमिति, आयतनमापन
Voluminosity अधि-आयतनता, महापरिमा, विशालता
Voluminous अध्यायतनी, विपुल-आयतनी, विस्तीर्ण, विशाल
Voluntary ऐच्छिक, स्वैच्छिक
Volunteer स्वयंसेवक, स्वतः उगने वाला पौधा
Voluptuous इन्द्रियग्राह्य, कामोत्तेजक, विलासी, कामुक, कामिनी
Volute, Voluted मरगोल, शंखावर्त, कुन्तल, वलित, सर्पिल, बल खाया हुआ
Volutin (nucleo-protein storage granules in cytoplasm of various bacterial and fungal cells) अभिवर्णिक
Volution वलन, चक्कर, वक्रगति
Volva अधोवेष्टन (जांघिया/साया)
Volvulus (abnormal twisting of intestinal loop causing obstruction) आन्त्र पाश, अन्त्रग्रन्थि चक्रण, आँतों में फन्दा/ घुमाव
Vomer (a plough shaped bone, forming posterior lower portion of nasal septum) सीरिका, हलास्थि
Vomerine सीरिक, सीरिकीय, हलास्थीय
Vomerine teeth सीरिक-दन्त
Vomero-nasal bone, Jacobson's organ सीरिका-नासास्थि
Vomit, Vomition, Vomiting उल्टी करना, वमन करना, वमन
Vomitive, Vomitory वमनकारी
Vomiturition उबकाई, ओकाई, मिचली
Vomitus वमन (पदार्थ), उल्टी, कै
Voraceous भुक्खड़, पेटू, खाऊ
Voracity भुक्खड़पन, पेटूपन, अतृप्यता
Vortex, Vortices (pl.) जलावर्त, भँवर, वातावर्त, बवण्डर, चक्रवात
Vortex ring भ्रमिल वलय
Vortical, Vortiginous चक्राकार, भ्रमिल, परिभ्रामी
Vorticella (*Vorticella* sp., a fresh water stalked bell-shaped ciliated protozoon of family Vorticellidae) घण्टारूप, वर्टिसेला (एक जलीय आद्यप्राणी)
Vorticity भ्रमिलता
Vorticose भ्रमिल, चक्रवात
Voussoir डाट-पत्थर
Vulcanite (a rare copper telluride mineral, an artificial stone), Ebonite कचकड़ा, वल्केनाइट (एक गन्धक मिश्रित कड़ा रबर)
Vulcanization वल्कनीकरण, गन्धदृंहण
Vulcanized वल्कनीकृत, वल्कनित, गन्धदृंहित
Vulgar, Vulgaris सामान्य, ग्राम्य, देशी
Vulnerability सुभेद्यता, छेद्यता, कोमलता, अतिसंवेद्यता,
Vulnerable सुभेद्य, वेध्य, छेद्य, पराजेय, संवेद्य
Vulnerary व्रणरोप, घाव भरने वाला लेप
Vulpine लोमड़ीवंशी, लोमड़ी जैसी
Vulture (a big scavanger endangered prey bird of order Accipitriformes) गृध्र, गिद्ध, गीध (एक मृतभक्षी मांसाहारी पक्षी)
Vulturine गृध्रीय, गिद्धवंशी, गिद्ध जैसा
Vulva (a portion of female external genitalia), Vulvae (pl.) भग, योनिमुख
Vulval भगीय, भग सम्बन्धी
Vulviform भगरूप, भगाकार
Vulvitis भगशोथ
Vulvopathy भग-विकार

W

Wabble	डगमगाते हुए चलना
Wad	गद्दी, तल्प, कृष्णिज (काला खनिज)
Wadable	पाँझ, सुगाध
Wadding	तल्पन, तल्पी, भराई, भराव (रुई का)
Waddle	बतख़ सी चाल, बतख़ जैसा चलना
Wade	पानी में चलना
Wader, Wading	जलग, जलचर
Wading bird	जलचारी (पक्षी)
Wading rod	गहराई नापने की छड़
Wadge	गट्ठर
Wafer	पटलिका, पतला बिस्कुट, रोटिका
Waffle	पतली मीठी रोटी, गप लड़ाना
Waft	बिखेरना, तैराना, सुगन्ध फैलाना
Wag, Waggle	हिलाना, हिलना-डुलना, लहराना
Wagging	अभिदोलन, अभिदोली
Wagon, Waggon	छकड़ा, शकट, चौपहिया गाड़ी
Wagtail (*Motacilla* sp., a long wagging tailed small passerine bird of family Motacillidae)	खञ्जन पक्षी, धोबन पक्षी
Wainscot	काष्ठास्तरण, तख़्तबन्दी
Waist	कमर, कटि, मध्य भाग
Wakeful	अनिद्र, विनिद्र, सचेत, जागरूक
Wale	पट्टी, बद्धी
Walk, Walking	पैदल चलना, टहलना
Walking fish, Mexican salamander, Axoltol (*Ambystoma mexicanum,* a carnivorous endangered urodelan ambhibian of family Ambystomatidae, with external gills and limbs)	पादचारी मछली, चलन्तू मछली, एक्सोलॉटल
Wall, Parietes	दीवार, भित्ति, पट
Wallaby (*Macropus* sp., a medium sized or small macropod marsupial mammal of family Macropodidae), Wallabies (pl.)	छोटा कंगारू
Wallaroo (*Macropus robustus*, a large macropod marsupial mammal of family Macropodidae)	बड़ा कंगारू
Wall clock	दीवार घड़ी
Wallet	थैला, झोला
Wall lizard, House gecko, House lizard (*Hemidactylus frenatus,* a small non-venomous insectivorous reptile of order Squamata)	छिपकली, गोधिका
Wallow, Wallowing	मड़ियाना, विडोलन, कीचड़ में लोटना
Wall paper	दीवारी काग़ज़
Walnut (*Juglans* sp., a big tree of nut family Juglandaceae)	अखरोट, अक्षोट, शिरीष (वृक्ष व फल), लाल भूरा रंग
Walrus (*Odobenus rosmarus*, a large semi-aquatic polar mammal of family Odobenidae)	जलव्याघ्र (एक स्थूल ध्रुवीय मांसाहारी समुद्री स्तनपायी)
Waltz, Waltzing	चक्रगति, चक्रनर्तन
Wamble	उबकाई, मिचली
Wan	विवर्ण, पाण्डुर, मन्द, बीमार
Wander	भ्रमण, घूमना
Wandering	परिभ्रमी, परिभ्रमण, घुमन्तू, भ्रमणशील, दूरगामिनी
Wanderings	भ्रमण
Wandering star	ग्रह
Wanderoo (*Macaca silenus,* a lion-tailed black Old World monkey of family Cercopi-thecidae, native to western Ghats of soath India)	नीलगिरि लंगूर

English	Hindi
Wander plasm	परिभ्रमी-द्रव्य (शैवाल का जीवद्रव्य)
Wane, Waning	कम होना, क्षय (ग्रह का), क्षीयमाण
Wanness	पाण्डुरता, पीलापन, बीमारी
Wanty	चमड़े की पट्टी/बद्धी, चर्मपट्ट
Warble	कूँजना, चहचहाहट, घट्टा, डाँस मक्खी का डिम्भक
Warbler (a small passerine perching insectivorous bird of family Parulidae)	फुदकी (चिड़िया)
Warbling	कूँजन, गिटकरी
Ward	रोगी कक्ष, आश्रित
Warehouse	भण्डारागार, गोदाम
Warm	उष्ण, मन्दोष्ण, उत्साही
Warm-blooded, Homoiotherm	उष्णरक्ती, समतापी, नियततापी
Warm up	गर्मना, गर्म होना
Warming	तापन, उष्णन, गर्माना, ताड़न (पिटाई)
Warmth	गर्मी, उत्साह, उत्तेजना
Warp, Warping	ऐंठना, संवलन, ताना (सूत का), विकुञ्चन, प्लावसाद, गाद से उपजाऊ बनाना
Warped	विकुञ्चित, ऐंठा हुआ
War plane	युद्ध विमान
Warren	ख़रगोश का बाड़ा, घनी बस्ती
War-ship	युद्ध पोत, जंगी जहाज़
Wart (a small cauli-flower or solid blister like rough growth on skin due to human papilloma virus of family Papillomaviridae)	मस्सा, चर्मकील, किणक, कीलक
Warted, Warty	मस्सेदार, चर्मकीलित, खाँगदार, किणकीय
Wart-hog (*Phacochoerus* sp., a wild mammal of pig family Suidae)	खाँगदार जंगली सुअर, वनशूकर
Wasabi (*Wasabia/ Eutrema japonicum*, a Japanese plant of family Brassicaceae with soft green horse-radish like edible modified tap root of culinary use)	वसाबी, जापानी मूली
Wasabi pea (wasabi coated green pea)	वसाबीदार हरी मटर
Wash, Washup, Washing	धोना, धुलाई करना, माँजना, धुलाई, धावन
Washable	धावनीय, धुलने योग्य
Wash basin	धावन कुण्ड, चिलमची
Wash bottle	धावन बोतल
Washer	प्रक्षालित्र, धावित्र, धोनेवाला, छल्ला (वाशर)
Washing machine (an electrical home appliance for clothe washing)	धुलाई मशीन, धावनयन्त्र
Washing soda (sodium carbonate, a water soluble sodium salt of carbonic acid)	धावन सोडा, धावन विक्षारि
Washings	प्रक्षाल (प्रक्षालन पश्चात् अवशिष्ट पदार्थ)
Washing up liquid	धावन द्रव
Wash-off	अपवहन
Wash-out	अपधावन, धो डालना
Wash up	माँजना (बर्तन आदि)
Washy	पनिहा, पनीला, फीका, धोवनाहर, निस्तेज
Wasp, Vespid (a stinging eusocial hymenopteran insect of family Vespidae)	बर्रे, वरट, भिड़, ततैया
Wasp waisted	क्षीणकटि, तनुमध्य
Wastage	व्यर्थ होना, क्षय, बर्बादी
Waste	कचरा, कूड़ा, रद्दी, अपशिष्ट
Waste disease	क्षय रोग
Waste land	बञ्जर भूमि
Waste material	क्षेप्य या अपशिष्ट पदार्थ,
Waste pipe	क्षेप्य नाल, निकास-नाल
Waste product	क्षेप्य या अपशिष्ट उत्पाद
Waste water	क्षेप्यजल, अपशिष्ट जल
Wasting	क्षयी, क्षयकारी
Watch	घटी, घड़ी, अवलोकन करना
Watch dog	प्रहरी कुत्ता
Watch glass	घटी-काच
Water (a natural liquid state of substance essential for life with chemical formula H_2O)	जल, पानी, पानी देना (पौधे को)
Water animal, Aquatic animal	जलचर, जलीय जन्तु

Water balloon (an edible balloon for single-service of drinking water made of digestible gel membrane of sodium algirate from marine brown algae and calcium chloride)	जल गुब्बारा, पनगोला (वर्ष 2014 ई. में पेयजल सुविधा हेतु ब्रिटेन में विकसित प्रौद्योगिकी)
Water bath	जल-ऊष्मक, जल-कुण्डिका
Water bear, Moss piglet, Tardigrade (a barrel shaped eight legged extremophilic aquatic micro-animal of phylum Tardigrada, able to survive in space)	जलरीछ
Water bed	पनगद्दा
Water bird	जलीय पक्षी, जल पक्षी
Water born	जल में पैदा, जलजात, जलज
Water-borne	जलवाहित, जलजनित, जलजन्य, जलोद, जल से पैदा
Water bound	जलबद्ध
Water caltrop, Water chestnut (*Trapa* sp., a floating annual pond water plant of family Lythraceae with edible starchy seed in nut type triangular thorny fruit)	सिंघाड़ा
Water clock	जलघड़ी
Water colour	जल रंग (जल में घुलनशील)
Water craft, Ship	जलयान, पोत, जहाज़
Water cure, Hydropathy	जल चिकित्सा, जलोपचार
Watered	लहरियादार (रेशम)
Water fall	जल प्रपात, झरना
Water flea	जल पिस्सू
Water fowl (an aquatic low flying birds of order Anseriformes)	जल कुक्कुट, मुर्गाबी
Water gas	भाप-अंगार गैस
Water glass (sodium silicate)	जल-काँच
Water gauge, Watermeter (a device to measure volume of water supplied)	जलघड़ी, जलमापी
Water hemlock (*Cicuta* sp., a poisonous herbaceous weed of family Apiaceae)	पनिहा विष गर्जर (एक विषैला जलीय अपतृण पौधा)
Water hyacinth (*Echhornia crassipes,* a free floating of family Ponte-deriaceae)	जल कुम्भी (एक मृदुजलीय पुष्पी पौधा)
Watering	जलभरण, सिंचाई, पानी देना (पौधों को)
Waterish, Watery, Aqueous	जलीय, पनीला, पनिहा, जलवत्
Water jacket	जलधानी, जलावरण
Water level	जल-तल, जलस्तर, पाणसल (यन्त्र)
Water lily, Nenuphar (a flowering fresh water rhizomatous plant of family Nymphaeaceae)	कुमद, कुमुदिनी
Water logged	जलाक्रान्त, जलानुविद्ध
Water logging	जलाक्रान्ति
Water melon (*Citrullus vulgaris*/ *C. lanatus,* a creeper herb of family Cucurbitaceae with edible pepo type fruit, a berry with hard rind and watery soft pulp)	तरबूज (एक कद्दूकुल का स्वादिष्ठ बड़ा भोज्य फल)
Water mint	हरा पुदीना
Water plant, Aquatic plant, Hydrophyte	जलोद्भिद, जल-पादप, जलीय पौधा, जलीय वनस्पति
Water proof, Water resistant, Water tolerant	जलसह्य, जलरोधी
Water proofing, Water resistance, Water tolerance	जलरोधन, जलरोधिता
Water pump	जलोदञ्च, पानी का पम्प
Water sample	जल प्रतिदर्श, पानी का नमूना

Water shed — जलोत्सारण, जलविभाजक, जलसम्भर, जलग्रहण, प्याँऊ
Water skin — मशक
Water snake — जलसर्प, पनिहा साँप
Water soluble — जल विलेय
Water source — जलस्रोत
Water spout — घूर्णमेघ स्तम्भ, जल फुहार, जल स्तम्भ
Water supply — जलापूर्ति, जल प्रदाय
Water table (a level below the upper ground strata with fully water saturated soil and rocks) — भूजल स्तर
Water tight — जलरोधी, जलरुद्ध
Water transmitted (a category of infectious diseases) — जलवाहित, जल प्रसारित (संक्रामक रोग)
Water vapour, Steam — जलवाष्प, भाप
Water way — जलमार्ग
Water weed (*Elodea canadensis*, a fresh water monocot flowering submerged aquarium herb of family Hydrocharitaceae) — जल तृणक, जलापतृण
Waterworks — जलकल, जलप्रदाय गृह
Watery, Waterish, Aqueous — जलीय, जलमय, पनीला, पनिहा, तनु (पतला)
Watt (W, a unit of electrical power, named after Scotish engineer James Watt, 1736-1819 A.D.) — वाट (विद्युत शक्ति की एक इकाई)
Wattage — वाट संख्या
Wattle — नरकुल, लोलकी, गलचर्म, चञ्चुश्रृंग (पक्षी का), स्पर्शक (मछली का), टट्टर
Wattmeter (a device to measrue electrical power) — वाटमापी
Wave — तरंग, लहर, झूमना
Wave band — तरंग पट्टी
Waved — तरंगित
Waveform, Wave shaped — तरंगरूपी, तरंगाकार
Wave front — तरंगाग्र
Wave length (a distance between corresponding points of two consecutive waves) — तरंग-दैर्ध्य
Wavelet — तरंगिका, लघु तरंग, छोटी लहर
Wavemeter (a device to measure radio frequency energy at different frequencies) — तरंगमापी
Wave train — तरंगावलि
Wave wear — तरंग-घर्षण
Waviness — तरंगिता, उर्मिलता, लहरिया-पन
Wavy, — तरंगमय, उर्मिल, लहरिया
Wax (a natural/ synthetic malleable organic compound with melting point 45°C) — मोम, सिक्थ
Wax cloth — मोम जामा
Wax coated — सिक्थारोपित, मोमलेपित, मोमपुता, मोमी
Wax coating — सिक्थावरण, सिक्थारोपण, मोमलेपन, मोम की पर्त
Waxed, Waxen, Waxy — सिक्थित, सिक्थारोपित, मोमी
Waxing (a process of temporary hair removal from root by applying molten wax on hairy skin) — सिक्थन, मोम लगाना/लेपना (सन्धिवात रोगी के जोड़ों पर पिघले मोम से सिंकाई)
Wax moth — मोमी पतंगा, सिक्थ शलभ
Wax paper — मोम काग़ज़, मोमिया काग़ज़
Wax works, Stearinery — सिक्थ कार्यशाला, मोम कारख़ाना, मोमबत्तीघर
Weak — दुर्बल, क्षीण, कमज़ोर
Weakening — दुर्बलन, दुर्बलकारी, कमज़ोर करना
Weak-eyed, Weak sighted — मन्ददृष्टि
Weal, Wheal — खाल पर चोट का नीला निशान, जनकल्याण
Weald — वनभूमि, जंगल
Wean — स्तनपान छुड़ाना, दूध छुड़ाना
Weaning — स्तन्यत्याजन, स्तनपान निरोध
Weanling — स्तन्य त्याजित बच्चे
Weapon, Arm — अस्त्र-शस्त्र, आयुध, हथियार

Wear	धारण करना, घिसना, परिधान
Wear and tear	टूट-फूट, क्षरण-विघर्षण
Weariness	श्रान्ति, थकान
Weasand	श्वासनली, गला, ग्रसिका, हलक़
Weasel (*Mustela* sp., a small furry tailed mammal of family Mustelidae)	कथियान्याल, नकुल, नेवला (एक रोयेंदार वन्य मांसाहारी स्तनधारी), भ्रामक
Weather	ऋतु, मौसम, अपक्षय होना
Weatherability	ऋतुक्षरणीयता, ऋतुक्षरण्यता, अपक्षयता
Weatherable	ऋतुक्षरणीय, ऋतुक्षरण्य, अपक्षय
Weather chart	ऋतु तालिका, मौसम-विवरण
Weather-cock	वातसूचक (मुर्ग़ा की आकृति)
Weathered	वाताहत, अपक्षीण, मौसमित, ऋतु प्रभावित, पवनाभिमुख
Weather glass	वायुदाबमापी
Weathering	अपक्षय, ऋतुक्षरण, ऋतुप्रभाव
Weathering steel	अपक्षय इस्पात
Weatherometer	वाताहतमापी
Weather proof	ऋतुसह, ऋतुरोधी
Weather shield	ऋतुरक्षा कवच
Weather shore	अपक्षयमुखी तट
Weather vane, Vane	वातसूचक
Weave, Weaving	बुनना, बुनाई, वयन
Weaver	वायक, बुनकर, जुलाहा
Weaver bird (*Ploceus philipinus*, a finch like bird of family Ploceidae known for well woven nest)	बया (घोंसला बुनने वाली एक चिड़िया)
Weazened, Wizened	मुरझाया हुआ, सूखा, झुर्रीदार
Web	जाल, जाला, वाभ
Web eyed	आँख के जाला का रोगी
Web footed, Web toed	जालाक्षी, जालपदी, जालपाद
Webbed	जालित, जालमय
Webbing	जालन, निवार, किनारा
Wedge	स्फान, शंकुलिपि, पच्चड़, फन्नी
Wee	अतिलघु, पेशाब करना, मूत्र, अर्धरात्रि के बाद का समय
Weed (small undesirable herbs with crop)	तृणक, अपतृण, खरपतवार
Weedicidal,	अपतृणनाशक,
Weedicide, Weed-killer (a natural or synthetic agent inhibiting growth and survival of weeds)	अपतृणनाशी, तृणघ्न
Weeding (removal of weeds)	तृण-निष्कासन, निकाई, निराई
Weeding hook	खुरपा, खुरपी
Weedy	तृणवत्, तृणमय, खरपतवार युक्त
Weel	मछली पकड़ने की टोकरी/जाल
Weem	कन्दरा, खोह, गुफा
Weeny	अत्यन्त छोटा, नन्हा
Weevil (*Curculio* sp., a small insect beetle of family Curculionidae)	घुण, घुन
Weeviled	घुणमय, घुन ग्रसित, घुन लगा, घुना
Weevilling	घुणन, घुन लगना
Weft	बाना, वानक, आड़ा
Weigh	तौलना, भार लेना
Weighable	तोल्य, तौलने योग्य
Weighed	भारित, तौला हुआ
Weighing, Weighment	तौलाई, तुलन, भार देखना
Weighing machine	तोलन यन्त्र, तौलाई मशीन
Weighing scale	तोलन पैमाना, तुलादण्ड
Weighing tube	तोलन नली
Weight	भार, तोल, वज़न, महत्व
Weighted	भारयुक्त, भारित
Weighting	भारण, भारावण्टन
Weightless	भारहीन, महत्वहीन
Weightlessness	भारहीनता
Weights box	बाट-पेटी, बट्टक मञ्जूषा
Weighty	भारी, वज़नदार, प्रभावशाली
Weir	बाँध, बन्धिका, जाल, उद्बन्ध
Weld, Welding	धातु-खण्ड जोड़ना, झलाई करना, झलाई
Welk	सूखना, मुरझाना
Well	कूप, कुआँ, स्वस्थ, भली-भाँति, सु-
Well aerated	सुवातित
Well developed	सुविकसित
Well grown	सुवर्धित
Well supplied	सुप्रदत्त
Welt	निशान, किनारा, बद्धी, साँट, कशाघात

Welter	लोटना, से तथपथ होना, तरंगित होना
Wen	अर्बुद, घेंघा, चर्मपुटी, मांस की गाँठ, घनी बस्ती
Westerm blotting, Protein immuno-blotting (an analytic technique used in molecular biology and immunogenetics)	असंक्राम्य अपधावन विश्लेषण
Westward	पश्चिमाभिमुख, पछाँह
Wet	गीला, भीगा, आर्द्र, नम, क्लेद
Wet forest, Rain forest	आर्द्रवन, वर्षावन
Wether (a castrated sheep)	खस्सी (बधिया भेड़)
Wet land (a water saturated land area)	सिक्तभूमि, नम-भूमि, आर्द्र-स्थल
Wetness	आर्द्रता, नमी, तरी, गीलापन
Wet nurse	धाय, दूसरे के बच्चे को स्तनपान कराने वाली
Wettability	सिक्त्यता, क्लेदनीयता, क्लेद्यता
Wettable	सिक्त्य, क्लेदनीय, क्लेद्य
Wetted	आर्द्रित, गीला किया हुआ
Wetting	क्लेदन, क्लेदी, आर्द्रकारी, नम करना
Wetting angle	क्लेदक कोण
Wet weight	आर्द्र-भार
Whale (a huge marine cetacean mammal of family Balaenidae)	तिमिंगल, तिमि, ह्वेल (एक विशाल समुद्री स्तनपायी)
Whale bone	कचकड़, कचकड़ा, तिम्यास्थि, तिमिशृंगास्थि
Whaler	ह्वेल-शिकारी
Whaling	तिमि आखेटन, ह्वेल का शिकार
Wheal, Weal	चकत्ता, कशाघात का निशान
Wheat (*Triticum aestivum*, a cereal grain of grass family Poaceae)	गेहूँ, गोधूम (एक खाद्यान्न)
Wheaten	गोधूमीय, गेहूँ का
Wheatish	गेहुँवा (वर्ण)
Wheel	पहिया, चक्का, चक्र
Wheel animalcule	चक्र-लघुप्राणि, चक्र-जन्त्वणु,
Wheel bug	चक्र मत्कुण
Wheel chair	पहियेदार कुर्सी
Wheel ore	चक्र अयस्क
Wheel organ	चक्रांग, चक्रगति, कलाबाज़ी

Wheel ossicle	चक्रास्थिका
Wheen	अल्प, थोड़ा सा
Wheeze, Wheezing	घरघराते हुए साँस लेना, हाँफन
Wheezy	हँफैल, हाँफने वाला
Whelk, Shell-fish (marine shelled edible gastropod molluscs of family Baccinidae)	समुद्री भोज्य शंखमीन, फुंसी, पिटिका
Whelp	जन्तुशावक, पिल्ला, बच्चा ब्याना
Whet	धार देना, उत्तेजित करना
Whet stone	सान पत्थर
Whew, Whey	दही का तोड़, छेने का पानी
Whey protein (mixed globular protein from whey of cheese or curd)	छाछ प्रोटीन, तोड़ प्रोटीन
Whiff	फूँक, कश, दुर्गन्ध, गमक, साँस
Whiffle	सनसनाना, मन्द-मन्द बहना, अस्थिर
Whim	सनक, तरंग, लहर
Whin (a bushy flowering shrub of family Fabaceae), Gorse	भटकटैया, कण्टेरी
Whip, Whip lash	प्रतोद, कशा, चाबुक
Whip cord	कसकर बटा हुआ डोरा
Whip saw	दोनों ओर से खींचा जाने वाला आरा, चौखटा-आरा
Whir, Whirr	खरखराना, फरफराना, भनभनाना
Whirl, Whirling	तेज़ घुमाना, चक्कर लगाना, घूर्णन, भ्रमण, सम्भ्रामी, भ्रमिल
Whirl pool	जलावर्त, भँवर
Whirl wind	वातावर्त, चक्रवात
Whirr, Whir	पर फड़फड़ाना, भनभनाना
Whisk	झाड़ना, फेंटनी, मथानी, कूँची, चँवर, चामर
Whisker	मूँछ, श्मश्रु, गलमुच्छा
Whiskered	मूँछदार, मूँछवाला, मुच्छल
Whisper	फुसफुसाहट
Whistle	सीटी, श्रीकार, सरसराहट
Whistling teal	शरालि, सिलकाही (एक बतख़ प्रजातीय जलीय पक्षी)
Whistling thrush	कस्तूरा (एक बैंगनी नीली कीटभक्षी पहाड़ी चिड़िया)
Whit	लवलेश, अल्पमात्र

White — सफ़ेद, श्वेत, सित
White alloy — नक़ली चाँदी (विभिन्न धातुओं का मिश्रण)
White ant, Termite (a eusocial wingless detritivorous insect of epifamily Termitoidae) — दीमक (एक तिलचट्टा कुल का सामाजिक कीट)
White antelope, Screw horn antelope (*Addax nasomaculatus*, a large herbivorous desert endangered mammal of family Bovidae with long twisted horn) — डड़राँया हिरन, सफ़ेद अफ्रीकी बारहसिंघा, अद्दक्ष
White baneberry, Doll's eye (*Actaea pachypoda alba,* a subtropical flowering perennial plant of family Ranunculaceae with toxic white berry type fruits) — सफ़ेद विषैली जामुन (एक पूर्वोत्तरी अमेरिकी पौधा)
White blood corpuscles (WBC), Leucocyte — श्वेत रक्त कणिका, श्वेताणु
White coal (produced by drying chopped wood on fire) — लकड़ी का कोयला, काष्ठांगार
White hot (extreme hot with emitting white light) — श्वेत तप्त, अति तप्त
White lead (a poisonous mineral basic lead carbonate 2Pb CO_3. Pb $(OH)_2$ — सफ़ेदा
White light — रंगहीन प्रकाश
White livered — डरपोक, कायर
White matter — श्वेतद्रव्य (मस्तिष्क का भीतरी स्तर)
White meat — सफ़ेद मांस (मायोग्लोबिन रहित)
Whiten — सफ़ेद करना/होना, विरञ्जित करना
Whitener — श्वेतकर, सफ़ेदा
Whiteness — सफ़ेदी, श्वेतता, धवलता
Whites — श्वेतक, सफ़ेद वस्त्र
White smith — कलईगर
White vitriol (zinc sulfate salt) — सफ़ेद तूतिया
Whiting (*Merlangius* sp., a marine food fish of cod family Gadidae), Merling — श्वेतन, श्वेतकारी, खड़िया मिट्टी, व्हीटिंग (एक समुद्री छोटी कॉड मछली)
Whitish, Whity — आश्वेत, सफ़ेद सा
Whitlow — नखव्रण, गलका
Whittle — छीलना, काटना, कम करना
Whole grain — साबुत अनाज
Whole milk, (milk from which no natural constituents have been removed or any thing added) — पूर्ण दूध
Wholeness — सम्पूर्णता, अखण्डता
Wholesome — स्वास्थ्यकर, हितकारी, पथ्य
Whoop — हुँकारना, खाँसना, चिल्लाना
Whooper swan (*Cygnus cygnus,* a freshwater large swimming long necked bird of duck family Anatidae) — राजहंस, हंस (एक मृदुजलीय पक्षी)
Whooping cough — कुकास, ढाँसी, कुकुरखाँसी
Whopping — दीर्घाकार, विशाल, बृहत्
Whorl — चक्कर, भ्रमि
Whorled — चक्करदार, भ्रमियुक्त, भ्रमि-
Wick — वर्तिका, बत्ती, बाती, पलीता
Wicker — विदल, लचीली टहनी, कमची
Wicking — बत्ती (रुई की) डालना (घाव में)
Wide — चौड़ा, बृहत्, विस्तृत, व्यापक
Wide angle — बृहत्कोण, विस्तृतकोणिक
Wide eyed — विस्फारित नेत्री
Widgeon, Wigeon (*Mareca* sp., a dabbling wild duck of family Anatidae) — पतेरा (एक प्रकार की बतख़ कुल की जलीय पक्षी)
Width — चौड़ाई, विस्तार
Wield — नियन्त्रित करना, चलाना, सभाँलना
Wig — बालों की टोपी, केशिका, नक़ली बाल
Wiggle — हिलना, हिलाना, सिकुड़ना
Wight — प्राणी, व्यक्ति
Wild, Feral — वन्य, जंगली, हिंसक, असभ्य
Wild ass — गोरख़र

Wild basil (*Clinopodium vulgare*, a herb of mint family Labiatae/Lamiaceae with aromatic odour and calamint) — बनतुलसी (एक बहुवर्षी पुष्पी पौधा), बर्बरी
Wild beast — बनचर, जंगली जानवर, वन्य चौपाया
Wild cat (*Felis silvestris*, a small wild carnivorous mammal of cat family Felidae) — बनबिलाव, जंगली बिल्ली
Wild duck (a medium-sized aquatic swimming omnivorous wild bird of family Anatidae) — मुर्ग़ाबी (एक जलीय पक्षी)
Wildebeest (*Connochaetes* sp., a large horned blue/black African antelope of family Bovidae), Gnu — एक बैल की तरह पूँछ व सींग वाला अफ़्रीकी बारहसिंधा
Wilder — वन्यभूत
Wilderness — उजाड़, बञ्जर भूमि, ऊसर
Wild fire — वनाग्नि, दावानल, जंगल की आग
Wild hops (*Humulus lupulus*, a wild flowering plant of family Cannabaceae, used as flavourant in beer) — कानफूटी
Wilding — वन्यन
Wild life — वन्यजीव, जंगली जीव-जन्तु
Wild madder (*Rubia peregrina*, a flowering perennial herb of coffee family Rubiaceae) — जंगली मजीठ
Wildness — वन्यता
Wild plum (*Prunus americana*, a perennial shrub of family Rosaceae with large edible yellow plum/fruits) — झड़बेर
Wild rose — कठगुलाब
Wild type — वन्यप्ररूप
Willow, Sallow, Osier (*Salix* sp., a perennial deciduous shrub or tree of family Salicaceae) — नम्र, नम्रा, भिंसा, सरई (एक शीत क्षेत्रीय वृक्ष)
Will power — संकल्प-शक्ति, आत्मसंयम
Wilt, Wilting — मुरझाना, कुम्हलाना, म्लानन, शिथिलन
Wimble — बरमा, बरमी
Wimple — लहराना, चुनना, आवरण, शिरोवस्त्र
Wince — सिकुड़ जाना, चौंकना, झिझक(ना), हिचक(ना)
Winch — चर्खी, पेंचक, भ्रामित्र, उत्थापनी
Wind — वायु, घूमना, लपेटना
Wind blown, Wind-borne, Air borne — वायुवाहित, वातोढ़
Wind bound — वायुबाधित
Wind brake — वातावरोध
Wind chest — वायुकोष्ठ
Wind colic — वातशूल
Winded — दम फूलना, हाँफना
Wind erosion — वातापक्षरण
Wind fall — हवा से गिरे फल
Wind furnace — पवन-भट्ठी, वात-भट्ठी
Wind gall, Wind puff — पादार्बुद, बैजा
Wind gauge — पवनमापी, वातघड़ी
Wind hover, Stannel, Staniel — खेरमुतिया (एक छोटा बाज़ पक्षी)
Winding — आवलन, पेंचदार, घूमती हुई, लपेटना, कुण्डलन
Windlass — बेलन चर्खा
Wind mill (a wheeled device with blades or sails for energy power generation from air) — पवन चक्की
Window — खिड़की, द्वारी, झरोखा, वातायन
Wind pipe — श्वासनाल, श्वास नली
Wind power — वात शक्ति
Wind puff, Wind gall — पादार्बुद, बैजा
Wind screen — वायुरोधी शीशा
Wind shield — वातकवच
Wind sleeve — वात शंकु
Wind storm — आँधी, तूफ़ान
Wind sucker — वात-चूषक, हवा पीने वाला
Wind tunnel — वात सुरंग

Wind vane, Vane वात फलक, वात सूचक
Windward वाताभिमुख, प्रतिवात
Windy वातल, वातिक, तूफ़ानी
Wine द्राक्षासव, अंगूरी-शराब
Wine bibber मद्यप
Wine red गहरा लाल (रंग)
Wing पक्ष, पंख, पर, खण्ड, स्कन्ध
Wing case, Wing sheath पक्ष-शल्क
Wing covert पक्षावरक
Winged सपक्ष, पंखदार
Wing footed द्रुतगामी
Winglet पक्षक, पंखी
Wing span, Wing spread पंख-विस्तार, पंख प्रसार
Wink, Winking, Blinking पलक चलाना, निमीलन, टिमटिमाना
Winkle (a herbivorous edible shore snail of family Littorinidae) घोंघा, विकल, निकालना (बाहर)
Winkers संकेत दीप
Winnow ओसाना, पछोड़ना
Winnowing, Vanning वीजन, निष्पापन, ओसाई
Winter (a cold season with relatively lower atmospheric temperature and higher humidity) हेमन्त, शिशिर, शीतऋतु, शीतकाल, जाड़ा
Winter cherry, Indian ginseng, Poison goose berry (*Widhania somnifera,* a small flowering perennial medicinal shrub of family Solanaceae) अश्वगन्धा
Winter green, Boxberry, Teaberry (*Gaultheria procumbens*, a small flowering perennial shrub of heath family Ericaceae with edible sweet berry type fruit and aromatic leaves, extracted to get medicinal oil) हेमन्त-हरि, गन्धपूरा
Winter mushroom शीतछत्रक, जाड़े का कुकुरमुत्ता
Winter sleep, Hibernation शीतनिद्रा, शीतनिष्क्रियता, शिशिरसुप्ति
Winter squash (a squash fruit of plant of family Cucurbitaceae, harvested for use after maturity of fruit and hardening of rind) छप्पन कद्दू, तोरी
Winter solistice दक्षिण अयनान्त, मकर-संक्रान्ति
Wintery, Wintry हेमन्तीय, जाड़ा सम्बन्धी
Wiper पोंछा, प्रोच्छक, प्रोच्छ
Wire तार (धातु सूत्र), तन्तु
Wire gauge (a device to measure diameter/cross section of a wire) तारमापी
Wire gauze, Wire net तार जाली
Wire weed (*Sida acuta,* a flowering medicinal weed of mallow family Malvaceae) खरेण्टी
Wire worm (a crop pest larva of click beetle, a coleopteran insect of family Elateridae) तन्तुकृमि
Wiring तार डालना, तन्तुविन्यास
Wiry तारयुक्त, तार जैसा, तन्तुवत्
Wisdom tooth (3rd molar) अक्ल दाढ़ (तीसरा चर्वणक)
Wish bone, Wishing bone (a V-shaped bone between neck and breast of bird) फरकुला
Wisp पूली, लच्छा, झुण्ड, तन्तु, धज्जी
Witchery, Witch craft जादूगरी, टोना-टोटका, ओझाई
Witches-broom कवक कूर्चिका
Withe, Withy लचीली टहनी, नम्रिका
Wither, Wilt विशोषण, मुरझाना, कुम्हलाना
Withered विशुष्क, विशोषित, झुर्रीदार, कुम्हलाया/मुरझाया हुआ

Wivern, Wyvern (a winged legendary snake with fire breathing dragon head)	पंखदार साँप, अगिया बैताल
Wizened, Weazened	सूखा, मुरझाया, झुर्रीदार
Woad, Glastum (*Isatis tinctoria*, a flowering cruciferous herb of family Brassicaceae, blue dye is extracted from leaves)	नील (नीला रंग देने वाला पौधा)
Wobble, Wobbling	डगमगाना, विहवरण
Wold	बञ्जर, परती भूमि
Wolf (*Canis lupus*, a wild carnivorous mammal of dog family Canidae)	भेंड़िया, वृक
Wolfsbane, Aconite (*Aconitum* sp., a flowering perennial herb of family Ranunculaceae, a poisonous plant, used to kill wolf)	मोहरी (एक फूलदार विषैला पौधा)
Womb, Uterus	कोख, बच्चेदानी, गर्भाशय
Wombat (a short legged, stubby tailed bear like marsupial mammal of family Vombatidae)	धानीमृक्षक, वुम्बैट (एक कंगारूवंशी भालूवत् जन्तु)
Wonky	अस्वस्थ, निर्बल, अस्थिर
Wood	काष्ठ, लकड़ी, काठ, वन, जंगल, अरण्य
Wood alcohol, Wood spirit (methyl alcohol obtained by distillation of wood)	काष्ठ मद्य (एक दृष्टिहर व प्राणघातक मादक पेय)
Wood apple, Elephant apple, Monkey fruit (round berry type fruit of *Limonia acidissima,* a tropical flowering tree of family Rutaceae, with gummy rusty brown sour pulp and hard rind)	कैथा, कठबेल, कपित्थ (एक औषधीय बेल जैसा भोज्य फल जो मधुमेह शामक है)
Wood carving	काष्ठतक्षण (लकड़ी पर नक़्क़ाशी)
Wooded	वृक्षसंकुल, वृक्षावृत, पेड़दार
Wooden	काष्ठीय, लकड़ी का
Woodenware, Woodware	काष्ठभाण्ड, लकड़ी के बर्तन
Wood fibre	काष्ठ तन्तु
Wood louse, Wood lice (pl.)	दीमक, काष्ठयूका
Wood metal	काष्ठ धातु
Wood pecker (a strong billed passarine wild drumming bird of Picidae family)	कठफोड़वा (एक वन्य वृक्षवासी पक्षी)
Wood pulp	काष्ठ गोर्द, काठ-लुगदी
Wood sorrel (*Oxalis* sp., a rhizomatous flowering creeper weed of family Oxalidaceae)	अम्रुल (एक खट्टी पत्तियों व फूलों वाला पौधा)
Wood stone	काष्ठाश्म
Wood sugar (a crystalline artificial sweetener derived from xylose, xylitol	काष्ठ शर्करा
Wood work	काष्ठ कर्म, लकड़ी का काम, बढ़ईगीरी
Wood worm (a larva of certain wood boring beetles)	काष्ठ कृमि
Woody	काष्ठीय, काष्ठवत्, आरण्य, काष्ठ-
Wool (curly hairs of sheep and other furry mammals)	ऊन, ऊर्ण, रेशा, रोआँ
Woolen, Woollen, Wooly, Woolly	ऊनी, ऊर्णित, रेशेदार, रोआँमय
Woolfat	ऊर्ण-वसा
Woozy	भ्रमित, चकराया हुआ, नशे से कमज़ोर
Work (a physical output after multiplying force and displacement, it's unit is Joule)	कार्य, काम, कृत्य
Workability	सुकार्यता, करणीयता
Workable	करणीय, करने योग्य, व्यवहार्य
Workaholic	काम करने को उत्सुक, कार्य-उत्सुक

Workaholism कार्य उत्सुकता, काम कालत
Worker, Workman कार्यकर्त्ता, कर्मी, श्रमिक
Work function कार्य फलन, विमोचन-प्रकार्य
Working सक्रिय, कार्यकारी, कार्यशील
Working material कार्यकारी पदार्थ, कार्य-सामग्री
Working table कार्य-पटल, काम करने की मेज़
Work out परीक्षण, अभ्यास
Work plan कार्य योजना
Works निर्माणशाला, कारख़ाना
Workshop कार्यशाला, कर्मशाला
World विश्व, जगत, संसार, दुनिया, लोक
World wide web (www-a software of informatics via internet invented by English computer scientist Tim Berners Lee in 1989 A.D.) विश्वव्यापी संजाल (एक सूचना प्रसार तन्त्र)
Worm (a small limbless animal with cylindrical body) कृमि, कीड़ा
Worm cast (a muddy structure formed by a worm) कृमि कञ्चुक
Wormery कृमिशाला, कीड़ाघर
Wormil अधश्चर्म-डिम्भ
Worm-spindle सर्पिल तकला
Worm tube सर्पिल नलिका
Worm wood, (*Artemisia absinthium,* (a toxic medicinal wild shrub of family Asteraceae, used in certain beverages) नागदमनी, नागदोना, समरी (पौधा)
Wormy कृमिल, कृमिमय, कीड़ेदार
Worsted ऊनी तागा, ऊनी कपड़ा
Wort (a liquid extracted by mashing during brewing beer/whisky) किण्व्यक, सुरा
Wound घाव, क्षत, ज़ख़्म
Wounded वलित, घूमा हुआ, घायल, ज़ख़्मी
Wounding अवखनन
Wound wort (field) (*Stachys arvensis,* a flowering weed of family Lamiaceae, used for dressing of wound) घाव पत्ता (पौधा), क्षतरोप
Woven बुना हुआ
Wrack समुद्र तटीय शैवाल
Wrap, Wrapping लपेटना, वेष्टन
Wrapped वेष्टित, लपेटा हुआ
Wrapper वेष्ट, वेष्टक, वेष्टित्र (यन्त्र)
Wreath पुष्पमाला, हार, छल्ला
Wreathe गूथना, लपेटना, छल्ला बनाते हुए ऊपर उठना
Wreck भग्न पोत, पोतावशेष
Wren (a small brown passerine singing bird of family Troglodytidae) पिटपिटी, फुदकी (एक छोटी गानेवाली चिड़िया)
Wrench, Spanner मरोड़ना, ऐंठना, मोच, प्रकुञ्च
Wrest विकृत करना, झुकाना, ऐंठना, मरोड़ना
Wrestle, Wrestling कुश्ती लड़ना, मल्ल-युद्ध, पहलवानी
Wrick ऐंठन, मुड़कना, हल्की मोच
Wriggle, Wriggling कुलबुलाना, रेंगना, परिसर्पण, संव्याकोचन
Wriggler परिसर्पक, संव्याकोचक
Wring, Wringing निचोड़ना, दबाव, निष्पीडन
Wringer निष्पीडित्र, निचोड़ने वाला
Wrinkle झुर्री, वलि, सिलवट
Wrinkled झुर्रीदार, सिलवटी, वलित
Wrinkling झुर्रीकारी, वलयन
Wrist, Wrist joint, Carpus कलाई, मणिबन्ध, पहुँचा
Wrist watch कलाई घड़ी
Wrought गढ़ा हुआ
Wrought iron (iron with 0.04 - 0.08% carbon) व्यंगारित लौह, ताड्य लौह, पिटवाँ लोहा
Wry मरोड़ा हुआ, टेढ़ा, तिरछा, अप्रसन्न
Wry necked वक्रग्रीव, टेंढ़ी गर्दन वाला
Wyvern, Wivern परदार साँप

X

Xanth-(a Greek word xanthos means yellow -prefix) पीत-

English	Hindi
Xanthation	पीतायन, पीतकरण
Xanthene (a yellow organic heterocyclic crystalline compound)	पीला, जैन्थीन (एक पीत रंग)
Xanthic	पीतीय
Xanthinuria	पीतमेह, पीतमूत्रता
Xanthocarpic, Xanthocarpous	पीतफलीय
Xanthochroism, Xanthism	गौरवर्णता, गोरापा, गोरापन
Xanthochromia	पीतवर्णता
Xanthoderma	पीतचर्म (रोग)
Xanthodontous	पीतदन्तीय
Xanthoid	पीताभ
Xanthoma	पीतार्बुद
Xanthomatosis	पीतार्बुदता, पीतचर्मता
Xanthophore	पीतधर, पीतभर
Xanthophyll, Phylloxanthin	पर्णपीत (एक पर्णलवक)
Xanthoplast	पीतलवक
Xanthoprotein	पीतप्रोटीन
Xanthopsia, Xanthopia	पीतदृष्टि (वस्तुओं का पीला दिखना)
Xanthorrhea	पीतस्राव
Xanthosis	पीतरोग
Xanthosome	पीतकाय
Xanthotoxin	पीताविष, पीत-विषि
Xanthous	पीतीय, पीला, मंगोलीय
X-chromosome (one of the two sex chromosomes in bisexual animals)	अपुंजन गुणसूत्र, एक्स गुणसूत्र
Xenia (an effect of pollens on seeds/ fruits of a plant)	अपर-पराग प्रभाव, परप्रभाव
Xeno-(a Greek word xenos means stranger or foreign - prefix)	पर-, अपर-, आगत-
Xenobiosis (symbiosis of different species, living togther but don't rear their youngs in common)	पोषिजीविता, अपजीविता, परपोषीजीवन, आगतजीवन
Xenobiotic (a foreign material in body of an organism)	अपजीवीय
Xenoblast	बाह्यरुह
Xenoblastic	बाह्यरुहिक

English	Hindi
Xenocarpy	परफलन, परफलता
Xenodiagnosis	पोषानिदान
Xenoeic	पोषाश्रयी, आगतवासी
Xenogamy, Cross fertilization	परनिषेचन, परपरागण
Xenogeneic	परानुवंशिक
Xenogenesis, Xenogeny	बाह्यजनन
Xenograft, Heterograft	पररोप, विषमरोप
Xenoikic	समग्रहीत ग्राही
Xenolith	अपराश्म, बाह्योपल
Xenology (a study of all aspects of alien life)	पोषीविज्ञान, परपोषीविज्ञान, आगतविज्ञान
Xenomania	विदेश-प्रेम
Xenomaniac	विदेश-प्रेमी
Xenomorphic	अपरूपी, अन्यरूपक
Xenon (a colourless, odourless inert element of noble gas group, found in earth's atmosphere in traces, symbol is Xe)	कोट्याति, ज़ेनॉन
Xenoparasite	अन्यपरजीवी
Xenophobia	इतरभीति, अपविमुखता
Xenophobe, Xenophobic	विदेशी-द्वेषी, इतरभीरु, परागत, घृणित
Xenophthalmia	अन्यज नेत्रशोथ
Xenorexia	इतरभोजी
Xenothermal	बाह्यतापी
Xenotropic	अन्यानुवर्ती
Xeransis	शुष्कता (शारीरिक), शुष्कण
Xerantic	शुष्कीय, सूखने वाला
Xerarch	शुष्कतारम्भी
Xerasia	केश-शुष्कता, बालों का रूखापन
Xeric	शुष्कीय, मरु सम्बन्धी
Xeriscaping (cultivation or plantation of drought-resistant species to avoid or reduce need of irrigation)	शुष्कता पलायन, शुष्कता मुक्ति
Xero- (a Greek word xeros means dry - prefix)	शुष्क-, मरु-
Xerochasy	शुष्कस्फोटन
Xeroclastic	शुष्कन-विवृत

Xerocolous मरुवासी
Xeroderma, Xerodermia चर्मशुष्कता, रूक्षत्वचा, त्वचा का रूखापन
Xerodrymium, Dry forest शुष्कवन
Xerogel शुष्कश्लिष
Xerogeophyte मरुगर्भोद्भिद्
Xerograph, Xerox (an electronic device to copy printed, written or pictorial matter by using dry colour) शुष्कलेख, विद्युत्-छायाचित्र
Xerography, Xeroxing (copying printed, written or pictorial matter by using dry colour) शुष्कलेखन, विद्युत्-छायाचित्रण
Xerohylium शुष्कवन, रूक्षवन, अवन्यपादप
Xeroma शुष्कयुजा
Xeromorphic, Xeromorphous शुष्कानुरूपी
Xeromorphism, Xeromorphy शुष्कानुरूपता
Xerophagia, Xerlophagy शुष्कभोजिता, शुष्कभक्षण
Xerophile, Xerophilic, Xerophilous मरुद्भिद्री, शुष्कतारागी
Xerophthalmia (dryness of eyeball due to lack of tear) शुष्कनेत्र प्रदाह, शुष्काक्षि पाक
Xerophorbium शुष्क-चरागाह, शुष्क घास का मैदान
Xerophyte (plants adapted to arid/desert habitat), Xerophil मरुद्भिद्, शुष्कोद्भिद्, शुष्कतानुकूल
Xerophytic मरुद्भिदी, शुष्कोद्भिदी
Xerophytism, Xerophily मरुद्भिद्ता, शुष्कोद्भिद्ता
Xeropoium शुष्क घास का मैदान, शुष्क चरागाह
Xero-radiography शुष्क-विकिरणचित्रण
Xerosere मरुजीवी, शुष्कजीवी
Xerosis शुष्कता, रूक्षता
Xerospore शुष्क बीजाणु
Xerostomia (oral dryness due to reduced secretion of saliva) मुख शुष्कता
Xerothermic शुष्कतापीय, मरुतापी
Xerotripsis शुष्कघर्षण
Xerox शुष्कालेख, शुष्क-चित्र
Xiphicostal पश्चपर्शुकी
Xiphiform असिरूप, खड्गाकार,
Xiphiphoid, Xyphoid, Ziphoid अस्याभ, तलवार जैसी
Xiphiplastron पश्चवर्म, पश्चोदरवर्म
Xiphisternal, Xiphosternal पश्चोरोस्थीय
Xiphisternum, Xiphisterna (pl.), Xiphosternum पश्च-उरोस्थि, पश्चोरोस्थि
X-ray, Roentgen ray, (electro-magnetic waves of 10^{10} meter wave length) क्ष-रश्मि,एक्स-किरण (वर्ष 1895 ई. में विल्हेम कोनार्ड रॉन्जन द्वारा खोजी गई)
Xylanthrax, Wood coal, Charcoal लकड़ी का कोयला, काष्ठांगार
Xylem (one of the two vascular plant tissues to convey water with minerals from root to stem) दारु, काष्ठ
Xylenin (a toxic substance extracted by xylene from tubercle bacilli) दारुणी, काष्ठ विष
Xylic काष्ठिक
Xylitol (a crystalline sugar as artificial sweetener derived from xylose), Wood sugar काष्ठ शर्करा
Xylo-(a Greek word xylos means wood-prefix) काष्ठ-, दारु, लकड़ी
Xylocarp काष्ठफल
Xylocarpic, Xylocarpous काष्ठफलीय
Xylogram काष्ठचित्र
Xylograph काष्ठलेखी
Xylography काष्ठोत्कीर्णन, काष्ठचित्रण
Xyloid काष्ठाभ, काष्ठवत्
Xylology (a branch of dendrology dealing with structure of wood) काष्ठविज्ञान
Xylometer काष्ठमापी

Xylonite (a thermoplastic product of cellulose nitrate) कठकड़ा
Xylophagia, Xylophagy काष्ठभक्षण, कोष्ठभोजिता
Xylophagous काष्ठभक्षी
Xylophilic, Xylophilous काष्ठरागी
Xylopodium (a wood with upper stem structure and root structure below), Xylopodia (pl.) काष्ठ कन्दमूल
Xylose (a pentose monosaccharide sugar with five carbon atoms) काष्ठधु, काष्ठ-शर्करा
Xylostroma दारुपीठिका
Xylous काष्ठीय, दारुण, कठोर
Xylotome काष्ठतक्षणी, काष्ठकर्तक
Xylotomous काष्ठकर्तकी, काष्ठविच्छेदी
Xylotomy (a microscopic examination of a wood by cutting it's thin sections) काष्ठ-विच्छेदन, काष्ठकर्तन, काष्ठतक्षण, दारु-शारीर
Xysma (a watery faeces with membranous shreds) झिल्लीमल (झिल्ली के टुकड़े युक्त दस्त)
Xyster खुरचनी, निघर्षणी (हड्डी खुरचने का यन्त्र)
Xystus व्यायाम-मण्डप

Y

Yak (*Bos grunniens*, a long haired bovine alpine mammal of family Bovidae) सुरागाय, चमरीगाय (एक पालतू स्तनधारी), बकबक करना
Yank झटके से खींचना, झटकना, झटका
Yam (*Dioscorea* sp., a perennial crop herb of family Dioscoreaceae with edible underground starchy bulbo-tuberous stem) रतालू, सूरन, अरुई (एक भोज्य भूमिगत तना)
Yaourt, Yoghourt, Yoghurt दही (एक किण्वित दुग्ध उत्पाद)
Yard गज़, परिमान, आहाता, प्रांगण
Yardage क्षेत्रफल, आयतन, आकार, लम्बाई, प्रांगण का किराया
Yard stick गज़ (= 0.9144 मीटर)
Yarn सूत, तागा, धागा, कहानी
Yarrow (*Achillea millefolium*, a flowering medicinal weed of family Asteraceae) सहस्रपर्णी (एक औषधीय बहुवर्षी शीतोष्ण भोज्य तृण पादप)
Yatch क्रीड़ा-नौका, प्रमोदत्तरी
Yaw, Yawing विचलन योग, विचलित होना, प्रविचाल, पार्श्ववर्तन
Yawed अंशानत
Yawn, Yawning जम्हाई, जम्हाई लेना
Yaws (an endemic skin infection of *Treponema pallidum pertenue*, a bacterium of family Spirochaetaceae) न्यपदंश (एक फुंसीवाला चर्म रोग)
Y-chromosome (one of the two sex chromosomes in bisexual animals responsible for birth of male offsprings) पुंजनगुणसूत्र, वाई गुणसूत्र
Yean भेंड़/बकरी का ब्याना
Yeanling मेमना, बकरी का बच्चा
Year (an astronomical unit of orbital period to complete one round of sun by earth in it's orbit) वर्ष, संवत्सर, साल (365.25 दिन)
Yearling एकवर्षीय (बच्चा)
Yeast (*Saccharomyces* sp., a eukaryotic unicellular fungus of class Saccharomycetes, used as a probiotic and leavening agent) प्रकिण्व, ख़मीर
Yeasty प्रकिण्वमय, ख़मीरी
Yell, Yelling चीत्कार, चिल्लाहट, चिल्लाना
Yellow पीत, पीला, मंगोली, डरपोक

English	Hindi
Yellow fever (an acute skin infection of a RNA virus, *Flavivirus* of family Flaviviridae by vector *Aedes aegypti*, mosquito of family Culicidae)	पीतज्वर
Yellowing	पीतन, पीला पड़ना
Yellowish	आपीत, पीताभ, पीला सा, मंगोला
Yellow peril	पीतांतक
Yellow rain, Golden shower (aerial dropping due to abundance of pollens or warfare chemicals in air)	पीतवर्षा, पीत वृष्टि
Yellows, Aster-yellows, (a plant disease due to Phytoplasm, a parasitic bacterium of family Acholeplasmataceae without cellwall)	पीतरोग, पीलिया, पीतार्ति, पाण्डुरोग
Yellow spot, Macula lutea (an oval pigmented area near center of retina in eye with most clear image)	पीतबिन्दु
Yellow sweet clover, Small melilot (*Melilotus indicus,* a grassland weed of family Fabaceae with anticoagulant toxin)	वनमेथी, सिञ्जी मेथी
Yellow wort (*Blackstonia perfoliata*, a yellow flowering plant of family Gentianaceae grow on chalk or lime stone turf)	पीतपुष्पा (एकवर्षीय मन्दवर्धी पौधा)
Yew (*Taxus* sp., a small slow growing coniferous shrub of family Taxaceae)	तालीश पत्र (एक सदाबहार औषधीय शंकु वृक्ष)
Yex	हिचकी, हिचकी लेना
Yield	उपज, उत्पत्ति, उत्पन्न करना
Yielding	अनुवर्ती, सुनम्य, विचलनशील
Yielding strength	पराभवीय सामर्थ्य, विचलन क्षमता
Yoghourt, Yoghurt, Yaourt	दही (एक किण्वित दुग्ध-उत्पाद)
Yoke (a tissue connecting two structures)	योत्र, योजक, जुआ, जुआठा
Yoke bone	गण्डास्थि
Yoke mate	सहयोगी, सहचर
Yolk, Deutoplasm, Vitellus (a nutritive yellow content of ovum)	पीतक, ऊर्ण-वसा, अण्डे की ज़र्दी (प्रोटीन व वसामय भाग)
Yolk plug	पीतक डाट
Yolk sac	पीतक कोष
Yolky	पीतकमय, पीतक जैसा
Yore	प्राचीनकाल
Young, Youngster	बाल, तरुण, बच्चा, अल्पवयस्क
Youngling	शिशु, नवोद्भिद् (बाल पौधा)
Yowl	हुआना, चीखना (जानवरों का)
Ypsiliform, Ypsiloid, Upsiloid	द्विताकार, द्विताभ, Y-रूपी
Y-shaped	Y-आकार का
Ytterbium (a volatile rare earth metallic element with symbol Yb)	श्वेतला, इटर्बियम
Yttrium (a rare earth transition metallic element with symbol Y)	भूशला, इट्रियम
Y-tube	त्रिवेणी-नलिका, Y-नली
Yucca (*Yucca* sp., a perennial flowering medicinal rosette plant of family Asparagaceae with sword shaped leaves)	सितकुसुम (कुमुदिनी कुल का एक पौधा)
Yuck	खुजली, खुजलाना

Z

English	Hindi
Zamia, Cardboard palm (*Zamia furfuracea,* a palm like cycad plant of family Zamiaceae)	तालझाड़ी, कंगुक्षुप

Zarovisation वासन्तीकरण
Zaphrentid (a mammal of horse family Equidae) पुराचष, गोरखर (एक धारीदार अफ्रीकी गधा)
Zebra fish (*Danio rerio,* a fresh water small aquarium fish of family Cyprinidae with Zebra like silvery stripes on skin, used as a model animal for toxicity assessment) राजि मीन, जेब्रा मछली
Zebra plant (a tropical flowering house plant with large green leave having Zebra like silvery stripes) रजि-पादप, जेब्रा पौधा (जिसकी हरी पत्ती पर जेब्रा की तरह रूपहली पट्टियाँ या धारियाँ होती है)
Zebra shark (*Stegostoma fasciatum,* a marine cartilaginous fish of family Stegostomatidae with light vertical stripes on brown skin) राजि ग्राह
Zebra wood (heart wood with dark blackish brown streaks like Zebra stripes) राजि-दारु
Zebrinus राजिल, जेब्रा जैसा
Zebu ककुदूमी, ककुदूमान बैल (कूबड़दार)
Zedoary, White turmeric (*Curcuma zedoaria*, a perennial medicinal rhizomatous herb of ginger family Zingiberaceae) आमाहल्दी, जदवार, कचूर
Zegnite निषेचनांग
Zeism, Maize poisoning मर्कटता, मकई विषाक्तता, मकई खाने से पैदा रोग
Zeistic मर्कटी, मकई सम्बन्धी
Zeitgeber (a German word) कालदाता, समयप्रद, आवर्तीदायी
Zenith चरमबिन्दु, पराकाष्ठा, शिरोबिन्दु
Zephyr, Breeze हल्की पछवाँ हवा, समीर
Zero, Cipher, Cypher शून्य
Zero correction शून्यांकी संशोधन
Zero discharge शून्य निस्सरण, निस्सरण रहित
Zero error शून्यांकी त्रुटि
Zero gravity शून्य गुरुत्व, शून्य गुरुत्वाकर्षण, गुरुत्वहीनता
Zero moisture index शून्य आर्द्रता सूचकांक
Zero point परमशून्यांक, शून्यबिन्दु
Zero population growth शून्य जनसंख्या वृद्धि
Zero valent (elements of Group 18 in Periodic table) शून्य संयोजी (सबसे बाहरी कक्षा में इलेक्ट्रानों की पूर्ण संख्या वाले तत्व)
Zero waste शून्य अपशिष्ट, अपशिष्टहीन
Zeta (Z, z 6th letter of Greek alphabet) ज़ीटा (युनानी वर्णमाला का 6वाँ अक्षर)
Zetectic अन्वेषणात्मक
Zeuglodon, Zeuglodont राजतिमि (एक लुप्त ह्वेल प्रजाति)
Zibet (*Viverra zibetha*, a large cat like civet of family Viverridae having tawny fur with black spots and strips) खट्टाश, गन्धबिलाव (एक जंगली बिल्ली)
Zigzag टेंढ़ा-मेंढ़ा, वक्र
Zika fever (an infection of virus of family Flaviviridae, caused by bite of mosquito *Aedes aegypti,* a vector insect of family Culicidae) ज़ीका बुख़ार (इसके रोगी पहली बार यूगाण्डा देश के ज़ीका क्षेत्र के जंगल वासियों में वर्ष 1947 ई. में मिले)
Zillion असंख्य, अगण्य
Zinc (a metallic trace element with symbol Zn, essential for body growth) जस्ता, जस्त, यशद, कुप्यातु
Zincalism, Zinc toxicity यशदता, यशद विषालुता, जस्ता विषाक्तता
Zincograph यशदमुद्र
Zincography यशदमुद्रण
Zip सनसना कर निकलना, सनसनाहट
Zircon (zirconium silicate, a mineral of nesosilicate category) तुरसावा (एक कठोर खनिज रत्न)

Zirconium (a mineral metallic element with symbol Zr, obtained from a mineral zircon) गोमेदातु, ज़र्कोनियम
Zoanthropy स्वयं को पशु समझने का मनोरोग
Zodiac राशिचक्र, राशि
Zoea, Zooea, Zooid (a free swimming larva of crab and other decapod crustaceans) जीवक
Zoetrope, Life cycle जीवनचक्र
Zoic जैव, जीवाश्म-मय
Zoidiogamous, Zoidogamous जीवकयुग्मी, चलयुग्मी, चलोद्वाही
Zoidiogamy, Zoidogamy पुमणुनिषेचन, जीवकयुग्मन, चलयुग्मन, चलोद्वाहन
Zoidiophilic, Zoophilic, Zodiophilous, Zoophilous प्राणिरागी, जन्तुरागी, प्राणि-परागित
Zona, Zonae (pl.) स्तर, अण्डावरण
Zona fasiculata पूलीय स्तर
Zona glomerulosa गुच्छ स्तर
Zona granulosa कणिकीय स्तर
Zonal मण्डलीय, क्षेत्रीय, कटिबन्धीय
Zona pellucida, पारदर्शी स्तर
Zona radiata अरांकित स्तर
Zona reticularis जालिका स्तर
Zonary मेखलाकार
Zona striata रेखित स्तर
Zonate धारीदार, मेखलारूपी
Zonation, Zoning मण्डलन, अनुक्षेत्र वर्गीकरण, क्षेत्रण
Zone मण्डल, क्षेत्र, मेखला, धारी, कटिबन्ध
Zonite देहांश
Zonked मद्यमत्त (विषाक्तता से), नशे में
Zonoplacental वलय जरायुज, वलय-अपरा
Zonorate क्षेत्रछिद्रित
Zonula, Zonulae (pl.), Zonule मेखला, क्षेत्रिका, मण्डलिका, लघुक्षेत्र
Zonula ciliaris पक्ष्माभी मण्डलिका
Zoo, Zoo- (a Greek word zoin means animal-prefix) प्राणिउद्यान, चिड़ियाघर, प्राणि-
Zooarchaeology (study of faunal remains like bone, shell, hair, horn, nail, scale, DNA etc.) प्राणिपुरातत्वविज्ञान
Zoobenthos (bottom living aquatic animals) प्राणिनितलक, नितलप्राणिजात
Zoobiology (biological study of reproduction, demography, genetics and behaviour of animals) प्राणिजैविकी
Zoobiotic प्राणिजीवीय, प्राणिजीव समूही
Zooblast प्राणिकोरक
Zoochemistry (study of chemical composition and associated reactions in animal body) प्राणि रसायन विज्ञान
Zoochore प्राणि प्रकीर्ण, प्राणि विकीर्ण
Zoochoric, Zoochorous प्रणि प्रकीर्णी
Zoochory प्राणि प्रकीर्णता
Zoocoenocyte चलबहुकेन्द्रक कोशा
Zoocyst प्राणिपुटी, जन्तुपुटी
Zoodendrium (branched tree like colonial animals), Zoodendria (pl.) प्राणिद्रुम
Zoodynamic प्राणिगतिक
Zoodynamics प्राणिप्रवैगिकी, प्राणिगतिकी
Zooea, Zoea Zooid जीवक
Zooecium (a Greek word for animal house), Zooecia (pl.) जीवौक, जन्तुधानी, प्राणिधानी, जन्तुशाला, प्राणिकोष्ठ
Zooflagellate प्राणिकशाभी
Zoogamete चलयुग्मक
Zoogamy लैंगिक युग्मन, चलयुग्मन
Zoogene प्राणिप्रभूत
Zoogenesis, Zoogeny प्राणिवृत, प्राणिजनन, प्राणिजनन विज्ञान, प्राणि तत्व शास्त्र
Zoogenic, Zoogenous प्राणिजनित, प्राणिजन्य, जन्तुप्रभूती, जन्तुजनक, जन्तुजनी
Zoogeographic(al) प्राणि-भौगोलिक
Zoogeography प्राणिभूगोल

Zooglea, Zoogloea (*Zoogloea* sp., a jelly like mass of bacterium of family Zoogloeaceae) श्लेष्मी जीवाणु, वृत जीवाणु, श्लेष्मा-वृत जीवाणु
Zoogonidium, Zoogonidia (pl.) चलकणी
Zoogonous जरायुज
Zoogony, Viviparity जरायुजता
Zoograft प्राणिरोप
Zoography प्राणि-विवरण
Zooid (single animal of any colonial invertebrate), Zooea, Zoea जीवक
Zoolith, Zoolite जन्त्वाश्म, अश्मीभूत प्राणी
Zoological प्राणिवैज्ञानिक, जन्तुशास्त्र सम्बन्धी
Zoological garden प्राणि-उद्यान, चिड़ियाघर
Zoologist जन्तुविज्ञानी, प्राणिवैज्ञानिक प्राणिविज्ञ, जन्तुशास्त्री
Zoologize, Zoologization, Zoologizing प्राणि-अन्वेषण करना, जन्तु संग्रहण प्राणिकीयन
Zoology, Animal science (a biological study of structure, evolution, reproductive development, classification, habitat and distribution of animals) प्राणिविज्ञान, प्राणिकी, जन्तुविज्ञान, जन्तुशास्त्र
Zoom तेजी से चढ़ना या बढ़ना
Zoomorph पशुचित्र, पशुरूप
Zoomorphic पशुरूपी, पशुतत्वारोपी
Zoomorphism पशुरूपण, पशुतत्वारोपण
Zoonite प्राणिखण्ड
Zoonomy प्राणि-जीवन विज्ञान
Zoonose, Zoonosis (infectious diseases transmitted from animals to man), Zoonoses (pl.) प्राणिरुजा, प्राणिज संक्रमण, प्राणिज रोग
Zoonosology प्राणिरोगवर्गिकी
Zoonotic प्राणिरुजीय, पशुजन्य (रोग)
Zooparasite, Zooparasitic प्राणिपरजीवी, जन्तुपराश्रयी
Zoopathology प्राणि रोग विज्ञान
Zoopery जन्तु-अन्वीक्षण
Zoophagous प्राणिभोजी, जन्तुभक्षी
Zoophaginae (a group of animal viruses) प्राणिभक्षीविषाणु, जन्तुविषाणु
Zoophagism, Zoophagy प्राणिभक्षण, जन्तुभोजिता
Zoophilous प्राणिरागी, प्राणि-परागित
Zoophobia प्राणिभीति, जन्तुविमुखता
Zoophobic, Zoophobe प्राणिभीरु, जन्तुविमुख
Zoophysics (a study of physical principles underlying the structure, working and uses of organs of animals) प्राण्यांगिकी, जन्तु-भौतिकी
Zoophysiology (a physiological study of animals other than human beings) प्राणि-दैहिकी, जन्तु शरीर क्रिया विज्ञान
Zoophyte (animals like corals and sea anemone visually resemble a plant) प्राणिपादप, उद्‌भिज्ज प्राणी, औद्‌भिद् प्राणी
Zoophytology औद्‌भिद्-प्राणिकी
Zooplanker (a drifting minute invertebrates and larvae in water), Zooplankton (pl.) प्राणिप्लवकांश, प्राणिप्लवक, जन्तुप्लवक
Zooplasty प्राणिघटन, प्राणिसन्धान
Zoosemeiotics (study of semeiosis among animals) प्राणि लक्षणविज्ञान
Zoosis, Zoonosis प्राणिजधि (प्राणिजन्य व्याधि), प्राणिज रोग
Zoosperm चलशुक्राणु
Zoosphere प्राणिमण्डल
Zoosporangium, Zoosporangia (pl.) चलबीजाणुधानी
Zoospore चलबीजाणु
Zootaxy प्राणि-वर्गिकी
Zootechnics प्राणि-प्राविधिकी, जन्तु-तकनीकी
Zootechny जन्तुपालन
Zootomy (anatomy of animals other than human being) जन्तु व्यवच्छेदन, प्राणि-शारीर विज्ञान
Zootoxin प्राणि-आविष, जन्तुविषि
Zootrophic प्राणिसमपोषी

Zootrophism, Zootrophy	प्राणिसमपोषिता, जन्तुसमपोषण
Zootrophotoxin	प्राणि-पोषाविष
Zoo-xanthella	पीतजीवक
Zorapteran	अचिरपंखी
Zucchini (a summer squash *Cucurbita pepo* subsp. *cylindrica,* a flowering climbing herb of family Cucurbitaceae, raw cooked fruit is used as vegetable), Courgette	तोरी, जुक्कीनी, जुच्चीनी
Zwitter ion, Dipolar ion (ion formed from a molecule with functional groups act as acidic as well as basic radical)	संकर अयन, द्विध्रुवी आयन
Zygantrum	योजिकोटर, चापखात
Zygal	युग्मी, H-रूपी
Zygapophysis, Zygopophysis, Articular process, Processus articularis	योजिप्रवर्ध (कशेरुका में), युग्मवर्ध
Zygo-, Zygoto- (a Greek word zugon means union or to be pair - prefix)	युग्म-, युग्मित-
Zygobranch, Zygobranchiate	युग्मक्लोमी (जन्तु)
Zygocyrtoid	युग्मवक्रित
Zygocyst	युग्मपुटी
Zygodactyl	युग्मांगुलि
Zygodactylism, Zygodactyly	युग्मांगुलिता
Zygodont	युग्मदन्ती
Zygogamous	योजियुग्मी
Zygogamy	योजियुग्मन, युज्ययुग्मन
Zygoma	गण्डास्थि, अधोहनु
Zygomatic	गण्डास्थीय
Zygomaticus	गण्डपेशी, सृक्कोत्कर्षणी (पेशी)
Zygomelous	युग्मानुबन्धी
Zygomorphic	एक व्यासीय सममित, एक प्रतिसम
Zygomorphism, Zygomorphy	एक व्यासीय सममिति, एक प्रतिसमता
Zygomycetes (a class of fungus, bearing zygospore)	युग्मकवक
Zygomycosis	युग्मकवकता, युग्मकवक संक्रमण
Zygonema	युग्मसूत्र
Zygoneure	योजितन्त्रिकाणु
Zygoneury	योजितन्त्रिकाणुता
Zygophore	युग्माणुधर, युक्तसूत्र
Zygopteran	युज्यपंखी, युग्मपक्षी
Zygosis	संयुग्मन
Zygosphene	चापस्फान
Zygospondylous	पार्श्वगतिक
Zygospore	युग्माणु, युक्तबीजाणु
Zygostyle	युग्मशूक
Zygote	युग्मनज, युक्ता
Zygotene	युग्मपट्ट
Zygotic	युग्मनजी
Zymase	प्रकिण्व
Zymo- (a Greek word zume means leaven-prefix)	किण्व-, विकर-
Zymoexitor	विकरजनोद्दीपक
Zymogen	किण्वजन, विकरजन
Zymogene, Zymophyte (a microorganism causing fermentation)	किण्वाणु
Zymogenesis, Zymogeny	किण्वजनन, विकरोत्पादन, प्रकिण्वोत्पत्ति
Zymogenic, Zymogenous	विकरजनी, किण्वजनित, किण्वजन्य, किण्वजनक
Zymoid	किण्वाभ, विकरवत्
Zymology, Enzymology (an applied science dealing with biochemical processes of fermentation)	किण्वविज्ञान, किण्विकी, कैण्विकी, विकर विज्ञान
Zymolysis (action of an enzyme in breaking down of organic substances during fermentation)	किण्वलयन, विकरांशन
Zymometer (a device to measure extent of fermentation)	किण्वनमापी

Zymophore (an atomic group bearing the ferment) किण्वधर

Zymoplastic किण्वघटक

Zymosis (developmental process of an infectious disease), Zymoses (pl.) किण्वन, प्रकिण्वन

Zymotic विकरीय, किण्विक, किण्व-

Zymurgy (process or working of fermentation) किण्व रसायन, किण्वनविज्ञान किण्व रासायनिकी, किण्व रसायन विज्ञान

Nomenclature of Metric Scale of International System (SI) Units and their prefixes for Length or Distance, Weight and Time under Meter, Kilogram and Second (MKS) System

* Undecillion (Dueca-, D) = 10^{36} (One hundred $crore^5$)	दस सिंघर (एक सौ करोड़ करोड़ करोड़ करोड़ करोड़)
* Decillion (Meca-, M) = 10^{33} (Ten lakhs $crore^4$)	शिष्ट (दस लाख करोड़ करोड़ करोड़ करोड़)
* Nonillion (Veca-, V) = 10^{30} (One hundred $crore^4$)	दस अन्त (एक सौ करोड़ करोड़ करोड़ करोड़)
Octillion or Quadrilliard (Xenna-X) = 10^{27} (Ten lakhs $crore^3$)	परार्ध (दस लाख करोड़ करोड़ करोड़)
Septillion (Yotta-,Y) = 10^{24} (One thousand $crore^3$)	दस जल्द (दस हज़ार करोड़ करोड़ करोड़)
Sextillion or Tilliard (Zetta-, Z) = 10^{21} (One $crore^3$)	अंक (एक करोड़ करोड़ करोड़)
Quintillion (Exa-, E) = 10^{18} (Ten thousand $crore^2$)	दस शंख (दस हज़ार करोड़ करोड़)
Quadrillion or Billiard (Peta-, P) = 10^{15} (Ten $crore^2$)	पद्म या सौ नील (दस करोड़ करोड़)
Trillion (Tera-, T) = 10^{12} (One lakh crore)	दस खरब या लक्ष कोटि (एक लाख करोड़)
Billion or Milliard (Giga-, G) = 10^9 (One hundred crore)	अरब या शत कोटि (एक सौ करोड़)
Million (Mega-, M) = 10^6 (Ten lakhs)	दस लक्ष (दस लाख)
Thousand (Kilo-, k) = 10^3 (1000)	सहस्र (हज़ार)

Hundred (Hecto-, h) = 10^2 (100)	शत (सौ)
Ten (Deca-, da) = 10^1 (10)	दश (दस)
One = 10^0 (1)	एक
Tenth (Deci-, d) = 10^{-1} (one tenth)	दशांश (दसवाँ)
Hundredth (Centi-, c) = 10^{-2} (one hundredth)	शतांश (सौवाँ)
Thousandth (Milli-, m) = 10^{-3} (one thousandth)	सहस्रांश (हज़ारवाँ)
Millionth (Micro-, μ) = 10^{-6} (Ten lakhth)	दस लक्षांश (दस लाखवाँ)
Billionth (Nano-, n) = 10^{-9} (One hundred croreth)	अरबांश या शत कोट्यांश (एक सौ करोड़वाँ)
Trillionth (Pico-, p) = 10^{-12} (One lakh croreth)	दस खरबांश या लक्ष कोट्यांश (दस लाख करोड़वाँ)
Quadrillionth (Femto-, f) = 10^{-15} (Ten crore^{-2})	पद्मांश या शत नीलांश (दस करोड़ करोड़वाँ)
Quintillionth (Atto-, a) = 10^{-18} (Ten thousand crore^{-2})	दस शंखांश (एक हज़ार करोड़ करोड़वाँ)
Sextillionth (Zepto-, z) = 10^{-21} (One crore^{-3})	अंकांश (एक करोड़ करोड़ करोड़वाँ)
Septillionth (Yocto-, y) = 10^{-24} (One thousand crore^{-3})	दस जल्दांश (दस हज़ार करोड़ करोड़ करोड़वाँ)
Octillionth (Xento-, x) = 10^{-27} (Ten lakhs crore^{-3})	परार्धांश (दस लाख करोड़ करोड़ करोड़वाँ)
* Nonillionth (Veco-, v) = 10^{-30} (One hundred crore^{-4})	दस अन्तांश (एक सौ करोड़ करोड़ करोड़ करोड़वाँ)
* Decillionth (Meco-, m = 10^{-33} (Ten lakhs crore^{-4})	शिष्टांश (दस लाख करोड़ करोड़ करोड़ करोड़वाँ)
* Undecillionth (Dueco-, d) = 10^{-36} (One hundred crore^{-5})	दस सिंघरांश (एक सौ करोड़ करोड़ करोड़ करोड़ करोड़वाँ)

* Units and prefixes, introduced in year 2014 A.D.

Bibliography

1. A Comprehensive & Educational Words and Phrases, Editors, Prof. Raghu Vira & Dr. Lokesh Chandra, 1973, Jayyed Press, Delhi – 6.
2. Adhunik Shalya Chikitsa Vigyan, Editors Prof. T.C. Goel and Prof. Apul Goel, 2015. First Edition, Jaypee Brothers, Medical Publishers (P.) Ltd. Ansari Road, Daryaganj, New Delhi-110002
3. An English – Hindi Dictionary, Editor, Father Camille Bulcke, 1981, S. Chand & Co. Ram Nagar, New Delhi – 110055.
4. A Provisional List of Technical Terms in Hindi for Secondary Schools – Physics, Dr. Shanti Swaroop Bhatnagar, 1953, Ministry of Education, Govt. of India.
5. Bhargava's Standard Illustrated Dictionary (Anglo – Hindi), Editor R. C. Pathak 1987, Bhargava Book Depot, Varanasi.
6. Comprehensive English – Hindi Dictionary, Editors, Dr. Bhola Nath Tiwari, Amar Nath Kapoor & Vishva Prakash Gupta, 2004, Kitabghar Prakashan, Daryaganj, New Delhi – 110002.
7. Comprehensive Glossary of Technical terms – Sciences Computerized Database Vol. 1 & 2, 1994, Commission for Scientific & Technical Terminology, Ministry of Human Resource Development, Govt. of India, New Delhi.
8. International Dictionary of Medicine and Biology, Vol. I – III, Editor-in-chief, Sidney I. Landau, 1986, John Wiley & Sons Inc., New York.
9. Internet website of google, www.google.com
10. Kamal's Oxford Advance Dictionary, Editor R. K. Kapoor, 2002, Verma Book Depot, 4033, Nai Sarak, Delhi – 6.
11. Oxford Advanced Learner's Dictionary of Current English, A S Hornby, Chief Editor, Sally Wehmeir, Seventh edition, 2005, Oxford University Press, Great Clarendon Street, Oxford, UK.
12. Oxford Advanced Learner's Dictionary - Chief Editor-John Simpson, 2010, Oxford University Press, U.K.
13. Prabhat Advanced English – Hindi Dictionary, Editor, Dr. Badri Nath Kapoor, 2006, Prabhat Prakashan, 4 / 19 Asaf Ali Road, New Delhi – 110002.

14. Rajbhasa Sahayika Editors, Shrikrishna Tewari & Anil Kumar Gauniyal, 2004, National Botanical Research Institute, Rana Pratap Marg, Lucknow.

15. Rajpal English – Hindi Dictionary, Editor, Dr. Hardev Bahri, 1994 & 2001, Rajpal & Sons, Kashmiri Gate, Delhi.

15. Sanskrit-Hindi Dictionary, by Vaman Shivram Apte in 1890 Editor, Dr. Uma Prasad Pandey, Latest edition, Kamal Prakashan, New Delhi - 110002.

17. Scientific Dictionary English – Hindi, Editor, Dr. Raj Kumar Upreti, 2000, Industrial Toxicology Research Centre, M. G. Marg, Lucknow.

18. Taber's Medical Dictionary, 20th Edition. Editor, Donald Venes, 2005, FA. Davis Co.